# CONTABILIDADE GERAL

## Abordagem integrada

# JusClass

O presente livro possui Material de Apoio para acesso gratuito na plataforma JusClass.

Para acessar o material, siga as instruções a seguir:

1. Entre no site da Editora Juspodivm https://www.editorajuspodivm.com.br/, com seu login e senha;
2. Dentro de "Minha Conta", selecione a opção "Materiais Exclusivos" e clique no ícone de identificação do JusClass;
3. Em caso de dúvidas, esclarecimentos ou sugestões, acesse nossa Central de Atendimento https://www.editorajuspodivm.com.br/central-de-relacionamento

Caso tenha adquirido o seu exemplar em uma de nossas livrarias parceiras:

1. Acesse o QRCode abaixo;
2. Preencha o formulário com os dados solicitados;
3. Localize seu Código de Verificação - PIN, logo abaixo do QR Code;
4. Aguarde o e-mail com as informações de acesso;
5. Aproveite seu material!

**PIN:** JUS4741

GIOVANNI PACELLI

# CONTABILIDADE GERAL

## Abordagem integrada

4ª edição | Revista atualizada ampliada

2026

EDITORA *Jus*PODIVM

www.editorajuspodivm.com.br

EDITORA
*Jus*PODIVM
www.editorajuspodivm.com.br

Rua Canuto Saraiva, 131 – Mooca – CEP: 03113-010 – São Paulo – São Paulo
Tel: (11) 3582.5757
• Contato: https://www.editorajuspodivm.com.br/central-de-relacionamento



**Diagramação:** Isabella Giordano *(giordano.bella@gmail.com)*

**Capa:** Marcelo S. Brandão *(santibrando@gmail.com)*

P115c Costa, Giovanni Pacelli Carvalho Lustosa da.
Contabilidade Geral - Abordagem Integrada / Giovanni Pacelli – 4ª ed., rev., atual. e ampl. - São Paulo: Editora JusPodivm, 2025.

1016 p.

ISBN: 978-85-442-6510-9

1. Contabilidade Geral. 2. Contabilidade de Custos I. Pacelli, Giovanni. II. Título.

CDD 342.219

BIBLIOTECÁRIA RESPONSÁVEL

Ana Carolina Ribeiro Mois – CRB7 – RJ 007348/0

*À minha esposa amada e admirada, Danielle.*
*Aos meus pais presentes, Eugênio e Rosa.*
*Aos meus filhos queridos, João Pedro, Davi Lucca e Maria Luiza.*
*Aos meus patriarcas, Dario e Odete, Costa e Dolores.*

# AGRADECIMENTO ESPECIAL

Este livro de contabilidade geral é meu terceiro livro na Editora Juspodivm e representa a minha consagração na área contábil.

Quando iniciei o ofício de ministrar aulas para concursos em 2009, estava focado na área contábil como um todo. Por questão de oportunidades, fui direcionado inicialmente para Contabilidade Pública e posteriormente para AFO (Orçamento Público), mas Contabilidade Societária nunca saiu do meu radar, até pela minha formação acadêmica.

Depois de estar consolidado em AFO e em Contabilidade Pública, eram constantes os pedidos de alunos para que eu fizesse um material à altura em Contabilidade Societária. Eu sabia do desafio: material integrado, QR CODES, questões discursivas comentadas, questões objetivas comentadas, quadros comparativos, esquemas gráficos dos CPCs.

No início de 2023, tirei da gaveta o projeto que já vinha adiando desde 2021: **"Contabilidade Geral – Abordagem Integrada".**

Nesse sentido, quero agradecer a Deus por mais essa porta aberta na minha vida.

Quero agradecer à Editora Juspodivm, nas pessoas de Vauledir Ribeiro Santos e Ricardo Gouveia Didier, pelo apoio nesse projeto e a toda equipe editorial, nas pessoas de Patrícia Pravatti e Miriam Leite, pela conversão do meu manuscrito na obra final.

Este livro já surge em sua 1ª edição com um padrão elevado (tendo por base meus outros livros na editora que estão na 5ª edição), contendo os principais assuntos capazes de superar provas complexas como Auditor Fiscal da Receita Federal e Concursos do Legislativo Federal (Senado e Câmara dos Deputados).

Nesse momento, passa um filme do caminho percorrido na formação contábil. Quero agradecer à Universidade de Brasília pela oportunidade de realizar os Programas de Mestrado (2009-2011) e Doutorado (2013-2016) em Ciências Contábeis. Agradeço a todos os professores, colaboradores e contemporâneos integrantes do Programa Multi (UnB-UFPB-UFRN).

Minha gratidão especial aos Professores Dr. César Augusto Tibúrcio Silva e Dr. Jorge Katsumi Niyama que foram e são referências para mim e todos os alunos que passaram pelos cursos de graduação e pós-graduação em Ciências Contábeis na Universidade de Brasília.

Agradeço a toda minha família, em especial minha esposa, Danielle Sampaio, pela compreensão e apoio, meus pais, Eugênio e Rosa, e filhos, João Pedro, Davi Lucca e Maria Luiza, pois, realmente, fazer um livro de alto nível não se constitui em tarefa simples e exige sacrifício de todos.

# PREFÁCIO DO PROF. DR. JORGE KATSUMI NIYAMA

A Contabilidade no Brasil entrou em nova fase a partir do processo de convergência às normas internacionais de contabilidade em 2008, quando os profissionais tiveram que se adaptar e se preparar para vencer os desafios para gestores e investidores, os principais tomadores de decisão.

Os usuários da contabilidade passaram a requerer cada vez mais informações, transparentes e tempestivas para o aprimoramento do seu processo decisório.

Giovanni Pacelli é um egresso e um dos destaques dos nossos cursos de Pós-Graduação em nível de Mestrado (2011) e Doutorado (2016), sempre apresentando uma elevada performance como discente, desenvolvendo pesquisas e apresentando discussões pertinentes à matéria.

É gratificante ver o exemplo dado por Giovanni Pacelli, jovem talento que se dedicou a disseminar seu conhecimento tanto no magistério como também na construção do pensamento científico, ao escrever um livro sobre um tema que já está razoavelmente consagrado na literatura acadêmica como Contabilidade. Apesar disso, Giovanni consegue oportunizar a conveniência, utilidade e a sedimentação de seu conhecimento. Nesse sentido, vale destacar as principais contribuições desta obra:

a) Não se limita às bases tradicionais de uma escrituração (operações com mercadorias), e os procedimentos de "como" fazer a contabilidade, ao incluir conceitos e pensamentos fortemente vinculados à teoria da contabilidade e à estrutura conceitual, conhecimento obrigatório para aqueles que desejam buscar aperfeiçoamento da gestão.

b) Preocupação em não excluir os princípios da contabilidade apesar da sua "substituição" nas últimas décadas pelas características qualitativas da informação – nova etapa da fundamentação teórica da contabilidade introduzida pelo IASB.

c) Não se trata apenas de uma obra didática de natureza prática voltada para aspectos internos da escrituração, mas também pela incorporação de procedimentos estabelecidos pelo CPC (Comitê de Pronunciamentos Contábeis), órgão nacional que representa o IASB no Brasil.

d) Avanço tímido, mas importante, ao adentrar em aspectos tributários quando essencialmente necessários à boa compreensão didática do tema.

e) Inclusão de tópicos avançados considerando aspectos relacionados à consolidação de balanços e das demonstrações financeiras recentemente introduzidas como DVA e DRA.

f) Avanço corajoso num tópico pouco explorado em livros de Contabilidade Geral, no caso, um capítulo especial sobre Análise de Balanços, propiciando visões sobre necessidades de capital de giro e modelos de mensuração do lucro.

Finalmente, ao tempo em que congratulamos e parabenizamos o autor por esta iniciativa, desejamos que os leitores, acadêmicos ou profissionais da área, tenham um excelente aproveitamento técnico e profissional.

# PREFÁCIO DO PROF. DR. CÉSAR AUGUSTO TIBÚRCIO SILVA

Quando eu era adolescente, meu pai me levou para trabalhar parte do dia nos locais onde ele fazia a contabilidade, ou como ele dizia, onde tinha "escrita". Meu pai era um técnico de contabilidade, um profissional que tinha o ensino médio e cursava algumas poucas disciplinas de contabilidade. Durante as férias, por quatro horas na semana, eu somava os valores dos estoques da empresa comercial e fazia outras pequenas tarefas de um garoto. Não sei bem qual era a finalidade dele me levar para as empresas onde tinha escrita, mas como geralmente era alguém obediente, eu não somente ia, como tentava fazer o melhor possível nas tarefas que ele me passava. É bem verdade que cometia muitos erros, que ele me corrigia e dava algumas dicas de macetes sobre como encontrar os enganos que cometia.

Lembro dele passando os lançamentos contábeis, que eu não fazia, para um livro encadernado de capa dura. A tecnologia da época consistia em datilografar o lançamento em uma folha especial, com um líquido que tinha um cheiro bem acentuado no papel, e colar este papel, do tamanho um pouco maior do que seria uma folha de papel A4 dos dias atuais, em uma coisa chamada gelatina. A tinta que estava no papel era transferida para esta gelatina e, depois de algum tempo, pegava-se a gelatina e colocava com todo cuidado sobre o livro de capa dura. Ao retirar a gelatina, o conteúdo que tinha sido datilografado estava no livro. Se o processo não fosse bem feito, a folha deveria ser anulada por um posto da secretaria do estado. Ou seja, era muito importante que o processo de transferir a informação datilografada da folha para o livro fosse cuidadosamente executado.

Este era um trabalho que fiz algumas vezes, mas meu pai tinha que me socorrer quando algo não saía de forma adequada. Ao final, o livro de capa dura tinha informações da empresa onde ele fazia escrita, e isso era o pouco conhecimento que tive naquele período sobre a contabilidade.

Mais tarde, quando cheguei em Brasília para fazer meu curso superior, optei por escolher administração no vestibular. Entrei na universidade e, nas primeiras matérias específicas do meu curso, gostei muito de finanças. Fiz a disciplina de contabilidade também, mas o professor não era muito interessante. A administração financeira era algo que realmente eu gostava.

Depois de formado e já fazendo o mestrado, novamente focado em finanças, recebi o convite para ser coordenador adjunto do curso de contabilidade da Universidade de Brasília. Como queria muito ser professor, aceitei o convite. Basicamente, o meu orientador, uma das pessoas que mais admiro, o professor Alexandre Assaf Neto, assumiria este papel, mas a parte administrativa seria de minha responsabilidade. Naquele momento, o curso de contabilidade da UnB estava em crise, e quando aceitei o convite, eu não sabia a dimensão dos problemas. Terminei me envolvendo com o curso, com os alunos e com a implantação do currículo, que exigia professores que a UnB não tinha.

Foi assim que cheguei, por vias tortuosas, à contabilidade. Não era contador naquela época e tive que aprender muito para não fazer feio em sala de aula e nos livros. Isto aconteceu há décadas, mas a cada transcorrer do tempo eu só fiz aumentar meu amor e minha dedicação à contabilidade. É com este espírito que escrevo estas linhas para o livro "Contabilidade Geral", de Giovanni Pacelli.

Conheci o autor enquanto ele era aluno do mestrado e, depois, do doutorado da minha Universidade. Era um jovem decidido e profundo conhecedor da disciplina. Desde então, tenho acompanhado seu crescimento. Escrever uma obra sobre a contabilidade é sempre um desafio. A proposta de Pacelli é trazer os fundamentos da disciplina, associados com as normas mais atuais relacionadas a cada tema de cada capítulo.

Eu fico imaginando quão afortunado é o leitor deste livro. Com uma obra deste nível, o estudo da contabilidade será realmente completo.

Os tempos são outros, e você não precisará saber como usar gelatina para lançar os registros no diário de uma empresa. No entanto, os ensinamentos proporcionados nesta obra certamente o levarão a um universo maravilhoso da técnica que consegue, de maneira simples e incrivelmente confiável, indicar e descrever o desempenho de uma entidade e sua situação patrimonial.

Parabéns ao autor, mas especialmente parabéns ao leitor que se propõe a trilhar os caminhos da contabilidade usando esta obra.

*O óbvio somente é óbvio para uma mente preparada.*

**PARA ACESSAR OS VÍDEOS:**

Para quem usa **Android**, importante instalar um aplicativo com leitor de QR-Codes, que pode ser o "QR Code Reader". Você encontrará no seguinte link:

- http://editoraj.us/baixar-qr-android

Para quem usa **IOS** (iPhone, iPad), basta instalar um aplicativo com leitor de QRCodes, que pode ser o "QR Code Reader and Scanner". Você o encontrará no seguinte link:

- http://editoraj.us/baixar-qr-ios

# SUMÁRIO

QD *Capítulo contém questões discursivas*

## Unidade Didática I

## ELEMENTOS INTRODUTÓRIOS

## CAPÍTULO 03



## CAPÍTULO 04



## CAPÍTULO 05

Unidade Didática II

# ESCRITURAÇÃO CONTÁBIL

Unidade Didática III

# AVALIAÇÃO PATRIMONIAL

Unidade Didática IV

# DEMONSTRAÇÕES CONTÁBEIS - APRESENTAÇÃO E ANÁLISE DE BALANÇOS

## CAPÍTULO 18



## CAPÍTULO 19



## CAPÍTULO 20

## Unidade Didática V

# CONTABILIDADE DE CUSTOS

## CAPÍTULO 32



## CAPÍTULO 33

# CHAMADAS DO AUTOR

# Unidade Didática I
# ELEMENTOS INTRODUTÓRIOS

*Qual o conceito de contabilidade geral?*

*Quais as normas existentes?*

*Quais entidades devem adotar obrigatoriamente as normas existentes?*

*Quais os critérios de classificação do Ativo e do Passivo?*

*Quais os regimes contábeis da Receita e da Despesa?*

*Quais as características qualitativas da informação contábil e suas restrições?*

*Quais os princípios contábeis?*

CAPÍTULO 01

# CONCEITO E APLICABILIDADE DAS NORMAS

## 1. CONCEITO DE CONTABILIDADE GERAL

De acordo com o CFC (Conselho Federal de Contabilidade), **a Contabilidade** é a ciência que estuda, interpreta e registra os fenômenos que afetam o **Patrimônio** de uma entidade.

**Contabilidade** é a ciência que estuda e controla o **Patrimônio**, sua composição, suas variações, o resultado decorrente das atividades **desenvolvidas pela pessoa**, seja **física** ou **jurídica**.

Dizemos que a contabilidade registra, estuda e interpreta os **fatos financeiros ou econômicos** que afetam a situação patrimonial de determinada pessoa física ou jurídica, ou seja, a contabilidade preocupa-se com os fatos administrativos (ou contábeis - fatos que modificam o Patrimônio).

| Trazendo para a realidade do leitor |
|---|
| **Situação 1:** Suponha que determinada pessoa recebeu uma herança de R$ 500 mil. Esse valor está distribuído em R$ 400 mil em imóveis e R$ 100 mil em dinheiro. Ocorre que existem impostos atrasados de R$ 15 mil dos imóveis. O patrimônio seria o conjunto de bens, direitos e obrigações. |
| **Situação 2:** Suponha que uma empresa possui em caixa R$ 200 mil, R$ 300 mil em estoques, 100 mil de duplicatas a receber, 900 mil em imóvel e deve R$ 200 mil a fornecedores. O patrimônio seria o conjunto de bens, direitos e obrigações. |

A **Contabilidade** é uma **ciência** social aplicada que **no processo gerador de informações** utiliza os princípios de contabilidade e as normas contábeis direcionados ao controle patrimonial de entidades.

O conceito anterior é útil para caracterizar que a contabilidade visa gerar informações. **A contabilidade é uma ciência informacional.**

**Quadro 1.1:** Terminologias conceituais da Contabilidade

| Terminologias associadas à Contabilidade | Descrição |
|---|---|
| **Conceito principal** | Contabilidade é uma **ciência social aplicada** que tem por objeto o patrimônio das entidades. Os fatos que geram ou não riquezas pelos negócios da empresa são registrados pela contabilidade e demonstrados através dos relatórios contábeis gerais financeiros, dentre eles as demonstrações contábeis obrigatórias. |
| **Objeto** | **Patrimônio** das entidades. |
| **Objetivo** | **Controlar o patrimônio** e fornecer informações econômico-financeiras aos seus usuários para a tomada de decisão. |
| **Finalidade** | Fornecer **informações úteis sobre o patrimônio** das entidades e registrar, controlar, demonstrar os fatos. |

Observa-se que o objetivo final e finalidade da contabilidade possuem um ponto comum: fornecer informações úteis aos usuários para tomada de decisão.

Em 2008 foi publicada a 1ª versão da estrutura conceitual sobre Relatório Financeiro. A última versão válida da estrutura conceitual foi divulgada em dezembro de 2019.

O objetivo do **relatório financeiro para fins gerais (RFG)** é **fornecer informações financeiras** sobre a entidade que reporta que sejam úteis para seus usuários (**investidores** ou **credores** por empréstimos e outros credores, existentes e potenciais) **na tomada de decisões** referente à oferta de recursos à entidade.

**Essas decisões envolvem**: **(a)** comprar, vender ou manter instrumento de patrimônio e de dívida; **(b)** conceder ou liquidar empréstimos ou outras formas de crédito; ou **(c)** exercer direitos de votar ou de outro modo influenciar os atos da administração que afetam o uso dos recursos econômicos da entidade.

**Os RFG** não se destinam a apresentar o valor da entidade que reporta, mas fornecem informações para auxiliar seus usuários. Em grande medida, os RFG baseiam-se em estimativas, julgamentos e modelos e, não, em representações exatas.

A seguir constam exemplos de RFGs e tipos de informações prestadas:

**Quadro 1.2:** Exemplos de RFGs

| | |
|---|---|
| Demonstrações Contábeis à luz da Lei nº 6.404/1976[1]: Balanço Patrimonial | Por intermédio do Balanço Patrimonial pode-se verificar a posição líquida financeira da entidade. |
| Demonstrativo Gerencial: Balancete de Verificação | Por intermédio do Balancete pode-se verificar a lista do total dos débitos e dos créditos das contas, juntamente com o saldo de cada uma delas (seja devedor ou credor). Evidencia um resumo básico do estado financeiro. |
| Demonstrativo ESG[2]: Balanço Social | Por intermédio do Balanço Social a sociedade possui acesso a todas as ações sociais, ambientais e econômicas. |

1 Art. 176 da Lei nº 6.404/1976.

2 Governança, Social e Meio-Ambiente.

Desse modo, os RFGs incluem entre outros relatórios, as demonstrações contábeis.

**Chamada 1 do autor:** Conceito de Contabilidade e os Objetivos do RFG

## 2. USUÁRIOS DOS RGFS

Existem 2 tipos de usuários: primários e não primários.

### Quadro 1.3: Usuários das informações contábeis

| | |
|---|---|
| Primários | - Investidores.<br>- Credores por empréstimos e outros credores, existentes e potenciais. |
| Não primários | - Órgãos reguladores.<br>- Público em Geral. |

Usuários primários individuais têm necessidades e desejos de informação diferentes e possivelmente conflitantes. Assim, nada impede que a entidade que reporta inclua informações adicionais que sejam mais úteis para um subconjunto específico de principais usuários.

## 3. NORMAS CONTÁBEIS

Atualmente existem **3 conjuntos principais de normas** que regulam a contabilidade geral (societária): (i) a Lei nº 6.404/1976; (ii) e os pronunciamentos técnicos do Comitê de Pronunciamentos Contábeis (CPC); (iii) normas específicas de órgãos reguladores (Ex.: Regulamento do Imposto de Renda da Secretaria da Receita Federal do Brasil).

Atualmente existem mais de 50 pronunciamentos técnicos do CPC, comumente mencionados como "CPC + numeração correspondente + denominação". A Estrutura Conceitual, por exemplo, é denominada "CPC 00 – Estrutura Conceitual".

A seguir constam as entidades originárias que formaram parte na constituição inicial do CPC:

- Associação Brasileira das Companhias Abertas (Abrasca);
- Associação dos Analistas e Profissionais de Investimento do Mercado de Capitais do Brasil (Apimec Brasil);
- B3 S/A - Brasil, Bolsa, Balcão;
- Conselho Federal de Contabilidade (CFC);
- Instituto dos Auditores Independentes do Brasil (Ibracon);
- Fundação Instituto de Pesquisas Contábeis, Atuariais e Financeiras (Fipecafi);
- Entidades representativas de investidores do mercado de capitais.

A seguir constam os órgãos e entidades convidados* obrigatórios do CPC:

- Banco Central do Brasil (BACEN);
- Comissão de Valores Mobiliários (CVM);
- Secretaria da Receita Federal do Brasil (RFB);
- Superintendência de Seguros Privados (SUSEP);
- Federação Brasileira de Bancos (FEBRABAN);
- Confederação Nacional da Indústria (CNI); e
- Superintendência Nacional de Previdência Complementar (PREVIC).

*Os convidados são órgãos reguladores de suas respectivas áreas.

A aprovação dos Pronunciamentos Técnicos e das Orientações e das Interpretações se dará, sempre, por no mínimo 2/3 (dois terços) dos membros do CPC presentes, observado o quórum mínimo de, pelo menos, 50% (cinquenta por cento) para a instalação das reuniões do CPC.

Em que pese sua constituição plural, a aprovação de um CPC não torna sua aplicação imediata, carecendo que um dos órgãos reguladores ratifique sua aplicação. No site **www.cpc.org.br** consta a lista contendo pronunciamentos, interpretações, orientações e revisões que foram ratificados pelos seguintes órgãos reguladores: CVM, CFC, BACEN/CMN, SUSEP, ANELL, ANTT e ANS.

**Figura 1.1:** Exemplos de Aprovação dos Reguladores[3]

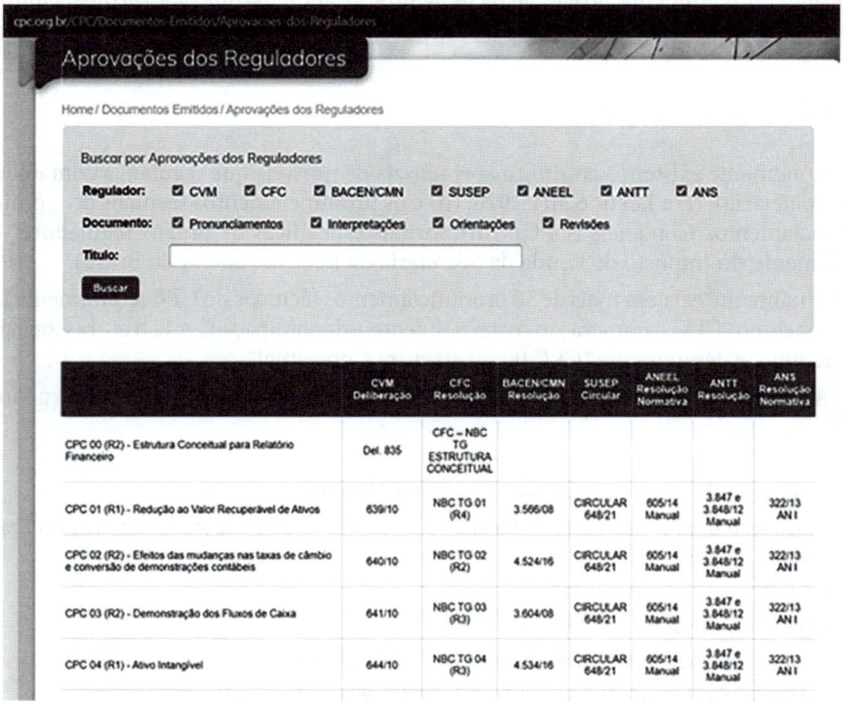
Aprovações dos Reguladores

Home / Documentos Emitidos / Aprovações dos Reguladores

Buscar por Aprovações dos Reguladores

**Regulador:** CVM CFC BACEN/CMN SUSEP ANEEL ANTT ANS

**Documento:** Pronunciamentos Interpretações Orientações Revisões

**Título:**

Buscar

| | CVM Deliberação | CFC Resolução | BACEN/CMN Resolução | SUSEP Circular | ANEEL Resolução Normativa | ANTT Resolução | ANS Resolução Normativa |
|---|---|---|---|---|---|---|---|
| CPC 00 (R2) - Estrutura Conceitual para Relatório Financeiro | Del. 835 | CFC – NBC TG ESTRUTURA CONCEITUAL | | | | | |
| CPC 01 (R1) - Redução ao Valor Recuperável de Ativos | 639/10 | NBC TG 01 (R4) | 3.566/08 | CIRCULAR 648/21 | 605/14 Manual | 3.847 e 3.848/12 Manual | 322/13 AN I |
| CPC 02 (R2) - Efeitos das mudanças nas taxas de câmbio e conversão de demonstrações contábeis | 640/10 | NBC TG 02 (R2) | 4.524/16 | CIRCULAR 648/21 | 605/14 Manual | 3.847 e 3.848/12 Manual | 322/13 AN I |
| CPC 03 (R2) - Demonstração dos Fluxos de Caixa | 641/10 | NBC TG 03 (R3) | 3.604/08 | CIRCULAR 648/21 | 605/14 Manual | 3.847 e 3.848/12 Manual | 322/13 AN I |
| CPC 04 (R1) - Ativo Intangível | 644/10 | NBC TG 04 (R3) | 4.534/16 | CIRCULAR 648/21 | 605/14 Manual | 3.847 e 3.848/12 Manual | 322/13 AN I |

3 http://www.cpc.org.br/CPC/Documentos-Emitidos/Aprovacoes-dos-Reguladores

Atualmente, **para cada pronunciamento, interpretação, orientação ou revisão, pelo menos 1 órgão regulador retro mencionado ratificou sua aplicação**. Os órgãos que mais ratificaram CPCs foram a CVM e o CFC.

**Atenção**

A Lei nº 6.404/1976 na seção que trata sobre escrituração, dispõe que:

> Art. 177. A escrituração da companhia será mantida em registros permanentes, com obediência aos preceitos da legislação comercial e desta Lei e aos princípios de contabilidade geralmente aceitos, devendo observar métodos ou critérios contábeis uniformes no tempo e registrar as mutações patrimoniais segundo o regime de competência.
>
> [...]
>
> § 3º **As demonstrações financeiras das companhias abertas** observarão, **ainda, as normas expedidas pela** Comissão de Valores Mobiliários e serão obrigatoriamente submetidas a auditoria por auditores independentes nela registrados.
>
> [...]
>
> § 5º As normas expedidas pela Comissão de Valores Mobiliários a que se refere o § 3º deste artigo **deverão ser elaboradas em consonância com os padrões internacionais de contabilidade** adotados nos principais mercados de valores mobiliários.
>
> § 6º **As companhias fechadas** poderão optar por observar **as normas sobre demonstrações financeiras expedidas pela** Comissão de Valores Mobiliários para as companhias abertas.

Desse modo, a CVM ao ratificar integralmente um CPC, **obriga sua adoção para todas as Cias Abertas nos termos da Lei nº 6.404/1976.** As normas da CVM devem estar em consonância com os padrões internacionais de contabilidade.

## 4. CAMPO DE APLICAÇÃO DA CONTABILIDADE

O Quadro a seguir resume os órgãos e entidades que devem adotar contabilidade geral ou societária; e os que não devem adotar, por estarem abrangidos pela contabilidade pública.

**Quadro 1.4:** Campo de Aplicação das normas de Contabilidade Geral e Pública

| Entidade | Campo de Aplicação da Lei nº 6.404/1976: Contabilidade Geral | Campo de Aplicação da Lei nº 4.320/1964: Contabilidade Pública |
|---|---|---|
| Pessoas Jurídicas de **Direito Privado – Regra Geral** | **Sim** | **Não** |
| Pessoa Física enquanto Entidade Contábil | **Sim** | **Não** |
| **Órgãos da Administração Direta, Autarquias e Fundações Públicas de Direito Público (Pessoas Jurídicas de Direito Público)** | **Não** | **Sim** |
| Fundações Públicas de Direito Privado | Sim. No que couber, aplica ITG 2002 (R1) – Entidade sem Finalidade de Lucros. | **Não** |

| Empresas Estatais (Sociedade de Economia Mista e Empresas Públicas) **Dependentes** do Ente Público | Sim | Sim |
|---|---|---|
| Empresas Estatais (Sociedade de Economia Mista e Empresas Públicas) **Independentes** | Sim | Não |
| Conselhos Profissionais | Não | Sim |
| Serviços Sociais Autônomos | **Não.** Apenas para fins gerenciais conforme Acórdão 1.567/2020 TCU - Plenário. | Sim |

**Chamada 2 do autor:** Campo de Aplicação das Normas

**Curiosidade**

Do mesmo modo que no setor privado, em que CFC, CPC e CVM possuem papel importante no processo de convergência e harmonização das normas contábeis do **setor privado** as normas internacionais: as IAS (*International Accounting Standards*); no setor público, o CFC e a STN (Secretaria do Tesouro Nacional) possuem papel importante no processo de convergência e harmonização das normas contábeis do **setor público** as normas internacionais: as IPSAS (*International Public Sector Accounting Standards*).

Enquanto no **setor privado** se usa o termo "**CPC**", no **setor público** se usa o termo "**NBC T SP**".

## 5. EVOLUÇÃO LEGAL DA CONTABILIDADE

A Contabilidade Societária moderna possui como marco a Lei nº 6.404, de 15 de dezembro de 1976.

Nos anos que antecederam a criação da Lei nº 6.404/1976, o País passou de uma economia basicamente rural para uma sociedade urbana, com grande crescimento da atividade industrial e a entrada de diversas companhias estrangeiras, majoritariamente norte-americanas. Era questão de tempo até que as pressões dos mercados acionários internacionais se fizessem sentir.

De forma similar, as últimas décadas do século XX e as primeiras do século XXI assistiram a uma forte internacionalização da economia brasileira, com o surgimento de diversas empresas brasileiras transnacionais, que passaram a comercializar suas ações nas principais bolsas mundiais, forçando que um modelo mais próximo à contabilidade e ao ordenamento jurídico mundial fosse adotado no Brasil. Assim, a Lei nº 6.404/1976, de 15 de dezembro de 1976, foi alterada pela Lei nº 11.638, de 28 de dezembro de 2007 e pela Lei nº 11.941, de 27 de maio de 2009.

**Quadro 1.5:** Evolução Legal da Contabilidade Societária em relação aos elementos patrimoniais

| Itens | Lei nº 6.404/1976 | Lei nº 11.638/2007 | Lei nº 11.941/2009 |
|---|---|---|---|
| Ativo | a) ativo circulante;<br>b) ativo realizável a longo prazo;<br>c) ativo permanente, dividido em investimentos, ativo imobilizado e ativo diferido. | a) ativo circulante;<br>b) ativo realizável a longo prazo;<br>c) ativo permanente, dividido em investimentos, imobilizado, intangível e **diferido**[a]. | a) ativo circulante; e<br>b) **ativo não circulante, composto por ativo realizável a longo prazo, investimentos, imobilizado e intangível.** |
| Passivo e PL | a) passivo circulante;<br>b) passivo exigível a longo prazo;<br>c) resultados de exercícios futuros;<br>d) patrimônio líquido, dividido em capital social, reservas de capital, **reservas de reavaliação**[a], reservas de lucros e **lucros**[a] **ou** prejuízos acumulados. | a) passivo circulante;<br>b) **passivo exigível a longo prazo**[a];<br>c) **resultados de exercícios futuros**[a];<br>d)patrimônio líquido, dividido em capital social, reservas de capital, ajustes de avaliação patrimonial, reservas de lucros, ações em tesouraria e prejuízos acumulados. | I – passivo circulante;<br>II – passivo não circulante; e<br>III – patrimônio líquido, dividido em capital social, reservas de capital, ajustes de avaliação patrimonial, reservas de lucros, ações em tesouraria e prejuízos acumulados |

**Legenda**: (a) suprimido durante o processo de evolução.

## 6. LISTA DE QUESTÕES OBJETIVAS

**1ª e 2ª Questões (DPF Agente 2018 CEBRASPE)** *Considerando que a contabilidade é a ciência que estuda os fenômenos patrimoniais sob o aspecto da finalidade organizacional, julgue os itens a seguir, no que se refere a conceitos, objetivos e finalidades da contabilidade.*

1. Sob a ótica citada, o objeto da contabilidade é o patrimônio do ente contábil específico.
2. A contabilidade integra o rol das ciências exatas por estar dedicada à mensuração da riqueza do ente contábil.

### Solução

1. A Contabilidade é uma ciência social aplicada.

O Campo da Contabilidade é a azienda (qualquer ente, personalizado ou não, passível de ter patrimônio).

O Objeto da Contabilidade é o Patrimônio (Conjunto de Recursos e Obrigações de um ente).

O Método da Contabilidade é o método das partidas dobradas, segundo o qual, nenhum valor pode ser aplicado em um elemento do patrimônio (débito), sem que ele tenha uma origem definida (crédito).

2. Errado, é uma ciência social aplicada.

Gabarito:

1. **Certo**
2. **Errado**

## 7. LISTA DE QUESTÕES DISCURSIVAS

### 1ª Questão (Polícia Civil/BA Investigador 2022 IBFC):

Redija um texto dissertativo a respeito do que é Contabilidade, qual seu objetivo e a finalidade da contabilidade. Cite 2 demonstrações contábeis obrigatórias para as empresas.

Extensão máxima: **20 linhas**

#### Resolução da Questão

Contabilidade é uma ciência social aplicada que tem por objeto o patrimônio das entidades. Os fatos que geram ou não riquezas pelos negócios da empresa são registrados pela contabilidade e demonstrados através dos relatórios contábeis gerais financeiros, dentre eles as demonstrações contábeis obrigatórias.

O objetivo primordial da Contabilidade é controlar o patrimônio. Possui como objetivo também fornecer informações econômico-financeiras para a tomada de decisão nas empresas. Enquanto ferramenta para a tomada de decisões gerenciais, a Contabilidade tem como objetivo central oferecer informações financeiras e patrimoniais das entidades, de maneira relevante, fidedigna, completa e de qualidade.

A finalidade (que seria um tipo de objetivo final) é registrar, controlar, demonstrar os fatos que afetam o patrimônio das empresas. A contabilidade registra os fatos e produz que informações que possibilitam ao proprietário o controle e o planejamento de como agir sobre o patrimônio.

Dentre as Demonstrações Contábeis Obrigatórias, destacam-se: Balanço Patrimonial e Demonstração do Resultado do Exercício. Ambas estão dispostas na Lei nº 6.404/1976 e no CPC 26[4].

### 2ª Questão (APEX-Brasil Analista Processos Contábeis 2021 CEBRASPE):

O processo de harmonização da contabilidade brasileira com os padrões internacionais de contabilidade gerou um choque cultural na comunidade contábil,

4 Ver capítulo 18.

visto que se partiu de uma contabilidade elaborada com base em normas rígidas e amplamente conhecidas para um padrão baseado em princípios e na essência econômica dos fatos retratados. Tal processo implicou a criação de condições normativas, ambientais e culturais para a viabilização do novo momento. Tendo em vista que o texto apresentado tem caráter unicamente motivador, redija um texto abordando

1 o significado, sob a ótica da contabilidade internacional, de uma contabilidade baseada em princípios e na essência econômica; [valor: 3,50 pontos]

2 o impacto do processo de harmonização contábil para o perfil das normas expedidas pela Comissão de Valores Mobiliários; [valor: 3,00 pontos]

3 o papel do Comitê de Pronunciamentos Contábeis e o tipo de alcance de suas normas no contexto da contabilidade baseada em princípios e na essência econômica. [valor: 3,00 pontos]

Extensão máxima: **30 linhas**

### Resolução da Questão

No padrão contábil internacional, as regras são orientadas por princípios suportados por conceitos; em função disso, as normas devem tornar efetivos esses princípios, o que obriga a interpretação dessas normas à luz dos fatos e das circunstâncias nas quais as transações são realizadas. Consequentemente, tais normas devem ser genéricas e flexíveis e levar a procedimentos contábeis dotados de alto grau de discricionariedade. Na análise dos eventos, deve ser aplicada a primazia da essência econômica sobre a forma jurídica, como garantia de uma representação o mais fiel possível do ente retratado.

Uma das primeiras providências para viabilizar essa migração de padrões contábeis foi estabelecer que a Comissão de Valores Mobiliários deveria emitir normas compatíveis com os padrões internacionais de contabilidade adotados nos principais mercados de valores mobiliários do mundo, o que levou a uma gradativa adaptação dos padrões contábeis brasileiros aos internacionais.

Além da mudança do perfil das normas emitidas pela CVM, a implantação do Comitê de Pronunciamentos Contábeis (CPC) cumpriu papel central no processo de harmonização contábil. O CPC tem por objetivo viabilizar uma norma adequada ao ambiente negocial brasileiro e ajustada, no que for possível, aos padrões internacionais de contabilidade. Para cumprir esse objetivo, o Comitê de Pronunciamentos Contábeis (CPC) emite pronunciamentos técnicos propriamente ditos, interpretações e orientações (CPC Pleno) aplicáveis pelas empresas obrigadas a prestar contas publicamente. Posteriormente os órgãos reguladores ratificam os pronunciamentos do CPC por atos normativos próprios e específicos.

## 3ª Questão (CNPQ Analista em Ciência e Tecnologia Pleno I - Especialidade: Gestão orçamentária, financeira e contábil - 2024 CEBRASPE)

Na longa história das sociedades empresariais brasileiras, tem espaço especial a Lei nº 6.404/1976, que colocou um novo paradigma para o ordenamento jurídico das sociedades por ações, aproximando o modelo do Brasil do modelo norte-americano. Como a história segue seu curso, ajustes na lei precisaram ser promovidos no início do século XXI, introduzindo um novo paradigma para a organização empresarial brasileira.

Considerando que o fragmento de texto acima tem caráter unicamente motivador, redija um texto dissertativo a respeito das alterações na estrutura do balanço patrimonial. Ao elaborar seu texto, faça o que se pede a seguir.

1 Explique ao menos dois fatores motivadores das mudanças da legislação tanto em 1976 quanto no início do século XXI. [valor: 12,00 pontos]

2 Relate ao menos duas mudanças introduzidas pela Lei nº 11.638/2007 na estrutura do balanço patrimonial. [valor: 8,25 pontos]

3 Relate ao menos duas mudanças introduzidas pela Lei nº 11.941/2009 na estrutura do balanço patrimonial. [valor: 8,25 pontos]

Extensão máxima: **30 linhas**

### Resolução da Questão

Em ambos os processos, o crescimento da economia brasileira e a sua internacionalização foram fatores essenciais para a mudança no ordenamento jurídico brasileiro com relação às sociedades empresariais. Nos anos que antecederam a criação da Lei nº 6.404/1976, o País passou de uma economia basicamente rural para uma sociedade urbana, com grande crescimento da atividade industrial e a entrada de diversas companhias estrangeiras, majoritariamente norte-americanas. Era questão de tempo até que as pressões dos mercados acionários internacionais se fizessem sentir. De forma similar, as últimas décadas do século XX e as primeiras do século XXI assistiram a uma forte internacionalização da economia brasileira, com o surgimento de diversas empresas brasileiras transnacionais, que passaram a comercializar suas ações nas principais bolsas mundiais, forçando que um modelo mais próximo à contabilidade e ao ordenamento jurídico mundial fosse adotado no Brasil.

A Lei nº 11.638/2007 manteve a divisão do ativo em circulante, realizável a longo prazo e permanente, introduzindo o subgrupo intangível dentro do permanente. No passivo, as principais mudanças foram em contas e subgrupos do patrimônio líquido, com a decretação da extinção gradual da reserva de reavaliação e a criação das contas de ajuste de avaliação patrimonial e ações em tesouraria, além da mudança da conta de lucros e prejuízos acumulados para prejuízos acumulados.

A Lei nº 11.941/2009 deu continuidade aos ajustes na estrutura do Balanço Patrimonial, criando o grupo Ativo não circulante, subdividido em Realizável a longo prazo, investimentos, imobilizado e intangível, do lado do ativo. No lado do passivo, o Passivo Exigível a Longo Prazo e o Resultado de Exercícios Futuros foram extintos, surgindo o Passivo Não Circulante. No Patrimônio Líquido, a estrutura criada pela Lei nº 11.638/2007 foi reafirmada.

CAPÍTULO 02

# ATIVO, PASSIVO E PATRIMÔNIO LÍQUIDO: CONCEITOS INICIAIS

## 1. PATRIMÔNIO

O Patrimônio é o conjunto de recursos e obrigações de uma entidade. **Esse conceito consiste no objeto da ciência contábil e será fundamental para toda leitura da obra**.

Os recursos (bens e direitos) são denominados ativos, enquanto as obrigações são denominadas passivos.

| Trazendo realidade do leitor |
|---|
| **Situação 1:** Suponha que determinada pessoa recebeu uma herança de R$ 500 mil. Esse valor está distribuído em R$ 400 mil em imóveis e R$ 100 mil em dinheiro. Ocorre que existem impostos atrasados de R$ 15 mil dos imóveis. O patrimônio seria o conjunto de bens, direitos e obrigações.<br>Assim, ter-se-ia:<br>Bens: R$100 mil em dinheiro e R$400 mil em imóveis.<br>Obrigações: R$ 15 mil em impostos a pagar.<br>**Ativo = 500 mil e Passivo = 15 mil.** |
| **Situação 2:** Suponha que uma empresa possui em caixa R$ 200 mil, R$ 300 mil em estoques, 100 mil de duplicatas a receber, 900 mil em imóvel e deve R$ 200 mil a fornecedores. O patrimônio seria o conjunto de bens, direitos e obrigações.<br>Bens: R$200 mil em dinheiro, R$ 300 mil em estoques e R$900 mil em imóveis.<br>Direito: 100 mil de duplicatas a receber.<br>Obrigações: R$ 200 mil a fornecedores.<br>**Ativo = 1,5 milhão e Passivo = 200 mil.** |

## 2. ATIVO

Ativo é um recurso (bens e direitos) econômico presente controlado pela entidade como resultado de eventos passados. Recurso econômico é um direito que tem o potencial de produzir benefícios econômicos.

O controle não dependente necessariamente da propriedade legal. **Assim, para existir um ativo deve haver sempre o controle, ainda que se tenha a propriedade legal.**

O ativo é um dos elementos dos RFGs (Relatórios Financeiros Gerais) conforme estrutura conceitual. O critério de segregação obrigatório consta na Lei nº 6.404/1976.

**Figura 2.1:** Tripé conceitual de Ativo

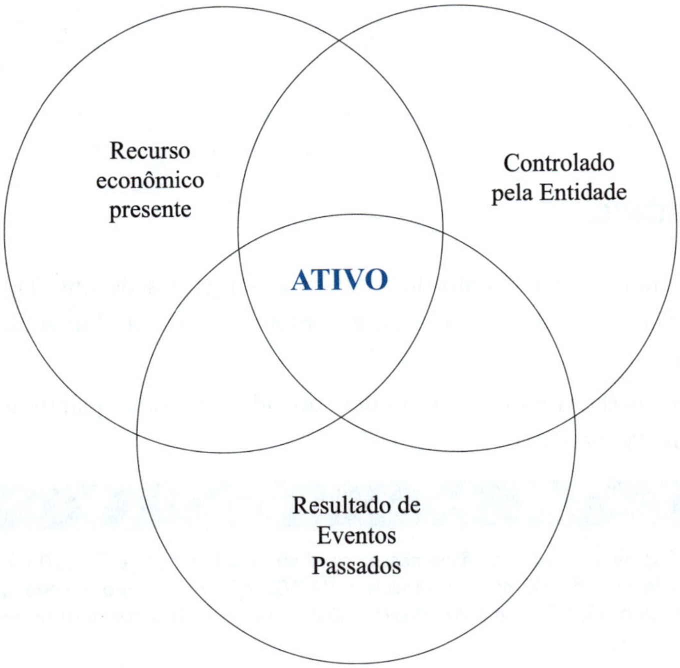


**Chamada 3 do autor:** Tripé Conceitual do Ativo

**Os Bens** são elementos que podem ser avaliados monetariamente e podem ser destinados para uso, troca ou venda. Os bens possuem utilidade, pois são eles que satisfazem as necessidades de seus proprietários. A seguir, o Quadro 2.1 contempla os tipos de bens:

**Quadro 2.1:** Tipos de bens

<table>
<tr><th colspan="2">Categorias</th><th>Descrição</th></tr>
<tr><td rowspan="2">1</td><td>Permanentes</td><td>São bens que possuem vida longa, e são adquiridos para serem utilizados na empresa, ou seja, não são destinados à venda. Por exemplo: veículos, máquinas, equipamentos, ferramentas.</td></tr>
<tr><td>Consumo</td><td>São adquiridos para utilização dentro da empresa, e que serão consumidos a curto prazo, geralmente dentro do próprio exercício em que foram adquiridos. Por exemplo: material de expediente, material de limpeza.</td></tr>
<tr><td rowspan="2">2</td><td>Móveis</td><td>São bens suscetíveis de remoção sem danos em seu estado físico e de utilização. Por exemplo: veículos, animais, máquinas, móveis, equipamentos.</td></tr>
<tr><td>Imóveis</td><td>São bens que não podem ser deslocados de seu lugar de origem (solo e subsolo) sem danos físicos ou de utilização. São aqueles que se deslocados terão que ser total ou parcialmente danificados. Por exemplo: casa, terreno, edifício, reflorestamento etc.</td></tr>
<tr><td rowspan="2">3</td><td>Corpóreos</td><td>Sãos bens que constituem corpo físico, ou seja, possuem matéria e podem ser tocados. Por exemplo: carros, máquinas, mercadorias, enfim a grande maioria dos bens.</td></tr>
<tr><td>Incorpóreos</td><td>São bens que não constituem matéria, ou seja, não podem ser tocados. Mesmo assim, esses bens são passíveis de avaliação econômica e devem ser registrados na contabilidade por seu valor de mercado. Por exemplo: nome comercial, benfeitoria em imóvel de terceiros, fundo de comércio, marca, patente, licença de uso de direitos autorais, licença de uso de marca, entre outros.</td></tr>
</table>

**Os Direitos** representam **os bens que estão em poder de terceiros.** Geralmente aparecem acompanhados da expressão "a receber", "a compensar", a "recuperar", "a creditar", ou outra similar, indicando a promessa de recebimento ou que permita recuperar parte do bem transferido. Por exemplo: duplicatas a receber, clientes (o cliente levou a mercadoria e está devendo), contas a receber, impostos a recuperar (há um crédito tributário da empresa junto ao governo) etc.

## 3. PASSIVO

Passivo é uma obrigação presente da entidade de transferir um recurso econômico como resultado de eventos passados.

O passivo é um dos elementos dos RFGs conforme estrutura conceitual. O critério de segregação obrigatório consta na Lei nº 6.404/1976.

**Figura 2.2:** Tripé Conceitual do Passivo

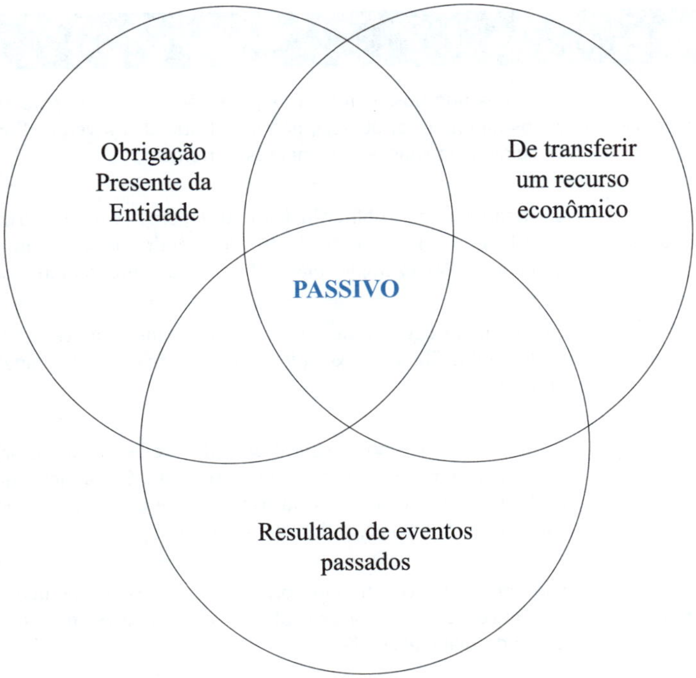


**Chamada 4 do autor:** Tripé Conceitual do Passivo

**As Obrigações** constituem responsabilidades de pagamento por bens adquiridos ou despesas realizadas. São bens de propriedade de terceiros que estão em poder da empresa, ou são dívidas contraídas em virtude de despesas. Quando se compra um bem ou se contrata um serviço, tanto um quanto o outro devem ser pagos. Desse modo, há aqui uma obrigação, uma dívida que poderá ser paga imediatamente ou a prazo. As **obrigações na contabilidade recebem o nome técnico de EXIGÍVEL**, por se exigir da empresa o pagamento das dívidas. Assim, quando uma empresa compra mercadoria a prazo, ela passa a ter a obrigação de pagar o valor da compra no prazo acordado. Uma despesa sempre vai gerar também um pagamento, portanto uma obrigação. As obrigações representam as dívidas com terceiros, ou seja, com as pessoas de fora da empresa. Geralmente aparecem acompanhadas da expressão: "a pagar", "a recolher", "passivos", "a liquidar" ou outra similar. Por exemplo: salários a pagar, impostos a recolher, fornecedor, empréstimos a pagar.

**Figura 2.5:** Situação Patrimonial Nula

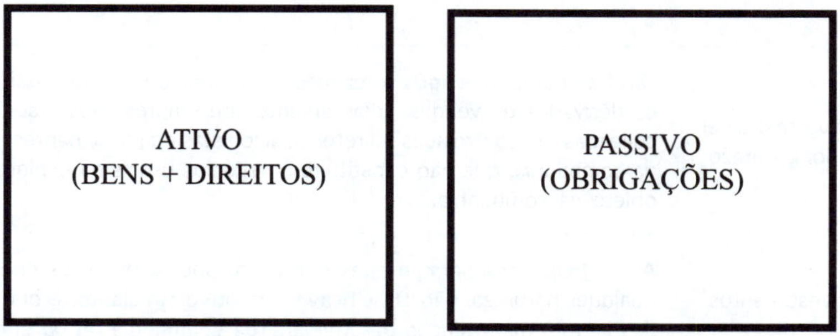


A Situação Patrimonial Nula ocorre quando o conjunto de bens e direitos é igual às obrigações. Neste caso, o patrimônio líquido será igual a zero, ou nulo.

**Chamada 5 do autor:** Situações Patrimoniais Possíveis

## 5. CRITÉRIO DE SEGREGAÇÃO DO ATIVO E PASSIVO COM BASE NOS ATRIBUTOS DA CONVERSIBILIDADE E EXIGIBILIDADE CONFORME LEI Nº 6.404/1976

**Os ativos** devem ser classificados nos grupos: circulante e não circulantes. Os ativos serão classificados no grupo circulante quando satisfizerem **a um dos seguintes critérios**:

**a.** disponibilidades.

**b.** direitos realizáveis no curso do exercício social subsequente.

**c.** aplicações de recursos em despesas do exercício seguinte.

| Traduzindo conceitos | |
|---|---|
| Disponibilidades → | Seria o caixa. |
| Direitos realizáveis no curso do exercício social subsequente → | Seriam vendas a prazo que serão recebidas no exercício seguinte. |
| Aplicações de recursos em despesas do exercício seguinte → | Seriam despesas pagas de forma antecipadas que vencem no exercício seguinte. |

Os demais ativos devem ser classificados como não circulantes. O Quadro 2.2 contém os subgrupos do grupo ativo não circulante.

**Quadro 2.2:** Subgrupos do ativo não circulante em ordem decrescente de liquidez

| | | |
|---|---|---|
| 1 | Ativo realizável a longo prazo | **Direitos realizáveis após o término do exercício seguinte**, assim como os derivados de vendas, adiantamentos ou empréstimos a sociedades coligadas[1] ou controladas[2], diretores, acionistas ou participantes no lucro da companhia, que não constituírem negócios usuais na exploração do objeto da companhia. |
| 2 | Investimentos | As **participações permanentes** em outras sociedades e os **direitos** de qualquer natureza, **não classificáveis no ativo circulante**, e que **não se destinem à manutenção da atividade da companhia ou da empresa.** |
| 3 | Imobilizado | Os direitos que tenham por objeto **bens corpóreos** destinados à manutenção das atividades da companhia ou da empresa ou exercidos com essa finalidade, inclusive os decorrentes de operações que transfiram à companhia os benefícios, riscos e controle desses bens. |
| 4 | Intangível | Os direitos que tenham por objeto **bens incorpóreos** destinados à manutenção da companhia ou exercidos com essa finalidade, inclusive o fundo de comércio adquirido. |

Pela Lei nº 6.404/1976, **os ativos são segregados utilizando o critério da conversibilidade**. Os itens do ativo mais conversíveis são o caixa e o equivalente-caixa (aplicações financeiras), seguidos de: duplicatas a receber, estoques, ativo realizável a longo prazo, investimentos, imobilizado, intangível.

| Conversibilidade |
|---|
| Seria o conceito de ativo associado à liquidez. Seria converte um bem em caixa. O mais líquido é o próprio caixa. Imóveis e Intangíveis são de mais difícil conversão. |

**Os passivos** devem ser classificados no grupo circulante quando corresponderem às obrigações da companhia, inclusive financiamentos para aquisição de direitos do ativo não circulante, quando se vencerem no exercício seguinte.

**Os demais tipos de obrigações** que tiverem vencimento maior devem ser classificadas no **passivo não circulante**.

Desse modo, **os passivos são segregados utilizando o critério da exigibilidade**.

| Exigibilidade |
|---|
| Seria o conceito de passivo (obrigações) associado prioridade de pagamento. Quanto mais próximo da data de vencimento, mais exigível será. |

1 São **coligadas** as sociedades nas quais a investidora tenha **influência significativa**.

2 Considera-se **controlada** a sociedade na qual a controladora, **diretamente ou através de outras controladas**, é titular de direitos de sócio **que lhe assegurem, de modo permanente, preponderância nas deliberações sociais e o poder de eleger a maioria dos administradores**.

**Chamada 6 do autor:** Critérios para segregar o Ativo e Passivo

Essa forma de segmentar o ativo e passivo é essencial para compreensão da obra.

| Ativo | Passivo |
|---|---|
| **Ativo Circulante**<br>**Disponível**<br>**Estoques (mercadorias e produtos)** | **Passivo Circulante**<br>**Obrigações de Curto Prazo**<br>Fornecedores<br>**Empréstimos e Financiamentos**<br>Empréstimos e financiamentos bancários de curto prazo |
| **Ativo não Circulante**<br>**Ativo Realizável a Longo Prazo**<br>Participações societárias temporárias<br>**Investimento**<br>Propriedade para investimento<br>Participações societárias permanentes<br>**Imobilizado**<br>Bens em operação<br>(-) Depreciação acumulada<br>**Intangível**<br>Marcas e patentes | **Passivo não Circulante**<br>**Empréstimos e Financiamentos**<br>**PL**<br>**Capital Social** |

O capítulo 19 contém a fotografia completa e detalhada do Balanço Patrimonial.

Observa-se que o exercício social é um conceito essencial para segregar o ativo e o passivo em circulante e não circulante. **Mas o que seria o exercício social de uma Entidade?**

**Qual a duração do exercício social? Ele deve coincidir com o ano civil?**

**Pela Lei nº 6.404/1976:**

> *Art. 175. O exercício social terá duração de 1 (um) ano e a data do término será fixada no estatuto.*
>
> *Parágrafo único. Na constituição da companhia e nos casos de alteração estatutária o exercício social poderá ter **duração diversa**.*

**Desse modo, a data do término deverá ser fixada no Estatuto Social.**

O Código Civil do Brasil (CC/2002), infere que, no Art. 1.179, o empresário e toda a sociedade empresarial terão que fazer um Balanço Patrimonial (BP) anualmente. Entretanto, não fixa um período de tempo específico para o início ou fim do exercício social:

> *Art. 1.179. O empresário e a sociedade empresária são obrigados a seguir um sistema de contabilidade, mecanizado ou não, com base na escrituração uniforme de seus livros, em correspondência com a documentação respectiva, e a* ***levantar anualmente*** *o balanço patrimonial e o de resultado econômico.*
>
> *§ 1° Salvo o disposto no art. 1.180, o número e a espécie de livros ficam a critério dos interessados.*
>
> *§ 2° É dispensado das exigências deste artigo o pequeno empresário a que se refere o art. 970.*

Portanto, o exercício social na contabilidade de uma empresa poderá ser:

1. Coincidente com o ano civil, isto é, de 01 de janeiro à 31 de dezembro de cada ano; **ou.**
2. Não coincidir com o ano civil, desde que seja 1 ano.

**E se o ciclo operacional da entidade for superior 1 ano?**

Na companhia em que o ciclo operacional da empresa tiver duração maior que o exercício social, **a classificação no circulante ou longo prazo terá por base o prazo desse ciclo**[3].

**Ciclo operacional é diferente de exercício social.**

**Atenção**

Ativos e Passivos cujo prazo de vencimento sejam superiores a 1 ciclo operacional de 9 meses, mas estejam dentro um exercício social de 12 meses, devem ser classificados no passivo circulante.

## 6. TERMINOLOGIAS DISPONÍVEIS

O Quadro 2.3 evidencia as terminologias disponíveis que podem substituir Ativo, Passivo e PL.

**Quadro 2.3:** Terminologias similares para Ativo, Passivo e PL

| Ativo | Passivo | PL |
|---|---|---|
| -Aplicação dos recursos.<br>-Ativo real.<br>-Capital aplicado.<br>-Capital investido.<br>-Patrimônio bruto. | -Capital alheio.<br>-Capital de terceiros.<br>-Passivo exigível.<br>-Passivo de terceiros.<br>-Passivo real.<br>-Recursos de terceiros. | -Capital próprio.<br>-Passivo não exigível.<br>-Recursos próprios.<br>-Riqueza própria.<br>-Situação líquida. |

3 Parágrafo único. Art. 179 da Lei n° 6.404/1976.

# 7. LISTA DE QUESTÕES OBJETIVAS

## 1ª Questão (DPF Agente 2018 CEBRASPE)

Considerando que a contabilidade é a ciência que estuda os fenômenos patrimoniais sob o aspecto da finalidade organizacional, julgue o item a seguir, no que se refere a conceitos, objetivos e finalidades da contabilidade.

1. Para o estudo da contabilidade, patrimônio é a diferença entre ativos e passivos detidos pelas entidades.

### Solução

Errado, Ativo - Passivo = Patrimônio Líquido.

Patrimônio é o conjunto de recursos e obrigações de uma entidade.

Gabarito: **Errado**

CAPÍTULO 03

# REGIMES CONTÁBEIS, RECEITAS, DESPESAS, APURAÇÃO DO RESULTADO DO EXERCÍCIO, ORIGEM E APLICAÇÃO DOS RECURSOS

## 1. REGIMES CONTÁBEIS

Os regimes contábeis determinam o critério pelo qual serão reconhecidas as receitas e as despesas em uma Entidade. Tradicionalmente existem 2 tipos de regimes: caixa e competência. O Quadro 3.1 mostra a diferença entre os regimes.

**Quadro 3.1:** Tipos de Regimes Contábeis

| Tipo | Receita | Despesa | Onde é evidenciado na Contabilidade? |
|---|---|---|---|
| Regime de Caixa | Resta caracterizada quando ocorre **o efetivo ingresso de recursos financeiros** no caixa. | Resta caracterizada quando ocorre **a efetiva saída de recursos financeiros** do caixa. | Demonstração dos Fluxos de Caixa, contudo no CPC 03 se usam os termos (ao invés de receita e despesa): recebimentos e pagamento. Hipoteticamente, em um regime de caixa puro, os recebimentos da DFC seriam as receitas e os pagamentos seriam as despesas. |

| | | | |
|---|---|---|---|
| Regime de Competência | Resta caracterizada quando ocorre o aumento do Patrimônio Líquido **em contrapartida ao aumento do Ativo ou à redução do Passivo.** | Resta caracterizada quando ocorre a redução do Patrimônio Líquido **em contrapartida à redução do Ativo ou ao aumento do Passivo.** | Na escrituração e nas Demonstrações Contábeis: Balanço Patrimonial, Demonstração dos Lucros ou Prejuízos Acumulados, Demonstração do Resultado do Exercício. |

## 1.1. Terminologias disponíveis

O Quadro 3.2 evidencia as terminologias disponíveis que podem se relacionar aos regimes de caixa e competência da receita e da despesa.

Quadro 3.2: Terminologias disponíveis que podem se relacionar aos regimes de caixa e competência da receita e da despesa.

| Receita | | Despesa | |
|---|---|---|---|
| Competência | Caixa | Competência | Caixa |
| -Receita ganha. | -Receita recebida.<br>-Recebimento. | -Despesa incorrida. | -Despesa paga.<br>-Pagamento. |

**Trazendo para a realidade do leitor**

Suponha uma empresa com a seguinte estrutura em 31/03:

| Ativo | Passivo |
|---|---|
| Caixa.......................... 900.000 | Empréstimos a Pagar.......200.000 |
| Estoques....................100.000 | PL |
| | Capital Social....................800.000 |

Suponha que 15/03 ocorram os seguintes eventos:

a) Venda à vista de 20% do estoque por R$ 50 mil.

b) Venda a prazo de 20% do estoque por R$ 60 mil.

c) Registro que em 02/04 deve ser pago os empregados no valor de R$ 20 mil.

d) Recebimento e pagamento imediato da conta de luz no valor de R$ 1.000.

| Regime de Competência |
|---|
| **Os eventos "a" e "b" são receitas pelo regime de competência.** |
| **Os eventos "c" e "d" são despesas pelo regime de competência.** |

| Regime de Caixa |
|---|
| **Apenas o evento "a" é receita pelo regime de caixa. Isso porque no evento "b" não houve entrada efetiva de recurso financeiro.** |
| **Apenas o evento "d" é despesa pelo regime de caixa. Isso porque no evento "c" não houve saída efetiva de recurso financeiro.** |

**A contabilidade adota o regime de competência em sua escrituração contábil (registro dos eventos em livros).**

**Chamada 7 do autor:** Regimes Contábeis



## 2. RECEITA

Segundo o CPC 00, **receitas** são **aumentos nos ativos**, ou **reduções nos passivos**, que resultam em **aumentos no patrimônio líquido**, **exceto aqueles referentes a contribuições de detentores de direitos sobre o patrimônio.**

Desse modo, o conceito de receita do CPC 00 adota o regime de competência.

| Principais tipos de Receitas |
|---|
| -Receitas de Produtos.<br>-Receitas de Serviços. |

## 3. DESPESA

Segundo o CPC 00, **despesas** são **reduções nos ativos**, ou **aumentos nos passivos**, que resultam em **reduções no patrimônio líquido**, **exceto aqueles referentes a distribuições aos detentores de direitos sobre o patrimônio.**

Desse modo, o conceito de despesa do CPC 00 adota o regime de competência.

| Principais tipos de Despesas |
|---|
| - Custos dos Produtos Vendidos: Matéria-prima; Mão de obra direta; Custos indiretos de fabricação (inclui a depreciação que puder ser atrelada ao objeto de custo).<br>- Custos das Mercadorias Vendidas.<br>- Custos dos Serviços Prestados. |

- Despesas Administrativas (Salários com pessoal da administração, Aluguéis, Depreciações, Seguros, Água, Energia elétrica, Serviços Profissionais).
- Despesas de Vendas (Salários com pessoal de Vendas, Comissões de Vendas, Propaganda e Publicidade, Aluguéis, Depreciações, Seguros, Água, Energia elétrica, Serviços Profissionais).

## 4. OUTRAS RECEITAS E DESPESAS

Receitas e despesas são os elementos das demonstrações contábeis que se referem ao desempenho financeiro da entidade. Os usuários das demonstrações contábeis precisam de informações tanto sobre a posição financeira da entidade como de seu desempenho financeiro. Assim, **embora receitas e despesas sejam definidas em termos de mudanças em ativos e passivos**, informações sobre receitas e despesas são tão importantes como informações sobre ativos e passivos.

**Transações diferentes e outros eventos geram receitas e despesas com diferentes características.** Fornecer informações separadamente sobre receitas e despesas com diferentes características pode ajudar os usuários das demonstrações contábeis a compreenderem o desempenho financeiro da entidade.

## 5. APURAÇÃO DO RESULTADO DO EXERCÍCIO

A apuração do resultado do exercício resulta do confronto entre Receitas e Despesas.

**Receitas > Despesas = Lucro**

**ou,**

**Receitas < Despesas = Prejuízo**

### Trazendo para a realidade do leitor

Suponha uma empresa com a seguinte estrutura em 31/03:

| Ativo | Passivo |
|---|---|
| Caixa..........................900.000 | Empréstimos a Pagar.......200.000 |
| Estoques...................100.000 | **PL** |
| | Capital Social....................800.000 |

**Suponha que 15/03 ocorram os seguintes eventos:**

a) Venda à vista de 20% do estoque por R$ 50 mil.

b) Venda a prazo de 20% do estoque por R$ 60 mil.

**Nessas situações teríamos:**

**a) Receita – Custo = Lucro → 50 mil – (20%x 100.000) → Lucro de 30 mil.**

**b) Receita – Custo = Lucro → 60 mil – (20%x 100.000) → Lucro de 40 mil.**

**Conclusão, o lucro é apurado pelo regime de competência.**

**Esse lucro ao final do ano é incorporado ao Patrimônio Líquido.**

## 6. RECEITAS E DESPESAS ANTECIPADAS NO REGIME COMPETÊNCIA

Suponha-se que uma Entidade receba antecipadamente um valor referente a um produto ou mercadoria que deva entregar em 60 dias. Pelo regime de caixa isso seria uma receita em contrapartida a entrada de recurso no caixa. Porém, no regime de competência esse evento gera uma obrigação em contrapartida a entrada de recurso no caixa. Posteriormente, quando ocorrer a entrega da mercadoria, se reconhece a receita pelo regime competência e se dá baixa na obrigação.

**Receita Antecipada = Conta do Passivo**

Suponha-se que uma Entidade pague antecipadamente um valor referente a uma despesa que seria paga em 90 dias. Pelo regime de caixa isso seria uma despesa em contrapartida a saída de recurso no caixa. Porém, no regime de competência esse evento gera um direito em contrapartida a saída de recurso no caixa. Posteriormente, quando ocorrer o fato gerador da folha, se reconhece a despesa pelo regime competência e se dá baixa do direito.

**Despesa Antecipada = Conta do Ativo**

Esses lançamentos serão explorados na Unidade Didática II – Escrituração contábil.

**Quadro 3.3:** Terminologias referentes a receitas e despesas antecipadas

| Receita Antecipada<br>(em um primeiro momento<br>gera uma Obrigação à Entidade) | Despesa Antecipada<br>(em um primeiro momento<br>gera um Direito à Entidade) |
|---|---|
| - Receita a vencer.<br>- Receita a apropriar.<br>- Receita a transcorrer.<br>- Receita diferida. | - Despesa a vencer.<br>- Despesa a apropriar.<br>- Despesa a transcorrer.<br>- Despesa diferida. |

**Trazendo para a realidade do leitor**

Suponha uma empresa com a seguinte estrutura em 31/03:

1. **Origem** dos Recursos de **Terceiros** (visualizada na coluna do Passivo): R$ 200 mil em empréstimos a pagar.
2. **Origem** dos Recursos **Próprios** (visualizada na coluna do PL): R$ 800 mil dos proprietários.
3. **Aplicação** dos Recursos (visualizada na coluna do Ativo): R$ 900 mil em caixa e 100 mil em estoques.

| Ativo | Passivo |
|---|---|
| Caixa............................900.000 | Empréstimos a Pagar.......200.000 |
| Estoques......................100.000 | |
| | PL |
| | Capital Social....................800.000 |

**Suponha que 15/03 ocorram os seguintes eventos:**

a) Recebimento antecipado de R$ 100 mil referente a uma venda futura.

b) Pagamento antecipado a fornecedor de R$ 50 referente a uma compra futura.

**O evento "a" gera uma obrigação, pois** obriga a empresa a vender mercadoria no futuro.

**O evento "b" gera um direito, pois** obriga o fornecedor a entregar o estoque no futuro.

| Ativo | Passivo |
|---|---|
| Caixa ..................................................950.000 | Receita a Vencer............................100.000 |
| Despesa a vencer............................50.000 | Empréstimos a Pagar.....................200.000 |
| Estoques..........................................100.000 | |
| | PL |
| | Capital Social..................................800.000 |
| Total:1.100.000 | Total:1.100.000 |

## 7. ORIGEM E APLICAÇÃO DOS RECURSOS

Uma abordagem útil na identificação das mutações do patrimônio seria a origem e aplicação dos recursos conforme consta na Figura 3.1. É um dos conceitos mais desafiadores da Contabilidade

O objeto de estudo da contabilidade é o patrimônio e seu campo de aplicação são as aziendas (sociedades empresárias com ou sem fins lucrativos). Partindo desse entendimento deve-se compreender que toda empresa/sociedade empresária precisa ser formada por algum capital (dinheiro ou equivalente) dos sócios. Esse capital pode ser próprio (dos sócios) ou de terceiros (como os bancos).

A origem identifica de onde veio ou como se conseguiu o recurso (financeiro e não financeiro), enquanto a aplicação evidencia onde foi investido o recurso.

**Figura 3.1:** Origem e Aplicação dos Recursos

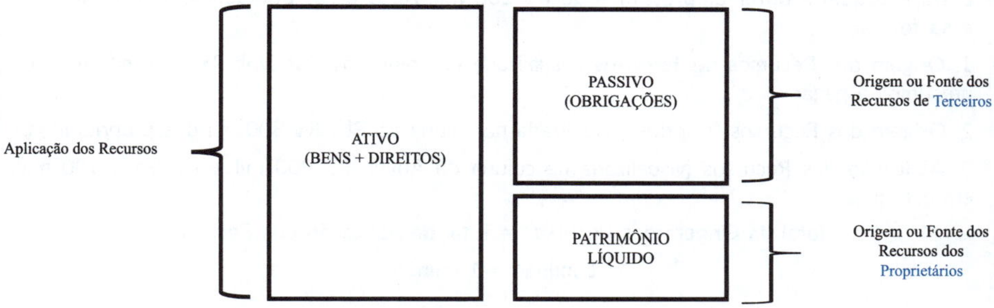


Logo de início, a formação de um patrimônio de uma empresa ocorre pelo aporte financeiro de capitais pelos sócios da empresa (tecnicamente chamado de integralização de capital). Observa-se que de início uma empresa não possui bens, nem direitos e nem obrigações. Ela está sendo constituída nesse exato momento e ela possui apenas o patrimônio líquido, formado pela integralização de capital pelos sócios. Nesse momento de constituição ocorre a primeira origem e aplicação de recursos.

### Trazendo para realidade do leitor

Suponha que determinada pessoa recebeu em 31/01 uma herança de R$ 400 mil em dinheiro. Essa pessoa foi convidada em 15/02 por um amigo para formar a sociedade empresarial "SUPREMO SA" cada qual com 50% de participação totalizando R$ 800 mil. Em 01/03 a sociedade é formalizada e cada sócio integralizou (aportou) o valor de R$ 400 mil.

Esses recursos integralizados dentro da empresa serão incorporados na conta "caixa" que é um bem e faz parte do ativo. A seguir iniciam-se as operações da empresa. Diz-se com isso que os recursos foram aplicados no ativo.

Nesse primeiro momento se conclui que:

1. **Origem** dos Recursos **Próprios** (visualizada na coluna do PL): R$ 800 mil dos proprietários.
2. **Aplicação** dos **Recursos** (visualizada na coluna do Ativo): R$ 800 mil em caixa.

**Total da Origem dos Recursos = Total de Aplicação dos Recursos**

**800 mil = 800 mil**

A origem de recursos identifica de onde veio ou como se conseguiu o recurso (financeiro e não financeiro).

A aplicação de recursos identifica onde foi investido o recurso da origem.

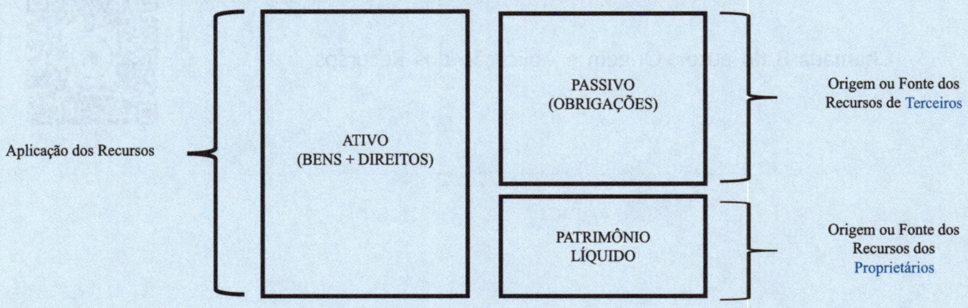

Em 15/03 os sócios decidem: comprar estoques à vista por R$ 100 mil (sai dinheiro e entra estoque) e obter empréstimos de R$ 200 mil. Após essas operações, a situação fica essa forma:

1. **Origem** dos Recursos de **Terceiros** (visualizada na coluna do Passivo): R$ 200 mil em empréstimos a pagar.
2. **Origem** dos Recursos **Próprios** (visualizada na coluna do PL): R$ 800 mil dos proprietários.
3. **Aplicação** dos Recursos (visualizada na coluna do Ativo): R$ 900 mil em caixa e 100 mil em estoques.

**Total da Origem dos Recursos = Total de Aplicação dos Recursos**

**1 milhão = 1 milhão**

Resumo

| Aumenta a Aplicação dos Recursos | Aumenta Origem dos Recursos |
|---|---|
| Aumento de Ativo | Diminuição de Ativo |
| Diminuição de Passivo | Aumento de Passivo |
| Diminuição de PL (Despesa) | Aumento de PL (Receita) |

**Dica para aplicar a Lógica anterior:**

| Item | Análise mais simples: Aplicar essa!!! | Análise por oposição |
|---|---|---|
| Ativo | O aumento do ativo é a essência da Aplicação dos Recursos | Diminuição do Ativo gera origem dos recursos. |
| Passivo | O aumento do passivo é a essência da Origem dos Recursos | Diminuição do Passivo gera Aplicação dos Recursos. |
| PL | A receita gera lucro que é incorporado ao PL e está associada a Origem dos Recursos. | A despesa gera Aplicação dos Recursos. |

Total da Origem dos Recursos = Total de Aplicação dos Recursos

**Chamada 8 do autor:** Origem e Aplicação dos Recursos

# 8. LISTA DE QUESTÕES OBJETIVAS

## 1ª Questão (Receita Federal Analista Tributário 2012 ESAF)

A firma Equacionada S.A. apurou o seu patrimônio em 2011, computando os saldos iniciais e a movimentação do exercício. Disto resultaram os valores abaixo listados:

| | |
|---|---|
| Bens | R$ 200.000,00 |
| Direitos | R$ 150.000,00 |
| Obrigações | R$ 215.000,00 |
| Situação Líquida | R$ 135.000,00 |
| Aumentos de ativo | R$ 100.000,00 |
| Aumentos de passivo | R$ 120.000,00 |
| Reduções de ativo | R$ 45.000,00 |
| Reduções de passivo | R$ 80.000,00 |
| Obtenção de ganhos e rendas | R$ 95.000,00 |
| Realização de consumos | R$ 70.000,00 |

Considerando que todo o movimento contábil dessa entidade está expresso na equação acima, pode-se dizer que o **item que a completa será um aumento** de:

a) Aplicação no valor de R$ 10.000,00.

b) Origem no valor de R$ 10.000,00.

c) Aplicação no valor de R$ 5.000,00.

d) Origem no valor de R$ 5.000,00.

e) Redução de origens no valor de R$ 5.000,00.

### Solução

| **Ativo**<br>Bens + Direitos →<br>200.000+150.000→ **350.000** | **Passivo**<br>Obrigações →**215.000** |
|---|---|
| | **PL**<br>Situação Líquida → **135.000** |

Assim, verificada essa primeira igualdade, pode-se desconsiderá-las e considerar apenas as contas restantes.

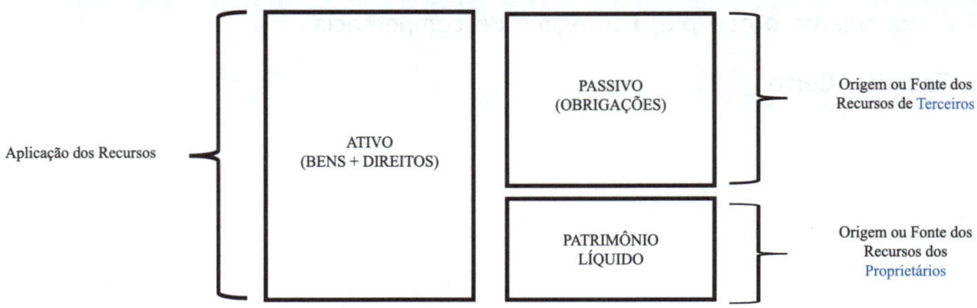

| Aplicação dos Recursos | Origem dos Recursos |
|---|---|
| Aumento de Ativo | Diminuição de Ativo |
| Diminuição de Passivo | Aumento de Passivo |
| Diminuição de PL | Aumento de PL |

| Fluxos Patrimoniais | Aplicação dos Recursos | Origens |
|---|---|---|
| Aumentos de ativo | 100.000 | - |
| Reduções de ativo | - | 45.000 |
| Aumentos de passivo | - | 120.000 |
| Reduções de passivo | 80.000 | - |
| Obtenção de ganhos e rendas (é uma receita) | - | 95.000 |
| Realização de consumos (é uma despesa) | 70.000 | - |
| **Total parcial com os dados fornecidos** | **250.000** | **260.000** |

Resta uma diferença de 10.000 que pode ser resolvida pela Aplicação de Recursos (Aumento de Ativo, Diminuição de Passivo ou Diminuição de PL).

Gabarito: **A**

## 2ª Questão (DPF Agente 2018 CEBRASPE)

Determinada sociedade comercial criou uma rubrica contábil para abrigar os valores dos estoques em trânsito. Na abertura do exercício corrente, essa rubrica possuía saldo de R$ 50.000. A respeito dessa situação hipotética, julgue o próximo item.

2. Em função da competência contábil, deve ser considerado despesa do exercício corrente o valor do aluguel do imóvel que tenha sido utilizado no exercício corrente e só será pago no exercício seguinte.

### Solução

É exatamente o que prega o regime de competência

Gabarito: **Certo**

CAPÍTULO 04

# CARACTERÍSTICAS QUALITATIVAS DE INFORMAÇÕES FINANCEIRAS E RESTRIÇÕES DO CUSTO

## 1. VISÃO GERAL

Conforme a estrutura conceitual, existem 2 características qualitativas fundamentais, 4 características qualitativas de melhoria e 1 restrição às informações financeiras úteis.

**Figura 4.1:** Características qualitativas de informações financeiras e restrições do custo

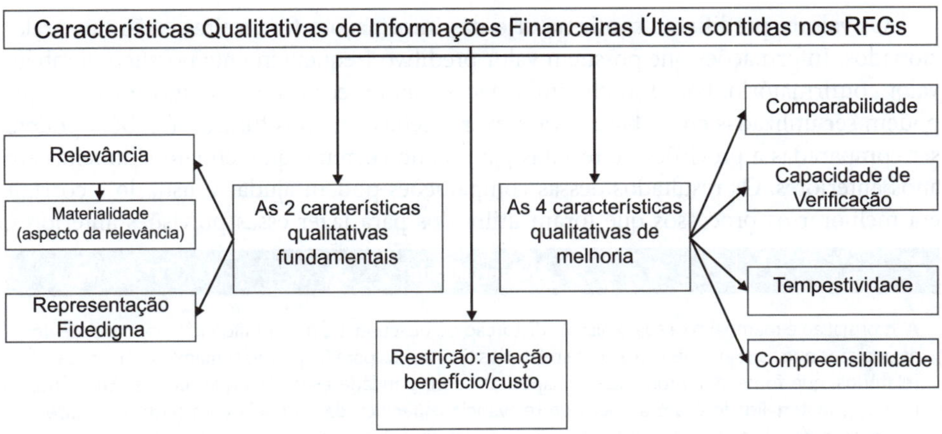

Se informações financeiras devem ser úteis, elas devem ser relevantes e representar fidedignamente aquilo que pretendem representar. A utilidade das informações financeiras é aumentada se forem comparáveis, verificáveis, tempestivas e compreensíveis.

| O ponto de partida é a **utilidade** da informação financeira. |
|---|

**Chamada 9 do autor:** Visão Geral das Características Qualitativas e Restrição Benefício/Custo

## 2. CARACTERÍSTICAS QUALITATIVAS FUNDAMENTAIS

### 2.1. Relevância

Informações financeiras relevantes são capazes de fazer diferença nas decisões tomadas pelos usuários. Informações podem ser capazes de fazer diferença em uma decisão ainda que alguns usuários optem por não tirar vantagem delas ou já tenham conhecimento delas a partir de outras fontes.

Informações financeiras são capazes de fazer diferença em decisões se tiverem **valor preditivo** ou valor **confirmatório**, ou **ambos**.

Informações financeiras têm **valor preditivo** se podem ser utilizadas como informações em processos empregados pelos usuários para **prever resultados futuros**. Informações financeiras não precisam ser previsões ou prognósticos para ter valor preditivo. Informações financeiras com valor preditivo são empregadas por usuários ao fazer suas próprias previsões.

Informações financeiras têm valor **confirmatório** se **fornecem feedback** sobre (confirmam ou alteram) **avaliações anteriores**.

Os valores preditivo e confirmatório das informações financeiras estão inter-relacionados. Informações que possuem valor preditivo frequentemente possuem também valor confirmatório. Por exemplo, informações sobre receitas para o ano corrente, que podem ser utilizadas como base para prever receitas em anos futuros, também podem ser comparadas a previsões de receitas para o ano corrente que tenham sido feitas em anos anteriores. Os resultados dessas comparações podem ajudar o usuário a corrigir e a melhorar os processos que foram utilizados para fazer essas previsões anteriores.

| Materialidade |
|---|
| A informação é material se a sua **omissão**, **distorção** ou obscuridade puder influenciar, razoavelmente, as decisões que os principais usuários de relatórios financeiros para fins gerais tomam com base nesses relatórios, que fornecem informações financeiras sobre entidade específica que reporta. Em outras palavras, **materialidade é um aspecto de relevância específico da entidade com base na natureza ou magnitude**, ou ambas, dos itens aos quais as informações se referem no contexto do relatório financeiro da entidade individual. Consequentemente, não se pode especificar um limite quantitativo uniforme para materialidade ou predeterminar o que pode ser material em uma situação específica. |

**Aplicação 1: Agrupamento de contas nas Demonstrações Contábeis**

Segundo o § 2° do art. 176 da Lei nº 6.404/1976, nas demonstrações, as contas semelhantes poderão ser agrupadas; os pequenos saldos poderão ser agregados, desde que indicada a sua natureza e não ultrapassem 0,1 (um décimo) do valor do respectivo grupo de contas; mas é vedada a utilização de designações genéricas, como "diversas contas" ou "contas-correntes".

Essa forma de aplicação mostra que a materialidade de um agrupamento varia de acordo com o valor do grupo da Demonstração Contábil.

**Aplicação 2: Distorção tolerável aplicada pelo Tribunal de Contas da União nas auditorias financeiras sobre Empresas Estatais Independentes (Ex.: Petrobrás, Infraero, Banco do Brasil etc.)**

Segundo o art. 22 da Decisão Normativa TCU 198/2022, o limite de acumulação de distorções (LAD) que não gera ressalvas pode ser de até 0,1% do Valor de Referência da Entidade. No caso de Empresas Estatais, o Valor de Referência seria o Ativo Total. Assim, supondo um Ativo Total de R$ 990 bilhões de reais, o LAD seria de 990 milhões de reais. Caso fosse identificada uma distorção de R$ 100 milhões nessa entidade, isso não geraria ressalva. Essa forma de aplicação mostra que a materialidade de uma distorção tolerável varia de acordo com o Valor de Referência da Entidade.

**Aplicação 3: Materialidade de divulgação pode ser distinta da materialidade de auditoria**

Comumente pode-se adotar para fins de materialidade de divulgação que 2,5% do lucro líquido ou 5% do PL seria material.

**Principais Pontos sobre Relevância**

1. Para ser relevante a informação tem que ter influência significativa.
2. Ter influência significativa implica que a informação tenha valor confirmatório, preditivo ou ambos.
3. Para ter valor confirmatório as informações têm que confirmarem ou alterarem expectativas passadas (ou presentes).
4. Ter valor preditivo indica que a informação é voltada para o futuro.
5. As funções confirmatória e preditiva da informação são inter-relacionadas.

## 2.2. Representação Fidedigna

Relatórios financeiros representam fenômenos econômicos em palavras e números. Para serem úteis, informações financeiras não devem apenas representar fenômenos relevantes, mas também representar de forma fidedigna a essência dos fenômenos que pretendem representar. Em muitas circunstâncias, a essência de fenômeno econômico e sua forma legal são as mesmas. Se não forem as mesmas, fornecer informações apenas sobre a forma legal não representaria fidedignamente o fenômeno econômico.

Para ser representação perfeitamente fidedigna, a representação **deve ter três características**. Ela é **completa**, neutra e **isenta de erros**. Obviamente, **a perfeição nunca ou raramente é atingida**. O objetivo é maximizar essas qualidades tanto quanto possível.

A **representação completa inclui todas as informações necessárias** para que o usuário compreenda os fenômenos que estão sendo representados, inclusive todas as descrições e explicações necessárias. Por exemplo, a representação completa de grupo de ativos inclui, no mínimo, a descrição da natureza dos ativos do grupo, a representação numérica de todos os ativos do grupo e a descrição daquilo que a representação numérica retrata (por exemplo, custo histórico ou valor justo). Para alguns itens, uma representação completa pode envolver também explicações de fatos significativos sobre a qualidade e natureza do item, fatores e circunstâncias que podem afetar sua qualidade e natureza e o processo utilizado para determinar a representação numérica.

A **representação neutra não é tendenciosa na seleção ou na apresentação de informações financeiras.** A representação neutra **não possui inclinações, não é parcial, não é enfatizada ou deixa de ser enfatizada, nem é, de outro modo, manipulada** para aumentar a probabilidade de que as informações financeiras serão recebidas de forma favorável ou desfavorável pelos usuários. **Informações neutras não significam informações sem nenhum propósito ou sem nenhuma influência sobre o comportamento. Ao contrário, informações financeiras relevantes são, por definição, capazes de fazer diferença nas decisões dos usuários.**

**A neutralidade é apoiada pelo exercício da prudência.** Prudência é o exercício de cautela ao fazer julgamentos sob condições de incerteza. O exercício de prudência significa que ativos e receitas não estão superavaliados; e que passivos e despesas não estão subavaliados. Da mesma forma, **o exercício de prudência não permite a subavaliação de ativos ou receitas ou a superavaliação de passivos ou despesas.** Essas divulgações distorcidas podem levar à superavaliação ou subavaliação de receitas ou despesas em períodos futuros.

**O exercício de prudência não implica necessidade de assimetria**, por exemplo, a necessidade sistemática de evidência mais convincente para dar suporte ao reconhecimento de ativos ou receitas do que ao reconhecimento de passivos ou despesas. Essa assimetria não é característica qualitativa de informações financeiras úteis. Não obstante, determinados pronunciamentos podem conter requisitos assimétricos se isso for consequência de decisões que se destinam a selecionar as informações mais relevantes que representam fidedignamente o que pretendem representar.

Representação fidedigna não significa representação precisa em todos os aspectos. Livre de erros significa que não há erros ou omissões na descrição do fenômeno e que o processo utilizado para produzir as informações apresentadas foi selecionado e aplicado sem erros no processo. **Nesse contexto, ser livre de erros não significa ser perfeitamente precisa em todos os aspectos.** Por exemplo, a estimativa de preço ou valor não observável não pode ser determinada como precisa ou imprecisa. Contudo, a representação dessa estimativa pode ser fidedigna se o valor for descrito de forma clara e precisa como sendo a estimativa, se a natureza e as limitações do processo de estimativa forem explicadas e se nenhum erro tiver sido cometido na escolha e na aplicação do processo apropriado para o desenvolvimento da estimativa.

Quando valores monetários em relatórios financeiros não puderem ser observados diretamente e, em vez disso, devem ser estimados, surge incerteza na mensuração. O uso de estimativas razoáveis é parte essencial da elaboração de informações financeiras e não prejudica a utilidade das informações se as estimativas são descritas e explicadas de forma clara e precisa. Mesmo um elevado nível de incerteza na mensuração não impede necessariamente essa estimativa de fornecer informações úteis.

| Principais Pontos sobre Representação Fidedigna |
|---|
| 1. É alcançada quando a representação do fenômeno é completa, neutra e livre de erro material. |
| 2. Não é possível garantir na prática. Busca-se o tanto quanto possível. |
| 3. A representação neutra não possui inclinações, não é parcial, não é enfatizada ou deixa de ser enfatizada, nem é, de outro modo, manipulada para aumentar a probabilidade de que as informações financeiras serão recebidas de forma favorável ou desfavorável pelos usuários. |
| 4. A neutralidade é apoiada pelo exercício da prudência. O exercício de prudência não permite a subavaliação de ativos ou receitas ou a superavaliação de passivos ou despesas. |
| 5. Livre de erros significa que não há erros ou omissões na descrição do fenômeno e que o processo utilizado para produzir as informações apresentadas foi selecionado e aplicado sem erros no processo. Nesse contexto, livre de erros não significa perfeitamente precisa em todos os aspectos. Por exemplo: se uma entidade quer registrar uma provisão e possui 50% de chance do valor ser R$ 500.000 e 50% de chance do valor ser R$ 1.000.000, ela deve informar o valor esperado de R$ 750.000 mencionando as estimativas. |

## 2.3. Aplicação das características qualitativas fundamentais

As informações devem tanto ser relevantes como fornecer representação fidedigna do que pretendem representar para serem úteis. Nem a representação fidedigna de fenômeno irrelevante, nem a representação não fidedigna de fenômeno relevante auxiliam os usuários a tomar boas decisões.

**O processo mais eficiente e eficaz para aplicar as características qualitativas fundamentais é, normalmente, o seguinte** (**observados os efeitos de características de melhoria e a restrição de custo**, os quais não são considerados neste exemplo). **Em primeiro lugar**, identificar o fenômeno econômico, informações sobre o que é capaz de ser útil para os usuários das informações financeiras da entidade que reporta. **Em segundo lugar**, identificar o tipo de informação sobre esse fenômeno que é mais relevante. **Em terceiro lugar**, determinar se essas informações estão disponíveis e se podem fornecer representação fidedigna do fenômeno econômico. **Em caso afirmativo**, o processo para satisfazer às características qualitativas fundamentais se encerra nesse ponto. **Em caso negativo**, o processo é repetido com o próximo tipo de informação mais relevante.

**Em alguns casos, o ponto de equilíbrio (trade-off) entre as características qualitativas fundamentais pode precisar ser encontrado para atingir o objetivo do relatório financeiro, que é fornecer informações úteis sobre fenômenos econômicos.** Por exemplo, as informações mais relevantes sobre um fenômeno podem ser uma estimativa altamente incerta. Em alguns casos, o nível de incerteza na mensuração envolvido na realização dessa estimativa pode ser tão alto que pode ser questionável se a estimativa forneceria representação suficientemente fidedigna desse fenômeno.

**Em alguns desses casos, a informação mais útil pode ser a estimativa altamente incerta, acompanhada pela descrição da estimativa e da explicação das incertezas que a afetam.** Em outros casos, se essa informação não fornece representação suficientemente fidedigna desse fenômeno, a informação mais útil pode incluir uma estimativa de outro tipo que é ligeiramente menos relevante, mas que está sujeita a uma menor incerteza na mensuração. Em circunstâncias limitadas, pode não haver estimativa que forneça informações úteis. Nessas circunstâncias limitadas, pode ser necessário fornecer informações que não se baseiam em estimativa.

## 3. CARACTERÍSTICAS QUALITATIVAS DE MELHORIA

Comparabilidade, capacidade de verificação, tempestividade e compreensibilidade são características qualitativas que melhoram a utilidade de informações que sejam tanto relevantes como forneçam representação fidedigna do que pretendem representar. As características qualitativas de melhoria podem também ajudar a determinar qual de duas formas deve ser utilizada para representar o fenômeno caso se considere que ambas fornecem informações igualmente relevantes e representação igualmente fidedigna desse fenômeno.

### 3.1. Comparabilidade

As decisões dos usuários envolvem escolher entre alternativas, como, por exemplo, vender ou manter o investimento, ou investir em uma, ou outra entidade que reporta. Consequentemente, informações sobre a entidade que reporta são mais úteis **se puderem ser comparadas a informações similares sobre outras entidades e a informações similares sobre a mesma entidade referente a outro período ou a outra data**.

Comparabilidade é a característica qualitativa que permite aos usuários identificar e compreender similaridades e diferenças entre itens. **Diferentemente das outras características qualitativas, a comparabilidade não se refere a um único item. A comparação exige, no mínimo, dois itens.**

**Consistência, embora relacionada à comparabilidade, não é a mesma coisa.** Consistência refere-se ao uso dos mesmos métodos para os mesmos itens, seja de período a período na entidade que reporta ou em um único período para diferentes entidades. Comparabilidade é a meta; a consistência ajuda a atingir essa meta.

**Comparabilidade não é uniformidade**. Para que informações sejam comparáveis, coisas similares devem parecer similares e coisas diferentes devem parecer diferentes. A comparabilidade de informações financeiras não é aumentada fazendo-se que coisas diferentes pareçam similares, tanto quanto se fazendo que coisas similares pareçam diferentes.

É provável que se atinja certo grau de comparabilidade ao se satisfazer às características qualitativas fundamentais. A representação fidedigna de um fenômeno econômico relevante deve naturalmente possuir certo grau de comparabilidade com a representação fidedigna de fenômeno econômico relevante similar por outra entidade que reporta.

Embora um único fenômeno econômico possa ser representado de forma fidedigna de diversas formas, permitir métodos contábeis alternativos para o mesmo fenômeno econômico diminui a comparabilidade.

| Principais Pontos sobre Comparabilidade |
|---|
| 1. A comparabilidade é a qualidade da informação que possibilita aos usuários identificar semelhanças e diferenças entre dois conjuntos de fenômenos. |
| 2. A comparabilidade não é uma qualidade de item individual de informação. |
| 3. A comparabilidade difere da consistência. A consistência se refere à utilização dos mesmos métodos para os mesmos itens. A comparabilidade é a meta, enquanto a consistência auxilia a atingi-lo. |

## 3.2. Capacidade de verificação

A capacidade de verificação ajuda a garantir aos usuários que as informações representem de forma fidedigna os fenômenos econômicos que pretendem representar. Capacidade de verificação significa que diferentes observadores bem informados e independentes podem chegar ao consenso, embora não haja acordo necessariamente completo, de que a representação específica é representação fidedigna. Informações quantificadas não precisam ser uma estimativa de valor único para que sejam verificáveis. Uma faixa de valores possíveis e as respectivas probabilidades também podem ser verificadas.

**A verificação pode ser direta ou indireta. Verificação direta significa verificar o valor ou outra representação por meio de observação direta, por exemplo, contando-se dinheiro. Verificação indireta significa verificar os dados de entrada de modelo, fórmula ou outra técnica e recalcular os dados de saída utilizando a mesma metodologia. Um exemplo é verificar o valor contábil do estoque, checando as informações (quantidades e custos) e recalculando o estoque final, utilizando a mesma premissa de fluxo de custo (por exemplo, utilizando o método primeiro a entrar, primeiro a sair).**

Verificar algumas explicações e informações financeiras prospectivas pode ser possível somente em período futuro, ou pode mesmo não ser possível. Para auxiliar os usuários a decidir se desejam utilizar essas informações, normalmente seria necessário divulgar as premissas subjacentes, os métodos de compilação das informações e outros fatores e circunstâncias que sustentam as informações.

| Principais Pontos sobre Capacidade de verificação |
|---|
| 1. Significa que diferentes observadores bem informados e independentes podem chegar ao consenso, embora não haja acordo necessariamente completo. |
| 2. Informações quantificadas não precisam ser uma estimativa de valor único para que sejam verificáveis. Uma faixa de valores possíveis e as respectivas probabilidades também podem ser verificadas. |
| 3. A verificação pode ser direta ou indireta. |
| 4. Verificação direta significa verificar o valor ou outra representação por meio de observação direta. |
| 5. Verificação indireta significa verificar os dados de entrada de modelo, fórmula ou outra técnica e recalcular os dados de saída utilizando a mesma metodologia. |

## 3.3. Tempestividade

Tempestividade significa **disponibilizar informações** aos tomadores de **decisões a tempo para que sejam capazes de influenciar suas decisões**. De modo geral, quanto mais antiga a informação, menos útil ela é. Contudo, algumas informações podem continuar a ser tempestivas por muito tempo após o final do período de relatório porque, por exemplo, alguns usuários podem precisar identificar e avaliar tendências.

| Principais Pontos sobre Tempestividade |
|---|
| 1. Disponibilizar informações aos tomadores de decisões a tempo para que sejam capazes de influenciar suas decisões. |
| 2. De modo geral, quanto mais antiga a informação, menos útil ela é. |

## 3.4. Compreensibilidade

Classificar, caracterizar e apresentar informações de modo claro e conciso as torna compreensíveis.

**Alguns fenômenos são inerentemente complexos e pode não ser possível tornar a sua compreensão fácil. Excluir informações sobre esses fenômenos dos relatórios financeiros pode facilitar a compreensão das informações contidas nesses relatórios financeiros. Contudo, esses relatórios seriam incompletos e, portanto, possivelmente distorcidos.**

Relatórios financeiros são elaborados para usuários que têm conhecimento razoável das atividades comerciais e econômicas e que revisam e analisam as informações de modo diligente. Algumas vezes, mesmo usuários bem-informados e diligentes podem precisar buscar o auxílio de consultor para compreender informações sobre fenômenos econômicos complexos.

| Principais Pontos sobre Compreensibilidade |
|---|
| 1. Alguns fenômenos são inerentemente complexos e pode não ser possível tornar a sua compreensão fácil. |
| 2. Excluir informações sobre esses fenômenos dos relatórios financeiros pode tornar mais fácil a compreensão das informações contidas nesses relatórios financeiros. Contudo, esses relatórios seriam incompletos e, portanto, possivelmente distorcidos. |
| 3. Algumas vezes, mesmo usuários bem informados e diligentes podem precisar buscar o auxílio de consultor para compreender informações sobre fenômenos econômicos complexos. |

## 3.5. Aplicação das características qualitativas de melhoria

As características qualitativas de melhoria devem ser maximizadas tanto quanto possível. Contudo, as características qualitativas de melhoria, seja individualmente ou como grupo, não podem tornar informações úteis se essas informações forem irrelevantes ou não fornecerem representação fidedigna do que pretendem representar.

A aplicação das características qualitativas de melhoria é um processo iterativo que não segue uma ordem prescrita. Algumas vezes, a característica qualitativa de melhoria pode ter de ser diminuída para maximizar outra característica qualitativa de melhoria. Por exemplo, a redução temporária na comparabilidade como resultado da aplicação prospectiva de novo pronunciamento pode ser vantajosa para aumentar a relevância ou a representação fidedigna a longo prazo. Divulgações apropriadas podem compensar parcialmente a não comparabilidade.

| Simulação 01: Aplicação as Características Qualitativas Fundamentais e de Melhoria |
| --- |
| Determinador contador está em dúvida se detalha ou não em notas explicativas a provisão de demandas judiciais com as diversas probabilidades. Caso suprima tudo perderá a relevância e caso publique tudo aumentará consideravelmente os custos e a compreensibilidade. Após levar para a chefia, chegou-se a um meio-termo e foram publicados os quadros sintéticos sem todos os detalhes. Assim, se manteve a relevância e a informação ficou mais compreensível. |

## 4. RESTRIÇÕES DO CUSTO SOBRE RELATÓRIOS FINANCEIROS ÚTEIS

O custo é uma restrição generalizada sobre as informações que podem ser fornecidas pelo relatório financeiro. O relatório de informações financeiras impõe custos, e é importante que eles sejam justificados pelos benefícios de apresentar essas informações. **Há vários tipos de custos e benefícios a serem considerados.**

Os **fornecedores de informações financeiras gastam a maior parte dos esforços envolvidos na coleta, processamento, verificação e disseminação de informações financeiras**, **mas, em última instância, os usuários arcam com esses custos na forma de retornos reduzidos.** Os usuários de informações financeiras podem também incorrer em custos de análise e interpretação das informações fornecidas. Se as informações necessárias não são fornecidas, os usuários incorrem em custos adicionais para obter essas informações em qualquer outra parte ou para estimá-las.

A apresentação de informações financeiras que sejam relevantes e representem de forma fidedigna aquilo que pretendem representar ajuda os usuários a tomar decisões com mais confiança. Isso resulta no funcionamento mais eficiente dos mercados de capitais e no menor custo de capital para a economia como um todo. **O investidor, mutuante ou outro credor individual recebe também os benefícios ao tomar decisões mais informadas**. Contudo, não é possível aos relatórios financeiros para fins gerais fornecer todas as informações que cada usuário acredita serem relevantes.

Ao aplicar a restrição de custo, **deve-se avaliar se é provável que os benefícios do relatório de informações específicas justificam os custos incorridos para fornecer e utilizar essas informações**. Ao aplicar a restrição de custo no desenvolvimento de pronunciamento proposto, **buscam-se informações de fornecedores de informações financeiras, usuários, auditores, acadêmicos e outros sobre a natureza e a quantidade esperada dos benefícios e custos desse pronunciamento**. Na maior parte das situações, **as avaliações se baseiam na combinação de informações quantitativas e qualitativas.**

**Devido à subjetividade inerente, as avaliações de diferentes indivíduos sobre os custos e benefícios da apresentação de itens específicos de informações financeiras variam.** Portanto, procura-se considerar custos e benefícios em relação ao relatório financeiro, de modo geral, e, não apenas, em relação a entidades individuais que reportam. Isto não significa que as avaliações de custos e benefícios sempre justificam os mesmos requisitos de relatório para todas as entidades. Diferenças podem ser apropriadas por conta dos diferentes portes das entidades, diferentes formas de obtenção de capital (pública ou privada), diferentes necessidades dos usuários ou outros fatores.

## 5. LISTA DE QUESTÕES OBJETIVAS

### 1ª a 3ª Questões (DPF Agente 2018 CEBRASPE):

Com base no disposto na Lei nº 6.404/1976 e suas alterações e na Norma Brasileira de Contabilidade - NBC TSP Estrutura Conceitual/2016, julgue os itens subsecutivos.

1. A lei das sociedades por ações aplica-se a todas as companhias ou sociedades anônimas, independentemente de suas ações serem, ou não, comercializadas em bolsa de valores.
2. De acordo com a Norma Brasileira de Contabilidade, para que uma informação contábil seja capaz de fazer a diferença nas decisões, ela deve ter valor preditivo, confirmatório ou ambos.
3. Relevância, materialidade e fidedignidade são as características qualitativas fundamentais da informação contábil útil.

### Solução

1. A Lei das S/A se aplica a todas as sociedades por ações. Portanto, alcança tanto as sociedades anônimas de capital aberto (que emitem títulos para captação de recursos junto ao grande público), quanto as sociedades anônimas de capital fechado (que captam recursos apenas de um grupo fechado de pessoas). A diferença é que as sociedades anônimas (companhias) de capital aberto, têm a obrigação de aplicação das normas aprovadas pela Comissão de Valores Mobiliários (CVM), enquanto as companhias fechadas têm a possibilidade de aplicá-las ou não. No enunciado, é afirmado que a Lei das S/A se aplica tanto a companhias abertas quanto fechadas. Portanto, temos aqui uma assertiva correta.
2. Está de acordo com a estrutura conceitual CPC 00 e NBC T SP. Essa NBCT SP foi a que revogou formalmente os princípios e não foi elaborada pelo Comitê de Pronunciamentos contábeis.

   O CPC 00 está para o setor privado assim como a NBCT SP Estrutura Conceitual/2016 está para o setor público.
3. São 2 as características fundamentais: relevância e representação fidedigna.

Gabarito:

1.**Certo**

2.**Certo**

3.**Errado**

## 6. LISTA DE QUESTÕES DISCURSIVAS

### 1ª Questão (TELEBRAS Contador 2015 CEBRASPE):

Considerando o pronunciamento conceitual básico Estrutura Conceitual para Elaboração e Divulgação de Relatório Contábil-Financeiro, conhecido como Pronunciamento Técnico CPC 00, elabore um texto dissertativo acerca das características qualitativas da informação contábil-financeira útil. **Em seu texto, faça o que se pede a seguir.**

Disserte a respeito da importância das referidas características qualitativas e comente acerca do custo da informação. [valor: 8,00 pontos]

Descreva as características fundamentais e esclareça como se aplicam tais características. [valor: 15,00 pontos]

Descreva as características de melhoria e esclareça como se aplicam tais características. [valor: 15,00 pontos]

Extensão máxima: **30 linhas**

### Resolução da Questão

As características qualitativas da informação contábil-financeira útil destinam-se a identificar os tipos de informação provavelmente mais úteis para que os agentes econômicos tomem decisões econômicas. O custo de produzir a informação condiciona a aplicabilidade dessas características. Conforme o parágrafo QC35 do Pronunciamento Técnico CPC 00, "O custo de gerar a informação é uma restrição sempre presente na entidade no processo de elaboração e divulgação de relatório contábil-financeiro. O processo de elaboração e divulgação de relatório contábil-financeiro impõe custos, sendo importante que ditos custos sejam justificados pelos benefícios gerados pela divulgação da informação. Existem variados tipos de custos e benefícios a considerar."

Quanto às características fundamentais, a informação contábil-financeira útil é relevante e representa, com fidedignidade, a situação econômico-financeira da entidade.

Uma informação relevante faz diferença nas decisões que os usuários possam tomar, devido a seu valor preditivo e(ou) confirmatório, isto é, ela pode ser utilizada como dado de entrada para predizer futuros resultados e retroalimentar avaliações prévias, permitindo confirmá-las ou alterá-las. A materialidade é condição para a relevância. A informação será considerada material, se a sua omissão ou sua divulgação distorcida influenciar nas decisões que possam ser tomadas pelos usuários. Vale ressaltar que a materialidade em si não é uma característica qualitativa.

Para que seja representada com fidedignidade, a informação deve ser completa, neutra e livre de erro. A completude implica incluir toda a informação necessária para que o usuário compreenda o fenômeno retratado. A neutralidade significa evitar dar maior ou menor peso, ênfase maior ou menor, ou qualquer outro tipo de manipulação da informação que possa influenciar os usuários de modo favorável ou desfavorável. Por fim, é necessário evitar erros ou omissões no fenômeno retratado e assegurar que o processo utilizado para reporte seja selecionado e aplicado livre de erros. A aplicação dessas características implica, primeiro, identificar o fenômeno econômico com potencial de ser útil para os usuários da informação reportada; segundo, identificar o tipo de informação que seria mais relevante, se disponível, e que poderia ser representado com fidedignidade; e, terceiro, determinar se a informação está disponível e se pode ser representada com fidedignidade.

Além de conter as referidas qualidades fundamentais, a utilidade da informação contábil-financeira será melhorada se ela for comparável, verificável, tempestiva e compreensível.

A comparabilidade permite que os usuários identifiquem e compreendam similaridades dos itens e diferenças entre eles. Para ser comparável, a informação tem de ter consistência, isto é, o uso dos mesmos métodos para os mesmos itens, tanto dentro da mesma entidade quanto entre entidades distintas.

A verificabilidade significa que diferentes observadores, cônscios e independentes, podem chegar a um consenso, embora não cheguem, necessariamente, a um completo acordo, quanto ao retrato de uma realidade econômica em particular ser uma representação fidedigna.

Tempestividade significa ter informação disponível para tomadores de decisão a tempo de poder auxiliá-los em suas decisões.

A disponibilização da informação classificada, caracterizada e apresentada com clareza e concisão é o que a torna compreensível, ainda que a completa compreensão do que foi reportado exija o auxílio de especialistas.

A aplicação dessas características é um processo de interação recíproca que não segue uma ordem preestabelecida. Eventualmente, uma característica qualitativa de melhoria pode ter de ser diminuída para maximização de outra característica qualitativa.

### 2ª Questão (Cia de Água e Esgoto do RN – CAERN Contador 2018 IBADE):

As características qualitativas são atributos que tornam as demonstrações contábeis úteis aos seus leitores. Sua qualidade poderá ser mensurada pelo grau de satisfação das necessidades dos consumidores. Como consequência da maior qualidade das informações, estas possuem maior utilidade ao processo decisório e à compreensão da empresa analisada, gerando redução da assimetria informacional. As características qualitativas da informação de dividem em: Fundamentais e de Melhoria.

Produza um texto de o mínimo 25 e no máximo 30 linhas, identificando e versando sobre as características qualitativas de melhoria da informação contábil.

Extensão máxima: **30 linhas**

## Resolução da Questão

As características qualitativas de melhoria da informação contábil são: comparabilidade, verificabilidade, tempestividade e compreensibilidade. Elas melhoram a utilidade da informação que é relevante e que é representada com fidedignidade. Elas podem também auxiliar a determinar qual de duas alternativas que sejam consideradas equivalentes em termos de relevância e fidedignidade de representação deve ser usada para retratar um fenômeno.

A comparabilidade é a característica qualitativa que permite que os usuários identifiquem e compreendam similaridades dos itens e diferenças entre eles. Diferentemente de outras características qualitativas, a comparabilidade não está relacionada com um único item. A comparação requer no mínimo dois itens. A informação acerca da entidade que reporta informação será mais útil caso possa ser comparada com informação similar sobre outras entidades e com informação similar sobre a mesma entidade para outro período ou para outra data. Por exemplo, a comparabilidade permite que o usuário escolha entre alternativas, como: vender ou manter um investimento; investir em uma entidade ou noutra.

A verificabilidade ajuda a assegurar aos usuários que a informação representa fidedignamente o fenômeno econômico que se propõe representar. A verificabilidade significa que diferentes observadores, cônscios e independentes podem chegar a um consenso, embora não chegue necessariamente a um completo acordo, quanto ao retrato de uma realidade econômica em particular ser uma representação fidedigna. Informação quantificável não necessita ser um único ponto estimado para ser verificável. Uma faixa de possíveis montantes com suas probabilidades respectivas pode também ser verificável. A verificação pode ser direta ou indireta.

Tempestividade significa ter informação disponível para tomadores de decisão a tempo de poder influenciá-los em suas decisões. Em geral, a informação mais antiga é a que tem menos utilidade. Contudo, certa informação pode ter o seu atributo tempestividade prolongado após o encerramento do período contábil, em decorrência de alguns usuários, por exemplo, necessitarem identificar e avaliar tendências.

A compreensibilidade decorre do processo de classificar, caracterizar e apresentar a informação com clareza e concisão. Certos fenômenos são inerentemente complexos e não podem ser facilmente compreendidos. A exclusão de informações sobre esses fenômenos dos relatórios contábil-financeiros pode tornar a informação constante em referidos relatórios mais facilmente compreendida. Contudo, referidos relatórios seriam considerados incompletos e potencialmente distorcidos.

CAPÍTULO 05

# PRINCÍPIOS CONTÁBEIS

## 1. BREVE HISTÓRICO

Os princípios fundamentais da contabilidade foram formalizados pela Resolução CFC nº 750/1993. Ocorre que em setembro de 2016, essa resolução **foi revogada pela Estrutura Conceitual aplicada ao Setor Público** (**não é a mesma Resolução do CPC 00 - estrutura conceitual citada no capítulo 1**).

A dúvida que paira sobre o tema "princípios" é se eles ainda seriam aplicáveis após a revogação formal pelo CFC da Resolução CFC nº 750/1993.

A seguir consta trecho de Nota do CFC sobre o tema na visão de Fábio Moraes da Costa, professor da Fucape Business School[1]:

> *"A recente revogação da Resolução nº 750/1993* ***não implica na extinção dos princípios contábeis no Brasil****. Na verdade, após a aprovação da Resolução 1.374/2011, o Brasil passou a contar com uma Estrutura Conceitual (EC/11). Enquanto a Resolução nº 750/1993 era estruturada em 'princípios', a EC/11 é estruturada em capítulos, como, por exemplo, o do objetivo ou o das características qualitativas.*
>
> *De maneira geral, podemos ver que todos os princípios mencionados na Resolução nº 750/1993 também estão na* ***EC, com exceção do da prudência****. O 'de/para' da Resolução nº 750/1993 é apresentado a seguir, com os respectivos parágrafos da Estrutura Conceitual entre parênteses:* ***continuidade*** *(4.1),* ***oportunidade*** *(QC12 e QC19),* ***registro do valor original e outras bases de mensuração*** *(4.54 a 4.56),* ***competência*** *(1.17 a 1.20). Em relação ao* ***princípio da entidade****, a EC faz menção à "entidade que reporta a informação". É importante destacar que uma versão revisada da EC deverá ser emitida em breve pelo International Accounting Standards Board (Iasb). A versão revisada dedicará um capítulo ao conceito de 'entidade' e deve reintroduzir o conceito de 'prudência', que não significa antecipar as 'más notícias' e postergar as 'boas notícias', mas, sim, exigir cautela em julgamentos sob condições de incerteza.*

1 https://cfc.org.br/noticias/revogacao-da-resolucao-no-7501993-contexto-e-consideracoes/

> *Concluindo, existem formas diferenciadas de estruturar os conceitos fundamentais que temos em Contabilidade,* ***mas tenham certeza de que sempre estarão vivos e continuarão sendo a estrela-guia para o desenvolvimento dos pronunciamentos*** *e das decisões a serem tomadas pelos profissionais."*

Um ponto importante é que a eventual inobservância dos princípios por si só não acarreta mais penalidades ao contador público conforme previa o art. 11 da Resolução CFC 750/1993[2].

Feitas essas considerações, a seguir serão apresentados os princípios contábeis.

**Chamada 10 do autor:** Visão Geral sobre os Princípios Contábeis

2 Art. 15. A inobservância dos Princípios de Contabilidade constitui infração nas alíneas "c", "d" e "e" do art. 27 do Decreto-Lei nº 9.295, de 27 de maio de 1946 e, quando aplicável, ao Código de Ética Profissional do Contabilista.

**Figura 5.1:** Alterações promovidas nos Princípios de Contabilidade

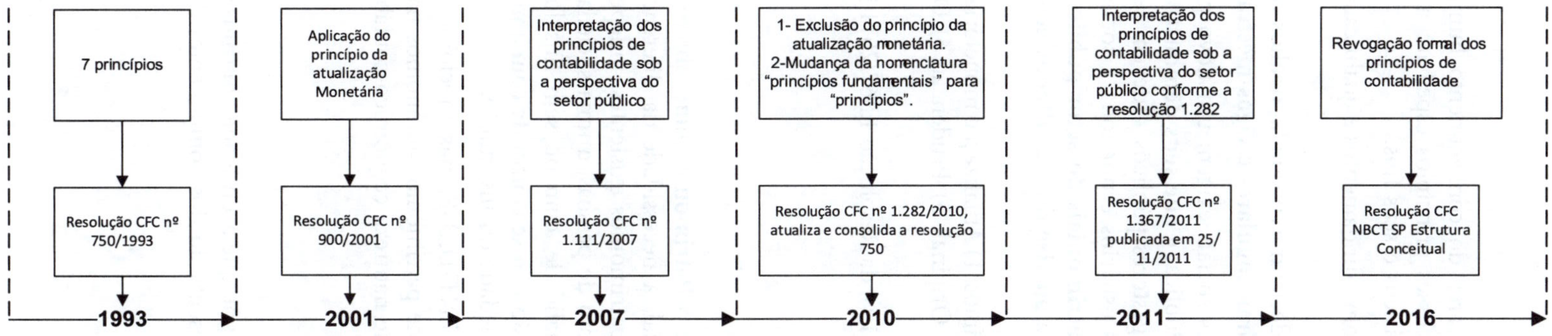

## 2. PRINCÍPIOS CONTÁBEIS

O ponto de partida para qualquer área do conhecimento humano deve ser sempre os princípios que a sustentam. Esses princípios espelham a ideologia de determinado sistema, seus postulados básicos e seus fins.

Vale dizer, os princípios são eleitos como fundamentos e qualificações essenciais da ordem que institui.

**Os princípios** possuem o condão de declarar e consolidar os altos valores da vida humana, por isso, **são considerados pedras angulares** e **vigas-mestras** do sistema.

Adicionalmente, as novas demandas sociais exigem um novo padrão de informações geradas pela Contabilidade Pública, e **que seus demonstrativos** - item essencial das prestações de contas dos gestores públicos - devem ser elaborados de modo a facilitar, por parte dos seus usuários e por toda a sociedade, **a adequada interpretação dos fenômenos patrimoniais do setor público, o acompanhamento do processo orçamentário**, a **análise dos resultados econômicos** e **o fluxo financeiro.**

Foram definidos inicialmente 7 princípios: 1) Atualização monetária; 2) Entidade; 3) Continuidade; 4) Registro pelo valor Original; 5) Prudência; 6) Oportunidade; 7) Competência.

Com a edição da Resolução 1.282/2010 e da Resolução 1.367/2011 foi suprimido o princípio da Atualização Monetária.

### 2.1. Princípio da Entidade

O Princípio da Entidade **reconhece o Patrimônio como objeto da Contabilidade** e afirma a autonomia patrimonial, a necessidade da diferenciação de um Patrimônio particular no universo dos patrimônios existentes, independentemente de pertencer a uma pessoa, a um conjunto de pessoas, a uma sociedade ou a uma instituição de qualquer natureza ou finalidade, com ou sem fins lucrativos. Por consequência, nesta acepção, **o patrimônio não se confunde com aqueles dos seus sócios ou proprietários**, no caso de sociedade ou instituição.

Assim, o PATRIMÔNIO pertence à ENTIDADE, mas a recíproca não é verdadeira. A soma ou a agregação contábil de patrimônios autônomos não resulta em nova ENTIDADE, mas numa unidade de natureza econômico-contábil.

### 2.2. O Princípio da Continuidade

O Princípio da Continuidade pressupõe que a Entidade **continuará em operação no futuro** e, a mensuração e a apresentação dos componentes do patrimônio consideram essa circunstância.

## 2.3. O Princípio da Oportunidade

O Princípio da Oportunidade refere-se ao processo de mensuração e apresentação dos componentes patrimoniais para produzir informações **íntegras e tempestivas**.

A falta de integridade e tempestividade na produção e na divulgação da informação contábil **pode ocasionar a perda de sua relevância**, por isso é necessário **ponderar a relação entre a oportunidade e a confiabilidade da informação.**

O Princípio da Oportunidade é base indispensável à integridade e à fidedignidade dos registros contábeis dos atos e dos fatos que afetam ou possam afetar o patrimônio.

A integridade e a fidedignidade dizem respeito à necessidade de as variações serem reconhecidas na sua totalidade, independentemente do cumprimento das formalidades legais para sua ocorrência, **visando ao completo atendimento da essência sobre a forma.**

## 2.4. O Princípio do Registro pelo Valor Original: princípio da adequabilidade da base de mensuração

O Princípio do Registro pelo Valor Original determina que os componentes do patrimônio devem ser inicialmente registrados pelos **valores originais das transações**, expressos em moeda nacional.

Este **"Valor Original"**, que ao longo do tempo **não se confunde com o custo histórico**, corresponde ao **valor resultante de consensos de mensuração com agentes internos ou externos**, com **base em valores de entrada ou valores de saída.**

Para obedecer ao princípio, é importante que os elementos patrimoniais sejam avaliados **com suficiente regularidade**, de maneira que o seu valor registrado não difira significativamente daquele que possa ser determinado utilizando-se os critérios pertinentes para cada elemento patrimonial na data de encerramento do balanço patrimonial.

**Na visão deste autor**, pode admitir que o princípio do valor original se encontra presente nas bases de mensuração de ativos e passivos que contemplam valores de entrada e saída. Este autor sugere que esse princípio poder ser ajustado para "**princípio da adequabilidade da base de mensuração**" segundo o qual deve ser selecionada a base mensuração mais relevante para análise. Os Quadros 5.1 e 5.2 contêm as bases atuais de mensuração contábil.

Quadro 5.1: Resumo das bases de mensuração dos ativos

| Base de mensuração do Ativo | | Conceito | Entrada ou saída | Observável, ou não, no mercado | Específica, ou não, à entidade |
|---|---|---|---|---|---|
| **Custo histórico** | | O custo histórico adquirido ou criado é o valor dos **custos incorridos na aquisição ou criação do ativo**, compreendendo a contraprestação paga para adquirir ou criar o ativo mais custos de transação.<br>Diferentemente do valor atual, o custo histórico não reflete as mudanças nos valores, exceto na medida em que essas mudanças se referirem à redução ao valor recuperável de ativo ou passivo que se torna onerosa. | Entrada | Geralmente observável | Específica para a entidade |
| **Valor Atual** | **Valor justo** | É o preço que **seria recebido pela venda de ativo** em transação ordenada entre participantes do mercado na data de mensuração. | Saída | Observável | **Não específica para a entidade** |
| | **Valor em uso** | Valor em uso é o **valor presente dos fluxos de caixa**, ou outros benefícios econômicos, que a entidade espera obter do uso de ativo **e de sua alienação final.** | Saída | **Não observável** | Específica para a entidade |
| | **Custo corrente** | O custo corrente de ativo é o custo de ativo equivalente na data de mensuração, compreendendo a **contraprestação que seria paga** na data de mensuração mais os custos de transação que seriam incorridos nessa data. | Entrada | Geralmente observável | Específica para a entidade |

Quadro 5.2: Resumo das bases de mensuração dos passivos

| Base de mensuração do Passivo | | Conceito | Entrada ou saída | Observável, ou não, no mercado | Específica, ou não, à entidade |
|---|---|---|---|---|---|
| **Custo histórico** | | O custo histórico de passivo incorrido ou assumido é o **valor da contraprestação recebida para incorrer ou assumir o passivo** menos custos de transação.<br>Diferentemente do valor atual, o custo histórico não reflete as mudanças nos valores, exceto na medida em que essas mudanças se referirem à redução ao valor recuperável de ativo ou passivo que se torna onerosa. | Entrada | Geralmente observável | Específica para a entidade |
| **Valor Atual** | **Valor justo** | É o preço que seria **pago pela transferência de passivo** em transação ordenada entre participantes do mercado na data de mensuração. | Saída | Observável | **Não específica para a entidade** |
| | **Valor de Cumprimento** | Valor de cumprimento **é o valor presente do caixa**, ou de outros recursos econômicos, que a entidade **espera ser obrigada a transferir para cumprir a obrigação.** | Saída | **Não observável** | Específica para a entidade |
| | **Custo Corrente** | O custo corrente de passivo é a **contraprestação que seria recebida** pelo passivo equivalente na data de mensuração menos os custos de transação que seriam incorridos nessa data. | Entrada | Geralmente observável | Específica para a entidade |

## 2.5. O Princípio da Competência

O Princípio da Competência determina que os efeitos das transações e outros eventos sejam reconhecidos nos períodos a que se referem, independentemente do recebimento ou pagamento.

O Princípio da Competência pressupõe a simultaneidade da confrontação de receitas e de despesas correlatas.

## 2.6. O Princípio da Prudência

O Princípio da Prudência determina a adoção **do menor valor para os componentes do Ativo** e do **maior para os do Passivo**, sempre que se apresentem **alternativas igualmente válidas** para a quantificação das mutações patrimoniais que alterem o patrimônio líquido.

O Princípio da Prudência pressupõe o emprego de certo grau de precaução no exercício dos julgamentos necessários às estimativas em certas condições de incerteza, no sentido de que ativos e receitas não sejam superestimados e que passivos e despesas não sejam subestimados, atribuindo maior confiabilidade ao processo de mensuração e apresentação dos componentes patrimoniais.

A aplicação do Princípio da Prudência **não deve levar a excessos ou a situações classificáveis como manipulação do resultado, ocultação de passivos, super ou subavaliação de ativos**.

**Ainda na visão deste autor**, a adoção do menor valor para os componentes do ativo e do maior para os do passivo, sempre que se apresentem alternativas igualmente válidas para a quantificação das mutações patrimoniais que alterem o patrimônio líquido, **permanece válida desde que respeitada a relevância da informação, conforme expressão a seguir para utilização do valor de uso no setor público.**

# 3. LISTA DE QUESTÕES DISCURSIVAS

### 1ª Questão (TCE-PR - Analista de Controle - Atuarial 2016 CEBRASPE):

Segundo a Resolução CFC nº 750/1993, em seu art. 2.º, "os Princípios de Contabilidade representam a essência das doutrinas e teorias relativas à Ciência da Contabilidade, consoante o entendimento predominante nos universos científico e profissional do Brasil. Concernem, pois, à Contabilidade no seu sentido mais amplo de ciência social, cujo objeto é o Patrimônio das Entidades".

Tendo o texto acima como referência inicial, redija um texto dissertativo acerca dos princípios da entidade e da competência. Em seu texto, faça o que se pede a seguir.

1. Explique como a entidade contábil e o patrimônio se relacionam no que se refere ao princípio da entidade.

   [valor: 1,25 ponto]

2. Apresente o significado de unidade econômico-contábil e sua relação com a entidade contábil. [valor: 1,75 ponto]

3. Comente sobre as implicações do princípio da competência para o registro dos eventos contábeis e o reconhecimento de receitas e despesas. [valor: 1,75 ponto]

Extensão máxima: **30 linhas**

## Resolução da Questão

Quanto ao item 1, o princípio da entidade identifica o patrimônio como objeto da contabilidade e preconiza a necessidade de diferenciar cada patrimônio em particular dentro do universo de patrimônios existentes, não importando se o patrimônio em questão pertence a uma pessoa, a um conjunto de pessoas, a uma sociedade ou instituição, qualquer que seja sua natureza ou finalidade, quer vise ou não lucro. Dessa concepção deriva que o patrimônio empresarial não se confunde com o patrimônio dos sócios ou proprietários da sociedade ou instituição.

Quanto ao item 2, sendo verdade que o patrimônio pertence à entidade, o inverso não se aplica. A simples adição contábil de patrimônios distintos não gera nova entidade, mas sim uma unidade de natureza econômico-contábil. Entidade contábil e unidade de natureza econômico-contábil, portanto, são conceitos distintos para a ciência contábil.

Quanto ao item 3, O princípio da competência é aquele que obriga o reconhecimento dos efeitos das transações e outros eventos nos períodos de sua ocorrência, independentemente de ter sido gerado ou não algum fluxo de caixa. Esse princípio pressupõe o registro simultâneo, para fins de confrontação, de receitas e de despesas que se relacionem. Assim, sempre que possível, ao registro de uma receita deve corresponder o simultâneo registro da despesa correspondente.

## 2ª Questão (Prefeitura de Itapemirim ES - Analista - Ciências Contábeis 2019 IBADE):

A edição da NBC T SP de 04/10/2016 - Estrutura Conceitual para a Elaboração e Divulgação de Informação Contábil de Propósito Geral pelas Entidade Públicas, revogou as Resoluções CFC 750/1993 e 1.282/10, ambas versando sobre os Princípios de Contabilidade. No entanto, esse procedimento não revogou os Princípios de Contabilidade propriamente ditos, pois de fato esses princípios já estavam sendo tratado na NBC TG - Estrutura Conceitual. Redija um texto de no mínimo 25 e no máximo 30 linhas, abordando como são tratados os seguintes princípios de Contabilidade na NBC TG Estrutura Conceitual: Valor Original, Competência, Continuidade e Oportunidade.

Obs: Cada princípio será avaliado com 4 pontos.

Extensão máxima: **30 linhas**

## Resolução da Questão

O valor original está representado pelas diversas bases de mensurar ativos e passivos: custo histórico e valor atual (dispostos entre os itens 6.1 e 6.41 do CPC 00). O custo histórico é a base comumente utilizada pelas Entidades ainda que de forma combinada com outras bases. Por exemplo, estoques são avaliados pelo menor valor entre o custo e o valor de realização. Já o uso do valor atual é utilizado quando a base do custo histórico é incapaz de enfrentar os efeitos das mudanças de preços de ativos monetários e não monetários, seja no caso do valor justo aplicável a participações societárias temporários (ativos financeiros), seja no caso do custo corrente para bens móveis e imóveis. Assim, o valor original que definia que os ativos e passivos deviam ser mensurados pelos consensos de valores de entrada e saída está representado no CPC 00.

O princípio da competência está representando pelo item 1.17 do CPC 00 que define que o regime de competência reflete os efeitos de transações e outros eventos e circunstâncias sobre reivindicações e recursos econômicos da entidade que reporta nos períodos em que esses efeitos ocorrem, mesmo que os pagamentos e recebimentos à vista resultantes ocorram em período diferente. Isso é importante porque informações sobre os recursos econômicos e reivindicações da entidade que reporta e mudanças em seus recursos econômicos e reivindicações durante o período fornecem uma base melhor para a avaliação do desempenho passado e futuro da entidade do que informações exclusivamente sobre recebimentos e pagamentos à vista durante esse período.

O princípio da continuidade está representando pelo item 3.9 do CPC 00 que define que as demonstrações contábeis são normalmente elaboradas com base na suposição de que a entidade que reporta está em continuidade operacional e continuará em operação no futuro previsível. Assim, presume-se que a entidade não tem a intenção nem a necessidade de entrar em liquidação ou deixar de negociar. Se existe essa intenção ou necessidade, as demonstrações contábeis podem ter que ser elaboradas em base diferente. Em caso afirmativo, as demonstrações contábeis descrevem a base utilizada.

O princípio da Oportunidade está representado pelo item 2.12 do CPC 00 que define que os relatórios financeiros representam fenômenos econômicos em palavras e números. Para serem úteis, informações financeiras não devem apenas representar fenômenos relevantes, mas também representar de forma fidedigna a essência dos fenômenos que pretendem representar. Em muitas circunstâncias, a essência de fenômeno econômico e sua forma legal são as mesmas. Se não forem as mesmas, fornecer informações apenas sobre a forma legal não representaria fidedignamente o fenômeno econômico. Para ser representação perfeitamente fidedigna, a representação tem três características. Ela é completa, neutra e isenta de erros. Obviamente, a perfeição nunca ou raramente é atingida. O objetivo é maximizar essas qualidades tanto quanto possível.

# Unidade Didática II
# ESCRITURAÇÃO CONTÁBIL

*Quais as principais técnicas da contabilidade?*

*Qual a teoria de contas aplicada ao Plano de Contas?*

*Como funciona o método das partidas dobradas?*

*Quais as principais contas do Plano de Contas?*

*Quais os tipos de fatos contábeis?*

*Quais as principais operações típicas?*

CAPÍTULO 06

# ASPECTOS GERAIS DA ESCRITURAÇÃO E PLANO DE CONTAS

## 1. TÉCNICAS ESSENCIAIS DA CONTABILIDADE

Segundo a doutrina existem 4 técnicas essenciais na contabilidade: (i) escrituração; (ii) elaboração e apresentação das demonstrações contábeis; (iii) auditoria contábil; (iv) análise de balanços.

**A escrituração** consiste no processo sistematizado de apontar tudo o que ocorre na empresa, tendo como intuito tornar tais informações permanentes e capazes de fornecer de maneira rápida as informações que se deseje analisar. A forma utilizada no Brasil tem origem no **método das partidas dobradas**.

**Na elaboração e apresentação das demonstrações contábeis** são elaborados relatórios resumidos que apresentem a situação patrimonial e a performance financeira da empresa. Através desses documentos é possível ter acesso a indicadores de desempenho da empresa. Assim, fica mais simples visualizar o real estado econômico da empresa. Dentre as demonstrações contábeis mais relevantes, podem ser citadas: Balanço patrimonial; Demonstração do resultado de exercício; Demonstração de lucros ou prejuízos acumulados; Demonstração dos fluxos de caixa; Notas explicativas.

**A auditoria contábil**, por sua vez, é a técnica utilizada para verificar se os registros das ocorrências que influenciam a evolução patrimonial foram realizados dentro dos conformes. Em síntese, o método investiga as operações administrativas e éticas da empresa, realizando um levantamento completo das práticas internas, checando as demonstrações financeiras, contábeis e fiscais. De tal modo, o objetivo final deste processo é verificar se as informações apontadas pelo empreendimento estão corretas ou se existem distorções contábeis.

**Na análise de balanços são feitas comparações, conferências e interpretações dos dados a partir das demonstrações contábeis. A partir dessa análise é possível elaborar relatórios e gráficos que resumam de forma clara a situação da empresa.**

| Neste capítulo será dada ênfase na escrituração. |
|---|
| Estão dispensados da escrituração contábil: produtor rural e pequeno empresário. |
| Existem pelo menos 4 formas de escrituração: manual, maquinizado, mecanizado (eletrônico) e digital. Sendo este última o mais usual. |
| A escrituração contábil digital consiste em um arquivo digital gerado pelo contabilista e submetido ao PVA (Programa Validador e Assinador) fornecido pelo SPED (Sistema Público de Escrituração Digital) disponível no site na SRFB (Secretaria da Receita Federal do Brasil). |

**Chamada 11 do autor:** Técnicas Essenciais da Contabilidade e Formas de Escrituração

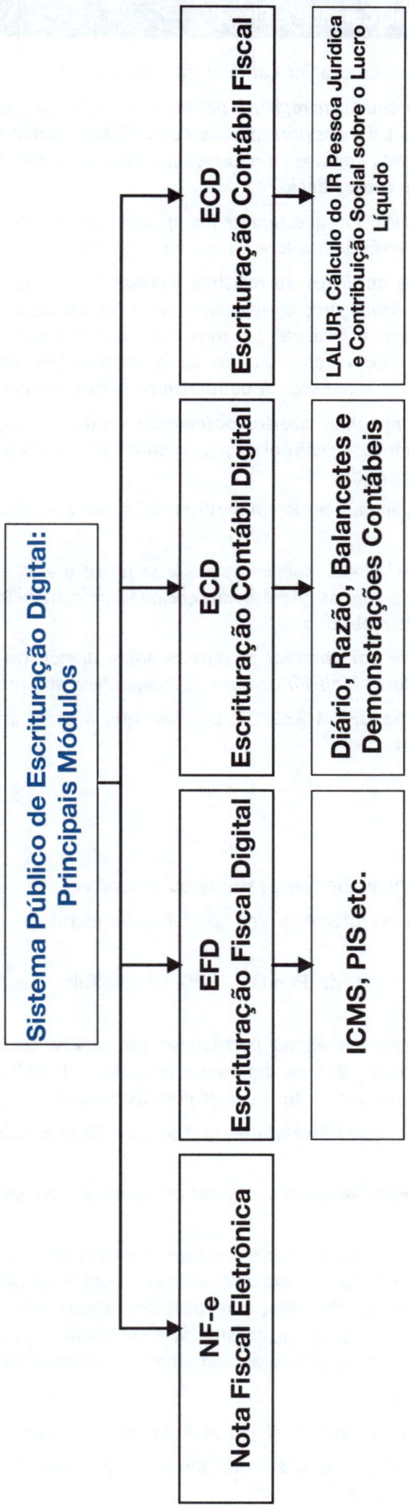


Figura 6.1: Principais Módulos do SPED

## Escrituração Comercial, Contábil e Fiscal

A Lei nº 6.404/1976, na seção que trata sobre escrituração contábil, dispõe que:

> *Art. 177. A escrituração da companhia será mantida em registros permanentes, com obediência aos* ***preceitos da legislação comercial*** *e* ***desta Lei*** *e* ***aos*** *princípios de contabilidade geralmente aceitos, devendo observar métodos ou critérios contábeis uniformes no tempo e registrar as mutações patrimoniais segundo o regime de competência.*
>
> *§ 1º As demonstrações financeiras do exercício em que houver modificação de métodos ou critérios contábeis, de efeitos relevantes, deverão indicá-la em nota e ressaltar esses efeitos.*
>
> *§ 2º A companhia observará exclusivamente em livros ou registros auxiliares, sem qualquer modificação da escrituração mercantil e das demonstrações reguladas nesta Lei, as disposições da lei tributária, ou de legislação especial sobre a atividade que constitui seu objeto, que prescrevam, conduzam ou incentivem a utilização de métodos ou critérios contábeis diferentes ou determinem registros, lançamentos ou ajustes ou a elaboração de outras demonstrações financeiras.*
>
> *§ 3º* ***As demonstrações financeiras das companhias abertas*** *observarão,* ***ainda, as normas expedidas pela*** *Comissão de Valores Mobiliários e serão obrigatoriamente submetidas a auditoria por auditores independentes nela registrados.*
>
> *§ 4º As demonstrações financeiras serão assinadas pelos administradores e por contabilistas legalmente habilitados.*
>
> *§ 5º As normas expedidas pela Comissão de Valores Mobiliários a que se refere o § 3º deste artigo deverão ser elaboradas em consonância com os padrões internacionais de contabilidade adotados nos principais mercados de valores mobiliários.*
>
> *§ 6º* ***As companhias fechadas*** *poderão optar por observar* ***as normas sobre demonstrações financeiras expedidas pela*** *Comissão de Valores Mobiliários para as companhias abertas.*

Ainda quanto à escrituração contábil, a Resolução CFC 1.330/2011 define que a escrituração contábil deve ser executada (formalidades intrínsecas):

1. Em idioma e em moeda corrente nacionais.
2. Em forma contábil.
3. Em ordem cronológica de dia, mês e ano.
4. Com ausência de espaços em branco, entrelinhas, borrões, rasuras ou emendas.
5. Com base em documentos de origem externa ou interna ou, na sua falta, em elementos que comprovem ou evidenciem fatos contábeis

O Decreto nº 9.580/2018 (Regulamento do Imposto de Renda - RIR), no capítulo que trata sobre escrituração comercial, dispõe que:

> *Art. 262. A escrituração comercial será feita em* ***língua portuguesa, em moeda corrente nacional e em forma contábil, por ordem cronológica de dia, mês e ano****, sem intervalos em branco, nem entrelinhas, borrões, rasuras, emendas ou transportes para as margens.*
>
> *§ 1º É permitido o uso de código de números ou de abreviaturas, que constem de livro próprio, regularmente autenticado.*
>
> *§ 2º Os erros cometidos na escrituração comercial serão corrigidos por meio de lançamento de* ***estorno, transferência ou complementação.***
>
> *Art. 263. Para fins da escrituração comercial, inclusive quanto à aplicação do disposto no § 2º do art. 177 da Lei nº 6.404, de 1976 , os registros contábeis que forem necessários para a observância às disposições tributárias relativos à determinação da base de cálculo do imposto sobre a renda, quando não devam, por sua natureza fiscal, constar da escrituração comercial, ou forem diferentes dos lançamentos dessa escrituração, serão efetuados exclusivamente em:*
>
> *I - livros ou registros contábeis auxiliares; ou*
>
> *II - livros fiscais, inclusive no livro de que trata o* ***art. 277 (Livro de Apuração do Lucro Real)****.*
>
> *Parágrafo único. O disposto no caput será disciplinado em ato normativo da Secretaria da Receita Federal do Brasil do Ministério da Fazenda.*

**Responsáveis pela Escrituração e o Dever de Escriturar**

**A Resolução CFC 1.330/2011 define que:**

*A escrituração contábil e a emissão de relatórios, peças, análises, demonstrativos e demonstrações contábeis **são de atribuição e de responsabilidade** exclusivas **do contabilista legalmente habilitado**.*

**Quanto aos responsáveis** pela escrituração, o RIR/2018 dispõe que:

*Art. 264. A escrituração comercial ficará sob a **responsabilidade de contabilista legalmente habilitado**, exceto se houver nenhum na localidade, quando, então, ficará a cargo do contribuinte ou de pessoa por ele designada.*

*§ 1º A designação de pessoa não habilitada profissionalmente não eximirá o contribuinte da responsabilidade pela escrituração.*

*§ 2º **Desde que legalmente habilitado para o exercício profissional** referido neste artigo, o **titular da empresa individual, o sócio, o acionista ou o diretor da sociedade poderá assinar** as demonstrações financeiras da empresa e **assumir a responsabilidade pela escrituração.***

**Quanto ao dever de escriturar**, o RIR/2018 dispõe que:

*Art. 265. A **pessoa jurídica sujeita à tributação com base no lucro real** deverá manter escrituração em observância às leis comerciais e fiscais.*

*§ 1º A escrituração deverá **abranger todas as operações do contribuinte**, os resultados apurados em suas atividades no território nacional, os lucros, os rendimentos e os ganhos de capital **auferidos no exterior.***

*§ 2º A escrituração prevista neste artigo **deverá ser entregue em meio digital ao Sistema Público de Escrituração Digital - SPED**, instituído pelo Decreto nº 6.022, de 22 de janeiro de 2007.*

*[...]*

*Art. 271. A **falsificação**, material ou ideológica, da escrituração e dos seus comprovantes, ou da demonstração financeira, **que tenha por objeto eliminar ou reduzir o montante de imposto sobre a renda devido, ou diferir o seu pagamento**, submeterá o sujeito passivo a multa, independentemente da ação penal que couber.*

## 2. TEORIA DAS CONTAS

A estrutura do plano de contas é influenciada pela teoria das contas, que explica a representação e a classificação das contas contábeis. As principais teorias são constam no Quadro 6.1.

Quadro 6.1: Teorias das Contas

| | | |
|---|---|---|
| Teoria Personalista | Contas que representam pessoas e suas relações com a entidade. | **Agentes consignatários** (pessoas encarregadas da guarda de valores): representam os bens da empresa. |
| | | **Correspondentes** (terceiros que mantêm transações com a empresa): representam os direitos e obrigações |
| | | **Proprietários** (donos e responsáveis pela riqueza administrada): representam as contas do patrimônio líquido e suas variações, inclusive despesas e receitas. |

| | | |
|---|---|---|
| Teoria Materialista | Contas que não representam direitos ou obrigações das pessoas, e sim a movimentação de valores ativos e passivos, representando relações materiais. | **Contas integrais**: representam bens, direitos e obrigações exigíveis |
| | | **Contas diferenciais:** representam as contas do patrimônio líquido e suas variações, inclusive as receitas e despesas. |
| **Teoria Patrimonialista** | Patrimônio como objeto a ser administrado → separa as contas que representam a situação estática daquelas que representam situação dinâmica. **É a base para a Contabilidade atual.** | **Contas patrimoniais**: representam a situação estática, ou seja, o patrimônio, os elementos ativos e passivos, que são os bens, direitos, obrigações com terceiros e o patrimônio líquido |
| | | **Contas de resultado**: representam a situação dinâmica e as variações patrimoniais, ou seja, as contas que alteram o patrimônio líquido e demonstram o resultado do exercício. |

**Quadro 6.2:** Visão simplificada das Teorias das Contas

| Teoria | Bens | Direitos | Obrigações | PL | Receita | Despesa |
|---|---|---|---|---|---|---|
| Patrimonialista | Patrimonial | Patrimonial | Patrimonial | Patrimonial | Resultado | Resultado |
| Materialista | Integral | Integral | Integral | Diferencial | Diferencial | Diferencial |
| Personalista | Consignatário | Correspondente | Correspondente | Proprietários | Proprietários | Proprietários |

A **estrutura conceitual do plano de contas terá base na teoria patrimonialista** visando à evidenciação dos elementos patrimoniais, a compreensão da composição patrimonial e a demonstração de todos os bens, direitos e obrigações da entidade.

**Chamada 12 do autor:** Teoria das Contas

## 3. MÉTODO DAS PARTIDAS DOBRADAS

Antes de apresentar o método das partidas dobradas, faz-se necessário informar o contexto histórico da época em que foi formulado o método.

**Breve histórico sobre números negativos na Matemática**

Os primeiros números negativos apareceram na China antiga, em um livro chinês da Dinastia Han (202 a.C.), mas é possível haver material ainda mais antigo que esse. Os chineses calculavam com duas coleções de barras: as vermelhas eram para os números positivos e as pretas para os números negativos.

**No mundo ocidental**, no século III, ao resolver um problema, o matemático Diofanto de Alexandria encontrou a resposta "-4". Ele a recusou, pois achava absurda a ideia de uma quantidade negativa.

O matemático Leonardo Fibonacci (1170-1240) recusou os negativos, mesmo percebendo que eles indicavam prejuízo num problema que envolvesse dinheiro.

O matemático Michale Stifel (1487-1567) publicou que "os números negativos eram números absurdos".

O matemático Girolamo Cardano (1501-1576) chamou-os de números falsos.

**O ponto de inflexão para tal mudança** encontra-se nos trabalhos originais de George Peacock (1791 -1858).

Outro ponto importante, é que nessa época em que os números negativos eram "rejeitados" a Igreja acompanhava a evolução científica que porventura contrariasse algum dogma. O exemplo clássico foi de Galileu Galilei, pai da física moderna, que foi considerado pela Inquisição Romana um herege no ano de 1615 em função da sua defesa do modelo heliocentrista face ao modelo geocêntrico. Ele morreu em 1642 confinado em "prisão domiciliar".

O "**método das partidas dobradas**" foi descrito pela primeira vez por Luca Pacioli no livro "*Summa de Arithmetica, Geometria, Proportioni et Proportionalità*" em 1494. De acordo com o método para cada débito existe um crédito de igual valor.

Luca Pacioli, apesar de ser considerado o Pai da Contabilidade, não é o inventor da contabilidade e tão pouco inventou os preceitos relacionados as partidas dobradas. Tal método já era utilizado na época e apenas ganhou publicidade após ser exposto em sua obra.

Observa-se que o método surge no período em que números negativos não são aceitos. Esse método é utilizado tanto na Contabilidade Societária quanto na Contabilidade Pública[1].

O método é simples. Basta saber a natureza original das contas conforme quadro a seguir.

**Chamada 13 do autor:** Método das Partidas Dobradas

1 Lei nº 4.320/1964. Art. 86. A escrituração sintética das operações financeiras e patrimoniais efetuar-se-á pelo **método das partidas dobradas**.

**Quadro 6.3:** Natureza das Contas pelo método das partidas dobradas em conformidade com a Teoria Patrimonialista

| Conta sintética [a] | Tipo de conta pela teoria patrimonial | Natureza do saldo das contas pelo método das partidas dobradas (regra geral) |
|---|---|---|
| Ativo | Patrimonial | Devedora |
| Passivo | Patrimonial | Credora |
| Patrimônio Líquido | Patrimonial | Credora |
| Receita | Resultado | Credora |
| Despesa | Resultado | Devedora |

Legenda: (a) a conta sintética é conta que agrupa outras contas que efetivamente são objeto de lançamento. Estas contas que efetivamente recebem o lançamento são denominadas contas analíticas.

**De forma simplista, utiliza-se a seguinte lógica:**

1. Para se **aumentar o saldo** de uma **conta devedora**: **debita-se** nessa conta.
2. Para se **reduzir o saldo** de uma **conta devedora**: **credita-se** nessa conta.
3. Para se **aumentar o saldo** de uma **conta credora**: **credita-se** nessa conta.
4. Para se **reduzir o saldo** de uma **conta credora**: **debita-se** nessa conta.

**Quadro 6.4:** Aplicação das partidas dobradas

| Tipo de Conta | Ação | Consequência para o Saldo |
|---|---|---|
| Devedora | Débito | Aumenta |
| | Crédito | Diminui |
| Credora | Débito | Diminui |
| | Crédito | Aumenta |

**A conta caixa e nosso saldo bancário: a vida real nos atrapalhando na contabilidade**

1. A conta caixa está inserida no Ativo Circulante, logo pela regra do Quadro 6.2 é uma conta devedora.
2. Caso tenhamos um saldo "**positivo**" de R$ 10.000, pode-se dizer que há na conta caixa um **saldo devedor de R$ 10.000.**

   2.1. Ocorre que no banco, quando se tira um extrato, consta no documento: R$ 10.000 crédito para saldos positivos. Uma justificativa é que aquele extrato é a posição do banco perante o cliente, ou seja, o banco deve ao cliente R$10.000, por isso o saldo credor.

   2.2. Para fins técnicos do dia a dia (inclusive avaliações e provas), adota-se que saldo "positivo" na conta caixa equivale a saldo devedor.

3. Caso tenhamos um saldo "**negativo**" de R$ 10.000 na conta caixa em função do uso do cheque especial, pode-se dizer que há na conta caixa um **saldo credor de R$ 10.000**.
   3.1. Ocorre que no banco, quando se tira um extrato em que sua o cheque especial, consta no documento: R$ 10.000 débito para saldos negativos.
   3.2. Para fins técnicos do dia a dia (inclusive avaliações e provas), adota-se que saldo "negativo" na conta caixa equivale a saldo credor.

**Chamada 14 do autor:** Manipulando a Conta Caixa nas Partidas Dobradas



### Pontos de Inflexão da Aprendizagem

1. **O primeiro ponto de inflexão** de qualquer estudante ou profissional contábil é dominar **quais contas analíticas compõem as contas sintéticas do Quadro 6.2, sua respectiva natureza (devedora/credora) e aplicar o método das partidas dobradas.** Esse ponto de inflexão será tratado no tópico Plano de Contas deste capítulo.

2. **O segundo ponto de inflexão** é associar as contas corretas ao ciclo contábil do evento a ser registrado. Por exemplo: (i) caso se deseje registrar a depreciação, deve-se saber quais contas serão e quais contas não serão afetadas; (ii) a mesma lógica vale para receita de vendas e outros eventos. Esse ponto de inflexão será tratado nos capítulos de operações típicas.

### Contas Retificadoras

1. **A conta depreciação acumulada é uma conta analítica que compõe a conta sintética Ativo**. A conta depreciação acumulada possui saldo credor apesar de fazer parte de uma conta sintética cuja maioria das contas possui saldo devedor. Ela recebe a denominação de conta retificadora por ter a natureza do saldo diferente da conta sintética a qual integra.

2. **Como ela possui saldo credor** mesmo estando sob a "guarda" de uma conta devedora (no caso Ativo): **para aumentar** o saldo, **credita-se**; e **para reduzir** o saldo, **debita-se.**

**Chamada 15 do autor:** Manipulando Contas Retificadoras nas Partidas Dobradas

## 4. PLANO DE CONTAS

O **Plano de Contas** é um conjunto de contas, **ordenado segundo as diretrizes legais que orientam os registros contábeis**. É um instrumento de trabalho que permite identificar todas as contas que poderão ser utilizadas pela empresa.

Conta é o nome técnico utilizado para registrar os elementos, levando em consideração os aspectos **qualitativos** e **quantitativos**. De forma simples, é como se os elementos dentro da contabilidade tivessem um endereço. Sempre que se movimentar um elemento far-se-á registro neste endereço, que recebe o nome de conta, alterando o saldo deste elemento.

O plano de contas, também é elaborado respeitando a necessidade de **cumprimento da legislação em vigor e as características da empresa. Não há um número máximo ou mínimo de contas.**

Cada empresa deve elaborar o seu Plano de Contas com todas as **contas patrimoniais** e **de resultado** que serão utilizadas pela empresa, **inclusive pelas contas em que há previsão apenas de utilização a longo prazo.**

Além disso, é importante que exista flexibilidade de forma a permitir a inclusão de contas caso seja necessário. Para que este plano de contas cumpra sua finalidade, ele deve respeitar o porte da empresa, seu ramo de atividades, as necessidades de seus usuários que inclui as informações que deverão ser extraídas dos **relatórios contábeis para os sócios, fornecedores, clientes, empregados, governo, fiscalização, entre outros possíveis usuários**.

### 4.1. Atributos da Conta Contábil

O Quadro 6.5 contém os possíveis atributos conceituais que podem ser utilizados em uma conta contábil de um Plano de Contas Empresarial.

**Quadro 6.5:** Possíveis atributos da Conta Contábil em um Plano de Contas

| Atributo | Descrição |
|---|---|
| **Código** | Estrutura numérica que identifica cada uma das contas que compõem o plano de contas |
| **Título/Nome** | Palavra ou designação que identifica o objeto de uma conta, ou seja, a razão para a qual foi aberta e a classe de valores que registra. |
| **Função** | Descrição da natureza dos atos e fatos registráveis na conta, explicando de forma clara e objetiva o papel desempenhado pela conta na escrituração. |
| **Natureza do Saldo** | Identifica se a conta tem saldo credor, devedor ou mista/híbrida. |

| Exemplo |
|---|
| **Código:** 1.0.0.00<br>**Título:** Ativo<br>**Função:** Contempla recursos presentes controlados pela entidade decorrentes de eventos passados.<br>**Natureza do Saldo:** Devedor |

## 4.2. Possível Plano de Contas Empresarial

Um possível plano de contas padrão de acordo com o IFRS, CPC e CFC poderia ter a seguinte composição em contas de 1º nível.

**Quadro 6.6:** Contas de 1º nível propostas para um de Plano de Contas

| Código | Título | Natureza do Saldo |
|---|---|---|
| 1.0.0.00 | Ativo | Devedor |
| 2.0.0.00 | Passivo | Credor |
| 3.0.0.00 | Receitas de Vendas | Credor |
| 4.0.0.00 | Custos das Vendas | Devedor |
| 5.0.0.00 | Despesas | Devedor |
| 6.0.0.00 | Imposto de Renda e Contribuição Social | Devedor |
| 7.0.0.00 | Participações e Contribuições | Devedor |
| 8.0.0.00 | Apuração do Resultado do Exercício | Devedor se for prejuízo, ou Credor se for lucro |

**Chamada 16 do autor:** Visão Geral de um Plano de Contas Empresarial

**Quadro 6.7:** Contas de 1° nível propostas para um de Plano de Contas pelo método das partidas dobradas

<table>
<tr><th>Tipo de conta pela teoria patrimonial</th><th>Saldo Predominante Devedor</th><th>Saldo Predominante Credor</th></tr>
<tr><td>Patrimonial</td><td>1.0.0.00 Ativo</td><td>2.0.0.00 Passivo</td></tr>
<tr><td rowspan="5">Resultado</td><td>4.0.0.00 Custos das Vendas</td><td rowspan="4">3.0.0.00 Receitas de Vendas</td></tr>
<tr><td>5.0.0.00 Despesas</td></tr>
<tr><td>6.0.0.00 Imposto de Renda e Contribuição Social</td></tr>
<tr><td>7.0.0.00 Participações e Contribuições</td></tr>
<tr><td>8.0.0.00 Apuração do Resultado do Exercício (Prejuízo)</td><td>8.0.0.00 Apuração do Resultado do Exercício (Lucro)</td></tr>
</table>

**Quadro 6.8:** Equações Contábeis considerando contas de 1° nível pelo método das partidas dobradas

| Equações Contábeis | |
|---|---|
| **1ª** | Receita (3.0.0.00) – [Despesa (5.0.0.00) + Imposto de Renda e Contribuição Social (6.0.0.000) + Participações e Contribuições (7.0.0.00)] = Apuração do Resultado do Exercício (8.0.0.00) (lucro ou prejuízo) |
| **2ª** | Ativo (1.0.0.00) + Receita (3.0.0.00) + Apuração do Resultado do Exercício (8.0.0.00) (**Lucro**) = Passivo (2.0.0.00) + Despesas Imposto de Renda e Contribuição Social (6.0.0.000) + Participações e Contribuições (7.0.0.00) |
| **3ª** | Ativo (1.0.0.00) + Receita (3.0.0.00) = Passivo (2.0.0.00) + Despesas Imposto de Renda e Contribuição Social (6.0.0.000) + Participações e Contribuições (7.0.0.00) + Apuração do Resultado do Exercício (8.0.0.00) (**Prejuízo**) |

A seguir constam as principais contas de 2º, 3º, 4º e 5º níveis do Ativo.

Quadro 6.9: Principais contas de 2º, 3º, 4º e 5º níveis do Ativo

| Código | Título | Natureza do Saldo | Observação |
|---|---|---|---|
| 1.1.0.00 | ATIVO CIRCULANTE | CONTA SINTÉTICA DEVEDORA | |
| 1.1.1.00 | Disponível | Conta sintética devedora | |
| **1.1.1.01** | **Bens Numerários** | **Devedor** | **Inclui caixa fundo fixo** |
| **1.1.1.02** | **Bancos Conta Movimento** | **Devedor** | |
| **1.1.1.03** | **Aplicações Financeiras de Liquidez Imediata** | **Devedor** | |
| **1.1.2.00** | **Clientes** | **Conta sintética devedora** | |
| 1.1.2.01 | Duplicatas a Receber | Devedor | Inclui: clientes nacionais e estrangeiros. |
| **1.1.2.01.0003** | **(-) Perdas Estimadas para créditos de liquidação duvidosa (PECLD)** | **Credor** | **Conta retificadora** |
| **1.1.2.01.0004** | **(-) Ajuste a Valor Presente (AVP)** | **Credor** | **Conta retificadora** |
| 1.1.3.00.XXXX | Participações Societárias Temporárias (ativos financeiros) | Conta sintética devedora | **Disponíveis para venda (Substituir XXXX do código por 0001); destinadas à negociação (0002); mantidas até o vencimento (0003).** |
| **1.1.3.00.0004** | **(-) Perdas estimadas ao valor provável de realização** | **Credor** | **Conta retificadora da conta instrumento financeiro mantido até o vencimento.** |
| 1.1.4.00.XXXX | Outros Créditos | Devedor | |
| **1.1.4.01** | **Empréstimos e recebíveis (ativos financeiros)** | | |
| **1.1.4.02** | **Dividendos a receber** | | |
| 1.1.5.00.XXXX | Créditos de Funcionários | Conta sintética devedora | **Inclui: adiantamento a funcionários (Substituir XXXX do código por 0001), empréstimos a funcionários (0002), adiantamento de férias (0003).** |

| | | | |
|---|---|---|---|
| 1.1.6.00.yyyy | Impostos e Contribuições a Recuperar | **Conta sintética devedora** | **Inclui: ICMS a recuperar (0001), IPI a recuperar (0002), PIS a recuperar (0003), COFINS a recuperar (0004), outros (0005).** |
| 1.1.7.00.yyyy | Impostos e Contribuições a Compensar/ Restituir | **Conta sintética devedora** | **IRRF a compensar/restituir (0001), CSLL a compensar/ restituir (0002),** |
| 1.1.8.00 | Estoques | **Conta sintética devedora** | |
| **1.1.8.01** | **Produtos Acabados** | **Devedor** | |
| **1.1.8.02** | **Mercadorias para Revenda** | **Devedor** | |
| **1.1.8.03.XXXX** | **Produtos em Elaboração** | **Conta sintética devedora** | **Matéria prima (0001); Mão de obra direta (0002); Outros custos diretos – serviços de terceiros (0003); Custos Indiretos: mão de obra indireta, depreciação, água, energia elétrica, outros (0004).** |
| **1.1.8.04** | **Materiais de acondicionamento e Embalagens** | **Devedor** | |
| **1.1.8.05** | **Outros Custos** | **Devedor** | **Inclui: importação em andamento e adiantamento a fornecedores.** |
| **1.1.8.06** | **(-) Perdas estimadas para estoques não realizáveis** | **Credor** | **Conta retificadora** |
| **1.1.8.07.XXXX** | **Ativos e Produtos Biológicos** | **Conta sintética devedora** | **Ativo Biológico - ao custo (0001); Ativo Biológico - Valor Justo (0002); Produto Biológico - ao custo (0003); Produto Biológico - Valor Justo (0004);** |
| 1.1.9.00 | Ativos especiais | Conta sintética devedora | |
| **1.1.9.00.0001** | **Ativos especiais em produção** | **Devedor** | |
| **1.1.9.00.0002** | **(-) Amortização acumulada** | **Credor** | **Conta retificadora** |
| **1.1.9.00.0003** | **(-) Perdas estimadas para redução ao valor recuperável** | **Credor** | **Conta retificadora** |

| | | | |
|---|---|---|---|
| 1.1.10.00 | Despesas do exercício seguintes pagas antecipadamente | Conta sintética devedora | |
| **1.1.10.01** | **Despesas Antecipadas** | **Devedor** | **Inclui: Prêmios de seguros a apropriar (0001); Encargos financeiros a apropriar (0002); Assinaturas e anuidades a apropriar (0003); Alugueis pagos antecipadamente (0004).** |
| 1.1.11.00 | Ativos não circulantes mantidos para a venda | Conta sintética devedora | |

| | | | |
|---|---|---|---|
| 1.2.0.00 | ATIVO NÃO CIRCULANTE | CONTA SINTÉTICA DEVEDORA | |
| 1.2.1.00 | Ativo Realizável a Longo Prazo | Conta sintética devedora | |
| **1.2.1.01** | **Créditos** | **Conta sintética devedora** | |
| **1.2.1.01.0001** | **Adiantamento a terceiros** | **Devedor** | |
| **1.2.1.01.0002** | **(-) Ajuste a valor presente** | **Credor** | **Conta retificadora** |
| **1.2.1.01.0003** | **(-) Perdas Estimadas para créditos de liquidação duvidosa (PECLD)** | **Credor** | **Conta retificadora** |
| **1.2.1.02** | **Investimentos Temporários de Longo Prazo** | **Conta sintética devedora** | **Inclui: Aplicações em títulos e valores mobiliários (0001); Depósitos e aplicações para investimentos com incentivos fiscais (0002).** |
| **1.2.1.03** | **Despesas Antecipadas** | **Conta sintética devedora** | **Inclui: Prêmios de seguros a apropriar de longo prazo (0001); Encargos financeiros a apropriar (de longo prazo 0002).** |
| **1.2.1.04** | **Tributos diferidos a recuperar** | **Conta sintética devedora** | **Inclui: IRPJ diferido (0001) e CSLL (0002).** |
| 1.2.2.00 | Investimentos | Conta sintética devedora | |
| **1.2.2.01** | **Participações Permanentes em Outras Sociedades** | **Conta sintética devedora** | |

| | | | |
|---|---|---|---|
| 1.2.2.01.0001 | Avaliadas pela equivalência patrimonial | Devedor | |
| 1.2.2.01.0002 | (-) Lucro não realizado em operações com controlada a apropriar | Credor | Conta retificadora da conta 0001. |
| 1.2.2.01.0003 | (-) Lucro não realizado em operações com coligada e empreendimento controlado em conjunto a apropriar | Credor | Conta retificadora da conta 0001. |
| 1.2.2.02.0001 | Propriedades para Investimento avaliadas pelo custo | Devedor | |
| 1.2.2.02.0002 | (-) Depreciação acumulada de propriedades de investimentos avaliadas pelo custo | Credor | Conta retificadora da conta 0001. |
| 1.2.2.01.0003 | (-)Perdas prováveis na realização do valor das propriedades de investimento avaliadas pelo custo | Credor | Conta retificadora da conta 0001. |
| 1.2.2.03 | Propriedades para Investimento avaliadas pelo valor justo | Conta sintética devedora | |
| 1.2.2.04 | Outros Investimentos Permanentes | Conta sintética devedora | Inclui obras de arte. |
| 1.2.2.05 | Goodwill (demonstrações individuais) | Devedor | O Goodwill será classificado no intangível apenas nas demonstrações consolidadas. |
| 1.2.3.00 | Imobilizado | Conta sintética devedora | |
| 1.2.3.01.xxxx | Bens em Operação | Conta sintética devedora | Inclui: Terrenos (0001); Obras civis (0002); Instalações (0003); Máquinas, equipamentos e ferramentas (0004); Móveis e utensílios (0005); Computadores e periféricos (0006); Veículos (0007); Ferramentas (0008); Florestamento e reflorestamento (0009); Benfeitorias em propriedades de terceiros (0010); Planta portadora (0011). |

| | | | |
|---|---|---|---|
| 1.2.3.02.yyyy | (-) Depreciação, Amortização e Exaustão Acumulada | Conta sintética credora (retificadora) | Inclui: Terrenos (0001); Obras civis (0002); Instalações (0003); Máquinas, equipamentos e ferramentas (0004); Móveis e utensílios (0005); Computadores e periféricos (0006); Veículos (0007); Ferramentas (0008); Florestamento e reflorestamento (0009); Benfeitorias em propriedades de terceiros (0010). |
| 1.2.3.02.0011 | (-) Perdas por redução ao valor recuperável | Credor | Conta retificadora |
| 1.2.3.03.xxxx | Imobilizado Arrendado (leasing financeiro) | Conta sintética devedora | Inclui: Veículos arrendados (0001), Máquinas arrendadas (0002). |
| 1.2.3.04.xxxx | Benfeitorias em imóveis arrendados | Conta sintética devedora | |
| 1.2.3.05.yyyy | (-) Depreciação Acumulada de Bens Arrendados | Conta sintética credora (retificadora) | Inclui: Veículos arrendados (0001), Máquinas arrendadas (0002). |
| 1.2.3.06.zzzz | Imobilizado em Andamento | Conta sintética devedora | Inclui: Construção em andamento (0001); Importação de bens do imobilizado em andamento (0002); Adiantamento a fornecedores de imobilizado (0003); Almoxarifado de inversões fixas (0004). |
| 1.2.4.00 | Intangível | Conta sintética devedora | |
| 1.2.4.01.xxxx | Custo do Intangível | Conta sintética devedora | Inclui: Marcas (0001); Patentes (0002); Concessões (0003); Ágio (goodwill) (0004); Direitos autorais (0005). |
| 1.2.4.02.yyyy | (-) Amortização Acumulada | Conta sintética credora (retificadora) | Inclui: Marcas (0001); Patentes (0002); Concessões (0003); Direitos autorais (0005). |
| 1.2.4.03.yyyy | (-)Perdas por Redução ao Valor Recuperável | Conta sintética credora (retificadora) | Inclui: Marcas (0001); Patentes (0002); Concessões (0003); Ágio (goodwill) (0004); Direitos autorais (0005). |

A seguir constam as principais contas de 2º, 3º, 4º e 5º níveis do Passivo.

Quadro 6.10: Principais contas de 2º, 3º, 4º e 5º níveis do Passivo

| Código | Título | Natureza do Saldo | Observação |
|---|---|---|---|
| **2.1.0.00** | **PASSIVO CIRCULANTE** | **CONTA SINTÉTICA CREDORA** | |
| **2.1.1.00.xxxx** | **Salários e encargos sociais a pagar** | **Conta sintética credora** | **Inclui: Salários a pagar (Substituir XXXX por 0001); 13º a pagar (0002); Férias a pagar (0003); INSS patronal a recolher (0004); FGTS a recolher (0005); IRRF a recolher (0006); Pró-labore a pagar (0007); INSS do empregado a recolher (0008).** |
| **2.1.2.00.xxxx** | **Fornecedores** | **Conta sintética credora** | **Inclui: fornecedores nacionais (0001); fornecedores estrangeiros (0002).** |
| **2.1.2.00.0003** | **(-) Ajuste a valor presente** | **Devedor** | **Conta retificadora** |
| **2.1.3.00.xxxx** | **Obrigações Fiscais** | **Conta sintética credora** | **Inclui: ICMS a pagar (0001); IPI a pagar (0002); PIS / Pasep a pagar (0003); Cofins a pagar (0004); ISS a pagar (0005); IRPJ a pagar (0006); CSLL a pagar (0007); Refis a pagar (0008).** |
| **2.1.4.00.xxxx** | **Participações Estatutárias a Pagar** | **Conta sintética credora** | **Inclui: Participação dos Debenturistas (0001); Participação dos Empregados (0002); Participação de Administradores (0003); Participação de Partes Beneficiárias (0004); Instituições ou Fundos de Assistência ou Previdência de Empregados (0005).** |
| **2.1.5.00.xxxx** | **Dividendos a Pagar** | **Credor** | |
| **2.1.6.00.xxxx** | **Juros sobre o Capital Próprio (JSCP) a pagar** | **Credor** | |

| | | | |
|---|---|---|---|
| 2.1.7.00.xxxx | Empréstimos e Financiamentos a pagar | Conta sintética credora | Empréstimos e financiamentos bancários de curto prazo (0001); Duplicatas descontadas (0002); Títulos a pagar (0003); Promissórias a Pagar (0004); Cheque Especial (0005); Juros a Pagar (0006). |
| 2.1.7.00.0007 | (-) Juros a apropriar, Juros a Transcorrer, Encargos financeiros a transcorrer | Devedor | Conta retificadora |
| 2.1.7.00.0008 | (-)Custos de Transação a Amortizar/ Apropriar | Devedor | Conta retificadora |
| 2.1.8.00.xxxx | Debêntures | Credor | |
| 2.1.8.00.0001 | Debêntures não conversíveis em ações | Credor | |
| 2.1.8.00.0002 | Debêntures conversíveis em ações | Credor | |
| 2.1.8.00.0003 | Prêmios de Debêntures a Amortizar | Credor | |
| 2.1.8.00.0004 | (-)Deságio a Amortizar | Devedor | Conta retificadora |
| 2.1.8.00.0005 | (-)Custos de Transação a Amortizar/ Apropriar | Devedor | Conta retificadora |
| 2.1.9.00.xxxx | Outras Obrigações Diversas | Conta sintética credora | Inclui: Adiantamento de clientes (0001); Contas a pagar (0002); Comissões a pagar (0003). |
| 2.1.10.00. | Provisões | | |
| 2.2.0.00 | PASSIVO NÃO CIRCULANTE | CONTA SINTÉTICA CREDORA | |

| | | | |
|---|---|---|---|
| 2.2.1.00 | Empréstimos e Financiamentos | Credor | Empréstimos e financiamentos bancários de longo prazo (0001); Títulos a pagar longo prazo (0002); AFAC - Adiantamento para Futuro Aumento de Capital com possibilidade de devolução (0003). |
| 2.2.1.00.0004 | (-) Juros a apropriar ou Juros a Transcorrer | Devedor | Conta retificadora |
| 2.2.2.00 | Debêntures | Credor | |
| 2.2.2.00.0001 | Debêntures não conversíveis em ações | Credor | |
| 2.2.2.00.0002 | Debêntures conversíveis em ações | Credor | |
| 2.2.2.00.0003 | Prêmios de Debêntures a Amortizar | Credor | |
| 2.2.2.00.0004 | (-)Deságio a Amortizar | Devedor | Conta retificadora |
| 2.2.2.00.0005 | (-)Custos de Transação a Amortizar | Devedor | Conta retificadora |
| 2.2.3.00.xxxx | Tributos Diferidos a pagar | Conta sintética credora | Inclui: IRPJ Diferido a pagar (0001); CSLL Diferida a pagar (0002). |
| 2.2.4.00.yyyy | Parcelamentos | Conta sintética credora | Inclui: Refis a pagar (0001); Paes a pagar (0002). |
| 2.2.4.00.0003 | (-) Ajuste a valor presente | Devedor | Conta retificadora |
| 2.2.5.00 | Provisões | Conta sintética credora | Inclui: Fiscais, previdenciárias, trabalhistas, cíveis (0001); benefícios a empregados (0002); garantias (0003); reestruturação (0004). |
| 2.2.6.00 | Receitas a Apropriar | Conta sintética credora | |
| 2.2.7.00 | Subvenções de Investimento a Apropriar | Conta sintética credora | |

A seguir constam as principais contas de 4º e 5º níveis Patrimônio Líquido.

Quadro 6.11: Principais contas de 4° e 5° níveis do Patrimônio Líquido

| Código | Título | Natureza do Saldo | Observação |
|---|---|---|---|
| 2.3.1.00 | PATRIMÔNIO LÍQUIDO DOS SÓCIOS | CONTA SINTÉTICA CREDORA | |
| **2.3.1.01** | **Capital Social** | **Conta sintética credora** | |
| 2.3.1.01.0001 | Capital Social Subscrito | Credor | Inclui ações ordinárias e preferenciais. |
| 2.3.1.01.0002 | (-) Capital Social a Integralizar | **Devedor** | **Conta retificadora.** |
| 2.3.1.01.0003 | (-) Gastos com emissão de Ações | **Devedor** | **Conta retificadora.** |
| 2.3.1.01.004 | AFAC – Adiantamento para Futuro Aumento de Capital | Credor | |
| **2.3.1.02** | **Reserva de Capital** | **Conta sintética credora** | |
| 2.3.1.02.0001 | Ágio na emissão de ações | Credor | |
| 2.3.1.02.0002 | Bônus de Subscrição | Credor | |
| 2.3.1.02.0003 | Partes Beneficiárias | Credor | Aplicável apenas para Sociedades Anônimas de Capital fechado |
| 2.3.1.02.0004 | Opções outorgadas reconhecidas | Credor | |
| **2.3.1.03** | **Reserva de Reavaliação - Saldos até 31/12/2007** | **Conta sintética credora** | |
| **2.3.1.04** | **Ajuste de Avaliação Patrimonial** | **Conta sintética credora ou devedora** | |
| **2.3.1.05.xxxx** | **Reserva de Lucros** | **Conta sintética credora** | Inclui: Reserva Legal (0001); Reserva Estatutária (0002); Reserva para Contingências (0003); Reserva de lucros a realizar (0004); Reserva de Retenção de lucros (0005); Reserva Especial para Dividendos Obrigatórios Não Distribuídos (0006); Reserva de Incentivos Fiscais (0007); Reserva de Lucros Específica de Prêmio de Emissão de Debêntures (0008). |

| | | | |
|---|---|---|---|
| **2.3.1.06** | **(-) Ações em Tesouraria** | **Conta sintética devedora** | **Retificadora** |
| **2.3.1.07** | **Ajuste Acumulado de Conversão** | **Conta sintética credora ou devedora** | |
| **2.3.1.08** | **Lucros ou Prejuízos Acumulados** | **Conta sintética credora ou devedora** | |
| 2.3.1.08.0001 | Lucro de Exercícios Anteriores | **Credor** | |
| 2.3.1.08.0002 | Prejuízo de Exercícios Anteriores | **Devedor** | |
| 2.3.1.08.0003 | Lucro ou Prejuízo do Exercício | **Credor ou Devedor** | Faz contrapartida com a conta 8.0.0.00. |
| 2.3.1.08.0004 | (-) Dividendos Antecipados | **Devedor** | **Conta retificadora** |
| 2.3.1.08.0005 | Ajustes de Exercícios Anteriores | **Credor ou devedor** | |
| **2.3.1.09** | **Participação de Acionistas não Controladores (só no Balanço Consolidado)** | **Conta sintética credora** | |

**Decomposição do PL que possui saldo predominantemente credor**

**Contas com o saldo credor ("positivas"):**

-Capital Social.

-Reserva de Capital.

-Reserva de Lucros.

-Lucros Acumulados (conta analítica).

**Contas com saldo devedor ("negativas"):**

-Capital a Integralizar.

-Gastos com emissão de Ações.

-Ações em Tesouraria.

-Prejuízos Acumulados (conta analítica).

-Dividendos Antecipados.

**Contas com saldo híbrido (devedor ou credor):**

- Ajuste de Avaliação Patrimonial.

- Ajuste Acumulado de Conversão.

- Lucro ou Prejuízos Acumulados (conta sintética).

A seguir constam as principais contas de 3º, 4º e 5º níveis das Receitas de Vendas.

Quadro 6.12: Principais contas de 3°, 4° e 5° níveis das Receitas de Vendas

| Código | Título | Natureza do Saldo | Observação |
|---|---|---|---|
| 3.1.1.00 | RECEITA DE VENDAS DE PRODUTOS E SERVIÇOS | CONTA SINTÉTICA CREDORA | |
| **3.1.1.01** | **Receita Bruta de Vendas de Produtos** | **Conta sintética credora** | |
| **3.1.1.02** | **Receita Bruta de Vendas de Serviços** | **Conta sintética credora** | |
| 3.1.2.00 | DEDUÇÕES DA RECEITA DE VENDAS DE PRODUTOS E SERVIÇOS | CONTA SINTÉTICA DEVEDORA RETIFICADORA | |
| 3.1.2.01.xxxx | **Deduções da receita bruta de venda de produtos e serviços** | **Conta sintética devedora retificadora** | Inclui: Vendas canceladas e devoluções (0001); Abatimentos (0002); ICMS (0003); COFINS (0004); PIS/Pasep (0005); ISS (0006). |
| 3.1.2.02.yyyy | **Ajuste a Valor Presente (AVP) sobre Clientes** | **Conta sintética devedora retificadora** | Em função da Lei n° 12.973/2014. Efeitos fiscais. |
| **3.1.3.00** | RECEITA LIQUIDA DE VENDAS DE PRODUTOS E SERVIÇOS | CONTA SINTÉTICA CREDORA | |

A seguir constam as principais contas de 4º e 5º níveis dos Custos das Vendas.

Quadro 6.13: Principais contas de 4° e 5° níveis dos Custos das Vendas

| Código | Título | Natureza do Saldo | Observação |
|---|---|---|---|
| 4.1.1.00 | CUSTOS DAS VENDAS DOS PRODUTOS, MERCADORIAS E SERVIÇOS | CONTA SINTÉTICA DEVEDORA | |
| 4.1.1.01.xxxx | **Custo dos Produtos Vendidos (CPV)** | **Conta sintética devedora** | Inclui: Matéria-prima (0001); Mão de obra direta (0002); **Custos indiretos de fabricação**[a] (0003). |

| | | | |
|---|---|---|---|
| 4.1.1.02 | Custo das Mercadorias Vendidas (CMV) | Conta sintética devedora | |
| 4.1.1.03 | Custo dos serviços prestados (CSP) | Conta sintética devedora | |

**Legenda:** (a) inclui a depreciação e outros custos que podem ser associados ao processo produtivo do objeto comercializado.

A seguir constam as principais contas de 3º, 4º e 5º níveis das Despesas.

## Quadro 6.14: Principais contas de 3º, 4º e 5º níveis das Despesas

| Código | Título | Natureza do Saldo | Observação |
|---|---|---|---|
| 5.0.0.00 | RESULTADO OPERACIONAL BRUTO (LUCRO OU PREJUÍZO) | CONTA SINTÉTICA CREDORA | |
| 5.1.0.00 | DESPESAS OPERACIONAIS | CONTA SINTÉTICA DEVEDORA | |
| 5.1.1.00 | Despesas Gerais e Administrativas | Conta sintética devedora | |
| 5.1.1.01.xxxx | **Despesas com Pessoal da Administração** | **Conta sintética devedora** | Inclui: Salários e ordenados (0001); Gratificações (0002); Férias (0003); 13º salário (0004); INSS (0005); FGTS (0006); Indenizações (0007); Assistência médica (0008); Refeições-PAT (0009); Cestas básicas (0010); Treinamentos (0011); Seguro de vida (0012); Previdência privada (0013). |
| 5.1.1.02.xxxx | **Despesas com Ocupação** | **Conta sintética devedora** | Inclui: Aluguéis e condomínios (0001); Depreciações e amortizações (0002); Manutenção e reparos (0003); Higiene e limpeza (0004); Seguros (0005); Segurança e vigilância (0006). |
| 5.1.1.03.xxxx | **Despesas com Utilidades** | **Conta sintética devedora** | Inclui: Energia elétrica (0001); Água (0002); Comunicação (0003). |

| | | | |
|---|---|---|---|
| 5.1.1.04.xxxx | Despesas Gerais | Conta sintética devedora | Inclui: Material de escritório (0001); Doações e contribuições (0002); Jornais e revistas (0003); Serviços profissionais (0004); Auditoria (005); Consultoria (0006). |
| 5.1.2.00 | Despesas com Vendas | Conta sintética devedora | |
| 5.1.2.01.xxxx | Despesas com Pessoal de Vendas | Conta sintética devedora | Inclui: Salários e ordenados (0001); Gratificações (0002); Férias (0003); 13° salário (0004); INSS (0005); FGTS (0006); Indenizações (0007); Assistência médica (0008); Refeições-PAT (0009); Cestas básicas (0010); Treinamentos (0011); Seguro de vida (0012); Previdência privada (0013). |
| 5.1.2.02.xxxx | Comissões de Vendas | Conta sintética devedora | |
| 5.1.2.03.xxxx | Propaganda e Publicidade | Conta sintética devedora | Inclui:Propaganda (0001); Publicidade (0002); Amostra (0003); Anúncio (0004); Revistas (0005). |
| 5.1.2.04.xxxx | Despesas com Ocupação | Conta sintética devedora | Inclui: Aluguéis e condomínios (0001); Depreciações e amortizações (0002); Manutenção e reparos (0003); Higiene e limpeza (0004); Seguros (0005); Segurança e vigilância (0006). |
| 5.1.2.05.xxxx | Despesas com Utilidades | Conta sintética devedora | Inclui: Energia elétrica (0001); Água (0002); Comunicação (0003). |
| 5.1.2.06 | Despesa com perda estimada para devedores duvidosos | Conta sintética devedora | |
| 5.1.2.07 | Despesa com devolução de venda referente a exercícios anteriores | Conta sintética devedora | |

| | | | |
|---|---|---|---|
| **5.1.2.08.xxxx** | **Despesas Gerais** | **Conta sintética devedora** | Inclui: Material de escritório (0001); Doações e contribuições (0002); Jornais e revistas (0003); Serviços profissionais (0004); Auditoria (005); Consultoria (0006). |
| 5.1.3.00 | Sócios e Dirigentes | Conta sintética devedora | |
| **5.1.3.01.xxxx** | **Despesas Gerais Sócios e Dirigentes** | **Conta sintética devedora** | Inclui: Pró-labore (0001); Remunerações indiretas (0002); Remunerações do conselho (0003); Viagens e estadias (0004). |
| 5.1.4.00 | Tributos e contribuições | Conta sintética devedora | |
| **5.1.4.01.xxxx** | **Despesas como Tributos e Contribuições** | **Conta sintética devedora** | Inclui: Pis sobre outras receitas (0001); Cofins sobre outras receitas (0002); IPVA (0003); IPTU (0004); Contribuição sindical (0005). |
| 5.1.5.00 | Provisões e perdas estimadas | Conta sintética devedora | |
| **5.1.5.01.xxxx** | **Despesas com provisões e perdas estimadas** | **Conta sintética devedora** | Inclui: Perdas estimadas para créditos de liquidação duvidosa (0001); Perdas prováveis com estoques (0002); Provisão para garantia de produtos (0003); Provisão para contingências fiscais (0004). |
| 5.1.5.01.0005 | Reversão de Provisões e Perdas Estimadas | **Credor** | **Conta retificadora** |
| 5.1.6.00 | Despesas Financeiras deduzidas das Receitas Financeiras | Conta sintética devedora ou credora | |
| **5.1.6.01.xxxx** | **Despesas Financeiras** | **Conta sintética devedora** | Inclui: Juros passivos, pagos ou incorridos (0001); Descontos concedidos (0002); Despesas bancárias (0003); Variações cambiais passivas (0004); Variações monetárias passivas (0005); Juros sobre o Capital Próprio (0006); (0007) ajuste de reclassificação – perdas com instrumentos financeiros (contrapartida de ajustes de avaliação patrimonial). |

| | | | |
|---|---|---|---|
| 5.1.6.01.0007 | (-) Encargos financeiros - Prêmios de Debêntures | Credor | **Conta retificadora da despesa financeira** |
| **5.1.6.02.xxxx** | **Receitas Financeiras** | **Conta sintética credora** | Inclui: Descontos obtidos (0001); Juros ativo ou recebidos (0002); Rendimentos de aplicações financeiras (0003); Variações cambiais ativas (0004); Variações monetárias ativas (0005); (0006) ajuste de reclassificação – ganhos com instrumentos financeiros (contrapartida de ajustes de avaliação patrimonial). |
| 5.1.6.02.0006 | Tributos sobre receitas financeiras | Devedor | Inclui: PIS, PASEP e COFINS. |
| 5.1.7.00 | Outras Receitas e Despesas Operacionais | Conta sintética devedora ou credora | |
| **5.1.7.01.xxxx** | **Lucros e Prejuízos em Participações Societárias** | **Conta sintética devedora ou credora** | |
| 5.1.7.01.0001 | Participações nos resultados de controladoras e coligadas pela equivalência patrimonial | Devedor ou Credor | Ganho de Equivalência Patrimonial (0001), Perda de Equivalência Patrimonial (0002) |
| 5.1.7.01.0002 | Amortização de ágio ou deságio em investimentos | Devedor ou Credor | |
| 5.1.7.01.0003 | Dividendos | Credor | Nos investimentos avaliados pelo método de equivalência patrimonial, não há reconhecimento de receita quando do reconhecimento dos dividendos. |
| **5.1.7.02.xxxx** | **Ganhos e Perdas de Capital nos Investimentos** | **Conta sintética devedora ou credora** | 0001 (ganhos de capital); 0002 (perda de capital); 003 (Ganho com compra vantajosa – Ágio) 0004 (ajuste de reclassificação – ganhos ou perdas (contrapartida de ajustes de avaliação patrimonial)). |
| **5.1.7.03.xxxx** | **Ganhos ou Perdas de Capital no Imobilizado** | **Conta sintética devedora ou credora** | 0001 (ganhos de capital); 0002 (perda de capital); 0003 (ajuste de reclassificação – ganhos ou perdas (contrapartida de ajustes de avaliação patrimonial)). |

| | | | |
|---|---|---|---|
| **5.1.7.04.xxxx** | **Ganhos ou Perdas de Capital no Intangível** | **Conta sintética devedora ou credora** | |
| **5.1.7.05.xxxx** | **Resultado da Variação do Valor Justo** | **Conta sintética devedora ou credora** | (-) Despesas de Variação do Valor Justo (0001), Receitas de Variação do Valor Justo (0002). |
| **5.1.7.06.xxxx** | **Outras Receitas de Vendas Operacionais** | **Conta sintética credora** | Receita de venda de sucata. |
| **5.1.7.07.xxxx** | **Outras Receitas e Outras Despesas** | **Conta sintética credora ou devedora** | 0001 (outras receitas); 0002 (outras despesas). |
| **5.1.7.08.xxxx** | **Resultado de Operações Descontinuadas** | **Conta sintética devedora ou credora** | Pelo CPC 26 essa conta vem após os impostos e antes do Lucro Líquido. |
| 5.1.7.08.0001 | Ganhos ou perdas dos ativos de operações descontinuadas | Devedor ou Credor | |
| 5.1.7.08.0002 | Tributos sobre as operações descontinuadas | Devedor | |
| **5.1.8.00** | **Resultado Operacional Líquido** | **Conta sintética devedora ou credora** | |
| 5.1.9.00 | Outras Receitas e Despesas | Conta sintética devedora ou credora | Em consonância com os CPCs, as “outras receitas/despesas” são um tipo de receitas/ despesas operacionais, sendo, portanto, classificadas no grupo operacional. |
| **5.1.9.01** | **Outras Despesas** | **Devedor** | Registram os custos ou as despesas relacionadas com a baixa dos bens ou direitos alienados. |
| **5.1.9.02** | **Outras Receitas** | **Credor** | Registram receitas extraordinárias cujos eventos são aleatórios e não habituais. |
| 5.2.1.00 | RESULTADO ANTES DO IMPOSTO DE RENDA E CSLL | CONTA SINTÉTICA DEVEDORA OU CREDORA | |

A seguir constam as principais contas de 4º e 5º níveis Imposto de Renda e Contribuição Social.

Quadro 6.15: Principais contas de 4° e 5° níveis Imposto de Renda e Contribuição Social

| Código | Título | Natureza do Saldo | Observação |
|---|---|---|---|
| 6.1.1.00 | IRPJ E CSLL - CORRENTE E DIFERIDO | CONTA SINTÉTICA DEVEDORA | |
| 6.1.1.01.xxxx | IRPJ e CSLL Correntes | Conta sintética devedora | Inclui: Despesas de IRPJ – Corrente (0001); Despesas de CSLL – Corrente (0002). |
| 6.1.1.02.xxxx | IRPJ e CSLL Diferidos | Conta sintética devedora | Inclui: Despesas de IRPJ – Diferido (0001); Despesas de CSLL – Diferida (0002). |
| 6.2.1.00 | RESULTADO APÓS O IR e CSLL | CONTA SINTÉTICA DEVEDORA OU CREDORA | |

A seguir constam as principais contas de 4º nível das Participações e Contribuições.

Quadro 6.16: Principais contas de 4° nível das Participações e Contribuições

| Código | Título | Natureza do Saldo | Observação |
|---|---|---|---|
| 7.1.1.00 | PARTICIPAÇÕES E CONTRIBUIÇÕES | CONTA SINTÉTICA DEVEDORA | |
| 7.1.1.01 | Debêntures | Devedor | |
| 7.1.1.02 | Empregados | Devedor | Inclui caixa fundo fixo |
| 7.1.1.03 | Administradores | Devedor | |
| 7.1.1.04 | Partes Beneficiárias | Devedor | |
| 7.1.1.05 | Instituições ou Fundo de Assistência ou Previdência a Empregados | Devedor | |
| 7.2.1.00 | LUCRO OU PREJUÍZO LÍQUIDO DO EXERCÍCIO | CONTA SINTÉTICA DEVEDORA OU CREDORA | |

## 5. LANÇAMENTO CONTÁBIL: ELEMENTOS

É a técnica utilizada para o registro de fatos administrativos, pois provocam alterações no patrimônio ou no resultado do exercício da empresa. Os lançamentos contábeis devem seguir a legislação vigente, e podem ser realizados em livros ou em fichas de forma eletrônica ou manual.

A Resolução CFC 1.330/2011 define que a escrituração em forma contábil deve conter, **no mínimo**:

1. A data do registro contábil, ou seja, a data em que o fato contábil ocorreu.
2. A conta devedora.
3. A conta credora.
4. Histórico que represente a essência econômica da transação ou o código de histórico padronizado, neste caso baseado em tabela auxiliar inclusa em livro próprio.
5. Valor do registro contábil.
6. Informação que permita identificar, de forma unívoca, todos os registros que integram um mesmo lançamento contábil.

O registro contábil deve conter o número de identificação do lançamento em ordem sequencial relacionado ao respectivo documento de origem externa ou interna ou, na sua falta, em elementos que comprovem ou evidenciem fatos contábeis.

A terminologia utilizada no registro contábil **deve expressar a essência econômica da transação.**

## 6. LIVROS

Escriturar é registrar. Esses registros podem ser feitos em livros próprios. Destacam-se os livros Comerciais e Fiscais. A seguir constam os livros citados de forma explícita pelo CFC e pelo RIR/2018.

**Quadro 6.17:** Livros Comerciais e Fiscais pelo RIR/2018

| Livros Contábeis[a] e Comerciais | Livros Fiscais |
|---|---|
| 1.Livro Diário.<br>2.Livro Razão. | 1.Livro de registro de inventário[b,c,d].<br>2.Livro de registro de entradas (compras) [b,c].<br>3.Livro de Apuração do Lucro Real - LALUR.<br>4. Livro de registro permanente de estoque, para as pessoas jurídicas que exercerem atividades de compra, venda, incorporação e construção de imóveis, loteamento ou desmembramento de terrenos para venda[b].<br>5. Livro de movimentação de combustíveis, a ser escriturado diariamente pelo posto revendedor. |

**Legenda:** (a) constam na Resolução CFC 1.330/2011. (b) as pessoas jurídicas poderão criar modelos próprios que satisfaçam às necessidades de seu negócio ou utilizar os livros porventura exigidos por outras leis fiscais, ou, ainda, substituí-los por séries de fichas numeradas. (c) serão registrados e autenticados pelo Departamento de Registro Empresarial e Integração - DREI, ou pelas juntas comerciais ou pelas repartições encarregadas do registro de comércio. Essa obrigação pode ser suprimida caso a Entidade opte pelo envio dos livros ao SPED. (d) deverão ser arrolados, com especificações que facilitem a sua identificação, as mercadorias, os produtos manufaturados, as matérias-primas, os produtos em fabricação e os bens em almoxarifado existentes na data do balanço patrimonial levantado ao fim de cada período de apuração.

**De acordo com o RIR/2018:**

> *Art. 272. A pessoa jurídica é obrigada a seguir sistema de contabilidade com base na escrituração uniforme de seus livros, em correspondência com a sua documentação, e utilizar os livros e os papéis adequados, cujo número e espécie ficam a seu critério.*

Os livros contábeis devem revestir-se de formalidades extrínsecas e intrínsecas. O quadro 6.18 elenca elas em conformidade com a Resolução CFC 1.330/2011.

**Quadro 6.18:** Formalidades extrínsecas e intrínsecas dos livros contábeis

| Formalidades extrínsecas | | Formalidades intrínsecas | |
|---|---|---|---|
| Livro Digital | Livro não Digital | Livro Digital | Livro não Digital |
| 1. Serem assinados digitalmente pela entidade e pelo contabilista regularmente habilitado.<br>2. Serem autenticados no registro público competente. | 1. Serem encadernados.<br>2. Terem suas folhas numeradas sequencialmente.<br>3. Conterem termo de abertura e de encerramento assinados pelo titular ou representante legal da entidade e pelo contabilista legalmente registrado no Conselho Regional de Contabilidade | 1. Em idioma e em moeda corrente nacionais.<br>2. Em forma contábil.<br>3. Em ordem cronológica de dia, mês e ano.<br>4. Com ausência de espaços em branco, entrelinhas, borrões, rasuras ou emendas[a].<br>5. Com base em documentos de origem externa ou interna ou, na sua falta, em elementos que comprovem ou evidenciem fatos contábeis. | |

Legenda: (a) deve ser interpretado como digitação em local inapropriado para o Livro Digital.

**Admite-se o uso de códigos e/ou abreviaturas**, nos históricos dos lançamentos, desde que permanentes e uniformes, **devendo constar o significado dos códigos e/ou abreviaturas no Livro Diário ou em registro especial** revestido das formalidades extrínsecas.

**Quadro 6.19:** Procedimentos específicos conforme a forma de escrituração com base na Resolução CFC 1.330/2011

| Processos | Procedimento associados às formalidades extrínsecas. |
|---|---|
| Manual, Maquinizado, Mecanizado (Eletrônico) | Os formulários de folhas soltas, devem ser numerados mecânica ou tipograficamente e encadernados em forma de livro |
| Digital (SPED) | Não há necessidade de impressão e encadernação em forma de livro, porém o arquivo magnético autenticado pelo registro público competente deve ser mantido pela entidade. |

## 6.1. Livro Diário

Registra em ordem cronológica de data e sequencial de lançamento, de todos os registros efetuados na contabilidade durante o período similar a um diário de uma pessoa física. **É um livro obrigatório pela lei comercial** sendo assim **sujeito as formalidades intrínsecas e extrínsecas.**

Deve ser autenticada em órgão competente do registro comercial. Em caso de Sociedade Simples ou Entidades sem fins lucrativos, o registro deve autenticado no Registro Civil de Pessoas Jurídicas.

Em caso de escrituração digital, o formato físico está dispensado, devendo a Entidade manter o arquivo magnético autenticado pelo registro público competente.

**Figura 6.2:** Modelo com colunas do Livro Diário

| Livro Diário | | | | |
|---|---|---|---|---|
| **Empresa:** Supremo S/A<br>**CNPJ:** 01.234.567/0001-89 | | | | |
| **Data** | **Conta a Débito** | **Conta a Crédito** | **Histórico** | **Valor** |
| 18/04/2023 | Capital a Integralizar | Capital Subscrito | Formalização do contrato social na junta comercial com Capital Social de R$ 500.000 | 500.000 |
| 20/04/2023 | Caixa | Capital a Integralizar | Integralização do capital referente ao sócio 1 | 250.000 |
| 20/04/2023 | Equipamentos | Capital a Integralizar | Integralização do capital referente ao sócio 2 | 250.000 |

**Figura 6.3:** Modelo sem colunas do Livro Diário

| | | |
|---|---|---|
| 18/04/2023 | Capital a Integralizar<br>a Capital Subscrito | |
| | Formalização do contrato social na junta comercial com Capital Social de R$ 500.000 | 500.000 |
| 20/04/2023 | Caixa<br>a Capital a Integralizar | |
| | Integralização do capital referente ao sócio 1 | 250.000 |
| 20/04/2023 | Equipamentos<br>a Capital a Integralizar | |
| | Integralização do capital referente ao sócio 2 | 250.000 |

**Curiosidade técnica e que é utilizada**

A **partícula "a"** só pode ser usada antes da conta creditada. Além disso, é **típica do lançamento manual**.

No **lançamento mecanizado** se usaria:

D - Caixa

C - Capital Social ................R$ 5.000

Integralização do capital referente ao Sócio 1.

**O Livro Diário é um Livro Comercial, Contábil e Fiscal**

**De acordo com o RIR/2018:**

> *Art. 273. Além dos demais livros exigidos por lei, **é indispensável o livro diário**, que deverá ser entregue em meio digital ao SPED.*
>
> *§ 1º No livro diário **serão lançadas, com individuação, clareza e caracterização do documento, dia a dia, todas as operações relativas ao exercício da pessoa jurídica.***
>
> *§ 2º A individuação a que se refere o § 1º compreende, como elemento integrante, a consignação expressa, no lançamento, das características principais dos documentos ou dos papéis que derem origem à escrituração.*
>
> *§ 3º A escrituração resumida do livro diário é admitida, com totais que não excedam o período de trinta dias, relativamente a contas cujas operações sejam numerosas ou realizadas fora da sede do estabelecimento, desde que utilizados livros auxiliares, regularmente autenticados, para registro individualizado, e conservados os documentos que permitam a sua perfeita verificação.*
>
> *§ 4º O livro diário e os livros auxiliares referidos no § 3º **deverão conter termos de abertura e de encerramento e ser autenticados** nos termos estabelecidos nos art. 78 e art. 78-A do Decreto nº 1.800, de 30 de janeiro de 1996*[2]*.*
>
> *§ 5º **Os livros auxiliares, tais como livro-caixa e livro contas-correntes, ficarão dispensados de autenticação quando as operações a que se reportarem tiverem sido lançadas, pormenorizadamente**, em livros devidamente registrados e autenticados.*

## 6.2. Livro Razão

Em que pese alguma divergência, é um livro obrigatório pela Resolução CFC 1.330/2011 a todas as Entidades abrangidas pelo CFC e pelo Regulamento do Imposto de Renda (2018) para empresas tributadas pelo lucro real.

As empresas optantes do lucro real que não adotarem o Livro Razão ou realizarem sua escrituração em desacordo com a legislação, ficam sujeitas a arbitragem do lucro do Imposto de Renda e da Contribuição Social sobre o Lucro.

---

2 Decreto nº 1800/1996. Art. 78-A. A autenticação de livros contábeis das empresas poderá ser feita por meio do Sistema Público de Escrituração Digital - Sped de que trata o Decreto nº 6.022, de 22 de janeiro de 2007, mediante a apresentação de escrituração contábil digital.

§ 1º A autenticação dos livros contábeis digitais será comprovada pelo recibo de entrega emitido pelo Sped.

§ 2º A autenticação prevista neste artigo dispensa a autenticação de que trata o art. 39 da Lei nº 8.934, de 18 de novembro de 1994, nos termos do art. 39-A da referida Lei.

Unidade Didática II
Escrituração Contábil

As empresas optantes do lucro real que não adotarem o Livro Razão ou realizarem sua escrituração em desacordo com a legislação, ficam sujeitas a arbitragem do lucro do Imposto de Renda e da Contribuição Social sobre o Lucro.

É dispensada sua autenticação na Junta Comercial, mas o termo de abertura e fechamento deve conter entre outras coisas: assinatura do contabilista e do responsável pela empresa.

Neste livro os registros são demonstrados na ordem de contas. Ou seja, utiliza-se a ordem cronológica de acontecimentos na mesma conta. Neste livro, aparecerão todas as contas que tiveram saldo ou lançamentos no período. Em suma, seria um livro com o objetivo de demonstrar a movimentação analítica do Livro Diário.

**Figura 6.4:** Modelo do Livro Razão

| Livro Razão Analítico | | | | |
|---|---|---|---|---|
| **Empresa:** Supremo S/A<br>**CNPJ:** 01.234.567/0001-89 | | **Período:** 01/04/2023 a 30/04/2023 | | |
| **Conta: Capital a Integralizar** | | | | |
| **Data** | **Histórico** | **Débito** | **Crédito** | **Saldo** |
| 01/04/2023 | Saldo Inicial | | | 0 |
| 18/04/2023 | Formalização da Sociedade na Junta Comercial | 500.000 | | 500.000 D |
| 20/04/2023 | Integralização do capital em dinheiro referente ao sócio 1 | | 250.000 | 250.000 D |
| 20/04/2023 | Integralização do capital em equipamentos referente ao sócio 2 | | 250.000 | 0 |

**O Livro Razão é um Livro Fiscal para Empresas tributadas pelo Lucro Real**

**De acordo com o RIR/2018:**

> *Art. 274. A **pessoa jurídica tributada com base no lucro real** deverá manter, em boa ordem e de acordo com as normas contábeis recomendadas, livro-razão para resumir e totalizar, por conta ou subconta, os lançamentos efetuados no livro diário, mantidas as demais exigências e condições previstas na legislação.*
>
> *§ 1º A escrituração deverá ser individualizada e obedecer à ordem cronológica das operações.*
>
> ***§ 2º A não manutenção do livro-razão, nas condições determinadas, implicará o arbitramento do lucro da pessoa jurídica.***
>
> *§ 3º O livro-razão deverá ser entregue em meio digital ao SPED.*

## 6.3. Livro Caixa

Como principal meta, o **livro caixa** registra a entrada e saída de dinheiro em uma empresa. É fundamental registrar todos os pagamentos feitos em dinheiro, cheque e transferência, como água, energia elétrica, telefonia, materiais de escritório e outras necessidades que a empresa tenha.

Já os comprovantes devem ser arquivados em um local seguro para facilitar, assim, o processo de manutenção do livro de forma correta. Fazer essa escrituração evita problemas contábeis e a falta de controle de pagamentos.

Mesmo não sendo obrigatório para todos os tipos de negócio, é interessante usá-lo para controlar os fluxos monetários.

De acordo com a Lei Complementar nº 123/2006, **as microempresas e as empresas de pequeno porte empresas** enquadradas ou não no regime tributário Simples Nacional **devem manter o livro-caixa** em que será escriturada sua movimentação financeira e bancária[3].

Para os optantes pelo Simples Nacional, a Resolução n° 140/2018, do Comitê Gestor do Simples Nacional, definiu que as empresas que fizerem a apresentação do Livro Diário e Livro Razão estão dispensadas do registro do Livro Caixa.

Outro ponto importante é que conforme o art. 45 da Lei nº 8.981/1995, a empresa tributada pelo Lucro Presumido estará desobrigada de manter a Escrituração Contábil nos termos da legislação comercial, caso ela mantenha, no decorrer do ano-calendário, o Livro Caixa, no qual deverá estar escriturado toda a movimentação financeira, inclusive a bancária.



---

3 **Lei Complementar n° 123/2006.**

Art. 26. As microempresas e empresas de pequeno porte optantes pelo Simples Nacional ficam obrigadas a:

I - emitir documento fiscal de venda ou prestação de serviço, de acordo com instruções expedidas pelo Comitê Gestor;

II - manter em boa ordem e guarda os documentos que fundamentaram a apuração dos impostos e contribuições devidos e o cumprimento das obrigações acessórias a que se refere o art. 25 desta Lei Complementar enquanto não decorrido o prazo decadencial e não prescritas eventuais ações que lhes sejam pertinentes.

§ 2° As demais microempresas e as empresas de pequeno porte, além do disposto nos incisos I e II do caput deste artigo, deverão, ainda, manter o livro-caixa em que será escriturada sua movimentação financeira e bancária.

**Resolução CGSN (Comitê Gestor do Simples Nacional) n° 40/2018.**

Art. 2° Para fins desta Resolução, considera-se:

I - microempresa (ME) ou empresa de pequeno porte (EPP) a sociedade empresária, a sociedade simples ou o empresário a que se refere o art. 966 da Lei n° 10.406, de 10 de janeiro de 2002 - Código Civil, devidamente registrados no Registro de Empresas Mercantis, no Registro Civil de Pessoas Jurídicas ou na forma prevista no art. 15 da Lei n° 8.906, de 4 de julho de 1994, conforme o caso, ou autodeclarados nos termos do art. 65-A da Lei Complementar n° 123, de 2006, desde que: (Lei Complementar n° 123, de 2006, art. 3°, caput; art. 18, § 5°-C, VII; art. 65-A) (Redação dada pelo(a) Resolução CGSN n° 171, de 26 de outubro de 2022)

a) no caso da ME, aufira, em cada ano-calendário, receita bruta igual ou inferior a R$ 360.000,00 (trezentos e sessenta mil reais); (Lei Complementar n° 123, de 2006, art. 3°, inciso I)

b) no caso da EPP, aufira, em cada ano-calendário, receita bruta superior a R$ 360.000,00 (trezentos e sessenta mil reais) e igual ou inferior a R$ 4.800.000,00 (quatro milhões e oitocentos mil reais); (Lei Complementar n° 123, de 2006, art. 3°, inciso II).

**Figura 6.5:** Modelo do Livro Caixa

| Data | Histórico | Entrada (R$) | Saída(R$) | Saldo (R$) |
|---|---|---|---|---|
| 01/04/2023 | Saldo Inicial | | | 0 |
| 20/04/2023 | Integralização do capital em dinheiro referente ao sócio 1 | 250.000 | | 250.000 |
| 25/04/2023 | Pagamento de caução de Aluguel | | 5.000 | 245.000 |
| 30/04/2023 | Aquisição de Telefone celular | | 2.000 | 243.000 |
| Total mês | | 250.000 | 7.000 | 243.000 |

A seguir consta o Quadro 6.20 contendo o resumo dos livros contábeis.

**Quadro 6.20:** Livros Contábeis e fundamentação quanto à obrigatoriedade

| Livro | Código Civil: Lei nº 10.406/2002[a] | Resolução CFC nº 1.330/2011[b] | Outras legislações |
|---|---|---|---|
| Diário | Sim | Sim | RIR: Decreto nº 9.580/2018[c] |
| Razão | Não | Sim | RIR: Decreto nº 9.580/2018[d] |
| Caixa | Não | Não | LC 123/2006[e] |

**Legenda:** (a) Art. 1.180. Além dos demais livros exigidos por lei, é indispensável o Diário, que pode ser substituído por fichas no caso de escrituração mecanizada ou eletrônica; (b) Os livros contábeis OBRIGATÓRIOS, entre eles o LIVRO DIÁRIO E O LIVRO RAZÃO, em forma não digital, devem revestir-se de formalidades extrínsecas, tais como; (c) Art. 273. Além dos demais livros exigidos por lei, é indispensável o livro diário, que deverá ser entregue em meio digital ao SPED; (d); Art. 274. § 2º A não manutenção do livro-razão, nas condições determinadas, implicará o arbitramento do lucro da pessoa jurídica. (Lucro real); (e) Art. 26. § 2º As demais microempresas e as empresas de pequeno porte, além do disposto nos incisos I e II do caput deste artigo, deverão, ainda, manter o livro-caixa em que será escriturada sua movimentação financeira e bancária.

## 7. BALANCETE CONTÁBIL

O Balancete de verificação é um demonstrativo auxiliar (É um RFG visto no Capítulo 1) facultativo para fins operacionais composto por todas as contas com todos os seus saldos devedores e credores que são extraídos do Livro Razão com a finalidade de verificar se o método da digrafia foi aplicado corretamente: total de débito é igual ao total de créditos.

Em conformidade com a NBC T 2.7, nos casos em que o Balancete de verificação se destinar para fins externos deve conter: nome e assinatura do contabilista, sua categoria profissional e seu número de registro no CRC. Existem 2 tipos de Balancetes de verificação quanto ao momento de elaboração.

Quadro 6.21: Tipos de Balancete de verificação

| Tipo | Descrição |
|---|---|
| Balancete de verificação inicial | Composto por todas as contas patrimoniais e de Resultado.<br>O levantamento ocorre antes da Apuração do Resultado. |
| Balancete de verificação final | Composto apenas por todas as contas patrimoniais.<br>As contas de resultado (contas 3, 4, 5, 6 e 7 do Quadro 6.6) são encerradas em contrapartida a conta apuração do resultado (conta 8 do quadro 6.6.) e posteriormente o saldo dessa última é transferido para a conta 2.3.1.08 Lucro ou Prejuízos Acumulados. |

**Chamada 17 do autor:** Tipos de Balancete de Verificação

Figura 6.6: Balancete de Verificação Inicial

| Conta | Saldo Inicial | | Movimentação | | Saldo Final | |
|---|---|---|---|---|---|---|
| | Débitos | Créditos | Débitos | Créditos | Débitos | Créditos |
| Caixa | - | - | 500 | 200 | 300 | - |
| Bancos | 13.000 | - | - | 1.100 | 11.900 | - |
| Mercadorias | 1.500 | - | - | 100 | 1.400 | - |
| Clientes | - | - | 300 | - | 300 | - |
| Equipamentos | 3.000 | - | 200 | - | 3.200 | - |
| Veículos | 10.000 | - | - | - | 10.000 | - |
| Fornecedores | - | 500 | 100 | - | - | 400 |
| Financiamentos | - | 7.000 | 500 | - | - | 6.500 |
| Capital Social | - | 20.000 | - | - | - | 20.000 |
| Vendas | - | - | - | 300 | - | 300 |
| CMV | - | - | 100 | - | 100 | - |
| Total | 27.500 | 27.500 | 1.700 | 1.700 | 27.200 | 27.200 |

Figura 6.7: Balancete de Verificação Final

| Conta | Saldo Inicial | | Movimentação | | Saldo Final | |
|---|---|---|---|---|---|---|
| | Débitos | Créditos | Débitos | Créditos | Débitos | Créditos |
| Caixa | - | - | 500 | 200 | 300 | - |
| Bancos | 13.000 | - | - | 1.100 | 11.900 | - |
| Mercadorias | 1.500 | - | - | 100 | 1.400 | - |
| Clientes | - | - | 300 | - | 300 | - |
| Equipamentos | 3.000 | - | 200 | - | 3.200 | - |
| Veículos | 10.000 | - | - | - | 10.000 | - |
| Fornecedores | - | 500 | 100 | - | - | 400 |
| Financiamentos | - | 7.000 | 500 | - | - | 6.500 |
| Capital Social | - | 20.000 | - | - | - | 20.000 |
| Lucros e Prejuízos Acumulados | - | - | - | 200 | - | 200 |
| Total | 27.500 | 27.500 | 1.600 | 1.600 | 27.100 | 27.100 |

**Não se pode afirmar que toda a escrituração foi realizada de maneira correta apenas com base no Balancete de Verificação.** Contudo, se o Balancete estiver errado, é certo que pelo menos uma escrituração foi realizada de modo incorreto.

Existem 4 modelos de Balancete quanto ao formato das colunas: 2, 4, 6 e 8 colunas.

**Modelo de 2 colunas**

| Conta | Saldo Final | |
|---|---|---|
| | Débitos | Créditos |
| Título 1 | | |
| ... | | |
| Título n | | |

**Modelo de 4 colunas**[a]

| Conta | Saldo Anterior | | Movimentação | | Saldo Final | |
|---|---|---|---|---|---|---|
| | Valor | Natureza | Débitos | Créditos | Débitos | Créditos |
| Título 1 | | D/C | | | | |
| ... | | D/C | | | | |
| Título n | | D/C | | | | |

**Legenda: (a)** apesar de ser de 4 colunas, possui 5.

**Modelo de 6 colunas**

| Conta | Saldo Inicial | | Movimentação | | Saldo Final | |
|---|---|---|---|---|---|---|
| | Débitos | Créditos | Débitos | Créditos | Débitos | Créditos |
| Título 1 | | | | | | |
| ... | | | | | | |
| Título n | | | | | | |

**Modelo de 8 colunas**

| Conta | Saldo Inicial | | Movimentação | | Saldo da Movimentação | | Saldo Final | |
|---|---|---|---|---|---|---|---|---|
| | Débitos | Créditos | Débitos | Créditos | Débitos | Créditos | Débitos | Créditos |
| Título 1 | | | | | | | | |
| ... | | | | | | | | |
| Título n | | | | | | | | |

## 8. FÓRMULAS DE LANÇAMENTO

Pelo método das partidas dobradas existem 4 fórmulas de lançamento as quais estão dispostas no Quadro 6.22.

**Chamada 18 do autor:** Fórmulas de Lançamento

**Quadro 6.22:** As 4 Fórmulas de lançamento existentes pelo método das partidas dobradas

| Tipo de Fórmula | Quantidade de Contas Debitadas | Quantidade de Contas Creditadas | Exemplos |
|---|---|---|---|
| Primeira fórmula | Apenas 1 | Apenas 1 | D - Marcas (1.2.4.01) [a]<br>C - Caixa (1.1.1.01) [a] ............................ R$50.000<br>Compra de marca à vista. |

| | | | |
|---|---|---|---|
| Segunda fórmula | Apenas 1 | 2 ou mais | D – Veículo (1.2.3.01) [a] ............................ R$150.000<br>C – Caixa (1.1.1.01) [a] ............................ R$ 75.000<br>C – Contas a pagar (2.1.2.00) [a] ............... R$ 75.000<br>Compra de veículo metade à vista e metade a prazo. |
| Terceira fórmula | 2 ou mais | Apenas 1 | D – Veículo (1.2.3.01) [a] ............................ R$150.000<br>D – Marca (1.2.4.01) [a] ............................ R$ 50.000<br>C – Contas a pagar (2.1.2.00) [a] ............... R$200.000<br>Compra de veículo e marca a prazo. |
| Quarta fórmula<br>"**Lançamento complexo**" | 2 ou mais | 2 ou mais | D – Veículo (1.2.3.01) [a] ............................ R$150.000<br>D – Marca (1.2.4.01) [a] ............................ R$ 50.000<br>C – Caixa (1.1.1.01) [a] ............................ R$ 100.000<br>C – Contas a pagar (2.1.2.00) [a] ............... R$ 100.000<br>Compra de veículo e marca, sendo metade à vista e metade a prazo. |

Legenda: (a) esses códigos variam de empresa para empresa, contudo, optou-se por utilizar os códigos do tópico 4.2.

## 9. PROCEDIMENTOS EM CASO DE ERRO NO LANÇAMENTO

Durante um lançamento contábil, podem ocorrer erros[4]. Nesses casos deve-se retificar. A retificação de lançamento é o processo técnico de correção de registro realizado com erro na escrituração contábil da entidade e pode ser feito por meio de: a) estorno; b) transferência; e c) complementação.

Em qualquer das formas, o histórico do lançamento deve precisar o motivo da retificação, a data e a localização do lançamento de origem.

**Quadro 6.23:** Formas de Correção

| Tipo de Retificação | Característica |
|---|---|
| Estorno | Consiste em lançamento inverso àquele feito erroneamente, anulando-o totalmente. |
| Transferência | É aquela correção que promove a regularização de conta indevidamente debitada ou creditada, por meio da transposição do registro para a conta adequada. |
| Complementação | É aquela correção que vem posteriormente complementar, aumentando ou reduzindo o valor anteriormente registrado. |

4 Decreto nº 9.580/2018. Art. 262. § 2º Os erros cometidos na escrituração comercial serão corrigidos por meio de lançamento de **estorno, transferência ou complementação.**

Os lançamentos realizados fora da época devida devem consignar, nos seus históricos, as datas efetivas das ocorrências e a razão do registro extemporâneo. O Quadro 6.24 contempla as diversas situações e formas de retificação.

**Chamada 19 do autor:** Erros de Lançamento e Possíveis Correções

Quadro 6.24: Erros de Lançamento e possíveis correções

| | Tipo de Erro | Descrição do Erro | Sugestão de Retificação |
|---|---|---|---|
| 1 | Erro de Título | Houve um erro do título da conta. | 1.Transferência.<br>2.Estorno seguido do lançamento correto. |
| 2 | Erro no Valor | Houve um erro no valor. | Complementação de valor. |
| 3 | Inversão | Ao invés de debitar a conta a ser debitada, se creditou; e vice-versa. | 1.Transferência.<br>2.Estorno seguido do lançamento correto. |
| 4 | Duplo Registro | Houve uma repetição do mesmo registro. | Estorno do segundo lançamento. |
| 5 | Omissão do Registro | Não houve o registro. | Registro correto. |

**1. Erro de Título**

Lançamento realizado:

D – Salários a Pagar (2.1.1.00)
C – Fornecedores (2.1.2.00)..........................R$ 100.000

Pagamento de salários no valor de R$ 100.000, em dinheiro, referente a folha de fevereiro.

**Correção 1: Transferência**

D – Fornecedores (2.1.2.00)
C – Caixa (1.1.1.01)..........................R$ 100.000

**Correção 2: Estorno seguido do lançamento correto**

D – Fornecedores (2.1.2.00)
C – Salários a Pagar (2.1.1.00)..........................R$ 100.000
D – Salários a Pagar (2.1.1.00)
C – Caixa (1.1.1.01)..........................R$ 100.000

| 2. Erro de Valor |
|---|
| Lançamento realizado:<br>D – Salários a Pagar (2.1.1.00)<br>C – Caixa (1.1.1.01)..........................R$ 10.000<br>Pagamento de salários no valor de R$ 100.000, em dinheiro, referente a folha de fevereiro. |
| Correção: Complementação<br>D – Salários a Pagar (2.1.1.00)<br>C – Caixa (1.1.1.01) [a] ......................R$ 90.000 |

| 3. Inversão |
|---|
| Lançamento realizado:<br>D – Caixa (1.1.1.01)<br>C – Salários a Pagar (2.1.1.00)..........................R$ 100.000<br>Pagamento de salários no valor de R$ 100.000, em dinheiro, referente a folha de fevereiro. |
| Correção 1: Transferência<br>D – Salários a Pagar (2.1.1.00)<br>C – Caixa (1.1.1.01)..........................R$ 200.000 |
| Correção 2: Estorno seguido do lançamento correto<br>D – Salários a Pagar (2.1.1.00)<br>C – Caixa (1.1.1.01)..........................R$ 100.000<br>D – Salários a Pagar (2.1.1.00)<br>C – Caixa (1.1.1.01)..........................R$ 100.000 |

| 4. Duplo Registro |
|---|
| Lançamento realizado:<br>D – Salários a Pagar (2.1.1.00)<br>C – Caixa (1.1.1.01)..........................R$ 100.000<br>Lançamento realizado:<br>D – Salários a Pagar (2.1.1.00)<br>C – Caixa (1.1.1.01)..........................R$ 100.000<br>Pagamento de salários no valor de R$ 100.000, em dinheiro, referente a folha de fevereiro. |
| Correção: Estorno<br>D – Salários a Pagar (2.1.1.00)<br>C – Caixa (1.1.1.01)..........................R$ 100.000 |

| 5. Omissão do Registro |
|---|
| Pagamento de salários no valor de R$ 100.000, em dinheiro, referente a folha de fevereiro. |
| Correção: Efetuar o Registro<br>D – Salários a Pagar (2.1.1.00)<br>C – Caixa (1.1.1.01)..........................R$ 100.000 |

## 10. LISTA DE QUESTÕES OBJETIVAS

### 1ª Questão (Receita Federal Analista Tributário 2012 ESAF)

Uma empresa, cujo livro Razão contém essas contas, apresentou os seguintes saldos para compor o balanço patrimonial em 31/12/2011.

01 - Ações de Coligadas 10.000,00
02 - Aluguéis pagos Antecipadamente 1.200,00
03 – Bancos c/Movimento 20.000,00
04 – Bancos c/Poupança 6.000,00
05 – Caixa 3.000,00
06 – Capital a Integralizar 12.000,00
07 – Capital Social 55.000,00
08 – Clientes 9.000,00
09 – Contas a Receber 11.000,00
10 – Depreciação Acumulada 3.500,00
11 – Despesa de Organização 2.500,00
12 – Despesas Pré-Operacionais 2.000,00
13 – Duplicatas a Pagar 25.000,00
14 – Duplicatas a Receber 15.000,00
15 – Duplicatas Descontadas 8.000,00
16 – Empréstimos a Coligadas 6.500,00
17 – Empréstimos Bancários 32.000,00
18 – Endosso para Desconto 8.000,00
19 – Móveis e Utensílios 21.000,00
20 – Prov. p/Créditos de Liquidação Duvidosa 1.000,00
21 – Provisão para Férias 3.000,00
22 – Provisão para Imposto de Renda 4.500,00
23 – Reserva Legal 2.000,00
24 – Seguros a Vencer 1.800,00
25 – Títulos Endossados 8.000,00
26 – Títulos a Receber 13.000,00

Ao elaborar o balanço patrimonial a empresa vai apresentar um Ativo Circulante no valor de:

a) R$ 58.000,00.
b) R$ 68.000,00.
c) R$ 69.800,00.
d) R$ 71.000,00.
e) R$ 79.000,00.

## Solução

Basta utilizar o plano de contas e reunir as contas do ativo circulante:

02 - Aluguéis pagos antecipadamente ........................................ 1.200,00
03 – Bancos c/Movimento ........................................ 20.000,00
04 – Bancos c/Poupança ........................................ 6.000,00
05 – Caixa ........................................ 3.000,00
08 – Clientes ........................................ 9.000,00
09 – Contas a Receber ........................................ 11.000,00
14 – Duplicatas a Receber ........................................ 15.000,00
20 – (-) Prov. p/Créditos de Liquidação Duvidosa ........................................ (1.000,00)
24 – Seguros a Vencer ........................................ 1.800,00
26 – Títulos a Receber ........................................ 13.000,00
Total ........................................ 79.000,00

Gabarito: **E**

## 2ª Questão (Receita Federal Analista Tributário 2012 ESAF)

A companhia Metalgrosso S.A. apresenta como extrato de seu Livro Razão, em 31.12.2011, a seguinte relação de contas e respectivos saldos:

**Conta saldos**

01 - Ações de Coligadas 60
02 - Ações em Tesouraria 10
03 - Aluguéis Passivos 32
04 - Amortização Acumulada 25
05 - Bancos c/ Movimento 100
06 - Caixa 80
07 - Capital a Realizar 45
08 - Capital Social 335
09 - Clientes 120
10 - Comissões Ativas 46
11 - Custo das Vendas 200
12 - Depreciação 28
13 - Depreciação Acumulada 45
14 - Descontos Concedidos 18
15 - Descontos Obtidos 17
16 - Despesas de Organização 90
17 - Duplicatas a Receber 85

18 - Duplicatas a Pagar 115
19 - Duplicatas Descontadas 35
20 - Fornecedores 195
21 - Máquinas e Equipamentos 130
22 - Mercadorias 145
23 - Móveis e Utensílios 40
24 - Obrigações Trabalhistas 18
25 - Prêmio de Seguros 40
26 - Prejuízos Acumulados 12
27 - Provisão para Devedores Duvidosos 30
28 - Provisão para Imposto de Renda 22
29 - Receitas de Vendas 350
30 - Reservas de Capital 65
31 - Reservas de Lucro 125
32 - Salários e Ordenados 60
33 - Seguros a Vencer 28
34 - Títulos a Pagar 20
35 - Veículos 180

Elaborando um balancete de verificação com os saldos acima, certamente encontraremos saldos credores no montante de:

a) R$ 1.065,00.
b) R$ 1.308,00.
c) R$ 1.338,00.
d) R$ 1.373,00.
e) R$ 1.443,00.

## Solução

Basta utilizar o plano de contas e reunir as contas credoras:

| Conta Credora | Patrimonial ou Resultado | R$ |
|---|---|---|
| Amortização Acumulada | Patrimonial | 25 |
| Capital Social | Patrimonial | 335 |
| Comissões Ativas | **Resultado** | 46 |
| Depreciação Acumulada | Patrimonial | 45 |
| Descontos Obtidos | **Resultado** | 17 |

| | | |
|---|---|---|
| Duplicatas a Pagar | Patrimonial | 115 |
| Fornecedores | Patrimonial | 35 |
| Duplicatas Descontadas | Patrimonial | 195 |
| Obrigações Trabalhistas | Patrimonial | 18 |
| Provisão para Devedores Duvidosos | Patrimonial | 30 |
| Provisão para Imposto de Renda | Patrimonial | 22 |
| Receitas de Vendas | **Resultado** | 350 |
| Reservas de Lucro | Patrimonial | 65 |
| Reservas de Capital | Patrimonial | 125 |
| Títulos a Pagar | Patrimonial | 20 |
| **Total Saldos Credores** | | 1.443 |

Gabarito: **E**

## 3ª a 5ª Questões (DPF Agente e Escrivão 2018 CEBRASPE)

No que se refere ao balancete de verificação contábil, julgue os itens subsequentes.

3. O balancete de verificação é um resumo ordenado de todas as contas utilizadas pela contabilidade da entidade que o apresenta, destinando-se a detectar todos os possíveis erros de contabilização eventualmente ocorridos.
4. O balancete de verificação pode ser levantado em modelos que vão de um mínimo de duas colunas a um máximo de seis colunas.
5. Em um balancete de seis colunas, apresentam-se, inicialmente, os saldos existentes nas rubricas contábeis no final do período anterior, seguidos da letra D ou C, que indicam se o referido saldo é devedor ou credor, respectivamente.

### Solução

3. Errado, pois somente alguns erros são detectados pela análise do balancete, notadamente as diferenças entre débito e crédito, que denotam incorreta aplicação do método das partidas dobradas. **Omissão de lançamento de fatos ocorridos ou equívoco nas contas utilizadas mesma natureza, mas funções distintas não são detectadas pelo Balancete de Verificação.**
4. Errado, existem modelos de Balancetes de 2, 4, 6 e 8 colunas; **e não apenas 6.**

**Modelo de 2 colunas**

| Conta | Saldo Final | |
|---|---|---|
| | Débitos | Créditos |
| Título 1 | | |
| ... | | |
| Título n | | |

**Modelo de 4 colunas**

| Conta | Saldo Anterior | | Movimentação | | Saldo Final | |
|---|---|---|---|---|---|---|
| | Valor | Natureza | Débitos | Créditos | Débitos | Créditos |
| Título 1 | | D/C | | | | |
| ... | | D/C | | | | |
| Título n | | D/C | | | | |

**Legenda:** apesar de ser de 4 colunas, possui 5.

**Modelo de 6 colunas**

| Conta | Saldo Inicial | | Movimentação | | Saldo Final | |
|---|---|---|---|---|---|---|
| | Débitos | Créditos | Débitos | Créditos | Débitos | Créditos |
| Título 1 | | | | | | |
| ... | | | | | | |
| Título n | | | | | | |

**Modelo de 8 colunas**

| Conta | Saldo Inicial | | Movimentação | | Saldo da Movimentação | | Saldo Final | |
|---|---|---|---|---|---|---|---|---|
| | Débitos | Créditos | Débitos | Créditos | Débitos | Créditos | Débitos | Créditos |
| Título 1 | | | | | | | | |
| ... | | | | | | | | |
| Título n | | | | | | | | |

5. Essa característica descreve o modelo de 4 colunas.

Gabarito

3. **Errado**
4. **Errado**
5. **Errado**

## 6ª a 8ª Questões (DPF Agente e Escrivão 2021 CEBRASPE)

Determinada sociedade comercial criou uma rubrica contábil para abrigar os valores dos estoques em trânsito. Na abertura do exercício corrente, essa rubrica possuía saldo de R$ 50.000. A respeito dessa situação hipotética, julgue os próximos itens.

6. A referida conta é de natureza credora.
7. No plano de contas da sociedade, a conta descrita integra o ativo disponível.
8. A aquisição de mercadorias para revenda, quando classificável na conta mencionada, gerará uma contrapartida em conta de fornecedores ou de caixa e equivalentes.

### Solução

6. Errado, é uma conta devedora. Trata-se de um bem da Entidade.
7. Errado, pois disponível seria o caixa e equivalente de caixa (bancos, aplicações financeiras de resgate imediato).
8. Certo.Observa-se as possibilidades citadas:

**A prazo**

D: Estoques

C: Fornecedores

Ou

**À vista**

D: Estoques

C: Caixa

**Gabarito**

6. **Errado**
7. **Errado**
8. **Certo**

## 9ª a 13ª Questões (DPF Agente e Escrivão 2021 CEBRASPE)

Determinada empresa apresentou, em 31 de dezembro de 2020, um patrimônio composto pelos seguintes elementos, cujo registro e cuja avaliação contábeis estão de acordo com as regras estabelecidas na legislação societária (Lei nº 6.404/1976 e suas alterações).

| elemento patrimonial | valor (R$) |
|---|---|
| caixa | 20.000 |
| duplicatas a receber | 50.000 |
| empréstimos a pagar | 30.000 |
| estoques | 40.000 |
| imóveis de uso próprio | 200.000 |
| depreciação acumulada | 10.000 |
| capital social | 220.000 |
| fornecedores | 20.000 |
| salários a pagar | 50.000 |
| reservas de lucros | 10.000 |
| depósitos em bancos | 10.000 |
| impostos a recolher | 10.000 |
| aplicações financeiras de liquidez imediata | 30.000 |

Considerando os elementos patrimoniais apresentados nessa situação hipotética, julgue os itens a seguir.

9. Em 31 de dezembro de 2020, a situação patrimonial líquida da empresa alcançou o montante de R$ 230.000.
10. Conclui-se que os imóveis de uso próprio foram avaliados pelo seu custo de aquisição, deduzido do saldo da respectiva conta de depreciação acumulada.
11. Caixa e estoques são elementos patrimoniais cujas contas apresentam saldos de natureza credora.
12. As disponibilidades da empresa totalizaram R$ 30.000 em 31 de dezembro de 2020.
13. Os saldos dos recursos aplicados no ativo da empresa totalizaram R$ 350.000 em 31 de dezembro de 2020; desse total, R$ 120.000 foram provenientes de capital de terceiros.

## Solução

9.

| Elemento Patrimonial | Valor (R$) | Classificação |
|---|---|---|
| Caixa | R$ 20.000 | Ativo |
| Duplicatas a Receber | R$ 50.000 | Ativo |
| Estoques | R$ 40.000 | Ativo |
| Imóveis de uso próprio | R$ 200.000 | Ativo |
| Depreciação Acumulada | (R$ 10.000) | Ativo |
| Depósitos em banco | R$ 10.000 | Ativo |
| Aplicações Financeiras de Liquidez Imediata | R$ 30.000 | Ativo |

| Total do Ativo | R$ 340.000 | |
|---|---|---|
| Empréstimo a pagar | R$ 30.000 | Passivo |
| Fornecedores | R$ 20.000 | Passivo |
| Salários a pagar | R$ 50.000 | Passivo |
| Impostos a Recolher | R$ 10.000 | Passivo |
| Total do Passivo | R$ 110.000 | |
| Total do PL: método 1 (340.000 – 110.000) | R$ 230.000 | |
| Capital Social | R$ 220.000 | Patrimônio Líquido |
| Reservas de Lucro | R$ 10.000 | Patrimônio Líquido |
| Total do PL: método 2 (220.000 + 10.000) | R$ 230.000 | |

10. Questão conceitual que pode ser confirmada nos capítulos 12 e 13. Os imóveis para uso próprio são classificados no ativo não circulante – imobilizado, portanto, de acordo com o CPC 27, são avaliados pelo custo de aquisição deduzido da respectiva depreciação acumulada:

Imóveis de uso próprio ...................R$200.000,00

(-) Depreciação Acumulada............ (R$10.000,00)

Valor Contábil ................................R$ 190.000,00

11. Essas contas pertencem ao ativo e possuem natureza devedora e não credora.

12. Consideram-se Disponibilidades: Caixa 20.000; Depósito em Banco 10.000; Aplicações Financeira de Liquidez Imediata 30.000.

Total: 60.000.

13. Os saldos dos recursos aplicados no ativo da empresa totalizaram R$ 340.000,00 em 31.12.2020; desse total R$ 110.000 foram provenientes do capital de terceiros (passivo circulante + passivo não circulante).

Gabarito

9. **Certo**
10. **Certo**
11. **Errado**
12. **Errado**
13. **Errado**

CAPÍTULO 07

# TRANSAÇÕES CONTÁBEIS

## 1. TIPOS DE TRANSAÇÕES

Entende-se por transações contábeis os atos e os fatos que promovem alterações qualitativas ou quantitativas, efetivas ou potenciais, no patrimônio das Entidades, as quais podem ser objeto de registro contábil em estrita observância aos Princípios de Contabilidade e às Normas Brasileiras de Contabilidade. Doutrinariamente, pode-se dividir as transações em 2 grupos: (i) econômico-financeiras; (ii) administrativas.

**Quadro 7.1:** Natureza das transações

<table>
<tr><th>Natureza</th><th>Descrição</th><th>Observação</th></tr>
<tr><td rowspan="2">Econômico-<br>-financeira</td><td rowspan="2">Corresponde às transações ORIGINADAS DE FATOS que afetam o patrimônio público, em decorrência, ou não, da execução de orçamento, podendo provocar alterações qualitativas ou quantitativas, efetivas ou potenciais.<br>São os fatos permutativos (variações patrimoniais qualitativas) e modificativos (variações patrimoniais quantitativas).</td><td>São registradas na contabilidade geral.</td></tr>
<tr><td>São registradas na contabilidade pública.</td></tr>
<tr><td rowspan="2">Administrativa</td><td rowspan="2">Corresponde às transações que não afetam o patrimônio público, ORIGINADAS DE ATOS ADMINISTRATIVOS, com o objetivo de dar cumprimento às metas programadas e manter em funcionamento as atividades da entidade do setor público.</td><td>Em regra, não são registradas na contabilidade geral.</td></tr>
<tr><td>São registradas na contabilidade pública.</td></tr>
</table>

As variações patrimoniais são transações que promovem alterações nos elementos patrimoniais da entidade do setor público, mesmo em caráter compensatório, afetando, ou não, o seu resultado.

As variações patrimoniais que afetem o patrimônio líquido devem manter correlação com as respectivas contas patrimoniais.

Entende-se por correlação a vinculação entre as contas de resultado e as patrimoniais, de forma a permitir a identificação dos efeitos nas contas patrimoniais produzidos pela movimentação das contas de resultado. O Quadro 7.2 mostram os tipos de variações patrimoniais.

### Quadro 7.2: Tipos de variações patrimoniais

| Natureza | Descrição | Tipos de Fatos | Característica |
|---|---|---|---|
| Variações **Quantitativas** | Aquelas decorrentes de transações no setor público que aumentam ou **diminuem** o patrimônio líquido. | Modificativo aumentativo ↑PL | **D:** Apenas uma conta patrimonial (Ativo ou Passivo).<br>**C:** Uma ou mais **contas de Receitas.** |
| | | Modificativo diminutivo ↓PL | **D:** Uma ou mais **contas de Despesa.**<br>**C:** Apenas uma conta patrimonial (Ativo ou Passivo). |
| | | Misto aumentativo ↑PL | **D:** Uma ou mais contas patrimoniais (Ativo ou Passivo).<br>**C:** Uma ou mais contas patrimoniais (Ativo ou Passivo).<br>**C:** Uma ou mais **contas de Receitas.** |
| | | Misto diminutivo ↓PL | **D:** Uma ou mais **contas de Despesa.**<br>**D:** Uma ou mais contas patrimoniais (Ativo ou Passivo).<br>**C:** Uma ou mais contas patrimoniais (Ativo ou Passivo). |
| Variações **Qualitativas** | Aquelas decorrentes de transações no setor público que **alteram a composição** dos elementos patrimoniais **sem afetar o patrimônio líquido.** | Permutativo | **D:** Uma ou mais contas patrimoniais (Ativo, Passivo ou PL).<br>**C:** Uma ou mais contas patrimoniais (Ativo, Passivo ou PL).<br>Não utiliza contas de Resultado: receita ou despesa. |

**Chamada 20 do autor:** Transações Contábeis aplicadas na Contabilidade Geral

**Figura 7.1:** Transações Contábeis aplicadas na Contabilidade Geral

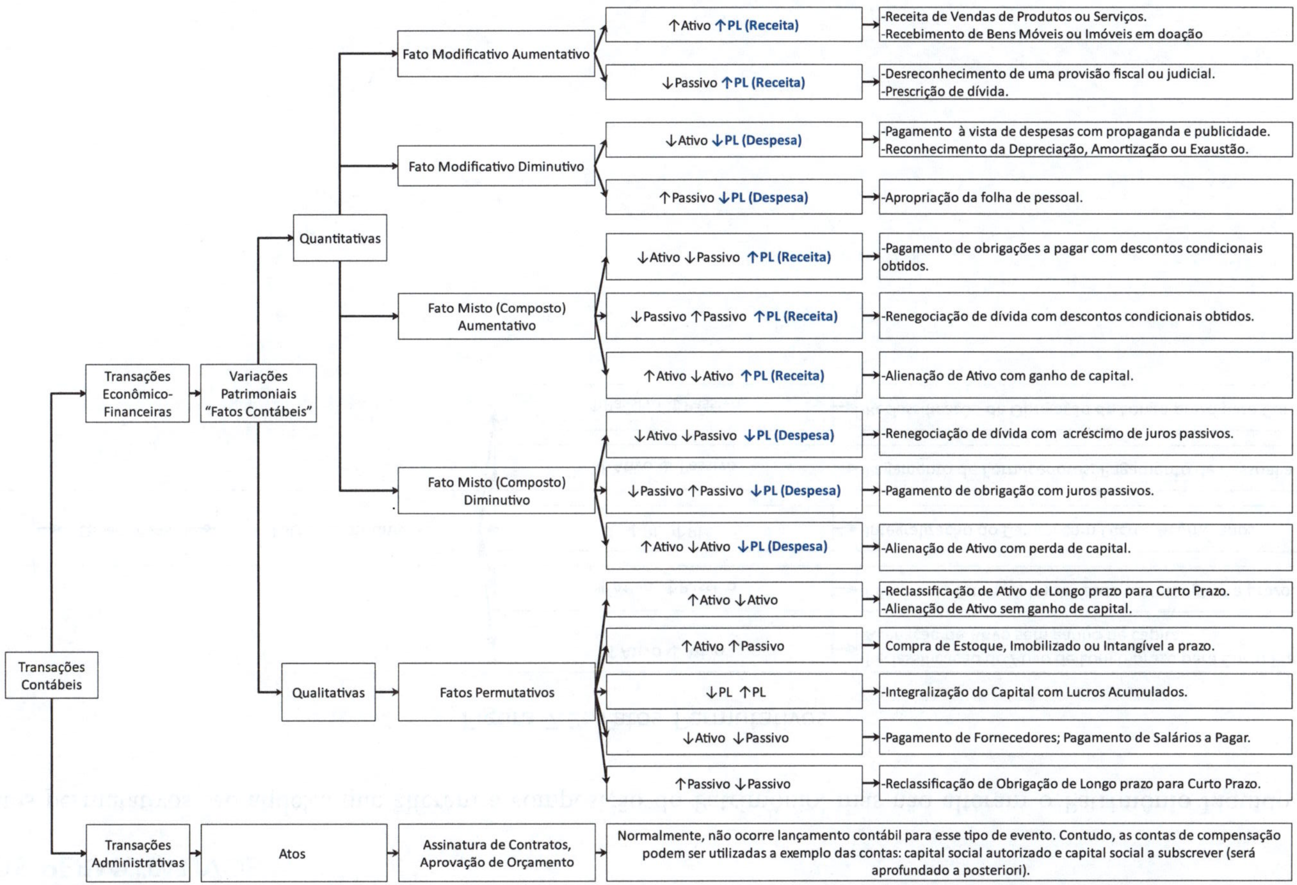

## 2. FATOS PERMUTATIVOS

Os fatos permutativos são aqueles que alteram a composição do Patrimônio, mas não alteram o Patrimônio Líquido.

**Figura 7.2:** Fatos Permutativos

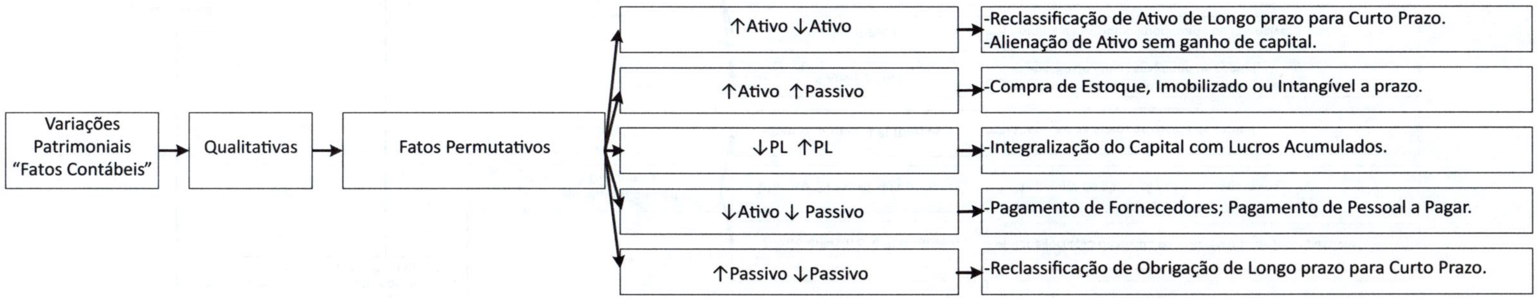

| 1° Caso: ↓Ativo ↑ Ativo | |
|---|---|
| D - Caixa | (1.1.1.01) |
| C - Bens em Operação | (1.2.3.01) ........ R$ 500.000 |
| Venda de imóvel à vista pelo valor contábil líquido de R$ 500.000. | |

| 2° Caso: ↑Ativo ↑Passivo | |
|---|---|
| D - Bens em Operação | (1.2.3.01) |
| C - Fornecedores | (2.1.2.00).......... R$ 250.000 |
| Aquisição de veículo a prazo por R$ 250.000. | |

| 3° Caso: ↓ PL ↑PL | |
|---|---|
| D - Lucros ou Prejuízos Acumulados | (2.3.1.08) |
| C - Capital Social Subscrito | (2.3.1.01).......... R$ 80.000 |
| Conversão de R$ 80.000 do Lucro Acumulado na integralização do Capital Social. | |

| 4° Caso: ↓Ativo ↓ Passivo | |
|---|---|
| D - Fornecedores | (2.1.2.00) |
| C - Caixa | (1.1.1.01).......... R$ 50.000 |
| Pagamento de fornecedores em março referente a nota fiscal de fevereiro de 2023 de R$ 50.000. | |

| 5° Caso: ↓Passivo ↑ Passivo | |
|---|---|
| D - Empréstimos de Longo Prazo | (2.2.1.00) |
| C - Empréstimos de Curto Prazo | (2.1.7.00).......... R$ 150.000 |
| Reclassificação de Passivo de longo prazo para curto prazo em função de transcurso de tempo. | |

Unidade Didática II
Escrituração Contábil

## 3. FATOS MODIFICATIVOS AUMENTATIVOS

Os fatos modificativos aumentativos são aqueles que alteram a composição do Patrimônio utilizando apenas 1 conta patrimonial, e geram um aumento do Patrimônio Líquido.

**Figura 7.3:** Fatos Modificativos Aumentativos

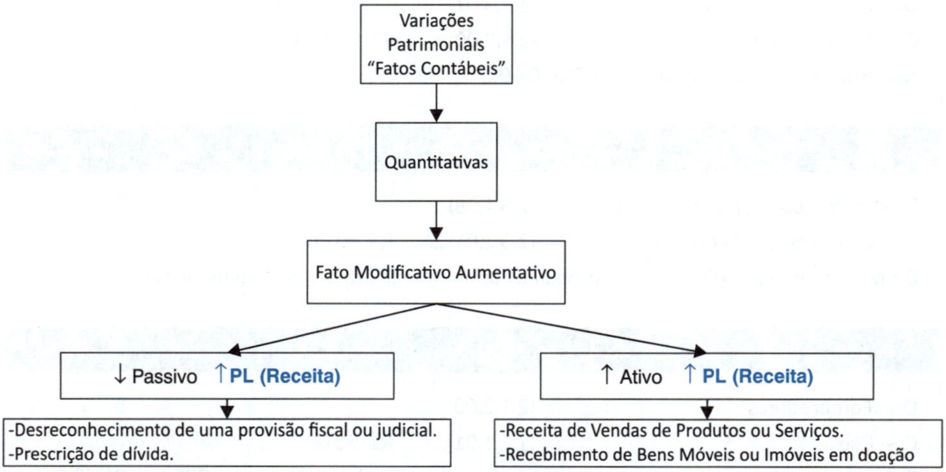


**1° Caso: ↑ Ativo ↑ PL (Receita)**

D - Caixa (1.1.1.01)
C - Receita Bruta de Produtos* (3.1.1.01) ........ R$ 400.000
*Desconsiderando a incidência de impostos.
Recebimento de receita à vista referente a venda de produtos R$ 400.000.

**Atenção: A Integralização do Capital Social é um fato modificativo aumentativo**

D - Caixa (1.1.1.01)
C - Capital Social (2.3.1.01).......... R$ 1.000.000
Integralização de Capital Social em dinheiro no montante de R$ 1.000.000.

**2° Caso: ↓Passivo ↑ PL (Receita)**

D - Provisões (2.2.5.00)
C - Reversão da Provisão para contingências fiscais (5.1.5.01)............. R$ 150.000
Reversão de provisão fiscal de R$ 150.000.

## 4. FATOS MODIFICATIVOS DIMINUTIVOS

Os fatos modificativos diminutivos são aqueles que alteram a composição do Patrimônio utilizando apenas 1 conta patrimonial, e geram uma redução do Patrimônio Líquido.

**Figura 7.4:** Fatos Modificativos Diminutivos

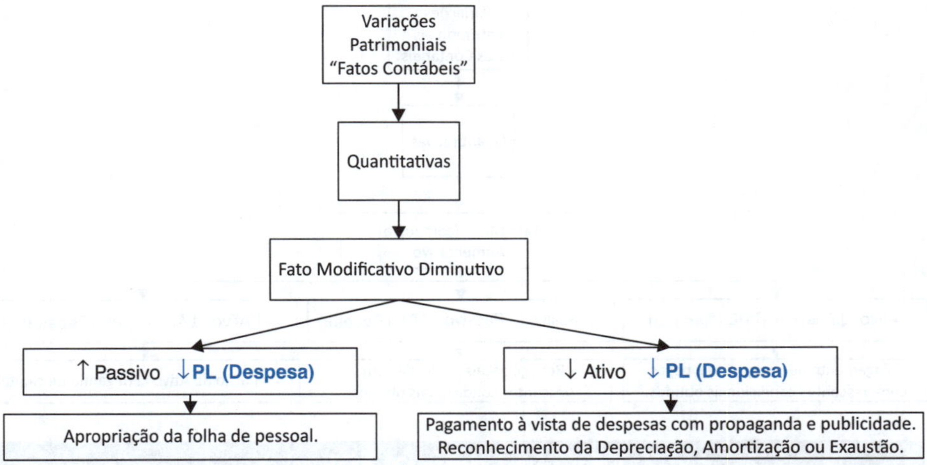


**1º Caso: ↓ Ativo ↓ PL (Despesa)**

D - Despesas de Vendas - Despesas com Ocupação - Depreciação (5.1.1.02)
C - Depreciação Acumulada (1.2.3.02)..................R$ 200.000

Reconhecimento da depreciação de bens imóveis utilizados no processo de vendas no valor de R$ 200.000.

**2º Caso: ↑Passivo ↓ PL (Despesa)**

D - Despesas Administrativas - Despesas com Pessoal da Administração (5.1.1.01)
C - Salários e encargos sociais - Salários a Pagar (2.1.1.00)..................R$ 300.000

Apropriação da folha com pessoal da administração referente ao mês de fevereiro no valor de R$ 300.000.

**Corolário**

Dentro de 1 ciclo contábil referente ao mesmo objeto, o fato modificativo aumentativo ou diminutivo ocorre uma única vez.

Assim, no caso da folha de pessoal, quando se apropria a folha no começo mês de abril referente ao pagamento que ocorrerá em 05 de maio, o fato modificativo diminutivo é registrado em abril, enquanto no mês de maio ocorre um fato permutativo.

## 5. FATOS MISTOS AUMENTATIVOS

Os fatos mistos aumentativos são aqueles que alteram a composição do Patrimônio utilizando pelo menos 2 contas patrimoniais, e geram um aumento do Patrimônio Líquido.

**Figura 7.5:** Fatos Mistos Aumentativos

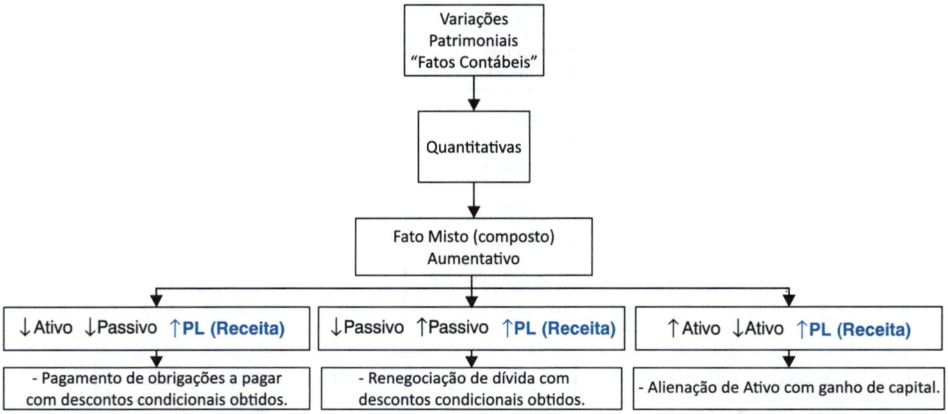


**1° Caso: ↓Ativo ↓Passivo ↑ PL (Receita)**

D - Fornecedores (2.1.2.00) ........................................R$ 50.000
C - Caixa (1.1.1.01) ........................................R$ 40.000
C - Receitas Financeiras - Desconto obtido (5.1.6.02) ........................................R$ 10.000

Pagamento de fornecedores em março referente a nota fiscal de fevereiro de 2023 de R$ 50.000, com desconto condicional obtido de R$ 10.000.

**2° Caso: ↓Passivo ↑ Passivo ↑ PL (Receita)**

D - Empréstimos de Longo Prazo (2.2.1.00.0001 - Banco A)...........R$ 450.000
C - Empréstimos de Longo Prazo (2.2.1.00.0001 - Banco B) .........R$ 400.000
C - Receitas Financeiras - Desconto obtido (5.1.6.02) ........................................R$ 50.000

Renegociação de dívida com desconto condicional obtido de R$ 50.000.

**3° Caso: ↑ Ativo ↓Ativo ↑ PL (Receita)**

D - Caixa (1.1.1.01) ........................................R$ 700.000
C - Bens em Operação (1.2.3.01) ........................................R$ 500.000
C - Ganhos e Perdas de Capital no Imobilizado (5.1.7.03) ........................................R$ 200.000

Venda de imóvel à vista pelo valor de R$ 700.000 cujo valor contábil líquido é R$ 500.000.

## 6. FATOS MISTOS DIMINUTIVOS

Os fatos mistos diminutivos são aqueles que alteram a composição do Patrimônio utilizando pelo menos 2 contas patrimoniais, e geram uma redução do Patrimônio Líquido.

**Figura 7.6:** Fatos Mistos Diminutivos

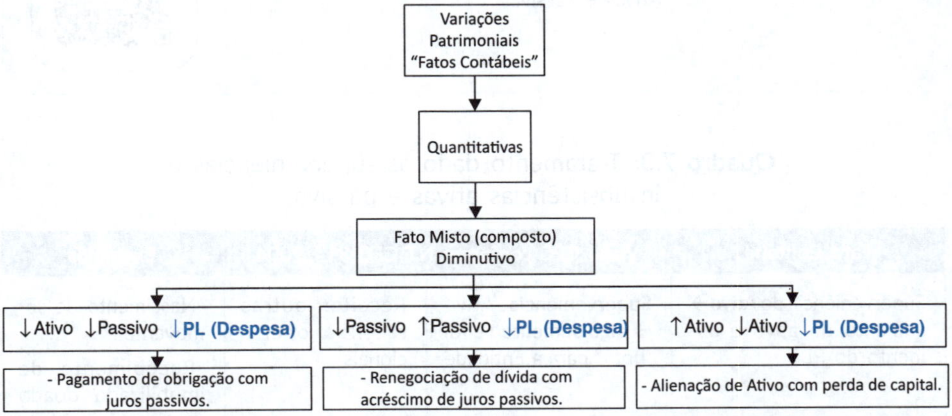


**1º Caso: ↓Ativo ↓Passivo ↓ PL (Despesa)**

D - Fornecedores (2.1.2.00) ........................ R$ 50.000
D - Juros Passivos (5.1.6.01) ........................ R$ 10.000
C - Caixa (1.1.1.01) ........................ R$ 60.000

Pagamento de fornecedores em março referente a nota fiscal de janeiro de 2023 de R$ 50.000 com juros e multas adicionais de R$ 10.000.

**2º Caso: ↓Passivo ↑ Passivo ↓ PL (Despesa)**

D - Despesas Financeiras - Juros Incorridos (5.1.6.01) ........................ R$ 50.000
D - Empréstimos de Longo Prazo (2.2.1.00.0001 - Banco A) ........ R$ 400.000
C - Empréstimos de Longo Prazo (2.2.1.00.0001 - Banco B) ........ R$ 450.000

Renegociação de dívida com acréscimo de juros de R$ 50.000.

**3º Caso: ↑ Ativo ↓Ativo ↓ PL (Despesa)**

D - Ganhos e Perdas de Capital no Imobilizado (5.1.7.03) ........................ R$ 100.000
D - Caixa (1.1.1.01) ........................ R$ 400.000
C - Bens em Operação (1.2.3.01) ........................ R$ 500.000

Venda de imóvel à vista pelo valor de R$ 400.000 cujo valor contábil líquido é R$ 500.000.

## 7. SUPERVENIÊNCIAS E INSUBSISTÊNCIAS

Uma nomenclatura que pode ser encontrada em termos de transações contábeis refere-se as superveniências e insubsistências do ativo e do passivo.

**Chamada 21 do autor:** Superveniências e Insubsistências Ativas e Passivas

**Quadro 7.3:** Tratamento dado as superveniências e insubsistências ativas e passivas

| Fato Contábil | Visão CFC conforme NT CFC 314/2004 | | Exemplos |
|---|---|---|---|
| Superveniência do Ativo→ aumento do ativo e aumento do PL | Superveniência **Ativa** → algo aumentou e foi "**bom**" para a Entidade | Receita: outras receitas operacionais | -Nascimento de semovente[a].<br>-Recebimento de imobilizado doado de terceiro – PJ de direito privado. |
| Insubsistência do Ativo → redução do ativo e redução do PL | Insubsistência **Passiva**→ algo reduziu e foi "**ruim**" para a Entidade | Despesa: outras despesas operacionais | -Morte de semovente[b].<br>-Doação de imobilizado a terceiro.<br>-Roubo de veículo. |
| Superveniência do Passivo→ aumento do passivo e redução do PL | Superveniência **Passiva**→ algo aumentou e foi "**ruim**" para a Entidade | Despesa: outras despesas operacionais | -Reconhecimento de provisão em função de condenação judicial em 1ª instância.<br>-Correção monetária passiva sobre empréstimos a pagar. |
| Insubsistência do Passivo → redução do passivo e aumento do PL | Insubsistência **Ativa** → algo reduziu e foi "**bom**" para a Entidade | Receita: outras receitas operacionais | -Prescrição de dívida.<br>-Desreconhecimento de provisão judicial em função de vitória na 2ª instância. |

**Legenda:** (a) Atualmente essa situação envolvendo ativos biológicos deve ser computada com variação positiva de valor justo. (b) Atualmente essa situação envolvendo ativos biológicos deve ser computada como impairment.

| Superveniência do Ativo: Receita | |
|---|---|
| D - Ativo Imobilizado - Imóveis | (1.2.3.01) |
| C - Outras Receitas e Despesas Operacionais - Receita | (5.1.7.00)........................R$ 450.000 |
| Recebimento de bem imóvel de Pessoa Jurídica da Direito Privado no valor de R$ 450.000. | |

| Insubsistência do Ativo: Despesa | |
|---|---|
| D - Outras Receitas e Despesas Operacionais - Despesa | (5.1.7.00) |
| C - Ativo Imobilizado - Imóveis | (1.2.3.01)..................R$ 120.000 |
| Roubo de veículo sem seguro cujo valor era de R$ 120.000. | |

| Superveniência do Passivo: Despesa | |
|---|---|
| D - Outras Receitas e Despesas Operacionais - Despesa | (5.1.7.03) |
| C - Provisões | (2.2.5.00) .................R$ 300.000 |
| Reconhecimento de provisão judicial em função de condenação judicial em 1ª instância com alta probabilidade de perda cujo valor foi estimado em R$ 300.000. | |

| Insubsistência do Passivo: Receita | |
|---|---|
| D - Provisões | (2.2.5.00) |
| C - Outras Receitas e Despesas Operacionais - Receita | (5.1.7.00)..................R$ 300.000 |
| Desreconhecimento de provisão judicial em função de absolvição judicial em 2ª instância cujo valor provisionado anteriormente foi de R$ 300.000. | |

## 8. DOAÇÕES RECEBIDAS E O CPC 07

As doações são transferência de recursos: financeiros e não financeiros (imóveis e móveis) para uma entidade. O reconhecimento das doações segue o regime de competência: devem ser apropriadas quando a entidade efetivamente recebe a doação (fato gerador).

Dois fatores interferem da contabilização da doação: personalidade jurídica do doador e tipo de doação.

**Quadro 7.4:** Fatores a serem considerados na contabilização da doação

| Fator | Descrição |
|---|---|
| **Personalidade Jurídica do Doador** | Pessoa Jurídica de Direito Público |
| | Pessoa Jurídica de Direito Privado |

| | |
|---|---|
| **Tipo de doação** | Condicional: o efetivo recebimento do recurso **está sujeito ao cumprimento** de certas obrigações pelo beneficiário da doação. |
| | Incondicional: o efetivo recebimento do recurso **está livre do cumprimento** de certas obrigações pelo beneficiário da doação. |

**Chamada 22 do autor:** Contabilização de doações

**Figura 7.7:** Contabilização das doações pelo CPC 07

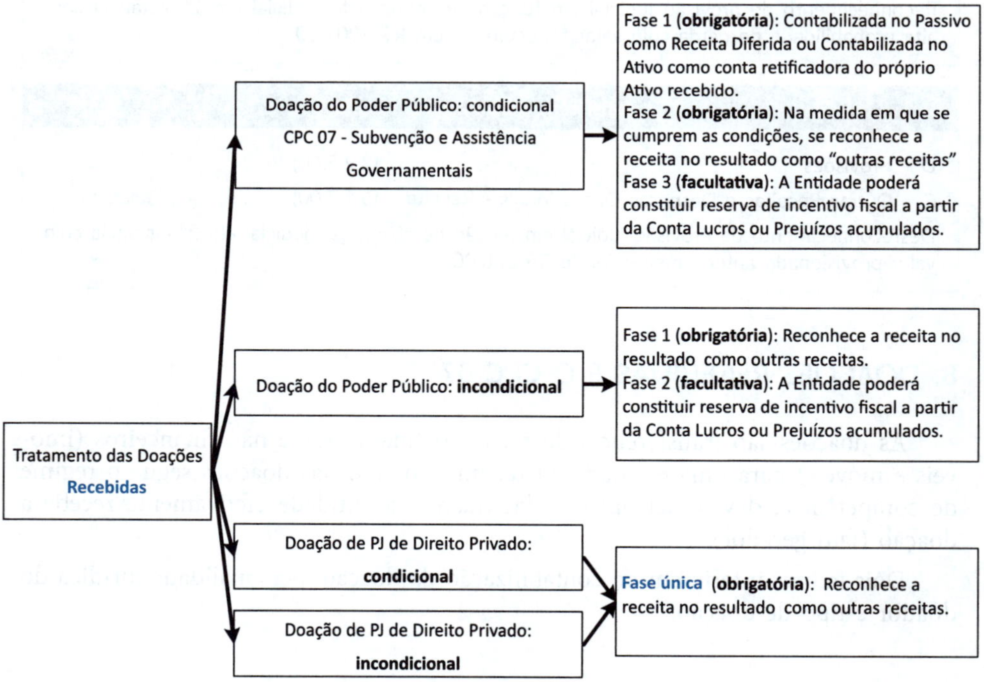

| Doação condicional recebida do Poder Público | | |
|---|---|---|
| **Fase 1: Recebimento inicial** | | |
| D – Ativo Imobilizado - Imóveis | (1.2.3.01) | |
| C – Receitas Diferidas de Subvenção – Passivo não circulante | (2.2.7.00)......... | R$ 5.000.000 |
| Recebimento de bem imóvel mensurado em R$ 5.000.000 de Pessoa Jurídica de **Direito Público** (Ex. Prefeitura) **condicionada à realização de benfeitorias** no valor de R$ 500.000. | | |
| **Fase 2: Cumprimento parcial das condições** | | |
| D – Receitas Diferidas de Subvenção – Passivo não circulante | (2.2.7.00) | |
| C – Outras Receitas e Despesas Operacionais - **Receita** | (5.1.7.00)......... | R$ 1.000.000 |
| Apropriação da receita de subvenção em função de cumprimento de 20% das benfeitorias no valor de R$ 100.000. | | |
| **Fase 2.1: Cumprimento total das condições** | | |
| D – Receitas de doação a apropriar | (2.2.7.00) | |
| C – Outras Receitas e Despesas Operacionais - **Receita** | (5.1.7.03)......... | R$ 4.000.000 |
| Apropriação da receita de subvenção em função de cumprimento dos 80% das benfeitorias no valor de R$ 400.000. | | |
| **Fase 3: Constituição da Reserva de Incentivo Fiscal (facultativo)** | | |
| **1º Passo (obrigatório ao encerramento do exercício)** | | |
| D – Outras Receitas e Despesas Operacionais - **Receita** | (5.1.7.00) | |
| C – Apuração do Resultado do Exercício | (8.1.0.00)......... | R$ 5.000.000 |
| Apuração do resultado do exercício. | | |
| **2º Passo (obrigatório ao encerramento do exercício)** | | |
| D – Apuração do Resultado do Exercício | (8.1.0.00) | |
| C – Lucro ou Prejuízos Acumulados | (2.3.1.00)......... | R$ 5.000.000 |
| Incorporação do resultado do exercício aos lucros ou prejuízos acumulados. | | |
| **3º Passo (facultativo)** | | |
| D – Lucro ou Prejuízos Acumulados | (2.3.1.08) | |
| C – Reserva de Lucros – Reserva de Incentivos Fiscais | (2.3.1.05.007) | R$ 5.000.000 |
| Constituição da Reserva de Incentivo Fiscal no valor de R$ 5.000.000. | | |

| Doação incondicional recebida do Poder Público | | |
|---|---|---|
| **Fase 1: Recebimento inicial** | | |
| D – Ativo Imobilizado - Imóveis | (1.2.3.01) | |
| C – Outras Receitas e Despesas Operacionais - **Receita** | (5.1.7.00)............... | R$ 5.000.000 |
| Recebimento de bem imóvel mensurado em R$ 5.000.000 de Pessoa Jurídica de **Direito Público** (Ex. Prefeitura) de **forma incondicional.** | | |
| **Fase 2: Constituição da Reserva de Incentivo Fiscal (facultativo)** | | |
| **1º Passo (obrigatório ao encerramento do exercício)** | | |
| D – Outras Receitas e Despesas Operacionais - **Receita** | (5.1.7.00) | |
| C – Apuração do Resultado do Exercício | (8.1.0.00)............... | R$ 5.000.000 |
| Apuração do resultado do exercício. | | |
| **2º Passo (obrigatório ao encerramento do exercício)** | | |
| D – Apuração do Resultado do Exercício | (8.1.0.00) | |
| C – Lucro ou Prejuízos Acumulados | (2.3.1.08)............... | R$ 5.000.000 |
| Incorporação do resultado do exercício aos lucros ou prejuízos acumulados. | | |
| **3º Passo (facultativo)** | | |
| D – Lucro ou Prejuízos Acumulados | (2.3.1.08) | |
| C – Reserva de Lucros – Reserva de Incentivos Fiscais | (2.3.1.07.007)....... | R$ 5.000.000 |
| Constituição da Reserva de Incentivo Fiscal no valor de R$ 500.000. | | |

**Doação condicional ou incondicional recebida de Pessoa Jurídica de Direito Privado**

**Fase Única: Recebimento inicial e posterior apuração do resultado**

D – Ativo Imobilizado - Imóveis (1.2.3.01)

C – Outras Receitas e Despesas Operacionais - **Receita** (5.1.7.00)..............R$ 3.000.000

Recebimento de bem imóvel mensurado em R$ 3.000.000 de Pessoa Jurídica de **Direito Privado** de **forma condicional ou incondicional.**

D – Outras Receitas e Despesas Operacionais - **Receita** (5.1.7.00)

C – Apuração do Resultado do Exercício (8.1.0.00)..............R$ 3.000.000

Apuração do resultado do exercício.

D – Apuração do Resultado do Exercício (8.1.0.00)

C – Lucro ou Prejuízos Acumulados (2.3.1.08) ............ R$ 3.000.000

Incorporação do resultado do exercício aos lucros ou prejuízos acumulados.

**Atenção**

A constituição de reserva de incentivo fiscal é facultativa e só é permitida nas doações recebidas pela Entidade oriunda do Poder Público (mais detalhes no capítulo 11).

## 9. LISTA DE QUESTÕES OBJETIVAS

### 1ª a 3ª Questões (DPF Agente 2018 CEBRASPE)

Nas demonstrações contábeis de determinada empresa, foram selecionadas as contas a seguir, reunidas em quatro grupos, e seus respectivos saldos.

**Grupo 1**

caixa e equivalentes 10.000,00

créditos contra clientes 350.000,00

estoques para revenda 250.000,00

veículos 120.000,00

**Grupo 2**

duplicatas descontadas 100.000,00

fornecedores 80.000,00

salários e encargos a pagar 50.000,00

**Grupo 3**

capital social 400.000,00

reservas de lucros 100.000,00

**Grupo 4**

depreciação 15.000,00

vendas líquidas 2.000.000,00

salários e encargos 450.000,00

Com base nessas informações, julgue os seguintes itens.

1. O rol de contas está incompleto, visto que o total de saldos das contas dos grupos 1 e 2 supera o montante do grupo 3.
2. Um fato modificativo exige um registro contábil em conta do grupo 4.
3. Se a empresa realizar um crédito em conta do grupo 1, em contrapartida a um débito em contas dos grupos 2 e 4, ela estará representando um fato misto.

**Solução**

1. Atenção pois o examinador perguntou sobre os grupos 1, 2 e 3. O Grupo 4 reúne receita e despesa.

Grupo 1: contas de Ativo - representativas de recursos da entidade - Saldo: 730.000,00

Grupo 2 contas de passivo - representativas de obrigações da entidade - Saldo 230.000,00

Grupo 3 contas de Patrimônio Líquido - representativas da diferença (Ativo--Passivo) - Saldo: R$ 500.000,00. O valor do grupo 3 é a diferença do grupo 1 e 2. Assim, está tudo correto e completo.

2. Um fato modificativo é aquele que aumenta ou reduz o PL. O grupo 4 traz as contas relacionadas com fatos modificativos aumentativos (receita líquida) e diminutivos (depreciação e salários). Logo, está correto.

3. No enunciado, é referido lançamento com:

Crédito em conta de ativo (grupo 1) ..............100.000

Débito em conta de passivo (grupo 2)..............80.000

Débito em conta de resultado (grupo 4)...........20.000

Esse é o lançamento de um fato misto (duas contas patrimoniais e uma conta de resultado). Por exemplo, esse poderia ser o lançamento de pagamento de uma obrigação com multa.

Gabarito:

1. **Errado**
2. **Certo**
3. **Certo**

## 10. LISTA DE QUESTÕES DISCURSIVAS

### 1ª Questão (Câmara Municipal de Campina Grande do Sul/PR Analista Legislativo 2018 FAFIPA):

Com base da NBCT TG 07 (R2) – Subvenção e Assistências Governamentais, explique os critérios contábeis para reconhecimento e evidenciação de subvenções governamentais, bem como seus efeitos no Ativo, Passivo e no Patrimônio Líquido.

Extensão máxima: **30 linhas**

### Resolução da Questão

A subvenção governamental, inclusive subvenção não monetária a valor justo, não deve ser reconhecida até que exista razoável segurança de que: (i) a entidade cumprirá todas as condições estabelecidas; e (ii) a subvenção será recebida.

O simples recebimento da subvenção não é prova conclusiva de que as condições a ela vinculadas tenham sido ou serão cumpridas.

Uma subvenção governamental deve ser reconhecida como receita ao longo do período confrontada com as despesas que pretende compensar, em base sistemática, desde que atendidas às condições deste Pronunciamento. A subvenção governamental não pode ser creditada diretamente no patrimônio líquido.

O tratamento contábil da subvenção como receita deriva dos seguintes principais argumentos: (i) Uma vez que a subvenção governamental é recebida de uma fonte que não os acionistas e deriva de ato de gestão em benefício da entidade, não deve ser creditada diretamente no patrimônio líquido, mas, sim, reconhecida como receita nos períodos apropriados; (ii) subvenção governamental apenas excepcionalmente é gratuita. A entidade ganha efetivamente essa receita quando está de acordo com as regras das subvenções e cumpre determinadas obrigações; (iii) Assim como os tributos são lançados no resultado, é lógico registrar a subvenção governamental, que é, em essência, uma extensão da política fiscal na demonstração do resultado.

### 2ª Questão (AGERIO Ciências Contábeis 2023 CESGRANRIO):

Verde S.A. é uma empresa brasileira de capital aberto que atua no mercado de energias limpas, sendo o segmento mais relevante na área de energia eólica. Em decorrência do seu ramo de atuação, a empresa lida com entidades públicas e com transações que envolvem o recebimento de subvenções e assistência governamentais.

Em um dado exercício, a Verde S. A. recebeu dois tipos de subsídios governamentais para expansão de suas atividades, uma vez que o governo do país se comprometeu com o ODS No 07 – Energia Limpa e Acessível, um dos Objetivos de Desenvolvimento Sustentável, proposto pela Organização das Nações Unidas (ONU). Os subsídios recebidos foram: (i) a doação de um terreno com área de 300 hectares para exploração e produção de energia eólica; e (ii) benefícios fiscais, sob a forma de redução de alíquota de tributos federais, pelo período de 5 anos. Além de requisitos de capacidade técnica, os termos relacionados aos benefícios concedidos à Verde S.A. preveem a obrigação de manutenção da operação pelo período mínimo de 20 anos.

Para tratar desse assunto, a equipe responsável pela Contabilidade da Verde S.A. precisa ter clareza sobre os seguintes pontos, abordados no Pronunciamento CPC 07:

- diferenças conceituais entre subvenção e assistência governamentais;
- requisitos para reconhecimento contábil de subvenções sob a forma de ativos não monetários;

- requisitos para reconhecimento contábil de subvenções sob a forma de benefícios fiscais;
- procedimentos contábeis no caso de a Verde S.A. não cumprir integralmente as condições para o recebimento dos benefícios governamentais e vier a perdê-los.

Elabore um texto, de 15 a 30 linhas, abordando os quatro pontos citados para ajudar no esclarecimento das dúvidas da equipe de Contabilidade da Verde S.A.

## Resolução da Questão

Conforme o CPC 07, **assistência governamental** é a ação destinada a fornecer benefício econômico específico a uma entidade ou a um grupo de entidades que atendam a critérios estabelecidos. Não inclui os benefícios proporcionados única e indiretamente por meio de ações que afetam as condições comerciais gerais, tais como o fornecimento de infraestruturas em áreas em desenvolvimento ou a imposição de restrições comerciais sobre concorrentes. **Já a subvenção governamental** é uma assistência governamental, geralmente na forma de contribuição de natureza pecuniária, mas não só restrita a ela, concedida a uma entidade normalmente em troca do cumprimento passado ou futuro de certas condições relacionadas às atividades operacionais da entidade. Não são subvenções governamentais aquelas que não podem ser razoavelmente quantificadas em dinheiro e as transações com o governo que não podem ser distinguidas das transações comerciais da entidade

Conforme o CPC 07, item 7, a subvenção governamental, inclusive subvenção não monetária a valor justo, não deve ser reconhecida até que exista razoável segurança de que: (a) a entidade cumprirá todas as condições estabelecidas e relacionadas à subvenção; e (b) a subvenção será recebida. O item 12 do CPC 07 define que uma subvenção governamental deve ser reconhecida como receita ao longo do período e confrontada com as despesas que pretende compensar, em base sistemática, desde que atendidas as condições do CPC 07. O item 23 do CPC 07 define que a subvenção governamental pode estar representada por ativo não monetário, como terrenos e outros, para uso da entidade. Nessas circunstâncias, tanto esse ativo quanto a subvenção governamental devem ser reconhecidos pelo seu valor justo. Apenas na impossibilidade de verificação desse valor justo é que o ativo e a subvenção governamental podem ser registrados pelo valor nominal.

Conforme o CPC 07, item 38D, certos empreendimentos gozam de incentivos tributários de imposto sobre a renda na forma de isenção ou redução do referido tributo, consoante prazos e condições estabelecidos em legislação específica. Esses incentivos atendem ao conceito de subvenção governamental. O item 38RE do CPC 07 define que o reconhecimento contábil dessa redução ou isenção tributária como subvenção para investimento é efetuado registrando-se o imposto total no resultado como se devido fosse, em contrapartida à receita de subvenção equivalente, a serem demonstrados um deduzido do outro.

Conforme o CPC 07, item 32, uma subvenção governamental que tenha que ser devolvida deve ser contabilizada como revisão de estimativa contábil. O reembolso deve ser aplicado em primeiro lugar contra qualquer crédito diferido não amortizado relacionado à subvenção. Na medida em que o reembolso exceda tal crédito diferido, ou quando não exista crédito diferido, o reembolso deve ser reconhecido imediatamente como despesa. O reembolso de subvenção relacionada a ativo deve ser registrado aumentando o valor escriturado do ativo ou reduzindo o saldo da receita diferida pelo montante reembolsável. A depreciação adicional acumulada que deveria ter sido reconhecida até a data como despesa, na ausência da subvenção, deve ser imediatamente reconhecida como despesa.

CAPÍTULO 08

# ESCRITURAÇÃO DA FOLHA DE PESSOAL E RESPECTIVA TRIBUTAÇÃO

## 1. FOLHA DE PESSOAL

A folha de pessoal é uma das principais despesas em uma Entidade. Para se ter uma ideia no setor público se estabelecem limites máximos. Já no setor privado, a própria "mão invisível", lei da oferta e da procura, age para definir "valores máximos", enquanto o Governo define o salário-mínimo a ser pago na iniciativa privada incluindo adicionais e retenções.

As Figuras 8.1 e 8.2 contêm os principais componentes envolvidos no cálculo e pagamento da despesa com folha de pessoal na visão da empresa e do empregado.

Figura 8.1: Componentes da folha de pessoal – Visão Empresa

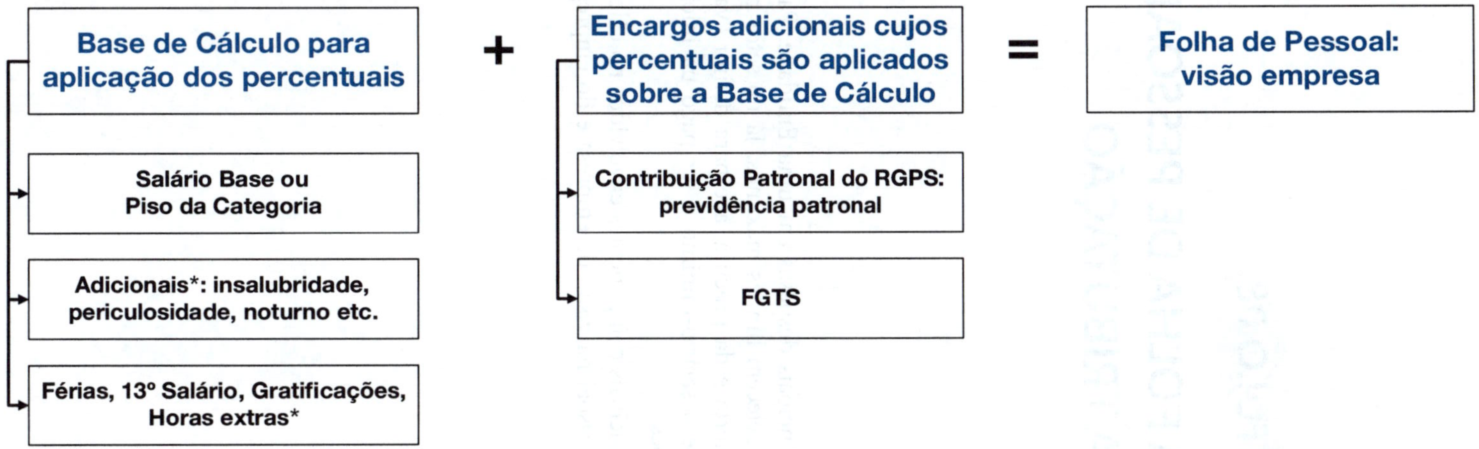


**Legenda:** *conforme o caso.

Figura 8.2: Salário Líquido – Visão Empregado

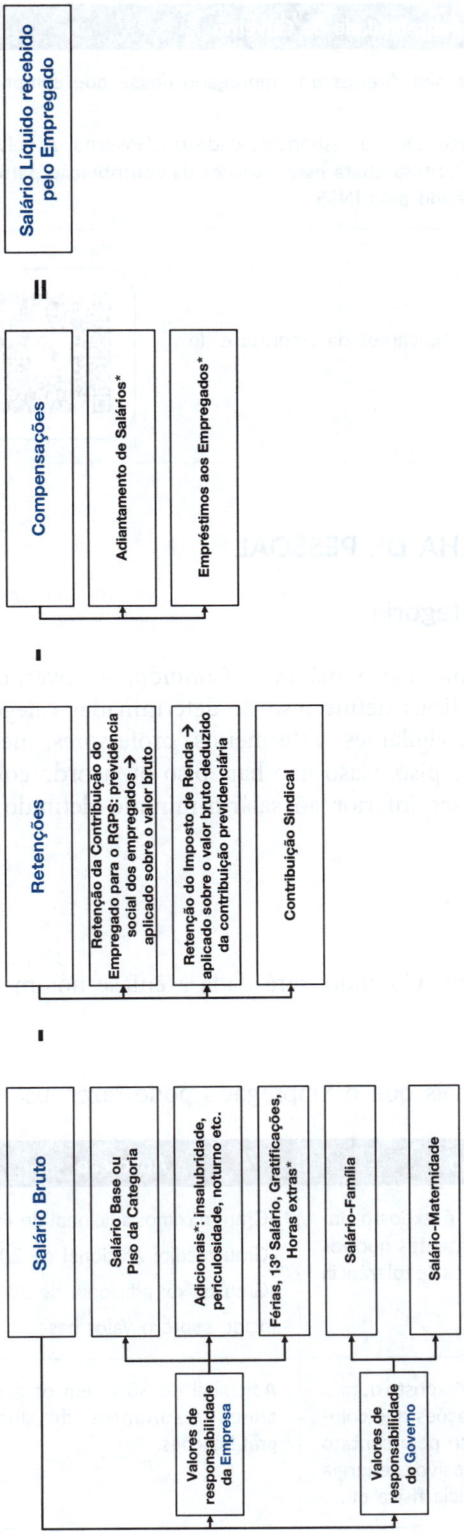


**Legenda:** *conforme o caso.

**Valores de Responsabilidade do Governo**

O Salário-Família e o Salário-Maternidade **são direitos do empregado desde que cumpra os critérios de elegibilidade.**

Esses valores são pagos pela Empresa, mas são de responsabilidade do Governo. **A solução encontrada na legislação foi a de que a Empresa abata esses valores da contribuição patronal do Regime Geral de Previdência Social gerido pelo INSS.**

**Chamada 23 do autor:** Folha de Pessoal - Encargos da Empresa e do Governo

## 2. BASE DE CÁLCULO DA FOLHA DE PESSOAL

### 2.1. Salário Base ou Piso da Categoria

No setor privado não existe um salário máximo. Contudo, o governo por meio de convenções em acordos sindicais define piso de determinadas categorias, por exemplo: segurança patrimonial, vigilantes, enfermeiros, professores, médicos etc. As empresas devem respeitar esse piso. Caso não haja piso ou acordo coletivo da categoria, nenhum salário pode ser inferior ao salário-mínimo definido pelo Governo Federal a cada ano.

### 2.2. Adicionais

Existem vários tipos de adicionais. Contudo, será dada a ênfase nos mencionados no Quadro 8.1.

**Quadro 8.1:** Tipos de adicionais que o Empregado pode fazer jus

| Tipo | Descrição | Aplicação |
|---|---|---|
| Insalubridade | Quando o empregado é exposto durante sua atividade a agentes nocivos à saúde acima dos limites de tolerância adequados. | -Grau máximo: adicional de 40%.<br>-Grau médio: adicional de 20%.<br>-Grau baixo: adicional de 10%.<br>Incide sobre o valor base. |
| Periculosidade | Quando o empregado é exposto durante sua atividade a situações que coloquem sua vida em risco pelo contato com inflamáveis, explosivos, energia elétrica, roubos, violência física etc. | Adicional de 30% sem os acréscimos resultantes de outras gratificações. |

| | | |
|---|---|---|
| Noturno | Considera-se trabalho noturno aquele que inicia 22h e se estende até 05h do dia seguinte.<br>Além disso, a hora noturna é reduzida em 7min e 30segundos, ou seja:<br>**1 hora noturna = 52min e 30s.**<br>Desse modo, o empregado trabalho 7 horas noturnas e a empresa computa uma jornada de 8 horas. | No mínimo 20% para o trabalhador urbano.<br>No mínimo 25% para o trabalhador rural.<br>O percentual incide sobre o valor integral considerando os demais adicionais. |

## 2.3. Horas extras

Para o cálculo de horas extras, é essencial definir o divisor de horas extras. Considerando o total de 30 dias ao mês, 8 horas diárias, 44 horas semanais, e o repouso semanal remunerado; chega-se ao divisor de 220 horas ao mês.

**Contribuição patronal: julgamento do tema 1174 no STJ**

As parcelas relativas ao vale-transporte, vale-refeição/alimentação, plano de assistência à saúde (auxílio saúde, odontológico, farmácia), o imposto de renda retido na fonte dos empregados e a contribuição previdenciária dos empregados descontados na folha de pagamento do trabalho constituem simples técnica de arrecadação ou de garantia para recebimento do credor e não alteram o conceito de salário ou de salário-contribuição e, portanto, **não modificam a base de cálculo da contribuição previdenciária patronal**, do SAT (seguro de acidente de trabalho) e da contribuição de terceiro.

# 3. ENCARGOS ADICIONAIS DA EMPRESA

A empresa ao contratar um empregado deve recolher a contribuição patronal do Regime Geral de Previdência Social e o FGTS.

**O recolhimento previdenciário das empresas em geral** corresponde à aplicação das seguintes alíquotas, sobre o total das remunerações pagas ou creditadas, a qualquer título, no decorrer do mês, aos segurados empregados:

a) **20%** referente ao INSS Patronal para as empresas NÃO optantes do Simples Nacional;

b) **1%, 2% ou 3%** referente a Risco de Acidente do Trabalho (RAT) e contribuição adicional, se for o caso, variando conforme o grau de risco, acrescido do Fator Acidentário de Prevenção (FAP) a partir de janeiro/2010; e

c) geralmente **5,80%** de contribuição variável de Outras Entidade (Terceiros), destinada às entidades SENAI, SESC, SESI, etc., onde o INSS se incumbe de arrecadar e repassar.

**Todas as empresas são obrigadas a depositar, até o dia 7 de cada mês, o FGTS** dos funcionários, correspondente a 8% da remuneração de cada trabalhador, incluídas na remuneração as horas-extras, 13º Salário, etc.

Unidade Didática II
Escrituração Contábil

## 4. ENCARGOS DE RESPONSABILIDADE DO GOVERNO PAGOS PELA EMPRESA

Os principais exemplos desse tipo de encargo são: salário-família e salário maternidade.

De acordo com a Portaria Interministerial n° 6 do MPS/ME, publicada no dia 10 de janeiro de 2025, **o salário-família de 2025 passou a ser de R$ 65,00, para trabalhadores com remuneração mensal de até R$ 1.906,04.**

**O salário-maternidade é o benefício previdenciário pago à segurada gestante**, adotante ou que tenha realizado aborto não criminoso, durante o período de afastamento de suas atividades. Com base na Lei n° 8.213, de 1991, quem paga pelo auxílio-maternidade é o empregador; contudo, posteriormente, ele pode abater o valor ao fazer a guia mensal do INSS.

## 5. DESCONTOS: RETENÇÕES E COMPENSAÇÕES

Os descontos são deduzidos da remuneração bruta do empregado. O quadro 8.2 contém os tipos de descontos.

**Quadro 8.2:** Tipos de Descontos

| Tipo | Descrição | Exemplos |
|---|---|---|
| Retenções | A empresa na qualidade de responsável (sujeito passivo indireto da obrigação tributária) recolhe para terceiros (Ex. Governo) o valor devido pelo empregado. | -Imposto de Renda Retido na Fonte.<br>-Previdência Social do Empregado: RGPS.<br>-Contribuição Sindical.<br>-Previdência privada. |
| Compensações | A empresa deduz valores do empregado em função de direitos que possui perante este. Ou seja, não há repasse a terceiros. | -Adiantamento de salários.<br>-Empréstimos a empregados. |

No caso dos salários, o **IR não incide sobre o rendimento bruto**. Assim, é necessário descontar o valor pago ao INSS antes de realizar o cálculo do IRRF. As alíquotas do INSS variam entre 8% e 11%.

No caso do Imposto de Renda Retido adota-se a seguinte tabela para 2025.

| Base de cálculo (R$) | Alíquota (%) | Parcela a deduzir (R$) |
|---|---|---|
| Até R$ 2.259,20 | Isento | Isento |
| De R$ 2.259,21 até R$ 2.826,65 | 7,5% | R$ 169,44 |

| De R$ 2.826,66 até R$ 3.751,05 | 15% | R$ 381,44 |
|---|---|---|
| De R$ 3.751,06 até R$ 4.664,68 | 22,5% | R$ 662,77 |



## 6. LANÇAMENTOS CONTÁBEIS

A seguir, as Figuras 8.3 e 8.4 contêm o ciclo contábil completo da folha de pessoal considerando os valores a seguir.

**Chamada 24 do autor:** Ciclo contábil completo da Folha de Pessoal – Razonetes

Figura 8.3: Ciclo contábil completo da folha de Pessoal - Razonetes

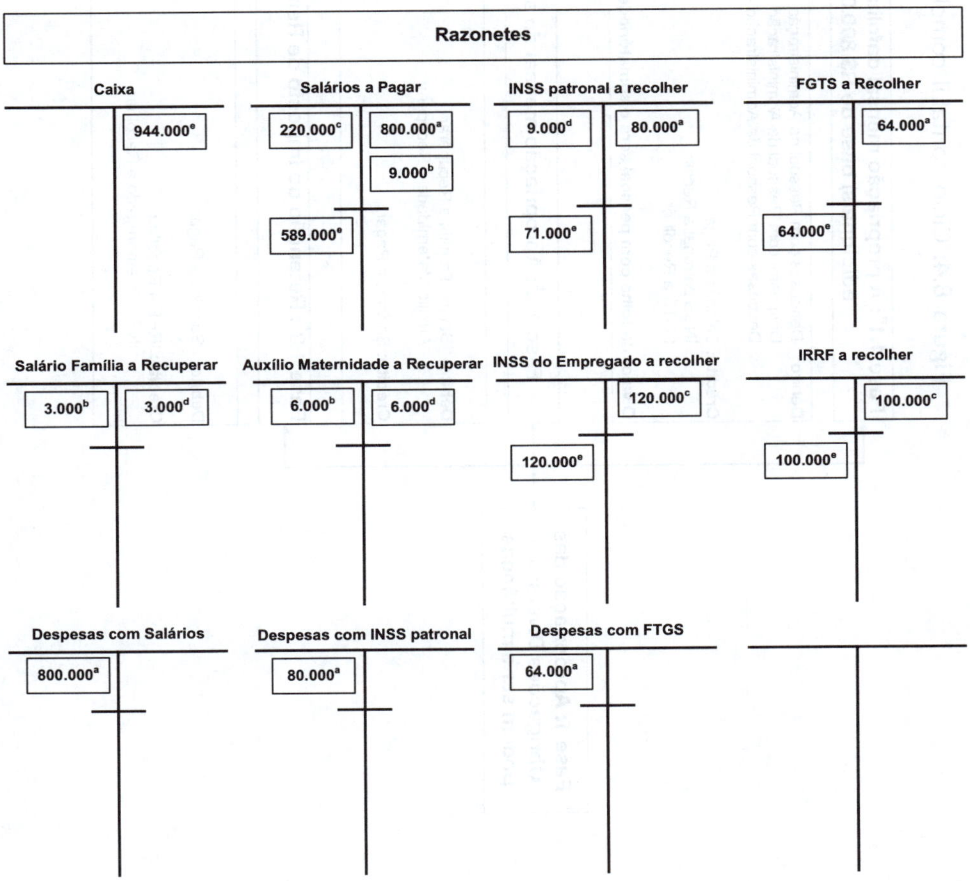

**Figura 8.4:** Ciclo contábil completo da folha de Pessoal

**Fase 1: Apropriação das Obrigações Diversas – podem ser simultâneas**

**Fase 1.1[a]: A propriação mensal dafolha de Pessoal daAdministração com salários (inclui horas extras e adicionais) base de R$ 800.000,00, INSS patronal de R$ 80.000 e FGTS de R$ 64.000**

**Débito:** Despesas com Pessoal da Administração – Salários (5.1.1.01.0001) ......................R$ 800.000,00
Despesas com Pessoal da Administração – INSS patronal (5.1.1.01.0005) ......................R$ 80.000,00
Despesas com Pessoal da Administração – FGTS (5.1.1.01.0006) ......................R$ 64.000,00

**Crédito:** Salários a Pagar (2.1.1.00.0001) ....................R$ 800.000,00
INSS patronal a Recolh (2.1.1.00.0004) ....................R$ 80.000,00
FGTS a Recolher (2.1.1.00.0005) ....................R$ 64.000,00

**O valor da folha com pessoal será o somatóriode R$ 800mil + R$ 80 mil + R$ 64mil = R$ 944.000,00.**

**Fase 1.2[b]: Apropriação mensal do salário família de R$ 3.000 e auxílio maternidade de R$ 6.000,00**

**Débito:** Salário Família a Recuperar (1.1.6.00.0005) .................... R$ 3.000,00
Auxílio Maternidade a Recuperar (1.1.6.00.0005) .................... R$ 6.000,00

**Crédito:** Salários a Pagar (2.1.1.00.0001) .................... R$ 9.000,00

**Fase 1.3[c]: Retenção do Imposto de Renda R$100.000 e retenção da Contribuição do INSS do Empregado R$ 120.000**

**Débito:** Salários a Pagar (2.1.1.00.0001) .................... R$ 220.000,00

**Crédito:** IRRF a Recolher (2.1.1.00.0006) .................... R$ 100.000,00
INSS do empregado a Recolher (2.1.1.00.0008) .................. R$ 120.000,00

**Fase 2: Encontro de Contas** → **Fase 2d: Encontro de Contas: INSS patronal versus salário família e auxílio maternidade**

| | Conta | Código | | Valor |
|---|---|---|---|---|
| **Débito:** | INSS patronal a Recolher | (2.1.1.00.0004) | R$ | 9.000,00 |
| **Crédito:** | Salário Família a Recuperar | (1.1.2.6.00.0005) | R$ | 3.000,00 |
| | Auxílio Maternidade a Recuperar | (1.1.2.6.00.0005) | R$ | 6.000,00 |

**Fase 3: Pagamento da Folha de Pessoal e Recolhimento das Obrigações Fiscais** → **Fase 3e: Pagamento da Folha de Pessoal e Recolhimento das Obrigações Fiscais**

| | Conta | Código | | Valor |
|---|---|---|---|---|
| **Débito:** | Salários a Pagar | (2.1.1.00.0001) | R$ | 589.000,00 |
| | INSS patronal a Recolher | (2.1.1.00.0004) | R$ | 71.000,00 |
| | FGTS a Recolher | (2.1.1.00.0005) | R$ | 64.000,00 |
| | IRRF a Recolher | (2.1.1.00.0006) | R$ | 100.000,00 |
| | INSS do empregado a Recolher | (2.1.1.00.0008) | R$ | 120.000,00 |
| **Crédito:** | Caixa | (1.1.1.01.0001) | R$ | 944.000,00 |

## 7. LISTA DE QUESTÕES OBJETIVAS

**1ª Questão (Receita Federal Auditor 2014 ESAF)** *Da folha de pagamento da Cia. Pagadora foram extraídos os dados abaixo:*

| | |
|---|---|
| Salários Brutos | 400.000 |
| Imposto de Renda Retido na Fone Pessoa Física | 3.400 |
| INSS Retido | 6.000 |
| Salário Família | 1.500 |
| FGTS | 32.000 |
| Contribuição Patronal INSS | 40.000 |
| Auxílio Maternidade | 2.500 |

Tomando como base apenas os dados fornecidos, pode-se afirmar que o total a ser apropriado como Despesas de Período é:

a) R$476.000.

b) R$472.000.

c) R$436.600.

d) R$400.000.

e) R$394.600.

### Solução

São despesas da empresa:

Salários brutos ............................................R$ 400.000,00

Contribuição Patronal INSS .......................R$ 40.000,00

FGTS ...............................................................R$ 32.000,00

Total ...............................................................R$ 472.000,00

Gabarito: **B**

CAPÍTULO 09

# ESCRITURAÇÃO DAS OPERAÇÕES COM MERCADORIAS E RESPECTIVA TRIBUTAÇÃO

## 1. ENTIDADES QUE OPERAM COM MERCADORIAS: 2º SETOR

O segundo setor da economia é formado pelas empresas e profissionais autônomos que atuam. É um setor marcado por sua competitividade interna. O financiamento de suas atividades é normalmente privado e, assim, seus principais objetivos são o lucro e a expansão mercadológica.

A principal característica do setor secundário é a **transformação de uma matéria-prima em um produto acabado.** Tais são extremamente complexas e envolvem um conjunto de máquinas e equipamentos para a sua consolidação. Ademais, uma característica importante do setor secundário é a **modernização das linhas de produção**, cada vez mais mecanizadas, a partir do desenvolvimento de tecnologias.

O setor secundário **utiliza um importante volume de "mão de obra"**, basicamente alocada nas unidades fabris, onde são produzidos diversos bens de consumo duráveis e não duráveis. No mesmo sentido, a construção civil e o fornecimento de serviços industriais também geram um **grande volume de empregos**. Desse modo, é um setor produtivo que gera uma grande receita de divisas para a sociedade.

Outra característica do setor secundário é a **produção de bens diversos, que possuem maior valor agregado**. A transformação de recursos naturais em produtos industrializados requer elevados custos produtivos que são repassados para os compradores. Sendo assim, o setor secundário produz bens que são mais caros (que logicamente geram mais lucro para o produtor) do que os bens primários.

É nesse cenário que a contabilidade irá gerar informações para tomada de decisão dos usuários da informação contábil.

## 2. EC 132/2023 E O REGIME DE TRANSIÇÃO

1. Tudo começa em 2026. Neste ano, o IBS (tributo gerido por estados e municípios que substituirá ICMS e ISS) será cobrado a alíquota estadual de 0,1%, e a CBS (tributo federal, que substituirá PIS e Cofins) terá alíquota de 0,9%. Neste momento, os recursos do IBS devem ser aplicados para: 1) o funcionamento do Comitê Gestor; 2) compor o Fundo de Compensação de Benefícios Fiscais ou Financeiro-Fiscais do ICMS.

2. A partir de 2027, serão cobrados a CBS, o Imposto Seletivo (que no novo regime funcionará como uma espécie de substituto do IPI) e o diferencial previsto para manutenção da competitividade assegurado à Zona Franca de Manaus (ZFM) e às áreas de livre comércio existentes em 31 de maio de 2023, nos níveis estabelecidos pela legislação relativa aos tributos extintos. Neste momento, será feita toda a migração dos tributos federais, com a extinção de PIS e Cofins, substituídos pela CBS. No caso do IPI, a extinção apenas poderá ocorrer se forem instituídos os mecanismos que garantam manutenção da competitividade da ZFM e áreas de livre comércio previstos no texto aprovado.

3. Em 2027 e 2028, o IBS será cobrado à alíquota estadual de 0,05% e à alíquota municipal de 0,05%. Neste mesmo período, a CBS será reduzida em 0,1% – calibragem para garantir a manutenção da carga tributária vigente.

4. De 2029 a 2032, o ICMS cobrado pelos estados e o ISS pelos municípios terão suas alíquotas fixadas nas seguintes proporções: a) 9/10 em 2029; b) 8/10 em 2030; c) 7/10 em 2031; d) 6/10 em 2032.

5. Os benefícios ou os incentivos fiscais ou financeiros (inclusive aqueles previstos na Lei Complementar nº 160) relativos aos dois tributos não alcançados pela regra também serão reduzidos na mesma proporção. Os percentuais para calculá-los, porém, são mantidos até 31 de dezembro de 2032, já que a redução geral das alíquotas já traz impactos também sobre eles. A EC também prevê que um fundo de compensação, bancado pela União, seja criado para compensar as perdas oriundas deste movimento.

6. De 2027 a 2033, deve ser assegurado que a receita da União com CBS e IS seja equivalente à redução da receita das contribuições e tributos a serem substituídos.

7. De 2029 a 2033, a receita dos Estados e do Distrito Federal com o IBS deve ser equivalente à redução da receita do ICMS e daquelas destinadas a fundos estaduais financiados por contribuições estabelecidas como condição à aplicação de diferimento, regime especial ou outro tratamento diferenciado, desde que em funcionamento em 30 de abril de 2023. Ficam de fora da regra as receitas dos fundos destinados a investimentos em obras de infraestrutura e habitação e financiados por contribuições sobre produtos primários e semielaborados.

8. De 2029 a 2033, a receita dos municípios e do Distrito Federal com o IBS deve ser equivalente à redução da receita do ISS.

9. Resolução do Senado Federal fixará, para todas as esferas federativas, as alíquotas de referência dos novos tributos (IBS e CBS), com forma de cálculo e limites a serem estabelecidos por lei complementar. Tais alíquotas serão fixadas no ano anterior ao de vigência e deverão ser levados em conta os efeitos sobre a

arrecadação dos regimes específicos, diferenciados ou favorecidos e de qualquer outro regime que resulte em arrecadação menor do que a que seria obtida com a aplicação da alíquota padrão. Neste caso, fica afastado o princípio constitucional da noventena para matérias tributárias.

10. A partir de 2033, também estão extintos ISS e ICMS, concluindo a transição para o contribuinte.

**Conclui-se que para fins de efetiva aplicação necessita-se de legislação infraconstitucional (leis complementares, por exemplo) e que haverá um período de transição que se inicia em 01/01/2026, não havendo impacto imediato até 31/12/2025.**

**A LC 2141, de 16 de janeiro de 2025, institui o Imposto sobre Bens e Serviços (IBS), a Contribuição Social sobre Bens e Serviços (CBS) e o Imposto Seletivo (IS); cria o Comitê Gestor do IBS e altera a legislação tributária.**

**O tópico 12 desse capítulo traz os principais aspectos que impactam os registros contábeis.**



## 3. TERMINOLOGIA

A fim de facilitar o entendimento do capítulo, o Quadro 9.1 contém os principais termos utilizados em operações com mercadoria.

**Quadro 9.1:** Terminologia essencial em operações com mercadorias

| Termo | Descrição |
|---|---|
| Duplicata[2] | É um título de crédito **emitido pelo sacador ou credor** utilizado em operações mercantis de venda e compra a prazo e representa uma ordem de pagamento.<br>O aceite na duplicata é obrigatório. A partir dele, o sacador/vendedor terá garantia contra o sacado/comprador quanto ao recebimento do valor. |
| Triplicata | É a segunda via da duplicata em caso de perda ou extravio da duplicata. |
| Sacador ou Vendedor ou Credor | É a empresa que realiza vendas a prazo de mercadorias. |
| Sacado ou Comprador ou Devedor | É a empresa que realiza compras a prazo. |

1 https://www.planalto.gov.br/ccivil_03/leis/lcp/lcp214.htm.

2 Lei nº 5.474/1968. Art. 1º **Em todo o contrato de compra e venda mercantil entre partes domiciliadas no território brasileiro**, com prazo não inferior a 30 (trinta) dias, contado da data da entrega ou despacho das mercadorias, **o vendedor extrairá a respectiva fatura para apresentação ao comprador.**

§ 1º **A fatura discriminará as mercadorias vendidas** ou, quando convier ao vendedor, indicará somente os números e valores das notas parciais expedidas por ocasião das vendas, despachos ou entregas das mercadorias.

| | |
|---|---|
| Tomador ou Vendedor ou Credor | É a empresa que realiza a prestação de serviços a prazo. |
| Adiantamento a fornecedores | **Representa um direito a empresa com o fornecedor.** A empresa paga antecipadamente ao fornecedor e o fornecedor assume a obrigação perante a empresa de entregar a mercadoria. |
| Adiantamento de Clientes | **Representa uma obrigação da empresa com o fornecedor.** O cliente paga antecipadamente a empresa fica comprometida a entregar a mercadoria no futuro. |
| Imposto por dentro | É o imposto embutido na operação. Exemplo: ICMS.<br>O valor final da Nota Fiscal não é alterado. |
| Imposto por fora | É o imposto que não está embutido na operação. Exemplo: IPI.<br>O valor final da Nota Fiscal é aumentado com a incorporação do IPI. |
| Imposto não cumulativo | É o imposto que permite crédito a empresa ("imposto a recuperar"). Assim, **não incide o mesmo imposto/tributo** pago/recolhido em etapa anterior do processo produtivo. **Exemplos**: ICMS, IPI, PIS (para empresas optantes pelo Lucro Real) e Cofins (para empresas optantes pelo Lucro Real). |
| Imposto cumulativo | Não permite crédito a empresa ("imposto a recuperar"). Nesse processo produtivo, o imposto ocorre em **efeito cascata** sobre o mesmo produto. **Exemplos:** PIS (para empresas optantes pelo Lucro Presumido) e Cofins (para empresas optantes pelo Lucro Presumido). |
| Compras Brutas | Corresponde ao valor das compras acrescidos dos tributos (por fora ou por dentro). É o valor total da Nota Fiscal. |
| Compras Líquidas | Representam o valor que efetivamente foi incorporado na Conta Estoques ou Conta congênere. |
| Receita Líquida de Vendas | É a diferença entre Receita Bruta de Vendas e as deduções. |

**Elementos da Duplicata**

**Lei nº 5.474/1968:**

*Art .2º No ato da emissão da fatura, dela poderá ser extraída uma duplicata para circulação como efeito comercial, não sendo admitida qualquer outra espécie de título de crédito para documentar o saque do vendedor pela importância faturada ao comprador.*

*§ 1º A duplicata conterá:*

***I - a denominação "duplicata", a data de sua emissão e o número de ordem;***

***II - o número da fatura;***

***III - a data certa do vencimento ou a declaração de ser a duplicata à vista;***

***IV - o nome e domicílio do vendedor e do comprador;***

***V - a importância a pagar, em algarismos e por extenso;***

***VI - a praça de pagamento;***

***VII - a cláusula à ordem;***

***VIII - a declaração do reconhecimento de sua exatidão e da obrigação de pagá-la, a ser assinada pelo comprador, como aceite, cambial;***

***IX - a assinatura do emitente.***

*§ 2º Uma só duplicata não pode corresponder a mais de uma fatura.*

*§ 3º Nos casos de venda para pagamento em parcelas, poderá ser emitida duplicata única, em que se discriminarão todas as prestações e seus vencimentos, ou série de duplicatas, uma para cada prestação distinguindo-se a numeração a que se refere o item I do § 1º deste artigo, pelo acréscimo de letra do alfabeto, em sequência.*

**Figura 9.1:** Impostos "por dentro" e "por fora"

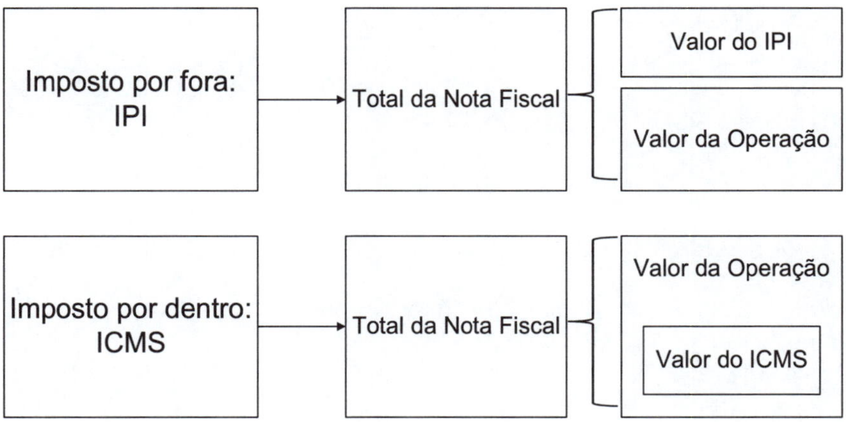


Assim em caso de uma operação interna no valor de R$ 300.000, cuja alíquota do IPI seja 10% e cuja alíquota do ICMS seja 20%, o valor hipotético da Nota Fiscal sem o IPI, mas com o ICMS, continua R$ 300.000; porém, com a incorporação do IPI, o valor da Nota Fiscal para a ser R$ 330.000.

| **Chamada 25 do autor:** Impostos por fora e por dentro | |
|---|---|

## 4. PLANO DE CONTAS E VENDA DE MERCADORIAS

Quando se vende uma mercadoria, é importante registrar que são utilizadas 2 contas de resultado: Receita e Custo das Mercadorias Vendidas. A Figura 9.2 ilustra isso.

| **Chamada 26 do autor:** Fluxo das Mercadorias Vendidas e Contas Envolvidas | |
|---|---|

**Figura 9.2:** Fluxo da Mercadoria Vendida

**Fase 1: Aquisição da Mercadoria à vista ou a prazo** →

**Fase 1: Aquisição da Mercadoria**

**A prazo**

| | | | | |
|---|---|---|---|---|
| **Débito:** | Estoques - Mercadorias | (1.1.3.01) .......................... | R$ | 75.000,00 |
| **Crédito:** | Fornecedores | (2.1.1.01) .......................... | R$ | 75.000,00 |

**À vista**

| | | | | |
|---|---|---|---|---|
| **Débito:** | Estoques | (1.1.4.01) .......................... | R$ | 75.000,00 |
| **Crédito:** | Caixa | (1.1.1.01) .......................... | R$ | 75.000,00 |

**Fase 2: Venda de Mercadoria à vista ou prazo** **(ainda sem efeito dos impostos e considerando que não houve gastos na melhoria da mercadoria)** →

**Fase 2: Venda de Mercadoria**

**A prazo**

| | | | | |
|---|---|---|---|---|
| **Débito:** | Duplicatas a Receber ou Clientes | (1.1.2.01) .......................... | R$ | 125000,00 |
| **Crédito:** | Receita de Bruta de Vendas | (3.1.1.01) .......................... | R$ | 125000,00 |
| **Débito:** | Custo das Mercadorias Vendidas | (4 .1.1.02) .......................... | R$ | 75000,00 |
| **Crédito:** | Estoques - Mercadorias | (1.1.3.01) .......................... | R$ | 75.000,00 |

**À vista**

| | | | | |
|---|---|---|---|---|
| **Débito:** | Caixa | (1.1.1.01).......................... | R$ | 125.000,00 |
| **Crédito:** | Receita de Bruta de Vendas | (3.1.1.01) .......................... | R$ | 125.000,00 |
| **Débito:** | Custo das Mercadorias Vendidas | (4 .1.1.02) .......................... | R$ | 75000,00 |
| **Crédito:** | Estoques – Mercadorias | (1.1.3.01) .......................... | R$ | 75.000,00 |

## 5. PRINCIPAIS TRIBUTOS EM OPERAÇÕES COM MERCADORIAS

O Quadro 9.2 contém os principais tributos federais em operações com mercadorias e suas características quanto à cumulatividade e à base de cálculo.

**Quadro 9.2:** Principais tributos federais incidentes sobre operações com mercadorias

| Tributo | Por fora | Por dentro | Não Cumulativo | Cumulativo |
|---|---|---|---|---|
| IPI | X | - | X<br>**Decreto nº 7.212/2010** | - |
| ICMS | - | X | X<br>**Lei Complementar nº 87/1996** | - |
| PIS apurado pelo Lucro Real ou Fiscal | - | X<br>(incide sobre a receita bruta mensal ajustada) | X<br>(Lucro Real ou Fiscal)<br>1,65%<br>**Lei nº 10.637/2002** | - |
| COFINS apurado pelo Lucro Real ou Fiscal | - | X<br>(incide sobre a receita bruta mensal ajustada) | X<br>(Lucro Real ou Fiscal)<br>7,0%<br>**Lei nº 10.833/2003** | - |
| PIS apurado pelo Lucro Presumido | - | X<br>(incide sobre o faturamento mensal ajustado) | - | X<br>(Lucro Presumido)<br>0,65%<br>**Lei nº 9.718/1998** |
| COFINS apurado pelo Lucro Presumido | - | X<br>(incide sobre o faturamento mensal ajustado) | - | X<br>(Lucro Presumido)<br>3,00%<br>**Lei nº 9.718/1988** |
| PIS operações externas (importações) | - | X | **Lei nº 10.865/2004** | |
| COFINS operações externas (importações) | - | X | **Lei nº 10.865/2004** | |

## 6. ESCRITURAÇÃO DO IPI

Quanto ao IPI, a CF/1988 define que:

> ***Art. 153. Compete à União instituir impostos sobre:***
>
> *I – importação de produtos estrangeiros;*
>
> *II – exportação, para o exterior, de produtos nacionais ou nacionalizados;*
>
> *III – renda e proventos de qualquer natureza;*
>
> ***IV – produtos industrializados;***
>
> *V – operações de crédito, câmbio e seguro, ou relativas a títulos ou valores mobiliários;*
>
> *VI – propriedade territorial rural;*
>
> *VII – grandes fortunas, nos termos de lei complementar.*
>
> *[...]*
>
> *§ 3º O imposto previsto no inciso IV:*
>
> *I – será seletivo, em função da essencialidade do produto;*
>
> *II – **será não-cumulativo**, compensando-se o que for devido em cada operação com o montante cobrado nas anteriores;*
>
> *III – **não incidirá sobre produtos industrializados DESTINADOS AO EXTERIOR.***
>
> *IV – **terá reduzido seu impacto sobre a aquisição de bens de capital pelo contribuinte do imposto**, na forma da lei.*

Na escrituração de qualquer tributo, é importante definir com precisão a base de cálculo e o fato gerador. A Figura 9.3 contém as situações possíveis relacionadas ao IPI.

**Figura 9.3:** Tipos de Fato Gerador envolvendo o IPI

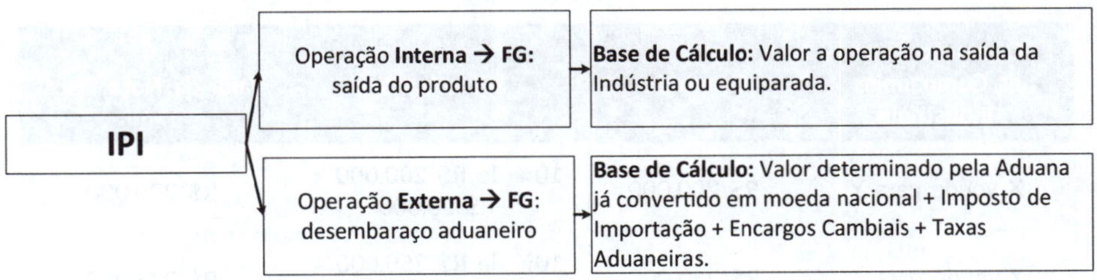

| Atenção |
|---|
| 1. Valor da Operação = **Mercadoria + Fretes + Despesas Acessórias – Abatimentos.** |
| 2. Fretes e Seguros devem estar na Nota Fiscal do próprio Fornecedor, do contrário fica fora da Base de Cálculo (é o caso do frete e seguro contratado pelo Cliente). |
| 3. Transferências são movimentações de mercadoria dentro da mesma empresa, de uma matriz/filial para outra filial. Deve ser emitida Nota Fiscal. |

## 6.1. Aplicação da não cumulatividade

No regime de não cumulatividade, o imposto vai sendo repassado do vendedor ao comprador (contribuinte de direito), e deste ao próximo comprador (contribuinte de direito) até chegar no consumidor final (contribuinte de fato).

**Quadro 9.3:** Tipos de contribuintes em impostos não cumulativos

| Tipo de Contribuinte | Descrição |
|---|---|
| De Direito | É a pessoa designada pela Lei para pagar o imposto. |
| De Fato | É a pessoa que suporta o ônus fiscal. |

**Simulação 01 – Não cumulatividade do IPI**

Em janeiro de X0, Cia Industrial X vende mercadoria de R$ 200.000 para Cia Industrial Y que depois vende para Cia Industrial Z por R$ 250.000 que vende ao consumidor final por R$ 280.000. Considerando uma alíquota de 10% de IPI em todas as transações, tem-se o Quadro a seguir.

| Operação entre as Companhias Industriais | Operação | IPI cobrado | Valor da Nota Fiscal |
|---|---|---|---|
| X vende para Y | R$ 200.000 | 10% de **R$ 200.000** = R$ 20.000 | R$ 220.000 |
| Y vende para Z | R$ 250.000 | 10% de **R$ 250.000** = R$ 25.000 | R$ 275.000 |
| Z vende para o consumidor | R$ 280.000 | 10% de **R$ 280.000** = R$ 28.000 | R$ 308.000 |
| Total | | | **R$ 803.000** |

A Alíquota final do IPI **pelo instituto não cumulatividade incidirá sobre R$ 280 mil e não sobre o total das operações: R$ 730.000**. Contudo, a cobrança é por fora da operação. **O valor final das notas fiscais seria de R$ 803.000.**

**Chamada 27 do autor:** Aplicação da não cumulatividade do IPI

## 6.2. Aplicação do Crédito do "IPI a recuperar"

São condições necessárias para ocorrer o crédito de IPI (IPI a recuperar) que: (i) no momento da entrada (**perspectiva de quem compra**), os produtos adquiridos sejam utilizados no processo industrial; (ii) e que as saídas posteriores desses produtos sejam tributadas pelo IPI.

Na Simulação 01, apenas as empresas Y e Z fariam jus ao "IPI a recuperar" por atenderem as condições.

Com o passar do tempo, a Entidade irá acumular IPI a recuperar que pode ser abatido em operações futuras de IPI a recolher.

**Chamada 28 do autor:** Aplicação do Crédito do IPI a recuperar



Novamente a Simulação 01:
Encontro de Contas → IPI a recolher e IPI a recuperar

Em janeiro de X0, Cia Industrial X vende mercadoria de R$ 200.000 para Cia Industrial Y que depois vende para Cia Industrial Z por R$ 250.000 que vende ao consumidor final por R$ 280.000. Considerando uma alíquota de 10% de IPI em todas as transações, tem-se o Quadro a seguir.

| Operação entre as Companhias Industriais | Operação | IPI cobrado | IPI a Recolher pela vendedora | IPI a recuperar | Resultado final |
|---|---|---|---|---|---|
| X vende para Y | R$ 200.000 | 10% de **R$ 200.000** = R$ 20.000 | R$ 20.000 | ---xxx--- | IPI a recolher de R$ 20.000 |
| Y vende para Z | R$ 250.000 | 10% de **R$ 250.000** = R$ 25.000 | R$ 25.000 | R$ 20.000 **(Y comprou de X)** | IPI a recolher de R$ 5.000 |
| Z vende para o consumidor | R$ 280.000 | 10% de **R$ 280.000** = R$ 28.000 | R$ 28.000 | R$ 25.000 **(Z comprou de Y)** | IPI a recolher de R$ 3.000 |
| Total | | | | | R$ 28.000 |

A Alíquota final do IPI pelo instituto não cumulatividade incidirá sobre R$ 280 mil e não sobre o total das operações: R$ 730.000. Contudo, a cobrança é por fora da operação. **O valor final das notas fiscais seria de R$ 803.000.**

**Uso de Conta Corrente de IPI**

A fim de simplificar a utilização das contas: IPI a recolher e IPI a recuperar, a Cia Industrial pode usar o mecanismo: Conta Corrente de IPI. Essa conta pode ser classificada no ativo circulante ou passivo circulante conforme o caso.

| Natureza do Saldo Final Líquido: Conta Corrente IPI | Significado | Classificação nas Contas Patrimoniais |
|---|---|---|
| Devedor | Existe saldo maior de IPI a recuperar | Ativo Circulante |
| Credor | Existe saldo maior de IPI a recolher | Passivo Circulante |

## 6.3. Descontos Incondicionais ou Comerciais no IPI

O desconto comercial ou incondicional é aquele dado de forma incondicional do Fornecedor ao Cliente quando da venda. Esse desconto independe de condições de pagamento sendo definidos por fatores discricionários como quantidade cliente, preferencial etc.

**Atenção**

O tratamento a ser dado sobre os descontos comerciais no IPI desde a decisão do STF em 2014, RE 567935, é o de que a base de cálculo do IPI não considera os descontos. Assim, deve-se calcular o valor da Operação e depois deduzir os descontos comerciais. Esse entendimento é o que consta na Resolução 01/2017 do Senado Federal.

**Figura 9.4:** Tipos de Fato Gerador envolvendo IPI e Base Cálculo quando a operação envolve desconto comercial

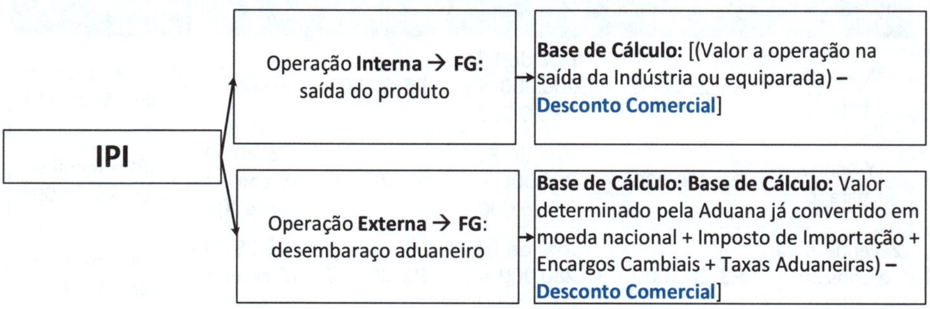

1.Valor da Operação = **Mercadoria + Fretes + Despesas Acessórias - Abatimentos.**

2.Fretes e Seguros devem estar na Nota Fiscal do próprio Fornecedor, do contrário fica fora da Base de Cálculo (é o caso do frete e seguro contratado pelo Cliente).

3. Transferências são movimentações de mercadoria dentro da mesma empresa, de uma matriz/filial para outra filial. Deve ser emitida Nota Fiscal.

**Simulação 02 - Aplicação de Desconto Comercial**

Em março de X0, Cia Industrial ALFA vende mercadoria de R$ 300.000 para Cia Industrial BRAVO. Essa mercadoria será utilizada no processo industrial Cia BRAVO. Foi concedido um desconto comercial de 20% a empresa BRAVO. Considerando uma alíquota de 10% de IPI, qual o valor da nota fiscal?

| Companhia Industrial | Operação | Desconto comercial | Base de Cálculo | IPI cobrado | Valor a Pagar pela Cia BRAVO |
|---|---|---|---|---|---|
| **ALFA** | **R$ 300.000** | **R$ 60.000** (20% de 300.000) | **R$ 240.000** (300.000 - 60.000) | **R$ 24.000** (10% de 240.000) | **R$ 264.000** (300.000 - 60.000 + 24.000) |

**O valor do Faturamento Bruto na Nota fiscal foi de R$ 324.000 com desconto comercial de R$ 60.000**. Após o cálculo da base de cálculo de R$ 240.000, adiciona-se o valor do IPI de R$ 24.000 que é um imposto "por fora". A Cia BRAVO, compradora, faz jus a um IPI a recuperar de R$ 24.000.

**Chamada 29 do autor:** Aplicação do desconto incondicional/comercial no IPI

## 6.4. Faturamento Bruto e o IPI por fora

Inicialmente, é importante resgatar as contas de resultado da Receita do Plano de Contas do Capítulo 6.

**Quadro 9.4:** Principais contas de 3°, 4° e 5° níveis das Receitas de Vendas **em uma Cia não Industrial**

| Código | Título | Natureza do Saldo | Observação |
|---|---|---|---|
| 3.1.1.00 | **RECEITA DE VENDAS DE PRODUTOS E SERVIÇOS** | **CONTA SINTÉTICA CREDORA** | |
| **3.1.1.01** | **Receita Bruta de Vendas de Produtos** | **Conta sintética credora** | |
| **3.1.1.02** | **Receita Bruta de Vendas de Serviços** | **Conta sintética credora** | |
| 3.1.2.00 | **DEDUÇÕES DA RECEITA DE VENDAS DE PRODUTOS E SERVIÇOS** | **CONTA SINTÉTICA DEVEDORA RETIFICADORA** | |
| **3.1.2.01.xxxx** | **Deduções da receita bruta de venda de produtos e serviços** | **Conta sintética devedora retificadora** | Inclui: Vendas canceladas e devoluções (0001); Abatimentos e descontos comerciais (0002); ICMS (0003); COFINS (0004); PIS/Pasep (0005); Cofins (0006); ISS (0007). |
| **3.1.2.02.yyyy** | **Ajuste a Valor Presente (AVP) de Clientes** | **Conta sintética devedora retificadora** | Inclui Juros a apropriar de clientes (0001). |

Observa-se que nas deduções da receita não há menção (**corretamente**) ao IPI, pois trata-se de imposto por fora.

Contudo, a Lei nº 6.404/1976 define que:

> ***Art. 187. A demonstração do resultado do exercício discriminará:***
>
> ***I – a receita bruta das vendas e serviços, as deduções das vendas, os abatimentos e os impostos;***

Assim, a solução contábil foi incluir uma linha adicional denominada **Faturamento Bruto** para as Cias Industriais.

## Quadro 9.5: Principais contas de 3°, 4° e 5° níveis das Receitas de Vendas em uma Cia Industrial

| Código | Título | Natureza do Saldo | Observação |
|---|---|---|---|
| **3.1.0.01** | FATURAMENTO BRUTO | CONTA SINTÉTICA CREDORA | |
| **3.1.0.02** | **IPI FATURADO** | **CONTA SINTÉTICA DEVEDORA RETIFICADORA** | |
| 3.1.1.00 | RECEITA DE VENDAS DE PRODUTOS E SERVIÇOS | CONTA SINTÉTICA CREDORA | |
| **3.1.1.01** | **Receita Bruta de Vendas de Produtos** | **Conta sintética credora** | |
| **3.1.1.02** | **Receita Bruta de Vendas de Serviços** | **Conta sintética credora** | |
| 3.1.2.00 | DEDUÇÕES DA RECEITA DE VENDAS DE PRODUTOS E SERVIÇOS | CONTA SINTÉTICA DEVEDORA RETIFICADORA | |
| **3.1.2.01.xxxx** | **Deduções da receita bruta de venda de produtos e serviços** | **Conta sintética devedora retificadora** | Inclui: Vendas canceladas e devoluções (0001); Abatimentos e descontos comerciais (0002); ICMS (0003); COFINS (0004); PIS/Pasep (0005); Cofins (0006); ISS (0007). |
| **3.1.2.02.yyyy** | **Ajuste a Valor Presente (AVP) de Clientes** | **Conta sintética devedora retificadora** | Inclui Juros a apropriar de clientes (0001). |

Chegou a hora de contabilizar a Simulação 02 considerando o entendimento do Quadro 9.5

**Cia ALFA:** Vendedora e contribuinte do IPI

D: Caixa.......................................................... (1.1.1.01) R$264.000
D: Despesa – Desconto comercial concedido[3] ............... (3.1.2.00) R$60.000
D: Despesa – IPI – Faturado ................................... (3.1.0.02) R$24.000
C: IPI a recolher ................................................ (2.1.3.00) R$24.000
C: Faturamento Bruto .......................................... (3.1.0.01) R$324.000

**Cia BRAVO:** Compradora e contribuinte do IPI

D: Estoque ........................................................ (1.1.8.00) R$240.000
D: IPI a recuperar ............................................... (1.1.6.00) R$24.000
C: Caixa.......................................................... (1.1.1.01) R$264.000

**Os impostos recuperáveis não compõem o custo do Estoque.**

3 O desconto comercial ou incondicional é contabilizado como dedução da receita; enquanto o desconto condicional é contabilizado como despesa financeira.

## 7. ESCRITURAÇÃO DO ICMS

Quanto ao ICMS, a CF/1988 define que:

***Art. 155. Compete aos Estados e ao Distrito Federal instituir impostos sobre:***

*I - transmissão causa mortis e doação, de quaisquer bens ou direitos;*

*II - **operações relativas à circulação de mercadorias e sobre prestações de serviços de transporte interestadual e intermunicipal e de comunicação, ainda que as operações e as prestações se iniciem no exterior**;*

*III - propriedade de veículos automotores*

*[...]*

*§ 2º O imposto previsto no inciso II atenderá ao seguinte:*

***I - será não-cumulativo, compensando-se o que for devido em cada operação relativa à circulação de mercadorias ou prestação de serviços com o montante cobrado nas anteriores pelo mesmo ou outro Estado ou pelo Distrito Federal;***

***II - a isenção ou não-incidência**, salvo determinação em contrário da legislação:*

***a) não implicará crédito para compensação com o montante devido nas operações ou prestações seguintes;***

***b) acarretará a anulação do crédito relativo às operações anteriores;***

***III - poderá ser seletivo, em função da essencialidade das mercadorias e dos serviços;***

***IV** - resolução do Senado Federal, de iniciativa do Presidente da República ou de um terço dos Senadores, aprovada pela maioria absoluta de seus membros, estabelecerá as alíquotas aplicáveis às operações e prestações, interestaduais e de exportação;*

***V - é facultado ao Senado Federal:***

*a) estabelecer alíquotas mínimas nas operações internas, mediante resolução de iniciativa de um terço e aprovada pela maioria absoluta de seus membros;*

*b) fixar alíquotas máximas nas mesmas operações para resolver conflito específico que envolva interesse de Estados, mediante resolução de iniciativa da maioria absoluta e aprovada por dois terços de seus membros;*

***VI** - salvo deliberação em contrário dos Estados e do Distrito Federal, nos termos do disposto no inciso XII, "g", as alíquotas internas, nas operações relativas à circulação de mercadorias e nas prestações de serviços, não poderão ser inferiores às previstas para as operações interestaduais;*

***VII** - nas operações e prestações que destinem bens e serviços a consumidor final, contribuinte ou não do imposto, localizado em outro Estado, adotar-se-á a alíquota interestadual e caberá ao Estado de localização do destinatário o imposto correspondente à diferença entre a alíquota interna do Estado destinatário e a alíquota interestadual;*

***VIII** - a responsabilidade pelo recolhimento do imposto correspondente à diferença entre a alíquota interna e a interestadual de que trata o inciso VII será atribuída:*

*a) ao destinatário, quando este for contribuinte do imposto;*

*b) ao remetente, quando o destinatário não for contribuinte do imposto*

***IX - incidirá também:***

***a) sobre a entrada de bem ou mercadoria importados do exterior por pessoa física ou jurídica, ainda que não seja contribuinte habitual do imposto**, qualquer* *que seja a sua finalidade, assim como sobre o serviço prestado no exterior, cabendo o imposto ao Estado onde estiver situado o domicílio ou o estabelecimento do destinatário da mercadoria, bem ou serviço;*

*b)* ***sobre o valor total da operação, quando mercadorias forem fornecidas com serviços não compreendidos na competência tributária dos Municípios****;*

***X - não incidirá:***

*a)* ***sobre operações que destinem mercadorias para o exterior****, nem sobre serviços prestados a destinatários no exterior, assegurada a manutenção e o aproveitamento do montante do imposto cobrado nas operações e prestações anteriores;*

*b) sobre operações que destinem a outros Estados petróleo, inclusive lubrificantes, combustíveis líquidos e gasosos dele derivados, e energia elétrica;*

*c) sobre o ouro, nas hipóteses definidas no art. 153, § 5º;*

*d) nas prestações de serviço de comunicação nas modalidades de radiodifusão sonora e de sons e imagens de recepção livre e gratuita;*

***XI - não compreenderá, em sua base de cálculo, o montante do imposto sobre produtos industrializados, quando a operação, realizada entre contribuintes e relativa a produto destinado à industrialização ou à comercialização, configure fato gerador dos dois impostos****;*

***XII - cabe à lei complementar:***

*a) definir seus contribuintes;*

*b) dispor sobre substituição tributária;*

*c) disciplinar o regime de compensação do imposto;*

*d) fixar, para efeito de sua cobrança e definição do estabelecimento responsável, o local das operações relativas à circulação de mercadorias e das prestações de serviços;*

*e) excluir da incidência do imposto, nas exportações para o exterior, serviços e outros produtos além dos mencionados no inciso X, "a"*

*f) prever casos de manutenção de crédito, relativamente à remessa para outro Estado e exportação para o exterior, de serviços e de mercadorias;*

*g) regular a forma como, mediante deliberação dos Estados e do Distrito Federal, isenções, incentivos e benefícios fiscais serão concedidos e revogados.*

*h) definir os combustíveis e lubrificantes sobre os quais o imposto incidirá uma única vez, qualquer que seja a sua finalidade, hipótese em que não se aplicará o disposto no inciso X, b;*

*i) fixar a base de cálculo, de modo que o montante do imposto a integre, também na importação do exterior de bem, mercadoria ou serviço.*

***§ 3º À exceção dos impostos de que tratam o inciso II do caput deste artigo e o art. 153, I e II, nenhum outro imposto poderá incidir sobre operações relativas a energia elétrica, serviços de telecomunicações, derivados de petróleo, combustíveis e minerais do País.***

Na escrituração de qualquer tributo, é importante definir com precisão a base de cálculo e o fato gerador. A Figura 9.5 contém as situações possíveis relacionadas ao ICMS.

**Figura 9.5:** Tipos de Fato Gerador envolvendo o ICMS

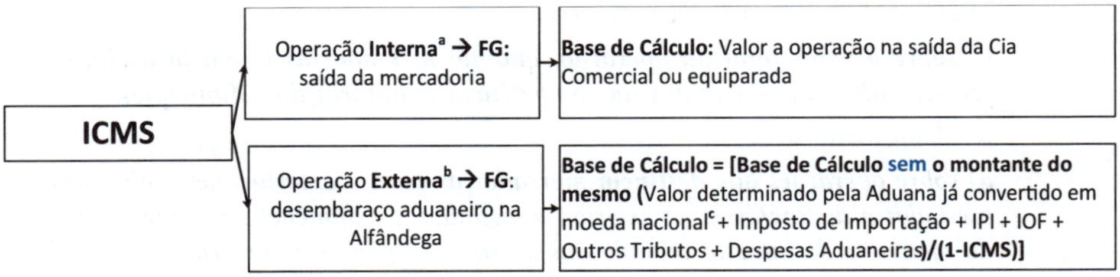


**Legenda:** (a) Em conformidade com o art. 12 da Lei Complementar nº 87/1996[4]. (b) Em conformidade com o art. 13 da Lei Complementar nº 87/1996[5]. (c) Em conformidade com o art. 14 da Lei Complementar nº 87/1996[4].

---

4 Art. 12. Considera-se ocorrido o fato gerador do imposto no momento:

I - da saída de mercadoria de estabelecimento de contribuinte, ainda que para outro estabelecimento do mesmo titular;

II - do fornecimento de alimentação, bebidas e outras mercadorias por qualquer estabelecimento;

III - da transmissão a terceiro de mercadoria depositada em armazém geral ou em depósito fechado, no Estado do transmitente;

IV - da transmissão de propriedade de mercadoria, ou de título que a represente, quando a mercadoria não tiver transitado pelo estabelecimento transmitente;

V - do início da prestação de serviços de transporte interestadual e intermunicipal, de qualquer natureza;

VI - do ato final do transporte iniciado no exterior;

VII - das prestações onerosas de serviços de comunicação, feita por qualquer meio, inclusive a geração, a emissão, a recepção, a transmissão, a retransmissão, a repetição e a ampliação de comunicação de qualquer natureza;

VIII - do fornecimento de mercadoria com prestação de serviços:

a) não compreendidos na competência tributária dos Municípios;

b) compreendidos na competência tributária dos Municípios e com indicação expressa de incidência do imposto de competência estadual, como definido na lei complementar aplicável;

IX - do desembaraço aduaneiro de mercadorias ou bens importados do exterior;

X - do recebimento, pelo destinatário, de serviço prestado no exterior;

XI - da aquisição em licitação pública de mercadorias ou bens importados do exterior e apreendidos ou abandonados; XII - da entrada no território do Estado de lubrificantes e combustíveis líquidos e gasosos derivados de petróleo e energia elétrica oriundos de outro Estado, quando não destinados à comercialização ou à industrialização;

XIII - da utilização, por contribuinte, de serviço cuja prestação se tenha iniciado em outro Estado e não esteja vinculada a operação ou prestação subsequente;

XIV - do início da prestação de serviço de transporte interestadual, nas prestações não vinculadas a operação ou prestação subsequente, cujo tomador não seja contribuinte do imposto domiciliado ou estabelecido no Estado de destino;

XV - da entrada no território do Estado de bem ou mercadoria oriundos de outro Estado adquiridos por contribuinte do imposto e destinados ao seu uso ou consumo ou à integração ao seu ativo imobilizado;

XVI - da saída, de estabelecimento de contribuinte, de bem ou mercadoria destinados a consumidor final não contribuinte do imposto domiciliado ou estabelecido em outro Estado.

5 Art. 13. [...]

V - na hipótese do inciso IX do art. 12 (**do desembaraço aduaneiro de mercadorias ou bens importados do exterior**), a soma das seguintes parcelas:

**a) o valor da mercadoria ou bem constante dos documentos de importação, observado o disposto no art. 14;**

**ICMS em Operação Externa: Importação - Fases**

**1.** O ICMS está contido em sua própria base, deve-se primeiro determinar a base de cálculo, dividindo o total de despesas até então por 1 (um) menos sua alíquota.[6]

**2.** Logo:

Base de Cálculo do ICMS Importação = (Base de Cálculo do ICMS sem o montante do mesmo) / (1-Alíquota do ICMS)

**3.** Aplicação da Alíquota sobre a Base de Cálculo do ICMS Importação.

**Simulação 03 - Operação Externa**

Suponha que a autoridade aduaneira fixou em $ 50.000 dólares o valor de um equipamento no desembaraço alfandegário. Considere 1 dólar a R$ 5,00; e as seguintes alíquotas: Imposto de Importação 10%, IPI 10%, ICMS 20%.

| Valor Aduaneiro convertido em R$ | Imposto de Importação | IPI | Base de Cálculo sem ICMS | Base de Cálculo do ICMS na Importação |
|---|---|---|---|---|
| R$ 250.000 ($50.000 x 5) | R$25.000 (10% de 250.000) | R$27.500 (10% de 275.000) | R$ 302.500 (250.000+25.000+ 27.500) | R$ 378.125 (302.500/0,8) |

A Alíquota do ICMS incide sobre R$ 378.125. Logo o ICMS a recolher será de R$ 75.625,00.

**Chamada 30 do autor:** Base de Cálculo do ICMS na importação

b) **imposto de importação;**
c) **imposto sobre produtos industrializados;**
d) **imposto sobre operações de câmbio;**
e) **quaisquer outros impostos, taxas, contribuições e despesas aduaneiras.**

6 Art. 14. **O preço de importação expresso em moeda estrangeira será convertido em moeda nacional pela mesma taxa de câmbio utilizada no cálculo do imposto de importação, sem qualquer acréscimo ou devolução posterior** se houver variação da taxa de câmbio até o pagamento efetivo do preço.
Parágrafo único. O valor fixado pela autoridade aduaneira para base de cálculo do imposto de importação, nos termos da lei aplicável, substituirá o preço declarado.

**Atenção**

1. Valor da Operação = **Mercadoria + Fretes + Despesas Acessórias – Abatimentos.**
2. Fretes e Seguros devem estar na Nota Fiscal do próprio Fornecedor, do contrário fica fora da Base de Cálculo (é o caso do frete e seguro contratado pelo Cliente).
3. Transferências são movimentações de mercadoria dentro da mesma empresa, de uma matriz/filial para outra filial. Deve ser emitida Nota Fiscal.
4. Base de Cálculo do ICMS operação interna = **(Base de Cálculo com ICMS) * Alíquota do ICMS.** O valor final da operação permanece o mesmo.
5. No caso da operação externa, os fretes e gastos acessórios **posteriores a passagem pela Alfândega** até o local do importador ficam de fora do valor da operação.
6. Base de Cálculo do ICMS operação externa = **(Base de Cálculo sem ICMS)/(1-Alíquota do ICMS).**

## 7.1. Aplicação da não cumulatividade

No regime de não cumulatividade, o imposto vai sendo repassado do vendedor ao comprador (contribuinte de direito), e deste ao próximo comprador (contribuinte de direito) até chegar no consumidor final (contribuinte de fato). Verificar novamente o Quadro 9.3.

**Chamada 31 do autor:** Aplicação da não cumulatividade do ICMS

**Simulação 04 – Não cumulatividade do ICMS**

Em janeiro de X0, Cia Atacadista DELTA vende mercadoria de R$ 200.000 para Cia Atacadista ECO que depois vende para Cia Atacadista FOX por R$ 250.000 que vende ao consumidor final por R$ 280.000. Considerando uma alíquota de 20% de ICMS em todas as transações, tem-se o Quadro a seguir.

| Companhia Atacadista | Operação | ICMS cobrado | ICMS a recuperar | Resultado final |
|---|---|---|---|---|
| DELTA | R$ 200.000 | 20% de **R$ 200.000** = R$ 40.000 | ---xxx---- | ICMS a recolher de R$ 40.000 |
| ECO | R$ 250.000 | 20% de **R$ 250.000** = R$ 50.000 | R$ 40.000 **(ECO comprou de DELTA)** | ICMS a recolher de R$ 10.000 |
| FOX | R$ 280.000 | 20% de **R$ 280.000** = R$ 56.000 | R$ 50.000 **(FOX comprou de ECO)** | ICMS a recolher de R$ 6.000 |
| | | Total | | R$ 56.000 |

A Alíquota do ICMS incidiu sobre R$ 280 mil e não sobre o total das operações: R$ 730.000. Contudo, a cobrança é por dentro da operação. **O valor final das notas fiscais continua sendo R$ 730.000, diferente do que ocorreu na simulação 01 sobre IPI.**

### 7.1.1. *Tratamento da Isenção ou não Incidência*

Pode ocorrer de uma das Empresas envolvidas na transação ser isenta ou não tributada pelo ICMS. Nesse caso, salvo em disposição contrário, não pode haver a compensação do ICMS de operações anteriores. A Simulação 04A será uma variante da Simulação 04, contudo a Empresa ECO será isenta[7].

**Simulação 04A - Não cumulatividade do ICMS quando há uma Empresa Isenta**

Em janeiro de X0, Cia Atacadista DELTA vende mercadoria de R$ 200.000 para Cia Atacadista ECO que depois vende para Cia Atacadista FOX por R$ 250.000 que vende ao consumidor final por R$ 280.000. Considerando uma alíquota de 20% de ICMS em todas as transações, tem-se o Quadro a seguir.

| Companhia Atacadista | Operação | ICMS cobrado | ICMS a Recolher |
|---|---|---|---|
| DELTA | R$ 200.000 | 20% de **R$ 200.000** = R$ 40.000 | R$ 40.000 |
| ECO | R$ 250.000 | Isenção | Isenção |
| FOX | R$ 280.000 | 20% de **R$ 280.000** = R$ 56.000 | R$ 56.000 |
| Total | | | **R$ 96.000** |

A Alíquota do ICMS incidiu sobre R$ 200 mil e posteriormente sobre R$ 280 mil.

## 7.2. Aplicação do Crédito do ICMS a "recuperar"

Embora a Constituição Federal permita aos contribuintes a apropriação de créditos das entradas cobradas anteriormente, tal possibilidade ainda é fonte de dúvida para muitos deles.

Diferente do IPI, não há uma determinação padronizada nacional de quais tipos de créditos podem ser apropriados nessas circunstâncias. Ainda, a falta de padronização das legislações estaduais, as quais não apresentam de forma nítida quais insumos são passíveis de aproveitamento de créditos, apenas contribui para que cresçam as incertezas a respeito desse tópico.

---

7 *CF/1988:*

***Art. 155. Compete aos Estados e ao Distrito Federal instituir impostos sobre:***

*II - **operações relativas à circulação de mercadorias e sobre prestações de serviços de transporte interestadual e intermunicipal e de comunicação, ainda que as operações e as prestações se iniciem no exterior**;*

*III - propriedade de veículos automotores*

*[...]*

*§ 2º O imposto previsto no inciso II atenderá ao seguinte:*

*II - **a isenção ou não-incidência**, salvo determinação em contrário da legislação:*

***a) não implicará crédito para compensação com o montante devido nas operações ou prestações seguintes;***

***b) acarretará a anulação do crédito relativo às operações anteriores;***

Unidade Didática II
Escrituração Contábil

Em muitos casos, o contribuinte possui estabelecimentos em mais de um território estadual, o que não apenas acaba contribuindo para a errada classificação, **como também resulta na criação de cadastros paralelos, já que em um determinado local um certo item pode ser passível de crédito e no outro, não.**

Suponha-se que as Empresas **ECO e FOX da Simulação 04**, preencham os requisitos e possam apropriar crédito de ICMS (ICMS a Recuperar). Com o passar do tempo, a Entidade irá acumular ICMS a recuperar que pode ser abatido em operações futuras de ICMS a recolher.

**Novamente a Simulação 04:**
**Encontro de Contas → ICMS a recolher e ICMS a recuperar**

Em janeiro de X0, Cia Atacadista DELTA vende mercadoria de R$ 200.000 para Cia Atacadista ECO que depois vende para Cia Atacadista FOX por R$ 250.000 que vende ao consumidor final por R$ 280.000. Considerando uma alíquota de 20% de ICMS em todas as transações, tem-se o Quadro a seguir.

| Companhia Industrial | Operação | ICMS cobrado | ICMS a Recolher pela vendedora | ICMS a recuperar | Resultado final |
|---|---|---|---|---|---|
| DELTA | R$ 200.000 | 20% de **R$ 200.000** = R$ 40.000 | R$ 40.000 | ---xxx---- | R$ 40.000 de ICMS a recolher |
| ECO[a] | R$ 250.000 | 20% de **R$ 250.000** = R$ 50.000 | R$ 50.000 | R$ 40.000 **(Eco comprou de Delta)** | R$ 10.000 de ICMS a recolher |
| FOX[a] | R$ 280.000 | 20% de **R$ 280.000** = R$ 56.000 | R$ 56.000 | R$ 50.000 **(Fox comprou de Eco)** | R$ 6.000 de ICMS a recolher |
| | | Total | | | **R$ 56.000** |

Legenda: (a) apenas essas companhias atendem os requisitos do ICMS a recuperar.

**Chegou a hora de contabilizar:**

**Cia DELTA na Venda:** Vendedora e contribuinte do ICMS

D: Caixa ........................................ (1.1.1.01) R$ 200.000

D: Despesa – ICMS........................................ (3.1.2.01) R$ 40.000

C: ICMS a recolher........................................ (2.1.3.00) R$ 40.000

C: Receita Bruta de Vendas........................................ (3.1.1.01) R$ 200.000

**Cia ECO na Compra:** Compradora e contribuinte do ICMS

D: Estoque ........................................ (1.1.8.00) R$ 160.000

D: ICMS a recuperar........................................ (1.1.6.00) R$ 40.000

C: Caixa........................................ (1.1.1.01) R$ 200.000

**Cia ECO na Venda:** Compradora e contribuinte do ICMS
D: Caixa ............ (1.1.1.01) R$ 250.000
D: Despesa – ICMS............ (3.1.2.01) R$ 50.000
C: ICMS a recolher............ (2.1.3.00) R$ 50.000
C: Receita Bruta de Vendas............ (3.1.1.01) R$ 250.000

**Cia FOX na compra:** Compradora e contribuinte do ICMS
D: Estoque ............ (1.1.8.00) R$ 200.000
D: ICMS a recuperar............ (1.1.6.00) R$ 50.000
C: Caixa............ (1.1.1.01) R$ 250.000

**Cia FOX na venda:** Compradora e contribuinte do ICMS
D: Caixa ............ (1.1.1.01) R$ 280.000
D: Despesa – ICMS ............ (3.1.2.01) R$ 56.000
C: ICMS a recolher............ (2.1.3.00) R$ 56.000
C: Receita Bruta de Vendas............ (3.1.1.01) R$ 280.000

**Os impostos recuperáveis não compõem o custo do Estoque.**

**Uso de Conta Corrente de ICMS**

A fim de simplificar a utilização das contas: ICMS a recolher e ICMS a recuperar, uma Cia Atacadista pode usar o mecanismo: Conta Corrente de ICMS. Essa conta pode ser classificada no ativo circulante ou passivo circulante conforme o caso.

| Natureza do Saldo Final Líquido: Conta Corrente ICMS | Significado | Classificação nas Contas Patrimoniais |
|---|---|---|
| Devedor | Existe saldo maior de ICMS a recuperar | Ativo Circulante |
| Credor | Existe saldo maior de ICMS a recuperar | Passivo Circulante |

**Chamada 32 do autor:** Aplicação do Crédito do ICMS a recuperar

## 7.2.1. *Hipóteses de incidência do IPI na base de cálculo do ICMS*

Conforme a Lei Complementar nº 87/1996:

*Art. 13. [....]*

*2º Não integra a base de cálculo do imposto o montante do Imposto sobre Produtos Industrializados, quando a operação, realizada entre contribuintes e relativa a produto destinado à industrialização ou à comercialização, configurar fato gerador de ambos os impostos.*

Desse modo, dentre outros casos, quando a operação se destinar ao consumo próprio ou ao consumidor final, o IPI entra na Base de Cálculo.

**Simulação 04 B: Incidência do IPI na base de cálculo do ICMS**

Em janeiro de X0, Cia Industrial DELTA vende equipamento de R$ 200.000 que incide IPI para Cia Industrial ECO que depois vende para Cia Industrial FOX por R$ 250.000 que vende ao consumidor final por R$ 280.000. Considerando a alíquota de 10% de IPI e e 20% de ICMS em todas as transações, tem-se o Quadro a seguir.

| Companhia Industrial | Operação | IPI cobrado (não cumulatividade) | ICMS cobrado (não cumulatividade) |
|---|---|---|---|
| DELTA | R$ 200.000 | 10% de **R$ 200.000** = R$ 20.000 | 20% de **R$ 200.000** = R$ 40.000 |
| ECO[a] | R$ 250.000 | 10% de **R$ 250.000** = R$ 25.000 | 20% de **R$ 250.000** = R$ 50.000 |
| FOX[a] | R$ 280.000 | 10% de **R$ 280.000** = R$ 28.000 | 20% de **R$ 308.000**" = R$ 61.600 |

**Legenda:** (a) Ao invés de se aplicar os 20% sobre R$ 280.000, aplica-se 20% sobre R$ 308.000 (R$ 280.000 do valor da operação + R$ 28.000 do IPI)

**Os impostos recuperáveis não compõem o custo do Estoque.**

## 7.2.2. *Aquisição de imobilizado*

Conforme a Lei Complementar nº 87/1996, a empresa contribuinte do ICMS pode recuperar créditos decorrentes de entrada de mercadorias que sejam incorporadas ao Ativo Imobilizado:

*Art. 20. Para a compensação a que se refere o artigo anterior, **é assegurado ao sujeito passivo o direito de creditar-se do imposto anteriormente cobrado em operações de que tenha resultado a entrada de mercadoria, real ou simbólica**, no estabelecimento, inclusive a destinada ao seu uso ou consumo ou ao ativo permanente, ou o recebimento de serviços de transporte interestadual e intermunicipal ou de comunicação.*

*[...]*

*§ 5º Para efeito do disposto no caput deste artigo, relativamente aos créditos decorrentes de **entrada de mercadorias no estabelecimento destinadas ao ativo permanente**, deverá ser observado:*

***I – a apropriação será feita à razão de um quarenta e oito avos por mês, devendo a primeira fração ser apropriada no mês em que ocorrer a entrada no estabelecimento;***

*II – em cada período de apuração do imposto, não será admitido o creditamento de que trata o inciso I, em relação à proporção das operações de saídas ou prestações isentas ou não tributadas sobre o total das operações de saídas ou prestações efetuadas no mesmo período;*

*III – para aplicação do disposto nos incisos I e II deste parágrafo, o montante do crédito a ser apropriado* ***será obtido multiplicando-se o valor total do respectivo crédito pelo fator igual a 1/48 (um quarenta e oito avos) da relação entre o valor das operações de saídas e prestações tributadas e o total das operações de saídas e prestações do período,*** *equiparando-se às tributadas, para fins deste inciso, as saídas e prestações com destino ao exterior ou as saídas de papel destinado à impressão de livros, jornais e periódicos;*

*IV – o quociente de um quarenta e oito avos será proporcionalmente aumentado ou diminuído, pro rata die, caso o período de apuração seja superior ou inferior a um mês;*

*V –* ***na hipótese de alienação dos bens do ativo permanente, antes de decorrido o prazo de quatro anos contado da data de sua aquisição, não será admitido, a partir da data da alienação, o creditamento*** *de que trata este parágrafo em relação à fração que corresponderia ao restante do quadriênio;*

*VI – serão objeto de outro lançamento, além do lançamento em conjunto com os demais créditos, para efeito da compensação prevista neste artigo e no art. 19, em livro próprio ou de outra forma que a legislação determinar, para aplicação do disposto nos incisos I a V deste parágrafo; e*

*VII –* ***ao final do quadragésimo oitavo mês contado da data da entrada do bem no estabelecimento, o saldo remanescente do crédito será cancelado.***

Unidade Didática II
Escrituração Contábil

**Simulação 05 - ICMS a recuperar na aquisição de ativo imobilizado**

Em abril de X0, Cia Atacadista ALFA adquire maquinário a ser incorporado no Ativo Imobilizado para uso próprio no valor de R$ 900.000 cuja alíquota de IPI foi 10% e alíquota de ICMS foi de 20%.

| Companhia Atacadista | Valor da Operação de Aquisição | Base de Cálculo[a] | ICMS a Recuperar | ICMS a Recuperar - Mensal (1/48) |
|---|---|---|---|---|
| **ALFA** | **R$ 900.000** | **R$ 990.000** | **R$ 198.000** (20% de 990.000) | **R$ 4.125** |

**Legenda:** (a) O valor da operação sem IPI seria R$ 900.000. Contudo, o IPI nesse caso não será recuperável e compõe o custo do imobilizado, assim a base de cálculo para o ICMS seria R$ 990.000. O ICMS recuperável não compõe o custo do equipamento.

**Chegou a hora de contabilizar:**

**Momento da Aquisição**

D: Equipamento.................................. (1.2.3.01) R$ 792.000

D: ICMS a recuperar de imobilizado .................. (1.1.2.04.0008) R$ 198.000

C: Caixa.................................. (1.1.1.01) R$ 990.000

**Apropriação Mensal**

D: ICMS a recuperar.................................. (1.1.2.04.0001) R$ 4.125

C: ICMS a recuperar de imobilizado .................. (1.1.2.04.0008) R$ 4.125

**Chamada 33 do autor:** Aplicação do Crédito do ICMS a recuperar – Imobilizado

## 7.3. Descontos Incondicionais ou Comerciais no ICMS

O desconto comercial ou incondicional é aquele dado de forma incondicional do Fornecedor ao Cliente quando da venda. Esse desconto independe de condições de pagamento sendo definidos por fatores discricionários como quantidade cliente, preferencial etc.

**Atenção**

O tratamento a ser dado sobre os descontos comerciais no ICMS atende a Lei Complementar nº 87/1996, qual seja, a base de cálculo do ICMS não considera os descontos:

Lei nº 87/1996:

> Art. 12. [...]
>
> § 1º Integra a base de cálculo do imposto, inclusive nas hipóteses dos incisos V, IX e X do **caput** deste artigo:
>
> I – o montante do próprio imposto, constituindo o respectivo destaque mera indicação para fins de controle;
>
> II – o valor correspondente a:
>
> a) seguros, juros e demais importâncias pagas, recebidas ou debitadas, **bem como descontos concedidos sob condição**;
>
> b) frete, caso o transporte seja efetuado pelo próprio remetente ou por sua conta e ordem e seja cobrado em separado.

Assim, deve-se calcular o valor da Operação e depois deduzir os descontos comerciais ou incondicionais.

**Figura 9.6:** Tipos de Fato Gerador envolvendo ICMS e Base Cálculo quando a operação envolve desconto comercial

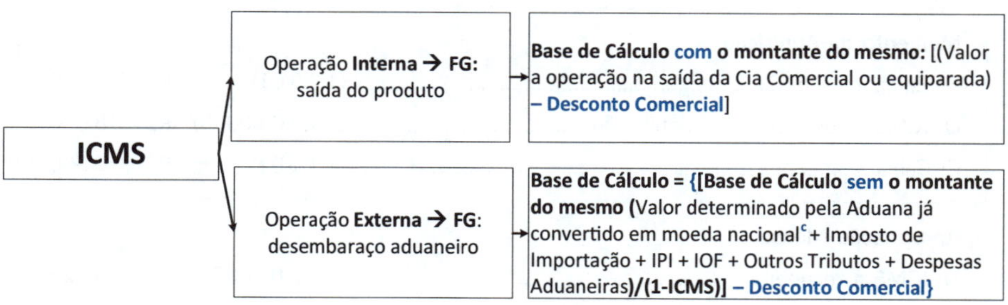

**Atenção**

1. Valor da Operação = **Mercadoria + Fretes + Despesas Acessórias - Abatimentos.**
2. Fretes e Seguros devem estar na Nota Fiscal do próprio Fornecedor, do contrário fica fora da Base de Cálculo (é caso do frete e seguro contratado pelo Cliente).
3. Transferências são movimentações de mercadoria dentro da mesma empresa, de uma matriz/filial para outra filial. Deve ser emitida Nota Fiscal.
4. Base de Cálculo do ICMS operação interna = **(Base de Cálculo com ICMS) * Alíquota do ICMS.** O valor final da operação permanece o mesmo.
5. No caso da operação externa, os fretes e gastos acessórios **posteriores a passagem pela Alfândega** até o local do importador ficam de fora do valor da operação.
6. Base de Cálculo do ICMS operação externa = **(Base de Cálculo sem ICMS)/(1-Alíquota do ICMS).**

**Simulação 06 - Aplicação de Desconto Comercial no ICMS**

Em março de X0, Cia Atacadista GOLF vende mercadoria de R$ 300.000 para Cia Atacadista HOTEL. Foi concedido um desconto comercial de 20% a empresa HOTEL. Considerando uma alíquota de 20% de ICMS, qual o valor da nota fiscal?

| Companhia Atacadista | Operação | Desconto comercial | Base de Cálculo | ICMS cobrado | Valor a Pagar pela Cia HOTEL |
|---|---|---|---|---|---|
| **GOLF** | **R$ 300.000** | **R$ 60.000** (20% de 300.000) | **R$ 240.000** (300.000 - 60.000) | **R$ 48.000** (20% de 240.000) | **R$ 240.000** (pois o valor do imposto é por dentro) |

**O valor da nota fiscal foi de R$ 300.000.** Após o cálculo da base de cálculo de R$ 240.000, não se adiciona o valor do ICMS de R$ 48.000 pois é um imposto "por dentro". Dos R$ 300.000 a nota fiscal deduz R$ 60.000 de desconto comercial.

**Chamada 34 do autor:** Aplicação do desconto incondicional/comercial no ICMS

## 8. ESCRITURAÇÃO DO PIS/PASEP E DA COFINS

A seguir o Quadro 9.6 contém as bases normativas de cada uma dessa contribuições sociais (tributos pela Teoria Pentapartida/Quinquipartite do Direito Tributário).

**Quadro 9.6:** Base Normativa do PIS, do PASEP e da COFINS

| Contribuição | Base normativa |
|---|---|
| PIS – Programa de Integração Social | Instituição → Lei Complementar nº 7/1970 |
| | Incidência e Alíquota cumulativa → Lei nº 9.718/1998 |
| | Incidência e Alíquota não cumulativa → Lei nº 10.637/2002 |
| | Incidência e Alíquota na Importação → Lei nº 10.865/2004 |
| PASEP – Programa de Formação do Patrimônio do Servidor Público | Instituição → Lei Complementar nº 8/1970 |
| | Incidência e Alíquota cumulativa → Lei nº 9.718/1998 |
| | Incidência e Alíquota não cumulativa → Lei nº 10.637/2002 |
| | Incidência e Alíquota na Importação → Lei nº 10.865/2004 |
| COFINS – Contribuição Social para Financiamento da Seguridade Social | Instituição → Lei Complementar nº 70/1991 |
| | Incidência e Alíquota cumulativa → Lei nº 9.718/1998 |
| | Incidência e Alíquota não cumulativa → Lei nº 10.833/2003 |
| | Incidência e Alíquota na Importação → Lei nº 10.865/2004 |

A CF/1988 recepcionou o PIS e o PASEP conforme se observa a seguir:

*Art. 239. A arrecadação decorrente das contribuições para o* ***Programa de Integração Social****, criado pela Lei Complementar nº 7, de 7 de setembro de 1970, e para o* ***Programa de Formação do Patrimônio do Servidor Público****, criado pela Lei Complementar nº 8, de 3 de dezembro de 1970,* ***passa****, a partir da promulgação desta Constituição,* ***a financiar****, nos termos que a lei dispuser, o* ***programa do seguro-desemprego, outras ações da previdência social e o abono de que trata o § 3º deste artigo****.*

*1º Dos recursos mencionados no caput, no mínimo 28% (vinte e oito por cento) serão destinados para o financiamento de programas de desenvolvimento econômico, por meio do Banco Nacional de Desenvolvimento Econômico e Social, com critérios de remuneração que preservem o seu valor. (Redação dada pela Emenda Constitucional nº 103, de 2019)*

*§ 2º Os patrimônios acumulados do Programa de Integração Social e do Programa de Formação do Patrimônio do Servidor Público são preservados, mantendo-se os critérios de saque nas situações previstas nas leis específicas, com exceção da retirada por motivo de casamento, ficando vedada a distribuição da arrecadação de que trata o «caput» deste artigo, para depósito nas contas individuais dos participantes.*

***§ 3º Aos empregados que percebam de empregadores que contribuem para o Programa de Integração Social ou para o Programa de Formação do Patrimô-***

***nio do Servidor Público, até dois salários mínimos de remuneração mensal, é assegurado o pagamento de um salário mínimo anual, computado neste valor o rendimento das contas individuais, no caso daqueles que já participavam dos referidos programas, até a data da promulgação desta Constituição.***

*§ 4º O financiamento do seguro-desemprego receberá uma contribuição adicional da empresa cujo índice de rotatividade da força de trabalho superar o índice médio da rotatividade do setor, na forma estabelecida por lei.*

*§ 5º Os programas de desenvolvimento econômico financiados na forma do § 1º e seus resultados serão anualmente avaliados e divulgados em meio de comunicação social eletrônico e apresentados em reunião da comissão mista permanente de que trata o § 1º do art. 166.*



### Regimes de Tributação Federal

**No caso da PIS e COFINS, o tipo de tributação impacta na alíquota. Desse modo, cabe destacar que existem 4 formas possíveis de tributação:**

1. **Lucro Real ou Fiscal:** o recolhimento tributário tem **por base o faturamento real da Entidade**. Dessa maneira, o cálculo – que pode ser mensal, trimestral ou anual – consiste em subtrair os custos e despesas do valor auferido em receita; sobre a diferença positiva, o lucro real da empresa, são aplicadas as alíquotas dos impostos devidos. Neste regime, portanto, é extremamente importante que se mantenham registros precisos e completos de cada transação, a fim de se comprovar a veracidade dos valores declarados como lucro. Vale dizer que essa é uma modalidade mais complexa e burocrática, onde cada tributo é declarado em guia individual, bem como suas obrigações acessórias. **A despeito de qualquer empresa poder optar por este regime, o Lucro Real é obrigatório àquelas que faturam mais de R$ 78 milhões brutos ao ano.**

   É importante destacar que, como a modalidade exige antecipação mensal, as instituições não devem realizar os pagamentos caso não haja lucro no período. Em casos dessa natureza, os prejuízos podem ser compensados nos períodos subsequentes.

2. **Lucro Presumido:** o recolhimento tributário tem por base uma estimativa de lucro, calculada segundo o tipo de negócio exercido. Através desse cálculo de "lucro presumido", são definidas as alíquotas de cada imposto devido pela empresa. Estas, variam entre 1,6% e 32%. Recomenda-se a adoção desse regime às empresas que possuem rendimento bruto anual entre R$ 4 milhões e R$ 78 milhões.
3. **Lucro Arbitrado:** é aplicável pela autoridade tributária quando a pessoa jurídica deixar de cumprir as obrigações acessórias relativas à determinação do lucro real ou presumido, conforme o caso. **Por exemplo:** quando o contribuinte optante pelo lucro real não tem o livro diário ou razão.
4. **Simples Nacional:** é um regime de tributação que tem por objetivo principal, conforme seu próprio nome indica, simplificar as obrigações fiscais dos micros e pequenos empresários. Para isso, ele apresentou alguns diferenciais, como a possibilidade de recolher vários impostos em uma guia única (o DAS) e a aplicação de menores taxas. Para ser optante do Simples, é preciso ter um **faturamento bruto de até R$ 4,8 milhões por ano e exercer uma das atividades previstas pelo regime.**

Enquanto o ICMS e IPI incidem sobre o Valor Agregado, a incidência do PIS, PASEP e COFINS, de Empresas depende do Regime Tributário conforme consta no Quadro 9.7.

## Quadro 9.7: Impacto dos Regimes Tributários sobre PIS e COFINS

| Tipo de Regime | Imposto | Base de Cálculo | Cumulatividade | Alíquota |
|---|---|---|---|---|
| Empresas Optantes pelo Lucro Presumido e demais casos da Legislação | PIS | Faturamento Mensal | Cumulativo | 0,65% |
| | COFINS | Faturamento Mensal | Cumulativa | 3,00% |
| Lucro Arbitrado | PIS | Faturamento Mensal | Cumulativo | 0,65% |
| | COFINS | Faturamento Mensal | Cumulativa | 3,00% |
| Empresas Optantes pelo Lucro Real ou Fiscal | PIS | Faturamento Mensal | Não cumulativo | 1,65% |
| | COFINS | Faturamento Mensal | Não cumulativa | 7,60% |
| Pessoas jurídicas autorizadas a funcionar pelo banco central do brasil, pela superintendência de seguros privados ou pela secretaria especial de previdência e trabalho | PIS | Faturamento Mensal | Cumulativo | 0,65% |
| | COFINS | Faturamento Mensal | Cumulativa | 4,00% |

**Chamada 35 do autor:** Visão Geral PIS e COFINS

**Contribuintes da Contribuição para o PIS/Pasep e da COFINS no regime de apuração cumulativa**

**IN SRFB 2121/2022**

Art. 122. São contribuintes da Contribuição para o PIS/Pasep e da Cofins no regime de apuração cumulativa as pessoas jurídicas de que trata o art. 7º tributadas pelo IRPJ com base no lucro presumido ou arbitrado (Lei nº 10.637, de 2002, art. 8º, inciso II; e Lei nº 10.833, de 2003, art. 10, inciso II).

Art. 123. São também contribuintes da Contribuição para o PIS/Pasep e da Cofins no regime de apuração cumulativa as seguintes pessoas jurídicas (Lei nº 9.718, de 1998, art. 3º, §§ 6º, 8º e 9º; Lei nº 12.715, de 2012, art. 70; Lei nº 8.212, de 24 de julho de 1991, art. 22, § 1º; Lei nº 10.637, de 2002, art. 8º, inciso I; Lei nº 10.833, de 2003, art. 10, incisos I e VI, e art. 15, inciso V, com redação dada pela Lei nº 11.196, de 2005, art. 43; e Lei nº 12.350, de 2010, art. 16):

I – bancos comerciais, bancos de investimentos, bancos de desenvolvimento, caixas econômicas e as agências de fomento referidas no art. 1º da Medida Provisória nº 2.192-70, de 24 de agosto de 2001;

II – sociedades de crédito, financiamento e investimento, as sociedades de crédito imobiliário e as sociedades corretoras, distribuidoras de títulos e valores mobiliários;

III – empresas de arrendamento mercantil;

IV – cooperativas de crédito;

V – empresas de seguros privados e de capitalização, agentes autônomos de seguros privados e de crédito;

VI – entidades de previdência complementar privada, abertas e fechadas, sendo irrelevante a forma de sua constituição;

VII – associações de poupança e empréstimo;

VIII – pessoas jurídicas que tenham por objeto a securitização de créditos:

a) imobiliários, nos termos da Lei nº 9.514, de 20 de novembro de 1997;

b) financeiros, nos termos da regulamentação do Conselho Monetário Nacional; ou

c) agrícolas, conforme ato do Conselho Monetário Nacional;

IX – operadoras de planos de assistência à saúde;

X – empresas particulares que exploram serviços de vigilância e de transporte de valores, referidas na Lei nº 7.102, de 20 de junho de 1983; e

XI – sociedades cooperativas, exceto as de produção agropecuária e as de consumo.

Parágrafo único. O disposto no inciso II do caput não inclui as sociedades corretoras de seguros.

Art. 124. As pessoas jurídicas que aufiram quaisquer das receitas listadas nos incisos I a XXIII do art. 126[8] são contribuintes da Contribuição para o PIS/Pasep e da Cofins no regime de apuração cumulativa em relação a essas receitas (Lei nº 10.637, de 2002, art. 8º, incisos VII, VIII e XI; e Lei nº 10.833, de 2003, art. 10, incisos VII a XXVI, com redação dada pela Lei nº 11.434, de 28 de dezembro de 2006; e art. 15, inciso V, com redação dada pela Lei nº 11.196, de 2005, art. 43).

---

8 Art. 126. Integram a base de cálculo da Contribuição para o PIS/Pasep e da Cofins no regime de apuração cumulativa as receitas (Lei nº 10.637, de 2002, art. 1º, § 3º, inciso III, e art. 8º, incisos VII a XIII, com redação dada pela Lei nº 13.043, de 2014, art. 31; e Lei nº 10.833, de 2003, art. 1º, § 3º, inciso III, art. 10, incisos VII a XXX, com redação dada pela Lei nº 13.043, de 2014, arts. 32 e 79; e art. 15, inciso V, com redação dada pela Lei nº 11.196, de 2005, art. 43):

I – referentes ao contribuinte substituto, decorrentes de operações com produtos para os quais se tenha adotado a substituição tributária da Contribuição para o PIS/Pasep e da Cofins;

II – decorrentes da venda de veículos usados, adquiridos para revenda, quando auferidas por pessoas jurídicas que tenham como objeto social, declarado em seus atos constitutivos, a compra e venda de veículos automotores;

III – decorrentes de prestação de serviços de telecomunicações;

IV – decorrentes de venda de jornais e periódicos e de prestação de serviços das empresas jornalísticas e de radiodifusão sonora e de sons e imagens;

V – submetidas ao regime especial de tributação de que trata o art. 724 quando auferidas por pessoas jurídicas integrantes da CCEE, instituída pela Lei nº 10.848, de 2004, sucessora do Mercado Atacadista de Energia Elétrica – MAE, instituído pela Lei nº 10.433, de 24 de abril de 2002;

VI – relativas a contratos firmados antes de 31 de outubro de 2003:

a) com prazo de duração superior a 1 (um) ano, de administradoras de planos de consórcios de bens móveis e imóveis, regularmente autorizadas a funcionar pelo Banco Central do Brasil;

b) com prazo superior a 1 (um) ano, de construção por empreitada ou de fornecimento, a preço predeterminado, de bens ou serviços; e

---

c) de construção por empreitada ou de fornecimento, a preço predeterminado, de bens ou serviços contratados com pessoa jurídica de direito público, empresa pública, sociedade de economia mista ou suas subsidiárias; bem como os contratos posteriormente firmados decorrentes de propostas apresentadas, em processo licitatório, até aquela data;

VII - decorrentes de prestação de serviços de transporte coletivo rodoviário, metroviário, ferroviário e aquaviário de passageiros, inclusive as receitas de que trata o art. 51;

VIII - decorrentes de prestação de serviço de transporte coletivo de passageiros, efetuado por empresas regulares de linhas aéreas domésticas, e as decorrentes da prestação de serviço de transporte de pessoas por empresas de táxi aéreo;

IX - decorrentes de serviços:

a) prestados por hospital, pronto-socorro, clínica médica, odontológica, de fisioterapia e de fonoaudiologia, e laboratório de anatomia patológica, citológica ou de análises clínicas; e

b) de diálise, raios X, radiodiagnóstico e radioterapia, quimioterapia e de banco de sangue;

X - decorrentes de prestação de serviços de educação infantil, ensinos fundamental e médio e educação superior;

XI - decorrentes de vendas de mercadoria nacional ou estrangeira a passageiros de viagens internacionais, efetuadas por lojas francas instaladas na zona primária de portos ou aeroportos na forma prevista no art. 15 do Decreto-Lei nº 1.455, de 1976;

XII - auferidas por pessoas jurídicas, decorrentes da edição de periódicos e de informações neles contidas, que sejam relativas aos assinantes dos serviços públicos de telefonia;

XIII - decorrentes de prestação de serviços com aeronaves de uso agrícola inscritas no Registro Aeronáutico Brasileiro (RAB);

XIV - decorrentes de prestação de serviços das empresas de call center, telemarketing, telecobrança e de teleatendimento em geral;

XV - decorrentes da execução por administração, empreitada ou subempreitada, de obras de construção civil;

XVI - relativas às atividades de revenda de imóveis, desmembramento ou loteamento de terrenos, incorporação imobiliária e construção de prédio destinado à venda, quando decorrentes de contratos de longo prazo firmados antes de 31 de outubro de 2003;

XVII - auferidas por parques temáticos, e as decorrentes de serviços de hotelaria e de organização de feiras e eventos, conforme dispõe a Portaria Interministerial nº 33, de 3 de março de 2005, dos Ministérios da Fazenda e do Turismo;

XVIII - decorrentes da prestação de serviços postais e telegráficos pela Empresa Brasileira de Correios e Telégrafos;

XIX - decorrentes de prestação de serviços públicos de concessionárias operadoras de rodovias, incluídas as receitas complementares, alternativas ou acessórias;

XX - decorrentes da prestação de serviços das agências de viagem e de viagens e turismo;

XXI - auferidas por empresas de serviços de informática, decorrentes das atividades de desenvolvimento de software e o seu licenciamento ou cessão de direito de uso, bem como de análise, programação, instalação, configuração, assessoria, consultoria, suporte técnico e manutenção ou atualização de software, compreendidas ainda como softwares as páginas eletrônicas;

XXII - decorrentes de operações de comercialização de pedra britada, de areia para construção civil e de areia de brita;

XXIII - decorrentes da alienação de participações societárias; e

XXIV - auferidas pelas pessoas jurídicas de que tratam os arts. 122 a 125.

Art. 125. São contribuintes da Cofins incidente sobre as receitas que não sejam decorrentes de atividades próprias, no regime de apuração cumulativa (Constituição Federal, art. 150, inciso VI e §§ 2º, 3º e 4º; e Lei nº 10.833, de 2003, art. 10, inciso IV):

I - as seguintes pessoas jurídicas imunes a impostos:

a) templos de qualquer culto;

b) partidos políticos;

c) entidades sindicais dos trabalhadores, suas federações e confederações; e

d) instituições de educação e de assistência social, sem fins lucrativos, a que se refere o art. 12 da Lei nº 9.532, de 1997; e

II - fundações públicas instituídas ou mantidas pelo Poder Público.

Parágrafo único. Nos termos do art. 8º, as pessoas jurídicas mencionadas neste artigo não são contribuintes da Contribuição para o PIS/Pasep incidente sobre a receita ou o faturamento (Medida Provisória nº 2.158-35, de 2001, art. 13).

**Contribuintes da Contribuição para o PIS/Pasep e da COFINS no regime de apuração não cumulativa**

**IN SRFB 2121/2022**

Art. 145. São contribuintes da Contribuição para o PIS/Pasep e da Cofins no regime de apuração não cumulativa as pessoas jurídicas e equiparadas de que trata o art. 7º quando não enquadradas em nenhuma das hipóteses de que tratam os arts. 122, 123 e 125 (Lei nº 10.637, de 2002, arts. 1º a 6º; e Lei nº 10.833, de 2003, arts. 1º a 8º).

Art. 146. São também contribuintes da Cofins incidente sobre as receitas que não sejam decorrentes de atividades próprias, no regime de apuração não cumulativa (Lei nº 10.833, de 2003, art. 1º, caput, c/c o art. 10, inciso IV; e Medida Provisória nº 2.158-35, de 2001, art. 14, inciso X):

I - instituições de caráter filantrópico, recreativo, cultural, científico e as associações, a que se refere o art. 15 da Lei nº 9.532, de 1997;

II - sindicatos, federações e confederações, com exceção das entidades sindicais dos trabalhadores;

III - serviços sociais autônomos, criados ou autorizados por lei;

IV - conselhos de fiscalização de profissões regulamentadas;

V - fundações de direito privado; e

VI - OCB e as Organizações Estaduais de Cooperativas previstas no § 1º e no caput do art. 105 da Lei nº 5.764, de 1971.

§ 1º O disposto no caput não se aplica às entidades beneficentes certificadas de que trata o art. 21.

§ 2º As pessoas jurídicas mencionadas no art. 8º não são contribuintes da Contribuição para o PIS/Pasep incidente sobre a receita (Medida Provisória nº 2.158-35, de 2001, art. 13).

Na escrituração de qualquer contribuição, é importante definir com precisão a base de cálculo e o fato gerador. A **Figura 9.7** contém a Base de Cálculo no caso do PIS, do PASEP e da COFINS em **Empresas Optantes pelo Presumido**, enquanto a **Figura 9.8** contém a Base de Cálculo em **Empresas Optantes pelo Lucro Real.** Neste último caso, deve-se segregar Receitas Brutas de Vendas das demais Receitas.

Unidade Didática II
Escrituração Contábil

| **Chamada 36 do autor:** Base de Cálculo e alíquotas no PIS/COFINS cumulativos |
|---|

**Figura 9.7:** Bases de Cálculo envolvendo o PIS, PASEP e COFINS **cumulativos** de Empresas optantes pelo **Lucro Presumido** e demais casos da legislação

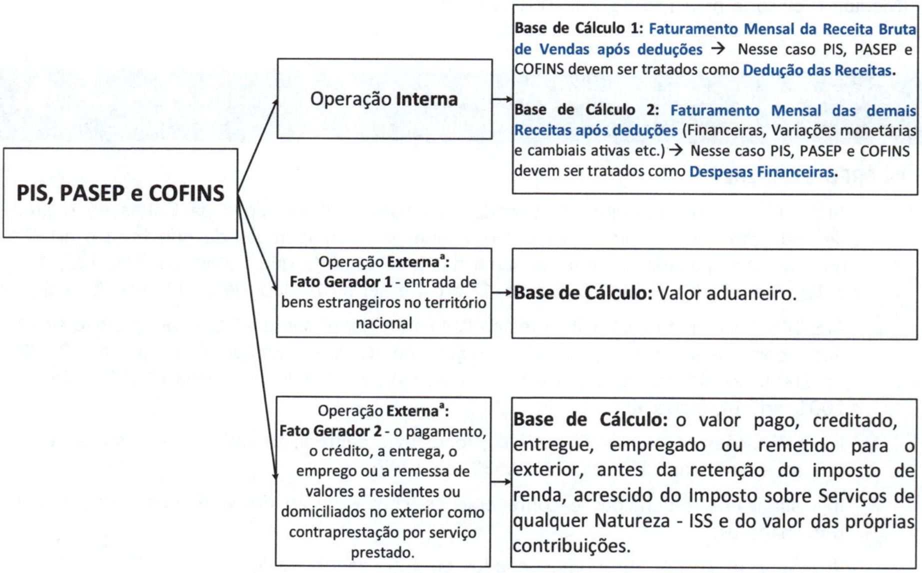


**Legenda:** (a) Lei nº 10.865/2004 (importação)

**Quadro 9.8:** Alíquotas de PIS e CONFINS **cumulativas** conforme as características das receitas de Empresas optantes pelo **Lucro Presumido**

| Descrição | Base de Cálculo | PIS/ PASEP | COFINS | Tratamento na Apuração do Resultado |
|---|---|---|---|---|
| **Receita Bruta de Vendas** | Faturamento mensal após deduções | 0,65% | 3,00% | **Dedução da Receita** |
| **Receita Financeira oriunda do exercício das atividades empresariais** | Faturamento mensal após deduções | 0,65% | 3,00% | **Despesa Financeira** |

Atenção: Faturamento Líquido para fins de aplicação de alíquotas do PIS, PASEP, COFINS cumulativas de Empresas optantes pelo Lucro Presumido

**A Lei nº 9.718/1998 define que:**

*Art. 2° As contribuições para o PIS/PASEP e a COFINS, devidas pelas pessoas jurídicas de direito privado, serão calculadas com base no seu faturamento, observadas a legislação vigente e as alterações introduzidas por esta Lei.*

*Art. 3° O faturamento a que se refere o art. 2o compreende a receita bruta de que trata o art. 12 do Decreto-Lei no 1.598, de 26 de dezembro de 1977.*

*§ 1° (Revogado pela Lei nº 11.941, de 2009)*

***§ 2º Para fins de determinação da base de cálculo das contribuições a que se refere o art. 2º, excluem-se da receita bruta:***

*I - as vendas canceladas e os descontos incondicionais concedidos;*

*II - **as reversões de provisões e recuperações de créditos baixados como perda, que não representem ingresso de novas receitas**, o resultado positivo da avaliação de investimento pelo valor do patrimônio líquido e **os lucros e dividendos derivados de participações societárias, que tenham sido computados como receita bruta**;*

*III - (Revogado pela Medida Provisória nº 2.158-35, de 2001)*

*IV - as receitas de que trata o inciso IV do caput do art. 187 da Lei no 6.404, de 15 de dezembro de 1976, decorrentes da venda de bens do ativo não circulante, classificado como investimento, imobilizado ou intangível (ganho de capital)l;*

*V - (Revogado pela Lei nº 12.973, de 2014)*

*VI - a receita reconhecida pela construção, recuperação, ampliação ou melhoramento da infraestrutura, cuja contrapartida seja ativo intangível representativo de direito de exploração, no caso de contratos de concessão de serviços públicos.*

*§ 3° (Revogado pela Lei nº 11.051, de 2004)*

*§ 4° Nas operações de câmbio, realizadas por instituição autorizada pelo Banco Central do Brasil, considera-se receita bruta a diferença positiva entre o preço de venda e o preço de compra da moeda estrangeira.*

*§ 5° Na hipótese das pessoas jurídicas referidas no § 1° do art. 22 da Lei nº 8.212, de 24 de julho de 1991, serão admitidas, para os efeitos da COFINS, as mesmas exclusões e deduções facultadas para fins de determinação da base de cálculo da contribuição para o PIS/PASEP.*

**Chamada 37 do autor:** Base de Cálculo e alíquotas no PIS/COFINS não cumulativos

**Figura 9.8:** Bases de Cálculo envolvendo o PIS, PASEP e COFINS **não cumulativos** de Empresas optantes pelo **Lucro Real ou Fiscal**

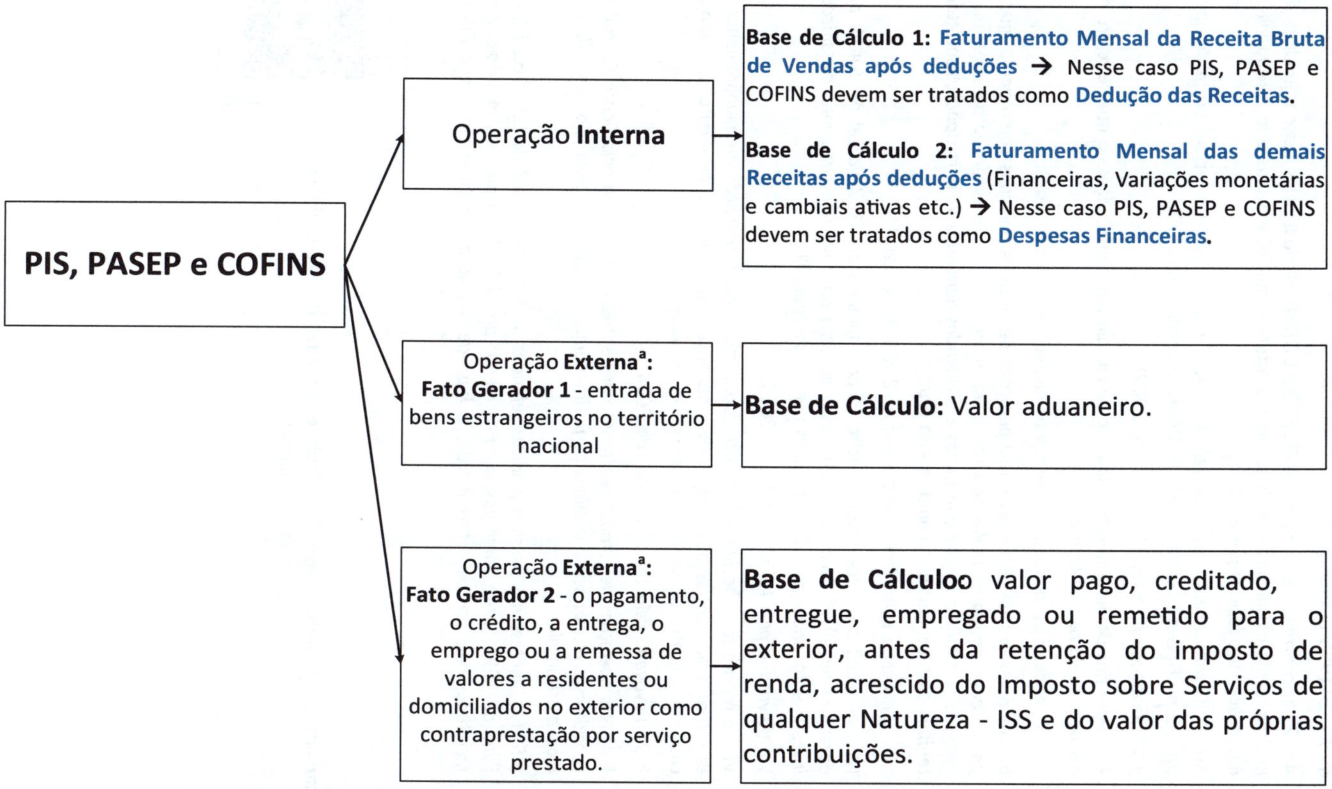


**Legenda:** (a) Lei nº 10.865/2004 (importação)

Quadro 9.9: Alíquotas **não cumulativas** de PIS e CONFINS conforme as características das receitas de Empresas optantes pelo **Lucro Real ou Fiscal**

| Descrição | Base de Cálculo | PIS/PASEP | COFINS | Tratamento na Apuração do Resultado |
|---|---|---|---|---|
| **Receita Bruta de Vendas** | Faturamento mensal após deduções | 1,65% | 7,60% | Dedução da Receita |
| **Receitas Financeiras** | Faturamento mensal após deduções | 0,65%[a] | 4,00%[a] | **Despesa Financeira** |
| **Juros sobre o capital próprio** | Faturamento mensal após deduções | 1,65%[a] | 7,60%[a] | **Despesa Financeira** |
| Receitas Financeiras de variações monetárias decorrentes de exportação | Faturamento mensal após deduções | 0,00% | 0,00% | Não se aplica |
| Receitas Financeiras de variações monetárias decorrentes de empréstimos e financiamentos | Faturamento mensal após deduções | 0,00% | 0,00% | Não se aplica |

Legenda: (a) Decreto nº 8.426/2015 e IN SRFB 2121, de 15 de dezembro de 2022

Atenção: Faturamento Mensal Líquido para fins de aplicação de alíquotas do PIS, PASEP, COFINS não cumulativas de Empresas optantes pelo Lucro Real ou Fiscal

**A Lei nº 10.637/2002 define que:**

*Art. 1º A **Contribuição para o PIS/Pasep, com a incidência não cumulativa, incide sobre o total das receitas auferidas no mês pela pessoa jurídica**, independentemente de sua denominação ou classificação contábil. (Redação dada pela Lei nº 12.973, de 2014) (Vigência)*

*§ 1º Para efeito do disposto neste artigo, o total das receitas compreende a receita bruta de que trata o art. 12 do Decreto-Lei nº 1.598, de 26 de dezembro de 1977, e todas as demais receitas auferidas pela pessoa jurídica com os respectivos valores decorrentes do ajuste a valor presente de que trata o inciso VIII do **caput** do art. 183 da Lei nº 6.404, de 15 de dezembro de 1976.*

*§ 2º A base de cálculo da Contribuição para o PIS/Pasep é o total das receitas auferidas pela pessoa jurídica, conforme definido no **caput** e no § 1º.*

***§ 3° Não integram a base de cálculo a que se refere este artigo, as receitas:***

*I – decorrentes de saídas isentas da contribuição ou sujeitas à alíquota zero;*

*II - (VETADO)*

*III – auferidas pela pessoa jurídica revendedora, na revenda de mercadorias em relação às quais a contribuição seja exigida da empresa vendedora, na condição de substituta tributária;*

*IV - (Revogado pela Lei nº 11.727, de 2008)*

*V – referentes a:*

*a) vendas canceladas e aos descontos incondicionais concedidos;*

*b)* ***reversões de provisões e recuperações de créditos baixados como perda, que não representem ingresso de novas receitas****, o resultado positivo da avaliação de investimentos pelo valor do patrimônio líquido* ***e os lucros e dividendos derivados de participações societárias, que tenham sido computados como receita;***

*VI – de que trata o inciso IV do caput do art. 187 da Lei nº 6.404, de 15 de dezembro de 1976, decorrentes da venda de bens do ativo não circulante, classificado como investimento, imobilizado ou intangível;*

*VII – decorrentes de transferência onerosa a outros contribuintes do Imposto sobre Operações relativas à Circulação de Mercadorias e sobre Prestações de Serviços de Transporte Interestadual e Intermunicipal e de Comunicação – ICMS de créditos de ICMS originados de operações de exportação, conforme o disposto no inciso II do § 1º do art. 25 da Lei Complementar nº 87, de 13 de setembro de 1996;*

*VIII – financeiras decorrentes do ajuste a valor presente de que trata o inciso VIII do caput do art. 183 da Lei nº 6.404, de 15 de dezembro de 1976, referentes a receitas excluídas da base de cálculo da Contribuição para o PIS/Pasep*

*IX – relativas aos ganhos decorrentes de avaliação de ativo e passivo com base no valor justo;*

*X – de subvenções para investimento, inclusive mediante isenção ou redução de impostos, concedidas como estímulo à implantação ou expansão de empreendimentos econômicos e de doações feitas pelo poder público;*

*XI – reconhecidas pela construção, recuperação, reforma, ampliação ou melhoramento da infraestrutura, cuja contrapartida seja ativo intangível representativo de direito de exploração, no caso de contratos de concessão de serviços públicos;*

*XII – relativas ao valor do imposto que deixar de ser pago em virtude das isenções e reduções de que tratam as alíneas "a", "b", "c" e "e" do § 1º do art. 19 do Decreto-Lei nº 1.598, de 1977;*

*XIII – relativas ao prêmio na emissão de debêntures; e*

*XIV – referentes ao valor do ICMS que tenha incidido sobre a operação.*

**A Lei nº 10.833/2003 define que:**

*Art. 1º A Contribuição para o Financiamento da Seguridade Social – Cofins, com a incidência não cumulativa, incide sobre o total das receitas auferidas no mês pela pessoa jurídica, independentemente de sua denominação ou classificação contábil.*

*§ 1º Para efeito do disposto neste artigo, o total das receitas compreende a receita bruta de que trata o art. 12 do Decreto-Lei no 1.598, de 26 de dezembro de 1977, e todas as demais receitas auferidas pela pessoa jurídica com os seus respectivos valores decorrentes do ajuste a valor presente de que trata o inciso VIII do caput do art. 183 da Lei no 6.404, de 15 de dezembro de 1976*

*§ 2º* ***A base de cálculo da Cofins é o total das receitas auferidas pela pessoa jurídica, conforme definido no caput e no § 1º.***

*§ 3º Não integram a base de cálculo a que se refere este artigo as receitas:*

*I – isentas ou não alcançadas pela incidência da contribuição ou sujeitas à alíquota 0 (zero);*

*II – de que trata o inciso IV do caput do art. 187 da Lei nº 6.404, de 15 de dezembro de 1976, decorrentes da venda de bens do ativo não circulante, classificado como investimento, imobilizado ou intangível;*

*III – auferidas pela pessoa jurídica revendedora, na revenda de mercadorias em relação às quais a contribuição seja exigida da empresa vendedora, na condição de substituta tributária;*

*V – referentes a:*

*a) vendas canceladas e aos descontos incondicionais concedidos;*

*b) reversões de provisões e recuperações de créditos baixados como perda que não representem ingresso de novas receitas, o resultado positivo da avaliação de investimentos pelo valor do patrimônio líquido e os lucros e dividendos derivados de participações societárias, que tenham sido computados como receita;*

*VI – decorrentes de transferência onerosa a outros contribuintes do Imposto sobre Operações relativas à Circulação de Mercadorias e sobre Prestações de Serviços de Transporte Interestadual e Intermunicipal e de Comunicação – ICMS de créditos de ICMS originados de operações de exportação, conforme o disposto no inciso II do § 1° do art. 25 da Lei Complementar n° 87, de 13 de setembro de 1996;*

*VII – financeiras decorrentes do ajuste a valor presente de que trata o inciso VIII do caput do art. 183 da Lei n° 6.404, de 15 de dezembro de 1976, referentes a receitas excluídas da base de cálculo da Cofins;*

*VIII – relativas aos ganhos decorrentes de avaliação do ativo e passivo com base no valor justo;*

*IX – de subvenções para investimento, inclusive mediante isenção ou redução de impostos, concedidas como estímulo à implantação ou expansão de empreendimentos econômicos e de doações feitas pelo poder público;*

*X – reconhecidas pela construção, recuperação, reforma, ampliação ou melhoramento da infraestrutura, cuja contrapartida seja ativo intangível representativo de direito de exploração, no caso de contratos de concessão de serviços públicos;*

*XI – relativas ao valor do imposto que deixar de ser pago em virtude das isenções e reduções de que tratam as alíneas "a", "b", "c" e "e" do § 1° do art. 19 do Decreto-Lei n° 1.598, de 1977;*

*XII – relativas ao prêmio na emissão de debêntures;*

*XIII – referentes ao valor do ICMS que tenha incidido sobre a operação.*

Art. 2° **Para determinação do valor da COFINS aplicar-se-á, sobre a base de cálculo apurada conforme o disposto no art. 1°, a alíquota** de 7,6% (sete inteiros e seis décimos por cento).

**Chamada 38 do autor:** ICMS e a Base de Cálculo do PIS/COFINS

**E o ICMS integra ou não a Base de Cálculo do PIS e da COFINS?**

O plenário do STF, em 13/05/2023, fixou em repercussão geral no julgamento do Recurso Extraordinário (RE) 574706 que **o ICMS deve ser excluído da Base de Cálculo do PIS e da COFINS** a contar operações iniciadas a contar de 15/03/2017.

## 8.1. Aplicação da não cumulatividade e Recuperação Tributária no PIS e COFINS não cumulativos

Enquanto no **IPI e ICMS** aplica-se o método "**imposto contra imposto**", nas contribuições **PIS/COFINS não cumulativos** aplica-se o método "**base contra base**", que não preveem a concessão de crédito de tributo, por força das operações anteriores, mas a dedução da base de cálculo e valores referentes às operações anteriores.

É o caso, por exemplo, da Instrução Normativa 2055/21 da Receita Federal permitiu que as empresas que revendem produtos monofásicos e ainda sim, contribuem com PIS e COFINS pudessem solicitar a restituição dos valores pagos nos últimos 5 anos. Isso acontece, pois, **a Lei prevê que produtos monofásicos devem ser pagos**

**exclusivamente pelo fabricante ou importador do bem. O que acaba por isentar os segmentos de venda e revenda destes produtos.** Porém, muitas contabilidades acabam por não segregar os produtos monofásicos da base de cálculo do PIS e COFINS.

**Crédito Ordinário e Crédito Presumido no PIS e na COFINS**

O dispositivo que trata do desconto de crédito é o artigo 3° das Leis 10.637 e 10.833/2003. Tal artigo prevê a possibilidade de desconto de crédito em determinadas circunstâncias e impõe algumas condições.

> "Art. 3°. Do valor apurado na forma do art. 2° a pessoa jurídica poderá descontar créditos calculados em relação a: I - bens adquiridos para revenda, exceto em relação às mercadorias e aos produtos referidos: II - bens e serviços, utilizados como insumo na prestação de serviços e na produção ou fabricação de bens ou produtos destinados à venda, inclusive combustíveis e lubrificantes, exceto em relação ao pagamento de que trata o art. 2° da Lei n° 10.485, de 3 de julho de 2002, devido pelo fabricante ou importador, ao concessionário, pela intermediação ou entrega dos veículos classificados nas posições 87.03 e 87.04 da TIPI; IV - aluguéis de prédios, máquinas e equipamentos, pagos a pessoa jurídica, utilizados nas atividades da empresa; V - valor das contraprestações de operações de arrendamento mercantil de pessoa jurídica, exceto de optante pelo Sistema Integrado de Pagamento de Impostos e Contribuições das Microempresas e das Empresas de Pequeno Porte — SIMPLES; VI - máquinas, equipamentos e outros bens incorporados ao ativo imobilizado, adquiridos ou fabricados para locação a terceiros ou para utilização na produção de bens destinados à venda ou na prestação de serviços. VII - edificações e benfeitorias em imóveis de terceiros, quando o custo, inclusive de mão-de-obra, tenha sido suportado pela locatária; VIII - bens recebidos em devolução, cuja receita de venda tenha integrado faturamento do mês ou de mês anterior, e tributada conforme o disposto nesta Lei. IX - energia elétrica e energia térmica, inclusive sob a forma de vapor, consumidas nos estabelecimentos da pessoa jurídica. X - vale-transporte, vale-refeição ou vale-alimentação, fardamento ou uniforme fornecidos aos empregados por pessoa jurídica que explore as atividades de prestação de serviços de limpeza, conservação e manutenção. XI - bens incorporados ao ativo intangível, adquiridos para utilização na produção de bens destinados a venda ou na prestação de serviços."

Esse é o chamado crédito ordinário. Isso porque, em determinadas circunstâncias, ou para fomentar alguns segmentos, a lei reduz a zero as alíquotas de PIS e de Cofins, e concede crédito presumido, como é o caso do crédito previsto no artigo 8° da Lei n° 10.925/04. A

A Receita Federal tem o entendimento de que, quando o crédito é presumido, ele só seria ressarcível se a lei que instituir o crédito assim prever. Veja-se o entendimento externado no Ato Declaratório Interpretativo SRF n° 15/2005:

> "Art. 1°. O valor do crédito presumido previsto na Lei n° 10.925, de 2004, arts. 8° e 15, somente pode ser utilizado para deduzir da Contribuição para o PIS/Pasep e da Contribuição para o Financiamento da Seguridade Social (Cofins) apuradas no regime de incidência não-cumulativa. Art. 2°. O valor do crédito presumido referido no art. 1° não pode ser objeto de compensação ou de ressarcimento, de que trata a Lei n° 10.637, de 2002, art. 5°, § 1°, inciso II, e § 2°, a Lei n° 10.833, de 2003, art. 6°, § 1°, inciso II, e § 2°, e a Lei n° 11.116, de 2005, art. 16."

## 8.2. Descontos Incondicionais ou Comerciais no PIS e na COFINS

O desconto comercial ou incondicional é aquele dado de forma incondicional do Fornecedor ao Cliente quando da venda. Esse desconto independe de condições de pagamento sendo definidos por fatores discricionários como quantidade cliente, preferencial etc.

**Atenção**

O tratamento a ser dado sobre os descontos comerciais no PIS e na COFINS:

**A Lei nº 9.718/1998 define que:**

*Art. 2° As contribuições para o PIS/PASEP e a COFINS, devidas pelas pessoas jurídicas de direito privado, serão calculadas com base no seu faturamento, observadas a legislação vigente e as alterações introduzidas por esta Lei.*

*Art. 3° O faturamento a que se refere o art. 2o compreende a receita bruta de que trata o art. 12 do Decreto-Lei no 1.598, de 26 de dezembro de 1977.*

*§ 1° (Revogado pela Lei nº 11.941, de 2009)*

***§ 2° Para fins de determinação da base de cálculo das contribuições a que se refere o art. 2°, excluem-se da receita bruta:***

*I - as vendas canceladas e os descontos incondicionais concedidos;*

**A Lei nº 10.637/2002 define que:**

*Art. 1º A Contribuição para o PIS/Pasep, com a incidência não cumulativa,* ***incide sobre o total das receitas auferidas no mês pela pessoa jurídica****, independentemente de sua denominação ou classificação contábil.*

*[...]*

***§ 3° Não integram a base de cálculo a que se refere este artigo, as receitas:***

*I - decorrentes de saídas isentas da contribuição ou sujeitas à alíquota zero;*

*II - (VETADO)*

*III - auferidas pela pessoa jurídica revendedora, na revenda de mercadorias em relação às quais a contribuição seja exigida da empresa vendedora, na condição de substituta tributária;*

*IV - (Revogado pela Lei nº 11.727, de 2008)*

*V - referentes a:*

*a) vendas canceladas e aos descontos incondicionais concedidos;*

*[...]*

**A Lei nº 10.833/2003 define que:**

*Art. 1° A Contribuição para o Financiamento da Seguridade Social - Cofins, com a incidência não cumulativa, incide sobre o total das receitas auferidas no mês pela pessoa jurídica, independentemente de sua denominação ou classificação contábil.*

*[...]*

*§ 3° Não integram a base de cálculo a que se refere este artigo as receitas:*

*I - isentas ou não alcançadas pela incidência da contribuição ou sujeitas à alíquota 0 (zero);*

*II - de que trata o inciso IV do caput do art. 187 da Lei nº 6.404, de 15 de dezembro de 1976, decorrentes da venda de bens do ativo não circulante, classificado como investimento, imobilizado ou intangível;*

*III - auferidas pela pessoa jurídica revendedora, na revenda de mercadorias em relação às quais a contribuição seja exigida da empresa vendedora, na condição de substituta tributária;*

*V - referentes a:*

*a) vendas canceladas e aos descontos incondicionais concedidos;*

[...]

Assim, deve-se calcular o valor do Faturamento e depois deduzir os descontos comerciais ou incondicionais para se chegar à base de cálculo.

**Chamada 39 do autor:** Aplicação do desconto incondicional/comercial no PIS/COFINS

## 9. OUTROS FATORES QUE IMPACTAM AS VENDAS

Observa-se mais uma vez o Plano de Contas do Capítulo 6.

**Quadro 9.10:** Principais contas de 3º, 4º e 5º níveis das Receitas de Vendas **em uma Cia não Industrial**

| Código | Título | Natureza do Saldo | Observação |
|---|---|---|---|
| 3.1.1.00 | RECEITA DE VENDAS DE PRODUTOS E SERVIÇOS | CONTA SINTÉTICA CREDORA | |
| 3.1.1.01 | Receita Bruta de Vendas de Produtos | Conta sintética credora | |
| 3.1.1.02 | Receita Bruta de Vendas de Serviços | Conta sintética credora | |
| 3.1.2.00 | DEDUÇÕES DA RECEITA DE VENDAS DE PRODUTOS E SERVIÇOS | CONTA SINTÉTICA DEVEDORA RETIFICADORA | |
| 3.1.2.01.xxxx | Deduções da receita bruta de venda de produtos e serviços | Conta sintética devedora retificadora | Inclui: Vendas canceladas e devoluções (0001); Abatimentos e descontos comerciais (0002); ICMS (0003); COFINS (0004); PIS/Pasep (0005); Cofins (0006); ISS (0007). |
| 3.1.2.02.yyyy | Ajuste a Valor Presente (AVP) de Clientes | Conta sintética devedora retificadora | Inclui Juros a apropriar de clientes (0001). |

A conta 3.1.2.01 incorpora vendas canceladas e abatimentos, enquanto a conta 3.1.2.02 incorpora Ajuste a Valor Presente de Clientes. **O resultado da Receita de vendas após as deduções gera a Receita Líquida de Vendas.**

### 9.1. Devolução de vendas

Consiste na devolução de mercadorias por estarem em desacordo com o pedido. Esse procedimento exige a emissão de Nota Fiscal a qual deve conter todos os itens da Nota Fiscal principal de forma proporcional.

**Simulação 07 - Tratamento da Devolução de Vendas**

Em março de X0, Cia Atacadista GOLF vende mercadoria de R$ 300.000 para Cia Atacadista HOTEL. Foi concedido um desconto comercial de 20% a empresa HOTEL. Considerando uma alíquota de 20% de ICMS e 10% de IPI. Posteriormente, foram **devolvidas no mesmo exercício** 1/3 das mercadorias.

| Companhia Atacadista | Operação | Desconto comercial | Base de Cálculo | ICMS a recolher | IPI a recolher | Valor a Pagar pela Cia HOTEL |
|---|---|---|---|---|---|---|
| **GOLF** | **R$ 300.000** | **R$ 60.000** (20% de 300.000) | **R$ 240.000** (300.000 - 60.000) | **R$ 48.000** (20% de 240.000) | **R$ 24.000** (10% de 240.000) | **R$ 264.000** (pois o valor do imposto é por dentro) |

**Posteriormente, foi devolvido 1/3 (33,33%).**

| Companhia Atacadista | Operação | Desconto comercial | Base de Cálculo | ICMS a recolher | IPI a recolher | Valor da Fatura |
|---|---|---|---|---|---|---|
| **GOLF** | **R$ 100.000** | **R$ 20.000** | **R$ 80.000** | **R$ 16.000** | **R$ 8.000** | **R$ 88.000** |

**Resumo, os dados da Nota Fiscal devem conter todos os itens de forma proporcional a 1/3.**

**Figura 9.9:** Tratamento da Devolução de Vendas

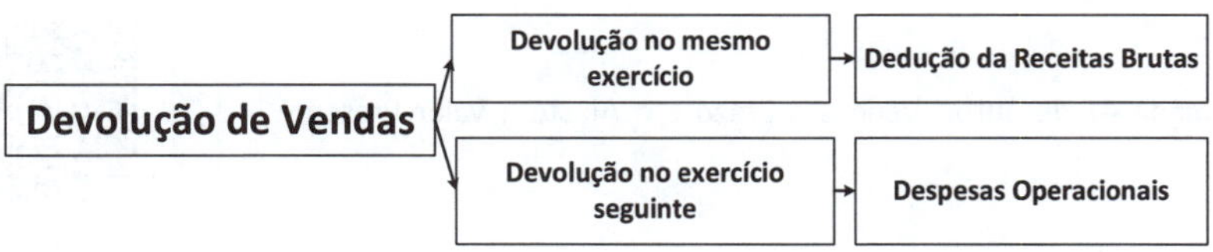


Caso os valores de fretes e seguros recebidos do comprador pelo vendedor, não façam parte do Valor da Operação, quando da devolução de mercadorias, independente do exercício, eles (fretes e seguros) devem ser reconhecidos como Despesas Operacionais.

**Chamada 40 do autor:** Devolução de Vendas

O valor da devolução será compatível com o valor da saída, sendo irrelevante o método de mensuração do estoque (PEPS, ou preço médio ponderado, conforme será explorado no tópico 2.3 do Capítulo 12).

## 9.2. Abatimento de vendas

Ocorre em caso de insatisfação do cliente e a fim de evitar a devolução da mercadoria, e concede-se um abatimento. Nesse caso, inexiste emissão de Nota Fiscal.

## 9.3. Vendas a prazo e Ajuste a Valor Presente (AVP)

É um título de crédito **emitido pelo sacador ou credor** utilizado em operações mercantis de venda e compra a prazo e representa uma ordem de pagamento.

Regra geral, o AVP é aplicável para operações com mais de 12 (doze) parcelas (CPC 12). Fica excluída da regra apenas operações consideradas relevantes. Também o AVP é aplicável para operações com juros embutidos. Quando a parcela sofre algum tipo de reajuste, não há o que se falar em AVP.

A seguir consta no tratamento a ser observado nas vendas a prazo.

**Figura 9.10:** Tratamento do Ajuste a Valor Presente

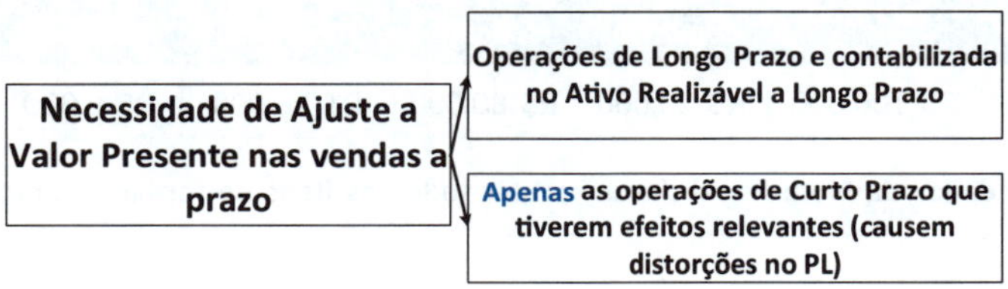


**Chamada 41 do autor:** Vendas a Prazo e o Ajuste a Valor Presente

**Simulação 08 - Duplicadas de Longo Prazo ajustadas a valor presente**

Em 31 dezembro de X1, Cia Comercial X vendeu mercadorias pelo valor prefixado de R$ 20.000 para ser recebida em 16 meses com taxa de juros de 3% ao mês.

**Situação Patrimonial** antes **da operação**

| **Ativo Circulante** | **Passivo Circulante** |
|---|---|
| Caixa ........................................200.000 | |
| Estoques....................................300.000 | |
| **Ativo Não Circulante** | **Ativo Não Circulante** |
| Imóveis ....................................1.500.00 | |
| | **PL** |
| | Capital Social............................ 2.000.000 |

Chegou a hora de contabilizar

**1º Venda a prazo – longo prazo 31/12/X1** (16 meses para recebimento)
D: Clientes (contas a receber)........................................(1.1.2.01) R$ 20.000
C: Receita de vendas........................................(3.1.1.01) R$ 20.000
**2º Pelo Ajuste a Valor Presente na Venda em 31/12/X1**
**(Valor futuro: 20.000; taxa:3%; 16 meses → Valor Presente = 12.463,34 → AVP = 20.000 – 12.463,34 → 7.536,66)**
D: Ajuste a Valor Presente (conta retificadora da Receita) ..............(3.1.2.02) R$ 7.536,66
C: (-) AVP Juros a apropriar (conta retificadora de Contas a Receber) (1.1.2.01.0004) R$ 7.536,66

**Cabe destacar que ao efetuar o Ajuste a Valor Presente, utiliza-se conta retificadora na Receita e no Ativo.**

**Situação Patrimonial** após a 1ª e 2ª operações

| **Ativo Circulante** | **Passivo Circulante** |
|---|---|
| Caixa ........................200.000<br>Estoques........................300.000<br>Clientes ........................20.000<br>(-) AVP Juros a apropriar.......(7.536,66) | |
| **Ativo Não Circulante** | **Ativo Não Circulante** |
| Imóveis ........................1.500.00 | **PL**<br>Capital Social........................2.000.000<br>Lucros Acumulados................12.463,34[a] |

Legenda: (a) Receita de Venda – Dedução AVP → 20.000 – 7.536,66 → 12.463,34.

3ª **Operação: AVP em 31/01/X2 (1º mês)** → [(Clientes – AVP a apropriar) x (taxa)] → [(20.000 – 7.536,66) x (3%)] → **(12.463,34x3% → 373,90)**
D: (-) AVP Juros a apropriar (conta retificadora de Duplicatas a Receber)........................................(1.1.2.01.0004) R$ 373,90
C: Receita financeira........................................(5.1.6.02.0002) R$ 373,90

**Situação Patrimonial** após a 3ª operação: **31/01/X2**

| **Ativo Circulante** | **Passivo Circulante** |
|---|---|
| Caixa ........................200.000<br>Estoques........................300.000<br>Clientes........................ 20.000<br>(-) AVP Juros a apropriar......(7.162,76)[b] | |
| **Ativo Não Circulante** | **Ativo Não Circulante** |
| Imóveis ........................1.500.00 | **PL**<br>Capital Social........................2.000.000<br>Lucros Acumulados................ 12.837,24[c] |

**Legenda:** (b) 7.536,66 – 373,90 → 7.162,76. Ou seja, à medida que passa o tempo a conta retificadora vai se aproximando de zero.

(c) 12.463,34+373,90 → 12.837,24. Ou seja, à medida que passa o tempo a receita financeira vai se incorporando ao lucro até chegar em 20.000.

Unidade Didática II Escrituração Contábil

**4ª Operação: AVP em 28/02/X2 (2° mês) →[(Clientes - AVP a apropriar) x (taxa)] → [(20.000 - 7.162,76) x (3%)] → (12.837,24x3% → 385,12)**

D: (-) AVP Juros a apropriar (conta retificadora de Duplicatas a Receber).....................(1.1.2.01.0004) R$ 385,12

C: Receita financeira.....................(5.1.6.02.0002) R$ 385,12

**Situação Patrimonial após a 4ª operação: 28/02/X2**

| **Ativo Circulante** | **Passivo Circulante** |
|---|---|
| Caixa.....................200.000<br>Estoques.....................300.000<br>Clientes.....................20.000<br>**(-) AVP Juros a apropriar ......(6.777,64)[d]** | |
| **Ativo Não Circulante**<br>Imóveis.....................1.500.00 | **Ativo Não Circulante** |
| | **PL**<br>Capital Social.....................2.000.000<br>**Lucros Acumulados.....................13.222,36[e]** |

**Legenda:** (d) 7.162,76 - 385,12 → 6.777,64. Ou seja, à medida que passa o tempo a conta retificadora vai se aproximando de zero.

(e) 12.837,24+ 385,12 → 13.222,36. Ou seja, à medida que passa o tempo a receita financeira vai se incorporando ao lucro até chegar em 20.000.

Esse processo se repete nos 14 meses seguintes até o saldo da conta retificadora **AVP Juros a apropriar zerar.**

# 10. ANÁLISE INTEGRADA DA ESCRITURAÇÃO

## 10.1. Não cumulatividade e Base Cálculo conforme o destino da mercadoria ou produto

O Quadro 9.11 contém a relação entre IPI e ICMS na aquisição de mercadorias ou produtos conforme a destinação.

## Quadro 9.11: Interseção entre IPI, ICMS, PIS e COFINS quanto à base de cálculo e cumulatividade

| Destinação | IPI | ICMS | IPI compõe a base de cálculo do ICMS | PIS/ CONFINS não cumulativos | IPI compõe a base de cálculo do PIS/ COFINS não cumulativos | ICMS compõe a base de cálculo do PIS/ COFINS não cumulativos[a] |
|---|---|---|---|---|---|---|
| **1.Consumo** | Não recupera | Não recupera | Sim | Não recupera | Sim | Não |
| **2.Ativo Imobilizado para uso empresarial** | Não recupera | Recupera 1/48 por mês | Sim | Não recupera | Sim | Não |
| **3.Comércio** | Não recupera | Recupera | Não | Recupera[b] | Sim | Não |
| **4.Indústria** | Recupera | Recupera | Não | Recupera[b] | Não | Não |

**Legenda:** (a) RE 574.706/2021 Plenário STF. (b) Base contra Base.

| PIS, PASEP e COFINS cumulativos |
|---|
| Independente da destinação: não recupera. |

**Chamada 42 do autor:** Análise Integrada dos Tributos envolvendo Operações com Mercadorias

| Simulação 09 – Aplicação conjunta com PIS e COFINS não cumulativo |
|---|

Em março de X0, Cia Industrial GOLF revende mercadoria por R$ 300.000 para Cia Industrial HOTEL. Foi concedido um desconto comercial de 20% a empresa HOTEL. Calcule a Receita Líquida de GOLF considerando uma alíquota de 20% de ICMS, 10% de IPI, 1,65% de PIS e 7,6% de COFINS.

| Companhia Industrial | Operação | Desconto comercial | Base de Cálculo | IPI a recolher | ICMS a recolher | Valor a Pagar pela Cia HOTEL |
|---|---|---|---|---|---|---|
| **GOLF** | **R$ 300.000** | **R$ 60.000** (20% de 300.000) | **R$ 240.000** (300.000 – 60.000) | **R$ 24.000** (10% de 240.000) | **R$ 48.000** (20% de 240.000) | **R$ 264.000** (pois 48.000 é imposto por dentro e 24.000 por fora) |

| Base do PIS e da COFINS | PIS | COFINS |
|---|---|---|
| **R$ 192.000** | **R$ 3.168**<br>**(192.000 x 1,65%)** | **R$ 14.592**<br>**(192.000 x 7,60%)** |

Se empresa HOTEL não fosse uma empresa industrial contribuinte do IPI, mas apenas do ICMS, a base de cálculo do PIS e da COFINS incluiria o IPI: 192.000 + 24.000 = 216.000.

Receita Líquida = **324.000 - 60.000 - 24.000- 48.000 - 3.168 - 14.592 =** R$ 174.240.

## 10.2. É possível a compensação cruzada entre tributos distintos?

Nos tópicos 5 e 6 observou-se que em determinadas circunstâncias pode-se realizar o encontro de contas entre: IPI a recolher e IPI a Recuperar; ICMS a recolher e ICMS a recuperar. Fica a dúvida se poderia haver o encontro de contas cruzado para fins de evidenciação. A resposta é não, pois trata-se de tributos distintos e em conformidade com a Lei nº 6.404/1976:

> *Lei nº 6.404/1976*
>
> *Art. 178.*
>
> *§ 3º Os saldos devedores e credores que a companhia não tiver direito de compensar serão classificados separadamente.*

## 10.3. Aquisição de Estoques: apuração pelo custo histórico

Uma informação essencial para tomada de decisão é a Entidade o custo de aquisição das mercadorias. Inclusive uma das bases de mensuração custo histórico depende dessa informação.

Compras Líquidas = Compras Brutas (valor da nota fiscal) - Tributos Recuperáveis + Fretes/ Seguros/Armazenagem - Deduções de Compras

**Chamada 43 do autor:** Compras Líquidas

**Simulação 10 - Compras Líquidas**

Em março de X0, Cia Atacadista MIKE adquiriu da Cia NOVEMBER bolsas para revenda no valor de R$ 80.000. Foram cobrados R$ 4.000 de fretes e R$ 1.000 de seguros. Incidem sobre a operação 10% de IPI e 20% de ICMS.

| Companhia Atacadista | Valor Operação | Fretes e Seguros | Base de Cálculo | IPI a recolher | ICMS a recolher |
|---|---|---|---|---|---|
| **NOVEMBER** | **R$ 80.000** | **R$ 5.000** | **R$ 85.000** | **R$ 8.500** | **R$ 17.000** |

O valor total da nota fiscal ficou R$ 93.500 (80.000 + 5.000 + 8.500). Por ser uma Cia Atacadista que adquiriu bolsas para revenda, a Cia MIKE não é contribuinte do IPI, mas é do ICMS, vide linha 3 do Quadro 9.11. Logo, o IPI fica fora da base de cálculo do ICMS e não é recuperável.

Assim:

Compras Líquidas para Cia MIKE = **Compras Brutas (valor da nota fiscal) - Tributos Recuperáveis + Fretes/Seguros/Armazenagem - Deduções de Compras** = 93.500 - 17.000 - 0 = **R$ 76.500.**

## 11. DUPLICATAS A RECEBER E PERDAS ESTIMADAS

Após vender a prazo, pode-se chegar a conclusão que um risco de inadimplência que não existia, surgiu. No âmbito da Contabilidade Geral, esse risco de inadimplência quando provável, deve ser registrado por meio da conta: **Perdas Estimadas de Créditos de Liquidação Duvidosa** (PECLD).

**Simulação 11 - Perdas Estimadas de Créditos de Liquidação Duvidosa**

Em março de X0, Cia Atacadista GOLF vende mercadoria a prazo por R$ 300.000 cujo estoque associado era de 180.000. Não há incidência de IPI. Posteriormente, 30/06/X0 detecta-se que existe 30% de inadimplência da Operação.

**Registro da Venda completo (Receita e CMV) em 31/03/X0**

D: Duplicatas a receber (ativo)........................................ R$ 300.000

C: Vendas (resultado: receita)........................................ R$ 300.000

D: Custo das Mercadorias Vendidas - CMV (resultado: despesa)......... R$ 180.000

C: Estoques (ativo)........................................ R$ 180.000

**Registro da Perda Estimada (30%) em 30/06/X0**

D: Despesas com PECLD (resultado: despesa)........................................ R$ 90.000

C: (-)PECLD (contas retificadora de Duplicatas a receber)........................ R$ 90.000

**Caso posteriormente conclua-se em 30/09/X0 que o risco de inadimplência caia para 10%, deve registrar a receita de reversão Perdas Estimadas de Créditos de Liquidação Duvidosa.**

**Registro da Receita de Reversão da Perda Estimada (20% → Era 30% e caiu para 10%) em 30/09/X1**

D: (-)PECLD (contas retificadora de Duplicatas a receber)........................ R$ 60.000

C: Receita de Reversão com PECLD (resultado: receita).......................... R$ 60.000

**Chamada 44 do autor:** Perdas Estimadas de Créditos de Liquidação Duvidosa

**Curiosidade sobre a contabilização de perdas estimadas de créditos de liquidação duvidosa**

**Para empresas que utilizam o Lucro Real (ver capítulo 20), existem situações específicas em que não se utiliza a conta retificadora "perdas estimadas de créditos de liquidação duvidosa".**

**A seguir segue trecho do Decreto 9.580/2018:**

Art. 347. As perdas no recebimento de créditos decorrentes das atividades da pessoa jurídica poderão ser deduzidas como despesas, para fins de determinação do lucro real, observado o disposto neste artigo (Lei nº 9.430, de 1996, art. 9º, **caput**).

§ 1º Poderão ser registrados como perda os créditos (Lei nº 9.430, de 1996, art. 9º, § 1º):

I - em relação aos quais tenha havido a declaração de insolvência do devedor, em sentença emanada do Poder Judiciário;

II - sem garantia, de valor:

a) até R$ 15.000,00 (quinze mil reais), por operação, vencidos há mais de seis meses, independentemente de iniciados os procedimentos judiciais para o seu recebimento;

b) acima de R$ 15.000,00 (quinze mil reais) até R$ 100.000,00 (cem mil reais), por operação, vencidos há mais de um ano, independentemente de iniciados os procedimentos judiciais para o seu recebimento, mantida a cobrança administrativa; e

c) superior a R$ 100.000,00 (cem mil reais), vencidos há mais de um ano, desde que iniciados e mantidos os procedimentos judiciais para o seu recebimento;

III - com garantia, vencidos há mais de dois anos, de valor:

a) até R$ 50.000,00 (cinquenta mil reais), independentemente de iniciados os procedimentos judiciais para o seu recebimento ou o arresto das garantias; e

b) superior a R$ 50.000,00 (cinquenta mil reais), desde que iniciados e mantidos os procedimentos judiciais para o seu recebimento ou o arresto das garantias; e

IV - contra devedor declarado falido ou pessoa jurídica em concordata ou recuperação judicial, relativamente à parcela que exceder o valor que esta tenha se comprometido a pagar, observado o disposto no § 6º.

§ 2º Para os contratos inadimplidos anteriormente a 8 de outubro de 2014 poderão ser registrados como perda os créditos (Lei nº 9.430, de 1996, art. 9º, § 1º):

I - em relação aos quais tenha havido a declaração de insolvência do devedor, em sentença emanada do Poder Judiciário;

II - sem garantia, de valor:

a) até R$ 5.000,00 (cinco mil reais), por operação, vencidos há mais de seis meses, independentemente de iniciados os procedimentos judiciais para o seu recebimento;

b) acima de R$ 5.000,00 (cinco mil reais) até 30.000,00 (trinta mil reais), por operação, vencidos há mais de um ano, independentemente de iniciados os procedimentos judiciais para o seu recebimento, porém, mantida a cobrança administrativa; e

c) superior a R$ 30.000,00 (trinta mil reais), vencidos há mais de um ano, desde que iniciados e mantidos os procedimentos judiciais para o seu recebimento;

III - com garantia, vencidos há mais de dois anos, desde que iniciados e mantidos os procedimentos judiciais para o seu recebimento ou o arresto das garantias; e

IV - contra devedor declarado falido ou pessoa jurídica em concordata ou recuperação judicial, relativamente à parcela que exceder o valor que esta tenha se comprometido a pagar, observado o disposto no § 6°. (Lei nº 9.430, de 1996, art. 9°, § 1°, inciso IV)

§ 3° Na hipótese de contrato de crédito em que o não pagamento de uma ou mais parcelas implicar o vencimento automático de todas as demais parcelas vincendas, os limites a que se referem as alíneas "a" e "b" do inciso II do § 1° e as alíneas "a" e "b" do inciso II do § 2° serão considerados em relação ao total dos créditos, por operação, com o mesmo devedor. (Lei nº 9.430, de 1996, art. 9°, § 2°)

§ 4° Para os fins do disposto nesta Subseção, considera-se crédito garantido aquele proveniente de (Lei nº 9.430, de 1996, art. 9°, § 3°):

I - vendas com reserva de domínio;

II - alienação fiduciária em garantia; ou

III - operações com outras garantias reais.

§ 5° Na hipótese de crédito com pessoa jurídica em processo falimentar, em concordata ou em recuperação judicial, a dedução da perda será admitida a partir da data da decretação da falência ou do deferimento do processamento da concordata ou da recuperação judicial, desde que a credora tenha adotado os procedimentos judiciais necessários para o recebimento do crédito (Lei nº 9.430, de 1996, art. 9°, § 4°).

§ 6° A parcela do crédito cujo compromisso de pagar não houver sido honrado pela pessoa jurídica em concordata ou recuperação judicial poderá, também, ser deduzida como perda, observadas as condições previstas neste artigo (Lei nº 9.430, de 1996, art. 9°, § 5°).

§ 7° Não será admitida a dedução de perda no recebimento de créditos com pessoa jurídica que seja controladora, controlada, coligada ou interligada, e com pessoa física que seja acionista controlador, sócio, titular ou administrador da pessoa jurídica credora, ou parente até o terceiro grau dessas pessoas físicas (Lei nº 9.430, de 1996, art. 9°, § 6°).

**Registro contábil das perdas**

**Art. 348. Os registros contábeis das perdas admitidas nesta Subseção serão efetuados a débito de conta de resultado e a crédito** (Lei nº 9.430, de 1996, art. 10, caput):

**I - da conta que registra o crédito de que tratam a alínea "a" do inciso II do § 1° do art. 347 e a alínea "a" do inciso II do § 2° do art. 347** (Lei nº 9.430, de 1996, art. 10, caput, inciso I); e

**II - de conta redutora do crédito, nas demais hipóteses** (Lei nº 9.430, de 1996, art. 10, caput, inciso II).

§ 1° Na hipótese de desistência da cobrança pela via judicial antes de decorrido o prazo de cinco anos, contado da data do vencimento do crédito, a perda eventualmente registrada deverá ser estornada ou adicionada ao lucro líquido, para fins de determinação do lucro real correspondente ao período de apuração em que se der a desistência (Lei nº 9.430, de 1996, art. 10, § 1°).

§ 2° Na hipótese prevista no § 1°, o imposto será considerado como postergado desde o período de apuração em que tenha sido reconhecida a perda (Lei nº 9.430, de 1996, art. 10, § 2°).

§ 3° Se a solução da cobrança se der em decorrência de acordo homologado por sentença judicial, o valor da perda a ser estornado ou adicionado ao lucro líquido para determinação do lucro real será igual à soma da quantia recebida com o saldo a receber renegociado, hipótese em que não será aplicável o disposto no § 2° (Lei nº 9.430, de 1996, art. 10, § 3°).

§ 4° Os valores registrados na conta redutora do crédito, referida no inciso II do *caput*, poderão ser baixados definitivamente em contrapartida à conta que registre o crédito, a partir do período de apuração em que se completar cinco anos do vencimento do crédito sem que este tenha sido liquidado pelo devedor (Lei nº 9.430, de 1996, art. 10, § 4°).

> **Assim, no caso de:** **(i)** créditos sem garantia, de valor até R$ 15.000,00 (quinze mil reais), por operação, vencidos há mais de seis meses, independentemente de iniciados os procedimentos judiciais para o seu recebimento; e **(ii)** contratos inadimplidos anteriormente a 8 de outubro de 2014 poderão ser registrados como perda os créditos sem garantia, de valor até R$ 5.000,00 (cinco mil reais), por operação, vencidos há mais de seis meses, independentemente de iniciados os procedimentos judiciais para o seu recebimento; **credita-se diretamente na conta principal, sem utilizar a conta redutora.**

## 12. RECEITA DE CONTRATOS COM CLIENTES

De acordo com o CPC 47, contrato é um acordo entre duas ou mais partes que cria direitos e obrigações exigíveis. A exigibilidade dos direitos e obrigações em contrato é matéria legal. Contratos podem ser escritos, verbais ou sugeridos pelas práticas usuais de negócios da entidade. As práticas e os processos para estabelecer contratos com clientes variam entre jurisdições, setores e entidade. Além disso, eles podem variar dentro da entidade (por exemplo, eles podem depender da classe do cliente ou da natureza dos bens ou serviços prometidos). A entidade deve considerar essas práticas e processos ao determinar se e quando um acordo com o cliente cria direitos e obrigações exigíveis.

A entidade deve contabilizar os efeitos de um contrato com um cliente que esteja dentro do alcance do CPC 47 **somente quando todos os critérios a seguir forem atendidos**:

| |
|---|
| (a) quando as partes do contrato aprovarem o contrato (por escrito, verbalmente ou de acordo com outras práticas usuais de negócios) e estiverem comprometidas em cumprir suas respectivas obrigações. |
| (b) quando a entidade puder identificar os direitos de cada parte em relação aos bens ou serviços a serem transferidos. |
| (c) quando a entidade puder identificar os termos de pagamento para os bens ou serviços a serem transferidos. |
| (d) quando o contrato possuir substância comercial (ou seja, espera-se que o risco, a época ou o valor dos fluxos de caixa futuros da entidade se modifiquem como resultado do contrato). |
| (e) quando for provável que a entidade receberá a contraprestação à qual terá direito em troca dos bens ou serviços que serão transferidos ao cliente. Ao avaliar se a possibilidade de recebimento do valor da contraprestação é provável, a entidade deve considerar apenas a capacidade e a intenção do cliente de pagar esse valor da contraprestação quando devido. O valor da contraprestação à qual a entidade tem direito pode ser inferior ao preço declarado no contrato se a contraprestação for variável, pois a entidade pode oferecer ao cliente uma redução de preço. |

O modelo de cinco passos proposto pelo Pronunciamento CPC 47 contempla: 1) a identificação do contrato; 2) a identificação das obrigações de desempenho/performance; 3) a determinação do preço da transação; 4) a alocação do preço da transação; e 5) o reconhecimento da receita.

## Quadro 9.12: Modelo de 5 passos do CPC 47

| | |
|---|---|
| 1º Passo - identificação do contrato | A identificação da existência do contrato com o cliente (passo 1) vai além de reconhecer um acordo escrito entre as partes, visto que esse acordo pode ser verbal ou mesmo representado pelas práticas costumeiras da entidade — seja como for, a existência desse acordo é condição sine qua non para o posterior reconhecimento da receita. |
| 2º Passo - identificação das obrigações de desempenho/performance | Existindo o contrato, cabe verificar as obrigações de desempenho contempladas no contrato (passo 2), ou seja, o tipo de promessa contratual de entrega de bem ou serviço que a entidade vendedora assumiu para com o comprador, pois a satisfação dessas obrigações condicionará o momento e o montante do reconhecimento da receita. |
| 3º Passo - determinação do preço da transação | Cumpridos esses processos de identificação, a entidade deve determinar o preço da transação (passo 3), que corresponde ao valor da contraprestação que a entidade espera ter direito pela transferência dos bens ou serviços prometidos ao cliente, o que pode incluir valores fixos, variáveis ou ambos, cabendo ressaltar que, se for mais do que provável a ocorrência de componentes relevantes de contraprestação variável, tais como descontos, abatimentos, restituições, créditos, concessões de preços, incentivos e bônus de desempenho, estes devem ser estimados e deduzidos da receita a ser reconhecida. |
| 4º Passo - alocação do preço da transação | Cumprido esse passo essencial, cabe alocar os preços então determinados às obrigações de desempenho já identificadas (passo 4), recorrendo-se, para tanto, aos preços individuais observados dos produtos ou serviços transferidos ao cliente. Quando tais preços não forem diretamente observáveis, pode-se, eventualmente, requerer uma estimativa. |
| 5º Passo - reconhecimento da receita | Coroando todo esse processo, o quinto passo envolve o reconhecimento contábil da receita quando as obrigações de desempenho identificadas tiverem sido satisfeitas pelo vendedor, o que implica a transferência do controle dos bens ou serviços prometidos ao cliente comprador, independentemente de isso se dar ao longo do tempo ou em um momento específico. Esse momento não necessariamente coincide com o momento exigido para fins fiscais. |

**Questão de Reforço - CGE-PB - Auditor Contábil e Finanças Públicas 2024 FGV**

Uma empresa comercial vende eletrodomésticos e as informações sobre preços de venda e de custos dos produtos unitários são os seguintes:

| Item | Preço de Venda | Custo |
|---|---|---|
| Geladeira | R$ 600 | R$ 260 |
| Fogão | R$ 600 | R$ 275 |
| Máquina de lavar | R$ 800 | R$ 400 |

Unidade Didática II
Escrituração Contábil

Os clientes podem contratar a compra individualmente pelos preços indicados ou um pacote de três itens pelo preço de R$ 1.800. A partir disso, a empresa vendeu 100 unidades de máquina de lavar, com a política de devolução de 60 dias. As estimativas, com base na experiência anterior com vendas desse produto, indicam que 4% das unidades serão devolvidas. Em seguida, a empresa vendeu 300 pacotes de eletrodomésticos. A contratante pagou 20% em dinheiro na assinatura do contrato e pagará o restante na entrega. Para garantir a entrega dos pacotes de eletrodomésticos, a contratante oferece um pagamento de bônus de 10% se a empresa entregar em 30 dias. A vendedora estima que suas chances de cumprir o prazo dos 30 dias são de 90%, com base em uma série de contratos anteriores de escala semelhante. Considerando-se as informações fornecidas, a empresa apresentará uma receita líquida total de:

(A) R$ 736.800;

(B) R$ 670.800;

(C) R$ 620.000;

(D) R$ 616.800;

(E) R$ 552.000.

**Solução**

| Item | Receita Bruta | Ajuste | Receita Líquida |
|---|---|---|---|
| Máquina de Lavar | 100x800= 80.000 | (-) 4% x 80.000 = 3.200 | R$ 76.800 |
| Pacote completo | 300x1.800= 540.000 | 540.000 + Bônus de 54.000 | R$ 540.000 + R$ 54.000 = R$ 594.000 |
| | **Total** | | **R$ 670.800** |

Em receita de contratos com clientes utiliza a técnica do valor mais provável. Pela técnica do valor mais provável, se verifica se a probabilidade é superior a 50% e aplica-se o valor variável integral e não proporcional. Como no caso fora 90%, pela técnica valor provável considera-se o valor integral de R$ 594.000 e não 90% desse valor.

Gabarito: **B**

## 13. IBS, CBS E IS: PRINCIPAIS ASPECTOS QUE IMPACTAM OS REGISTROS CONTÁBEIS

A Figura 9.11 e o Quadro 9.13 contêm os principais tributos em operações com serviços e mercadorias e suas características considerando a EC 132/2023.

**Figura 9.11:** Sistema do Imposto sobre Valor Agregado Dual da EC 132/2023

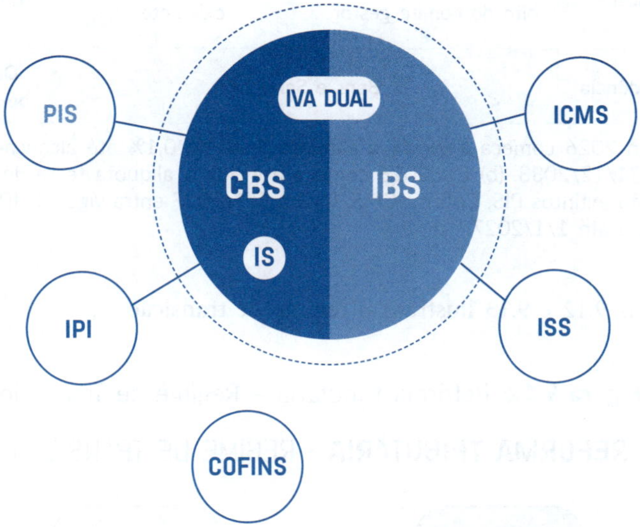


**Quadro 9.13:** Características dos tributos incidentes sobre operações com serviços e mercadorias após a implementação total da EC 132/2023

| Tributo | IBS - Imposto sobre bens e serviços | CBS - Contribuição sobre bens e serviços | IS - Imposto Seletivo |
|---|---|---|---|
| **Imposto substituído** | ICMS e ISS | PIS, Cofins, Parte do IPI | Parte do IPI |
| **Incidência sobre a Base de Cálculo** | **Por fora** | **Por fora** | **Por fora** |
| **Cumulatividade** | **Não cumulativo (Lei Complementar 214/2025)** | **Não cumulativo (Lei Complementar 214/2025)** | **Não cumulativo (Lei Complementar 214/2025)** |
| **Recuperação de Créditos de Operações Anteriores** | **Sim** | **Sim** | **Não** |
| **Alíquota de referência** | 17,7%[a] | 8,8%[b] | 24,5%[c] |
| **Destinação** | Sem destinação específica | Seguridade Social (saúde, assistência social, previdência social) | Sem destinação específica |
| **Alíquota** | Soma das alíquotas estaduais e municipais | Alíquota única nacional | Alíquota única nacional |

| **Processo Administrativo Fiscal** | Legislação própria e rito específico no âmbito do comitê gestor | Adota rito do processo administrativo federal já existente | Adota rito do processo administrativo federal já existente |
|---|---|---|---|
| **Basse de Incidência** | **Bens e Serviços** | | **Determinados bens e serviços**[9] |

**Legenda:** (a) Em 2026 começa a incidir a alíquota teste de 0,1% até alcançar a alíquota de referência em 31/12/2033. (b) Em 2026 começa a incidir a alíquota teste de 0,9%. A partir de 1/1/2027 são extintos PIS, Cofins, ICMS. (c) Em 1/1/2027 entra vigor. O IPI deve ter suas alíquotas zeradas até 1/1/2027.

As Figuras 9.12 e 9.13 ilustram o regime de transição.

**Figura 9.12:** Reforma tributária - Regime de Transição

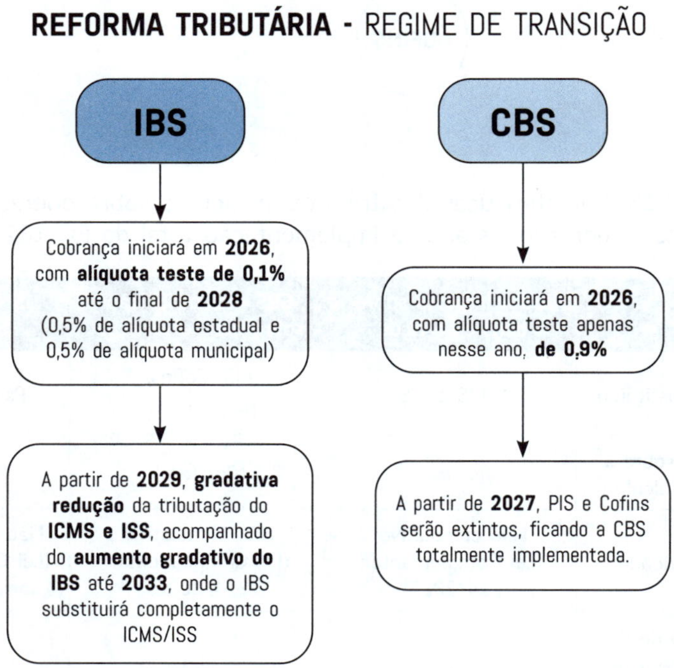


9 Cigarros; Bebidas alcoólicas; Pesticidas; Bebidas e alimentos com alto teor de açúcar; Produtos prejudiciais ao meio ambiente; Veículos poluentes (incluindo carros elétricos).

**Figura 9.13:** Reforma tributária - Regime de Transição

**2026** – Início da cobrança de CBS e do IBS

**2027** – Criação do IS e fim do IPI e do PIS/COFINS

**2029** – A cobrança do ICMS e do ISS começa a ser reduzida de forma escalonada

**2033** – O ICMS e ISS serão extintos, com a alíquota cheia do IVA subnacional (IBS) aplicada.



**Simulação 12 - Operação hipotética com o novo modelo IVA dual**

Em janeiro de X0, Cia Industrial X vende mercadoria de R$ 200.000 para Cia Industrial Y que depois vende para Cia Industrial Z por R$ 250.000 que vende ao consumidor final por R$ 280.000. Essa mercadoria não está sujeita ao Imposto Seletivo. Considerar-se-á 30% o somatório das alíquotas do IBS e da CBS.

| Operação entre as Companhias Industriais | Operação | IVA dual cobrado a pagar | Valor da Nota | IVA a recuperar | Resultado final |
|---|---|---|---|---|---|
| X vende para Y | R$ 200.000 | 30% de R$ 200.000 = **R$ 60.000** | R$ 260.000 | ---xxx---- | IVA a recolher de R$ 60.000 |
| Y vende para Z | R$ 250.000 | 30% de R$ 250.000 = **R$ 75.000** | R$ 325.000 | **R$ 60.000** (Y comprou de X) | IVA a recolher de R$ 15.000 |
| Z vende para o consumidor | R$ 280.000 | 30% de R$ 280.000 = **R$ 84.000** | R$ 364.000 | **R$ 75.000** (Z comprou de Y) | IVA a recolher de R$ 9.000 |
| Total de IVA a recolher | | | | | R$ 84.000 |

A Alíquota final do IVA **pelo instituto não cumulatividade incidirá sobre R$ 280 mil e não sobre o total das operações: R$ 730.000**. No IVA dual toda a cobrança é por fora da operação. **O valor final das notas fiscais seria de R$ 949.000.**

**Cabe lembrar que o IVA a recuperar não compõe o custo do estoque.**

## 14. LISTA DE QUESTÕES OBJETIVAS

### 1ª Questão (Receita Federal Analista Tributário 2012 ESAF)

Considere uma operação de compra de materiais para revender, constante de 300 unidades ao preço unitário de R$ 600,00, com incidência de ICMS a 12% e de IPI a 8%. Se a operação for realizada a prazo, vai gerar uma dívida, com fornecedores, no valor de

a) R$ 172.800,00.

b) R$ 180.000,00.

c) R$ 194.400,00.

d) R$ 201.600,00.

e) R$ 216.000,00.

## Solução

O IPI é um imposto por fora e o ICMS por dentro. Considerando o preço da mercadoria tem-se:

**Valor da Operação** = 30x R$ 600 = **R$ 180.000**

Aplica-se o IPI e soma-se: 180.000 + 8% → 180.000 + 14.400 → R$ **194.400**

O ICMS já está incluso no valor da operação e não interfere.

Gabarito: **C**

## 2ª Questão (Receita Federal Analista Tributário 2012 ESAF)

A empresa Confiante Ltda. apresenta a seguinte movimentação com créditos a receber e clientes:

No balanço de 2010, em 31/12: tinha créditos a receber de R$ 2.800,00 e provisão para perdas prováveis de R$84,00.

Durante o exercício de 2011, contabilizou o recebimento de créditos R$ 980,00; a baixa por não recebimento R$120,00; a incorporação de novos créditos a receber R$1.700,00; o desconto de duplicatas no banco R$ 500,00.

Em 31/12/2011, para fins de balanço, deverá fazer uma nova provisão para perdas prováveis, no montante de

a) R$ 51,00.

b) R$ 84,00.

c) R$ 87,00.

d) R$ 102,00.

e) R$ 171,00

## Solução

A questão não deu o percentual de perdas estimadas. E esse percentual pode mudar a cada ano. É uma mudança de estimativa (ver capítulo 27) e é comum que ocorra. Contudo como não foi passada estimativa de perda em 2011, deve-se utilizar a mesma para 2010 (84/2800 → 3,00%).

Nessa questão sugere-se usar os razonetes com as contas envolvidas.

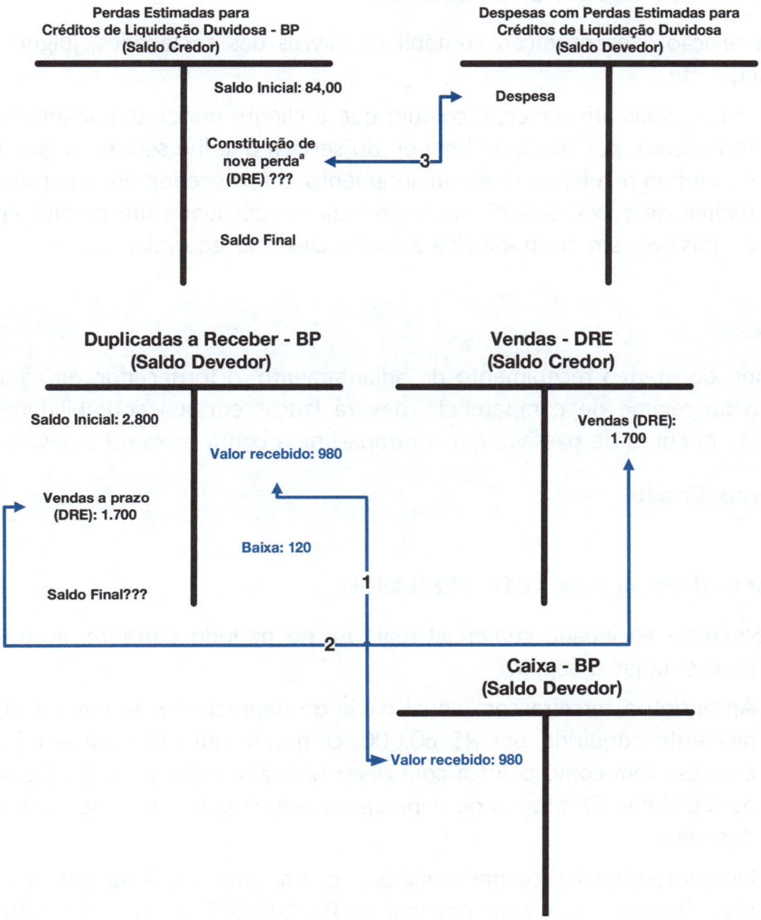


Utilizando os razonetes, chega-se ao saldo final de duplicatas a receber. A conta duplicatas descontadas é um passivo a parte e não interfere nessas transações (mais detalhes no Capítulo 10).

Saldo Inicial + Vendas a Prazo – Recebimentos – Baixa = Saldo Final →

2.800+1.700 - 980 - 120 = Saldo Final → Saldo Final = R$ 3.400. Na sequência aplica 3% para se chegar a perda estimada de 31/12/2011 → 3% x 3.400 → 102. Assim, deve-se o inserir valor adicional para se chegar aos 102, qual seja: 18 (102-84).

Contudo a banca ESAF nessa questão de forma incorreta decidiu deduzir as duplicadas do Saldo final: 3400-500 = 2.900. Assim, a perda estimada foi de 3% x 2.900 → 87. E como já se tinha 84, deve-se incorporar 3 de despesas com perdas.

Gabarito: **C**

## 3ª Questão (DPF Agente 2018 CEBRASPE)

Com relação à escrituração contábil nos livros das sociedades, julgue os item subsequente.

3. Em algumas atividades, é comum que o cliente realize um adiantamento ao fornecedor, por conta do bem ou do serviço que lhe será entregue. Quando do efetivo recebimento do adiantamento, o fornecedor, em cumprimento ao regime de caixa, deverá lançar em sua contabilidade um crédito em conta de passivo, em contrapartida à conta caixa ou equivalentes.

### Solução

Quando do efetivo recebimento do adiantamento, o fornecedor, em cumprimento ao regime de competência, deverá lançar em sua contabilidade um crédito em conta de passivo, em contrapartida à conta caixa ou equivalentes.

Gabarito: **Errado**

## 4ª Questão (DPF Agente 2018 CEBRASPE)

Determinada sociedade comercial realizou, no período corrente, as transações apresentadas a seguir.

- Apropriou a terceira cota anual cheia de depreciação de um veículo, originalmente adquirido por R$ 60.000, com vida útil estimada em 5 anos. A empresa tem como política considerar um valor residual de 10% para todos os seus bens. O método de depreciação empregado é o da soma dos dígitos dos anos.
- Descontou, no banco onde mantém conta, uma duplicata a vencer em 60 dias. O título, com valor nominal de R$ 100.000, gerou um crédito de R$ 97.000 na conta corrente da empresa.
- Vendeu mercadorias por R$ 10.000, líquido de tributos, realizando a baixa dos estoques correspondentes, no valor de R$ 5.500. Nessa situação hipotética,

4. A venda de mercadorias gerou um resultado com mercadorias de R$ 4.500.

### Solução

**Registro da Venda completo (Receita e CMV) em 31/03/X0**

D: Duplicatas a receber (ativo)................ R$ 10.000

C: Vendas (resultado: receita)................ R$ 10.000

D: Custo das Mercadorias Vendidas - CMV (resultado: despesa)... R$ 5.500

C: Estoques (ativo)................ R$ 5.500

Lucro = Vendas - CMV = 10.000 - 5.500 = 4.500.

Gabarito: **Certo**

## 5ª Questão (ICMS/BA Auditor Fiscal 2019 FCC)

No dia 01/12/2018 a empresa "Só no Sapatinho S.A." realizou as seguintes vendas de mercadorias:

-Vendas à vista ..........................R$ 500.000

-Vendas a prazo..........................R$ 660.000

As vendas a prazo serão recebidas integralmente em 01/12/2020 e a empresa estava praticando para elas, na data da venda, taxa de juros de 0,398% ao mês, equivalente a 4,88% ao ano e a 10% para o período de 2 anos.

A empresa "Só no Sapatinho S.A." reconheceu, na Demonstração do Resultado do Exercício de 2018, exclusivamente em relação às vendas efetuadas em 01/12/2018, Receita de Vendas no valor de:

a) R$ 1.160.000,00, apenas.

b) R$ 1.100.000,00, apenas.

c) R$ 1.094.000,00 e Receita Financeira no valor de R$ 2.364,12.

d) R$ 1.100.000,00 e Receita Financeira no valor de R$ 2.388,00.

e) R$ 1.200.000,00 e Receita Financeira no valor de R$ 4.616,80.

### Solução

**Evento em 01/12/2018**

D Caixa ..........................................................................................500.000

C Receitas .......................................................................................500.000

**Evento em 01/12/2018**

D Duplicatas a Receber ........................................................................ 660.000

D Dedução da Receita - Ajuste a Valor Presente ..................................... 66.000

C Ajuste a Valor Presente (retificadora do Ativo .................................... 66.000

C Receitas .......................................................................................660.000

**Evento em 31/12/2018**

D ajuste a valor presente (retificadora do ativo ..................................2.364,12

D Receita Financeira.........................................................................2.364,12[a]

**(a): (660.000-66.000)* 0,398% = 2.364,12**

**DRE em 31/12/2018**

Receita de Vendas ........................................................................... 1.100.000

Dedução.......................................................................................... 66.000

**Receita Líquida de Vendas.................................................................. 1.094.000**

**Receita Financeira (dezembro ............................................................2.364,12**

Gabarito: **C**

### 6ª e 7ª Questões (DPF Agente e Escrivão 2021 CEBRASPE)

Considere que determinada empresa possua, entre seus ativos, alguns recebíveis oriundos de vendas a prazo, cujo recebimento não é considerado líquido e certo. Diante dessa situação hipotética, julgue os itens a seguir.

6. O procedimento contábil indicado para o caso é avaliar tais recebíveis pelo seu valor líquido de realização, efetuando-se os ajustes contábeis necessários para que o valor do patrimônio da empresa passe a refletir as perdas estimadas relacionadas aos recebíveis cuja liquidação tenha caráter duvidoso.
7. As perdas estimadas relacionadas a recebíveis de liquidação duvidosa devem ser reconhecidas como despesas, em contrapartida à própria conta de ativo que representa esses recebíveis.

#### Solução

6. Os ativos devem ser registrados pelos valores dos benefícios econômicos que se espera dele. Nesse caso, é correto que os recebíveis nos quais haja expectativas de perdas no recebimento, devem ser ajustados, constituindo-se as perdas estimadas.
7. O lançamento da estimativa de perda será efetuado em conta retificadora e não nos recebíveis (duplicatas):

D: Despesas com Perdas Estimadas de Crédito de Liquidação Duvidosa

C: Perdas estimadas de Crédito de Liquidação Duvidosa (retificadora do ativo)

Não será feito na mesma conta que registra os valores a receber: Duplicatas a receber ou Clientes.

Gabarito

6. **Certo**

7. **Errado**

## 15. LISTA DE QUESTÕES DISCURSIVAS

### 1ª Questão (SEFAZ-AL Auditor Fiscal da Receita Estadual 2020 CEBRASPE)

No dia 10/6/2019, a empresa Alfa Ltda., situada no estado de Pernambuco, realizou operação de comercialização de três mil camisetas à empresa Beta Ltda., situada no estado de Alagoas e contribuinte do ICMS nesse estado, com o objetivo de que a entrega fosse realizada em até vinte dias. A empresa Alfa Ltda. produz internamente todos os insumos necessários para a fabricação das camisetas.

Na nota fiscal, constavam as seguintes informações:

- valor da mercadoria: R$ 60.000;
- valor do IPI: R$ 3.000;
- valor do frete: R$ 500;

- valor do seguro: R$ 500.

A mercadoria, que estava sujeita ao regime de pagamento antecipado do ICMS, foi retirada do estabelecimento localizado no estado de Pernambuco no dia 15/6/2019 e chegou ao estado de Alagoas em 17/6/2019, dia em que foi entregue à empresa destinatária. Em setembro de 2019, a mercadoria adquirida pela empresa Beta Ltda. foi totalmente vendida, para não contribuintes do ICMS no estado de Alagoas, no valor de R$ 120.000.

A alíquota interestadual aplicável para operações entre esses dois estados é de 12% e a alíquota interna de ICMS para camisetas em Alagoas é de 17%. Há decreto do Poder Executivo estadual especificando como 0% o percentual de agregação para fins da antecipação do ICMS para as camisetas.

Considerando essa situação hipotética, redija um texto, respondendo, de modo fundamentado, aos seguintes questionamentos.

1 Em que momento se considera ocorrido o fato gerador do ICMS na operação entre as citadas empresas? [valor: 7,75 pontos]

2 Qual o valor de ICMS a ser antecipado na operação? Informe o cálculo a ser feito. [valor: 8,00 pontos]

3 Qual o valor de ICMS a ser pago pela empresa Beta Ltda. após a venda das camisetas em setembro de 2019? Informe o cálculo a ser feito. [valor: 8,00 pontos]

Extensão máxima: **30 linhas**

## Resolução da Questão

Quanto ao item 1, segundo o art. 1.° da Lei n° 6.474/2004, é considerado ocorrido o fato gerador do ICMS no momento da entrada de mercadoria, no estado de Alagoas, pelo fato de a mercadoria estar sujeita ao regime de pagamento antecipado de ICMS:

> *Art. 1° Na entrada interestadual de mercadorias, bens ou serviços destinada a contribuinte do ICMS deste Estado, será exigido o pagamento antecipado do imposto relativo à diferença entre a alíquota interna e a interestadual, nos termos desta Lei.*

Portanto, considerando-se a situação hipotética, o fato gerador dessa operação ocorreu no dia em que a carga com camisetas entrou no estado de Alagoas, ou seja, no dia 17/6/2019.

Quanto ao item 2, de acordo com o § 1° do art. 2° da Lei n° 6.474/2004, será exigido o pagamento antecipado do imposto relativo à diferença entre a alíquota interna do estado de Alagoas e a interestadual quando da entrada interestadual de mercadorias para contribuinte do ICMS dentro do estado de Alagoas.

> *Art. 2°. [...]§ 1° Na entrada interestadual de mercadorias, bens ou serviços destinada a contribuinte do ICMS deste Estado, será exigido o pagamento antecipado do imposto relativo à diferença entre a alíquota interna e a interestadual, nos termos desta Lei. (Redação do caput dada pela Lei n° 7741 de 09/10/2015, efeitos a partir de 01/01/2016).*

Segundo o art. 2º, § 1º, da Lei nº 6.474/2004, "a base de cálculo do imposto antecipado relativo à diferença entre as alíquotas, referidas no caput deste artigo, será o valor total da aquisição da mercadoria, nele incluídos o montante do próprio imposto antecipado, o IPI, se for o caso, o frete e as demais despesas debitadas ao estabelecimento destinatário". Considerando essa informação, a base de cálculo do valor do ICMS a ser antecipado é o seguinte:

Base do ICMS na remessa = valor do produto + frete + seguros + IPI + ICMS antecipado base da remessa.

Base do ICMS na remessa = R$ 60.000,00 + R$ 500,00 + R$ 500,00 + R$ 3.000,00 + 17%* Base do ICMS na remessa.

Base do ICMS na remessa = R$ 64.000,00 + 0,17 * Base do ICMS na remessa.

Base do ICMS na remessa – 0,17 Base do ICMS na remessa = R$ 64.000,00

Base do ICMS na remessa*0,83 = R$ 64.000,00

Base do ICMS na remessa = R$ 64.000,00/0,83 = R$ 77.108,43

A partir da base de cálculo, chega-se aos seguintes valores de ICMS a ser antecipado:

ICMS antecipado = base do ICMS * (%alíquota do ICMS intra – %alíquota do ICMS inter).

ICMS antecipado = R$ 77.108,43* (17,00% – 12,00%)

ICMS antecipado = R$ 77.108,43 * (5,00%)

ICMS antecipado = R$ 77.108,43 * 0,05

ICMS antecipado = R$ 3.855,42.

Dessa forma, na referida operação, deverá ser antecipado o pagamento de ICMS de R$ 3.855,42.

Quanto ao item 3, nas operações de venda das camisetas pela empresa Beta Ltda. para não contribuintes do ICMS no estado de Alagoas, o ICMS está embutido no preço final da mercadoria. Como houve a antecipação de parte do valor do ICMS na aquisição das camisetas em junho de 2019, esse valor será abatido do valor a pagar em setembro de 2019.

O art. 34 da Lei nº 5.900/1996 admite a compensação do imposto pago no estado de Pernambuco pela empresa Alfa Ltda., para fins do cálculo do ICMS:

*Art. 34 – O direito ao crédito, para efeito de compensação com o débito do imposto reconhecido ao estabelecimento que tenha recebido as mercadorias ou para o qual tenham sido prestados os serviços, está condicionado à idoneidade da documentação e à escrituração nos prazos e condições estabelecidos no Regulamento.*

Dessa forma, o valor do ICMS a ser pago em setembro pela empresa Beta Ltda. é o seguinte: ICMS a pagar = (valor da operação * %alíquota do ICMS intra) – ICMS antecipado – ICMS operações anteriores. O ICMS pago no estado de Pernambuco é calculado utilizando o valor do produto com o frete e seguro, multiplicado pela alíquota interestadual de 12%, ou seja:

ICMS operações anteriores = (valor do produto + frete + seguros) * 12%.

ICMS operações anteriores = (R$ 60.000,00 + R$ 500,00 + R$ 500,00) * 12%.

ICMS operações anteriores = R$ 61.000,00 * 0,12

ICMS operações anteriores = R$ 7.320,00.

Com essa informação, passa-se a calcular o ICMS a pagar:

ICMS a pagar = (valor da operação * %alíquota do ICMS intra) - ICMS antecipado - ICMS operações anteriores.

ICMS a pagar = R$ 120.000,00 * 17,00% - R$ 3.855,42 - R$ 7.320,00.

ICMS a pagar = R$ 20.400,00 - R$ 3.855,42 - R$ 7.320,00.

ICMS a pagar = R$ 9.224,58.

## 2ª Questão (PG-DF Contador 2019 CEBRASPE)

Em dezembro de 2016, o Comitê de Pronunciamentos Contábeis (CPC) divulgou o Pronunciamento CPC 47, consolidando e atualizando alguns pronunciamentos que tratavam de receitas de contratos com clientes. Esse pronunciamento tem por objetivo determinar os princípios que as entidades devem aplicar para apresentar aos usuários de demonstrações contábeis informações úteis quanto às receitas e aos fluxos de caixa derivados de contrato com cliente. Para viabilizar sua aplicação, a nova norma contém um modelo de cinco passos a serem seguidos pelas entidades e cuja rigorosa observância é fundamental para que se cumpra o objetivo previsto.

Com relação ao referido modelo de cinco passos proposto pelo Pronunciamento CPC 47, redija um texto dissertativo abordando, necessariamente, os seguintes aspectos:

1 características dos passos um e dois; [valor: 15,00 pontos]

2 características dos passos três e quatro; [valor: 15,00 pontos]

3 forma e momento de realização do passo cinco. [valor: 8,00 pontos]

Extensão máxima: **30 linhas**

### Resolução da Questão

O modelo de cinco passos proposto pelo Pronunciamento CPC 47 contempla: 1) a identificação do contrato; 2) a identificação das obrigações de desempenho; 3) a determinação do preço da transação; 4) a alocação do preço da transação; e 5) o reconhecimento da receita.

A identificação da existência do contrato com o cliente (passo 1) vai além de reconhecer um acordo escrito entre as partes, visto que esse acordo pode ser verbal ou mesmo representado pelas práticas costumeiras da entidade — seja como for, a existência desse acordo é condição sine qua non para o posterior reconhecimento da receita. Existindo o contrato, cabe verificar as obrigações de desempenho contempladas no contrato (passo 2), ou seja, o tipo de promessa contratual de entrega de bem ou serviço que a entidade vendedora assumiu para com o comprador, pois a satisfação dessas obrigações condicionará o momento e o montante do reconhecimento da receita.

Unidade Didática II
Escrituração Contábil

Cumpridos esses processos de identificação, a entidade deve determinar o preço da transação (passo 3), que corresponde ao valor da contraprestação que a entidade espera ter direito pela transferência dos bens ou serviços prometidos ao cliente, o que pode incluir valores fixos, variáveis ou ambos, cabendo ressaltar que, se for mais do que provável a ocorrência de componentes relevantes de contraprestação variável, tais como descontos, abatimentos, restituições, créditos, concessões de preços, incentivos e bônus de desempenho, estes devem ser estimados e deduzidos da receita a ser reconhecida. Cumprido esse passo essencial, cabe alocar os preços então determinados às obrigações de desempenho já identificadas (passo 4), recorrendo-se, para tanto, aos preços individuais observados dos produtos ou serviços transferidos ao cliente. Quando tais preços não forem diretamente observáveis, pode-se, eventualmente, requerer uma estimativa.

Coroando todo esse processo, o quinto passo envolve o reconhecimento contábil da receita quando as obrigações de desempenho identificadas tiverem sido satisfeitas pelo vendedor, o que implica a transferência do controle dos bens ou serviços prometidos ao cliente comprador, independentemente de isso se dar ao longo do tempo ou em um momento específico. Esse momento não necessariamente coincide com o momento exigido para fins fiscais.

# CAPÍTULO 10

# ESCRITURAÇÃO DAS OPERAÇÕES FINANCEIRAS: INSTRUMENTOS DE DÍVIDA

## 1. TIPOS DE INSTRUMENTOS FINANCEIROS

Instrumento financeiro é qualquer contrato que **dê origem a um ativo financeiro para a entidade e a um passivo financeiro** ou **instrumento patrimonial** para outra entidade.

**Quadro 10.1:** Exemplos de Ativos Financeiros e Passivos Financeiros pelo CPC 38

| Ativo Financeiro | Passivo Financeiro |
|---|---|
| 1.Caixa.<br>2.Instrumento patrimonial de outra entidade.<br>3.Direito contratual de receber caixa ou outro ativo financeiro de outra entidade.<br>4.Direito Contratual de troca de ativos financeiros ou passivos financeiros com outra entidade sob condições potencialmente favoráveis para a entidade.<br>5. Um contrato que seja ou possa vir a ser liquidado por instrumentos patrimoniais da própria entidade[1]. | 1. Uma obrigação contratual de entregar caixa ou outro ativo financeiro a uma entidade.<br>2.Uma obrigação contratual de trocar ativos financeiros ou passivos financeiros com outra entidade sob condições que são potencialmente desfavoráveis para a entidade.<br>3. Contrato que será ou poderá ser liquidado por instrumentos patrimoniais da própria entidade. |

1 CPC 38 Item 11. [...] (d) um contrato que seja ou possa vir a ser liquidado por instrumentos patrimoniais da própria entidade, e que: (i) não seja um derivativo no qual a entidade é ou pode ser obrigada a receber um número variável de instrumentos patrimoniais da

| **Exemplos:** | **Exemplos:** |
|---|---|
| -Contas a receber. | -Contas a pagar. |
| -Notas a receber. | -Notas a pagar. |
| -Empréstimos a receber. | -Empréstimos a pagar. |
| -Títulos de dívida a receber. | -Títulos de dívida a pagar. |

| Lógica do Ativo Financeiro e Passivo Financeiro Contratual |
|---|
| O direito contratual de uma parte de receber é compensada pela correspondente obrigação de pagar da outra parte, ou seja, haverá alguém com o direito a receber moeda ou caixa de um lado, o detentor do ativo financeiro e **do outro lado, alguém com a obrigação de pagar moeda ou caixa, o detentor do passivo financeiro.** |

Existem 3 tipos de instrumentos financeiros para uma Entidade captar recursos: instrumento de dívida, patrimoniais e híbrido/composto.

### Quadro 10.2: Tipos de Instrumentos Financeiros para captar recursos

| | |
|---|---|
| Instrumentos de Dívida | Nessa forma de captação de recursos, o comprador fornecendo financiamento e em contraprestação, a entidade se compromete, por se tratar de uma obrigação financeira, a reembolsar o valor emprestado em determinado período. Para isso, também é pactuada uma rentabilidade, que será paga ao titular da dívida como rendimento do benefício. |
| | Exemplos: empréstimos, financiamentos ou títulos de dívida tais como debêntures, notas comerciais/promissórias ou outros valores mobiliários. |
| | Reduzem a carga tributária, mas pioram os indicadores financeiros. |
| | Não há interesse residual nos ativos **da entidade após a dedução de todos os seus passivos.** |
| Instrumentos Patrimoniais (Títulos e valores mobiliários - TVM) | É qualquer contrato (ou título ou valor mobiliário) que evidencie um interesse residual nos ativos **da entidade após a dedução de todos os seus passivos.** |

própria entidade; ou (ii) um derivativo que será ou poderá ser liquidado de outra forma que não pela troca de um montante fixo de caixa ou outro ativo financeiro, por número fixo de instrumentos patrimoniais da própria entidade. Para esse propósito, os instrumentos patrimoniais da própria entidade não incluem os instrumentos financeiros com opção de venda classificados como instrumentos patrimoniais de acordo com os itens 16A e 16B, os instrumentos que imponham a obrigação a uma entidade de entregar à outra parte um *pro rata* como parte dos ativos líquidos da entidade apenas na liquidação e são classificados como instrumentos patrimoniais de acordo com os itens 16C e 16D, ou os instrumentos que são contratos para futuro recebimento ou entrega de instrumentos patrimoniais da entidade.

| | |
|---|---|
| Instrumentos Patrimoniais (Títulos e valores mobiliários - TVM) | Exemplos: ações, bônus de subscrição etc. Será aprofundado no Capítulo 11. |
| | Melhoram os indicadores financeiros, mas resultam em custos mais elevados de captação. |
| Híbrido ou Composto | Possui um instrumento de dívida como contrato principal como instrumentos patrimoniais embutidos (derivativos, exemplo opções de compra e venda). |
| | Combinam as características de uma dívida pura e simples, que podem envolver determinadas particularidades, como graus de subordinação em caso de liquidação extrajudicial, com outras de capital, que, por seu turno, podem (ou não) envolver participação nos resultados do emissor até determinados limites. |
| | Exemplo: debêntures perpétuas, debêntures conversíveis em ações, ações preferenciais resgatáveis. |



## 2. TERMINOLOGIA

Dentre as principais operações financeiras destacam-se: desconto de duplicadas, factoring, empréstimos e financiamentos, emissão de debêntures etc. As operações financeiras não se confundem com Ajuste a Valor Presente em que os "juros estão embutidos".

O Quadro 10.3 contém os principais termos utilizados em operações com mercadoria.

**Quadro 10.3:** Terminologia essencial em operações financeiras

| Termo | Descrição |
|---|---|
| Duplicata[2] | É um título de crédito **emitido pelo sacador ou credor** utilizado em operações mercantis de venda e compra a prazo e representa uma ordem de pagamento.<br>O aceite na duplicata é obrigatório. A partir dele, o sacador/vendedor terá garantia contra o sacado/comprador quanto ao recebimento do valor. |

2 Lei nº 5.474/1968. Art. 1º **Em todo o contrato de compra e venda mercantil entre partes domiciliadas no território brasileiro**, com prazo não inferior a 30 (trinta) dias, contado da data da entrega ou despacho das mercadorias, **o vendedor extrairá a respectiva fatura para apresentação ao comprador.**

§ 1º **A fatura discriminará as mercadorias vendidas** ou, quando convier ao vendedor, indicará somente os números e valores das notas parciais expedidas por ocasião das vendas, despachos ou entregas das mercadorias.

| | |
|---|---|
| Triplicata | É a segunda via da duplicata em caso de perda ou extravio da duplicata. |
| Sacador ou Vendedor ou Credor | É a empresa que realiza vendas a prazo de mercadorias. |
| Sacado ou Comprador ou Devedor | É a empresa que realiza compras a prazo. |
| Tomador ou Vendedor ou Credor | É a empresa que realiza a prestação de serviços a prazo. |
| Nota promissória | É um título de crédito **emitido pelo devedor ou sacado** utilizado em operações financeiras (empréstimos e financiamentos) e representa uma promessa de pagamento. O devedor emite uma nota promissória se comprometendo a pagar uma determinada quantia ao credor. **Não admite 2ª via.** |

## 3. EMPRÉSTIMOS E FINANCIAMENTOS OBTIDOS

Existem 2 tipos de empréstimos e financiamentos quanto aos encargos financeiros: pré-fixados e pós fixados. A Figura 10.1 ilustra as situações.

**Figura 10.1:** Tipos de empréstimos e financiamentos quanto aos encargos financeiros

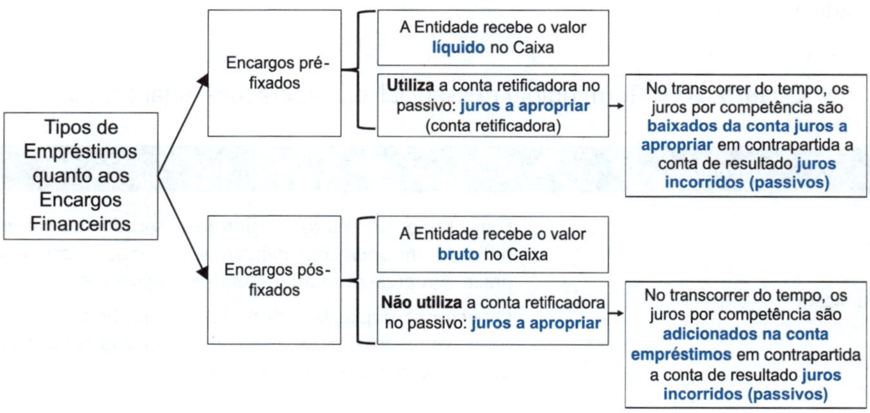


**Chamada 45 do autor:** Empréstimos e Financiamentos obtidos

### Simulação 01 - Empréstimos com encargos prefixados

Em 31 dezembro de X0, Cia Industrial X tomou empréstimo de com vencimento total em 31 dezembro de X3 no valor de R$ 133.100 a uma **taxa de juros composta prefixada** de 10% ao ano.

Para contabilizar corretamente nas contas, faz necessário identificar o valor do empréstimo a valor presente.

$$Empréstimos\ em\ 31.12.X0 = \frac{Empréstimos\ em\ 31.12.X3}{(1+i)^3}$$

$$Empréstimos\ em 31.12.X0 = \frac{R\$133.100}{(1+0,10)^3}$$

Assim, os Empréstimos trazidos a Valor Presente para 31.12.X0 seriam equivalentes a R$ 100.000.

**Chegou a hora de contabilizar**

**1° Momento de tomada do Empréstimos em 31/12/X0** (36 meses para o pagamento)

| | | |
|---|---|---|
| D: Caixa | (1.1.1.01) | R$ 100.000 |
| D: (-)Juros a apropriar curto prazo | (2.1.1.04.0004) | R$ 33.100 |
| C: Empréstimos longo prazo | (2.2.1.01.0001) | R$ 133.100 |

**2° Despesas com Juros de Empréstimos em 31/12/X1**
**[10% x (133.100-33.100) → 10% x 100.000 → 10.000]**

| | | |
|---|---|---|
| D: Juros incorridos (juros passivos) | (5.1.6.01.0001) | R$ 10.000 |
| C: (-) Juros a apropriar curto prazo | (2.1.7.00.0007) | R$ 10.000 |

**3° Despesas com Juros de Empréstimos em 31/12/X2**
**[10% x (133.100-22.100[a]) → 10% x 110.000 → 11.000]**

| | | |
|---|---|---|
| D: Juros incorridos (juros passivos) | (5.1.6.01.0001) | R$ 11.000 |
| C: (-) Juros a apropriar curto prazo | (2.1.7.00.0007) | R$ 11.000 |

**(a) 33.100-10.000**

**4° Despesas com Juros de Empréstimos em 31/12/X2**
**[10% x (133.100-12.100[b]) → 10% x 121.000 → 12.100]**

| | | |
|---|---|---|
| D: Juros incorridos (juros passivos) | (5.1.6.01.0001) | R$ 12.100 |
| C: (-) Juros a apropriar curto prazo | (2.1.7.00.0007) | R$ 12.100 |

**(b) 33.100-10.000-11.000**

### Simulação 02 - Empréstimos com encargos pós-fixados

Em 31 dezembro de X0, Cia Industrial X tomou empréstimo de R$ 100.000 com vencimento total em 31 dezembro de X3 a uma **taxa de juros composta pós-fixada** de 10% ao ano.

#### Chegou a hora de contabilizar

**1° Momento de tomada do Empréstimos em 31/12/X0** (36 meses para o pagamento)

| | | |
|---|---|---|
| D: Caixa | (1.1.1.01) | R$ 100.000 |
| C: Empréstimos longo prazo | (2.2.1.00.0001) | R$ 100.000 |

**2° Apropriação dos Juros de Empréstimos em 31/12/X1** (10% sobre 100.000 → 10.000)

| | | |
|---|---|---|
| D: Juros incorridos | (5.1.6.01.0001) | R$ 10.000 |
| C: Empréstimos longo prazo | (2.2.1.00.0001) | R$ 10.000 |

**3º Apropriação dos Juros de Empréstimos em 31/12/X2** (10% sobre 110.000 → 11.000)

D: Juros incorridos........................................(5.1.6.01.0001) R$ 11.000

C: Empréstimos longo prazo........................................(2.1.1.00.0001) R$ 11.000

**4º Reclassificação do Empréstimo para Curto Prazo**

D: Empréstimos longo prazo........................................(2.2.1.00.0001) R$ 121.000

C: Empréstimos curto prazo........................................(2.1.7.00.0001) R$ 121.000

**5º Apropriação dos Juros de Empréstimos em 31/12/X3** (10% sobre 121.000→12.100)

D: Juros incorridos........................................(5.1.6.01.0001) R$ 12.100

C: Empréstimos curto prazo........................................(2.1.7.00.0001) R$ 12.100

Saldo Final de Empréstimo curto Prazo: R$ 133.100.

**Legenda:** (a) (-) → Conta retificadora. (b) Diferença entre 133.100 e 121.000. (c) Diferença entre 121.000 e 110.000.

## 4. DUPLICATAS DESCONTADAS

As duplicatas descontadas correspondem a venda de um direito como forma de obter um financiamento bancário.

| Duplicatas Descontadas | devem ser **contabilizadas no Passivo** |
|---|---|

**Chamada 46 do autor:** Duplicatas Descontadas

**Simulação 03 – Duplicadas Descontadas**

Em 31 dezembro de X1, Cia Industrial X descontou duplicadas de R$ 100.000 com vencimento total em 31 março de X1 a uma taxa de juros simples de 5% ao mês. Nas duplicatas descontadas os juros são pagos no ato do desconto.

**Situação Patrimonial** antes da operação

| **Ativo Circulante** | **Passivo Circulante** |
|---|---|
| Caixa ........................ 50.000 | |
| Duplicatas a Receber ........ 100.000 | |
| **Ativo Não Circulante** | **Ativo Não Circulante** |
| | **PL** |
| | Capital Social .................. 150.000 |

Chegou a hora de contabilizar

**1º Desconto da Duplicata em 31/12/X1** (3 meses para a liquidação)
D: Caixa....................(1.1.1.01) R$ 100.000
C: Duplicatas descontadas....................(2.1.7.00.0002) R$ 100.000
**2º Pagamento antecipado dos Juros em 31/12/X1** (15% sobre 100.000 = 15.000)
D: (-)Juros a transcorrer....................(2.1.7.00.0007) R$ 15.000
C: Caixa....................(1.1.1.01) R$ 15.000

**3º Apropriação dos Juros de Empréstimos em 31/01/X1** (5% sobre 100.000)
D: Despesa – Juros incorridos....................(5.1.6.01.0001) R$ 5.000[c]
C: (-)Juros a transcorrer....................(2.1.7.00.0007) R$ 5.000

**4º Apropriação dos Juros de Empréstimos em 28/02/X1** (5% sobre 100.000)
D: Despesa – Juros incorridos....................(5.1.6.01.0001) R$ 5.000[c]
C: (-)Juros a transcorrer....................(2.1.7.00.0007) R$ 5.000

**5º Apropriação dos Juros de Empréstimos em 31/03/X1** (5% sobre 100.000)
D: Despesa – Juros incorridos....................(5.1.6.01.0001) R$ 5.000[c]
C: (-) Juros a transcorrer....................(2.1.1.04.0004) R$ 5.000

**6º Liquidação das Duplicatas em 31/03/X1 (zero inadimplência)**
D: Duplicatas descontadas....................(2.1.7.00.0002) R$ 100.000
C: Duplicatas a Receber....................(1.1.2.01) R$ 100.000

**Situação Patrimonial** após **da operação**

| **Ativo Circulante**<br>Caixa....................135.000[a]<br>Duplicatas a Receber....................0[b] | **Passivo Circulante** |
|---|---|
| **Ativo Não Circulante** | **Ativo Não Circulante** |
| | **PL**<br>Capital Social....................150.000<br>(-) Prejuízos Acumulados....................15.000[c] |

Legenda: (a) 50.000+100.000-15.000. (b) 100.000-100.000. (c) Somatório dos juros incorridos: 5.000+5.000+5.000

Caso houvesse inadimplência, o 6º registro seria esse (supondo taxas bancárias e outros encargos de inadimplência de R$ 10.000):

D: Duplicatas descontadas....................(2.1.7.00.0002) R$ 100.000
D: Despesas Financeiras – Encargos....................(5.1.6.01.0001) R$ 10.000
C: Caixa....................(1.1.1.00) R$ 110.000

## 5. NOTAS PROMISSÓRIAS

É um título de crédito **emitido pelo devedor ou sacado** utilizado em operações financeiras (empréstimos e financiamentos) e representa uma promessa de pagamento.

**Simulação 04 – Notas Promissórias**

Em 31 dezembro de X1, Cia Industrial X descontou promissórias de sua emissão no Banco GREY no valor de R$ 10.000. Foi cobrada uma taxa de 10% de desconto e o vencimento das promissórias se dará em 10 meses.

**Situação Patrimonial antes da operação em 31/12/X1**

| | |
|---|---|
| **Ativo Circulante**<br>Caixa .......... 50.000 | **Passivo Circulante** |
| **Ativo Não Circulante** | **Ativo Não Circulante**<br>**PL**<br>Capital Social .......... 50.000 |

**Chegou a hora de contabilizar**

**1° Recebimento do valor em 31/12/X1**

D: Caixa .......... (1.1.1.01) R$ 9.000

D: (-)Juros a transcorrer .......... (2.1.7.00.0007) R$ 1.000

C: Promissórias a pagar .......... (2.1.7.00.0004) R$ 10.000

**Situação Patrimonial após da operação em 31/12/X1**

| | |
|---|---|
| **Ativo Circulante**<br>Caixa. .......... 59.000 | **Passivo Circulante**<br>Promissórias a pagar .......... .10.000<br>**(-)Juros a transcorrer .......... (1.000)** |
| **Ativo Não Circulante** | **Ativo Não Circulante**<br>**PL**<br>Capital Social .......... 50.000 |

**Apropriação dos Juros de Empréstimos em 31/01/X1 – 1° mês** (100)

D: Despesa – Juros incorridos .......... (5.1.6.01.0001) R$ 100

C: (-)Juros a transcorrer .......... (2.1.1.04.0004) R$ 100

**Situação Patrimonial após da operação em 31/01/X2**

| | |
|---|---|
| **Ativo Circulante**<br>Caixa .......... 59.000 | **Passivo Circulante**<br>Promissórias a pagar .......... 10.000<br>**(-)Juros a transcorrer .......... (900)** |

| Ativo Não Circulante | Ativo Não Circulante |
|---|---|
| | **PL**<br>Capital Social ........................ 50.000<br>**(-) Prejuízos acumulados..............(100)** |

## 6. CHEQUE ESPECIAL

O uso do cheque especial gera o uso de uma conta no passivo circulante.

**Simulação 05 – Uso do cheque especial**

**Situação Patrimonial antes da operação**

| **Ativo Circulante**<br>Caixa ........................ 50.000<br>Duplicatas a receber ............100.000 | **Passivo Circulante**<br>Obrigações a Pagar..............100.000 |
|---|---|
| **Ativo Não Circulante**<br>Imóveis ............................500.000 | **Ativo Não Circulante** |
| | **PL**<br>Capital Social ......................550.000 |

Em 30 novembro de X1, Cia Industrial X pagou uma conta no valor de R$ 100.000.

**Chegou a hora de contabilizar**

**1º Recebimento do valor em 31/12/X1**

| | | |
|---|---|---|
| D: Fornecedores | (2.1.2.00) | R$ 100.000 |
| C: Caixa | (1.1.1.01) | R$ 50.000 |
| C: Cheque especial | (2.1.7.00.0005) | R$ 50.000 |

**Situação Patrimonial após a operação em 30/11/X1**

| **Ativo Circulante**<br>Caixa. ....................................0<br>Duplicatas a receber ............100.000 | **Passivo Circulante**<br>Cheque especial ..................50.000 |
|---|---|
| **Ativo Não Circulante**<br>Imóveis ............................500.000 | **Ativo Não Circulante** |
| | **PL**<br>Capital Social ......................550.000 |

Unidade Didática II
Escrituração Contábil

**O uso do cheque especial ensejará uma cobrança de juros pós-fixada (exemplo 10% ao mês).**

**Apropriação dos Juros de Empréstimos em 31/01/X1 – 1° mês** (100)

D: Despesa – Juros incorridos........................(5.1.6.01.0001) R$ 5.000

C: Cheque especial........................(2.1.7.00.0005) R$ 5.000

**Situação Patrimonial** após **a operação em 31/12/X1**

| | |
|---|---|
| **Ativo Circulante**<br>Caixa ........................ 0<br>Duplicatas a receber ........ 100.000 | **Passivo Circulante**<br>Cheque especial ........ 55.000 |
| **Ativo Não Circulante**<br>Imóveis ........................ 500.000 | **Ativo Não Circulante** |
| | **PL**<br>Capital Social ........ 550.000<br>(-) **Prejuízos acumulados**........ **(5.000)** |

**Chamada 47 do autor:** Cheque Especial

## 7. DEBÊNTURES

As debêntures são instrumentos de dívida, ou seja, é uma espécie de empréstimo para empresas que as emitem, desde que não sejam instituições financeiras ou de crédito imobiliário. O Quadro 10.4 contém conceitos importantes no processo de captação de recursos via Debêntures.

**Quadro 10.4:** Conceitos Importantes na Emissão de Debêntures [a]

| Termo | Descrição |
|---|---|
| Valor de Emissão | É o valor que investidor empresta em dinheiro a uma empresa. |
| Valor de Resgate | É montante corrigido no resgate da aplicação, bem como os rendimentos atrelados, de acordo com os termos estipulados no momento da compra. Esse valor é recebido pelo investidor ao final do ciclo de vencimento. |

| | |
|---|---|
| Despesas financeiras | São os custos ou as despesas que representam o ônus pago ou a pagar como remuneração direta do recurso tomado emprestado do financiador derivado dos fatores tempo, risco, inflação, câmbio, índice específico de variação de preços e assemelhados; **incluem, portanto, os juros, a atualização monetária, a variação cambial** etc.<br>**Não incluem taxas, descontos, prêmios, despesas administrativas, honorários etc.** |
| Custos de transação | São somente aqueles incorridos e diretamente atribuíveis às atividades necessárias exclusivamente para a consecução da captação de recursos. **São, por natureza, gastos incrementais, já que não existiriam ou teriam sido evitados se essas transações não ocorressem.**<br>Exemplos de custos de transação são: i) gastos com elaboração de prospectos e relatórios; ii) remuneração de serviços profissionais de terceiros (advogados, contadores, auditores, consultores, profissionais de bancos de investimento, corretores etc.); iii) gastos com publicidade (inclusive os incorridos nos processos de road-shows); iv) taxas e comissões; v) custos de transferência; vi) custos de registro etc. Custos de transação não incluem ágios ou deságios na emissão dos títulos e valores mobiliários, despesas financeiras, custos internos administrativos ou custos de carregamento. |
| Prêmio na emissão de debêntures ou de outros títulos e valores mobiliários | É o valor recebido que supera o de resgate desses títulos na data do próprio recebimento ou o valor formalmente atribuído aos valores mobiliários. |
| Encargos financeiros | São a soma das despesas financeiras, dos custos de transação, prêmios, descontos, ágios, deságios e assemelhados, a qual representa a diferença entre os valores recebidos e os valores pagos (ou a pagar) a terceiros. |
| Valor justo | É o valor pelo qual um ativo pode ser negociado, ou um passivo liquidado, entre partes interessadas, conhecedoras do negócio e independentes entre si, com a ausência de fatores que pressionem para a liquidação da transação ou que caracterizem uma transação compulsória. Foi visto no capítulo 5 e será revisto nos capítulos 11, 12 e 15. |

**Legenda:** (a) na medida do possível se aplicam a outros instrumentos de dívidas e instrumentos patrimoniais.

| Importante |
|---|
| 1. Encargos Financeiros = Despesas Financeiras + Custos de Transações – Prêmios |
| 2. Encargos financeiros é uma conta do grupo Despesa Financeira do Plano de Contas. |
| 3. Os Prêmios são contas retificadoras da conta encargos financeiros. |

A Figura 10.2 contém possíveis cenários que podem ocorrer na captação de recursos via debêntures.

**Figura 10.2:** Possíveis cenários na Captação de Recursos via Debêntures

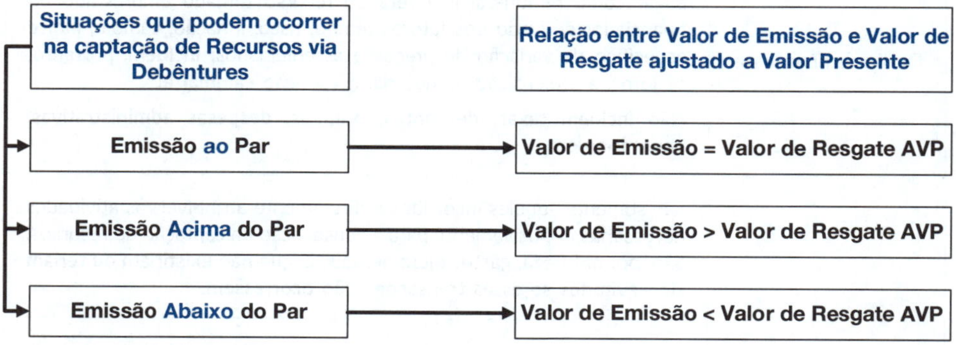


**Chamada 48 do autor:** Debêntures – cenários e contabilização

### Taxa Interna de Retorno (TIR) quando há custos, prêmios ou deságios

Os encargos financeiros incorridos na captação de recursos junto a terceiros devem ser apropriados ao resultado em função da fluência do prazo, pelo custo amortizado usando o método dos juros efetivos. Esse método considera a taxa interna de retorno (TIR) da operação para a apropriação dos encargos financeiros durante a vigência da operação. **A utilização do custo amortizado faz com que os encargos financeiros reflitam o efetivo custo do instrumento financeiro e não somente a taxa de juros contratual do instrumento**, ou seja, **incluem-se neles os juros e os custos de transação da captação, bem como prêmios recebidos, ágios, deságios, descontos, atualização monetária e outros**. Assim, a taxa interna de retorno deve considerar todos os fluxos de caixa, desde o valor líquido recebido pela concretização da transação até todos os pagamentos feitos ou a serem efetuados até a liquidação da transação.

## Simulação 06: Análise simultânea dos 3 cenários

Cenário comum em 31/12/X0

Valor de Emissão das Debêntures: R$ 100.000

Tempo para resgate: 3 anos.

Taxa de juros compostos: 9% ao ano

Valor da Prestação (PV = 100.000; n = 3; i = 9) → PMT = R$ 39.505,48

**Situação do BP** antes **da Emissão em 31/12/X0**

| Ativo | Passivo |
|---|---|
| **Circulante** | **Circulante** |
| Caixa.............. 700.000 | Fornecedores ....500.000 |
| **Não Circulante** | **Não Circulante** |
| Terrenos...........800.000 | **PL** |
| | Capital Social..1.000.000 |

### Emissão ao Par

Valor de Resgate a Valor Presente: 100.000

Situação do BP após a Emissão em 31/12/X0

| Ativo | Passivo |
|---|---|
| **Circulante** | **Circulante** |
| Caixa........... 800.000 | Fornecedores ..............500.000 |
| **Não Circulante** | **Não Circulante** |
| Terrenos......800.000 | Debêntures a Pagar...100.000 |
| | **PL** |
| | Capital Social......... 1.000.000 |

### Emissão Acima do Par

Valor de Resgate a Valor Presente: 104.000

Situação do BP após a Emissão em 31/12/X0

| Ativo | Passivo |
|---|---|
| **Circulante** | **Circulante** |
| Caixa.............804.000 | Fornecedores .................500.000 |
| **Não Circulante** | **Não Circulante** |
| Terrenos.........800.000 | Debêntures a Pagar.......100.000 |
| | Prêmios a Amortizar........4.000 |
| | **PL** |
| | Capital Social.............. 1.000.000 |

### Emissão Abaixo do Par

Valor de Resgate a Valor Presente: 90.000

Situação do BP após a EmCissão em 31/12/X0

| Ativo | Passivo |
|---|---|
| **Circulante** | **Circulante** |
| Caixa.............. 790.000 | Fornecedores...500.000 |
| **Não Circulante** | **Não Circulante** |
| Terrenos...........800.000 | Debêntures a Pagar......100.000 |
| | (-)Deságio a amortizar ..(10.000) |
| | **PL** |
| | Capital Social........... 1.000.000 |

| | | |
|---|---|---|
| | Taxa Interna de Retorno (item 12 do CPC 08)<br>PV=R$ 104.000<br>N=3<br>PMT= - R$ 39.505,48<br>Taxa efetiva = 6,8288%<br><br>Encargos Financeiros 31/12/X1<br>**Encargos financeiros = Captação Líquida x Taxa Efetiva**<br>**Captação Líquida = Saldo de Debêntures a Pagar** + Saldo de Prêmios a Amortizar<br>**→ Encargos financeiros = (100.000+4.000) x 0,068288**<br>**→ 104.000 x 0,068288 → R$ 7.101,95.**<br>**Juros Passivos = Taxa nominal x Saldo de Debêntures a Pagar →**<br>**Juros Passivos = 9% x 100.000 → 9.000**<br><br>"Receitas" de Prêmios com Debêntures em 31/12/X1<br>**Prêmios com Debêntures = Juros Passivos –**<br>**Encargos financeiros**<br>**→ Prêmios com Debêntures Amortizados = 9.000 – 7.101,95**<br>**→ Prêmios com Debêntures Amortizados = 1.898,05**<br>**(a)Pelo CPC 08 trata-se conta redutora da Despesa Financeira.** | Taxa Interna de Retorno (item 12 do CPC 08)<br>PV=R$ 90.000<br>N=3<br>PMT= - R$ 39.505,48<br>Taxa efetiva = 15,1339%<br><br>Encargos Financeiros 31/12/X1<br>**Encargos financeiros = Captação Líquida x Taxa Efetiva**<br>**Captação Líquida = Saldo de Debêntures a Pagar** – Saldo de Deságio a Amortizar<br>**→ Encargos financeiros = (100.000-10.000) x 0,151339**<br>**→ R$ 13.620,51**<br>**Juros Passivos = Taxa nominal x Saldo de Debêntures a Pagar →**<br>**Juros Passivos = 9% x 100.000 → 9.000.**<br><br>Despesas com Deságio em 31/12/X1<br>**Encargos financeiros = Juros Passivos + Despesas com Amortização do Deságio**<br>**→ 13.620,51 = 9.000 + Despesas com Amortização do Deságio**<br>**→ Despesas com Amortização do Deságio = 4.620,51** |

Apropriação dos Juros X1: 9%x 100.000 → R$ 9.000

Situação do BP após a Operação em 31/12/X1

| Ativo | Passivo |
|---|---|
| **Circulante** | **Circulante** |
| Caixa....... 800.000 | Fornecedores ..............500.000 |
| **Não Circulante** | **Não Circulante** |
| Terrenos....800.000 | Debêntures a Pagar......109.000 |
| | **PL** |
| | Capital Social.......... 1.000.000 |
| | Prejuízos Acumulados..(9.000)[a] |

**(a)Juros passivos na DRE.**

Pagamento da 1ª parcela X1: R$ 39.505,48

Situação do BP após a Operação em 31/12/X1

| Ativo | Passivo |
|---|---|
| **Circulante** | **Circulante** |
| Caixa.... 760.494,52 | Fornecedores ................500.000 |
| **Não Circulante** | **Não Circulante** |
| Terrenos....800.000 | Debêntures a Pagar...69.494,52 |
| | **PL** |
| | Capital Social............. 1.000.000 |
| | Prejuízos Acumulados....(9.000) |

Apropriação dos Juros e Prêmios em X1
→ R$ 7.101,95 (valor líquido)

Situação do BP após a Operação em 31/12/X1

| Ativo | Passivo |
|---|---|
| **Circulante** | **Circulante** |
| Caixa..............804.000 | Fornecedores .................500.000 |
| **Não Circulante** | **Não Circulante** |
| Terrenos.........800.000 | Debêntures a Pagar.......109.000[a] |
| | Prêmios a Amortizar...2.101,95[b] |
| | **PL** |
| | Capital Social............. 1.000.000 |
| | Prejuízos Acumulados..(7.101,95) |

**(a)100.000+9.000. (b) 4.000 – 1.898,05. (c) Juros passivos na DRE – "Retificação de Despesa Financeira" com Prêmios de Debêntures na DRE → 9.0000 – 1.898,05.**

Pagamento da 1ª parcela X1: R$ 39.505,48

Situação do BP após a Operação em 31/12/X1

| Ativo | Passivo |
|---|---|
| **Circulante** | **Circulante** |
| Caixa......764.494,52 | Fornecedores .................500.000 |
| **Não Circulante** | **Não Circulante** |
| Terrenos.........800.000 | Debêntures a Pagar....... 69.494,52 |
| | Prêmios a Amortizar...........2.101,95 |
| | **PL** |
| | Capital Social............... 1.000.000 |
| | Prejuízos Acumulados....(7.101,95) |

Apropriação dos Juros e Despesas com Deságio em X1
→ R$ 13.620,51

o do BP após a Operação em 31/12/X1

| Ativo | Passivo |
|---|---|
| **Circulante** | **Circulante** |
| Caixa........... 790.000 | Fornecedores ..............500.000 |
| **Não Circulante** | **Não Circulante** |
| Terrenos.......800.000 | Debêntures a Pagar........109.000[a] |
| | (-)Deságio a amortizar ..(5.379,49)[b] |
| | **PL** |
| | Capital Social.............. 1.000.000 |
| | Prejuízos Acumulados..(13.620,51)[c] |

**(a)100.000+9.000. (b) 10.000 – 4.620,51. (c) Juros passivos na DRE + Despesas com Deságio na DRE → 9.0000 + 4.620,51.**

Pagamento da 1ª parcela X1: R$ 39.505,48

Situação do BP após a Operação em 31/12/X1

| Ativo | Passivo |
|---|---|
| **Circulante** | **Circulante** |
| Caixa..... 750.494,52 | Fornecedores ..............500.000 |
| **Não Circulante** | **Não Circulante** |
| Terrenos.......800.000 | Debêntures a Pagar..... 69.494,52 |
| | (-)Deságio a amortizar ..(5.379,49) |
| | **PL** |
| | Capital Social.............. 1.000.000 |
| | Prejuízos Acumulados..(13.620,51) |

<table>
<tr>
<td></td>
<td>Taxa Interna de Retorno: 6,8288%<br><br>Encargos Financeiros 31/12/X2<br><br>**Encargos financeiros = Captação Líquida x Taxa Efetiva**<br><br>**Captação Líquida = Saldo de Debêntures a Pagar** + Saldo de Prêmios a Amortizar<br><br>**→ Encargos financeiros= (69.494,52 +2.101,95) x 0,068288**<br>**→ 71.596,47 x 0,068288 → R$ 4.889,18.**<br><br>**Juros Passivos = Taxa nominal x Saldo de Debêntures a Pagar →**<br>**Juros Passivos = 9%x 69.494,52 → R$ 6.254,51**<br><br>“Receitas” de Prêmios com Debêntures em 31/12/X2<br>**Prêmios com Debêntures = Juros Passivos – Encargos financeiros**<br><br>**→Prêmios com Debêntures Amortizados = 6.254,51- 4.889,18**<br><br>**→Prêmios com Debêntures Amortizados = 1.365,33**<br><br>**(a)Pelo CPC 08 trata-se conta redutora da Despesa Financeira.**</td>
<td>Taxa Interna de Retorno: 15,1339%<br><br>Encargos Financeiros 31/12/X2<br><br>**Encargos financeiros = Captação Líquida x Taxa Efetiva**<br><br>**Captação Líquida = Saldo de Debêntures a Pagar – Saldo de Deságio a Amortizar**<br><br>**→ Encargos financeiros = (69.494,52- 5.379,49) x 0,151339 → 64.115,03 x 0,151339 → R$ 9.703,10**<br><br>**Juros Passivos = Taxa nominal x Saldo de Debêntures a Pagar →**<br>**Juros Passivos = 9%x 69.494,52 → R$ 6.254,51**<br><br>Despesas com Deságio em 31/12/X2<br>**Encargos financeiros = Juros Passivos + Despesas com Amortização do Deságio**<br><br>**→ 9.703,10 = 6.254,51 + Despesas com Amortização do Deságio**<br><br>**→ Despesas com Amortização do Deságio = 3.448,59**</td>
</tr>
</table>

Apropriação dos Juros X2: 9%x 69.494,52 → R$ 6.254,51

Situação do BP após a Operação em 31/12/X2

| Ativo | Passivo |
|---|---|
| **Circulante** | **Circulante** |
| Caixa.......760.494,52 | Fornecedores ..................500.000 |
| **Não Circulante** | **Não Circulante** |
| Terrenos....800.000 | Debêntures a Pagar.........75.749,03[a] |
| | **PL** |
| | Capital Social................. 1.000.000 |
| | Prejuízos Acumulados.(15.254,51)[b] |

**(a)69.494,52+6.254,51 (b) Prejuízos Acumulados + Juros passivos na DRE → 9.000 + 6.254,51.**

Pagamento da 2ª parcela X2: R$ 39.505,48

Situação do BP após a Operação em 31/12/X2

| Ativo | Passivo |
|---|---|
| **Circulante** | **Circulante** |
| Caixa.......720.989,04 | Fornecedores ..................500.000 |
| **Não Circulante** | **Não Circulante** |
| Terrenos....800.000 | Debêntures a Pagar.........36.243,55 |
| | **PL** |
| | Capital Social................. 1.000.000 |
| | Prejuízos Acumulados..(15.254,51) |

Apropriação dos Juros e Prêmios em X2 → R$ 4.889,18. (valor líquido)

Situação do BP após a Operação em 31/12/X2

| Ativo | Passivo |
|---|---|
| **Circulante** | **Circulante** |
| Caixa........764.494,52 | Fornecedores .................500.000 |
| **Não Circulante** | **Não Circulante** |
| Terrenos.........800.000 | Debêntures a Pagar.........75.749,03[a] |
| | Prêmios a Amortizar............736,62[b] |
| | **PL** |
| | Capital Social................. 1.000.000 |
| | Prejuízos Acumulados..(11.991,13)[c] |

**(a) 69.494,52+6.254,51. (b) 2.101,95 - 1.365,33. c) Prejuízos Acumulados + Juros passivos na DRE - "Retificação de Despesa Financeira" com Prêmios de Debêntures na DRE → 7.101,95 + 6.254,51 - 1.365,33.**

Pagamento da 2ª parcela X2: R$ 39.505,48

Situação do BP após a Operação em 31/12/X2

| Ativo | Passivo |
|---|---|
| **Circulante** | **Circulante** |
| Caixa...... 724.989,04 | Fornecedores .................500.000 |
| **Não Circulante** | **Não Circulante** |
| Terrenos.........800.000 | Debêntures a Pagar......... 36.243,55 |
| | Prêmios a Amortizar............736,62 |
| | **PL** |
| | Capital Social................. 1.000.000 |
| | Prejuízos Acumulados..(11.991,13) |

Apropriação dos Juros e Despesas com Deságio em X2 → R$ 9.703,10

Situação do BP após a Operação em 31/12/X2

| Ativo | Passivo |
|---|---|
| **Circulante** | **Circulante** |
| Caixa..... 750.494,52 | Fornecedores ....................500.000 |
| **Não Circulante** | **Não Circulante** |
| Terrenos.......800.000 | Debêntures a Pagar..... 75.749,03[a] |
| | (-)Deságio a amortizar ..(1.930,90)[b] |
| | **PL** |
| | Capital Social.............. 1.000.000 |
| | Prejuízos Acumulados..(23.323,61)[c] |

**(a) 69.494,52+6.254,51. (b) 5.379,49 - 3.448,59. (c) Prejuízos Acumulados + Juros passivos na DRE + Despesas com Deságio na DRE → 13.620,51 + 6.254,51 + 3.448,59.**

Pagamento da 2ª parcela X2: R$ 39.505,48

Situação do BP após a Operação em 31/12/X2

| Ativo | Passivo |
|---|---|
| **Circulante** | **Circulante** |
| Caixa.... 710.989,04 | Fornecedores ...................500.000 |
| **Não Circulante** | **Não Circulante** |
| Terrenos....800.000 | Debêntures a Pagar......... 36.243,55 |
| | (-)Deságio a amortizar ....(1.930,90) |
| | **PL** |
| | Capital Social................1.000.000 |
| | Prejuízos Acumulados.......(23.323,61) |

| | | |
|---|---|---|
| | Taxa Interna de Retorno: C6,8288%<br><br>Encargos Financeiros 31/12/X3<br>**Encargos financeiros = Captação Líquida x Taxa Efetiva**<br><br>**Captação Líquida = Saldo de Debêntures a Pagar** + Saldo de Prêmios a Amortizar<br><br>**→ Encargos financeiros= (36.243,55 +736,62) x 0,068288**<br>**→ 36.980,17 x 0,068288 → R$ 2.525,31.**<br><br>**Juros Passivos = Taxa nominal x Saldo de Debêntures a Pagar**<br><br>**→ Juros Passivos = 9%x 36.243,55→ R$ 3.261,93**<br><br>"Receitas" de Prêmios com Debêntures em 31/12/X3<br>**Prêmios com Debêntures = Juros Passivos –**<br>**Encargos financeiros**<br><br>**→Prêmios com Debêntures Amortizados = 3.261,93 – 2.525,31**<br><br>**→Prêmios com Debêntures Amortizados = 736,62**<br><br>**(a)Pelo CPC 08 trata-se conta redutora da Despesa Financeira.** | Taxa Interna de Retorno: 15,133%<br><br>Encargos Financeiros 31/12/X3<br>**Encargos financeiros = Captação Líquida x Taxa Efetiva**<br><br>**Captação Líquida = Saldo de Debêntures a Pagar – Saldo de Deságio a Amortizar**<br><br>**→ Encargos financeiros = (36.243,55- 1.930,90) x 0,151339 → 34.313,55 x 0,15133 → R$ 5.192,83**<br><br>**Juros Passivos = Taxa nominal x Saldo de Debêntures a Pagar**<br><br>**→ Juros Passivos = 9%x 36.243,55→ R$ 3.261,93**<br><br>Despesas com Deságio em 31/12/X3<br>**Encargos financeiros = Juros Passivos + Despesas com Amortização do Deságio**<br>**→ 5.192,98 = R$ 3.261,93 + Despesas com Amortização do Deságio**<br>**→ Despesas com Amortização do Deságio = R$ 1.930,90.** |

Apropriação dos Juros X3: 9%x 36.243,55→ R$ 3.261,93

Situação do BP após a Operação em 31/12/X3

| Ativo | Passivo |
|---|---|
| **Circulante** | **Circulante** |
| Caixa.......720.989,04 | Fornecedores ....................500.000 |
| **Não Circulante** | **Não Circulante** |
| Terrenos....800.000 | Debêntures a Pagar......... 39.505,48 |
| | **PL** |
| | Capital Social................. 1.000.000 |
| | Prejuízos Acumulados.(18.516,44)[a] |

**(a) Prejuízos Acumulados + Juros passivos na DRE → 15.254,51 + 3.261,93 →**

Pagamento da 3ª parcela X3: R$ 39.505,48

Situação do BP após a Operação em 31/12/X3

| Ativo | Passivo |
|---|---|
| **Circulante** | **Circulante** |
| Caixa.......681.483,56 | Fornecedores ...................500.000 |
| **Não Circulante** | **Não Circulante** |
| Terrenos....800.000 | Debêntures a Pagar...................0 |
| | **PL** |
| | Capital Social................1.000.000 |
| | Prejuízos Acumulados.......(18.516,44) |

Apropriação dos Juros e Prêmios em X3 → R$ 2.525,31 (valor líquido)

Situação do BP após a Operação em 31/12/X2

| Ativo | Passivo |
|---|---|
| **Circulante** | **Circulante** |
| Caixa....... 724.989,04 | Fornecedores .................500.000 |
| **Não Circulante** | **Não Circulante** |
| Terrenos.........800.000 | Debêntures a Pagar....... 39.505,48[a] |
| | Prêmios a Amortizar..................0[b] |
| | **PL** |
| | Capital Social.................. 1.000.000 |
| | Prejuízos Acumulados..(14.516,44)[c] |

**(a) 36.243,55+3.261,93. (b) 736,62 - 736,62. c) Prejuízos Acumulados + Juros passivos na DRE - "Retificação de Despesa Financeira" com Prêmios de Debêntures na DRE → 11.991,13 + 3.261,93 - 736,62.**

Pagamento da 3ª parcela X2: R$ 39.505,48

Situação do BP após a Operação em 31/12/X3

| Ativo | Passivo |
|---|---|
| **Circulante** | **Circulante** |
| Caixa.... 685.483,56 | Fornecedores .................500.000 |
| **Não Circulante** | **Não Circulante** |
| Terrenos.........800.000 | Debêntures a Pagar................. 0 |
| | Prêmios a Amortizar.................0 |
| | **PL** |
| | Capital Social.................. 1.000.000 |
| | Prejuízos Acumulados..(14.516,44)[c] |

**Quando se recebe Prêmio de Debêntures, o prejuízo é reduzido (ou lucro aumenta) pela redução da despesa financeira (conta retificadora).**

Apropriação dos Juros e Despesas com Deságio em X3 → 5.192,98

Situação do BP após a Operação em 31/12/X3

| Ativo | Passivo |
|---|---|
| **Circulante** | **Circulante** |
| Caixa.... 710.989,04 | Fornecedores .....................500.000 |
| **Não Circulante** | **Não Circulante** |
| Terrenos.......800.000 | Debêntures a Pagar..... 39.505,48[a] |
| | (-)Deságio a amortizar .............0 [b] |
| | **PL** |
| | Capital Social.............. 1.000.000 |
| | Prejuízos Acumulados..(28.516,44)[c] |

**(a) 36.243,55+3.261,93. (b) R$ 1.930,90 - R$ 1.930,90. (c) Prejuízos Acumulados + Juros passivos na DRE + Despesas com Deságio na DRE → 23.323,61+ R$ 3.261,93+ 1.930,90.**

Pagamento da 3ª parcela X2: R$ 39.505,48

Situação do BP após a Operação em 31/12/X3

| Ativo | Passivo |
|---|---|
| **Circulante** | **Circulante** |
| Caixa.... 671.483,56 | Fornecedores ...................500.000 |
| **Não Circulante** | **Não Circulante** |
| Terrenos....800.000 | Debêntures a Pagar.................. 0 |
| | (-)Deságio a amortizar ...............0 |
| | **PL** |
| | Capital Social.................1.000.000 |
| | Prejuízos Acumulados..(28.516,44) |

**Quando se recebe emite abaixo do par, o prejuízo é aumenta.**

### E se houver custos de transações envolvidos?

**Simulação 07: Análise simultânea dos 3 cenários da Simulação 06 considerando custos de transações**

Cenário comum em 31/12/X0

Valor de Emissão das Debêntures: R$ 100.000

Tempo para resgate: 3 anos.

Taxa de juros compostos: 9% ao ano

Valor da Prestação (PV = 100.000; n = 3; i = 9) → PMT = R$ 39.505,48

Custos de Transação: R$ 1.000

**Situação do BP** antes da **Emissão em 31/12/X0**

| Ativo | Passivo |
|---|---|
| **Circulante** | **Circulante** |
| Caixa............... 700.000 | Fornecedores ....500.000 |
| **Não Circulante** | **Não Circulante** |
| Terrenos............800.000 | **PL** |
| | Capital Social..1.000.000 |

**Emissão ao Par**

Valor de Resgate a Valor Presente: 100.000

Situação do BP após a Emissão em 31/12/X0

| Ativo | Passivo |
|---|---|
| **Circulante** | **Circulante** |
| Caixa........... 799.000 | Fornecedores ..............500.000 |
| **Não Circulante** | **Não Circulante** |
| Terrenos......800.000 | Debêntures a Pagar........100.000 |
| | (-) Custos de Transação a Amortizar ..........................(1.000) |
| | **PL** |
| | Capital Social......... 1.000.000 |

**Emissão Acima do Par**

Valor de Resgate a Valor Presente: 104.000

Situação do BP após a Emissão em 31/12/X0

| Ativo | Passivo |
|---|---|
| **Circulante** | **Circulante** |
| Caixa..............803.000 | Fornecedores ..................500.000 |
| **Não Circulante** | **Não Circulante** |
| Terrenos.........800.000 | Debêntures a Pagar.......100.000 |
| | Prêmios a Amortizar........4.000 |
| | (-) Custos de Transação a Amortizar ..........................(1.000) |
| | **PL** |
| | Capital Social.............. 1.000.000 |

**Emissão Abaixo do Par**

Valor de Resgate a Valor Presente: 90.000

Situação do BP após a Emissão em 31/12/X0

| Ativo | Passivo |
|---|---|
| **Circulante** | **Circulante** |
| Caixa.............. 789.000 | Fornecedores ...............500.000 |
| **Não Circulante** | **Não Circulante** |
| Terrenos...........800.000 | Debêntures a Pagar......100.000 |
| | (-)Deságio a amortizar ..(10.000) |
| | (-) Custos de Transação a Amortizar ..........................(1.000) |
| | **PL** |
| | Capital Social........... 1.000.000 |

| Taxa Interna de Retorno (item 12 do CPC 08) | Taxa Interna de Retorno (item 12 do CPC 08) | Taxa Interna de Retorno (item 12 do CPC 08) |
|---|---|---|
| **PV=R$ 99.000**<br>**N=3**<br>**PMT= - R$ 39.505,48**<br>Taxa efetiva = 9,5659% | **PV=R$ 103.000**<br>**N=3**<br>**PMT= - R$ 39.505,48**<br>**Taxa efetiva = 7,35825%** | **PV=R$ 89.000**<br>**N=3**<br>**PMT= - R$ 39.505,48**<br>Taxa efetiva = 15,81137% |
| Encargos Financeiros 31/12/X1<br>**Encargos financeiros = Captação Líquida x Taxa Efetiva**<br>**Captação Líquida = Saldo de Debêntures a Pagar** - Custos de Transações a Amortizar<br>**→ Encargos financeiros = (100.000-1.000) x 0,095659**<br>**→ R$ 9.470,24** | Encargos Financeiros 31/12/X1<br>**Encargos financeiros = Captação Líquida x Taxa Efetiva**<br>**Captação Líquida = Saldo de Debêntures a Pagar** + Saldo de Prêmios a Amortizar - Custos de Transações a Amortizar<br>**→ Encargos financeiros = (100.000+4.000-1.000) x 0,0735825**<br>**→ 103.000 x 0,073825 → R$ 7.579,00.** | Encargos Financeiros 31/12/X1<br>**Encargos financeiros = Captação Líquida x Taxa Efetiva**<br>**Captação Líquida = Saldo de Debêntures a Pagar** - Saldo de Deságio a Amortizar - Custos de Transações a Amortizar<br>**→ Encargos financeiros = (100.000-10.000-1.000) x 0,1581137 → 89.000 x 0,1581137 → R$ 14.072,12** |
| **Juros Passivos = Taxa nominal x Saldo de Debêntures a Pagar →**<br>**Juros Passivos = 9% x 100.000 → 9.000.** | **Juros Passivos = Taxa nominal x Saldo de Debêntures a Pagar →**<br>**Juros Passivos = 9% x 100.000 → 9.000** | **Juros Passivos = Taxa nominal x Saldo de Debêntures a Pagar →**<br>**Juros Passivos = 9% x 100.000 → 9.000.** |
| Despesas com Custos de Transações em 31/12/X1<br>**Encargos financeiros = Juros Passivos + Despesas com custos de transações amortizados**<br>**→ 9.470,24= 9.000 + Despesas com custos de transações amortizados**<br>**→ Despesas com custos de transações = R$ 470,24** | "Receitas"[a] de Prêmios com Debêntures Amortizados e Despesas com Custos de Transações em 31/12/X1<br>**Prêmios com Debêntures amortizados = Juros Passivos + Despesas com custos de transações amortizados - Encargos financeiros**<br>**(1) Prêmios com Debêntures Amortizados - Custos de Transações Amortizados = 9.000 - R$ 7.579,00**<br>**(1) Prêmios com Debêntures Amortizados - Custos de Transações Amortizados = 1.421,00.**<br>**(2)** Custos Amortizados = $\frac{\text{Total dos Custos}}{\text{Total de Prêmios - Custos}}$ x(1)(Prêmios - Custos)<br>(2) Custos Amortizados = $\frac{\mathbf{1000}}{\mathbf{4000 - 1000}}$ **x 1.421** → 0,3333x 1.421 = 473,62<br>**(3) Prêmios Amortizados** = $\frac{\text{Total dos Prêmios}}{\text{Total de Prêmios - Custos}}$ x(1) (Prêmios - Custos)<br>**(3) Prêmios Amortizados** = $\frac{\mathbf{4.000}}{\mathbf{4.000 - 1.000}}$ **x 1.421** → 1,3333x1.421 = 1.894,62 | Despesas com Deságio em 31/12/X1 e Despesas com Custos de Transações em 31/12/X1<br>**Encargos financeiros = Juros Passivos + Despesas com Amortização do Deságio + Despesas com custos de transações amortizados**<br>**(1) 14.072,12 = 9.000 + Despesas com Amortização do Deságio + Custos de Transações**<br>**(1) Despesas com Amortização do Deságio + Despesas com custos de transações amortizados = 5.072,12**<br>**2)** Custos Amortizados = $\frac{\text{Total dos Custos}}{\text{Total Deságio + Total Custos}}$ x (1)*(Despesa Deságio + Despesa Custos)*<br>**(2)** Custos Amortizados = $\frac{\mathbf{1000}}{\mathbf{10.000 + 1.000}}$ **x 5.072,12**<br>**→ 0,0909 x 5.072,12** = 461,06<br>**(3) Deságios Amortizado** = $\frac{\text{Total dos Deságios}}{\text{Total Deságio + Total Custos}}$ x (1)*(Despesa Deságio + Despesa Custos)*<br>**(3) Deságios Amortizado** = $\frac{\mathbf{1000}}{\mathbf{10.000 + 1.000}}$ **x 5.072,12**<br>**→ 0,9091 x 5.072,12** = 4.611,06. |

Apropriação dos Juros e Custos de Transações em X1

→ R$ 9.470,24

Situação do BP após a Operação em 31/12/X1

| Ativo | Passivo |
|---|---|
| **Circulante** | **Circulante** |
| Caixa...........799.000 | Fornecedores .................500.000 |
| **Não Circulante** | **Não Circulante** |
| Terrenos.......800.000 | Debêntures a Pagar...........109.000[a] |
| | (-) Custos de Transação a Amortizar .......................(529,76)[b] |
| | **PL** |
| | Capital Social.............1.000.000 |
| | Prejuízos Acumulados.....(9.470,24)[c] |

**(a)100.000+9.000. (b)1.000-470,24. (c)9.000 de juros passivos na DRE + 470,23 de custos de transação na DRE.**

Pagamento da 1ª parcela X1: R$ 39.505,48

Situação do BP após a Operação em 31/12/X1

| Ativo | Passivo |
|---|---|
| **Circulante** | **Circulante** |
| Caixa........759.494,52 | Fornecedores ...........500.000 |
| **Não Circulante** | **Não Circulante** |
| Terrenos....800.000 | Debêntures a Pagar...69.494,52 |
| | (-) Custos de Transação a Amortizar .........................(529,76) |
| | **PL** |
| | Capital Social............ 1.000.000 |
| | Prejuízos Acumulados.....(9.470,24) |

Apropriação dos Juros, Prêmios e Custos em X1

→ R$ 7.579,00 (valor líquido)

Situação do BP após a Operação em 31/12/X1

| Ativo | Passivo |
|---|---|
| **Circulante** | **Circulante** |
| Caixa...............803.000 | Fornecedores .................500.000 |
| **Não Circulante** | **Não Circulante** |
| Terrenos.........800.000 | Debêntures a Pagar.......109.000[a] |
| | Prêmios a Amortizar........2.105,38[b] |
| | (-) Custos de Transação a Amortizar ........................(526,38)[c] |
| | **PL** |
| | Capital Social............. 1.000.000 |
| | Prejuízos Acumulados...( 7.579,00)[d] |

**(a)100.000+9.000.** (b) **4.000 – 1.894,62.** (c) **1000 – 473,62.** (d) **– Juros passivos na DRE + "Retificação de Despesa Financeira" com Prêmios de Debêntures na DRE – Custos → – 9.0000 + 1.894,62– 473,62.**

Pagamento da 1ª parcela X1: R$ 39.505,48

Situação do BP após a Operação em 31/12/X1

| Ativo | Passivo |
|---|---|
| **Circulante** | **Circulante** |
| Caixa......763.494,52 | Fornecedores .................500.000 |
| **Não Circulante** | **Não Circulante** |
| Terrenos.........800.000 | Debêntures a Pagar....... 69.494,52 |
| | Prêmios a Amortizar........2.105,38 |
| | (-) Custos de Transação a Amortizar .........................................(526,38) |
| | **PL** |
| | Capital Social............... 1.000.000 |
| | Prejuízos Acumulados...( 7.579,00) |

Apropriação dos Juros e Despesas com Deságio em X1

→ 14.072,12

Situação do BP após a Operação em 31/12/X1

| Ativo | Passivo |
|---|---|
| **Circulante** | **Circulante** |
| Caixa.......... 789.000 | Fornecedores ..............500.000 |
| **Não Circulante** | **Não Circulante** |
| Terrenos.......800.000 | Debêntures a Pagar.....109.000[a] |
| | (-)Deságio a amortizar ..(5.388,94)[b] |
| | (-) Custos de Transação a Amortizar ..........................(538,94)[c] |
| | **PL** |
| | Capital Social.............. 1.000.000 |
| | Prejuízos Acumulados..(14.072,12)[d] |

**(a)100.000+9.000.** (b) **10.000 – 4.611,06.** (c) **1.000 – 461,06.** (d) **Juros passivos na DRE + Despesas com Deságio na DRE + Custos → 9.0000 + 4.611,06+ 461,06.**

Pagamento da 1ª parcela X1: R$ 39.505,48

Situação do BP após a Operação em 31/12/X1

| Ativo | Passivo |
|---|---|
| **Circulante** | **Circulante** |
| Caixa..... 749.494,52 | Fornecedores ..............500.000 |
| **Não Circulante** | **Não Circulante** |
| Terrenos.......800.000 | Debêntures a Pagar..... 69.494,52 |
| | (-)Deságio a amortizar .....( 5.388,94) |
| | (-) Custos de Transação a Amortizar .........................( 538,94) |
| | **PL** |
| | Capital Social..................1.000.000 |
| | Prejuízos Acumulados..(14.072,12) |

| Taxa Interna de Retorno: 9,5659% | Taxa Interna de Retorno: 7,35825% | Taxa Interna de Retorno: 15,81137% |
|---|---|---|
| Encargos Financeiros 31/12/X2<br>**Encargos financeiros = Captação Líquida x Taxa Efetiva**<br>**Captação Líquida = Saldo de Debêntures a Pagar** – Custos de Transações a Amortizar<br>**→ Encargos financeiros = (69.494,52-529,76) x 0,095659**<br>**→ R$ 6.597,10** | Encargos Financeiros 31/12/X2<br>**Encargos financeiros = Captação Líquida x Taxa Efetiva**<br>**Captação Líquida = Saldo de Debêntures a Pagar** + Saldo de Prêmios a Amortizar – Custos de Transações a Amortizar<br>**→ Encargos financeiros = (69.494,52 +2.105,38-526,38) x 0,0735825**<br>**→ 71.073,52 x 0,0735825 → R$ 5.229,77.** | Encargos Financeiros 31/12/X2<br>**Encargos financeiros = Captação Líquida x Taxa Efetiva**<br>**Captação Líquida = Saldo de Debêntures a Pagar** – Saldo de Deságio a Amortizar – Custos de Transações a Amortizar<br>**→ Encargos financeiros = (69.494,52 -5.388,94-538,94) x 0,1581137 → 63.566,64 x 0,1581137 → R$ 10.050,76** |
| **Juros Passivos = Taxa nominal x Saldo de Debêntures a Pagar →**<br>**Juros Passivos = 9%x 69.494,52 → R$ 6.254,51** | **Juros Passivos = Taxa nominal x Saldo de Debêntures a Pagar → Juros Passivos = 9%x 69.494,52 → R$ 6.254,51** | **Juros Passivos = Taxa nominal x Saldo de Debêntures a Pagar → Juros Passivos = 9%x 69.494,52 → R$ 6.254,51** |
| Despesas com Custos de Transações em 31/12/X2<br>**Encargos financeiros = Juros Passivos + Despesas com custos de transações**<br>**→ 6.597,10= 6.254,51+ Despesas com custos de transações**<br>**→ Despesas com custos de transações = R$ 342,59** | "Receitas" de Prêmios com Debêntures Amortizados e Despesas com Custos de Transações em 31/12/X2<br>**Prêmios com Debêntures amortizados = Juros Passivos + Despesas com custos de transações amortizados – Encargos financeiros**<br>**(1) Prêmios com Debêntures Amortizados – Custos de Transações Amortizados = 6.254,51 – R$ 5.229,77**<br>**(1) Prêmios com Debêntures Amortizados – Custos de Transações Amortizados = 1.024,74.**<br>**(2) Custos Amortizados** = $\frac{\text{Total dos Custos}}{\text{Total de Prêmios - Custos}}$ x (1) (Prêmios – Custos)<br>**(2) Custos Amortizados** = $\frac{526,38}{2.105,38-526,38}$ x 1.024,74 →<br>$\frac{526,38}{1.579,00}$ x 1.024,74 → 0,334 x 1.024,74= 342,26<br>**(3) Prêmios Amortizados** = $\frac{\text{Total dos Custos}}{\text{Total de Prêmios - Custos}}$ x (1) (Prêmios – Custos)<br>**(3) Prêmios Amortizados** = $\frac{2.105,38}{2.105,38-526,38}$ x 1.024,74 →<br>$\frac{2.105,38}{1.579,00}$ x 1.024,74 → 1,334 x 1.024,74 = 1.367,00 | Despesas com Deságio em 31/12/X1 e Despesas com Custos de Transações em 31/12/X2<br>**Encargos financeiros = Juros Passivos + Despesas com Amortização do Deságio + Despesas com custos de transações amortizados**<br>**(1) 10.050,76= 6.254,51 + Despesas com Amortização do Deságio + Custos de Transações**<br>**2) Custos Amortizados** = $\frac{\text{Total dos Custos}}{\text{Total Deságio + Total Custos}}$ x (1)*(Despesa Deságio + Despesa Custos)*<br>**(2) Custos Amortizados** = $\frac{538,94}{5.388,94+538,94}$ **x 3.796,25 →**<br>$\frac{538,94}{5.927,88}$ **x 3.796,25 →**<br>**→ 0,0909 x 3.796,25** = 345,08<br>**(3) Deságios Amortizado** = $\frac{\text{Total dos Deságios}}{\text{Total Deságio + Total Custos}}$ x (1) *(Despesa Deságio + Despesa Custos)*<br>**(3) Deságios Amortizado** = $\frac{538,94}{5.388,94+538,94}$ **x 3.796,25 →**<br>$\frac{538,94}{5.927,88}$ **x 3.796,25 →**<br>**→ 0,9091 x 3.796,25** = 3.451,17.. |

Apropriação dos Juros e Custos de Transações em X2 → R$ 6.597,10

Situação do BP após a Operação em 31/12/X2

| Ativo | Passivo |
|---|---|
| **Circulante** | **Circulante** |
| Caixa.......759.494,52 | Fornecedores ..................500.000 |
| **Não Circulante** | **Não Circulante** |
| Terrenos....800.000 | Debêntures a Pagar.........75.749,03[a] |
| | (-) Custos de Transação a Amortizar ..........................(187,17)[b] |
| | **PL** |
| | Capital Social............. 1.000.000 |
| | Prejuízos Acumulados...(16.067,34)[c] |

(a)69.494,52+6.254,51. (b) 529,76 – 342,59 (c) **Prejuízos Acumulados + Juros passivos na DRE + Custos de Transação → 9.470,24+6.254,51+342,59.**

Pagamento da 2ª parcela X2: R$ 39.505,48

Situação do BP após a Operação em 31/12/X2

| Ativo | Passivo |
|---|---|
| **Circulante** | **Circulante** |
| Caixa.......719.989,04 | Fornecedores ...................500.000 |
| **Não Circulante** | **Não Circulante** |
| Terrenos....800.000 | Debêntures a Pagar.........36.243,55 |
| | (-) Custos de Transação a Amortizar ..........................(187,17) |
| | **PL** |
| | Capital Social................. 1.000.000 |
| | Prejuízos Acumulados...(16.067,34) |

Apropriação dos Juros, Prêmios e Custos em X2 → R$ 5.248,92 (valor líquido)

Situação do BP após a Operação em 31/12/X2

| Ativo | Passivo |
|---|---|
| **Circulante** | **Circulante** |
| Caixa......763.494,52 | Fornecedores ..................500.000 |
| **Não Circulante** | **Não Circulante** |
| Terrenos.........800.000 | Debêntures a Pagar......... 75.749,03[a] |
| | Prêmios a Amortizar...........738,38[b] |
| | (-) Custos de Transação a Amortizar ..........................(184,12)[c] |
| | **PL** |
| | Capital Social................ 1.000.000 |
| | Prejuízos Acumulados..( 12.808,77)[d] |

(a) **69.494,52+6.254,51.** (b) **2.105,38 – 1.367,00.** (c) **526,38-342,26.** (d)-**Prejuízos Acumulados – Juros passivos na DRE + "Retificação de Despesa Financeira" com Prêmios de Debêntures na DRE – Custos → -7.579,00 – 6.254,51+ 1.367,00 – 342,26.**

Pagamento da 2ª parcela X2: R$ 39.505,48

Situação do BP após a Operação em 31/12/X2

| Ativo | Passivo |
|---|---|
| **Circulante** | **Circulante** |
| Caixa...... 723.989,04 | Fornecedores ..................500.000 |
| **Não Circulante** | **Não Circulante** |
| Terrenos.........800.000 | Debêntures a Pagar......... 36.243,55 |
| | Prêmios a Amortizar................738,38 |
| | (-) Custos de Transação a Amortizar ..........................(184,12) |
| | **PL** |
| | Capital Social................. 1.000.000 |
| | Prejuízos Acumulados.....(12.808,77) |

Apropriação dos Juros e Despesas com Deságio em X2 → 10.050,76

Situação do BP após a Operação em 31/12/X2

| Ativo | Passivo |
|---|---|
| **Circulante** | **Circulante** |
| Caixa..... 749.494,52 | Fornecedores ......................500.000 |
| **Não Circulante** | **Não Circulante** |
| Terrenos.......800.000 | Debêntures a Pagar.......... 75.749,03[a] |
| | (-) Deságio a amortizar .....(1.937,77)[b] |
| | (-) Custos de Transação a Amortizar ............................(193,86)[c] |
| | **PL** |
| | Capital Social...................... 1.000.000 |
| | Prejuízos Acumulados....(24.122,88)[d] |

(a) **69.494,52+6.254,51.** (b) **5.388,94** – 3.451,17. (c) **538,94**-345,08. (d) **Prejuízos Acumulados + Juros passivos na DRE + Despesas com Deságio na DRE + Custos → 14.072,12+6.254,51+3.451,17+ 345,08.**

Pagamento da 2ª parcela X2: R$ 39.505,48

Situação do BP após a Operação em 31/12/X2

| Ativo | Passivo |
|---|---|
| **Circulante** | **Circulante** |
| Caixa.... 709.989,04 | Fornecedores ..................500.000 |
| **Não Circulante** | **Não Circulante** |
| Terrenos....800.000 | Debêntures a Pagar......... 36.243,55 |
| | (-) Deságio a amortizar ......(1.937,77) |
| | (-) Custos de Transação a Amortizar ..............................(193,86) |
| | **PL** |
| | Capital Social...................1.000.000 |
| | Prejuízos Acumulados.......(24.122,88) |

| Taxa Interna de Retorno: 9,5659% | Taxa Interna de Retorno: 7,35825% | Taxa Interna de Retorno: 15,81137% |
|---|---|---|
| Encargos Financeiros 31/12/X3<br>**Encargos financeiros = Captação Líquida x Taxa Efetiva**<br>**Captação Líquida = Saldo de Debêntures a Pagar** – Custos de Transações a Amortizar<br>**→ Encargos financeiros = (36.243,55-187,17) x 0,095659**<br>**→ R$ 3.449,10** | Encargos Financeiros 31/12/X3<br>**Encargos financeiros = Captação Líquida x Taxa Efetiva**<br>**Captação Líquida = Saldo de Debêntures a Pagar** + Saldo de Prêmios a Amortizar – Custos de Transações a Amortizar<br>**→ Encargos financeiros = (36.243,55+738,38-184,12) x 0,0735825**<br>**→ 36.797,81 x 0,0735825 → R$ 2.707,67** | Encargos Financeiros 31/12/X3<br>**Encargos financeiros = Captação Líquida x Taxa Efetiva**<br>**Captação Líquida = Saldo de Debêntures a Pagar** – Saldo de Deságio a Amortizar – Custos de Transações a Amortizar<br>**→ Encargos financeiros = (36.243,55-1.937,77-193,86) x 0,1581137 → 34.111,92 x 0,1581137 → R$ 5.393,56** |
| **Juros Passivos = Taxa nominal x Saldo de Debêntures a Pagar**<br>**→ Juros Passivos = 9%x 36.243,55→ R$ 3.261,93** | **Juros Passivos = Taxa nominal x Saldo de Debêntures a Pagar**<br>**→ Juros Passivos = 9%x 36.243,55→ R$ 3.261,93** | **Juros Passivos = Taxa nominal x Saldo de Debêntures a Pagar**<br>**→ Juros Passivos = 9%x 36.243,55→ R$ 3.261,93** |
| Despesas com Custos de Transações em 31/12/X2<br>**Encargos financeiros = Juros Passivos + Despesas com custos de transações**<br>**→ 3.449,12= 3.261,93 + Despesas com custos de transações**<br>**→ Despesas com custos de transações = R$ 187,17** | "Receitas" de Prêmios com Debêntures Amortizados e Despesas com Custos de Transações em 31/12/X3<br>**Prêmios com Debêntures amortizados = Juros Passivos + Despesas com custos de transações amortizados – Encargos financeiros**<br>**(1) Prêmios com Debêntures Amortizados – Custos de Transações Amortizados = 3.261,93 – R$ 2.707,67**<br>**(1) Prêmios com Debêntures Amortizados – Custos de Transações Amortizados = 554,56**<br>**(2) Custos Amortizados** $= \frac{\text{Total dos Custos}}{\text{Total de Prêmios – Custos}}$ x (1) (Prêmios – Custos)<br>**(2) Custos Amortizados** $= \frac{184{,}12}{738{,}38-184{,}12}$ x 554,26 → $\frac{184{,}12}{554{,}26}$ x 554,26 → 182,12<br>**(3) Prêmios Amortizados** $= \frac{\text{Total dos Custos}}{\text{Total de Prêmios – Custos}}$ x (1) (Prêmios – Custos)<br>**(3) Prêmios Amortizados** $= \frac{738{,}38}{554{,}26}$ x 554,26 → 738,28 | Despesas com Deságio em 31/12/X1 e Despesas com Custos de Transações em 31/12/X3<br>**Encargos financeiros = Juros Passivos + Despesas com Amortização do Deságio + Despesas com custos de transações amortizados**<br>**(1) 5.393,56= 3.261,93 + Despesas com Amortização do Deságio + Custos de Transações**<br>**(1) Despesas com Amortização do Deságio + Despesas com custos de transações amortizados = 2.131,63**<br>**2) Custos Amortizados** $= \frac{\text{Total dos Custos}}{\text{Total Deságio + Total Custos}}$ x (1)*(Despesa Deságio + Despesa Custos)*<br>**(2) Custos Amortizados** $= \frac{193{,}86}{1.937{,}77+193{,}86}$ **x 2.131,63 →** $\frac{193{,}86}{2.131{,}63}$ **x 2.131,63** → 193,86<br>**(3) Deságios Amortizado** $= \frac{\text{Total dos Deságios}}{\text{Total Deságio + Total Custos}}$ x (1) *(Despesa Deságio + Despesa Custos)*<br>**(3) Deságios Amortizado** $= \frac{1.937{,}77}{1.937{,}77+193{,}86}$ **x 2.131,63 →** $\frac{1.937{,}77}{2.131{,}63}$ **x 2.131,63 → 1.937,77.** |

Unidade Didática II
Escrituração Contábil

Apropriação dos Juros e Custos de Transações em X3
→ R$ 6.597,10

Situação do BP após a Operação em 31/12/X3

| Ativo | Passivo |
|---|---|
| **Circulante** | **Circulante** |
| Caixa......719.989,04 | Fornecedores ...................500.000 |
| **Não Circulante** | **Não Circulante** |
| Terrenos....800.000 | Debêntures a Pagar......... 39.505,48[a] |
| | (-) Custos de Transação a Amortizar ..............................0[b] |
| | **PL** |
| | Capital Social.................. 1.000.000 |
| | Prejuízos Acumulados...(19.516,44)[c] |

**(a)36.243,55+3.261,93. (b) 187,17-187,17. (c) Prejuízos Acumulados + Juros passivos na DRE → 16.067,34+ 3.261,93 +187,17 →**

Pagamento da 3ª parcela X3: R$ 39.505,48

Situação do BP após a Operação em 31/12/X3

| Ativo | Passivo |
|---|---|
| **Circulante** | **Circulante** |
| Caixa......680.483,56 | Fornecedores ...................500.000 |
| **Não Circulante** | **Não Circulante** |
| Terrenos....800.000 | Debêntures a Pagar..................0 |
| | (-) Custos de Transação a Amortizar ......................................0 |
| | **PL** |
| | Capital Social..................1.000.000 |
| | Prejuízos Acumulados...(19.516,44) |

**O custo de transação, reduz o caixa e aumenta o prejuízo.**

Apropriação dos Juros e Prêmios em X3
→ R$ **2.707,67** (valor líquido)

Situação do BP após a Operação em 31/12/X2

| Ativo | Passivo |
|---|---|
| **Circulante** | **Circulante** |
| Caixa....... 723.989,04 | Fornecedores ................500.000 |
| **Não Circulante** | **Não Circulante** |
| Terrenos.........800.000 | Debêntures a Pagar.......... 39.505,48[a] |
| | Prêmios a Amortizar......................0[b] |
| | (-) Custos de Transação a Amortizar ........................................0[c] |
| | **PL** |
| | Capital Social.....................1.000.000 |
| | Prejuízos Acumulados..(15.516,44)[d] |

(a) **36.243,55+3.261,93.** (b) **738,38 – 738,38.** (c) **184,12 – 184,12.** (d)-**Prejuízos Acumulados – Juros passivos na DRE + "Retificação de Despesa Financeira" com Prêmios de Debêntures na DRE – Custos → -12.808,77- 3.261,93+ 738,38 00 – 184,12.**

Pagamento da 3ª parcela X2: R$ 39.505,48

Situação do BP após a Operação em 31/12/X3

| Ativo | Passivo |
|---|---|
| **Circulante** | **Circulante** |
| Caixa.... 684.483,56 | Fornecedores ................500.000 |
| **Não Circulante** | **Não Circulante** |
| Terrenos.........800.000 | Debêntures a Pagar................... 0 |
| | Prêmios a Amortizar.........................0 |
| | (-) Custos de Transação a Amortizar ........................................0 |
| | **PL** |
| | Capital Social.....................1.000.000 |
| | Prejuízos Acumulados..(15.516,44) |

Apropriação dos Juros e Despesas com Deságio em X3
→ 5.393,56

Situação do BP após a Operação em 31/12/X3

| Ativo | Passivo |
|---|---|
| **Circulante** | **Circulante** |
| Caixa.... 709.989,04 | Fornecedores .....................500.000 |
| **Não Circulante** | **Não Circulante** |
| Terrenos.......800.000 | Debêntures a Pagar......... 39.505,48[a] |
| | (-)Deságio a amortizar .................0[b] |
| | (-) Custos de Transação a Amortizar ...........................................0[c] |
| | **PL** |
| | Capital Social.............. 1.000.000 |
| | Prejuízos Acumulados..(29.516,44)[c] |

**(a) 36.243,55+3.261,93. (b) R$ 1.937,77.- R$ 1.937,77.. (c)** 193,86 -193,86 **(d) Prejuízos Acumulados + Juros passivos na DRE + Despesas com Deságio na DRE → 23.323,61+ R$ 3.261,93+ 1.930,90.**

Pagamento da 3ª parcela X2: R$ 39.505,48

Situação do BP após a Operação em 31/12/X3

| Ativo | Passivo |
|---|---|
| **Circulante** | **Circulante** |
| Caixa.... 670.483,56 | Fornecedores ..................500.000 |
| **Não Circulante** | **Não Circulante** |
| Terrenos....800.000 | Debêntures a Pagar...................... 0 |
| | (-)Deságio a amortizar .....................0 |
| | (-) Custos de Transação a Amortizar ..........................................0 |
| | **PL** |
| | Capital Social.....................1.000.000 |
| | Prejuízos Acumulados.....(29.516,44) |

Quadro 10.5: Síntese das Simulações 06 (sem custo) e 07 (com custo)

| Cenários | Caixa 31/12/X0 | Caixa 31/12/X1 | Caixa 31/12/X2 | Caixa 31/12/X3 |
|---|---|---|---|---|
| Cenário 07 (ao par sem custo) | 800.000 | 760.494,52 | 720.989,04 | 681.483,56 |
| Cenário 07 (acima do par sem custo) | 804.000 | 764.494,52 | 724.989,04 | 685.483,56 |
| Cenário 07 (abaixo do par sem custo) | 790.000 | 750.494,52 | 710.989,04 | 671.483,56 |
| Cenário 08 (ao par com custo) | 799.000 | 759.494,52 | 719.989,04 | 680.483,56 |
| Cenário 08 (acima do par com custo) | 803.000 | 763.494,52 | 723.989,04 | 684.483,56 |
| Cenário 08 (abaixo do par com custo) | 789.000 | 749.494,52 | 709.989,04 | 670.483,56 |
| Cenários | Debêntures a Pagar 31/12/X0 | Debêntures a Pagar 31/12/X1 | Debêntures a Pagar 31/12/X2 | Debêntures a Pagar 31/12/X3 |
| Cenário 07 (ao par sem custo) | 100.000 | 69.494,52 | 36.243,55 | 0 |
| Cenário 07 (acima do par sem custo) | 100.000 | 69.494,52 | 36.243,55 | 0 |
| Cenário 07 (abaixo do par sem custo) | 100.000 | 69.494,52 | 36.243,55 | 0 |
| Cenário 08 (ao par com custo) | 100.000 | 69.494,52 | 36.243,55 | 0 |
| Cenário 08 (acima do par com custo) | 100.000 | 69.494,52 | 36.243,55 | 0 |
| Cenário 08 (abaixo do par com custo) | 100.000 | 69.494,52 | 36.243,55 | 0 |
| Cenários | Despesas com juros 31/12/X0 | Despesas com juros 31/12/X1 | Despesas com juros 31/12/ X2 | Despesas com juros 31/12/X3 |
| Cenário 07 (ao par sem custo) | 0 | 9.000 | 6.254,51 | 3.261,93 |
| Cenário 07 (acima do par sem custo) | 0 | 9.000 | 6.254,51 | 3.261,93 |
| Cenário 07 (abaixo do par sem custo) | 0 | 9.000 | 6.254,51 | 3.261,93 |

| | | | | |
|---|---|---|---|---|
| **Cenário 08 (ao par com custo)** | **0** | **9.000** | **6.254,51** | **3.261,93** |
| **Cenário 08 (acima do par com custo)** | **0** | **9.000** | **6.254,51** | **3.261,93** |
| **Cenário 08 (abaixo do par com custo)** | **0** | **9.000** | **6.254,51** | **3.261,93** |

| Cenários | Encargos Financeiros[a] 31/12/X0 | Encargos Financeiros[a] 31/12/X1 | Encargos Financeiros[a] 31/12/X2 | Encargos Financeiros[a] 31/12/X3 |
|---|---|---|---|---|
| **Cenário 07 (ao par sem custo)** | **0** | **9.000,00** | **6.254,51** | **3.261,93** |
| **Cenário 07 (acima do par sem custo)** | **0** | **7.101,95** | **4.889,18** | **2.525,31** |
| **Cenário 07 (abaixo do par sem custo)** | **0** | **13.620,51** | **9.703,10** | **5.192,83** |
| **Cenário 08 (ao par com custo)** | **0** | **9.470,24** | **6.597,10** | **3.449,10** |
| **Cenário 08 (acima do par com custo)** | **0** | **7.579,00** | **5.229,77** | **2.707,67** |
| **Cenário 08 (abaixo do par com custo)** | **0** | **14.072,12** | **10.050,76** | **5.393,56** |

| Cenários | Prejuízos Acumulados 31/12/X0 | Prejuízos Acumulados 31/12/X1 | Prejuízos Acumulados 31/12/X2 | Prejuízos Acumulados 31/12/X3 |
|---|---|---|---|---|
| **Cenário 07 (ao par sem custo)** | **0** | **9.000,00** | **15.254,51** | **18.516,44** |
| **Cenário 07 (acima do par sem custo)** | **0** | **7.101,95** | **11.991,13** | **14.516,44** |
| **Cenário 07 (abaixo do par sem custo)** | **0** | **13.620,51** | **23.323,61** | **28.516,44** |
| **Cenário 08 (ao par com custo)** | **0** | **9.470,24** | **16.067,34** | **19.516,44** |
| **Cenário 08 (acima do par com custo)** | **0** | **7.579,00** | **12.808,77** | **15.516,44** |
| **Cenário 08 (abaixo do par com custo)** | **0** | **14.072,12** | **24.122,88** | **29.516,44** |

**Legenda:** (a) Encargo financeiro inclui juros, prêmios (retificadora) e custos.

**Análise da Síntese das Simulações**

**1.Custos, deságios e prêmios não afetam as despesas com juros.**

**2.Quando não há custos de transação, nem prêmio, nem deságio; os encargos coincidem com os juros.**

**3.Quando ocorre emissão acima do par (com ou sem custo), observa-se que em relação ao cenário base (emissão ao par), os encargos financeiros reduzem. Isso ocorre porque os prêmios na medida em são amortizados reduzem os encargos. Os prêmios são contas retificadoras da conta encargos financeiros (os prêmios são contas credoras dentro da conta devedora de despesas financeiras).**

**4.Quando ocorre emissão abaixo do par (com ou sem custo), observa-se que em relação ao cenário base (emissão ao par), os encargos financeiros aumentam.**

## 8. RECEITAS DE APLICAÇÕES FINANCEIRAS

Ocorre quando a administração realiza uma aplicação financeira. Dependendo da modalidade da taxa o registro muda.

**O reconhecimento da receita financeira quando a modalidade é pré-fixada é este:**

**Na aplicação:**
D - Aplicações financeiras (Ativo) ........ 110.000
C - Juros Ativos a Transcorrer (retificadora do ativo) ........ 10.000
C - Bancos (Ativo) ........ 100.000

**Pela apropriação mensal dos rendimentos (1.000 em 10 meses, juros simples de 1% a.m.).**
D - Juros Ativos a Transcorrer (retificadora do ativo) ........ 1.000
C - Receitas Financeiras - Juros ativos (Resultado) ........ 1.000

**O reconhecimento da receita financeira quando a modalidade é pós-fixada é este:**

**Na aplicação:**
D - Aplicações financeiras (Ativo) ........ 100.000
C - Bancos (Ativo) ........ 100.000

**Pela apropriação mensal dos rendimentos (variável em função do indexador, SELIC por exemplo).**
D - Aplicações financeiras (Ativo) ........ 1.500
C - Receitas Financeiras - Juros ativos (Resultado de 1,5%) ........ 1.500

**Chamada 49 do autor:** Receitas Financeiras

## 9. LISTA DE QUESTÕES OBJETIVAS

### 1ª Questão (Receita Federal Analista Tributário 2012 ESAF)

A empresa Merendaria Maria Ltda. realizou, no banco em que é correntista, uma operação de desconto de títulos com incidência de juros. O lançamento necessário para contabilizar essa operação no Diário da empresa deverá ser

a) Bancos c/Movimento
a Diversos
a Duplicatas Descontadas
a Encargos da Operação

b) Diversos
a Duplicatas Descontadas
Bancos c/Movimento
Encargos da Operação

c) Bancos c/Movimento
a Diversos
a Duplicatas a Receber
a Encargos da Operação

d) Diversos
a Duplicatas a Receber
Bancos c/Movimento
Encargos da Operação

e) Duplicatas Descontadas
a Duplicatas a Receber
e
Encargos da Operação
a Bancos c/Movimento

### Solução

Diversos

Bancos Conta Movimento (Ativo)

(-) Encargos Financeiros a Transcorrer (conta retificadora do Passivo)

a Duplicatas Descontadas (conta retificadora do)

**ou**

D: Bancos Conta Movimento (Ativo)

D: (-) Encargos Financeiros a Transcorrer (conta retificadora do Passivo)

C: Duplicatas Descontadas (conta retificadora do)

Gabarito: **B**

## Dados para a resolução das questões 2 a 4.

A Cia. XYZ, em 01/03/2012, apresenta ao Banco Valioso o fluxo de duplicatas a seguir:

| Título | Prazo | Valores |
|---|---|---|
| **Duplicatas D1** | **30 dias** | **R$ 1.500.000** |
| **Duplicatas D2** | **60 dias** | **R$ 1.500.000** |
| **Duplicatas D3** | **90 dias** | **R$ 1.000.000** |

Na ocasião, contrata uma operação de desconto a uma taxa mensal de 8% ao mês (juros simples) além de taxas administrativas de R$5.000 cobradas pela instituição financiadora.

## 2ª Questão (Receita Federal Auditor 2014 ESAF)

De acordo com os dados fornecidos, pode-se afirmar que o registro inicial da operação gera:

a) um aumento total de R$3.400.000 nos passivos circulantes.

b) uma diminuição total na situação líquida de R$600.000.

c) um aumento de R$3.995.000 total nos ativos circulantes.

d) uma diminuição total de passivo circulante de R$320.000.

e) um aumento total de despesas financeiras de R$120.000.

### Solução

**Antes da Operação**

| **Ativo** | **Passivo** |
|---|---|
| **Circulante**<br>Caixa.......................................................... 0<br>Duplicatas a receber .........................4.000 | **Circulante** |
| **Não Circulante** | **Não Circulante** |
| | **PL** ..........................................4.000.000 |

| Título | Prazo | Valores | Taxa de Juros Simples | Juros |
|---|---|---|---|---|
| **D1** | **30 dias** | **R$ 1.500.000** | **8%** | **120.000** |
| **D2** | **60 dias** | **R$ 1.500.000** | **16%** | **240.000** |
| **D3** | **90 dias** | **R$ 1.000.000** | **24%** | **240.000** |
| **Total** | | | | **600.000** |

Conforme visto no tópico 7 deste capítulo os encargos financeiros são compostos pelos juros e custos transacionais. Assim, os encargos financeiros totalizam R$ 605.000.

Em que pese as duplicatas terem valor de nominal de R$ 4.000.00, a empresa receberá no caixa apenas R$ 3.395.000 (4.000.000 – 605.000).

Lançamento contábil:

D: Bancos (Ativo Circulante)........................................3.395.000

D: (-) Encargos Financeiros a Transcorrer (Retificadora do Passivo).....605.000

C: Duplicatas Descontadas (Passivo)........................................4.000.000

**Após a Operação**

| Ativo | Passivo |
|---|---|
| **Circulante** | **Circulante** |
| Caixa...................................... 3.395.000 | Duplicatas Descontadas ................. 4.000.000 |
| Duplicatas a receber ..........4.000.000 | (-)Juros a Transcorrer ...........................600.000 |
| | (-) Custos de Transação a Amortizar .........5.000 |
| **Não Circulante** | **Não Circulante** |
| | **PL** ...............................................4.000.000 |

O Gabarito preliminar foi C e poderia ser mantido, pois houve um fato permutativo: Aumento do AC e aumento do PC.

Gabarito: **Anulada**

## 3ª Questão (Receita Federal Auditor 2014 ESAF)

Em 16/04/2012 o Banco Valioso comunica à Cia. XYZ que a duplicata (D1) não foi quitada pelo cliente. No aviso de cobrança bancária, enviado para a empresa, o banco informa que lançou na conta corrente da empresa R$1.505.500, relativos ao valor do título em atraso e a juros adicionais e comissão de permanência no valor de R$5.500. Nesse caso, a empresa deve registrar em sua contabilidade:

a)

| Contas | Débitos | Crédito |
|---|---|---|
| Duplicatas /descontadas | 1.500.00 | |
| Contas a Receber | 5.500 | |
| a Bancos C/ Movimento | | 1.505.500 |

b)

| Contas | Débitos | Crédito |
|---|---|---|
| Duplicatas /descontadas | 1.505.500 | |
| a Bancos C/ Movimento | | 1.505.500 |

c)

| Contas | Débitos | Crédito |
|---|---|---|
| Duplicatas a Receber | 1.505.500 | |
| a Bancos C/ Movimento | | 1.505.500 |

d)

| Contas | Débitos | Crédito |
|---|---|---|
| Duplicatas a Receber | 1.500.00 | |
| Contas a Receber | 5.500 | |
| a Bancos C/ Movimento | | 1.505.500 |

e)

| Contas | Débitos | Crédito |
|---|---|---|
| Contas a Receber | 1.505.500 | |
| a Bancos C/ Movimento | | 1.505.500 |

## Solução

Trata-se de desconto de duplicata descontada não paga. Nestes casos a empresa honra o pagamento quando o cliente da empresa não paga a duplicata no prazo.

Além disso, as despesas referentes aos juros e comissão devem ser lançadas imediatamente, ocasionando despesa para a empresa. Supõe-se que esse 16/04 foi a data de vencimento do grupo D1.

**Antes da Operação**

| Ativo | Passivo |
|---|---|
| **Circulante** | **Circulante** |
| Caixa ................................ 3.395.000 | Duplicatas Descontadas ................ 4.000.000 |
| Duplicatas a receber ..........4.000.000 | (-)Juros a Transcorrer ..........................600.000 |
| | (-) Custos de Transação a Amortizar .........5.000 |
| **Não Circulante** | **Não Circulante** |
| | **PL** ..............................................4.000.000 |

Lançamento contábil:

D: Despesas Financeiras – Encargos Financeiros .................................... 5.500

D: Duplicatas Descontadas (Passivo)........................................................ 1.500.000

C: Bancos (Ativo Circulante) ...........................................................1.505.500

**Após a Operação**

Unidade Didática II
Escrituração Contábil

| Ativo | Passivo |
|---|---|
| **Circulante** | **Circulante** |
| Caixa.................................... 1.889.500 | Duplicatas Descontadas .................. 2.500.000 |
| Duplicatas a receber ..........4.000.000 | (-)Juros a Transcorrer ..........................600.000 |
| | (-) Custos de Transação a Amortizar .........5.000 |
| **Não Circulante** | **Não Circulante** |
| | **PL** ..........................................................4.000.000 |
| | (-)Prejuízos Acumulados............................5.500 |

**Gabarito: Anulada.**

## 4ª Questão (Receita Federal Auditor 2014 ESAF)

De acordo com as normas contábeis atualizadas, os juros cobrados sobre a operação de desconto devem ser:

a) lançados como despesa financeira após o recebimento do último título descontado.

b) contabilizados pelo montante total dos juros descontados como despesas no momento inicial da operação.

c) registrados como despesas financeiras no momento da quitação de cada um dos títulos descontados.

d) registrados como despesa financeira em três parcelas iguais através de rateio do total por 90 dias.

e) transferidos para o resultado como despesa financeira de acordo com o regime de competência.

### Solução

Os juros a serem cobrados sobre a operação de desconto devem inicialmente ser registrados na conta retificadora do Passivo: Encargos Financeiros a Transcorrer ou Juros a Apropriar. Com o passar do tempo, seguindo o regime de competência, os juros cobrados sobre a operação financeira e os custos transacionais são transferidos para o resultado como despesa financeira.

Gabarito: **E**

## 5ª e 6ª Questões (DPF Agente e Escrivão 2021 CEBRASPE)

Considere que a empresa XYZ tenha quitado antecipadamente uma dívida, tendo obtido, no ato da quitação, um desconto pela antecipação dos valores até então pendentes de pagamento. Com base nessa situação hipotética, julgue os itens seguintes.

5. O pagamento antecipado da dívida representa um fato contábil misto para a empresa XYZ.
6. O desconto obtido pela empresa XYZ deve ser reconhecido como receita financeira na mesma data da quitação da dívida, em consonância com o regime de competência.

### Solução

**5.** Para a empresa que obtém o desconto financeiro, deve-se reconhecer uma receita financeira:

D: Dívidas a Pagar (Passivo)

C: Receita Financeira (Resultado - Receita)

C: Bancos (Ativo)

O evento caracteriza um fato misto aumentativo, pois há permuta de elementos do passivo e ativo e, ao mesmo, tempo o reconhecimento de um fato modificativo.

**6.** No regime de competência, o fato gerador da receita financeira ocorre no momento do pagamento antecipado a fim de obter desconto. Tratamento distinto deve ser dado em descontos de duplicadas, a qual a despesa financeira é reconhecida ao longo do prazo da operação.

Gabarito

5. **Certo**

6. **Certo**

## 7ª Questão (DPF Agente 2018 CEBRASPE)

Determinada sociedade comercial realizou, no período corrente, as transações apresentadas a seguir.

- Apropriou a terceira cota anual cheia de depreciação de um veículo, originalmente adquirido por R$ 60.000, com vida útil estimada em 5 anos. A empresa tem como política considerar um valor residual de 10% para todos os seus bens. O método de depreciação empregado é o da soma dos dígitos dos anos.
- Descontou, no banco onde mantém conta, uma duplicata a vencer em 60 dias. O título, com valor nominal de R$ 100.000, gerou um crédito de R$ 97.000 na conta corrente da empresa.
- Vendeu mercadorias por R$ 10.000, líquido de tributos, realizando a baixa dos estoques correspondentes, no valor de R$ 5.500. Nessa situação hipotética,

7. A empresa, no momento do desconto do título, contabilizou despesa com encargos financeiros de R$ 3.000.

### Solução

Lançamento contábil:

D: Bancos (Ativo Circulante) ....................97.000

D: (-) Encargos Financeiros a Transcorrer (Retificadora do Passivo) ............3.000

C: Duplicatas Descontadas (Passivo)..............100.000

Errado, pois a despesa será apropriada a posteriori em contrapartida com a conta (-) Encargos Financeiros a Transcorrer.

Gabarito: **Errado**

## 8ª a 13ª Questões (DPF Agente e Escrivão 2021 CEBRASPE)

Com relação à técnica de escrituração contábil, julgue os itens subsequentes

8. A versão ampliada da equação do patrimônio pode ser expressa da seguinte forma: ativo + receitas + ganhos = passivo + despesas + perdas + patrimônio líquido (contas de capital).
9. Os rendimentos decorrentes das aplicações financeiras representa um fato modificativo cujo lançamento contábil deve ser efetuado a débito da própria conta representativa dessas aplicações financeiras.
10. Os saldos da conta fornecedores e da conta impostos a recolher são, por natureza, devedores.
11. A terceira fórmula de lançamento, também denominada fórmula complexa, requer a utilização de uma conta devedora e duas ou mais contas credoras para o registro de um evento contábil.
12. As contas de compensação destinam-se ao controle e ao registro de fatos que podem vir a provocar alterações no patrimônio da entidade.
13. No livro Razão devem ser apresentados os saldos das contas representativas dos elementos patrimoniais de uma entidade.

### Solução

8. A versão ampliada da equação do patrimônio pode ser expressa da seguinte forma:

ativo + receitas + ganhos = passivo + despesas + perdas + patrimônio líquido (contas de capital).

Como consequência do método das partidas dobradas, o total de contas devedoras deve ser igual às contas credoras.

Contas Devedoras = Ativo, Despesas e Perdas.

Contas Credoras = Passivo, Patrimônio Líquido, Receitas e Ganhos.

Portanto, **a equação fundamental ampliada seria:**

ativo + despesas + perdas = passivo + patrimônio líquido (contas de capital) + receitas + ganhos.

**ou**

ativo - receitas - ganhos = passivo - despesas - perdas + patrimônio líquido (contas de capital).

9. **A questão foi anulada, pois depende da modalidade: pré-fixado ou pós-fixado.**

O reconhecimento do rendimento da receita financeira quando a modalidade é pré-fixada é este:

D - (-) Receita Financeira a Transcorrer (AC - conta retificadora)

C - Receita Financeira (Resultado)

Não se debita na conta aplicações financeiras no rendimento.

O reconhecimento do rendimento da receita financeira quando a modalidade é pós-fixada é este:

D - Aplicação Financeira (AC)

C - Receita Financeira (Resultado)

Se debita na conta aplicações financeiras no rendimento.

10. As contas apresentadas são classificadas no passivo: natureza credora.
11. No lançamento de 3ª fórmula, temos duas contas devedoras e uma credora, portanto, item errado. Além disso, o lançamento de 4ª fórmula que é denominado como lançamento complexo.
12. **A questão foi anulada.** De acordo com a ITG 2000, item 29, as contas de compensação constituem sistema próprio para controle e registro dos fatos relevantes que resultam em assunção de direitos e obrigações da entidade cujos efeitos materializar-se-ão no futuro e que possam se traduzir em modificações no patrimônio da entidade.
13. É exatamente o que fora visto no Capítulo 6.

Gabarito

8. **Errado**
9. **Anulada**
10. **Errado**
11. **Errado**
12. **Anulada**
13. **Certo**

## 14ª Questão (Receita Federal Auditor 2023 FGV)

Uma sociedade empresária efetuou a captação de debêntures de longo prazo no mercado financeiro, com prêmio.

No ano de X1, foi efetuado o pagamento dos juros e realizada a amortização periódica do prêmio recebido.

Unidade Didática II
Escrituração Contábil

Assinale a opção que indica a apresentação do efeito da apropriação do prêmio das debêntures na estrutura de grupos da Demonstração do Resultado do Exercício da sociedade empresária em 31/12/X1.

(A) Despesa Financeira.

(B) Receita Financeira.

(C) Outras receitas Operacionais.

(D) Retificação da Receita Financeira.

(E) Prêmios na emissão de debêntures a apropriar.

## Solução

Fora visto nas Simulações 6 e 7 e no Quadro 10.5, que o Prêmio de debentures da DRE retifica a conta encargos financeiros que é uma Despesa Financeira. Então a apropriação do prêmio das debêntures credita Despesa Financeira que é uma conta devedora.

Gabarito: **A**

# Unidade Didática III
# AVALIAÇÃO PATRIMONIAL

*Quais as bases de mensuração do Ativo e Passivo?*

*Quais os componentes da Reserva de Capital?*

*Quais os componentes das Reservas de Lucros?*

*Quais os critérios de reconhecimento dos elementos patrimoniais?*

*Como contabilizar a depreciação, amortização ou exaustão?*

*Como contabilizar a redução ao valor recuperável?*

*Como diferenciar provisão de passivo contingente?*

CAPÍTULO 11

# ELEMENTOS PATRIMONIAIS DAS DEMONSTRAÇÕES CONTÁBEIS À LUZ DO CPC, DA LEI Nº 6.404/1976 E DO PLANO DE CONTAS

## 1. ELEMENTOS GERAIS DAS DEMONSTRAÇÕES CONTÁBEIS À LUZ DO CPC 00 E DA LEI Nº 6.404/1976

O Quadro 11.1 contém os elementos das demonstrações contábeis.

**Quadro 11.1:** Elementos das Demonstrações contábeis à luz do CPC 00

| Categoria | | Elemento das Demonstrações Contábeis | Definição |
|---|---|---|---|
| Se referem à posição financeira da entidade que reporta | Recurso Econômico | Ativo | Recurso econômico presente controlado pela entidade como resultado de eventos passados.<br>Recurso econômico é um direito que tem o potencial de produzir benefícios econômicos. |

<table>
<tr><td rowspan="2">Se referem à posição financeira da entidade que reporta</td><td rowspan="2">Reivindicação</td><td>Passivo</td><td>Obrigação presente da entidade de transferir um recurso econômico como resultado de eventos passados.</td></tr>
<tr><td>PL</td><td>Participação residual nos ativos da entidade após a dedução de todos os seus passivos.</td></tr>
<tr><td rowspan="2">Se referem ao desempenho financeiro da entidade que reporta</td><td rowspan="2">Alterações em recursos econômicos e reivindicações, refletindo o desempenho financeiro</td><td>Receita</td><td>Aumentos nos ativos, ou reduções nos passivos, que resultam em aumento no patrimônio líquido, exceto aqueles referentes a contribuições de detentores de direitos sobre o patrimônio.</td></tr>
<tr><td>Despesa</td><td>Reduções nos ativos, ou aumentos nos passivos, que resultam em reduções no patrimônio líquido, exceto aqueles referentes a distribuições aos detentores de direitos sobre o patrimônio.</td></tr>
<tr><td colspan="3" rowspan="2">Outras alterações em recursos econômicos e reivindicações</td><td>Contribuições de detentores de direitos sobre o patrimônio e distribuições a eles.</td></tr>
<tr><td>Troca de ativos ou passivos que não resultam em aumentos ou reduções no patrimônio líquido.</td></tr>
</table>

De acordo com a Lei nº 6.404/1976:

> *Art. 178. No balanço, as contas serão classificadas segundo os elementos do patrimônio que registrem, e agrupadas de modo a facilitar o conhecimento e a análise da situação financeira da companhia.*
>
> *§ 1º No* ***ativo****, as contas serão dispostas em ordem decrescente de grau de liquidez dos elementos nelas registrados, nos seguintes grupos:*
>
> *I – ativo circulante; e*
>
> *II – ativo não circulante, composto por ativo realizável a longo prazo, investimentos, imobilizado e intangível.*
>
> *§ 2º No* ***passivo****, as contas serão classificadas nos seguintes grupos:*
>
> *I – passivo circulante;*
>
> *II – passivo não circulante; e*
>
> *III –* ***patrimônio líquido****, dividido em capital social, reservas de capital, ajustes de avaliação patrimonial, reservas de lucros, ações em tesouraria e prejuízos acumulados.*
>
> *§ 3º Os saldos devedores e credores que a companhia não tiver direito de compensar serão classificados separadamente.*

A seguir serão aprofundados os aspectos referentes aos elementos patrimoniais: **Ativo, Passivo e PL**, tanto na perspectiva do CPC 00 quanto na perspectiva da Lei nº 6.404/1976.

## 2. ATIVO

### 2.1. Ativo à luz do CPC 00

Ativo é um recurso econômico presente controlado pela entidade como resultado de eventos passados. **Recurso econômico** é um **direito** que tem o potencial de **produzir benefícios econômicos**. A seguir consta o tripé conceitual do Ativo à luz do CPC 00.

**Figura 11.1:** Tripé conceitual do Ativo

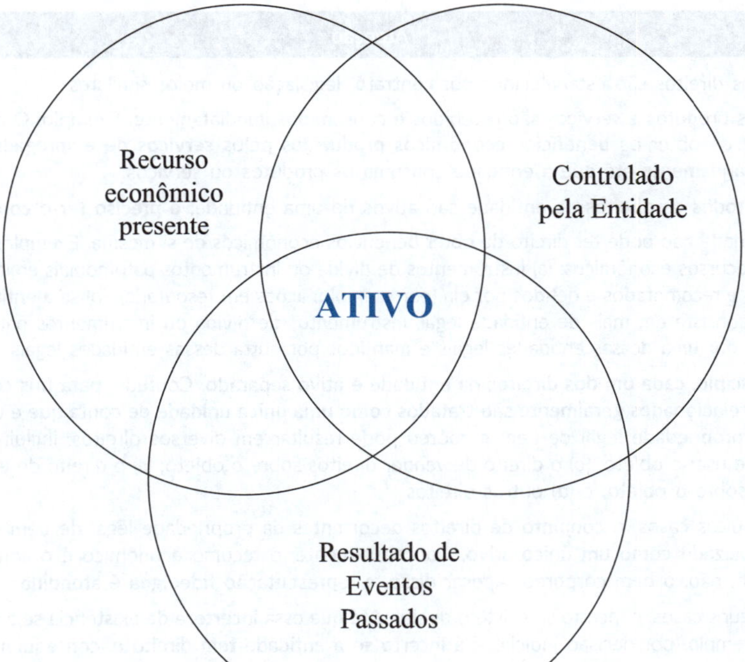


**Chamada 50 do autor:** Pontos essenciais sobre o Ativo

## **Quadro 11.2:** Ativo - Recurso econômico presente - Direito

<table>
<tr><td rowspan="2">Recurso econômico presente</td><td rowspan="2">Direito que tem o potencial de produzir benefícios econômicos</td><td>Direitos que correspondem à obrigação de outra parte</td><td>Receber caixa, receber produtos ou serviços, trocar recursos econômicos com outra parte em condições favoráveis, beneficiar-se de obrigação de outra parte para transferir um recurso econômico se ocorrer evento futuro incerto especificado.</td></tr>
<tr><td>Direitos que não correspondem à obrigação de outra parte</td><td>Sobre bens corpóreos, utilizar propriedade intelectual.</td></tr>
</table>

| Atenção |
|---|
| 1. Muitos direitos são estabelecidos **por contrato**, legislação ou meios similares. |
| 2. Alguns produtos e serviços são recebidos e consumidos imediatamente. Exemplo: O direito da entidade de obter os **benefícios econômicos produzidos pelos serviços de empregados existe momentaneamente** até que a entidade consuma os produtos ou serviços. |
| 3. Nem todos os direitos da entidade são ativos de uma entidade; **é preciso ter o controle.** |
| 4. A entidade não pode ter direito de obter benefícios econômicos de si mesma. Exemplos em que não há recursos econômicos: (a) instrumentos de dívida ou instrumentos patrimoniais emitidos pela entidade e recomprados e detidos por ela (por exemplo: ações em tesouraria); (b) se a entidade que reporta consiste em mais de entidade legal, instrumentos de dívida ou instrumentos patrimoniais emitidos por uma dessas entidades legais e mantidos por outra dessas entidades legais. |
| 5. **A princípio, cada um dos direitos da entidade é ativo separado.** Contudo, para fins contábeis, **direitos relacionados geralmente são tratados como uma única unidade de conta que é um único ativo.** a propriedade legal de bem corpóreo pode resultar em diversos direitos, incluindo: (a) o direito de usar o objeto; (b) o direito de vender direitos sobre o objeto; (c) o direito de empenhar direitos sobre o objeto; e (d) outros direitos. |
| 6. Em muitos casos, **o conjunto de direitos** decorrentes da propriedade legal de bem corpóreo **é contabilizado como um único ativo.** Conceitualmente, o recurso econômico é o conjunto de direitos e, não, o bem corpóreo. **Apesar disso, a representação fidedigna é atendida.** |
| 7. Em alguns casos, é incerto se existe o direito. **Até que essa incerteza de existência seja resolvida** - por exemplo, por decisão judicial - **é incerto se a entidade tem direito e, consequentemente, se existe ativo.** |

## **Quadro 11.3:** Ativo - Recurso econômico presente - Potencial de produzir benefícios econômicos

<table>
<tr><td rowspan="3">Recurso econômico presente</td><td rowspan="3">Direito que tem o potencial de produzir benefícios econômicos</td><td>Para que esse potencial exista, não precisa ser certo, ou mesmo provável, que esse direito produzirá benefícios econômicos.</td></tr>
<tr><td>É necessário somente que o direito já exista e que, em pelo menos uma circunstância, produza para a entidade benefícios econômicos além daqueles disponíveis para todas as outras partes.</td></tr>
<tr><td>Um direito pode atender à definição de recurso econômico e, portanto, pode ser um ativo, mesmo se a probabilidade de que produzirá benefícios econômicos for baixa.</td></tr>
</table>

**Atenção**

Um recurso econômico **pode produzir benefícios econômicos** para a entidade ao autorizá-la ou ao permiti-la fazer, **por exemplo, um ou mais dos seguintes atos**:

1. Receber fluxos de caixa contratuais ou outro recurso econômico;
2. Trocar recursos econômicos com outra parte em condições favoráveis;
3. Produzir fluxos de entrada de caixa ou evitar fluxos de saída de caixa, por exemplo:

(i) utilizando o recurso econômico individualmente ou em combinação com outros recursos econômicos para produzir produtos ou prestar serviços;

(ii) utilizando o recurso econômico para melhorar o valor de outros recursos econômicos; ou

(iii) arrendando o recurso econômico a outra parte;

4. Receber caixa ou outros recursos econômicos por meio da venda do recurso econômico; ou
5. Extinguir passivos por meio da transferência do recurso econômico.

**Atenção**

1. Embora o valor do recurso econômico decorra do seu potencial atual de produzir benefícios econômicos futuros, **o recurso econômico é o direito presente que contém esse potencial e, não, os benefícios econômicos futuros que o direito pode produzir**. Por exemplo, o valor da opção comprada decorre de seu potencial de produzir benefícios econômicos por meio do exercício da opção em data futura. Contudo, o recurso econômico é o direito presente -o direito de exercer a opção em data futura. O recurso econômico não é o benefício econômico futuro que o titular receberá se a opção for exercida.

2. **Há uma associação próxima entre incorrer em gastos e adquirir ativos, mas os dois não coincidem necessariamente.** Assim, quando a entidade incorre em gastos, isso pode fornecer evidência de que a entidade buscou benefícios econômicos futuros, **mas não fornece prova conclusiva que a entidade obteve um ativo**. Similarmente, **a ausência de gasto relacionado não impede que o item atenda à definição de ativo**. Ativos podem incluir, por exemplo, direitos que o governo outorgou à entidade gratuitamente ou que outra parte doou à entidade.

Avaliar se existe controle ajuda a identificar o recurso econômico que a entidade contabiliza. O Quadro 11.4 contém os aspectos essenciais do controle.

## Quadro 11.4: Ativo – Controle

| | | | | |
|---|---|---|---|---|
| Controlado pela Entidade | Vincula um recurso econômico à entidade. | A entidade controla um recurso econômico se ela tem a capacidade presente de direcionar o uso do recurso econômico e obter os benefícios econômicos que podem fluir dele. | A entidade tem a capacidade presente de direcionar o uso de recurso econômico se tiver o direito de **empregar esse recurso econômico em suas atividades**, ou de **permitir que outra parte empregue o recurso econômico nas atividades dessa outra parte.** | |
| | | Controle inclui a capacidade presente de impedir outras partes de direcionar o uso do recurso econômico e de obter os benefícios econômicos que podem fluir dele. | Ocorre que, se uma parte controla um recurso econômico, **nenhuma outra parte controla esse recurso.** | |
| | | O controle de recurso econômico geralmente resulta da capacidade de fazer cumprir os direitos legais. | Contudo, também **pode haver controle se a entidade possui outros meios** de assegurar que ela, e nenhuma outra parte, possui a capacidade presente de direcionar o uso do recurso econômico e de obter os benefícios que possam fluir dele. | Por exemplo, a entidade pode controlar o direito de utilizar *know-how* que não seja de domínio público se a entidade tiver acesso ao *know-how* e a capacidade presente de manter o *know-how* em sigilo, mesmo se esse *know-how* não estiver protegido por patente registrada. |
| | | Para a entidade controlar um recurso econômico, os benefícios econômicos futuros desse recurso devem fluir para a entidade direta ou indiretamente e, não, para outra entidade. | Esse aspecto de controle **não implica que a entidade pode assegurar que o recurso produzirá benefícios econômicos em todas as circunstâncias.** Em vez disso, significa que se o recurso produz benefícios econômicos, a entidade é a parte que os obterá direta ou indiretamente. | |
| | | Ficar exposto a variações significativas no valor dos benefícios econômicos produzidos pelo recurso econômico pode indicar que a entidade controla o recurso. | Contudo, isso é apenas um fator a ser considerado na avaliação geral sobre a existência de controle. | |

**Atenção**

Às vezes, parte (principal) contrata outra parte (agente) para atuar em nome e benefício do principal.

Por exemplo, o principal pode contratar um agente para providenciar vendas de produtos controlados pelo principal.

Se o agente tem a custódia do recurso econômico controlado pelo principal, **esse recurso econômico não é ativo do agente.**

Além disso, se o agente tem obrigação de transferir a terceiro o recurso econômico controlado pelo principal, **essa obrigação não é passivo do agente**, porque o recurso econômico que será transferido é o recurso econômico do principal e, não, do agente.

## 2.2. Bases de Mensuração do Ativo

De acordo com o CPC 00, existem 4 bases de mensuração do Ativo. O Quadro 11.5 contém elas.

**Chamada 51 do autor:** Bases de Mensuração do Ativo

Quadro 11.5: Resumo das bases de mensuração dos ativos

| Base de mensuração do Ativo | | Conceito | Entrada ou saída | Observável, ou não, no mercado | Específica, ou não, à entidade |
|---|---|---|---|---|---|
| **Custo histórico** | | O custo histórico adquirido ou criado é o valor dos **custos incorridos na aquisição ou criação do ativo**, compreendendo a contraprestação paga para adquirir ou criar o ativo mais custos de transação.<br>Diferentemente do valor atual, o custo histórico não reflete as mudanças nos valores, exceto na medida em que essas mudanças se referirem à redução ao valor recuperável de ativo ou passivo que se torna onerosa. | Entrada (incorpora) | Geralmente observável | Específica para a entidade |
| **Valor Atual** | **Valor justo** | É o preço que **seria recebido pela venda de ativo** em transação ordenada entre participantes do mercado na data de mensuração. | Saída (desincorpora) | Observável | **Não específica para a entidade** |
| | **Valor em uso** | Valor em uso é o **valor presente dos fluxos de caixa**, ou outros benefícios econômicos, que a entidade espera obter do uso de ativo **e de sua alienação final.** | Saída (desincorpora) | **Não observável** | Específica para a entidade |
| | **Custo corrente** | O custo corrente de ativo é o custo de ativo equivalente na data de mensuração, compreendendo a **contraprestação que seria paga** na data de mensuração mais os custos de transação que seriam incorridos nessa data. | Entrada (incorpora) | Geralmente observável | Específica para a entidade |

## 2.3. Avaliação e Mensuração de Ativos na Lei nº 6.404/1976

A Lei nº 6.404/1976 em seu artigo 183 define os principais critérios de avaliação do Ativo. Esses critérios são variações operacionais das bases de mensuração do ativo. O Quadro 11.6 contém os critérios.

**Quadro 11.6:** Critérios de avaliação dos ativos

| Ativo: 1° e/ou 2° níveis | Elemento Patrimonial | Critério |
|---|---|---|
| Ativo Circulante | Caixa ou Equivalente de Caixa[1] | Valor nominal. |
| Ativo Circulante | Os direitos que tiverem por objeto mercadorias e produtos do comércio da companhia, assim como matérias-primas, produtos em fabricação e bens em almoxarifado. | **Pelo custo de aquisição ou produção, deduzido de provisão**[2] para ajustá-lo ao valor de mercado, quando este for inferior |
| Ativo Circulante | Estoques de mercadorias fungíveis destinadas à venda | **Pelo valor de mercado**, quando esse for o costume mercantil aceito pela técnica contábil. |
| Ativo Circulante ou Ativo Não Circulante: Ativo Realizável a Longo Prazo | As aplicações em instrumentos financeiros, inclusive derivativos, e em direitos e títulos de créditos. | (i) **pelo seu valor justo**, quando se tratar de aplicações destinadas à negociação ou disponíveis para venda; e<br>(ii) **pelo valor de custo de aquisição ou valor de emissão**, atualizado conforme disposições legais ou contratuais, **ajustado ao valor provável de realização**, quando este for inferior, no caso das demais aplicações e os direitos e títulos de crédito. |
| Ativo Não Circulante: Investimento | Os investimentos **em coligadas ou em controladas** e em outras sociedades que façam parte de **um mesmo grupo ou estejam sob controle comum** | Serão avaliados pelo **método da equivalência patrimonial.** |

1 São aplicações financeiras de curto prazo, de alta liquidez, que são prontamente conversíveis em montante conhecido de caixa e que estão sujeitas a um insignificante risco de mudança de valor. Exemplo: caixa, fundo fixo, caixa flutuante, depósitos bancários à vista, numerários em trânsito, aplicações de liquidez imediata.

2 Em que pese a Lei nº 6.404/1976 utilizar o termo provisão, observa-se que pelo CPC 25 o termo provisão somente pode estar associado a passivos.

| | | |
|---|---|---|
| Ativo Não Circulante: Investimento | Os investimentos em participação no capital social de outras sociedades, **ressalvado o item anterior**. | **Pelo custo de aquisição**, **deduzido de provisão para perdas prováveis na realização do seu valor**, quando essa perda estiver comprovada como permanente, e que não será modificado em razão do recebimento, sem custo para a companhia, de ações ou quotas bonificadas. |
| Ativo Não Circulante: Investimento | Os demais investimentos | **Pelo custo de aquisição**, **deduzido de provisão[3] para atender às perdas prováveis na realização do seu valor**, ou **para redução do custo de aquisição ao valor de mercado**, quando este for inferior. |
| Ativo Não Circulante: Imobilizado | Os direitos classificados no imobilizado | **Pelo custo de aquisição, deduzido do saldo da respectiva conta de depreciação, amortização ou exaustão.** |
| Ativo Não Circulante: Intangível | Os direitos classificados no intangível | **Pelo custo incorrido na aquisição deduzido do saldo da respectiva conta de amortização.** |

**Quadro 11.7:** Aplicação de Valor Justo para Ativos

| Ativo: 1° e/ou 2° níveis | Elemento Patrimonial | Formas equivalente de Valor justo |
|---|---|---|
| Ativo Circulante | Matérias-primas e dos bens em almoxarifado | O preço pelo qual **possam ser repostos**, mediante compra no mercado → seria o **custo de reposição**. |
| Ativo Circulante | Bens ou direitos destinados à venda | O preço líquido de realização mediante venda no mercado, deduzidos os impostos e demais despesas necessárias para a venda, e a margem de lucro → **preço líquido de venda + margem de lucro**. |

3 Em que pese a Lei n° 6.404/1976 utilizar o termo provisão, observa-se que pelo CPC 25 o termo provisão somente pode estar associado a passivos.

| | | |
|---|---|---|
| Ativo Circulante ou Ativo Não Circulante: Ativo Realizável a Longo Prazo | Instrumentos financeiros | O **valor que pode se obter em um mercado ativo**, decorrente de transação não compulsória realizada entre partes independentes. |
| | | **Na ausência de um mercado ativo** para um determinado instrumento financeiro:<br>(i) o valor que se pode obter em um mercado ativo com a negociação de outro instrumento financeiro de natureza, prazo e risco similares;<br>(ii) o valor presente líquido dos fluxos de caixa futuros para instrumentos financeiros de natureza, prazo e risco similares; ou<br>(iii) o valor obtido por meio de modelos matemático-estatísticos de precificação de instrumentos financeiros. |
| Ativo Não Circulante: Investimento | Investimentos | O valor líquido pelo qual possam ser **alienados a terceiros**. |

### Divergência conceitual entre CPC 00 e a Lei nº 6.404/1976: Valor Justo

O valor justo é um valor de saída. Contudo o critério de valor justo para matérias-primas e dos bens em almoxarifado é o custo de reposição que é um valor de entrada. Os demais itens estão compatíveis com valores de saída.

### Procedimentos adicionais obrigatórios para o Ativo Imobilizado e Intangível

**Depreciação, Amortização e Exaustão** (ver mais detalhes no Capítulo 13)

A diminuição do valor dos elementos dos ativos imobilizado e intangível **será** registrada periodicamente nas contas de:

(i) **depreciação**, quando corresponder à perda do valor dos direitos que têm por objeto **bens físicos sujeitos a desgaste ou perda de utilidade** por uso, ação da natureza ou obsolescência;

(ii) **amortização**, quando corresponder à perda do valor do capital aplicado na aquisição de **direitos da propriedade industrial ou comercial** e quaisquer outros com existência ou exercício **de duração limitada**, ou cujo objeto sejam bens de utilização **por prazo legal ou contratualmente limitado**;

(iii) **exaustão**, quando corresponder à perda do valor, decorrente da sua **exploração, de direitos cujo objeto sejam recursos minerais ou florestais**, ou bens aplicados nessa exploração.

**Redução ao Valor Recuperável** (ver mais detalhes no Capítulo 14)

Deve-se efetuar, periodicamente, **análise sobre a recuperação dos valores** registrados no imobilizado e no intangível, a fim de que sejam:

(i) registradas **as perdas de valor do capital aplicado** quando houver decisão de interromper os empreendimentos ou atividades a que se destinavam **ou quando comprovado que não poderão produzir resultados suficientes para recuperação** desse valor; **ou**

(ii) **revisados e ajustados os critérios utilizados para determinação da vida útil econômica estimada** e para cálculo da depreciação, exaustão e amortização.

## Quadro 11.8: Principais contas do Ativo

| Código | Título | Natureza do Saldo | Observação |
|---|---|---|---|
| **1.1.0.00** | **ATIVO CIRCULANTE** | **CONTA SINTÉTICA DEVEDORA** | |
| **1.1.1.00** | **Disponível** | **Conta sintética devedora** | |
| **1.1.1.01** | **Bens Numerários** | **Devedor** | **Inclui caixa fundo fixo** |
| **1.1.1.02** | **Bancos Conta Movimento** | **Devedor** | |
| **1.1.1.03** | **Aplicações Financeiras de Liquidez Imediata** | **Devedor** | |
| **1.1.2.00** | **Clientes** | **Conta sintética devedora** | |
| **1.1.2.01** | **Duplicatas/Contas a Receber** | **Devedor** | **Inclui: Contas a Receber de Clientes, Contas a Receber de Partes Relacionadas, Contas a Receber relativas a componentes de financiamento, Ativos de Contratos.** |
| **1.1.2.01.0003** | **(-) Perdas Estimadas para créditos de liquidação duvidosa (PECLD)** | **Credor** | **Conta retificadora** |
| **1.1.2.01.0004** | **(-) Ajuste a Valor Presente (AVP)** | **Credor** | **Conta retificadora** |
| **1.1.3.00.XXXX** | **Participações Societárias Temporárias (ativos financeiros)** | **Conta sintética devedora** | **Disponíveis para venda (Substituir XXXX do código por 0001); destinadas à negociação (0002); mantidas até o vencimento (0003).** |
| **1.1.3.00.0004** | **(-) Perdas estimadas ao valor provável de realização** | **Credor** | **Conta retificadora da conta instrumento financeiro mantido até o vencimento.** |
| 1.1.4.00.XXXX | Outros Créditos | **Devedor** | |
| **1.1.4.01** | **Empréstimos e recebíveis (ativos financeiros)** | | |
| **1.1.4.02** | **Dividendos a receber** | | |

| | | | |
|---|---|---|---|
| 1.1.5.00.XXXX | Créditos de Funcionários | Conta sintética devedora | Inclui: adiantamento a funcionários (Substituir XXXX do código por 0001), empréstimos a funcionários (0002), adiantamento de férias (0003). |
| 1.1.6.00.yyyy | Impostos e Contribuições a Recuperar | Conta sintética devedora | Inclui: ICMS a recuperar (0001), IPI a recuperar (0002), PIS a recuperar (0003), COFINS a recuperar (0004), outros (0005). |
| 1.1.7.00.yyyy | Impostos e Contribuições a Compensar/ Restituir | Conta sintética devedora | IRRF a compensar/restituir (0001), CSLL a compensar/ restituir (0002), |
| 1.1.8.00 | Estoques | Conta sintética devedora | |
| 1.1.8.01 | Produtos Acabados | Devedor | |
| 1.1.8.02 | Mercadorias para Revenda | Devedor | |
| 1.1.8.03.XXXX | Produtos em Elaboração | Conta sintética devedora | Matéria prima (0001); Mão de obra direta (0002); Outros custos diretos - serviços de terceiros (0003); Custos Indiretos: mão de obra indireta, depreciação, água, energia elétrica, outros (0004). |
| 1.1.8.04 | Materiais de acondicionamento e Embalagens | Devedor | |
| 1.1.8.05 | Outros Custos | Devedor | Inclui: importação em andamento e adiantamento a fornecedores. |
| 1.1.8.06 | (-) Perdas estimadas para estoques não realizáveis | Credor | Conta retificadora |
| 1.1.8.07.XXXX | Ativos e Produtos Biológicos | Conta sintética devedora | Ativo Biológico - ao custo (0001); Ativo Biológico - Valor Justo (0002); Produto Biológico - ao custo (0003); Produto Biológico - Valor Justo (0004); |
| 1.1.9.00 | Ativos especiais | Conta sintética devedora | |
| 1.1.9.00.0001 | Ativos especiais em produção | Devedor | |

Unidade Didática III
Avaliação Patrimonial

| | | | |
|---|---|---|---|
| **1.1.9.00.0002** | **(-) Amortização acumulada** | **Credor** | **Conta retificadora** |
| **1.1.9.00.0003** | **(-) Perdas estimadas para redução ao valor recuperável** | **Credor** | **Conta retificadora** |
| **1.1.10.00** | Despesas do exercício seguintes pagas antecipadamente | Conta sintética devedora | |
| **1.1.10.01** | **Despesas Antecipadas** | **Devedor** | **Inclui: Prêmios de seguros a apropriar (0001); Encargos financeiros a apropriar (0002); Assinaturas e anuidades a apropriar (0003); Aluguéis pagos antecipadamente (0004).** |
| **1.1.11.00** | Ativos não circulantes mantidos para a venda | Conta sintética devedora | |

| | | | |
|---|---|---|---|
| 1.2.0.00 | ATIVO NÃO CIRCULANTE | CONTA SINTÉTICA DEVEDORA | |
| 1.2.1.00 | Ativo Realizável a Longo Prazo | Conta sintética devedora | |
| **1.2.1.01** | **Créditos** | **Conta sintética devedora** | |
| **1.2.1.01.0001** | **Adiantamento a terceiros** | **Devedor** | |
| **1.2.1.01.0002** | **(-) Ajuste a valor presente** | **Credor** | **Conta retificadora** |
| **1.2.1.01.0003** | **(-) Perdas Estimadas para créditos de liquidação duvidosa (PECLD)** | **Credor** | **Conta retificadora** |
| **1.2.1.02** | **Investimentos Temporários de Longo Prazo** | **Conta sintética devedora** | **Inclui: Aplicações em títulos e valores mobiliários (0001); Depósitos e aplicações para investimentos com incentivos fiscais (0002).** |
| **1.2.1.03** | **Despesas Antecipadas** | **Conta sintética devedora** | **Inclui: Prêmios de seguros a apropriar de longo prazo (0001); Encargos financeiros a apropriar (de longo prazo 0002).** |

| | | | |
|---|---|---|---|
| **1.2.1.04** | **Tributos diferidos a recuperar** | **Conta sintética devedora** | **Inclui: IRPJ diferido (0001) e CSLL (0002).** |
| 1.2.2.00 | Investimentos | Conta sintética devedora | |
| **1.2.2.01** | **Participações Permanentes em Outras Sociedades** | **Conta sintética devedora** | |
| **1.2.2.01.0001** | **Avaliadas pela equivalência patrimonial** | **Devedor** | |
| **1.2.2.01.0002** | **(-)Lucro não realizado em operações com controlada a apropriar** | **Credor** | **Conta retificadora da conta 0001.** |
| **1.2.2.01.0003** | **(-) Lucro não realizado em operações com coligada e empreendimento controlado em conjunto a apropriar** | **Credor** | **Conta retificadora da conta 0001.** |
| **1.2.2.02.0001** | **Propriedades para Investimento avaliadas pelo custo** | **Devedor** | |
| **1.2.2.002.0002** | **(-) Depreciação acumulada de propriedades de investimento avaliadas pelo custo** | **Credor** | **Conta retificadora da conta 0001.** |
| **1.2.2.02.0003** | **(-)Perdas prováveis na realização do valor de propriedades de investimento avaliadas pelo custo** | **Credor** | **Conta retificadora da conta 0001.** |
| **1.2.2.03** | **Propriedades para Investimento avaliadas pelo valor justo** | **Conta sintética devedora** | |
| **1.2.2.04** | **Outros Investimentos Permanentes** | **Conta sintética devedora** | **Inclui obras de arte.** |
| **1.2.2.05** | **Goodwill (demonstrações individuais)** | **Devedor** | **O Goodwill será classificado no intangível apenas nas demonstrações consolidadas.** |
| 1.2.3.00 | Imobilizado | Conta sintética devedora | |

Unidade Didática III
Avaliação Patrimonial

| 1.2.3.01.xxxx | Bens em Operação | Conta sintética devedora | Inclui: Terrenos (0001); Obras civis (0002); Instalações (0003); Máquinas, equipamentos e ferramentas (0004); Móveis e utensílios (0005); Computadores e periféricos (0006); Veículos (0007); Ferramentas (0008); Florestamento e reflorestamento (0009); Benfeitorias em propriedades de terceiros (0010); Planta portadora (0011). |
|---|---|---|---|
| 1.2.3.02.yyyy | (-) Depreciação, Amortização e Exaustão Acumulada | Conta sintética credora (retificadora) | Inclui: Terrenos (0001); Obras civis (0002); Instalações (0003); Máquinas, equipamentos e ferramentas (0004); Móveis e utensílios (0005); Computadores e periféricos (0006); Veículos (0007); Ferramentas (0008); Florestamento e reflorestamento (0009); Benfeitorias em propriedades de terceiros (0010). |
| 1.2.3.02.0011 | (-) Perdas por redução ao valor recuperável | Credor | Conta retificadora |
| 1.2.3.03.xxxx | Imobilizado Arrendado (leasing financeiro) | Conta sintética devedora | Inclui: Veículos arrendados (0001), Máquinas arrendadas (0002). |
| 1.2.3.04.xxxx | Benfeitorias em imóveis arrendados | Conta sintética devedora | |
| 1.2.3.05.yyyy | (-) Depreciação Acumulada de Bens Arrendados | Conta sintética credora (retificadora) | Inclui: Veículos arrendados (0001), Máquinas arrendadas (0002). |
| 1.2.3.06.zzzz | Imobilizado em Andamento | Conta sintética devedora | Inclui: Construção em andamento (0001); Importação de bens do imobilizado em andamento (0002); Adiantamento a fornecedores de imobilizado (0003); Almoxarifado de inversões fixas (0004). |
| 1.2.4.00 | Intangível | Conta sintética devedora | |
| 1.2.4.01.xxxx | Custo do Intangível | Conta sintética devedora | Inclui: Marcas (0001); Patentes (0002); Concessões (0003); Ágio (goodwill) (0004); Direitos autorais (0005). |

| 1.2.4.02.yyyy | (-) Amortização Acumulada | Conta sintética credora (retificadora) | Inclui: Marcas (0001); Patentes (0002); Concessões (0003); Direitos autorais (0005). |
|---|---|---|---|
| 1.2.4.03.yyyy | (-)Perdas por Redução ao Valor Recuperável | Conta sintética credora (retificadora) | Inclui: Marcas (0001); Patentes (0002); Concessões (0003); Ágio (goodwill) (0004); Direitos autorais (0005). |

# 3. PASSIVO

## 3.1. Passivo à luz do CPC 00

Passivo é uma obrigação presente da entidade de transferir um recurso econômico como resultado de eventos passados. A seguir consta o tripé conceitual do Passivo à luz do CPC 00.

**Figura 11.2:** Tripé conceitual do Passivo

**Chamada 52 do autor:** Pontos essenciais sobre o Passivo

## Quadro 11.9: Passivo - Obrigação

<table>
<tr><td rowspan="6">Entidade tem uma obrigação</td><td rowspan="4">A obrigação é o dever ou responsabilidade que a entidade não tem a capacidade prática de evitar.</td><td colspan="2">A obrigação é sempre devida à outra parte (ou partes). A outra parte (ou partes) pode ser uma pessoa ou outra entidade, grupo de pessoas ou outras entidades, ou a sociedade em geral.</td></tr>
<tr><td colspan="2">Não é necessário conhecer a identidade da parte (ou partes) para quem a obrigação é devida.</td></tr>
<tr><td colspan="2">Para uma parte reconhecer o passivo e mensurá-lo a um valor específico não implica que outra parte (ou partes) deve reconhecer um ativo ou mensurá-lo pelo mesmo valor.</td></tr>
<tr><td colspan="2">Os fatores utilizados para avaliar se a entidade tem a capacidade prática de evitar a transferência de recurso econômico pode depender da natureza do dever ou da responsabilidade da entidade. Em alguns casos, a entidade pode não ter a capacidade prática de evitar a transferência se qualquer ação que possa praticar para evitar a transferência tenha consequências econômicas significativamente mais adversas do que a transferência. Contudo, nem a intenção de fazer a transferência, nem elevada probabilidade de transferência são motivos suficientes para concluir que a entidade não tem capacidade prática de evitar a transferência.</td></tr>
<tr><td rowspan="2">Tipos</td><td>Obrigações Legais</td><td>É uma obrigação que deriva de:<br>1. Contrato (por meio de termos explícitos ou implícitos).<br>2. Legislação. ou<br>3. Outra ação da lei.</td></tr>
<tr><td>Obrigações Presumidas ou não formalizadas</td><td>É uma obrigação que decorre das ações da entidade em que:<br>1. Por via de padrão estabelecido de práticas passadas, de políticas publicadas ou de declaração atual suficientemente específica, a entidade tenha indicado a outras partes que aceitará certas responsabilidades; e<br>2. Em consequência, a entidade cria uma expectativa válida nessas outras partes de que cumprirá com essas responsabilidades.</td></tr>
</table>

**Exemplo de Obrigação Não Presumida**

Em setembro de 20X3, determinado CEO de uma empresa em um almoço perante boa parte dos funcionários informa que se a meta for batida, a cada R$ 1,00 do faturamento acima da meta, 5% serão destinados a distribuição entre todos os empregados.

Esse mesmo CEO já havia feito isso em anos anteriores e quando a meta foi batida, foi cumprida a promessa.

Desse modo, foi criada uma expectativa válida perante os empregados de que a entidade cumprirá com essas responsabilidades.

**Atenção**

1. Em alguns casos, é incerto se existe uma obrigação. **Até que essa incerteza de existência seja resolvida** – por exemplo, por decisão judicial – é incerto se a entidade tem obrigação perante a parte que está buscando compensação e, consequentemente, se existe passivo.

2.Em alguns casos, essa incerteza, possivelmente combinada com a baixa probabilidade de entradas ou saídas de benefícios econômicos e um intervalo excepcionalmente amplo de possíveis resultados, pode significar que o reconhecimento do ativo ou passivo, necessariamente mensurado em um único valor, não forneceria informações relevantes. Seja o ativo ou o passivo reconhecido, ou não, **informações explicativas sobre as incertezas associadas a ele podem precisar ser fornecidas nas demonstrações contábeis.**

**Exemplo de Obrigação Incerta**

Em setembro de 20X3, a Entidade foi condenada em 1ª instância a pagar R$ 1.000.000. A assessoria jurídica informa que na 2ª instância o valor pode aumentar (50% de chance) para R$ 1.500.000 ou reduzir (50% de chance) para R$ 800.000. O valor provável do passivo seria uma faixa de valor esperado de 1.150.000 (1.5000.000x50%+800.000x50%).

## Quadro 11.10: Passivo – Obrigação de transferir um recurso econômico

<table>
<tr><td rowspan="4">Transferir um recurso econômico.</td><td rowspan="3">Obrigação deve ter o potencial de exigir que a entidade transfira um recurso econômico para outra parte (ou partes).</td><td>Não é necessário que seja certo, ou mesmo provável, que a entidade será obrigada a transferir um recurso econômico – a transferência pode, por exemplo, ser obrigada somente se ocorrer evento futuro incerto especificado.</td></tr>
<tr><td>É necessário somente que a obrigação já exista e que, em pelo menos uma circunstância, exigirá que a entidade transfira um recurso econômico.</td></tr>
<tr><td>A obrigação pode atender à definição de passivo, mesmo se a probabilidade de transferência de recurso econômico for baixa.</td></tr>
<tr><td>Exemplos de circunstâncias</td><td>1.Obrigações de pagar o valor à vista.<br>2.Obrigações de entregar produtos ou prestar serviços.<br>3.Obrigações de trocar recursos econômicos com outra parte em condições desfavoráveis. Essas obrigações incluem, por exemplo, contrato a termo para vender um recurso econômico em condições que são atualmente desfavoráveis ou a opção que dá direito à outra entidade de comprar um recurso econômico da entidade.<br>4.Obrigações de transferir um recurso econômico se ocorrer evento futuro incerto específico.<br>5.Obrigações de emitir instrumento financeiro se esse instrumento financeiro obrigar a entidade a transferir um recurso econômico.</td></tr>
</table>

| Atenção |
|---|
| 1. Em vez de satisfazer a obrigação de transferir um recurso econômico para a parte que tem o direito de receber esse recurso, as entidades, às vezes, decidem, por exemplo:<br>(a) liquidar a obrigação negociando a dispensa da obrigação;<br>(b) transferir a obrigação a terceiro; ou<br>(c) substituir essa obrigação de transferir um recurso econômico por outra obrigação celebrando nova transação.<br>2. Nas situações anteriores, a entidade tem a obrigação de transferir um recurso econômico até que tenha liquidado, transferido ou substituído essa obrigação. |

**Quadro 11.11:** Passivo - Obrigação presente como resultado de eventos passados

| | |
|---|---|
| Obrigação presente existe como resultado de eventos passados somente se: | 1.A entidade já tiver obtido benefícios econômicos ou tomado uma ação. |
| | 2.Como consequência, a entidade terá ou poderá ter que transferir um recurso econômico que, de outro modo, não teria que transferir. |

| Atenção |
|---|
| 1. Se nova legislação é promulgada, surge uma obrigação presente **somente quando**, como consequência da obtenção de benefícios econômicos ou tomada de ação à qual **essa legislação se aplica**, a entidade tiver ou puder ter que transferir um recurso econômico que, de outro modo, não teria que transferir. **A promulgação de legislação não é, em si, suficiente para atribuir à entidade uma obrigação presente.**<br>2. A obrigação presente pode existir mesmo se a transferência de recursos econômicos não puder ser executada até algum momento no futuro.<br>3. A Entidade ainda não tem a obrigação presente de transferir um recurso econômico se ainda não tiver satisfeito os critérios no Quadro 11.10, ou seja, se ainda não tiver obtido benefícios econômicos, ou tomado uma ação, que exija ou possa exigir que a entidade transfira um recurso econômico que, de outro modo, não teria que transferir. **Por exemplo, se a entidade celebrou um contrato para pagar ao empregado um salário em troca dos serviços do empregado, a entidade não tem a obrigação presente de pagar o salário até que tenha recebido os serviços do empregado.** Antes disso, o contrato é executório - a entidade tem combinados o direito e a obrigação de trocar o salário futuro por serviços futuros do empregado. |

| Contrato Executório |
|---|
| 1. Contrato executório é o contrato, ou parte de contrato, **que é igualmente não cumprido -nenhuma das partes cumpriu qualquer de suas obrigações**, ou **ambas as partes cumpriram parcialmente suas obrigações em igual extensão.** |
| 2. O contrato executório estabelece o direito combinado com a obrigação de trocar recursos econômicos. O direito e a obrigação são interdependentes e não podem ser separados. **Assim, o direito e a obrigação combinados constituem um único ativo ou passivo.** A entidade tem um ativo se os termos da troca são atualmente favoráveis; tem um passivo se os termos da troca são atualmente desfavoráveis. |
| 3. **Na medida em que qualquer das partes cumpre suas obrigações previstas no contrato,** o contrato não é mais executório. Se a entidade que reporta efetua o cumprimento primeiro de acordo com o contrato, esse cumprimento é o evento que altera o direito e a obrigação da entidade que reporta de trocar recursos econômicos pelo direito de receber um recurso econômico. Esse direito é um ativo. Se a outra parte efetua o cumprimento primeiro, esse cumprimento é o evento que altera o direito e a obrigação da entidade que reporta de trocar recursos econômicos pela obrigação de transferir um recurso econômico. Essa obrigação é um passivo. |

## 3.2. Bases de Mensuração do Passivo

De acordo com o CPC 00, existem 4 bases de mensuração do Passivo. O Quadro 11.12 contém elas.

Quadro 11.12: Resumo das bases de mensuração dos passivos

| Base de mensuração do Passivo | | Conceito | Entrada ou saída | Observável, ou não, no mercado | Específica, ou não, à entidade |
|---|---|---|---|---|---|
| **Custo histórico** | | O custo histórico de passivo incorrido ou assumido é o **valor da contraprestação recebida para incorrer ou assumir o passivo** menos custos de transação.<br>Diferentemente do valor atual, o custo histórico não reflete as mudanças nos valores, exceto na medida em que essas mudanças se referirem à redução ao valor recuperável de ativo ou passivo que se torna onerosa. | Entrada (incorpora) | Geralmente observável | Específica para a entidade |
| **Valor Atual** | **Valor justo** | É o preço que seria **pago pela transferência de passivo** em transação ordenada entre participantes do mercado na data de mensuração. | Saída (desincorpora) | Observável | **Não específica para a entidade** |
| | **Valor de Cumprimento** | Valor de cumprimento **é o valor presente do caixa**, ou de outros recursos econômicos, que a entidade **espera ser obrigada a transferir para cumprir a obrigação.** | Saída (desincorpora) | **Não observável** | Específica para a entidade |
| | **Custo Corrente** | O custo corrente de passivo é a **contraprestação que seria recebida** pelo passivo equivalente na data de mensuração menos os custos de transação que seriam incorridos nessa data. | Entrada (incorpora) | Geralmente observável | Específica para a entidade |

**Chamada 53 do autor:** Bases de Mensuração do Passivo

## 3.3. Avaliação e Mensuração de Passivos na Lei nº 6.404/1976

A Lei nº 6.404/1976 em seu artigo 184 define os principais critérios de avaliação do Passivo. Esses critérios são variações operacionais das bases de mensuração do passivo. O Quadro 11.13 contém os critérios.

Quadro 11.13: Critérios de avaliação dos passivos

| Ativo: 1° e/ou 2° níveis | Elemento Patrimonial | Critério |
|---|---|---|
| Passivo Circulante ou Não Circulante | As obrigações, encargos e riscos, conhecidos ou calculáveis, inclusive Imposto sobre a Renda a pagar com base no resultado do exercício. | Serão computados pelo valor atualizado até a data do balanço. |
| Passivo Circulante ou Não Circulante | As obrigações em moeda estrangeira, com cláusula de paridade cambial. | Serão convertidas em moeda nacional à taxa de câmbio em vigor na data do balanço. |
| Passivo Não Circulante | As obrigações, os encargos e os riscos classificados no passivo não circulante. | Serão ajustados ao seu valor presente. |

| Atenção |
|---|
| Obrigações de curto prazo somente serão ajustadas a valor presente quando houver efeito relevante. |

Quadro 11.14: Principais contas do Passivo

| Código | Título | Natureza do Saldo | Observação |
|---|---|---|---|
| 2.1.0.00 | PASSIVO CIRCULANTE | CONTA SINTÉTICA CREDORA | |
| 2.1.1.00.xxxx | Salários e encargos sociais a pagar | Conta sintética credora | **Inclui: Salários a pagar (Substituir XXXX por 0001); 13° a pagar (0002); Férias a pagar (0003); INSS patronal a recolher (0004); FGTS a recolher (0005); IRRF a recolher (0006); Pró-labore a pagar (0007); INSS do empregado a recolher (0008).** |

Unidade Didática III
Avaliação Patrimonial

| | | | |
|---|---|---|---|
| 2.1.2.00.xxxx | Fornecedores | Conta sintética credora | **Inclui: fornecedores nacionais (0001); fornecedores estrangeiros (0002).** |
| **2.1.2.00.0003** | **(-) Ajuste a valor presente** | **Devedor** | **Conta retificadora** |
| 2.1.3.00.xxxx | Obrigações Fiscais | Conta sintética credora | **Inclui: ICMS a pagar (0001); IPI a pagar (0002); PIS / Pasep a pagar (0003); Cofins a pagar (0004); ISS a pagar (0005); IRPJ a pagar (0006); CSLL a pagar (0007); Refis a pagar (0008).** |
| 2.1.4.00.xxxx | Participações Estatutárias a Pagar | Conta sintética credora | **Inclui: Participação dos Debenturistas (0001); Participação dos Empregados (0002); Participação de Administradores (0003); Participação de Partes Beneficiárias (0004); Instituições ou Fundos de Assistência ou Previdência de Empregados (0005).** |
| 2.1.5.00.xxxx | Dividendos a Pagar | Credor | |
| 2.1.6.00.xxxx | Juros sobre o Capital Próprio (JSCP) a pagar | Credor | |
| 2.1.7.00.xxxx | Empréstimos e Financiamentos a pagar | Conta sintética credora | **Empréstimos e financiamentos bancários de curto prazo (0001); Duplicatas descontadas (0002); Títulos a pagar (0003); Promissórias a Pagar (0004); Cheque Especial (0005); Juros a Pagar (0006).** |
| **2.1.7.00.0007** | **(-) Juros a apropriar, Juros a Transcorrer, Encargos financeiros a transcorrer** | **Devedor** | **Conta retificadora** |
| **2.1.7.00.0008** | **(-)Custos de Transação a Amortizar/ Apropriar** | **Devedor** | **Conta retificadora** |

| | | | |
|---|---|---|---|
| 2.1.8.00.xxxx | Debêntures | Credor | |
| 2.1.8.00.0001 | Debêntures não conversíveis em ações | Credor | |
| 2.1.8.00.0002 | Debêntures conversíveis em ações | Credor | |
| 2.1.8.00.0003 | Prêmios de Debêntures a Amortizar | Credor | |
| 2.1.8.00.0004 | (-)Deságio a Amortizar | Devedor | Conta retificadora |
| 2.1.8.00.0005 | (-)Custos de Transação a Amortizar/ Apropriar | Devedor | Conta retificadora |
| 2.1.9.00.xxxx | Outras Obrigações Diversas | Conta sintética credora | Inclui: Adiantamento de clientes (0001); Contas a pagar (0002); Comissões a pagar (0003). |
| 2.1.10.00. | Provisões | | |
| 2.2.0.00 | PASSIVO NÃO CIRCULANTE | CONTA SINTÉTICA CREDORA | |
| 2.2.1.00 | Empréstimos e Financiamentos | Credor | Empréstimos e financiamentos bancários de longo prazo (0001); Títulos a pagar longo prazo (0002); AFAC - Adiantamento para Futuro Aumento de Capital com possibilidade de devolução (0003). |
| 2.2.1.00.0004 | (-) Juros a apropriar ou Juros a Transcorrer | Devedor | Conta retificadora |
| 2.2.2.00 | Debêntures | Credor | |

| | | | |
|---|---|---|---|
| **2.2.2.00.0001** | **Debêntures não conversíveis em ações** | **Credor** | |
| **2.2.2.00.0002** | **Debêntures conversíveis em ações** | **Credor** | |
| **2.2.2.00.0003** | **Prêmios de Debêntures a Amortizar** | **Credor** | |
| **2.2.2.00.0004** | **(-)Deságio a Amortizar** | **Devedor** | **Conta retificadora** |
| **2.2.2.00.0005** | **(-)Custos de Transação a Amortizar** | **Devedor** | **Conta retificadora** |
| 2.2.3.00.xxxx | Tributos Diferidos a pagar | Conta sintética credora | **Inclui: IRPJ Diferido a pagar (0001); CSLL Diferida a pagar (0002).** |
| 2.2.4.00.yyyy | Parcelamentos | Conta sintética credora | **Inclui: Refis a pagar (0001); Paes a pagar (0002).** |
| **2.2.4.00.0003** | **(-) Ajuste a valor presente** | **Devedor** | **Conta retificadora** |
| 2.2.5.00 | Provisões | Conta sintética credora | **Inclui: Fiscais, previdenciárias, trabalhistas, cíveis (0001); benefícios a empregados (0002); garantias (0003); reestruturação (0004).** |
| 2.2.6.00 | Receitas a Apropriar | Conta sintética credora | |
| 2.2.7.00 | Subvenções de Investimento a Apropriar | Conta sintética credora | |

# 4. PATRIMÔNIO LÍQUIDO

## 4.1. PL à luz do CPC 00

O Patrimônio líquido é a **participação residual nos ativos da entidade após a dedução de todos os seus passivos.**

Os Direitos sobre o patrimônio líquido são direitos sobre a participação residual nos ativos da entidade após a dedução de todos os seus passivos. Em outras palavras, são reivindicações contra a entidade que não atendem à definição de passivo. Essas reivindicações podem ser estabelecidas por contrato, legislação ou meios similares, e incluem, na medida em que não atendem à definição de passivo:

(a) ações de diversos tipos emitidas pela entidade; e

(b) algumas obrigações da entidade de emitir outro direito sobre o patrimônio líquido.

Diferentes classes de direitos sobre o patrimônio líquido, tais como ações ordinárias e ações preferenciais, **podem conferir a seus titulares diferentes direitos**, por exemplo, direitos de receber a totalidade ou parte dos seguintes itens do patrimônio líquido:

(a) dividendos, se a entidade decide pagar dividendos aos titulares elegíveis;

(b) proventos pelo cumprimento dos direitos sobre o patrimônio líquido, seja integralmente na liquidação, ou parcialmente em outras ocasiões; ou

(c) outros direitos sobre o patrimônio líquido.

Algumas vezes, requisitos legais, regulatórios ou outros requisitos afetam determinados componentes do patrimônio líquido, tais como capital acionário ou lucros acumulados. Por exemplo, alguns desses requisitos permitem que a entidade faça distribuições aos titulares de direitos sobre o patrimônio líquido somente se a entidade tiver reservas suficientes que esses requisitos especificam como sendo distribuíveis.

As atividades de negócios são frequentemente executadas por entidades, tais como firmas individuais, sociedades de pessoas, instituições fiduciárias ou vários tipos de entidades governamentais. As estruturas legais e regulatórias dessas entidades são frequentemente diferentes daquelas aplicáveis a pessoas jurídicas. Por exemplo, pode haver poucas, se houver, restrições sobre a distribuição aos titulares de direitos sobre o patrimônio líquido contra essas entidades.

Unidade Didática III
Avaliação Patrimonial

## 4.2. PL na Lei nº 6.404/1976: reservas e principais grupos de contas

De acordo com a Lei nº 6.404/1976:

> *Art. 182. **A conta do capital social** discriminará o **montante subscrito** e, **por dedução, a parcela ainda não realizada.***
>
> *§ 1º **Serão classificadas como** reservas de capital as contas que registrarem:*
>
> *a) a contribuição do subscritor de ações que ultrapassar o valor nominal e a parte do preço de emissão das ações sem valor nominal que ultrapassar a importância destinada à formação do capital social, inclusive nos casos de conversão em ações de debêntures ou partes beneficiárias;*
>
> *b) o produto da alienação de partes beneficiárias e bônus de subscrição;*
>
> *§ 2° **Será ainda registrado como** reserva de capital o resultado da correção monetária do capital realizado, enquanto não-capitalizado.*
>
> *§ 3º **Serão classificadas como** ajustes de avaliação patrimonial, enquanto não computadas no resultado do exercício em obediência ao regime de competência, as contrapartidas de aumentos ou diminuições de valor atribuídos a elementos do ativo e do passivo, em decorrência da sua avaliação a valor justo, nos casos previstos nesta Lei ou, em normas expedidas pela Comissão de Valores Mobiliários, com base na competência conferida pelo § 3º do art. 177 desta Lei.*
>
> *§ 4º **Serão classificados como** reservas de lucros as contas constituídas pela apropriação de lucros da companhia.*

*§ 5º **As ações em tesouraria deverão ser destacadas** no balanço como dedução da conta do patrimônio líquido que registrar a origem dos recursos aplicados na sua aquisição.*

Resgatando o Plano de contas do Capítulo 6, os Quadros 11.15 a 11.24 trazem os conceitos os grupos que compõem o PL.

**Chamada 54 do autor:** Principais Contas contidas nos Subgrupos do PL

## Quadro 11.15: Principais Grupos do PL

| Código | Descrição | Natureza do Saldo | Função |
|---|---|---|---|
| **2.3.1.00** | **PATRIMÔNIO LÍQUIDO DOS SÓCIOS** | **CREDOR** | É a participação residual nos ativos da entidade após a dedução de todos os seus passivos. |
| **2.3.1.01** | **Capital Social** | **Credor** | Para fins técnicos, Capital Social é **sinônimo** de **Capital**, **Capital Nominal** e **Capital Subscrito**. |
| **2.3.1.02** | **Reserva de Capital** | **Credor** | Contempla **receitas que não transitam** pelo resultado do exercício. Corresponde: (i) a contribuição do subscritor de ações que ultrapassar o valor nominal e a parte do preço de emissão das ações sem valor nominal que ultrapassar a importância destinada à formação do capital social, **inclusive nos casos de conversão em ações de debêntures ou partes beneficiárias**; (ii) o produto da alienação de partes beneficiárias e bônus de subscrição. Inclui ainda **Opções outorgadas reconhecidas.** |
| **2.3.1.03** | **Reserva de Reavaliação – Saldos até 31/12/2007** | **Credor** | Conta extinta pela Lei nº 11.638/2007[4]. |

4 Art. 6º Os saldos existentes nas reservas de reavaliação deverão ser mantidos até a sua efetiva realização ou estornados até o final do exercício social em que esta Lei entrar em vigor.

| | | | |
|---|---|---|---|
| **2.3.1.04** | **Ajuste de Avaliação Patrimonial** | **Credor ou devedor** | É uma conta que registra valores que pertencem ao PL, mas ainda não transitaram pelo resultado do exercício. |
| **2.3.1.05** | **Reserva de Lucros** | **Credor** | São **receitas que transitam** pelo resultado do exercício, constituem o lucro e posteriormente geram reservas. |
| **2.3.1.06** | **(-) Ações em Tesouraria** | **Devedor** | É utilizada para registrar ações representativas do capital da companhia adquiridas por ela mesma. No entanto, deve-se respeitar o § 1º do art. 30 da Lei nº 6.404/1976. |
| **2.3.1.07** | **Ajuste Acumulado de Conversão** | **Credor ou devedor** | É o registro contábil da diferença cambial resultante da aplicação da taxa de câmbio de fechamento para itens do ativo e passivo, taxa de câmbio histórica para itens do patrimônio líquido e taxa de câmbio do dia da operação para as contas de resultado. |
| **2.3.1.08** | **Lucro ou Prejuízos Acumulados** | **Credor ou devedor** | Os lucros ou prejuízos representam resultados acumulados obtidos, que foram retidos sem finalidade específica (quando lucros) ou estão à espera de absorção futura (quando prejuízos). |
| **2.3.1.09** | **Participação de Acionistas não Controladores (só no Balanço Consolidado)** | **Credor** | É a parte do patrimônio líquido da controlada não atribuível, direta ou indiretamente, à controladora. |

Quadro 11.16: Capital Social

| Código | Descrição | Natureza do Saldo | Função |
|---|---|---|---|
| 2.3.1.00 | PATRIMÔNIO LÍQUIDO DOS SÓCIOS | CREDOR | É a participação residual nos ativos da entidade após a dedução de todos os seus passivos. |
| 2.3.1.01 | Capital Social | Credor | Para fins técnicos, capital social é sinônimo de Capital, **Capital Social Realizado**, Capital Nominal e Capital Subscrito. Trata-se da diferença entre as contas "Capital Social Subscrito (PL)" e "Capital Social a Integralizar (PL)". Registra-se que essa conta é analítica, portanto, não recebe lançamentos a débito ou a crédito |

| | | | |
|---|---|---|---|
| 2.3.1.01.0001 | Capital Social Subscrito | Credor | Representa o total de ações subscritas na constituição de uma companhia. |
| 2.3.1.01.0002 | (-) Capital Social a Integralizar | **Devedor** | É a parcela do capital subscrito que ainda não foi integralizada na constituição de uma companhia. Seria a parcela não paga pelos sócios. Sinônimo de Capital a Realizar. |
| 2.3.1.01.0003 | (-) Gastos com emissão de Ações | **Devedor** | São tratados **como redução do valor obtido do capital social**, ou, **quando aplicável, na Reserva de Capital que registrar o prêmio recebido na emissão das novas ações.** |
| 2.3.1.01.004 | AFAC – Adiantamento para Futuro Aumento de Capital | Credor | Conta destinada aos adiantamentos para futuros aumentos de capital realizados, sem que haja **a possibilidade de sua devolução.** |

**Conceito Importante**

Capital Social Realizado = Capital Social Subscrito – Capital Social a Integralizar

**Atenção**

Imediatamente após o arquivamento dos atos constitutivos da empresa deverá ser realizada a abertura da sua escrita contábil, **onde o primeiro lançamento é justamente o da subscrição do Capital Social**. Nesse momento, nenhum valor monetário, bem ou direito ingressou no patrimônio da empresa. Esse lançamento será feito pelo valor do Capital estabelecido no Contrato ou Estatuto Social e será realizado da seguinte forma:

**Pela subscrição do Capital Social:**

D – Capital Social a Integralizar (PL)

C – Capital Social Subscrito (PL)

**Contas de Controle no processo de constituição de uma Sociedade Anônima**

**Capital Social Autorizado**[5]: trata-se de um limite estabelecido no Estatuto da empresa que autoriza o Conselho de Administração a aumentar o Capital Social, independente de reforma estatutária.

**Capital Social a Subscrever:** trata-se da parcela de Capital Autorizado ainda não subscrito.

[5] Lei nº 6.404/1976. Art. 168. **O estatuto pode conter autorização para aumento do capital social independentemente de reforma estatutária.**

§ 1º A autorização deverá especificar:

a) o limite de aumento, em valor do capital ou em número de ações, e as espécies e classes das ações que poderão ser emitidas;

b) o órgão competente para deliberar sobre as emissões, que poderá ser a assembleia-geral ou o conselho de administração;

c) as condições a que estiverem sujeitas as emissões;

### O que é uma conta de controle?

É uma conta que fica fora da teoria patrimonialista. Não é conta patrimonial, nem de resultado. Estão previstas na ITG CFC 2000:

> ***Contas de compensação***
>
> *29.Contas de compensação constituem sistema próprio para controle e registro dos fatos relevantes que resultam em assunção de direitos e obrigações da entidade cujos efeitos materializar-se-ão no futuro e que possam se traduzir em modificações no patrimônio da entidade.*
>
> *30.**Exceto quando de uso mandatório por ato de órgão regulador, a escrituração das contas de compensação** não é obrigatória. Nos casos em que não forem utilizadas, a entidade deve assegurar-se que possui outros mecanismos que permitam acumular as informações que de outra maneira estariam controladas nas contas de compensação.*

### Formação do Capital Social de uma Companhia

De acordo com a Lei nº 6.404/1976:

> *Art. 7º O capital social poderá ser formado com contribuições em dinheiro **ou** em qualquer espécie de bens suscetíveis de avaliação em dinheiro.*
>
> *Art. 8º A **avaliação dos bens será feita por 3 (três) peritos ou por empresa especializada**, nomeados em assembleia-geral dos subscritores, convocada pela imprensa e presidida por um dos fundadores, instalando-se em primeira convocação com a presença de subscritores que representem metade, pelo menos, do capital social, e em segunda convocação com qualquer número.*
>
> *§ 1º Os peritos ou a empresa avaliadora deverão apresentar laudo fundamentado, com a indicação dos critérios de avaliação e dos elementos de comparação adotados e instruído com os documentos relativos aos bens avaliados, e estarão presentes à assembleia que conhecer do laudo, a fim de prestarem as informações que lhes forem solicitadas.*
>
> *§ 2º Se o subscritor aceitar o valor aprovado pela assembleia, os bens incorporar-se-ão ao patrimônio da companhia, competindo aos primeiros diretores cumprir as formalidades necessárias à respectiva transmissão.*
>
> *§ 3º Se a assembleia não aprovar a avaliação, ou o subscritor não aceitar a avaliação aprovada, ficará sem efeito o projeto de constituição da companhia.*
>
> *§ 4º **Os bens não poderão ser incorporados ao patrimônio da companhia** por valor acima do que lhes tiver dado o subscritor.*
>
> *§ 5º Aplica-se à assembleia referida neste artigo o disposto nos §§ 1º e 2º do artigo 115.*

---

d) os casos ou as condições em que os acionistas terão direito de preferência para subscrição, ou de inexistência desse direito (artigo 172).

§ 2º O limite de autorização, quando fixado em valor do capital social, será anualmente corrigido pela assembleia-geral ordinária, com base nos mesmos índices adotados na correção do capital social.

§ 3º O estatuto pode prever que a companhia, dentro do limite de capital autorizado, e de acordo com plano aprovado pela assembleia-geral, outorgue opção de compra de ações a seus administradores ou empregados, ou a pessoas naturais que prestem serviços à companhia ou a sociedade sob seu controle.

*§ 6º Os avaliadores e o subscritor responderão perante a companhia, os acionistas e terceiros, pelos danos que lhes causarem por culpa ou dolo na avaliação dos bens, sem prejuízo da responsabilidade penal em que te nham incorrido; no caso de bens em condomínio, a responsabilidade dos subscritores é solidária.*

**Desse modo, aceitam-se 2 formas de contribuições para formação do capital social: dinheiro ou qualquer espécie de bens suscetíveis de avaliação em dinheiro.** O valor da avaliação dado pelo subscritor prepondera sobre os demais.

## Constituição da Companhia: Regra Geral

De acordo com a Lei nº 6.404/1976:

*Art. 80. A constituição da companhia depende do cumprimento dos seguintes requisitos preliminares:*

*I – **subscrição, pelo menos por 2 (duas) pessoas**, de todas as ações em que se divide o capital social fixado no estatuto;*

*II – **realização, como entrada, de 10% (dez por cento), no mínimo**, do preço de emissão das ações subscritas em dinheiro;*

*III – **depósito, no Banco do Brasil S/A., ou em outro estabelecimento bancário autorizado pela Comissão de Valores Mobiliários**, da parte do capital realizado em dinheiro.*

*Parágrafo único. O disposto no número II **não se aplica às companhias para as quais a lei exige realização inicial de parte maior do capital social.***

*Art. 81. O depósito referido no número III do artigo 80 deverá ser feito pelo fundador, **no prazo de 5 (cinco) dias contados do recebimento das quantias, em nome do subscritor e a favor da sociedade em organiza**ção, que só poderá levantá-lo após haver adquirido personalidade jurídica.*

*Parágrafo único. Caso a companhia não se constitua dentro de 6 (seis) meses da data do depósito, o banco restituirá as quantias depositadas diretamente aos subscritores.*

## Integralização de Capital em Títulos de Crédito, é possível?

**De acordo com a Lei nº 6.404/1976:**

*Art. 7º O capital social poderá ser formado com contribuições em dinheiro ou em qualquer espécie de bens suscetíveis de avaliação em dinheiro.*

Como pode-se verificar no texto legal supracitado, o Capital Social pode compreender qualquer espécie de bens, desde que suscetíveis de avaliação em dinheiro, incluindo aí os títulos de crédito.

**Pelo Código Civil/2002:**

*Art. 997. A sociedade constitui-se mediante contrato escrito, particular ou público, que, além de cláusulas estipuladas pelas partes, mencionará:*

*(...)*

*III – capital da sociedade, expresso em moeda corrente, podendo compreender qualquer espécie de bens, suscetíveis de avaliação pecuniária;*

*(...)*

Assim, é perfeitamente possível a integralização de Capital em títulos de crédito. A dúvida que ainda pode surgir é se o título pode ser transferido legalmente da propriedade dos sócios para o da sociedade.

**Nesse sentido, estabelece o artigo 83 do Código Civil/2002, que se consideram bens móveis para os efeitos legais:**

I. as energias que tenham valor econômico;

II. os direitos reais sobre objetos móveis e as ações correspondentes;

III. os direitos pessoais de caráter patrimonial e respectivas ações.

**Conclui-se que os títulos de crédito, tais como nota promissória, letra de câmbio, duplicata, contratos ou qualquer outro título, executivo ou não, inserem-se perfeitamente na categoria de bens móveis, passíveis de serem transferidos a terceiros. Desta forma, a integralização de Capital também pode ser feita com a tradição de créditos.**

Na tradição de créditos o sócio acionista/quotista transfere à sociedade os direitos de crédito que possuem perante terceiros, com concordância da sociedade. **Cabe observar que o sócio subscritor responderá pela existência do crédito e pela solvência do devedor.**

## Simulação 01: Formação do Capital Social

A CIA FOX, está sendo constituída por 4 sócios. Cada um assume o compromisso em 15/01/X0 com uma quota de 25% do capital social cujo montante equivale a R$ 4.000.000. Dois sócios farão a integralização em dinheiro, sendo metade à vista e metade em 30 dias. E os outros dois sócios farão a integralização em imóveis avaliados em R$ 1.000.000 cada já validados pelo subscritor.

**Vamos contabilizar:**

**Situação Patrimonial antes da operação**

| | |
|---|---|
| **Ativo Circulante**<br>Caixa.....0 | **Passivo Circulante** |
| **Ativo Não Circulante**<br>Imóveis.....0 | **Passivo Não Circulante**<br><br>**PL**<br>Capital Social .....0 |

**Subscrição em 15/01/X0 (compromisso que os sócios assumem para entrega do dinheiro ou dos bens)**

D: (-) Capital Social a Integralizar.....(2.3.1.01.0002) R$ 4.000.000,00

C: Capital Social (subscrito).....(2.3.1.01.0001) R$ 4.000.000,00

**Situação Patrimonial após a operação**

| | |
|---|---|
| **Ativo Circulante**<br>Caixa.....0 | **Passivo Circulante** |
| **Ativo Não Circulante**<br>Imóveis.....0 | **Passivo Não Circulante**<br><br>**PL**<br>Capital Social (subscrito)..... 4.000.000<br>(-) Capital Social a integralizar..... 4.000.000 |

Unidade Didática III
Avaliação Patrimonial

**Incorporação Inicial em 15/01/X0**

D: Caixa ........................................................(1.1.1.01) R$ 1.000.000,00
D: Imóveis ......................................................(1.2.3.01) R$ 2.000.000,00
C: (-) Capital Social a Integralizar.......................(2.3.1.01.0002) R$ 3.000.000,00

**Situação Patrimonial após a operação**

| **Ativo Circulante** | **Passivo Circulante** |
|---|---|
| Caixa.......................1.000.000 | |
| **Ativo Não Circulante** | **Passivo Não Circulante** |
| Imóveis.......................2.000.000 | **PL** |
| | Capital Social (subscrito)................ 4.000.000 |
| | (-) Capital Social a integralizar ......... 1.000.000 |

**Incorporação final após o aporte do dinheiro no 30º dia**

D: Caixa ........................................................(1.1.1.01) R$ 1.000.000,00
C: (-) Capital Social a integralizar.......................(2.3.1.01.0002) R$ 1.000.000,00

**Situação Patrimonial após a operação**

| **Ativo Circulante** | **Passivo Circulante** |
|---|---|
| Caixa.......................2.000.000 | |
| **Ativo Não Circulante** | **Passivo Não Circulante** |
| Imóveis.......................2.000.000 | **PL** |
| | Capital Social (subscrito).......... 4.000.000 |
| | (-) Capital Social a integralizar ................ 0 |

**Chamada 55 do autor:** Constituição da Entidade

## Captação de Recursos

A captação de recursos na constituição de uma empresa pode-se dar de outras 2 formas além de utilizar recursos dos proprietários:

| **1.Instrumentos de Dívida → Empréstimos e Financiamentos; debêntures.** |
|---|
| **2.Instrumentos Patrimoniais →Ações, Bônus de Subscrição.** |

Em ambos os casos **devem ser considerados os custos transacionais.** No caso dos instrumentos patrimoniais, o CPC 08 define que:

> *"Os custos de transação incorridos na captação de recursos por intermédio da emissão de títulos patrimoniais devem ser contabilizados, de forma destacada, em* ***conta redutora de patrimônio líquido*** *(...)".*

Instrumento patrimonial é qualquer contrato que evidencie uma participação nos ativos de uma entidade após a dedução de todos os seus passivos.

## Constituição da Companhia por Subscrição Pública

De acordo com a Lei nº 6.404/1976:

> *Art. 82. A constituição de companhia por subscrição pública* ***depende do prévio registro da emissão na Comissão de Valores Mobiliários, e a subscrição somente poderá ser efetuada com a intermediação de instituição financeira.***
>
> *§ 1º O pedido de registro de emissão obedecerá às normas expedidas pela Comissão de Valores Mobiliários e será instruído com:*
>
> *a) o estudo de viabilidade econômica e financeira do empreendimento;*
>
> *b) o projeto do estatuto social;*
>
> *c) o prospecto, organizado e assinado pelos fundadores e pela instituição financeira intermediária.*
>
> *§ 2º A* ***Comissão de Valores Mobiliários poderá*** *condicionar o registro a modificações no estatuto ou no prospecto* ***e denegá-lo por inviabilidade ou temeridade do empreendimento, ou inidoneidade dos fundadores.***

A captação de recursos mencionada no art. 82 da Lei nº 6.404.1976 é a **emissão primária** que efetivamente **resulta na entrada de recursos na companhia.**

Caso os acionistas resolvam vender suas ações a terceiros, isso caracteriza **emissão secundária** que **não resulta na entrada de recursos na companhia.**

## Terminologias usuais em Ações

De acordo com a Lei nº 6.404/1976:

*Art. 11. O estatuto fixará o número das ações em que se divide o capital social e estabelecerá se as ações **terão, ou não, valor nominal.***

*§ 1º Na companhia com ações sem valor nominal, o estatuto poderá criar uma ou mais classes de ações preferenciais com valor nominal.*

***§ 2º O valor nominal será o mesmo para todas as ações da companhia.***

*§ 3º **O valor nominal das ações de companhia aberta** não poderá ser inferior ao mínimo fixado pela Comissão de Valores Mobiliários.*

*Art. 12. O número e o valor nominal das ações somente poderão ser alterados nos casos de modificação do valor do capital social ou da sua expressão monetária, de desdobramento ou grupamento de ações, ou de cancelamento de ações autorizado nesta Lei.*

*Art. 13. **É vedada a emissão de ações por preço inferior ao seu valor nominal.***

*§ 1º A infração do disposto neste artigo importará nulidade do ato ou operação e responsabilidade dos infratores, sem prejuízo da ação penal que no caso couber.*

*§ 2º A contribuição do subscritor que ultrapassar o valor nominal constituirá reserva de capital (artigo 182, § 1º).*

*Art. 14. O preço de emissão das ações sem valor nominal será fixado, na constituição da companhia, pelos fundadores, e no aumento de capital, pela assembleia-geral ou pelo conselho de administração (artigos 166 e 170, § 2º).*

*Parágrafo único. O preço de emissão pode ser fixado com parte destinada à formação de reserva de capital; na emissão de ações preferenciais com prioridade no reembolso do capital, somente a parcela que ultrapassar o valor de reembolso poderá ter essa destinação.*

| | |
|---|---|
| Valor Nominal | $= \dfrac{\text{(Capital Social)}}{\text{(Quantidade de Ações)}}$ |
| Valor Patrimonial | $= \dfrac{\text{(Patrimônio Líquido)}}{\text{(Quantidade de Ações)}}$ |
| Valor de Emissão ou de Subscrição | É o valor pago por quem paga à vista ou a prazo para subscrever a ação. |
| Valor de Mercado | Valor de negociação no mercado secundário em função da oferta e demanda. |

**Se o valor de emissão for superior ao valor nominal**, esse ágio deve ser reconhecido como reserva de capital.

**Chamada 56 do autor:** Emissão de ações com e sem ágio

### Simulação 02A: Emissão de Ações sem ágio e com custos

A CIA HOTEL aberta devidamente autorizada pela CVM lançou 1 milhão de ações ao valor nominal por ação de R$ 2,00. Ocorreram gastos de R$ 150.000.

Vamos contabilizar:

**Situação Patrimonial antes da operação**

| | |
|---|---|
| **Ativo Circulante**<br>Caixa..........0 | **Passivo Circulante** |
| **Ativo Não Circulante** | **Passivo Não Circulante** |
| | **PL**<br>Capital Social..........0 |

**Incorporação Inicial**

D: Caixa..........(1.1.1.01) R$ 1.850.000,00

C: (-) Gastos com Emissão de Ações..........(2.3.1.01.0003) R$ 150.000,00

C: Capital Social (subscrito)..........(2.3.1.01.0001) R$ 2.000.000,00

**Situação Patrimonial após a operação**

| | |
|---|---|
| **Ativo Circulante**<br>Caixa..........1.850.000 | **Passivo Circulante** |
| **Ativo Não Circulante** | **Passivo Não Circulante** |
| | **PL**<br>Capital Social..........2.000.000<br>(-) Gastos com emissão de Ações...... 150.000 |

A conta gastos com emissão de Ações é uma conta retificadora do capital social.

## Simulação 02B: Emissão de Ações com ágio e com custos

A CIA HOTEL aberta devidamente autorizada pela CVM lançou 1 milhão de ações ao valor nominal por ação de R$ 2,00. Ocorreram gastos de R$ 150.000. A ação foi comercializada a R$ 2,50.

Vamos contabilizar:

**Situação Patrimonial antes da operação**

| | |
|---|---|
| **Ativo Circulante**<br>Caixa....................0 | **Passivo Circulante** |
| **Ativo Não Circulante** | **Passivo Não Circulante** |
| | **PL**<br>Capital Social ....................0 |

**Incorporação Inicial**

| | | |
|---|---|---|
| D: Caixa | (1.1.1.01) | R$ 2.350.000,00 |
| C: Capital Social (subscrito) | (2.3.1.01.0001) | R$ 2.000.000,00 |
| C: Reserva de Capital – Ágio na emissão de ações | (2.3.2.01.0001) | R$ 350.000,00 |

**Situação Patrimonial após a operação**

| | |
|---|---|
| **Ativo Circulante**<br>Caixa....................2.350.000 | **Passivo Circulante** |
| **Ativo Não Circulante** | **Ativo Não Circulante** |
| | **PL**<br>Capital Social ....................2.000.000<br>Reserva de Capital ....................350.000 |

Nesse caso não se utiliza a conta gastos com emissão de Ações, e o valor dos gastos é compensado pela Reserva de Capital.

**AFAC – Adiantamento para Futuro Aumento de Capital**

Em conformidade com a Resolução CFC 1.150/2009:

> *68. Esse grupo não foi tratado especificamente pelas alterações trazidas pela Lei nº. 11.638/07 e MP nº. 449/08; todavia, devem ser à luz do princípio da essência sobre a forma classificados no Patrimônio Líquido das entidades.*
>
> *69. Os adiantamentos para futuros aumentos de capital realizados, sem que haja a possibilidade de sua devolução, devem ser registrados no Patrimônio Líquido, após a conta de capital social.* ***Caso haja qualquer possibilidade de sua devolução, devem ser registrados no Passivo Não Circulante.***

| | Hipótese | Lançamento | |
|---|---|---|---|
| A | Adiantamentos para futuros aumentos de capital realizados, sem que haja a possibilidade de sua devolução: R$ 300.000 | D: Caixa ......................... (1.1.1.01)<br>C: PL – AFAC.............. (2.3.1.01.004) | 300.000<br>300.000 |
| B | Adiantamentos para futuros aumentos de capital realizados, com alguma possibilidade de sua devolução: R$ 300.000. | D: Caixa ......................... (1.1.1.01)<br>C: Passivo – AFAC...... (2.2.1.01) | 300.000<br>300.000 |

**Chamada 57 do autor:** AFAC – Adiantamento para Futuro Aumento de Capital

## Quadro 11.17: Reserva de Capital

| | | | |
|---|---|---|---|
| **2.3.1.02** | **Reserva de Capital** | **Credor** | Contempla receitas que não transita pelo resultado do exercício. Corresponde: (i) a contribuição do subscritor de ações que ultrapassar o valor nominal e a parte do preço de emissão das ações sem valor nominal que ultrapassar a importância destinada à formação do capital social, **inclusive nos casos de conversão em ações de debêntures ou partes beneficiárias**; (ii) o produto da alienação de partes beneficiárias e bônus de subscrição. |
| 2.3.1.02.0001 | Ágio na emissão de ações | Credor | Corresponde ao valor do subscritor que ultrapassar o valor nominal das ações. |

| | | | |
|---|---|---|---|
| 2.3.1.02.0002 | Bônus de Subscrição | Credor | São valores mobiliários emitidos por Sociedades Anônimas que conferem aos seus titulares o direito de preferência e subscrição das ações da empresa, dentro de um prazo estabelecido e por um preço fixado. |
| 2.3.1.02.0003 | Partes Beneficiárias | Credor | São valores mobiliários emitidos por **Sociedades Anônimas de Capital fechado**a sem valor nominal com a finalidade de captação de recursos, por um prazo máximo de 10 anos e que dão aos seus titulares o direito de participação máxima de 10 % dos lucros da empresa emissora. |
| 2.3.1.02.0004 | Opções outorgadas reconhecidas | Credor | Deve ser contabilizada junto a Reserva de Capital. É uma conta especial que deve ser utilizada nos casos em que as sociedades negociam serviços de seus administradores e empregados, cujo valor de mercado não é facilmente obtido. Seria uma forma de pagamentos baseados em ações pela empresa cuja finalidade é a concessão de opções de compra de ações para os empregados. Com isso, esses se tornam sócios da empresa que aumenta seu capital social |

**Legenda:** (a) Lei nº 6.404/1976. Art. 4º Para os efeitos desta Lei, a companhia é aberta ou fechada conforme os valores mobiliários de sua emissão estejam ou não admitidos à negociação no mercado de valores mobiliários. Art. 294. A companhia fechada que tiver receita bruta anual de até R$ 78.000.000 (setenta e oito milhões de reais) poderá: I-revogado; II-revogado; III – realizar as publicações ordenadas por esta Lei de forma eletrônica, em exceção ao disposto no art. 289 desta Lei; e IV – substituir os livros de que trata o art. 100 desta Lei por registros mecanizados ou eletrônicos.

### Reserva de Capital

De acordo com a Lei nº 6.404/1976:

*Art. 182. A conta do capital social discriminará o montante subscrito e, por dedução, a parcela ainda não realizada.*

*§ 1º Serão classificadas como reservas de capital as contas que registrarem:*

*a)* ***a contribuição do subscritor de ações que ultrapassar o valor nominal*** *e* ***a parte do preço de emissão das ações sem valor nominal que ultrapassar a importância destinada à formação do capital social****, inclusive nos casos de conversão em ações de debêntures ou partes beneficiárias;*

*b)* ***o produto da alienação de partes beneficiárias*** *e* ***bônus de subscrição;***

### Bônus de Subscrição

De acordo com a Lei nº 6.404/1976:

***Art. 75.*** *A companhia poderá emitir, dentro do limite de aumento de capital autorizado no estatuto (artigo 168), títulos negociáveis denominados "****Bônus de Subscrição****".*

*Parágrafo único. Os bônus de subscrição conferirão aos seus titulares, nas condições constantes do certificado, direito de subscrever ações do capital social, que será exercido mediante apresentação do título à companhia e pagamento do preço de emissão das ações.*

*Art. 76. A deliberação sobre emissão de bônus de subscrição compete à assembleia-geral, se o estatuto não a atribuir ao conselho de administração.*

*Art. 77.* ***Os bônus de subscrição serão alienados pela companhia ou por ela atribuídos, como vantagem adicional, aos subscritos de emissões de suas ações ou debêntures.***

*Parágrafo único.* ***Os acionistas da companhia gozarão, nos termos dos artigos 171 e 172, de preferência para subscrever a emissão de bônus.***

*Art. 78. Os bônus de subscrição terão a forma nominativa.*

*Parágrafo único. Aplica-se aos bônus de subscrição, no que couber, o disposto nas Seções V a VII do Capítulo III.*

*Art. 79. O certificado de bônus de subscrição conterá as seguintes declarações:*

*I - as previstas nos números I a IV do artigo 24;*

*II - a denominação "Bônus de Subscrição";*

*III - o número de ordem;*

*IV - o número, a espécie e a classe das ações que poderão ser subscritas, o preço de emissão ou os critérios para sua determinação;*

*V - a época em que o direito de subscrição poderá ser exercido e a data do término do prazo para esse exercício;*

*VI - o nome do titular;*

*VII - a data da emissão do certificado e as assinaturas de dois diretores.*

*Art. 168. O estatuto pode conter autorização para aumento do capital social independentemente de reforma estatutária.*

*§ 1° A autorização deverá especificar:*

*a) o limite de aumento, em valor do capital ou em número de ações, e as espécies e classes das ações que poderão ser emitidas;*

*b) o órgão competente para deliberar sobre as emissões, que poderá ser a assembleia-geral ou o conselho de administração;*

*c) as condições a que estiverem sujeitas as emissões;*

*d) os casos ou as condições em que os acionistas terão direito de preferência para subscrição, ou de inexistência desse direito (artigo 172).*

*§ 2° O limite de autorização, quando fixado em valor do capital social, será anualmente corrigido pela assembleia-geral ordinária, com base nos mesmos índices adotados na correção do capital social.*

*§ 3°* ***O estatuto pode prever que a companhia, dentro do limite de capital autorizado, e de acordo com plano aprovado pela assembleia-geral,*** *outorgue opção de compra de ações a seus administradores ou empregados, ou a pessoas naturais que prestem serviços à companhia ou a sociedade sob seu controle.*

*Art. 171. Na proporção do número de ações que possuírem, os acionistas terão preferência para a subscrição do aumento de capital.*

Desse modo, os **bônus de subscrição** são valores mobiliários emitidos pelas Sociedades Anônimas com o objetivo de, em regra, captar recursos. Em resumo, os bônus de subscrição são instrumentos patrimoniais financeiros que dão ao titular o **direito de adquirir** ações no futuro. Como se trata de direito, ele pode não ser exercido em momento futuro.

**Chamada 58 do autor:** Emissão de Bônus de Subscrição

## Simulação 03: Emissão de Bônus de Subscrição

Passado 1 ano da Situação 2B e nos termos do Estatuto, foi autorizado um limite de aumento de Capital Social de 2.500.000 (Capital Social Autorizado) da Cia HOTEL. Assim, o Capital Social a subscrever é de R$ 500.000. Em conformidade com Lei nº 6.404/1976, o valor máximo para emissão de tais títulos é de R$ 500.000. Suponha que a Cia emita apenas R$ 400.000 de bônus de subscrição.

**Vamos contabilizar:**

**Situação Patrimonial antes da operação**

| | |
|---|---|
| **Ativo Circulante**<br>Caixa..........2.350.000 | **Passivo Circulante** |
| **Ativo Não Circulante** | **Passivo Não Circulante** |
| | **PL**<br>Capital Social .......... 2.000.000<br>Reserva de Capital .......... 350.000 |

**Captação de recursos via Bônus de Subscrição**

D: Caixa .......... (1.1.1.01) R$400.000,00

C: Reserva de Capital – Bônus de Subscrição .......... (2.3.1.02.0002) R$400.000,00

**Situação Patrimonial após a operação**

| | |
|---|---|
| **Ativo Circulante**<br>Caixa..........2.750.000 | **Passivo Circulante** |
| **Ativo Não Circulante** | **Passivo Não Circulante** |
| | **PL**<br>Capital Social .......... 2.000.000<br>Reserva de Capital .......... 750.000 |

### Partes Beneficiárias

De acordo com a Lei nº 6.404/1976:

*Art. 46. A companhia pode criar, a qualquer tempo,* ***títulos negociáveis, sem valor nominal e estranhos ao capital social****, denominados "partes beneficiárias".*

*§ 1º As partes beneficiárias conferirão aos seus titulares direito de crédito eventual contra a companhia, consistente na participação nos lucros anuais (****artigo 190****).*

*§ 2º A participação atribuída às partes beneficiárias, inclusive para formação de reserva para resgate, se houver,* ***não ultrapassará 0,1 (um décimo) dos lucros.***

*§ 3º* ***É vedado conferir às partes beneficiárias qualquer direito privativo de acionista,*** *salvo o de fiscalizar,* ***nos termos desta Lei, os atos dos administradores.***

*§ 4º É proibida a criação de mais de uma classe ou série de partes beneficiárias.*

*Art. 47.* ***As partes beneficiárias*** *poderão ser alienadas pela companhia,* ***nas condições determinadas pelo estatuto ou pela assembleia-geral,*** *ou* ***atribuídas a fundadores, acionistas ou terceiros, como remuneração de serviços prestados à companhia.***

*Parágrafo único. É vedado às companhias abertas emitir partes beneficiárias.*

*Art. 48. O estatuto fixará o prazo de duração das partes beneficiárias e, sempre que estipular resgate, deverá criar reserva especial para esse fim.*

*§ 1º* ***O prazo de duração das partes beneficiárias atribuídas gratuitamente****, salvo as destinadas a sociedades ou fundações beneficentes dos empregados da companhia,* ***não poderá ultrapassar 10 (dez) anos.***

*§ 2º* ***O estatuto poderá prever a conversão das partes beneficiárias em ações****, mediante capitalização de reserva criada para esse fim.*

*§ 3º No caso de liquidação da companhia, solvido o passivo exigível, os titulares das partes beneficiárias terão direito de preferência sobre o que restar do ativo até a importância da reserva para resgate ou conversão.*

*Art. 49. Os certificados das partes beneficiárias conterão:*

*I - a denominação "parte beneficiária";*

*II - a denominação da companhia, sua sede e prazo de duração;*

*III - o valor do capital social, a data do ato que o fixou e o número de ações em que se divide;*

*IV - o número de partes beneficiárias criadas pela companhia e o respectivo número de ordem;*

*V - os direitos que lhes serão atribuídos pelo estatuto, o prazo de duração e as condições de resgate, se houver;*

*VI - a data da constituição da companhia e do arquivamento e publicação dos seus atos constitutivos;*

*VII - o nome do beneficiário;*

*VIII - a data da emissão do certificado e as assinaturas de dois diretores.*

***Art. 190.*** *As participações estatutárias de empregados, administradores e partes beneficiárias serão determinadas,* ***sucessivamente e nessa ordem****, com base nos lucros que remanescerem depois de deduzida a participação anteriormente calculada.*

*Parágrafo único. Aplica-se ao pagamento das participações dos administradores e das partes beneficiárias o disposto nos parágrafos do artigo 201.*

Desse modo, as **partes beneficiárias** são títulos mobiliários emitidos pelas **Companhias Fechadas** para captar recursos. Os detentores das partes beneficiárias não podem receber mais de 10% do Lucro nos termos do art. 46. Elas também podem ser concedidas de forma gratuita, e neste caso possuem, em regra, prazo máximo de 10 anos. Assim, pode ser considerado um título de crédito eventual e temporário.

**Chamada 59 do autor:** Partes Beneficiárias

## Simulação 04: Partes Beneficiárias

A CIA Fechada WHISKY possui a seguinte estrutura patrimonial.

**Situação Patrimonial antes da operação**

| Ativo | Passivo e PL |
|---|---|
| **Ativo Circulante**<br>Caixa.........................................2.000.000 | **Passivo Circulante** |
| **Ativo Não Circulante** | **Passivo Não Circulante** |
| | **PL**<br>Capital Social ....................................... 2.000.000 |

A fim de se capitalizar, a CIA WHISKY decide alienar partes beneficiárias respeitando a legislação vigente no valor de R$ 100.000.

**Vamos contabilizar:**

| **Captação de recursos via Bônus de Subscrição** | | |
|---|---|---|
| D: Caixa ................................................................................. | (1.1.1.01) | R$ 100.000,00 |
| C: Reserva de Capital – Partes Beneficiárias .................... | (2.3.1.02.0003) | R$ 100.000,00 |

**Situação Patrimonial após a operação**

| Ativo | Passivo e PL |
|---|---|
| **Ativo Circulante**<br>Caixa.........................................2.100.000 | **Passivo Circulante** |
| **Ativo Não Circulante** | **Passivo Não Circulante** |
| | **PL**<br>Capital Social ....................................... 2.000.000<br>Reserva de Capital ............................. 100.000 |

### Opções outorgadas reconhecidas

As opções outorgadas reconhecidas se inserem no contexto do Pagamento Baseado em Ações, *stock options*. Antes das atualizações promovidas pela atualização da Lei nº 6.404/1976 e do CPC 10, era comum, **quando os administradores e empregados adquiriam o direito de subscrever e integralizar ações da empresa (ou quotas) por valor negociado no início do contrato**, feito anos atrás, da maneira mais simples possível: aumento de capital pelo valor efetivamente recebido, **mesmo que esse valor representasse muito pouco perto do valor de mercado atual dessas ações**. Assim, **o "custo" do contrato só era sentido pelos sócios da empresa ao verem que entraram novos sócios pagando menos do que as ações valem, diluindo sua participação; ou o exercício da opção era feito com ações que se encontravam em tesouraria**, sem produzir **efeito no resultado do exercício.**

Figura 11.3: Tratamento dado as opções outorgadas antes da atualização da legislação

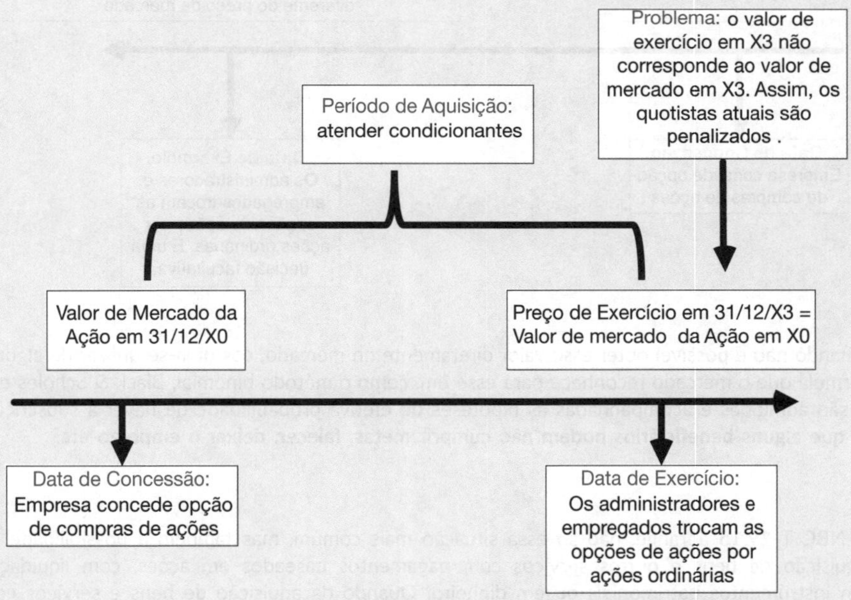


Pela NBC T 19.15[6], que segue as normas internacionais de contabilidade, **as empresas precisam reconhecer a despesa**, se houver, representada pelos benefícios dessas opções outorgadas a administradores e empregados. **Mas a obrigação não é de reconhecer a despesa pela diferença entre o valor de mercado das ações na data da subscrição e o valor aceito para a integralização. Foi seguida a regra de reconhecer como despesa o valor da opção quando outorgada aos administradores e empregados**, já que outorgada gratuitamente, sem recebimento de prêmio. **Assim, quando da outorga, verifica-se qual seria o valor caso fosse possível vender essas opções no mercado nessa data da outorga**. E esse valor representa o total a ser reconhecido como despesa durante a vigência do contrato, paulatinamente, **por regime de competência.**



6 https://www.normaslegais.com.br/legislacao/resolucaocfc1157_2009.htm

**Figura 11.4: Tratamento dado as opções outorgadas após a atualização da legislação**

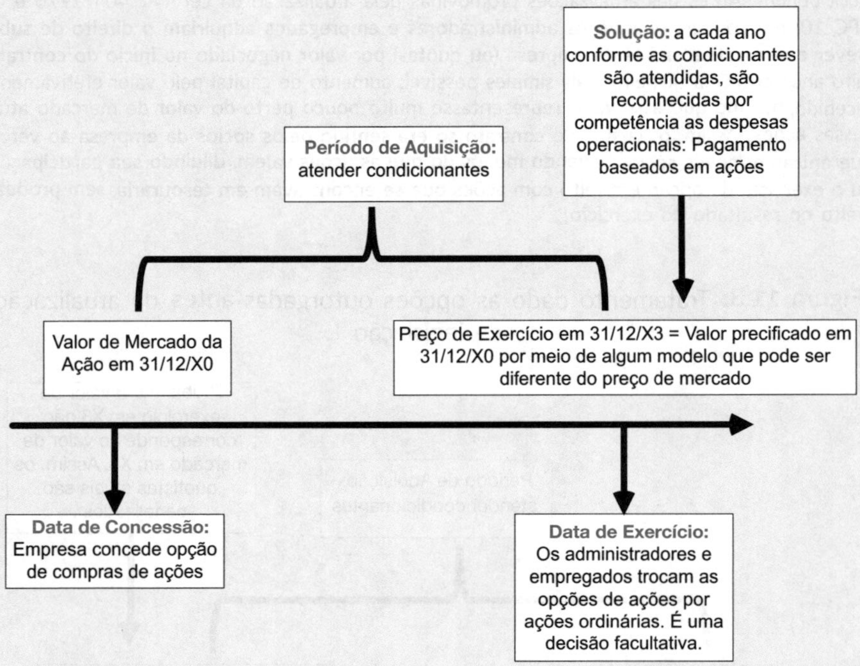


Quando não é possível obter esse valor diretamente no mercado, costuma-se utilizar de alguma fórmula que o mercado reconhece para esse fim, como o método binomial, Black & Scholes etc. E são admitidas e acompanhadas as hipóteses de efetiva probabilidade de haver a subscrição, **já que alguns beneficiários podem não cumprir metas, falecer, deixar o emprego etc.**

A NBC T 19.15 abrange, não só essa situação mais comum, mas também a possibilidade de aquisição de bens e outros serviços com pagamentos baseados em ações, com liquidação em instrumentos patrimoniais ou em dinheiro. Quando da aquisição de bens e serviços com valores de mercado conhecidos, os bens e serviços são reconhecidos pelos seus valores justos de mercado; mas, na grande maioria das vezes, desses planos se tem a negociação de serviços de administradores e empregados cujo valor de mercado não é facilmente obtido. **Daí a sua substituição pelo valor justo das opções outorgadas.**

**A contabilização dessas opções se dá com o crédito em conta especial de patrimônio líquido, junto com as Reservas de Capital**[7], como por exemplo Opções Outorgadas Reconhecidas ou semelhante, **quando for pagamento baseado em ações e liquidado com instrumentos patrimoniais**, e **no passivo, se for liquidado em caixa.** A contrapartida, conforme a NBC T 19.15, **será em conta de ativo (por exemplo, custo para formação de estoques)** ou em **conta de despesa (por exemplo, despesa operacional, no caso de o custo dos serviços corresponderem a esse tipo de despesa**, ou **participação nos lucros, nos casos em que o direito aos instrumentos outorgados estiver relacionado ao atingimento de lucro líquido da companhia).**

7 https://cfc.org.br/tecnica/perguntas-frequentes/nova-estrutura-do-balanco/

**Em síntese, no caso do pagamento baseado em ações, existem 3 situações possíveis:**

**1ª Liquidação do pagamento baseado em ações com instrumentos patrimoniais destinados ao consumo:**

D: Ativo Circulante - Mercadorias

C: Reserva de capital - **Opções outorgadas reconhecidas**

**2ª Liquidação do pagamento baseado em ações com instrumentos patrimoniais não destinados ao consumo:**

D: Despesa Operacional - Pagamento baseado em ações

C: Reserva de capital - **Opções outorgadas reconhecidas**

**3ª Liquidação do pagamento baseado em ações com caixa:**

D: Despesa Operacional - Pagamento baseado em ações

C: Passivo - Obrigações a Pagar

**Chamada 60 do autor:** Opções outorgadas reconhecidas



## Simulação 05: Opções outorgadas reconhecidas

A CIA WHISKY possui a seguinte estrutura patrimonial.

**Situação Patrimonial** antes **da operação**

| **Ativo Circulante**<br>Caixa....................2.000.000 | **Passivo Circulante** |
|---|---|
| **Ativo Não Circulante** | **Passivo Não Circulante** |
| | **PL**<br>Capital Social....................2.000.000 |

A fim de reter seus 30 empregados mais capazes, resolve conceder 300 opções ao preço unitário de R$ 10 em 31/12/X0 com a condição de permanecerem na empresa 3 anos, ou seja, até 31/12/X3.

O valor de mercado da ação era de **R$ 20 em 31/12/X0.**

Um especialista utilizando **o modelo Black & Scholes** definiu que o valor de mercado **em 31/12/X3 seria R$ 30**. Esse valor é o fixado em contrato entre CIA WHISKY e os 30 empregados. Contudo o **valor de mercado real em 31/12/X3 foi de R$ 37,50.**

## Aplicação da Figura 11.4

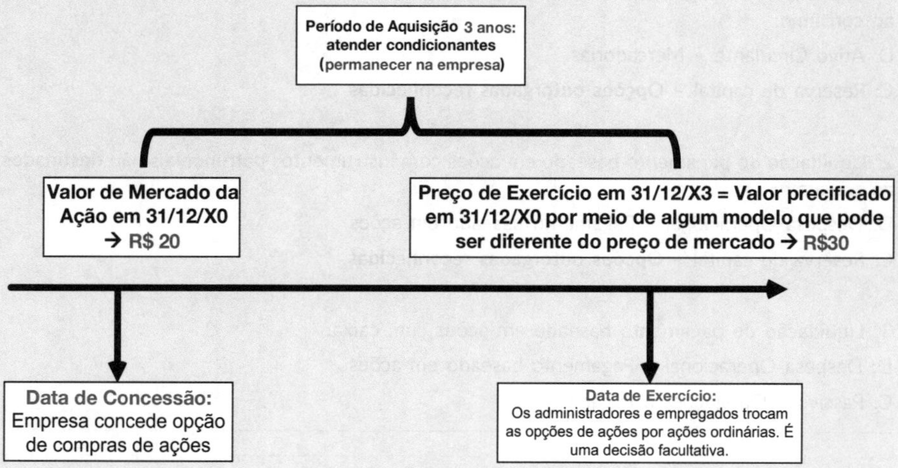


**Vamos contabilizar:**

**Atualização em 31/12/X1**

D: Despesas Operacionais – Pagamento Baseados em Ações...(5.1.1.00) R$ 30.000,00

C: Reserva de Capital – Opções Outorgadas Reconhecidas ....(2.3.2.01.0004) R$ 30.000,00

Despesas com Pagamento baseado em Ações em 31/12/X1 (1/3 do período aquisitivo).

Memória de Cálculo: [(nr empregados x nr de opções x valor da opção)x(ponderado pelo período aquisitivo)] – (valor anterior reconhecido) → [(30x300x10)x(1/3)]-(0) = R$ 30.000.

**Atualização em 31/12/X2**

D: Despesas Operacionais – Pagamento Baseados em Ações (5.1.1.00) R$ 30.000,00

C: Reserva de Capital – Opções Outorgadas Reconhecidas ....(2.3.2.01.0004) R$ 30.000,00

Despesas com Pagamento baseado em Ações em 31/12/X2 (1/3 do período aquisitivo).

Memória de Cálculo: [(nr empregados x nr de opções x valor da opção)x(ponderado pelo período aquisitivo)] – (valor anterior reconhecido) → [(30x300x10)x(2/3)]-(30.000) = R$ 30.000.

**Atualização em 31/12/X3**

D: Despesas Operacionais – Pagamento Baseados em Ações...(5.1.1.00) R$ 30.000,00

C: Reserva de Capital – Opções Outorgadas Reconhecidas ....(2.3.2.01.0004) R$ 30.000,00

Despesas com Pagamento baseado em Ações em 31/12/X3 (1/3 do período aquisitivo).

Memória de Cálculo: [(nr empregados x nr de opções x valor da opção)x(ponderado pelo período aquisitivo)] – (valor anterior reconhecido) → [(30x300x10)x(3/3)]-(60.000) = R$ 30.000.

**Situação Patrimonial após a operação**

| **Ativo Circulante**<br>Caixa..........2.000.000 | **Passivo Circulante** |
|---|---|
| **Ativo Não Circulante** | **Passivo Não Circulante** |
| | **PL**<br>Capital Social.......... 2.000.000<br>Reserva de Capital.......... 90.000<br>(-) Prejuízos acumulados..........(90.000) |

**Atualização em 31/12/X3: Os 30 empregados exercem o direito de opção**

à**Aumento do capital social:**

| | |
|---|---|
| 1.Reserva de Capital – Opções Outorgadas Reconhecidas | **R$ 90.000** |
| 2. Integralização do Capital Social: Nr empregados x nr de opções x valor da ação em contrato (modelo Black & Scholes) | **R$ 270.000** (30 x 300 x 30) |
| Total | R$ 360.000 |

D: Caixa..........(1.1.1.01) R$270.000,00

D: Reserva de Capital – Opções Outorgadas Reconhecidas....(2.3.1.02.0004) R$ 90.000,00

C: Capital Social..........(2.3.1.01.0001) R$360.000,00

Conclusão: O valor de mercado da ação em 31/12/X1 e o valor de mercado da ação em 31/12/X3 não afetam os lançamentos. Contudo afetam a decisão do empregado em exercer ou não a opção de compra. A despesa reconhecida por competência durante o período aquisitivo distribui o prejuízo com todos ao invés de penalizar apenas os acionistas.

**Situação Patrimonial após a operação**

| **Ativo Circulante**<br>Caixa..........2.270.000 | **Passivo Circulante** |
|---|---|
| **Ativo Não Circulante** | **Passivo Não Circulante** |
| | **PL**<br>Capital Social.......... 2.360.000<br>(-) Prejuízos acumulados.......... (90.000) |

Unidade Didática III
Avaliação Patrimonial

**Formas de utilizar a Reserva de Capital**

De acordo com a Lei nº 6.404/1976:

> *Art. 200. As reservas de capital* ***somente poderão*** *ser utilizadas para:*
>
> *I –* ***absorção de prejuízos que ultrapassarem os lucros acumulados e as reservas de lucros*** *(artigo 189, parágrafo único);*
>
> *II –* ***resgate, reembolso ou compra de ações****;*
>
> *III –* ***resgate de partes beneficiárias****;*
>
> *IV –* ***incorporação ao capital social****;*
>
> *V –* ***pagamento de dividendo a ações preferenciais, quando essa vantagem lhes for assegurada*** *(artigo 17, § 5º).*
>
> *Parágrafo único. A reserva constituída com o produto da venda de partes beneficiárias* ***poderá*** *ser destinada ao resgate desses títulos.*
>
> *Art. 189. Do resultado do exercício serão deduzidos, antes de qualquer participação, os prejuízos acumulados e a provisão para o Imposto sobre a Renda.*
>
> *Parágrafo único.* ***O prejuízo do exercício será obrigatoriamente absorvido*** *pelos* ***lucros acumulados****,* ***pelas reservas de lucros*** *e* ***pela reserva legal****,* ***nessa*** *ordem.*

Desse modo, as reservas de capital somente podem ser utilizadas nas finalidades retromencionadas. Contudo, não existe uma determinação legal obrigatória quanto ao seu uso.

**Chamada 61 do autor:** Formas de utilizar a Reserva de Capital

**Figura 11.5:** Sequência necessária para que a Reserva de Capital possa vir a ser utilizada para absorver prejuízos

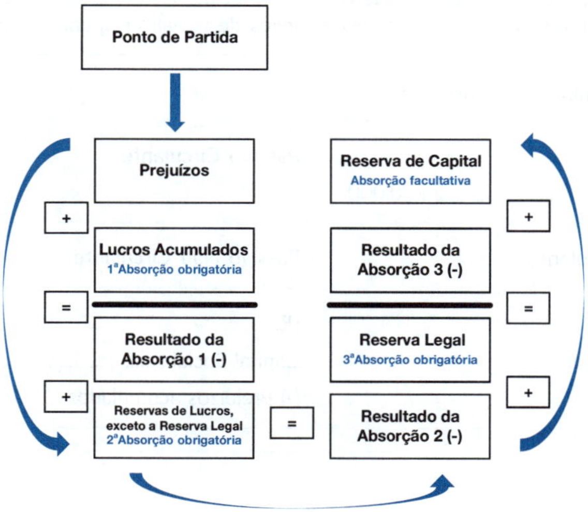

## Quadro 11.18: Ajuste de Avaliação Patrimonial

| | | | |
|---|---|---|---|
| 2.3.1.04 | **Ajuste de Avaliação Patrimonial** | **Credor ou devedor** | É uma conta que registra valores que pertencem ao PL, mas ainda não transitaram pelo resultado do exercício. |

### Ajuste de Avaliação Patrimonial (ver diversas aplicações no capítulo 12 e no capítulo 15)

De acordo com a Lei nº 6.404/1976:

*Art. 182.*
*§ 3º Serão classificadas como ajustes de avaliação patrimonial, enquanto não computadas no resultado do exercício em obediência ao regime de competência,* ***as contrapartidas de aumentos ou diminuições de valor atribuídos a elementos do ativo e do passivo****, em decorrência da sua avaliação a valor justo, nos casos previstos nesta Lei ou, em normas expedidas pela Comissão de Valores Mobiliários, com base na competência conferida pelo § 3º do art. 177 desta Lei.*

Ainda na Lei nº 6.404/1976, o ajuste de avaliação patrimonial tem como contrapartida o ajuste de aplicações em instrumentos financeiros disponíveis para venda:

*Art. 183. No balanço, os elementos do ativo serão avaliados segundo os seguintes critérios:*
*I - as aplicações em instrumentos financeiros, inclusive derivativos, e em direitos e títulos de créditos, classificados no ativo circulante ou no realizável a longo prazo:*
*a) pelo seu valor justo, quando se tratar de aplicações* ***destinadas à negociação ou disponíveis para venda****; e*

Com relação a esse ponto de negociação ou disponíveis para venda, Augusto (2009)[8] comenta que:

"**Aplicações financeiras para fins de venda futura**, mas ainda sem a devida autorização, **representarão apenas intenção**, assim serão reconhecidas em **duas etapas**: primeiramente aplicar-se-á os juros e atualização monetária a que tiverem direito, contra o resultado do período. Após isso, seus valores serão ajustados o seu valor de mercado. **A contrapartida dessas últimas oscilações deverá ser reconhecida na conta de Ajustes de Avaliação Patrimonial no Patrimônio Líquido.**"

### Atenção

1. Pelo CPC 46, a entidade deve reconhecer o ganho ou a perda resultante da variação do valor justo no resultado do período, salvo se houver orientação que especifique de outro modo (que seria o registro na conta do PL: ajuste de avaliação patrimonial). Ao ser registrado em conta do PL: ajuste de avaliação patrimonial, a variação do valor justo não afeta o lucro.

2. Na prática algumas empresas, registram o ganho ou perda na avaliação do valor justo: (i) em rubrica específica "variação do valor justo" antes dos custos das mercadorias (dos produtos vendidos); (ii) em rubrica específica "resultado da atualização do valor justo" dentro da rubrica receitas (despesas) operacionais líquidas. O segundo caso seria mais prudente a fim de evitar a manipulação do lucro bruto que ocorre no primeiro caso.

3. Quando do desreconhecimento do ativo ou passivo associado a conta ajuste de avaliação patrimonial, o valor constante na conta "ajuste de avaliação patrimonial" do Balanço Patrimonial deve ser baixado em contrapartida a conta de resultado "ajuste de reclassificação" na Demonstração do Resultado do Exercício. No caso de instrumentos financeiros, essa conta está no resultado financeiro (despesas financeiras deduzidas das receitas financeiras) da DRE.

[8] AUGUSTO, Maria de Fátima Pires. As modificações ocorridas no balanço patrimonial segundo a Lei nº 11.638/07 e Lei nº 11.941/09, 2009.

## Quadro 11.19: Reserva de Lucros

| 2.3.1.05.xxxx | Reserva de Lucros | Credor | São receitas que transitam pelo resultado do exercício e depois constituem reservas. |
|---|---|---|---|
| 2.3.1.05.0001 | Reserva Legal (Obrigatória) | Credor | Amparada pelo art. 193 da Lei nº 6.404/1976.<br>Constituída com a finalidade de proteger os credores da empresa e só pode ser utilizada para aumentar o capital social ou compensar prejuízos.<br>Do lucro líquido do exercício, **5% (cinco por cento) serão aplicados, antes de qualquer outra destinação**, na constituição da reserva legal, **que não excederá de 20% (vinte por cento) do capital social.**<br>Pode ser dispensada caso seu somatório com a reserva de capital exceda 30% (trinta por cento) do capital social. |
| 2.3.1.05.0002 | Reserva Estatutária (Optativa) | Credor | Amparada pelo art. 194 da Lei nº 6.404/1976.<br>O estatuto **poderá** criar reservas desde que, para cada uma:<br>I – indique, de modo preciso e completo, a sua finalidade;<br>II – fixe os critérios para determinar a parcela anual dos lucros líquidos que serão destinados à sua constituição; e<br>III – estabeleça o limite máximo da reserva. |
| 2.3.1.05.0003 | Reserva para Contingências (Optativa) | Credor | Amparada pelo art. 195 da Lei nº 6.404/1976.<br>A assembleia-geral **poderá**, por proposta dos órgãos da administração, destinar parte do lucro líquido à formação de reserva com a finalidade de compensar, em exercício futuro, a diminuição do lucro decorrente de perda julgada provável, cujo valor possa ser estimado. |

| | | | |
|---|---|---|---|
| 2.3.1.05.0004 | Reserva de Lucros a Realizar<br>(Optativa e Condicional) | Credor | Amparada pelo art. 197 da Lei nº 6.404/1976.<br>**No exercício em que o montante do dividendo obrigatório**, calculado nos termos do estatuto ou do art. 202, **ultrapassar a parcela realizada do lucro líquido do exercício**, a assembleia-geral poderá, por proposta dos órgãos de administração, destinar o excesso à constituição de reserva de lucros a realizar. |
| 2.3.1.05.0005 | Reserva de Retenção de Lucros<br>(Optativa) | Credor | Amparada pelo art. 196 da Lei nº 6.404/1976.<br>A assembleia-geral poderá, por proposta dos órgãos da administração, **deliberar reter parcela do lucro líquido do exercício** prevista em orçamento de capital por ela previamente aprovado.<br>**Também denominada: Reserva orçamentária; Reserva para investimentos ou Reserva de expansão.** |
| 2.3.1.05.0006 | Reserva para Dividendos Obrigatórios não Distribuídos<br>(Condicional) | Credor | Amparada pelo §§ 4° e 5°, art. 202 da Lei nº 6.404/1976.<br>É uma reserva especial constituída com a finalidade de postergar o pagamento de dividendos obrigatórios, e no próximo exercício, caso a reserva não seja absorvida por eventuais prejuízos, os dividendos deverão ser pagos assim que a situação financeira da empresa permita. |
| 2.3.1.05.0007 | Reserva de Incentivos Fiscais<br>(Optativa) | Credor | Amparada pelo art. 195-A da Lei nº 6.404/1976.<br>A assembleia geral poderá, por proposta dos órgãos de administração, destinar para a reserva de incentivos fiscais a parcela do lucro líquido decorrente de doações ou subvenções governamentais para investimentos, que poderá ser excluída da base de cálculo do dividendo obrigatório. |
| 2.3.1.05.0008 | Reserva de Lucros Específica de Prêmio de Emissão de Debêntures<br>(Optativa) | Credor | Amparada pelo art. 31 da Lei nº 12.973/2014. Não pode ser constituída se a pessoa jurídica apurar prejuízo contábil ou lucro líquido contábil inferior à parcela decorrente de prêmio na emissão de debêntures. |

| Fluxo das Reservas de Lucros |
| --- |
| Fluxo por contas de Resultado → Apuração do Lucro → Destinação do Lucro para Reservas de Lucros |

## Limites da Reserva Legal

De acordo com a Lei nº 6.404/1976:

> *Art. 193. Do lucro líquido do exercício, **5% (cinco por cento) serão aplicados,** antes de qualquer outra destinação, **na constituição da reserva legal,** que não excederá de 20% (vinte por cento) do capital social.*
>
> *§ **1º A companhia poderá deixar de constituir a reserva legal** no exercício em que o saldo dessa reserva, acrescido do montante das reservas de capital de que trata o § 1º do artigo 182, exceder de 30% (trinta por cento) do capital social.*
>
> *§ 2º A reserva legal tem por fim assegurar a integridade do capital social e somente poderá ser utilizada **para compensar prejuízos** ou **aumentar o capital.***

**Desse modo, no que tange a reserva legal:**

1. É a única reserva obrigatória.
2. Só pode ser usada para compensar prejuízos ou aumentar o capital.
3. O valor anual de 5% sobre o Lucro Líquido **se acumula até chegar** em 20% do Capital Social → Limite Obrigatório.
4. **No cálculo dos limites da reserva legal, se utiliza o capital realizado e não o subscrito.**
5. Contudo se houver reserva de capital, e esta somada com a Reserva Legal chegar a 30% do Capital Social, **está dispensada** (mas ainda pode) a alocação dos 5% sobre o Lucro Líquido a partir do valor que exceder → Limite Facultativo → Seria uma Limite de Expansão Facultativa.

**Chamada 62 do autor:** Limites da Reserva Legal

**Figura 11.6:** Fluxo para cálculo da Reserva de Legal

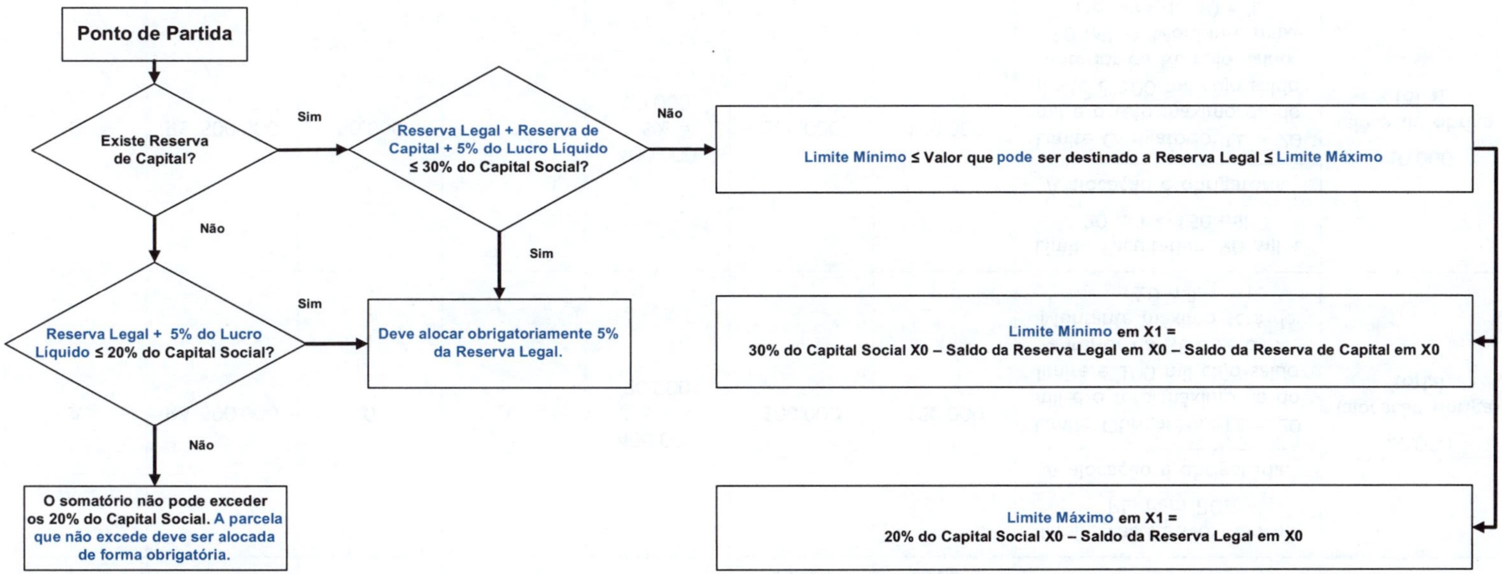

| Hipóteses | | | | | | | | |
|---|---|---|---|---|---|---|---|---|
| Ordem | Capital Social (31/12/X0) | Saldo Reserva Legal (31/12/X0) | Saldo Reserva de Capital (31/12/X0) | Lucro Líquido (LL) apurado * 5% (31/12/X1) | **Teto do Limite Obrigatório** (Reserva Legal – RL até 20% do Capital Social) | **Teto Limite Facultativo** [(RL + Reserva Capital – RC até 30% do Capital Social)] | Análise | Valor a ser incorporado na Reserva Legal → 5% do Lucro Líquido (31/12/X1) |
| A | R$ 500.000 | 0 | 0 | 400.000 * 5% = 20.000 | 100.000 | 150.000 | Limite Facultativo: Não há RL, nem RC.<br>**A alocação é obrigatória.**<br>Limite Obrigatório: LL = 20 mil e o teto máximo da do limite é 100 mil cujo saldo anterior da RL é zero → Montante máximo será de 20 mil. | 20.000 (alocação obrigatória) |
| B | R$ 500.000 | 90.000 | 0 | 400.000 * 5% = 20.000 | 100.000 | 150.000 | Limite Facultativo: 90 mil + 20 mil < 150 mil.<br>**A alocação é obrigatória.**<br>Limite Obrigatório: LL = 20 mil e o teto máximo da do limite é 100 mil cujo saldo anterior da RL cujo saldo é 90 mil → Montante máximo será de 10 mil. | 10.000 (alocação obrigatória) |

| | | | | | | | | |
|---|---|---|---|---|---|---|---|---|
| C | R$ 500.000 | 0 | 45.000 | 400.000 * 5% = 20.000 | 100.000 | 150.000 | Limite Facultativo: 45 mil + 20 mil < 150 mil.<br>**A alocação é obrigatória.**<br><br>Limite Obrigatório: LL = 20 mil e o teto máximo da do limite é 100 mil cujo saldo anterior da RL é zero → Montante máximo será de 20 mil. | 20.000<br>(alocação obrigatória) |
| D | R$ 500.000 | 90.000 | 150.000 | 400.000 * 5% = 20.000 | 100.000 | 150.000 | Limite Facultativo: 90 mil + 150 mil + 20 mil > 150 mil. **A alocação deixa ser obrigatória.**<br><br>Precisa calcular o montante mínimo e o montante máximo.<br>**Montante Mínimo:** 150 mil – 240 mil =<br>(-) 90mil.<br>**Montante Máximo:** 100 mil – 90 mil = 10 mil. | **0 ≤ Valor ≤ 10 mil**<br>(alocação facultativa) |

**Conclusão para uma análise simplificada passo a passo:**

1 Enquanto não se atinge o limite obrigatório e facultativo, a empresa **deve** alocar 5% do Lucro Líquido para Reserva Legal até o limite máximo (**Hipóteses A, B e C**).

2. Verificar o saldo anterior da Reserva Legal e da Reserva de Capital. Se o montante desses 2 valores somando com os 5% do lucro superar os 30% do Capital Social, a empresa **não precisa** (**mas pode**) alocar o Lucro Líquido na Reserva Legal, respeitados os limites mínimo e máximo (**Hipótese D**).

**Simulação 06: Reserva Legal**

Suponha a Empresa TANGO com a seguinte estrutura patrimonial referente a 31/12/X0. E que em X1, ela obteve lucro de líquido de R$ 600.000.

**Situação Patrimonial antes da operação**

| | |
|---|---|
| **Ativo Circulante**<br>Caixa....................1.100.000 | **Passivo Circulante** |
| **Ativo Não Circulante** | **Passivo Não Circulante** |
| | **PL**<br>Capital Social....................1.500.000<br>(-) Capital a realizar....................(500.000)<br>Reserva Legal....................100.000<br>Reserva de Capital....................200.000<br>(-) Prejuízos acumulados ....................(200.000) |

Diante do exposto, a reserva legal para 31/12/X1.

| Valor potencial destinado do Lucro Líquido para Reserva Legal → 5% x 600.000 → 30.000 |
|---|
| Montante mínimo → Limite Facultativo (1.000.000x30%) - RL (100.000) - RC (200.000) → 0 |
| Montante máximo → Limite Obrigatório (1.000.000x20%) - RL (100.000) → 100.000 |

Conclusão: Com a soma dos 5% do lucro líquido se ultrapassa o limite facultativo; logo cessa a obrigação de alocar parte do lucro líquido para a Reserva Legal. Contudo, a empresa poderá alocar um valor entre:

**0 ≤ Valor ≤ 100 mil**

**Reservas Estatutárias**

De acordo com a Lei nº 6.404/1976:

> *Art. 194. O estatuto poderá criar reservas desde que, para cada uma:*
>
> *I - indique, de modo preciso e completo, a sua finalidade;*
>
> *II - fixe os critérios para determinar a parcela anual dos lucros líquidos que serão destinados à sua constituição; e*
>
> *III - estabeleça o limite máximo da reserva.*

**Desse modo, no que tange a reserva estatutária:**

1. É uma reserva optativa.

| Reservas para Contingências |
|---|
| De acordo com a Lei nº 6.404/1976:<br>*Art. 195. A assembleia-geral poderá, por proposta dos órgãos da administração, destinar parte do lucro líquido à formação de reserva com a finalidade de compensar, **em exercício futuro, a diminuição do lucro decorrente de perda julgada provável**, cujo valor possa ser estimado.*<br>*§ 1º A proposta dos órgãos da administração deverá indicar a causa da perda prevista e justificar, com as razões de prudência que a recomendem, a constituição da reserva.*<br>*§ 2º A reserva será revertida no exercício em que deixarem de existir as razões que justificaram a sua constituição ou em que ocorrer a perda.*<br><br>**Desse modo, no que tange a reserva para contingências:**<br>1. É uma reserva optativa.<br>2. Não se confunde com provisão que é um passivo.<br><br>**Quadro 11.20:** Comparativo entre Reserva de Contingência e Provisão à luz da Instrução CVM 59/1986 |

| Fundamentos da Reserva para Contingências | Fundamentos da Provisão para Contingências |
|---|---|
| 1. Dar cobertura a perdas ou prejuízos potenciais (extraordinários, não repetitivos) ainda não incorridos, mediante segregação de parcela de lucros que seria distribuída como dividendo.<br>2. Representa uma destinação do lucro líquido do exercício, contrapartida da conta de lucros acumulados, por isso sua constituição não afeta o resultado do exercício.<br>3. Ocorrendo ou não o evento esperado, a parcela constituída será, em exercício futuro, revertida para lucros acumulados, integrando a base de cálculo para efeito de pagamento do dividendo e a perda, de fato ocorrendo, é registrada no resultado do exercício.<br>4. É uma conta integrante do patrimônio líquido, **no grupamento de reserva de lucros.** | 1. Tem por finalidade dar cobertura a perdas ou despesas, cujo fato gerador já ocorreu, **mas não tendo havido, ainda, o correspondente desembolso ou perda.** Em atenção ao regime de competência, entretanto, há necessidade de se efetuar o registro contábil.<br>2. Representa uma apropriação ao resultado do exercício, contrapartida de perdas extraordinárias, despesas ou custos e sua constituição normalmente influencia o resultado do exercício ou os custos de produção.<br>3. Deve ser constituída independentemente de a companhia apresentar, afinal, lucro ou prejuízo no exercício.<br>4. Se a probabilidade for difícil de calcular ou se o valor não for mensurável, há necessidade de uma nota explicativa esclarecendo o fato e mencionando tais impossibilidades. |
| Pertence ao PL → relacionado a uma perda provável no lucro do exercício futuro | Pertence ao Passivo → relacionado a um evento passado |
| D: Lucros Acumulados<br>C: Reserva para contingências | D: Despesas<br>C: Provisões |

Unidade Didática III
Avaliação Patrimonial

## Reserva de Incentivos Fiscais

De acordo com a Lei nº 6.404/1976:

> *Art. 195-A. A assembleia geral **poderá, por proposta dos órgãos de administração**, destinar para a reserva de incentivos fiscais a parcela do lucro líquido **decorrente de doações ou subvenções governamentais** para investimentos, que poderá ser excluída da base de cálculo do dividendo obrigatório (inciso I do caput do art. 202 desta Lei).*

**Desse modo, no que tange a reserva de incentivos fiscais:**

1. É uma reserva optativa.
2. Doações governamentais foram tratadas no capítulo 7 – Transações Contábeis.

## Reserva de Retenção de Lucros

De acordo com a Lei nº 6.404/1976:

> *Art. 196. A assembleia-geral **poderá, por proposta dos órgãos da administração**, deliberar reter parcela do lucro líquido do exercício prevista em orçamento de capital por ela previamente aprovado.*
>
> *§ 1º O orçamento, submetido pelos órgãos da administração com a justificação da retenção de lucros proposta, deverá compreender todas as fontes de recursos e aplicações de capital, fixo ou circulante, **e poderá ter a duração de até 5 (cinco) exercícios**, salvo no caso de execução, por prazo maior, de projeto de investimento.*
>
> *§ 2º O orçamento poderá ser aprovado pela assembleia-geral ordinária que deliberar sobre o balanço do exercício e revisado anualmente, quando tiver duração superior a um exercício social.*

**Desse modo, no que tange a reserva de retenção de lucros:**

1. É uma reserva optativa.
2. Em regra o orçamento terá duração de 5 anos e está atrelada a um projeto de investimento.
3. O orçamento deve ser revisado anualmente.
4. **Também é denominada:** Reserva orçamentária, **Reserva para investimentos** ou Reserva de expansão.

## Reserva de Lucros a Realizar

De acordo com a Lei nº 6.404/1976:

> *Art. 197. **No exercício em que o montante do dividendo obrigatório**, calculado nos termos do estatuto ou do art. 202, **ultrapassar a parcela realizada do lucro líquido do exercício**, a assembleia-geral **poderá, por proposta dos órgãos de administração**, destinar o excesso à constituição de reserva de lucros a realizar.*
>
> *§ 1º Para os efeitos deste artigo, considera-se realizada a parcela do lucro líquido do exercício que exceder da soma dos seguintes valores:*
>
> *I – o resultado líquido positivo da equivalência patrimonial (art. 248); e*
>
> *II – o lucro, rendimento ou ganho líquidos em operações ou contabilização de ativo e passivo pelo valor de mercado, cujo prazo de realização financeira ocorra após o término do exercício social seguinte.*
>
> *§ 2º A reserva de lucros a realizar **somente poderá ser utilizada para pagamento do dividendo obrigatório** e, para efeito do inciso III do art. 202, serão considerados como integrantes da reserva os lucros a realizar de cada exercício que forem os primeiros a serem realizados em dinheiro.*

**Desse modo, no que tange a reserva de lucros a realizar:**

1. É uma reserva optativa e condicionada.
2. Só pode ser acionada, caso dividendo obrigatório ultrapassar a parcela realizada do lucro líquido do exercício.
3. Deve-se segmentar o Lucro Líquido em: realizado e não realizado (Quadro 11.21).
4. Somente pode ser utilizada para pagamento do dividendo obrigatório.

A Figura 11.7 ilustra o fundamento contábil da Reserva de Lucros a Realizar

## Figura 11.7: Fundamento contábil da Reserva de Lucros a Realizar

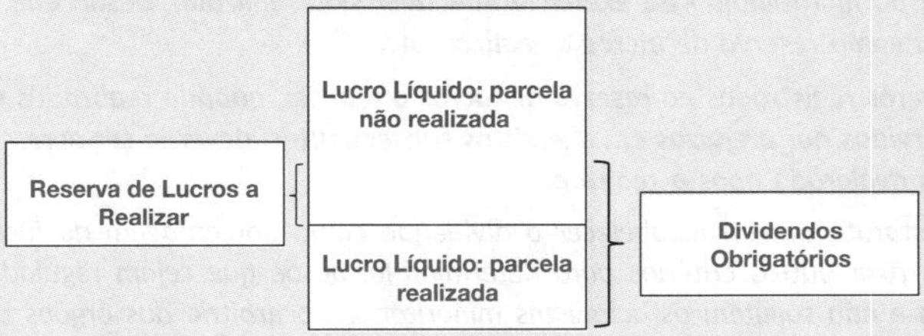


## Quadro 11.21: Parcelas não realizadas do Lucro Líquido que embasam a formação da reserva

| |
|---|
| 1. Resultado líquido positivo da equivalência patrimonial (Inciso I, § 1º, Art. 197, Lei nº 6.404/1976). |
| 2. O lucro, rendimento ou ganhos líquidos em operações ou contabilização de ativo e passivo pelo valor de mercado de longo prazo (Inciso II, § 1º, Art. 197, Lei nº 6.404/1976). |

### Simulação 07: Reserva de Lucros a Realizar

Suponha a Empresa NOVEMBER vai distribuir dividendos no valor de R$ 25.000 referente a 31/12/X1. Ocorre que o lucro líquido foi de R$ 150.000. Durante o exercício, ocorreram os seguintes eventos:

a) Ganho de Equivalência Patrimonial: 115.000.

b) Vendas a prazo no valor R$ 25.000 com Custo da Mercadoria Venda de R$ 10.000 ocorridas em novembro de X1 com recebimento previsto para novembro de X3.

**Lucro Líquido – Parcela não Realizada = Lucro Realizado**

**150.000 – 115.000 – 15.000 = 20.000 (valor inferior aos dividendos obrigatórios)**

**Aplicação da Figura 11.7**

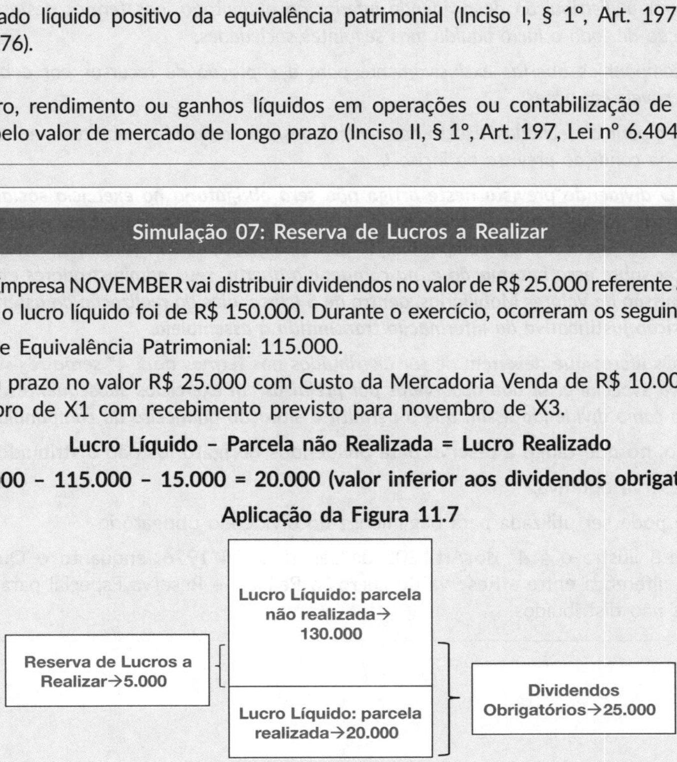

**Reserva Especial para dividendos obrigatórios não distribuídos**

De acordo com a Lei nº 6.404/1976:

*Art. 202.* ***Os acionistas têm direito de receber como dividendo obrigatório****, em cada exercício,* ***a parcela dos lucros estabelecida no estatuto*** *ou, se este for omisso, a importância determinada de acordo com as seguintes normas:*

*I - metade do lucro líquido do exercício diminuído ou acrescido dos seguintes valores:*

*a) importância destinada à constituição da reserva legal (art. 193); e*

*b) importância destinada à formação da reserva para contingências (art. 195) e reversão da mesma reserva formada em exercícios anteriores*

*II - o pagamento do dividendo determinado nos termos do inciso I poderá ser limitado ao montante do lucro líquido do exercício que tiver sido realizado, desde que a diferença seja registrada como reserva de lucros a realizar (art. 197);*

*III - os lucros registrados na reserva de lucros a realizar, quando realizados e se não tiverem sido absorvidos por prejuízos em exercícios subsequentes, deverão ser acrescidos ao primeiro dividendo declarado após a realização.*

*§ 1º O estatuto poderá estabelecer o dividendo como porcentagem do lucro ou do capital social, ou fixar outros critérios para determiná-lo, desde que sejam regulados com precisão e minúcia e não sujeitem os acionistas minoritários ao arbítrio dos órgãos de administração ou da maioria.*

*§ 2º Quando o estatuto for omisso e a assembleia-geral deliberar alterá-lo para introduzir norma sobre a matéria, o dividendo obrigatório não poderá ser inferior a 25% (vinte e cinco por cento) do lucro líquido ajustado nos termos do inciso I deste artigo.*

*§ 3º A assembleia-geral pode, desde que não haja oposição de qualquer acionista presente, deliberar a distribuição de dividendo inferior ao obrigatório, nos termos deste artigo, ou a retenção de todo o lucro líquido, nas seguintes sociedades:*

*I - companhias abertas exclusivamente para a captação de recursos por debêntures não conversíveis em ações;*

*II - companhias fechadas, exceto nas controladas por companhias abertas que não se enquadrem na condição prevista no inciso I.*

***§ 4º O dividendo previsto neste artigo não será obrigatório no exercício social em que os órgãos da administração informarem à assembleia-geral ordinária ser ele incompatível com a situação financeira da companhia. O conselho fiscal, se em funcionamento, deverá dar parecer sobre essa informação e, na companhia aberta, seus administradores encaminharão à Comissão de Valores Mobiliários, dentro de 5 (cinco) dias da realização da assembleia-geral, exposição justificativa da informação transmitida à assembleia.***

***§ 5º*** *Os lucros que deixarem de ser distribuídos nos termos do § 4º serão registrados como reserva especial* ***e, se não absorvidos por prejuízos em exercícios subsequentes, deverão ser pagos como dividendo assim que o permitir a situação financeira da companhia.***

**Desse modo, no que tange a reserva para dividendos obrigatórios não distribuídos:**

1. É uma reserva optativa.
2. Somente pode ser utilizada para pagamento do dividendo obrigatório.

A Figura 11.8 ilustra o § 4º do Art. 202 da Lei nº 6.404/1976, enquanto o Quadro 11.22 evidencia a diferença entre a Reserva de Lucros a Realizar e Reserva Especial para dividendos obrigatórios não distribuídos.

**Figura 11.8:** Não Distribuição de Dividendos devido a situação financeira incompatível da companhia

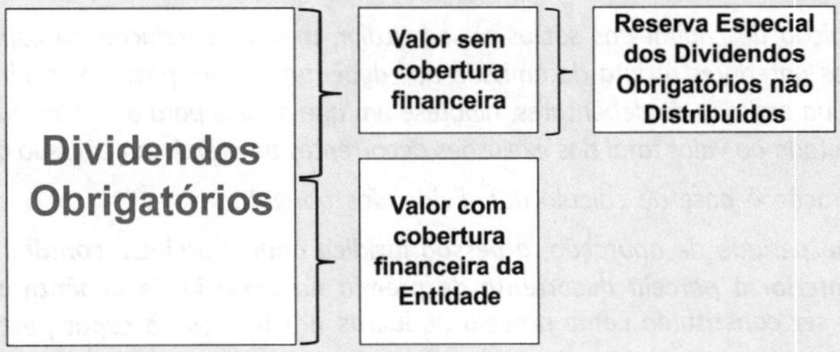


**Quadro 11.22:** Diferenças entre a Reserva de Lucros a Realizar e Reserva Especial para dividendos obrigatórios não distribuídos

| Reserva de Lucros a Realizar | Reserva Especial para dividendos obrigatórios não distribuídos |
|---|---|
| 1. A empresa possui lucro realizado inferior aos dividendos obrigatórios.<br>2. Ausência de Caixa em função do Ganho de Equivalência Patrimonial e Vendas de Longo Prazo. | 1. A empresa pode ter realizado 100% financeiramente o lucro, porém há o pagamento de suas obrigações (salários, 13º, fornecedores) e o eventual pagamento de dividendos pode acarretar insolvência.<br>2. **No exercício seguinte, caso a reserva não seja** absorvida por prejuízos, os dividendos devem ser pagos tão logo a situação financeira permita. |

**Chamada 63 do autor:** Reserva de Lucros a Realizar *versus* Reserva Especial para Dividendos obrigatórios não Distribuídos

### Reserva de Lucros Específica de Prêmio de Emissão de Debêntures

De acordo com a Lei nº 12.973/2014:

*Art. 31.* ***O prêmio na emissão de debêntures*** *não será computado* ***na determinação do lucro real,*** *desde que:*

*I - a titularidade da debênture não seja de sócio ou titular da pessoa jurídica emitente; e*

*II - seja registrado em reserva de lucros específica, que somente poderá ser utilizada para:*

***a)*** *absorção de prejuízos,* ***desde que anteriormente já tenham sido totalmente absorvidas as demais Reservas de Lucros, com exceção da Reserva Legal; ou***

***b) aumento do capital social.***

*§ 1º Na hipótese da alínea "a" do inciso II do caput, a pessoa jurídica deverá recompor a reserva à medida que forem apurados lucros nos períodos subsequentes.*

***§ 2º O prêmio na emissão de debêntures de que trata o caput*** *será tributado* ***caso não seja observado o disposto no § 1º ou seja dada destinação diversa da que está prevista no caput, inclusive nas hipóteses de:***

*I – capitalização do valor e posterior restituição de capital aos sócios ou ao titular, mediante redução do capital social, hipótese em que a base para a incidência será o valor restituído, limitado ao valor total das exclusões decorrentes do prêmio na emissão de debêntures;*

*II – restituição de capital aos sócios ou ao titular, mediante redução do capital social, nos 5 (cinco) anos anteriores à data da emissão das debêntures, com posterior capitalização do valor do prêmio na emissão de debêntures, hipótese em que a base para a incidência será o valor restituído, limitada ao valor total das exclusões decorrentes de prêmio na emissão de debêntures; ou*

*III – integração à base de cálculo dos dividendos obrigatórios.*

*§ 3º Se, no período de apuração,* ***a pessoa jurídica apurar prejuízo contábil ou lucro líquido contábil inferior à parcela decorrente de prêmio na emissão de debêntures*** *e, nesse caso,* *não puder ser constituída como parcela de lucros nos termos do caput , esta deverá ocorrer à medida que forem apurados lucros nos períodos subsequentes.*

*§ 4º A reserva de lucros específica a que se refere o inciso II do caput , para fins do limite de que trata o art. 199 da Lei nº 6.404, de 15 de dezembro de 1976, terá o mesmo tratamento dado à reserva de lucros prevista no art. 195-A da referida Lei.*

*§ 5º Para fins do disposto no inciso I do caput , serão considerados os sócios com participação igual ou superior a 10% (dez por cento) do capital social da pessoa jurídica emitente.*

De acordo com a Lei nº 6.404/1976:

*Art. 199. O saldo das reservas de lucros, exceto as para* ***contingências****, de incentivos fiscais e* ***de lucros a realizar****, não poderá ultrapassar o capital social. Atingindo esse limite, a assembleia deliberará sobre aplicação do excesso na integralização ou no aumento do capital social ou na distribuição de dividendos.*

**Desse modo, no que tange a Reserva de Lucros Específica de Prêmio de Emissão de Debêntures:**

1. É uma reserva optativa.
2. Caso seja seguido o disposto no art. 31 não será tributado pelo lucro real.
3. Somente pode ser utilizada para pagamento do dividendo obrigatório.
4. Terá o mesmo tratamento dado a Reserva de Incentivos Fiscais para fins do art. 199, conforme Figura 11.9.
5. Somente poderá ser utilizada para: a) absorção de prejuízos, desde que anteriormente já tenham sido totalmente absorvidas as demais Reservas de Lucros, com exceção da Reserva Legal; ou b) aumento do capital social.

## Simulação 08: Prêmio de Debêntures (CPC 08) sendo apropriados ou não na Reserva de Lucros Especial e respectiva contabilização

Suponha a Empresa TANGO com a seguinte estrutura patrimonial referente a 31/12/X0. E que em janeiro de X1, ela emita debêntures de R$ 100.000, com custo de R$ 5.000, pagamentos anuais R$ 4.000, e prêmio de R$ 15.000 nos termos da Lei nº 12.973/2014.

**Situação Patrimonial antes a operação em 31/12/X0**

| | |
|---|---|
| **Ativo Circulante**<br>Caixa....................1.300.000 | **Passivo Circulante** |
| **Ativo Não Circulante** | **Ativo Não Circulante** |
| | **PL**<br>Capital Social .................... 1.500.000<br>(-) Capital a realizar .................... (500.000)<br>Reserva Legal .................... 100.000<br>Reserva de Capital .................... 200.000 |

**Vamos Contabilizar:**

Captação das debêntures

| | | |
|---|---|---|
| D: Caixa | (1.1.1.01) | R$ 100.000 |
| C: Debêntures a Pagar | (2.2.1.02) | R$ 100.000 |

Custos

| | | |
|---|---|---|
| D: Despesas | (5.1.1.01) | R$ 5.000 |
| C: Caixa | (1.1.1.01) | R$ 5.000 |

Registro da Reserva de Lucros Específica de Prêmio de Emissão de Debêntures:

| | | |
|---|---|---|
| D: Caixa | (1.1.1.01) | R$ 15.000 |
| C: Reserva de Lucros Específica de Prêmio de Emissão de Debêntures | (2.3.1.05.0008) | R$ 15.000 |

**Situação Patrimonial após a operação em 31/01/X1**

| | |
|---|---|
| **Ativo Circulante**<br>Caixa........1.410.000 | **Passivo Circulante** |
| **Ativo Não Circulante** | **Passivo Não Circulante**<br>Debêntures a Pagar........R$ 100.000 |
| | **PL**<br>Capital Social........1.500.000<br>(-) Capital a realizar........(500.000)<br>Reserva Legal........100.000<br>**Reserva de Lucros Específica de Prêmio de Emissão de Debêntures**........15.000<br>Reserva de Capital........200.000<br>**(-) Prejuízos Acumulados**........(5.000) |

**Figura 11.9:** Limite para as Reservas de Lucros e sua relação com Capital Social pelo art. 199 da Lei nº 6.404/1976

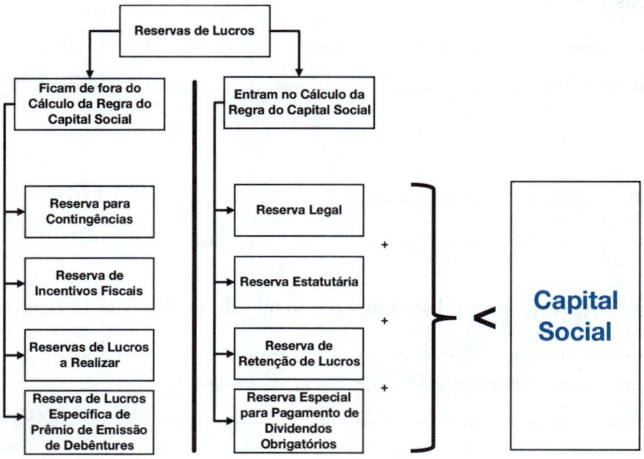


**Chamada 64 do autor:** Limites para constituição de Reservas de Lucros

**Quadro 11.23:** Ações em Tesouraria, Ajuste Acumulado de Conversão, Lucro ou Prejuízos Acumulados

| 2.3.1.06 | (-) Ações em Tesouraria | Devedor | É utilizada para registrar ações representativas do capital da companhia adquiridas por ela mesma. No entanto, deve-se respeitar o § 1º do art. 30 da Lei nº 6.404/1976. |
|---|---|---|---|
| 2.3.1.07 | Ajuste Acumulado de Conversão | Credor ou devedor | É o registro contábil da diferença cambial resultante da aplicação da taxa de câmbio de fechamento para itens do ativo e passivo, taxa de câmbio histórica para itens do patrimônio líquido e taxa de câmbio do dia da operação para as contas de resultado. |
| 2.3.1.08 | Lucro ou Prejuízos Acumula-dos | Credor ou devedor | Os lucros ou prejuízos representam resultados acumulados obtidos, que foram retidos sem finalidade específica (quando lucros) ou estão à espera de absorção futura (quando prejuízos). |

| | | | |
|---|---|---|---|
| **2.3.1.08.0001** | **Lucro de Exercícios Anteriores** | **Credor** | Lucros acumulados de exercícios anteriores. |
| **2.3.1.08.0002** | **Prejuízo de Exercícios Anteriores** | **Devedor** | Prejuízos acumulados de exercícios anteriores. |
| **2.3.1.08.0003** | **Lucro ou Prejuízo do Exercício** | **Credor ou devedor** | Os lucros ou prejuízos do exercício que serão posteriormente incorporados nos resultados acumulados. |
| **2.3.1.08.0004** | **(-) Dividendos Antecipados** | **Devedor** | Conta amparada pelo art. 204 da Lei nº 6.404/1976. A companhia que, por força de lei ou de disposição estatutária, levantar balanço semestral, poderá declarar, por deliberação dos órgãos de administração, se autorizados pelo estatuto, dividendo à conta do lucro apurado nesse balanço. A companhia poderá, nos termos de disposição estatutária, levantar balanço e distribuir dividendos em períodos menores, desde que o total dos dividendos pagos em cada semestre do exercício social não exceda o montante das reservas de capital. |
| **2.3.1.08.0005** | **Ajustes de Exercícios Anteriores** | **Credor ou devedor** | Conta utilizada para a aplicação retrospectiva (mudanças de política contábil sobre períodos passados) e reapresentação retrospectiva (correção de erro sobre períodos passados). Mais detalhes no capítulo 27. |

**Chamada 65 do autor:** Ações em Tesouraria

Ações em Tesouraria

**Em termos simples seria a retirada de circulação de ações por parte da Empresa.** Se uma companhia aberta tem 300 ações e tira 15 do mercado (5% do total), então as 285 restantes passam a valer mais, já que há uma redução na oferta. Dessa forma, ela se habilita a **pagar dividendos maiores** aos acionistas, o que é bom para atrair novos compradores.

De acordo com a Lei nº 6.404/1976:

> *Art. 4º-A. [...]*
>
> *§ 2º Consideram-se ações em circulação no mercado todas as ações do capital da companhia aberta menos as de propriedade do acionista controlador, de diretores, de conselheiros de administração e as em tesouraria.*

> ***Art. 30. A companhia não poderá negociar com as próprias ações.***
>
> *§ 1º Nessa proibição não se compreendem:*
>
> *a) as operações de resgate, reembolso ou amortização previstas em lei;*
>
> ***b) a aquisição, para permanência em tesouraria ou cancelamento, desde que até o valor do saldo de lucros ou reservas, EXCETO A LEGAL, e sem diminuição do capital social, ou por doação;***
>
> *c) a alienação das ações adquiridas nos termos da alínea* b *e **mantidas em tesouraria;***
>
> *d) a compra quando, resolvida a redução do capital mediante restituição, em dinheiro, de parte do valor das ações, o preço destas em bolsa for inferior ou igual à importância que deve ser restituída.*
>
> *§ 2º A aquisição das próprias ações pela companhia aberta obedecerá, sob pena de nulidade, às normas expedidas pela Comissão de Valores Mobiliários, que poderá subordiná-la à prévia autorização em cada caso.*
>
> *§ 3º A companhia não poderá receber em garantia as próprias ações, salvo para assegurar a gestão dos seus administradores.*
>
> *§ 4º **As ações adquiridas nos termos da alínea b do § 1º, enquanto mantidas em tesouraria, não terão direito a dividendo nem a voto.***
>
> *§ 5º No caso da alínea d do § 1º, as ações adquiridas serão retiradas definitivamente de circulação.*
>
> *Art. 45. O reembolso é a operação pela qual, nos casos previstos em lei, a companhia paga aos acionistas dissidentes de deliberação da assembleia-geral o valor de suas ações.*
>
> *[...]*
>
> *§ 5º O valor de reembolso poderá ser pago à conta de lucros ou reservas, exceto a legal, e **nesse caso as ações reembolsadas ficarão em tesouraria.***
>
> *Art. 178. [...]*
>
> *§ 2º No passivo, as contas serão classificadas nos seguintes grupos:*
>
> *I - passivo circulante;*
>
> *II - passivo não circulante; e*
>
> *III - **patrimônio líquido**, dividido em capital social, reservas de capital, ajustes de avaliação patrimonial, reservas de lucros, **ações em tesouraria** e prejuízos acumulados.*
>
> *Art. 182. A conta do capital social discriminará o montante subscrito e, por dedução, a parcela ainda não realizada.*
>
> *[...]*
>
> *§ 5º **As ações em tesouraria deverão ser destacadas no balanço como dedução** da conta do **patrimônio líquido que registrar a origem dos recursos aplicados na sua aquisição.***

De acordo com a Instrução CVM nº 268/1997:

> *Art. 1º O limite previsto no art. 3º da Instrução CVM nº 10, de 14 de fevereiro de 1980, fica aumentado para dez por cento.*

De acordo com a Instrução CVM nº 10/1980 (atualizada):

> *Art. 3º **As companhias abertas não poderão manter em tesouraria ações de sua emissão em quantidade superior a 10% (dez por cento) de cada classe de ações em circulação no mercado**, incluídas neste percentual as ações existentes, mantidas em tesouraria por sociedades controladas e coligadas.*

**Desse modo, no que tange as ações em tes**ouraria:

1.Não podem ser adquiridas ações não integralizadas.

2.Ficam fora de circulação e não dão direito a voto, nem dividendos.

3.Não podem ser chamadas de reserva, mas de uma conta retificadora do PL.

4.Nas Cias Abertas estão limitadas a 10% da classe da ação.

5. A conta redutora ações em tesouraria está atrelada à conta de lucros acumulados ou reservas. Se não tiver lucros ou reservas, a aquisição não pode ser feita.

6.Não se pode associar a Reserva Legal em uma operação de aquisição de ações em tesouraria.

**Simulação 09: Ações em Tesouraria**

| | Hipótese | Lançamento |
|---|---|---|
| A | Aquisição com Caixa: R$ 30.000 em ações de Tesouraria cujo Capital Social é R$ 300.000 com recursos vinculados à Reserva de Capital. | D: (-) Ações em Tesouraria com recursos vinculados a Reserva de Capital ........ 30.000<br>C: Caixa ........ 30.000<br>Essa conta estaria logo abaixo da conta Reserva de Capital. |
| B | Se a fonte fossem recursos vinculados a Reserva de Lucros, o registro seria esse. | D: (-) Ações em Tesouraria com recursos vinculados a Reserva de Lucros........ 30.000<br>C: Caixa........ 30.000<br>Essa conta estaria logo abaixo da conta Reserva de Lucros. |

A operação seguinte de venda das Ações em Tesouraria pode gerar ganho ou perda.

| | Hipótese | Lançamento |
|---|---|---|
| C | Ganho: 50% das ações em tesouraria (15.000) **na hipótese A** foram vendidas por 45.000 | D: Caixa ........ 45.000<br>C: Reserva de Capital........ 30.000<br>C: (-) Ações em Tesouraria com recursos vinculados a Reserva de Lucros ........ 15.000 |
| D | Perda, **mas há saldo anterior na Reserva de Capital** oriundo da venda de ações em Tesouraria com ganho na hipótese C: 20% das ações em tesouraria (6.000) remanescentes **da hipótese B** foram vendidas por 2.000 | D: Caixa ........2.000<br>D: Reserva de Capital........4.000<br>C: (-) Ações em Tesouraria com recursos vinculados a Reserva de Lucros ........6.000 |
| E | Ganho: 50% das ações em tesouraria (15.000) **na hipótese B** foram vendidas por 45.000 | D: Caixa ........ 45.000<br>C: Reserva de Capital ........ 30.000<br>C: (-) Ações em Tesouraria com recursos vinculados a Reserva de Lucros ........ 15.000 |
| F | Perda **quando não há saldo anterior na Reserva de Capital** oriundo da venda de ações em Tesouraria: 20% das ações em tesouraria (6.000) foram vendidas por 2.000 | D: Caixa ........2.000<br>D: Reserva de Lucros........4.000<br>C: (-) Ações em Tesouraria com recursos vinculados a Reserva de Lucros........6.000 |

**As ações em tesouraria também poderiam estar associadas ao Capital Social.**

**Resumo: qualquer ganho deve ser contabilizado como Reserva de Capital. A perda irá recair sobre o ganho acumulado existente na Reserva de Capital.**

**Se for a 1ª perda (sem ganhos acumulados na Reserva de Capital) ou ocorrer perda acima do ganho acumulado, essa perda será contabilizada como redutora da Reserva cujos recursos estão vinculados as ações em tesouraria (hipótese E).**

Unidade Didática III
Avaliação Patrimonial

### Ajuste Acumulado de Conversão

São contabilizados na conta Ajustes Acumulados de Conversão a diferença cambial resultante da aplicação do percentual da participação do Patrimônio Líquido final da investida, convertido pela taxa de fechamento, e o Patrimônio Líquido inicial da investida, convertido pela taxa histórica, somado com o resultado do exercício da investida, convertido pela taxa média, será reconhecida diretamente no Patrimônio Líquido da investidora, na conta Ajustes Acumulados de Conversão (AAC). **O tratamento detalhado dessa conta consta no CPC 02 - Efeitos das Mudanças nas Taxas de Câmbio e Conversão de Demonstrações Contábeis.**

### Lucros ou Prejuízos Acumulados

De acordo com a Lei nº 6.404/1976:

> *Art. 202.* ***Os acionistas têm direito de receber como dividendo obrigatório****, em cada exercício,* ***a parcela dos lucros estabelecida no estatuto*** *ou, se este for omisso, a importância determinada de acordo com as seguintes normas:*
>
> *I - metade do lucro líquido do exercício diminuído ou acrescido dos seguintes valores:*
>
> *a) importância destinada à constituição da reserva legal (art. 193); e*
>
> *b) importância destinada à formação da reserva para contingências (art. 195) e reversão da mesma reserva formada em exercícios anteriores*
>
> *II - o pagamento do dividendo determinado nos termos do inciso I poderá ser limitado ao montante do lucro líquido do exercício que tiver sido realizado, desde que a diferença seja registrada como reserva de lucros a realizar (art. 197);*
>
> *III - os lucros registrados na reserva de lucros a realizar, quando realizados e se não tiverem sido absorvidos por prejuízos em exercícios subsequentes, deverão ser acrescidos ao primeiro dividendo declarado após a realização.*
>
> *[...]*
>
> ***§ 6º Os lucros não destinados nos termos dos arts. 193 a 197*** *(Reserva Legal, Estatutárias, para Contingências, Incentivos Fiscais, Lucros, Lucros a Realizar)* ***deverão ser distribuídos como dividendos.***

Desse modo, para as sociedades por ações, o saldo final desta conta não poderá mais ser credor. Respectivos saldos de lucros acumulados precisam ser totalmente destinados por proposta da administração da companhia no pressuposto de sua aprovação pela assembleia geral ordinária. Observa-se que a obrigação de essa conta não conter saldo positivo aplica-se unicamente às sociedades por ações.

Desta forma, **para as sociedades por ações, o saldo respectivo deverá ser composto** apenas pelos eventuais prejuízos acumulados **(saldo devedor), não absorvidos pelas demais reservas.**

**Entretanto, para as demais sociedades** (como as limitadas, exceto aquelas consideradas de grande porte[9] e sujeitas à Lei nº 6.404/1976), **a conta lucros acumulados poderá continuar apresentando saldo nos balanços encerrados a partir de 31.12.2008**, conforme se desprende do item 115 da CT 03 - Esclarecimentos sobre as Demonstrações Contábeis de 2008, aprovado pela Resolução CFC 1.157/2009, adiante reproduzido:

*"A obrigação de essa conta não conter saldo positivo aplica-se unicamente às sociedades por ações, e não às demais, e para os balanços do exercício social terminado a partir de 31 de dezembro de 2008. Assim, saldos nessa conta precisam ser totalmente destinados por proposta da administração da companhia no pressuposto de sua aprovação pela assembleia geral ordinária."*

---

9 *Lei nº 11.638/2007.*

*Art. 3º Aplicam-se às sociedades de grande porte, ainda que não constituídas sob a forma de sociedades por ações, as disposições da Lei nº 6.404, de 15 de dezembro de 1976, sobre*

| Dividendos Antecipados ou Intermediários |
|---|
| Os dividendos são **valores distribuídos aos acionistas como forma de remuneração pelo seu capital investido.** |
| Quanto aos dividendos antecipados que são contas retificadoras do PL, eles estão suportados pela Lei nº 6.404/1976:<br>*Art. 204. A companhia que, por força de lei ou de disposição estatutária, levantar balanço semestral, poderá declarar, por deliberação dos órgãos de administração, se autorizados pelo estatuto, dividendo à conta do lucro apurado nesse balanço.*<br>*§ 1º* ***A companhia poderá, nos termos de disposição estatutária, levantar balanço e distribuir dividendos em períodos menores, desde que o total dos dividendos pagos em cada semestre do exercício social*** *não exceda o montante das reservas de capital de que trata o § 1º do artigo 182.*<br>*§ 2º O estatuto poderá autorizar os órgãos de administração a declarar dividendos intermediários, à conta de lucros acumulados ou de reservas de lucros existentes no último balanço anual ou semestral.*<br>**Desse modo, no que tange aos dividendos intermediários:**<br>1.Dependem de disposição estatutária.<br>2.Não podem superar no semestre as reservas de capital.<br>3.Serão contas retificadoras de lucros acumulados ou de reservas de lucros existentes. |

**Simulação 10: Dividendos Antecipados**

| Hipótese | Lançamento |
|---|---|
| Antecipação semestral de dividendos em R$ 30.000 em valor inferior a Reserva de Capital. | D: (-) Dividendos Intermediários........ (2.3.1.09.0003) 30.000<br>C: Dividendos a Pagar ........................ (2.1.1.05) 30.000 |

# 5. LISTA DE QUESTÕES OBJETIVAS

## 1ª Questão (Receita Federal Auditor 2014 ESAF)

No tratamento contábil das contas de Reservas, são classificadas como Reservas de Lucros as:

a) Reserva de Reavaliação de Ativos Próprios e a Reserva Legal.

b) Reserva para Contingências e a Reserva de incentivos Fiscais.

c) Reserva de Lucros para Expansão e a Reserva de Ágio na emissão de Ações.

d) Reserva de Contingência e a Reserva de Reavaliação de Ativos de Coligadas.

e) Reserva Especial de Ágio na Incorporação e a Reserva Legal.

*escrituração e elaboração de demonstrações financeiras e a obrigatoriedade de auditoria independente por auditor registrado na Comissão de Valores Mobiliários.*

*Parágrafo único. Considera-se de grande porte, para os fins exclusivos desta Lei, a sociedade ou conjunto de sociedades sob controle comum que tiver, no exercício social anterior, ativo total superior a R$ 240.000.000,00 (duzentos e quarenta milhões de reais) ou receita bruta anual superior a R$ 300.000.000,00 (trezentos milhões de reais).*

**Solução**

Opção B, vide Quadro 11.15.

Reserva de Ágio na emissão de Ações → Reserva de Capital.

Reserva de Reavaliação de Ativos → É vedada.

Reserva de Lucros para Expansão = Reserva de Retenção de Lucros.

Gabarito: **B**

### 2ª Questão (DPF Agente e Escrivão 2021 CEBRASPE)

Com relação aos pronunciamentos técnicos do Comitê de Pronunciamentos Contábeis (CPC), julgue o próximo item.

2. A dívida que uma entidade mantém com o intuito de negociação no mercado deve ser classificada no passivo circulante.

**Solução**

O passivo deve ser classificado como circulante quando satisfizer qualquer dos seguintes critérios, dentre eles, se está mantido essencialmente para a finalidade de ser negociado.

Gabarito:

2.**Certo**

## 6. LISTA DE QUESTÕES DISCURSIVAS

### 1ª Questão (BNDES Contador 2012 Cesgranrio)

Em 2 de maio de 2012, foi constituída a Companhia LA, com a emissão de 400.000 ações ordinárias, cujo valor nominal é de R$ 5,00, mediante subscrição de todas as ações emitidas por 2 subscritores fundadores, em parte iguais.

No dia 5 de maio de 2012, foi feita uma integralização do capital subscrito como segue abaixo.

- Subscritor José:

\- parte em dinheiro: R$100.000,00

\- parte em equipamentos devidamente avaliados por 3 peritos, nomeados pela assembleia dos subscritores, nos termos da Lei das Sociedades por Ações, que, no laudo conjunto fundamentado, apresentaram a seguinte conclusão da avaliação feita:

Equipamento Alfa, avaliado em R$ 70.000,00

Equipamento Beta, avaliado em R$ 40.000,00

O subscritor José, que havia atribuído o valor de R$ 60.000,00 ao equipamento Alfa, por escrito, aprovou a avaliação do laudo que já havia sido anteriormente aprovada pela assembleia, nos termos da Lei das Sociedades por Ações, sendo os bens transferidos para a propriedade da Companhia.

- Subscritor João:

- realizou a sua parte, em dinheiro, atendendo às imposições da Lei Societária quanto à realização mínima do capital, uma vez que para o tipo de sociedade constituída não se aplica nenhuma outra realização maior que a mínima estabelecida na Lei no 6.404/1976.

Considerando exclusivamente as determinações da Lei no 6.404/1976, aplicáveis ao caso em estudo, apresente os lançamentos decorrentes da integralização realizada, com todos os elementos cabíveis nessa situação, fundamentando cada um deles.

Extensão máxima: **30 linhas**

## Resolução da Questão

Inicialmente, quando da constituição da Companhia LA em 02/05/2012 foi realizado o seguinte lançamento referente a autorização (400.000 x R$ 5 por ação):

Débito Capital Social a Integralizar (conta retificadora do PL) R$ 2.000.0000

Crédito Capital Social Subscrito (conta credora do PL) R$ 2.000.0000

Pelo cenário apresentado, cada sócio deve aportar R$ 2.000.000.

O subscritor José aportou parte de suas quotas em dinheiro (R$ 100.000) e parte em equipamentos (Alfa e Beta) o que é permitido pelo art. 8° da Lei n° 6.404/1976. Quanto aos bens, os bens não poderão ser incorporados ao patrimônio da companhia por valor acima do que lhes tiver dado o subscritor. Desse modo, o valor ser considerado pelo Equipamento Alfa será R$ 60.000 e não R$ 70.000. O lançamento que registra o aporte do sócio José foi esse:

Débito Caixa R$ 100.000

Débito Equipamentos R$ 100.000

Crédito Capital a Integralizar R$ 200.000

Quanto ao Subscritor João foi informado que realizou seu aporte em dinheiro atendendo às imposições da Lei Societária quanto à realização mínima do capital. De acordo com a Lei n° 6.404.1976 em seu art. 80: A constituição da companhia depende do cumprimento dos seguintes requisitos preliminares: I - subscrição, pelo menos por 2 (duas) pessoas, de todas as ações em que se divide o capital social fixado no estatuto; II - realização, como entrada, de 10% (dez por cento), no mínimo, do preço de emissão das ações subscritas em dinheiro; III - depósito, no Banco do Brasil S/A., ou em outro estabelecimento bancário autorizado pela Comissão de Valores Mobiliários, da parte do capital realizado em dinheiro.

Desse modo, 10% de 2.000.000 equivalem a R$ 200.000. Como o subscritor José já aportou R$ 100.000, o subscritor João deve aportar R$ 1000.000 em dinheiro. O lançamento que registra o aporte do sócio João foi esse:

Débito Caixa R$ 100.000

Crédito Capital a Integralizar R$ 100.000

Desse modo, o Balanço Patrimonial inicial apresenta os seguintes dados.

| **Ativo Circulante**<br>Disponível ........................200.000 | **Passivo Circulante** |
|---|---|
| **Ativo Não Circulante**<br>Equipamentos ...................100.000 | **Passivo Não Circulante** |
| | **PL**<br>Capital Social Subscrito..............2.000.000<br>(-)_ Capital Social a Integralizar ....1.700.000 |

## 2ª Questão (BNDES Contador 2011 Cesgranrio)

Quando da elaboração do balanço patrimonial do encerramento do exercício social, em 31/12/2010, a Companhia Tuba S/A apresentou os seguintes dados e informações parciais, antes da proposta da distribuição do resultado:

I. Dados parciais (em reais) – retirados do Livro Razão da Companhia em 31/12/2010, antes da distribuição do resultado do exercício encerrado em 31/12/2010

**Ações em Tesouraria ................................ 400.000,00**

**Capital Subscrito......................................... 6.500.000,00**

**Capital a Realizar....................................... 1.500.000,00**

**Reservas**

**Alienação de Partes Beneficiárias............ 45.000,00**

**Alienação de Bônus de Subscrição.......... 450.000,00**

**Legal........................................................... 935.000,00**

**Retenção de Lucros.................................. 75.000,00**

II. Lucro Líquido do Exercício: R$ 2.000.000,00

III. Notas explicativas

- A Companhia Tuba S/A é uma sociedade anônima de capital fechado com capital autorizado, no estatuto.
- Em 2010 a Assembleia Geral deliberou alterar o estatuto que, em 2009, era omisso quanto aos dividendos, para introduzir o percentual mínimo de dividendo obrigatório permitido pela lei societária nessa circunstância.
- O lucro líquido do exercício foi retirado da Demonstração do Resultado do Exercício, depois das participações.
- A Companhia só emite ações ordinárias de uma única classe com o valor nominal de R$ 1,00.
- Os bônus de subscrição foram emitidos em 2010, pelo valor do limite máximo possível de acordo com as determinações estabelecidas na lei societária.

**Observação: considere exclusivamente os dados e informações fornecidos, a boa técnica contábil e as determinações da legislação societária**

Item 1: Apresente a fundamentação teórico-conceitual de Capital Autorizado.

Item 2: Apresente a fundamentação teórico-conceitual de Bônus de Subscrição.

Item 3: Explique de forma técnico-conceitual os procedimentos cabíveis quando da constituição da Reserva Legal.

Item 4: Qual o valor, em reais, da reserva legal a ser constituída no balanço patrimonial de 31/12/2010?

(A resposta deve ser apresentada com demonstração dos cálculos)

Extensão máxima: **60 linhas** **Dica**: a questão de forma proposital não alertou que Capital a Realizar é conta retificadora. Além, disso Ações em Tesouraria não afeta do Capital Social.

## Resolução da Questão

Quanto ao item 1, o Capital Autorizado é uma conta de controle que representa um limite estabelecido no Estatuto da empresa que autoriza o Conselho de Administração a aumentar o Capital Social, independente de reforma estatutária. A Lei nº 6.404/1976 define que o estatuto pode conter autorização para aumento do capital social independentemente de reforma estatutária. A autorização deverá especificar: (i) o limite de aumento, em valor do capital ou em número de ações, e as espécies e classes das ações que poderão ser emitidas; (ii) o órgão competente para deliberar sobre as emissões, que poderá ser a assembleia-geral ou o conselho de administração; (iii) as condições a que estiverem sujeitas as emissões; (iv) os casos ou as condições em que os acionistas terão direito de preferência para subscrição, ou de inexistência desse direito. O limite de autorização, quando fixado em valor do capital social, será anualmente corrigido pela assembleia-geral ordinária, com base nos mesmos índices adotados na correção do capital social. O estatuto pode prever que a companhia, dentro do limite de capital autorizado, e de acordo com plano aprovado pela assembleia-geral, outorgue opção de compra de ações a seus administradores ou empregados, ou a pessoas naturais que prestem serviços à companhia ou a sociedade sob seu controle. Conclui-se que Capital Autorizado é um limite, um teto de subscrição de capital nas sociedades anônimas, estabelecido em estatuto. Assim, quando previsto, os sócios poderão subscrever capital até o limite do Capital Autorizado. Para qualquer valor acima desse, será necessário proceder à alteração estatutária da entidade.

Quanto ao item 2, o Bônus de Subscrição é um item da Reserva da Capital que representa valores mobiliários emitidos por Sociedades Anônimas que conferem aos seus titulares o direito de preferência e subscrição das ações da empresa, dentro de um prazo estabelecido e por um preço fixado. De acordo com a Lei nº 6.404/1976, a companhia poderá emitir, dentro do limite de aumento de capital autorizado no estatuto, títulos negociáveis denominados "Bônus de Subscrição". Os bônus de subscrição conferirão aos seus titulares, nas condições constantes do certificado, direito de subscrever ações do capital social, que será exercido mediante apresentação do título à companhia e pagamento do preço de emissão das ações. Os bônus de subscrição serão alienados pela companhia ou por ela atribuídos, como vantagem adicional, aos subscritos de emissões de suas ações ou debêntures.

Unidade Didática III
Avaliação Patrimonial

Quanto ao item 3, a Reserva Legal é uma Reserva de Lucros de constituição obrigatória. Ela é constituída com a finalidade de proteger os credores da empresa e só pode ser utilizada para aumentar o capital social ou compensar prejuízos. Do lucro líquido do exercício, 5% (cinco por cento) serão aplicados, antes de qualquer outra destinação, na constituição da reserva legal, que não excederá de 20% (vinte por cento) do capital social. Ela Pode ser dispensada caso seu somatório com a reserva de capital exceda 30% (trinta por cento) do capital social.

Quanto ao item 4, o valor a ser destinado para a Reserva Legal deve ser de R$ 65.000. A

seguir consta a memória de cálculo.

O valor da Reserva Legal a ser alocado antes de qualquer destinação é de 5% do Lucro Líquido. Assim, seria em tese 5% x 2.000.000 → R$ 100.000.

Contudo como existe reserva de capital, deve-se verificar se o limite facultativo de 30% e o limite obrigatório de 20%.

**Limite Obrigatório** = 20% do Capital Social → 20% x (6.500.000-1.500.000) → Limite obrigatório = 20% x 5.000.000 → 1.000.000.

Aplicando a regra do limite obrigatória, observa-se que:

Reserva Legal + 5% do Lucro Líquido = 935.000 + 100.000 → 1.035.000. Logo ultrapassou em 35.000 o limite máximo.

**Limite facultativo** = 30% do Capital Social → 30% x (6.500.000-1.500.000) → Limite facultativo = 30% x 5.000.000 → 1.500.000.

Aplicando a regra do limite facultativo, observa-se que:

Reserva Legal + Reserva de Capital + 5% do Lucro Líquido = 935.000 + 495.000 + 100.000 → 1.530.000.

Logo, a constituição da Reserva Legal pode ser dispensada **a partir do momento** em que o seu somatório com a reserva de capital exceda 30% (trinta por cento) do capital social.

Neste caso, calcula-se o limite mínimo e máximo.

Limite Mínimo = 30% do Capital Social em 2010 – Saldo da Reserva Legal em 2010 – Saldo da Reserva de Capital em 2010 →

Limite Mínimo = 1.500.000 – 935.000 – 495.000 → Limite Mínimo = 70.000.

Limite Máximo = 20% do Capital Social em 2010 – Saldo da Reserva Legal em 2010 →

Limite Máximo = 1.000.000 – 935.000 → Limite Máximo = 65.000.

Interpretando os dados, **o valor da reserva legal só se torna facultativo a contar dos R$ 70.000 (limite facultativo)** e o **limite máximo é de R$ 65.000 (20% do Capital Social)**. Neste caso, deve ser alocado 65.000 do Lucro Líquido para Reserva Legal.

## 3ª Questão (PCDF Perito Criminal Ciências Contábeis 2016 IADES)

Desde a promulgação da Lei nº 11.638/2007, eliminou-se a possibilidade de lucro sem destinação nas empresas de capital aberto.

Considerando essa alteração da Lei das Sociedades por Ações, redija um texto dissertativo e (ou) descritivo que responda aos seguintes questionamentos:

a) O que aconteceu com a conta Lucros e Prejuízos Acumulados?

b) Qual destinação deve ser dada ao resultado do Exercício?

c) Como a empresa deve proceder para manter os lucros retidos?

Extensão máxima: **15 linhas**

### Resolução da Questão

Desde a promulgação da Lei nº 11.638/2007, todo o resultado positivo da sociedade por ações deve ser destinado para pagamento de dividendos ou retenção de reservas. A intenção é eliminar a possibilidade de lucros sem destinação em empresas de capital aberto. Todavia, permanece a divulgação de prejuízos acumulados.

Desse modo, a conta lucros acumulados passa a ser uma conta transitória, recebendo o lucro líquido do período e sendo zerada após a destinação deste, seja para as reservas de lucros, seja para pagamento de dividendos. Nunca poderá sobrar saldo nessa conta. Todavia esse procedimento somente é obrigatório para as empresas de capital aberto e as instituições reguladas pelo Banco Central.

Manter a conta Lucros e Prejuízos Acumulados zerada não implica dizer que as empresas não podem mais reter lucros. Só que ao fazê-lo, deverão realizar orçamentos e manter lucros retidos em reservas de retenção de lucros (1 das 8 reservas de lucros) devidamente aprovados em assembleia.

# CAPÍTULO 12

# ASPECTOS AVANÇADOS PATRIMONIAIS: ESTOQUES, IMOBILIZADO, INTANGÍVEL, PROPRIEDADE PARA INVESTIMENTO, CUSTOS DOS EMPRÉSTIMOS, ATIVO BIOLÓGICO, PARTICIPAÇÕES SOCIETÁRIAS, *GOODWILL*, MAIS VALIA, ATIVO NÃO CIRCULANTE MANTIDO PARA VENDA, ATIVOS ESPECIAIS E ARRENDAMENTOS

## 1. VISÃO GERAL DOS ITENS MAIS RELEVANTES

Neste capítulo serão aprofundados os aspectos patrimoniais dos seguintes elementos do Balanço Patrimonial da Figura 12.1.

**Figura 12.1:** Itens Patrimoniais mais relevantes

| **Ativo Circulante** | **Passivo Circulante** |
|---|---|
| - Estoques (inclui produtos agrícolas)<br>- Participações societárias temporárias (inclui instrumentos financeiros)<br>- Ativos Especiais<br>- Ativo não circulante mantido para venda | **Passivos de Arrendamento**<br>**Passivo não circulante mantido para venda** |

| Ativo Não Circulante | Passivo Não Circulante |
|---|---|
| - Ativo Realizável a Longo Prazo (participações societárias temporárias)<br>- Investimento (propriedade para investimento)<br>- Investimento (participações societárias permanentes)<br>- Investimento (inclui *Goodwill* nas Demonstrações Separadas)<br>- Imobilizado (bens em operação)<br>- Imobilizado (ativo qualificável)<br>- Imobilizado (arrendamentos - Direito de Uso)<br>- Imobilizado (ativo biológico: rebanhos, plantação de algodão)<br>- Imobilizado (planta portadora)<br>- Intangível (inclui *Goodwill* nas Demonstrações Consolidadas)<br>- Intangível (ativo qualificável)<br>- Intangível (arrendamentos - Direito de Uso) | **PL** |

**Chamada 66 do autor:** Visão Geral sobre os Itens Patrimoniais mais relevantes

## 2. ESTOQUES

### 2.1. Conceito

O Quadro 12.1A contém o conceito de estoque, o Quadro 12.1B contém as principais contas, e Quadro 12.2 as terminologias essenciais das formas de mensuração utilizadas no CPC 16 – Estoques.

**Quadro 12.1A:** Conceito de Estoque

| | |
|---|---|
| Estoques são **Ativos** ... | **mantidos para venda** no curso normal dos negócios. |
| | em **processo de produção** para venda. |
| | na **forma de materiais ou suprimentos a serem consumidos ou transformados** no processo de produção ou na prestação de serviços. |

| Curiosidade 1 |
|---|
| Em uma empresa construtora que vende imóveis, seu Estoque (ativo circulante) será formado pelas unidades que comercializa.<br>Essas unidades em outras empresas que possuem outras finalidades seriam enquadradas no imobilizado (ativo não circulante). |

| Curiosidade 2 |
|---|
| No caso de obras, em uma empresa construtora que constrói imóveis, apenas os materiais de construção podem ser registrados na conta Almoxarifado de inversões fixas do subgrupo Imobilizado em Andamento (1.2.3.6): ver Quadro 6.9 do Capítulo 6. |

| Curiosidade 3 |
|---|
| Determinados materiais de consumo com montante tolerável de materialidade (baixa materialidade) são reconhecidos imediatamente como despesas no resultado não passando pelo Estoque. |



### Quadro 12.1B: Principais contas de Estoques

| Conta | Descrição |
|---|---|
| Produtos Acabados | Conta típica de empresas industriais. Refere-se a produtos terminados, oriundos de geração interna da empresa e que estão disponíveis para venda. |
| Produtos em Elaboração | Conta típica de empresas industriais. Refere-se as matérias-primas consumidas que estão em processo de transformação e todas as cargas de custos diretos e indiretos até a data do Balanço. |
| Matérias-primas | Conta típica de empresas industriais. Engloba todas os materiais que sofrem transformação no processo produtivo. |
| Materiais diretos | Conta típica de empresas industriais. Materiais aplicados no processo produtivo que são aplicados diretamente sem necessidade de transformação física. |
| Mercadoria para revenda | Conta típica de empresas comerciais. Produtos adquiridos separadamente para revenda. Não sofrem qualquer processo de transformação. |
| Adiantamento a fornecedores | Pagamento antecipados feito pela Entidade à Fornecedores vinculados a compras específicas de mercadorias e materiais que serão incorporados ao Estoque quando do recebimento. |
| Produtos Agrícolas | Conta típica de empresas agrícolas. Representa o produto colhido ou obtido a partir de um ativo biológico. |
| Outras contas | Almoxarifado, Embalagens, Suprimentos Gerais, etc. |

**Quadro 12.2:** Terminologias das formas de mensuração dos estoques

| | |
|---|---|
| Valor Realizável Líquido | É o preço de venda estimado no curso normal dos negócios deduzido dos custos estimados para sua conclusão e dos gastos estimados necessários para se concretizar a venda. Seria o valor da venda deduzido do valor da despesa de venda. |
| | Venda do estoque no **curso normal dos negócios.** |
| | **Não é uma base** de ativo citada no CPC 00. Porém, o CPC específico prevalece sobre o CPC 00. |
| | É um valor de saída e observável. |
| | **É específica à Entidade.** |
| Valor Justo | É o preço que seria recebido pela venda de um ativo em uma transação não forçada entre participantes do mercado na data de mensuração. |
| | Transação ordenada para a venda do mesmo estoque **no mercado principal (ou mais vantajoso)** para esse estoque ocorreria entre participantes do mercado na data de mensuração. |
| | **É uma base** de ativo citada no CPC 00. |
| | É um valor de saída e observável. |
| | **Não é específica à Entidade.** |

**Figura 12.2:** Mensuração dos Estoques – Regra Geral

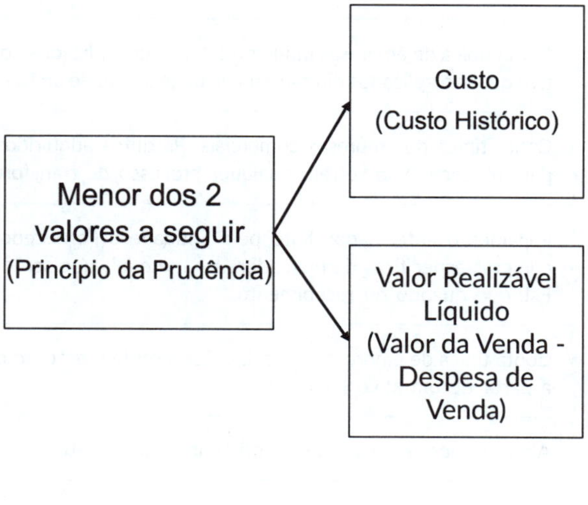

| Casos Especiais | |
|---|---|
| Custo do produto agrícola colhido proveniente de ativo biológico | Devem ser mensurados no reconhecimento inicial pelo seu valor justo deduzido dos gastos estimados no ponto de venda no momento da colheita. Após o reconhecimento inicial, utiliza-se a regra da Figura 12.2, considerando como "custo histórico", o valor justo menos a a despesa de venda. Será aprofundado no tópico 7. |
| Outras formas: custo-padrão | Leva em consideração os níveis normais de utilização dos materiais e bens de consumo, da mão de obra e da eficiência na utilização da capacidade produtiva. Ele deve ser regularmente revisto à luz das condições correntes |
| Outras formas: método de varejo | Usado no setor de varejo para mensurar estoques de grande quantidade de itens que mudam rapidamente, itens que têm margens semelhantes e para os quais não é praticável usar outros métodos de custeio. O custo do estoque deve ser determinado pela redução do seu preço de venda na percentagem apropriada da margem bruta. A percentagem usada deve levar em consideração o estoque que tenha tido seu preço de venda reduzido abaixo do preço de venda original. É usada muitas vezes uma percentagem média para cada departamento de varejo. |

**Chamada 67 do autor:** Aspectos essenciais do Estoque

## 2.2. Composição do custo dos Estoques

O Quadro 12.3 contém os itens que devem ser inclusos no custo dos Estoques e os itens que ficam de fora.

**Quadro 12.3:** Composição do custo dos Estoques (aquisição separada e geração interna)

| Devem ser incorporados | Devem ser desconsiderados ou excluídos e reconhecidos como despesas do período |
|---|---|
| -Custos de aquisição: incluem o preço de compra, os impostos de importação e outros tributos (exceto os recuperáveis junto ao fisco), bem como os custos de transporte, seguro, manuseio e outros diretamente atribuíveis à aquisição de produtos acabados, materiais e serviços. | -Descontos comerciais, abatimentos e outros itens semelhantes.<br>-Tributos recuperáveis.<br>-Valor anormal de desperdício de materiais, mão de obra ou outros insumos de produção. |

| | |
|---|---|
| **-Custos de transformação:** incluem os custos diretamente relacionados com as unidades produzidas ou com as linhas de produção, como pode ser o caso da **mão de obra direta**. Também incluem **a alocação sistemática de custos indiretos de produção**, fixos[1,2] (inclui depreciação) e variáveis[3], que sejam incorridos para transformar os materiais em produtos acabados.<br>**-Outros custos que não de aquisição nem de transformação:** devem ser incluídos nos custos dos estoques **somente** na medida em que sejam incorridos para colocar os estoques no seu local e na sua condição atuais.<br>**-Em determinados casos:** encargos financeiros de empréstimos. | **-Gastos com armazenamento**, a menos que sejam necessários ao processo produtivo entre uma e outra fase de produção.<br>**-Despesas administrativas** que não contribuem para trazer o estoque ao seu local e condição atuais.<br>**-Despesas de comercialização**, incluindo a venda e a entrega dos bens e serviços aos clientes. |

**Chamada 68 do autor:** Composição do Custo do Estoque

## 2.3. Critérios de valoração de estoque

**Atenção**

1.O custo dos estoques de itens **que não são normalmente intercambiáveis e de bens ou serviços produzidos e segregados para projetos específicos** **deve ser atribuído pelo uso da identificação específica dos seus custos individuais**.

2. Porém, **quando há grandes quantidades de itens de estoque que sejam geralmente intercambiáveis**, **a identificação específica de custos não é apropriada**. Em tais circunstâncias, um critério de valoração dos itens que permanecem nos estoques deve ser usado.

---

1 Os custos indiretos de produção fixos são aqueles que permanecem relativamente constantes independentemente do volume de produção, **tais como a depreciação e a manutenção de edifícios e instalações fabris, máquinas, equipamentos e ativos de direito de uso utilizados no processo de produção e o custo de gestão e de administração da fábrica**.

2 A **alocação de custos fixos indiretos** de fabricação às unidades produzidas deve ser baseada na **capacidade normal de produção**. O nível real de produção pode ser usado se aproximar-se da capacidade normal. Como consequência, o **valor do custo fixo alocado a cada unidade produzida não pode ser aumentado** **por causa de um baixo volume de produção ou ociosidade.**

3 Os custos indiretos de produção variáveis são aqueles que variam diretamente, ou quase diretamente, com o volume de produção, tais como materiais indiretos e certos tipos de mão de obra indireta.

O Quadro 12.4 contém os 3 critérios mais comuns.

**Quadro 12.4:** Critérios mais comuns para valorar estoques em grande quantidade intercambiáveis

| Critério | É mencionado formalmente no CPC 16 | Característica |
|---|---|---|
| PEPS ou FIFO[4] | Sim | Pressupõe que os itens de estoque que foram comprados ou produzidos **primeiro** sejam vendidos em primeiro lugar e, consequentemente, os itens que permanecerem em estoque no fim do período sejam os mais **recentemente** comprados ou produzidos. |
| UEPS ou LIFO[5] | Não | Pressupõe que os itens de estoque que foram comprados ou produzidos **por último** sejam vendidos em primeiro lugar e, consequentemente, os itens que permanecerem em estoque no fim do período sejam os mais **antigos** comprados ou produzidos. |
| Custo Médio Ponderado | Sim | Pelo critério do custo médio ponderado, o custo de cada item é determinado a partir da média ponderada do custo de itens semelhantes no começo de um período e do custo dos mesmos itens comprados ou produzidos durante o período. **A média pode ser determinada em base periódica ou à medida que cada lote seja recebido**, dependendo das circunstâncias da entidade. |

São aceitos pelo Fisco: preço específico, PEPS e Média Ponderada Móvel.

**Chamada 69 do autor:** Critérios mais comuns para valorar estoques

| Importante |
|---|
| 1. A entidade deve usar **o mesmo critério de custeio** para todos os estoques que tenham **natureza e uso semelhantes** para a entidade. |
| 2. Para os estoques que tenham **outra natureza ou uso**, podem justificar-se **diferentes critérios de valoração.** |

4 Primeiro que entra, primeiro que sai; First in, First off.

5 Último que entra, primeiro que sai; Last in, First off.

## Simulação 01: Os 3 critérios de valoração mais utilizados

A seguir observa-se que o saldo final do Estoque varia conforme o critério utilizado.

**Método PEPS**

| Histórico | Entrada | Saldo acumulado parcial após a entrada | Saída valorada pelo método | Saldo parcial após a saída |
|---|---|---|---|---|
| 05/01/X0 | 100 unidades ao custo unitário de 10,00 | R$ 1.000 | | |
| 12/01/X0 | 150 unidades ao custo unitário de 16,00 | R$ 3.400 | | |
| 20/01/X0 | | | 50 unidades → 50 x 10 = R$ 500 [d] | R$ 2.900[b] |
| 25/01/X0 | 100 unidades ao custo unitário de 12,00 | R$ 4.100 | | |
| 29/01/X0 | | | 100 unidades → 50x10 = R$ 500 [d] 50x16 = R$ 800[d] | R$ 2.800[c] |

**Legenda: (a)**Pelo método das partidas dobradas, faz contrapartida com a conta custo das mercadorias vendidas (despesa). **(b)** 3.400 – 500. **(c)** 4.100 – 1.300. **(d)** Total das Despesas = 500 + 1.300 = 1.800.

**Método UEPS**

| Histórico | Entrada | Saldo parcial após a entrada | Saída valorada pelo método | Saldo parcial após a saída |
|---|---|---|---|---|
| 05/01/X0 | 100 unidades ao custo unitário de 10,00 | R$ 1.000 | | |
| 12/01/X0 | 150 unidades ao custo unitário de 16,00 | R$ 3.400 | | |
| 20/01/X0 | | | 50 unidades → 50 x 16 = R$ 800 [d] | R$ 2.600[b] |
| 25/01/X0 | 100 unidades ao custo unitário de 12,00 | R$ 3.800 | | |
| 29/01/X0 | | | 100 unidades → 100x12 = R$ 1.200 [d] | R$ 2.600[c] |

**Legenda: (a)**Pelo método das partidas dobradas, faz contrapartida com a conta custo das mercadorias vendidas (despesa). **(b)** 3.400 – 800. **(c)** 3.800 – 1.200. **(d)** Total das Despesas = 800 + 1.200 = 2.000.

**Método Custo Médio Ponderado**

| Histórico | Entrada | Saldo parcial após a entrada | Saída valorada pelo método | Saldo parcial após a saída |
|---|---|---|---|---|
| 05/01/X0 | 100 unidades ao custo unitário de 10,00 | R$ 1.000 | | |
| 12/01/X0 | 150 unidades ao custo unitário de 16,00 | R$ 3.400[e] | | |
| 20/01/X0 | | | 50 unidades → 50 x 13,60 = R$ 680[d] | R$ 2.720[b] |
| 25/01/X0 | 100 unidades ao custo unitário de 12,00 | R$ 3.920[f] | | |
| 29/01/X0 | | | 100 unidades → 100x15,68 = R$ 1.568[d] | R$ 2.352[c] |

**Legenda: (a)**Pelo método das partidas dobradas, faz contrapartida com a conta custo das mercadorias vendidas (despesa). **(b)** 3.400 - 680. **(c)** 3.920 - 1.568. **(d)** Total das Despesas = 680 + 1.568 = 2.248. **(e)** Custo unitário = 3.400/150 = 13,60. **(f)** Custo unitário = 3.920/250 = 15,68.

**Conclui-se que o método de valoração afeta o valor apropriado das despesas no Custo da Mercadoria Vendida e afeta o valor final do Estoque.**

Unidade Didática III
Avaliação Patrimonial

## 2.4. Ajuste dos Estoques ao valor recuperável a partir do valor realizável líquido

A prática de **reduzir o valor de custo dos estoques (*write down*) para o valor realizável líquido** é consistente com o ponto de vista de que os ativos não devem ser escriturados por quantias superiores àquelas que se espera que sejam realizadas com a sua venda ou uso.

| Situações que indicam a redução do valor dos estoques |
|---|
| 1. Se estiverem danificados. |
| 2. Caso se tornem total ou parcialmente obsoletos. |
| 3. Se os preços de venda tiverem diminuído. |
| 4. Se os custos estimados de acabamento ou os custos estimados a serem incorridos para realizar a venda tiverem aumentado. |

| Atenção |
|---|
| 1. **Devem ser reduzidos** para o seu valor realizável líquido, **item a item.** |
| 2. **Em algumas circunstâncias**, porém, **pode ser apropriado agrupar unidades semelhantes ou relacionadas.** Pode ser o caso de itens do estoque relacionados com a mesma linha de produtos que tenham finalidades ou usos finais semelhantes, que sejam produzidos e comercializados na mesma área geográfica e não possam ser avaliados separadamente de outros itens dessa linha de produtos. |

**3. Não é apropriado reduzir o valor do estoque com base em uma classificação de estoque, como, por exemplo, bens acabados, ou em todo estoque de determinado setor ou segmento operacional.**

**4.** As estimativas do valor realizável líquido devem ser baseadas nas evidências mais confiáveis disponíveis no momento em que são feitas as estimativas do valor dos estoques que se espera realizar. Essas estimativas devem considerar **variações nos preços e nos custos diretamente relacionados com eventos que ocorram após o fim do período**, à medida que tais eventos confirmem as condições existentes no fim do período.

5. As estimativas do valor realizável líquido também devem considerar a finalidade para a qual o estoque é mantido[6].

6. **Em algumas circunstâncias**, **o custo de reposição dos materiais pode ser a melhor medida** disponível do seu valor realizável líquido[7].

7. Em cada período subsequente deve ser feita uma nova avaliação do valor realizável líquido. Quando as circunstâncias que anteriormente provocaram a redução dos estoques abaixo do custo deixarem de existir ou quando houver uma clara evidência de um aumento no valor realizável líquido devido à alteração nas circunstâncias econômicas, **a quantia da redução deve ser revertida (a reversão é limitada à quantia da redução original)** de modo que o novo montante registrado do estoque seja o menor valor entre o custo e o valor realizável líquido revisto.

**Simulação 02: Ajuste do Valor do Estoque em Função do Valor Realizável Líquido**

Continuando a Simulação 01, suponha-se que no mês fevereiro de X0 em função de uma chuva parte do estoque foi danificado e a Cia Industrial registrou os seguintes dados do Estoque utilizando o valor realizável líquido: R$ 1.500 referente para 100 unidades. Considerando o CPC 16, será utilizado apenas o método PEPS e o custo médio ponderado.

| Método | Saldo final em 31/01/X0 | Valor Realizável Líquido |
|---|---|---|
| PEPS | R$ 2.800 | R$ 1.500 |
| Custo Médio Ponderado | R$ 2.352 | R$ 1.500 |

**Vamos contabilizar**

**Método PEPS**

D: (-) Perdas estimadas para estoques não realizáveis..............(1.1.8.06) R$ 1.300

C: Estoques...............................................................................(1.1.8.00) R$ 1.300

**Custo Médio Ponderado**

D: (-) Perdas estimadas para estoques não realizáveis..............(1.1.8.06) R$ 852

C: Estoques...............................................................................(1.1.8.00) R$ 852

---

6 Por exemplo, o valor realizável líquido da quantidade de estoque mantido para atender contratos de venda ou de prestação de serviços deve ser baseado no preço do contrato. Se os contratos de venda dizem respeito a quantidades inferiores às quantidades de estoque possuídas, o valor realizável líquido do excesso deve basear-se em preços gerais de venda.

7 Os materiais e os outros bens de consumo mantidos para uso na produção de estoques ou na prestação de serviços não serão reduzidos abaixo do custo se for previsível que os produtos acabados em que eles devem ser incorporados ou os serviços em que serão utilizados sejam vendidos pelo custo ou acima do custo. Porém, quando a diminuição no preço dos produtos acabados ou no preço dos serviços prestados indicar que o custo de elaboração desses produtos ou serviços excederá seu valor realizável líquido, os materiais e os outros bens de consumo devem ser reduzidos ao valor realizável líquido.

# 3. IMOBILIZADO

## 3.1. Conceito e Reconhecimento

O Ativo imobilizado é o item tangível (corpóreo) que: (a) é mantido para uso na produção ou fornecimento de mercadorias ou serviços, para aluguel a outros, ou para fins administrativos; e (b) se espera utilizar por mais de um período[8].

Correspondem aos direitos que tenham por objeto bens corpóreos destinados à manutenção das atividades da entidade ou exercidos com essa finalidade, inclusive os decorrentes de operações que transfiram a ela os benefícios, os riscos e o controle desses bens.

A Figura 12.3 evidencia o tripé conceitual do Ativo Imobilizado que faz parte do grupo Ativo Não Circulante.

**Figura 12.3:** Tripé conceitual do Ativo Imobilizado

O custo de um item de ativo imobilizado deve ser reconhecido como ativo se, e apenas se:

(a) for provável que futuros benefícios econômicos associados ao item fluirão para a entidade; e

(b) o custo do item puder ser mensurado confiavelmente.

Peças de reposição, sobressalentes, ferramentas e equipamentos de uso interno são classificados como ativo imobilizado quando a entidade espera usá-los por mais de um período. Da mesma forma, se puderem ser utilizados somente em conexão com itens do ativo imobilizado, também são contabilizados como ativo imobilizado.

A Figura 12.4 evidencia as 2 condições essenciais e necessárias para se reconhecer o custo de um Ativo Imobilizado.

8 Lei nº 6.404/1976. Art. 179. As contas serão classificadas do seguinte modo: IV – no ativo imobilizado: os direitos que tenham por objeto bens corpóreos destinados à manutenção das atividades da companhia ou da empresa ou exercidos com essa finalidade, inclusive os decorrentes de operações que transfiram à companhia os benefícios, riscos e controle desses bens.

Unidade Didática III Avaliação Patrimonial

**Figura 12.4:** Condições essenciais e necessárias para se reconhecer o custo de um Ativo Imobilizado para fins de aquisição separada ou geração interna

**Chamada 70 do autor:** Aspectos essenciais do Imobilizado

## 3.2. Composição do custo do Imobilizado

O Quadro 12.5 contém os itens que devem ser inclusos no custo do Imobilizado em uma aquisição separada e os itens que ficam de fora.

**Chamada 71 do autor:** Composição do Custo do Imobilizado – Aquisição Separada

**Quadro 12.5:** Composição do custo do Imobilizado **na aquisição separada**

| Devem ser incorporados | Devem ser desconsiderados ou excluídos e reconhecidos como despesas do período |
|---|---|
| - Seu preço de aquisição, acrescido de impostos de importação e impostos não recuperáveis sobre a compra, após deduzidos os descontos comerciais e abatimentos.<br>- Quaisquer custos diretamente atribuíveis para colocar o ativo no local e condição necessárias para o mesmo ser capaz de funcionar da forma pretendida pela administração. | - Descontos comerciais, abatimentos e outros itens semelhantes.<br>- Tributos recuperáveis.<br>- Custos de abertura de nova instalação.<br>- Custos incorridos na introdução de novo produto ou serviço (incluindo propaganda e atividades promocionais). |

<table>
<tr>
<td>Custos diretamente atribuíveis<br>1. Custos de benefícios aos empregados decorrentes diretamente da construção ou aquisição de item do ativo imobilizado.<br>2. Custos de preparação do local.<br>3. Custos de frete e de manuseio (para recebimento e instalação).<br>4. Custos de instalação e montagem.<br>5. Custos com testes para verificar se o ativo está funcionando corretamente (ou seja, avaliar se o desempenho técnico e físico do ativo pode ser usado na produção ou fornecimento de bens ou serviços, para aluguel a terceiros ou para fins administrativos.<br>6. Honorários profissionais.</td>
<td>- Custos da transferência das atividades[9] para novo local ou para nova categoria de clientes (incluindo custos de treinamento).<br>- Custos administrativos e outros custos indiretos.</td>
</tr>
<tr>
<td>-Estimativa inicial dos custos de desmontagem e remoção do item e de restauração do local (sítio) no qual este está localizado. Tais custos representam a obrigação em que a entidade incorre quando o item é adquirido ou como consequência de usá-lo durante determinado período para finalidades diferentes da produção de estoque durante esse período.</td>
<td></td>
</tr>
</table>

| Atenção |
|---|
| O **reconhecimento dos custos** no valor contábil de um item do ativo imobilizado **cessa quando o item está no local e nas condições operacionais pretendidas pela administração.** |

| Plantas Portadoras |
|---|
| 1. **Plantas portadoras devem ser contabilizadas da mesma forma de um item do imobilizado construído pela própria entidade** até o momento em que o ativo esteja no local e em condições operacionais pretendidas pela administração.<br>2. Planta portadora é uma planta viva que: (a) é utilizada na produção ou no fornecimento de produtos agrícolas; (b) é cultivada para produzir frutos por mais de um período; e (c) tem uma probabilidade remota de ser vendida como produto agrícola, exceto para eventual venda como sucata. |

[9] Por exemplo:
(a) custos incorridos durante o período em que o ativo capaz de operar nas condições operacionais pretendidas pela administração não é utilizado ou está sendo operado a uma capacidade inferior à sua capacidade total;
(b) prejuízos operacionais iniciais, tais como os incorridos enquanto a demanda pelos produtos do ativo é estabelecida; e
(c) custos de realocação ou reorganização de parte ou de todas as operações da entidade.

3. Exemplo[10]: **Florestas de pinus, preenchem o conceito de planta portadora (imobilizado) em determinada fase do ciclo** (e. g. fixação no solo), pois são utilizados na produção de resina (por mais de 10 anos), são cultivados por mais de um período e têm probabilidade remota de ser vendido como produto agrícola durante a fase de produção da resina (produto agrícola). No momento de cessação da colheita de resina os pinus, como ativos biológicos consumíveis (árvores em pé), são destinados ao corte e à venda e integram o ativo circulante no subgrupo de estoques, sendo mensurados a valor justo.

## Quadro 12.6: Composição do custo do Imobilizado na **geração interna**

| Devem ser incorporados | Devem ser desconsiderados ou excluídos e por conseguinte reconhecidos como despesas do período |
|---|---|
| - Utiliza os mesmos princípios de ativo adquirido.<br>- Custos diretamente relacionados com as unidades produzidas ou com as linhas de produção, como pode ser o caso da mão de obra direta. Também incluem a alocação sistemática de custos indiretos de produção.<br>- Gastos com materiais e serviços consumidos ou utilizados na geração do ativo.<br>- Ser for um ativo qualificável nos termos do CPC 20 – Custo de Empréstimos: incorpora os juros. | - Utiliza os mesmos princípios de ativo adquirido.<br>- **Custo de valores anormais** de materiais, de mão de obra ou de outros recursos desperdiçados incorridos na construção de um ativo não é incluído no custo do ativo. |

**Chamada 72 do autor:** Composição do Custo do Imobilizado – Geração Interna

| Mensuração do Custo | |
|---|---|
| Regra Geral | É equivalente ao preço à vista na data do reconhecimento. **Se o prazo de pagamento excede os prazos normais de crédito, a diferença entre o preço equivalente à vista e o total dos pagamentos deve ser reconhecida como despesa com juros durante o período** (CPC 12 – Ajuste a Valor Presente e CPC 08 – Custos de Transação e Prêmios na Emissão de Títulos e Valores Mobiliários), a menos que seja passível de capitalização de acordo com o Pronunciamento Técnico CPC 20 – Custos de Empréstimos nos casos em que for um **ativo qualificável**[11]. |

[10] Reconhecimento e mensuração de plantas portadoras em florestas de pinus imaturas ao custo histórico. Taila Sorrayne Perini Ortiz. Deyvison de Lima Oliveira. Custos e @gronegócio on line – v. 16, nº 3, Jul/Set – 2020.

[11] Quando se tratar de ativo que leva necessariamente um período substancial de tempo para ficar pronto para o seu uso.

<table>
<tr><td rowspan="3">Adquirido por meio de permuta por ativo não monetário, ou conjunto de ativos monetários e não monetários</td><td>O custo de tal item do ativo imobilizado é mensurado pelo valor justo a não ser que (a) a operação de permuta não tenha natureza comercial ou (b) o valor justo do ativo recebido e do ativo cedido não possam ser mensurados com segurança.</td></tr>
<tr><td>O valor justo de um ativo é mensurável de forma confiável: (a) se a variabilidade da faixa de mensuração de valor justo razoável não for significativa ou (b) se as probabilidades de várias estimativas, dentro dessa faixa, puderem ser razoavelmente avaliadas e utilizadas na mensuração do valor justo. Caso a entidade seja capaz de mensurar com segurança tanto o valor justo do ativo recebido como do ativo cedido, então o valor justo do segundo (ativo cedido) deve ser usado para mensurar o custo do ativo recebido, a não ser que o valor justo do primeiro seja mais evidente.</td></tr>
<tr><td>Se o ativo adquirido não for mensurável ao valor justo, seu custo é determinado pelo valor contábil do ativo cedido.</td></tr>
</table>

**Chamada 73 do autor:** Aquisição de Imobilizado quando o prazo de pagamento excede os prazos normais de crédito

**Simulação 03: Aquisição de Imobilizado quando prazo de pagamento excede os prazos normais de crédito**

Em 05/01/X1, uma instituição de ensino superior privada comprou computadores para serem utilizados por seus professores em suas aulas por R$120.000 a prazo. As parcelas, de R$ 40.000, devem ser pagas em 05/02/X1, 05/03/ X1 e 05/04/X1. Os computadores à vista custariam R$ 100.000. O valor é material para a entidade e os termos desse financiamento excedem o prazo normal de crédito.

**Vamos contabilizar**

| | | |
|---|---|---|
| D: Máquinas, Aparelhos, Equipamentos e Ferramentas | (1.2.3.01) | **100.000,00** |
| D: (-) Juros a Apropriar | (2.1.7.00.0004) | **20.000,00** |
| C: Fornecedores | (2.1.2.00) | **120.000,00** |

**Atenção**

O valor contábil de um item do ativo imobilizado pode ser reduzido por subvenções governamentais de acordo com o Pronunciamento Técnico CPC 07 – Subvenção e Assistência Governamentais.

**Mensuração do Custo após o reconhecimento**

O CPC cita 2 métodos: reavaliação e custo. O método da reavaliação não é permitido devido às disposições contidas na Lei nº 11.638/2007, que alterou a Lei nº 6.404/1976.

**Pelo método do custo, item do ativo imobilizado deve ser apresentado ao custo menos qualquer depreciação e perda por redução ao valor recuperável acumuladas.** Nos termos do CPC 27, seria o valor contábil[12].

# 4. INTANGÍVEL

## 4.1. Conceito e Reconhecimento

O Ativo Intangível contempla os direitos que tenham por objeto bens incorpóreos destinados à manutenção da companhia ou exercidos com essa finalidade, **inclusive o fundo de comércio adquirido**[13].

A Figura 12.5 evidencia o tripé conceitual da definição do Ativo Intangível que faz parte do grupo Ativo Não Circulante.

**Figura 12.5:** Tripé conceitual da definição de Ativo Intangível

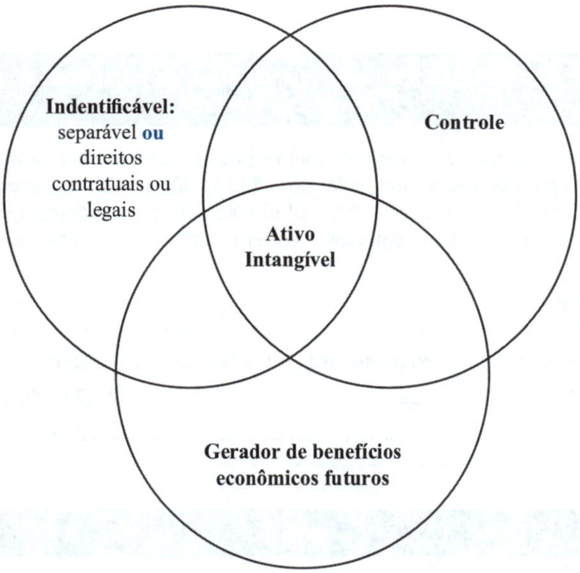


[12] 6. Os seguintes termos são usados neste Pronunciamento, com os significados especificados:

Valor contábil é o valor pelo qual um ativo é reconhecido após a dedução da depreciação e da perda por redução ao valor recuperável acumuladas.

[13] Lei nº 6.404/1976. Art. 179. VI.

| Identificável |
|---|
| **Separável**, ou seja, pode ser separado da entidade e vendido, transferido, licenciado, alugado ou trocado, individualmente ou com um contrato, ativo ou passivo relacionado, independente da intenção de uso pela entidade. |
| **ou** |
| **Resulta de direitos contratuais** ou **outros direitos legais**, independentemente de tais direitos serem transferíveis ou separáveis da entidade ou de outros direitos e obrigações. |

| Curiosidade 4 |
|---|
| Um sistema de software que só funciona em determinada máquina e não tem serventia fora dela, não deve ser reconhecido como intangível, mas sim como imobilizado. |

**Chamada 74 do autor:** Aspectos essenciais do Intangível

**Figura 12.6:** Condições essenciais para caracterizar o Controle no Ativo Intangível

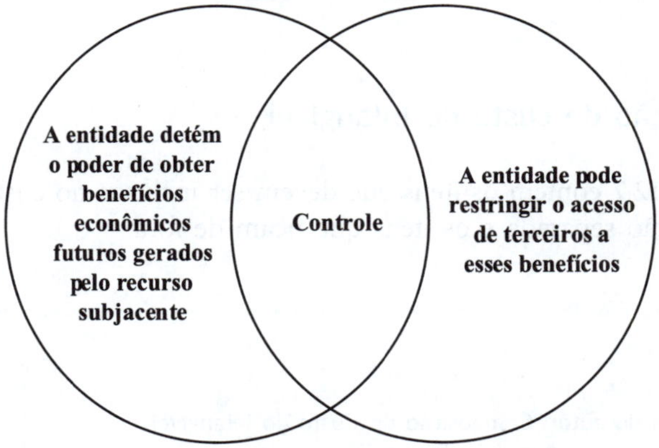


| Geração de Benefícios Econômicos Futuros |
|---|
| Gera receita da venda de produtos ou serviços |
| **ou** |
| Reduz custos |
| **ou** |
| Gera outros benefícios |

**Figura 12.7:** Condições essenciais e necessárias para se reconhecer um Ativo Intangível para fins de aquisição ou geração interna

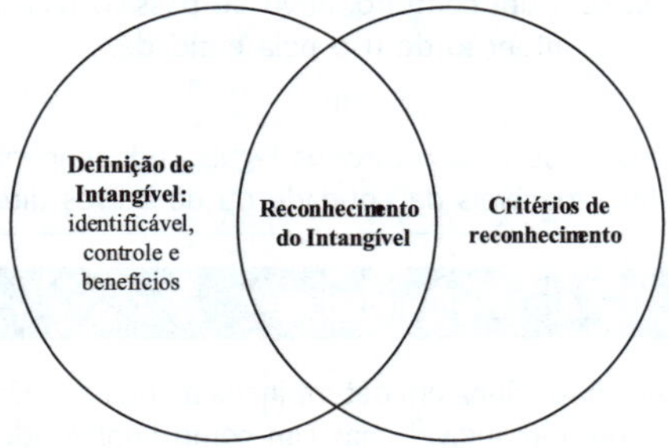


**Figura 12.8:** Critérios de reconhecimento para Ativos Intangíveis

## 4.2. Composição do custo do Intangível

O Quadro 12.7 contém os itens que devem ser inclusos no custo do Intangível em uma aquisição separada e os itens que ficam de fora.

**Chamada 75 do autor:** Composição do Custo do Intangível - Aquisição Separada

**Quadro 12.7:** Composição do custo do Intangível na **aquisição separada**

| Devem ser incorporados | Devem ser desconsiderados ou excluídos e por conseguinte reconhecidos como despesas do período |
|---|---|
| - **Preço de compra**, acrescido de impostos de importação e impostos não recuperáveis sobre a compra, depois de deduzidos os descontos comerciais e abatimentos<br>- Quaisquer **custos diretamente atribuíveis** para preparação do ativo para a finalidade proposta.<br><br>**Custos diretamente atribuíveis**<br>1. Custos de benefícios aos empregados incorridos diretamente para que o ativo fique em condições operacionais (de uso ou funcionamento).<br>2. Honorários profissionais.<br>3. Custos com testes para verificar se o ativo está funcionando adequadamente. | - **Descontos comerciais**, abatimentos e outros itens semelhantes.<br>- **Tributos recuperáveis**.<br>- Custos incorridos na **introdução de novo produto ou serviço** (incluindo propaganda e atividades promocionais).<br>- Custos da **transferência**[14] **das atividades para novo local** ou para nova categoria de clientes (incluindo custos de treinamento).<br>- Custos **administrativos** e outros **custos indiretos**. |

**Atenção**

1. O **reconhecimento dos custos** no valor contábil de um item do ativo intangível **cessa quando o item está no local e nas condições operacionais pretendidas pela administração.**

2. **Se o prazo de pagamento de ativo intangível excede os prazos normais de crédito, seu custo deve ser o equivalente ao preço à vista.** A diferença entre esse valor e o total dos pagamentos deve ser reconhecida como despesa com juros, durante o período, a menos que seja passível de capitalização, como custo financeiro diretamente identificável de ativo, durante o período em que esteja sendo preparado para o uso pretendido pela administração (quando se tratar de ativo que leva necessariamente um período substancial de tempo para ficar pronto para o seu uso). Nesse último caso, o custo financeiro deve ser capitalizado no valor do ativo de acordo com o Pronunciamento Técnico CPC 20 – Custos de Empréstimos nos casos em que for um ativo qualificável[15].



[14] Os custos incorridos no uso ou na transferência ou reinstalação de ativo intangível não devem ser incluídos no seu valor contábil, como, por exemplo, os seguintes custos:
(a) custos incorridos durante o período em que um ativo capaz de operar nas condições operacionais pretendidas pela administração não é utilizado; e
(b) prejuízos operacionais iniciais, tais como os incorridos enquanto a demanda pelos produtos do ativo é estabelecida.

[15] Quando se tratar de ativo que leva necessariamente um período substancial de tempo para ficar pronto para o seu uso.

## Quadro 12.8: Reconhecimento do custo do Intangível na **geração interna**

| Fase | Regra |
|---|---|
| Pesquisa | **Nenhum ativo intangível** resultante de pesquisa (ou da fase de pesquisa de projeto interno) **deve ser reconhecido.** |
| | Os gastos com pesquisa (ou da fase de pesquisa de projeto interno) devem ser reconhecidos como despesa quando incorridos. |
| Desenvolvimento[16] | Será reconhecido se cumprir determinados aspectos **simultaneamente.** |
| | Deve ser reconhecido somente se a entidade puder demonstrar **todos os aspectos** a seguir enumerados:<br>1.Viabilidade técnica para concluir o ativo intangível de forma que ele seja disponibilizado para uso ou venda.<br>2. Intenção de concluir o ativo intangível e de usá-lo ou vendê-lo.<br>3. Capacidade para usar ou vender o ativo intangível.<br>4. Forma como o ativo intangível deve gerar benefícios econômicos futuros. Entre outros aspectos, a entidade deve demonstrar a existência de mercado para os produtos do ativo intangível ou para o próprio ativo intangível ou, caso este se destine ao uso interno, a sua utilidade.<br>5. Disponibilidade de recursos técnicos, financeiros e outros recursos adequados para concluir seu desenvolvimento e usar ou vender o ativo intangível.<br>6. Capacidade de mensurar com confiabilidade os gastos atribuíveis ao ativo intangível durante seu desenvolvimento. |

| Atenção |
|---|
| 1. **Marcas, títulos de publicações, listas de clientes** e outros itens similares, **gerados internamente, não devem ser reconhecidos como ativos intangíveis.**<br>2. **Os gastos incorridos** com marcas, títulos de publicações, listas de clientes e outros itens similares não podem ser separados dos custos relacionados ao desenvolvimento do negócio como um todo. **Dessa forma, esses itens não devem ser reconhecidos como ativos intangíveis.** |

**Chamada 76 do autor:** Composição do Custo do Intangível – Geração Interna

[16] **São exemplos de atividades de desenvolvimento:**

(a) projeto, construção e teste de protótipos e modelos pré-produção ou pré-utilização;

(b) projeto de ferramentas, gabaritos, moldes e matrizes que envolvam nova tecnologia;

(c) projeto, construção e operação de fábrica-piloto, desde que já não esteja em escala economicamente viável para produção comercial; e

(d) projeto, construção e teste da alternativa escolhida de materiais, dispositivos, produtos, processos, sistemas e serviços novos ou aperfeiçoados.

## Quadro 12.9: Composição do custo do Intangível na **geração interna**

| Devem ser incorporados | Devem ser desconsiderados ou excluídos e por conseguinte reconhecidos como despesas do período |
|---|---|
| -Inclui todos os gastos diretamente atribuíveis, necessários à **criação, produção e preparação** do ativo para ser capaz de funcionar da forma pretendida pela administração.<br>**Custos diretamente atribuíveis**<br>1.Gastos com materiais e serviços consumidos ou utilizados na geração do ativo intangível.<br>2. Custos de benefícios a empregados relacionados à geração do ativo intangível.<br>3. Taxas de registro de direito legal.<br>4. Amortização de patentes e licenças utilizadas na geração do ativo intangível.<br>5. Se for um ativo qualificável: juros, nos termos do CPC 20. | -Qualquer gasto com pesquisa.<br>- Gastos com Desenvolvimento que não atendam os requisitos do Quadro 12.8.<br>- Gastos com vendas, administrativos e outros gastos indiretos, exceto se tais gastos puderem ser atribuídos diretamente à preparação do ativo para uso.<br>- Ineficiências identificadas e prejuízos operacionais iniciais incorridos antes do ativo atingir o desempenho planejado.<br>- Gastos com o treinamento de pessoal para operar o ativo. |

| Simulação 04 retirada parcialmente do CPC 04 |
|---|
| Uma entidade está desenvolvendo novo processo de produção. No exercício de 20X5, os gastos incorridos foram de \$ 1.000, dos quais \$ 900 foram incorridos antes de 1° de dezembro de 20X5 e \$ 100 entre essa data e 31 de dezembro de 20X5. A entidade está apta a demonstrar que em 1° de dezembro de 20X5 o processo de produção atendia aos critérios para reconhecimento como ativo intangível. O valor recuperável do *know-how* incorporado no processo (inclusive futuras saídas de caixa para concluí-lo e deixá-lo pronto para uso) está estimado em \$ 500.<br>Ao final de 20X5, o processo de produção está reconhecido como ativo intangível ao custo de \$ 100 **(gasto incorrido desde a data em que os critérios de reconhecimento foram atendidos, ou seja, 1° de dezembro de 20X5).** Os gastos de \$ 900 incorridos antes de 1° de dezembro de 20X5 devem ser reconhecidos como despesa porque os critérios de reconhecimento só foram atendidos nessa data, **não podendo ser incluídos no custo do processo de produção reconhecido na data do balanço.** |

## Quadro 12.10: Reconhecimento e Mensuração de Ativos Intangíveis em outras situações

| | |
|---|---|
| Aquisição como parte de combinação de negócios | Se um ativo intangível for adquirido em uma combinação de negócios, o seu custo deve ser o valor justo na data de aquisição, o qual reflete as expectativas dos participantes do mercado na data de aquisição sobre a probabilidade de que os benefícios econômicos futuros incorporados no ativo serão gerados em favor da entidade. Em outras palavras, a entidade espera que haja benefícios econômicos em seu favor, mesmo se houver incerteza em relação à época e ao valor desses benefícios econômicos. |
| | Um ativo intangível adquirido em combinação de negócios pode ser separável, mas apenas em conjunto com um contrato a ele relacionado, ativo ou passivo identificável. Nesses casos, a adquirente deve reconhecer o ativo intangível separadamente do ágio derivado da expectativa de rentabilidade futura (*goodwill*), mas em conjunto com o item relacionado. |

Unidade Didática III
Avaliação Patrimonial

| | |
|---|---|
| Aquisição por meio de subvenção ou assistência governamentais | Um ativo intangível pode ser adquirido sem custo ou por valor nominal, por meio de subvenção ou assistência governamentais. Isso pode ocorrer quando um governo transfere ou destina a uma entidade ativos intangíveis, como direito de aterrissagem em aeroporto, licenças para operação de estações de rádio ou de televisão, licenças de importação ou quotas ou direitos de acesso a outros recursos restritos |
| | **Se uma entidade optar por não reconhecer inicialmente ao valor justo o ativo, ela deve reconhecer o ativo inicialmente ao valor nominal acrescido** de quaisquer gastos que sejam diretamente atribuídos à preparação do ativo para o uso pretendido. |
| Aquisição por meio de permuta | Um ou mais ativos intangíveis podem ser adquiridos por meio de permuta por ativo ou ativos não monetários, ou conjunto de ativos monetários e não monetários. O ativo ou ativos objeto de permuta podem ser de mesma natureza ou de naturezas diferentes. |
| | O custo de ativo intangível **é mensurado pelo valor justo a não ser que** (a) a operação de permuta não tenha natureza comercial ou (b) o valor justo do ativo recebido e do ativo cedido não possa ser mensurado com confiabilidade. O ativo adquirido deve ser mensurado dessa forma mesmo que a entidade não consiga dar baixa imediata ao ativo cedido. |
| | O valor justo de ativo intangível é mensurado com confiabilidade: (a) se a variabilidade da faixa de mensuração de valor justo razoável não for significativa ou (b) se as probabilidades de várias estimativas, dentro dessa faixa, possam ser razoavelmente avaliadas e utilizadas na mensuração do valor justo. |
| | Caso a entidade seja capaz de mensurar com segurança tanto o **valor justo do ativo recebido** como **do ativo cedido**, então o valor justo do segundo (ativo cedido) deve ser usado para mensurar o custo do ativo recebido, a **não ser que o valor justo do primeiro seja mais evidente.** |
| | **Se o ativo adquirido não for mensurável ao valor justo**, seu custo é determinado pelo valor contábil do ativo cedido. |

| Ágio derivado da expectativa de rentabilidade futura (*goodwill*) gerado internamente<br>"Análise Simplória Inicial" |
|---|
| O ágio derivado da expectativa de rentabilidade futura **(*goodwill*) gerado internamente** não deve ser reconhecido como ativo; pois não é um recurso identificável (ou seja, não é separável nem advém de direitos contratuais ou outros direitos legais) controlado pela entidade que pode ser mensurado com confiabilidade ao custo. |

**A lógica de forma "simplória" seria essa.**

Suponha-se uma empresa com Ativo de R$ 1,5 bilhões, Passivo de R$ 1,0 bilhão e PL 0,5 bilhões. O seu "*book value*" (valor de livro) é o PL.

Ocorre que considerando elementos adicionais de informação, a própria empresa sabe que ela vale mais que isso, hipoteticamente 0,75 bilhões "*market value*" (valor de mercado). Ocorre que não adianta de nada a empresa ter esse entendimento e um agente externo pagar por esse ágio.

Enquanto algum interessado não pagar esse ágio derivado da expectativa de rentabilidade futura (*goodwill*), ele não pode ser reconhecido.

Caso algum comprador pague, seria reconhecido o goodwill de R$ 0,25 bilhões pelo comprador no Ativo Intangível do Balanço da Empresa adquirida. Pois a partir dessa aquisição conseguiu ser identificável, controlado e mensurado com confiabilidade.

Esse tema será aprofundado no tópico 9 desse capítulo.

| Mensuração do Custo após o reconhecimento |
|---|
| 1. **Gastos com um item intangível reconhecidos inicialmente como despesa** não devem ser reconhecidos como parte do custo de ativo intangível em data subsequente.<br>2. O CPC cita 2 métodos: reavaliação e custo. O método da reavaliação não é permitido devido às disposições contidas na Lei nº 11.638/2007, que alterou a Lei nº 6.404/1976.<br>Pelo método do custo, após o seu reconhecimento inicial, **um ativo intangível deve ser apresentado ao custo,** menos a eventual amortização acumulada e a perda acumulada. |

# 5. PROPRIEDADE PARA INVESTIMENTO

## 5.1. Conceitos Iniciais

Quadro 12.11: Tipos de Propriedades

| | |
|---|---|
| Propriedade para investimento | É a propriedade (terreno ou edifício – ou parte de edifício – ou ambos) mantida (pelo proprietário ou pelo arrendatário como ativo de direito de uso) **para auferir aluguel ou para valorização do capital ou para ambas.** |
| | Não pode mantida para:<br>(a) uso na produção ou fornecimento de bens ou serviços ou para finalidades administrativas; ou<br>(b) venda no curso ordinário do negócio. |
| | Gera fluxos de caixa altamente independentes dos outros ativos mantidos pela entidade. |
| | Deve ser registrada na conta investimento (1.2.2.00) |

| | |
|---|---|
| Propriedade ocupada pelo proprietário | É a propriedade mantida pelo proprietário ou pelo arrendatário como ativo de direito de uso. |
| | Pode mantida para:<br>(a) uso na produção ou fornecimento de bens ou serviços ou para finalidades administrativas; ou<br>(b) venda no curso ordinário do negócio. |
| | Deve ser registrada na conta imobilizado (1.2.3.00), exceto se:<br>– for destinada à venda no decurso ordinário das atividades: nesse caso seria ativo circulante: estoques;<br>– for destinada à venda: nesse caso seria ativo circulante: ativo não circulante mantido para venda. |

## Quadro 12.12: Exemplos de Propriedade para Investimento e Propriedade ocupada pelo proprietário

| Exemplos de Propriedade para investimento | Exemplos de Propriedade ocupada pelo proprietário |
|---|---|
| 1. Terrenos mantidos para valorização de capital a longo prazo e não para venda a curto prazo no curso ordinário dos negócios;<br>2. Terrenos mantidos para **futuro uso correntemente indeterminado** (se a entidade não tiver determinado que usará o terreno como propriedade ocupada pelo proprietário ou para venda a curto prazo no curso ordinário do negócio, o terreno é considerado mantido para valorização do capital).<br>3. Edifício que seja propriedade da entidade (ou ativo de direito de uso relativo a edifício mantido pela entidade) e que seja arrendado sob um ou mais **arrendamentos operacionais.**<br>4. Edifício que esteja desocupado, mas mantido para ser arrendado sob um ou mais arrendamentos operacionais.<br>5. Propriedade que esteja sendo construída ou desenvolvida para futura utilização como propriedade para investimento. | 1. Propriedade destinada à venda no decurso ordinário das atividades ou em vias de construção ou desenvolvimento para tal venda, como, por exemplo, propriedade adquirida exclusivamente com vista à alienação subsequente no futuro próximo ou para desenvolvimento e revenda.<br>2. Propriedade ocupada pelo proprietário, incluindo (entre outras coisas) propriedade mantida para uso futuro como propriedade ocupada pelo proprietário, propriedade mantida para desenvolvimento futuro e uso subsequente como propriedade ocupada pelo proprietário, **propriedade ocupada por empregados** (paguem ou não aluguéis a taxas de mercado) e propriedade ocupada pelo proprietário ao aguardo de alienação.<br>3. Propriedade que é arrendada a outra entidade sob arrendamento financeiro. |

**Chamada 77 do autor:** Aspectos Essenciais da Propriedade para Investimento

Algumas propriedades compreendem uma parte que é mantida para obter rendimentos ou para valorização de capital e outra parte que é mantida para uso na produção ou fornecimento de bens ou serviços ou para finalidades administrativas. **Se essas partes puderem ser vendidas separadamente** (ou arrendadas separadamente sob arrendamento financeiro), **a entidade contabiliza as partes separadamente (propriedade para investimento e propriedade ocupada pelo proprietário)**. Se as partes não puderem ser vendidas separadamente, **a propriedade só é propriedade para investimento se uma parte insignificante for mantida para uso na produção ou fornecimento de bens ou serviços ou para finalidades administrativas**.

Em alguns casos, **a entidade proporciona serviços de apoio** aos ocupantes da propriedade que ela mantenha. A entidade **trata tal propriedade como propriedade para investimento** se **os serviços forem insignificantes** em relação ao acordo como um todo.

Em outros casos, **os serviços prestados são significativos** e nestes casos **devem ser tratadas como propriedade ocupada pelo proprietário.**

| Simulação 05: Casos hipotéticos de Propriedade para Investimento e Propriedade ocupada pelo proprietário |
|---|
| **1° Caso:** Uma Entidade possui um edifício de escritórios mantido exclusivamente **para aluguel com fins comerciais** e também **presta serviços de segurança e de manutenção aos arrendatários** que ocupam o edifício. Neste caso, o serviço prestado é insignificante frente ao acordo como um todo e a propriedade deverá ser classificada como propriedade para investimento. |
| **2° Caso:** Uma Entidade pode possuir um edifício ou complexo administrativo no qual algumas salas **ou espaços são alugados a terceiros para prestação de serviços aos funcionários, como restaurantes.** Tal edifício ou complexo deve ser considerado propriedade ocupada pelo proprietário. |
| **3° Caso:** Uma Entidade possui e administra um hotel, **os serviços proporcionados aos hóspedes são significativos para o acordo como um todo.** Por isso, o hotel administrado pelo proprietário é propriedade ocupada pelo proprietário. |

Em alguns casos, a entidade possui propriedade que está arrendada e ocupada por sua controladora ou por outra controlada. A propriedade não se qualifica como propriedade para investimento nas demonstrações contábeis consolidadas, porque a propriedade está ocupada pelo proprietário sob a perspectiva do grupo. Porém, da perspectiva da entidade que a possui, tal propriedade é propriedade para investimento. Por isso, o arrendador trata a propriedade como propriedade para investimento nas suas demonstrações contábeis individuais.

| Atenção |
|---|
| Uma mesma propriedade pode ser propriedade de investimento em uma demonstração contábil individual, mas seria propriedade a pelo proprietário sob a perspectiva do grupo nas demonstrações consolidadas. |

## 5.2. Reconhecimento e Mensuração Iniciais

A Figura 12.9 e o Quadro 12.13 contêm os conceitos essenciais sobre reconhecimento e mensuração inicial na contabilização de uma propriedade para investimento.

**Figura 12.9:** Critérios de reconhecimento para Propriedades para Investimento

**Chamada 78 do autor:** Composição do Custo da Propriedade para Investimento – Aquisição Separada

**Quadro 12.13:** Composição do custo da Propriedade para Investimento na **aquisição separada**

| Devem ser incorporados | Devem ser desconsiderados ou excluídos e por conseguinte reconhecidos como despesas do período |
|---|---|
| -**Preço de compra.**<br>-Qualquer dispêndio **diretamente atribuível**.<br><br>**Custos diretamente atribuíveis**<br>1.Remunerações profissionais de serviços legais.<br>2.Impostos de transferência de propriedade.<br>3.Outros custos de transação<br><br>-Custos incorridos subsequentemente para adicionar a, substituir partes de, ou prestar manutenção à propriedade → **essenciais para trazer a propriedade à condição necessária** para que seja capaz de **funcionar da forma pretendida pela administração**. | -Custos de serviços diários da propriedade: os custos da mão de obra e dos bens consumíveis, e podem incluir o custo de pequenas peças.<br>-Custos de início de atividades (start-up) (a não ser que sejam necessários para trazer a propriedade à condição necessária para que seja capaz de funcionar da forma pretendida pela administração).<br>-Perdas operacionais incorridas antes de a propriedade para investimento ter atingido o nível de ocupação previsto.<br>-Quantidades anormais de material, mão-de-obra ou outros recursos consumidos incorridos na construção ou desenvolvimento da propriedade. |

| Atenção |
|---|
| Se o pagamento de uma propriedade para investimento for a prazo, o seu custo é o equivalente ao valor à vista. A diferença entre esta quantia e os pagamentos totais é reconhecida como despesa financeira durante o período do crédito. |

## Quadro 12.14: Outras formas de aquisição de uma propriedade para investimento

| Forma de Obtenção | Considerações sobre o reconhecimento inicial |
|---|---|
| Arrendamento mercantil | A propriedade para investimento mantida por arrendatário como ativo de direito de uso deve ser **mensurada inicialmente ao custo** conforme o CPC 06. |
| | O custo inicial do direito sobre propriedade mantida em arrendamento mercantil e classificado como propriedade para investimento deve ser o estabelecido como o menor valor entre o valor justo da propriedade e o valor presente dos pagamentos mínimos do arrendamento. Montante equivalente deve ser reconhecido como passivo.<br>Se o direito sobre propriedade mantida sob arrendamento mercantil for classificado como propriedade para investimento, o item contabilizado pelo valor justo é esse direito e não a propriedade subjacente. |
| Permuta | Uma propriedade para investimento pode ser adquirida por meio de permuta por um ou mais ativos não monetários ou pela combinação de ativos monetários e não monetários.<br>O custo de tal propriedade para investimento é **mensurado pelo valor justo a menos que** (a) a transação de troca careça de substância comercial ou (b) nem o valor justo do ativo recebido, nem o valor justo do ativo cedido sejam confiavelmente mensuráveis. O ativo adquirido é mensurado dessa forma mesmo que a entidade não possa imediatamente baixar o ativo cedido. |
| | O valor justo de ativo é confiavelmente mensurável se (a) a variabilidade na faixa de mensurações razoáveis do valor justo não for significativa para esse ativo ou (b) as probabilidades de várias estimativas dentro dessa faixa puderem ser razoavelmente avaliadas e utilizadas na mensuração do valor justo. Caso a entidade seja capaz de mensurar com confiabilidade o valor justo tanto do ativo recebido como do ativo cedido, então o valor justo do ativo cedido deve ser usado para mensurar o custo do ativo recebido, **a não ser que o valor justo do ativo recebido seja mais claramente evidente.** |
| | Caso a entidade seja capaz de mensurar com segurança tanto o **valor justo do ativo recebido** como **do ativo cedido**, então o valor justo do segundo (ativo cedido) deve ser usado para mensurar o custo do ativo recebido, **a não ser que o valor justo do primeiro seja mais evidente.** |
| | **Se o ativo adquirido não for mensurado pelo valor justo**, o seu custo é mensurado pelo valor contábil do ativo cedido. |

## 5.3. Mensuração subsequente

Em regra, a entidade deve escolher como sua política contábil o **método do valor justo ou o método do custo, e deve aplicar essa política a todas as suas propriedades para investimento.**

**Assim, em regra, ao escolher um método para todas as propriedades para investimento, elimina o outro.**

Contudo, existe 1(uma) hipótese **em que a mesma entidade pode vir ou não combinar os 2 métodos:**

> Escolher o **método do valor justo ou o método do custo** para todas as propriedades para investimento **que suportem passivos** que pagam retorno diretamente associado ao valor justo de, ou aos retornos de ativos especificados incluindo essa propriedade para investimento; e
>
> Escolher o **método do valor justo ou o método do custo** para as **restantes propriedades para investimento**, independentemente da escolha anterior.

Desse modo, caso existam propriedades para investimento que suportem passivos sob determinadas condições, pode haver 2 categorias que mensuração. **O método deve uniforme na mesma categoria, mas pode ser diferente entre elas.**

### Quadro 12.15: Características do Método do Valor Justo e do Método de Custo

| Forma de Obtenção | Considerações sobre o reconhecimento inicial |
|---|---|
| Método do Valor Justo | **O ganho ou a perda proveniente de alteração no valor justo** deve ser reconhecido no resultado do período em que ocorra. **Não incide depreciação**, nem está sujeita **à redução ao valor recuperável nos termos do CPC 01.** |
| | Quando a entidade adquire pela primeira vez uma propriedade para investimento (ou quando a propriedade existente se torna pela primeira vez propriedade para investimento após a alteração em seu uso), a variabilidade no intervalo de mensurações razoáveis de valor justo pode ser tão grande, e as probabilidades dos vários efeitos tão difíceis de avaliar, que a utilidade de uma única mensuração de valor justo é negada.<br>Ao determinar o valor justo da propriedade para investimento, **a entidade não deve computar duplamente ativos ou passivos que estejam reconhecidos como ativos ou passivos separados.**<br>**Por exemplo:**<br>1. Equipamento, tal como elevador ou ar-condicionado, é muitas vezes uma parte integrante de edifício e está geralmente incluído no valor justo da propriedade para investimento, não sendo reconhecido separadamente como ativo imobilizado.<br>2. Se o escritório for arrendado mobiliado, o valor justo do escritório inclui geralmente o valor justo da mobília, porque o lucro das rendas se relaciona com o escritório mobiliado. Quando a mobília for incluída no valor justo da propriedade para investimento, a entidade não reconhece a mobília como ativo separado.<br>3. O valor justo da propriedade para investimento exclui o lucro do arrendamento operacional acrescido ou pago antecipadamente, porque a entidade o reconhece como passivo ou ativo separado. |

| | |
|---|---|
| Método do Valor Justo | 4. O valor justo da propriedade para investimento, mantida por arrendatário como ativo de direito de uso, reflete os fluxos de caixa esperados (incluindo os pagamentos variáveis de arrendamento que se espera que se tornem exigíveis). Em conformidade, se a avaliação obtida para a propriedade for líquida de todos os pagamentos que se espera que sejam feitos, será necessário voltar a adicionar qualquer passivo de arrendamento reconhecido para atingir o valor contábil da propriedade para investimento, utilizando o método do valor justo. |
| Método do Custo | 1. Se atender aos critérios para ser classificado como mantido para venda[17] → deve ser mensurado a pelo menor entre o seu valor contábil e o valor justo menos as despesas de venda. |
| | 2. Se é mantido por arrendatário como ativo de direito de uso e não é mantido para venda → o arrendatário deve mensurar o ativo de direito de uso ao custo.<br>**Custo**<br>1. O valor da mensuração inicial[18] do passivo de arrendamento.<br>2. Quaisquer pagamentos de arrendamento efetuados até a data de início, menos quaisquer incentivos de arrendamento recebidos.<br>3. Quaisquer custos diretos iniciais incorridos pelo arrendatário.<br>4. A estimativa de custos a serem incorridos pelo arrendatário na desmontagem e remoção do ativo subjacente, restaurando o local em que está localizado ou restaurando o ativo subjacente à condição requerida pelos termos e condições do arrendamento, salvo se esses custos forem incorridos para produzir estoques. O arrendatário incorre na obrigação por esses custos seja na data de início ou como consequência de ter usado o ativo subjacente durante um período específico. |
| | 3. Demais casos: **deve ser apresentado ao custo** menos qualquer depreciação e perda por redução ao valor recuperável acumuladas. Nos termos do CPC 27, seria o valor contábil. |

**A Entidade que optar pelo método custo, deve adicionalmente divulgar em nota explicativa o método valor justo da sua propriedade para investimento. Já o procedimento inverso não é necessário.**

## 5.4. "Reclassificação" (Transferência)

A alteração de uso ocorre quando a propriedade atende, ou deixa de atender, a definição de propriedade para investimento e há evidência da alteração de uso. **Apenas a alteração nas intenções da administração para o uso da propriedade não fornece evidência da alteração no uso.**

17 Nesse tipo de Ativo, a depreciação ou a amortização cessa.

18 Na data de início, o arrendatário deve mensurar o passivo de arrendamento ao valor presente dos pagamentos do arrendamento que não são efetuados nessa data. Os pagamentos do arrendamento devem ser descontados, utilizando a taxa de juros implícita no arrendamento, se essa taxa puder ser determinada imediatamente. Se essa taxa não puder ser determinada imediatamente, o arrendatário deve utilizar a taxa incremental sobre empréstimo do arrendatário.

**Quadro 12.16:** Situações que geram reclassificação **de/para** propriedades para investimento

| Situação | Reclassificação/Transferências | |
|---|---|---|
| | De | Para |
| Início de ocupação pelo proprietário, ou de desenvolvimento com vista à ocupação pelo proprietário | **Propriedade para investimento** | Propriedade ocupada pelo proprietário: imobilizado |
| Início de desenvolvimento com objetivo de venda | **Propriedade para investimento** | Propriedade ocupada pelo proprietário: estoques ou Ativo mantido para venda |
| Fim de ocupação pelo proprietário | Propriedade ocupada pelo proprietário: imobilizado | **Propriedade para investimento** |
| Começo de arrendamento operacional para outra entidade | Propriedade ocupada pelo proprietário: estoques ou Ativo mantido para venda | **Propriedade para investimento** |

**Chamada 79 do autor:** Reclassificação "Transferência" entre Propriedade para Investimento, Propriedade ocupada pelo proprietário e Estoques

**Atenção**

**Quando a entidade usar o método do custo**, as transferências **entre** propriedades para investimento, propriedades ocupadas pelo proprietário e estoque **não alteram o valor contábil da propriedade transferida e não alteram o custo dessa propriedade** para finalidades de mensuração ou divulgação. A Figura 12.10 evidencia essa situação.

**Figura 12.10:** Reclassificação quando se utiliza o método do custo em todos os casos

<table>
<tr><th colspan="3">Atenção</th></tr>
<tr><td rowspan="3">Até a data em que o imóvel ocupado pelo proprietário mensurada pelo custo se torne propriedade para investimento contabilizada pelo valor justo, a entidade deve depreciar a propriedade e deve reconhecer quaisquer perdas por redução no valor recuperável (impairment) que tenham ocorrido. A entidade deve tratar qualquer diferença nessa data entre o valor contábil da propriedade e o seu valor justo da seguinte forma:</td>
<td rowspan="2">Qualquer aumento resultante no valor contábil é tratado como se segue →</td>
<td>1.Até o ponto em que o aumento reverta perda anterior por impairment dessa propriedade, o aumento é reconhecido no resultado. A quantia reconhecida no resultado não pode exceder a quantia necessária para repor o valor contábil para o valor contábil que teria sido determinado (líquido de depreciação) caso nenhuma perda por impairment tivesse sido reconhecida.</td></tr>
<tr><td>2.Qualquer parte remanescente do aumento é creditada diretamente no patrimônio líquido, em ajustes de avaliação patrimonial, como parte dos outros resultados abrangentes. Na alienação subsequente da propriedade para investimento, eventual excedente de reavaliação incluído no patrimônio líquido deve ser transferido para lucros ou prejuízos acumulados, e a transferência do saldo remanescente excedente de avaliação também se faz diretamente para lucros ou prejuízos acumulados, e não por via da demonstração do resultado (Figura 12.11 quando não há impairment e Figura 12.12 quando há impairment).</td></tr>
<tr><td colspan="2">Qualquer diminuição resultante no valor contábil da propriedade é reconhecida no resultado. Porém, até o ponto em que a quantia esteja incluída em reavaliação anteriormente procedida nessa propriedade, a diminuição é debitada contra esse excedente de reavaliação (Figura 12.13).</td></tr>
</table>

**Figura 12.11:** Reclassificação/Transferência **com aumento** (sem impairment prévio)

| | | |
|---|---|---|
| **Diferença → Ajuste de Avaliação Patrimonial** | ⟶ | **Propriedade de Investimento mensurada pelo Valor Justo** |
| **Propriedade Ocupada pelo proprietário mensurada pelo custo** | | |

**Legenda:** o valor justo final é maior que o custo inicial.

**Figura 12.12:** Reclassificação/Transferência **com aumento** (com impairment prévio)

| | | |
|---|---|---|
| **Diferença → Ajuste de Avaliação Patrimonial** | ⟶ | **Propriedade de Investimento mensurada pelo Valor Justo** |
| **Receita de reversão por impairment** | | |
| **Propriedade Ocupada pelo proprietário mensurada pelo custo** | | |

**Legenda:** o valor justo final é maior que o custo inicial deduzido do impairment.

## Figura 12.13: Reclassificação/Transferência **com diminuição**

| | | |
|---|---|---|
| **Propriedade Ocupada pelo proprietário mensurada pelo** custo | → | Diferença → **Despesas de Variação do Valor Justo**[a] |
| | | **Propriedade de Investimento mensurada pelo** Valor Justo |

**Legenda:** (a) não se utiliza a conta Ajuste de Avaliação Patrimonial no PL.
(b) O valor justo final é menor que o custo inicial.

| Atenção |
|---|
| 1.Pelo CPC 46, a entidade deve reconhecer o ganho ou a perda resultante da variação do valor justo no resultado do período, salvo se houver orientação que especifique de outro modo (que seria o registro na conta do PL: ajuste de avaliação patrimonial). Ao ser registrado em conta do PL: ajuste de avaliação patrimonial, a variação do valor justo não afeta o lucro.<br>2.Na prática algumas empresas, registram o ganho ou perda na avaliação do valor justo: (i) em rubrica específica "variação do valor justo" antes dos custos das mercadorias (dos produtos vendidas); (ii) em rubrica específica "resultado da atualização do valor justo" dentro da rubrica receitas (despesas) operacionais líquidas. O segundo caso seria mais prudente a fim de evitar a manipulação do lucro bruto que ocorre no primeiro caso. |

**Simulação 06: Casos hipotéticos sobre Reclassificação de/para Propriedade para Investimento**

**1º Caso:** Uma matriz decidiu extinguir determinada filiais. O pessoal será remanejado para exercer suas funções em outras entidades e o prédio, antes por ele ocupado, passará a ser alugado a uma empresa privada. A matriz avalia todas as suas propriedades para investimento pelo **modelo do custo** e o valor contábil do prédio em questão, é R$ 700.000,00. Neste caso, o prédio deverá ser reclassificado para propriedade para investimento e não haverá alteração em seu valor.

D: Propriedades para Investimento avaliadas pelo custo .................. (1.2.2.02) R$ 700.000
C: Bens em Operação .................................................................. (1.2.3.01) R$ 700.000

**2º Caso:** Uma matriz decidiu extinguir determinada filiais. O pessoal será remanejado para exercer suas funções em outras entidades e o prédio, antes por ele ocupado, passará a ser alugado a uma empresa privada. A matriz avalia todas as suas propriedades para investimento pelo **modelo do valor justo** e o valor contábil do prédio em questão, é R$ 700.000,00. O valor justo da propriedade foi determinado em R$ 620.000,00. **Neste caso, o prédio deverá ser reclassificado para propriedade para investimento e haverá alteração em seu valor.**

D: Propriedades para Investimento avaliadas pelo valor justo .......... (1.2.2.03) R$ 620.000
D: Despesas de Variação do Valor Justo ........................................ (5.1.7.05) R$ 80.000
C: Bens em Operação .................................................................. (1.2.3.01) R$ 700.000

**3º Caso:** Uma matriz decidiu extinguir determinada filiais. O pessoal será remanejado para exercer suas funções em outras entidades e o prédio, antes por ele ocupado, passará a ser alugado a uma empresa privada. A matriz avalia todas as suas propriedades para investimento pelo **modelo do valor justo** e o valor contábil, já deduzindo a depreciação acumulada (não havia impairment), do prédio em questão, é R$ 700.000. O valor justo da propriedade foi determinado em R$ 780.000. Neste caso, **o prédio deverá ser reclassificado para propriedade para investimento e haverá alteração em seu valor.**

D: Propriedades para Investimento avaliadas pelo valor justo .......... (1.2.2.03) R$ 780.000
C: Bens em Operação .................................................................. (1.2.3.01) R$ 700.000
C: Ajuste de Avaliação Patrimonial .............................................. (2.3.1.04) R$ 80.000

## 5.5. "Desreconhecimento" (Alienação)

A propriedade para investimento deve ser baixada (eliminada do balanço patrimonial) **na alienação ou quando a propriedade para investimento for permanentemente retirada de uso** e nenhum benefício econômico for esperado da sua alienação.

**Questão de Reforço – CGE-PB – Auditor Contábil e Finanças Públicas 2024 FGV**

A companhia pode ter imóveis que sejam mantidos para fins de locação ou arrendamento ou para fins de valorização da propriedade, tendo em vista uma futura venda a terceiros, ou ambos os objetivos. A propriedade (terreno ou edifício) pode ser mantida pelo proprietário ou pelo arrendatário para auferir aluguel ou para valorização do capital ou para ambos. Dessa forma, a empresa pode escolher mensurar como política contábil de suas propriedades para investimento o método do valor:

(A) justo ou método do custo e deve aplicar a política de custo para os edifícios e valor justo para os terrenos;

(B) justo ou método do custo e deve aplicar a política escolhida a todas as suas propriedades para investimento;

(C) em uso e método do custo corrente e deve aplicar a política de valor em uso para os edifícios e custo corrente para os terrenos;

(D) de cumprimento ou método do custo e deve aplicar a política de custo para os edifícios e valor de cumprimento para os terrenos;

(E) de mercado ou método do custo corrente e deve aplicar a política escolhida a todas as suas propriedades para investimento.

**Solução**

Em regra, a entidade deve escolher como sua política contábil o método do valor justo ou o método do custo, e deve aplicar essa política a todas as suas propriedades para investimento.

Assim, em regra, ao escolher um método para todas as propriedades para investimento, elimina o outro.

Contudo existe 1(uma) hipótese em que a mesma entidade pode vir ou não combinar os 2 métodos: Escolher o método do valor justo ou o método do custo para todas as propriedades para investimento que suportem passivos que pagam retorno diretamente associado ao valor justo de, ou aos retornos de ativos especificados incluindo essa propriedade para investimento; e

Escolher o método do valor justo ou o método do custo para todas as restantes propriedades para investimento, independentemente da escolha anterior.

Gabarito: **B**

# 6. ATIVO QUALIFICÁVEL E CUSTO DOS EMPRÉSTIMOS

Este tópico dispõe sobre o tratamento contábil dos custos dos empréstimos e situações que em que eles podem ser incorporados ao custo dos ativos. Apenas ativos qualificáveis admitem incorporar custo de empréstimos. O Quadro 12.17 contém as terminologias essenciais ao tópico.

Unidade Didática III
Avaliação Patrimonial

## Quadro 12.17: Terminologias associadas ao custo de Empréstimos

| | |
|---|---|
| Ativo qualificável | É um ativo que, necessariamente, demanda um período de tempo substancial para ficar pronto para seu uso ou venda pretendidos.<br>Exemplos:<br>1. Estoques.<br>2. Plantas industriais para manufatura.<br>3. Usinas de geração de energia.<br>4. Ativos intangíveis.<br>5. Propriedades para investimentos.<br>6. Plantas portadoras. |
| Custos de empréstimos | Podem incluir:<br>1.Encargos financeiros calculados com base no método da taxa efetiva de juros.<br>2. Juros sobre passivos de arrendamento.<br>3. Variações cambiais decorrentes de empréstimos em moeda estrangeira, na extensão em que elas sejam consideradas como ajuste, para mais ou para menos, do custo dos juros. |

| Não são ativos qualificáveis |
|---|
| 1. Ativos financeiros e estoques que são manufaturados, ou de outro modo produzidos, ao longo de um curto período de tempo.<br>2. Ativos que estão prontos para seu uso ou venda pretendidos quando adquiridos não são ativos qualificáveis. |

## 6.1. Reconhecimento

Os custos dos empréstimos podem ser abordados de duas maneiras:

| | | |
|---|---|---|
| **Custos de empréstimos que são diretamente atribuíveis** à aquisição, construção ou produção de ativo qualificável como parte do custo do ativo. | ⟶ | **Deve capitalizar** como parte do custo do ativo quando for provável que eles irão resultar em benefícios econômicos futuros para a entidade e que tais custos possam ser mensurados com confiabilidade. |
| **Outros custos** de empréstimos | ⟶ | **Despesa no período** em que são incorridos. |

| Custos de empréstimos que são diretamente atribuíveis à aquisição, construção ou produção de ativo qualificável como parte do custo do ativo. |
|---|
| 1. São aqueles que **seriam evitados se os gastos com o ativo qualificável não tivessem sido feitos.**<br>2. Quando a entidade **toma emprestados recursos especificamente** com o propósito de obter um ativo qualificável particular, os custos do empréstimo que são diretamente atribuíveis ao ativo qualificável **podem ser prontamente identificados.** |

3. **Quando a atividade de financiamento da entidade é coordenada de forma centralizada num conjunto de empresas sob controle comum, pode ser difícil identificar os custos dos empréstimos.**

4. Quanto a entidade toma recursos emprestados especificamente com o propósito de obter um ativo qualificável, a entidade deve determinar o montante dos custos dos empréstimos elegíveis à capitalização como **sendo aqueles efetivamente incorridos sobre tais empréstimos durante o período, menos qualquer receita financeira decorrente do investimento temporário de tais empréstimos.**

5. O montante dos custos de empréstimos, que a entidade capitalizar durante o período, não deve exceder o montante dos custos de empréstimos incorridos durante esse período.

6. Quando o valor contábil ou o custo final esperado do ativo qualificável exceder seu montante recuperável ou valor líquido de realização, o valor contábil deve ser baixado.

7. Após a conclusão do ativo qualificável, os juros dos empréstimos a pagar devem ser classificados como despesa financeira e não mais como custo do empréstimo.

**Chamada 80 do autor:** Aspectos Essenciais sobre Ativo Qualificável e incorporação de Custos dos Empréstimos



## Quadro 12.18: Aspectos essenciais da capitalização relacionados aos custos dos empréstimos de ativos qualificáveis

<table>
<tr><td rowspan="6">Início da Capitalização</td><td rowspan="6">A data de início para a capitalização é a primeira data em que a entidade satisfaz todas as seguintes condições à</td><td rowspan="2">Incorre em gastos com o ativo.</td><td>Incluem somente aqueles gastos que resultam em pagamento em caixa, transferências de outros ativos ou assunção de passivos onerosos.</td></tr>
<tr><td>Gastos são reduzidos por meio de qualquer recebimento intermediário e subvenção recebida relacionada ao ativo.</td></tr>
<tr><td rowspan="2">Inicia as atividades que são necessárias ao preparo do ativo para seu uso ou venda pretendidos.</td><td>Abrangem mais do que a construção física do ativo.</td></tr>
<tr><td>Elas incluem trabalho técnico e administrativo anterior ao início da construção física, tais como atividades associadas à obtenção de permissões para o início da construção física. Entretanto, tais atividades excluem a de manter um ativo quando nenhuma produção ou nenhum desenvolvimento que altere as condições do ativo estiverem sendo efetuados.</td></tr>
<tr><td rowspan="2">Incorre em custos de empréstimos.</td><td>Custos de empréstimos incorridos enquanto um terreno está em preparação devem ser capitalizados durante o período em que tais atividades relacionadas ao desenvolvimento estiverem sendo executadas.</td></tr>
<tr><td>Custos de empréstimos incorridos enquanto o terreno adquirido para fins de construção for mantido sem nenhuma atividade de preparação associada não se qualificam para capitalização.</td></tr>
</table>

<table>
<tr><td rowspan="3">Suspensão da Capitalização</td><td>Deve ocorrer a suspenção da capitalização dos custos de empréstimos durante períodos extensos em que suspender as atividades de desenvolvimento de um ativo qualificável. Tais custos são custos de se manter os ativos parcialmente concluídos e não se qualificam para capitalização.</td></tr>
<tr><td>Não suspende a capitalização dos custos de empréstimos durante um período em que substancial trabalho técnico e administrativo está sendo executado.</td></tr>
<tr><td>Não suspende a capitalização de custos de empréstimos quando um atraso temporário é parte necessária do processo de concluir o ativo para seu uso ou venda pretendidos → a capitalização deve continuar ao longo do período em que o nível elevado das águas atrasar a construção de uma ponte, se tal nível elevado das águas for comum durante o período de construção na região geográfica envolvida.</td></tr>
<tr><td rowspan="4">Cessação da Capitalização</td><td>Ocorre quando substancialmente todas as atividades necessárias ao preparo do ativo qualificável para seu uso ou venda pretendidos estiverem concluídas.</td></tr>
<tr><td>Um ativo normalmente está pronto para seu uso ou venda pretendidos quando a construção física do ativo estiver finalizada, mesmo que trabalho administrativo de rotina possa ainda continuar. Se modificações menores, tal como a decoração da propriedade sob especificações do comprador ou do usuário, resumirem-se a tudo o que está faltando, isso é indicador de que substancialmente todas as atividades estão completas.</td></tr>
<tr><td>Quando a entidade completa a construção de um ativo qualificável em partes e cada parte pode ser utilizada enquanto a construção de outras partes continua, a entidade deve cessar a capitalização dos custos de empréstimos quando completar substancialmente todas as atividades necessárias ao preparo dessa parte para seu uso ou venda pretendidos → Um centro de negócios compreendendo diversos edifícios, cada um deles podendo ser utilizado individualmente, é um exemplo de ativo qualificável no qual cada parte está em condições de ser utilizada enquanto a construção das outras partes continua.</td></tr>
<tr><td>Existem situações que o ativo qualificado não pode ser desmembrado → um exemplo de ativo qualificável que precisa estar completo antes de qualquer parte poder ser utilizada é uma planta industrial que envolve diversos processos que são executados sequencialmente nas diversas partes da planta no mesmo local, tal como uma siderúrgica.</td></tr>
</table>

| Simulação 07: Reconhecimento do custo de empréstimos com juros compostos pré-fixados |
|---|
| Uma Entidade realizou um financiamento para aquisição de um terreno, no valor de R$ 800.000, destinado à construção de uma escola. O pagamento será realizado em 12 prestações mensais, prazo equivalente ao estimado para a conclusão da obra. Os juros compostos são pré-fixados e correspondem a 1% a.m. O cálculo das prestações, dos juros e da amortização é demonstrado na tabela a seguir: |

| Mês | Prestação | Juros | Amortização | Saldo Devedor |
|---|---|---|---|---|
| 0 | | - | - | 800.000,00 |
| 1 | 71.079,03 | 8.000,00 | 63.079,03 | 736.920,97 |
| 2 | 71.079,03 | 7.369,21 | 63.709,82 | 673.211,15 |
| 3 | 71.079,03 | 6.732,11 | 64.346,92 | 608.864,23 |
| 4 | 71.079,03 | 6.088,64 | 64.990,39 | 543.873,84 |
| 5 | 71.079,03 | 5.438,74 | 65.640,29 | 478.233,55 |
| 6 | 71.079,03 | 4.782,34 | 66.296,70 | 411.936,85 |
| 7 | 71.079,03 | 4.119,37 | 66.959,66 | 344.977,19 |
| 8 | 71.079,03 | 3.449,77 | 67.629,26 | 277.347,93 |
| 9 | 71.079,03 | 2.773,48 | 68.305,55 | 209.042,38 |
| 10 | 71.079,03 | 2.090,42 | 68.988,61 | 140.053,77 |
| 11 | 71.079,03 | 1.400,54 | 69.678,49 | 70.375,28 |
| 12 | 71.079,03 | 703,75 | 70.375,28 | - |
| TOTAL | 852.948,37 | 52.948,37 | 800.000,00 | - |

**Vamos contabilizar:**

**Na aquisição do ativo**

D: Bens em Operação – Terrenos ........................ (1.2.3.01) R$ 800.000,00

D: (-) Encargos Financeiros a apropriar de curto prazo ........................ (2.1.7.00) R$ 52.948,37

C: Empréstimos e Financiamento de curto Prazo ........................ (2.1.7.00) R$ 800.000,00

C: Juros e Encargos a Pagar ........................ (2.1.7.00) R$ 52.948,37

**Incorporação dos juros ao final do 1° mês**

D: Bens em Operação – Imóveis ........................ (1.2.3.01) R$ 8.000

C: (-) Encargos Financeiros a apropriar curto prazo ........................ (2.1.7.00) R$ 8.000

# 7. ATIVO BIOLÓGICO E PRODUTOS AGRÍCOLAS

## 7.1. Conceitos

Este tópico dispõe sobre o tratamento contábil aos ativos biológicos e aos produtos agrícolas. O Quadro 12.19 contém as terminologias essenciais ao tópico.

## Quadro 12.19: Terminologias associadas aos Ativos Biológicos e produtos agrícolas

<table>
<tr><td rowspan="5">Atividade agrícola</td><td colspan="2">É o gerenciamento da **transformação biológica**[a] e da **colheita de ativos biológicos**[b] para venda ou para conversão em **produtos agrícolas**[c] ou em ativos biológicos adicionais, pela entidade.</td></tr>
<tr><td colspan="2">Compreende uma série de atividades, por exemplo, aumento de rebanhos, silvicultura, colheita anual ou constante, cultivo de pomares e de plantações, floricultura e cultura aquática (incluindo criação de peixes).</td></tr>
<tr><td rowspan="3">Característi-cas comuns →</td><td>Capacidade de mudança→ Animais e plantas vivos são capazes de transformações biológicas.</td></tr>
<tr><td>Gerenciamento de mudança→ Estabiliza as condições necessárias para que o processo ocorra. Por exemplo, **colher de fontes não gerenciadas**, tais como pesca no oceano ou desflorestamento, **não é atividade agrícola.**</td></tr>
<tr><td>Mensuração da mudança → Mudança na **qualidade** ou **quantidade** causada pela transformação biológica ou colheita é mensurada e monitorada como uma função rotineira de gerenciamento.</td></tr>
<tr><td>Ativo biológico</td><td colspan="2">Um animal e/ou uma planta, vivos.</td></tr>
<tr><td rowspan="2">[a]Transformação biológica</td><td colspan="2">Compreende o processo de crescimento, degeneração, produção e procriação que causam mudanças qualitativa e quantitativa no ativo biológico</td></tr>
<tr><td>**Resulta dos seguintes eventos →**</td><td>**Mudanças de ativos por meio de** (i) crescimento (aumento em quantidade ou melhoria na qualidade do animal ou planta), (ii) degeneração (redução na quantidade ou deterioração na qualidade de animal ou planta) ou (iii) procriação (geração adicional de animais ou plantas).<br><br>**ou**<br><br>**Produção de produtos agrícolas**, tais como látex, folhas de chá, lã, leite.</td></tr>
<tr><td>[b]Colheita de ativos biológicos</td><td colspan="2">É a extração do produto de ativo biológico ou a cessação da vida desse ativo biológico.</td></tr>
<tr><td>[c]Produção agrícola</td><td colspan="2">É o produto colhido de ativo biológico da entidade. Ou seja, o ativo biológico (imobilizado) gera o produto agrícola (estoque).</td></tr>
</table>

| Trinômio: Ativo biológico x Produto Agrícola x Produtos processados após a colheita | | |
|---|---|---|
| Ativos biológicos | Produto agrícola | Produtos resultantes do processamento após a colheita |
| Arbusto de chá[a] | Folha colhida | Chá |
| Árvore frutífera | Fruta colhida | Fruta processada |
| Carneiros | Lã | Fio, tapete |
| Cana-de-açúcar | Cana colhida | Açúcar |
| Gado de leite | Leite | Queijo |
| Palmeira de dendê[a] | Fruta colhida | Óleo de palma |
| Plantação de algodão | Algodão colhido | Fio de algodão, roupa |
| Plantação de árvores | Árvore cortada | Tora, madeira serrada |
| Porcos | Carcaça | Salsicha, presunto |
| Seringueira[a] | Látex colhido | Produto da borracha |
| Videira[a] | Uva colhida | Vinho |

**Legenda:** (a) **São plantas portadoras e são classificadas no Ativo Não Circulante Imobilizado (devem ser avaliados pelo custo) e não como Ativo Biológico/Produto Agrícola no Ativo Circulante (exemplo: lã, leite, uva) ou Ativo Não Circulante Imobilizado (rebanho bovino).**



**Curiosidade 5**

1. As plantas portadoras[19] são consideradas ativo imobilizado e não ativos biológicos. Exemplos: arbustos de chá, cafezal, laranja, plantação de cocos, palmeira-de-dendê, seringueira e videiras.

2. Contudo, o produto de planta portadora é considerado produto agrícola. Exemplos: folhas de chá, uvas, óleo de palma e látex. As plantas portadoras devem ser avaliadas pelo método de custo, tal qual os demais ativos imobilizados.

3. Os produtos processados após a colheita, caso sejam tratados como matéria-prima, devem ser mensurados pela regra do estoque: menor valor entre o custo e valor realizável líquido. O custo inicial terá por base a última mensuração aplicada pelo valor justo menos despesa de vendas.

4.Produtos agrícolas tratados como comodity podem ser mensurados: (i) pelo custo da produção (compra); ou (ii) valor realizável menos despesas de vendas.

**Chamada 81 do autor:** Aspectos Essenciais sobre Ativos Biológicos e Produtos Agrícolas

19 *Planta portadora* é uma planta viva que:
(a) é utilizada na produção ou no fornecimento de produtos agrícolas;
(b) é cultivada para produzir frutos por mais de um período; e
(c) tem uma probabilidade remota de ser vendida como produto agrícola, exceto para eventual venda como sucata.

## 7.2. Reconhecimento e Mensuração

O ativo biológico ou produto agrícola quando segue lógica similar de reconhecimento de outros ativos e está evidenciado na Figura 12.14.

**Figura 12.14:** Tripé Conceitual de Reconhecimento do Ativo Biológico e Produto Agrícola

| Controle na Atividade Agrícola |
|---|
| O controle pode ser evidenciado, por exemplo, pela propriedade legal do gado e a sua marcação no momento da aquisição, nascimento ou época de desmama. |

| Benefícios econômicos futuros na Atividade Agrícola |
|---|
| Normalmente, determinados pela mensuração dos atributos físicos significativos. |

O Quadro 12.20 contém as formas de mensuração do Ativo Biológico e Produto Agrícola.

## Quadro 12.20: Formas de Mensuração do Ativo Biológico e Produto Agrícola

| Categoria | Formas |
|---|---|
| Ativo biológico (imobilizado) | Mensurado ao valor justo menos a despesa de venda no momento do reconhecimento inicial e no final de cada período de competência. |
| | Caso não possa se aplicar a regra geral, caso o item não possa ser cotado pelo mercado e as alternativas para mensurá-los não são, claramente, confiáveis. Em tais situações, o ativo biológico deve ser mensurado ao custo, **menos qualquer depreciação e perda por irrecuperabilidade acumuladas.** |
| | Quando o ativo biológico classificado no ativo não circulante satisfizer aos critérios para ser classificado como mantido para venda presume-se que **o valor justo possa ser mensurado de forma confiável.** |
| Produto agrícola colhido de ativos biológicos da entidade (estoque) | Mensurado ao valor justo, menos a despesa de venda, no momento da colheita. |

| Atenção |
|---|
| 1. A mensuração do valor justo de ativo biológico ou produto agrícola **pode ser facilitada pelo agrupamento** destes, conforme os atributos significativos reconhecidos no mercado em que os preços são baseados, por exemplo, por idade ou qualidade. |
| 2. Entidades, frequentemente, fazem contratos para vender seus ativos biológicos ou produtos agrícolas em data futura. Os preços contratados não são, necessariamente, relevantes na mensuração do valor justo porque este reflete as condições do mercado corrente em que compradores e vendedores participantes do mercado realizariam a transação. Como consequência, o valor justo de ativo biológico ou produto agrícola não deve ser ajustado em função da existência do contrato. |
| 3. A entidade não deve incluir na estimativa de fluxo de caixa quaisquer expectativas de financiamento de ativos ou restabelecimento do ativo biológico após a colheita (por exemplo, o custo de replantio de árvores em plantação após a colheita). |
| **4. Os custos podem, algumas vezes, aproximar-se do valor justo, particularmente, quando**: (a) uma pequena transformação biológica ocorre desde o momento inicial (por exemplo, mudas plantadas no período imediatamente anterior ao de encerramento das demonstrações contábeis ou gado recém-adquirido); **ou** |
| (b) não se espera que o impacto da transformação do ativo biológico sobre o preço seja material (por exemplo, para o crescimento inicial da plantação de pinos cujo ciclo de produção é de 30 anos). |
| 5. Ativos biológicos são, muitas vezes, implantados na terra (por exemplo, árvores de floresta plantada). A entidade pode usar informações sobre ativos combinados para mensurar o valor justo dos ativos biológicos. Por exemplo, o valor justo do ativo biológico seria a diferença **entre terra com melhorias (plantada)** e **o valor justo da terra nua.** |
| Exemplo de Valor Justo pela diferença:<br>Valor Justo da terra nua ........ R$ 500.0000.<br>Valor Justo da terra com melhorias ........ R$ 2.000.000.<br>Logo, o valor justo do produto agrícola corresponde a R$ 1.500.000. |

## 7.3. Ganhos e Perdas

**Chamada 82 do autor:** Ganhos e Perdas em Ativos Biológicos e Produtos Agrícolas

### Ganhos e Perdas do Ativo Biológico

1. O ganho **ou a perda proveniente da mudança no valor justo menos a despesa de venda de ativo biológico** reconhecido no momento inicial até o final de cada período deve ser incluído no resultado do exercício em que tiver origem.

2. **A perda pode ocorrer no reconhecimento inicial de ativo biológico** porque as despesas de venda são deduzidas na determinação do valor justo.

D:Despesas de Variação do Valor Justo ............................................(5.1.7.05)
C:Ativos Biológicos ..........................................................................(1.2.3.00)

3. O ganho pode originar-se no reconhecimento inicial de ativo biológico, como quando ocorre o nascimento de bezerro.

D: Ativos Biológicos.........................................................................(1.2.3.00)
C: Receitas de Variação do Valor Justo.............................................(5.1.7.05)

### Ganhos e Perdas de Produto Agrícola

1. O ganho **ou a perda proveniente do reconhecimento inicial do produto agrícola ao valor justo**, menos a despesa de venda, deve ser incluído no resultado do período em que ocorrer.
2. O ganho **ou a perda pode originar-se no reconhecimento inicial do produto agrícola** como resultado da colheita.
3. Após o reconhecimento inicial aplica-se a mensuração do estoque: custo histórico (que nesse caso teve por base o valor justo menos a despesa de venda) ou o valor realizável líquido, dos dois o menor.

### Simulação 08: Operações envolvendo Ativos Biológicos

Uma Entidade Agrícola apresentava as seguintes informações:

Em 31/12/X0:
Caixa: R$ 1.000.000
Fornecedores: 660.000
500 cabeças de gado
1 cabeça de gado equivale = 18 arrobas
Valor Justo por arroba = R$ 250
Despesas de venda por arroba = R$ 10

**Valor Justo do Ativo Biológico = Valor Justo da Arroba – Despesas de Venda por Arroba**

Valor Justo do Ativo Biológico = 500x18x(250-10)

**Valor Justo do Ativo Biológico = 2.160.000**

**Situação Patrimonial antes da operação**

| **Ativo Circulante**<br>Caixa....................1.000.000 | **Passivo Circulante**<br>Fornecedores....................660.000 |
|---|---|
| **Ativo Não Circulante**<br>Imobilizado – Rebanho Bovino..........2.160.000 | **Passivo Não Circulante** |
| | **PL**<br>Capital Social....................2.500.000 |

**Vamos contabilizar:**

D: Imobilizado – Rebanho Bovino....................(1.2.3.00) R$ 440.000
C: Receita de variação do valor justo....................(5.1.7.05) R$ 440.000

**Situação Patrimonial após a operação**

| **Ativo Circulante**<br>Caixa....................1.000.000 | **Passivo Circulante**<br>Fornecedores....................660.000 |
|---|---|
| **Ativo Não Circulante**<br>Imobilizado – Rebanho Bovino.........2.600.000 | **Passivo Não Circulante** |
| | **PL**<br>Capital Social....................2.500.000<br>Lucros acumulados....................440.000 |

**Atenção**

1.Pelo CPC 46, a entidade deve reconhecer o ganho ou a perda resultante da variação do valor justo no resultado do período, salvo se houver orientação que especifique de outro modo (que seria o registro na conta do PL: ajuste de avaliação patrimonial). Ao ser registrado em conta do PL: ajuste de avaliação patrimonial, a variação do valor justo não afeta o lucro.

2.Na prática, algumas empresas, registram o ganho ou perda na avaliação do valor justo: (i) em rubrica específica "variação do valor justo" antes dos custos das mercadorias (dos produtos vendidos); (ii) em rubrica específica "resultado da atualização do valor justo" dentro da rubrica receitas (despesas) operacionais líquidas. O segundo caso seria mais prudente a fim de evitar a manipulação do lucro bruto que ocorre no primeiro caso.

3.No caso dos ativos biológicos, a receita de variação do valor justo pode ter como causa a variação do preço de mercado ou como causa a transformação biológica (procriação do rebanho ou aumento do peso do rebanho). Do mesmo modo, as despesas de variação do valor justo pode ter como causa a variação do preço de mercado ou como causa a transformação biológica (perda de parte do rebanho ou redução do peso do rebanho).

# 8. PARTICIPAÇÕES SOCIETÁRIAS E INSTRUMENTOS FINANCEIROS

## 8.1. Conceitos

Existem 2 grupos de participações societárias cujas características estão dispostas no Quadro 12.21.

**Quadro 12.21:** Grupos de Participações Societárias

| Participações Societárias | Localização no Ativo | Métodos de Avaliação | Exemplos |
|---|---|---|---|
| Temporárias | Ativo Circulante ou Ativo Realizável a Longo Prazo | Valor Justo ou Custo | Ações, opções de ações e derivativos. |
| | | | São os Ativos Financeiros mantidos com fins especulativos: (i) disponíveis para venda, (ii) destinados à negociação, (iii) mantidos até o vencimento. |
| Permanente | Investimento | Custo ou Método de Equivalência Patrimonial | Ações. |
| | | | Corresponde a participação no capital social de outras sociedades com intenção de permanência. |

**Ativos Financeiros versus Participações Temporárias**

Existem 4 categorias de Ativos Financeiros, sendo 3 para fins especulativos e 1 para fins operacionais.

| Categoria | Intenção | Classificação | Método de Mensuração | Exemplo |
|---|---|---|---|---|
| Empréstimos e Recebíveis | Fins operacionais | **Não** é considerado participação societária | Valor contratual | Empréstimo de curto ou longo prazo concedido. |
| **Disponíveis para venda** | Especulativo | **É uma participação societária temporária** | **Valor Justo**[20] | Ações ou derivativos que sejam negociados no mercado (Bolsa) a partir do momento que alcançarem determinado **percentual de valorização pré-fixado** pela investidora. |

20 Alínea a, I, Art. 183 da Lei nº 6.404/1976.

| Destinadas à negociação | Especulativo | É uma participação societária temporária | Valor Justo[21] | Ações ou derivativos em que há intenção de negociar imediatamente no mercado (Bolsa). |
|---|---|---|---|---|
| Mantidas até o vencimento | Especulativo | É uma participação societária temporária | **Valor de custo de aquisição** ou **valor de emissão**, atualizado conforme disposições legais ou contratuais, ajustado ao valor provável de realização, quando este for inferior[22] | Ações ou derivativos em que a investidora possui capacidade financeira há intenção de manter até uma data pré-fixada e a partir dessa data negociar no mercado (Bolsa). |

**Instrumentos financeiros** são títulos financeiros, ou contratos, que geram um ativo para uma parte e um passivo (ou instrumento patrimonial) para a outra.

O ativo é o caixa, a quantia recebida por dinheiro corrente. Ele pode vir também de contrato, como empréstimos, títulos patrimoniais e aplicações financeiras (ações de uma empresa, títulos privados etc.)

Do lado oposto, o passivo é a conta a pagar, como um título de dívida ou qualquer outra obrigação em contrato (como os derivativos).

**Por fim, o instrumento patrimonial é semelhante ao passivo, mas ainda possui um resquício de ativo.** Ou seja, a parte favorecida do instrumento financeiro recebe uma porção da empresa (ativo) que pode ser, por exemplo, ações exercíveis ou patrimônio líquido.



**Figura 12.15:** Relação entre os instrumentos financeiros – participações societárias temporárias

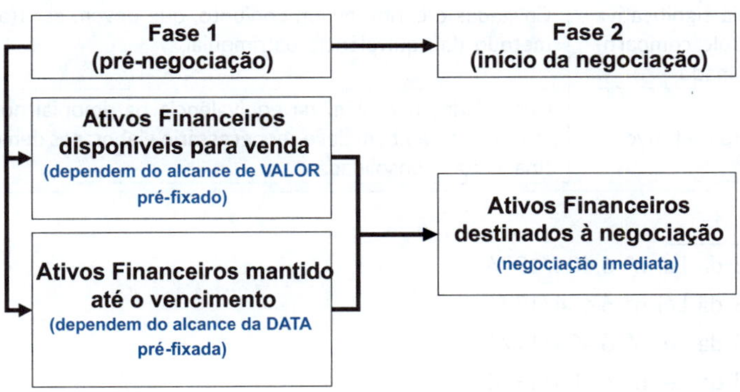


21 Alínea a, I, Art. 183 da Lei nº 6.404/1976.

22 Alínea b, I, Art. 183 da Lei nº 6.404/1976.

**Chamada 83 do autor:** Tipos de Participações Societárias e formas de mensuração

| Participações Permanentes | | |
|---|---|---|
| Existem 5 categorias de participações permanentes. | | |
| **Categoria** | **Classificação** | **Método de Mensuração** |
| Coligadas | **É uma participação societária permanente** | Método da equivalência patrimonial[23] |
| Controladas | **É uma participação societária permanente** | Método da equivalência patrimonial[24] |
| Sociedades que façam parte do mesmo grupo | **É uma participação societária permanente** | Método da equivalência patrimonial[25] |
| Sociedades que estejam sob controle comum | **É uma participação societária permanente** | Método da equivalência patrimonial[26] |
| Demais casos | **É uma participação societária permanente** | Pelo custo de aquisição, deduzido de provisão[27] para perdas prováveis na realização do seu valor, quando essa perda estiver comprovada como permanente, e que não será modificado em razão do recebimento, sem custo para a companhia, de ações ou quotas bonificada[28]. |

| Tipos de Investimento CPC 36 | |
|---|---|
| Existem 3 categorias de investimento que dependem do grau do relacionamento e responsabilidade dos investidores. Essas categorias afetam as categorias de participações societárias. | |
| **Categoria** | **Aplicação** |
| Pouca ou nenhuma influência | Investimentos classificados como um ativo financeiro e este deve ser classificado ao seu valor justo. |
| Influência significativa ou controle compartilhado | Coligadas e controles em conjunto, que devem ser tratadas pelo método da equivalência patrimonial. |
| Controle efetivo | Controladas que além da equivalência patrimonial nos balanços individuais, também deve ser necessário elaborar as demonstrações financeiras consolidadas. |

23 Art. 248 da Lei nº 6.404/1976.

24 Art. 248 da Lei nº 6.404/1976.

25 Art. 248 da Lei nº 6.404/1976.

26 Art. 248 da Lei nº 6.404/1976.

27 Em que pese a Lei nº 6.404/1976 (art. 183) utilizar o termo provisão, observa-se que pelo CPC 25 o termo provisão somente pode estar associado a passivos.

28 Inciso III, Art. 183 da Lei nº 6.404/1976.

**Chamada 84 do autor:** Coligada, Controlada e Controladora

## Quadro 12.22: Conceitos essenciais nas participações societárias permanentes conforme Lei nº 6.404/1976, CPC 18 e CPC 36

<table>
<tr><th>Conceito</th><th colspan="2">Descrição</th></tr>
<tr><td rowspan="4">Coligada</td><td colspan="2">É a entidade sobre a qual o investidor tem influência significativa.</td></tr>
<tr><td colspan="2">Considera-se que há influência significativa quando a investidora detém ou exerce o poder de participar nas decisões das políticas financeira ou operacional da investida, sem controlá-la[29].</td></tr>
<tr><td>Se o investidor mantém direta ou indiretamente (por meio de controladas, por exemplo), vinte por cento ou mais do poder de voto da investida[30], presume-se que ele tenha influência significativa, a menos que possa ser claramente demonstrado o contrário. As coligadas somente aceitam controle direto. A controladas aceitam controles diretos e indiretos.</td><td rowspan="2">A existência de influência significativa por investidor geralmente é evidenciada por uma ou mais das seguintes formas:<br>1. Representação no conselho de administração ou na diretoria da investida.<br>2. Participação nos processos de elaboração de políticas, inclusive em decisões sobre dividendos e outras distribuições.<br>3. Operações materiais entre o investidor e a investida.<br>4. Intercâmbio de diretores ou gerentes.<br>5. Fornecimento de informação técnica essencial.</td></tr>
<tr><td>Por outro lado, se o investidor detém, direta ou indiretamente (por meio de controladas, por exemplo), menos de vinte por cento do poder de voto da investida, presume-se que ele não tenha influência. significativa, a menos que essa influência possa ser claramente demonstrada. A propriedade substancial ou majoritária da investida por outro investidor não necessariamente impede que um investidor tenha influência significativa sobre ela.</td></tr>
</table>

29 § 4º do Art. 243 da Lei nº 6.404/1976.

30 Lei nº 6.404/1976. Art. 243. § 5º É presumida influência significativa quando a investidora for titular de 20% (vinte por cento) ou mais dos votos conferidos pelo capital da investida, sem controlá-la.

<table>
<tr><td rowspan="5">Controlada</td><td colspan="2">Considera-se controlada a sociedade na qual a controladora, diretamente ou através de outras controladas, é titular de direitos de sócio que lhe assegurem, de modo permanente, preponderância nas deliberações sociais e o poder de eleger a maioria dos administradores[31].</td></tr>
<tr><td rowspan="4">Controlada é a entidade na qual a Controladora, tem o controle diretamente ou por meio de outra controlada, tem poder para assegurar, de forma permanente, preponderância em suas deliberações sociais e de eleger a maioria de seus administradores em suas atividades relevantes, definida em aspetos legais.</td><td>1.Controle sobre a investida: direitos sobre retornos variáveis decorrentes de seu envolvimento com a investida e tem a capacidade de afetar esses retornos por meio de seu poder sobre a investida</td></tr>
<tr><td>2. Poder: são direitos existentes que dão a capacidade atual de dirigir as atividades relevantes</td></tr>
<tr><td>3.Atividades Relevantes: são atividades da investida que afetam significativamente os retornos da investida</td></tr>
<tr><td>4. Aspetos Legais: Art. 116 e § 2° do Art. 243 da Lei n° 6.404/1976.</td></tr>
<tr><td rowspan="2">Controlador</td><td colspan="2">É a pessoa, natural ou jurídica, ou o grupo de pessoas vinculadas por acordo de voto, ou sob controle comum, que: (i) é titular de direitos de sócio que lhe assegurem, de modo permanente, a maioria dos votos nas deliberações da assembleia-geral e o poder de eleger a maioria dos administradores da companhia e (ii) usa efetivamente seu poder para dirigir as atividades sociais e orientar o funcionamento dos órgãos da companhia[32].</td></tr>
<tr><td colspan="2">Sempre que, cumulativamente, a eleição do conselho de administração ocorrer pelo sistema do voto múltiplo e os titulares de ações ordinárias ou preferenciais exercerem a prerrogativa de eleger conselheiro, será assegurado a acionista ou a grupo de acionistas vinculados por acordo de votos que detenham mais de 50% (cinquenta por cento) do total de votos CONFERIDOS PELAS AÇÕES COM DIREITO A VOTO o direito de eleger conselheiros em número igual ao dos eleitos pelos demais acionistas, mais um, independentemente do número de conselheiros que, segundo o estatuto, componha o órgão[33].</td></tr>
</table>

31 § 2° do Art. 243 da Lei n° 6.404/1976.

32 Art. 116 da Lei n° 6.404/1976.

33 § 7° do art. 141 da Lei n° 6.404/1976

**Tipos de Ações quanto às obrigações pela Lei nº 6.404/1976**

O critério legal para definir o controlador pela Lei nº 6.404/1976 (§ 7º do art. 141) é ter mais de 50% do total de votos conferidos pelas ações com direito a voto. A seguir constam os 3 tipos de ações[34].

| Tipo | Característica |
|---|---|
| Preferenciais → **sem** direito a voto | Conferem preferência[35] ou vantagem ao seu titular.<br>O número de ações preferenciais sem direito a voto, ou sujeitas a restrição no exercício desse direito, **não pode ultrapassar 50% (cinquenta por cento) do total das ações emitidas.** |
| | Admitem a existência de classes. |
| Ordinárias → **com** direito a voto | Conferem direitos normais ao seu titular. O principal é o **direito de voto**[36,37]. |
| | É vedada a manutenção de mais de uma classe de ações ordinárias, ressalvada a adoção do voto plural. |
| Fruição | São emitidas **em substituição a ações ordinárias ou preferenciais que foram totalmente amortizadas**, conferindo aos seus titulares meros direitos de **gozo ou fruição.** |

**Chamada 85 do autor:** Tipos de Ações



[34] Lei nº 6.404/1976. Art. 15. As ações, conforme a natureza dos direitos ou vantagens que confiram a seus titulares, são ordinárias, preferenciais, ou de fruição.

[35] Lei nº 6.404/1976. Art. 17. As preferências ou vantagens das ações preferenciais podem consistir: I - em prioridade na distribuição de dividendo, fixo ou mínimo;
II - em prioridade no reembolso do capital, com prêmio ou sem ele; ou
III - na acumulação das preferências e vantagens de que tratam os incisos I e II.

[36] Lei nº 6.404/1976. Art. 16-A. Na companhia aberta, é vedada a manutenção de mais de uma classe de ações ordinárias, ressalvada a adoção do voto plural nos termos e nas condições dispostos no art. 110-A desta Lei.

[37] Lei nº 6.404/1976. Art. 110-A. **É admitida a criação de uma ou mais classes de ações ordinárias com atribuição de voto plural**, não superior a 10 (dez) votos por ação ordinária:
I - na companhia fechada; e
II - na companhia aberta, desde que a criação da classe ocorra previamente à negociação de quaisquer ações ou valores mobiliários conversíveis em ações de sua emissão em mercados organizados de valores mobiliários.

| Tipos de Ações quanto à forma de transferência pela Lei nº 6.404/1976 | |
|---|---|
| **Tipo** | **Característica** |
| Nominativa[38] | As ações nominativas são caracterizadas por serem transferidas mediante registro efetivado em livro específico e escriturado pela sociedade anônima com esse fim.<br>A transferência[39] de uma ação nominativa, portanto, **é ato formal que requer solenidade**, consistente no comparecimento do vendedor e do comprador – ou de seus representantes – à companhia para assinatura do livro de "transferência das ações nominativas. |
| Escriturais[40] | As ações escriturais, por outro lado, na contramão das nominativas, não possuem certificado – as escriturais sequer se concretizam em forma documental, vez que são incorpóreas – dessa forma, não exigem solenidade na transferência.<br>Destarte, a titularidade desse tipo de ação é comprovada pela simples exibição do extrato da conta de depósito de ações que a instituição financeira fornece ao seu dono (i) quando o acionista requerer, (ii) todo mês em que houver movimentação ou (iii) pelo menos uma vez ao ano[41]. |

## Quadro 12.23: Possíveis composições do Capital Social conforme tipos de ações

| Hipótese | Composição aceita pela Lei nº 6.404/1976? | Justificativa |
|---|---|---|
| Capital Social = 60% de ações ordinárias e 40% de ações preferenciais | Sim | As ações preferenciais somente podem chegar a 50% do Capital Social. |
| Capital Social = 50% de ações ordinárias e 50% de ações preferenciais | Sim | As ações preferenciais somente podem chegar a 50% do Capital Social. |
| Capital Social = 49% de ações ordinárias e 51% de ações preferenciais | **Não** | As ações preferenciais somente podem chegar a 50% do Capital Social. |

| Definição do controlador |
|---|
| A definição de coligada e controlada considera **apenas as ações ordinárias** (com direito a voto). Além disso, na Sociedade Anônima Aberta as **ações ordinárias não podem ser dividias em classes**, o que facilita a definição clara do controlador. |

38 Art. 31. Lei nº 6.404/1976.

39 §1º, art. 31. Lei nº 6.404/1976.

40 Art. 34. Lei nº 6.404/1976

41 § 2º, Art. 35 da Lei nº 6.404/1976.

**Chamada 86 do autor:** Fluxo para classificação das participações permanentes

**Figura 12.16:** Fluxo para classificação das participações permanentes

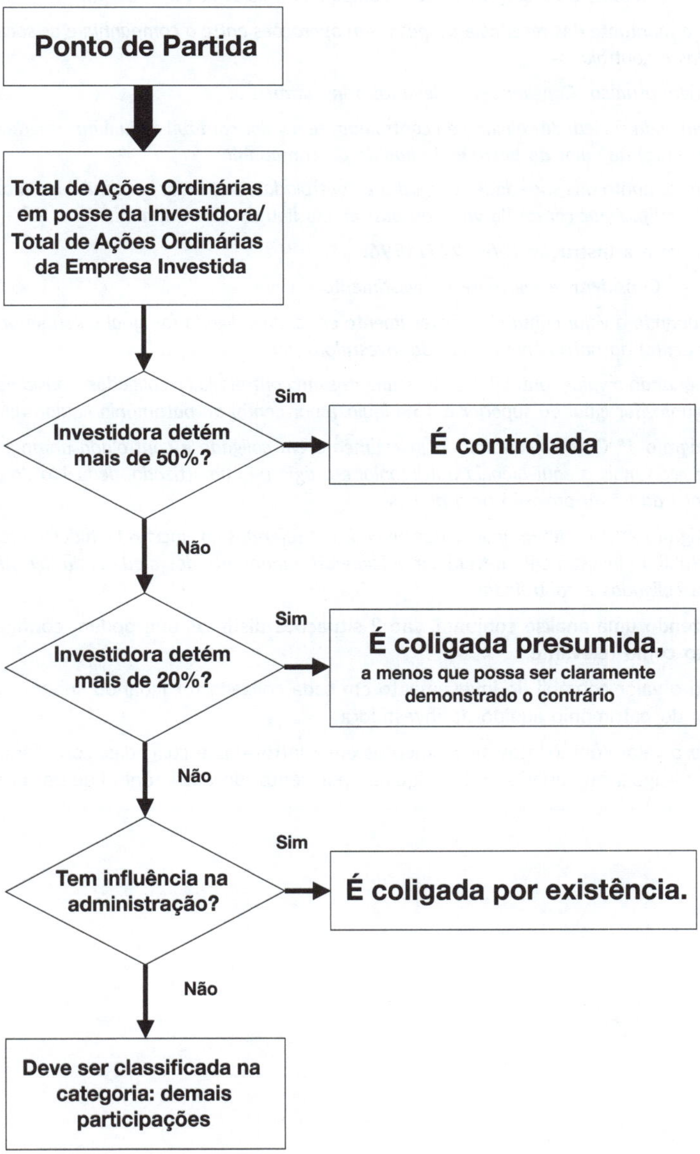

### Notas Explicativas dos investimentos avaliados pelo Método de Equivalência Patrimonial

**De acordo com a Lei nº 6.404/1976:**

*Art. 247. As notas explicativas dos investimentos a que se refere o art. 248 desta Lei devem conter informações precisas sobre as sociedades coligadas e controladas e suas relações com a companhia, indicando:*

*I – a denominação da sociedade, seu capital social e patrimônio líquido;*

*II – o número, espécies e classes das ações ou quotas de propriedade da companhia, e o preço de mercado das ações, se houver;*

*III – o lucro líquido do exercício;*

*IV – os créditos e obrigações entre a companhia e as sociedades coligadas e controladas;*

*V – o montante das receitas e despesas em operações entre a companhia e as sociedades coligadas e controladas.*

*Parágrafo único.* ***Considera-se relevante o investimento:***

*a) em cada sociedade coligada ou controlada,* ***se o valor contábil é igual ou superior a 10% (dez por cento) do valor do patrimônio líquido da companhia****;*

*b) no conjunto das sociedades coligadas e controladas,* ***se o valor contábil é igual ou superior a 15% (quinze por cento) do valor do patrimônio líquido da companhia.***

**De acordo com a Instrução CVM 247/1996:**

*Art. 4º Considera-se relevante o investimento:*

*I – quando o valor contábil do investimento em cada coligada for igual ou superior a 10% (dez por cento) do patrimônio líquido da investidora;* ***ou***

*II – quando o valor contábil dos investimentos em controladas e coligadas, considerados em seu conjunto, for igual ou superior a 15% (quinze por cento) do patrimônio líquido da investidora.*

*Parágrafo 1º O valor contábil do investimento em coligada e controlada abrange o custo de aquisição mais a equivalência patrimonial e o ágio não amortizado, deduzido do deságio não amortizado e da provisão para perdas.*

*Parágrafo 2º Para determinação dos percentuais referidos nos incisos I e II deste artigo, ao valor contábil do investimento deverá ser adicionado o montante dos créditos da investidora contra suas coligadas e controladas.*

**Assim, fazendo uma análise conjunta, são 2 situações distintas que podem configurar um investimento como relevante:**

1. Quando o valor contábil do investimento em cada coligada for igual ou superior a 10% (dez por cento) do patrimônio líquido da investidora

2. Quando o valor contábil dos investimentos em controladas e coligadas, considerados em seu conjunto, for igual ou superior a 15% (quinze por cento) do patrimônio líquido da investidora.

## 8.2. Aplicação dos métodos de mensuração nos instrumentos financeiros

As Figuras 12.17, 12.18 e 12.19 evidenciam os métodos respectivamente para as seguintes participações os instrumentos financeiros: (i) disponíveis para venda; (ii) destinadas à negociação.

O Quadro 12.24 traz considerações acerca das participações societárias temporárias mantidas até o vencimento.

| | |
|---|---|
| **Disponíveis para venda** | Ações ou derivativos que sejam negociados no mercado (Bolsa) a partir do momento que alcançarem determinado **percentual de valorização pré-fixado** pela investidora. |
| **Destinadas à negociação** | Ações ou derivativos em que há **intenção de negociar imediatamente** no mercado (Bolsa). |
| **Mantidas até o vencimento** | Ações ou derivativos em que a investidora possui capacidade financeira há **intenção de manter até uma data pré-fixada e a partir dessa data** negociar no mercado (Bolsa). |

**Chamada 87 do autor:** Aplicação dos métodos de mensuração nas participações temporárias

**Figura 12.17:** Formas para avaliar participações societárias temporárias disponíveis para venda

| Valor Justo > Valor da Ação | |
|---|---|
| **Valor da Ação ou Derivativo pela curva do papel[42] = Custo de Aquisição + Rendimentos pela Taxa Efetiva** | **Valor Justo (valor de mercado)** |
| **Ajuste de Avaliação Patrimonial (conta do PL → saldo credor)** | |

**ou**

| Valor Justo < Valor da Ação | |
|---|---|
| **Valor da Ação ou Derivativo pela curva do papel = Custo de Aquisição + Rendimentos pela Taxa Efetiva** | **Valor Justo (valor de mercado)** |
| | **Ajuste de Avaliação Patrimonial (conta do PL → saldo devedor)** |



[42] A marcação pela curva do papel, ao contrário da marcação a mercado, não é resultado da atualização diária da cotação dos ativos pelo valor de mercado. Essa prática, implica a

**Figura 12.18:** Formas para avaliar participações societárias temporárias destinadas à negociação

| Valor Justo > Valor da Ação | |
|---|---|
| Valor da Ação ou Derivativo pela curva do papel = Custo de Aquisição + Rendimentos pela Taxa Efetiva | Valor Justo (valor de mercado) |
| Receita de Variação do Valor Justo | |

ou

| Valor Justo < Valor da Ação | |
|---|---|
| Valor da Ação ou Derivativo pela curva do papel = Custo de Aquisição + Rendimentos pela Taxa Efetiva | Valor Justo (valor de mercado) |
| | Despesa de Variação do Valor Justo |

**Quadro 12.24:** Considerações acerca das participações societárias temporárias mantidas até o vencimento.

| |
|---|
| Pelo custo de aquisição, deduzido da conta perdas prováveis na realização do seu valor, quando essa perda estiver comprovada como permanente, e que não será modificado em razão do recebimento. |
| **O valor justo for superior ou inferior** é irrelevante nesse caso. Contudo, se ficar evidentes perdas de difícil recuperação deve ser registrada perdas prováveis: conta retificadora do ativo. |

**Figura 12.19:** Formas de mensurar as participações societárias temporárias

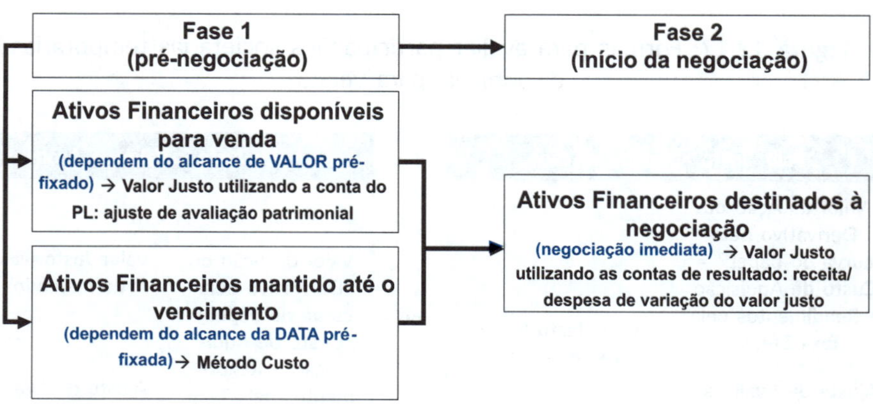


correção do valor dos títulos pelo respectivo indexador e taxa de juros utilizados quando a aplicação foi acordada.

**Simulação 09: Aplicação dos métodos de avaliação das participações societárias temporárias**

A Entidade TANGO apresentava as seguintes informações em 31/08/X0:

| Participações Societárias Temporárias | Descrição | Memória de Cálculo |
|---|---|---|
| Disponíveis para venda | 4.000 ações da Entidade SIERRA a R$ 25,00 com que seriam negociadas ao alcançar rendimento de 20%. | R$ 100.000 |
| Destinadas à negociação | 4.000 ações da Entidade UNIFORME a R$ 20. | R$ 80.000 |
| Mantidas até o vencimento | 2.000 ações da ENTIDADE VICTOR a R$ 50. | R$ 100.000 |

Caixa: ........ R$ 1.000.000
Plantas portadoras: ........ R$ 2.000.000
Imóveis: ........ R$ 5.000.000
Fornecedores: ........ R$ 3.280.000

**Situação Patrimonial antes da operação**

| | |
|---|---|
| **Ativo Circulante**<br>Caixa........1.000.000<br>Participações Societárias........280.000 | **Passivo Circulante**<br>Fornecedores........3.280.000 |
| **Ativo Não Circulante**<br>Imobilizado – bens operacionais ......5.000.000<br>Imobilizado – planta portadora........2.000.000 | **Passivo Não Circulante**<br><br>**PL**<br>Capital Social ........5.000.000 |

A Entidade TANGO apresentava as seguintes informações em 31/12/X0 as informações sobre as participações societárias foram atualizadas:

| Participações Societárias | Descrição | Memória de Cálculo atualizada |
|---|---|---|
| Disponíveis para venda | 4.000 ações da Entidade SIERRA possuíam valor de mercado de R$ 35,00 | R$ 140.000 |
| Destinadas à negociação | 4.000 ações da Entidade UNIFORME possuíam valor de mercado de R$ 19,00 | R$ 76.000 |
| Mantidas até o vencimento | 2.000 ações da ENTIDADE VICTOR possuíam valor de mercado de R$ 40 em função de uma perda permanente de uma filial. | R$ 80.000 |

Unidade Didática III
Avaliação Patrimonial

Vamos contabilizar:

Participações societárias temporárias **disponíveis para venda (VJ > Valor da Curva do Papel)**

D: Ativo Circulante - Participações societárias temporárias disponíveis para venda........(1.1.3.01.0001) R$ 40.000

C: Ajuste de Avaliação Patrimonial ........(2.3.1.04) R$ 40.000

Participações societárias temporárias **destinadas à negociação (VJ < Valor da Curva do Papel)**

D: Despesa de variação do valor justo ........(5.1.7.05) R$ 4.000

C: Ativo Circulante - Participações societárias temporárias destinadas à negociação........(1.1.3.01.0002) R$ 4.000

Participações societárias temporárias **mantidas até o vencimento (perda permanente)**

D: Despesas - Provisões e perdas estimadas ........(5.1.5.00) R$ 20.000

C: (-) Ativo Circulante - Perdas prováveis na realização do valor - participações temporárias ........(1.1.3.00.0004) R$ 20.000

**Situação Patrimonial após da operação**

| **Ativo Circulante** | **Passivo Circulante** |
|---|---|
| Caixa........1.000.000 | Fornecedores........3.280.000 |
| Participações Societárias........316.000[a] | |
| (-)Perdas prováveis na realização do valor - participações temporárias........(20.000) | |
| **Ativo Não Circulante** | **Passivo Não Circulante** |
| Imobilizado - bens operacionais........5.000.000 | |
| Imobilizado - planta portadora........2.000.000 | **PL** |
| | Capital Social........5.000.000 |
| | Ajuste de Avaliação Patrimonial........40.000 |
| | (-) Prejuízos acumulados........(24.000) |

**Legenda:** (a) 280.000 + 40.000 - 4.000.

## 8.3. Aplicação dos métodos de mensuração nas participações permanentes

Inicialmente cabe recapitular as 5 categorias.

| Categoria | Método de Mensuração |
|---|---|
| Coligadas | Método da equivalência patrimonial (MEP) |
| Controladas | Método da equivalência patrimonial (MEP) |
| Sociedades que façam parte do mesmo grupo | Método da equivalência patrimonial (MEP) |
| Sociedades que estejam sob controle comum | Método da equivalência patrimonial (MEP) |
| Demais casos | Pelo custo de aquisição, deduzido de provisão para perdas prováveis na realização do seu valor, **quando essa perda[43] estiver comprovada como permanente**, e que não será modificado em razão do recebimento, sem custo para a companhia, de ações ou quotas bonificadas. |

Deve-se aplicar o fluxo da Figura 12.20 para aplicar o método adequado. Contudo, existe uma ressalva que a controladora pode, mas não precisa aplicar o MEP.

| Requisitos simultâneos que dispensam a adoção do MEP por uma Entidade Controladora |
|---|
| 1.**Autorização legal.**<br>2.A **controladora é ela própria uma controlada** (integral ou parcial) **de outra entidade**, a qual, em conjunto com os demais proprietários, incluindo aqueles sem direito a voto, foram consultados e não fizeram objeção quanto à não apresentação das demonstrações consolidadas pela controladora.<br>3.Seus **instrumentos de dívida ou patrimoniais não são negociados publicamente** (bolsa de valores nacional ou estrangeira, ou mercado de balcão, incluindo mercados locais e regionais).<br>4.**Ela não tiver arquivado nem estiver em processo de arquivamento de suas demonstrações contábeis** junto a uma Comissão de Valores Mobiliários ou outro órgão regulador, visando à distribuição pública de qualquer tipo ou classe de instrumento no mercado de capitais.<br>5.A controladora final, ou qualquer controladora intermediária da controladora, **disponibiliza ao público suas demonstrações em conformidade com os Pronunciamentos do CPC**, em que as controladas são consolidadas ou são mensuradas ao valor justo por meio do resultado de acordo com o CPC 36. |

Do mesmo modo, se a Entidade perder a condição das 4 categorias (Coligadas, Controladas, Sociedades que façam parte do mesmo grupo, Sociedades que estejam sob controle comum), ela deixa de aplicar o MEP.

---

43 Em que pese a Lei nº 6.404/1976 (art. 183) utilizar o termo provisão, observa-se que pelo CPC 25 o termo provisão somente pode estar associado a passivos. O termo correto neste caso seria "perda provável".

**Figura 12.20:** Cenários envolvendo participações societárias permanentes que aplicam MEP ou Custo

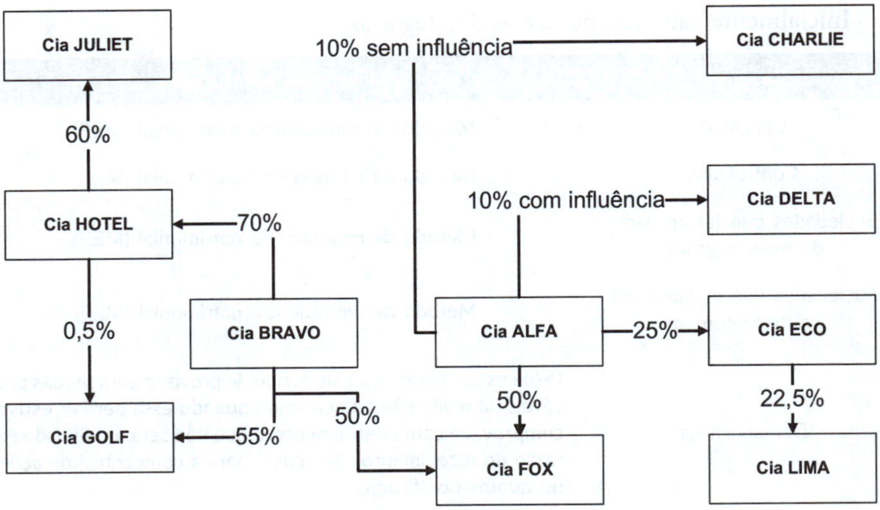


| Categoria | Relação Existente | Método de Mensuração |
|---|---|---|
| Demais casos | 10% da participação da Cia ALFA sobre a CHARLIE | **Pelo custo de aquisição**, deduzido de provisão para perdas prováveis na realização[44] do seu valor, quando essa perda estiver comprovada como permanente. |
| Coligadas | Participações que ALFA possui participação sobre as Cia DELTA (coligada por existência) e ECO (coligada presumida)<br>A Cia ECO é coligada presumida da Cia LIMA. | **MEP** |
| Controladas | Cia BRAVO controla a Cia HOTEL e Cia GOLF | **MEP** |
| | Cia HOTEL controla a Cia JULIET | **MEP** |
| | A Cia BRAVO possui o controle indireto da Cia JULIET | **MEP** |
| Sociedades que façam parte do mesmo grupo | A Cia HOTEL possui apenas 0,5% da Cia GOLF, mas fazem parte do mesmo grupo sobre controle da Cia BRAVO. | **MEP** |

44 Em que pese a Lei nº 6.404/1976 (art. 183) utilizar o termo provisão, observa-se que pelo CPC 25 o termo provisão somente pode estar associado a passivos. O termo correto neste caso seria "perda provável".

| Sociedades que estejam sob controle comum | A Cia FOX está sobre o controle comum das Cia ALFA e Cia BRAVO | MEP |
|---|---|---|

**A Cia BRAVO possui o controle indireto da Cia JULIET, contudo não existe relação de coligadas indiretas entre as Cia ALFA e LIMA.**

## 8.3.1. Método Custo

| Aspecto essencial do método custo |
|---|
| O método de custo para participações permanentes é similar ao método custo das participações societárias temporárias mantidas até o vencimento, qual seja:<br>**1.Não sofre influência do valor justo.**<br>**2.Somente reconhece perda comprovada de forma permanente.** |
| Caso fosse aplicado à simulação 09, seria contabilizado da seguinte forma o último lançamento:<br>Participações societárias permanentes **(perda permanente)**<br>D: Despesas – Provisões e perdas estimadas ........................(5.1.5.00) R$ 20.000<br>C: (-) Ativo Não Circulante – Perdas prováveis na realização do valor – participações permanentes ..................(1.2.2.001.0003) R$ 20.000 |

**Chamada 88 do autor:** Aplicação do método custo nas participações permanentes

## 8.3.2. Método da Equivalência Patrimonial

**De acordo com a Lei nº 6.404/1976:**

> *Art. 248. No balanço patrimonial da companhia, **os investimentos em coligadas ou em controladas e em outras sociedades que façam parte de um mesmo grupo ou estejam sob controle comum** **serão avaliados pelo método da equivalência patrimonial, de acordo com as seguintes normas:***
>
> ***I – o valor do patrimônio líquido da coligada ou da controlada será determinado com base em balanço patrimonial ou balancete de verificação** levantado, com observância das normas desta Lei, na mesma data, ou até 60 (sessenta) dias, no máximo, antes da data do balanço da companhia; **no valor de patrimônio líquido não serão computados os resultados não realizados decorrentes de negócios***

***com a companhia, ou com outras sociedades coligadas à companhia, ou por ela controladas;***

*II –* ***o valor do investimento será determinado mediante a aplicação, sobre o valor de patrimônio líquido referido no número anterior, da porcentagem de participação no capital da coligada ou controlada;***

*III – a diferença entre o valor do investimento, de acordo com o número II, e o custo de aquisição corrigido monetariamente; somente será registrada como resultado do exercício:*

*a) se decorrer de lucro ou prejuízo apurado na coligada ou controlada;*

*b) se corresponder, comprovadamente, a ganhos ou perdas efetivos;*

*c) no caso de companhia aberta, com observância das normas expedidas pela Comissão de Valores Mobiliários.*

*§ 1º Para efeito de determinar a relevância do investimento, nos casos deste artigo, serão computados como parte do custo de aquisição os saldos de créditos da companhia contra as coligadas e controladas.*

*§ 2º A sociedade coligada, sempre que solicitada pela companhia, deverá elaborar e fornecer o balanço ou balancete de verificação previsto no número I.*

**Ver maior detalhamento sobre as operações Inter companhias no capítulo 25[45].**

| Método da equivalência patrimonial |
|---|
| É o método de contabilização por meio do qual o **investimento é inicialmente reconhecido pelo custo e, a partir daí, é ajustado para refletir a alteração pós-aquisição na participação do investidor sobre os ativos líquidos da investida**. As receitas ou as despesas do investidor incluem sua participação nos lucros ou prejuízos da investida, **e os outros resultados abrangentes do investidor incluem a sua participação em outros resultados abrangentes da investida**[46]. |

## Ganho de Equivalência Patrimonial

= % de Participação da Investida x (Lucro Líquido da Investida + Outros Resultados Abrangentes)

**ou**

## Perda de Equivalência Patrimonial

= % de Participação da Investida x (Prejuízo Líquido da Investida + Outros Resultados Abrangentes)

**Chamada 89 do autor:** Aplicação do MEP nas participações permanentes

---

45 CPC 18. Item 26: Muitos dos procedimentos que são apropriados para a aplicação do método da equivalência patrimonial são similares aos procedimentos de consolidação, descritos no Pronunciamento Técnico CPC 36 – Demonstrações Consolidadas. Além disso, os conceitos que fundamentam os procedimentos utilizados para contabilizar a aquisição de controlada devem ser também adotados para contabilizar a aquisição de investimento em coligada ou em empreendimento controlado em conjunto.

46 Será aprofundado no Capítulo 21 de DRA – Demonstração do Resultado Abrangente.

**Simulação 10: Aplicação do MEP**

A Entidade ALFA apresentava as seguintes informações em 31/12/X0:

| Participações Societárias Permanentes adquiridas em 31/12/X0 | Descrição | Memória de Cálculo |
|---|---|---|
| 25% de ações na Cia ECO | 4.000 ações a R$ 25,00 | R$ 100.000 |
| 10% na Cia DELTA e há influência significativa | 4.000 ações a R$ 50,00 | R$ 200.000 |
| 10% na Cia CHARLIE | 6.000 ações a R$ 75,00 | R$ 450.000 |
| 50% na Cia FOX | 6.000 ações a R$ 100,00 | R$ 600.000 |

Caixa: R$ 1.000.000

Plantas portadoras: R$ 2.000.000

Imóveis: R$ 5.000.000

Fornecedores: R$ 3.280.000

**Situação Patrimonial antes da operação**

| | |
|---|---|
| **Ativo Circulante**<br>Caixa ....................1.000.000 | **Passivo Circulante**<br>Fornecedores ....................2.350.000 |
| **Ativo Não Circulante**<br>Investimentos – Participações Societárias......1.350.000<br>Imobilizado – bens operacionais ......5.000.000<br>Imobilizado – planta portadora.........2.000.000 | **Passivo Não Circulante**<br><br>**PL**<br>Capital Social ....................7.000.000 |

A Entidade ALFA obteve as seguintes informações em 31/12/X1 sobre as participações societárias permanentes:

| Participações Societárias Permanentes | Resultado | Cálculo pelo MEP |
|---|---|---|
| 25% de ações na Cia ECO | Lucro Líquido de R$ 2.000.000 | GEP = 25% x 2.000.000 à R$ 500.000 |
| 10% na Cia DELTA e há influência significativa | Prejuízo Líquido de R$ 1.000.000 | **PEP = 10% x 1.000.000 → (R$ 100.000)** |
| 10% na Cia CHARLIE | Lucro Líquido de R$ 5.000.000 | **Não aplica MEP.**<br>Irrelevante para a conta investimento, porém haverá dividendos a receber. |
| 50% na Cia FOX | Lucro Líquido de R$ 10.000.000 | GEP = 50% x 10.000.000 à R$ 5.000.000 |

**Vamos contabilizar:**

Participações societárias permanentes: Cia ECO → **Ganho de Equivalência Patrimonial**

D: Ativo Não Circulante - Investimentos - Participações societárias..........(1.2.2.01.0001) R$ 500.000

C: Participações nos resultados de controladoras e coligadas pela equivalência patrimonial..........(5.1.7.01.0001) R$ 500.000

Participações societárias permanentes: Cia DELTA → **Perda de Equivalência Patrimonial**

D: Participações nos resultados de controladoras e coligadas pela equivalência patrimonial..........(5.1.7.01.0001) R$ 100.000

C: Ativo Não Circulante - Investimentos - Participações societárias..........(1.2.2.01.0001) R$ 100.000

Participações societárias permanentes: Cia FOX → **Ganho de Equivalência Patrimonial**

D: Ativo Não Circulante - Investimentos - Participações societárias..........(1.2.2.01.0001) R$ 5.000.000

C: Participações nos resultados de controladoras e coligadas pela equivalência patrimonial..........(5.1.7.01.0001) R$ 5.000.000

**Situação Patrimonial** após **da operação**

| **Ativo Circulante** | **Passivo Circulante** |
|---|---|
| Caixa..........1.000.000 | Fornecedores..........2.350.000 |
| **Ativo Não Circulante** | **Passivo Não Circulante** |
| Investimentos - Participações Societárias...6.750.000 | **PL** |
| Imobilizado - bens operacionais......5.000.000 | Capital Social..........7.000.000 |
| Imobilizado - planta portadora.........2.000.000 | Lucros acumulados..........5.400.000[a] |

**Legenda:** (a) 500.000 - 100.000 + 5.000.000.

# 9. *GOODWILL*, COMPRA VANTAJOSA, MAIS VALIA EM UMA COMBINAÇÃO DE NEGÓCIOS

## 9.1. Combinação de Negócios

Combinação de negócios são operações nas quais se **obtém o controle** de um ou mais negócios. Para se adquirir um negócio não necessariamente implica em adquirir uma empresa.

**Combinação de Negócios versus Reestruturação de Negócios**

Podem ocorrer reestruturações de negócios (fusões, aquisições, incorporações) sem que nenhum negócio esteja sendo transacionado (vendido ou comprado). De igual modo, após uma combinação de negócios pode ou não ocorrer uma reestruturação.

Ou seja, não são conceitos sinônimos.

| Controle Total versus Controle Compartilhado |
|---|
| Apenas o controle total é considerado para fins do CPC 15 e neste tópico. |

| Adquirente |
|---|
| É a entidade que em uma combinação de negócios obtive o controle sobre os negócios combinados ou adquiridos, ou seja, será a entidade que tiver o poder de dirigir as atividades relevantes e desfrutar seus benefícios. |

| Método de Aquisição em 4 passos |
|---|
| 1ºPasso: Identificar o adquirente.<br>2ºPasso: Determinar a data de aquisição.<br>3ºPasso: Reconhecer e mensurar os ativos identificáveis, os passivos assumidos, e as participações societárias de sócios não controladores na adquirida.<br>4º Passo: Reconhecer e mensurar o ágio por rentabilidade futura (Goodwill) ou o ganho por compra vantajosa. |

| Atenção |
|---|
| Além da obtenção do controle por Entidade independente dos proprietários (futuros ex-proprietários) no negócio adquirido, uma combinação de negócios está caracterizada somente se os ativos líquidos adquiridos constituírem um negócio nos termos do CPC 15. |

**Conceito de negócio nos termos do CPC 15**

Conjunto de atividades e ativos capaz de ser conduzido e gerenciado por um participante do mercado.

**Um negócio** consiste em **insumos** e **processos** aplicados a esses insumos que possuem a capacidade de contribuir para gerar **produção**.

| | |
|---|---|
| **Insumo** | É qualquer recurso econômico que gere produção quando um ou mais processos são aplicados a ele.<br>Deve estar presente pelo menos 1 insumo. |
| **Processo** | É qualquer sistema, padrão, protocolo, convenção ou regra que, quando aplicado a um insumo, gera ou tenha a capacidade de gerar produção.<br>Deve estar presente pelo menos 1 processo substantivo. |
| **Produção** | É o resultado de insumos e processo aplicados a esses insumos que forneça produtos ou serviços a esses clientes, gere receitas de investimentos (dividendos, juros etc.) ou gere outras receitas de atividade normais. |

A produção não é necessária para que um conjunto integrado de atividades e ativos se qualifique como um negócio.

Um negócio não exige que todos os insumos e processos do vendedor sejam inclusos para sua caracterização.

Unidade Didática III
Avaliação Patrimonial

## Quadro 12.25: Combinação de Negócios – Exemplos positivos e negativos

| Não é uma combinação de negócios | É uma combinação de negócios |
|---|---|
| Aquisição de 20 ônibus operados por motoristas autônomos.<br>Não houve transferência de empregados, outros ativos, processos ou outras atividades.<br>Ao aplicar o teste de concentração, os ônibus são considerados ativos identificáveis similares.<br>**Não há combinação de negócios.** | Aquisição de 20 ônibus operados por motoristas autônomos.<br>Houve transferência de empregados e das linhas onde os ônibus operavam. Ou seja, os contratos associados os insumos e processos.<br>**Há combinação de negócios.** |
| Aquisição de shopping composto de 40 lojas comerciais em shopping recém construído.<br>Não houve transferência de empregados, outros ativos, processos ou outras atividades.<br>Ao aplicar o teste de concentração, o shopping é um ativo identificável.<br>**Não há combinação de negócios.** | Aquisição de shopping composto de 40 lojas comerciais em shopping já operando.<br>As salas já estão locadas e já há uma clientela substancial.<br>Houve transferência das lojas e dos contratos associados.<br>**Há combinação de negócios.** |

**Questão de Reforço – CGE-PB – Auditor Contábil e Finanças Públicas 2024 FGV**

A empresa Alfa irá fundir-se com a empresa Beta, ambas sociedades anônimas. Os termos da fusão serão de que Beta oferecerá duas de suas ações para cada ação de Alfa. Nessa operação não haverá contrapartida em dinheiro. O ativo de Beta é de R$ 500 milhões e de Alfa é de R$ 250 milhões. Após a emissão das ações, o conselho de administração será composto de 30% de diretores de Alfa e o restante de Beta. O grupo passará a ser denominado Grupo Beta. Três meses após a aquisição, 20% de Alfa é vendida. Segundo as informações apresentadas e os preceitos do CPC 15 – Combinação de Negócios, a situação caracteriza:

(A) operação em conjunto;

(B) incorporação reversa;

(C) aquisição hostil;

(D) compra vantajosa;

(E) Beta como adquirente.

**Solução**

| Eventos | Descrição |
|---|---|
| Aquisição Reversa | No caso da aquisição reversa, os acionistas de "B" migram para "A" e "B" torna-se uma subsidiária integral de "A". Os acionistas de "B" passam a controlar "A" e os antigos acionistas de "A" tornam-se minoritários de "A". |
| Incorporação reversa | Ativamente praticada no Brasil, no início do processo de privatização dos setores de energia elétrica e de telecomunicações. |
| Aquisição hostil | Uma aquisição hostil é uma aquisição em que o adquirente compra uma empresa que não estava à venda. |

| | |
|---|---|
| Compra Vantajosa | Quando o somatório a seguir: Da contraprestação transferida em troca do controle da adquirida para a qual geralmente se exige o valor justo na data da aquisição + Do montante de quaisquer participações de não controladores na adquirida + No caso de combinação de negócios realizada em estágio, o valor justo, na data da aquisição, da participação do adquirente na adquirida imediatamente antes da combinação é inferior ao valor líquido, na data da aquisição, dos ativos identificáveis adquiridos e dos passivos assumidos. |

Gabarito: **E**

## 9.2. *Goodwill*, Compra Vantajosa e Mais Valia

O *Goodwill* é o ágio por expectativa de rentabilidade futura. Ele só pode ser adquirido, jamais gerado internamente. De acordo com o CPC 15, o *Goodwill*, ágio por expectativa de rentabilidade futura, é um ativo que representa benefícios econômicos futuros resultantes de outros ativos adquiridos em uma combinação de negócios, os quais não são individualmente identificados e separadamente reconhecidos. O Quadro 12.26 contém os tipos de *Goodwill*.

**Quadro 12.26:** Tipos de *Goodwill*

| | |
|---|---|
| *Goodwill* Objetivo | *Goodwill* = Valor Pago – Valor Justo |
| *Goodwill* Subjetivo | *Goodwill* = Valor Presente dos Fluxos de Caixa Futuro – Valor Justo líquidos dos ativos e passivos |

De acordo com o CPC 15, o adquirente deve reconhecer o ágio por expectativa de rentabilidade futura (*goodwill*) conforme a Figura 12.21 a seguir.

**Figura 12.21:** Identificando o *Goodwill*

| | |
|---|---|
| A - Soma:<br>Da contraprestação transferida em troca do controle da adquirida para a qual geralmente se exige o valor justo na data da aquisição<br>+<br>Do montante de quaisquer participações de não controladores na adquirida<br>+<br>No caso de combinação de negócios realizada em estágio, o valor justo, na data da aquisição, da participação do adquirente na adquirida imediatamente antes da combinação. | ***Goodwill***<br><br>B - O valor líquido, na data da aquisição, dos ativos identificáveis adquiridos e dos passivos assumidos. |

De acordo com o CPC 15, o adquirente deve reconhecer uma vantajosa conforme Figura 12.22 a seguir.

## Figura 12.22: Compra vantajosa(A<B)

| Ganho em conta de resultado:<br>compra vantajosa | |
|---|---|
| A – Soma:<br>Da contraprestação transferida em troca do controle da adquirida para a qual geralmente se exige o valor justo na data da aquisição<br>+<br>Do montante de quaisquer participações de não controladores na adquirida<br>+<br>No caso de combinação de negócios realizada em estágio, o valor justo, na data da aquisição, da participação do adquirente na adquirida imediatamente antes da combinação. | B – O valor líquido, na data da aquisição, dos ativos identificáveis adquiridos e dos passivos assumidos. |

**Curiosidade: Qual a localização do Goodwill no Ativo?**

**1.Em que pese ter a ideia inicial de que o goodwill é um intangível, essa afirmação vale apenas para demonstrações consolidadas.**

**2.Inicialmente, o goodwill é registrado no** ativo não circulante investimentos **na demonstração individual da investidora.**

**3.Somente na consolidação das demonstrações, o Goodwill** será reclassificado para o ativo não circulante intangível.

**Compra Vantajosa**

1.Uma compra vantajosa pode acontecer, por exemplo, em combinação de negócios que resulte de uma venda forçada, na qual o vendedor é compelido a agir dessa forma.

2.Caso esse excesso de valor permaneça após a aplicação das exigências a seguir, **o adquirente deve reconhecer o ganho resultante, na demonstração de resultado do exercício**, na data da aquisição. O ganho deve ser atribuído ao adquirente.

**3.Exigências**: Antes de reconhecer o ganho decorrente de compra vantajosa, o adquirente deve promover uma revisão para se certificar de que todos os ativos adquiridos e todos os passivos assumidos foram corretamente identificados e, portanto, reconhecer quaisquer ativos ou passivos adicionais identificados na revisão. O adquirente também deve rever os procedimentos utilizados para mensurar os valores a serem reconhecidos na data da aquisição, para todos os itens abaixo:

(a) ativos identificáveis adquiridos e passivos assumidos;

(b) participação de não controladores na adquirida, se houver;

(c) no caso de combinação de negócios realizada em estágios, qualquer participação societária anterior do adquirente na adquirida; e

(d) a contraprestação transferida para obtenção do controle da adquirida.

**Chamada 90 do autor:** Aspectos Essenciais sobre o *Goodwill*, Compra Vantajosa e Mais Valia

## Simulação 11: Reconhecimento do *Goodwill*

A Entidade ALFA adquire 80% da Entidade BRAVO em 31/12/X0 por R$ 10.000.000

**Situação Patrimonial** da Entidade BRAVO

| **Ativo Circulante** | **Passivo Circulante** |
|---|---|
| Caixa........................................1.000.000 | Fornecedores..............................2.350.000 |
| **Ativo Não Circulante** | **Passivo Não Circulante** |
| Investimentos – Participações Societárias ..................................1.350.000 | **PL** |
| Imobilizado – bens operacionais 5.000.000 | Capital Social ..............................7.000.000 |
| Imobilizado – planta portadora...2.000.000 | |

**Situação Patrimonial** da Entidade ALFA **antes da operação**

| **Ativo Circulante** | **Passivo Circulante** |
|---|---|
| Caixa........................................30.000.000 | Fornecedores..............................5.000.000 |
| **Ativo Não Circulante** | **Passivo Não Circulante** |
| Imobilizado – bens operacionais ....10.000.000 | |
| | **PL** |
| | Capital Social ..............................35.000.000 |

Memória de Cálculo = 10.000.000 – (80% do PL 7.000.000) = 10.000.000 – 5.600.000 = 4.400.000

**Vamos contabilizar:**

Registro do Goodwill

D: Ativo Não Circulante – Investimentos – Participações societárias ..........................................(1.2.2.01) R$ 5.600.000

D: Ativo Não Circulante – Investimentos - Goodwill ..............(1.2.2.05) R$ 4.400.000

C: Caixa.........................................................................................(1.1.1.01.0001) R$ 10.000.000

Unidade Didática III
Avaliação Patrimonial

**Situação Patrimonial** da Entidade ALFA após **a operação**

| **Ativo Circulante**<br>Caixa....................20.000.000 | **Passivo Circulante**<br>Fornecedores....................5.000.000 |
|---|---|
| **Ativo Não Circulante**<br>Investimentos – Participações Societárias....................5.600.000<br>Investimento – Goodwill.......... 4.400.000<br><br>Imobilizado – bens operacionais ....................10.000.000 | **Passivo Não Circulante**<br><br>**PL**<br>Capital Social ....................35.000.000 |

**O registro do Goodwill não depende da aquisição integral da empresa.**

Na consolidação das Demonstrações Contábeis contemplando Investidora e Investida, o Goodwill é reclassificado para o Intangível no Balanço Consolidado.

**Caso, fosse uma compra vantajosa, ou seja, se a empresa estivesse pagando apenas $ 5.000.000, o registro seria esse:**

Registro da Compra Vantajosa

D: Ativo Não Circulante – Investimentos – Participações societárias...(1.2.2.01) R$ 5.600.000

C: Caixa..........................................................(1.1.1.01.0001) R$ 5.000.000

C: Ganho de Capital (Receita)...................................(5.1.7.02) R$ 600.000

**Curiosidade 6**

1.Atualmente, como regra geral, o Goodwill não pode ser amortizado (ver detalhes no capítulo 13).

**Item 32 do CPC 18:**

*(a) o ágio fundamentado em rentabilidade futura (goodwill) relativo a uma* ***coligada, a uma controlada ou a um empreendimento controlado em conjunto*** *(neste caso, no balanço individual da controladora) deve ser incluído no valor contábil do investimento e* ***sua amortização não é permitida****;*

**Item 10 do CPC 01:**

***Independentemente de existir, ou não, qualquer indicação de redução ao valor recuperável, a entidade deve:***

*a) testar, no mínimo anualmente, a redução ao valor recuperável de um ativo intangível com vida útil indefinida ou de um ativo intangível ainda não disponível para uso, comparando o seu valor contábil com seu valor recuperável. Esse teste de redução ao valor recuperável pode ser executado a qualquer momento no período de um ano, desde que seja executado, todo ano, no mesmo período. Ativos intangíveis diferentes podem ter o valor recuperável testado em períodos diferentes. Entretanto, se tais ativos intangíveis foram inicialmente reconhecidos durante o ano corrente, devem ter a redução ao valor recuperável testada antes do fim do ano corrente; e*

***(b) testar, anualmente, o ágio pago por expectativa de rentabilidade futura (goodwill) em combinação de negócios, ...***

2. Assim, as empresas que usam as normas internacionais ou CPCs completos do Brasil devem aplicar o teste anual de impairment (ver detalhes no capítulo 14).

3. No entanto, as pequenas e médias empresas estão autorizadas utilizar o método de amortização para o Goodwill limitado a 10 anos.

**CPC - Pequenas e Médias Empresas:**

*18.1 Esta seção se refere à contabilidade para todos os ativos intangíveis, exceto o ágio por expectativa de rentabilidade futura (Goodwill -seção 19) e os ativos intangíveis mantidos por entidade para venda no curso normal dos negócios.*

*18.20 Caso a vida útil do ativo intangível não puder ser estabelecida de forma confiável, a vida útil deve ser determinada com base na melhor estimativa da administração,* ***mas não deve exceder a dez anos.***

*19.1 Esta seção se refere à contabilidade para combinação de negócios. A seção fornece orientação acerca da identificação do adquirente, da mensuração do valor da combinação de negócios e da alocação desse valor aos ativos adquiridos e passivos e provisões para passivos contingentes assumidos.* ***A seção também aborda a contabilidade para o ágio por expectativa de rentabilidade futura (fundo de comércio ou goodwill) no momento da combinação de negócios e nos momentos subsequentes.***

*19.23 Após o reconhecimento inicial, a entidade adquirente deve mensurar o ágio por expectativa de rentabilidade futura adquirido em combinação de negócios pelo custo menos amortização acumulada e perdas acumuladas por redução ao valor recuperável:*

*a)* ***a entidade deve seguir os princípios dos itens 18.19 a 18.24 para amortização do ágio por expectativa de rentabilidade futura. Caso a vida útil do ágio por expectativa de rentabilidade futura não puder ser estabelecida de forma confiável, a vida útil deve ser determinada com base na melhor estimativa da administração, mas não deve exceder a dez anos;***

*(b) a entidade deve seguir a Seção 27 - Redução ao Valor Recuperável de Ativos para o reconhecimento e a mensuração de redução ao valor recuperável do ágio por expectativa de rentabilidade futura.*

## 9.3. Mais ou Menos Valia

O Quadro 12.27 traz os conceitos de *Goodwill* e mais ou menos valia à luz da IN RFB nº 1.700/2017.

**Quadro 12.27:** *Goodwill* e Mais ou Menos Valia

| | |
|---|---|
| Mais ou menos-valia[a] | Valor que corresponde à diferença entre o valor justo dos ativos líquidos da investida e o valor do patrimônio líquido na época da aquisição. |
| Goodwill | Valor que corresponde à diferença entre o custo de aquisição do investimento e o somatório do patrimônio na época da aquisição e a mais ou menos-valia. |

**Legenda: (a)** nas questões em que não houver informações sobre a diferença entre o valor justo e o valor patrimonial, considera-se inexistente a mais valia.

A Figura 12.23 contém as combinações envolvendo *Goodwill*, Compra Vantajosa, Mais-Valia, Menos-Valia.

Unidade Didática II
Avaliação Patrimonial

**Figura 12.23:** Combinações envolvendo Goodwill, Compra Vantajosa, Mais-Valia, Menos-Valia

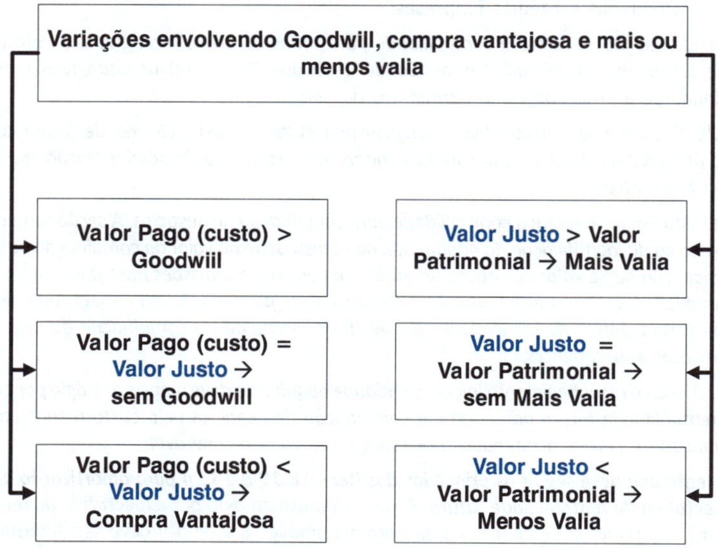


**Legenda: (a)** nas questões em que não houver informações sobre a diferença entre o valor justo e o valor patrimonial, considera-se inexistente a mais valia. **(b) valor contábil/patrimonial:** valor dos ativos da empresa, menos suas obrigações, baseados em princípios contábeis. **(c) valor de mercado/valor pago:** seria o valor das ações negociadas em mercado determinado pela oferta e demanda. **(d) valor justo:** busca estimar o valor verdadeiro frequentemente utilizado em fusões e aquisições. Pode-se basear em uma variedade de métodos.

### Simulação 12: Goodwill e Mais Valia

A Entidade ALFA adquiriu 80% das ações de Entidade BRAVO por R$ 15.000.000, sendo que o valor Patrimonial total de BRAVO correspondia a R$ 10.000.000.

Além disso, foi observado o seguinte:

(i)O valor justo de um imobilizado era R$ 1.500.000 maior que o informado;

(ii)uma patente criada pela própria empresa, por isso não estava contabilizada, pode ser negociada a R$ 500.000.

Assim, o Valor Justo da Entidade BRAVO foi de R$ 12.000.000 (2.000.000 maior que o valor patrimonial).

Valor Pago – Valor Justo = (15.000.000 – 80% de 12.000.000) = 5.400.000 de Goodwill

Valor Justo – Valor Patrimonial = 80% de 12.000.000 – 80% de 10.000.000 = 1.600.000 de Mais-Valia

**Registro contábil:**

D Investimentos – Participações........................R$ 8.000.000

D Investimentos – Goodwill................................R$ 5.400.000

D Investimentos – Mais Valia..............................R$ 1.600.000

C Caixa..........................................................................R$ 15.000.000

## 10. ATIVO NÃO CIRCULANTE MANTIDO PARA VENDA

### 10.1. Conceitos

A entidade deve classificar um ativo não circulante como mantido para venda **se o seu valor contábil vai ser recuperado**, principalmente, **por meio de transação de venda em vez do uso contínuo**.

Os ativos de uma classe que a entidade **normalmente consideraria como não circulante**, e que sejam **adquiridos para revenda, não devem ser classificados como circulantes, a não ser que satisfaçam aos critérios de classificação como mantidos para venda** de acordo com o CPC 31.

**A classificação, a apresentação e a mensuração** aplicáveis **a ativo não circulante (ou grupo de ativos) classificado como mantido para venda** também se aplicam **a ativo não circulante (ou grupo de ativos) que seja classificado como destinado a ser distribuído aos sócios** na sua condição de proprietários (mantido para distribuição aos proprietários).

As transações de venda **incluem trocas de ativos não circulantes por outros ativos não circulantes** quando a troca tiver **substância comercial**.

| Atenção |
|---|
| 1.Conclui-se que um **ativo não circulante mantido para a venda** deve ser contabilizado no ativo circulante desde que cumpra os requisitos do CPC 31. |
| 2. O **ativo não circulante** mantido para distribuição aos proprietários **também** deve ser contabilizado no ativo circulante desde que cumpra os requisitos do CPC 31. |
| 3. **A continuidade do ativo é descartada.** |

Para que esse seja o caso, o ativo ou o grupo de ativos mantido para venda deve estar disponível para venda imediata em suas condições atuais, sujeito apenas aos termos que sejam habituais e costumeiros para venda de tais ativos mantidos para venda. **Com isso, a sua venda deve ser altamente provável.**

| Critérios para categorizar uma venda como altamente provável |
|---|
| 1.O nível hierárquico de gestão apropriado deve estar comprometido com o plano de venda do ativo. |
| 2. Deve ter sido iniciado um programa firme para localizar um comprador e concluir o plano. |
| 3. O ativo mantido para venda deve ser efetivamente colocado à venda por preço que seja razoável em relação ao seu valor justo corrente. |
| 4. Espera-se que a venda se qualifique como concluída em até 1 (um) ano a partir da data da classificaçãoa. |
| 5. As ações necessárias para concluir o plano devem indicar que é improvável que possa haver alterações significativas no plano ou que o plano possa ser abandonado. |
| (a) Acontecimentos ou circunstâncias podem estender o período de conclusão da venda para além de um ano. A extensão do período durante o qual se exige que a venda seja concluída **não impede que o ativo seja classificado como mantido para venda se o atraso for causado por acontecimentos ou circunstâncias fora do controle da entidade** e se **houver evidência suficiente de que a entidade continua comprometida com o seu plano de venda do ativo.** |

| Participações Permanentes classificadas como ativo não circulante mantido para vendas |
|---|
| A entidade que estiver compromissada com um plano de venda para a alienação de controlada deve classificar **todos os ativos e passivos dessa controlada (no balanço consolidado) como mantidos para venda** quando os critérios estiverem presentes, independentemente de a entidade passar a deter uma participação na investida como não controladora após a venda dessa controlada. |

| Aquisição de ativo não circulante ou um grupo de ativos exclusivamente com vistas à posterior alienação (inclusive no caso de ativo recebido em troca de outro, como na dação em pagamento) |
|---|
| Só deve classificá-lo como mantido para venda na data de aquisição se:<br>1.Atende todos os 5 critérios para que a venda seja altamente provável.<br>2.Algum critério não esteja satisfeito nessa data, estará satisfeito em curto prazo após a aquisição (normalmente, no prazo de três meses). |

| Eventos limites para cumprir os critérios | |
|---|---|
| Critérios satisfeitos após a data do balanço. | A entidade não deve classificar o ativo não circulante ou o grupo de ativos mantido para venda como tais nessas demonstrações contábeis quando forem divulgadas. |
| Critérios satisfeitos forem satisfeitos após a data de balanço, **mas antes da autorização para emissão das demonstrações contábeis.** | A entidade deve divulgar informação específica nas notas explicativas, como está previsto nos itens. |

| O ativo não circulante (ou grupo de ativos) é classificado como mantido para distribuição aos sócios | | |
|---|---|---|
| 1. Ocorre quando a entidade **está comprometida** para distribuir esse ativo (ou grupo de ativos) aos proprietários. **Condições:** | | |
| 1. É necessário que os ativos estejam disponíveis para imediata distribuição na sua condição atual. | e | 2. A distribuição é altamente provável. |
| 2. **Caracteriza uma distribuição altamente provável:** | | |
| 1. Ações para completar a distribuição devem já ter sido iniciadas. | | Devem indicar não ser provável que mudanças significativas na distribuição sejam feitas ou que a distribuição virá a não ser feita. |
| 2. Deve estar presente a expectativa de serem completadas dentro de um ano a partir da classificação. | | Deve ser considerada fator na verificação de ser a distribuição classificável como altamente provável. |

## 10.2. Mensuração

O Quadro 12.28 contém as formas de mensuração.

**Quadro 12.28:** Forma de Mensuração de Ativos Não Circulantes em condições atípicas

| Item | Forma de Mensuração |
|---|---|
| Ativo ou o grupo de ativos não circulantes classificado como mantido para venda. | Menor valor entre o seu valor contábil e o valor justo menos as **despesas de venda**. |
| | Quando se espera que a venda ocorra após um ano, a entidade deve mensurar as despesas de venda pelo valor presente. Qualquer aumento no valor presente das despesas de venda que resulte da passagem do tempo deve ser apresentado nos resultados como despesa financeira |
| Ativo não circulante (ou grupo de ativos) mantido para distribuição aos sócios. | Menor valor entre seu valor contábil e seu valor justo diminuído das **despesas de distribuição**[a]. |

**Legenda:** (a) Despesas de distribuição são as despesas incrementais diretamente atribuíveis à distribuição, excluídos as financeiras e os tributos sobre o lucro.

**Figura 12.24:** Forma de Mensuração Inicial do Ativo Não Mantido para Venda

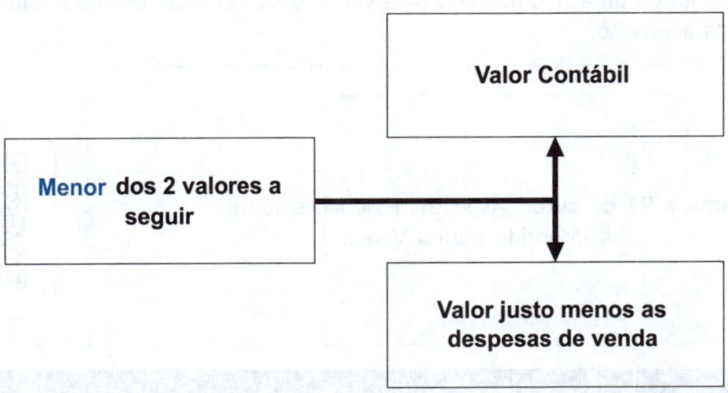

## Quadro 12.29: Fase da Mensuração e impactos

| Fase 1 | Fase 2 | Fase 3 |
|---|---|---|
| Imediatamente antes da classificação inicial do ativo ou do grupo de ativos como mantido para venda | Mensuração subsequente de grupo de ativos mantido para venda | Perdas e Ganhos posteriores |
| Os valores contábeis do ativo (ou de todos os ativos e passivos do grupo de ativos) devem ser mensurados de acordo com os Pronunciamentos Técnicos aplicáveis | Devem ser remensurados de acordo com os Pronunciamentos Técnicos aplicáveis antes de o valor justo menos as despesas de venda do grupo de ativos mantido para venda ser remensurado | **Qualquer redução inicial** ou posterior do ativo ou do grupo de ativo mantido para venda ao valor justo menos as despesas de venda, além de qualquer outra perda que tenha sido reconhecida nas fases anteriores → Reconhece a perda por redução ao valor recuperável. |
| | | Qualquer aumento posterior no valor justo menos as despesas de venda de um ativo→ Reconhece o ganho, sendo este limitado à perda por redução ao valor recuperável acumulada que tenha sido reconhecida anteriormente. |

**Atenção**

O ganho ou a perda que não tenha sido reconhecido anteriormente à data da venda de ativo não circulante ou de grupo de ativos mantido para venda deve ser **reconhecido à data da baixa**. Ou seja, na data da alienação.

**Chamada 91 do autor:** Aspectos Essenciais sobre Ativo Mantido para a Venda

**Depreciação e Amortização**

A entidade **não deve depreciar (ou amortizar) o ativo não circulante enquanto estiver classificado como mantido para venda** ou **enquanto fizer parte de grupo de ativos classificado como mantido para venda**. Os juros e os outros gastos atribuíveis aos passivos de grupo de ativos classificado como mantido para venda devem continuar a ser reconhecidos.

| Simulação 13: Casos hipotéticos extraídos do CPC 31 | | |
|---|---|---|
| **Hipótese** | **Descrição** | **Categorização** |
| 1 | Uma Entidade está comprometida com o plano de venda do prédio de sua sede e iniciou ações para localizar um comprador.<br>A entidade pretende transferir o prédio a um comprador após desocupá-lo. O tempo necessário para desocupar o prédio é usual e habitual para vendas desse tipo de ativo. | Pode ser classificado como um ativo não circulante mantido para venda. |
| 2 | A entidade está comprometida com o plano de venda do prédio de sua sede e iniciou ações para localizar um comprador. | **Não pode ser** classificado como um ativo não circulante mantido para venda **→ Mantido para uso.** |
| 3 | A entidade está comprometida com o plano de venda de instalação de fabricação e iniciou ações para localizar um comprador. Na data de adesão ao plano, há uma encomenda de pedidos de cliente não concluídos.<br>A entidade pretende vender a instalação de fabricação com suas operações. Quaisquer pedidos de cliente não concluídos na data de venda serão transferidos ao comprador. A transferência de pedidos de cliente não concluídos na data de venda não afetará o momento da transferência da instalação. | Pode ser classificado como um ativo não circulante mantido para venda. |
| 4 | A entidade está comprometida com o plano de venda de instalação de fabricação e iniciou ações para localizar um comprador. Na data de adesão ao plano, há uma encomenda de pedidos de cliente não concluídos.<br>A entidade pretende vender a instalação de fabricação, porém sem as suas operações. A entidade não pretende transferir a instalação a um comprador até que sejam encerradas todas as operações da instalação e sejam eliminadas as encomendas dos pedidos de cliente não concluídos. O atraso no momento da transferência da instalação imposta pela entidade (vendedor) demonstra que a instalação não está disponível para venda imediata. O critério para reconhecimento não seria cumprido até que as operações da instalação sejam encerradas, mesmo se um compromisso firme de compra para a transferência futura da instalação tiver sido obtido antecipadamente. | **Não pode ser** classificado como um ativo não circulante mantido para venda **→ Mantido para uso.** |
| 5 | A entidade adquire, por meio de execução de hipoteca, um imóvel que inclui terreno e edificações que pretende vender.<br>A entidade não pretende transferir o imóvel a um comprador, até que ele conclua as reformas para aumentar o valor de venda do imóvel. O atraso no momento da transferência do imóvel imposto pela entidade (vendedor) demonstra que o imóvel não está disponível para venda imediata. O critério não seria cumprido até que as reformas sejam concluídas. | **Não pode ser** classificado como um ativo não circulante mantido para venda **→ Mantido para uso.** |

| | | |
|---|---|---|
| 6 | A entidade adquire, por meio de execução de hipoteca, um imóvel que inclui terreno e edificações que pretende vender.<br>Após as reformas serem concluídas e o imóvel ser classificado como mantido para venda, mas antes que um compromisso firme de compra seja obtido, a entidade fica ciente de danos ambientais que exigem reparação. A entidade ainda pretende vender o imóvel. Contudo, a entidade não tem capacidade de transferir o imóvel a um comprador até que o reparo seja concluído. O atraso no momento da transferência do imóvel, imposto por outros antes que um compromisso firme de compra seja obtido, demonstra que o imóvel não está disponível para venda imediata. O critério no continuaria a não ser cumprido. | **Não pode ser** classificado como um ativo não circulante mantido para venda **→ Mantido para uso.** |
| 7 | Uma entidade, que é uma empresa financeira e de leasing comercial, estiver mantendo para venda ou arrendamento equipamentos que deixaram de ser recentemente arrendados e a última forma de transação futura (venda ou arrendamento) ainda não foi determinada. | **Não pode ser** classificado como um ativo não circulante mantido para venda **→ Mantido para uso.** |
| 8 | Uma entidade que está comprometida com o plano de "vender" um imóvel que esteja em uso e a transferência do imóvel será contabilizada como venda e retro arrendamento (leaseback) financeiro. | **Não pode ser** classificado como um ativo não circulante mantido para venda **→ Mantido para uso.** |
| 9 | A entidade na indústria de geração de energia está comprometida com o plano de venda de grupo de ativos que representa parte significativa de suas operações regulamentadas. A venda exige aprovação regulamentar que pode prolongar o prazo necessário para concluir a **venda além de um ano**. As ações necessárias para obter essa aprovação não podem ser iniciadas até que um comprador seja conhecido e seja obtido um compromisso firme de compra. Entretanto, um compromisso firme de compra é altamente provável dentro de um ano. | Pode continuar a ser classificado como um ativo não circulante **mantido para venda.** |
| 10 | A entidade está comprometida com o plano de venda de instalação de fabricação em sua condição atual e classifica a instalação como mantida para venda nessa data. Após ser obtido um compromisso firme de compra, a inspeção do imóvel pelo comprador identifica danos ambientais cuja existência não era conhecida anteriormente. A entidade é obrigada a reparar os danos, o que ampliará o período necessário para concluir a venda além de um ano. Contudo, a entidade iniciou ações para reparar os danos e a retificação satisfatória do dano é altamente provável. | Pode continuar a ser classificado como um ativo não circulante **mantido para venda.** |
| 11 | A entidade está comprometida com o plano de venda de ativo não circulante e classifica o ativo como mantido para venda nessa data.<br>Durante o período inicial de um ano, as condições de mercado que existiam na data em que o ativo foi classificado inicialmente como mantido para venda deterioraram-se e, como resultado, o ativo não é vendido até o fim desse período. Durante esse período, a entidade solicitou ativamente, mas não recebeu nenhuma oferta razoável para comprar o ativo e, em resposta, reduziu o preço. O ativo continua a ser ativamente negociado a um preço que é razoável. | Pode continuar a ser classificado como um ativo não circulante **mantido para venda.** |

| | | |
|---|---|---|
| 12 | A entidade está comprometida com o plano de venda de ativo não circulante e classifica o ativo como mantido para venda nessa data. Uma entidade está comprometida com o plano de venda de ativo não circulante e classifica o ativo como mantido para venda nessa data. Durante o período inicial de um ano, as condições de mercado que existiam na data em que o ativo foi classificado inicialmente como mantido para venda deterioraram-se e, como resultado, o ativo não é vendido até o fim desse período. Durante esse período, a entidade solicitou ativamente, mas não recebeu nenhuma oferta razoável para comprar o ativo e, em resposta, reduziu o preço. O ativo continua a ser ativamente negociado a um preço que é razoável, considerando as mudanças nas condições de mercado e os critérios cumpridos. | Pode continuar a ser classificado como um ativo não circulante mantido para venda. |

**Simulação 14: Quando o Ativo Não Circulante Mantido para Venda volta ser utilizado pelo proprietário**

Em 01/01/X0, uma empresa comprou um computador por R$ 10.000 e esperava usá-lo por 4 anos e vendê-lo por 20% do valor original da compra.

Em 30/06/X1, devido ao não uso dos equipamentos a empresa decide colocá-los para venda passando a contabilizá-los como ativo não circulante mantido para a venda. Na data, o valor justo menos as despesas de venda do computador eram de R$ 6.000. Em 31/12/X1 não havia indícios de perda de recuperabilidade.

Em 31/12/X2, o computador ainda não havia sido vendido, e a empresa decidiu utilizar em seu negócio contabilizado como imobilizado. Na data, o valor justo menos as despesas de venda do computador eram de R$ 4.400.

Diante do exposto, quais seriam os valores do computador no Balanço Patrimonial da empresa em:

a)31/12/X0

b)31/12/X1

c)31/12/X2.

Em X0 aplica-se apenas a depreciação.

Valor depreciável/ano = 8.000/4 anos = R$ 2.000/ano.

Assim, em 31/12/X0, o computador era mensurado por R$ 8.000 (10.000 – 2.000).

Em X1, até 30/06/X1 aplica-se a depreciação.

Assim, em 30/06/X1, o computador era mensurado por R$ 7.000 (10.000 – 3.000).

A partir daquele momento, cessa a depreciação. Contudo em 31/12/X1 utiliza-se a seguinte regra: ***A entidade deve mensurar o ativo ou o grupo de ativos não circulantes classificado como mantido para venda pelo MENOR entre o seu valor contábil e o valor justo menos as despesas de venda (item 15 do CPC 31).***

Logo, entre R$ 7.000 (valor contábil) e R$ 6.000 (valor justo – despesa com vendas), deve-se utilizar R$ 6.000.

Em X2, a empresa decide utilizar o ativo em seu negócio. Assim, utiliza-se a seguinte regra: **A entidade deve mensurar o ativo não circulante (ou grupo de ativos) que deixar de ser classificado como mantido para venda ou como mantido para distribuição aos proprietários (ou deixar de ser incluído em grupo de ativos classificado como mantido para venda ou como mantido para distribuição aos proprietários) pelo** VALOR MAIS BAIXO ENTRE: ***(a)*** *o seu valor contábil antes de o ativo ou o grupo de ativos ser classificado como mantido para venda (ou como mantido para distribuição aos proprietários), ajustado por qualquer depreciação, amortização ou reavaliação (se permitida legalmente) que teria sido reconhecida se o ativo ou o grupo de ativos não estivesse classificado como mantido para venda (ou como mantido para distribuição aos proprietários); e* ***(b)*** *o seu montante recuperável à data da decisão posterior de não vender ou distribuir aos proprietários (item 27 do CPC 31).*

| Para calcular a situação "a", calcula-se o valor do ativo como sempre se tivesse aplicado a depreciação, qual seja: 10.000 – 6.000. Valor contábil: R$ 4.000.<br>Logo, entre R$ 4.000 (valor contábil) e R$ 4.400 (valor justo – despesa com vendas), deve-se utilizar R$ 4.000. |
|---|

| Ativo considerado abandonado (Operações Descontinuadas) |
|---|
| A entidade **não deve classificar como mantido para venda o ativo não circulante ou o grupo de ativos destinado a ser baixado**. Isso se deve ao fato de o seu valor contábil ser recuperado principalmente por meio do uso contínuo. Contudo, se o grupo de ativos classificado como mantido para venda que será baixado **satisfizer aos critérios específicos de descontinuidade**, a entidade deve apresentar os resultados e os fluxos de caixa do ativo mantido para venda **como operações descontinuadas**, na data na qual ele deixar de ser usado. |
| **Os ativos não circulantes a serem baixados incluem ativos que devem ser usados até o final da sua vida econômica e ativos não circulantes que devem ser fechados em vez de vendidos.**<br>**A entidade não deve contabilizar o ativo não circulante que tenha sido temporariamente retirado de serviço como se tivesse sido baixado.**<br>Se os ativos a serem abandonados constituírem uma linha importante de negócios ou área geográfica de operações, **eles serão reportados em operações descontinuadas, na data em que forem abandonados.** |
| **Critérios Específicos de Descontinuidade:**<br>Uma operação descontinuada é um componente da entidade que foi baixado ou está classificado como mantido para venda e<br>(a) representa uma importante linha separada de negócios ou área geográfica de operações;<br>(b) é parte integrante de um único plano coordenado para venda de uma importante linha separada de negócios ou área geográfica de operações; ou<br>(c) é uma controlada adquirida exclusivamente com o objetivo da revenda. |
| **Exemplo:**<br>Em outubro de 20x5, uma entidade decide abandonar todas as suas fábricas de fiação de algodão, que constituem uma importante linha de negócios. Todos os trabalhos são paralisados nas fábricas de fiação de algodão durante o ano encerrado em 31 de dezembro de 20x6. **Nas demonstrações contábeis do exercício encerrado em 31 de dezembro de 20x5**, os resultados e os fluxos de caixa das fábricas de fiação de algodão são **tratados como operações em continuidade**. **Nas demonstrações contábeis do exercício encerrado em 31 de dezembro de 20x6**, os resultados e os fluxos de caixa das fábricas de fiação de algodão são **tratados como operações descontinuadas**. |

## 11. ATIVOS ESPECIAIS

Há um grupo de bens que, por sua própria natureza, enquadram-se na definição de Ativos, mas não se enquadram exatamente em nenhuma das categorias padrão (ativo circulante ou não circulante), e por isso mesmo, são classificados como: Ativos Especiais.

Ativo Especial é aquele ativo que, ao ser transacionado, gera benefício econômico para a empresa sem que haja a sua respectiva baixa do estoque (ou de qualquer outra categoria de ativos), por manter ainda sua potencial capacidade de gerar futuros benefícios econômicos. Neste caso, invés de baixa do ativo, a empresa deverá proceder à amortização parcial do seu valor contábil como contrapartida à obtenção dos benefícios econômicos gerados.

As principais características dos Ativos Especiais são que a sua transação não implica na sua respectiva baixa; estão diretamente relacionados à geração de benefícios econômicos futuros para a empresa; podem ser tangíveis ou intangíveis; deixam de ser classificados como ativos pela sua perda de capacidade de gerar benefícios econômicos para a empresa, e não necessariamente pela sua venda.

São exemplos de ativos especiais: produções cinematográficas e/ou televisivas; a comercialização de dados e informações estatísticas; os jogos de vídeo game, computadores ou celulares; e-books; programas de computadores; direitos de transmissão etc.

Devido a sua natureza tanto quanto particular, os Ativos Especiais demandam Notas Explicativas detalhadas, que contemplem pelo menos: a determinação da natureza do ativo e seu detalhamento; seu critério de avaliação; sua forma de obtenção de receitas; prazo de vigência dos direitos e/ou de obtenção de recursos; o critério de amortização; o valor residual esperado (se houver), entre outros.

No plano de contas sugerido, os ativos especiais foram evidenciados ao final do ativo circulante.

**Chamada 92 do autor:** Ativos Especiais



## 12. ARRENDAMENTOS

De acordo com o CPC 06, o arrendamento **é o contrato, ou parte do contrato, que transfere o direito de usar um ativo subjacente por um período de tempo em troca de contraprestação.** A Figura 12.25 contém o fluxo para identificação de um contrato de arrendamento.

**Figura 12.25:** Fluxo para identificar Contrato de Arrendamento

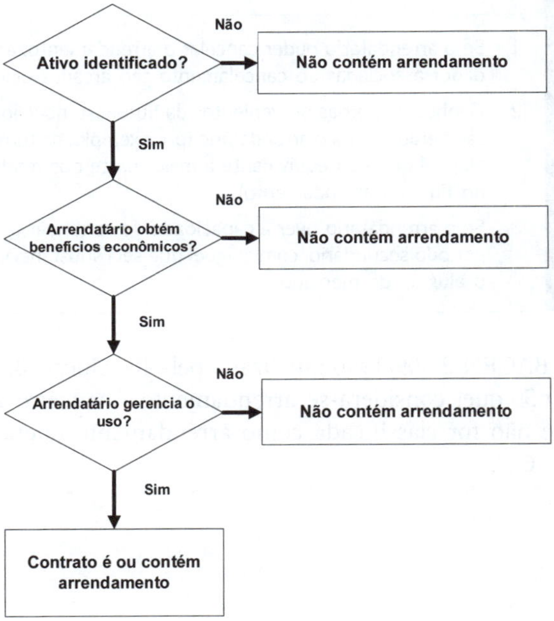

As operações de arrendamento podem ser divididas **em duas modalidades:** arrendamento/leasing financeiro e arrendamento/leasing operacional.

O **arrendamento financeiro** é aquele em que **há transferência substancial dos riscos e benefícios inerentes à propriedade de um ativo**. O título de propriedade pode ou não vir a ser transferido.

O **arrendamento operacional** é um arrendamento em que **não se transfere substancialmente todos os riscos e benefícios inerentes à propriedade.**

A classificação de um arrendamento mercantil como arrendamento financeiro ou arrendamento operacional **depende da essência da transação e não da forma do contrato.**

**Quadro 12.30:** Características e indicadores **não conclusivos** quanto à existência de um arrendamento financeiro

| | |
|---|---|
| Características | 1. O arrendamento mercantil **transfere a propriedade do ativo para o arrendatário no fim do prazo** do arrendamento.<br>2. O arrendatário **tem a opção de comprar o ativo subjacente a preço que se espera que seja suficientemente mais baixo do que o valor justo na data em que a opção se tornar exercível**, para que seja razoavelmente certo, na data de celebração do arrendamento, que a opção será exercida.<br>3. O prazo do arrendamento é **equivalente à maior parte da vida econômica do ativo subjacente, mesmo se a propriedade não for transferida.**<br>4. Na data da celebração do arrendamento, **o valor presente dos recebimentos do arrendamento equivale substancialmente à totalidade do valor justo do ativo subjacente.**<br>5. O ativo subjacente **é de natureza tão especializada que somente o arrendatário pode usá-lo** sem modificações importantes. |
| Indicadores | 1. Se o arrendatário puder cancelar o arrendamento, as perdas do arrendador associadas ao cancelamento são arcadas pelo arrendatário.<br>2. Ganhos ou perdas provenientes da flutuação no valor justo do residual são gerados para o arrendatário (por exemplo, na forma de desconto no aluguel que seja equivalente à maior parte dos rendimentos de venda no final do arrendamento).<br>3. Se o arrendatário tiver a capacidade de continuar o arrendamento por período secundário, com aluguel que seja substancialmente menor que o aluguel de mercado. |

A Resolução BACEN 2.309/1996 atualizada pela Resolução BACEN 4.696/2018 define em seu art.5º que: considera-se arrendamento financeiro a modalidade de arrendamento que não for classificada como arrendamento operacional, conforme o disposto no art. 6º.

## Quadro 12.31: Características de um arrendamento operacional pelo art. 6º da Resolução BACEN 2.309/1996 atualizada pela Resolução BACEN 4.696/2018

| | |
|---|---|
| Características | 1. As contraprestações a serem pagas pela arrendatária contemplam o custo de arrendamento do bem e os serviços inerentes à sua colocação a disposição da arrendatária, não podendo o valor presente dos pagamentos ultrapassar 90% (noventa por cento) do custo do bem.<br>2. O prazo efetivo do arrendamento mercantil seja inferior a 75% (setenta e cinco por cento) do prazo de vida útil econômica do bem.<br>3. O preço para o exercício da opção de compra seja o valor de mercado do bem arrendado.<br>4. Não haja previsão de pagamento de valor residual garantido.<br>5. O bem arrendado seja suficientemente genérico, de modo a possibilitar seu arrendamento subsequente a outra arrendatária sem modificações significativas.<br>6. As perdas decorrentes do cancelamento do contrato após o período de cancelamento improvável não sejam suportadas substancialmente pela arrendatária. |

**Curiosidade: Tratamento de terrenos e edificações no CPC 06 – arrendamentos**

1. Os arrendamentos de terrenos e edificações são classificados como operacionais ou financeiros da mesma forma que os arrendamentos de outros ativos.
2. Contudo, uma característica dos terrenos é a de que têm normalmente vida econômica indefinida.
3. Sempre que necessário para classificar e contabilizar o arrendamento de terrenos e edificações, o arrendador deve alocar os recebimentos do arrendamento (inclusive quaisquer recebimentos totais antecipados) entre os elementos de terrenos e edificações, na proporção dos valores justos relativos das participações na propriedade arrendada, nos elementos de terrenos e edificações do arrendamento na data de celebração do arrendamento. Se as prestações do arrendamento não puderem ser alocadas de forma confiável entre esses dois elementos, todo o arrendamento deve ser classificado como arrendamento financeiro, exceto se ficar claro que ambos os elementos são arrendamentos operacionais, em cujo caso todo o arrendamento deve ser classificado como arrendamento operacional.
4. Para arrendamento de terrenos e edificações em que o valor do elemento terreno é imaterial para o arrendamento, o arrendador pode tratar os terrenos e as edificações como uma única unidade para a finalidade de classificação do arrendamento e para classificá-lo como arrendamento financeiro ou arrendamento operacional. Nesse caso, o arrendador deve considerar a vida econômica das edificações como a vida econômica de todo o ativo subjacente.

**Chamada 93 do autor:** *Leasing*

## Quadro 12.32: Impactos Contábeis dos Tipos de Arrendamentos sobre os envolvidos

<table>
<tr><th>Tipo \ Envolvidos</th><th>Arrendador[a]</th><th>Arrendatário[b]</th></tr>
<tr><td>Financeiro</td><td>**Ativo:** Ativo Subjacente[d]<br>**Ativo:** Valor recebível e respectiva conta retificadora<br>**Resultado:** Receita Financeira</td><td rowspan="2">**Ativo:** Direito de Uso[c]<br>**Passivo:** Passivo de Arrendamento[e]<br>**Resultado:** Depreciação e Despesa Financeira</td></tr>
<tr><td>Operacional</td><td>**Ativo:** Ativo Subjacente[d]<br>**Resultado:** Receita Operacional</td></tr>
</table>

**Legenda:** **(a)** É a empresa que fornece o ativo para ser usado pelo arrendatário; **(b)** É a empresa que usa o ativo fornecido pelo arrendador; **(c)** É um ativo que representa o direito do arrendatário de usar o ativo subjacente durante o prazo de arrendamento; **(d)** É o ativo que é o objeto do arrendamento, para o qual o direito de usar esse ativo foi fornecido pelo arrendador ao arrendatário; **(e)** é uma obrigação do arrendatário de pagar as prestações ao arrendador durante o prazo do arrendamento.

## Quadro 12.33: Pontos essenciais sobre o reconhecimento e mensuração do arrendamento na visão do arrendatário

<table>
<tr><td rowspan="3">Casos de reconhecimento facultativo (isentos)</td><td>**Arrendamentos de curto prazo.**</td><td>São aqueles que, na data de início, possuem prazo de arrendamento de até 12 meses</td></tr>
<tr><td>**Arrendamentos para os quais o ativo subjacente é de baixo valor.**</td><td>O CPC 06 não apresenta uma definição precisa acerca do que seria um valor “baixo” para fins de não reconhecimento. Assim, o CPC apenas especifica que o referido valor a ser levado em consideração é o valor do item em estado de novo, independentemente da idade do ativo objeto do arrendamento.</td></tr>
<tr><td colspan="2">Se o **arrendatário optar por não reconhecer os arrendamentos de reconhecimento facultativo citados, ele deve** “*reconhecer os pagamentos de arrendamento associados a esses arrendamentos como despesa em base linear ao longo do prazo do arrendamento ou em outra base sistemática.*</td></tr>
<tr><td>Direito de Uso</td><td colspan="2">**A mensuração inicial deve ser feita pelo custo**, o qual deve incluir, dentre outros:<br>(a)O valor da mensuração inicial do passivo de arrendamento, que se constitui basicamente em trazer ao valor presente os valores dos pagamentos a serem efetuados pelo arrendatário;<br>(b)Quaisquer pagamentos de arrendamento efetuados até a data de início, menos quaisquer incentivos de arrendamento recebidos;<br>(c)Quaisquer custos diretos iniciais incorridos pelo arrendatário; e</td></tr>
</table>

<table>
<tr><td rowspan="2">Direito de Uso</td><td colspan="2">(d)A estimativa de custos a serem incorridos pelo arrendatário na desmontagem e remoção do ativo subjacente, restaurando o local em que está localizado ou restaurando o ativo subjacente à condição requerida pelos termos e condições do arrendamento, salvo se esses custos forem incorridos para produzir estoques. O arrendatário incorre na obrigação por esses custos seja na data de início ou como consequência de ter usado o ativo subjacente durante um período específico.</td></tr>
<tr><td colspan="2">A mensuração subsequente do ativo pelo arrendatário (após a data de início) deve também ser feita pelo método do custo (em regra), subtraindo-se do valor do ativo eventual depreciação, eventual perda por redução ao valor recuperável e eventual perda por correção na remensuração do passivo do arrendamento.</td></tr>
<tr><td>Passivos de Arrendamento</td><td colspan="2">A mensuração inicial deve ser feita trazendo-se para o valor presente os pagamentos do arrendamento que não se referem à data da mensuração inicial. Os pagamentos do arrendamento devem ser descontados, utilizando a taxa de juros implícita no arrendamento, se essa taxa puder ser determinada imediatamente. Se essa taxa não puder ser determinada imediatamente, o arrendatário deve utilizar a taxa incremental sobre empréstimo do arrendatário. Em suma, inclui: (i) valor presente dos pagamentos periódicos + (ii) valor presente dos pagamentos ao final do contrato.</td></tr>
<tr><td rowspan="3">Depreciação</td><td colspan="2">A política de depreciação para os ativos arrendados depreciáveis deve ser consistente com a dos demais ativos depreciáveis e a depreciação reconhecida deve ser calculada de acordo com as regras aplicáveis aos ativos imobilizados.</td></tr>
<tr><td rowspan="2">Será feita tendo como base dois caminhos:</td><td>O primeiro, leva em consideração que o ativo subjacente será adquirido no final do contrato, sendo assim a depreciação deve ocorrer de acordo com a vida útil do ativo em questão.</td></tr>
<tr><td>Caso a empresa não opte por comprar o ativo, esta deverá depreciá-lo de acordo com o tempo de contrato ou a vida útil do ativo subjacente, dos dois o menor.</td></tr>
<tr><td rowspan="4">Fluxo Contábil</td><td colspan="2">O ativo e o passivo dos futuros pagamentos do arrendamento mercantil são reconhecidos no balanço pelas mesmas quantias, exceto no caso de quaisquer custos diretos iniciais do arrendatário que sejam adicionados à quantia reconhecida como ativo.</td></tr>
<tr><td colspan="2">Os pagamentos mínimos do arrendamento mercantil devem ser segregados entre encargo financeiro e redução do passivo em aberto.</td></tr>
<tr><td colspan="2">O arrendamento dá origem a uma despesa de depreciação relativa a ativos depreciáveis, assim como uma despesa financeira para cada período</td></tr>
<tr><td colspan="2">A soma da despesa de depreciação do ativo e da despesa financeira do período é raramente igual ao pagamento da prestação do arrendamento mercantil durante o período, sendo, por isso, inadequado simplesmente reconhecer os pagamentos da prestação do arrendamento mercantil como despesa. Por conseguinte, é improvável que o ativo e o passivo relacionado sejam de valor igual após o começo do prazo do arrendamento mercantil.</td></tr>
</table>

## Simulação 15: Leasing – Visão Arrendatária

Em 31/12/X0, a empresa ALFA com R$ 500 mil de caixa, fez um Leasing de uma máquina com vida útil de 5 anos no valor de R$ 50.000,00 pertencente a empresa BRAVO, a ser liquidado em 4 anos, com encargo financeiro de R$ 12.000,00, juros simples (3 mil/ano), totalizando R$ 62.000,00. Fora gasto R$ 4.000,00 como custo direto inicial para colocar a máquina em condições de uso. **Foi registrado no contrato a intenção de compra do ativo ao fim do contrato, logo será leasing financeiro.** Contudo caso fosse operacional, se mudariam as contas contábeis de leasing financeiro para operacional; bem como o cálculo da depreciação que iria considerar o prazo contratual e não da vida útil do bem.

**Situação Patrimonial de ALFA antes da operação**

| Ativo | Passivo |
|---|---|
| Caixa ....................R$ 500.000 | |
| | **PL** |
| | Capital Social ....................R$ 500.000 |

Registro contábil inicial:

D: Imobilizado – Direito de Uso – Arrendamentos: ....................R$ 45.375,00[a]

D: PIS / COFINS a Recuperar ....................R$ 4.625,00

D: (-) Encargos de Leasing Financeiro a Amortizar (retificadora do passivo) .......R$ 12.000,00

C: Leasing Financeiro a Pagar ....................R$ 62.000,00

**(a)Equipamentos: 50.000,00 deduzido do PIS/COFINS de R$ 4.625 (50.000,00 x 9,25%).**

Registro contábil para instalação da máquina:

D: Imobilizado – Direito de Uso – Arrendamentos: ....................R$ 4.000,00

C: Caixa ....................R$ 4.000,00

**Situação Patrimonial de ALFA após a operação**

| Ativo | Passivo |
|---|---|
| Caixa ....................R$ 496.000 | **Leasing Financeiro a Pagar ....... R$62.000** |
| **Direito de Uso ....................R$ 49.375** | **(4 anos para pagar)[c]** |
| **(5 anos de depreciação)[b]** | **(-)Encargos de Leasing Financeiro** |
| **PIS / COFINS a Recuperar ....... R$ 4.625** | **a Amortizar ....................R$12.000** |
| **(4 anos para compensar)** | **(4 anos para amortizar)[c]** |
| | **PL** |
| | Capital Social ....................R$ 500.000 |

**(b) caso fosse leasing operacional seriam 4 anos de depreciação.**

**(c) O mais correto seria segregar a parcela em circulante e não circulante.**

Registro contábil de 1 ano de depreciação (49.375/5= 9.875):

D: Despesas com Depreciação ....................R$ 9.875,00

C: (-)Depreciação acumulada – direito de uso....................R$ 9.875,00

Registro contábil do pagamento e reconhecimento da despesa financeira:

D: Leasing Financeiro a Pagar........ R$ 15.500,00
C: Caixa........ R$ 15.500,00

D: Despesa Financeira........ R$ 3.000,00
C: Encargos de Leasing Financeiro a Amortizar........ R$ 3.000,00

**Situação Patrimonial** após 1 ano

| Ativo | Passivo |
|---|---|
| Caixa ........ R$ 480.500 | **Leasing Financeiro a Pagar....... R$46.500** |
| Direito de Uso........ R$ 49.375 | **(3 anos para pagar)[d]** |
| (4 anos restantes de depreciação) | **(-)Encargos de Leasing Financeiro** |
| **(-) Depreciação acumulada........ R$ 9.875** | **a Amortizar........ R$9.000** |
| PIS / COFINS a Recuperar........ R$ 4.625 | **(3 anos para amortizar) [d]** |
| (3 anos para compensar) | **PL** |
| | Capital Social........ R$ 500.000 |
| | **(-) Prejuízos Acumulados........ R$ 12.875** |

(d) O mais correto seria segregar a parcela em circulante e não circulante.



**Quadro 12.34:** Arrendamento mercantil nas demonstrações contábeis **do arrendador** (proprietário do ativo subjacente)

| | |
|---|---|
| Arrendamento Financeiro | Na data de início, o arrendador deve reconhecer os ativos mantidos em arrendamento financeiro em seu balanço patrimonial e deve apresentá-los como recebível ao valor equivalente ao investimento líquido no arrendamento. |
| | Os riscos e benefícios inerentes à propriedade legal são substancialmente transferidos pelo arrendador e, portanto, os pagamentos do arrendamento mercantil a serem recebidos são tratados pelo arrendador como amortização de capital e receita financeira para reembolsá-lo e recompensá-lo pelo investimento e serviços. |
| | **Há o reconhecimento de um ativo no Balanço Patrimonial.** Esse ativo é um recebível, ou seja, é um valor que o arrendador tem o direito de receber em razão da celebração do contrato de arrendamento com o arrendatário. |
| Arrendamento Operacional | O arrendador deve reconhecer os recebimentos de arrendamento decorrentes de arrendamentos operacionais como receita pelo método linear ou em outra base sistemática. O arrendador deve aplicar outra base sistemática, se essa base representar melhor o padrão em que o benefício do uso do ativo subjacente é diminuído. |
| | O arrendador fabricante ou o comerciante não reconhecem qualquer lucro de venda ao celebrar um arrendamento operacional porque não é o equivalente a venda. |
| | **Não há reconhecimento de um ativo no Balanço Patrimonial**, mas tão somente o reconhecimento de uma receita periódica no resultado da entidade. |

**Simulação 16: Leasing – Visão Arrendador**

Considerando os dados da Simulação 10, a Empresa Bravo antes da operação apresentava a seguinte situação patrimonial.

**Situação Patrimonial de BRAVO antes da operação**

| Ativo | Passivo |
|---|---|
| Caixa ........ R$ 10.000.000 | |
| Máquinas ........ R$ 500.000 | PL |
| Edifícios ........ R$ 4.500.000 | Capital Social ........ R$ 15.000.000 |

**Considerando-se tratar de um leasing financeiro, após a operação se teria o seguinte registro:**

Registro contábil inicial do direito:

D: Valor Recebível do Direito de Uso ........ R$ 12.000,00

C: (-) Receitas a vencer ........ R$ 12.000,00

**Situação Patrimonial de BRAVO após a operação**

| Ativo | Passivo |
|---|---|
| Caixa ........ R$ 10.000.000 | |
| Valor Recebível de Direito | |
| de Uso ........ R$ 12.000[a] | |
| (-)Receitas a vencer ........ (R$ 12.000)[a] | PL |
| Máquinas ........ R$ 500.000 | Capital Social ........ R$ 15.000.000 |
| Edifícios ........ R$ 4.500.000 | |

(a) O mais correto seria segregar a parcela em circulante e não circulante.

**Posteriormente, deve ser registrada a receita financeira de leasing financeiro:**

D: Caixa ........ R$ 3.000,00

D: (-) Receitas a vencer ........ R$ 3.000,00

C: Receita Financeira de leasing financeiro ........ R$ 3.000,00

C: Valor Recebível de Direito de Uso ........ R$ 3.000,00

**Situação Patrimonial de BRAVO após 1 ano**

| Ativo | Passivo |
|---|---|
| Caixa ........ R$ 10.003.000 | |
| Valor Recebível de Direito | |
| de Uso ........ R$ 9.000[b] | PL |
| (-)Receitas a vencer ........ (R$ 9.000)[b] | Capital Social ........ R$ 15.000.000 |
| Máquinas ........ R$ 500.000 | Lucros acumulados ........ R$ 3.000 |
| Edifícios ........ R$ 4.500.000 | |

(b) O mais correto seria segregar a parcela em circulante e não circulante.

**Caso fosse um leasing operacional**, somente haveria o registro quando o recebimento do valor contratual.

D: Caixa .......................................................................................................R$ 3.000,00

C: Receita Operacional de leasing operacional.........................................R$ 3.000,00

**Situação Patrimonial de BRAVO após 1 ano**

| **Ativo** | **Passivo** |
|---|---|
| Caixa ..........................R$ 10.003.000 | |
| Máquinas......................R$ 500.000 | **PL** |
| Edifícios.......................R$ 4.500.000 | Capital Social.....................R$ 15.000.000 |
| | Lucros acumulados...............R$ 3.000 |

**Leaseback**

É uma modalidade **leasing** específica utilizada por empresas com a finalidade de captar recursos financeiros e posteriormente, readquirir o bem objeto do contrato de **leasing.**

Pelo contrato de **leaseback**, uma empresa, precisando de dinheiro, vende o próprio imóvel em que opera a uma arrendadora e firma com esta um contrato de **leasing.** Assim, recebe o valor da venda do imóvel, permanece nele mediante o contrato de leasing e ao final tem a opção de readquirir o bem.

Unidade Didática II
Avaliação Patrimonial

## 13. LISTA DE QUESTÕES OBJETIVAS

### 1ª Questão (Receita Federal Analista Tributário 2012 ESAF)

A empresa Metalfino Ltda. não sofre tributação nas operações de compra e venda de mercadorias; só opera com transações extra caixa; **utiliza o método de controle permanente de estoques, com avaliação a preço médio ponderado.** Em 15 de outubro a empresa realizou a venda de 120 unidades ao preço unitário de 12 reais. As compras do mês foram: 150 unidades a 8 reais cada uma em 05/10 e 60 unidades a 11 reais, em 18/10. Sabendo-se que em 30 de setembro desse ano já havia um estoque de mercadorias no valor de R$ 500,00 correspondentes a 100 unidades, pode-se afirmar que o custo das mercadorias vendidas em outubro foi de

a) R$ 600,00.

b) R$ 660,00.

c) R$ 780,00.

d) R$ 816,00.

e) R$ 960,00

## Solução

Para resolver a questão é importante elaborar o controle de entrada e saída dos Estoques.

| Data | Entradas | | | Saídas | | | Saldo Parcial | | |
|---|---|---|---|---|---|---|---|---|---|
| | Qtde | Valor unitário | Total | Qtde | Valor unitário | Total | Qtde | Valor unitário | Total |
| Saldo Inicial | - | - | - | - | - | - | 100 | 5,00 | 500 |
| 05/10 | 150 | 8 | 1.200 | | | | 250 | 6,80[a] | 1.700 |
| 15/10 | | | | 120 | 6,80 | 816[b] | 130 | 6,80[b] | 884 |
| 18/10 | 60 | 11 | 660 | - | - | - | 190 | 8,12[c] | 1.544 |
| Total | Compras | | 1.860 | CMV | | 816 | Estoque Final | | 1.544 |

Legenda: **(a)** (100x5+150x8)/250. **(b)** na prova poderia parar aqui, pois só houve uma saída. **(c)** (130*6,8 + 60*11)/190

Gabarito: **D**

## 2ª Questão (Receita Federal Analista Tributário 2012 ESAF)

Assinale a opção correta.

a) São coligadas as empresas quando uma participa com 10% ou mais do capital social da outra sem exercer o controle acionário.

b) O investimento é considerado relevante quando atinge ou ultrapassa 20% do patrimônio líquido da investida (ou 15% se for considerado um grupo de empresas).

c) Capital Social é o capital subscrito e pago pelos acionistas quando adquirem ações, seja no início da sociedade ou quando ela promove aumento de capital durante seu funcionamento.

d) A operação de leasing é um arrendamento mercantil ou aluguel de bens móveis; a sociedade de leasing concede um bem à empresa e essa lhe paga um aluguel mensal; o bem não deverá ser contabilizado como ativo.

e) A expressão impostos a recolher é adequada ao nome da conta Impostos a Pagar porque, na verdade, quem paga o imposto é o consumidor; a empresa apenas entrega ou recolhe o imposto ao governo.

## Solução

a) Errado. São coligadas as empresas quando uma participa com 20% ou mais do capital social votante da outra sem exercer o controle acionário

b) Errado. O investimento é considerado relevante quando atinge ou ultrapassa 10% do patrimônio líquido da investida (ou 15% se for considerado um grupo de empresas).

c) Errado. O Capital Realizado é o capital pago pelos acionistas quando adquirem ações, seja no início da sociedade ou quando ela promove aumento de capital durante seu funcionamento

d) Errado. O leasing (arrendamento mercantil) pode ser classificado como financeiro ou operacional. Se for leasing operacional, a sociedade de leasing concede um bem à empresa e essa lhe paga um aluguel mensal; o bem não deverá ser contabilizado como ativo. Se for leasing financeiro, o bem deve ser reconhecido no balanço patrimonial do arrendatário como Ativo.

e) Gabarito.

Gabarito: **E**

## 3ª Questão (Receita Federal Auditor 2014 ESAF)

Com relação às assertivas a seguir, pode-se afirmar que:

I. Os Ativos Não Circulantes Mantidos para a Venda, devem ser depreciados normalmente até a data da venda, e os encargos financeiros, se verificados, devem ser reconhecidos como custo de operação e contrapostos aos ingressos de caixa obtidos ao final da operação.

II. Os Ativos Não Circulantes Mantidos para a Venda, uma vez identificados, devem estar disponíveis para a venda imediata nas condições em que se encontram desde que a recuperação do seu valor contábil esteja firmemente atrelada à geração de caixa por uso contínuo.

III. No Balanço Patrimonial os Ativos Não Circulantes Mantidos para a Venda e os passivos a eles relacionados devem ser compensados e apresentados em um único montante no Balanço Patrimonial.

Assinale a opção correta.

a) Todas são verdadeiras.

b) Somente I é falsa.

c) Somente III é verdadeira.

d) Todas são falsas.

e) Apenas a II é verdadeira.

### Solução

I. Errado. A entidade **não deve** depreciar (ou amortizar) o ativo não circulante enquanto estiver classificado como mantido para venda ou enquanto fizer parte de grupo de ativos classificado como mantido para venda

II. Errado. A entidade deve classificar um ativo não circulante como mantido para venda se o seu valor contábil vai ser recuperado, principalmente, **por meio de transação de venda** em vez do uso contínuo.

III. Errado. A entidade deve apresentar o ativo não circulante classificado como mantido para venda separadamente dos outros ativos no balanço patrimonial. Os passivos de grupo de ativos classificado como mantido para venda devem ser apresentados separadamente dos outros passivos no balanço patrimonial. Esses ativos e passivos **não devem ser compensados** nem apresentados em um único montante.

Gabarito: **D**

## 4ª Questão (Receita Federal Auditor 2014 ESAF)

A Cia. Solimões Industrial adquire um terreno por R$ 2.000.000 nas proximidades de suas instalações, para valorização. Na tomada de decisão pelo negócio, foi considerada a oportunidade das condições negociadas, o início de obras governamentais nas proximidades para ampliação da malha rodoviária e a construção de um entreposto de produtos agrícolas e a consequente valorização de imóveis naquela região. Ao registrar a aquisição desse imóvel, a empresa deve classificar esse bem com o Ativo:

a) Diferido.
b) Imobilizado.
c) Investimento.
d) Intangível.
e) Realizável de Longo Prazo.

### Solução

Um terreno ou edifício - ou parte de edifício - ou ambos) mantido (pelo proprietário ou pelo arrendatário em arrendamento financeiro) para auferir aluguel ou para valorização deve ser classificado como propriedade para investimento.

Gabarito: **C**

## 5ª Questão (DPF Agente 2018 CEBRASPE)

Com relação à escrituração contábil nos livros das sociedades, julgue o item subsequente.

5. A aquisição à vista de um veículo pelo valor de R$ 80.000, ainda que esse valor resulte de um desconto, negociado no momento da aquisição, no valor de R$ 4.000, representa-se por meio de um lançamento de primeira fórmula.

### Solução

O comando da questão refere-se a um desconto negociado no momento da aquisição. Trata-se de um desconto incondicional, também chamado de comercial. Portanto, seu valor não compõe o custo do imobilizado.

No caso, a aquisição ocorreu por 80.000 após a negociação do desconto de 4.000 (O valor inicial devia ser 84.000). O lançamento correspondente seria o seguinte:

D: Veículos

C: Caixa 80.000,00

Esse é um lançamento de primeira fórmula (apenas uma conta a débito e uma conta a crédito). Portanto, temos aqui uma afirmativa correta.

Gabarito: **Certo**

## 6ª a 8ª Questões (DPF Agente e Escrivão 2021 CEBRASPE)

Determinada sociedade comercial criou uma rubrica contábil para abrigar os valores dos estoques em trânsito. Na abertura do exercício corrente, essa rubrica possuía saldo de R$ 50.000. A respeito dessa situação hipotética, julgue os próximos itens.

6. A referida conta é de natureza credora.
7. No plano de contas da sociedade, a conta descrita integra o ativo disponível.
8. A aquisição de mercadorias para revenda, quando classificável na conta mencionada, gerará uma contrapartida em conta de fornecedores ou de caixa e equivalentes.

### Solução

6. Errado, é uma conta devedora. Trata-se de um bem da Entidade.
7. Errado, pois disponível seria o caixa e equivalente de caixa (bancos, aplicações financeiras de resgate imediato).
8. Certo. Observam-se as possibilidades citadas:

**A prazo**

D: Estoques

C: Fornecedores

Ou

**À vista**

D: Estoques

C: Caixa

**Gabarito**

6. **Errado**
7. **Errado**
8. **Certo**

## 9ª Questão (Receita Federal Auditor 2023 FGV Adaptada)

Uma entidade possui participação permanente em outra entidade. A participação é avaliada de acordo com o custo de aquisição. A entidade investidora deve reconhecer o rendimento relacionado à entidade investida quando

Unidade Didática III
Avaliação Patrimonial

(A) receber as distribuições de lucros, apenas.

(B) a entidade investida reconhecer lucro, apenas.

(C) as duas entidades realizarem operações entre si, apenas.

(D) a entidade investida reconhecer lucro ou prejuízo, apenas.

(E) receber as distribuições de lucros e a entidade investida reconhecer lucro, apenas.

### Solução

Uma participação permanente avaliada pelo custo gera direito a recebimento dos dividendos apenas.

Gabarito: **A**

## 10ª Questão (Receita Federal Auditor 2023 FGV)

Uma entidade vende canetas personalizadas. Em 01/01/X0, não havia estoque. Em 02/01/X0, ela adquiriu 500 unidades de canetas para personalização e venda por R$6.000, para pagamento em 3 meses. Se as canetas tivessem sido adquiridas à vista, o custo unitário seria de R$10,00. Na data da aquisição, a entidade incorreu em gastos com frete e seguro, respectivamente, de R$800 e R$700. Para a personalização das 500 canetas são gastos R$1.000 em material. Além disso, é utilizada uma máquina que foi adquirida por R$10.000 e tem capacidade estimada em 5.000 canetas. A máquina é depreciada de acordo com o método dos benefícios gerados e a entidade não considera valor residual. Ainda, os gastos com o armazenamento das 500 canetas prontas eram de R$1.500. Após prontas, 50 canetas foram descartadas, por estarem com qualidade inferior ao esperado. Em 31/01/X0, as canetas foram colocadas à venda por R$20,00. A entidade destina aos vendedores uma comissão de 10% sobre o preço de venda. Assinale a opção que indica o valor contabilizado como estoque em 31/01/X0.

(A) R$5.850.

(B) R$6.750.

(C) R$7.650.

(D) R$8.100.

(E) R$9.000.

### Solução

| **Custo unitário = 10 + 7[a] = 17 (custo histórico)** |
|---|
| (a) Gastos incluídos no custo = (800 + 700+ 1.000 + 1.000[b]) / 500 = 7,00/unidade |
| (b) Depreciação = 10.000 * 500 unidades / 5.000 unidades = 1.000 |

| Importante:<br>-Os gastos com armazenamento são classificados como despesas.<br>-As perdas normais do processo produtivo entram no custo, mas não são incorporadas ao estoque final. |
|---|
| **Valor realizável líquido = 20 - 10% x 20 = 18** |
| **O estoque deve ser avaliado pelo maior valor entre o custo e o valor realizável líquido → 17** |
| **Estoque final = 500 - 50 = 450 x 17 → R$ 7.650.** |

Gabarito: **C**

## 11ª Questão (Receita Federal Analista Tributário 2023 FGV)

De acordo com as modificações trazidas pelas Leis 11.638/07 e 11.941/09 no patrimônio líquido, a conta Ajustes de Avaliação Patrimonial representa as contrapartidas de aumentos ou diminuições de valor atribuído a elementos do ativo e do passivo, em decorrência de sua avaliação a valor justo. Os valores registrados nesta conta deverão ser transferidos para o resultado do exercício

(A) à medida que os ativos e passivos forem sendo realizados, em obediência ao regime de competência.

(B) no momento em que os ativos e os passivos forem totalmente baixados, em obediência ao regime de competência.

(C) à medida que os ativos e passivos forem sendo realizados, em obediência à característica qualitativa da tempestividade.

(D) no momento em que os ativos e os passivos forem totalmente baixados, em obediência à característica qualitativa da tempestividade.

(E) à medida que os ativos e os passivos forem sendo lançados em "Outros Resultados Abrangentes", em obediência à característica qualitativa da tempestividade.

### Solução

Conforme visto no Capítulo 11 e nos exemplos práticos desse capítulo (Figuras 12.11 e 12.12, seria opção A. Quando do desreconhecimento do ativo ou passivo associado a conta ajuste de avaliação patrimonial, o valor constante na **conta "ajuste de avaliação patrimonial" do Balanço Patrimonial** deve ser baixado em contrapartida a **conta de resultado "ajuste de reclassificação" na Demonstração do Resultado do Exercício**. No caso de instrumentos financeiros, essa conta está no resultado financeiro (despesas financeiras deduzidas das receitas financeiras) da DRE.

Gabarito: **A**

## 12ª Questão (Receita Federal Analista Tributário 2023 FGV)

De acordo com a NBC TG 27(R4) – Ativo Imobilizado, as demonstrações contábeis devem, **obrigatoriamente**, divulgar

(A) o valor contábil do ativo imobilizado que esteja temporariamente ocioso.

(B) o valor dos gastos reconhecidos no valor contábil de um item do ativo imobilizado durante a sua construção.

(C) o valor contábil de ativos imobilizados retirados de uso ativo e não classificados como mantidos para venda.

(D) o valor contábil bruto de qualquer ativo imobilizado totalmente depreciado que ainda esteja em operação.

(E) o valor justo do ativo imobilizado quando este for materialmente diferente do valor contábil apurado pelo método do custo.

### Solução

**De acordo com a NBC TG 27 – Ativo Imobilizado:**

*74. As demonstrações contábeis também devem divulgar:*

*(a) a existência e os valores contábeis de ativos cuja titularidade é restrita, como os ativos imobilizados formalmente ou na essência oferecidos como garantia de obrigações e os adquiridos mediante operação de leasing conforme o CPC 06;*

***(b) o valor dos gastos reconhecidos no valor contábil de um item do ativo imobilizado durante a sua construção;***

*(c) o valor dos compromissos contratuais advindos da aquisição de ativos imobilizados.*

**Os demais itens citados nas opções não obrigatórios, mas sim encorajadas a divulgar.**

*79. Os usuários das demonstrações contábeis também podem entender que as informações seguintes são relevantes para as suas necessidades:*

*(a) o valor contábil do ativo imobilizado que esteja temporariamente ocioso;*

*(b) o valor contábil bruto de qualquer ativo imobilizado totalmente depreciado que ainda esteja em operação;*

*(c) o valor contábil de ativos imobilizados retirados de uso ativo e não classificados como mantidos para venda de acordo com o Pronunciamento Técnico CPC 31 – Ativo Não Circulante Mantido para Venda e Operação Descontinuada; e*

*(d) o valor justo do ativo imobilizado quando este for materialmente diferente do valor contábil apurado pelo método do custo.*

Gabarito: **B**

## 13ª Questão (Receita Federal Analista Tributário 2023 FGV)

Uma sociedade empresária apresentava os seguintes ativos em seu Balanço Patrimonial, em 31/12/X0:

- Caixa: R$200.000;
- Terreno mantido para futuro uso correntemente indeterminado: R$70.000;
- Edifício arrendado para terceiros sob arrendamento operacional: R$120.000;
- Edifício desocupado, mantido para ser arrendado para terceiros sob arrendamento operacional: R$140.000;
- Propriedade em construção para futura utilização como propriedade para investimento: R$150.000. Assinale a opção que indica o saldo da conta Propriedade para Investimento no Balanço Patrimonial da sociedade empresária na data.

(A) R$150.000.

(B) R$220.000.

(C) R$260.000.

(D) R$410.000.

(E) R$480.000

**Solução**

Conforme visto no tópico 5 deste capítulo, vide Quadro 12.12.

Propriedade para Investimento = 70.000 + 120.000 + 140.000 + 150.000 = 480.000.

Gabarito: **E**

## 14ª Questão (Receita Federal Analista Tributário 2023 FGV)

A Lei nº 11.941/09 trouxe alterações em relação à Lei nº 6.404/76, que estão alinhadas com o texto da NBC TG 18 (R3) – Investimento em Coligada, em Controlada e em Empreendimento Controlado em Conjunto. Com base na norma contábil, são coligadas as sociedades nas quais a investidora tem influência significativa. Considera-se que há efetivamente influência significativa quando

(A) a investidora considera relevante o investimento na coligada.

(B) a investidora exerce controle por meio de uma subsidiária integral.

(C) o valor contábil do investimento é igual a 10% do valor do patrimônio líquido da investidora.

(D) a investidora é titular de, no mínimo, 15% das ações preferenciais do capital da investida.

(E) a investidora detém ou exerce o poder de participar nas decisões das políticas financeira ou operacional da investida, sem controlá-la.

**Solução**

Conforme visto no tópico 8 deste capítulo, vide Quadro 12.22, seria opção E.

Gabarito: **E**

### 15ª Questão (Receita Federal Analista Tributário 2023 FGV)

Na contabilização do estoque de uma entidade do setor industrial, os gastos com armazenamento foram incluídos no valor dos estoques, reconhecidos no ativo. Em relação a esses gastos, pode-se afirmar que

(A) foram pagos à vista.

(B) seu montante é considerado material, frente ao custo das mercadorias.

(C) foram incorridos para trazer os estoques à sua condição e localização atuais.

(D) foram necessários ao processo produtivo entre uma e outra fase de produção.

(E) deverão ser amortizados mensalmente, com base na vida útil estimada do estoque.

**Solução**

Conforme visto no tópico 2 deste capítulo, vide Quadro 12.3, seria opção D.

Gabarito: **D**

### 16ª Questão (Receita Federal Analista Tributário 2023 FGV)

O custo dos estoques de bens ou serviços produzidos e segregados para projetos específicos deve ser atribuído pelo uso

(A) do custo médio ponderado fixo.

(B) do custo médio ponderado móvel.

(C) do último que entra, primeiro que sai.

(D) do primeiro que entra, primeiro que sai.

(E) da identificação específica dos custos individuais.

**Solução**

Conforme visto no tópico 2.3 deste capítulo, seria opção E.

Gabarito: **E**

## 14. LISTA DE QUESTÕES DISCURSIVAS

### 1ª Questão (TCE-SP Auditor Substituto Conselheiro 2012 FCC):

A Cia. Invest. é uma companhia com ações negociadas em bolsa de valores e tem como objetivo social investir em outras empresas. Nesse sentido, em 31/12/2011, adquiriu 30% do Capital Social da Cia A por R$ 120.000 à vista. O Patrimônio da Cia. A em 31/12/2011 era composto apenas pelo Capital Social de R$ 400.000 cujo valor estava depositado em conta corrente.

Informações adicionais:

1. O capital social A em 31/12/2011 era formado por 50% de ações ordinárias.
2. A Cia. Invest adquiriu apenas ações ordinárias e o investimento tem caráter permanente.

Com base nessas informações:

a. Indique o grupo e subgrupo que este ativo deve ser classificado no Balanço Patrimonial Individual da Cia. Invest. e justifique.

b. Sabendo-se que durante 2012, a Cia. A apurou lucro de R$ 50.000 e que distribuiu e pagou dividendos no valor de R$ 20.000, indique os lançamentos contábeis necessários para a contabilização desses eventos nas demonstrações individuais da Cia. Invest. S.A. e explicite a linha de raciocínio empregada e os cálculos necessários para determinar os valores a serem contabilizados.

Extensão máxima: **30 linhas**

### Resolução da Questão

Quanto ao item "a", como se trata de participação societária de caráter permanente, o investimento feito pela Cia. Invest. deve ser classificado no Ativo Não Circulante no subgrupo investimentos.

Quanto ao item "b", o Capital Social votante é de 50% de 400.000, qual seja: R$ 200.000 e a Cia. Invest. investiu R$ 120.000. Logo a Cia. Invest. possui 60% do capital social votante (120.000/200.000). Logo a Cia. Invest. é controladora da Cia A. Os aumentos e reduções do PL serão computados pelo Método de Equivalência Patrimonial e os dividendos recebidos, reduzem o valor investido.

No caso não foi citado a variação do PL na Cia A, mas não somente os dividendos recebidos (60% de 20.000/2). Ressalta-se existem 50% de ações preferenciais, motivo pelo qual deve-se dividir os dividendos por 2.

Desse modo, o registro dos R$ 6.000 recebidos de dividendos pela Cia. Invest. deve ser lançado da forma a seguir:

Fase 1

Débito: Dividendos a Receber (Ativo Circulante) ......R$ 6.000.

Crédito: Investimentos (Ativo Não Circulante) ............R$ 6.000.

Fase 2

Débito: Caixa (Ativo Circulante) ......................................R$ 6.000.

Crédito: Dividendos a Receber (Ativo Circulante) ........R$ 6.000.

## 2ª Questão (Ministério Público de Contas dos Municípios do Pará Analista Ciências Contábeis 2014 CETAP)

Segundo a Estrutura Conceitual para Elaboração e Divulgação de Relatório Contábil Financeiro (CPC 00), o conceito de ativo é "recurso controlado pela entidade como eventos passados do qual se espera que benefícios econômicos futuros resultem para entidade". Em uma operação de arrendamento mercantil (leasing) financeiro de uma máquina, a organização contratante (arrendatário) deve registrar essa máquina como seu ativo? Utilize o conceito de ativo para justificar sua resposta, citando ainda duas situações que geralmente levam a classificação de um arrendamento mercantil como financeiro.

Extensão máxima: **30 linhas**

## Resolução da Questão

Um arrendamento deve ser classificado como financeiro se ele transferir substancialmente todos os riscos e benefícios inerentes à propriedade. Um arrendamento deve ser classificado como operacional se ele não transferir substancialmente todos os riscos e benefícios inerentes à propriedade. O CPC 06 define arrendamento mercantil operacional como um arrendamento mercantil diferente de um arrendamento financeiro.

No caso citado, o contratante deve sim registrar a máquina como ativo em seu Balanço Patrimonial, pois trata-se de arrendamento financeiro.

O conceito que justifica está no controle, pois mesmo o bem não sendo propriedade do arrendatário, ele possui o controle usufruindo dos benefícios econômicos futuros.

São exemplos de situações que individualmente ou em conjunto levariam normalmente a que um arrendamento fosse classificado como arrendamento mercantil financeiro são: (i) o arrendamento mercantil **transfere a propriedade do ativo para o arrendatário no fim do prazo** do arrendamento; (ii) arrendatário **tem a opção de comprar o ativo subjacente a preço que se espera que seja suficientemente mais baixo do que o valor justo na data em que a opção se tornar exercível**, para que seja razoavelmente certo, na data de celebração do arrendamento, que a opção será exercida; (iii) o prazo do arrendamento é **equivalente à maior parte da vida econômica do ativo subjacente, mesmo se a propriedade não for transferida**; (iv) na data da celebração do arrendamento, **o valor presente dos recebimentos do arrendamento equivale substancialmente à totalidade do valor justo do ativo subjacente**; (v) O ativo subjacente **é de natureza tão especializada que somente o arrendatário pode usá-lo sem** modificações importantes.

Os indicadores de situações que individualmente ou em combinação também podem levar a que um arrendamento mercantil seja classificado como arrendamento mercantil financeiro são: (i) Se o arrendatário puder cancelar o arrendamento, as perdas do arrendador associadas ao cancelamento são arcadas pelo arrendatário; (ii) ganhos ou perdas provenientes da flutuação no valor justo do residual são gerados para o arrendatário (por exemplo, na forma de desconto no aluguel que seja equivalente à maior parte dos rendimentos de venda no final do arrendamento); (iii) se o arrendatário tiver a capacidade de continuar o arrendamento por período secundário, com aluguel que seja substancialmente menor que o aluguel de mercado.

### 3ª Questão (Anatel Especialista em Regulação de Serviços Públicos de Telecomunicações Contador 2014 CEBRASPE)

Redija um texto dissertativo acerca da contabilização da compra, a prazo, por determinada empresa, de modems, classificados como imobilizados, cuja contrapartida requeira o ajuste a valor presente. Ao elaborar seu texto, aborde, necessariamente, os seguintes aspectos:

- definição de valor presente; [valor: 1,50 ponto]
- aplicabilidade do ajuste a valor presente; [valor: 2,00 pontos]
- taxa apropriada de desconto; [valor: 2,00 pontos]
- exemplo de contabilização da compra de modems, com a utilização do ajuste a valor presente (valor da transação, taxa de desconto, valores contabilizados e contas). [valor: 4,00 pontos]

Extensão de linhas: até 30.

#### Resolução da Questão

Quanto ao item 1, o valor presente seria a estimativa do valor corrente de um fluxo de caixa futuro, no curso normal das operações da entidade.

Quanto ao item 2, que trata da sua aplicabilidade, os CPCs definem que a mensuração contábil a valor presente deve ser aplicada no reconhecimento inicial de ativos e passivos. Os elementos integrantes do ativo e passivo decorrentes de operações de longo prazo, ou de curto prazo, quando houver efeito relevante, devem ser ajustados a valor presente com base em taxas de desconto que reflitam as melhores avaliações do mercado quanto ao valor do dinheiro no tempo e os riscos específicos do ativo e do passivo em suas datas originais.

O ajuste a valor presente é aplicável a operações que possam ser consideradas como atividades de financiamento, e não para operações que sejam liquidadas em curto espaço de tempo, cujo efeito não seja material.

Em se tratando do comprador, o ajuste retifica o custo do ativo imobilizado, que deve ser registrado pelo seu valor presente, e a retificação do passivo pode também contar com conta redutora a gerar despesa financeira até o vencimento.

Quanto ao item 3, que trata da taxa apropriada de desconto, os CPCs definem que deve ser utilizada para desconto à taxa contratual ou implícita (para o caso de fluxos de caixa não contratuais) e, uma vez aplicada, deve ser adotada consistentemente e até a realização do ativo ou liquidação do passivo.

Para fins de desconto a valor presente de ativos, a taxa a ser aplicada não deve ser líquida de efeitos fiscais e, sim, antes dos impostos.

É necessário utilizar uma taxa que reflita juros compatíveis com a natureza, o prazo e os riscos relacionados à transação, levando-se em consideração, ainda, as taxas de mercado praticadas na data inicial da transação e em condições usuais de mercado.

Quanto ao item 4, que solicita exemplo de contabilização da compra de modems, com a utilização do ajuste a valor presente (valor da transação, taxa de desconto, valores contabilizados e contas), tem-se a venda de modems por R$ 10 mil, pagos com entrada de R$ 4 mil em dinheiro e 3 notas promissórias anuais de R$ 2 mil cada uma, sem juros, efetuada em momento em que a taxa de juros, para o tipo de vendedor e comprador, seja, para ambos, de 18% ao ano (essas taxas podem ser diferentes para eles). Contabilização pelo comprador:

| | |
|---|---|
| D: Modems | R$ 8.348.546 |
| D: Juros a apropriar | R$ 1.651.454 |
| C: Caixa | R$ 4.000.000 |
| C: Notas Promissórias a Pagar | R$ 6.000.000 |

## 4ª Questão (Auditor Fiscal da Receita Estadual MG - Auditoria e Fiscalização 2023 FGV)

Uma sociedade empresária deseja desenvolver um ativo intangível para utilizar em seus negócios. O tempo total de pesquisa e de desenvolvimento foi estimado em 4 anos, sendo o primeiro dedicado à pesquisa e o restante ao desenvolvimento. A fase de pesquisa tem início em 01/01/X0.

Em relação ao reconhecimento do ativo intangível gerado internamente, responda aos itens a seguir.

a) Identifique e explique o reconhecimento contábil dos gastos na fase de pesquisa.

b) Identifique e explique o reconhecimento contábil dos gastos na fase de desenvolvimento.

c) Apresente cinco aspectos que devem ser apresentados pela entidade para que haja reconhecimento do ativo intangível na fase de desenvolvimento.

Extensão de linhas: 30.

### Resolução da Questão

Quanto ao item a, os gastos na fase de pesquisa são contabilizados como despesa.

Quanto ao item b, na fase de desenvolvimento, os gastos são inicialmente contabilizados como despesa. Quando há comprovação da viabilidade, são contabilizados como ativo.

Quanto ao item c, a norma contábil indica 6 (seis) critérios: (i) viabilidade técnica para concluir o ativo intangível de forma que ele seja disponibilizado para uso ou venda; (ii) intenção de concluir o ativo intangível e de usá-lo ou vendê-lo; (iii) capacidade para usar ou vender o ativo intangível; (iv) forma como o ativo intangível deve gerar benefícios econômicos futuros. Entre outros aspectos, a entidade deve demonstrar a existência de mercado para os produtos do ativo intangível ou para o próprio ativo intangível ou, caso este se destine ao uso interno, a sua utilidade; (v) disponibilidade de recursos técnicos, financeiros e outros recursos adequados para concluir seu desenvolvimento e usar ou vender o ativo intangível; e (vi) capacidade de mensurar com confiabilidade os gastos atribuíveis ao ativo intangível durante seu desenvolvimento.

# CAPÍTULO 13

# DEPRECIAÇÃO, AMORTIZAÇÃO E EXAUSTÃO

## 1. CONCEITOS E ASPECTOS GERAIS

O Quadro 13.1 contém os principais termos associados à depreciação, amortização e exaustão.

**Quadro 13.1:** Termos associados à depreciação, amortização e exaustão

| Termo | Descrição |
|---|---|
| Valor contábil | É o montante pelo qual o ativo está reconhecido no balanço depois da dedução de toda respectiva **depreciação, amortização ou exaustão acumulada** e ajuste para perdas. |
| Depreciação, amortização e exaustão[1] | É a alocação sistemática do valor depreciável, amortizável e exaurível de ativos durante sua vida útil. |
| Depreciação | Corresponde à perda do valor dos direitos que têm por objeto bens físicos sujeitos a desgaste ou perda de utilidade por uso, ação da natureza ou obsolescência. |
| Amortização | Corresponde à perda do valor do capital aplicado na aquisição de direitos da propriedade industrial ou comercial e quaisquer outros com existência ou exercício de duração limitada, ou cujo objeto sejam bens de utilização por prazo legal ou contratualmente limitado. |

1 Lei nº 6.404/1976.
Art. 183. [...] § 2º A diminuição do valor dos elementos dos ativos imobilizado e intangível será registrada periodicamente nas contas de:
a) **depreciação**, quando corresponder à perda do valor dos direitos que têm por objeto bens físicos sujeitos a desgaste ou perda de utilidade por uso, ação da natureza ou obsolescência;
b) **amortização**, quando corresponder à perda do valor do capital aplicado na aquisição de direitos da propriedade industrial ou comercial e quaisquer outros com existência ou exercício de duração limitada, ou cujo objeto sejam bens de utilização por prazo legal ou contratualmente limitado;
c) **exaustão**, quando corresponder à perda do valor, decorrente da sua exploração, de direitos cujo objeto sejam recursos minerais ou florestais, ou bens aplicados nessa exploração.

| Exaustão | Corresponde à perda do valor, decorrente da sua exploração, de direitos cujo objeto sejam recursos minerais ou florestais, **ou** bens aplicados nessa exploração. |
|---|---|
| Valor depreciável, amortizável e exaurível | É o custo de um ativo, ou outra base que substitua o custo nas demonstrações contábeis, menos seu valor residual. |
| Vida útil | Equivale:<br>(a) o período de tempo durante o qual a entidade espera utilizar um ativo; ou<br>(b) o número de unidades de produção ou de unidades semelhantes que a entidade espera obter do ativo. |
| Valor Residual | É o valor estimado que a entidade obteria com a venda do ativo, após deduzir as despesas estimadas de venda, caso o ativo já tivesse a idade e a condição esperadas para o fim de sua vida útil. |

A seguir constam as fórmulas iniciais definidas com base nos conceitos do Quadro 13.1.

***Valor Contábil***

$$= \text{Valor do Ativo} - \text{Depreciação (amortização/exaustão) Acumulada} - \text{Ajuste para Perdas (impairment)}$$

$$\textbf{Valor Depreciável/ano} = \frac{\text{(Valor do Ativo-Valor Residual)}}{\text{(Vida útil em anos)}}$$

**Figura 13.1:** Depreciação, Amortização e Exaustão no universo dos bens tangíveis e intangíveis

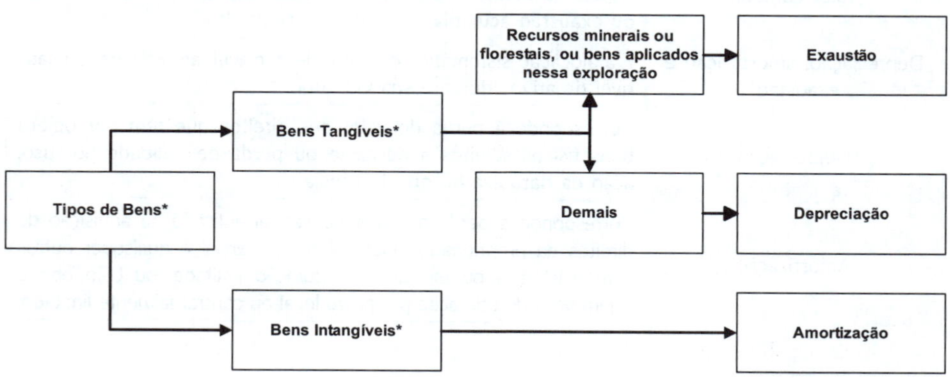


**Legenda:** *Existem bens tangíveis e intangíveis que não se sujeitam à depreciação, amortização e exaustão

**Chamada 94 do autor:** Aspectos Gerais da Depreciação, Amortização e Exaustão

**Quadro 13.2:** Bens sujeitos e não sujeitos à depreciação, amortização e exaustão pelo RIR/2018 e CPCs diversos

| Ativos depreciáveis[2] | Ativos amortizáveis[3] | Ativos sujeitos à exaustão |
|---|---|---|
| **1.**Edifícios e construções, observado o seguinte:<br>a) a quota de depreciação é dedutível a partir da época da conclusão e do início da utilização (RIR/2018); e<br>b) o valor das edificações deve estar destacado do valor do custo de aquisição do terreno, admitido o destaque com base em laudo pericial (RIR/2018).<br>**2.** Projetos florestais destinados à exploração de frutos (RIR/2018): planta portadora.<br>**3.**Propriedades para Investimentos (CPC 28) mensuradas pelo custo. | **1.**Patentes de invenção, fórmulas e processos de fabricação, direitos autorais, licenças, autorizações ou concessões (RIR/2018).<br>**2.** Custo de aquisição, prorrogação ou modificação de contratos e direitos de qualquer natureza, inclusive de exploração de fundos de comércio (RIR/2018).<br>**3.**Custos de construções ou **benfeitorias em bens locados ou arrendados**, ou em bens de terceiros, **quando não houver direito ao recebimento de seu valor** (RIR/2018) e a vida útil da benfeitoria for superior ao valor do contrato.<br>**4.** O valor de direitos contratuais de exploração de florestas de que trata o art. 334 do RIR/2018[4].<br>**5.** Os demais direitos classificados no ativo não circulante intangível (RIR/2018). | **1.**Direitos cujo objeto sejam recursos minerais ou florestais, ou bens aplicados nessa exploração.<br>**2.** Projetos florestais destinados à extração de madeira e celulose para fabricação de móveis e papel. |

2 Decreto nº 9.580/2018. Art. 318.

3 Decreto nº 9.580/2018. Art. 331.

4 Decreto nº 9.580/2018. Art. 334. A quota anual de amortização do valor dos direitos contratuais de exploração de florestas terá como base de cálculo o valor do contrato e será calculada em função do prazo de sua duração.

§ 1º Opcionalmente, poderá ser considerada como data de início do prazo contratual, para fins do disposto neste artigo, a data do início da efetiva exploração dos recursos.

§ 2º Na hipótese de extinção dos recursos florestais anteriormente ao término do prazo contratual, o saldo não amortizado poderá ser computado como custo ou encargo do período de apuração em que ocorrer a extinção.

§ 3º O disposto neste artigo não se aplica aos contratos de exploração firmados por prazo indeterminado.

| Ativos **não** depreciáveis[5] | Ativos **não** amortizáveis[6] | Ativos **não** sujeitos à exaustão |
|---|---|---|
| **1.**Terrenos[7], exceto em relação aos melhoramentos ou às construções (RIR/2018).<br>**2.**Prédios ou construções não alugados nem utilizados pelo proprietário na produção dos seus rendimentos ou destinados à revenda (RIR/2018).<br>**3.** Bens que normalmente aumentam de valor com o tempo, como obras de arte ou antiguidades (RIR/2018).<br>**4.** Bens para os quais seja registrada quota de exaustão (RIR/2018).<br>**5.**Ativo tangível de vida útil não superior a 1 ano (RIR/2018[8]) ou com valor não superior a R$ 1.200.<br>**6.**Propriedades para Investimentos (CPC 28) mensuradas pelo valor justo.<br>**7.**Ativo classificado como mantido para venda ou incluído em um grupo de ativos classificado como mantido para venda (item 25 CPC 31). | **1.**Goodwill[a] (CPC 15).<br>**2.**Ativo intangível de vida útil indeterminada (CPC 04).<br>**3.**Custos ou despesas para os quais seja registrada quota de exaustão (RIR/2018).<br>**4.** Ativo classificado como mantido para venda ou incluído em um grupo de ativos classificado como mantido para venda (item 25 CPC 31). | **1.**Exploração de jazidas minerais inesgotáveis ou de exaurimento indeterminável, como as de água mineral[9]. |

**Legenda:** (a) Pelo CPC – Pequenas e média empresas, o *Goodwill* pode ser amortizado em até 10 anos.

5 Decreto nº 9.580/2018. Art. 318.

6 Decreto nº 9.580/2018. Art. 331.

7 Com algumas exceções, como as pedreiras e os locais usados como aterro, **os terrenos têm vida útil ilimitada e, portanto, não são depreciados** (CPC 27).

8 Decreto nº 9.580/2018. § 3º,Art. 313. Art. 313. O custo de aquisição de bens do ativo não circulante imobilizado e intangível não poderá ser deduzido como despesa operacional § 1º O disposto no **caput** não se aplica nas seguintes hipóteses: I – se o bem adquirido tiver valor unitário não superior a R$ 1.200,00 (mil e duzentos reais); **ou** II – se o prazo de vida útil do bem adquirido não for superior a um ano. § 2º Nas aquisições de bens cujo valor unitário esteja dentro do limite a que se refere este artigo, o disposto no § 1º não contempla a hipótese em que a atividade exercida exija a utilização de um conjunto desses bens. § 3º Exceto disposições especiais, o custo dos bens adquiridos **ou das melhorias realizad**as, cuja vida útil ultrapasse o período de um ano, deverá ser ativado para ser depreciado ou amortizado.

9 Decreto nº 9.580/2018. § 3º, Art. 336.

| Curiosidade conforme RIR/2018 | | |
|---|---|---|
| Planta portadora destinada à exploração de frutos | ⟶ | Ativo Biológico - Imobilizado → depreciação |
| Projeto florestal destinado à extração de madeira[a] | ⟶ | Ativo Biológico - Imobilizado → Em que pese a disposição do CPC 29 que determinada a avaliação pelo valor justo, o RIR/2018 exige a aplicação da exaustão considerando o custo histórico de formação |

**Legenda:** (a) neste caso a própria árvore é ceifada, cortada ou extraída.

## 2. DEPRECIAÇÃO

### 2.1. Aspectos específicos

O valor depreciável de um ativo deve ser apropriado de forma sistemática ao longo da sua vida útil estimada.

$$\textit{Valor Depreciável/ano} = \frac{(\textit{Valor do Ativo} - \textit{Valor Residual})}{(\textit{Vida útil em anos})}$$

| Valor residual conforme CPC 27 |
|---|
| 1. É revisado pelo menos ao final de cada exercício e, se as expectativas diferirem das estimativas anteriores, a mudança deve ser contabilizada como mudança de estimativa contábil (Ver Capítulo 27 que trata do CPC 23 - Políticas Contábeis, Mudança de Estimativa e Retificação de Erro).<br>2. Na prática, o valor residual de um ativo frequentemente não é significativo e por isso imaterial para o cálculo do valor depreciável.<br>3. O valor residual de um ativo pode aumentar. **A despesa de depreciação será zero enquanto o valor residual subsequente for igual ou superior ao seu valor contábil.** |

| Vida útil conforme CPC 27 e RIR/2018 |
|---|
| 1. É revisada pelo menos ao final de cada exercício e, se as expectativas diferirem das estimativas anteriores, a mudança deve ser contabilizada como mudança de estimativa contábil (Ver Capítulo 27 que trata do CPC 23 - Políticas Contábeis, Mudança de Estimativa e Retificação de Erro).<br>2. A vida útil de um ativo é definida em termos da utilidade esperada do ativo para a entidade. A política de gestão de ativos da entidade pode considerar a alienação de ativos após um período determinado ou após o consumo de uma proporção específica de benefícios econômicos futuros incorporados no ativo. Por isso, a vida útil de um ativo pode ser menor que a sua vida econômica. A estimativa da vida útil do ativo é uma questão de julgamento baseado na experiência da entidade com ativos semelhantes. **Exemplo:** Uma empresa de marketing digital, pode ter definido que troca seu parque tecnológico a cada 3 anos para não perder a garantia de fábrica e estendida. Assim, a vida útil seria de 3 anos.<br>3. O RIR/2018 define que:<br>*Art. 320. A taxa anual de depreciação será fixada em função do prazo durante o qual se possa esperar utilização econômica do bem pelo contribuinte na produção de seus rendimentos (Lei nº 4.506, de 1964, art. 57, § 2º).* |

Unidade Didática III
Avaliação Patrimonial

*§ 1º A Secretaria da Receita Federal do Brasil do Ministério da Fazenda publicará periodicamente o prazo de vida útil admissível, em condições normais ou médias, para cada espécie de bem,* ***assegurado ao contribuinte o direito de computar a quota efetivamente adequada às condições de depreciação de seus bens, desde que faça a prova dessa adequação, quando adotar taxa diferente*** *(Lei nº 4.506, de 1964, art. 57, § 3º).*

*§ 2º Em caso de dúvida, o contribuinte ou a autoridade lançadora do imposto sobre a renda poderá solicitar perícia do Instituto Nacional de Tecnologia, ou de outra entidade oficial de pesquisa científica ou tecnológica, hipótese em que* ***prevalecerão os prazos de vida útil recomendados por essas instituições****, enquanto estes não forem alterados por decisão administrativa superior ou por sentença judicial, fundamentadas, igualmente, em laudo técnico idôneo (Lei nº 4.506, de 1964, art. 57, § 4º).*

*§ 3º Quando o registro do imobilizado for feito por conjunto de instalação ou equipamentos, sem especificação suficiente para permitir aplicar as diferentes taxas de depreciação de acordo com a natureza do bem, e o contribuinte não tiver elementos para justificar as taxas médias adotadas para o conjunto, ficará obrigado a utilizar as taxas aplicáveis aos bens de maior vida útil que integrem o conjunto (Lei nº 4.506, de 1964, art. 57, § 12).*

4. Conclui-se que pelo RIR/2018 combinado pelo CPC 27, **a vida útil de um ativo pode ser menor que a sua vida econômica desde que faça a prova dessa adequação.**

## Quadro 13.3: Fatores considerados na determinação da vida útil de um ativo

| | |
|---|---|
| 1 | **Uso esperado do ativo** que é avaliado com base na capacidade ou produção física esperadas do ativo. |
| 2 | **Desgaste físico normal esperado**, que depende de fatores operacionais tais como o número de turnos durante os quais o ativo será usado, o programa de reparos e manutenção, e o cuidado e a manutenção do ativo enquanto estiver ocioso. |
| 3 | **Obsolescência técnica ou comercial** proveniente de mudanças ou melhorias na produção, ou de mudança na demanda do mercado para o produto ou serviço derivado do ativo. Reduções futuras esperadas no preço de venda de item que foi produzido usando um ativo podem indicar **expectativa de obsolescência técnica ou comercial do bem**, que, por sua vez, pode refletir uma redução dos benefícios econômicos futuros incorporados no ativo. |
| 4 | **Limites legais ou semelhantes no uso do ativo**, tais como as datas de término dos contratos de arrendamento relativos ao ativo. |

### Curiosidades sobre a depreciação no CPC 27

1. A depreciação do ativo se inicia quando este está disponível para uso, ou seja, quando está no local e em condição de funcionamento na forma pretendida pela administração. **A depreciação de um ativo deve cessar na data em que o ativo é classificado como mantido para venda ou, ainda, na data em que o ativo é baixado, o que ocorrer primeiro.** Portanto, a depreciação não cessa quando o ativo se torna ocioso ou é retirado do uso normal, a não ser que o ativo esteja totalmente depreciado. No entanto, de acordo com os métodos de depreciação pelo uso, a despesa de depreciação pode ser zero enquanto não houver produção.

**Exemplos**

1. Uma empresa adquire dois equipamentos de ar-condicionado: instala um e não instala o outro. O primeiro ar-condicionado tem sua depreciação iniciada a contar da instalação; enquanto o outro que não for instalado e não está em condições de uso, não inicia sua depreciação.

2. Caso esse primeiro ar-condicionado precise ser retirado para reparo, e fique 3 meses sem uso, a depreciação não cessa.

3. Caso seja aceito o método das unidades produzidas, se não houver produção a depreciação é zero.

**2.** A depreciação é reconhecida mesmo que o valor justo do ativo exceda o seu valor contábil, **desde que o valor residual do ativo não exceda o seu valor contábil.**

**3.** A reparação e a manutenção de um ativo não evitam a necessidade de depreciá-lo. A falta de reparo pode contribuir para queda de desempenho que pode ocasionar um *impairment* (ver Capítulo 14).

**Exemplo**

Uma empresa possui 2 veículos. O primeiro segue a manutenção de fábrica e o segundo não. Ambos sofrem a mesma depreciação. Contudo, o segundo pode ter uma queda de desempenho e sofrer um *impairment*.

**4.** Os benefícios econômicos futuros incorporados no ativo são consumidos pela entidade principalmente por meio do seu uso. Porém, outros fatores, tais como obsolescência técnica ou comercial e desgaste normal enquanto o ativo permanece ocioso, muitas vezes dão origem à diminuição dos benefícios econômicos que poderiam ter sido obtidos do ativo.

**5.** Terrenos e edifícios são ativos separáveis e são contabilizados separadamente, mesmo quando sejam adquiridos conjuntamente. O aumento de valor de um terreno no qual um edifício esteja construído não afeta o valor contábil do edifício.

**6.** Se o custo do terreno incluir custos de desmontagem, remoção e restauração do local, essa porção do valor contábil do terreno é depreciada durante o período de benefícios obtidos ao incorrer nesses custos. Em alguns casos, o próprio terreno pode ter vida útil limitada, sendo depreciado de modo a refletir os benefícios a serem dele retirados.

**Quota de depreciação[10] pelo RIR/2018**

1. A quota de depreciação dedutível na apuração do imposto sobre a renda será determinada por meio da **aplicação da taxa anual de depreciação sobre o custo de aquisição do ativo.**

2. A quota anual de depreciação será ajustada proporcionalmente na hipótese de período de apuração com prazo de duração inferior a doze meses e de bem acrescido ao ativo, ou dele baixado, no curso do período de apuração.

3. **A depreciação poderá ser apropriada em quotas mensais**, dispensado o ajuste da taxa para os bens postos em funcionamento ou baixados no curso do mês.

Unidade Didática III
Avaliação Patrimonial

[10] Decreto nº 9.580/2018. Art. 319.

4. A quota de depreciação, registrável em cada período de apuração, **dos bens aplicados exclusivamente na exploração** de minas, jazidas e florestas, cujo período de exploração total seja inferior ao tempo de vida útil desses bens, **poderá ser determinada, opcionalmente**, em função do prazo da concessão ou do contrato de exploração **ou, ainda**, do volume da produção de cada período de apuração e a sua relação com a possança conhecida da mina ou com a dimensão da floresta explorada (procedimento de exaustão).

**Conclui-se pelo item 4 que o RIR admite que os bens utilizados em bens sujeitos a exaustão podem utilizar o mesmo critério de exaustão (é uma das duas possibilidades). A Lei nº 6.404/1976 contempla esses bens aplicados nessa exploração ao procedimento de exaustão.**

## 2.2. Métodos

O método de depreciação utilizado **reflete o padrão de consumo** pela entidade dos benefícios econômicos futuros.

**O método de depreciação aplicado a um ativo deve ser revisado pelo menos ao final de cada exercício** e, se houver alteração significativa no padrão de consumo previsto, o método de depreciação deve ser alterado para refletir essa mudança. Tal mudança deve ser registrada como mudança na estimativa contábil, de acordo com o Pronunciamento Técnico CPC 23.

**Tipos de Métodos no CPC 27**

1. **Vários métodos de depreciação podem ser utilizados** para apropriar de forma sistemática o valor depreciável de um ativo ao longo da sua vida útil. Tais métodos incluem o método da linha reta, o método dos saldos decrescentes e o método de unidades produzidas.

| Método | Resultado |
|---|---|
| Método linear | Resulta em despesa constante durante a vida útil do ativo, caso o seu valor residual não se altere. |
| Método dos saldos decrescentes | Resulta em despesa decrescente durante a vida útil. |
| Método de Unidades produzidas | Resulta em despesa baseada no uso ou produção esperados. |

2. **O método de depreciação que se baseia na receita que é gerada pela atividade que inclui a utilização de ativo** não é apropriado. A receita gerada pela atividade que inclui o uso de ativo reflete geralmente outros fatores além do consumo dos benefícios econômicos do ativo. Por exemplo, a receita é afetada por outros insumos e processos, atividades de venda e mudanças nos volumes e preços de vendas. O componente de preço da receita pode ser afetado pela inflação, o que não tem qualquer influência sobre a maneira como o ativo é consumido.

**Chamada 95 do autor:** Depreciação – Método Linear

**Simulação 01: Método Linear**

Uma entidade pretende realizar a depreciação de um bem utilizando o método das cotas constantes. O valor bruto contábil é R$ 2.600; foi determinado o valor residual de R$ 600 e valor depreciável de R$ 2.000. A vida útil do bem é de cinco anos, conforme a política da entidade, assim, a taxa de depreciação ao ano é de 20%. Por questões didáticas a depreciação será calculada anualmente.

| Ano | Depreciação | Depreciação Acumuladas | Valor Contábil |
|---|---|---|---|
| 1 | 400 | 400 | 2.200 |
| 2 | 400 | 800 | 1.800 |
| 3 | 400 | 1.200 | 1.400 |
| 4 | 400 | 1.600 | 1.000 |
| 5 | 400 | 2.000 | 600 |

**Valor Residual = R$ 600.**

**Chamada 96 do autor:** Depreciação – Método da Soma dos Dígitos

**Simulação 02: Soma dos Dígitos (Método Cole ou Saldo Decrescente)**

Uma entidade pretende realizar a depreciação de um bem utilizando o método da soma dos dígitos. O valor bruto contábil é R$ 2.600; foi determinado o valor residual de R$ 600 e valor depreciável de R$ 2.000. A vida útil do bem é de cinco anos, conforme a política da entidade, assim, a taxa de depreciação no primeiro ano será de 5/15; no segundo ano de 4/15; no terceiro ano será de 3/15; no quarto ano de 2/15; no quinto ano de 1/15[11].

| Ano | Depreciação | Depreciação Acumuladas | Valor Contábil |
|---|---|---|---|
| 1 | 5/15*2.000 = 666,67 | 666,67 | 1.933,33 |
| 2 | 4/15*2.000 = 533,33 | 1.200,00 | 1.400,00 |
| 3 | 3/15*2.000 = 400,00 | 1.600,00 | 1.000,00 |
| 4 | 2/15*2.000 = 266,67 | 1.866,67 | 733,33 |
| 5 | 1/15*2.000 = 133,33 | 2.000,00 | 600 |

**Valor Residual = R$ 600.**



11 Se ao invés de 5 anos a vida útil do bem fosse de 6 anos, a base da soma dos dígitos seria 21 (6+5+4+3+2+1) ao invés de 15. **No caso de seis anos, no primeiro ano a taxa de depreciação seria 6/21.**

**Simulação 03: Unidades Produzidas**

Uma entidade pretende realizar a depreciação de um bem utilizando o método das unidades produzidas. O valor bruto contábil é R$ 2.600; foi determinado o valor residual de R$ 600 e valor depreciável de R$ 2.000. A vida útil do bem é determinada pela capacidade de produção que é igual a 5.000 unidades, sendo 500 unidades ao ano, conforme a política da entidade, assim, a taxa de depreciação ao ano é de 10%. Por questões didáticas, a depreciação será calculada anualmente.

| Ano | Depreciação | Depreciação Acumulada | Valor Contábil |
|---|---|---|---|
| 1 | 200 | 200 | 2.400 |
| 2 | 200 | 400 | 2.200 |
| 3 | 200 | 600 | 2.000 |
| 4 | 200 | 800 | 1.800 |
| 5 | 200 | 1.000 | 1.600 |
| 6 | 200 | 1.200 | 1.400 |
| 7 | 200 | 1.400 | 1.200 |
| 8 | 200 | 1.600 | 1.000 |
| 9 | 200 | 1.800 | 800 |
| 10 | 200 | 2.000 | 600 |

**Valor Residual = R$ 600.**

**Chamada 97 do autor:** Depreciação – Método das Unidades Produzidas

## 2.3. Casos Especiais no RIR/2018 e no CPC 27

**Bens Usados**

Será fixada tendo em vista **o maior dos** seguintes prazos:

| | | |
|---|---|---|
| 1. A metade da vida útil admissível para o bem adquirido novo. | **ou** | 2. O restante da vida útil, considerada esta em relação à primeira instalação para utilização do bem. |

(RIR/2018[12])

12 Decreto nº 9.580/2018. Art. 322.

<table>
<tr><td>Depreciação acelerada</td><td>Poderão ser adotados, em função do número de horas diárias de operação, os seguintes coeficientes de depreciação acelerada:<br><table><tr><th>1 turno de 8 horas</th><th>2 turnos de 8 horas</th><th>3 turnos de 8 horas</th></tr><tr><td>1,0</td><td>1,5</td><td>2,0</td></tr></table><br>(RIR/2018[13])</td></tr>
<tr><td rowspan="2">Depreciação Incentivada</td><td>Com a finalidade de incentivar a implantação, a renovação ou a modernização de instalações e equipamentos, poderão ser adotados coeficientes de depreciação acelerada, que vigorarão durante prazo certo para determinadas indústrias ou atividades (RIR/2018)[14].</td></tr>
<tr><td>Veículos automóveis, vagões, locomotivas e tênderes destinados ao ativo imobilizado podem usar fator 3,0 de depreciação acelerada (RIR/2018)[15].</td></tr>
<tr><td rowspan="4">Ativos com componentes diversos com valores significativos em relação ao ativo total</td><td>Cada componente de um item do ativo imobilizado com custo significativo em relação ao custo total do item deve ser depreciado separadamente. Exemplos:<br>1. Pode ser adequado depreciar separadamente a estrutura e os motores de aeronave<br>2. Se o arrendador adquire o ativo imobilizado que esteja sujeito a arrendamento operacional, pode ser adequado depreciar separadamente os montantes relativos ao custo daquele item que sejam atribuíveis a condições do contrato de arrendamento favoráveis ou desfavoráveis em relação a condições de mercado.</td></tr>
<tr><td>Conforme a entidade deprecia separadamente alguns componentes de um item do ativo imobilizado, também deprecia separadamente o remanescente do item. Esse remanescente consiste em componentes de um item que não são individualmente significativos (CPC 27).</td></tr>
<tr><td>Um componente significativo de um item do ativo imobilizado pode ter a vida útil e o método de depreciação que sejam os mesmos que a vida útil e o método de depreciação de outro componente significativo do mesmo item. Esses componentes podem ser agrupados no cálculo da despesa de depreciação (CPC 27).</td></tr>
<tr><td>Quando o registro do imobilizado for feito por conjunto de instalação ou equipamentos, sem especificação suficiente para permitir aplicar as diferentes taxas de depreciação de acordo com a natureza do bem, e o contribuinte não tiver elementos para justificar as taxas médias adotadas para o conjunto, ficará obrigado a utilizar as taxas aplicáveis aos bens de maior vida útil que integrem o conjunto.</td></tr>
<tr><td>Ativos com componentes diversos sem valores significativos em relação ao ativo total</td><td>A entidade pode escolher depreciar separadamente os componentes de um item que não tenham custo significativo em relação ao custo total do item (CPC 27).</td></tr>
</table>



13 Decreto nº 9.580/2018. Art. 323.

14 Decreto nº 9.580/2018. Art. 324.

15 Decreto nº 9.580/2018. Art. 328. A pessoa jurídica terá direito à depreciação acelerada, calculada pela aplicação da taxa de depreciação usualmente admitida multiplicada por três, sem prejuízo da depreciação contábil.

**Chamada 98 do autor:** Depreciação – Casos Especiais

**Questão de Reforço – CGE-PB – Auditor Contábil e Finanças Públicas 2024 FGV**

Uma empresa comprou um jato executivo para uso da alta administração. O custo total foi de R$ 15 milhões e seus principais componentes com custo significativo são: jato, motor e pneus. A empresa espera usar o método linear e estima que o jato seja utilizado por um período de 7 anos. O motor do jato tem vida útil de 5 anos e os pneus são trocados a cada 2 anos. Considerando-se as informações apresentadas, os componentes serão depreciados pelo método linear ao longo de uma vida útil de:

(A) 7 anos para os ativos baseado na prudência (a maior vida útil de todas as peças do jato);

(B) 5 anos para o motor, 2 anos para os pneus e 7 anos para o jato;

(C) 2 anos para os ativos baseado no conservadorismo (a menor vida útil de todas as peças do jato);

(D) 5 anos com base numa média simples das vidas úteis de todos os principais componentes do jato;

(E) 5 anos para o motor, 7 anos para o jato e os pneus são considerados manutenção periódica.

**Solução**

1. A vida útil de um ativo é definida em termos da utilidade esperada do ativo para a entidade. A política de gestão de ativos da entidade pode considerar a alienação de ativos após um período determinado ou após o consumo de uma proporção específica de benefícios econômicos futuros incorporados no ativo. Por isso, a vida útil de um ativo pode ser menor do que a sua vida econômica.

2. Cada componente de um item do ativo imobilizado com custo significativo em relação ao custo total do item deve ser depreciado separadamente. Exemplos:

(a)Pode ser adequado depreciar separadamente a estrutura e os motores de aeronave

(b)Se o arrendador adquire o ativo imobilizado que esteja sujeito a arrendamento operacional, pode ser adequado depreciar separadamente os montantes relativos ao custo daquele item que sejam atribuíveis a condições do contrato de arrendamento favoráveis ou desfavoráveis em relação a condições de mercado.

Gabarito: **B**

## 2.4. Contabilização

A despesa de depreciação de cada período deve ser reconhecida no resultado **a menos que seja incluída no valor contábil de outro ativo.**

A depreciação do período deve ser normalmente reconhecida no resultado. No entanto, **por vezes os benefícios econômicos futuros incorporados no ativo são absorvidos para a produção de outros ativos**. Nesses casos, **a depreciação faz parte do custo de outro ativo, devendo ser incluída no seu valor contábil.**

Por exemplo, a depreciação de máquinas e equipamentos de produção é incluída nos custos de produção de estoque. De forma semelhante, a depreciação de ativos imobilizados usados para atividades de desenvolvimento pode ser incluída no custo de um ativo intangível.

Figura 13.2: Contabilização da Depreciação

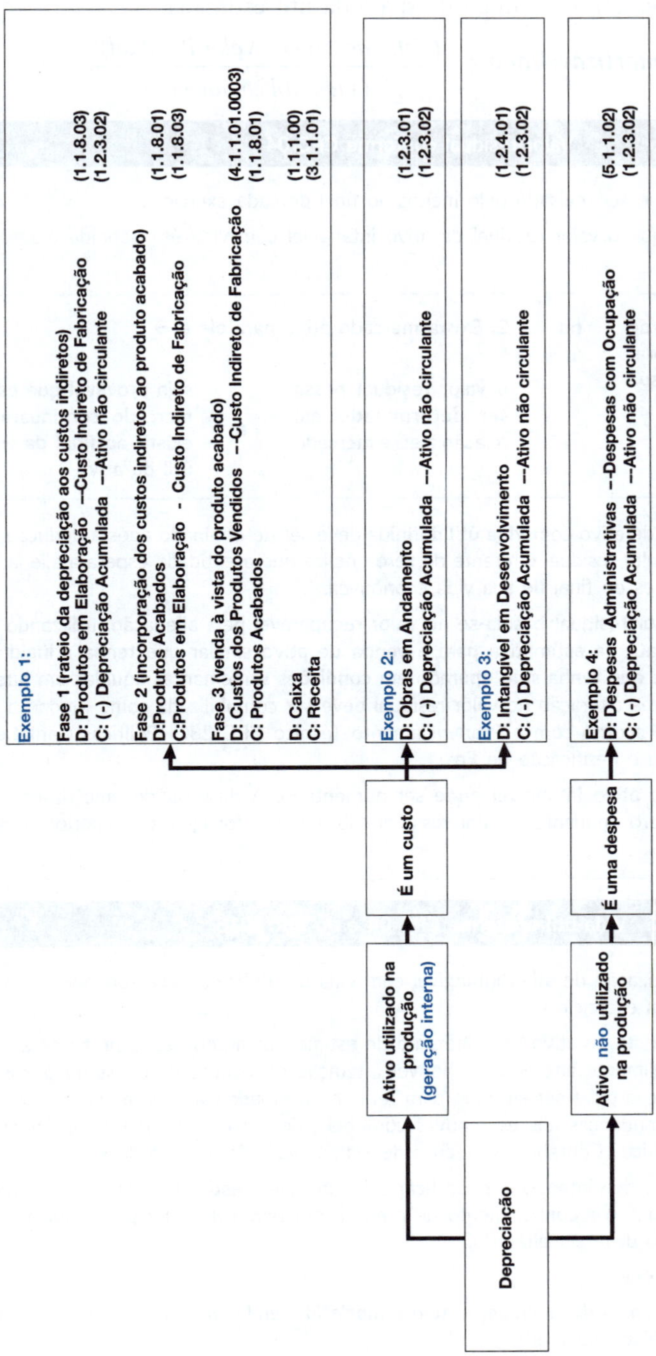


Chamada 99 do autor: Depreciação – Contabilização

# 3. AMORTIZAÇÃO

## 3.1. Aspectos específicos

O valor amortizável de ativo intangível com vida útil definida deve ser apropriado de forma sistemática ao longo da sua vida útil estimada.

$$\textit{Valor Amortizável/ano} = \frac{\textit{(Valor do Ativo – Valor Residual)}}{\textit{(Vida útil em anos)}}$$

| Valor residual conforme CPC 04 |
|---|
| 1. O valor residual deve ser revisado pelo menos ao final de cada exercício.<br>2. Deve-se presumir que o valor residual de ativo intangível com vida útil definida é zero, a não ser que:<br>**1. Haja compromisso de terceiros para comprar o ativo ao final da sua vida útil.** ou **2. Exista mercado ativo para ele e →** **o valor residual possa ser determinado em relação a esse mercado** e **seja provável que esse mercado continuará a existir ao final da vida útil do ativo**<br>3. O valor amortizável de ativo com vida útil definida deve ser determinado após a dedução de seu valor residual. O valor residual diferente de zero implica que a entidade espera a alienação do ativo intangível antes do final de sua vida econômica.<br>4. **A estimativa do valor residual** baseia-se no valor recuperável **pela alienação, utilizando os preços em vigor na data da estimativa para a venda** de ativo similar que tenha atingido o final de sua vida útil e que tenha sido operado em condições semelhantes àquelas em que o ativo será utilizado. Uma alteração no valor residual deve ser contabilizada como mudança na estimativa contábil, de acordo com o Pronunciamento Técnico CPC 23 - Políticas Contábeis, Mudança de Estimativa e Retificação de Erro.<br>5. **O valor residual de ativo intangível pode ser aumentado.** A despesa de amortização de ativo intangível será zero enquanto o valor residual subsequente for igual ou superior ao seu valor contábil. |

| Vida útil conforme CPC 04 e do RIR/2018 |
|---|
| 1. O período de amortização de ativo intangível com vida útil definida deve ser revisado pelo menos ao final de cada exercício.<br>2. Caso a vida útil prevista do ativo seja diferente de estimativas anteriores, o prazo de amortização deve ser devidamente alterado. Se houver alteração no padrão de consumo previsto, o método de amortização deve ser alterado para refletir essa mudança. Tais mudanças devem ser registradas como mudanças nas estimativas contábeis, de acordo com o Pronunciamento Técnico CPC 23 - Políticas Contábeis, Mudança de Estimativa e Retificação de Erro.<br>3. Ao longo da vida de ativo intangível, pode ficar evidente que a estimativa de sua vida útil é inadequada. Por exemplo, o reconhecimento de prejuízo por perda de valor pode indicar que o prazo de amortização deve ser alterado.<br>4. O RIR/2018 define que:<br>*Art. 333. A taxa anual de amortização será estabelecida tendo em vista o número de anos restantes de existência do direito.* |

**Curiosidade sobre a amortização no CPC 04**

A amortização deve ser iniciada a partir do momento em que o ativo estiver disponível para uso, ou seja, quando se encontrar no local e nas condições necessários para que possa funcionar da maneira pretendida pela administração.

**Quota de amortização[16] pelo RIR/2018**

1. A quota de amortização dedutível em cada período de apuração será determinada pela aplicação da **taxa anual de amortização sobre o valor original do capital aplicado.**

2. Se a amortização tiver início ou terminar no curso do período de apuração, ou se este tiver duração inferior a doze meses, a taxa anual será ajustada proporcionalmente ao período de amortização.

3. A amortização poderá ser apropriada em quotas mensais, dispensado o ajuste da taxa para o capital aplicado ou baixado no curso do mês.

4. A taxa anual de amortização será estabelecida **tendo em vista o número de anos restantes de existência do direito.**

## 3.2. Métodos

O método de amortização utilizado **reflete o padrão de consumo** pela entidade dos benefícios econômicos futuros.

**Tipos de Métodos de Amortização no CPC 04**

1. **Podem ser utilizados** vários métodos de amortização **para apropriar de forma sistemática o valor amortizável de um ativo ao longo da sua vida útil.** Tais métodos incluem o método linear, também conhecido como método de linha reta, o método dos saldos decrescentes e o método de unidades produzidas.

2. A seleção do método deve obedecer ao padrão de consumo dos benefícios econômicos futuros esperados, incorporados ao ativo, e aplicado consistentemente entre períodos, a não ser que exista alteração nesse padrão. **Se não for possível determinar esse padrão com confiabilidade, deve ser utilizado o método linear.**

3. Na escolha do método de amortização adequado, **a entidade pode determinar o fator limitante predominante que é inerente ao ativo intangível.** Por exemplo, **o contrato que estabelece os direitos da entidade sobre o uso do ativo intangível pode especificar o uso do ativo intangível pela entidade** como número predeterminado de anos (ou seja, tempo), como número de unidades produzidas ou como montante total fixo da receita a ser gerada. A identificação do fator limitante predominante pode servir de ponto de partida para a identificação da base adequada da amortização, mas **outra base pode ser aplicada se refletir de forma mais próxima o padrão esperado de consumo** de benefícios econômicos.

4. Há uma **presunção** refutável **de que o método de amortização baseado na receita gerada por atividade que inclui o uso de ativo intangível não é apropriado.** A receita gerada por atividade que inclui o uso de ativo intangível reflete fatores típicos que não estão diretamente ligados ao consumo dos benefícios econômicos incorporados no ativo intangível. Por exemplo, a receita é afetada por outros insumos e processos, atividades de venda e mudanças nos volumes e preços de venda. O componente de preço da receita pode ser afetado pela inflação, o que não tem qualquer influência sobre a maneira como o ativo é consumido. **Essa presunção só pode ser superada** em circunstâncias limitadas **(ver simulação 04):**

[16] Decreto nº 9.580/2018. Art. 332 e Art. 333.

Unidade Didática III
Avaliação Patrimonial

| 1. Em que o ativo intangível é expresso como mensuração de receitas. | Na circunstância em que o **fator limitante predominante**, que é inerente ao ativo intangível, **é a obtenção de um limite de receita,** **a receita a ser gerada pode ser a base adequada para a amortização.** |
|---|---|

**ou**

2. Quando puder ser demonstrado que as receitas e o consumo dos benefícios econômicos do ativo intangível são altamente correlacionados.

**Conclui-se que método de amortização baseado na receita gerada por atividade é aceito na amortização.**

5. O **método de amortização** de ativo intangível com vida útil definida **deve ser revisado pelo menos ao final de cada exercício.**

6. Com o decorrer do tempo, o padrão dos benefícios econômicos futuros gerados pelo ativo intangível que se espera ingressem na entidade pode mudar. **Por exemplo, pode ficar evidente que o método dos saldos decrescentes é mais adequado que o método linear.** Outro exemplo é o caso da utilização de direitos de licença que depende de medidas pendentes em relação a outros componentes do plano de negócios. Nesse caso, os benefícios econômicos gerados pelo ativo talvez só sejam auferidos em períodos posteriores.

### Simulação 04 – Extraído do CPC 04:
### Exemplos de Fatores Limitantes e Uso da Receita como base de Amortização

Uma entidade adquire uma concessão para explorar e extrair ouro de uma mina de ouro. O fim do contrato pode estar baseado no valor fixo da receita total a ser gerada a partir da extração (por exemplo, **o contrato pode permitir a extração de ouro da mina até que a receita total acumulada com a venda de ouro atinja $ 2 bilhões**) e não ser baseado no tempo ou na quantidade de ouro extraído.

O direito de operar a estrada com pedágio pode estar baseado no montante total fixo de receita a ser gerado a partir de pedágios cobrados cumulativos (por exemplo, o contrato pode permitir a operação da estrada com pedágio até que o montante acumulado de pedágios gerados a partir da operação da estrada atinja $ 100 milhões).

No caso em que a receita foi estabelecida como o fator limitante predominante no contrato para a utilização do ativo intangível, a receita que será gerada pode ser a base adequada para a amortização do ativo intangível, **desde que o contrato especifique o valor fixo total da receita a ser gerado sobre o qual a amortização deve ser determinada.**

**Chamada 100 do autor:** Amortização – Métodos e Fatores Limitantes

**Curiosidade**

**O método de** depreciação que se baseia na receita que é gerada pela atividade que inclui a utilização de ativo **não é apropriado.**

Porém, esse método **é aceito sob determinadas circunstâncias na amortização.**

## 3.3. Casos Especiais

| | |
|---|---|
| Ativo Intangível de vida útil indefinida | 1.Vida útil indefinida não significa vida útil infinita.<br>2. Ativo intangível com vida útil indefinida não deve ser amortizado.<br>3. A entidade deve testar a perda de valor (ver capítulo 14) dos ativos intangíveis com vida útil indefinida, comparando o seu valor recuperável com o seu valor contábil:<br>**(a)** anualmente; e **(b)** sempre que existam indícios de que o ativo intangível pode ter perdido valor. |
| Ativo intangível não amortizado | A vida útil de ativo intangível que não é amortizado deve ser revisada periodicamente para determinar se eventos e circunstâncias continuam a consubstanciar a avaliação de vida útil indefinida. Caso contrário, a mudança na avaliação de vida útil de indefinida para definida deve ser contabilizada como mudança de estimativa contábil, conforme Pronunciamento Técnico CPC 23 (ver capítulo 27). |

**Chamada 101 do autor:** Amortização - Casos Especiais

## 3.4. Contabilização

A despesa de amortização para cada período deve ser reconhecida no resultado, a não ser que outra norma ou pronunciamento contábil permita ou exija a sua inclusão no valor contábil de outro ativo.

**A amortização deve normalmente ser reconhecida no resultado.** No entanto, por vezes os benefícios econômicos futuros incorporados no ativo são absorvidos para a produção de outros ativos. Nesses casos, a amortização faz parte do custo de outro ativo, devendo ser incluída no seu valor contábil.

Figura 13.3: Contabilização da Amortização

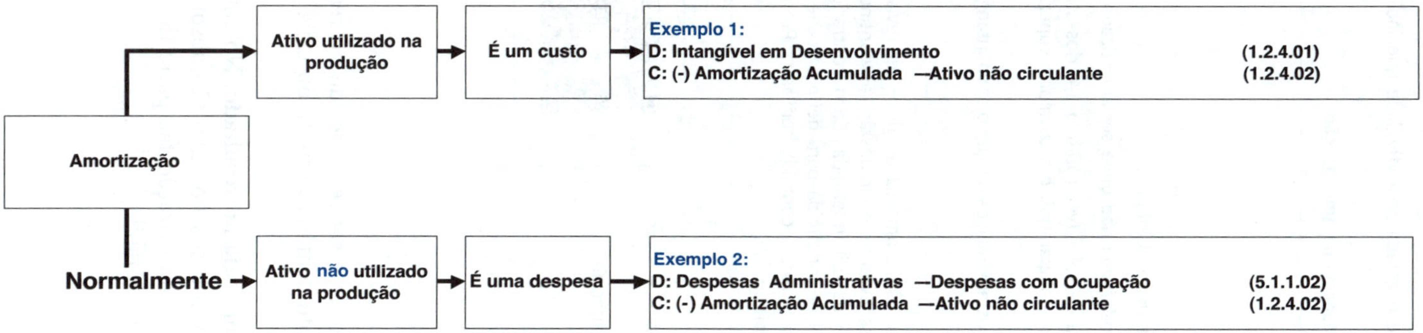


**Chamada 102 do autor:** Amortização – Contabilização

## 4. EXAUSTÃO

O montante da quota de exaustão será determinado tendo em vista o volume da produção no período e a sua relação com a possança conhecida da mina ou em função do prazo de concessão ou à correspondente à diminuição do valor de recursos florestais, resultante de sua exploração.

$$\textbf{\textit{Exaustão}} = (\textit{Custo de Aquisição} - \textit{Valor Residual}) \times \frac{(\textit{Volume de Produção})}{\textit{Possança da Mina}}$$

**ou**

$$\textbf{\textit{Exaustão}} = (\textit{Custo de Aquisição} - \textit{Valor Residual}) \times \frac{(\textit{Volume Exploração})}{\textit{Valor dos Recursos Florestais}}$$

**Figura 13.4:** Contabilização da Exaustão

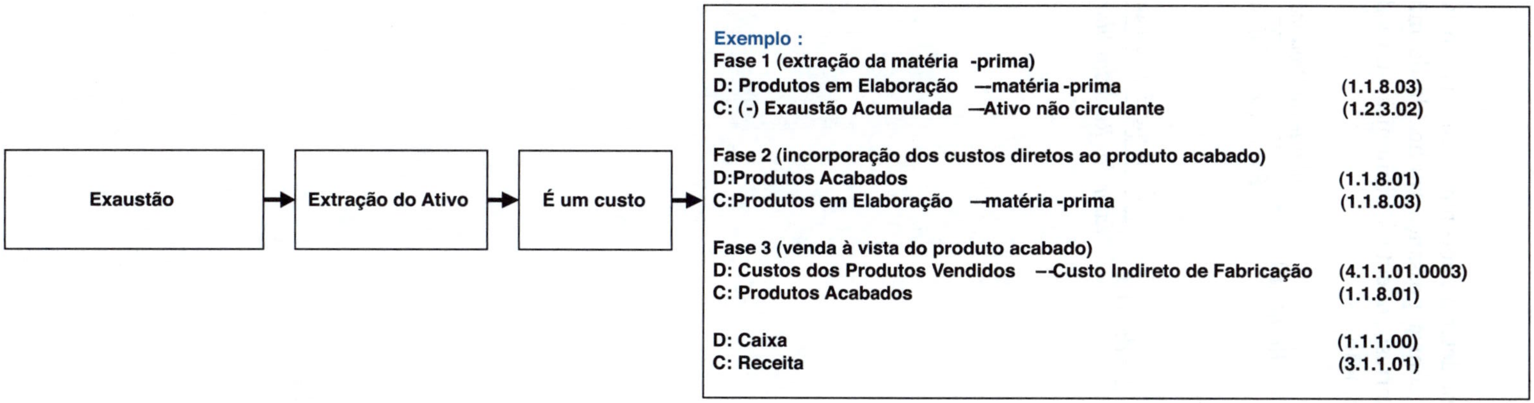


**Chamada 103 do autor:** Exaustão – Aspectos Gerais e Contabilização

## Quadro 13.4: Casos específicos de exaustão

<table>
<tr><td rowspan="4">Da exaustão de recursos minerais</td><td>Terá como base de cálculo o valor da possança da mina (exemplo: mina cuja possança é de 3.000 toneladas).</td></tr>
<tr><td>Poderá ser computada como custo ou encargo, em cada período de apuração, a importância correspondente à diminuição do valor de recursos minerais, resultante da sua exploração.</td></tr>
<tr><td>A quota de exaustão será determinada de acordo com os princípios de depreciação, com base no custo de aquisição ou prospecção, dos recursos minerais explorados.</td></tr>
<tr><td>São vedadas as deduções de despesas de exaustão geradas por bem objeto de arrendamento mercantil pela arrendatária, na hipótese em que esta reconhecer contabilmente o encargo.</td></tr>
<tr><td rowspan="5">Da exaustão de recursos florestais</td><td>Poderá ser computada como custo ou encargo, em cada período de apuração, a importância correspondente à diminuição do valor de recursos florestais, resultante de sua exploração.</td></tr>
<tr><td>A quota de exaustão dos recursos florestais destinados a corte terá como base de cálculo o valor das florestas. Ou seja, não se aplica o CPC 29: valor justo.</td></tr>
<tr><td>Para o cálculo do valor da quota de exaustão, serão observados os seguintes critérios:<br>1. Será apurado, inicialmente, o percentual que o volume dos recursos florestais utilizados ou a quantidade de árvores extraídas durante o período de apuração representa em relação ao volume ou à quantidade de árvores que, no início do período de apuração, compunham a floresta; e<br>2. Será aplicado o percentual encontrado sobre o valor contábil da floresta, registrado no ativo, e o resultado será considerado como custo dos recursos florestais extraídos.</td></tr>
<tr><td>Aplica-se também às florestas objeto de direitos contratuais de exploração por prazo indeterminado e as quotas de exaustão deverão ser contabilizadas pelo adquirente desses direitos, que tomará como valor da floresta o do contrato.</td></tr>
<tr><td>São vedadas as deduções de despesas de exaustão geradas por bem objeto de arrendamento mercantil pela arrendatária, na hipótese em que esta reconhecer contabilmente o encargo.</td></tr>
</table>

| Composição dos custos que compõem um projeto florestal |
|---|
| **1. Formação da floresta → é a base da exaustão.** |
| **2. Estradas florestais → é a base da exaustão.** |
| **3. Colheita → custo direto.** |
| **4. Carregamento e transporte → custo direto.** |
| **5. Descarregamento→ custo direto.** |
| **6. Despesas administrativas até o que produto agrícola seja entregue ao comprador→ custo direto.** |
| **7. Depreciação dos equipamentos utilizados→ custo direto, desde que os equipamentos sejam utilizados integralmente na extração.** |
| **8. Exaustão (incide sobre o item 1) → custo direto.** |

## 5. TRATAMENTO DAS BENFEITORIAS

As Benfeitorias podem ocorrer em imóveis próprios ou de terceiros.

**Quadro 13.5:** Tratamento dados às benfeitorias de imóveis próprios

| Situação | | Tratamento |
|---|---|---|
| Imóveis próprios | Se refiram de despesas de conservação e reparos. | Despesas Operacionais (Parecer Normativo CST nº 104/1975). |
| | Benfeitorias cuja vida útil seja de até 1 ano. | Despesas Operacionais (Parecer Normativo CST nº 104/1975). |
| | Benfeitorias cuja vida útil superior a 1 ano. | Deve ser ativado para ser depreciado ou amortizado se não houve indenização. |

As **benfeitorias em Bens de Terceiros**, por sua vez, tratam da situação em que a empresa locadora de um imóvel executa benfeitorias ou construções no respectivo bem, devendo tais desembolsos serem contabilizados de forma específica. Entende-se por benfeitoria a obra realizada em propriedade, que aumente o seu valor, ou a obra realizada em bens com a finalidade de conservação, melhoramento ou embelezamento. De acordo com o Código Civil:

> ***Art. 96. As benfeitorias podem ser voluptuárias, úteis ou necessárias.***
>
> *§ 1 º São* ***voluptuárias*** *as de mero deleite ou recreio, que não aumentam o uso habitual do bem, ainda que o tornem mais agradável ou sejam de elevado valor.*
>
> *§ 2 º São* ***úteis*** *as que aumentam ou facilitam o uso do bem.*
>
> *§ 3 º São* ***necessárias*** *as que têm por fim conservar o bem ou evitar que se deteriore.*
>
> *Art. 97. Não se consideram benfeitorias os melhoramentos ou acréscimos sobrevindos ao bem sem a intervenção do proprietário, possuidor ou detentor.*

Os dispêndios com benfeitorias realizadas em bens pertencentes a terceiros devem ser contabilizados da seguinte forma conforme a possibilidade de indenização e a duração do contrato.

**Quadro 13.6:** Tratamento dados às benfeitorias de imóveis locados

<table>
<tr><th colspan="3">Situação dos Imóveis locados</th><th>Tratamento</th></tr>
<tr><td rowspan="2">Contrato com indenização</td><td colspan="2">Se o ressarcimento, ou parte dele, for imediato, pelo proprietário, contabilizamos apenas a parte não ressarcida.</td><td>Dependendo do prazo de ressarcimento: Ativo Circulante ou Ativo Realizável a Longo Prazo</td></tr>
<tr><td colspan="2">Se o ressarcimento, ou parte dele, for no futuro ressarcido pelo proprietário, mediante o final do contrato ou dedução nas parcelas.</td><td>Deve contabilizar o ressarcimento no Ativo Realizável a Longo Prazo.</td></tr>
<tr><td rowspan="3">Contrato sem indenização</td><td rowspan="2">Prazo Determinado</td><td>Se a vida útil das benfeitorias for igual ou inferior ao prazo contratual de arrendamento (a benfeitoria está atrelada a sua própria vida útil).</td><td>Aplica-se a depreciação</td></tr>
<tr><td>Se a vida útil das benfeitorias for superior ao prazo contratual de arrendamento (a benfeitoria está atrelada a vida útil do contrato).</td><td>Aplica-se a amortização</td></tr>
<tr><td colspan="2">Contratos de prazo indeterminado (a benfeitoria está atrelada a sua própria vida útil).</td><td>Aplica-se a depreciação</td></tr>
</table>

Caso o contrato seja omisso quanto à cláusula de indenização, o tratamento aplicado será o mesmo utilizado nos contratos com previsão de indenização.

**Chamada 104 do autor:** Tratamento dado as benfeitorias em imóveis próprios ou de terceiros



## 6. LISTA DE QUESTÕES OBJETIVAS

### 1ª Questão (Receita Federal Analista Tributário 2012 ESAF)

A firma Mobiliada S.A. possui móveis e utensílios adquiridos em dezembro de 2010 por R$ 40.000,00. Incorporados ao grupo imobilizado em janeiro de 2011, esses bens são depreciados com valor residual de 5%, considerando-se uma vida útil de 10 anos como é costumeiro. No exercício de 2012, no balanço de 31 de dezembro, a empresa deverá apresentar esses móveis com valor contábil de

a) R$ 40.000,00.
b) R$ 32.400,00.
c) R$ 32.000,00.
d) R$ 30.400,00.
e) R$ 30.000,00.

## Solução

Situação Inicial em 31/12/2010

**Imobilizado ............................R$ 40.000**
**(-) Depreciação acumulada ..R$ (0)**

O próximo passo é calcular o valor depreciável/ano:

Valor depreciável/ano = 40.000-2.000/10 anos

Valor depreciável/ano = 3.800/ano

Situação em 31/12/2012 (2 anos de depreciação → 3.800x2 → 7.600)

**Imobilizado ............................R$ 40.000**
**(-) Depreciação acumulada ..R$ (7.600)**

Valor Contábil = R$ 32.400.

Gabarito: **B**

## 2ª Questão (Receita Federal Auditor 2014 ESAF)

A Cia. Mamoré vende a prazo por R$15.000 um imobilizado cujo valor de registro é R$140.000 e a depreciação acumulada, calculada até a data da venda, era de R$126.000. Para efetuar o registro desse evento, a empresa deve:

a) registrar um débito de R$140.000 em conta do imobilizado.
b) contabilizar um crédito de R$15.000 em Ganhos com Venda de Imobilizado.
c) reconhecer um débito de R$14.000 em conta de resultado.
d) lançar um crédito de R$126.000 na conta de Depreciação Acumulada.
e) efetuar um débito de R$140.000 em perdas com imobilizado.

## Solução

Situação Inicial:

**Imobilizado ............................R$ 140.000**
**(-) Depreciação acumulada ..R$ (126.000)**

A conta de depreciação acumulada deve ser baixada (débito) em contrapartida (crédito) da conta do imobilizado que registra o bem vendido. Assim, o Valor Contábil fica sem a depreciação acumulada, no caso concreto: R$ 14.000.

O ativo foi alienado por R$ 15.000, então houve um ganho de capital de R$ 1.000 (outras receitas operacionais).

O lançamento contábil seria esse:

D Caixa.................................R$ 15.000

D Depreciação acumulada......R$ 126.000

C Imobilizado .......................R$ 140.000

C Ganho de Capital................R$ 1.000

a) Errado. A conta do imobilizado deve ser creditada e não debitada.

b) Gabarito, porém a questão deveria ter sido anulada, pois o ganho foi de R$ 1.000. Foi a menos errada.

Após os recursos a Banca alegou o seguinte: "Os ganhos não devem ser classificados como receita de venda. Item 68 do CPC 27 - Ativo Imobilizado".

c) Errado, no resultado ocorre o ganho de R$1.000.

d) Errado. A conta de depreciação acumulada deve ser debitada e não creditada.

e) Errado. Não houve perdas com a venda do imobilizado e sim ganho.

Gabarito: **B**



## 3ª Questão (DPF Agente 2018 CEBRASPE)

Determinada sociedade comercial realizou, no período corrente, as transações apresentadas a seguir.

- Apropriou a terceira cota anual cheia de depreciação de um veículo, originalmente adquirido por R$ 60.000, com vida útil estimada em 5 anos. A empresa tem como política considerar um valor residual de 10% para todos os seus bens. O método de depreciação empregado é o da soma dos dígitos dos anos. -Descontou, no banco onde mantém conta, uma duplicata a vencer em 60 dias. O título, com valor nominal de R$ 100.000, gerou um crédito de R$ 97.000 na conta corrente da empresa.
- Vendeu mercadorias por R$ 10.000, líquido de tributos, realizando a baixa dos estoques correspondentes, no valor de R$ 5.500. Nessa situação hipotética,

3. A depreciação do veículo gerou um crédito de R$ 10.800 na conta de depreciação acumulada.

### Solução

Valor depreciável = (60.000-6.000) = 54.000

Soma dos dígitos:

| Ano | Quota |
|---|---|
| 1 | 5/15 |
| 2 | 4/15 |
| 3 | 3/15 |
| 4 | 2/15 |
| 5 | 1/15 |

Quota do ano 3 = 3/15 = 1/5x54.000 = 10.800.

Gabarito: **Certo**

### 4ª e 5ª Questões (DPF Agente e Escrivão 2021 CEBRASPE)

Com relação aos pronunciamentos técnicos do Comitê de Pronunciamentos Contábeis (CPC), julgue os próximos itens.

4. O valor residual de um ativo não deve ser considerado para fins de cálculo do seu valor depreciável.
5. Um ativo intangível com vida útil definida está sujeito à amortização de seu valor, a qual terá início no momento em que tal ativo estiver disponível para uso.

#### Solução

4. Errado, é um dos elementos essenciais.
5. A amortização deve ser iniciada a partir do momento em que o ativo estiver disponível para uso, ou seja, quando se encontrar no local e nas condições necessários para que possa funcionar da maneira pretendida pela administração.

Gabarito:

4. **Errado**
5. **Certo**

### 6ª Questão (Receita Federal Auditor 2023 FGV)

Uma entidade que trabalha com auditoria contábil adquiriu, em 01/01/X1, por R$700.000 à vista, um imóvel para ser utilizado como sede. A vida útil do imóvel era estimada em 25 anos e não era considerado valor residual. Além disso, a entidade depreciava os seus ativos imobilizados de acordo com o método da linha reta.

Em 31/12/X3, o imóvel foi colocado para à venda. Na data, o ativo estava disponível para venda imediata e o nível hierárquico de gestão estava comprometido com o plano de venda do ativo, tendo iniciado um programa para localizar um comprador. Além disso, o valor justo do imóvel, líquido das despesas de venda, foi avaliado em R$720.000.

Em 31/12/X4, o imóvel foi vendido por R$750.000 à vista.

Assinale a opção que indica o resultado obtido com venda do imóvel, contabilizado na Demonstração do Resultado do Exercício da entidade em 31/12/X4.

(A) R$30.000.

(B) R$50.000.

(C) R$62.727.

(D) R$134.000.

(E) R$162.000.

## Solução

**Situação em 01/01/X1:**

Imóvel (Ativo Imobilizado) = R$ 700.000,00

**Situação em 31/12/X3:**

Depreciação acumulada = 700.000 x 3 anos / 25 anos = 84.000

Valor Contábil = 700.000 - 84.000 = 616.000

Ao final de X3, o ativo foi reclassificado de ativo imobilizado para ativo não circulante mantido para venda e deve ser contabilizado pelo menor valor entre o valor contábil e o valor justo líquido das despesas de venda.

Ativo Não Circulante Mantido para Venda = 616.000

**Situação em 31/12/X4:**

Resultado com a venda para fins de DRE = 750.000 - 616.000 = R$ 134.000

Gabarito: **D**

## 7ª Questão (Receita Federal Analista Tributário 2023 FGV)

Em 02/01/X1, uma entidade adquiriu computadores, para utilizar em sua área administrativa, por R$50.000, para pagamento em 31/12/X1. Se os computadores tivessem sido adquiridos à vista, o custo seria de R$45.000. O prazo de pagamento excede os prazos normais de crédito da entidade e o valor da compra é considerado material. A vida útil estimada dos computadores era de 5 anos. A entidade depreciava os seus ativos imobilizados de acordo com o método da linha reta e não considerava valor residual. No ano de X1, a entidade contabilizou receita com a prestação de serviços de R$200.0000. Os custos com os serviços prestados foram de R$80.000. Além do lucro bruto de R$120.000, assinale a opção que indica os valores das contas apresentadas na Demonstração do Resultado do Exercício da entidade em 31/12/X1, sem considerar a incidência de impostos.

(A) Despesa de depreciação: R$9.000, apenas.

(B) Despesa de depreciação: R$10.000, apenas.

(C) Despesa de depreciação: R$9.000 e Despesa financeira: R$5.000, apenas.

(D) Despesa de depreciação: R$10.000 e Despesa financeira: R$5.000, apenas.

(E) Despesa de depreciação: R$10.000 e Receita financeira: R$5.000, apenas.

## Solução

O registro contábil inicial em 02/01/X1 seria esse.

D: Computadores........................................ 45.000
D: (-) Juros a Apropriar................................ 5.000
C: Fornecedores ........................................ 50.000

Depreciação de X1 = 1 ano de depreciação.

Valor depreciável = 45.000/5 → R$ 9.000.

O registro contábil em 02/01/X1 seria esse:

D: Despesa Financeira.................................5.000
C: (-) Juros a Apropriar...............................5.000

D: Depreciação – Despesa ...............................9.000
C: (-) Depreciação Acumulada ...........................9.000

Gabarito: **C**

# 7. LISTA DE QUESTÕES DISCURSIVAS

## 1ª Questão (TCM-SP – Auditor de Controle Externo – Contabilidade 2023 VUNESP):

O contador da indústria Rabo do Cometa Ltda. quer calcular a depreciação de um bem do ativo imobilizado que está sendo adquirido e agregado ao ativo fixo, de forma a ter conhecimento do impacto dessa despesa no resultado da Empresa. Para tanto, o contador obteve as seguintes informações:

- Item a ser adquirido: uma empilhadeira americana para 100 ton.
- Data de entrada do bem em funcionamento: 1° de fevereiro de 2022.
- Valor do bem: R$ 1.200.000,00.
- Valor do imposto a ser recuperado: 10% do valor do bem.
- Custos adicionais para colocar o bem em funcionamento: R$ 120.000,00.
- Valor do frete: 3% do valor do bem, pago pelo comprador.
- Valor de realização (residual) do bem conforme engenheiro: R$ 126.000,00.
- Vida útil econômica do bem: 12 anos.
- Depreciação: linear.

a) Com base nessas informações, apresente o cálculo, em detalhes, do valor da depreciação acumulada na data base de 31 de dezembro de 2022, dessa máquina.

b) Sabe-se que a carenagem dessa empilhadeira tem uma vida útil diferente do restante da máquina, mas não é relevante.

O contador não tem informação em separado dessa carenagem. De acordo com as normas brasileiras de contabilidade - NBC TG 27 (R4), indique, objetivamente, qual o tratamento deveria ser dado a esse componente da máquina, inclusive quanto à depreciação.

Com base nessas informações:

a. Indique o grupo e subgrupo que este ativo deve ser classificado no Balanço Patrimonial Individual da Cia. Invest. e justifique.

b. Sabendo-se que durante 2012, a Cia. A apurou lucro de R$ 50.000 e que distribuiu e pagou dividendos no valor de R$ 20.000, indique os lançamentos contábeis necessários para a contabilização desses eventos nas demonstrações individuais da Cia. Invest. S.A. e explicite a linha de raciocínio empregada e os cálculos necessários para determinar os valores a serem contabilizados.

Extensão máxima: **30 linhas**

## Resolução da Questão

Quanto ao item "a", deve-se identificar os valores que compõem o custo do imobilizado em uma aquisição separada[17]. Desse modo, o custo é composto de: (i) preço de aquisição, acrescido de impostos de importação e impostos não recuperáveis sobre a compra, depois de deduzidos os descontos comerciais e abatimentos; e (ii) custos diretamente atribuíveis para colocar o ativo no local e condição necessárias para o mesmo ser capaz de funcionar da forma pretendida pela administração (Valor do frete e custos adicionais para colocar o bem em funcionamento). Desse modo:

Custo = 1.200.000 + 120.000 + (3%x1.200.000) - Tributos recuperáveis (10%x1.200.000)→

Custo = 1.200.000 + 120.000 + 36.000 -120.000 → Custo = 1.236.000.

A seguir, deve-se identificar o valor depreciável ano.

Valor depreciável = Custo - Valor Residual → Valor depreciável = 1.236.000 - 126.000 → Valor depreciável = 1.110.000.

Valor depreciável/ano = R$ 1.110.000/12 → Valor depreciável ano = R$ 92.500/ano.

Valor depreciável/mês = R$ 92.500/12 → Valor depreciável mês = R$ 7.708,33/mês.

Depreciação em 2022 = 11 x R$ 7.708,33/mês → R$ 84.791,67.

Esse valor deve ser registrado da seguinte forma:

Débito: Despesas Operacionais - Depreciação ............. R$ 84.791,67

Crédito: (-) Depreciação Acumulada - Imobilizado ...... R$ 84.791,67

17 Ver Quadro 12.5 do capítulo 12.

Unidade Didática III
Avaliação Patrimonial

Quanto ao item "b", em que pese a carenagem dessa empilhadeira ter uma vida útil diferente do restante da máquina, ela não é relevante. Logo deve ser depreciada conjuntamente. Neste caso, o CPC 27 determina que a empresa fica obrigada a utilizar as taxas aplicáveis aos bens de maior vida útil que integrem o conjunto: no caso concreto, a empilhadeiras.

CAPÍTULO 14

# REDUÇÃO AO VALOR RECUPERÁVEL DE ATIVOS

## 1. CONCEITOS INICIAIS

O Quadro 14.1 contém os principais termos associados à redução ao valor recuperável.

**Quadro 14.1:** Termos associados à redução ao valor recuperável

| Termo | Descrição |
|---|---|
| **Ativos corporativos** | São ativos, exceto ágio por expectativa de rentabilidade futura (*goodwill*), que contribuem, mesmo que indiretamente, para os fluxos de caixa futuros tanto da unidade geradora de caixa sob revisão quanto de outras unidades geradoras de caixa. |
| **Unidade geradora de caixa** | É o menor grupo identificável de ativos que gera entradas de caixa, entradas essas que são em grande parte independentes das entradas de caixa de outros ativos ou outros grupos de ativos. |
| **Valor contábil** | É o montante pelo qual o ativo está reconhecido no balanço depois da dedução de toda respectiva **depreciação, amortização ou exaustão acumulada e ajuste para perdas**. |
| **Depreciação, amortização e exaustão** | É a alocação sistemática do valor depreciável, amortizável e exaurível de ativos durante sua vida útil. |
| **Valor depreciável, amortizável e exaurível** | É o custo de um ativo, ou outra base que substitua o custo nas demonstrações contábeis, menos seu valor residual. |

| | |
|---|---|
| **Vida útil** | Equivale:<br>(a) o período de tempo durante o qual a entidade espera utilizar um ativo; ou<br>(b) o número de unidades de produção ou de unidades semelhantes que a entidade espera obter do ativo. |
| **Valor recuperável** | É o maior montante entre o seu valor justo líquido de despesa de venda e o seu valor em uso. |
| **Valor justo** | É o preço que seria recebido pela venda de um ativo ou que seria pago pela transferência de um passivo em uma transação não forçada entre participantes do mercado na data de mensuração. |
| **Despesas de venda ou de baixa** | São despesas incrementais diretamente atribuíveis à venda ou à baixa de um ativo ou de uma unidade geradora de caixa, **excluindo as despesas financeiras e de impostos sobre o resultado gerado.** |
| **Perda por desvalorização** | É o montante pelo qual o valor contábil de um ativo ou de unidade geradora de caixa excede seu valor recuperável. |
| **Valor em uso** | É o valor presente de fluxos de caixa futuros esperados que devem advir de um ativo ou de unidade geradora de caixa. |

**Atenção**

O CPC 01 segmenta os ativos passíveis de redução ao valor recuperável em **3 categorias: (i) ativos individuais; (ii) unidade geradora de caixa; (iii) Ágio por expectativa de rentabilidade futura (*goodwill*).**

**Chamada 105 do autor:** Fluxo para aplicar a redução ao valor recuperável – *impairment*

**Figura 14.1:** Fluxo para reconhecer ou não valor recuperável

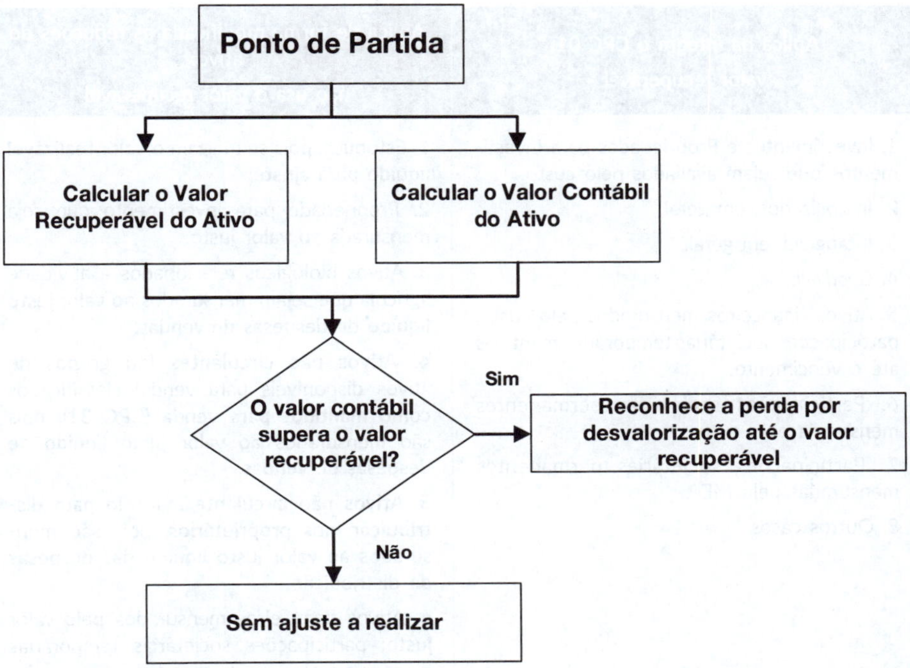


$$\textbf{Valor Contábil} = \text{Valor do Ativo} - \text{Depreciação (amortização/exaustão) Acumulada} - \text{Ajuste para Perdas (impairment)}$$

$$\textbf{Valor Depreciável/ano} = \frac{(\text{Valor do Ativo-Valor Residual})}{(\text{Vida útil em anos})}$$

**Figura 14.2:** Valor Recuperável

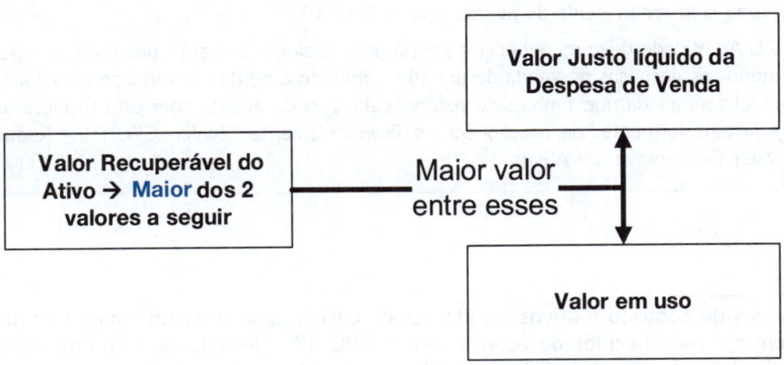

## Quadro 14.2: Aplicação ou não do Impairment nos termos do CPC 01

| Aplica na íntegra o CPC 01: valor recuperável | Aplica de forma modificada as reduções do ativo: não usa o valor recuperável |
|---|---|
| 1. Investimentos e Propriedades para Investimentos que sejam avaliados pelo custo.<br>2. Imobilizados, em geral.<br>3. Intangível, em geral.<br>4. *Goodwill.*<br>5. Ativos financeiros mensurados pelo custo: participações societárias temporárias mantidas até o vencimento.<br>6. Participações societárias permanentes mensurada pelo custo.<br>7. Participações societárias permanentes mensuradas pelo MEP.<br>8. Outros casos. | 1. Estoques, pois se utilizam o **valor realizável líquido para ajuste.**<br>2. Propriedade para investimento que seja mensurada ao **valor justo.**<br>3. Ativos biológicos relacionados à atividade agrícola que sejam mensurados **ao valor justo líquido de despesas de vendas.**<br>4. **Ativos não circulantes** (ou grupos de ativos disponíveis para venda) classificados **como mantidos para venda (CPC 31)**, pois são mensurados **ao valor justo líquido de despesas de vendas.**<br>5. **Ativos não circulante mantido para distribuição aos proprietários,** pois são mensurados ao valor justo líquido das despesas de distribuição.<br>6. Ativos financeiros mensurados **pelo valor justo:** participações societárias temporárias disponíveis para venda e participações societárias temporárias destinadas à negociação.<br>7. Outros casos[1]. |

| O ativo não circulante mantido para venda está sujeito ou não a redução ao valor recuperável e a depreciação? |
|---|
| **O CPC 31 - Ativo Não Circulante Mantido para Venda e Operação Descontinuada estabelece:**<br>20. A entidade deve reconhecer, nos termos do Pronunciamento Técnico CPC 01 - Redução ao Valor Recuperável de Ativos, **a perda por redução ao valor recuperável relativamente a qualquer redução inicial ou posterior do ativo ou do grupo de ativo mantido para venda ao valor justo menos as despesas de venda,** além de qualquer outra perda que tenha sido reconhecida de acordo com o item 19.<br>21. A entidade deve reconhecer o ganho para qualquer aumento posterior no valor justo menos as despesas de venda de um ativo, limitado à perda por redução ao valor recuperável acumulada que tenha sido reconhecida, seja de acordo com este Pronunciamento, seja anteriormente, de acordo com o Pronunciamento Técnico CPC 01 - Redução ao Valor Recuperável de Ativos. |

[1] (i) Ativos de contrato e ativos resultantes de custos para obter ou cumprir contratos que devem ser reconhecidos de acordo com o CPC 47 - Receita de Contrato com Cliente; (ii) ativos fiscais diferidos; (iii) ativos advindos de planos de benefícios a empregados; (iv) contratos no alcance do CPC 50 - Contratos de Seguro que sejam ativos e quaisquer ativos para fluxos de caixa de aquisição de seguros conforme definido.

**O CPC 01 - Redução ao Valor Recuperável de Ativos estabelece:**

2. Este pronunciamento deve ser aplicado na contabilização de ajuste para perdas por desvalorização de todos os ativos, **exceto**:

(a) estoques (ver CPC 16 – Estoques);

(b) ativos de contrato e ativos resultantes de custos para obter ou cumprir contratos que devem ser reconhecidos de acordo com o CPC 47 – Receita de Contrato com Cliente;

(c) ativos fiscais diferidos;

(d) ativos advindos de planos de benefícios a empregados (ver Pronunciamento Técnico CPC 33 – Benefícios a Empregados);

(e) ativos financeiros que estejam dentro do alcance do CPC 48 – Instrumentos Financeiros;

(f) propriedade para investimento que seja mensurada ao valor justo (ver Pronunciamento Técnico CPC 28 – Propriedade para Investimento);

(g) ativos biológicos relacionados à atividade agrícola dentro do alcance do Pronunciamento Técnico CPC 29 – Ativo Biológico e Produto Agrícola que sejam mensurados ao valor justo líquido de despesas de vender;

(h) contratos no alcance do CPC 50 – Contratos de Seguro que sejam ativos e quaisquer ativos para fluxos de caixa de aquisição de seguros conforme definido no CPC 50;

**(i) ativos não circulantes (ou grupos de ativos disponíveis para venda) classificados como mantidos para venda em consonância com o Pronunciamento Técnico CPC 31 – Ativo Não Circulante Mantido para Venda e Operação Descontinuada.**

Ou seja, conforme o CPC 01, o CPC 31 não utiliza o valor recuperável padrão (maior valor entre (i) o valor de uso e o (ii) valor justo menos as despesas de venda de um ativo). **Contudo, conforme o CPC 31, o valor recuperável utiliza como base apenas o valor justo menos as despesas de venda de um ativo.**

**Chamada 106 do autor:** Valor Justo *versus* Valor Justo menos custos de alienação *versus* Valor em Uso

<table>
<tr><th colspan="2">Curiosidade 1: Diferença entre o Valor Justo (caso de não aplicação do impairment de alguns ativos do Quadro 14.2) e o Valor Justo menos custos de alienação (um dos valores que impacta o Valor Recuperável)</th></tr>
<tr><td rowspan="2">A única diferença entre o valor justo do ativo e seu valor justo menos custos de alienação são os custos incrementais diretos atribuíveis à alienação do ativo:</td><td>Se as despesas para a baixa são insignificantes, o valor recuperável do ativo reavaliado está necessariamente próximo a (ou pouco maior do que) seu valor reavaliado. Nesse caso, após serem aplicadas as determinações para contabilizar a reavaliação, é improvável que o ativo reavaliado não seja recuperável e, portanto, o valor recuperável não precisa ser estimado.</td></tr>
<tr><td>Se os custos de alienação não forem insignificantes, o valor justo menos os custos de alienação do ativo reavaliado é necessariamente menor que o seu valor justo. Portanto, o ativo reavaliado apresenta problemas de recuperação se o seu valor em uso for menor que o seu valor reavaliado. Nesse caso, após a aplicação dos requisitos de reavaliação, a entidade deve aplicar a avaliação para determinar se o ativo pode apresentar problemas de recuperação.</td></tr>
</table>

**Curiosidade 2: Diferença entre o Valor Justo (caso de não aplicação do impairment de alguns ativos do Quadro 14.2) e o Valor em Uso (um dos valores que impacta o Valor Recuperável)**

O valor justo difere do valor em uso. O **valor justo** **reflete as premissas que os participantes do mercado** utilizam ao precificar o ativo. Por outro lado, o **valor em uso** reflete os efeitos de fatores que **podem ser específicos para a entidade** e não aplicáveis às entidades de modo geral.

Por exemplo, **o valor justo não reflete nenhum dos seguintes fatores**, na medida em que eles **geralmente não estejam disponíveis aos participantes do mercado**:

1. Valor adicional obtido a partir do agrupamento de ativos (como, por exemplo, a criação de carteira de propriedades para investimento em diferentes locais).
2. Sinergias entre o ativo que está sendo mensurado e outros ativos.
3. Direitos legais ou restrições legais que sejam específicos somente ao proprietário atual do ativo.
4. Benefícios fiscais ou ônus fiscais que sejam específicos ao proprietário atual do ativo.

## 2. CAUSAS DO *IMPAIRMENT*

**Chamada 107 do autor:** Fatores que indicam o *impairment*

O Quadro 14.3 contém fatores internos e externos que indicam redução ao valor recuperável aplicável às **3 categorias de Ativo do CPC: (i) ativos individuais; (ii) unidade geradora de caixa; (iii) Ágio por expectativa de rentabilidade futura (*goodwill*).**

**Quadro 14.3:** Exemplos de fontes adversas associadas à redução ao valor recuperável **para as 3 categorias de Ativo do CPC**

| Fonte | Descrição |
|---|---|
| **Externa** | 1. Há indicações observáveis que o valor do ativo diminuiu significativamente durante o período, mais do que seria de se esperar como resultado da passagem do tempo ou do uso normal. |
| | 2. Mudanças significativas com efeito adverso sobre a entidade ocorreram durante o período, ou ocorrerão em futuro próximo, no ambiente tecnológico, de mercado, econômico ou legal, no qual a entidade opera ou no mercado para o qual o ativo é utilizado. |
| | 3. As taxas de juros de mercado ou outras taxas de mercado de retorno sobre investimentos aumentaram durante o período, e esses aumentos provavelmente afetarão a taxa de desconto utilizada no cálculo do valor em uso de um ativo e diminuirão materialmente o valor recuperável do ativo. |
| | 4. O valor contábil do patrimônio líquido da entidade é maior que o valor de suas ações no mercado. |
| **Interna** | 5. Evidência disponível de obsolescência ou de dano físico de um ativo. |
| | 6. Mudanças significativas, com efeito adverso sobre a entidade, ocorreram durante o período, ou devem ocorrer em futuro próximo, na extensão pela qual, ou na maneira na qual, um ativo é ou será utilizado. Essas mudanças incluem o ativo que se torna inativo ou ocioso, planos para descontinuidade ou reestruturação da operação à qual um ativo pertence, planos para baixa de ativo antes da data anteriormente esperada e reavaliação da vida útil de ativo como finita ao invés de indefinida. |
| | 7. Evidência disponível, proveniente de relatório interno[2], que indique que o desempenho econômico de um ativo é ou será pior que o esperado. |

[2] Evidência proveniente de relatório interno que indique que um ativo pode ter se desvalorizado inclui a existência de:
(a) fluxos de caixa para adquirir o ativo ou necessidades de caixa subsequentes para operar ou mantê-lo, que sejam significativamente mais elevadas do que originalmente orçadas;
(b) fluxos de caixa líquidos realizados ou lucros ou prejuízos operacionais gerados pelo ativo, que são significativamente piores do que aqueles orçados;
(c) queda significativa nos fluxos de caixa líquidos orçados ou no lucro operacional, ou aumento significativo no prejuízo orçado, gerados pelo ativo; ou
(d) prejuízos operacionais ou saídas de caixa líquidas advindos do ativo, quando os números do período atual são agregados com números orçados para o futuro.

<table>
<tr><td rowspan="2">Dividendo de controlada, empreendimento controlado em conjunto ou coligada</td><td>8. Para um investimento em controlada, empreendimento controlado em conjunto ou coligada, a investidora reconhece dividendo advindo desse investimento e existe evidência disponível de que o valor contábil do investimento nas demonstrações contábeis separadas excede os valores contábeis dos ativos líquidos da investida reconhecidos nas demonstrações consolidadas, incluindo eventual ágio por expectativa de rentabilidade futura (goodwill).</td></tr>
<tr><td>9. Para um investimento em controlada, empreendimento controlado em conjunto ou coligada, a investidora reconhece dividendo advindo desse investimento e existe evidência disponível de que o dividendo excede o total de lucro abrangente da controlada, empreendimento controlado em conjunto ou coligada no período em que o dividendo é declarado.</td></tr>
</table>

**Legenda:** Os itens 1, 2, 3, 5, 6 e 7 estão focados no ativo de forma individual; enquanto os itens 4, 8 e 9 estão focados na entidade como um todo.

## 3. MENSURAÇÃO DO VALOR RECUPERÁVEL: EXIGÊNCIAS GERAIS

### Quadro 14.4: Periodicidade da Avaliação do Valor Recuperável

<table>
<tr><td>Regra Geral</td><td colspan="2">A entidade deve avaliar ao fim de cada período de reporte, se há alguma indicação de que um ativo possa ter sofrido desvalorização.</td></tr>
<tr><td rowspan="3">Regras Específicas Ativo Intangível</td><td colspan="2">Independentemente de existir, ou não, qualquer indicação de redução ao valor recuperável, a entidade deve testar, no mínimo anualmente, a redução ao valor recuperável de um ativo intangível com vida útil indefinida ou de um ativo intangível ainda não disponível para uso, comparando o seu valor contábil com seu valor recuperável. Esse teste de redução ao valor recuperável pode ser executado a qualquer momento no período de um ano, desde que seja executado, todo ano, no mesmo período. Ativos intangíveis diferentes podem ter o valor recuperável testado em períodos diferentes. Entretanto, se tais ativos intangíveis foram inicialmente reconhecidos durante o ano corrente, devem ter a redução ao valor recuperável testada antes do fim do ano corrente.</td></tr>
<tr><td rowspan="2">O mais recente cálculo detalhado do valor recuperável de tal ativo, efetuado em período anterior, pode ser utilizado no teste do valor recuperável para esse ativo no período corrente, desde que todos os seguintes critérios sejam atendidos:</td><td>1. Se o ativo intangível não gerar entradas de caixa decorrentes do uso contínuo, que são, em grande parte, independentes daquelas decorrentes de outros ativos ou de grupo de ativos, sendo o ativo, portanto, testado para fins de valor recuperável como parte de unidade geradora de caixa à qual pertence, e os ativos e passivos que compõem essa unidade não tiverem sofrido alteração significativa desde o cálculo mais recente do valor recuperável.</td></tr>
<tr><td>2. O cálculo mais recente do valor recuperável tiver resultado em valor que excede o valor contábil do ativo com uma margem substancial.</td></tr>
</table>

| | | |
|---|---|---|
| | | 3. Baseado em análise de eventos que ocorreram e em circunstâncias que mudaram desde o cálculo mais recente do valor recuperável, for remota a probabilidade de que a determinação do valor recuperável corrente seja menor que o valor contábil do ativo. |
| | Independentemente de existir, ou não, qualquer indicação de redução ao valor recuperável, a entidade deve testar, anualmente, o ágio pago por expectativa de rentabilidade futura (***goodwill***) em combinação de negócios. | |

| Caso de dispensa da avaliação ao valor recuperável |
|---|
| O conceito de materialidade se aplica na identificação e verificação da necessidade de se estimar o valor recuperável de um ativo. Por exemplo, **se cálculos prévios indicam que o valor recuperável de um ativo é significativamente maior do que seu valor contábil**, **a entidade não necessita estimar novamente o valor recuperável do ativo**, desde que não tenham ocorrido eventos que eliminariam essa diferença. |

| Efeitos colaterais da redução ao valor recuperável |
|---|
| Se houver indicação de que um ativo possa ter sofrido desvalorização, **isso pode indicar que** a **vida útil remanescente, o método de depreciação, amortização e exaustão ou o valor residual** para o ativo **necessitem ser revisados e ajustados**, mesmo que nenhuma perda por desvalorização seja reconhecida para o ativo. |



## Figura 14.3: Ativo Individual *versus* Unidade Geradora de Caixa

| 1º: Regra Geral → Ativo Individual |
|---|
| O valor recuperável é determinado para um ativo individual, **a menos que o ativo não gere entradas de caixa provenientes de seu uso contínuo**, que são, em grande parte, independentes daquelas provenientes de outros ativos ou de grupos de ativos. |
| **2º: Não aplicação da Regra Geral → Unidade Geradora de Caixa** |
| Caso o ativo não gere entradas de caixa provenientes de seu uso contínuo, **o VALOR RECUPERÁVEL é determinado** para a Unidade Geradora de Caixa (UGC) à qual o ativo pertence. |
| **3º: A Unidade Geradora de Caixa (UGC) está dispensada de aplicar o valor recuperável se:** |
| 1. O valor justo líquido de despesas de venda do ativo seja maior do que seu valor contábil.<br>**ou**<br>2. O valor em uso do ativo possa ser estimado como sendo próximo do valor justo líquido de despesas de alienação e este possa ser mensurado. |

**Simulação 02 – Extraída do CPC 01 – Ativo Individual versus Unidade de Caixa**

Uma entidade de mineração tem uma estrada de ferro particular para dar suporte às suas atividades de mineração. Essa estrada pode ser vendida somente pelo valor de sucata e ela não gera entradas de caixa que são, em grande parte, independentes das entradas de caixa provenientes de outros ativos da mina.

***Não é possível estimar o valor recuperável da estrada de ferro privada porque seu valor em uso não pode ser determinado e é provavelmente diferente do valor de sucata. Portanto, a entidade deve estimar o valor recuperável da unidade geradora de caixa à qual a estrada de ferro particular pertence, isto é, a mina como um todo.***

**Chamada 108 do autor:** Ativo Individual *versus* Unidade Geradora de Caixa

**Simulação 03 – Extraída do CPC 01 – Ativo Individual versus Unidade de Caixa**

Uma empresa de ônibus fornece serviços, sob contrato, a um município que requer a prestação de serviços mínima em cada uma das cinco linhas operadas. Os ativos alocados a cada linha e os fluxos de caixa provenientes de cada linha podem ser identificados separadamente. Uma das linhas opera com prejuízo significativo.

***Como a entidade não tem a opção de eliminar nenhuma das linhas operadas, o nível mais baixo de entradas de caixa identificáveis que são substancialmente independentes das entradas de caixa provenientes de outros ativos ou grupos de ativos são as entradas de caixa geradas pelas cinco linhas em conjunto. A unidade geradora de caixa para cada linha é a empresa de ônibus como um todo.***

A seguir serão apresentados aspectos essenciais sobre: (i) Valor Recuperável, (ii) Valor Justo Líquido de Despesa de Venda e (iii) Valor em Uso.

**Chamada 109 do autor:** Aspectos Essenciais sobre o Valor Recuperável e seus componentes

**Valor Recuperável para um Ativo Individual ou para uma Unidade Geradora de Caixa**

1.Na prática, ao se calcular 1 dos 2 (valor justo líquido da despesa de venda ou valor em uso) e este valor ultrapassar o valor contábil, **está dispensado estimar o outro valor.**

2. Se não for possível mensurar o valor justo líquido de despesas de alienação, o valor em uso pode ser utilizado como seu valor recuperável.

3. Se não há razão para acreditar que o **valor em uso de um ativo exceda materialmente seu valor justo líquido de despesas de venda**, o valor justo líquido de despesas de venda do ativo pode ser considerado como seu valor recuperável. Esse será frequentemente o caso para um ativo que é mantido para alienação. Isso ocorre porque **o valor em uso de ativo mantido para alienação corresponderá principalmente às receitas líquidas da baixa**, uma vez que os futuros fluxos de caixa do uso contínuo do ativo, até sua baixa, provavelmente serão irrisórios.

### Simulação 04 - Extraída do CPC 01 - Ativo Individual versus Unidade de Caixa

Uma máquina teve um dano físico, mas ainda está operando, embora não tão bem quanto anteriormente ao dano físico. O valor justo líquido de despesas de venda da máquina é menor do que o seu valor contábil. A máquina não gera entradas de caixa independentes. O menor grupo de ativos identificável, que inclui a máquina e que gera entradas de caixa que são em grande parte independentes das entradas de caixa de outros ativos, é a linha de produção à qual a máquina pertence. O valor recuperável da linha de produção indica que a linha de produção tomada como um todo não sofreu desvalorização.

**Premissa 1:** orçamentos ou previsões aprovados pela administração não demonstram a obrigação da administração de substituir a máquina.

*O valor recuperável da máquina sozinha não pode ser estimado, pois o valor em uso da máquina:*

*(a) pode ser diferente de seu valor justo líquido de despesas de venda; e*

*(b) pode ser determinado somente para a unidade geradora de caixa à qual a máquina pertence (a linha de produção).*

*A linha de produção não sofreu perda por desvalorização. Portanto, não há perda por desvalorização reconhecida para a máquina. Entretanto, a entidade pode necessitar reavaliar o período de depreciação ou o método de depreciação para a máquina. Talvez um período mais curto ou método mais rápido de depreciação seja exigido para refletir a vida útil remanescente da máquina ou as bases sobre as quais se esperam que os benefícios econômicos sejam usufruídos pela entidade.*

**Premissa 2:** os orçamentos ou previsões aprovados pela administração demonstram o compromisso da administração de substituir a máquina e vendê-la em futuro próximo. Os fluxos de caixa provenientes de uso contínuo da máquina até sua baixa são estimados como desprezíveis.

***O valor em uso da máquina pode ser estimado como próximo de seu valor justo líquido de despesas de venda. Portanto, o valor recuperável da máquina pode ser determinado e nenhuma consideração deve ser dada à unidade geradora de caixa à qual a máquina pertence (a linha de produção). Em função de o valor justo líquido de despesas de venda da máquina ser menor do que seu valor contábil, a perda por desvalorização deve ser reconhecida para a máquina.***

### Valor Justo Líquido de Despesa de Venda para um Ativo Individual ou para uma unidade geradora de caixa

1. As despesas com a baixa, exceto as que já foram reconhecidas como passivo, devem ser deduzidas ao se mensurar o valor justo líquido de despesas de alienação. Exemplos desses tipos de despesas são as despesas legais, tributos, despesas com a remoção do ativo e gastos diretos incrementais para deixar o ativo em condição de venda. Entretanto, as despesas com demissão de empregados e as associadas à redução ou reorganização de um negócio em seguida à baixa de um ativo não são despesas incrementais para baixa do ativo.

2. Em alguns momentos, a baixa de um ativo poderia exigir que o comprador assumisse um passivo e somente um único valor justo líquido de despesas de venda, contemplando o ativo e o passivo imputado ao comprador, estaria disponível.

3. Pode ser necessário considerar alguns passivos reconhecidos para determinar o valor recuperável da unidade geradora de caixa. Isso pode ocorrer se na baixa de uma unidade geradora de caixa houver a exigência de que o comprador assuma um passivo (ver Simulação 03).

## Simulação 05 - Extraída do CPC 01 - Reconhecimento de Passivo dentro do Valor Recuperável

Uma entidade opera uma mina em um país cuja legislação exige que o proprietário restaure o local em que é desenvolvida a atividade exploratória, quando do término das atividades. O custo de restauração inclui a reposição da superfície ambiental que precisou ser removida antes que as operações da mina se iniciassem. A provisão para os custos de reposição da superfície ambiental foi reconhecida assim que ela foi removida. Esse valor foi reconhecido como parte do custo da mina e está sendo exaurido ao longo da sua vida útil. O valor contábil da provisão para os custos de restauração é de $ 500, que é igual ao valor presente desses custos de restauração.

A entidade está testando a mina para fins de perda por desvalorização. A unidade geradora de caixa da mina é ela como um todo. A entidade recebeu várias ofertas de compra da mina a um preço em torno de $ 800. Esse preço considera o fato que o comprador assumirá a obrigação de restaurar o que for necessário. As despesas de venda da mina são desprezíveis. O valor em uso da mina é de aproximadamente $ 1.200, excluindo os custos de restauração. O valor contábil da mina é $ 1.000.

*O valor justo líquido de despesas de venda da unidade geradora de caixa é de $ 800. Esse valor considera os custos de restauração que já foram provisionados. Como consequência,* ***o valor em uso da unidade geradora de caixa é determinado depois de considerar os custos de restauração, e é estimado em $ 700*** *($ 1.200 menos $ 500). O valor contábil da unidade geradora de caixa é de $ 500, que é o valor contábil da mina ($ 1.000) menos o valor contábil da provisão para custos de restauração ($ 500). Portanto, o valor recuperável da unidade geradora de caixa supera seu valor contábil.*

## Valor em uso para um Ativo Individual ou para uma Unidade Geradora de Caixa

Os seguintes elementos devem ser refletidos no cálculo do valor em uso do ativo:

| | |
|---|---|
| 1. Estimativa dos fluxos de caixa futuros que a entidade espera obter com esse ativo. | Envolve os seguintes passos:<br>(a) estimar futuras entradas e saídas de caixa derivadas do uso contínuo do ativo e de sua baixa final; e<br>(b) aplicar a taxa de desconto apropriada a esses fluxos de caixa futuros |
| 2. Expectativas acerca de possíveis variações no montante ou no período de ocorrência desses fluxos de caixa futuros. | Podem estar refletidos como ajustes dos fluxos de caixa futuros ou como ajustes da taxa de desconto. Exemplos de abordagens:<br>-Abordagem tradicional[a].<br>-Fluxo de caixa esperado[b]. |
| 3. Valor do dinheiro no tempo, representado pela atual taxa de juros livre de risco. | |
| 4. Preço pela assunção da incerteza inerente ao ativo (prêmio). | |
| 5. Outros fatores, tais como falta de liquidez, que participantes do mercado iriam considerar ao precificar os fluxos de caixa futuros esperados da entidade, advindos do ativo. | |

**Legenda:**

(a) Admite que uma única taxa de desconto pode incorporar todas as expectativas acerca dos fluxos de caixa futuros e do prêmio de risco adequado.

(b) Para levar a efeito a mensuração, a abordagem de fluxo de caixa esperado utiliza todas as expectativas sobre fluxos de caixa possíveis em vez de um único fluxo de caixa mais provável. Por exemplo, o fluxo de caixa pode ser de $ 100, $ 200 ou $ 300 com probabilidades de 10%, 60% e 30%, respectivamente. O fluxo de caixa esperado é de $ 220. Desse modo, a abordagem de fluxo de caixa esperado difere da abordagem tradicional por enfocar na análise direta dos fluxos de caixa em questão e em premissas mais explícitas utilizadas na mensuração.

# 4. RECONHECIMENTO E MENSURAÇÃO DE PERDA POR DESVALORIZAÇÃO NAS 3 CATEGORIAS: PROCEDIMENTOS ESPECÍFICOS

Os Quadros 14.5, 14.6 e 14.7 contêm exigências (procedimentos) específicas respectivamente para as seguintes categorias: **(i) ativos individuais**; **(ii) unidade geradora de caixa**; **(iii) Ágio por expectativa de rentabilidade futura (*goodwill*).**

**Quadro 14.5:** Exigências específicas para reconhecimento e mensuração de perda por desvalorização em ativos individuais

| | |
|---|---|
| Ativo Individual | **Se, e somente se, o valor recuperável de um ativo for inferior ao seu valor contábil**, o valor contábil do ativo deve ser reduzido ao seu valor recuperável. Essa redução representa uma perda por desvalorização do ativo. |
| | A perda por desvalorização do ativo deve ser reconhecida imediatamente na demonstração do resultado. |
| | **Quando o montante estimado da perda por desvalorização for maior do que o valor contábil do ativo** ao qual se relaciona, a entidade deve reconhecer um passivo se, e somente se, isso for exigido por outro Pronunciamento Técnico. |
| | Depois do reconhecimento da perda por desvalorização, a despesa de depreciação, amortização ou exaustão do ativo deve ser ajustada em períodos futuros para alocar o valor contábil revisado do ativo, menos seu valor residual (se houver), em base sistemática ao longo de sua vida útil remanescente. |
| | Se a perda por desvalorização for reconhecida, quaisquer ativos ou passivos fiscais diferidos relacionados devem ser reconhecidos em consonância com o Pronunciamento Técnico CPC 32 - Tributos sobre o Lucro, comparando-se o valor contábil revisado do ativo com sua base fiscal. |

**Chamada 110 do autor:** Aspectos Específicos da perda por desvalorização em ativos individuais

**Chamada 111 do autor:** Aspectos Específicos da perda por desvalorização em unidades geradoras de caixa

**Quadro 14.6:** Exigências específicas para reconhecimento e mensuração de perda por desvalorização **em Unidades Geradoras de Caixa**

<table>
<tr><td rowspan="5">Unidade Geradora de Caixa (continua na folha seguinte)</td><td colspan="2">Se houver qualquer indicação de que um ativo possa estar desvalorizado, o valor recuperável deve ser estimado para o ativo individual. Se não for possível estimar o valor recuperável para o ativo individual, a entidade deve determinar o valor recuperável da unidade geradora de caixa à qual o ativo pertence (unidade geradora de caixa do ativo)[3].</td></tr>
<tr><td>O valor recuperável de um ativo individual não pode ser determinado se:<br>(a) o valor em uso do ativo não puder ser estimado como sendo próximo de seu valor justo líquido de despesas de venda (por exemplo, quando os fluxos de caixa futuros advindos do uso contínuo do ativo não puderem ser estimados como sendo insignificantes); e<br>(b) o ativo não gerar entradas de caixa que são em grande parte independentes daquelas provenientes de outros ativos.</td><td>→ Nesses casos, o valor em uso e, portanto, o valor recuperável, somente pode ser determinado para a unidade geradora de caixa do ativo.</td></tr>
<tr><td colspan="2">As unidades geradoras de caixa devem ser identificadas de maneira consistente de período para período para o mesmo ativo ou tipos de ativos, a menos que haja justificativa para mudança.</td></tr>
<tr><td colspan="2">Se a entidade determinar que um ativo pertence a uma unidade geradora de caixa diferente da que pertencia em períodos anteriores, ou que os tipos de ativos agrupados na unidade geradora de caixa tenham mudado, serão requeridas divulgações acerca da unidade geradora de caixa se uma perda por desvalorização for reconhecida ou revertida para essa unidade geradora de caixa.</td></tr>
<tr><td colspan="2">O valor contábil de uma unidade geradora de caixa:<br>(a) deve incluir somente o valor contábil daqueles ativos que podem ser atribuídos diretamente ou alocados em base razoável e consistente à unidade geradora de caixa, e que gerarão as futuras entradas de caixa utilizadas para determinar o valor em uso da unidade geradora de caixa; e<br>(b) não deve incluir o valor contábil de qualquer passivo reconhecido, a menos que o valor recuperável da unidade geradora de caixa não possa ser determinado sem se considerar esse passivo.</td></tr>
</table>

3 Uma unidade geradora de caixa de um ativo é o menor grupo de ativos que inclui esse ativo e gera entradas de caixa que são em grande parte independentes das entradas de caixa provenientes de outros ativos ou grupos de ativos. A identificação de uma unidade geradora de caixa do ativo envolve julgamento. Se o valor recuperável não puder ser determinado para um ativo individual, a entidade identifica o menor agregado de ativos que gera entradas de caixa em grande parte independentes.

| | |
|---|---|
| | **Quando os ativos são agregados para fins de avaliação do montante de recuperação**, é importante incluir na unidade geradora de caixa todos os ativos que geram ou são utilizados para gerar fluxos relevantes de entradas de caixa. De outra forma, a unidade geradora de caixa pode parecer ser totalmente recuperável quando, de fato, ocorreu uma perda por desvalorização. |
| | Pode ser necessário considerar alguns passivos reconhecidos para determinar o valor recuperável da unidade geradora de caixa. Isso pode ocorrer se na baixa de uma unidade geradora de caixa houver a exigência de que o comprador assuma um passivo. Nesse caso, o valor justo líquido de despesas de alienação (ou o fluxo de caixa estimado advindo da baixa final) da unidade geradora de caixa é o preço de venda dos ativos da unidade geradora de caixa e o passivo em conjunto, menos as despesas a serem incorridas com a baixa. A fim de levar a efeito uma comparação que faça sentido entre o valor contábil da unidade geradora de caixa e o seu valor recuperável, **o valor contábil do passivo deve ser deduzido** ao se determinar tanto o valor em uso da unidade geradora de caixa quanto seu valor contábil. |
| | Por razões práticas, o valor recuperável de uma unidade geradora de caixa é algumas vezes determinado depois de se considerarem os ativos que não são parte da unidade geradora de caixa (por exemplo, contas a receber ou outros ativos financeiros) ou passivos que tenham sido reconhecidos (como, por exemplo, contas a pagar, pensões e outras provisões). Nesses casos, o valor contábil da unidade geradora de caixa deve ser aumentado pelo valor contábil desses ativos e diminuído pelo valor contábil desses passivos. |

## Quadro 14.7: Exigências específicas para reconhecimento e mensuração de perda por desvalorização sobre o *Goodwill*

| | |
|---|---|
| *Goodwill* (continua na folha seguinte) | O ágio por expectativa de rentabilidade futura (*goodwill*) adquirido em combinação de negócios deve, a partir da data da operação, ser alocado a cada uma das unidades geradoras de caixa do adquirente, ou a grupos de unidades geradoras de caixa, que devem se beneficiar das sinergias da operação, independentemente de os outros ativos ou passivos da entidade adquirida serem, ou não, atribuídos a essas unidades ou grupos de unidades (**ver simulação 06**). |
| | **Cada unidade ou grupo de unidades ao qual o ágio (*goodwill*) é alocado dessa forma deve:**<br>(a) representar o menor nível dentro da entidade no qual o ágio (*goodwill*) é monitorado para fins gerenciais internos; e<br>(b) não ser maior do que um segmento operacional, conforme definido pelo item 5 do Pronunciamento Técnico CPC 22 – Informações por Segmento, antes da agregação[4]. |

[4] 5. Um segmento operacional é um componente de entidade: (a) que desenvolve atividades de negócio das quais pode obter receitas e incorrer em despesas (incluindo receitas e despesas relacionadas com transações com outros componentes da mesma entidade); (b) cujos resultados operacionais são regularmente revistos pelo principal gestor das operações da entidade para a tomada de decisões sobre recursos a serem alocados ao segmento e para a avaliação do seu desempenho; e (c) para o qual haja informação financeira individualizada disponível. Um segmento operacional pode desenvolver atividades de negócio cujas receitas ainda serão obtidas. Por exemplo, as operações em início de atividade podem constituir segmentos operacionais antes da obtenção de receitas.

| | |
|---|---|
| | O **ágio por expectativa de rentabilidade futura (*goodwill*) não gera fluxos de caixa independentemente de outros ativos ou grupos de ativos**, e frequentemente contribui para os fluxos de caixa de múltiplas unidades geradoras de caixa. Assim, o menor nível dentro da entidade, no qual o ágio por expectativa de rentabilidade futura (*goodwill*) é monitorado para fins gerenciais internos, às vezes, inclui algumas unidades geradoras de caixa às quais o ágio se relaciona, mas às quais não pode ser alocado. |
| | **Se o tratamento contábil inicial da combinação de negócios puder ser determinado** somente provisoriamente ao término do período no qual a combinação de negócios ocorre, o adquirente deve:<br>(a) contabilizar a combinação utilizando esses valores provisórios; e<br>(b) reconhecer quaisquer ajustes a esses valores provisórios como resultado da conclusão do tratamento contábil inicial dispensado dentro do período de mensuração, o qual não excederá doze meses a partir da data da aquisição.<br>**Nessas circunstâncias, pode não ser possível concluir a alocação inicial do ágio por expectativa de rentabilidade futura (*goodwill*)**, reconhecido em combinação de negócios, antes do término do período anual em que ocorre a combinação. |
| | **Se o ágio por expectativa de rentabilidade futura (*goodwill*) tiver sido alocado a uma unidade geradora de caixa** e a entidade se desfizer de uma operação dentro dessa unidade, o ágio por expectativa de rentabilidade futura (*goodwill*) associado à operação baixada deve ser:<br>(a) incluído no valor contábil da operação quando da determinação dos ganhos ou perdas na baixa; e<br>(b) mensurado com base nos valores relativos da operação baixada e na parcela da unidade geradora de caixa mantida em operação (retida), a menos que a entidade consiga demonstrar que algum outro método reflita melhor o ágio por expectativa de rentabilidade futura (*goodwill*) associado à operação baixada. |
| | **Uma perda por desvalorização deve ser reconhecida para uma unidade geradora de caixa** – o menor grupo da unidade geradora de caixa ao qual o ágio por expectativa de rentabilidade futura (*goodwill*) ou o ativo corporativo tenham sido alocados – **se, e somente se, o valor recuperável da unidade (grupo de unidades) for menor do que o valor contábil da unidade (grupo de unidades).** A perda por desvalorização deve ser alocada para reduzir o valor contábil dos ativos da unidade (grupo de unidades) **na seguinte ordem:**<br>1. Primeiramente, para reduzir o valor contábil de qualquer ágio por expectativa de rentabilidade futura (*goodwill*) alocado à unidade geradora de caixa (grupo de unidades).<br>2. A seguir, aos outros ativos da unidade (grupo de unidades) **proporcionalmente** ao valor contábil de cada ativo da unidade (grupo de unidades) (**ver simulação 07**). |
| | **Ao alocar a perda por desvalorização de acordo com o item anterior**, a entidade não deve reduzir o valor contábil de um ativo abaixo do valor mais alto na comparação entre:<br>(a) seu valor justo líquido de despesas de alienação (se puder ser mensurado); (b) seu valor em uso (se puder ser determinado); **e** (c) zero.<br>O valor da perda por desvalorização que de outra forma teria sido alocado ao ativo deve ser alocado proporcionalmente aos outros ativos da unidade (grupo de unidades). |

**Chamada 112 do autor:** Aspectos Específicos da perda por desvalorização no *Goodwill*

### Simulação 06 - Adaptada do CPC 01 - Alocação Inicial do Goodwill em uma UGC que agrega outras UGCs

O ágio pago por expectativa de rentabilidade futura (*goodwill*) foi alocado originariamente à unidade geradora de caixa ALFA. O ágio alocado a ALFA **não pode ser identificado ou associado de forma não arbitrária** a um grupo de ativos em nível mais baixo do que ALFA. A unidade ALFA será dividida e integrada em quatro outras unidades geradoras de BRAVO, CHARLIE, DELTA e ECO.

***Como o ágio alocado a A não pode ser identificado ou associado de forma não arbitrária a um grupo de ativos em nível mais baixo que A, ele deve ser alocado proporcionalmente para as unidades BRAVO, CHARLIE, DELTA e ECO, com base nos valores relativos das quatro partes de A, antes que essas partes sejam integradas a BRAVO, CHARLIE, DELTA e ECO.***

### Simulação 07 - Adaptada do CPC 01 - Tratamento dado ao Goodwill quando parte de uma UGC que agrega outras UGCs é vendida

A Entidade da Simulação 06 vende por $ 100 uma operação (UGC BRAVO) que fazia parte de unidade geradora de caixa ALFA (cujo prévio era R$ 400) na qual houve alocação de ágio pago por expectativa de resultado futuro (*goodwill*).

O ágio alocado à unidade não pode ser identificado ou associado, exceto arbitrariamente, a um grupo de ativos em nível mais baixo do que aquela unidade. O valor recuperável da parcela remanescente da unidade geradora de caixa retido é de $ 300 (UNIDADES CHARLIE, DELTA E ECO).

***Como o ágio alocado à unidade geradora de caixa não pôde ser identificado ou associado, de forma não arbitrária, a um grupo de ativos em nível mais baixo do que aquela unidade, o ágio associado à operação alienada é medido com base nos valores relativos da operação alienada e na parcela da unidade remanescente. Portanto, 25% (100/400) do ágio alocado à unidade geradora de caixa são incluídos no valor contábil da operação que é vendida (UGC BRAVO).***

### Simulação 08 - Tratamento dado ao Goodwill quando a UGC sofre uma perda geral e uma perda identificável

**Determina UGC possui a seguinte estrutura:**

**Situação inicial:**

| | | |
|---|---|---|
| Edifício Operacional:................ | R$ | 3.250.000 |
| Equipamentos:.......................... | R$ | 2.000.000 |
| Máquinas:................................. | R$ | 500.000 |
| Goodwill:.................................. | R$ | 1.000.000 |
| **Total** .......................................... | R$ | 6.750.000 |

O valor recuperável de toda a UGC foi de R$ 5.000.000 face ao valor contábil de R$ 6.750.000. Logo deve-se registrar uma perda ao valor recuperável de R$ 1.750.000. Contudo, foi identificado uma perda identificável de R$ 500.000 em edifícios operacionais.

Unidade Didática III
Avaliação Patrimonial

**Solução**

Assim, a perda geral não identificável foi de R$ 1.250.000 (R$ 1.750.000 - R$ 500.000).

Neste caso, antes de aplicar o rateio sobre os demais itens patrimoniais, deve-se abater todo o valor do impairment sobre o Goodwill. Logo, a perda geral não identificável após abater o goodwill será de R$ R$ 250.000 (1.250.000 - 1.000.000).

Observa-se que Equipamentos e Máquinas totalizam R$ 2.500.000, sendo Equipamentos 80% desse valor e Máquinas 20% desse valor. Logo, devem-se aplicar esses percentuais ao impairment remanescente: R$ 200.000 para máquinas e R$ 50.000 para equipamentos.

**Situação final:**

Edifício Operacional:................R$ 2.750.000
Equipamentos:...........................R$ 1.800.000
Máquinas:..................................R$ 450.000
Goodwill:...................................R$ 0
**Total**...........................................R$ 5.000.000

## 5. CAUSAS DA REVERSÃO DO *IMPAIRMENT* E RESPECTIVO TRATAMENTO

O Quadro 14.8 contém exemplos de fontes favoráveis que estão associadas a reversão da perda por impairment para Ativo Individuais e Unidades Geradoras de Caixa e o Quadro 14.9 traz procedimentos específicos.

**Quadro 14.8:** Exemplos de fontes favoráveis associadas à reversão da redução ao valor recuperável **para Ativo Individuais e Unidades Geradoras de Caixa**

| Fonte | Descrição |
|---|---|
| Externa | 1. Há indicações observáveis que o valor do ativo tenha aumentado significativamente durante o período. |
| | 2. Mudanças significativas, com efeito favorável sobre a entidade, tenham ocorrido durante o período, ou ocorrerão em futuro próximo, no ambiente tecnológico, de mercado, econômico ou legal no qual ela opera ou no mercado para o qual o ativo é destinado. |
| | 3. As taxas de juros de mercado ou outras taxas de mercado de retorno sobre investimentos tenham diminuído durante o período, e essas diminuições possivelmente tenham afetado a taxa de desconto utilizada no cálculo do valor em uso do ativo e aumentado seu valor recuperável materialmente. |

| | |
|---|---|
| Interna | 4. Mudanças significativas, com efeito favorável sobre a entidade, tenham ocorrido durante o período, ou se espera que ocorram em futuro próximo, na extensão ou na maneira por meio da qual o ativo é utilizado ou se espera que seja utilizado. Essas mudanças incluem custos incorridos durante o período para melhorar ou aprimorar o desempenho do ativo ou para reestruturar a operação à qual o ativo pertence. |
| | 5. Há evidência disponível advinda dos relatórios internos que indica que o desempenho econômico do ativo é ou será melhor do que o esperado. |

| Efeitos colaterais da reversão da perda por redução ao valor recuperável |
|---|
| Se houver indicação de que a perda por desvalorização reconhecida para um ativo, exceto o ágio por expectativa de rentabilidade futura (*goodwill*), pode vir a não mais existir ou tenha, diminuído, **isso pode ser uma evidência de que** a vida útil remanescente, o método de depreciação, amortização e exaustão ou o valor residual para o ativo **necessitem ser revisados e ajustados**, mesmo que nenhuma perda por desvalorização for revertida para o ativo. |

**Chamada 113 do autor:** Reversão do *Impairment*

## Quadro 14.9: Procedimentos específicos para reconhecimento e mensuração de reversão da perda por desvalorização

| | |
|---|---|
| Ativo Individual | O aumento do valor contábil de um ativo, exceto o ágio por expectativa de rentabilidade futura (*goodwill*), atribuível à reversão de perda por desvalorização **não deve exceder o valor contábil que teria sido determinado** (líquido de depreciação, amortização ou exaustão), **caso nenhuma perda por desvalorização tivesse sido reconhecida para o ativo em anos anteriores.** |
| | A reversão de perda por desvalorização de um ativo, exceto o ágio por expectativa de rentabilidade futura (*goodwill*), **deve ser reconhecida imediatamente no resultado do período**, a menos que o ativo esteja registrado por valor reavaliado de acordo com outro Pronunciamento. |
| Unidade Geradora de Caixa | **A reversão de perda por desvalorização para uma unidade geradora de caixa deve ser alocada aos ativos da unidade**, exceto o ágio por expectativa de rentabilidade futura (*goodwill*), **proporcionalmente ao valor contábil desses ativos.** Esses aumentos em valores contábeis devem ser tratados como reversão de perdas por desvalorização de ativos individuais e reconhecidos **imediatamente no resultado do período**, a menos que o ativo esteja registrado por valor reavaliado de acordo com outro Pronunciamento. |

<table>
<tr><td rowspan="2">Unidade Geradora de Caixa</td><td>Ao alocar a reversão de perda por desvalorização para uma unidade geradora de caixa, o valor contábil de um ativo não deve ser aumentado acima do menor dos parâmetros a seguir:<br>1. Seu valor recuperável (se este puder ser determinado).<br>2. O valor contábil que teria sido determinado (líquido de depreciação, amortização ou exaustão), se a perda por desvalorização não tivesse sido reconhecida em anos anteriores).</td></tr>
<tr><td>O valor da reversão da perda por desvalorização, que seria de outra forma alocado ao ativo, deve ser alocado de forma proporcional aos outros ativos da unidade, exceto para o ágio por expectativa de rentabilidade futura (goodwill).</td></tr>
<tr><td rowspan="2">Goodwill</td><td>A perda por desvalorização reconhecida para o ágio por expectativa de rentabilidade futura (goodwill) não deve ser revertida em período subsequente.</td></tr>
<tr><td>Pronunciamento Técnico CPC 04 - Ativo Intangível proíbe o reconhecimento de ágio por expectativa de rentabilidade futura (goodwill) gerado internamente. Qualquer aumento no valor recuperável do ágio pago por expectativa de rentabilidade futura (goodwill) nos períodos subsequentes ao reconhecimento de perda por desvalorização para esse ativo é equivalente ao reconhecimento de ágio por expectativa de rentabilidade futura gerado internamente (goodwill gerado internamente) e não reversão de perda por desvalorização reconhecida para o ágio pago por expectativa de rentabilidade futura (goodwill).</td></tr>
</table>

## 6. LISTA DE QUESTÕES OBJETIVAS

### 1ª Questão (Receita Federal Auditor 2014 ESAF)

Com relação à Redução ao Valor Recuperável de Ativos, pode-se afirmar que:

a) a esta técnica estão sujeitos à aplicação desse processo todos os ativos sem qualquer tipo de exceção.

b) é esse tipo de procedimento aplicável somente aos ativos intangíveis e aos ativos resultantes de Contratos de construção.

c) apenas aos ativos resultantes de Contratos de Construção e aqueles sujeitos à aplicação do valor justo como os ativos biológicos são passíveis da aplicação dessa redução.

d) tem com o objetivo assegurar que os ativos não estejam registrados contabilmente por valor maior do que o passível de ser recuperado por uso ou venda.

e) não é aplicada aos imobilizados em razão dos mesmos já estarem sujeitos à depreciação, amortização ou a exaustão que cobrem possíveis divergências no valor de custo do ativo e o seu valor recuperável.

**Solução**

a) Errado, por exemplo, não se aplica as participações societárias temporárias ativos financeiros disponíveis para venda ou mantido para negociação.

b) Errado, pois excluiu ativos tangíveis e incluiu Contratos de Construção.

c) Errado, não se aplica a Contratos de Construção e ativos biológicos que usam outra metodologia para registrar perdas, vide Quadro 14.2.

d) Gabarito.

e) Errado, a Redução ao Valor Recuperável aplica-se aos ativos tangíveis e intangíveis além da depreciação, amortização ou a exaustão. São procedimentos distintos e com finalidades diferentes.

Gabarito: **D**

## 2ª Questão (Receita Federal Analista Tributário 2023 FGV)

Em 31/12/X0, uma sociedade empresária adquiriu, à vista, um terreno para ser utilizado em seus negócios por R$100.000. A sociedade empresária avalia ao fim de cada período de reporte se há alguma indicação de que os seus ativos possam ter sofrido desvalorização. Os valores recuperáveis em 31/12/X1, 31/12/X2 e 31/12/X3 foram, respectivamente, de R$90.000, R$80.000 e R$120.000. Assinale a opção que indica a contabilização relacionada à recuperabilidade do terreno na Demonstração do Resultado do Exercício da sociedade empresária em 31/12/X3, de acordo com a NBC TG 01 (R4) – Redução ao Valor Recuperável de Ativos:

(A) Receita de R$20.000.

(B) Receita de R$40.000.

(C) Reversão de Despesa de R$20.000.

(D) Reversão de Despesa de R$30.000.

(E) Reversão de Despesa de R$40.000.

### Solução

| Descrição | 31/12/X0 | 31/12/X1 | 31/12/X2 | 31/12/X3 |
|---|---|---|---|---|
| **Valor no BP** | 100.000 | 90.000 | 80.000 | 100.000 |
| **Impacto na DRE** | 0 | Despesas com perdas por recuperabilidade de R$ 10.000 | Despesas com perdas por recuperabilidade de R$ 10.000 | Receita de reversão por recuperabilidade de R$ 20.000 |

Em 31/12/X3 o valor recuperável foi R$120.000, contudo somente pode-se reverter até o limite do que fora anteriormente por reconhecido de impairment (10.000 em X1 e 10.000 em X2.

Gabarito: **C**

## 3ª Questão (Receita Federal Auditor 2023 FGV)

Em 31/12/X0, uma sociedade empresária apresentava o seguinte balanço patrimonial:

| | | | |
|---|---|---|---|
| **Ativo Circulante** | **45.000** | | |
| **Caixa** | **45.000** | | |
| **Ativo não Circulante** | | | |
| **Ativo Imobilizado** | **130.000** | **Patrimônio Líquido** | |
| **Móveis** | **100.000** | **Capital Social** | **175.000** |
| **Depreciação Acumulada** | **-8.000** | | |
| **Computadores** | **40.000** | | |
| **Depreciação Acumulada** | **-2.000** | | |
| **Ativo Total** | **175.000** | **Passivo + PL** | **175.000** |

As vidas úteis estimadas dos móveis e dos computadores eram, respectivamente, de 10 anos e de 5 anos. A sociedade empresária depreciava os seus ativos imobilizados de acordo com o método da linha reta e não considerava valor residual.

Em 31/12/X1, a sociedade empresária realizou um teste de recuperabilidade de seus ativos imobilizados.

No teste, ela constatou que os móveis apresentavam valor justo de R$85.000, sendo que as despesas com a sua remoção eram estimadas em R$12.000, e as despesas associadas à reorganização do negócio após à venda eram estimadas em R$4.000. Por sua vez, o valor em uso dos móveis era estimado em R$70.000.

Por sua vez, os computadores apresentavam valor justo de R$32.000, sendo que os gastos diretos incrementais para deixá-los em condição de venda eram de R$5.000. O valor em uso dos computadores era estimado em R$28.000.

Assinale a opção que indica os valores contabilizados como perda por desvalorização dos móveis e dos computadores, respectivamente.

(A) zero e zero.

(B) R$9.000 e R$2.000.

(C) R$9.000 e R$3.000.

(D) zero e R$3.000.

(E) R$13.000 e R$2.000.

## Solução

### Parte 1 – Bens Móveis

**Valor Contábil dos Bens Móveis**

Situação em 31/12/X1

Valor depreciável: 100.000, pois não há valor residual.

Depreciação ano: 100.000 / 10 anos = 10.000

Depreciação acumulada = 8.000 + 10.000 = 18.000

**Valor Contábil = 100.000 - 18.000 = 82.000**

**Valor Recuperável dos Bens Móveis**

**Valor Justo Líquido de despesa de venda** = 85.000 - 12.000 = 73.000

* Os gastos associados à reorganização do negócio não são deduzidos do valor justo líquido de despesa de venda[5].

**Valor em uso** = 70.000

**Valor Recuperável = 73.000**

**Impairment = Valor Contábil x Valor Recuperável → Reconhece impairment de 9.000 (82.000-73.000)**

**Parte 2 - Computadores**

**Valor Contábil dos Computadores**

Situação em 31/12/X1

Valor depreciável: 40.000, pois não há valor residual.

Depreciação ano: 40.000 / 5 anos = 8.000

Depreciação acumulada = 2.000 + 8.000 = 10.000

**Valor Contábil = 40.000 - 10.000 = 30.000**

**Valor Recuperável dos Computadores**

**Valor Justo Líquido de despesa de venda** = 32.000 - 5.000 = 27.000

**Valor em uso** = 28.000

**Valor Recuperável = 28.000**

**Impairment = Valor Contábil x Valor Recuperável → Reconhece impairment de 2.000 (30.000-28.000)**

Gabarito: **B**

## 4ª Questão (CGE-PB - Auditor Contábil e Finanças Públicas 2024 FGV)

Uma empresa S/A tem um investimento em um título de dívida emitido por outra empresa. O investimento foi adquirido por R$ 400.000, no final de 2023, e tem uma vida de 3 anos com pagamentos de juros anuais de R$ 40.000 fixos, pagos no final de cada ano. Esse investimento de dívida é classificado como mantido até o vencimento (custo amortizado). Contudo, a empresa emissora do título passou a enfrentar um ambiente econômico difícil e informou aos seus investidores que não poderá efetuar todos os pagamentos de acordo com os termos contratuais.

---

5 CPC 01. 28. As despesas com a baixa, exceto as que já foram reconhecidas como passivo, devem ser deduzidas ao se mensurar o valor justo líquido de despesas de alienação. Exemplos desses tipos de despesas são as despesas legais, tributos, despesas com a remoção do ativo e gastos diretos incrementais para deixar o ativo em condição de venda. Entretanto, as despesas com demissão de empregados e as associadas à redução ou **reorganização de um negócio em seguida à baixa de um ativo não são despesas incrementais para baixa do ativo.**

Dessa forma, o contador da empresa S/A preparou a seguinte previsão de fluxo de caixa esperado para a situação.

| Ano | Fluxo de caixa esperado |
|---|---|
| **2024** | **R$ 35.000** |
| **2025** | **R$ 35.000** |
| **2026** | **R$ 385.000** |
| **Total dos fluxos de caixa** | **R$ 455.000** |

Considere o valor presente de R$ 262.962 para os R$ 350.000 com vencimento em 3 anos e o valor presente de R$ 87.040 para os R$ 35.000 de juros anuais durante 3 anos.

Considerando-se as informações apresentadas, a perda por redução, ao valor recuperável em 31 de dezembro de 2023, será de:

(A) R$ 49.998;

(B) R$ 55.000;

(C) R$ 65.000;

(D) R$ 65.998;

(E) R$ 120.000.

**Solução**

VPL = 262.962 + 87.040 = R$ 350.002

Valor de Custo do Investimento = R$ 400.000.

Perda = 400.000 – 350.002 = 49.998.

Gabarito: **A**

## 7. LISTA DE QUESTÕES DISCURSIVAS

### 1ª Questão (Anatel Especialista em Regulação de Serviços Públicos de Telecomunicações Contador 2014 CEBRASPE)

Quanto vale a reputação de uma empresa? E sua capacidade de inovar? Embora esses atributos não tenham valor de nota fiscal, como uma máquina ou um móvel, ninguém duvida do seu poder de influenciar os resultados de uma empresa. Que seria importante identificar e calcular o impacto desses bens, chamados de ativos intangíveis, a maioria dos executivos das grandes empresas está de acordo.

A Suzano, uma das maiores fabricantes de papel e celulose da América Latina, é a primeira companhia brasileira a incluir em seu relatório anual de resultados sua relação de ativos intangíveis, a partir de uma matemática simples - o valor de mercado da empresa subtraído de seu patrimônio líquido.

Exame, mar./2005. (com adaptações).

Considerando que o fragmento de texto acima tem caráter meramente motivador, discorra sobre os valores recuperáveis, amortizáveis e residuais de ativos intangíveis [valor: 4,75 pontos] e dos testes de recuperabilidade de ativos intangíveis [valor: 4,75 pontos].

Extensão de linhas: até 15.

### Resolução da Questão

O valor recuperável de um ativo ou de unidade geradora de caixa seria entre o maior montante entre o valor justo líquido de despesa de venda e o valor em uso.

O valor justo seria o preço recebido pela venda de um ativo ou pago pela transferência de um passivo em uma transação não forçada entre participantes do mercado na data de mensuração.

O valor em uso seria o valor presente de fluxos de caixa futuros esperados que devam advir de um ativo ou de unidade geradora de caixa.

Valor residual seria o valor estimado que a entidade obteria com a venda do ativo, após deduzir as despesas estimadas de venda, caso o ativo já tivesse a idade e a condição esperadas para o fim de sua vida útil. Para o ativo com vida útil definida, há definição do valor residual, parâmetro para a definição do valor amortizável. No caso dos ativos intangíveis com vida útil definida, presume-se que este seria zero, a não ser que haja compromisso de terceiros para comprar o ativo ao final da sua vida útil ou exista mercado ativo para ele. Para o ativo com vida útil indefinida, não há definição do valor residual, contudo devem ser aplicados testes anuais para verificar a mudança de status para vida útil definida.

O valor amortizável seria custo de um ativo ou outro valor que substitua o custo, menos o seu valor residual.

Os testes de recuperabilidade (impairment) são aplicáveis tanto para ativos intangíveis com vida útil definida quanto para ativos intangíveis de vida útil indefinida. O valor intangível com vida útil indefinida deve ser testado, no mínimo, anualmente, em relação à redução ao valor recuperável, comparando-se o valor contábil com o valor recuperável, independentemente de haver, ou não, indicação de redução ao valor recuperável. Se e somente se o valor recuperável de um ativo for inferior ao seu valor contábil, o valor contábil do ativo deve ser reduzido ao seu valor recuperável, o que implica perda por desvalorização do ativo, que deve ser reconhecida imediatamente na demonstração do resultado.



## 2ª Questão (SSP-PE Polícia Científica Perito Ciências Contábeis 2016 CEBRASPE):

A contabilidade preocupa-se em fornecer informações úteis para a tomada de decisão dos agentes econômicos. Para tanto, é importante assegurar que os ativos não estejam registrados contabilmente por um valor superior àquele passível de ser recuperado no tempo em decorrência do uso nas operações da entidade ou de sua eventual venda. Assim, havendo evidências de que os ativos estão registrados por valor não recuperável no futuro, a entidade deve, imediatamente, reconhecer a desvalorização, por meio da constituição de provisão para perdas. Esse procedimento é conhecido como redução ao valor recuperável de ativos.

**Considerando que o texto acima tem caráter unicamente motivador, redija um texto dissertativo acerca do procedimento de redução ao valor recuperável de ativos.**

Em seu texto,

1. aponte os itens sujeitos a tal procedimento e os prazos para a verificação de possível perda de valor recuperável; [valor: 6,00 pontos]
2. indique ao menos três fontes internas e três fontes externas de evidências da existência de ativos desvalorizados; [valor: 6,00 pontos]
3. descreva os procedimentos para mensuração do valor recuperável. [valor: 7,00 pontos]

## Resolução da Questão

O procedimento de redução ao valor recuperável aplica-se a todos os ativos ou conjunto de ativos relevantes relacionados às atividades empresariais, sejam esses ativos tangíveis ou intangíveis. A entidade deve avaliar, ao fim de cada exercício social, se há alguma indicação de que um ativo possa ter sofrido desvalorização. Independentemente da existência de qualquer indicação de redução do valor recuperável, a entidade deve testar, no mínimo anualmente, a redução ao valor recuperável de um ativo intangível com vida útil indefinida ou de um ativo intangível ainda não disponível para uso, comparando o seu valor contábil com seu valor recuperável.

Para avaliar se há indicativo de perda relevante de valor econômico de ativos, a entidade poderá se apoiar nas seguintes indicações, entre outras: a) redução de valor de mercado superior à resultante do transcorrer do tempo ou do uso normal; b) mudanças significativas, ocorridas ou esperadas, no ambiente tecnológico, de mercado, econômico ou legal em que a entidade opera ou no qual o ativo é utilizado; c) majorações nas taxas de juros de mercado que possam afetar a taxa de desconto utilizada no cálculo do valor de um ativo em uso e diminuir significativamente o seu valor recuperável; d) valor contábil do patrimônio líquido da entidade maior que o valor de mercado de suas ações; e) evidência disponível de obsolescência ou de dano físico; f) mudanças significativas com efeito adverso sobre a entidade, na medida ou maneira em que um ativo é ou será utilizado; g) levantamentos ou relatórios internos que evidenciem que o desempenho econômico de um ativo é, ou será, pior do que o esperado.

Valor recuperável é o maior valor entre o preço líquido de venda do ativo e o seu valor em uso. Caso um desses valores exceda o valor contábil do ativo, não haverá desvalorização nem necessidade de se estimar o outro valor. O preço líquido de venda ou valor justo, líquido de despesa de venda, é o montante obtido pela venda de um ativo em transações em bases comutativas, entre partes conhecedoras e interessadas, menos as despesas estimadas de venda. O valor em uso de ativos é estimado com base nos fluxos de caixa futuros derivados do uso contínuo dos ativos relacionados, descontado por uma taxa de desconto que o traga a valor presente. Se o valor recuperável for inferior ao seu valor contábil, o valor contábil do ativo deve ser reduzido ao seu valor recuperável. Essa redução representa uma perda por desvalorização do ativo.

## 3ª Questão (CODEVASF Analista em Desenvolvimento Regional Contabilidade 2021 CEBRASPE):

No novo cenário brasileiro da contabilidade, que busca harmonização com a contabilidade internacional, um dos aspectos de relevância é a qualidade da informação contábil, entendida como instrumento para a tomada de decisão pelos agentes econômicos. Nesse sentido, ganha importância garantir que os ativos não estejam registrados contabilmente por um valor superior àquele passível de ser recuperado pela entidade que os detém, situação que pode ser impactada por diversos fatores, tanto internos quanto externos.

**Considerando que o texto precedente tem caráter unicamente motivador, redija um texto dissertativo acerca da redução ao valor recuperável de ativos, abordando:**

1. Quatro fatores externos que podem sinalizar a perda de valor recuperável; [valor: 10,00 pontos]
2. Três fatores internos que podem sinalizar a perda de valor recuperável; [valor: 10,00 pontos]
3. A metodologia para mensurar e reconhecer contabilmente o valor recuperável de um ativo. [valor: 8,50 pontos]

### Resolução da Questão

O registro da perda de valor recuperável se torna necessário quando se percebe que o valor investido em um ativo não terá o retorno esperado, seja por um desgaste acelerado, seja por obsolescência anormal, seja por qualquer outro fator. Algumas fontes de informação, externas e internas, facilitam a visualização desse evento.

Como fontes externas, entre outras, podem ser citadas: (a) observação de que o valor do ativo diminuiu significativamente durante o período, além do que se esperaria ocorrer pela passagem do tempo ou pelo uso normal; (b) ocorrência, no presente ou no futuro próximo, de mudanças expressivas no ambiente tecnológico, de mercado, econômico ou legal que impactam as operações da entidade; (c) aumento das taxas usuais de mercado, com impacto sobre a apuração do retorno dos investimentos e, por conseguinte, no valor em uso dos ativos; (d) o valor contábil do patrimônio líquido maior do que o valor das ações da entidade no mercado.

Como fontes internas, entre outras, podem ser citadas: (a) evidência disponível de obsolescência ou de dano físico de um ativo; (b) ocorrência, no presente ou no futuro próximo, de mudanças significativas com efeito adverso sobre os ativos da entidade, com impacto sobre a forma como tais ativos são utilizados; (c) relatório interno apontando que o desempenho econômico de um ativo é ou será pior que o esperado.

Valor recuperável pode ser definido como o maior valor entre o valor justo líquido de despesas de venda de um ativo ou unidade geradora de caixa e o seu valor em uso. Caso ao menos um desses critérios seja maior do que o valor contábil líquido, não há necessidade de reconhecer a perda de valor. Caso haja essa necessidade, o maior valor apurado será confrontado com o valor contábil líquido, e a diferença será reconhecida como perda do valor realizável, constituindo-se um novo valor do ativo para todas as finalidades.

## 4ª Questão (MP-GO Analista Contábil 2022 FGV):

Em 01/01/X0, uma sociedade empresária comprou um computador por R$10.000 e uma impressora por R$5.000. A sociedade empresária esperava usar o computador durante quatro anos e a impressora, durante cinco, e depois vendê-los por 20% do valor original de compra. **Em 30/06/X1**, os equipamentos não estavam sendo usados, de modo que a direção da sociedade empresária decidiu colocá-los à venda, passando a contabilizar os mesmos como ativo não circulante mantido para venda. Na data, o valor justo menos as despesas de venda do computador eram de R$6.000 e da impressora, de R$4.000. Em 31/12/X1, não havia indícios de perda de recuperabilidade. Em 31/12/X2, os equipamentos ainda não haviam sido vendidos, de modo que a sociedade empresária decidiu utilizá-los em seu negócio, contabilizando os mesmos como ativo imobilizado. Na data, o valor justo menos as despesas de venda do computador eram de R$4.400 e da impressora de R$2.500.

Indique os valores do computador e da impressora contabilizados no balanço patrimonial da sociedade empresária em a) 31/12/X0 b) 31/12/X1 c) 31/12/X2.

### Resolução da Questão

***Quanto ao item a, tem-se em 01/01/X0:***

*-Computador: Valor Depreciável = Valor Contábil Bruto - Valor Residual → Valor depreciável = 10.000 - 2.000 = 8.000. Valor depreciável/ano = 8.000/4 = R$ 2.000/ano*

*-Impressora: Valor Depreciável = Valor Contábil Bruto - Valor Residual → Valor depreciável = 5.000 - 1.000 = 4.000. Valor depreciável/ano = 4.0000/5 = R$ 800/ano*

***Logo em 31/12/X0, tem-se e valor contábil:***

***-Computador: 10.000 - 2.000 = R$ 8.000***

***-Impressora: 5.000 - 800 = R$ 4.200.***

***Quanto ao item b**, o CPC 31 dispõe que a entidade deve mensurar o ativo ou o grupo de ativos não circulantes classificado como mantido para venda pelo menor entre o seu valor contábil e o valor justo menos as despesas de venda.*

*Em 30/06/X1, 18 meses após a aquisição, a entidade decide definir os ativos como mantidos para venda.*

*No caso dos computadores, tem-se: (i) valor contábil: 7.000 e (ii) valor justo - vendas: 6.000.* ***Logo deve-se utilizar: R$ 6.000.***

*No caso das impressoras, tem-se: (i) valor contábil: 3.800 e (ii) valor justo - vendas: 4.000.* ***Logo deve-se utilizar: R$ 3.800.***

***Esses valores em 30/06/X1 permanecem inalterados até 31/12/X1.***

***Quanto o item c****, o CPC 31 dispõe que a entidade deve mensurar o ativo não circulante (ou grupo de ativos) que deixar de ser classificado como mantido para venda ou como mantido para distribuição aos proprietários (ou deixar de ser incluído em grupo de ativos classificado como mantido para venda ou como mantido para distribuição aos proprietários) pelo valor mais baixo entre: (a) o seu valor contábil antes de o ativo ou o grupo de ativos ser classificado como mantido para venda (ou como mantido para distribuição aos proprietários), ajustado por qualquer depreciação, amortização ou reavaliação (se permitida legalmente) que teria sido reconhecida se o ativo ou o grupo de ativos não estivesse classificado como mantido para venda (ou como mantido para distribuição aos proprietários); e (b) o seu montante recuperável à data da decisão posterior de não vender ou distribuir aos proprietários.*

*Assim, em 30/06/X2, tem-se para os computadores:*

*(i)valor contábil desde o início como se não tivesse sido colocado para venda: 10.000 - 6.000 = R$ 4.000.*

*(ii)valor justo - vendas: 4.400*

***Logo, deve-se utilizar R$ 4.000.***

*Em 30/06/X2, tem-se para a impressora:*

*(i)valor contábil desde o início como se não tivesse sido colocado para venda: 5.000 - 2.400 = R$ 2.600.*

*(ii)valor justo - vendas: 2.500*

***Logo, deve-se utilizar R$ 2.500.***

*Esses seriam os valores em 31/12/X2.*

CAPÍTULO 15

# MENSURAÇÃO DO VALOR JUSTO

## 1. PECULIARIDADES CONCEITUAIS DO VALOR JUSTO

De acordo com o Anexo A do CPC 46, o valor justo seria **o preço que seria recebido pela venda de um ativo ou que seria pago pela transferência de um passivo em uma transação não forçada entre participantes do mercado na data de mensuração.**

**Os participantes do mercado são** os compradores e vendedores do mercado principal (ou mais vantajoso) para o ativo ou passivo, os quais têm todas as características a seguir: (a) **são independentes entre si, ou seja, não são partes relacionadas**, embora o preço em uma transação com partes relacionadas possa ser utilizado como informação (input) na mensuração do valor justo se a entidade tiver evidência de que a transação foi realizada em condições de mercado; (b) **são conhecedores**, tendo entendimento razoável do ativo ou passivo e da transação com a utilização de todas as informações disponíveis, incluindo informações que possam ser obtidas por meio de esforços usuais e habituais com a devida diligência; (c) **são capazes** de realizar transação com o ativo ou passivo; (d) **estão interessados** em realizar transação com o ativo ou passivo, ou seja, estão motivados, mas não forçados.

Conforme visto no Capítulo 11, o valor justo é uma base não específica para a Entidade, assim a intenção da Entidade acerca do objeto não é relevante para sua mensuração.

| Atenção |
| --- |
| Para alguns ativos e passivos, pode haver informações de mercado ou transações de mercado observáveis disponíveis e para outros pode não haver. Contudo, o objetivo da mensuração do valor justo em ambos os casos é o mesmo – **estimar o preço pelo qual uma transação não forçada para vender o ativo ou para transferir o passivo ocorreria entre participantes do mercado na data de mensuração sob condições correntes de mercado** (ou seja, um preço de saída na data de mensuração do ponto de vista de participante do mercado que detenha o ativo ou o passivo). |

Exemplos de ativos mensurador a valor justo: Ações na Bolsa de Nova Iorque, preço de tabela FIPE de um Honda Civic 2024, títulos públicos do tesouro nacional, preço de commodities agrícolas negociados em bolsas europeias.

## 2. HIERARQUIA DAS INFORMAÇÕES DO VALOR JUSTO

Existem 3 níveis de classificação do Valor Justo. O Quadro 15.1 contém a descrição dos 3 níveis de informação (*inputs*), enquanto a Figura 15.1 ilustra aspectos que distinguem um nível do outro.

**Quadro 15.1:** Hierarquias das Informações do Valor Justo

| Informações por Nível | Descrição |
|---|---|
| **Nível 1** | Preços cotados (não ajustados) **em mercados ativos** para ativos ou passivos **idênticos** a que a entidade possa ter acesso na data de mensuração. |
| **Nível 2** | Informações (inputs) que **são observáveis** para o ativo ou passivo, **seja direta ou indiretamente**, exceto preços cotados incluídos no Nível 1. |
| **Nível 3** | Dados **não observáveis** para o ativo ou passivo. Os dados não observáveis devem ser utilizados para mensurar o valor justo **na medida em que dados observáveis relevantes não estejam disponíveis**, admitindo assim situações em que há pouca ou nenhuma atividade de mercado para o ativo ou passivo na data de mensuração |

A hierarquia de valor justo dá a mais alta prioridade a preços cotados (não ajustados) em mercados ativos para ativos ou passivos idênticos (informações de Nível 1) e a mais baixa prioridade a dados não observáveis (informações de Nível 3).

**Quadro 15.2:** Tipos de Dados

| Tipo de Dado | Descrição |
|---|---|
| **Observável** | Informações (inputs) que são desenvolvidas **utilizando-se dados de mercado, tais como informações disponíveis publicamente** sobre eventos ou transações reais, e que refletem as premissas que participantes do mercado utilizariam ao precificar o ativo ou o passivo. |
| **Não observável** | Informações (inputs) em relação às quais **não há dados de mercado disponíveis e as quais são desenvolvidas utilizando-se as melhores informações disponíveis** sobre as premissas que seriam utilizadas pelos participantes do mercado ao precificar o ativo ou o passivo. |

**Quadro 15.3:** Tipos de Mercado

| Tipo de Dado | Descrição |
|---|---|
| **Ativo** | Mercado no qual transações para o ativo ou passivo ocorrem com frequência e volume suficientes para fornecer informações de precificação de forma contínua. |
| **Não Ativo** | Mercado no qual transações para o ativo ou passivo **não** ocorrem com frequência e volume suficientes para fornecer informações de precificação de forma contínua. |

**Chamada 114 do autor:** Hierarquias do Valor Justo



**Figura 15.1:** Diferenças e Semelhanças entre as Hierarquias do Valor Justo

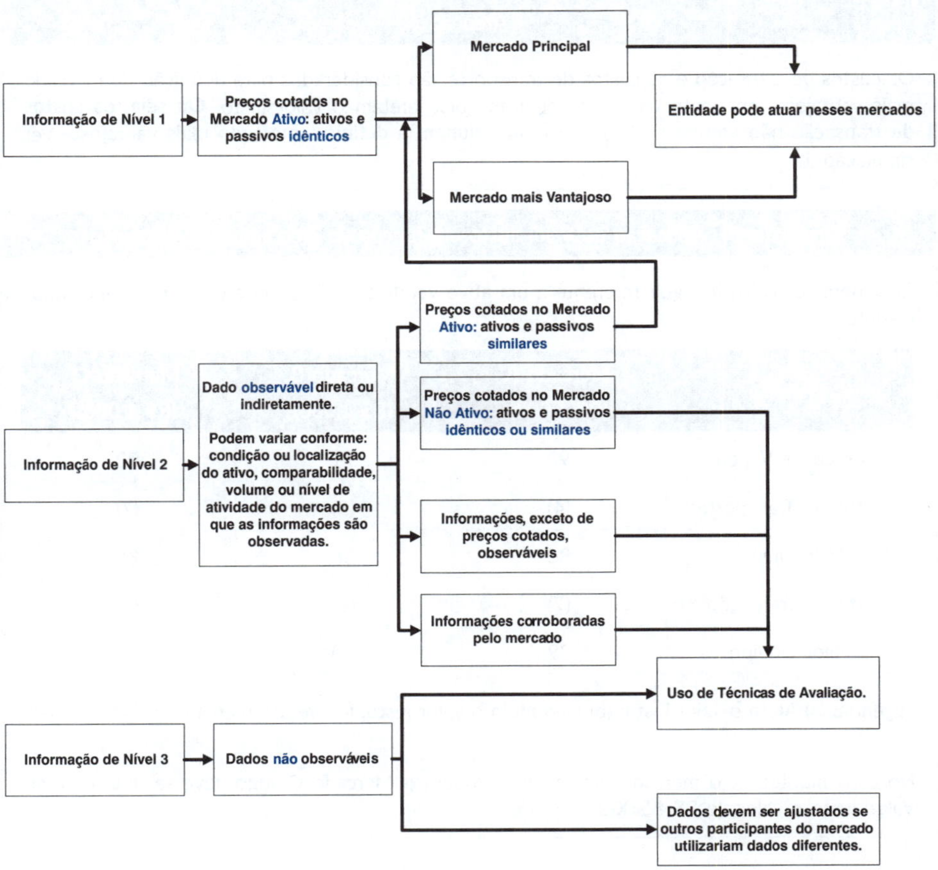

## 2.1. Tipos de Mercado - Valor Justo Nível 1 e Valor Justo Nível 2 (preços cotados)

A mensuração do valor justo presume que a transação para a venda do ativo ou transferência do passivo ocorre: (a) no **mercado principal** para o ativo ou passivo; **ou** (b) na ausência de mercado principal, no **mercado mais vantajoso** para o ativo ou passivo.

Quadro 15.4: Tipos de mercado para fins de mensuração do Valor Justo Nível 1

| Tipo de Mercado | Descrição |
|---|---|
| Mercado principal | Mercado com o maior volume e nível de atividade para o ativo ou passivo, do ponto de vista da entidade. |
| Mercado mais vantajoso | Mercado que maximiza o valor que seria recebido para vender o ativo ou que minimiza o valor que seria pago para transferir o passivo, **após levar em consideração os custos de transação e os custos de transporte**. |

| Atenção |
|---|
| Os custos de transação e os custos de transporte são considerados para definição do mercado mais vantajoso, enquanto os custos de transporte afetam o valor justo. **Ou seja, os custos de transação não afetam o valor justo, mas ajudam a definir o mercado mais vantajoso.** Ver simulação 1. |

**Simulação 1 - Aplicação do Valor Justo em função do mercado mais vantajoso**

Considere os dados a seguir referente a um ativo vendido a preços diferentes em 3 mercados distintos.

| Fator | Mercado A (R$ 1.000) | Mercado B (R$ 1.000) | Mercado C (R$ 1.000) |
|---|---|---|---|
| Preço de Venda | 90 | 91 | 92 |
| Custos de Transporte[a,c] | (4) | (5) | (7) |
| Valor Justo | 86 | 86 | 85 |
| Custo da Transação[b,c] | (7) | (6) | (4) |
| Valor Líquido | 79 | 80 | 81 |

Legenda: (a) Afeta o valor justo; (b) Não afeta o valor justo; (c) afeta o mercado mais vantajoso.

No caso hipotético, o mercado mais vantajoso será o Mercado C, logo deve-se utilizar como Valor Justo o valor de R$ 85.000

## 2.2. Ativos e Passivos não cotados, mas com dados observáveis - Valor Justo Nível 2

Além dos **(i)** preços cotados para ativos ou passivos similares em mercados ativos e dos **(ii)** preços cotados para ativos ou passivos idênticos ou similares em mercados que não sejam ativos, **são informações de Valor Justo nível 2 informações, exceto preços cotados, que sejam observáveis para o ativo ou passivo.**

| Observações diretas e indiretas no nível 2: exemplos |
|---|
| -Taxas de juros e curvas de rendimento.<br>-Observáveis em intervalos comumente cotado.<br>-Volatilidades implícitas.<br>-Spreads de crédito.<br>-Informações corroboradas pelo mercado. |

## 2.3. Dados não observáveis - Valor Justo Nível 3

Dados não observáveis devem ser utilizados para mensurar o valor justo na medida em que dados observáveis relevantes não estejam disponíveis, admitindo assim situações em que há pouca ou nenhuma atividade de mercado para o ativo ou passivo na data de mensuração. Contudo, o objetivo da mensuração do valor justo permanece o mesmo, ou seja, um preço de saída na data de mensuração do ponto de vista de um participante do mercado que detém o ativo ou deve o passivo. Portanto, **dados não observáveis refletem as premissas que os participantes do mercado utilizariam ao precificar o ativo ou o passivo, incluindo premissas sobre risco.**

**Premissas sobre risco incluem o risco inerente a uma técnica de avaliação específica utilizada para mensurar o valor justo** (como, por exemplo, um modelo de precificação) **e o risco inerente às informações utilizadas na técnica de avaliação.** Uma mensuração que não incluísse um ajuste para refletir o risco não representaria uma mensuração do valor justo se, ao precificar o ativo ou o passivo, os participantes do mercado incluíssem um ajuste. Por exemplo, pode ser necessário incluir ajuste de risco quando houver incerteza significativa na mensuração (por exemplo, quando tiver havido diminuição significativa no volume ou nível de atividade em comparação à atividade normal do mercado para o ativo ou passivo, ou para ativos ou passivos similares, e a entidade tiver determinado que o preço da transação ou o preço cotado não representa o valor justo.

| Exemplos de informações de Nível 3 para ativos e passivos específicos |
|---|
| 1. Swap de moeda de longo prazo. A informação de Nível 3 seria a taxa de juros em moeda determinada que não seja observável e não possa ser corroborada por dados de mercado observáveis em intervalos comumente cotados ou de outro modo para substancialmente a totalidade do prazo do swap de moeda. As taxas de juros de swap de moeda são as taxas de swap calculadas a partir das curvas de rendimento dos respectivos países. |

2. Opção de três anos sobre ações negociadas em bolsa. A informação de Nível 3 seria a volatilidade histórica, ou seja, a volatilidade para as ações obtida a partir dos preços históricos das ações. A volatilidade histórica normalmente não representa as expectativas dos participantes do mercado atuais em relação à volatilidade futura, ainda que se trate da única informação disponível para a precificação da opção.
3. Swap de taxa de juros. A informação de Nível 3 seria o ajuste ao preço consensual (não vinculante) médio de mercado para o swap, desenvolvido utilizando-se dados que não sejam diretamente observáveis e não possam ser de outro modo corroborados por dados de mercado observáveis.
4. Passivo por desativação assumido em combinação de negócios. A informação de Nível 3 seria a estimativa atual que utilizasse os dados próprios da entidade sobre as saídas de caixa futuras a serem pagas para satisfazer a obrigação (incluindo as expectativas dos participantes do mercado em relação aos custos para satisfazer a obrigação e a compensação que um participante do mercado exigiria para assumir a obrigação de desmontar o ativo), se não houver nenhuma informação razoavelmente disponível que indique que os participantes do mercado utilizariam premissas diferentes. Essa informação de Nível 3 seria utilizada na técnica de valor presente em conjunto com outras informações, por exemplo, a taxa de juros corrente livre de risco ou a taxa livre de risco ajustada pelo crédito, se o efeito da situação de crédito da entidade sobre o valor justo do passivo for refletido na taxa de desconto e não na estimativa de saídas de caixa futuras.
5. Unidade geradora de caixa. A informação de Nível 3 seria uma previsão financeira (por exemplo, dos fluxos de caixa ou do resultado do período) desenvolvida utilizando-se os dados próprios da entidade, se não houver nenhuma informação razoavelmente disponível que indique que os participantes do mercado utilizariam premissas diferentes.

## 2.4. Técnicas de avaliação – Valor Justo Nível 2 (exceto mercado ativo) e Nível 3

O objetivo de utilizar uma técnica de avaliação é estimar o preço pelo qual uma transação não forçada para a venda do ativo ou para a transferência do passivo ocorreria entre participantes do mercado na data de mensuração nas condições atuais de mercado.

As técnicas de avaliação utilizadas para mensurar o valor justo **devem maximizar o uso de dados observáveis relevantes** e **minimizar o uso de dados não observáveis.**

**Atenção**

O que faz um valor ser valor justo é que ele foi obtido na perspectiva dos participantes do mercado. O CPC 46 **recomenda 3 abordagens para mensurar o valor justo quando inexistem preços correntes em mercados ativos:** Informações de Valor Justo Nível 2 (todos os casos exceto mercado ativo) e Informações de Valor Justo Nível 3.

As três técnicas de avaliação amplamente utilizadas são (i) abordagem de mercado, (ii) abordagem de custo e (iii) abordagem de receita. A entidade deve utilizar técnicas de avaliação consistentes com uma ou mais dessas abordagens para mensurar o valor justo.

**Quadro 15.5:** Abordagens para mensurar o Valor Justo quando inexistem preços correntes em mercados ativos – Valor Justo Nível 2 (exceto mercado ativo) e Nível 3

| Abordagens | Descrição |
|---|---|
| Abordagem de mercado | Técnica de avaliação que utiliza preços e outras informações relevantes geradas por transações de mercado envolvendo ativos, passivos ou grupo de ativos e passivos **idênticos ou comparáveis** (ou seja, similares), como, por exemplo, um negócio.<br>**Exemplo:** Veículo (marca, ano, utensílios); imóveis (ano de construção, localização, tamanho, benfeitorias). |
| Abordagem de custo | Técnica de avaliação que reflete o valor que seria exigido atualmente para substituir a capacidade de serviço de um ativo (normalmente referido como o **custo de substituição ou reposição**).<br>**Exemplo:** custo de reposição de imóvel seria o valor para construir novo imóvel no mesmo bairro com mesmo tamanho e planta. |
| | O custo de reposição é geralmente usado para ativos tangíveis.<br>Ademais, pode ser usado o ajuste por obsolescência de um ativo; visto que, o ativo, algumas vezes, ainda tem vida útil remanescente, no entanto, é obsoleto levando em conta os termos de mercado. Quando acontece isso, ele deve ser depreciado até o seu valor final. |
| Abordagem de receita ou Fluxo de Caixa Descontado | Técnicas de avaliação que convertem **valores futuros** (por exemplo, fluxos de caixa ou receitas e despesas) em um valor único atual/presente (ou seja, descontado). A mensuração do valor justo é determinada com base no valor indicado pelas expectativas de mercado atuais em relação a esses valores futuros. |
| | A mensuração do valor justo de ativo ou passivo **utilizando uma técnica de valor presente captura todos os seguintes elementos**, do ponto de vista dos participantes do mercado, na data de mensuração:<br>(a) uma estimativa dos fluxos de caixa futuros para o ativo ou passivo que está sendo mensurado;<br>(b) expectativas sobre possíveis variações no valor e época dos fluxos de caixa que representem a incerteza inerente aos fluxos de caixa;<br>(c) o valor do dinheiro no tempo, representado pela taxa sobre ativos monetários livres de risco com datas de vencimento ou prazos que coincidem com o período coberto pelos fluxos de caixa e que não apresentam incerteza em relação à época ou risco de inadimplência (default) para o titular (ou seja, taxa de juros livre de risco);<br>(d) o preço para suportar a incerteza inerente aos fluxos de caixa (ou seja, prêmio de risco);<br>(e) outros fatores que os participantes do mercado levariam em consideração nas circunstâncias;<br>(f) para um passivo, o risco de descumprimento relativo a esse passivo, incluindo o risco de crédito da própria entidade (ou seja, devedor). |

Em alguns casos, uma única técnica de avaliação é apropriada (por exemplo, ao avaliar um ativo ou um passivo utilizando preços cotados em mercado ativo para ativos ou passivos idênticos). Em outros casos, múltiplas técnicas de avaliação são apropriadas (esse pode ser o caso, por exemplo, ao avaliar uma unidade geradora de caixa). **Se múltiplas técnicas de avaliação forem utilizadas para mensurar o valor justo, os resultados** (ou seja, as respectivas indicações do valor justo) **serão avaliados considerando-se a razoabilidade da faixa de valores por eles indicada. A mensuração do valor justo é o ponto dentro dessa faixa que melhor represente o valor justo nas circunstâncias.**

**As técnicas de avaliação utilizadas para mensurar o valor justo devem ser aplicadas de forma consistente.** Contudo, uma mudança na técnica de avaliação ou em sua aplicação (por exemplo, mudança em sua ponderação quando múltiplas técnicas de avaliação forem utilizadas ou mudança no ajuste aplicado a uma técnica de avaliação) é apropriada se a mudança resultar em uma mensuração que seja igualmente ou mais representativa do valor justo nas circunstâncias. **Esse pode ser o caso se, por exemplo, qualquer dos eventos seguintes ocorrer:** (a) novos mercados surgirem; (b) novas informações se tornarem disponíveis; (c) informações utilizadas anteriormente não mais estiverem disponíveis; (d) houver uma melhora nas técnicas de avaliação; ou (e) houver mudanças nas condições de mercado.

## 2.5. Reflexão sobre os 3 níveis

O grau de subjetividade e discricionariedade nos níveis 1 e 2 são mínimos. **Já no nível 3, pela falta do mercado ativo e a necessidade da criação de um mercado hipotético, o cenário muda completamente**.

A hierarquia de Nível 3 é menos precisa e baseada em estimativas, dados não observáveis calculados por modelos de preço ou metodologias de fluxo de caixa descontado que estão suscetíveis tanto a erros aleatórios quanto a alterações nos resultados, falta de uniformidade e complexidade, ou então baseados em outras informações que refletem as próprias premissas e julgamentos daquele que a divulga. E visto que este nível de hierarquia não possui dados verificáveis cedidos pela organização e que detectar erros se torna uma tarefa difícil, há uma objeção em se utilizar este método de mensuração.

A discrição gerencial inerente envolvida na determinação dos valores justos do Nível 3 levanta a questão se os gestores estão aproveitando essa discrição para melhorar os números reportados, bem como se o mercado interpreta diferencialmente as informações transmitidas pelos instrumentos de Nível 3 em relação a outros instrumentos.

Assim, existe a possibilidade de que os gerentes, em benefício próprio e de forma oportunista, se utilizem da discricionariedade para transferir itens para dentro ou para fora deste nível 3. Entidades, poderiam lançar mão deste oportunismo ao classificar os vários ativos financeiros como Nível 3 para fins de gerenciamento de resultados por conta do seu próprio desempenho insatisfatório, e em outras palavras fazer uma manipulação dos resultados.

# 3. APLICAÇÃO

**Chamada 115 do autor:** Aplicação do Valor Justo

## 3.1. Utilização do Valor Justo na mensuração de Ativos e Passivos

O Quadro a seguir indica as situações em que o valor justo e utilizado na mensuração de ativos e passivos.

**Quadro 15.6:** Situações em que o valor justo é utilizado na mensuração de ativos e passivos conforme os CPCs

| Item | CPC |
|---|---|
| Instrumentos Financeiros | CPC 14, 38, 39 e 40 |
| Produtos Agrícolas | CPC 29 (apenas no reconhecimento inicial) |
| Ativos Biológicos | CPC 29 |
| Propriedades para investimento | CPC 28 |
| Ativos Imobilizados[a] | CPC 27 |
| Ativos Intangíveis[a] | CPC 04 |

**Legenda:** (a) Lei nº 6.404/1976 veda a aplicação apesar do CPC permitir.

| CPCs versus Lei nº 6.404/1976 |
|---|
| Os CPCs permitem a mensuração dos ativos imobilizados e ativos intangíveis a valor justo, porém na prática, não é assim que funciona.<br>Deve-se lembrar que os CPCs são advindos da tradução das IFRS, dadas em âmbito internacional. Porém, de acordo com as práticas adotadas na realidade brasileira, a Lei nº 11.638, de 28 de dezembro de 2007, proíbe a mensuração dos ativos intangíveis (CPC 04) e imobilizados (CPC 27) a valor justo, devendo ser mensurados a custo histórico.<br>Neste caso, temos uma situação onde a norma permite que o contador faça a escolha do método de mensuração, mas a legislação brasileira proíbe. |

| Valor Justo versus Redução ao Valor Recuperável (Teste de *Impairment*) |
|---|
| **Os ativos mensurados a valor justo não estão sujeitos ao teste de imparidade.**<br>Contudo, o teste de imparidade em si utiliza a mensuração do valor justo ao apurar o valor recuperável.<br>**O Valor recuperável** de um ativo ou de unidade geradora de caixa é o maior montante entre o seu **valor justo líquido de despesa de venda** e o seu valor em uso. |

**As despesas de venda** seriam as despesas incrementais diretamente atribuíveis à venda de um ativo ou de uma unidade geradora de caixa, excluindo as despesas financeiras e de impostos sobre o resultado gerado.

Em suma, ao calcular o valor recuperável se utiliza o valor justo como parte da fórmula, contudo os ativos que são avaliados pelo valor justo (Quadro 14.6) não estão sujeitos ao teste de *impairment*.

**Valor Justo na contabilização da mais ou menos valia**

O valor justo é utilizado no processo de reconhecimento de mais ou menos valia em uma combinação de negócios.

**Valor Justo e Depreciação**

Um ativo mensurado pelo valor justo não está sujeito a depreciação.

**Valor Justo versus Valor Realizável Líquido**

O **valor realizável líquido** é o preço de venda estimado no curso normal dos negócios deduzido dos custos estimados para sua conclusão e dos gastos estimados necessários para se concretizar a venda. É um dos métodos para mensurar estoques e não se confunde com valor justo.

O valor justo é a visão do mercado para a empresa, enquanto o **valor realizável líquido é visão da empresa para o mercado.**

**Ativos não financeiros avaliados pelo valor justo**

Com base no Quadro 15.6, destacam-se 2 ativos não financeiros avaliados pelo valor justo:

-Ativos biológicos;

-Propriedades para investimentos (neste caso Entidade pode optar por avaliar pelo método custo ou pelo método valor justo).

O CPC 46 define que a **mensuração do valor justo de um ativo não financeiro leva em consideração a capacidade do participante do mercado de gerar benefícios econômicos** utilizando o ativo em seu melhor uso possível (*highest and best use*) ou vendendo-o a outro participante do mercado que utilizaria o ativo em seu melhor uso.

O melhor uso possível de um ativo não financeiro leva em conta o uso do ativo que seja **fisicamente possível**, **legalmente permitido** e **financeiramente viável**, conforme abaixo:

(a) Um uso que seja **fisicamente possível** leva em conta as características físicas do ativo que os participantes do mercado levariam em conta ao precificar o ativo (por exemplo, a localização ou o tamanho de um imóvel);

(b) Um uso que seja **legalmente permitido** leva em conta quaisquer restrições legais sobre o uso do ativo que os participantes do mercado levariam em conta ao precificá-lo (por exemplo, as regras de zoneamento aplicáveis a um imóvel);

(c) Um uso que seja **financeiramente viável** leva em conta se o uso do ativo que seja fisicamente possível e legalmente permitido gera receita ou fluxos de caixa adequados (levando em conta os custos para converter o ativo para esse uso) para produzir o retorno do investimento que os participantes do mercado exigiriam do investimento nesse ativo colocado para esse uso.

## 3.2. Efeitos contábeis da variação do valor justo

### *3.2.1. Instrumento Financeiro - Disponível para venda*

**Simulação 2: Instrumento Financeiro - Disponível para venda**

A Empresa ALFA possui 1 ativo financeiro disponível para venda no valor de R$ 10.000. O mesmo sofreu uma variação positiva de R$ 1.000.

**Situação Patrimonial de ALFA antes da operação**

| **Ativo** | **Passivo** |
|---|---|
| Caixa ........R$ 500.000<br>Ativo Financeiro........R$ 10.000 | |
| **Investimento**<br>Propriedade para investimento........R$ 1.000.000<br>**Imobilizado**<br>Edifícios Operacionais........R$ 4.000.000<br>Semoventes - Ativos Biológicos........R$ 1.000.000 | **PL**<br>Capital Social........R$ 6.510.000<br>Ajuste de Avaliação Patrimonial........R$ 0<br>Lucros e Prejuízos Acumulados........R$ 0 |

Registro contábil:

D: Ativo Financeiro (Ativo).....R$ 1.000

C: Ajuste de Avaliação Patrimonial (PL) R$ 1.000

**Situação Patrimonial de ALFA após a operação**

| **Ativo** | **Passivo** |
|---|---|
| Caixa ........R$ 500.000<br>**Ativo Financeiro ........ R$ 11.000** | |
| **Investimento**<br>Propriedade para investimento........R$ 1.000.000<br>**Imobilizado**<br>Edifícios Operacionais........R$ 4.000.000<br>Semoventes - Ativos Biológicos........R$ 1.000.000 | **PL**<br>Capital Social........R$ 6.510.000<br>**Ajuste de Avaliação Patrimonial........ R$ 1.000**<br>Lucros e Prejuízos Acumulados........R$ 0 |

Posteriormente a empresa ALFA, vendeu o ativo financeiro disponível.

Registro contábil:

D: Caixa (Ativo)........R$ 11.000

D: Ajuste de Avaliação Patrimonial (PL)........R$ 1.000

C: Ativo Financeiro (Ativo)........R$ 11.000

C: Receita de reclassificação do Ajuste de Avaliação Patrimonial (Resultado)......R$ 1.000

**Situação Patrimonial de ALFA após a operação**

| Ativo | | | Passivo | | |
|---|---|---|---|---|---|
| Caixa | R$ | 511.000 | | | |
| Ativo Financeiro | R$ | 0 | | | |
| **Investimento** | | | **PL** | | |
| Propriedade para investimento | R$ | 1.000.000 | Capital Social | R$ | 6.510.000 |
| **Imobilizado** | | | Ajuste de Avaliação Patrimonial | R$ | 0 |
| Edifícios Operacionais | R$ | 4.000.000 | Lucros e Prejuízos Acumulados | R$ | 1.000 |
| Semoventes - Ativos Biológicos | R$ | 1.000.000 | | | |

## *3.2.2. Instrumento Financeiro - Em negociação*

**Simulação 3: Instrumento Financeiro - Em negociação**

A Empresa ALFA possui 1 ativo financeiro em negociação no valor de R$ 10.000. O mesmo sofreu uma variação positiva de R$ 1.000.

**Situação Patrimonial de ALFA antes da operação**

| Ativo | | | Passivo | | |
|---|---|---|---|---|---|
| Caixa | R$ | 500.000 | | | |
| Ativo Financeiro | R$ | 10.000 | | | |
| **Investimento** | | | **PL** | | |
| Propriedade para investimento | R$ | 1.000.000 | Capital Social | R$ | 6.510.000 |
| **Imobilizado** | | | Ajuste de Avaliação Patrimonial | R$ | 0 |
| Edifícios Operacionais | R$ | 4.000.000 | Lucros e Prejuízos Acumulados | R$ | 0 |
| Semoventes - Ativos Biológicos | R$ | 1.000.000 | | | |

Registro contábil:

D: Ativo Financeiro (Ativo) .......... R$ 1.000

C: Receita de Variação do Valor Justo (Resultado) .......... R$ 1.000

**Situação Patrimonial de ALFA após a operação**

| Ativo | | | Passivo | | |
|---|---|---|---|---|---|
| Caixa | R$ | 500.000 | | | |
| Ativo Financeiro | R$ | 11.000 | | | |
| **Investimento** | | | **PL** | | |
| Propriedade para investimento | R$ | 1.000.000 | Capital Social | R$ | 6.510.000 |
| **Imobilizado** | | | Ajuste de Avaliação Patrimonial | R$ | 0 |
| Edifícios Operacionais | R$ | 4.000.000 | Lucros e Prejuízos Acumulados | R$ | 1.000 |
| Semoventes - Ativos Biológicos | R$ | 1.000.000 | | | |

Posteriormente a empresa ALFA, vendeu o ativo financeiro disponível.

Registro contábil:

D: Caixa (Ativo)........................................................................R$ 11.000

C: Ativo Financeiro (Ativo)........................................................R$ 11.000

**Situação Patrimonial de ALFA após a operação**

| Ativo | Passivo |
|---|---|
| Caixa ............ R$ 511.000 | |
| Ativo Financeiro ............ R$ 0 | |
| **Investimento** | **PL** |
| Propriedade para investimento............ R$ 1.000.000 | Capital Social............ R$ 6.510.000 |
| **Imobilizado** | Ajuste de Avaliação Patrimonial............ R$ 0 |
| Edifícios Operacionais............ R$ 4.000.000 | Lucros e Prejuízos Acumulados............ R$ 1.000 |
| Semoventes – Ativos Biológicos............ R$ 1.000.000 | |



### *3.2.3. Propriedades para investimento*

**Simulação 4: Propriedade para Investimento**

A Empresa ALFA possui 1 propriedade para investimento no valor de R$ 1.000.000. O mesmo sofreu uma variação positiva de R$ 150.000.

**Situação Patrimonial de ALFA antes da operação**

| Ativo | Passivo |
|---|---|
| Caixa ............ R$ 500.000 | |
| Ativo Financeiro............ R$ 10.000 | |
| **Investimento** | **PL** |
| Propriedade para investimento............ R$ 1.000.000 | Capital Social............ R$ 6.510.000 |
| **Imobilizado** | Ajuste de Avaliação Patrimonial............ R$ 0 |
| Edifícios Operacionais............ R$ 4.000.000 | Lucros e Prejuízos Acumulados............ R$ 0 |
| Semoventes – Ativos Biológicos............ R$ 1.000.000 | |

Registro contábil:

D: Propriedade para Investimento (Ativo) ............................................R$ 150.000

C: Receita de Variação do Valor Justo (Resultado)..................................R$ 150.000

**Situação Patrimonial de ALFA após a operação**

| Ativo | | Passivo | |
|---|---|---|---|
| Caixa ................R$ | 500.000 | | |
| Ativo Financeiro................R$ | 10.000 | | |
| **Investimento** | | **PL** | |
| **Propriedade para investimento................R$** | **1.150.000** | Capital Social................R$ | 6.510.000 |
| **Imobilizado** | | Ajuste de Avaliação Patrimonial................R$ | 0 |
| Edifícios Operacionais................R$ | 4.000.000 | **Lucros e Prejuízos Acumulados................R$** | **150.000** |
| Semoventes – Ativos Biológicos................R$ | 1.000.000 | | |

Posteriormente a empresa ALFA, vendeu a propriedade para investimento.
Registro contábil:
D: Caixa (Ativo)................R$ 1.150.000
C: Propriedade para Investimentos (Ativo)................R$ 1.150.000

**Situação Patrimonial de ALFA após a operação**

| Ativo | | Passivo | |
|---|---|---|---|
| **Caixa ................R$** | **1.650.000** | | |
| Ativo Financeiro................R$ | 10.000 | | |
| **Investimento** | | **PL** | |
| **Propriedade para investimento................R$** | **0** | Capital Social................R$ | 6.510.000 |
| **Imobilizado** | | Ajuste de Avaliação Patrimonial................R$ | 0 |
| Edifícios Operacionais................R$ | 4.000.000 | Lucros e Prejuízos Acumulados................R$ | 150.000 |
| Semoventes – Ativos Biológicos................R$ | 1.000.000 | | |

### 3.2.4. *Transferência de ativo imobilizado para propriedade para investimento*

Ao realizar a **transferência de ativo imobilizado para propriedade para investimento,** o bem passa a ser avaliado pelo valor justo. A diferença acumulada até a transferência, se for negativa, deve ser registrada no resultado do exercício. Se for positiva, deve ser registrada em AAP – Ajustes de Avaliação Patrimonial.

**Simulação 5: Transferência de Ativo Imobilizado para Propriedade para Investimento**

A Empresa ALFA possui 1 edifício operacional no valor de R$ 1.200.000 e decide reclassificá-lo para propriedade para investimento. Quando da reclassificação de detectou que o valor justo do ativo é de R$ 1.700.000. O mesmo sofreu uma variação positiva de R$ 500.000.

**Situação Patrimonial de ALFA antes da operação**

| Ativo | Passivo |
|---|---|
| Caixa ........R$ 500.000<br>Ativo Financeiro........R$ 10.000 | |
| **Investimento**<br>Propriedade para investimento........R$ 1.000.000<br>**Imobilizado**<br>Edifícios Operacionais........R$ 4.000.000<br>Semoventes – Ativos Biológicos........R$ 1.000.000 | **PL**<br>Capital Social........R$ 6.510.000<br>Ajuste de Avaliação Patrimonial........R$ 0<br>Lucros e Prejuízos Acumulados........R$ 0 |

**Registro contábil inicial:**

D: Propriedade para Investimento (Ativo) ........R$ 1.200.000

C: Imobilizado – Edifícios Operacionais (Ativo ........R$ 1.200.000

**Registro contábil do valor justo:**

D: Propriedade para Investimento (Ativo) ........R$ 500.000

C: Ajuste de Avaliação Patrimonial (PL ........R$ 500.000

**Situação Patrimonial de ALFA após a operação**

| Ativo | Passivo |
|---|---|
| Caixa ........R$ 500.000<br>Ativo Financeiro........R$ 10.000 | |
| **Investimento**<br>Propriedade para investimento........R$ 2.700.000<br>**Imobilizado**<br>Edifícios Operacionais........R$ 2.800.000<br>Semoventes – Ativos Biológicos........R$ 1.000.000 | **PL**<br>Capital Social........R$ 6.510.000<br>Ajuste de Avaliação Patrimonial........R$ 500.000<br>Lucros e Prejuízos Acumulados........R$ 0 |

Unidade Didática III
Avaliação Patrimonial

### *3.2.5. Ativos Biológicos*

**Simulação 6: Ativos Biológicos**

A Empresa ALFA possui ativos biológicos no valor de R$ 1.000.000. O mesmo sofreu uma variação negativa de R$ 200.000 em função de mortes.

**Situação Patrimonial de ALFA antes da operação**

| Ativo | | Passivo | |
|---|---|---|---|
| Caixa ........................................R$ | 500.000 | | |
| Ativo Financeiro........................R$ | 10.000 | | |
| **Investimento** | | **PL** | |
| Propriedade para investimento..............................R$ | 1.000.000 | Capital Social.............................R$ | 6.510.000 |
| **Imobilizado** | | Ajuste de Avaliação Patrimonial.................................R$ | 0 |
| Edifícios Operacionais.............R$ | 4.000.000 | Lucros e Prejuízos Acumulados..............................R$ | 0 |
| Semoventes - Ativos Biológicos..................................R$ | 1.000.000 | | |

Registro contábil:
D: Despesa de Variação do Valor Justo (Resultado)..........................................................R$ 200.000
C: Semoventes - Ativos Biológicos (Ativo) .........................................................................R$ 200.000

**Situação Patrimonial de ALFA após a operação**

| Ativo | | Passivo | |
|---|---|---|---|
| Caixa ........................................R$ | 500.000 | | |
| Ativo Financeiro........................R$ | 10.000 | | |
| **Investimento** | | **PL** | |
| Propriedade para investimento..............................R$ | 1.000.000 | Capital Social.................................R$ 6.510.000 | |
| **Imobilizado** | | Ajuste de Avaliação Patrimonial.... R$ 0 | |
| Edifícios Operacionais.............R$ | 4.000.000 | **Lucros e Prejuízos Acumulados ....R$ (200.000)** | |
| Semoventes - Ativos Biológicos ................................ R$ | 800.000 | | |

Posteriormente a empresa ALFA, vendeu os ativos biológicos.
Registro contábil:
D: Caixa (Ativo)..................................................................................................................R$ 800.000
C: Semoventes - Ativos Biológicos (Ativo) .........................................................................R$ 800.000

**Situação Patrimonial de ALFA após a operação**

| **Ativo** | | **Passivo** | |
|---|---|---|---|
| Caixa ........................................ $ | 1.300.000 | | |
| Ativo Financeiro.......................R$ | 10.000 | | |
| **Investimento** | | **PL** | |
| Propriedade para investimento.............................R$ | 1.000.000 | Capital Social...........................R$ | 6.510.000 |
| **Imobilizado** | | Ajuste de Avaliação Patrimonial..............................R$ | 0 |
| Edifícios Operacionais............R$ | 4.000.000 | Lucros e Prejuízos Acumulados.............................R$ | (200.000) |
| Semoventes - Ativos Biológicos ................................ R$ | 0 | | |

### *3.2.6. Quadro Resumo*

**Quadro 15.7:** Resumo dos efeitos contábeis do uso do valor justo

<table>
<tr><th>Item</th><th>Resumo</th></tr>
<tr><td>Instrumentos Financeiros: disponível para Venda</td><td>Fase 1 - registro da variação do valor justo: Ajuste de avaliação patrimonial - conta do PL.<br>Fase 2 - alienação do ativo/passivo: Receita/Despesa de reclassificação do ajuste de avaliação patrimonial - conta da Demonstração do Resultado do Exercício.</td></tr>
<tr><td>Instrumentos Financeiros: em negociação</td><td rowspan="3">Fase 1 - registro da variação do valor justo: Receita/Despesa da Variação do Valor Justo na Demonstração do Resultado do Exercício.<br>Fase 2 - alienação do ativo/passivo: fato permutativo, não passa pela Demonstração do Resultado do Exercício.</td></tr>
<tr><td>Ativos Biológicos</td></tr>
<tr><td>Propriedades para investimento[a]</td></tr>
</table>

[a] no caso da reclassificação de um ativo imobilizado para propriedade para investimento. Caso o valor justo seja superior ao valor contábil, essa diferença positiva deve ser registrada como Ajuste de Avaliação Patrimonial.

## 4. TRANSAÇÕES FORÇADAS QUE DESCARACTERIZAM O VALOR JUSTO

Determinar se uma transação não é forçada (ou é forçada) é mais difícil se tiver havido redução significativa no volume ou nível de atividade para o ativo ou passivo em relação à atividade normal do mercado para o ativo ou passivo (ou ativos ou passivos similares). Nessas circunstâncias, não é apropriado concluir que todas as transações nesse mercado são forçadas (ou seja, liquidações forçadas ou vendas em situação adversa).

**As circunstâncias que podem indicar que uma transação é forçada incluem as seguintes:**

1. Não houve exposição adequada ao mercado por um período antes da data de mensuração para permitir atividades de marketing que são usuais e habituais para transações envolvendo esses ativos ou passivos sob condições de mercado atuais;
2. Houve um período de marketing usual e habitual, mas o vendedor comercializou o ativo ou o passivo a um único participante do mercado;
3. O vendedor está em (ou próximo de) falência ou recuperação judicial (ou seja, o vendedor está em situação adversa);
4. O vendedor foi obrigado a vender para satisfazer exigências regulatórias ou legais (ou seja, o vendedor foi forçado);
5. O preço da transação é um valor atípico quando comparado a outras transações recentes para o mesmo ativo ou passivo ou para um ativo ou passivo similar. A entidade avaliará as circunstâncias para determinar se, com base nas evidências disponíveis, a transação é não forçada.

## 5. DIVULGAÇÃO

A entidade deve divulgar informações que auxiliem os usuários de suas demonstrações contábeis a avaliar ambas as seguintes opções:

1. Para ativos e passivos que sejam mensurados ao valor justo de forma recorrente ou não recorrente no balanço patrimonial após o reconhecimento inicial, as técnicas de avaliação e informações utilizadas para desenvolver essas mensurações;
2. Para mensurações do valor justo recorrentes que utilizem dados não observáveis significativos (Nível 3), o efeito das mensurações sobre o resultado do período ou outros resultados abrangentes para o período.

Além disso:

1. Para mensurações do valor justo recorrentes e não recorrentes, o nível da hierarquia de valor justo no qual as mensurações do valor justo sejam classificadas em sua totalidade (Nível 1, 2 ou 3);
2. Para ativos e passivos mantidos ao final do período das demonstrações contábeis que sejam mensurados ao valor justo de forma recorrente, os valores de quaisquer transferências entre o Nível 1 e o Nível 2 da hierarquia de valor justo, as razões para essas transferências e a política da entidade para determinar quando se considera que ocorreram as transferências entre níveis. As transferências para cada nível devem ser divulgadas e discutidas separadamente das transferências de cada nível.
3. Para mensurações de valor justo recorrentes classificadas no Nível 3 da hierarquia de valor justo, uma conciliação dos saldos iniciais com os saldos finais, divulgando separadamente as mudanças durante o período atribuíveis ao seguinte: (i) ganhos ou perdas totais para o período, reconhecidos no resultado, e as rubricas no resultado nas quais esses ganhos ou perdas são

reconhecidos; (ii) ganhos ou perdas totais para o período, reconhecidos em outros resultados abrangentes, e as rubricas em outros resultados abrangentes nas quais esses ganhos ou perdas são reconhecidos; (iii) compras, vendas, emissões e liquidações (cada um desses tipos de mudanças divulgado separadamente); (iv) os valores de quaisquer transferências para o (ou, do) Nível 3 da hierarquia de valor justo, as razões para essas transferências e a política da entidade para determinar quando se considera que ocorreram as transferências entre níveis. **As transferências para o Nível 3 devem ser divulgadas e discutidas separadamente das transferências do Nível 3.**

| Atenção |
| --- |
| O foco da evidenciação exigida é evitar o gerenciamento/manipulação de resultados o que poderia prejudicar os investidores que poderiam tomar uma decisão equivocada. |

Unidade Didática III
Avaliação Patrimonial

## 6. QUESTÃO DISCURSIVA

### 1ª Questão (Agência Estadual de Regulação dos Serviços Públicos/MT - Delegado 2023 CEBRASPE)[1]

No Brasil, está vedada, desde 1995, qualquer técnica de correção monetária das demonstrações contábeis, inclusive para fins societários. Entretanto, sabe-se que a Comissão de Valores Imobiliários (CVM) tornou facultativas a elaboração e a divulgação das demonstrações contábeis com base na correção integral. Em face dessa informação, responda às seguintes indagações.

1. Qual é a finalidade do sistema de correção integral e como ele se operacionaliza? [valor: 4,50 pontos]
2. Em períodos de inflação, quais são as principais razões para a implantação do sistema de correção integral, em relação ao resultado da empresa e aos impostos? [valor: 5,00 pontos]

### Resolução da Questão

*O sistema de correção integral tem como finalidade destacar os efeitos inflacionários sobre o patrimônio das empresas. Ele atualiza todos os valores históricos das demonstrações contábeis para uma única data, com base no princípio do custo original como base de valor.*

*O lucro bruto fica distorcido quando comparado com o preço de venda atualizado em relação ao custo histórico de uma mercadoria adquirida há certo tempo. No mínimo, esse valor pago anteriormente deveria ser corrigido pela inflação do período. Há, ainda, desatualização dos valores de receitas e despesas nas demonstrações de resultado, o que provoca distorções mesmo quando essas receitas e despesas ocorrem de forma homogênea durante o período. Tal distorção impacta o valor final dos impostos a serem pagos.*

1 A questão trata de correção monetária, mas optei por inserir neste capítulo.

CAPÍTULO 16

# AJUSTE ACUMULADO DE CONVERSÃO E AS MUDANÇAS DE TAXA DE CÂMBIO

## 1. INVESTIMENTOS EM MOEDA ESTRANGEIRA

Pode ser em uma Entidade possua investimentos em Entidades em moeda estrangeira. Ou seja, a moeda funcional da Investidora é diferente da moeda funcional da Investida.

**O que seria a Moeda Funcional?**

A moeda funcional é a moeda do ambiente econômico principal na qual a entidade opera e servirá como parâmetro para os procedimentos de mensuração das transações e eventos econômicos da entidade.

Destacam-se os seguintes fatores que identificam a moeda funcional:

1. A que mais influencia os preços de venda de bens e serviços (geralmente é a moeda na qual os preços de venda para seus bens e serviços estão expressos e são liquidados);
2. A do país cujas forças competitivas e regulações mais influenciam na determinação dos preços de venda para seus bens e serviços;
3. A moeda que mais influencia fatores como mão de obra, matéria-prima e outros custos para o fornecimento de bens ou serviços (geralmente é a moeda na qual tais custos estão expressos e são liquidados);
4. A moeda por meio da qual são originados recursos das atividades de financiamento (exemplo: emissão de títulos de dívida ou ações).
5. A moeda por meio da qual os recursos (recebimentos) gerados pelas atividades operacionais são usualmente acumulados.

## 2. O PROBLEMA E A SOLUÇÃO

A conta de **Ajuste Acumulado de Conversão (AAC)** é uma subconta do PL. Ela existe em função de uma peculiaridade: as contas patrimoniais em moeda estrangeira (Ativo, Passivo e PL) e as contas de resultado em moeda estrangeira possuem taxas de conversão distintas.

**Esse é o problema:** caso os elementos distintos utilizassem a mesma taxa de conversão, seria desnecessária a conta AAC, porém essa não é a realidade.

O Quadro 16.1 contém as contas patrimoniais e de resultado e as respectivas taxas de mudança de câmbio.

**Quadro 16.1:** Contas patrimoniais e de resultado e as respectivas taxas de mudança de câmbio

| Conta | Taxa de Mudança de Câmbio |
|---|---|
| Ativo e Passivo. | Taxa Corrente: taxa cambial de fechamento do Balanço. |
| Saldo PL de início do Exercício | Será o Saldo do PL do final do Exercício conforme valor convertido na época. |
| Mutações do PL: pagamento de dividendos, aumentos de capital | Taxa Histórica: taxa cambial da data em que ocorreu a transação. |
| Receitas e Despesas | Taxa Histórica: taxa cambial da data em que ocorreu a transação caso seja possível, ou a taxa média do período quando esse procedimento não trouxer variação relevante à primeira alternativa. |

| Conclusão |
|---|
| Em função do uso de taxas de conversão cambial distintas para contas distintas, faz-se necessário o uso de uma conta de que reúna essa diferença existente. |

| Atenção |
|---|
| Caso as variações cambiais decorrentes de investimento em uma Entidade no exterior resultem em diferenças temporárias para efeitos tributários, deverão ser contabilizadas de acordo com as regras próprias de tributos (CPC 32 - Tributos sobre o Lucro). |

**Chamada 116 do autor:** Ajuste Acumulado de Conversão

## 3. APLICAÇÃO

No caso de avaliação dos investimentos em moeda estrangeira pelo Método da Equivalência Patrimonial, a investidora deve seguir as seguintes etapas.

**Quadro 16.2:** Etapas do processo de conversão das demonstrações contábeis da investida para a moeda funcional da investidora

| Etapas |
|---|
| 1ª Elaboração das demonstrações contábeis da investida na moeda funcional dela, porém com base em normas e procedimentos contábeis adotados pela investidora. |
| 2ª Conversão das demonstrações contábeis para a moeda funcional da investidora. É aqui que surge o Ajuste Acumulado de Conversão na Investida citado no tópico 3. |
| 3ª Reconhecimento do resultado da investida por equivalência patrimonial com base na demonstração do resultado da etapa 2. |
| 4ª Reconhecer ganhos ou perdas cambiais no investimento em conta específica do PL. |
| 5ª Caso seja um investimento em controlada, a investidora deverá consolidar as demonstrações contábeis dessa investida. |

**Simulação 1 – Aplicação do Ajuste Acumulado de Conversão e o Impacto no MEP**

A Cia DELTA MATRIZ criou uma subsidiária integral no exterior, investindo a quantia de 50.000 dólares americanos a título de integralização de capital, sendo que a cotação do dólar, na época, era de R$ 4,50. **No final do exercício, essa subsidiária apresentou um lucro de 10.000 dólares americanos, data em que a cotação do dólar havia aumentado para R$ 4,60 e data que foi reconhecida a receita de equivalência patrimonial.**

O primeiro passo é realizar o reconhecimento inicial pelo câmbio da data da transação, chamada Taxa Histórica (4,5 x $500.000).

**Registro Contábil**

D: Investimentos no exterior (Ativo não Circulante-Investimentos) ........................R$ 225.000
C: Caixa........................................................................................................R$ 225.000

Vejam que houve variação do dólar, para R$ 4,60. Nesta hipótese, ficamos assim na subsidiária:

**Registro Contábil**

**Caixa (Ativo): $ 50.000 x R$ 4,6 (taxa de fechamento) = R$ 230.000**
**Capital Social (PL): $ 50.000 x R$ 4,5 (taxa histórica) = R$ 225.000**

Com a simples conversão da demonstração contábil para os padrões nacionais, houve um ganho de R$ 5.000,00. Esse ganho puramente cambial fica registrado à conta específica do Patrimônio Líquido, chamado de **Ajuste Acumulado de Conversão.**

**Registro Contábil na Investidora – Matriz**

D: Investimentos no exterior (Ativo não Circulante-Investimentos) ........................R$ 5.000
C: Ajuste acumulado de conversão (PL)........................................................R$ 5.000

Unidade Didática III
Avaliação Patrimonial

Por fim, precisa ser reconhecido o resultado do exercício (a equivalência patrimonial). Para isto, deve-se utilizar a taxa da data da transação. Como é subsidiária integral aplica-se participação de 100% sobre o lucro.

Assim, o resultado é de R$ 46.000 ($ 10.000 x 4,60), reconhecido do seguinte modo:

**Registro Contábil na Investidora – Matriz**

D: Investimentos no exterior (Ativo não Circulante-Investimentos)........................R$ 46.000

C: Receita de equivalência patrimonial (Resultado)........................................R$ 46.000

Reunindo os dois lançamentos, tem-se:

**Registro Contábil na Investidora – Matriz**

D Investimentos no exterior (Ativo Não Circulante – Investimento)......................R$ 51.000

C Ajuste de conversão cambial (Patrimônio Líquido)..........................................R$ 5.000

C Receita da equivalência patrimonial (Resultado)...............................................R$ 46.000

Observa-se que ao utilizar a conta **Ajuste Acumulado de Conversão** na subsidiária, haverá o lançamento reflexo na conta **Ajuste Acumulado de Conversão** na matriz.

## Questão de Reforço – ICMS-SC Auditoria e Fiscalização 2018 FCC

A empresa Brasil Investe S.A., cuja moeda funcional é o Real, é controladora da empresa Ronald Corporation, que atua nos Estados Unidos da América e tem como moeda funcional o dólar americano. O Balanço Patrimonial da empresa Ronald Corporation, em 31/12/2017, apresentava os seguintes saldos, expressos em dólar americano:

**Ronald Corporation - Balanço Patrimonial em 31/12/2017**

| Ativo | US$ | Passivo e Patrimônio Líquido | US$ |
|---|---|---|---|
| **Ativo circulante** | **9.300** | **Passivo circulante** | **9.000** |
| Caixa e Equivalentes | 2.000 | Fornecedores | 4.600 |
| Clientes | 4.000 | Impostos a pagar | 2.400 |
| Estoques | 3.300 | Contas a pagar | 2.000 |
| **Ativo não circulante** | **16.500** | **Passivo não circulante** | **4.000** |
| Realizável no longo prazo | 500 | Empréstimos | 4.000 |
| Imobilizado | 11.000 | **Patrimônio Líquido** | **12.800** |
| Intangíveis | 5.000 | Capital | 10.000 |
| | | Reservas de Lucros | 2.800 |
| **Total do Ativo** | **25.800** | **Total do Passivo e Patrimônio Líquido** | **25.800** |

O resultado líquido obtido em 2017 pela empresa Ronald Corporation, após a conversão para a moeda funcional da empresa brasileira, foi R$ 5.940,00, e a conta Reservas de Lucros da empresa, em 31/12/2016, convertida para reais, apresentava o saldo de R$ 3.360,00. As seguintes informações adicionais são conhecidas: – Os Estoques foram adquiridos em 31/10/2017. – O Capital foi integralizado em 31/12/2014. As cotações do dólar para diversas datas são as seguintes:

| Data | Cotação do dólar (em R$) |
|---|---|
| 31/12/2014 | 3,00 |
| 31/12/2016 | 3,20 |
| 31/10/2017 | 3,50 |
| 31/12/2017 | 4,00 |
| Média de 2017 | 3,30 |

Após a conversão do Balanço Patrimonial da empresa Ronald Corporation para reais, o:

A) Capital Social é R$ 40.000,00.

B) total dos Ajustes Acumulados de Conversão é R$ 10.250,00.

C) Patrimônio Líquido é R$ 39.300,00.

D) total dos Ajustes Acumulados de Conversão é R$ 11.900,00.

E) total do Ativo é R$ 85.140,00.

Solução

Deve ser feita a conversão do Balanço considerando a metodologia a seguir:

**-Ativo e Passivo – taxa de fechamento;**

**-Capital Social e Reservas – taxa histórica**

**-Resultado do Exercício – taxa da data da transação ou taxa média.**

Nesta questão, a banca já forneceu o valor em Reais para a conta Reserva de Lucros e o Resultado do Exercício.

**Dados iniciais:**

| Item | Valor em $ | Taxa | Conversão em R$ |
|---|---|---|---|
| **Ativo** | **25.800** | **4,00** | **103.200** |
| **Passivo** | **13.000** | **4,00** | **52.000** |

Pela equação fundamental da Contabilidade (Ativo = Passivo + PL), calcula-se que o valor do PL em reais deve ser de R$ 51.200 (103.200-52.000).

O Capital Social foi integralizado em 31/12/2004, quando a taxa do dólar era de $ 3,00 reais. Capital Social = US$ 10.000 x R$ 3,00 = R$ 30.000.

A Reserva de Lucro já convertida é de R$ 3.360 e o Resultado do Exercício é de R$ 5.940.

Fazendo o caminho inverso do PL para os demais itens, tem-se:

PL = Capital + Reserva + Resultado + Ajuste Acumulado de Conversão →

R$51.200 = R$30.000 + R$ 3.360 + R$ 5.940 + AAC →

AAC = R$11.900.

Gabarito: **D**

Unidade Didática III
Avaliação Patrimonial

## 4. QUESTÃO DISCURSIVA

### 1ª Questão (TCE-AC Auditor de Controle Externo – Contador – 2024 – CEBRASPE)

Com base na Norma Brasileira de Contabilidade (NBC TG 02), explique o processo de contabilização das variações cambiais. Em seu texto, atenda ao que se pede a seguir.

1 Descreva como a variação cambial afeta os ativos e passivos de uma entidade. [valor: 7,00 pontos]

2 Detalhe os procedimentos contábeis para registrar a variação cambial, incluindo a reavaliação de ativos e passivos em moeda estrangeira e o reconhecimento de ganhos e perdas cambiais. [valor: 7,25 pontos]

### Resolução da Questão

A variação cambial ocorre devido às flutuações nas taxas de câmbio entre a moeda funcional da empresa e as moedas estrangeiras. Essas variações podem resultar em ganhos ou perdas cambiais, de acordo com a valorização ou desvalorização da moeda estrangeira em relação à moeda funcional.

Nas demonstrações financeiras, a variação cambial afeta diretamente os ativos e passivos denominados em moeda estrangeira. Por exemplo, contas a receber e a pagar, empréstimos e investimentos em moeda estrangeira precisam ser reavaliados à taxa de câmbio vigente na data do balanço. Essa reavaliação pode resultar em ajustes significativos no valor contábil desses itens.

Os procedimentos contábeis para registrar a variação cambial incluem a reavaliação dos ativos e passivos em moeda estrangeira à taxa de câmbio da data do balanço. As diferenças resultantes dessa reavaliação são reconhecidas como ganhos ou perdas cambiais no resultado do exercício. É essencial seguir as diretrizes da NBC TG 02 para garantir a correta contabilização e a transparência das demonstrações financeiras.

Portanto, a correta contabilização da variação cambial é fundamental para refletir a real situação financeira da empresa, permitindo uma avaliação precisa dos seus resultados e facilitando a tomada de decisões estratégicas.

A variação cambial poderá ser positiva ou negativa. O registro da variação cambial de um ativo financeiro, por exemplo, ocorrerá no momento de realização daquele item patrimonial a débito da conta de ativo e a crédito de conta específica de variação cambial. A variação cambial passiva, por sua vez, implica incremento de passivo por desvalorização da moeda corrente e valorização da moeda indexada; nesse caso, há o débito na conta de variação cambial e o crédito na conta de passivo. A confrontação de saldos em conta única de variação cambial proporcionará, ao final, ganho ou perda cambial no resultado do exercício. Caso sejam adotadas duas contas, uma de variação cambial ativa e outra de variação cambial passiva, os seus saldos poderão compor a demonstração do resultado do exercício, que, em seu turno, evidenciará a confrontação de saldos e apresentará o ganho ou a perda decorrente de variação cambial.

# CAPÍTULO 17

# PROVISÃO, PASSIVO CONTINGENTE E ATIVO CONTINGENTE

## 1. PROVISÃO

Provisão é passivo de prazo ou valor incertos. Uma provisão deve ser reconhecida quando: (i) a entidade tem uma obrigação presente (legal ou não formalizada) como resultado de evento passado; (ii) seja provável que será necessária uma saída de recursos que incorporam benefícios econômicos para liquidar a obrigação; e (iii) possa ser feita uma estimativa confiável do valor da obrigação. Se essas condições não forem satisfeitas, nenhuma provisão deve ser reconhecida.

**Figura 17.1:** Tripé conceitual para reconhecimento de uma Provisão – **Regra dos 3Ps**

**Considera-se provável**[1] **quando** a chance de ocorrer é maior que não ocorrer, ou seja, **maior que 50% de probabilidade de ocorrência.**

**Chamada 117 do autor:** Tripé Conceitual da Provisão – Regra dos 3Ps

**Quadro 17.1:** Provisões **versus** passivos derivados de apropriações por competência (*accruals*)

| Provisões | Passivos derivados de apropriações por competência (accruals) |
|---|---|
| Há incerteza sobre o prazo ou o valor do desembolso futuro necessário para a sua liquidação. | São passivos a pagar por bens ou serviços fornecidos ou recebidos, mas que não tenham sido pagos, faturados ou formalmente acordados com o fornecedor, incluindo valores devidos a empregados. **Embora algumas vezes seja necessário estimar o valor ou prazo desses passivos, a incerteza é geralmente muito menor do que nas provisões.** |
| São divulgadas separadamente. | São frequentemente divulgados como parte das contas a pagar. |
| Provisão: Fiscal, Cível. | Férias, 13° salário. |

**Chamada 118 do autor:** Provisão versus *Accruals*

O Quadro 17.2 contém o detalhamento conceitual de cada componente da provisão à luz do CPC 25.

1 A definição de provável do CPC 25 de "mais provável que sim do que não de ocorrer" não necessariamente se aplica a outros pronunciamentos.

## Quadro 17.2: Detalhamento conceitual da Provisão

| | |
|---|---|
| Obrigação presente | Em casos raros não é claro se existe ou não uma obrigação presente. Nesses casos, **presume-se que um evento passado dá origem a uma obrigação presente se**, considerando toda a evidência disponível, **é mais provável que sim do que não que existe uma obrigação presente na data do balanço.** |
| | Em quase todos os casos será claro se um evento passado deu origem a uma obrigação presente. Em casos raros – como em um processo judicial, por exemplo –, pode-se discutir tanto se certos eventos ocorreram quanto se esses eventos resultaram em uma obrigação presente. A evidência considerada inclui qualquer evidência adicional proporcionada por eventos após a data do balanço. Com base em tal evidência:<br>(a) **quando for mais provável que sim do que não que existe uma obrigação presente na data do balanço,** a entidade deve reconhecer a provisão (se os critérios de reconhecimento forem satisfeitos); e<br>(b) **quando for mais provável que não existe uma obrigação presente na data do balanço,** a entidade divulga um passivo contingente, a menos que seja remota a possibilidade de uma saída de recursos que incorporam benefícios econômicos. |
| Evento passado | Um evento passado que conduz a uma obrigação presente é chamado de um evento que cria obrigação. Para um evento ser um evento que cria obrigação, **é necessário que a entidade não tenha qualquer alternativa realista senão liquidar a obrigação criada pelo** evento. Esse é o caso somente:<br>**1.** Quando a liquidação da obrigação pode ser imposta legalmente; **ou**<br>**2.** No caso de obrigação não formalizada, quando o evento (que pode ser uma ação da entidade) cria expectativas válidas em terceiros de que a entidade cumprirá a obrigação. |
| | **Nenhuma provisão é reconhecida para despesas que necessitam** ser incorridas para operar no futuro. Os únicos passivos reconhecidos no balanço da entidade são os que já existem na data do balanço. |
| | Uma obrigação envolve sempre outra parte a quem se deve a obrigação. **Não é necessário, porém, saber a identidade da parte a quem se deve a obrigação.** |
| Saída provável de recursos que incorporam benefícios econômicos | Uma saída de recursos ou outro evento é considerado como provável se o evento for mais provável que sim do que não de ocorrer, isto é, se a probabilidade de que o evento ocorrerá for maior que a probabilidade de isso não acontecer. Quando não for provável que exista uma obrigação presente, a entidade divulga um passivo contingente, a menos que a possibilidade de saída de recursos que incorporam benefícios econômicos seja remota. |
| | Embora possa ser pequena a probabilidade de uma saída de recursos para qualquer item isoladamente, pode ser provável que alguma saída de recursos ocorra para o tipo de obrigação. Se esse for o caso, uma provisão é reconhecida (se os outros critérios para reconhecimento forem atendidos). |

| Estimativa confiável da obrigação | Exceto em casos extremamente raros, a entidade pode determinar um conjunto de desfechos possíveis e, dessa forma, fazer uma estimativa da obrigação que seja suficientemente confiável para ser usada no reconhecimento da provisão. |
|---|---|
| | Nos casos extremamente raros em que nenhuma estimativa confiável possa ser feita, existe um passivo que não pode ser reconhecido. Esse passivo é divulgado como passivo contingente, exceto se for remoto. |

## 1.1. Mensuração da Provisão

O **valor reconhecido como provisão** deve ser **a melhor estimativa do desembolso exigido para liquidar a obrigação presente na data do balanço.**

**A melhor estimativa do desembolso exigido para liquidar a obrigação presente** é o valor que a entidade racionalmente pagaria para liquidar a obrigação na data do balanço ou para transferi-la para terceiros nesse momento. É muitas vezes impossível ou proibitivamente dispendioso liquidar ou transferir a obrigação na data do balanço. Porém, a estimativa do valor que a entidade racionalmente pagaria para liquidar ou transferir a obrigação produz a melhor estimativa do desembolso exigido para liquidar a obrigação presente na data do balanço.

| Método Valor Esperado |
|---|
| Quando a provisão a ser mensurada envolve uma grande população de itens, a obrigação deve ser estimada ponderando-se todos os possíveis desfechos pelas suas probabilidades associadas. O nome para esse método estatístico de estimativa é "valor esperado". Portanto, a provisão será diferente dependendo de a probabilidade da perda de um dado valor ser, por exemplo, de 60 por cento ou de 90 por cento. Quando houver uma escala contínua de desfechos possíveis, e cada ponto nessa escala é tão provável como qualquer outro, é usado o ponto médio da escala. |

A provisão deve ser mensurada antes dos impostos.

| Simulação 01: Aplicação do Valor Esperado extraído do CPC 25 |
|---|
| A entidade vende bens com uma garantia segundo a qual os clientes estão cobertos pelo custo da reparação de qualquer defeito de fabricação que se tornar evidente dentro dos primeiros seis meses após a compra. Se forem detectados defeitos menores em todos os produtos vendidos, a entidade irá incorrer em custos de reparação de 1 milhão. Se forem detectados defeitos maiores em todos os produtos vendidos, a entidade irá incorrer em custos de reparação de 4 milhões. A experiência passada da entidade e as expectativas futuras indicam que, para o próximo ano, 75 % dos bens vendidos não terão defeito, 20% dos bens vendidos terão defeitos menores e 5% dos bens vendidos terão defeitos maiores. A entidade avalia a probabilidade de uma saída para as obrigações de garantias como um todo.<br>**O valor esperado do custo das reparações é: (75% x 0) + (20% x $ 1 milhão) + (5% de $ 4 milhões) = $ 400.000.** |

**Chamada 119 do autor:** Método do Valor Esperado para Provisões

### Risco e incerteza

O risco descreve a variabilidade de desfechos. Uma nova avaliação do risco pode aumentar o valor pelo qual um passivo é mensurado. **É preciso ter cuidado ao realizar julgamentos em condições de incerteza,** para que as receitas ou ativos não sejam superavaliados e as despesas ou passivos não sejam subavaliados. Porém, **a incerteza não justifica a criação de provisões excessivas ou uma superavaliação deliberada de passivos.** Por exemplo, se os custos projetados de desfecho particularmente adverso forem estimados em base conservadora, então esse desfecho não é deliberadamente tratado como sendo mais provável do que a situação realística do caso. **É necessário cuidado para evitar duplicar ajustes de risco e incerteza com a consequente superavaliação da provisão.**

### Valor presente

**1.** Quando o efeito do valor do dinheiro no tempo é material, o valor da provisão deve ser o valor presente dos desembolsos que se espera que sejam exigidos para liquidar a obrigação.

**2.** Em virtude do valor do dinheiro no tempo, as provisões relacionadas com saídas de caixa que surgem logo após a data do balanço são mais onerosas do que aquelas em que as saídas de caixa de mesmo valor surgem mais tarde. Em função disso, as provisões são descontadas, quando o efeito é material.

**3.** A taxa de desconto deve ser a taxa antes dos impostos que reflita as atuais avaliações de mercado quanto ao valor do dinheiro no tempo e os riscos específicos para o passivo. A taxa de desconto não deve refletir os riscos relativamente aos quais as estimativas de fluxos de caixa futuros tenham sido ajustadas.

### Evento futuro

**1.** Os eventos futuros que possam afetar o valor necessário para liquidar a obrigação devem ser refletidos no valor da provisão quando houver evidência objetiva suficiente de que eles ocorrerão.

**2.** Os eventos futuros esperados podem ser particularmente importantes ao mensurar as provisões. **Por exemplo, a entidade pode acreditar que o custo de limpar um local no fim da sua vida útil será reduzido em função de mudanças tecnológicas futuras.** O valor reconhecido reflete uma expectativa razoável de observadores tecnicamente qualificados e objetivos, tendo em vista toda a evidência disponível quanto à tecnologia que estará disponível no momento da limpeza. Portanto, **é apropriado incluir, por exemplo, reduções de custo esperadas associadas com experiência desenvolvida na aplicação de tecnologia existente ou o custo esperado de aplicação da tecnologia existente a uma operação de limpeza maior ou mais complexa da que previamente tenha sido considerada.** Porém, a entidade não deve antecipar o desenvolvimento da tecnologia completamente nova de limpeza a menos que isso seja apoiado por evidência objetiva suficiente.

**3. O efeito de possível legislação nova deve ser considerado na mensuração da obrigação existente quando existe evidência objetiva suficiente de que a promulgação da lei é praticamente certa.** A variedade de circunstâncias que surgem na prática torna impossível especificar um evento único que proporcionará evidência objetiva suficiente em todos os casos. Exige-se evidência do que a legislação vai exigir e também de que a sua promulgação e a sua implementação são praticamente certas. **Em muitos casos, não existe evidência objetiva suficiente até que a nova legislação seja promulgada.**

| Alienação esperada de ativo |
|---|
| **1.** Os ganhos da alienação esperada de ativos não devem ser considerados ao mensurar a provisão. |
| **2.** Os ganhos na alienação esperada de ativos não devem ser considerados ao mensurar a provisão, mesmo se a alienação esperada estiver intimamente ligada ao evento que dá origem à provisão. Em vez disso, a entidade deve reconhecer ganhos nas alienações esperadas de ativos no momento determinado pelo Pronunciamento Técnico que trata dos respectivos ativos. |

| Reembolso → Inclui "Direito de Regresso" contra quem deu causa a provisão |
|---|
| **1.** Quando se espera que algum ou todos os desembolsos necessários para liquidar uma provisão sejam reembolsados por outra parte, o reembolso deve ser reconhecido quando, e somente quando, for praticamente certo que o reembolso será recebido se a entidade liquidar a obrigação. O reembolso deve ser tratado como ativo separado. O valor reconhecido para o reembolso não deve ultrapassar o valor da provisão. |
| 2. Na demonstração do resultado, a despesa relativa a uma provisão pode ser apresentada líquida do valor reconhecido de reembolso. |
| 3. Algumas vezes, a entidade pode esperar que outra parte pague parte ou todo o desembolso necessário para liquidar a provisão (por exemplo, por intermédio de contratos de seguro, cláusulas de indenização ou garantias de fornecedores). A outra parte pode reembolsar valores pagos pela entidade ou pagar diretamente os valores. |
| 4. Na maioria dos casos, a entidade permanece comprometida pela totalidade do valor em questão de forma que a entidade teria que liquidar o valor inteiro se a terceira parte deixasse de efetuar o pagamento por qualquer razão. Nessa situação, é reconhecida uma provisão para o valor inteiro do passivo e é reconhecido um ativo separado pelo reembolso esperado, desde que seu recebimento seja praticamente certo se a entidade liquidar o passivo. |
| 5. Se entidade não está comprometida pelos custos em questão se a terceira parte deixar de efetuar o pagamento. Nesse caso, a entidade não tem nenhum passivo relativo a esses custos, não sendo assim incluídos na provisão. Neste caso seria passivo contingente. |

## 2. PASSIVO CONTINGENTE

Diferente da Provisão, o Passivo Contingente não é reconhecido como um Passivo.

| Passivo contingente é: |
|---|
| uma **obrigação possível** que resulta de eventos passados e cuja existência será confirmada apenas pela ocorrência, ou não, de um ou mais eventos futuros incertos não totalmente sob controle da entidade |
| **ou** |
| o valor da obrigação **não pode ser mensurado com suficiente confiabilidade** |

Quando a entidade for conjunta e solidariamente responsável por obrigação, a parte da obrigação que se espera que as outras partes liquidem é tratada como passivo contingente. A entidade reconhece a provisão para a parte da obrigação para a qual é provável uma saída de recursos que incorporam benefícios econômicos, exceto em circunstâncias extremamente raras em que nenhuma estimativa suficientemente confiável possa ser feita (ver item 12 da simulação 02).

Os passivos contingentes podem desenvolver-se de maneira não inicialmente esperada. Por isso, são periodicamente avaliados para determinar se uma saída de recursos que incorporam benefícios econômicos se tornou provável. **Se for provável que uma saída de benefícios econômicos futuros será exigida para um item previamente tratado como passivo contingente, a provisão deve ser reconhecida nas demonstrações contábeis do período no qual ocorre a mudança na estimativa da probabilidade** (exceto em circunstâncias extremamente raras em que nenhuma estimativa suficientemente confiável possa ser feita).

A **menos que seja remota** a possibilidade de ocorrer qualquer desembolso na liquidação, a entidade deve divulgar, para cada classe de passivo contingente na data do balanço, uma breve descrição da natureza do passivo contingente e, quando praticável:

(a) a estimativa do seu efeito financeiro;

(b) a indicação das incertezas relacionadas ao valor ou momento de ocorrência de qualquer saída; e

(c) a possibilidade de qualquer reembolso.



**Quadro 17.3:** Tratamento dado às Provisões e Passivos Contingentes

| Obrigação | Probabilidade de Saída de Recursos | Probabilidade de Estimativa confiável do Valor | Classificação | Evidenciação |
|---|---|---|---|---|
| **Presente** | **Provável** | **Possível** | **Provisão** | **Balanço Patrimonial** e Notas Explicativas |
| Presente | Provável | **Não possível** | Passivo Contingente | Notas Explicativas |
| **Possível** | Provável | Possível | Passivo Contingente | Notas Explicativas |
| Presente | **Pouco provável** | Possível ou não possível | Passivo Contingente | Notas Explicativas |
| Presente | **Remota** | Possível ou não possível | Passivo Contingente | **Não é divulgado** |

**Chamada 120 do autor:** Evidenciação de Provisões e Passivos Contingentes

| Simulação 02: Casos hipotéticos adaptados do CPC 25 | | |
|---|---|---|
| **Hipótese** | **Descrição** | **Categorização** |
| 1 | Férias e 13º salário. | Reconhece o Passivo derivados de apropriações por competência (*accruals*). |
| 2 | As penalidades ou os custos de limpeza de danos ambientais ilegais. | Reconhece a Provisão. |
| 3 | Os custos de descontinuidade de poço de petróleo ou de central elétrica nuclear. | Reconhece a Provisão na medida em que a entidade é obrigada a retificar danos já causados. |
| 4 | Devido a pressões comerciais ou exigências legais, a entidade pode pretender ou precisar efetuar gastos para operar de forma particular no futuro (por exemplo, montando filtros de fumaça em certo tipo de fábrica). | Dado que a entidade pode evitar os gastos futuros pelas suas próprias ações, por exemplo, alterando o seu modo de operar, ela não tem nenhuma obrigação presente relativamente a esse gasto futuro e nenhuma provisão é reconhecida. |
| 5 | Danos ambientais em que pode não haver obrigação para remediar as consequências, mas que a Entidade por meio de uma declaração específica informa que irá remediar (obrigação não formalizada). | Reconhece a Provisão. |
| 6 | Nova legislação que impactará a empresa por danos ambientais pretéritos. Fase de formulação da proposta legal. | Não satisfaz à definição de passivo. |
| 7 | Nova legislação que impactará a empresa por danos ambientais pretéritos. Quando for praticamente certo que a legislação será promulgada conforme a minuta divulgada. | Reconhece a Provisão. |
| 8 | Perdas operacionais futuras. | Não satisfaz à definição de passivo. |
| 9 | Contratos (por exemplo, algumas ordens de compra de rotina) que podem ser cancelados sem pagar compensação à outra parte e, portanto, não há obrigação. | Não satisfaz à definição de passivo. |
| 10 | Contrato oneroso[2] | Reconhece a Provisão. |

[2] Contrato oneroso é um contrato em que os custos inevitáveis de satisfazer as obrigações do contrato excedem os benefícios econômicos que se esperam sejam recebidos ao longo do mesmo contrato.

<table>
<tr>
<td>11</td>
<td>Reestruturação[3]. Exemplos:<br>(a) venda ou extinção de linha de negócios;<br>(b) fechamento de locais de negócios de um país ou região ou a realocação das atividades de negócios de um país ou região para outro;<br>(c) mudanças na estrutura da administração, por exemplo, eliminação de um nível de gerência; e<br>(d) reorganizações fundamentais que tenham efeito material na natureza e no foco das operações da entidade.<br>Aceita também obrigações não formalizadas[4].</td>
<td>Uma provisão para custos de reestruturação deve ser reconhecida somente quando são cumpridos os critérios gerais de reconhecimento de provisões.
<table>
<tr><th>Inclui apenas os desembolsos diretos decorrentes da reestruturação, que simultaneamente sejam:</th><th>Não inclui custos como:</th></tr>
<tr><td>(a) necessariamente ocasionados pela reestruturação; e<br>(b) não associados às atividades em andamento da entidade.</td><td>(a) novo treinamento ou remanejamento da equipe permanente.<br>(b) marketing.<br>(c) investimento em novos sistemas e redes de distribuição.<br>(d) Perdas operacionais futuras, identificáveis até a data da reestruturação não devem ser incluídas em uma provisão, a menos que se relacionem a contrato oneroso.</td></tr>
</table>
</td>
</tr>
<tr>
<td>12</td>
<td>Quando a entidade for conjunta e solidariamente responsável por obrigação (Cia ALFA pretende pagar 50%, Cia BRAVO e CHARLIE 25% cada).</td>
<td>
<table>
<tr><th>ALFA</th><th>BRAVO</th><th>CHARLIE</th></tr>
<tr><td>Provisão de 50%<br>Passivo Contingente de 50%</td><td>Provisão de 25%<br>Passivo Contingente de 75%</td><td>Provisão de 25%<br>Passivo Contingente de 75%</td></tr>
</table>
</td>
</tr>
</table>

3 Reestruturação é um programa planejado e controlado pela administração e que altera materialmente: (a) o âmbito de um negócio empreendido por entidade; ou (b) a maneira como o negócio é conduzido.

4 Uma obrigação não formalizada para reestruturação surge somente quando a entidade: (a) tiver um plano formal detalhado para a reestruturação, identificando pelo menos: (i) o negócio ou parte do negócio em questão, (ii) os principais locais afetados, (iii) o local, as funções e o número aproximado de empregados que serão incentivados financeiramente a se demitir,(iv) os desembolsos que serão efetuados; e (v) quando o plano será implantado; e (b) tiver criado expectativa válida naqueles que serão afetados pela reestruturação, seja ao começar a implantação desse plano ou ao anunciar as suas principais características para aqueles afetados pela reestruturação.

## 3. ATIVO CONTINGENTE

Ativo contingente é um ativo possível que resulta de eventos passados e cuja existência será confirmada apenas pela ocorrência, ou não, de um ou mais eventos futuros incertos não totalmente sob controle da entidade.

A entidade não deve reconhecer um ativo contingente. **O Ativo Contingente não é reconhecido como um Ativo.**

Os ativos contingentes surgem normalmente de evento não planejado ou de outros não esperados que dão origem à possibilidade de entrada de benefícios econômicos para a entidade. **Um exemplo é uma reivindicação que a entidade esteja reclamando por meio de processos legais, em que o desfecho seja incerto.**

Os ativos contingentes não são reconhecidos nas demonstrações contábeis, uma vez que pode tratar-se de resultado que nunca venha a ser realizado. Porém, **quando a realização do ganho é praticamente certa, então o ativo relacionado não é um ativo contingente e o seu reconhecimento é adequado.**

O ativo contingente é divulgado, quando for provável a entrada de benefícios econômicos. Neste caso, a entidade deve divulgar breve descrição da natureza dos ativos contingentes na data do balanço e, quando praticável, uma estimativa dos seus efeitos financeiros.

**Quadro 17.4:** Tratamento dado aos Ativos Contingentes

| Probabilidade de Ingresso de Recursos | Classificação | Evidenciação |
|---|---|---|
| Certeza | Ativo | **Balanço Patrimonial** e Notas Explicativas |
| Praticamente certa | Ativo | **Balanço Patrimonial** e Notas Explicativas |
| Provável | Ativo Contingente | Notas Explicativas |
| Pouco provável | Ativo Contingente | Notas Explicativas |
| Remota | Ativo Contingente | **Não é divulgado** |

**Questão de Reforço – CGE-PB – Auditor Contábil e Finanças Públicas 2024 FGV Adaptada**

Uma empresa apresentou cinco processos trabalhistas, da mesma natureza, julgados contra ela por juízes diferentes, em que há chances de pagamentos das indenizações reclamadas. A probabilidade de ocorrência dos desembolsos futuros é dada pela tabela a seguir.

| Processos | Desembolso | Probalidade de ocorrência |
|---|---|---|
| A | R$ 50.000 | 75% |
| B | R$ 70.000 | 15% |
| C | R$ 20.000 | 80% |
| D | R$ 100.000 | 75% |
| E | R$60.000 | 20% |

Considerando-se as informações apresentadas, será necessário o reconhecimento do(a):

(A) passivo contingente no valor de R$ 22.500;

(B) provisão no valor de R$ 30.200;

(C) passivo contingente no valor de R$ 60.000;

(D) provisão no valor de R$ 170.000;

(E) provisão no valor de R$ 151.000.

**Solução**

Assim, são provisões A, C e D: 170.000. E são passivos contingentes B e E: 130.000.

Gabarito: **D**

# 4. LISTA DE QUESTÕES DISCURSIVAS

## 1ª Questão (TRT 8ª Região Analista Judiciário 2016 CEBRASPE)

Em novembro de 2015, a Cia. Alfa abriu um processo contra a concorrente Cia. Beta, alegando ter sido prejudicada por ela, que teria usado de concorrência desleal para derrubar os preços dos produtos. A Cia. Alfa requereu judicialmente uma indenização de R$ 2 milhões. Antes do fechamento do balanço patrimonial de 2015, a Cia. Beta reuniu sua diretoria para discutir essa questão e avaliar como esse processo afetaria suas contas. O contador da empresa lembrou que a primeira audiência estava marcada para o próximo ano e que o reconhecimento contábil desse valor impactaria os resultados de 2015. O contador, então, solicitou um parecer jurídico que avaliasse a possibilidade de a Cia. Beta perder a causa e pagar a indenização. O setor jurídico declarou que a saída de recursos para o pagamento da indenização exigida era menos que provável, embora não fosse remota. O diretor solicitou, então, que o contador explicasse qual deveria ser o procedimento contábil a ser adotado para resolver essa questão.

Na condição de contador da Cia. Beta responsável pelo estudo do caso hipotético acima descrito, redija um texto dissertativo composto das seguintes partes:

- Introdução que apresente os conceitos de provisão e de passivo contingente;
- Estudo de mérito, com esclarecimentos a respeito:
- Enquadramento do caso: indenização solicitada pela Cia. Alfa;
- Da necessidade de reconhecimento, ou não;
- Da necessidade de evidenciação, ou não.

Extensão máxima: **20 linhas**

### Resolução da Questão

Provisão é um passivo de prazo ou valor incerto. Enquanto passivo contingente é uma obrigação presente cuja existência somente será confirmada pela ocorrência de eventos incertos, fora do controle da entidade. O passivo contingente pode ser definido ainda como uma obrigação possível que não pode ser mensurada com confiabilidade e que não seja provável de ocorrer (probabilidade mais para não do que para sim).

No caso apresentado, o contador, após parecer jurídico, concluiu que a probabilidade de saída de recursos é apenas possível, mas não remota. Trata-se de um passivo contingente com probabilidade de saída possível, pois para ser provisão deveria ter probabilidade provável (acima de 50%).

Um passivo contingente não deve ser reconhecido nas Demonstrações Contábeis.

Um passivo contingente dessa natureza (probabilidade possível) deve ser evidenciado nas Notas Explicativas, se fosse probabilidade remota não seria evidenciado em Notas Explicativas.

## 2ª Questão (Prefeitura de Teresina Auditor de Tributos 2016 FCC)

Considere a seguinte demonstração contábil apresentada pela Cia. Violeta no final de 2015:

**Balanço Patrimonial** (valores em R$)

| Ativo | 31/12/14 | 31/12/15 | Passivo | 31/12/14 | 31/12/15 |
|---|---|---|---|---|---|
| **Ativo Circulante** | 300.000 | 360.000 | **Passivo Circulante** | 250.000 | 150.000 |
| Disponível | 160.000 | 150.000 | Fornecedores | 250.000 | 150.000 |
| Duplicatas a Receber | 140.000 | 210.000 | | | |
| | | | **Passivo Não Circulante** | 100.000 | 150.000 |
| **Ativo Não Circulante** | 550.000 | 540.000 | Provisões | 100.000 | 150.000 |
| Investimentos | 250.000 | 260.000 | | | |
| Imobilizado | | | **Patrimônio Líquido** | 500.000 | 600.000 |
| Veículos | 300.000 | 300.000 | Capital Social | 400.000 | 400.000 |
| Deprec. Acumulada | | (20.000) | Reservas de Lucros | 100.000 | 200.000 |
| **Total Ativo** | 850.000 | 900.000 | **Total Passivo + PL** | 850.000 | 900.000 |

Os Auditores da Cia. Violeta, ao analisarem as demonstrações contábeis da empresa, apresentaram as seguintes informações:

I. Em relação aos processos judiciais em andamento, em 31/12/2015:

| Nº do Processo | Provisão Reconhecida em 31/12/2014 | Probabilidade de Perda em 31/12/2015 | Valor Reestimado da Perda em 31/12/2015 |
|---|---|---|---|
| 1 | R$ 90.000,00 | Provável | R$ 80.000,00 |
| 2 | R$ 0,00 | Provável | R$ 30.000,00 |
| 3 | R$ 10.000,00 | Possível | R$ 40.000,00 |
| 4 | R$ 0,00 | Remota | R$ 20.000,00 |

II. Em relação aos Veículos, em 31/12/2015:

- Valor Justo Líquido das Despesas de Venda: R$ 210.000,00
- Valor em Uso: R$ 250.000,00

Com base nessas informações, considerando que a auditoria externa deve fazer recomendações sobre as informações que estão evidenciadas no Balanço Patrimonial, pede-se:

a. Quais alterações a auditoria deve indicar para serem promovidas no Balanço Patrimonial? Justifique sua resposta.

b. Em quanto o total do Ativo e do Passivo serão alterados? Apresente os cálculos que fundamentem sua resposta.

c. Quais os impactos dessas alterações no Resultado de 2015? Justifique sua resposta.

Extensão máxima: **30 linhas**

## Resolução da Questão

Quanto ao item "a", a auditoria deve indicar as seguintes alterações no balanço patrimonial da Cia. Violeta:

As provisões só devem ser reconhecidas quando a probabilidade de perda for provável. Por isso, o saldo da conta provisões, em 31/12/2015, está incorreto. Os processos 1 e 2 devem ser mantidos, enquanto os processos 3 e 4 desreconhecidos do Passivo. Assim, devem ser excluídos do passivo R$ 10 mil por esse desconhecimento. Além, disso os processos 1 e 2 devem ter seus valores ajustados em função da nova estimativa. O valor deve ser ajustado de R$ 90 mil para R$ 110 mil.

Quanto aos veículos, observa-se que o valor contábil está evidenciado por R$ 280 mil (valor contábil deduzido da depreciação acumulada). Contudo, foi aplicado um teste de recuperabilidade que ensejará a alteração. O valor recuperável é o maior valor entre: (i) valor justo líquido das despesas de venda (R$ 210 mil) e (ii) valor em uso (R$ 250 mil); logo o valor recuperável é de 250 mil. Comparando o valor o contábil com o valor justo, aplica-se uma redução ao valor recuperável de R$ 30 mil.

Quanto ao item "b", o total do ativo será reduzido em R$ 30 mil (280 mil - 250 mil) em virtude do reconhecimento da despesa por "impairment"; enquanto o Passivo será aumentado em R$ 10 mil gerando uma despesa por provisão (redução de 10 mil em função do desreconhecimento da provisão do processo 3; e aumento de 20 em função do ajuste do valor de 90 mil para 110 mil referentes aos processos 1 e 2).

Quanto ao item "c", em função da despesa por "impairment" de R$ 30 mil e a despesa por provisão de R$ 10 mil, o resultado foi reduzido em R$ 40 mil (prejuízos acumulados).

## 3ª Questão (TCE-RJ Analista de Controle Externo Ciências Contábeis 2020 CEBRASPE)

Um cliente de determinada companhia aberta moveu ação de indenização por danos morais e materiais contra essa empresa. O processo encontra-se pendente de julgamento, havendo incertezas em relação ao desfecho do litígio.

Considerando essa situação hipotética e os pronunciamentos técnicos do Comitê de Pronunciamentos Contábeis (CPC), redija um texto dissertativo acerca dos procedimentos contábeis a serem aplicados pelo contador para que os usuários das demonstrações contábeis possam avaliar a natureza e os efeitos contábeis dos riscos envolvidos em processos judiciais dessa natureza.

Em seu texto,

1 apresente os elementos das demonstrações contábeis que podem ser objeto de reconhecimento em função da situação hipotética apresentada; [valor: 5,00 pontos]

2 informe as condições que devem ser satisfeitas para o reconhecimento dos referidos elementos nas demonstrações contábeis da companhia aberta, comentando como a situação hipotética se relaciona com cada uma dessas condições; [valor: 8,00 pontos]

3 discorra sobre como a probabilidade de ocorrência de desembolso no futuro pela companhia aberta poderá influenciar o tratamento contábil a ser dado à situação apresentada. [valor: 6,00 pontos]

Extensão máxima: **30 linhas**

## Resolução da Questão

O contador terá que avaliar a necessidade de reconhecimento de uma provisão passiva para o caso em questão. Caso seja justificável o reconhecimento dessa provisão, os elementos das demonstrações contábeis que estarão envolvidos no registro serão os seguintes: a despesa e o passivo. Caso a situação hipotética configure um passivo contingente, o contador não deve reconhecê-lo contabilmente.

Segundo o Pronunciamento Técnico CPC 25 (Provisões, Passivos Contingentes e Ativos Contingentes), para que se possa reconhecer uma obrigação na forma de provisão, três condições precisam ser satisfeitas: (i) a entidade deve ter uma obrigação presente (legal ou não formalizada) como resultado de evento passado; (ii) deve ser provável que seja necessária uma saída de recursos que incorporem benefícios econômicos para liquidar a obrigação; e (iii) deve existir a possibilidade de ser feita uma estimativa confiável do valor da obrigação No caso de processos judiciais, como o apresentado na situação hipotética, para avaliar a existência de obrigação presente, deve-se recorrer à opinião de peritos, que analisarão se a probabilidade de perda da ação é maior que 50% (quando é mais provável que sim do que não que existe uma obrigação presente na data do balanço). Se for esse o caso estará configurada uma obrigação presente.

O evento passado, na situação hipotética, decorre do descumprimento de um contrato por parte da companhia aberta ou de uma ação contra a referida empresa em virtude de ela ter causado danos morais e materiais a terceiros.

Na situação hipotética, não restam dúvidas de que a perda da ação resultará em saída de recursos financeiros para pagamento dessa indenização. A estimativa de valor pode ser feita a partir do montante que os advogados costumam estabelecer para cada causa ou com base em outras decisões judiciais tomadas para situações similares. Assim, se todos esses elementos forem confirmados pelos peritos, a provisão será constituída, reconhecendo-se uma despesa e um passivo no mesmo valor que o estimado para a indenização a ser paga pela companhia aberta, caso esta venha a ser condenada em juízo. Se a perda for possível (probabilidade menor do que 50%, ou seja, quando é mais provável que não existe uma obrigação presente na data do balanço), haverá registro da situação hipotética em notas explicativas. Se a perda for remota, não haverá qualquer registro, nem mesmo em notas explicativas. Essa é a relação entre a probabilidade de ocorrência do desembolso e o tratamento contábil a ser dado ao processo judicial.

### 4ª Questão (SECONT-ES Auditor Ciências Contábeis 2022 CEBRASPE)

Determinada sociedade por ações submeteu a auditoria suas demonstrações contábeis do último exercício social. Entre os eventos mais relevantes retratados nessas demonstrações contábeis, constam os seguintes.

I. A empresa contabilizou o valor de R$ 1 milhão em créditos a receber, relativo a uma ação judicial para a qual os advogados da entidade apontaram haver probabilidade de vitória.

II. Após anos de pesquisa e desenvolvimento, tendo gastado, comprovadamente, R$ 1,5 milhão, a empresa finalmente desenvolveu uma tecnologia altamente lucrativa, concluída e reconhecida no ativo pelo seu valor de mercado, estimado em R$ 15 milhões.

III. Em nota explicativa, foi evidenciado que a empresa é ré em ação judicial por danos ambientais, no valor de R$ 2 milhões, com grande probabilidade de condenação, contudo a empresa não reconheceu contabilmente esse valor, visto que o seu presidente não acredita em uma necessidade de sacrifício futuro de ativos como resultado da provável condenação.

Com relação à situação hipotética acima, elabore, na condição de membro da equipe de auditoria que analisou as referidas demonstrações contábeis da entidade em questão, um relatório de auditoria acerca dos eventos I, II e III. **Ao elaborar seu relatório, atenda o que se pede a seguir.**

1. Identifique, com a devida classificação contábil, cada tipo de evento retratado em I, II e III. [valor: 30,00 pontos]

2. Esclareça, de forma fundamentada, qual(is) desses eventos teve(tiveram) tratamento contábil incorreto. [valor: 35,00 pontos]

3. Quanto ao(s) evento(s) cujo tratamento contábil tenha sido incorreto, proponha o respectivo tratamento contábil adequado. [valor: 30,00 pontos]

Extensão máxima: **30 linhas**

## Resolução da Questão

*Trata-se de relatório de auditoria sobre as demonstrações contábeis do último exercício social referente a 3 eventos: (i) de R$ 1 milhão em créditos a receber, relativo a uma ação judicial com probabilidade de vitória; (ii) desenvolveu uma tecnologia altamente lucrativa; (iii) ação judicial por danos ambientais, no valor de R$ 2 milhões, com grande probabilidade de condenação. O primeiro evento foi contabilizado como ativo pelo valor de R$ 1 milhão; o segundo como ativo pelo valor de 15 milhões; e o terceiro foi registrado apenas em notas explicativas e tratado como passivo contingente.*

*Em todos os eventos ocorreram distorções contábeis. A distorção pode ser quanto: à classificação, ao valor, à apresentação ou à evidenciação.*

*O primeiro gerou uma distorção quanto à classificação e valor, pois deveria ter sido classificado como ativo contingente e não como ativo. Isso porque deve-se ter certeza ou praticamente certeza e não apenas alta probabilidade.*

*O segundo evento gerou uma distorção de valor. Trata-se de ativo intangível contabilizado por R$ 15 milhões. É possível contabilizar ativo intangível pelos gastos utilizados no desenvolvimento, mas nunca os gastos de pesquisa que somados geram R$ 1,5 milhões. A distorção de valor ocorreu também por ter se utilizado pelo valor justo (R$ 15 milhões) que nunca pode ser utilizado nesse caso.*

*O terceiro evento gerou uma distorção quanto à classificação e valor. Isso porque foi contabilizado como passivo contingente quando deveria ter sido reconhecido como passivo ou provisão, tendo em vista: ser um evento passado (ação judicial), possível estimar (R$ 2 milhões) e alta probabilidade de ocorrência (provável: acima de 50%).*

*Para efetuar os ajustes, recomenda-se: (i) quanto ao evento 1 que haja o desreconhecimento de ativo no valor de R$ 1 milhão e que tratado no ativo contingente em Notas Explicativas; (ii) quanto ao evento 2 que haja o desreconhecimento imediato de R$ 13,5 milhões e que dentro do valor de R$ 1,5 milhões seja identificado e desreconhecido os gastos com pesquisa; (iii) quanto ao evento 3 que haja o reconhecimento de passivo ou provisão no valor de R$ 2 milhões.*

### 5ª Questão (SEFIN-Fortaleza Auditor Tributária 2023 CEBRASPE)

Notas explicativas às demonstrações financeiras do Banco MZ do Brasil S.A. — 31/12/2021

1 - Ativos e passivos contingentes e obrigações legais, fiscais e previdenciárias

O reconhecimento, a mensuração e a divulgação dos ativos e passivos contingentes e obrigações legais são efetuados de acordo com os critérios descritos abaixo: [OMITIDO].

2 - Instrumentos financeiros

De acordo com o estabelecido pela Circular nº 3.068, de 8/11/2001, do Banco Central do Brasil, os títulos e valores mobiliários integrantes da carteira são classificados em três categorias distintas, conforme a intenção da administração, quais sejam: títulos para negociação; títulos disponíveis para venda; e títulos mantidos até o vencimento.

3 - Patrimônio líquido (PL)

Capital social em 31/12/2021: o capital social é dividido em 2.125.297 ações ordinárias nominativas sem valor nominal.

Grupos de contas do patrimônio líquido: capital social, dividendos, ajustes de avaliação patrimonial, reserva legal e reserva especial de lucros.

Em face das informações apresentadas, redija um texto dissertativo como parte de um relatório de auditoria, atendendo ao que se pede a seguir.

1 Explique o que são as contingências ativas e passivas e como elas são reconhecidas nas demonstrações financeiras.

[valor: 9,50 pontos]

2 Distinga as características das categorias de títulos e valores mobiliários integrantes da carteira. [valor: 9,50 pontos]

3 Discorra acerca da finalidade e da natureza da conta do PL "ajustes de avaliação patrimonial" e acerca da possibilidade e das condições de manutenção de saldos devedores ou credores. [valor: 9,50 pontos]

Extensão de linhas: até 30.

## Resolução da Questão

Para uma empresa, contingências são eventos futuros incertos: as contingências ativas podem gerar ganhos ou benefícios econômicos; e as contingências passivas podem resultar em perdas ou obrigações econômicas. No balanço das empresas, as contingências ativas não são reconhecidas como ativos, pois a realização do ganho ou benefício não é considerada provável. No entanto, elas podem ser divulgadas nas notas explicativas para informar os usuários das demonstrações financeiras sobre a possibilidade de obter ganhos futuros. Por outro lado, as contingências passivas também não são reconhecidas no balanço patrimonial, pois não atendem a um dos seguintes critérios: provável de ocorrer, possível estimar, eventos passados. Em regra, devem ser registradas em notas explicativas como passivos contingentes, exceto quanto a probabilidade de ocorrência seja remota. Caso uma contingência passiva atenda os seguintes critérios simultaneamente: provável de ocorrer, possível estimar, eventos passados; ela deve ser reconhecida como provisão e ser registrada no Balanço Patrimonial e Notas Explicativas.

Investimentos mantidos até o vencimento são ativos financeiros não derivativos, com pagamentos fixos ou determináveis com vencimentos definidos, para os quais a entidade tem a intenção positiva e a capacidade de manter até o vencimento, exceto: a) os que a entidade designa no reconhecimento inicial pelo valor justo por meio do resultado; b) os que a entidade designa como disponível para venda; e c) os que satisfazem a definição de empréstimos e contas a receber. Ativos financeiros disponíveis para venda são aqueles ativos financeiros não derivativos que são designados como disponíveis para venda ou que não são classificados como: a) empréstimos e contas a receber; b) investimentos mantidos até o vencimento; ou c) ativos financeiros pelo valor justo por meio do resultado. Ativos e passivos financeiros mantidos para negociação refletem normalmente a compra e a venda ativas e frequentes, e os instrumentos financeiros mantidos para negociação são geralmente usados com o objetivo de gerar lucro com as flutuações de curto prazo no preço ou na margem do operador.

O ajuste da avaliação patrimonial é o resultado do valor da avaliação dos bens em relação ao seu valor justo. O valor justo é a quantia pela qual um ativo pode ser trocado, ou um passivo liquidado, por duas partes dispostas a isso e independentes entre si. A conta de ajuste de avaliação patrimonial alcança o objetivo primordial da Lei nº 11.638/2007, que é a transparência das informações contábeis, considerando-se que o valor justo reflete a realidade mais próxima das instituições que o valor histórico. Isto porque demonstra tanto a valorização quanto a desvalorização dos bens em um determinado período, ao contrário da extinta reserva de reavaliação, que demonstrava apenas valores que aumentavam o ativo, ou seja, se um ativo aumenta de valor, o ajuste de avaliação patrimonial será credor, ao contrário, terá contrapartida devedor. O mesmo ocorre para os ajustes de contas do passivo, com saldos opostos às contas de ativo. Quando do desreconhecimento do ativo ou passivo associado a conta ajuste de avaliação patrimonial, o valor constante na conta "ajuste de avaliação patrimonial" do Balanço Patrimonial deve ser baixado em contrapartida a conta de resultado "ajuste de reclassificação" na Demonstração do Resultado do Exercício. No caso de instrumentos financeiros, essa conta está no resultado financeiro (despesas financeiras deduzidas das receitas financeiras) da DRE.

## 6ª Questão (Banco Central do Brasil - BCB - CARGO 1: ANALISTA – ÁREA: ECONOMIA E FINANÇAS – 2024 – CEBRASPE)

Durante a fiscalização de determinada instituição financeira pelo Banco Central do Brasil, foram identificados os seguintes fatos, que ensejaram dúvidas em relação ao adequado cumprimento das normas brasileiras de contabilidade que tratam de provisões, passivos contingentes e ativos contingentes.

I A instituição financeira utilizou contratos de swap de taxa de juros como proteção contra um empréstimo de taxa variável, contudo esses contratos estavam atrelados a uma variável econômica volátil e pouco comum, o que torna extremamente difícil e sujeita a incertezas a estimativa do valor justo. Embora a probabilidade de saída de recursos relativos aos compromissos resultantes desse contrato seja incerta, eles foram registrados como provisão

nas demonstrações contábeis e notas explicativas da entidade.

II A instituição financeira possui um investimento relevante na empresa de tecnologia Tech-X, atualmente envolvida em uma disputa judicial de patente. Existe a expectativa de uma compensação financeira substancial caso a Tech-X vença a disputa. A instituição não reconheceu nem prestou qualquer informação sobre o evento nos balanços, tampouco apresentou notas explicativas a tal respeito. O processo relativo à patente está em discussão em um tribunal, com maioria dos votos favorável à demanda da Tech-X, mas ainda há incerteza sobre o resultado final desse processo.

Considerando a situação hipotética apresentada, esclareça, fundamentadamente, se os procedimentos contábeis descritos em I e II obedecem às normas brasileiras de contabilidade que tratam de provisões, passivos contingentes e ativos contingentes [valor: 15,50 pontos].

Ao elaborar seu texto, faça, ainda, o que se pede a seguir.

1 Defina provisão, estabelecendo a relação entre provisão e passivo. [valor: 8,00 pontos]

2 Defina ativo e passivo contingente. [valor: 8,00 pontos]

3 Discorra sobre a diferença entre provisão e passivo contingente. [valor: 8,00 pontos]

4 Discorra sobre reconhecimento e mensuração de uma provisão. [valor: 8,00 pontos]

## Resolução da Questão

A provisão é uma obrigação presente, resultante de eventos passados, para cuja liquidação a entidade tem uma obrigação presente legal ou construtiva que pode ser estimada de forma confiável em termos financeiros. Em outras palavras, uma provisão é reconhecida quando há uma obrigação presente, surgida de eventos passados, com probabilidade de resultar em uma saída de recursos, quando o montante da obrigação pode ser razoavelmente estimado.

Ativo contingente é um direito possível, que surge a partir de eventos passados e cuja existência será confirmada apenas pela ocorrência ou não de um ou mais eventos futuros incertos que não estão inteiramente sob o controle da entidade. A existência e o montante de um ativo contingente são determinados apenas pela ocorrência ou não de um ou mais eventos futuros incertos.

Passivo contingente é uma obrigação possível, que surge a partir de eventos passados e cuja existência será confirmada apenas pela ocorrência ou não de um ou mais eventos futuros incertos que não estão inteiramente sob o controle da entidade. A existência e o montante de um passivo contingente são determinados apenas pela ocorrência ou não de um ou mais eventos futuros incertos.

A principal diferença entre uma provisão e um passivo contingente reside na certeza da obrigação presente: enquanto uma provisão é reconhecida quando existe uma obrigação presente resultante de eventos passados e é provável que resulte em uma saída de recursos, um passivo contingente é apenas uma obrigação possível, que será confirmada pela ocorrência de eventos futuros incertos.

Uma provisão é reconhecida quando: (a) existe uma obrigação presente decorrente de eventos passados; (b) é provável que uma saída de recursos seja necessária para liquidar a obrigação; e (c) o montante da obrigação pode ser estimado de forma confiável. A provisão é mensurada com base na melhor estimativa do montante necessário para liquidar a obrigação presente na data do balanço, levando-se em consideração os riscos e as incertezas associados com a obrigação.

A instituição em questão registrou essas obrigações como provisões, quando, na verdade, deveria considerá-las como passivos contingentes; consequentemente, esses compromissos não atendem aos critérios de provisões estabelecidos no CPC-25, uma vez que não há obrigação presente decorrente de eventos passados e é incerta a probabilidade de saída de recursos. Conforme essa norma, a entidade não deve reconhecer o ativo contingente nas demonstrações contábeis, pois sua realização pode ser incerta, no entanto, deve ser divulgada uma breve descrição da natureza do ativo contingente na data do balanço e, quando praticável, uma estimativa dos seus efeitos financeiros, mensurada por meio dos princípios estabelecidos para as provisões.

A divulgação adequada dessas informações é essencial para fornecer transparência e permitir que os *stakeholders* compreendam os potenciais impactos financeiros da disputa de patente sobre a saúde financeira da instituição.

Assim, no caso em epígrafe, dada a possibilidade de ganho no processo judicial já em vantagem em número de votos na discussão, seria razoável a apresentação das informações em notas explicativas. Em suma, é essencial que a instituição financeira revise suas práticas contábeis para garantir o cumprimento do CPC-25, a fim de fornecer informações financeiras transparentes e confiáveis aos seus *stakeholders* e ao mercado em geral.

# Unidade Didática IV
# DEMONSTRAÇÕES CONTÁBEIS – APRESENTAÇÃO E ANÁLISE DE BALANÇOS

*Quais as demonstrações contábeis obrigatórias à luz da Lei nº 6.404/1976 e dos CPCs?*

*Qual a estrutura de cada demonstração contábil?*

*Qual os principais indicadores de cada demonstração contábil?*

*Quais os itens mais relevantes das Notas Explicativas?*

*Qual o tratamento a ser dado para mudança de política contábil?*

*Qual o tratamento a ser dado para mudança de estimativa?*

*Qual o tratamento a ser dado para corrigir um erro?*

*Qual o tratamento a ser dado para um evento subsequente?*

CAPÍTULO 18

# DEMONSTRAÇÕES CONTÁBEIS: VISÃO GERAL

## 1. FINALIDADE

As demonstrações contábeis são uma representação estruturada da posição patrimonial e financeira e do desempenho da entidade.

O objetivo das demonstrações contábeis é o de proporcionar informação acerca da posição patrimonial e financeira, do desempenho e dos fluxos de caixa da entidade que seja útil a um grande número de usuários em suas avaliações e tomada de decisões econômicas.

As demonstrações contábeis também objetivam apresentar os resultados da atuação da administração, em face de seus deveres e responsabilidades na gestão diligente dos recursos que lhe foram confiados. Para satisfazer a esse objetivo, as demonstrações contábeis proporcionam informação da entidade acerca do seguinte:

a) ativos;

b) passivos;

c) patrimônio líquido;

d) receitas e despesas, incluindo ganhos e perdas;

e) alterações no capital próprio mediante integralizações dos proprietários e distribuições a eles; e

f) fluxos de caixa.

Essas informações, juntamente com outras informações constantes das notas explicativas, ajudam os usuários das demonstrações contábeis a prever os futuros fluxos de caixa da entidade e, em particular, a época e o grau de certeza de sua geração.

## 2. DEMONSTRAÇÕES CONTÁBEIS EXIGÍVEIS - VISÃO GERAL

De acordo com a Lei nº 6.404/1976:

*Art. 176. Ao fim de cada exercício social, a diretoria fará elaborar, com base na escrituração mercantil da companhia, as seguintes demonstrações financeiras, que deverão exprimir com clareza a situação do patrimônio da companhia e as mutações ocorridas no exercício:*

***I - balanço patrimonial;***

***II - demonstração dos lucros ou prejuízos acumulados;***

***III - demonstração do resultado do exercício; e***

***IV - demonstração dos fluxos de caixa;***

***V - se companhia aberta, demonstração do valor adicionado***

*§ 1º As demonstrações de cada exercício serão publicadas com* ***a indicação dos valores correspondentes das demonstrações do exercício anterior****.*

*§ 2º Nas demonstrações, as contas semelhantes poderão ser agrupadas; os pequenos saldos poderão ser agregados, desde que indicada a sua natureza e não ultrapassem 0,1 (um décimo) do valor do respectivo grupo de contas; mas é vedada a utilização de designações genéricas, como «diversas contas» ou «contas-correntes».*

*§ 3º As demonstrações financeiras registrarão a destinação dos lucros segundo a proposta dos órgãos da administração, no pressuposto de sua aprovação pela assembleia-geral.*

*§ 4º As demonstrações serão complementadas por notas explicativas e outros quadros analíticos ou demonstrações contábeis necessários para esclarecimento da situação patrimonial e dos resultados do exercício.*

*[...]*

*§ 6º A companhia fechada com patrimônio líquido, na data do balanço, inferior a R$ 2.000.000,00 (dois milhões de reais) não será obrigada à elaboração e publicação da demonstração dos fluxos de caixa.*

*§ 7º A Comissão de Valores Mobiliários poderá, a seu critério, disciplinar de forma diversa o registro de que trata o § 3º deste artigo.*

*Art. 186.[...]*

*§ 2º A* ***demonstração de lucros ou prejuízos acumulados*** *deverá indicar o montante do dividendo por ação do capital social e* ***poderá ser incluída na demonstração das mutações do patrimônio líquido****, se elaborada e publicada pela companhia.*

*De acordo com o CPC 26:*

***10. O conjunto completo de demonstrações contábeis inclui:***

*(**a**) balanço patrimonial ao final do período;*

*(**b1**) demonstração do resultado do período;*

*(**b2**) demonstração do resultado abrangente do período;*

*(**c**) demonstração das mutações do patrimônio líquido do período;*

*(**d**) demonstração dos fluxos de caixa do período;*

*(**e**) notas explicativas, compreendendo as políticas contábeis significativas e outras informações elucidativas; (Alterada pela Revisão CPC 08)*

*(ea) informações comparativas com o período anterior, conforme especificado nos itens 38 e 38A[1]; (Incluída pela Revisão CPC 03)*

***(f) balanço patrimonial do início do período mais antigo, comparativamente apresentado, quando a entidade aplicar uma política contábil retrospectivamente ou proceder à reapresentação retrospectiva de itens das demonstrações contábeis, ou quando proceder à reclassificação de itens de suas demonstrações contábeis de acordo com os itens 40A a 40D****; e (Alterada pela Revisão CPC 03)*

*(f1) demonstração do valor adicionado do período, conforme Pronunciamento Técnico CPC 09, se exigido legalmente ou por algum órgão regulador ou mesmo se apresentada voluntariamente. (Alterada pela Revisão CPC 03)*

*A entidade pode usar outros títulos nas demonstrações em vez daqueles usados neste Pronunciamento Técnico, desde que não contrarie a legislação societária brasileira vigente.*

O Quadro 18.1 contém a visão geral das demonstrações contábeis à luz dos normativos.

**Chamada 121 do autor:** Visão Geral das Demonstrações Contábeis

## Quadro 18.1: Visão Geral das Demonstrações Contábeis

| Relatório Geral Financeiro[a] | É uma demonstração contábil obrigatória à luz da Lei nº 6.404/1976? | É uma demonstração contábil[a] obrigatória à luz do CPC 26[c] ou outro CPC? |
|---|---|---|
| Balanço Patrimonial | **Sim** | **Sim (CPC 26)** |
| Demonstração dos lucros ou prejuízos acumulados | **Sim** (**pode** ser incorporada pela Demonstração das Mutações do Patrimônio Líquido[d]) | **Não** |
| Demonstração das Mutações do Patrimônio | **Não** | **Sim (CPC 26)** |
| Demonstração do resultado do exercício | **Sim** | **Sim (CPC 26)** |

1 Dispensada se for o 1º ano da Entidade.

| | | |
|---|---|---|
| Demonstração dos fluxos de caixa | Sim. Dispensada para Cia Fechada com patrimônio líquido, na data do balanço, inferior a R$ 2.000.000,00 (dois milhões de reais). | Sim (CPC 26 e CPC 03) |
| Demonstração do valor adicionado | Sim, para Cia aberta. Demais casos: facultativo. | Sim (CPC 09), se exigido legalmente ou por algum órgão regulador. Atualmente obrigatório para Cias Abertas[e]. Demais casos: facultativo. |
| Notas Explicativas | Sim | Sim (CPC 26) |
| Informações comparativas com o período anterior | Sim | Sim |
| Demonstração do Resultado Abrangente | Não | Sim (CPC 26) |
| Balancete de Verificação | Não | Não |
| Balanço Social | Não | Não |

**Legenda:** (a) Termo do CPC 00. (b) O CPC 26 usa o termo *Demonstrações contábeis de propósito geral*. (c) O CPC 26 foi aprovado pelos seguintes órgãos reguladores: **CVM** (Deliberação 676/2011), CFC (Resolução NBC TG 25 (R1)); SUSEP (Circular 517/15), ANELL (Resolução Normativa 605/14 Manual), ANTT (Resolução 2.847 e 3.848/12 Manual), ANS (Resolução Normativa 322/13 AN I). (d) Facultativa (Lei n° 6.404/1976, Art. 186. § 2°). (e) A CVM por meio da resolução 117/2022 e o CFC por meio da resolução NBC TG 09 aprovaram o CPC 09 e definiram que a DVA é obrigatória para as Companhias abertas.

## Demonstrações Financeiras de Sociedades de Grande Porte

De acordo com a Lei n° 11.638/2007:

> *Demonstrações Financeiras de Sociedades de Grande Porte*
>
> *Art. 3° Aplicam-se às sociedades de grande porte, ainda que não constituídas sob a forma de sociedades por ações, as disposições da Lei n° 6.404, de 15 de dezembro de 1976,* ***sobre escrituração e elaboração de demonstrações financeiras e a obrigatoriedade de auditoria independente por auditor registrado na Comissão de Valores Mobiliários.***
>
> *Parágrafo único. Considera-se de grande porte, para os fins exclusivos desta Lei, a sociedade ou conjunto de sociedades sob controle comum que tiver, no exercício social anterior, ativo total superior a R$ 240.000.000,00 (duzentos e quarenta milhões de reais) ou receita bruta anual superior a R$ 300.000.000,00 (trezentos milhões de reais).*

**Desse modo, as Sociedades de Grande Porte devem seguir as demonstrações consideradas obrigatórias inclusive a DVA.**

| Demonstrações Financeiras para Pequenas Empresas |
|---|
| **De acordo com a NBC TG 1001 – Contabilidade para pequenas empresas:**<br>*2.5 O conjunto completo de demonstrações contábeis da entidade compreende:*<br>***(a)balanço patrimonial;***<br>***(b)demonstração do resultado do período de divulgação;***<br>***(c)demonstração das mutações do patrimônio líquido;***<br>***(d)demonstração dos fluxos de caixa;***<br>***(e)notas explicativas, compreendendo o resumo das políticas contábeis significativas e outras informações explanatórias.***<br>*3.6 Essas demonstrações devem estar devidamente identificadas, com referência clara à data ou ao período a que se referem, à unidade monetária utilizada (reais, milhares ou milhões de reais) e devem ser apresentadas de forma a facilitar sua leitura e seu entendimento.*<br>**Conclui-se que não se exige DRA e DVA para pequenas empresas.** |

| Demonstrações Financeiras para Microentidades |
|---|
| **De acordo com a NBC TG 1002 – Contabilidade para microentidades:**<br>*3.6 O conjunto completo de demonstrações contábeis da microentidade deve incluir as seguintes demonstrações:*<br>***(a) balanço patrimonial;***<br>***(b) demonstração do resultado do exercício;***<br>***(c) demonstração dos lucros ou prejuízos acumulados.***<br>*3.7 A microentidade não está obrigada a elaborar notas explicativas, mas é incentivada a elaborar e divulgá-las. Mas está obrigada às declarações citadas no item 3.2.*<br>[...]<br>*3.2 A microentidade cujas demonstrações contábeis estiverem em conformidade com esta Norma deve, ao final das demonstrações,* ***fazer uma declaração explícita e sem reservas dessa conformidade ao final das demonstrações, e deve informar a atividade operacional da microentidade.***<br>**Conclui-se que não se exige DMPL, DRA, DFC, DVA e Notas Explicativas para microentidades.** |

## 3. ASPECTOS A SEREM OBSERVADOS NAS DEMONSTRAÇÕES CONTÁBEIS

A seguir constam todos os aspectos a serem observados nas demonstrações contábeis:

| |
|---|
| 1. Apresentação apropriada e conformidade com as práticas contábeis brasileiras. |
| 2. Continuidade. |
| 3. Regime de competência. |
| 4. Materialidade e agregação. |
| 5. Compensação de valores. |
| 6. Frequência de apresentação das demonstrações contábeis. |
| 7. Informação comparativa. |
| 8. Consistência de apresentação. |

## 3.1. Apresentação apropriada e conformidade com as práticas contábeis brasileiras

As demonstrações contábeis devem **representar apropriadamente** a posição financeira e patrimonial, o desempenho e os fluxos de caixa da entidade. Para apresentação adequada, é necessária a representação fidedigna dos efeitos das transações, outros eventos e condições de acordo com as definições e critérios de reconhecimento para ativos, passivos, receitas e despesas como estabelecidos na Estrutura Conceitual para Elaboração e Divulgação de Relatório Contábil-Financeiro.

| Representação apropriada |
|---|
| **A representação apropriada exige que a entidade:**<br>**1.**Selecione e aplique políticas contábeis de acordo com o Pronunciamento Técnico CPC 23 - Políticas Contábeis, Mudança de Estimativa e Retificação de Erro[2].<br>**2.**Apresente informação, incluindo suas políticas contábeis, de forma que proporcione informação relevante, confiável, comparável e compreensível.<br>**3.**Proporcione divulgações adicionais quando o cumprimento dos requisitos específicos contidos nos Pronunciamentos Técnicos, Interpretações e Orientações do CPC for insuficiente para permitir que os usuários compreendam o impacto de determinadas transações, outros eventos e condições sobre a posição financeira e patrimonial e o desempenho da entidade. |

| Não aplicação de um CPC que conduz a apresentação enganosa, e que pode deixar ser aplicado do ponto de vista legal e regulatório |
|---|
| **Em circunstâncias extremamente raras**, nas quais a administração vier a concluir que a conformidade com um requisito de Pronunciamento Técnico, Interpretação ou Orientação do CPC conduziria a uma apresentação tão enganosa que entraria em conflito com o objetivo das demonstrações contábeis estabelecido na Estrutura Conceitual para Elaboração e Divulgação de Relatório Contábil-Financeiro, **a entidade não aplicará esse requisito**, **a não ser que esse procedimento seja terminantemente vedado do ponto de vista legal e regulatório.** |

---

[2] Esse Pronunciamento estabelece uma hierarquia na orientação que a administração deve seguir na ausência de Pronunciamento Técnico, Interpretação e Orientação que se aplique especificamente a um item. **Em resumo o CPC específico prepondera conforme se segue:**

***7.*** *Quando Pronunciamento, Interpretação ou Orientação* ***se aplicar especificamente a uma transação****, a outro evento ou circunstância, a política ou políticas contábeis aplicadas* ***a esse item devem ser determinadas pela aplicação do Pronunciamento, Interpretação ou Orientação****, e considerando quaisquer guias de implementação relevantes emitidos pelo CPC no tocante ao Pronunciamento, Interpretação ou Orientação em questão.*

***10.*** Na ausência de Pronunciamento, Interpretação ou Orientação que se aplique especificamente a uma transação, outro evento ou condição, a administração exercerá seu julgamento no desenvolvimento e na aplicação de política contábil que resulte em informação que seja:

(a) relevante para a tomada de decisão econômica por parte dos usuários; e

(b) confiável, de tal modo que as demonstrações contábeis:

(i) representem adequadamente a posição patrimonial e financeira, o desempenho financeiro e os fluxos de caixa da entidade;

(ii) reflitam a essência econômica de transações, outros eventos e condições e, não, meramente a forma legal;

(iii) sejam neutras, isto é, que estejam isentas de viés;

(iv) sejam prudentes; e

(v) sejam completas em todos os aspectos materiais.

**Quando a entidade** não aplicar um requisito **de um Pronunciamento Técnico, Interpretação ou Orientação do CPC deve divulgar:**

**1.** Que a administração concluiu que as demonstrações contábeis apresentam de forma apropriada a posição financeira e patrimonial, o desempenho e os fluxos de caixa da entidade.

**2.** Que aplicou os Pronunciamentos Técnicos, Interpretações e Orientações do CPC aplicáveis, exceto pela não aplicação de um requisito específico com o propósito de obter representação apropriada.

**3.** O título do Pronunciamento Técnico, Interpretação ou Orientação do CPC que a entidade não aplicou, a natureza dessa exceção, incluindo o tratamento que o Pronunciamento Técnico, Interpretação ou Orientação do CPC exigiria, a razão pela qual esse tratamento seria tão enganoso e entraria em conflito com o objetivo das demonstrações contábeis, estabelecido na Estrutura Conceitual para Elaboração e Divulgação de Relatório Contábil-Financeiro e o tratamento efetivamente adotado.

**4.** Para cada período apresentado, o impacto financeiro da não aplicação do Pronunciamento Técnico, Interpretação ou Orientação do CPC vigente em cada item nas demonstrações contábeis que teria sido informado caso tivesse sido cumprido o requisito não aplicado.

**Aplicação de um CPC que conduz a apresentação enganosa, mas que deve ser aplicado do ponto de vista legal e regulatório**

**Em circunstâncias extremamente raras**, nas quais a administração vier a concluir que a conformidade com um requisito de um Pronunciamento Técnico, Interpretação ou Orientação do CPC conduziria a uma apresentação tão enganosa que entraria em conflito com o objetivo das demonstrações contábeis estabelecido na Estrutura Conceitual para Elaboração e Divulgação de Relatório Contábil-Financeiro, mas a **estrutura regulatória vigente proibir a não aplicação do requisito**, a entidade deve, **na maior extensão possível, reduzir os aspectos inadequados identificados** no cumprimento estrito do Pronunciamento Técnico, Interpretação ou Orientação do CPC divulgando:

1. O título do Pronunciamento Técnico, Interpretação ou Orientação do CPC em questão, a natureza do requisito e as razões que levaram a administração a concluir que o cumprimento desse requisito tornaria as demonstrações contábeis tão enganosas e entraria em conflito com o objetivo das demonstrações contábeis estabelecido na Estrutura Conceitual para Elaboração e Divulgação de Relatório Contábil-Financeiro; e

2. Para cada período apresentado, os ajustes de cada item nas demonstrações contábeis que a administração concluiu serem necessários para se obter uma representação apropriada.

**O que caracteriza o conflito entre um item de informação e o objetivo das demonstrações contábeis?**

Um item de informação entra **em conflito** com o objetivo das demonstrações contábeis **quando não representa fidedignamente as transações, outros eventos e condições que se propõe representar, ou que se poderia esperar razoavelmente que representasse** e, consequentemente, seria provável que influenciasse as decisões econômicas tomadas pelos usuários das demonstrações contábeis.

Ao avaliar se o cumprimento de requisito específico de um Pronunciamento Técnico, Interpretação ou Orientação do CPC **resultaria em divulgação tão distorcida** a ponto de entrar em conflito com o objetivo das demonstrações contábeis, estabelecido na Estrutura Conceitual para Elaboração e Divulgação Relatório Contábil-Financeiro, **a administração deve considerar:**

1. A razão pela qual o objetivo das demonstrações contábeis não é alcançado nessa circunstância particular.

2. Como as circunstâncias da entidade diferem das circunstâncias de outras entidades que cumprem o requisito. **Se outras entidades em circunstâncias similares cumprem o requisito, há um pressuposto refutável** de que o cumprimento do requisito por parte da entidade não **resultaria em divulgação tão enganosa** e, portanto, não entraria em conflito com o objetivo das demonstrações contábeis, estabelecido na Estrutura Conceitual para Elaboração e Divulgação de Relatório Contábil-Financeiro.

## 3.2. Continuidade

Quando da elaboração das demonstrações contábeis, **a administração deve fazer a avaliação da capacidade de a entidade continuar em operação no futuro previsível.** As demonstrações contábeis devem ser elaboradas no **pressuposto da continuidade, a menos que a administração tenha intenção de liquidar a entidade ou cessar seus negócios, ou ainda não possua uma alternativa realista senão a descontinuidade de suas atividades.**

**Quando a administração tiver ciência**, ao fazer a sua avaliação, **de incertezas relevantes** relacionadas com eventos ou condições que possam lançar dúvidas significativas acerca da capacidade da entidade continuar em operação no futuro previsível, **essas incertezas devem ser divulgadas.**

Quando as demonstrações contábeis não forem elaboradas no pressuposto da continuidade, esse fato deve ser divulgado, juntamente com as bases sobre as quais as demonstrações contábeis foram elaboradas e a razão pela qual não se pressupõe a continuidade da entidade.

Ao avaliar se o pressuposto de continuidade é apropriado, a administração deve considerar toda a informação disponível sobre o futuro, que é o período mínimo (mas não limitado a esse período) de doze meses a partir da data do balanço.

O grau de consideração depende dos fatos de cada caso. Quando a entidade tiver histórico de operações lucrativas e pronto acesso a recursos financeiros, a conclusão acerca da adequação do pressuposto da continuidade pode ser atingida sem análise pormenorizada.

Em outros casos, a administração pode necessitar da análise de vasto conjunto de fatores relacionados com a rentabilidade corrente e esperada, cronogramas de liquidação de dívidas e potenciais fontes alternativas de financiamentos para que possa suportar sua conclusão de que o pressuposto de continuidade no futuro previsível é adequado para essa entidade.

## 3.3. Regime de competência

**A entidade deve elaborar as suas demonstrações contábeis, exceto para a demonstração dos fluxos de caixa, utilizando-se do regime de competência.**

Quando o regime de competência é utilizado, os itens são reconhecidos como ativos, passivos, patrimônio líquido, receitas e despesas (os elementos das demonstrações contábeis) quando satisfazem as definições e os critérios de reconhecimento para esses elementos contidos na Estrutura Conceitual para Elaboração e Divulgação de Relatório Contábil-Financeiro.

## 3.4. Materialidade e agregação

A entidade deve apresentar **separadamente** nas demonstrações contábeis cada classe material de itens semelhantes.

A entidade deve apresentar **separadamente** os itens de natureza ou função distinta, a menos que sejam imateriais.

As demonstrações contábeis resultam do processamento de grande número de transações ou outros eventos que são agregados em classes de acordo com a sua natureza ou função. A fase final do processo de agregação e classificação é a apresentação de dados condensados e classificados que formam itens das demonstrações contábeis.

| Impacto da materialidade sobre um item individual |
| --- |
| 1.Se um item não for individualmente material, deve ser agregado a outros itens, seja nas demonstrações contábeis, seja nas notas explicativas. |
| 2. Um item pode não ser suficientemente material para justificar a sua apresentação individualizada nas demonstrações contábeis, mas pode ser suficientemente material para ser apresentado de forma individualizada nas notas explicativas. |

Ao aplicar este e outros pronunciamentos, a entidade deve decidir, levando em consideração todos os fatos e as circunstâncias relevantes, como ela agrega informações nas demonstrações contábeis, que incluem as notas explicativas. **A entidade não deve reduzir a compreensibilidade das suas demonstrações contábeis, ocultando informações materiais com informações irrelevantes ou por meio da agregação de itens materiais que têm diferentes naturezas ou funções.**

Alguns pronunciamentos especificam as informações que devem ser incluídas nas demonstrações contábeis, que incluem as notas explicativas.

**A entidade não precisa fornecer uma divulgação específica**, requerida por Pronunciamento Técnico, Interpretação ou Orientação do CPC, **se a informação resultante da divulgação não for material**. Esse é o caso mesmo que o pronunciamento contenha uma lista de requisitos específicos ou descreva-os como requisitos mínimos. A entidade deve também considerar a possibilidade de fornecer divulgações adicionais quando o cumprimento de requisitos específicos nos pronunciamentos é insuficiente para permitir que os usuários das demonstrações contábeis compreendam o impacto de determinadas transações, outros eventos e condições sobre a posição e o desempenho financeiros da entidade.



## 3.5. Compensação de valores

**A entidade não deve compensar ativos e passivos ou receitas e despesas, a menos que a compensação seja exigida ou permitida** por um Pronunciamento Técnico, Interpretação ou Orientação do CPC.

A entidade deve informar separadamente os ativos e os passivos, as receitas e as despesas. **A compensação desses elementos** no balanço patrimonial ou na demonstração do resultado, exceto quando refletir a essência da transação ou outro evento, **prejudica a capacidade dos usuários de compreender as transações, outros eventos e condições que tenham ocorrido e de avaliar os futuros fluxos de caixa da entidade.**

**Não é considerada compensação**

A mensuração de ativos líquidos de provisões[3] relacionadas, como, por exemplo, provisões de obsolescência nos estoques ou provisões de créditos de liquidação duvidosa nas contas a receber de clientes, não é considerada compensação.

O CPC 47 – Receita de Contrato com Cliente requer que a entidade mensure a receita proveniente de contrato com cliente pelo valor da contrapartida à qual a entidade espera ter direito em troca da transferência de bens ou serviços prometidos. Por exemplo, o valor da receita reconhecido deve refletir a quantia de quaisquer descontos comerciais e abatimentos de volume concedidos pela entidade.

A entidade desenvolve, no decurso das suas atividades ordinárias, outras transações que não geram propriamente receitas, **mas que são incidentais às atividades principais geradoras de receita. Os resultados de tais transações devem ser apresentados, quando esta apresentação refletir a essência da transação ou outro evento, compensando-se quaisquer receitas com as despesas relacionadas** resultantes da mesma transação.

**Devem ser compensados**

**1.** Ganhos e perdas na alienação de ativos não circulantes, incluindo investimentos e ativos operacionais, devem ser apresentados de forma líquida, deduzindo-se da contrapartida da alienação o valor contábil do ativo e reconhecendo-se as despesas de venda relacionadas.

**2.** Despesas relacionadas com uma provisão reconhecida de acordo com o CPC 25 – Provisões, Passivos Contingentes e Ativos Contingentes e que tiveram reembolso segundo acordo contratual com terceiros (por exemplo, acordo de garantia do fornecedor) podem ser compensadas com o respectivo reembolso.

**3.** Ganhos e perdas de diferenças cambiais ou ganhos e perdas provenientes de instrumentos financeiros classificados como para negociação, exceto se esses ganhos e perdas forem materiais quando serão apresentados separadamente.

## 3.6. Frequência de apresentação das demonstrações contábeis

O conjunto completo das demonstrações contábeis deve ser apresentado **pelo menos anualmente** (**inclusive informação comparativa**).

**Admitem-se períodos distintos de 1 ano para a data de encerramento das demonstrações contábeis?**

**Quando se altera a data de encerramento das demonstrações contábeis** da entidade e as demonstrações contábeis são apresentadas **para um período mais longo ou mais curto do que um ano, a entidade deve divulgar, além do período abrangido pelas demonstrações contábeis:**

**1.** A razão para usar um período mais longo ou mais curto; e

**2.** Fato de que não são inteiramente comparáveis os montantes comparativos apresentados nessas demonstrações.

---

3 Em que pese a Lei nº 6.404/1976 (art. 183) utilizar o termo provisão, observa-se que pelo CPC 25 o termo provisão somente pode estar associado a passivos. O termo correto seria "perdas estimadas" ou "perdas prováveis".

## 3.7. Informação comparativa

A menos que um Pronunciamento Técnico, Interpretação ou Orientação do CPC permita ou exija de outra forma, **a entidade deve divulgar informação comparativa com respeito ao período anterior para todos os montantes apresentados nas demonstrações contábeis do período corrente**.

Também deve ser apresentada de forma comparativa a informação narrativa e descritiva que vier a ser apresentada quando for relevante para a compreensão do conjunto das demonstrações do período corrente.

**Apresentação Mínima**

**A entidade deve apresentar como informação mínima:**

- 2 (dois) balanços patrimoniais.
- 2 (duas) demonstrações do resultado e do resultado abrangente ou duas demonstrações do resultado (se apresentadas separadamente).
- 2 (duas demonstrações dos fluxos de caixa).
- 2 (duas demonstrações das mutações do patrimônio líquido).
- 2 (duas) demonstrações do valor adicionado (se apresentadas).
- As respectivas notas explicativas.

Em alguns casos, as informações narrativas disponibilizadas nas demonstrações contábeis do(s) período(s) anterior(es) continuam a ser relevantes no período corrente. Por exemplo, a entidade divulga no período corrente os detalhes de uma disputa legal, cujo desfecho era incerto no final do período anterior e ainda está para ser resolvido. Os usuários podem se beneficiar da divulgação da informação de que a incerteza existia no final do período anterior e da divulgação de informações sobre as medidas que foram tomadas durante o período para resolver a incerteza.

**Informação Adicional**

A entidade pode apresentar informações comparativas adicionais ao mínimo exigido pelos Pronunciamentos Técnicos para as demonstrações contábeis, contanto que a informação seja elaborada de acordo com os Pronunciamentos Técnicos. **Essa informação comparativa pode consistir de uma ou mais demonstrações obrigatórias, mas não precisa compreender o conjunto completo das demonstrações contábeis**. Quando este for o caso, a entidade deve apresentar em nota explicativa a informação quanto a estas demonstrações adicionais.

Por exemplo, **a entidade pode apresentar comparativamente uma terceira demonstração do resultado e de outros resultados abrangentes** (apresentando assim o período atual, o período anterior e um período adicional comparativo). **No entanto, a entidade não é obrigada a apresentar uma terceira demonstração do balanço patrimonial, da demonstração dos fluxos de caixa, das mutações do patrimônio líquido, ou da demonstração do valor adicionado** (se apresentado), (ou seja, uma demonstração contábil comparativa adicional). A entidade é obrigada a apresentar, nas notas explicativas às demonstrações contábeis, a informação comparativa adicional relativa à demonstração do resultado e à demonstração de outros resultados abrangentes.

**Mudança na política contábil, demonstração retrospectiva ou reclassificação**

1. A entidade deve apresentar um terceiro balanço patrimonial no início do período anterior, adicional aos comparativos mínimos das demonstrações contábeis se:

| | | |
|---|---|---|
| 1 Aplicar uma política contábil retrospectivamente, fizer uma reapresentação retrospectiva de itens nas suas demonstrações contábeis ou reclassificar itens de suas demonstrações contábeis. | e | 2. A **aplicação retrospectiva** (política contábil), a **reapresentação retrospectiva** (erros) ou a reclassificação tiver efeito material sobre as informações do balanço patrimonial no início do período anterior. |

2. A entidade deve apresentar três balanços patrimoniais no:

(a) final do período corrente → precisa de notas explicativas.

(b) final do período anterior → precisa de notas explicativas.

(c) no início do período precedente → não precisará apresentar as notas explicativas relacionadas com o balanço patrimonial de abertura no início do período anterior.

3. A data do balanço patrimonial de abertura deve ser igual à data do período anterior, independentemente de as demonstrações contábeis da entidade apresentarem informação comparativa para períodos mais antigos.

4. Quando a apresentação ou a classificação de itens nas demonstrações contábeis forem modificadas, os montantes apresentados para fins comparativos devem ser reclassificados, a menos que a reclassificação seja impraticável. Quando os montantes apresentados para fins comparativos são reclassificados, a entidade deve divulgar:

(a) a natureza da reclassificação;

(b) o montante de cada item ou classe de itens que foi reclassificado; e

(c) a razão para a reclassificação.

5 Quando for impraticável reclassificar montantes apresentados para fins comparativos, a entidade deve divulgar:

| | | |
|---|---|---|
| 1. A razão para não reclassificar os montantes. | e | 2. A natureza dos ajustes que teriam sido feitos se os montantes tivessem sido reclassificados. |

6. Aperfeiçoar a comparabilidade de informação entre períodos ajuda os usuários a tomar decisões econômicas, sobretudo porque lhes permite avaliar as tendências na informação financeira para finalidades de previsão. Em algumas circunstâncias torna-se impraticável reclassificar a informação comparativa para um período anterior para obter a comparabilidade com o período corrente. **Por exemplo, podem não ter sido coletados os dados necessários para a apresentação comparativa do período anterior com o período corrente, de modo a permitir a reclassificação e, consequentemente, pode não ser praticável reconstruir essa informação.**

## 3.8. Consistência de apresentação

A apresentação e a classificação de itens nas demonstrações contábeis **devem ser mantidas** de um período para outro, **salvo se**:

| | | |
|---|---|---|
| 1. For evidente, após uma alteração significativa na natureza das operações da entidade ou uma revisão das respectivas demonstrações contábeis, que outra apresentação ou classificação seja mais apropriada, tendo em vista os critérios para a seleção e aplicação de políticas contábeis. | **ou** | 2. Outro Pronunciamento Técnico, Interpretação ou Orientação do CPC requerer alteração na apresentação. |

Por exemplo, a aquisição ou alienação significativa, ou a revisão da apresentação das demonstrações contábeis pode indicar que as demonstrações contábeis devam ser apresentadas diferentemente. **A entidade deve alterar a apresentação das suas demonstrações contábeis apenas se:**

| | | |
|---|---|---|
| 1. A modificação na apresentação proporcionar informação que seja confiável e mais relevante para os usuários das demonstrações contábeis. | **e** | 2. Se for provável que a estrutura revista continue, de modo que a comparabilidade não seja prejudicada. |

**Ao efetuar tais alterações na apresentação, a entidade deve reclassificar a informação comparativa.**

# 4. IDENTIFICAÇÃO DAS DEMONSTRAÇÕES CONTÁBEIS

As demonstrações contábeis devem ser identificadas claramente e distinguidas de qualquer outra informação que porventura conste no mesmo documento publicado.

As práticas contábeis brasileiras são aplicáveis apenas às demonstrações contábeis e não necessariamente à informação apresentada em outro relatório anual, relatório regulatório ou qualquer outro documento. Por isso, é importante que os usuários possam distinguir a informação elaborada utilizando-se das práticas contábeis brasileiras de qualquer outra informação que possa ser útil aos seus usuários, mas que não são objeto dos requisitos das referidas práticas.

Cada demonstração contábil e respectivas notas explicativas devem ser identificadas claramente.

| As seguintes informações devem ser divulgadas de forma destacada e repetidas quando necessário para a devida compreensão da informação apresentada. |
|---|
| 1. O nome da entidade às quais as demonstrações contábeis dizem respeito ou outro meio que permita sua identificação, bem como qualquer alteração que possa ter ocorrido nessa identificação desde o término do período anterior; |
| 2. Se as demonstrações contábeis se referem a uma entidade individual ou a um grupo de entidades; |

3. A data de encerramento do período de reporte ou o período coberto pelo conjunto de demonstrações contábeis ou notas explicativas;
4. A moeda de apresentação, tal como definido no Pronunciamento Técnico CPC 02 - Efeitos das Mudanças nas Taxas de Câmbio e Conversão de Demonstrações Contábeis; e
5. O nível de arredondamento usado na apresentação dos valores nas demonstrações contábeis.

Esses requisitos são normalmente satisfeitos pela apresentação apropriada de cabeçalhos de página, títulos de demonstração, de nota explicativa, de coluna e similares em cada página das demonstrações contábeis.

Na determinação da melhor forma de apresentar tais informações, é necessário o exercício de julgamento. Por exemplo, quando as demonstrações contábeis são apresentadas eletronicamente, nem sempre podem ser usadas páginas separadas; os itens acima devem ser então apresentados com frequência suficiente de forma a assegurar a devida compreensão das informações incluídas nas demonstrações contábeis.

**As demonstrações contábeis tornam-se muitas vezes mais compreensíveis pela apresentação de informação em milhares ou milhões de unidades da moeda de apresentação. Esse procedimento é aceitável desde que o nível de arredondamento na apresentação seja divulgado e não seja omitida informação material.**

# CAPÍTULO 19

# BALANÇO PATRIMONIAL

## 1. BASE NORMATIVA

### De acordo com a Lei nº 6.404/1976:

*Art. 178. No balanço, as contas serão classificadas segundo os elementos do patrimônio que registrem, e agrupadas de modo a facilitar o conhecimento e a análise da situação financeira da companhia.*

*§ 1º No ativo, as contas serão dispostas em ordem decrescente de grau de liquidez dos elementos nelas registrados, nos seguintes grupos:*

*I – ativo circulante; e*

*I – ativo não circulante, composto por ativo realizável a longo prazo, investimentos, imobilizado e intangível;*

*§ 2º No passivo, as contas serão classificadas nos seguintes grupos:*

*I – passivo circulante;*

*II – passivo não circulante;*

*III – patrimônio líquido, dividido em capital social, reservas de capital, ajustes de avaliação patrimonial, reservas de lucros, ações em tesouraria e prejuízos acumulados.*

*§ 3º Os saldos devedores e credores que a companhia não tiver direito de compensar serão classificados separadamente.*

### De acordo com o CPC 26:

*54. O balanço patrimonial deve apresentar, respeitada a legislação, as seguintes contas:*

***(a) caixa e equivalentes de caixa;***

*(b) clientes e outros recebíveis;*

***(c) estoques;***

*(d) ativos financeiros (exceto os mencionados nas alíneas "a", "b" e "g");*

***(e) total de ativos classificados como disponíveis para venda e ativos à disposição para venda de acordo com o CPC 31 – Ativo Não Circulante Mantido para Venda e Operação Descontinuada;***

*(f) ativos biológicos dentro do alcance do CPC 29; (Alterada pela Revisão CPC 08)*

***(g) investimentos avaliados pelo método da equivalência patrimonial;***

*(h) propriedades para investimento;*

***(i) imobilizado;***

*(j) intangível;*

***(k) contas a pagar comerciais e outras;***

*(l) provisões;*

***(m) obrigações financeiras (exceto as referidas nas alíneas "k" e "l");***

*(n) obrigações e ativos relativos à tributação corrente, conforme definido no Pronunciamento Técnico CPC 32 – Tributos sobre o Lucro;*

***(o) impostos diferidos ativos e passivos, como definido no Pronunciamento Técnico CPC 32;***

*(p) obrigações associadas a ativos à disposição para venda de acordo com o Pronunciamento Técnico CPC 31;*

***(q) participação de não controladores apresentada de forma destacada dentro do patrimônio líquido; e***

*(r) capital integralizado e reservas e outras contas atribuíveis aos proprietários da entidade.*

| Abrangência do CPC 26 |
|---|
| O CPC 26 não prescreve a ordem ou o formato que deva ser utilizado na apresentação das contas do balanço patrimonial, mas a ordem legalmente instituída no Brasil deve ser observada. O item 54 simplesmente **lista os itens que são suficientemente diferentes na sua** natureza **ou** função para assegurar uma apresentação individualizada no balanço patrimonial. |

**O detalhamento da maior parte dessas contas (itens) que compõem o Balanço Patrimonial fora explorado na Unidade Didática III.**

| Contas adicionais a partir da desagregação das contas do item 54 do CPC 26 |
|---|
| A entidade deve apresentar contas **adicionais** (pela desagregação de contas listadas no item 54), **cabeçalhos** e **subtotais** nos balanços patrimoniais sempre que sejam relevantes para o entendimento da posição financeira e patrimonial da entidade. |
| Esses subtotais devem:<br>1. Ser constituídos de contas compostas de valores reconhecidos e mensurados em conformidade com os pronunciamentos do CPC;<br>2. Ser apresentados e nomeados de forma que as contas que constituem os subtotais sejam claras e compreensíveis;<br>3. Ser consistentes de período a período, de acordo com o item 45; e<br>4. Não ser exibidos com mais destaque do que os subtotais e totais exigidos no pronunciamento para o balanço patrimonial. |

A entidade deve julgar a adequação da apresentação de contas adicionais separadamente com base na avaliação:

**(a)** da natureza e liquidez dos ativos;

**(b)** da função dos ativos na entidade; e

**(c)** dos montantes, natureza e prazo dos passivos.

### Impostos Diferidos Ativos e Impostos Diferidos Passivos

Na situação em que a entidade apresente separadamente seus ativos e passivos circulantes e não circulantes:

**1.** Os impostos diferidos ativos não devem ser classificados como ativos circulantes.

**2.** Os impostos diferidos passivos não devem ser classificados como passivos circulantes.

### Requisitos Adicionais

**1.** As contas do balanço patrimonial devem ser incluídas sempre que o tamanho, natureza ou função de um item ou agregação de itens similares apresentados separadamente seja relevante na compreensão da posição financeira da entidade.

**2.** A **nomenclatura de contas utilizada e sua ordem de apresentação ou agregação de itens semelhantes** podem ser modificadas de acordo com a natureza da entidade e de suas transações, no sentido de fornecer informação que seja relevante na compreensão da posição financeira e patrimonial da entidade. **Por exemplo**, uma instituição financeira pode ter que modificar a nomenclatura acima referida no sentido de fornecer informação relevante no contexto das operações de instituições financeiras.

### Critérios Distintos no mesmo Grupo de Contas

A utilização de **distintos critérios de mensuração de classes diferentes de ativos** sugere que suas naturezas ou funções são distintas e, portanto, devam ser apresentadas em contas separadas.

**Por exemplo**, diferentes classes de imobilizado podem ser reconhecidas ao custo ou pelo valor de reavaliação, quando permitido legalmente, em conformidade com o Pronunciamento Técnico CPC 27 – Ativo Imobilizado. de fornecer informação relevante no contexto das operações de instituições financeiras.

### Distinção em Circulante e Não Circulante

1. A entidade deve apresentar **ativos circulantes e não circulantes, e passivos circulantes e não circulantes**, como grupos de contas separados no balanço patrimonial, **exceto quando uma apresentação baseada na liquidez proporcionar informação confiável e mais relevante.** Quando essa exceção for aplicável, todos os ativos e passivos devem ser apresentados por ordem de liquidez.

#### Neste caso:

É permitido à entidade apresentar alguns dos seus ativos e passivos, utilizando-se da classificação em circulante e não circulante **e outros por ordem de liquidez quando esse procedimento proporcionar informação confiável e mais relevante.** A necessidade de apresentação em base mista pode surgir quando a entidade tem diversos tipos de operações.

2. Qualquer que seja o método de apresentação adotado, a entidade deve divulgar o montante **esperado a ser recuperado ou liquidado em até doze meses ou mais do que doze meses**, após o período de reporte, para cada item de ativo e passivo.

3. Quando a entidade fornece bens ou serviços dentro de um ciclo operacional claramente identificável, a classificação separada de ativos e passivos circulantes e não circulantes no balanço patrimonial proporciona informação útil ao distinguir os ativos líquidos que estejam continuamente em circulação como capital circulante dos que são utilizados nas operações de longo prazo da entidade. Essa classificação também deve destacar os ativos que se espera sejam realizados dentro do ciclo operacional corrente, bem como os passivos que devam ser liquidados dentro do mesmo período.

4. Para algumas entidades, tais como **instituições financeiras**, **a apresentação de ativos e passivos por ordem crescente ou decrescente de liquidez proporciona informação que é confiável e mais relevante do que a apresentação em circulante e não circulante** pelo fato de que tais entidades não fornecem bens ou serviços dentro de um ciclo operacional claramente identificável.

5. A informação acerca das datas previstas para a realização de ativos e para a liquidação de passivos é útil na avaliação da liquidez e solvência da entidade.

## Ativo Circulante

O ativo deve ser classificado como circulante quando satisfizer **qualquer dos seguintes critérios:**

(a) espera-se que seja realizado, ou pretende-se que seja vendido ou consumido no decurso normal do ciclo operacional da entidade;

(b) está mantido essencialmente com o propósito de ser negociado;

(c) espera-se que seja realizado até doze meses após a data do balanço; ou

(d) é caixa ou equivalente de caixa (conforme definido no Pronunciamento Técnico CPC 03 – Demonstração dos Fluxos de Caixa), a menos que sua troca ou uso para liquidação de passivo se encontre vedada durante pelo menos doze meses após a data do balanço.

## Ativo Não Circulante

1. Todos os demais ativos que não foram circulantes devem ser classificados como não circulantes. **Ou seja, é um critério por exclusão.**

2. O ativo não circulante deve ser subdividido em realizável a longo prazo, investimentos, imobilizado e intangível.

## Ciclo Operacional e itens do Ativo Circulante

**O ciclo operacional da entidade é o tempo entre a aquisição de ativos para processamento e sua realização em caixa ou seus equivalentes.** Quando o ciclo operacional normal da entidade não for claramente identificável, pressupõe-se que sua duração seja de doze meses. Os ativos circulantes incluem ativos (tais como estoque e contas a receber comerciais) que são vendidos, consumidos ou realizados como parte do ciclo operacional normal, mesmo quando não se espera que sejam realizados no período de até doze meses após a data do balanço.

## Passivo Circulante

O passivo deve ser classificado como circulante quando satisfizer **qualquer dos seguintes critérios:**

(a) espera-se que seja liquidado durante o ciclo operacional normal da entidade;

(b) está mantido essencialmente para a finalidade de ser negociado;

(c) deve ser liquidado no período de até doze meses após a data do balanço; ou

(d) a entidade não tem direito, na data do balanço, de diferir a liquidação do passivo por pelo menos doze meses após a referida data do balanço.

| Passivo Não Circulante |
|---|
| Os demais passivos que não foram circulantes devem ser classificados como não circulantes. **Ou seja, é um critério por exclusão.** |

| Ciclo Operacional e itens do Passivo Circulante |
|---|
| Alguns passivos circulantes, tais como contas a pagar comerciais e algumas apropriações por competência relativas a gastos com empregados e outros custos operacionais são parte do capital circulante usado no ciclo operacional normal da entidade. **Tais itens operacionais são classificados como passivos circulantes mesmo que estejam para ser liquidados em mais de doze meses após a data do balanço patrimonial.** O mesmo ciclo operacional normal aplica-se à classificação dos ativos e passivos da entidade. **Quando o ciclo operacional normal da entidade não for claramente identificável,** pressupõe-se que a sua duração seja de doze meses. |

| Tratamento dos Passivos Financeiros | |
|---|---|
| Passivo Circulante | A entidade deve classificar os seus passivos financeiros como circulantes quando a sua liquidação estiver prevista para o período de até doze meses após a data do balanço, mesmo que:<br>(a) o prazo original para sua liquidação tenha sido por período superior a doze meses.<br>(b) um acordo de refinanciamento, ou de reescalonamento de pagamento a longo prazo seja completado após a data do balanço e antes de as demonstrações contábeis serem autorizadas para sua publicação. |
| | Outros passivos circulantes não liquidados durante parte do ciclo operacional normal, mas cuja liquidação está prevista para o período de até doze meses após a data do balanço ou estão essencialmente mantidos com a finalidade de serem negociados.<br>Exemplos: alguns passivos financeiros que atendem à definição de mantidos para negociação no CPC 48, saldos bancários a descoberto e a parcela circulante de passivos financeiros não circulantes, dividendos a pagar, imposto de renda e outras dívidas a pagar não comerciais. |
| Passivo Não Circulante | Os passivos financeiros, que proporcionem financiamento a longo prazo (ou seja, não façam parte do capital circulante usado no ciclo operacional normal da entidade) e cuja liquidação não esteja prevista para o período de até doze meses após a data do balanço. |

| Refinanciamento ou Substituição de Obrigações | |
|---|---|
| Passivo Circulante | Se o refinanciamento ou a substituição (*roll over*) da obrigação não depender somente da entidade (por exemplo, se não houver um acordo de refinanciamento), o simples potencial de refinanciamento não é considerado suficiente para a classificação como não circulante e, portanto, a obrigação é classificada como circulante. |
| Passivo Não Circulante | Se a entidade tiver a expectativa, e tiver poder discricionário, para refinanciar ou substituir (*roll over*) uma obrigação por pelo menos doze meses após a data do balanço segundo dispositivo contratual do empréstimo existente, deve classificar a obrigação como não circulante, mesmo que de outra forma fosse devida dentro de um período mais curto. |

| Quebra um acordo contratual (*covenant*) de um empréstimo de longo prazo | |
|---|---|
| Passivo Circulante | Quando a entidade descumprir um empréstimo de longo prazo (índice de endividamento ou de cobertura de juros, por exemplo) ao término ou antes do término do período de reporte, tornando o passivo vencido e pagável à ordem do credor, o passivo deve ser classificado como circulante **mesmo que o credor tenha concordado,** após a data do balanço e antes da data da autorização **para emissão das demonstrações contábeis, em não exigir pagamento antecipado como consequência da quebra do *covenant*.** O passivo deve ser classificado como circulante porque, **à data do balanço, a entidade não tem o direito incondicional de diferir a sua liquidação durante por pelo menos doze meses após essa data.** |
| Passivo Não Circulante | O passivo deve ser classificado como não circulante se o credor tiver concordado, até a data do balanço, em proporcionar uma dilação de prazo, a terminar pelo menos doze meses após a data do balanço, dentro do qual a entidade poderá retificar a quebra de *covenant* contratual (reenquadramento nos índices de endividamento e cobertura de juros, por exemplo) e durante o qual o credor não poderá exigir a liquidação imediata do passivo em questão. |

| Empréstimos de curto prazo |
|---|
| Os seguintes eventos quando ocorrerem entre a data do balanço e a data em que as demonstrações contábeis forem autorizadas para serem emitidas, **serão qualificados para divulgação como eventos** que não originam ajustes de acordo com o Pronunciamento Técnico CPC 24 – Evento Subsequente:<br>1. Refinanciamento para uma base de longo prazo de um passivo classificado como circulante.<br>2. Retificação de quebra de *covenant* de empréstimo de longo prazo classificado como circulante.<br>3. Concessão por parte do credor de dilação de prazo para retificar a quebra de *covenant* contratual (reenquadramento nos índices de endividamento e cobertura de juros, por exemplo) de empréstimo de longo prazo.<br>4. Liquidação de passivo classificado como não circulante. |

## 2. ESTRUTURA DO BALANÇO PATRIMONIAL

O Balanço Patrimonial reúne as contas citadas no item 54 do CPC 26 e que já foram apresentadas nas Contas Sintéticas 1 – Ativo e 2 – Passivo do Plano de Contas constante no capítulo 6. A Figura 19.1 ilustra a demonstração.

**Figura 19.1:** Balanço Patrimonial – Principais Contas até o 3º nível

| Ativo Circulante | Passivo Circulante |
|---|---|
| **Disponível**<br>**Clientes ou Duplicatas a Receber**<br>(-) Perdas estimadas para créditos de liquidação duvidosa<br>(-) Ajuste a Valor Presente (AVP)<br>**Créditos de Funcionários**<br>**Impostos e Contribuições a Recuperar**<br>**Estoques (mercadorias e produtos)**<br>(-) Perdas estimadas para estoques não realizáveis<br>**Estoques: produtos agrícolas**<br>**Participações Societárias Temporárias (ativos financeiros)**<br>Disponíveis para venda<br>Destinadas à negociação<br>Mantidas até o vencimento<br>(-) Perdas prováveis na realização do seu valor para as mantidas até o vencimento<br>**Empréstimos e Recebíveis (ativos financeiros)**<br>**Despesas de exercícios seguintes pagas antecipadamente**<br>**Ativos Não Circulantes mantidos para venda**[1]<br>(-) Impairment<br>**Ativos Não Circulantes**[2] **mantidos para distribuição aos sócios**<br>(-) Impairment<br>**Ativos especiais** | **Salários e encargos sociais a pagar**<br>**Fornecedores**<br>**Obrigações Fiscais**<br>**Empréstimos e Financiamentos**<br>Empréstimos e financiamentos bancários de curto prazo<br>Promissórias a pagar<br>Duplicatas descontadas<br>Cheque especial<br>(-) Juros a apropriar ou Juros a transcorrer<br>**Participações Estatutárias a Pagar**<br>**Dividendos a Pagar**<br>**Juros sobre o Capital Próprio a Pagar**<br>**Debêntures**<br>Prêmios a amortizar<br>(-)deságio a amortizar<br>(-)custos a amortizar<br>**Outras Obrigações Diversas**<br>Adiantamento de clientes<br>Contas a pagar<br>Comissões a pagar<br>**Provisões** |

1 Sofrem redução ao valor recuperável utilizando apenas o valor justo líquido da despesas com vendas.

2 Sofrem redução ao valor recuperável utilizando apenas o valor justo líquido da despesas com vendas.

| **Ativo não Circulante** | **Passivo não Circulante** |
|---|---|
| **Ativo Realizável a Longo Prazo** | **Empréstimos e Financiamentos** |
| Participações societárias temporárias | Empréstimos e financiamentos bancários de longo prazo |
| (-) Impairment | Títulos a pagar longo prazo |
| Ativos fiscais diferidos | AFAC – Adiantamento para Futuro Aumento de Capital com possibilidade de devolução |
| **Investimento** | **Debêntures** |
| Propriedade para investimento pelo valor justo | **Tributos diferidos (passivos fiscais diferidos)** |
| Propriedade para investimento pelo custo | **Parcelamentos** |
| (-) Depreciação acumulada | (-) Ajuste a valor presente |
| (-) Impairment | **Provisões** |
| Participações societárias permanentes | PL |
| (-) Impairment | **Capital Social** |
| Goodwill (demonstrações individuais) | Capital social subscrito |
| (-) Impairment | (-) Capital social a integralizar |
| **Imobilizado** | (-) Gastos com emissão de Ações |
| Bens em operação | AFAC – Adiantamento para Futuro Aumento de Capital |
| Propriedades ocupadas pelo proprietário | **Reserva de Capital** |
| (-) Depreciação acumulada | Ágio na emissão de ações |
| (-) Impairment | Bônus de subscrição |
| Ativo qualificável | Partes beneficiárias |
| Ativo biológico (planta portadora) | Opções outorgadas reconhecidas |
| (-)Depreciação acumulada: planta portadora | **Ajuste de Avaliação Patrimonial** |
| Ativo biológico (rebanhos) | **Reserva de Lucros** |
| Imobilizado (direito de uso – arrendamentos) | Reserva Legal |
| Benfeitorias em imóveis arrendados | Reserva Estatutária |
| (-) Depreciação acumulada de bens arrendados | Reserva para Contingências |
| Imobilizado em Andamento | Reserva de Retenção de Lucros |
| **Intangível** | Reserva de Lucros a Realizar |
| Marcas e patentes | Reserva Especial para Dividendos Obrigatórios Não Distribuídos |
| (-) Amortização acumulada | Reserva de Incentivos Fiscais |
| (-) Impairment | Reserva de Lucros Específica de Prêmio de Emissão de Debêntures |
| Goodwill (demonstrações consolidadas) | **(-) Ações em Tesouraria** |
| (-) Impairment | **Ajuste Acumulado de Conversão** |
| Ativo qualificável | **Lucros ou Prejuízos Acumulados** |
| (-) Amortização acumulada | (+/-) Lucros ou Prejuízos Acumulados |
| (-) Impairment | (+/-) Ajustes de Exercícios Anteriores |
| Intangível (direito de uso – arrendamentos) | (-) Dividendos Antecipados |

**Chamada 122 do autor:** Estrutura do Balanço Patrimonial

## 3. NOTAS EXPLICATIVAS

A entidade deve divulgar, **seja no balanço patrimonial, seja nas notas explicativas**, rubricas adicionais às contas apresentadas (subclassificações), classificadas de forma adequada às operações da entidade.

**As divulgações variam para cada item, por exemplo:**

1. Os itens do ativo imobilizado são segregados em classes de acordo com o Pronunciamento Técnico CPC 27 - Ativo Imobilizado;
2. As contas a receber são segregadas em montantes a receber de clientes comerciais, contas a receber de partes relacionadas, pagamentos antecipados e outros montantes;
3. Os estoques são segregados, de acordo com o Pronunciamento Técnico CPC 16 - Estoques, em classificações tais como mercadorias para revenda, insumos, materiais, produtos em processo e produtos acabados;
4. As provisões são segregadas em provisões para benefícios dos empregados e outros itens; e
5. O capital e as reservas são segregados em várias classes, tais como capital subscrito e integralizado, prêmios na emissão de ações e reservas.

**Evidenciação das Ações**

A entidade deve divulgar o seguinte seja no **balanço patrimonial**, seja na **demonstração das mutações do patrimônio líquido** ou **nas notas explicativas** para cada classe de ações do capital:

1. A quantidade de ações autorizadas.
2. A quantidade de ações subscritas e inteiramente integralizadas, e subscritas, mas não integralizadas.
3. O valor nominal por ação, ou informar que as ações não têm valor nominal.
4. A conciliação entre as quantidades de ações em circulação no início e no fim do período.
5. Os direitos, preferências e restrições associados a essa classe de ações, incluindo restrições na distribuição de dividendos e no reembolso de capital.
6. Ações ou quotas da entidade mantidas pela própria entidade (ações ou quotas em tesouraria) ou por controladas ou coligadas.
7. Ações reservadas para emissão em função de opções e contratos para a venda de ações, incluindo os prazos e respectivos montantes.

Caso se trate de uma entidade sem capital representado por ações, tal como uma sociedade de responsabilidade limitada ou um truste, deve-se evidenciar as alterações durante o período em cada categoria de participação no patrimônio líquido e os direitos, preferências e restrições associados a cada categoria de instrumento patrimonial.

| Evidenciação das Reservas |
|---|
| A entidade deve divulgar o seguinte seja no **balanço patrimonial**, seja na **demonstração das mutações do patrimônio líquido** ou **nas notas explicativas** uma descrição da **natureza e da finalidade de cada reserva** dentro do patrimônio líquido. |

| Reclassificação de itens patrimoniais |
|---|
| Se a entidade tiver reclassificado: |
| 1. Um instrumento financeiro com opção de venda classificado como instrumento patrimonial. |
| **ou** |
| 2. Um instrumento que impõe à entidade a obrigação de entregar à contraparte um valor *pro rata* dos seus ativos líquidos (patrimônio líquido) somente na liquidação da entidade e é classificado como instrumento patrimonial entre os passivos financeiros e o patrimônio líquido. |
| Ela deve **divulgar o** montante **reclassificado para dentro e para fora de cada categoria** (passivos financeiros ou patrimônio líquido), **e o** momento **e o** motivo **dessa reclassificação.** |

## 4. ANÁLISE DO BALANÇO PATRIMONIAL: INDICADORES E QUOCIENTES

A partir do Balanço Patrimonial podem se calcular os índices de liquidez constantes no Quadro 19.1 e os índices de endividamento no Quadro 19.2.

**Quadro 19.1:** Índices de Liquidez

| Índice e fórmula | Interpretação e Análise |
|---|---|
| *Liquidez Imediata* = $\frac{\text{Disponibildades}}{\text{Passivo Circulante}}$ | Avalia a capacidade de pagamento imediato das obrigações de curto prazo considerando as disponibilidades.<br>Quanto maior, menor o risco de inadimplência da empresa. |
| *Liquidez Corrente ou comum* = $\frac{\text{Ativo Circulante}}{\text{Passivo Circulante}}$ | Avalia a capacidade de pagamento das obrigações de curto prazo considerando disponibilidades e direitos de curto prazo.<br>Deve ser maior que 1,0 demonstrando capacidade de pagamento. |

| Índice | Descrição |
|---|---|
| *Liquidez Seca ou Teste Ácido* = $\dfrac{\textit{Ativo Circulante-Estoques-Despesas Antecipadas}}{\textit{Passivo Circulante}}$ | Avalia a capacidade de pagamento das obrigações de curto prazo considerando bens e direitos de curto prazo, **quando a rotatividade de estoque é baixa**.<br>Se menor que 1,0 pode indicar dependência dos estoques |
| *Liquidez Geral* = $\dfrac{\textit{Ativo Circulante+ARLP-Despesas Antecipadas}}{\textit{Passivo Circulante+Passivo Não Circulante}}$ | Avalia a capacidade de pagamento das obrigações de curto e longo prazo considerando disponibilidades e direitos de curto prazo e longo prazos.<br>Na prática é um indicador pouco relevante. Importante considerar em conjunto o ciclo financeiro da empresa. |
| *Solvência Geral ou Margem Garantida* = $\dfrac{\textit{Ativo Circulante+Ativo Não Circulante-Despesas Antecipadas}}{\textit{Passivo Circulante+Passivo Não Circulante}}$ | Avalia a capacidade que a Entidade tem que quitar suas obrigações. |

**A liquidez corresponde a facilidade e rapidez que um bem é convertido em dinheiro, enquanto a Solvência é a capacidade de uma Entidade cumprir suas obrigações. Quanto mais ativos líquidos (liquidez) uma Entidade possui em relação aos seus passivos circulantes, com maior segurança ela consegue pagar suas contas (solvência).**

| Para melhor consistência dos testes, as seguintes contas do Plano de Contas (ver Capítulo 6) devem ser reclassificadas |
|---|
| 1. Despesas do exercício seguintes pagas antecipadamente (1.1.5.00) → Reclassificada para o PL (**redução**).<br>2. Imobilizado em Andamento (1.2.3.06) → **Eliminado**<br>3. Adiantamento de clientes (2.1.1.07) → Reclassificada para o PL (**aumento**). |

**Chamada 123 do autor:** Índices de Liquidez aplicados ao Balanço Patrimonial

Quadro 19.2: Índices de Endividamento

| Índice e fórmula | Objetivo | Polaridade |
|---|---|---|
| *Composição do Envividamento* = $\frac{\textit{Passivo Circulante}}{\textit{Passivo Circulante + Passivo Não Circulante}}$ | Avalia a composição das obrigações de curto prazo face à dívida da entidade. | **Quanto mais próximo de 1, maior o risco de insolvência; e quanto mais próximo de zero melhor.** |
| *Grau de Endividamento 1* = $\frac{\textit{Passivo Circulante + Passivo Não Circulante}}{\textit{PL}}$ | Avalia quanto a empresa tomou de capital de terceiros para cada real **de capital próprio.** | Quanto maior, maior a chance de falência da empresa. Significa que a empresa possui mais capital de terceiros que capital próprio sendo aplicado. |
| *Grau de Endividamento 2* = $\frac{\textit{Passivo Circulante + Passivo Não Circulante}}{\textit{Ativo Total}}$ | Avalia quanto a empresa tomou de capital de terceiros para cada real **aplicado.** | Quanto maior, maior a chance de falência da empresa. Se for apresentado de forma inversa mostra a dependência financeira. O ideal é que fosse inferior a 0,5; pois mostra que existe menos capital de terceiros que capital próprio sendo aplicado, o que aumenta o poder de negociação para novas dívidas com credores. |
| *Grau de Imobilização do PL* = $\frac{\textit{Investimento + Imobilizado + Intangível}}{\textit{PL}}$ | Avalia quanto a empresa aplicou em ativo fixo para cada real **de capital próprio.** | Quanto maior, pior para da empresa; pois maior será o montante do seu PL (capital próprio) aplicado em ativos de baixa liquidez. |
| *Grau de Participação do PL* = $\frac{\textit{PL}}{\textit{Ativo}}$ | Avalia quanto relação do **capital próprio** e da aplicação dos recursos. | Quanto maior, melhor para da empresa. O ideal é que fosse superior a 1, pois mostraria que existe espaço para a empresa captar recursos com terceiros. |
| *Grau de Imobilização dos Recursos não correntes* = $\frac{\textit{Investimento + Imobilizado + Intangível}}{\textit{PL + Passivo Não Circulante}}$ | Avalia quanto a empresa aplicou em ativo fixo para cada real **de capital próprio e de obrigações de longo prazo.** | Quanto maior, pior para da empresa; pois maior será o montante do capital de terceiros aplicado em ativos de baixa liquidez. |

**Legenda:** *Ativo Fixo = Investimento + Imobilizado + Intangível*

**Chamada 124 do autor:** Índices de Endividamento aplicados ao Balanço Patrimonial

Além dessas análises, podem ser feitas análises de quocientes: análise horizontal (evolução) e análise vertical (estrutura). Essa análise de quocientes, diferente dos índices de liquidez e endividamento que estão associados ao Balanço Patrimonial, podem ser aplicadas as demais demonstrações contábeis.

A análise horizontal pode ser de 2 tipos: **Análise anual - Figura 19.2 (com base no ano ou período imediatamente anterior) ou Análise encadeada - Figura 19.3 (com base em uma demonstração mais antiga).**

Na análise Horizontal: a variação nominal utiliza os valores originais das demonstrações; enquanto na variação real e os valores originais são ajustados, isto é, deflacionados ou inflacionados.

**Chamada 125 do autor:** Análise Horizontal e Análise Vertical aplicadas ao Balanço Patrimonial

**Figura 19.2:** Análise Horizontal - Análise anual

| Conta | 20x5 | AH (%) | 20x6 | AH (%) | 20x7 | AH (%) | 20x8 | AH (%) |
|---|---|---|---|---|---|---|---|---|
| Caixa | 10 | 100% | 12 | 120% | 11 | 91,6% | 10 | 90,1% |
| Imóveis | 10 | 100% | 9 | 90% | 11 | 122,2% | 14 | 127,7% |

A Análise Horizontal Anual só deve ser utilizada como complemento da Encadeada, e nunca em substituição a ela.

**Figura 19.3:** Análise Horizontal - Encadeada

| Conta | 20x5 | AH (%) | 20x6 | AH (%) | 20x7 | AH (%) | 20x8 | AH (%) |
|---|---|---|---|---|---|---|---|---|
| Caixa | 10 | 100% | 12 | 120% | 11 | 110% | 10 | 100% |
| Imóveis | 10 | 100% | 9 | 90% | 11 | 110% | 14 | 140% |

| Segmentos de Estudo para Análise Horizontal[3] | |
|---|---|
| 1º Evolução dos Ativos e Passivos de curto prazo. | Se os ativos circulantes crescerem mais que os passivos circulantes → certa folga financeira.<br>Se os passivos circulantes crescerem mais que os ativos circulantes → aperto na liquidez. |
| 2º Evolução do ativo não circulante produtivo. | Reflete a capacidade instalada de produção/vendas. Caso haja um crescimento de vendas, espera-se que haja um maior crescimento do ativo fixo. |
| 3º Evolução da Estrutura de Capital. | Busca-se saber como a empresa está financiando seus ativos: maior preferência por capital de terceiros ou maior preferência por capital próprio; bem como se existe um desequilíbrio na estrutura com maior concentração de dívida em curto prazo em relação à dívida de longo prazo. |

**Figura 19.4:** Análise Vertical

| Conta | 20x5 | AV (%) | 20x6 | AV (%) |
|---|---|---|---|---|
| Ativo | 1000 | 100% | 2000 | 100% |
| Disponível | 50 | 5% | 200 | 10% |
| Participações Societárias Temporárias (ativos financeiros) | 50 | 5% | 100 | 5% |
| Créditos de Funcionários | 75 | 7,5% | 300 | 15% |
| Estoques (mercadorias e produtos) | 75 | 7,5% | 200 | 10% |
| Ativo Realizável a Longo Prazo | 250 | 25% | 100 | 5% |
| Investimento | 50 | 5% | 300 | 15% |
| Imobilizado | 450 | 45% | 800 | 40% |
| Intangível | 0 | 0% | 200 | 10% |

**A análise vertical** é também um processo comparativo, expresso em porcentagem, que se aplica ao se relacionar uma conta ou grupo de contas com um valor afim ou relacionável, identificado no mesmo demonstrativo.

Ao dispor os valores absolutos em forma vertical, pode-se apurar facilmente a participação relativa de cada item contábil no ativo, passivo ou demonstração de resultado de exercício, e sua evolução no tempo.

3 Estrutura e Análise de Balanços. Alexandre Assaf Neto.

## Análise Vertical e a Lei nº 6.404/1976

De acordo com a Lei nº 6.404/1976:

*Art. 176.*

*§ 2º Nas demonstrações, as contas semelhantes poderão ser agrupadas; os pequenos saldos poderão ser agregados, desde que indicada a sua natureza e não ultrapassem 0,1 (um décimo) do valor do respectivo grupo de contas; mas é vedada a utilização de designações genéricas, como «diversas contas» ou «contas-correntes».*

**Desse modo, a base da análise vertical seria o grupo de contas. E contas agregadas são limitadas até 0,1 do grupo desde que seja indicada sua natureza.**

## Simulação 07: Aplicação dos Índices Liquidez, Endividamento e Análise Vertical

Considere o Balanço Patrimonial da Cia FOX e da CIA GOLF.

| Balanço Patrimonial Cia FOX | | |
|---|---|---|
| Conta | 20X1 | AVX1 |
| Ativo | 10.000.000 | 100% |
| **Ativo Circulante** | **6.000.00** | **60%** |
| Disponível | 2.000.000 | 20% |
| Participações Societárias Temporárias mantidas até o vencimento | 500.000 | 5% |
| Clientes ou Duplicatas a Receber | 750.000 | 7,5% |
| Estoques | 2.000.000 | 20% |
| Despesas pagas antecipadamente | 750.000 | 7,5% |
| **Ativo não circulante** | **4.000.000** | **40%** |
| Ativo Realizável a Longo Prazo | 500.000 | 5% |
| Investimento | 1.500.000 | 15% |
| Imobilizado | 1.500.000 | 15% |
| Intangível | 500.000 | 5% |
| Passivo | 10.000.000 | 100% |
| **Passivo Circulante** | **4.000.000** | **40%** |
| **Passivo não Circulante** | **5.000.000** | **50%** |
| **PL** | **1.000.000** | **10%** |

| Balanço Patrimonial Cia GOLF | | |
|---|---|---|
| Conta | 20X1 | AVX1 |
| Ativo | 10.000.000 | 100% |
| **Ativo Circulante** | **5.000.00** | **50%** |
| Disponível | 500.000 | 5% |
| Participações Societárias Temporárias mantidas até o vencimento | 250.000 | 2,5% |
| Clientes ou Duplicatas a Receber | 1.500.000 | 15% |
| Estoques | 2.500.000 | 25% |
| Despesas pagas antecipadamente | 250.000 | 2,5% |
| **Ativo não circulante** | **5.000.000** | **40%** |
| Ativo Realizável a Longo Prazo | 500.000 | 5% |
| Investimento | 1.500.000 | 15% |
| Imobilizado | 2.500.000 | 25% |
| Intangível | 500.000 | 5% |
| Passivo | 10.000.000 | 100% |
| **Passivo Circulante** | **6.000.000** | **60%** |
| **Passivo não Circulante** | **2.000.000** | **20%** |
| **PL** | **2.000.000** | **20%** |

A seguir consta a análise.

| Indicador | Cia FOX[a] | Cia GOLF[a] |
|---|---|---|
| **Liquidez Imediata** $= \frac{Disponibildades}{Passivo\ Circulante}$ | 2/4 → 0,5 | 0,5/5 → 0,1 |
| **Liquidez Corrente** $= \frac{Ativo\ Circulante}{Passivo\ Circulante}$ | 6/4 → 1,5 | 5/6 → 0,83 |
| **Liquidez Seca** $= \frac{Ativo\ Circulante - Estoques - Despesas\ Antecipadas}{Passivo\ Circulante}$ | (6-2-0,75)/4 → 0,8125 | (5-2,5-0,25)/6 → 0,375 |
| **Liquidez Geral** $= \frac{Ativo\ Circulante + ARLP - Despesas\ Antecipadas}{Passivo\ Circulante + Passivo\ Não\ Circulante}$ | (6+0,5-0,75)/(4+5) à 0,64 | (5+0,5-0,25)/(6+2) à 0,66 |
| **Solvência Geral** $= \frac{Ativo\ Circulante + At\ vo\ Não\ Circulante - Despesas\ Antecipadas}{Passivo\ Circulante + Passivo\ Não\ Circulante}$ | (6+4-0,75)/(4+5) à 0,64 | (5+5-0,25)/(6+2) à 0,66 |
| **Composição do Envividamento** $= \frac{Passivo\ Circulante}{Passivo\ Circulante + Passivo\ Não\ Circulante}$ | 4/(4+5) → 0,44 | 5/(5+3)→ 0,625 |
| **Grau de Endividamento 1** $= \frac{Passivo\ Circulante + Passivo\ Não\ Circulante}{PL}$ | (4+5)/1 → 9 | (5+3)/2→ 4 |
| **Grau de Endividamento 2** $= \frac{Passivo\ Circulante + Passivo\ Não\ Circulante}{Ativo\ Total}$ | (4+5)/10 → 0,9 | (5+3)/10→ 0,8 |
| **Grau de Imobilização do PL** $= \frac{Investimento + Imobilizado + Intangível}{PL}$ | (1,5+1,5+0,5)/1 → 3,5 | (1,5+2,5+0,5)/2 → 2,25 |
| **Grau de Imobilização dos Recursos não correntes** $= \frac{Investimento + Imobilizado + Intangível}{PL + Passivo\ Não\ Circulante}$ | (1,5+1,5+0,5)/(1+4) → 0,7 | (1,5+2,5+0,5)/(2+6) → 0,56 |

**Legenda:** (a) valores em milhões.

Análise simplificada: A Cia FOX apresenta melhores índices de liquidez em relação à Cia GOLF, contundo em temos de endividamento, a Cia GOLF está com índices melhores.

## 5. LISTA DE QUESTÕES OBJETIVAS

### 1ª Questão (DPF Agente 2018 CEBRASPE)

O balanço patrimonial representa o valor contábil de uma sociedade empresária em um momento específico, como se fosse um retrato da empresa. Ele é composto por dois lados: no esquerdo estão os ativos da empresa; no direito são identificados os passivos e o capital dos acionistas. A definição contábil que fundamenta e descreve o balanço patrimonial é a seguinte: Ativos = Passivos + Patrimônio líquido.

**Solução**

É exatamente essa a representação do Balanço Patrimonial.

Gabarito: Certo

### 2ª Questão (Receita Federal Analista Tributário 2023 FGV)

Considere as informações apresentadas a seguir sobre a sociedade empresária XPTO no ano de 20XX.

| **Empresa XPTO 20XX** | |
|---|---|
| Caixa e equivalentes | 150 |
| Fornecedores | 150 |
| Empréstimos | 200 |
| Ações Ordinárias | 100 |
| Reservas de Capital | 250 |
| Contas a receber | 600 |
| Estoques | 250 |
| Bens, imóveis, fábricas e equipamentos | 1500 |
| Dívidas de longo prazo | 500 |
| Ações preferenciais | 200 |
| Ativos intangíveis e outros | 300 |
| Despesas a pagar | 50 |
| Impostos diferidos | 300 |
| Reserva de lucros | 400 |
| Depreciação acumulada | 800 |
| Ações em tesouraria | 150 |

No período apresentado, os valores do Ativo Não Circulante, do Passivo Circulante e do Patrimônio Líquido são, respectivamente,

(A) 1000, 400 e 950.

(B) 2300, 700 e 950.

(C) 1000, 400 e 800.
(D) 700, 700 e 950.
(E) 700, 700 e 800.

**Solução**

| | |
|---|---|
| **Ativo Circulante....1.000** | **Passivo Circulante....400** |
| Caixa e equivalentes ....150 | Fornecedores.... 150 |
| Contas a receber....600 | Empréstimos ....200 |
| Estoques ....250 | Despesa a pagar ....50 |
| **Ativo não Circulante....1.000** | **Passivo não Circulante....800** |
| Bens, imóveis, fábricas e equipamentos.. 1.500 | Dívidas de longo prazo ....500 |
| (-) Depreciação acumulada.... (800) | Imposto diferidos ....300 |
| Ativo intangível e outros.... 300 | **PL....800** |
| | Ações ordinárias ....100 |
| | Ações preferenciais ....200 |
| | Reservas de capital ....250 |
| | Reserva de lucros ....400 |
| | (-) Ações em tesouraria....(150) |

Gabarito: **C**

## 6. LISTA DE QUESTÕES DISCURSIVAS

### 1ª Questão (BNDES Contador 2012 Cesgranrio)

Solvência Geral indica a capacidade de cobertura que os ativos têm para cobrir todos os passivos, sendo apurada pela seguinte fórmula:

| | |
|---|---|
| SG =ATO/CTER | Onde:<br>SG = Solvência Geral<br>ATO = Ativo Total<br>CTER = Capital de Terceiros |

Analisando os balanços de uma companhia de capital aberto, publicados em janeiro de 2012, referentes aos exercícios findos em 31 de dezembro de 2010 e 31 de dezembro de 2011, um analista apurou os seguintes índices de solvência geral:

| Indicador | 31/dezembro/2010 | 31/dezembro/2011 |
|---|---|---|
| Solvência Geral (SG) | 2,000 | 4,000 |

Considerando exclusivamente os indicadores recebidos e a boa técnica de análise de balanço, apresente e explique a variação ocorrida na estrutura de capitais de 2011, em relação a 2010.

Extensão máxima: **15 linhas**

### Resolução da Questão

O indicador de solvência geral indica o total do Ativo (Circulante e Não Circulante) dividido pelo total do Passivo Exigível (Circulante e Não Circulante).

Ao observar que o indicador dobrou em 1 ano, observa-se que a capacidade de liquidez melhorou. Contudo é prematuro informar apenas por 1 indicador que uma empresa está sadia.

Na perspectiva do Ativo, pode ser que o aumento tenha se concentrado no Ativo não Circulante que são contas com maior dificuldade de conversão em caso de necessidade financeira. Por outro lado, esse aumento pode ser se concentrado no ativo circulante o que seria ótimo para a empresa quanto a análise de liquidez.

Na perspectiva do Passivo, se o aumento da solvência geral se deu pela redução do Passivo Circulante, isso foi positivo para a empresa quanto à análise de liquidez. Por outro lado. se a redução se concentrou em dívidas de longo prazo, mantendo a estrutura de curto prazo, isso foi negativo para a empresa para a empresa quanto à análise de liquidez.

Desse modo, em que pese a aparente melhora do indicador, a análise deve ser complementada por outros indicadores de liquidez como: imediata, corrente, seca e geral.

## 2ª Questão (Anatel Especialista em Regulação de Serviços Públicos de Telecomunicações Contador 2014 CEBRASPE)

As duas principais características de análise de uma empresa são a comparação dos valores obtidos em determinado período com aqueles levantados em períodos anteriores e o relacionamento desses valores com outros afins. Dessa maneira, pode-se afirmar que o critério básico que norteia a análise de balanços é a comparação.

Alexandre Assaf Neto. Estrutura e análise de balanços: um enfoque econômico-financeiro. 9.ª ed., São Paulo: Atlas, 2010, p. 93. (com adaptações).

Considerando que o fragmento de texto acima tem caráter unicamente motivador, redija um texto dissertativo acerca das análises vertical e horizontal das demonstrações contábeis empresariais. Ao elaborar seu texto, aborde, necessariamente, os seguintes aspectos:

- conceito e mecânica da análise horizontal; [valor: 3,00 pontos]
- conceito e mecânica da análise vertical; [valor: 3,00 pontos]
- relação entre as análises horizontal e vertical. [valor: 3,50 pontos]

Extensão de linhas: até 15.

### Resolução da Questão

A análise horizontal possui caráter temporal e consiste na comparação entre os valores de uma mesma conta ou grupo de contas, ao longo de diferentes exercícios sociais. Nela constroem-se números-índices a partir da divisão do valor monetário de uma conta ou grupo de contas em uma data pelo valor monetário da mesma conta ou grupo de contas em outra data, constatando-se sua variação ao longo do período.

A análise vertical também é um processo comparativo, expresso em porcentagem, que se aplica ao se relacionar uma conta ou grupo de contas com um valor afim ou relacionável, identificado no mesmo demonstrativo contábil. Com esse procedimento, constata-se com mais facilidade a participação de determinado item contábil no ativo, no passivo, nas demonstrações de resultados ou em outras demonstrações contábeis.

O maior potencial desse tipo de análise é obtido quando se combinam as duas dimensões de análise, horizontal e vertical, o que permite avaliar, ao longo do tempo, a participação relativa de cada conta ou grupo de contas em relação aos valores afins ou relacionáveis e, assim, obter uma visão ampla sobre a evolução da companhia em determinado intervalo de tempo e o papel cumprido por cada item patrimonial nessa evolução.

**3ª Questão (SUSEPE/RS – Técnico Penitenciário – Contabilidade 2022 FUNDATEC):**

Elabore um texto dissertativo-argumentativo com extensão mínima de 15 linhas e máximo de 30 expondo suas ideias sobre o tema proposto.

As contas Perdas Estimadas em Créditos de Liquidação Duvidosa, Depreciação Acumulada e Encargos Financeiros a Transcorrer, além de serem todas patrimoniais, possuem uma particularidade, comum a todas elas. Discorra sobre essa peculiaridade. Após isso, descreva a natureza do saldo, a classificação na área do Balanço Patrimonial, a função e o funcionamento de cada uma das referidas contas.

### Resolução da Questão

A peculiaridade comum a todas as 3 contas é que são contas retificadoras. As contas retificadoras possuem saldo invertido em relação ao subgrupo e conta principal a qual pertencem.

Quanto à natureza do saldo, a conta "Perdas Estimadas em Créditos de Liquidação Duvidosa" é uma conta retificadora do Ativo, logo possui saldo credor (inverso ao conjunto dominante das contas do grupo ao qual pertence que possui saldo devedor); conta "Depreciação Acumulada" é uma conta retificadora do Ativo, logo possui saldo credor (inverso ao conjunto dominante das contas do grupo ao qual pertence que possui saldo devedor); a conta "Encargos Financeiros a Transcorrer" é uma conta retificadora do Passivo, logo possui saldo devedor (inverso ao conjunto dominante das contas do grupo ao qual pertence que possui saldo credor).

Quanto à classificação na área do Balanço Patrimonial, a conta "Perdas Estimadas em Créditos de Liquidação Duvidosa" deve ser classificada no ativo circulante associada a conta Duplicatas a Receber (também denominada "Clientes") que possui saldo devedor; a conta "Depreciação Acumulada" deve ser classificada no ativo não circulante no subgrupo imobilizado associada as contas bens imóveis ou bens móveis que possui saldo devedor; a conta "Encargos Financeiros a Transcorrer" deve ser classificada no passivo circulante associada a conta Empréstimos e Financiamentos que possui saldo credor.

Quanto ao funcionamento, a conta "Perdas Estimadas em Créditos de Liquidação Duvidosa" deve utilizada quando a Empresa reconhece que poderá não receber os valores dos clientes em função de inadimplência; a conta "Depreciação Acumulada" deve utilizada quando a Empresa reconhece a depreciação do período no resultado, gerando como contrapartida a depreciação acumulada no passivo; a conta "Encargos Financeiros a Transcorrer" deve ser utilizada quando em uma operação financeira com juros prefixados dentro total de empréstimos se retifica os encargos financeiros a transcorrer para se ter uma visão atual da dívida[4].

## 4ª Questão (TCM-SP - Auditor de Controle Externo - Contabilidade 2023 VUNESP):

A empresa ABCDZ Ltda. necessita de um balanço Patrimonial e determinados índices de liquidez e de rentabilidade para apresentação em uma concorrência. Para tanto, apresentou um balancete com data base de 31.12.2022, como segue:

| Balancete em 31.12.2022 | |
|---|---|
| **Descrição da conta** | **Reais** |
| Ativo Imobilizado, líquido | 126.000,00 |
| Caixa e Equivalentes | 115.000,00 |
| Capital | 100.000,00 |
| Contas a pagar | 15.000,00 |
| Contas a pagar de longo prazo | 38.000,00 |
| Contas a receber de clientes | 80.000,00 |
| Demais contas a receber | 50.000,00 |
| Empréstimos e financiamentos | 64.000,00 |
| Empréstimos e financiamentos LP | 122.000,00 |
| Estoques | 91.000,00 |
| Fornecedores | 56.000,00 |
| Impostos a recolher | 37.000,00 |
| Impostos a recuperar | 25.000,00 |
| Intangíveis | 20.000,00 |
| Investimentos | 30.000,00 |
| Reserva de Lucros | 40.000,00 |
| Reservas de capital | 39.000,00 |
| Salários a pagar | 44.000,00 |
| Títulos a receber | 18.000,00 |

4 Ver capítulo 10.

Com base no balancete, pede-se:

**a)** Prepare o balanço patrimonial da empresa ABCDZ Ltda.

**b)** Calcule os índices de liquidez seca, geral e corrente e discorra sobre a situação financeira da empresa a partir dos resultados apresentados com esses índices.

O resultado dos cálculos dos índices será apresentado em duas casas decimais e utilizando-se do critério de arredondamento.

## Resolução da Questão

Quanto ao item "a", o Balanço Patrimonial da empresa ABCDZ está evidenciado a seguir.

Balanço Patrimonial 31/12/2022

| Ativo | Passivo |
|---|---|
| Ativo Circulante..................379.000 | Passivo Circulante..................216.000 |
| Caixa e Equivalente ..................115.000 | Fornecedores ..................56.000 |
| Imposto a Recuperar.................. 25.000 | Contas a Pagar ..................15.000 |
| Títulos a receber ..................18.000 | Imposto a Recolher ..................37.000 |
| Clientes ..................80.000 | Salários a Pagar ..................44.000 |
| Demais contas a Receber ..................50.000 | Empréstimos e Financiamentos ..................64.000 |
| Estoques (mercadorias e produtos)..........91.000 | |
| Ativo não Circulante..................176.000 | Passivo não Circulante..................160.000 |
| Investimentos ..................30.000 | Contas a Pagar de Longo Prazo ..................38.000 |
| Imobilizado, líquido..................126.000 | Empréstimos e Financiamentos ..................122.000 |
| Intangível ..................20.000 | PL..................179.000 |
| | Capital Social ..................100.000 |
| | Reserva de Capital ..................39.000 |
| | Reserva de Lucros ..................40.000 |

Quanto ao item "b" segue os indicadores de liquidez:

(i) Liquidez Seca = (AC – Despesas Antecipadas – Estoques)/Passivo Circulante

→ Liquidez Seca = ( 379.000 – 0 – 91.000)/216.000 → 288.000/216.00 → 1,33.

(ii) Liquidez corrente = (AC/PC) → Liquidez corrente = 379.000/216.000 → 1,75.

(iii)Liquidez Geral = (AC– Despesas Antecipadas + ARLP)/(PC+PNC)

→ (379.000 – 0 – 0)/(216.000+160.000) → 379.00/376 → 1,01.

Analisando os indicadores de liquidez, observa-se que a empresa ABCDZ está uma situação favorável quanto a sua situação financeira, pois todos os indicadores de liquidez superam 1, mesmo a liquidez seca que desconsidera os estoques. Seus recursos de curto prazo são suficientes para honrar seus compromissos tanto de curto prazo, quanto os compromissos devidos de curto e longo prazo. O único ponto que merece cuidado seria quanto a estrutura de capital, pois suas dívidas estão em maior proporção no curto prazo.

# CAPÍTULO 20

# DEMONSTRAÇÃO DO RESULTADO DO EXERCÍCIO

## 1. BASE NORMATIVA

De acordo com a Lei nº 6.404/1976:

> *Art. 187.* ***A demonstração do resultado do exercício*** *discriminará:*
>
> *I –* ***a receita bruta das vendas e serviços****, as deduções das vendas, os abatimentos e os impostos;*
>
> *II –* ***a receita líquida das vendas e serviços****,* ***o custo das mercadorias*** *e* ***serviços vendidos*** *e o* ***lucro bruto****;*
>
> *III –* ***as despesas com as vendas****,* ***as despesas financeiras****, deduzidas das receitas, as despesas gerais e administrativas, e outras despesas operacionais;*
>
> *IV –* ***o lucro ou prejuízo operacional****, as outras receitas e as outras despesas;*[1]
>
> *V –* ***o resultado do exercício antes do Imposto sobre a Renda e a provisão para o imposto;***[2]

---

1 Ofício-Circular CVM/SNC/SEP Nº 01/2009 e o CTG 02 CFC ratificaram os trechos a seguir do OCPC 02 – Esclarecimentos sobre as Demonstrações Contábeis de 2008:
136. A Medida Provisória no. 449/08 acatou mais essa regra existente nas normas internacionais: a não segregação dos resultados em operacionais e não operacionais. Assim, no âmbito do processo de convergência com as normas internacionais (leitura sistemática das normas e orientações), as entidades deverão apresentar as "outras receitas/despesas" no grupo operacional e não após a linha do "resultado operacional".
137. A classificação nessas normas é a divisão dos resultados em resultados das atividades continuadas e resultado das atividades não continuadas. Isso facilita, enormemente, a capacidade de o usuário prospectar com relação ao futuro da entidade. Este Comitê emitirá em 2009, para validade em 2010, seu Pronunciamento a respeito da matéria, mas por enquanto apenas salienta a não existência, já a partir de 2008, dessa figura das receitas e despesas não operacionais.

2 Em que pese a Lei nº 6.404/1976 (art. 183) utilizar o termo provisão, observa-se que pelo CPC 25 o termo provisão somente pode estar associado a passivos. O termo correto seria "perdas estimadas" ou "perdas prováveis".

> *VI – **as participações de debêntures, empregados, administradores e partes beneficiárias**, mesmo na forma de instrumentos financeiros, e de instituições ou fundos de assistência ou previdência de empregados, que não se caracterizem como despesa;*
>
> *VII – **o lucro ou prejuízo líquido do exercício e o seu montante por ação do capital social.***
>
> *§ 1º Na determinação do resultado do exercício serão computados:*
>
> *a) as receitas e os rendimentos ganhos no período, **independentemente da sua realização em moeda**; e*
>
> *b) os custos, despesas, encargos e perdas, pagos ou incorridos, correspondentes a essas receitas e rendimentos.*

De acordo com o CPC 26:

> *82. Além dos itens requeridos em outros pronunciamentos, a demonstração do resultado do período deve, no mínimo, incluir as seguintes rubricas, obedecidas também às determinações legais:*
>
> ***a) receitas, apresentando separadamente receita de juros calculada utilizando o método de juros efetivos;***
>
> *(aa) ganhos e perdas decorrentes do desreconhecimento de ativos financeiros mensurados pelo custo amortizado; (b) custos de financiamento;*
>
> ***(ba) perda por redução ao valor recuperável (incluindo reversões de perdas por redução ao valor recuperável ou ganhos na redução ao valor recuperável);***
>
> *(c) parcela dos resultados de empresas investidas, reconhecida por meio do método da equivalência patrimonial;*
>
> ***(ca) se o ativo financeiro for reclassificado da categoria de mensuração ao custo amortizado de modo que seja mensurado ao valor justo por meio do resultado, qualquer ganho ou perda decorrente da diferença entre o custo amortizado anterior do ativo financeiro e seu valor justo na data da reclassificação;***
>
> *(cb) se o ativo financeiro for reclassificado da categoria de mensuração ao valor justo por meio de outros resultados abrangentes de modo que seja mensurado ao valor justo por meio do resultado, qualquer ganho ou perda acumulado reconhecido anteriormente em outros resultados abrangentes que sejam reclassificados para o resultado;*
>
> ***(d) tributos sobre o lucro;***
>
> *(e) (eliminada);*
>
> ***(ea) um único valor para o total de operações descontinuadas;***
>
> ***(f) em atendimento à legislação societária brasileira vigente na data da emissão deste Pronunciamento, a demonstração do resultado deve incluir ainda as seguintes rubricas:***
>
> *(i) custo dos produtos, das mercadorias e dos serviços vendidos;*
>
> ***(ii) lucro bruto;***
>
> *(iii) despesas com vendas, gerais, administrativas e outras despesas e receitas operacionais;*
>
> ***(iv) resultado antes das receitas e despesas financeiras;***
>
> *(v) resultado antes dos tributos sobre o lucro;*
>
> ***(vi) resultado líquido do período.***

| Atenção |
|---|
| As receitas devem ser reconhecidas no resultado do exercício com as despesas a elas associadas, independentemente da sua realização em moeda, em atendimento ao **Regime da Competência**.<br>Os itens são reconhecidos na DRE como receitas ou despesas no momento em que ocorrem, independentemente se houve recebimento ou pagamento de valores. |

## 2. ESTRUTURA DA DRE

A Figura 20.1 contém a estrutura comparada da DRE pela Lei nº 6.404/1976 e pelo CPC 26.

**Chamada 126 do autor:** Estrutura da DRE – Lei nº 6.404/1976 *versus* CPC 26

**Figura 20.1:** DRE pela Lei nº 6.404/1976 e pelo CPC 26

| Lei nº 6.404/1976 | CPC 26 |
|---|---|
| Faturamento Bruto | |
| (-) IPI | |
| **(=) Receita Bruta das Vendas e Serviços** | |
| (-) Devoluções/Vendas Canceladas | |
| (-) Abatimentos Concedidos | |
| (-) Descontos Incondicionais | |
| (-) Impostos Sobre Venda[3] | |
| (-) Ajuste a valor presente sobre clientes[4] | |
| (=) Receita Líquida de Vendas | Receita Líquida de Vendas |
| (-) CPV ou CMV | (-) CPV ou CMV |
| **(=) Resultado Operacional Bruto (Lucro ou Prejuízo)** | **(=) Lucro ou Prejuízo Bruto** |
| (-) Despesas Gerais e Administrativas | (-) Despesas Administrativas |

3 ICMS, PIS, COFINS e ISS.

4 Lei nº 12.973/14. Legislação Fiscal.

| (-) Despesas com Vendas ou Despesas Comerciais | (-) Despesas com Vendas |
|---|---|
| **(-) Despesas Financeiras deduzidas das receitas financeiras** | |
| (+ ou -) Outras Receitas Operacionais/Outras Despesas Operacionais (Inclui o MEP) | (+ ou -) Outras Receitas/Outras Despesas |
| | (+ ou -) Parcela dos resultados do método da equivalência patrimonial |
| (=) Resultado Operacional (Líquido)[5] | |
| **(+ ou -) Outras Receitas/Despesas ("não operacionais")** | **(+ ou -) Outras Receitas/Despesas ("não operacionais")** |
| | (=) Lucro antes das Receitas e Despesas Financeiras |
| | **(+ ou -) Receitas Financeiras/Despesas financeiras → Resultado Financeiro** |
| (=) LAIR (Resultado antes do IR/CSLL) | (=) LAIR (Resultado antes dos Tributos sobre o Lucro |
| (-) Despesa com IR e CSLL | (-) Tributos sobre o lucro |
| (-) Participações Estatutárias | (-) Participações Estatutárias |
| | (=) Resultado das operações em continuidade |
| | **(+ ou -) Resultado das operações descontinuadas** |
| (=) Lucro Líquido | (=) Lucro Líquido |
| (/) número de ações | |
| (=) Lucro Líquido por Ação | |

5 Ofício-Circular CVM/SNC/SEP Nº 01/2009 e o CTG 02 CFC ratificaram os trechos a seguir do OCPC 02 – Esclarecimentos sobre as Demonstrações Contábeis de 2008:

136. A Medida Provisória no. 449/08 acatou mais essa regra existente nas normas internacionais: a não segregação dos resultados em operacionais e não operacionais. Assim, no âmbito do processo de convergência com as normas internacionais (leitura sistemática das normas e orientações), as entidades deverão apresentar as "outras receitas/despesas" no grupo operacional e não após a linha do "resultado operacional".

137. A classificação nessas normas é a divisão dos resultados em resultados das atividades continuadas e resultado das atividades não continuadas. Isso facilita, enormemente, a capacidade de o usuário prospectar com relação ao futuro da entidade. Este Comitê emitirá em 2009, para validade em 2010, seu Pronunciamento a respeito da matéria, mas por enquanto apenas salienta a não existência, já a partir de 2008, dessa figura das receitas e despesas não operacionais.

| Questão de Reforço - Perito/Polícia Civil/AL/2023 |
|---|
| Julgue o item a seguir.<br>Havendo resultado de operações descontinuadas na demonstração do resultado do exercício, isso deve ser feito de forma detalhada, evidenciado ganhos e perdas envolvidas.<br>**Solução**<br>Errado, dever reconhecer um único valor para as operações descontinuadas.<br>Gabarito: **Errado.** |

## Figura 20.1A: DRE pela Lei nº 6.404/1976 e o Plano de Contas

| Lei nº 6.404/1976 | Contas Propostas no Capítulo 6 |
|---|---|
| Faturamento Bruto | **Conforme visto no Capítulo 6, essas contas serão acrescidas no plano de contas de Entidades Industriais.** |
| (-) IPI | |
| (=) Receita Bruta das Vendas e Serviços | **Contas do Quadro 6.12.** |
| (-) Devoluções/Vendas Canceladas | |
| (-) Abatimentos Concedidos | |
| (-) Descontos Incondicionais | |
| (-) Impostos Sobre Venda[6] | |
| (-) Ajuste a valor presente sobre clientes[7] | |
| (=) Receita Líquida de Vendas | **Contas do Quadro 6.13.** |
| (-) CPV ou CMV | |
| (=) Resultado Operacional Bruto (Lucro ou Prejuízo) | |
| (-) Despesas Gerais e Administrativas | **Contas do Quadro 6.14.** |
| (-) Despesas com Vendas ou Despesas Comerciais | |
| **(-) Despesas Financeiras deduzidas das receitas financeiras** | |
| (+ ou -) Outras Receitas Operacionais/Outras Despesas Operacionais (Inclui o MEP) | |

6 ICMS, PIS, COFINS e ISS.

7 Lei nº 12.973/14. Legislação Fiscal.

| | |
|---|---|
| **(=) Resultado Operacional (Líquido)** | |
| **(+ ou -) Outras Receitas/Despesas ("não operacionais")** | |
| (=) LAIR (Resultado antes do IR/CSLL) | |
| (-) Despesa com IR e CSLL | **Contas do Quadro 6.15.** |
| (-) Participações Estatutárias | **Contas do Quadro 6.16.** |
| (=) Lucro Líquido | |

| Atenção |
|---|
| Desse modo, aplicando a teoria patrimonialista vista no Capítulo 6: **o Balanço Patrimonial reúne todas as contas Patrimoniais e a DRE reúne todas as contas de Resultado.**<br>As demais Demonstrações Contábeis fornecem visões setorizadas:<br>1.DLPA → foco na conta lucros e prejuízos acumulados.<br>2.DMPL → foco na conta PL (incluindo outros resultados abrangentes).<br>3.DFC → foco na conta caixa e seus reflexos.<br>4.DRA→ Lucro Líquido da DRE + outros resultados abrangentes.<br>5.DVA → foco na distribuição do valor adicionado. |

## Quadro 20.1: Peculiaridades de cada modelo

| Peculiaridades DRE Lei nº 6.404/1976 | Peculiaridades DRE CPC 26 |
|---|---|
| O **Resultado Operacional** é evidenciado separadamente. | O **Resultado Operacional** não é evidenciado. |
| O **Resultado Financeiro** está incorporado no Resultado Operacional. | O **Resultado Financeiro** é **evidenciado após as outras receitas e despesas.** |
| Para se chegar do lucro líquido **se deduzem as participações nessa ordem:**<br>1. Debenturistas.<br>2. Empregados.<br>3. Administradores.<br>4. Partes Beneficiárias.<br>5. Fundos de Empregados. | A lógica dos CPCs 26 e 31 é segregar na DRE 2 conjuntos de operações: (i) **continuadas** e (ii) **das descontinuadas.** A Lei nº 6.404/1976 não entra nesse detalhe.<br>Para se chegar do lucro líquido **se considerada** o **resultado líquido das operações descontinuadas.** |

**Figura 20.2:** Estrutura da DRE na IFRS 18

| Receita Líquida de Vendas | |
|---|---|
| (+) Outras Receitas | Operacional |
| (-) Matéria prima e materiais | |
| (+) Variação dos Estoques | |
| (-) Despesa com salários e benefícios | |
| (-) Despesas de Depreciação e Amortização | |
| (-) Despesas com Pesquisa | |
| (-) Perdas com marketing | |
| (-) Outras Despesas | |
| (=) Lucro Operacional (Líquido) | |
| (+ ou -) Resultado de Equivalência Patrimonial coligadas e controladas | Investimento |
| (+ ou -) Resultado de Equivalência Patrimonial de Joint Ventures | |
| (+ ou -) Receita/Despesa Financeira de ativos financeiros | |
| (+ ou -) Receita/Despesa Financeira de caixa e equivalente de caixa | |
| (+) Receita de Dividendos | |
| (+ ou -) Receita/Despesa de Variação do Valor Justo de ativos financeiros | |
| (=) Lucro antes de Financiamento e Impostos | |
| (-) Despesa de juros de financiamentos | Financiamento |
| (+ ou -) Variação cambial de financiamentos | |
| (-) Provisões | |
| (=) LAIR | |
| (-) IR e CSLL | |
| (=) Lucro Líquido | |

Observa-se que a nova estrutura de DRE prevista na IFRS aproxima-a da Demonstração dos Fluxos de Caixa que será estudada em capítulo seguinte.

**Chamada 127 do autor:** Detalhamento do CMV e do CPV

**Um item que merece destaque em ambos os modelos é o Custo da Mercadoria Vendida ou Custo dos Produtos Vendidos. Seria o item que incide sobre a Receita Líquida de Vendas e gera o Lucro Bruto.**

**Figura 20.3:** Decomposição do CMV (Entidades Comerciais)

| | |
|---|---|
| | **Estoque Inicial de Mercadorias** |
| + | **Compras de Mercadorias Efetuadas no Período** |
| - | **Estoque Final de Mercadorias** |
| = | **Custo da Mercadoria Vendida** |

**Figura 20.4:** Decomposição do CPV (Entidades Industriais)

**CPV = EIPA + CPA – EFPA**

CPV: Custo dos Produtos Vendidos

EIPA: Estoque Inicial de Produtos Acabados

CPA: Custo da Produção Acabada

EFPA: Estoque Final de Produtos Acabados

**CPA = EIPP + CPP – EFPP**

CPA: Custo da Produção Acabada

EIPP: Estoque Inicial de Produtos em Processo

CPP: Custo da Produção do Período

EFPP: Estoque Final de Produtos em Processo

**CPP = MD + MOD + CIF**

CPP: Custo da Produção do Período

MD: Material Direto

MOD: Mão de obra Direta

CIF: Custo Indiretos de Fabricação

**MD = EIMD + C – EFMD**

EIMD: Estoque Inicial de Material Direto

EFMD: Estoque Final de Material Direto

C: Compras

## 3. NOTAS EXPLICATIVAS DA DRE CONFORME O CPC 26

### 3.1. Métodos para a apresentação da Despesa na DRE

As despesas devem ser subclassificadas a fim de destacar componentes do desempenho que possam diferir em termos de frequência, potencial de ganho ou de perda e previsibilidade.

A entidade deve apresentar uma **análise das despesas utilizando uma classificação baseada na sua natureza**, se permitida legalmente, ou na sua função dentro da entidade, devendo eleger o critério que proporcionar informação confiável e mais relevante, obedecidas às determinações legais.

**Quadro 20.2:** Métodos para a apresentação da Despesa

| Método | Característica |
|---|---|
| Função | As despesas são **organizadas com relação ao destino**, ao que se prestam. Por exemplo, teremos custo dos produtos vendidos, despesas das atividades administrativas, despesas financeiras. Por isso, o método da função também é conhecido como "custo dos produtos e serviços vendidos. |
| | **É o modelo adotado pela Lei nº 6.404/1976.** |
| | As entidades que classificarem os gastos por função **devem divulgar informação adicional sobre a natureza das despesas**, incluindo as despesas de depreciação e de amortização e as despesas com benefícios aos empregados. |
| Natureza | As despesas são **agregadas de acordo com sua origem, sua causa**, como, por exemplo, despesas de depreciação, despesas de publicidade, despesas com empregados. Este é um método mais intuitivo a ser construído, mas que comumente **proporciona informação menos relevante.** |
| | Deve ser utilizado apenas quando há permissão legal, contudo as informações sobre a natureza da despesa devem ser adicionadas às notas explicativas quando se usa o método da função. |

**Figura 20.5:** Método da Função – Adotado pela Lei nº 6.404/1976

| | |
|---|---|
| **Receitas X** | **X** |
| Custo dos produtos e serviços vendidos | (-)X |
| **Lucro bruto** | **X** |
| Outras receitas | X |
| Despesas de vendas | (-)X |

| | |
|---|---|
| Despesas administrativas | (-)X |
| Outras despesas | (-)X |
| **Total da despesa** | **(-) Somatório** |
| **Resultado antes dos tributos** | **(+ ou -) X** |

**Figura 20.6:** Método da Natureza

| | |
|---|---|
| **Receitas** | **X** |
| **Outras Receitas** | **X** |
| Variação do estoque de produtos acabados e em elaboração | (-)Xa |
| Consumo de matérias-primas e materiais | (-)Xb |
| Despesa com benefícios a empregados | (-)Xc |
| Depreciações e amortizações | (-)Xd |
| Outras despesas | (-)Xe |
| **Total da despesa** | **(-) Somatório** |
| **Resultado antes dos tributos** | **(+ ou -) X** |

A escolha entre o método da função das despesas e o método da natureza das despesas depende de fatores históricos e setoriais e da natureza da entidade. Ambos os métodos proporcionam uma indicação das despesas que podem variar, direta ou indiretamente, com o nível de vendas ou de produção da entidade. Dado que cada método de apresentação tem seu mérito conforme as características de diferentes tipos de entidade que **cabe à administração eleger o método de apresentação mais relevante e confiável, atendidas as exigências legais. Entretanto, dado que a informação sobre a natureza das despesas é útil ao prever os futuros fluxos de caixa, é exigida divulgação adicional quando for usada a classificação com base no método da função das despesas.**

## 3.2. Aspectos específicos

Quando os itens de receitas e despesas **são materiais**, sua natureza e montantes devem ser **divulgados separadamente.**

| As circunstâncias que dão origem à divulgação separada de itens de receitas e despesas |
|---|
| 1. Reduções nos estoques ao seu valor realizável líquido ou no ativo imobilizado ao seu valor recuperável, bem como as reversões de tais reduções. |
| 2. Reestruturações das atividades da entidade e reversões de quaisquer provisões para gastos de reestruturação. |
| 3. Baixas de itens do ativo imobilizado. |
| 4. Baixas de investimento. |
| 5. Unidades operacionais descontinuadas. |
| 6. Solução de litígios. |
| 7. Outras reversões de provisões. |

| Resultado Líquido |
|---|
| Todos os itens de receitas e despesas reconhecidos no período devem ser incluídos no resultado líquido do período a menos que um ou mais Pronunciamentos Técnicos, Interpretações e Orientações do CPC requeiram ou permitam procedimento distinto[a]. |

**Legenda:** (a) Correção de erros e o efeito de alterações nas políticas contábeis (CPC 23).

# 4. MODALIDADES DE TRIBUTAÇÃO SOBRE O LUCRO E IMPACTOS NA DRE

De acordo com o Regulamento do Imposto de Renda (Decreto nº 9.580/2018):

> *Art. 217.* ***O imposto sobre a renda das pessoas jurídicas*** *será determinado com base no* ***lucro real, presumido ou arbitrado****, por* ***períodos de apuração trimestrais****, encerrados nos dias* ***31 de março, 30 de junho, 30 de setembro e 31 de dezembro*** *de cada ano-calendário.*
>
> *§ 1º Nas hipóteses de incorporação, fusão ou cisão, a apuração da base de cálculo e do imposto sobre a renda devido será efetuada na data do evento, observado o disposto* ***no art. 232.***
>
> *§ 2º Na extinção da pessoa jurídica, pelo encerramento da liquidação, a apuração da base de cálculo e do imposto sobre a renda devido será efetuada na data desse evento.*
>
> *Art. 218. A pessoa jurídica que optar pelo pagamento do imposto sobre a renda na forma estabelecida nesta Seção deverá apurar o lucro real em 31 de dezembro de cada ano ( Lei nº 9.430, de 1996, art. 2º, § 3º ).*
>
> *Parágrafo único. Nas hipóteses de que tratam os § 1º e § 2º do art. 217 , o lucro real deverá ser apurado na data daquele evento.*
>
> *Art. 232. A pessoa jurídica que tiver parte ou todo o seu patrimônio absorvido em decorrência de incorporação, fusão ou cisão* ***deverá levantar balanço específico para esse fim, observada a legislação comercial.***
>
> *§ 1º O balanço específico a que se refere o caput deverá ser levantado na data do evento.*

Unidade Didática IV
Demonstrações Contábeis –
Apresentação e Análise de Balanços

*§ 2º Considera-se data do evento a data da deliberação que aprovar a incorporação, a fusão ou a cisão.*

*§ 3º **O imposto sobre a renda devido deverá ser pago no prazo estabelecido no art. 924.***

*§ 4º A pessoa jurídica incorporada, incorporadora, fusionada ou cindida deverá apresentar declaração de rendimentos correspondente ao período transcorrido durante o ano-calendário, em seu próprio nome, na forma, no prazo e nas condições estabelecidos pela Secretaria da Receita Federal do Brasil do Ministério da Fazenda.*

*§ 5º O disposto no § 4º não se aplica à pessoa jurídica incorporadora, nas hipóteses em que as pessoas jurídicas, incorporadora e incorporada, estivessem sob o mesmo controle societário desde o ano-calendário anterior ao do evento.*

*[...]*

*Art. 924. O pagamento do imposto sobre a renda correspondente a período de apuração encerrado em decorrência de incorporação, fusão ou cisão e de extinção da pessoa jurídica pelo encerramento da liquidação **deverá ser efetuado até o último dia útil do mês subsequente ao da ocorrência do evento**, hipótese em que não é facultado exercer a opção prevista no § 1º do art. 919.*

*[...]*

*Art. 218. A pessoa jurídica que optar pelo **pagamento do imposto sobre a renda na forma estabelecida nesta Seção (anual) deverá apurar o lucro real em 31 de dezembro de cada ano**.*

*Parágrafo único. Nas hipóteses de que tratam os § 1º e § 2º do art. 217 , o lucro real deverá ser apurado na data daquele evento.*

*[...]*

*Art. 219. A pessoa jurídica sujeita à tributação com base no lucro real **poderá optar pelo pagamento do imposto sobre a renda e do adicional, em cada mês, determinados sobre a base de cálculo estimada.***

*Parágrafo único. A opção será manifestada com o pagamento do imposto sobre a renda correspondente ao mês de janeiro ou de início de atividade, observado o disposto no art. 229*

### Quadro 20.3: Modalidades de Lucro

| Modalidade | Características |
|---|---|
| Real ou fiscal | É o recolhimento tributário tem por base o faturamento real da Entidade. |
| | A despeito de qualquer empresa poder optar por este regime, o Lucro Real é obrigatório àquelas cuja receita bruta no ano anterior foi superior a R$ 78 milhões brutos ao ano. |
| | Pode efetuar a apuração e pagamento **trimestral ou anual (com possibilidade de pagamento mensal da base estimada).** |
| Simples Nacional | É um regime de tributação que visa simplificar as obrigações fiscais dos **micros e pequenos empresários.** |
| | É preciso ter uma receita bruta **de até R$ 4,8 milhões no ano anterior** e exercer uma das atividades previstas pelo regime. **Efetua a apuração e pagamento mensal.** |

| | |
|---|---|
| Presumido | O recolhimento tributário tem por base uma estimativa de lucro, calculada segundo o tipo de negócio exercido. |
| | Seria o modelo adotado por quem não optou pelo Lucro Real ou não está enquadrado no Simples Nacional. |
| | Só pode optar pelo presumido empresas cuja receita bruta total no ano calendário anterior tenha sido igual ou inferior a R$ 78 milhões. |
| | Deve efetuar a apuração e pagamento **trimestral**. |
| Arbitrado | Não pode ser escolhido pelo contribuinte. |
| | É aplicável pela autoridade tributária quando a pessoa jurídica deixar de cumprir as obrigações acessórias relativas à determinação do lucro real ou presumido, conforme o caso. |
| | Deve efetuar a apuração e pagamento **trimestral**. |

## 4.1. Lucro Presumido

**Abrangência do Lucro Presumido**

**De acordo com o RIR/2018:**

*Art. 587.* ***A pessoa jurídica cuja receita bruta total no ano-calendário anterior tenha sido igual ou inferior a R$ 78.000.000,00*** *(setenta e oito milhões de reais) ou a R$ 6.500.000,00 (seis milhões e quinhentos mil reais) multiplicado pelo número de meses de atividade do ano--calendário anterior, quando inferior a doze meses,* ***poderá optar pelo regime de tributação com base no lucro presumido.***

*§ 1º A opção pela tributação com base no lucro presumido será definitiva em relação a todo o ano-calendário.*

*§ 2º Relativamente aos limites de que trata este artigo, a receita bruta auferida no ano anterior será considerada de acordo com o regime de competência ou caixa, observado o critério adotado pela pessoa jurídica, caso tenha, naquele ano, optado pela tributação com base no lucro presumido.*

***§ 3º Somente a pessoa jurídica que não esteja obrigada à tributação pelo lucro real poderá optar pela tributação com base no lucro presumido.***

*§ 4º A opção de que trata este artigo será manifestada com o pagamento da primeira ou da quota única do imposto sobre a renda devido correspondente ao primeiro período de apuração de cada ano-calendário.*

*Art. 588.* ***O imposto sobre a renda com base no lucro presumido será determinado por períodos de apuração trimestrais****, encerrados nos dias 31 de março, 30 de junho, 30 de setembro e 31 de dezembro de cada ano-calendário, observado o disposto neste Título e no Título XI .*

**Bases de Cálculo do Lucro Presumido: intermediária e final**

**Quanto a primeira Base de Cálculo, segundo o RIR/2018:**

*Art. 591.* ***A base de cálculo do imposto sobre a renda e do adicional, em cada trimestre****, será determinada por meio da aplicação do percentual de oito por cento sobre a receita bruta definida pelo art. 208, auferida no período de apuração, deduzida das devoluções e das vendas*

***canceladas e dos descontos incondicionais concedidos**, e observado o disposto no § 7º do art. 238 e nas demais disposições deste Título e do Título XI .*

*§ 1º Poderá ser deduzida da base de cálculo a compensação fiscal de que trata o inciso VII do parágrafo único do art. 261.*

*§ 2º Não deverão ser computadas na apuração da base de cálculo:*

*I – as receitas próprias da incorporação imobiliária sujeita ao pagamento do imposto sobre a renda pelo regime especial de tributação de que trata o art. 486;*

*II – as receitas próprias da incorporação de unidades habitacionais de valor de até R$ 100.000,00 (cem mil reais) contratadas no âmbito do PMCMV, de que trata a Lei nº 11.977, de 2009 , com opção pelo pagamento do imposto sobre a renda pelo regime especial de tributação de que tratam o § 6º e § 7º do art. 489 ;*

*III – as receitas financeiras e as variações monetárias decorrentes das operações de que tratam os incisos I e II;*

*IV – as receitas próprias da construção de unidades habitacionais de valor de até R$ 100.000,00 (cem mil reais) contratadas no âmbito do PMCMV, de que trata a Lei nº 11.977, de 2009 , com opção pelo pagamento do imposto sobre a renda pelo regime especial de tributação de que trata o art. 495; e*

*V – as receitas próprias de construção ou reforma de estabelecimentos de educação infantil com opção pelo pagamento do imposto sobre a renda pelo regime especial de tributação de que trata o art. 491.*

*§ 3º O valor do vale-pedágio não integrará o valor do frete e não será considerado receita operacional.*

*§ 4º Não constituem receita das microempresas e das empresas de pequeno porte não optantes pelo Simples Nacional, de que trata a Lei Complementar nº 123, de 2006 , as importâncias recebidas e destinadas à execução de pesquisa tecnológica e de desenvolvimento de inovação tecnológica de interesse e por conta e ordem da pessoa jurídica que promoveu a transferência, ainda que a pessoa jurídica recebedora dessas importâncias venha a ter participação no resultado econômico do produto resultante, desde que utilizadas integralmente na realização da pesquisa ou do desenvolvimento de inovação tecnológica.*

**A seguir constam as principais alíquotas que incidem sobre a Receita Líquida de Vendas.**

## Quadro 20.4: Principais alíquotas que incidem sobre a Receita Líquida de Vendas no Lucro Presumido

| Atividade da Pessoa Jurídica | Percentual aplicado à Receita Bruta após deduções |
|---|---|
| Serviços em geral | 32% |
| Serviços de transporte, exceto o de cargas | 16% |
| Indústria e Comércio, exceto revenda de combustíveis para consumo | 8%* |
| Serviços hospitalares e de transporte de cargas | 8%* |
| Revenda para consumo de combustível | 1,6% |

**Legenda:** * é a alíquota do caput do art. 591 do RIR/2018.

**Quanto à segunda Base de Cálculo, segundo o RIR/2018:**

> *Art. 623. A pessoa jurídica **pagará o imposto sobre a renda à alíquota de quinze por cento sobre o lucro real, presumido ou arbitrado**, apurado de conformidade com o disposto neste Regulamento.*
>
> *Parágrafo único. O disposto neste artigo aplica-se, inclusive, à pessoa jurídica que explorar atividade rural de que trata a Lei nº 8.023, de 1990.*
>
> *Art. 624. A **parcela do lucro real, presumido ou arbitrado** que **exceder o valor resultante da multiplicação de vinte mil reais pelo número de meses do período de apuração** fica sujeita à **incidência de adicional de imposto sobre a renda à alíquota de dez por cento.***

**Conclui-se que:**

**1. Inicialmente aplica-se a alíquota do segmento da empresa sobre a Receita Bruta menos Deduções e chega-se a Base Cálculo intermediária.**

**2. Posteriormente, aplica-se 15% sobre toda a Base de Cálculo intermediária trimestral. Caso a Base Intermediária trimestral supere R$ 60 mil, aplica-se 10% sobre o "excesso de lucro" (parcela adicional).**

**Figura 20.7:** Fluxo para cálculo do Lucro Presumido - aplicação trimestral

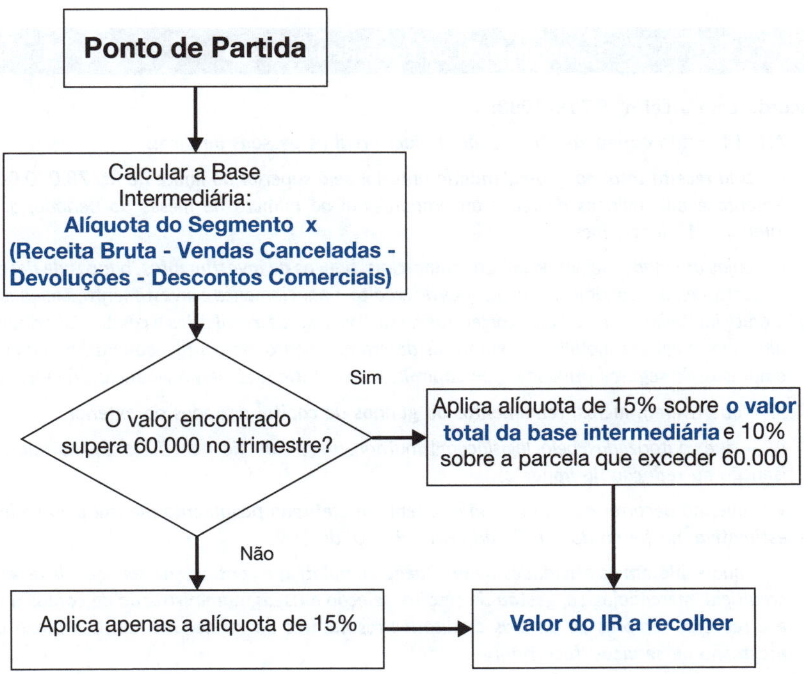


**Chamada 128 do autor:** Aplicação do Lucro Presumido

**Simulação 01: Aplicação do Lucro Presumido**

Uma Empresa de Serviços Hospitalares realizou em 3 meses:

-Vendas no valor de R$ 1.100.000.

-Deduções de vendas no valor de R$ 100.00.

Para se chegar ao valor do Imposto de Renda a ser recolhido, segue-se os seguintes passos:

| | |
|---|---|
| 1° | Receita de Vendas Líquidas x Alíquota do segmento de 8% = 1.000.000 x 8% = R$ 80.000 (base intermediária). |
| 2° | Observa-se que neste caso, o valor da base intermediária supera R$ 60.000 em R$ 20.000. |
| 3° | Assim, o IR a recolher seria = (15% x 80.000) + (10% x 20.000) → 12.000 + 2.000 → R$ 14.000. |

Caso o valor da base intermediária fosse até 60.000, seria aplicado apenas 15%.

## 4.2. Lucro Real

**Abrangência do Lucro Real ou Fiscal**

**De acordo com a Lei n° 9.718/1988:**

*Art. 14. Estão obrigadas à apuração do lucro real as pessoas jurídicas:*

*I - **cuja receita total no ano-calendário anterior seja superior ao limite de R$ 78.000.000,00** (setenta e oito milhões de reais) ou proporcional ao número de meses do período, quando inferior a 12 (doze) meses;*

*II - cujas atividades sejam de bancos comerciais, bancos de investimentos, bancos de desenvolvimento, caixas econômicas, sociedades de crédito, financiamento e investimento, sociedades de crédito imobiliário, sociedades corretoras de títulos, valores mobiliários e câmbio, distribuidoras de títulos e valores mobiliários, empresas de arrendamento mercantil, cooperativas de crédito, empresas de seguros privados e de capitalização e entidades de previdência privada aberta;*

*III - que tiverem **lucros, rendimentos ou ganhos de capital oriundos do exterior**;*

*IV - que, autorizadas pela legislação tributária, usufruam de benefícios fiscais relativos à isenção ou redução do imposto;*

*V - que, no decorrer do ano-calendário, **tenham efetuado pagamento mensal pelo regime de estimativa**, na forma do art. 2° da Lei n° 9.430, de 1996;*

*VI - que explorem as atividades de prestação cumulativa e contínua de serviços de assessoria creditícia, mercadológica, gestão de crédito, seleção e riscos, administração de contas a pagar e a receber, compras de direitos creditórios resultantes de vendas mercantis a prazo ou de prestação de serviços (factoring).*

*VII - que explorem as **atividades de securitização de crédito**.*

**Conclui-se que além do critério da materialidade da receita total, incide o critério especialidade da atividade desempenhada pela Entidade (Bancos, securitização, factoring etc.).**

**Composição do Lucro Real e do Lucro Líquido**

**Segundo o RIR/2018:**

*Art. 258. O lucro real é o lucro líquido do período de apuração* ***ajustado pelas*** *adições, exclusões ou compensações prescritas ou autorizadas por este Regulamento.*

*§ 1º A determinação do lucro real será precedida da apuração do lucro líquido de cada período de apuração em observância às disposições das leis comerciais.*

*§ 2º Os valores que, por competirem a outro período de apuração, forem, para efeito de determinação do lucro real, adicionados ao lucro líquido do período de apuração, ou dele excluídos, serão, na determinação do lucro real do período de apuração competente, excluídos do lucro líquido ou a ele adicionados, respectivamente.*

*Art. 259. O lucro líquido do período de apuração é a* ***soma algébrica*** *do lucro operacional, das demais receitas e despesas, e das participações (estatutárias), e deverá ser determinado em observância aos preceitos da lei comercial.*

**Conclui-se que:**

1. O "lucro líquido" do RIR/2018 corresponde ao LAIR da DRE da Figura 20.1.

**2. A fórmula do Lucro Real é essa: Lucro Real = LAIR + Adições - Exclusões - Compensações.**

**3.O Lucro real é base intermediária. Aplica-se 15% sobre toda a Base de Cálculo intermediária. Caso a Base Intermediária supere R$ 60 mil, aplica-se 10% sobre a parcela adicional.**

4. As adições correspondem às despesas não dedutíveis para cálculo dos tributos. São despesas que embora sejam registradas normalmente, a legislação do Imposto de Renda não as aceita como redutoras da base de cálculo do imposto, **devendo ser tributadas. Resumo: Adição = Despesa tributada.**

5. As exclusões correspondem às receitas não tributáveis. São receitas que embora contabilizadas normalmente, aumentando o lucro contábil, a legislação do Imposto de Renda as considera **fora do alcance da tributação. Resumo: Exclusão = Receita não tributada.**

6. As compensações representam os prejuízos fiscais **de exercícios anteriores** que poderão ser compensados nos períodos subsequentes, se a empresa apurar um Lucro Real. Prejuízo fiscal não se confunde com prejuízo contábil. Ou seja: pode ter ocorrido um lucro contábil e após adições e exclusões ocorrer um prejuízo fiscal ou lucro fiscal; e de igual modo, pode ter ocorrido um prejuízo contábil e após adições e exclusões ocorrer um lucro fiscal ou prejuízo fiscal.

**Teto para compensação (compensação máxima)**

De acordo com o RIR/2018, o prejuízo fiscal apurado em períodos de apuração anteriores, limitada a compensação a trinta por cento do lucro líquido ajustado pelas adições e exclusões previstas neste Regulamento, desde que a pessoa jurídica mantenha os livros e os documentos exigidos pela legislação fiscal.

**Teto da Compensação = 30% x (LAIR + Adições - Exclusões)**

**Figura 20.8:** Fluxo para cálculo do Lucro Real ou Fiscal - aplicação mensal

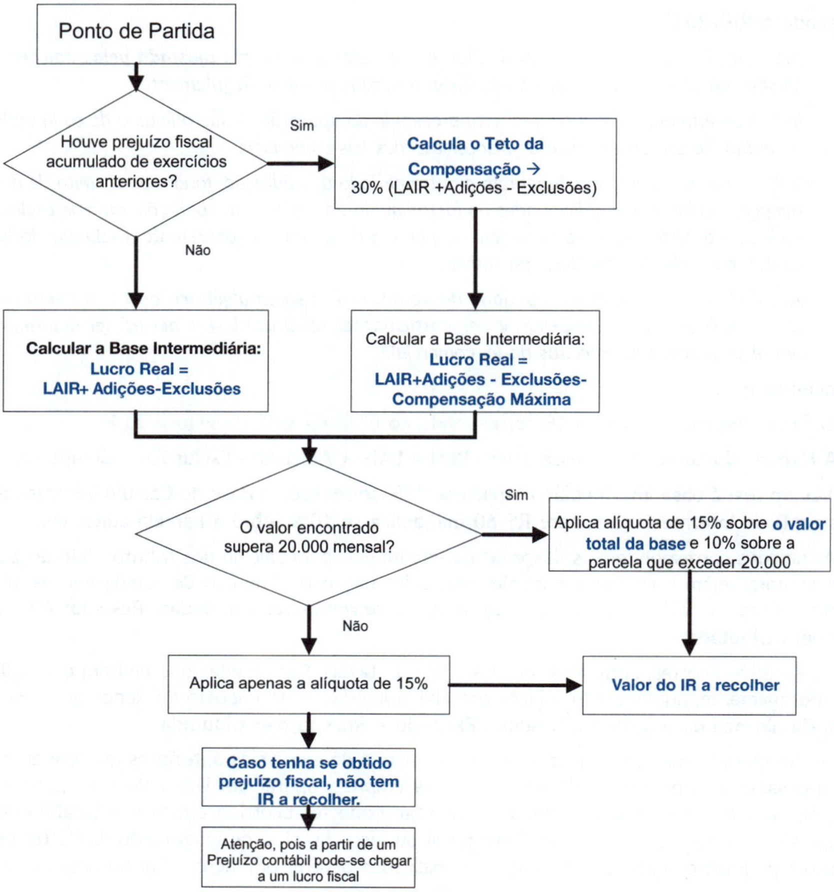


**Chamada 129 do autor:** Aplicação do Lucro Real ou Fiscal

| Adições (Despesas Tributáveis) ao LAIR pelo RIR/2018 para chegar ao Lucro Real[8] |
|---|
| 1. Os custos, as despesas, os encargos, as perdas, as provisões, as participações e **quaisquer outros valores deduzidos na apuração do lucro líquido que, de acordo com a legislação do IRPJ ou da CSLL,** não sejam dedutíveis **na determinação do lucro real ou do resultado ajustado.** |
| 2. Os resultados, os rendimentos, as receitas e quaisquer outros valores não incluídos na apuração do lucro líquido. |
| **Outras Adições** |
| **3.** As quantias retiradas dos lucros ou de fundos ainda não tributados para aumento do capital, para distribuição de interesses ou destinadas a reservas, quaisquer que sejam as designações que tiverem, inclusive lucros suspensos e lucros acumulados. |
| **4.** Os pagamentos efetuados à sociedade simples quando esta for controlada, direta ou indiretamente a) por pessoas físicas que sejam diretores, gerentes, controladores da pessoa jurídica que pagar ou creditar os rendimentos; e b) por cônjuge ou parente de primeiro grau de diretores, gerentes, controladores da pessoa jurídica que pagar ou creditar os rendimentos. |
| **5.** As **perdas** incorridas em operações iniciadas e encerradas no mesmo dia (**day-trade**), realizadas em mercado de renda fixa ou variável. |
| **6. As despesas com alimentação de sócios, acionistas e administradores.** |
| **7.** As contribuições não compulsórias, exceto aquelas destinadas a custear seguros e planos de saúde, e benefícios complementares assemelhados aos da previdência social, instituídos em favor dos empregados e dos dirigentes da pessoa jurídica. |
| **8. As doações, ressalvadas as exceções**[9,7]. |

8 Decreto nº 9.580/2018. Art. 260.

9 Art. 377. São vedadas as deduções decorrentes de doações e contribuições, exceto as relacionadas a seguir ( Lei nº 9.249, de 1995, art. 13, **caput**, inciso VI, e § 2º, incisos II e III ):

I - as efetuadas às instituições de ensino e pesquisa cuja criação tenha sido autorizada por lei federal e que preencham os requisitos a que se referem os incisos I e II do **caput** do art. 213 da Constituição , até o limite de um e meio por cento do lucro operacional, antes de computada a sua dedução e a de que trata o inciso II; e

II - as doações, até o limite de dois por cento do lucro operacional da pessoa jurídica, antes de computada a sua dedução, efetuadas a entidades civis, legalmente constituídas no País, sem fins lucrativos, que prestem serviços gratuitos em benefício de empregados da pessoa jurídica doadora e de seus dependentes, ou em benefício da comunidade onde atuem, observadas as seguintes regras:

a) as doações, quando em dinheiro, serão feitas por meio de crédito em conta corrente bancária diretamente em nome da entidade beneficiária;

b) a pessoa jurídica doadora manterá em arquivo, à disposição da fiscalização, declaração, de acordo com modelo aprovado pela Secretaria da Receita Federal do Brasil do Ministério da Fazenda, fornecida pela entidade beneficiária, em que esta se comprometa a aplicar integralmente os recursos recebidos na realização de seus objetivos sociais, com identificação da pessoa física responsável pelo seu cumprimento, e a não distribuir lucros, bonificações ou vantagens a dirigentes, mantenedores ou associados, sob nenhuma forma ou pretexto; e

c) a entidade beneficiária deverá ser organização da sociedade civil, conforme disposto na Lei nº 13.019, de 31 de julho de 2014, desde que cumpridos os requisito previstos nos art. 3º e art. 16 da Lei nº 9.790, de 1999, independentemente de certificação.

**9.** As despesas com brindes.

**10.** O valor da CSLL, registrado como custo ou despesa operacional.

**11.** As perdas apuradas nas operações realizadas nos mercados de renda variável e de **swap** que excederem os ganhos auferidos nas mesmas operações.

**12.** O valor correspondente ao reconhecimento da realização das receitas originárias de planos de benefícios administrados por entidades fechadas de previdência complementar (pessoa jurídica patrocinadora), que foram registradas contabilmente pelo regime de competência, na forma estabelecida pela CVM ou por outro órgão regulador.

**13.** Os resultados negativos das operações realizadas com os seus associados, na hipótese de sociedades cooperativas que obedecerem ao disposto na legislação específica que não tenham por objeto a compra e o fornecimento de bens aos consumidores.

**14.** O valor correspondente à depreciação ou à amortização constante da escrituração comercial, a partir do período de apuração em que o total da depreciação ou da amortização acumulada, incluídas a contábil e a acelerada incentivada, atingir o custo de aquisição do bem.

**15.** O saldo da depreciação e da amortização acelerada incentivada existente na parte "B" do LALUR, na hipótese de alienação ou de baixa a qualquer título do bem.

**Exclusões (Receitas não tributáveis) e Compensações pelo RIR/2018 ao LAIR para chegar ao Lucro Real[11]**

**1.** Os valores cuja dedução seja autorizada por este Regulamento e que não tenham sido computados na apuração do lucro líquido do período de apuração (**Exemplo**: participação dos administradores e empregados).

**2.** Os resultados, os rendimentos, as receitas e outros valores incluídos na apuração do lucro líquido que, de acordo com a legislação, não sejam computados no lucro real ou no resultado ajustado.

**3.** O prejuízo fiscal apurado em períodos de apuração anteriores, limitada a compensação a trinta por cento do lucro líquido ajustado pelas adições e exclusões previstas neste Regulamento, desde que a pessoa jurídica mantenha os livros e os documentos exigidos pela legislação fiscal, comprobatórios do prejuízo fiscal utilizado para compensação, observado o disposto no art. 514 ao art. 521 do RIR/2018.

**4.** Os rendimentos e os ganhos de capital nas transferências de imóveis desapropriados para fins de reforma agrária, quando auferidos pelo desapropriado.

**5.** Os dividendos anuais mínimos distribuídos pelo Fundo Nacional de Desenvolvimento.

**6.** Os juros reais produzidos por Notas do Tesouro Nacional, emitidas para troca compulsória no âmbito do Programa Nacional de Desestatização, controlados na parte "B" do LALUR, os quais deverão ser computados na determinação do lucro real no período do seu recebimento.

10 Art. 385. Sem prejuízo da dedução do imposto sobre a renda devido e observado o disposto no art. 539, a pessoa jurídica tributada com base no lucro real poderá deduzir integralmente como despesa operacional os valores efetivamente contribuídos em favor de projetos culturais ou artísticos, na forma estabelecida pelo Pronac.
Parágrafo único. O disposto neste artigo não se aplica aos dispêndios com doações e patrocínios na produção cultural dos segmentos de que trata o art. 475.

11 Decreto nº 9.580/2018. Art. 261.

| Outras Exclusões |
| --- |
| **7.** A parcela das perdas adicionadas conforme o disposto no inciso IX do parágrafo único do art. 260[12], a qual poderá, nos períodos de apuração subsequentes, ser excluída do lucro real até o limite correspondente à diferença positiva entre os ganhos e as perdas decorrentes das operações realizadas nos mercados de renda variável e operações de **swap.** |
| **8.** As reversões dos saldos das provisões não dedutíveis. |
| **9.** O valor correspondente às receitas originárias de planos de benefícios administrados por entidades fechadas de previdência complementar (pessoa jurídica patrocinadora), registradas contabilmente pelo regime de competência, na forma estabelecida pela CVM ou por outro órgão regulador, para reconhecimento na data de sua realização. |
| **10.** A compensação fiscal efetuada pelas emissoras de rádio e televisão e pelas empresas concessionárias de serviços públicos de telecomunicações obrigadas ao tráfego gratuito de sinais de televisão e rádio, pela cedência do horário gratuito, na forma estabelecida na legislação específica. |
| **11.** As receitas decorrentes de valores em espécie pagos ou creditados pelos Estados, pelo Distrito Federal e pelos Municípios, relativos ao ICMS e ao ISS, no âmbito de programas de concessão de crédito destinados ao estímulo à solicitação de documento fiscal na aquisição de mercadorias e serviços. |
| **12.** A parcela equivalente à redução do valor das multas, dos juros e do encargo legal em decorrência do disposto nos art. 1° ao art. 3° da Lei n° 11.941, de 2009. |
| **13.** O valor das quotas de fundo que tenha por único objetivo a cobertura suplementar dos riscos do seguro rural nas modalidades agrícola, pecuária, agrícola e florestal, as quais sejam adquiridas por seguradoras, resseguradoras e empresas agroindustriais. |
| **14.** O crédito presumido de IPI de que trata o Inovar-Auto. |

| Detalhamento infralegal |
| --- |
| A Instrução Normativa RFB n° 1700, de 14 de março de 2017, e atualizações posteriores contém de forma detalhada nos Anexos I e II as inclusões e exclusões do "Lucro Líquido" (LAIR) para se chegar ao LALUR. |

**Chamada 130 do autor:** Aprofundamento sobre exclusões e inclusões no lucro Real

12 As perdas apuradas nas operações realizadas nos mercados de renda variável e de **swap** que excederem os ganhos auferidos nas mesmas operações.

## Quadro 20.5: Resumo das Principais Adições e Exclusões do IR e CSLL no Lucro Real ou Fiscal

| Adições<br>(Despesas Tributadas[a] → não dedutível) | Exclusões<br>(Receita não Tributadas[b] → dedutível) |
|---|---|
| **1.Despesas com perdas estimadas para devedores duvidosos.**<br>**2.Despesa com a constituição de provisão para garantias de produtos do exercício.**<br>**3. Despesa com a constituição de provisão para gastos com manutenção e reparo de equipamentos, dedutível para fins fiscais somente quando estes forem efetivamente realizados.**<br>**4. Despesas com perdas estimadas para ajuste ao valor de mercado.**<br>**5.Despesas com provisões trabalhistas.**<br>**6.Perdas de equivalência patrimonial.**<br>**7.Perda de capital em venda a prazo.**<br>**8. Depreciação – Diferença entre as Depreciações Contábil e Fiscal[d].**<br>9.Despesas com multas.<br>10.Despesas sem comprovantes.<br>11.Perdas estimadas permanentes em investimentos.<br>12.Despesas com doações.<br>13.Despesas com brindes não dedutíveis[13].<br>14.Despesas com alimentação de sócios, acionistas e administradores. | **1.Receita de reversão de perdas estimadas para devedores duvidosos.**<br>**2. Receita de reversão de provisão para garantias de produtos do exercício.**<br>**3.Receita de reversão de provisão para gastos com manutenção e reparo de equipamentos, dedutível para fins fiscais somente quando estes forem efetivamente realizados.**<br>**4. Receita de reversão de perdas estimadas para ajuste ao valor de mercado.**<br>**5. Receita de reversão com provisões trabalhistas.**<br>**6.Ganhos de equivalência patrimonial.**<br>**7.Ganho de capital em venda a prazo.**<br>**8. Depreciação – Diferença entre as Depreciações Contábil e Fiscal[e].**<br>9.Receitas governamentais ganhas e não recebidas.<br>**10. Despesa com Participação de Debenturistas[c].**<br>**11. Despesa com Participação de Empregados[c].** |

**Legenda: (a) São despesas que constam na DRE antes do LAIR. (b) São receitas que constam na DRE antes do LAIR. (c) São despesas que constam na DRE após o LAIR e despesas com IR e CSLL. (d)** O valor correspondente à depreciação constante da escrituração comercial, a partir do período de apuração em que o total da depreciação acumulada, computado para fins de apuração do lucro real e do resultado ajustado, atingir o custo de aquisição do bem. **(e)** A diferença entre a quota de depreciação calculada com base no prazo de vida útil admissível estabelecido pela Tabela de Quotas de Depreciação da Receita Federal e a quota de depreciação registrada na contabilidade da pessoa jurídica.

---

13 Lei nº 9.249/1995.

Art. 13. Para efeito de apuração do lucro real e da base de cálculo da contribuição social sobre o lucro líquido, **são vedadas as seguintes deduções**, independentemente do disposto no art. 47 da Lei nº 4.506, de 30 de novembro de 1964:

I – **de qualquer provisão**, exceto as constituídas para o pagamento de férias de empregados e de décimo-terceiro salário, a de que trata o art. 43 da Lei nº 8.981, de 20 de janeiro de 1995, com as alterações da Lei nº 9.065, de 20 de junho de 1995, e as provisões técnicas das companhias de seguro e de capitalização, bem como das entidades de previdência privada, cuja constituição é exigida pela legislação especial a elas aplicável; (Vide Lei nº 9.430, de 1996)

**Objetivo da operação de adições e exclusões**

O objetivo das adições e exclusões seria, a partir do LAIR, inserir despesas contábeis da DRE que devem ser tributadas e excluir receitas contábeis da DRE que não devem ser tributadas.

**Por que "Participação de Debenturistas" e "Participação de Empregados" estão nas exclusões (reduzem a base do IR para fins fiscais) se elas são despesas?**

Contabilmente essas participações são evidenciadas na DRE após LAIR e após a despesa com IR e CSLL; enquanto as demais despesas são evidenciadas antes do LAIR.

**Provisão e Impairment para fins de tributação fiscal**

De acordo com a Lei nº 12.973/2014:

> *Art. 59. Para fins da legislação tributária federal,* ***as referências a provisões alcançam as perdas estimadas no valor de ativos, inclusive as decorrentes de redução ao valor recuperável.***

**Conclui-se que para fins fiscais, o impairment recebe o mesmo tratamento dados as provisões.**

**Depreciação: adição ou exclusão?**

De acordo com a IN 1700/2017:

> *Art. 124. A taxa anual de depreciação será fixada em função do prazo durante o qual se possa esperar a utilização econômica do bem pelo contribuinte, na produção dos seus rendimentos.*
>
> *§ 1º O prazo de vida útil admissível é aquele estabelecido no Anexo III desta Instrução Normativa, ficando assegurado ao contribuinte o direito de computar a quota efetivamente adequada às condições de depreciação dos seus bens, desde que faça prova dessa adequação quando adotar taxa diferente.*
>
> *§ 2º No caso de dúvida, o contribuinte ou a RFB poderá pedir perícia do Instituto Nacional de Tecnologia ou de outra entidade oficial de pesquisa científica ou tecnológica, prevalecendo os prazos de vida útil recomendados por essas instituições, enquanto não forem alterados por decisão administrativa superior ou por sentença judicial, baseadas, igualmente, em laudo técnico idôneo.*

---

II – das contraprestações de arrendamento mercantil e do aluguel de bens móveis ou imóveis, exceto quando relacionados intrinsecamente com a produção ou comercialização dos bens e serviços;

III – **de despesas de depreciação, amortização, manutenção, reparo, conservação, impostos, taxas, seguros e quaisquer outros gastos com bens móveis ou imóveis, exceto se intrinsecamente relacionados com a produção ou comercialização dos bens e serviços**;

IV – **das despesas com alimentação de sócios, acionistas e administradores**;

V – das contribuições não compulsórias, exceto as destinadas a custear seguros e planos de saúde, e benefícios complementares assemelhados aos da previdência social, instituídos em favor dos empregados e dirigentes da pessoa jurídica;

VI – **das doações**, exceto as referidas no § 2º;

VII – **das despesas com brindes.**

VIII – **de despesas de depreciação, amortização e exaustão geradas por bem objeto de arrendamento mercantil pela arrendatária, na hipótese em que esta reconheça contabilmente o encargo.**

*§ 3º Quando o registro do bem for feito por conjunto de instalação ou equipamentos, sem especificação suficiente para permitir aplicar as diferentes taxas de depreciação de acordo com a natureza do bem, e o contribuinte não tiver elementos para justificar as taxas médias adotadas para o conjunto, será obrigado a utilizar as taxas aplicáveis aos bens de maior vida útil que integrarem o conjunto.*

*§ 4º Caso a quota de depreciação registrada na contabilidade do contribuinte seja menor do que aquela calculada com base no § 1º a diferença poderá ser excluída do lucro líquido na apuração do lucro real e do resultado ajustado com registro na Parte B do e-Lalur e do e-Lacs do valor excluído, observando-se o disposto no § 3º do art. 121.*

*§ 5º Para fins do disposto no § 4º, a partir do período de apuração em que o montante acumulado das quotas de depreciação computado na determinação do lucro real e do resultado ajustado atingir o limite previsto no § 3º do art. 121,* ***o valor da depreciação, registrado na escrituração comercial, deverá ser adicionado ao lucro líquido para efeito de determinação do lucro real*** *e do resultado ajustado com a respectiva baixa na parte B do e-Lalur e do e-Lacs.*

*Art. 121. Poderá ser computada como custo ou encargo, em cada exercício, a importância correspondente à diminuição do valor dos bens do ativo não circulante classificados como imobilizado resultante do desgaste pelo uso, ação da natureza e obsolescência normal.*

*§ 1º A depreciação será deduzida pelo contribuinte que suportar o encargo econômico do desgaste ou obsolescência, de acordo com as condições de propriedade, posse ou uso do bem.*

*§ 2º A quota de depreciação é dedutível a partir da época em que o bem é instalado, posto em serviço ou em condições de produzir.*

*§ 3º Em qualquer hipótese, o montante acumulado das quotas de depreciação não poderá ultrapassar o custo de aquisição do bem.*

*§ 4º O valor não depreciado dos bens sujeitos à depreciação que se tornarem imprestáveis ou caírem em desuso importará redução do ativo imobilizado.*

*§ 5º Somente será permitida depreciação de bens móveis e imóveis intrinsecamente relacionados com a produção ou comercialização dos bens e serviços.*

*§ 6º Se o contribuinte deixar de deduzir a depreciação de um bem depreciável do ativo imobilizado em determinado período de apuração, não poderá fazê-lo acumuladamente fora do período em que ocorreu a utilização desse bem, tampouco os valores não deduzidos poderão ser recuperados posteriormente mediante utilização de taxas superiores às máximas permitidas.*

**Conclui-se que para fins fiscais:**

1.Será tratada como adição e será tributado: o valor correspondente à depreciação ou à amortização constante da escrituração comercial, a partir do período de apuração em que o total da depreciação ou da amortização acumulada, incluídas a contábil e a acelerada incentivada, atingir o custo de aquisição do bem **(§ 5º do art.124 da IN 1700/2017).**

2. Será tratada como exclusão e será dedutível (não tributado): caso a quota de depreciação registrada na contabilidade do contribuinte **seja menor** do que aquela calculada **(§ 4º do art.124 da IN 1700/2017).**

As taxas de depreciação fiscal constam no Anexo III da Instrução Normativa RFB nº 1700, de 14 de março de 2017.

Simulação 02: Depreciação Fiscal e Depreciação Contábil

**Suponham-se 2 veículos adquiridos por uma empresa. Cada veículo no valor de R$ 200.000.**

| Depreciação | Veículo A | Veículo B |
|---|---|---|
| Finalidade | Urbano | Administrativo |
| Valor do Bem | R$ 200.000 | R$ 200.000 |
| **Taxa Fiscal** | **20%** | **20%** |
| **Depreciação Fiscal** | **R$ 40.000** | **R$ 40.000** |
| Vida útil pela depreciação societária | 8 anos | 4 anos |
| **Taxa Societária** | **12,5%** | **25%** |
| **Depreciação Societária** | **R$ 25.000** | **R$ 50.000** |
| Diferença Fiscal e Societário | R$ 15.000 (A empresa teria direito a reduzir o LAIR em 40.000 pela base fiscal, porém só aplicou 25.000. Assim, ela deve reduzir 15.000 no LAIR) | R$ 10.000 (A empresa teria direito a reduzir o LAIR em 40.000 pela base fiscal, porém reduziu 50.000. Assim, ela deve reincluir 10.000 no LAIR) |

**DRE: Resultado Contábil (legislação comercial)**

| | |
|---|---|
| **Receita** | **R$ 120.000** |
| (-)CMV | 0 |
| (-)Despesas Operacionais: depreciação | (R$ 75.000) |
| **=Resultado (LAIR)** | **R$ 45.000** |
| (-)IR (15%) | (R$ 6.750) |
| **=Lucro Líquido** | **R$ 38.250** |

**Se a depreciação contábil fosse igual a fiscal: LAIR seria R$ 120.000 – R$ 80.000 = R$ 40.000.**

**Apuração do Lucro Real (LALUR) (legislação fiscal)**

| | |
|---|---|
| **Resultado (LAIR)** | **R$ 45.000** |
| (+)Adições | R$ 10.000 |
| (-)Exclusões | (R$ 15.000) |
| **(-)Compensações** | 0 |
| **=Resultado Fiscal*** | 40.000 |
| (-)IR (15%) | (R$ 6.000) |

***Observar-se que após o ajuste, chega-se aos mesmos R$ 40.000.**

## Simulação 03: Aplicação do Lucro Real

Uma Empresa de Serviços Hospitalares realizou em 1 ano:

Lucro Bruto........................R$ 1.500.000
Lucro Operacional........................R$ 1.100.000
Outras Receitas........................R$ 450.000
Outras Despesas........................R$ 550.000
Participação de Administradores........................R$ 50.000
Participação de Debenturistas........................R$ 90.000
Participação de Empregados........................R$ 110.000
Prejuízos Fiscais Acumulados........................R$ 200.000

Para se chegar ao valor do Imposto de Renda a ser recolhido, segue-se os seguintes passos:

| | |
|---|---|
| 1º | **Cálculo do LAIR:**<br>Lucro Operacional........................R$ 1.100.000<br>+Outras Receitas........................R$ 450.000<br>(-)Outras Despesas........................R$ 550.000<br>=LAIR 1.000.000 |
| 2º | **Como existe prejuízo fiscal acumulado, calcula-se o teto da compensação:**<br>Teto = 30% x (LAIR + Adição – Exclusão) → Teto = 30% x (1.000.000-200.000) = 30% x 800.000 → R$ 240.000.<br>Tem-se apenas 2 exclusões: Participação de Debenturistas R$ 90.000 e Participação de Empregados R$ 110.000. |
| 3º | **Calcula-se a base intermediária:**<br>Neste caso, pode-se abater todo o prejuízo fiscal acumulado de R$ 200.000.<br>**Base** = (LAIR + Adição – Exclusão – Compensação) → Base = (1.000.000-200.000-200.000) → Base = 600.000 |
| 3º | Observa-se que neste caso, o valor da base intermediária supera o teto anual de R$ 240.000[a] em R$ 360.000. |
| 4º | Assim, o IR a recolher seria = (15% x 600.000) + (10% x 360.000) → 90.000 + 36.000 → R$ 126.000 |

**Legenda:** (a) 20 mil/mês x 12 meses = 240.000.

Caso o valor da base intermediária fosse até 240.000, seria aplicado apenas 15%.

## Qual o lucro é utilizado para distribuir participações e dividendos?

Utiliza-se o lucro contábil após os tributos.

Não se utiliza o lucro ajustado no LALUR. O lucro ajustado no LALUR **só é utilizado** no regime do lucro real.

Nos demais regimes, o ponto de partida é a receita. Nos demais regimes utiliza-se o lucro contábil para distribuir participações e dividendos.

### *4.2.1. Livro de Apuração do Lucro Real*

**O LALUR é um livro Fiscal**

**O RIR/2018 dispõe que:**

*Art. 277. No LALUR, o qual será entregue em meio digital, a pessoa jurídica deverá:*

*I - **lançar os ajustes do lucro líquido, de adição, exclusão e compensação** nos termos estabelecidos nos art. 248 e art. 249 ;*

*II - transcrever a demonstração do lucro real, de que trata o art. 287, e a apuração do imposto sobre a renda;*

*III - manter os registros de controle de prejuízos fiscais a compensar em períodos de apuração subsequentes, da depreciação acelerada incentivada, e dos demais valores que devam influenciar a determinação do lucro real de períodos de apuração futuros e não constem da escrituração comercial; e*

*IV - manter os registros de controle dos valores excedentes a serem utilizados no cálculo das deduções nos períodos de apuração subsequentes, dos dispêndios com programa de alimentação ao trabalhador e outros previstos neste Regulamento.*

*§ 1º O Lalur **será elaborado de forma integrada** às **escriturações comercial e fiscal** e será entregue em meio digital.*

*§ 2º A transcrição da apuração do imposto sobre a renda a que se refere o inciso II do caput será feita com a discriminação das deduções, quando aplicáveis.*

*§ 3º As demais informações econômico-fiscais da pessoa jurídica serão discriminadas no Lalur.*

*§ 4º O disposto neste artigo será disciplinado em ato normativo da Secretaria da Receita Federal do Brasil do Ministério da Fazenda.*

**Atenção**

O LALUR é dividido em 2 partes:

**PARTE "A"** - é a parte onde irão discriminados os ajustes, por data, ao Lucro Real, como: despesas indedutíveis, valores excluídos, e a respectiva Demonstração do Lucro Real.

**PARTE "B"** - incluem-se os valores que afetarão o Lucro Real de períodos-base futuros, como, por exemplo: Prejuízos a Compensar, Depreciação Acelerada Incentivada, Lucro Inflacionário Acumulado até 31.12.1995, etc.

No tópico 9 será tratada a questão dos tributos diferidos a receber (ativo não circulante) e a pagar (passivo não circulante). Trata-se de um detalhamento mais preciso do LALUR em função de diferenças temporárias das adições e exclusões.

Por ora, é importante saber que as exclusões e adições do Quadro 20.5 são segmentadas em temporárias e permanentes.

### 4.3. Síntese dos Tributos sobre o Lucro

O Quadro 20.6 contém um resumo dos tributos sobre o lucro.

**Quadro 20.6:** Síntese dos tributos sobre o lucro

| Modalidade | Base de Cálculo Intermediária | IR | CSLL |
|---|---|---|---|
| Lucro Presumido | Percentual de alíquota do setor x (Receita Bruta - deduções do lucro presumido) | 15% sobre a base total + 10% sobre a parcela superior a R$ 60.000 por trimestre | 9% sobre a base total |
| Lucro Real | LAIR + Inclusões - Exclusões - Compensações | 15% sobre a base total + 10% sobre a parcela superior a R$ 20.000 por mês | 9% sobre a base total |

**Observação:** (i) Em algumas provas, os examinadores utilizam o percentual total de 34%. Seria uma aproximação de 15% de IR sobre a base total + 9% de CSLL sobre a base total + 10% de alíquota de IR sobre o "lucro excedente" aos R$ 20.000 mensal. (ii) Empresas que atuam nos ramos específicos possuem **a alíquota de CSLL de 15%**[14].

## 5. PARTICIPAÇÕES ESTATUTÁRIAS

**De acordo com a Lei nº 6.404/1976:**

> *Art. 187. A demonstração do resultado do exercício discriminará:*
>
> *[...]*
>
> *VI – as participações de debêntures, empregados, administradores e partes beneficiárias, mesmo na forma de instrumentos financeiros, e de instituições ou fundos de assistência ou previdência de empregados, que não se caracterizem como despesa;*
>
> *Art. 189. Do resultado do exercício serão deduzidos, antes de qualquer participação, os prejuízos acumulados e a provisão para o Imposto sobre a Renda.*

14 **IN SFRB 1.700/2017 atualizada**

Art. 30. A alíquota da CSLL é de:

I – 15% (quinze por cento), exceto no período compreendido entre 1° de setembro de 2015 e 31 de dezembro de 2018, no qual vigorará a alíquota de 20% (vinte por cento), nos casos de:

a) pessoas jurídicas de seguros privados e de capitalização;

c) distribuidoras de valores mobiliários;

d) corretoras de câmbio e de valores mobiliários;

e) sociedades de crédito, financiamento e investimentos;

f) sociedades de crédito imobiliário;

g) administradoras de cartões de crédito;

h) sociedades de arrendamento mercantil; e

i) associações de poupança e empréstimo;

II – 15% (quinze por cento), exceto no período compreendido entre 1° de outubro de 2015 e 31 de dezembro de 2018, no qual vigorará a alíquota de 17% (dezessete por cento), no caso de cooperativas de crédito;

> *Parágrafo único. O prejuízo do exercício será obrigatoriamente absorvido pelos lucros acumulados, pelas reservas de lucros e pela reserva legal, nessa ordem.*
>
> *Art. 190. As participações estatutárias de* ***empregados****,* ***administradores*** *e* ***partes beneficiárias*** *serão determinadas,* ***sucessivamente e nessa ordem****, com base nos lucros que remanescerem depois de deduzida a participação anteriormente calculada.*
>
> *Parágrafo único. Aplica-se ao pagamento das participações dos administradores e das partes beneficiárias o disposto nos parágrafos do artigo 201.*

Considerando a leitura integrada dos artigos 187 e 190, a sequência correta para calcular as participações estatuárias é a seguinte.

**Quadro 20.7:** Ordem de Reconhecimento das Participações Estatutárias

| | |
|---|---|
| 1º | Debêntures. |
| 2º | Empregados. |
| 3º | Administradores. |
| 4º | Partes Beneficiárias. |
| 5º | Instituições ou Fundos de Assistência, ou Previdência de Empregados. |

Conforme visto no art. 189 da Lei nº 6.404/1976 as participações são calculadas sobre a seguinte **Base de Cálculo:**

**Base de Cálculo = LAIR deduzidos dos Tributos sobre o Lucro (IR e CSLL) – Prejuízos Acumulados**

**Chamada 131 do autor:** Participações Estatutárias

**Simulação 04: Como calcular as Participações com base no LAIR deduzidos dos Tributos sobre o Lucro (IR e CSLL), se entre as exclusões do LAIR constam Participação de Debenturistas e Participação de Empregados?**

**Considere os dados da Cia ALFA:**

**DRE**

| LAIR | 10.000.000 |
|---|---|
| Tributos sobre o Lucro (30%) → TSL | (?) |
| Participação dos Debenturistas (5%) ........→ PDeb | (?) |
| Participação dos Empregados (4%)..........→ PEmp | (?) |
| Participação de Administradores (2,5%)..→ PAdm | (?) |
| Participação de Partes Beneficiárias (2%).→ PBen | (?) |
| Lucro Líquido | (?) |

Para resolver essa situação, será necessário usar a Álgebra linear para os Debenturistas e Empregados apenas conforme o 1º passo a seguir:

**(1)** PTL = 30% {LAIR – PDeb – PEmp}

**(2)** PDeb = 5% x (10.000.000 – TSL) → **PDeb = 500.000 – 0,05 TSL**

**(3)** PEmp = 4% x (10.000.000 – TSL – PDeb) → **PEmp = 400.000 – 0,04 TSL – 0,04 PDeb**

**A lógica é trazer todos para a equação 1 em função de** TSL (Tributos sobre o Lucro).

**2º passo: trocar PDeb da equação 2 nas equações 1 e 3.**

(1) TSL = 30% {(LAIR – **(500.000 – 0,05 TSL)**) – PEmp}.

(3) PEmp = 400.000 – 0,04 TSL – 0,04 **(500.000-0,05TSL)**

**3º passo: trocar PEmp da equação 3 na equação 1.**

(1) PTL = 30% {(LAIR – (500.000 – 0,05 TSL)) – **[400.000 – 0,04 TSL – 0,04 (500.000-0,05TSL)]**}.

**4º Passo: calcular os Tributos sobre o Lucro.**

(1) TSL = 30% {(10.000.000 – (500.000 – **0,05 (TSL)** – [400.000 – **0,04(TSL)** – 0,04 (500.000 – **0,05 (TSL)**]} →

(1) TSL = 30% {(10.000.000 – (500.000 – **0,05 TSL** – [400.000 – **0,04 TSL** – 0,04 (500.000 – **0,05TSL**)]} →

(1) TSL = 30% {(10.000.000 – (500.000 – **0,05 TSL** – [400.000 – **0,04 TSL** – 20.000 + **02TSL**)]} →

(1) TSL = 30% {(10.000.000 – (500.000 – **0,05 TSL** – [380.000 – **0,038TSL**)]} →

(1) TSL = 30% {(10.000.000 – (500.000 – **0,05 TSL** – 380.000 + **0,038TSL**)} →

(1) TSL = 30% {(10.000.000 – (120.000 – **0,12TSL**)} →

(1) TSL = 30% (9.880.000 + **0,12TSL**) →

(1) TSL = 2.964.000 + **0,036 TSL** →

(1) 0,964 TSL = 2.964.000 →

(1) TSL = 3.074.688,80 →

5º Passo: Calcular Participações dos Debenturistas

(2) PDeb = 500.000 – 0,05 TSL à (2) PDeb = 500.000 – 0,05 (3.074.688,80) →

(2) PDeb = 500.000 – 153.734,44 → PDeb = 346.265,56

6º Passo: Calcular Participações dos Empregados

(3) PEmp = 4% x (10.000.000 – 3.074.688,80– 346.265,56) → PEmp = 4% (6.579.045,64) → PEmp = 263.161,83.

**7º Passo: Calcular Participações dos Administradores**

(4) PAdm = 2,5% x (10.000.000 – TSL – PDeb – PEmp) →

(4) PAdm = 2,5% (10.000.000 – 3.074.688,80– 346.265,56 – 263.161,83) →

(4) PAdm = 2,5% (6.315.883,81) → **PAdm = 157.897,10**

**8° Passo: Calcular Participações das Partes Beneficiárias**

(5) PBen = 2,0% x (10.000.000 - TSL - PDeb - PEmp - PAdm) →

(5) PBen = 2,0% (10.000.000 - 3.074.688,80- 346.265,56 - 263.161,83 - 157.897,10) →

(5) PBen = 2,0% (6.157.986,71) → **PBen = 123.159,73**

9° Passo: Calcular **o Lucro Líquido para cálculo das reservas de lucros e dividendos**

DRE

| LAIR | 10.000.000 |
|---|---|
| Tributos sobre o Lucro (30%) → TSL | (3.074.688,80) |
| Participação dos Debenturistas (5%) ........→ PDeb | (346.265,56) |
| Participação dos Empregados (4%)..........→ PEmp | (263.161,83) |
| Participação de Administradores (2,5%)..→ PAdm | (157.897,10) |
| Participação de Partes Beneficiárias (2%).→ PBen | (123.159,73) |
| Lucro Líquido | 6.034.826,98 |

**Vamos contabilizar:**

| | |
|---|---|
| D: Despesas com Participações Estatutárias........(7.1.1.00) | R$ 890.484,22 |
| C: Participação dos Debenturistas..........................(2.1.4.00.0001) | R$ 346.265,56 |
| C: Participação dos Empregados ............................(2.1.4.00.0002) | R$ 263.161,83 |
| C: Participação de Administradores.......................(2.1.4.00.0003) | R$ 157.897,10 |
| C: Participação de Partes Beneficiárias................(2.1.4.00.0004) | R$ 123.159,73 |

**Conclusão:** O reconhecimento das participações na DRE gera como contrapartida seu reconhecimento no Passivo Circulante do Balançco Patrimonial.

## 6. DIVIDENDOS

Chegando ao Lucro Líquido após participações estatutárias, aplica-se o percentual definido e calcula-se o montante dos dividendos.

Montante de Dividendos = Percentual x Lucro Líquido[a]

(a) O lucro líquido encontrado ao final da simulação 04.

**Fontes para Pagamento de Dividendos incluindo o Lucro Líquido**

A Lei nº 6.404/1976 define que:

***Origem dos Dividendos***

*Art. 201. A companhia somente pode pagar dividendos à **conta de lucro líquido do exercício, de lucros acumulados e de reserva de lucros; e à conta de reserva de capital, no caso das ações preferenciais de que trata o § 5º do artigo 17.***

*§ 1º A **distribuição de dividendos** com inobservância do disposto **neste artigo implica responsabilidade solidária dos administradores e fiscais**, que deverão repor à caixa social a importância distribuída, sem prejuízo da ação penal que no caso couber.*

*§ 2º **Os acionistas** não são obrigados a restituir **os dividendos que em boa-fé tenham recebido.** Presume-se a má-fé quando os dividendos forem distribuídos sem o levantamento do balanço ou em desacordo com os resultados deste.*

***Ações Preferenciais (Sem direito a voto)***

*Art. 17. As preferências ou vantagens das ações preferenciais podem consistir:*

*I – em prioridade na distribuição de dividendo, fixo ou mínimo;*

*II – em prioridade no reembolso do capital, com prêmio ou sem ele; ou*

*III – na acumulação das preferências e vantagens de que tratam os incisos I e II.*

*§ 1º Independentemente do direito de receber ou não o valor de reembolso do capital com prêmio ou sem ele, as ações preferenciais sem direito de voto ou com restrição ao exercício deste direito, somente serão admitidas à negociação no mercado de valores mobiliários se a elas for atribuída pelo menos uma das seguintes preferências ou vantagens:*

*I – direito de participar do dividendo a ser distribuído, correspondente a, pelo menos, 25% (vinte e cinco por cento) do lucro líquido do exercício, calculado na forma do art. 202, de acordo com o seguinte critério:*

***a) prioridade no recebimento dos dividendos mencionados neste inciso correspondente a, no mínimo, 3% (três por cento) do valor do patrimônio líquido da ação; e***

***b) direito de participar dos lucros distribuídos em igualdade de condições com as ordinárias, depois de a estas assegurado dividendo igual ao mínimo prioritário estabelecido em conformidade com a alínea a; ou***

*II – direito ao recebimento de dividendo, por ação preferencial, pelo menos 10% (dez por cento) maior do que o atribuído a cada ação ordinária; ou*

*III – direito de serem incluídas na oferta pública de alienação de controle, nas condições previstas no art. 254-A, assegurado o dividendo pelo menos igual ao das ações ordinárias.*

*[...]*

*§ 3º Os dividendos, **ainda que fixos ou cumulativos**, não poderão ser distribuídos em prejuízo do capital social, salvo quando, em caso de liquidação da companhia, essa vantagem tiver sido expressamente assegurada.*

*§ 4º Salvo disposição em contrário no estatuto, o dividendo prioritário não é cumulativo, a ação com dividendo fixo não participa dos lucros remanescentes e a ação com dividendo mínimo participa dos lucros distribuídos em igualdade de condições com as ordinárias, depois de a estas assegurado dividendo igual ao mínimo.*

*§ 5º **Salvo no caso de ações com dividendo fixo**, o estatuto não pode excluir ou restringir o direito das ações preferenciais de participar dos aumentos de capital decorrentes da capitalização de reservas ou lucros (art. 169).*

*§ 6º O estatuto pode conferir às ações preferenciais com prioridade na distribuição de dividendo cumulativo, o direito de recebê-lo, **no exercício em que o lucro for insuficiente, à conta das reservas de capital** de que trata o § 1º do art. 182.*

***Pagamento de Dividendos***

*Art. 205. A companhia pagará o dividendo de ações nominativas à pessoa que, na data do ato de declaração do dividendo, estiver inscrita como proprietária ou usufrutuária da ação.*

*§ 1º Os dividendos poderão ser pagos por cheque nominativo remetido por via postal para o endereço comunicado pelo acionista à companhia, ou mediante crédito em conta-corrente bancária aberta em nome do acionista.*

*§ 2º Os dividendos das ações em custódia bancária ou em depósito nos termos dos artigos 41 e 43 serão pagos pela companhia à instituição financeira depositária, que será responsável pela sua entrega aos titulares das ações depositadas.*

*§ 3º **O dividendo deverá ser pago**, salvo deliberação em contrário da assembléia-geral, **no prazo de 60 (sessenta) dias da data em que for declarado** e, em qualquer caso, dentro do exercício social.*

**Figura 20.9:** Fontes para distribuição de dividendos e respectivas contabilizações

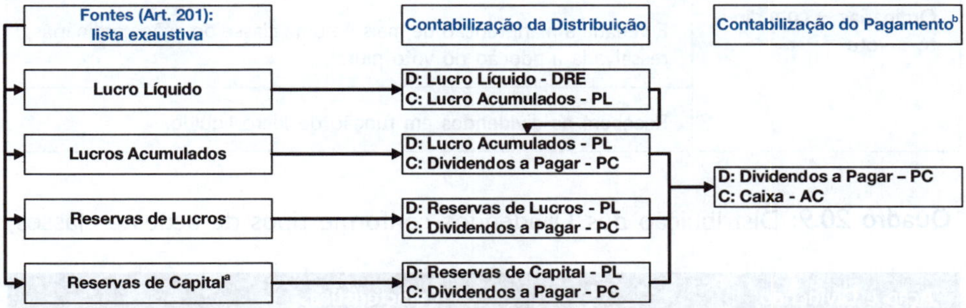


**Legenda: (a)** Condições simultâneas: (i) Limitada a dividendos fixos; (ii) previsão no estatuto; (iii) lucro líquido insuficiente para pagar dividendos. **(b)** Deve ser pago em 60 dias, salvo deliberação em contrário da assembleia-geral.

**Chamada 132 do autor:** Origem e Contabilização dos Dividendos

Na Figura 20.8 foi feita menção a dividendos fixos. Logo, faz-se necessário reapresentar no Quadro 20.8 os tipos de ações mencionados no Capítulo 12.

**Quadro 20.8:** Tipos de Ações quanto às obrigações pela Lei nº 6.404/1976

| | |
|---|---|
| Preferenciais → **sem** direito a voto | Conferem preferência[15] ou vantagem ao seu titular.<br>O número de ações preferenciais sem direito a voto, ou sujeitas a restrição no exercício desse direito, **não pode ultrapassar 50% (cinquenta por cento) do total das ações emitidas.** |
| | Admitem a existência de classes. As principais são estas:<br>1. Ações preferenciais com dividendos fixos.<br>2. Ações preferenciais com dividendos mínimos.<br>3. Ações preferenciais sem dividendos mínimos ou fixos. |

15 Lei nº 6.404/1976. Art. 17. As preferências ou vantagens das ações preferenciais podem consistir: I - em prioridade na distribuição de dividendo, fixo ou mínimo; II - em prioridade no reembolso do capital, com prêmio ou sem ele; o III - na acumulação das preferências e vantagens de que tratam os incisos I e II.

| | |
|---|---|
| Ordinárias → com direito a voto | Conferem direitos normais ao seu titular. O principal é o **direito de voto**[16,17]. |
| | É vedada a manutenção de mais de uma classe de ações ordinárias, ressalvada a adoção do voto plural. |
| | Recebem os dividendos em função do lucro líquido. |

**Quadro 20.9:** Distribuição dos Dividendos conforme tipos de ações e classes

| Ação e Dividendo | Características |
|---|---|
| Ações preferenciais com dividendos fixos | O acionista tem direito a um valor pré-fixado de dividendos, independente do lucro. |
| | Uma vez atingido o montante determinado pelo estatuto, as ações preferenciais com direito ao dividendo fixo **não participam dos lucros remanescentes**[18], que serão distribuídos entre as ações ordinárias e preferenciais de outras classes. |
| | Ordem de Pagamento dos dividendos:<br>1° Dividendos fixo das ações preferenciais nessa classe.<br>2° Dividendos das ações ordinárias. |
| | É o único caso que permite a utilização da Reserva de Capital como origem (fonte) para pagamento de dividendos. |
| Ações preferenciais com dividendos mínimos | O estatuto determina **um valor mínimo de dividendos**, **que não pode ser inferior** aos dividendos de ações ordinárias. |
| | Ordem de Pagamento dos dividendos:<br>1° Dividendos mínimos das ações preferenciais nessa classe.<br>2° Dividendos das ações ordinárias.<br>3° Se o valor dos dividendos de ações ordinárias igualar o valor do dividendo mínimo e sobrar lucro remanescente, os proprietários de ações preferenciais cuja classe distribui dividendos mínimos participam em igualdade de condições com as ações ordinárias. |

16 Lei n° 6.404/1976. Art. 16-A. Na companhia aberta, é vedada a manutenção de mais de uma classe de ações ordinárias, ressalvada a adoção do voto plural nos termos e nas condições dispostos no art. 110-A desta Lei.

17 Lei n° 6.404/1976. Art. 110-A. **É admitida a criação de uma ou mais classes de ações ordinárias com atribuição de voto plural**, não superior a 10 (dez) votos por ação ordinária:

I – na companhia fechada; e

II – na companhia aberta, desde que a criação da classe ocorra previamente à negociação de quaisquer ações ou valores mobiliários conversíveis em ações de sua emissão em mercados organizados de valores mobiliários.

18 § 4°, Art. 17. Lei n° 6.404/1976.

| | |
|---|---|
| Ações preferenciais sem dividendos mínimos ou fixos | Não faz jus a dividendos. |
| Ações Ordinárias (não permite classes) | Calculado o dividendo obrigatório, este pode ser destinado para todos os acionistas ou somente para os acionistas preferenciais, dependendo da situação. |
| | Por exemplo, se o valor do dividendo obrigatório a ser distribuído for menor ou igual ao montante dos dividendos fixos de ação preferencial, **todo o dividendo obrigatório deve ser distribuído aos acionistas** preferenciais e, **neste caso, os acionistas ordinários não receberão dividendos.** |

**Identificando os percentuais do Dividendo Obrigatório**

A Lei nº 6.404/1976 define que:

Art. 202. *Os acionistas têm direito de receber como dividendo obrigatório, em cada exercício,* ***a parcela dos lucros estabelecida no estatuto*** *ou, se este for omisso, a importância determinada de acordo com as seguintes normas:*

***I – metade do lucro líquido do exercício diminuído ou acrescido dos seguintes valores:***

*a) importância destinada à constituição da reserva legal (art. 193); e*

*b) importância destinada à formação da reserva para contingências (art. 195) e reversão da mesma reserva formada em exercícios anteriores:*

***II – o pagamento do dividendo determinado nos termos do inciso I poderá ser limitado ao montante do lucro líquido do exercício que tiver sido realizado, desde que a diferença seja registrada como reserva de lucros a realizar*** *(art. 197);*

***III – os lucros registrados na reserva de lucros a realizar, quando realizados e se não tiverem sido absorvidos por prejuízos em exercícios subsequentes, deverão ser acrescidos ao primeiro dividendo declarado após a realização.***

*§ 1º O estatuto poderá estabelecer o dividendo como porcentagem do lucro ou do capital social, ou fixar outros critérios para determiná-lo, desde que sejam regulados com precisão e minúcia e não sujeitem os acionistas minoritários ao arbítrio dos órgãos de administração ou da maioria.*

*§ 2º* ***Quando o estatuto for omisso e a assembleia-geral deliberar alterá-lo para introduzir norma sobre a matéria,*** *o dividendo obrigatório não poderá ser inferior a 25% (vinte e cinco por cento) do lucro líquido ajustado nos termos do inciso I deste artigo.*

*§ 3º A assembleia-geral pode, desde que não haja oposição de qualquer acionista presente, deliberar a distribuição de dividendo inferior ao obrigatório, nos termos deste artigo, ou a retenção de todo o lucro líquido, nas seguintes sociedades:*

*I – companhias abertas exclusivamente para a captação de recursos por debêntures não conversíveis em ações;*

*II – companhias fechadas, exceto nas controladas por companhias abertas que não se enquadrem na condição prevista no inciso I*

***§ 4º O dividendo previsto neste artigo não será obrigatório no exercício social em que os órgãos da administração informarem à assembleia-geral ordinária ser ele incompatível com a situação financeira da companhia.*** *O conselho fiscal, se em funcionamento, deverá dar parecer sobre essa informação e, na companhia aberta, seus administradores encaminharão à Comissão de Valores Mobiliários, dentro de 5 (cinco) dias da realização da assembleia-geral, exposição justificativa da informação transmitida à assembleia.*

*§ 5º **Os lucros que deixarem de ser distribuídos nos termos do § 4º serão registrados como reserva especial** e, se não absorvidos por prejuízos em exercícios subsequentes, deverão ser pagos como dividendo assim que o permitir a situação financeira da companhia.*

*§ 6º **Os lucros não destinados nos termos dos arts. 193 a 197 deverão ser distribuídos como dividendos.***

**Conclui-se que:**

1. A destinação de lucros à retenção de lucros e a reservas estatutárias não interfere de forma explícita na base de cálculo do dividendo mínimo obrigatório.
2. As reservas de lucros a realizar Reservas para Dividendos Mínimos Obrigatórios não Distribuídos também não entram no cálculo inicial do lucro líquido ajustado.
3. Verificar Quadro 20.10 sobre a relação entre reservas de lucros e a fórmula para cálculo do Lucro Líquido Ajustado para os Dividendos Mínimos Obrigatórios.

**A Figura 20.10 ilustra o processo de definição do percentual dos dividendos.**

**Figura 20.10:** Definição valor a distribuir em dividendos a partir da constituição da Entidade

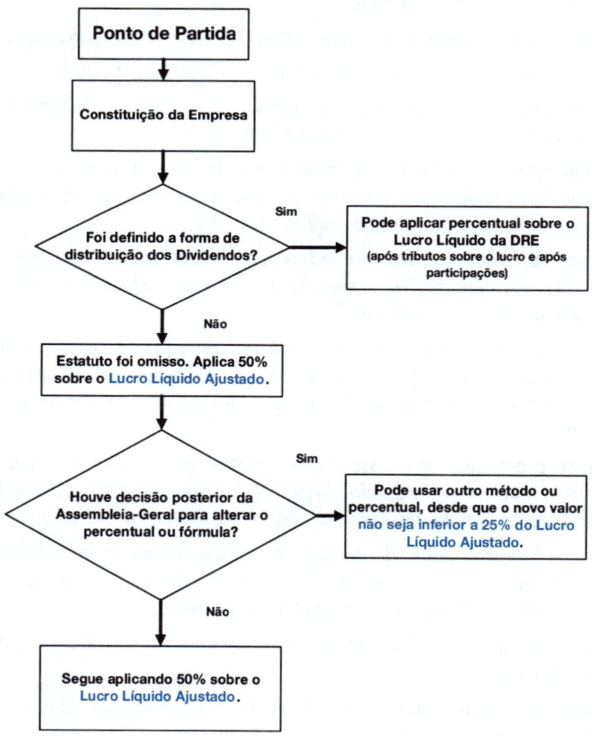


**Chamada 133 do autor:** Dividendos Obrigatórios: Fluxo e Aplicação

O Quadro 20.10 contém a fórmula para aplicação do lucro líquido ajustado para fins de distribuição de dividendos.

**Quadro 20.10: Fórmula para aplicação do lucro líquido ajustado para fins de distribuição de dividendos**

| Item | Fundamentação normativa |
|---|---|
| **Lucro Líquido do Exercício após provisão para Tributos sobre o Lucro e para as Reservas[19] Estatutárias** | Art. 202 da Lei nº 6.404/1976 |
| (-) Constituição da Reserva Legal | I, art. 202 da Lei nº 6.404/1976 |
| (-) Constituição da Reserva de Contingência[a] | II, art. 202 da Lei nº 6.404/1976 |
| + Reversão da Reserva de Contingência[a] | II, art. 202 da Lei nº 6.404/1976 |
| (-) Constituição da Reserva de Incentivos Fiscais (inclusão opcional na fórmula) | Art. 195-A da Lei nº 6.404/1976 |
| + Reversão da Reserva de Incentivos Fiscais (inclusão opcional na fórmula) | Art. 195-A da Lei nº 6.404/1976 |
| (-) Constituição da Reserva de Lucros Específica (Prêmios na emissão de debêntures) (inclusão condicionada)[b] | § 2º, Art. 31, da Lei nº 12.973/2014 |
| + Reversão da Reserva de Lucros Específica (Prêmios na emissão de debêntures) (inclusão condicionada)[b] | § 2º, Art. 31, da Lei nº 12.973/2014 |
| (-) Prejuízos acumulados | Não |
| = Lucro líquido ajustado (base de cálculo dos dividendos) | Art. 202 da Lei nº 6.404/1976. |
| **x Percentual aplicável (Figura 20.10)** | Art. 202 da Lei nº 6.404/1976 |
| = Dividendo Mínimo Obrigatório | Art. 202 da Lei nº 6.404/1976 |
| **(-) Constituição da reserva de lucros a realizar** | Art. 197 da Lei nº 6.404/1976 |
| = Total a ser distribuído aos acionistas | |

**Legenda:** (a) inclusão obrigatória na fórmula, mas é uma reserva optativa. (b) caso seja dada destinação diversa da reserva especial, ela integra a Base de Cálculo dos Dividendos Obrigatórios.

A fim de fixar a compreensão da fórmula do Quadro 20.10, segue a representação no Quadro 20.11 das reservas de lucros vistas no capítulo 11.

[19] Em que pese a Lei nº 6.404/1976 (art. 187) utilizar o termo provisão, observa-se que pelo CPC 25 o termo provisão somente pode estar associado a passivos. O termo correto neste caso seria "Despesa com Tributos sobre o Lucro".

Quadro 20.11: Reservas de Lucros

| Reserva de Lucros | Análise | São receitas que transitam pelo resultado do exercício e depois constituem reservas. |
|---|---|---|
| Reserva Legal<br>(Obrigatória) | **É citada na fórmula do dividendo mínimo obrigatório.**<br>Impacta previamente ao Lucro líquido ajustado. | Amparada pelo art. 193 da Lei nº 6.404/1976.<br>Constituída com a finalidade de proteger os credores da empresa e só pode ser utilizada para aumentar o capital social ou compensar prejuízos.<br>Do lucro líquido do exercício, **5% (cinco por cento) serão aplicados, antes de qualquer outra destinação**, na constituição da reserva legal, **que não excederá de 20% (vinte por cento) do capital social.**<br>Pode ser dispensada caso seu somatório com a reserva de capital exceda 30% (trinta por cento) do capital social. |
| Reserva Estatutária<br>(Optativa) | Não é citada **na fórmula do dividendo mínimo obrigatório.** | Amparada pelo art. 194 da Lei nº 6.404/1976.<br>O estatuto **poderá** criar reservas desde que, para cada uma:<br>I – indique, de modo preciso e completo, a sua finalidade;<br>II – fixe os critérios para determinar a parcela anual dos lucros líquidos que serão destinados à sua constituição; e<br>III – estabeleça o limite máximo da reserva. |
| Reserva para Contingências<br>(Optativa) | **É citada na fórmula do dividendo mínimo obrigatório.**<br>Impacta previamente ao Lucro líquido ajustado. | Amparada pelo art. 195 da Lei nº 6.404/1976.<br>A assembleia-geral **poderá**, por proposta dos órgãos da administração, destinar parte do lucro líquido à formação de reserva com a finalidade de compensar, em exercício futuro, a diminuição do lucro decorrente de perda julgada provável, cujo valor possa ser estimado. |
| Reserva de Lucros a Realizar<br>(Optativa e Condicional) | **É citada na fórmula do dividendo mínimo obrigatório.**<br>Impacta **posteriormente** ao Lucro líquido ajustado | Amparada pelo art. 197 da Lei nº 6.404/1976.<br>**No exercício em que o montante do dividendo obrigatório**, calculado nos termos do estatuto ou do art. 202, **ultrapassar a parcela realizada do lucro líquido do exercício**, a assembleia-geral **poderá**, por proposta dos órgãos de administração, destinar o excesso à constituição de reserva de lucros a realizar. |

| | | |
|---|---|---|
| Reserva de Retenção de Lucros (Optativa) | Não é citada **na fórmula do dividendo mínimo obrigatório.** | Amparada pelo art. 196 da Lei nº 6.404/1976.<br>A assembleia-geral poderá, por proposta dos órgãos da administração, **deliberar reter parcela do lucro líquido do exercício** prevista em orçamento de capital por ela previamente aprovado.<br>**Também denominada: Reserva orçamentária; Reserva para investimentos ou Reserva de expansão.** |
| Reserva para Dividendos Obrigatórios não Distribuídos (Condicional) | Não é citada **na fórmula do dividendo mínimo obrigatório.**<br>Impacta **posteriormente** ao Lucro líquido ajustado | Amparada pelo §§ 4º e 5º, art. 202 da Lei nº 6.404/1976.<br>É uma reserva especial **constituída com a finalidade de postergar o pagamento** de dividendos obrigatórios, e no próximo exercício, caso a reserva não seja absorvida por eventuais prejuízos, os dividendos deverão ser pagos assim que a situação financeira da empresa permita. |
| Reserva de Incentivos Fiscais (Optativa) | **É citada na fórmula do dividendo mínimo obrigatório.**<br>Impacta previamente ao Lucro líquido ajustado. | Amparada pelo art. 195-A da Lei nº 6.404/1976.<br>A assembleia geral poderá, por proposta dos órgãos de administração, destinar para a reserva de incentivos fiscais a parcela do lucro líquido decorrente de doações ou subvenções governamentais para investimentos, **que poderá ser excluída da base de cálculo do dividendo obrigatório.** |
| Reserva de Lucros Específica de Prêmio de Emissão de Debêntures (Optativa) | **É citada na fórmula do dividendo mínimo obrigatório.**<br>Impacta previamente ao Lucro líquido ajustado. | Amparada pelo art. 31 da Lei nº 12.973/2014.<br>Art. 31. § 2º O prêmio na emissão de debêntures de que trata o caput será tributado **caso não seja observado o disposto no § 1º ou seja dada destinação diversa da que está prevista no** caput , inclusive nas hipóteses de:<br>[...]<br>III – integração à base de cálculo dos dividendos obrigatórios.<br>Ou seja, caso seja dada destinação diversa da reserva especial, ela integra a Base de Cálculo dos Dividendos Obrigatórios. |

**Simulação 05: Cálculo dos Dividendos Obrigatórios**

Uma Empresa apresentou os seguintes dados em 31/12/X1:
Lucro Líquido após tributos sobre o lucro e participações........ 6.034.826,98
Capital Social Líquido em 31/12/X0.............................................R$ 100.000.000,00
Reserva Legal em 31/12/X0......................................................R$ 19.000.000,00
Reserva de Capital em 31/12/X0...............................................R$ 5.000.000,00
Reservas Estatutárias a ser constituída em 31/12/X1.............10% sobre o Lucro Líquido
Reserva de Expansão em 31/12/X0.............................................R$ 4.000.000,00 → será revertida
O estatuto é omisso.

| Lucro Líquido do Exercício após provisão para Tributos sobre o Lucro e para as Reservas[20] Estatutárias | 6.034.826,98 |
|---|---|
| (-) Constituição da Reserva Legal | ? |
| (-) Constituição da Reserva de Contingência | 0 |
| + Reversão da Reserva de Contingência | 0 |
| (-) Constituição da Reserva de Incentivos Fiscais | 0 |
| + Reversão da Reserva de Incentivos Fiscais | 0 |
| (-) Constituição da Reserva de Lucros Específica | 0 |
| + Reversão da Reserva de Lucros Específica | 0 |
| (-) Prejuízos acumulados | 0 |
| = Lucro líquido ajustado (base de cálculo dos dividendos) | ??? |
| **x Percentual aplicável** | 50% |
| = Dividendo Mínimo Obrigatório | ??? |
| **(-) Constituição da reserva de lucros a realizar** | 0 |
| = Total a ser distribuído aos acionistas | ??? |

Cálculo da Reserva Legal:
Fase 1:
→ Reserva Legal + Reserva de Capital + 5% do Lucro Líquido → 19.000.000 + 5.000.000 + 0,05 x 6.034.826,98 →
→ 24.301.741,35. Esse valor é inferior a 30% do Capital Social (30.000.000), **logo a reserva de legal** deve **ser constituída.**
**Fase 2:**
→ Reserva Legal + 5% do Lucro Líquido →19.000.000 + 0,05 x 6.034.826,98 →
→ 19.301.741,35. Esse valor é inferior a 20% do Capital Social (20.000.000), **logo a reserva de legal** deve **ser constituída no valor de R$ 301.741,35.**

| Lucro Líquido do Exercício após provisão para Tributos sobre o Lucro e para as Reservas[21] Estatutárias | 6.034.826,98 |
|---|---|
| (-) Constituição da Reserva Legal | (301.741,35) |
| (-) Constituição da Reserva de Contingência | 0 |
| + Reversão da Reserva de Contingência | 0 |
| (-) Constituição da Reserva de Incentivos Fiscais | 0 |
| + Reversão da Reserva de Incentivos Fiscais | 0 |
| (-) Constituição da Reserva de Lucros Específica | 0 |

[20] Em que pese a Lei nº 6.404/1976 (art. 187) utilizar o termo provisão, observa-se que pelo CPC 25 o termo provisão somente pode estar associado a passivos. O termo correto neste caso seria "Despesa com Tributos sobre o Lucro".

[21] Em que pese a Lei nº 6.404/1976 (art. 187) utilizar o termo provisão, observa-se que pelo CPC 25 o termo provisão somente pode estar associado a passivos. O termo correto neste caso seria "Despesa com Tributos sobre o Lucro".

| | |
|---|---|
| + Reversão da Reserva de Lucros Específica | 0 |
| (-) Prejuízos acumulados | 0 |
| = Lucro líquido ajustado (base de cálculo dos dividendos) | 5.733.085,63 |
| **x Percentual aplicável** | 50% |
| = Dividendo Mínimo Obrigatório | 2.866.542,82 |
| **(-) Constituição da reserva de lucros a realizar** | 0 |
| = Total a ser distribuído aos acionistas | 2.866.542,82 |

## 6.1. Impacto dos Dividendos sobre Participações Societárias avaliadas pelo Custo e pelo MEP

Fora visto no Capítulo 12 que existem diversos tipos de participações societárias. O Quadro 20.12 contém todas.

**Quadro 20.12:** Participações societárias e formas de mensuração

| Tipo de Participação | Categoria | Método de Mensuração |
|---|---|---|
| Temporária (AC) | Disponíveis para venda | Valor Justo[22] |
| | Destinadas à negociação | Valor Justo[23] |
| | Mantidas até o vencimento | Valor de custo de aquisição ou valor de emissão, atualizado conforme disposições legais ou contratuais, ajustado ao valor provável de realização, quando este for inferior[24] |
| Permanente (Investimento - ANC) | Coligadas | Método da equivalência patrimonial[25] |
| | Controladas | Método da equivalência patrimonial[26] |
| | Sociedades que façam parte do mesmo grupo | Método da equivalência patrimonial[27] |
| | Sociedades que estejam sob controle comum | Método da equivalência patrimonial[28] |
| | Demais casos | Pelo custo de aquisição, deduzido de provisão para perdas prováveis na realização do seu valor, quando essa perda estiver comprovada como permanente, e que não será modificado em razão do recebimento, sem custo para a companhia, de ações ou quotas bonificadas[29]. |

22 Alínea a, I, Art. 183 da Lei nº 6.404/1976.

23 Alínea a, I, Art. 183 da Lei nº 6.404/1976.

24 Alínea b, I, Art. 183 da Lei nº 6.404/1976.

25 Art. 248 da Lei nº 6.404/1976.

26 Art. 248 da Lei nº 6.404/1976.

27 Art. 248 da Lei nº 6.404/1976.

28 Art. 248 da Lei nº 6.404/1976.

29 Inciso III, Art. 183 da Lei nº 6.404/1976.

## Participação societária avaliada pelo custo de aquisição

**O RIR/2018 define que:**

> Art. 415. Ressalvado o disposto no art. 416 e no § 1° do art. 425 , **os lucros e os dividendos recebidos de outra pessoa jurídica integrarão o lucro operacional.**
>
> § 1° Os lucros e os dividendos recebidos de pessoas jurídicas domiciliadas no País poderão ser excluídos do lucro líquido, para fins de determinação do lucro real.
>
> § 2° O disposto no § 1° não se aplica aos lucros ou aos dividendos auferidos após a alienação ou a liquidação de investimento avaliado pelo valor de patrimônio líquido, quando não tenham sido computados na determinação do ganho ou da perda de capital.
>
> Art. 416. Os **lucros ou os dividendos recebidos pela pessoa jurídica**, em decorrência de **participação societária avaliada pelo custo de aquisição**, adquirida **até seis meses antes da data da sua percepção**, serão registrados pelo contribuinte como diminuição do valor do custo e não influenciarão as contas de resultado.

Conclui-se que para as participações societárias avaliadas pelo custo, a contabilização dos dividendos recebidos depende do prazo de 6 meses.

### Suponha-se a Simulação 06 a seguir.

Empresa BRAVO adquiriu participação por R$ 50.000 avaliada pelo custo e recebeu R$ 2.000 de dividendos.

| Hipótese | Característica | Contabilização |
|---|---|---|
| 1. Recebeu em até 6 meses. | Reduz o custo de aquisição. | D: Caixa<br>C: Participação Societária Permanente avaliada pelo custo (ANC) |
| 2. Recebeu após 6 meses. | Gera receita de dividendos. | D:Dividendos a Receber (AC)<br>C:Receita de Dividendos |

**Na hipótese 1, o valor do ativo passa a ser R$ 48.000.**

### Suponha-se a Simulação 07 a seguir.

Empresa BRAVO adquiriu participação por R$ 500.000 avaliada pelo MEP e recebeu R$ 20.000 de dividendos.

| **Característica** | **Contabilização** |
|---|---|
| Reduz o valor da participação | D: Dividendos a Receber (AC)<br>C: Participação Societária avaliada pelo MEP (ANC). |

**O valor do investimento passa a ser R$ 480.000.**

Neste último caso em que momento foi gerada a receita?

**A receita foi gerada quando do registro do ganho de equivalência patrimonial.**

**Chamada 134 do autor:** Impacto dos Dividendos sobre Participações Societárias avaliadas pelo Custo e pelo MEP

## 7. JUROS SOBRE O CAPITAL PRÓPRIO

Juros sobre Capital Próprio (JCP) são juros pagos ou creditados por pessoa jurídica, de forma individualizada, a titular, sócios ou acionistas a título de remuneração do capital próprio, conforme **art. 9º da Lei nº 9.249, de 1995**, dentro de determinados limites legais.

Não altera essa natureza o pagamento ou creditamento de JCP ao usufrutuário de quota de capital, desde que o usufruto esteja devidamente averbado conforme a **Lei nº 6.404, de 15 de dezembro de 1976**.

Os Juros sobre Capital Próprio - JCP correspondem a uma das formas de remuneração do capital investido pelos sócios. Os dispêndios decorrentes da sua utilização são dedutíveis na apuração das bases de cálculo do Imposto sobre a Renda da Pessoa Jurídica - IRPJ e da Contribuição Social sobre o Lucro Líquido - CSLL por pessoas jurídicas tributadas pelo lucro real, desde que observadas as normas estabelecidas pela legislação tributária.

**Base Normativa dos Juros Sobre Capital Próprio**

**De acordo com a Lei nº 9.249/1995:**

*Art. 9º* ***A pessoa jurídica poderá deduzir, para efeitos da apuração do lucro real, os juros pagos ou creditados individualizadamente a titular, sócios ou acionistas, a título de remuneração do capital próprio, calculados sobre as contas do patrimônio líquido e limitados à variação, pro rata dia, da Taxa de Juros de Longo Prazo - TJLP.***

*§ 1º O efetivo pagamento ou crédito dos juros fica condicionado à* ***existência de lucros, computados antes da dedução dos juros, ou de lucros acumulados e reservas de lucros, em montante igual ou superior ao valor de duas vezes os juros a serem pagos ou creditados.***

*§ 2º* ***Os juros ficarão sujeitos à incidência do imposto de renda na fonte à alíquota de quinze por cento, na data do pagamento ou crédito ao beneficiário.***

*§ 3º O imposto retido na fonte será considerado:*

*I - antecipação do devido na declaração de rendimentos, no caso de beneficiário pessoa jurídica tributada com base no lucro real;*

*II - tributação definitiva, no caso de beneficiário pessoa física ou pessoa jurídica não tributada com base no lucro real, inclusive isenta, ressalvado o disposto no § 4º;*

*§ 5º No caso de beneficiário sociedade civil de prestação de serviços, submetida ao regime de tributação de que trata o art. 1º do Decreto-Lei nº 2.397, de 21 de dezembro de 1987, o imposto poderá ser compensado com o retido por ocasião do pagamento dos rendimentos aos sócios beneficiários.*

***§ 6º No caso de beneficiário pessoa jurídica tributada com base no lucro real, o imposto de que trata o § 2º poderá ainda ser compensado com o retido por ocasião do pagamento ou crédito de juros, a título de remuneração de capital próprio, a seu titular, sócios ou acionistas.***

*§ 7º* ***O valor dos juros pagos ou creditados pela pessoa jurídica, a título de remuneração do capital próprio, PODERÁ SER IMPUTADO AO VALOR DOS DIVIDENDOS*** *de que trata o art. 202 da Lei nº 6.404, de 15 de dezembro de 1976, sem prejuízo do disposto no § 2º.*

***§8º Para fins de cálculo da remuneração prevista neste artigo, serão consideradas exclusivamente as seguintes contas do patrimônio líquido:***

***I - capital social integralizado;***

***II - reservas de capital de que tratam o § 2º do art. 13 e o parágrafo único do art. 14 da Lei nº 6.404, de 15 de dezembro de 1976;***

***III - reservas de lucros, exceto a reserva de incentivo fiscal de que trata o art. 195-A da Lei nº 6.404, de 15 de dezembro de 1976;***

***IV - ações em tesouraria; e***

***V - lucros ou prejuízos acumulados.***

*§ 8º-A. Para fins de apuração da base de cálculo dos juros sobre capital próprio:*

*I – não serão consideradas as variações positivas no patrimônio líquido decorrentes de atos societários entre partes dependentes que não envolvam efetivo ingresso de ativos à pessoa jurídica, com aumento patrimonial em caráter definitivo, independentemente do disposto nas normas contábeis; e*

*II – deverão ser considerados, salvo os casos em que for aplicado o disposto no inciso I deste parágrafo:*

*a) eventuais lançamentos contábeis redutores efetuados em rubricas de patrimônio líquido que não estiverem previstas no § 8º deste artigo, quando decorrerem dos mesmos fatos que deram origem a lançamentos contábeis positivos efetuados em rubricas previstas no referido parágrafo; e*

*b) valores negativos registrados em conta de ajuste de avaliação patrimonial decorrentes de atos societários entre partes dependentes.*

*§ 8º-B. Para fins do disposto no § 8º-A deste artigo, aplicar-se-á a definição de parte dependente prevista nos incisos I e II do caput do art. 25 da Lei nº 12.973, de 13 de maio de 2014. 8º-C. O disposto nos §§ 8º, 8º-A e 8º-B deste artigo aplicar-se-á ao cômputo da base de cálculo dos juros sobre capital próprio a partir de 1º de janeiro de 2024.*

*§§9º e 10. Revogados.*

*§ 11. O disposto neste artigo aplica-se à Contribuição Social sobre o Lucro Líquido.*

*§ 12. Para fins de cálculo da remuneração prevista neste artigo, **a conta capital social, prevista no inciso I do § 8º deste artigo, inclui todas as espécies de ações previstas no art. 15 da Lei nº 6.404, de 15 de dezembro de 1976**, ainda que classificadas em contas de passivo na escrituração comercial.*

**O RIR/2018 confere mais detalhes sobre a remuneração:**

*Art. 355. A pessoa jurídica poderá deduzir, para fins de apuração do lucro real, os juros pagos ou creditados de forma individualizada a titular, sócios ou acionistas, a título de remuneração do capital próprio, calculados sobre as contas do patrimônio líquido e limitados à variação, **pro rata die** , da Taxa de Juros de Longo Prazo – TJLP.*

*[...]*

*§ 5º Para fins de cálculo da remuneração prevista neste artigo:*

*I – a conta capital social, prevista no inciso I do § 4º, inclui todas as espécies de ações previstas no art. 15 da Lei nº 6.404, de 1976 , ainda que classificadas em contas de passivo na escrituração comercial; e*

*II – os instrumentos patrimoniais referentes às aquisições de serviços nos termos estabelecidos no art. 370 somente serão considerados depois da transferência definitiva da sua propriedade.*

*§ 6º Caso a pessoa jurídica opte por adicionar, para fins de determinação do lucro real, o valor do excesso apurado na forma estabelecida no art. 242 em cada período de apuração somente por ocasião da realização por alienação ou baixa a qualquer título do bem, do direito ou do serviço adquirido, o valor total do excesso apurado no período de aquisição deverá ser excluído do patrimônio líquido, para fins de determinação da base de cálculo dos juros sobre o capital próprio.*

*§ 7º O valor correspondente aos juros sobre o capital próprio reembolsado ao emprestador, nas condições de que trata o art. 7º da Lei nº 13.043, de 2014, poderá ser dedutível para fins de apuração do imposto.*

**Pontos Importantes:**

1. Seria uma forma de remunerar valores aos sócios ou acionistas, além dos dividendos.

2. Enquanto os dividendos são isentos de IR, o pagamento de JCP deve reter 15% de IR.

3. É calculado sobre a Taxa de Juros de Longo Prazo (TJLP), cujo valor é determinado trimestralmente conforme previsão da Lei nº 9.365, de 16 de dezembro de 1996.

4. Somente as pessoas jurídicas que apurem Lucro Real podem deduzir JCP das bases de cálculo de IRPJ e CSLL.

5. A dedução de JCP não se aplica às pessoas jurídicas optantes pelo Lucro Presumido ou pelo Simples Nacional, pois, nestes casos, as bases de cálculo de IRPJ e CSLL são determinadas de forma presumida, conforme a receita bruta e outras receitas e ganhos.

6. A dedução de JCP também não é aplicável quando a pessoa jurídica apurar as estimativas mensais de IRPJ e CSLL com base na receita bruta e acréscimos.

7. Poderá ser imputado ao valor dos dividendos mínimos obrigatórios

8. Esses juros pagos ou creditados são reconhecidos contabilmente como despesas financeiras ou diretamente sobre os lucros acumulados conforme o limite máximo constante na Figura 20.11.

9. **Fica condicionado à existência de lucros,** computados antes da dedução dos juros, ou de lucros acumulados e reservas de lucros, em montante igual ou superior ao valor de duas vezes os juros a serem pagos ou creditados.

10. A dedução de Juros sobre Capital Próprio (JCP) pode ser feita ao final do período de apuração do IRPJ e da CSLL, a depender da opção do contribuinte pelo Lucro Real Anual ou Trimestral.

O Quadro 20.13 contém uma aplicação do § 7º do art. 9º da Lei nº 9.249/1995.

**Quadro 20.13:** Relação entre JCP e Dividendos Obrigatórios

<table>
<tr><td>JCP a pagar (PC)<br>R$ 34.000 (líquido do IR 15%)<br>(valor bruto 40.000)</td><td rowspan="2">Dividendos Obrigatórios (DRE)<br>R$ 200.000</td></tr>
<tr><td>Dividendos a Pagar (PC)<br>R$ 166.000</td></tr>
</table>

**Chamada 135 do autor:** Juros sobre Capital Próprio - Fluxo e Aplicação

**Figura 20.11:** Determinação do Limite de Dedução do JCP que pode ser considerado Despesa Operacional

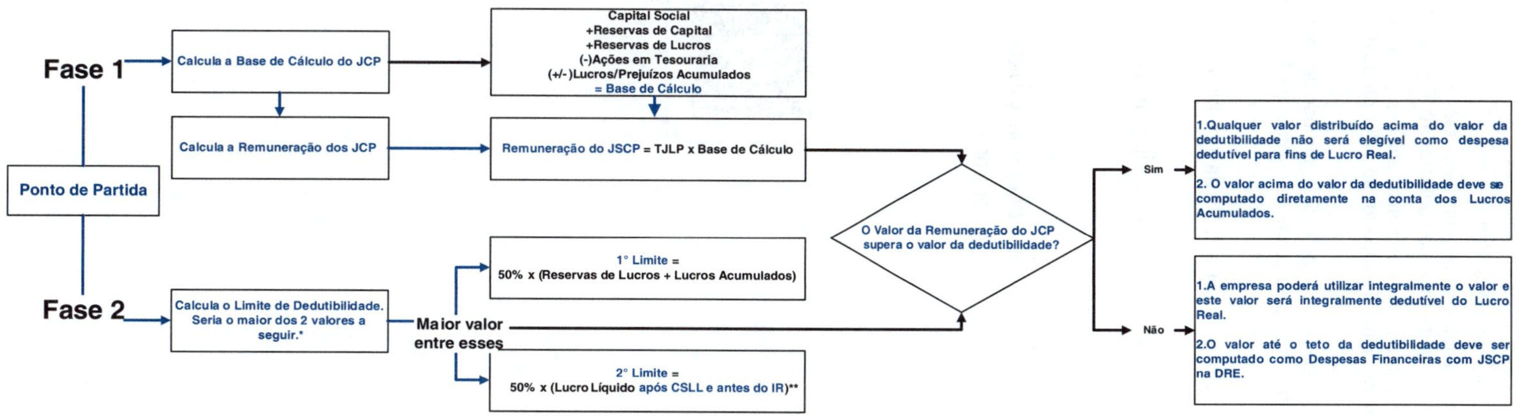


* Art 75, § 3°, da IN RFB n° 1.700, de 2017
** Art 75, § 2°, da IN RFB n° 1.700, de 2017

## Quadro 20.14: Contabilização da Remuneração do JCP

| | |
|---|---|
| Despesas Financeiras (DRE) JCP até o limite dedutível | D: Despesa Financeira (DRE)<br>C: Juros sobre Capital Próprio a Pagar (PC) |
| Contabilizados como destinação dos lucros (sem trânsito pela DRE) JCP acima do limite dedutível | D: Lucros Acumulados (PL)<br>C: Juros sobre Capital Próprio a Pagar (PC) |

### Simulação 08: Cálculo do Juros Sobre o Capital Próprio

Uma Empresa realizou apresenta os seguintes dados:

TJLP anual = 10%

| | | |
|---|---|---|
| Capital Social | R$ | 10.00.000 |
| Prejuízos Acumulados | (R$ | 1.500.000) |
| Reserva de Capital | R$ | 2.000.000 |
| Reserva de Lucros | R$ | 4.000.000 |
| Lucro Bruto | R$ | 4.000.000 |
| Despesas Operacionais | R$ | 750.000 |
| LAIR | R$ | 2.000.000 |
| Despesa com IR | R$ | 200.000 |
| Despesas com CSLL | R$ | 150.000 |
| Participações | R$ | 600.000 |

Para se chegar ao valor remuneração do JSCP, segue-se os seguintes passos:

**Fase 1 – Remuneração do JCP:**

**Base de Cálculo = 10.000.000 + 2.000.000 + 4.000.000 – 1.500.00 = 14.500.000**

Remuneração do JCP = **TJLP x Base de Cálculo →**

Remuneração do JCP = **10% x 14.500.000 →**

Remuneração do JCP = **R$ 1.450.000**

**Fase 2 – Limite de Dedutibilidade:**

1° Limite = 50% x (Reservas de Lucros + Lucros/Prejuízos Acumulados)→

1° Limite = 50%x (4.000.000 – 1.500.000) → 50% x 2.500.000 → **R$ 1.250.000**

2° Limite = 50% x Lucro Líquido após CSLL e antes do IR →

2° Limite = 50% x (2.000.000-150.000) → 50% x 1.850.000 → **R$ 925.000**

Assim, **o limite será o maior dos valores**, qual seja, **R$ 1.250.000.**

**Fase Final**

O valor superior a R$ 1.250.000, ou seja, R$ 200.000 não será elegível como despesa dedutível para fins de Lucro Real e poderia ter como contrapartida a conta lucros acumulados, contudo como há prejuízo acumulado não seria prudente.

O valor de R$ 1.250.000 será contabilizado como despesa financeira, sem levar em conta o efeito dos dividendos obrigatórios.

D: Despesa Financeira (DRE)........................................R$ 1.250.000

C: Juros sobre Capital Próprio a Pagar (PC)........................R$ 1.250.000

Demonstração do Resultado do Exercício

**= Lucro Operacional Bruto**........................................**4.000.000**

(-) Despesas Operacionais........................................750.000

(-) Despesas Financeiras – Juros sobre Capital Próprio................(1.250.000)

**= Lucro antes do IR**........................................**2.000.000**

(-) Despesa com Provisão IR e CSLL........................................(350.000)

(-) Participações........................................(600.000)

**= Lucro Líquido do exercício**........................................**1.050.000**

Quando do pagamento, o registro seria esse:

D: Juros sobre Capital Próprio a Pagar (PC)........................R$ 1.250.000

C: Caixa (AC)........................................R$ 1.062.500

C: IR a pagar (PC) (15% x 1.250.000)........................R$ 187.500

**Caso houvesse lucros acumulados, os R$ 200.000 acima do limite dedutível seriam contabilizados na seguinte forma:**

D: Lucros Acumulados (DRE)........................................R$ 200.000

C: Juros sobre Capital Próprio a Pagar (PC)........................R$ 200.000

# 8. DESTINAÇÃO DO RESULTADO

**Destinação do Lucro**

**De acordo com a Lei nº 6.404/1976:**

*Art. 191. Lucro líquido do exercício é o resultado do exercício que remanescer depois de deduzidas as participações de que trata o artigo 190 (**participações estatutárias**).*

*Art. 192. Juntamente com as demonstrações financeiras do exercício, os órgãos da administração da companhia apresentarão à assembleia-geral ordinária, observado o disposto nos artigos 193 a 203 (**reservas de lucros e dividendos**) e no estatuto, proposta sobre a destinação a ser dada ao lucro líquido do exercício.*

**Contabilização da DRE para o PL:**

| | |
|---|---|
| Lucro: saldo credor na DRE | D: Resultado do Exercício – Líquido (DRE)<br>C: Resultado do Exercício (PL)<br><br>D: Resultado do Exercício (PL)<br>C: Lucros Acumulados (PL) |
| Prejuízo: saldo devedor na DRE | D: (-) Resultado do Exercício (PL)<br>C: Resultado do Exercício – Líquido (DRE)<br><br>D: (-) Prejuízos Acumulados (PL)<br>C: (-) Resultado do Exercício (PL) |

**Desse modo, o lucro pode ser os seguintes destinos:**

| | |
|---|---|
| Compensação de Prejuízos | D: Lucros Acumulados (PL)<br>C: Prejuízos Acumulados (PL) |
| Reservas de Lucros | D: Lucros Acumulados (PL)<br>C: Reserva Legal (PL)<br>C: Reserva de Retenção de Lucros (PL) |
| Aumento de Capital Social | D: Lucros Acumulados (PL)<br>C: (-) Capital Social a Integralizar (PL) |
| Distribuição de Dividendos | D: Lucros Acumulados (PL)<br>C: Dividendos a Pagar (Passivo Circulante) |

**Reforça-se mais uma vez o que fora visto no Capítulo 11:**

Para as sociedades por ações, o saldo final da conta Lucros ou Prejuízos Acumulados não poderá mais ser credor. Respectivos saldos de lucros acumulados precisam ser totalmente destinados por proposta da administração da companhia no pressuposto de sua aprovação pela assembleia geral ordinária. Observa-se que a obrigação de essa conta não conter saldo positivo aplica-se unicamente às sociedades por ações.

Desta forma, **para as sociedades por ações, o saldo respectivo deverá ser composto** apenas pelos eventuais prejuízos acumulados **(saldo devedor), não absorvidos pelas demais reservas.**

**Chamada 136 do autor:** Destinação do Resultado

# 9. TRIBUTOS SOBRE O LUCRO: ATIVOS E PASSIVOS FISCAIS DIFERIDOS

**Independente do regime de tributação**, é exigido que a entidade **contabilize os efeitos fiscais das transações** e de outros eventos da mesma maneira que ela contabiliza as próprias transações e os outros eventos. Assim, para transações e outros eventos reconhecidos no resultado, **quaisquer efeitos fiscais** relacionados também são reconhecidos no resultado.

**Contudo, apenas o Lucro Real permite utilizar o conceito prejuízo fiscal citado no CPC 32. Ou seja, a norma acaba direcionando para empresas que utilizam o lucro real.**

## 9.1. Terminologias

O Quadro 20.15 contém conceitos importantes sobre tributos sobre o lucro à luz do CPC 32[30].

**Quadro 20.15:** Conceitos importantes associados ao CPC 32

| Conceito | Descrição |
|---|---|
| Resultado contábil | É o lucro ou prejuízo para um período antes da dedução dos tributos sobre o lucro. |
| Lucro tributável | É o **lucro para um período**, determinado de acordo com as regras estabelecidas pelas autoridades tributárias, sobre o qual os tributos sobre o lucro são **devidos**. |
| Prejuízo fiscal | É o **prejuízo para um período**, determinado de acordo com as regras estabelecidas pelas autoridades tributárias, sobre o qual os tributos sobre o lucro são **recuperáveis**. |
| Diferença temporária | É a diferença entre o valor contábil de ativo ou passivo no balanço e sua base fiscal. |
| | As diferenças temporárias podem ser tanto:<br>(a) **diferença temporária tributável**, a qual é a diferença temporária que resulta em valores **tributáveis** para determinar o lucro tributável (prejuízo fiscal) de períodos futuros quando o valor contábil de ativo ou passivo é recuperado ou liquidado; ou<br>(b) **diferença temporária dedutível**, a qual é a diferença temporária que resulta em valores que são **dedutíveis** para determinar o lucro tributável (prejuízo fiscal) de futuros períodos quando o valor contábil do ativo ou passivo é recuperado ou liquidado. |
| Adição definitiva | É despesa não dedutível na base presente, e nem em período futuro. |

30 O CPC 32 foi ratificado pela NBC TG 32.

| | |
|---|---|
| Adição temporária | É a despesa não dedutível na base presente, mas que pode e tende a ser dedutível em período futuro. |
| Exclusão definitiva | É a receita não tributável na base presente, e nem em período futuro. |
| Exclusão temporária | É a receita não tributável na base presente, mas que pode e tende a ser tributável em período futuro. |
| Despesa tributária | **Compreende a despesa tributária corrente e a despesa tributária diferida.** |
| Tributo corrente | É o valor do **tributo a pagar ou a recuperar** sobre o **prejuízo fiscal** do período. |
| Tributo diferido | É o valor do **tributo a pagar ou a recuperar** resultante da aplicação das alíquotas de tributos sobre o lucro sobre as diferenças temporárias entre o resultado contábil e o lucro tributável. |
| Base fiscal de ativo | É o valor que **será dedutível** para fins fiscais contra quaisquer benefícios econômicos tributáveis que fluirão para a entidade **quando ela recuperar o valor contábil desse ativo.** |
| | Se aqueles benefícios econômicos não serão tributáveis, a base fiscal do ativo é igual ao seu valor contábil. |
| Base fiscal de passivo | É o seu valor contábil, menos qualquer valor que será dedutível para fins fiscais relacionado àquele passivo em períodos futuros. No caso da receita que é recebida antecipadamente, a base fiscal do passivo resultante é o seu valor contábil, menos qualquer valor da receita que não será tributável em períodos futuros. |
| Passivo fiscal diferido | É o valor do tributo sobre o lucro **devido em período futuro** relacionado **às diferenças temporárias tributáveis.** |
| Ativo fiscal diferido | É o valor do tributo sobre o lucro **recuperável em período futuro** relacionado a:<br>(a) **diferenças temporárias dedutíveis;**<br>(b) compensação futura de prejuízos fiscais não utilizados; e<br>(c) compensação futura de créditos fiscais não utilizados. |

É inerente ao reconhecimento de ativo ou passivo que a entidade espera recuperar ou liquidar o valor contábil daquele ativo ou passivo.

Se for provável que a recuperação ou a liquidação desse valor contábil **tornará futuros pagamentos de tributos maiores** do que eles seriam se tal recuperação ou liquidação não tivessem efeitos fiscais, a norma contábil exige que a entidade reconheça um **passivo fiscal diferido (ativo fiscal diferido).**

Se for provável que a recuperação ou a liquidação desse valor contábil **tornará futuros pagamentos de tributos menores** do que eles seriam se tal recuperação ou liquidação não tivessem efeitos fiscais, a norma contábil exige que a entidade reconheça um **ativo fiscal diferido**.

> **Aplicação**
>
> **Se uma empresa não reconhece um passivo fiscal diferido, ela pode tomar uma decisão enviesada na base presente que pode estar apresentando um lucro superestimado e, por exemplo, ensejar distribuição distorcida de recursos para os sócios. Quando chegar o momento de pagar os impostos, os recursos já foram distribuídos entre os sócios.**

## 9.2. Aplicação das diferenças temporárias no Lucro Real

Nem sempre os lucros são tributados quando gerados contabilmente. O ponto principal na contabilização dos tributos sobre o lucro é **como contabilizar os efeitos fiscais atuais e futuros de:**

1. Futura recuperação do valor contábil dos ativos que são reconhecidos no balanço patrimonial da entidade.
2. Futura liquidação do valor contábil dos passivos que são reconhecidos no balanço patrimonial da entidade.
3. Operações e outros eventos do período atual que são reconhecidos nas demonstrações.

Os valores devidos relacionados ao lucro corrente denominam-se tributos correntes.

As diferenças temporárias existentes entre o contabilizado e a legislação fiscal denominam-se tributos diferidos. Significa que esse tributo sobre o lucro deverá ser pago pela entidade apenas no próximo ano-calendário. A palavra vem do verbo "diferir", que significa adiar algo, deixar para depois.

> **Atenção**
>
> **1. Diferenças temporárias correspondem às adições e exclusões ocorridas em exercícios distintos nos livros contábeis e fiscais:**
>
> 1.1. Adições temporárias → geram ativo fiscal diferido.
>
> 1.2. Exclusões temporárias → geram passivo fiscal diferido.
>
> **2. Diferenças permanentes quando adicionadas ou excluídas do lucro fiscal, não interferem.**

A seguir, consta o Quadro 20.16 que reapresenta o resumo das principais adições e exclusões no lucro real ou fiscal **segmentando agora em temporárias ou permanentes**. **É essencial identificar adições e exclusões em temporárias para calcular os tributos diferidos a recuperar ou a recolher.**

Quadro 20.16: Resumo das Principais Adições e Exclusões no Lucro Real ou Fiscal segmentadas em temporárias ou permanentes

| Adições<br>(Despesas Tributadas → não dedutível) | Exclusões<br>(Receita não Tributadas → dedutível) |
|---|---|
| **1. Despesas com perdas estimadas para devedores duvidosos** (temporária).<br>**2. Despesa com a constituição de provisão para garantias de produtos do exercício** (temporária).<br>**3. Despesa com a constituição de provisão para gastos com manutenção e reparo de equipamentos, dedutível para fins fiscais somente quando estes forem efetivamente realizados** (temporária).<br>**4. Despesas com perdas estimadas para ajuste ao valor de mercado** (temporária).<br>**5. Despesas com provisões trabalhistas** (temporária).<br>**6. Perdas de equivalência patrimonial** (permanente).<br>**7. Perda de capital em venda a prazo** (temporária).<br>**8. Depreciação - Diferença entre as Depreciações Contábil e Fiscal** (temporária).<br>**9. Despesas com multas** (permanente).<br>**10. Despesas sem comprovantes** (permanente).<br>**11. Perdas estimadas permanentes em investimentos** (temporária).<br>**12. Despesas com doações** (permanente).<br>**13. Despesas com brindes não dedutíveis** (permanente).<br>**14. Despesas com alimentação de sócios, acionistas e administradores** (permanente). | **1. Receita de reversão de perdas estimadas para devedores duvidosos** (temporária).<br>**2. Receita de reversão de provisão para garantias de produtos do exercício** (temporária).<br>**3. Receita de reversão de provisão para gastos com manutenção e reparo de equipamentos, dedutível para fins fiscais somente quando estes forem efetivamente realizados** (temporária).<br>**4. Receita de reversão de perdas estimadas para ajuste ao valor de mercado** (temporária).<br>**5. Receita de reversão com provisões trabalhistas** (temporária).<br>**6. Ganhos de equivalência patrimonial** (permanente).<br>**7. Ganho de capital em venda a prazo** (temporária).<br>**8. Depreciação - Diferença entre as Depreciações Contábil e Fiscal** (temporária).<br>**9. Receitas governamentais ganhas e não recebidas** (temporária).<br>10. Despesa com Participação de Debenturistas (permanente).<br>11. Despesa com Participação de Empregados (permanente). |
| Adição permanente → despesa não dedutível na base presente, e nem em período futuro.<br>Adição temporária → despesa não dedutível na base presente, mas que pode e tende a ser dedutível em período futuro. | Exclusão permanente → receita não tributável na base presente, e nem em período futuro.<br>Exclusão temporária → receita não tributável na base presente, mas que pode e tende a ser tributável em período futuro. |

**Chamada 137 do autor:** Ativos e Passivos Fiscais Diferidos

Figura 20.12: Casos envolvendo ativos e passivos diferidos

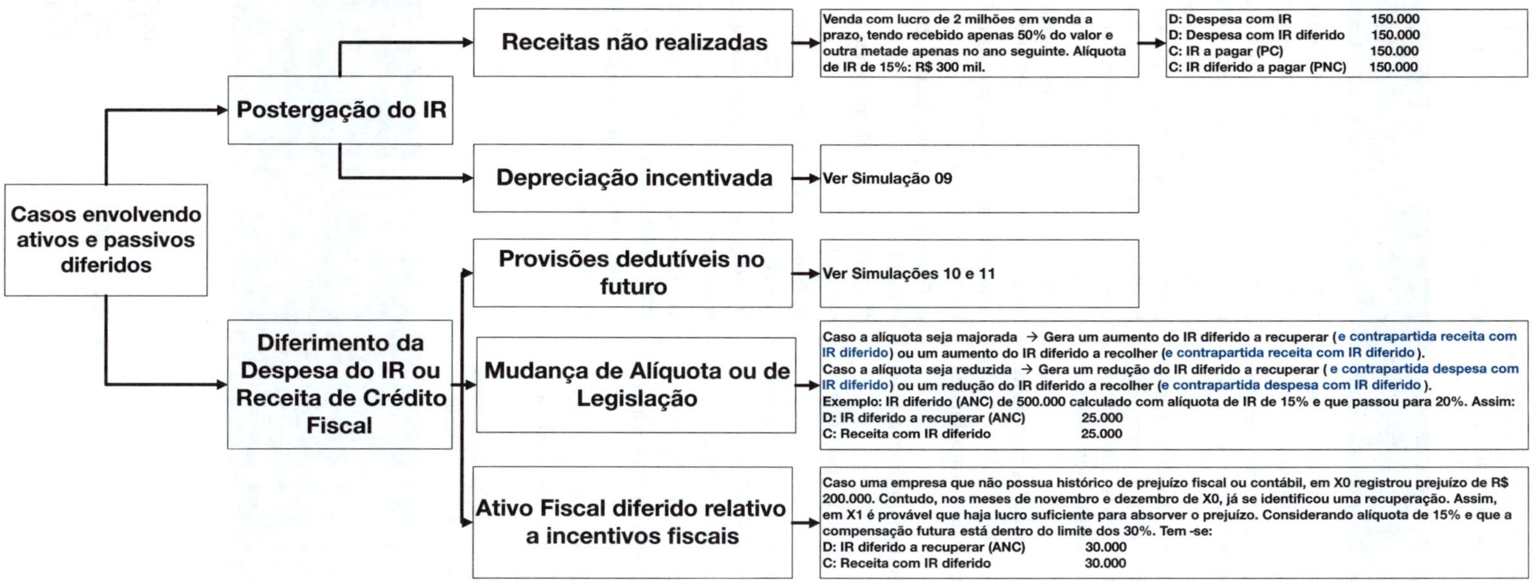

**Fluxo sugerido**

**1. Lucro Fiscal = LAIR + Adições permanentes e temporárias - Exclusões permanentes e temporárias**

**2. Alíquota do IR x Lucro fiscal = Despesa com IR corrente na DRE e ser recolhido no ano seguinte.**

**3. Após calcular o IR com base no lucro fiscal, se calcula os efeitos das adições e exclusões temporárias.**

| LALUR | |
|---|---|
| LAIR | |
| (+) Adições | |
| Adições permanentes → encerrado no exercício | |
| Adições temporárias → gera ativo fiscal diferido | |
| (-) Exclusões | |
| Exclusões permanentes → encerrado no exercício | |
| Exclusões temporárias → gera passivo fiscal diferido | |
| Lucro Real antes da compensação do prejuízo fiscal | |

| | | |
|---|---|---|
| **Se as adições temporárias forem maiores que as exclusões temporárias, gera-se uma receita de IR diferido (crédito fiscal).** | → | **Adições temporárias: R$ 100.000**<br>**Exclusões temporárias: R$ 80.000**<br><br>**D Ativo Fiscal Diferido - ANC .........20.000**<br>**C Receita com IR Diferido - DRE.....20.000** |
| **Se as adições temporárias forem menores que as exclusões temporárias, gera-se uma despesa de IR diferido (crédito fiscal).** | → | **Adições temporárias: R$ 100.000**<br>**Exclusões temporárias: R$ 110.000**<br><br>**D Despesa com IR Diferido - DRE .10.000**<br>**C Passivo Fiscal Diferido - PNC ......10.000** |

**4. Reapresenta-se a DRE contendo a receita ou despesa com IR diferido, bem como o Balanço Patrimonial com Ativo ou Passivo Fiscal diferido.**

**5. Dependendo das circunstâncias pode se afetada a Demonstração do Resultado Abrangente.**

Unidade Didática IV
Demonstrações Contábeis –
Apresentação e Análise de Balanços

## Simulação 09 adaptada do CPC 32: Depreciação gerando um Passivo Fiscal Diferido – Diferença temporária tributável

**Considere os dados a seguir:**

| Dados | |
|---|---|
| Custo Histórico | R$ 150.000 |
| Valor Contábil (líquido de depreciação e impairment) | R$ 100.000 |
| Depreciação Acumulada Fiscal | R$ 90.000 |

**Demonstração do tributo diferido**

| Dados | Contábil | Fiscal |
|---|---|---|
| Valor do Ativo | R$ 150.000 | R$ 150.000 |
| (-) depreciação acumulada | R$ 50.000 | R$ 90.000 |
| =Valor do Ativo por Base | R$ 100.000 | R$ 60.000 |

Diferença tributária tributável

| Diferença tributária | R$ 40.000 |
|---|---|
| Alíquota do IR | 15% |
| IR PJ diferido | R$ 6.000 |

**Base contábil > Base Fiscal → Gera passivo diferido.**

**Registro contábil realizado de forma isolada para fins didáticos:**

D Despesa com IRPJ diferido – DRE..........................................R$ 6.000
C Tributo Diferido a recolher – Passivo Não Circulante..............R$ 6.000.

## Simulação 10: Ativos e Passivos Diferidos

Uma Empresa realizou apresenta os seguintes dados:

| Apuração do IR contábil | | |
|---|---|---|
| Receita Líquida | 1.000.000 | |
| (-) Despesas com brindes não dedutíveis | (20.000) | (permanente) |
| Resultado positivo de equivalência patrimonial | 100.000 | (permanente) |
| (-) Despesa com provisão para garantias de produtos do exercício | (50.000) | (temporário) |
| Receita de reversão de perdas estimadas para devedores duvidosos | 70.000 | (temporário) |
| LAIR | 1.100.000 | |
| Despesa com IR Contábil (x15%) | (165.000) | |
| Lucro Líquido | 935.000 | |

| Apuração do IR com base no Lucro Real no LALUR: a base completa conforme visto no tópico 4 deste capítulo | |
|---|---|
| **LAIR** | **1.100.000** |
| **+Adições permanentes** | **20.000** |
| +Adições temporárias | 50.000 |
| **-Exclusões permanentes** | **(100.000)** |
| -Exclusões temporárias | (70.000) |
| -Compensações | 0 |
| **=Lucro Ajustado** | **1.000.000** |
| **Despesa com IR (x15%)** | **(150.000)** |

Registro contábil:

D Despesas com IR corrente – DRE ............ 150.000 (conta de resultado)

C IR a recolher corrente – Passivo Circulante ............ 150.000 (conta patrimonial)

| Apuração do IR diferido | |
|---|---|
| +Adições temporárias | 50.000 |
| -Exclusões temporárias | 70.000 |
| -Compensações | 0 |
| **=Total** | **(20.000)** |
| **Tributo diferido (15%) a recolher** | **(3.000)** |

Passivo Fiscal Diferido = 15% x Exclusão Temporária → 15% x 70.000 → 10.500

Ativo Fiscal Diferido = 15% x Adição Temporária → 15% x 50.000 → 7.500

Registro contábil:

D Despesas com IR diferido – DRE ............ 3.000 (conta de resultado)

C Passivo fiscal diferido – Passivo não Circulante ............ 3.000 (conta patrimonial)

Caso, o ativo fiscal diferido fosse maior que o passivo fiscal diferido, seria registrada uma receita na DRE logo abaixo da despesa com IR (crédito fiscal).

| Apuração do IR Fiscal | | |
|---|---|---|
| Receita Líquida | 1.000.000 | |
| (-) Despesas com brindes não dedutíveis | (20.000) | (permanente) |
| Resultado positivo de equivalência patrimonial | 100.000 | (permanente) |
| (-) Despesa com provisão para garantias de produtos do exercício | (50.000) | **(temporário)** |
| Receita de reversão de perdas estimadas para devedores duvidosos | 70.000 | **(temporário)** |
| **LAIR.** | **1.100.000** | |
| Despesa com IR corrente | (150.000) | |
| Despesas com IR diferido | (3.000) | |
| Lucro Líquido | 947.000 | |

Assim, ao invés de se distribuir um lucro líquido de R$ 950.000 (1.100.000 – 150.000), será distribuído um lucro de R$ 947.000.

Unidade Didática IV
Demonstrações Contábeis –
Apresentação e Análise de Balanços

## Simulação 11: Ativos e Passivos Diferidos

Uma Empresa realizou apresenta os seguintes dados:

| Apuração do IR contábil | | |
|---|---|---|
| **Receita Bruta de Vendas** | **2.500.000** | |
| (-)Ajuste a Valor Presente | (300.000) | **(temporário)** |
| **Receita Líquida** | **2.200.000** | |
| (-)CMV | 700.000 | |
| **=Lucro Bruto** | **1.500.000** | |
| (-)Despesas comerciais | (200.000) | |
| (-)Despesas com brindes não dedutíveis | (50.000) | **(permanente)** |
| (-)Resultado negativo de equivalência patrimonial | (200.000) | **(permanente)** |
| (-) Despesa com provisão para garantias de produtos do exercício | (50.000) | **(temporário)** |
| Receita de reversão de perdas estimadas para devedores duvidosos | 70.000 | **(temporário)** |
| Receita de dividentos | 130.000 | **(permanente)** |
| **LAIR (contábil)** | **1.200.000** | |
| Despesa com IR Contábil (x15%) | (180.000) | |
| **Lucro Líquido (contábil)** | **1.020.000** | |

| Apuração do IR com base no Lucro Real no LALUR: a base completa conforme visto no tópico 4 deste capítulo | | |
|---|---|---|
| **LAIR** | **1.200.000** | |
| **+Adições permanentes** | **250.000** | **→ 50.000+200.000** |
| +Adições temporárias | 350.000 | → 300.000+50.000 |
| **-Exclusões permanentes** | **(130.000)** | |
| -Exclusões temporárias | (70.000) | |
| -Compensações | 0 | |
| **=Lucro Ajustado** | **1.600.000** | |
| **Despesa com IR (x15%)** | **(240.000)** | |

Registro contábil:

D Despesas com IR corrente - DRE ........................240.000 (conta de resultado)

C IR a recolher corrente - Passivo Circulante............240.000 (conta patrimonial)

| Apuração do IR diferido | |
|---|---|
| +Adições temporárias | 350.000 |
| -Exclusões temporárias | 70.000 |
| -Compensações | 0 |
| **=Total do Ativo Diferido** | **280.000** |
| **Tributo diferido (15%) a recuperar** | **(42.000)** |

Passivo Fiscal Diferido = 15% x Exclusão Temporária → 15% x 70.000 → 10.500
Ativo Fiscal Diferido = 15% x Adição Temporária → 15% x 350.000 → 52.500
Registro contábil:
D Ativo fiscal diferido - Ativo não Circulante........................42.000 (conta patrimonial)
C Receita com IR diferido - DRE ..........................................42.000 (conta de resultado)

| Apuração do IR fiscal | | |
|---|---|---|
| **Receita Bruta de Vendas** | **2.500.000** | |
| (-)Ajuste a Valor Presente | (300.000) | **(temporário)** |
| **Receita Líquida** | **2.200.000** | |
| (-)CMV | 700.000 | |
| **=Lucro Bruto** | **1.500.000** | |
| (-)Despesas comerciais | (200.000) | |
| (-)Despesas com brindes não dedutíveis | (50.000) | **(permanente)** |
| (-)Resultado negativo de equivalência patrimonial | (200.000) | **(permanente)** |
| (-) Despesa com provisão para garantias de produtos do exercício | (50.000) | **(temporário)** |
| Receita de reversão de perdas estimadas para devedores duvidosos | 70.000 | **(temporário)** |
| Receita de dividentos | 130.000 | **(permanente)** |
| **LAIR (contábil)** | **1.200.000** | |
| **Despesa com IR corrente** | **(240.000)** | |
| **Receita com IR diferido (crédito fiscal)** | **42.000** | |
| **Lucro Líquido** | **1.002.000** | |

Assim, ao invés de se distribuir um lucro líquido de R$ 960.000 (1.200.000 - 240.000), será distribuído um lucro de R$ 1.002.000.

## 9.3. Reconhecimento de ativos e passivos fiscais diferidos

### Quadro 20.17: Diferença temporária tributável - Passivo Fiscal Diferido

| Um passivo fiscal diferido deve ser reconhecido para todas as diferenças temporárias tributáveis, exceto o passivo fiscal diferido que advenha de: | |
|---|---|
| **1.** Reconhecimento inicial de ágio derivado da expectativa de rentabilidade futura (*Goodwill).* | |
| **2.** Reconhecimento inicial de ativo ou passivo em transação que: | não é combinação de negócios. |
| | no momento da transação, não afeta nem o lucro contábil nem o lucro tributável (prejuízo fiscal). |
| | no momento da transação, não dá origem a diferenças temporárias igualmente tributáveis e dedutíveis. |

| Devem ser reconhecidos como passivos diferidos |
|---|
| As diferenças temporárias tributáveis relacionadas a investimentos em controladas, filiais e coligadas, e interesses em empreendimentos sob controle conjunto, um passivo fiscal diferido deve ser reconhecido exceto quando ambas as seguintes condições sejam atendidas:<br>(a) a empresa controladora, o investidor, o empreendedor em conjunto ou o operador em conjunto seja capaz de controlar a periodicidade da reversão da diferença temporária; e<br>(b) seja provável que a diferença temporária não se reverterá em futuro previsível. |

**Quadro 20.18:** Diferença temporária dedutível – Ativo Fiscal Diferido

| O ativo fiscal diferido deve ser reconhecido para todas as diferenças temporárias dedutíveis na medida em que seja provável a existência de lucro tributável contra o qual a diferença temporária dedutível possa ser utilizada, a não ser que o ativo fiscal diferido surja do reconhecimento inicial de ativo ou passivo na transação que: |
|---|
| 1. Não é uma combinação de negócios. |
| 2. No momento da transação não afeta nem o lucro contábil, nem o lucro tributável (prejuízo fiscal). |
| 3. No momento da transação, não dá origem a diferenças temporárias igualmente tributáveis e dedutíveis. |

| Devem ser reconhecidos como ativos diferidos |
|---|
| Para diferenças temporárias dedutíveis associadas com investimentos em controladas, filiais e coligadas, e interesses em empreendimentos sob controle conjunto, o ativo fiscal diferido deve ser reconhecido na medida em que, e somente na medida em que, seja provável que:<br>(a) a diferença temporária será revertida em futuro previsível; e<br>(b) estará disponível lucro tributável contra o qual a diferença temporária possa ser utilizada. |

Quadro 20.19: Exemplos de circunstâncias que dão margem a diferenças temporárias tributáveis extraídos do CPC 32 – Podem gerar **Passivo Fiscal Diferido**

| Categoria | Situação |
|---|---|
| Afetam a DRE | 1. A receita de juros é recebida posteriormente e incluída no lucro contábil em base proporcional de tempo, mas é incluída no lucro tributável em regime de caixa. |
| | 2. A receita da venda de mercadorias é incluída no lucro contábil quando as mercadorias são entregues, mas é incluída no lucro tributável quando o pagamento é recebido. |
| | 3. A depreciação do ativo acelerada para fins fiscais. |
| | 4. Os custos de desenvolvimento foram capitalizados e serão amortizados na demonstração do resultado, mas foram deduzidos para determinar o lucro tributável no período em que eles foram incorridos. |
| | 5. Despesas antecipadas já foram deduzidas com base no regime de caixa para determinar o lucro tributável dos períodos corrente e anteriores. |
| Balanço Patrimonial | 6. A depreciação de ativo não é dedutível para fins fiscais e nenhuma dedução estará disponível para fins fiscais quando o ativo for vendido ou sucateado. |
| | 7. O tomador de empréstimo registra o empréstimo conforme os recursos são recebidos (que será igual ao valor devido no vencimento), menos os custos da operação. Subsequentemente, o valor contábil do empréstimo é aumentado pela amortização dos custos da operação para apuração dos lucros contábeis. Os custos de transação foram deduzidos para fins fiscais no período em que o empréstimo foi reconhecido pela primeira vez. |
| | 8. Um empréstimo a pagar foi mensurado no reconhecimento inicial pelo valor obtido líquido dos custos de transação. Os custos de transação são amortizados para o lucro contábil ao longo da vida do empréstimo. Esses custos de transação não são dedutíveis para determinar o lucro tributável de períodos futuros, corrente ou anteriores. |
| | 9. O componente passivo de instrumento financeiro composto (por exemplo, título conversível) é mensurado por intermédio de desconto no valor reembolsável no vencimento. |

| Ajustes a valor justo e reavaliação | 10. Ativos financeiros ou investimentos em imóveis são registrados contabilmente ao valor justo que excede o custo, mas o ajuste equivalente pode, conforme a legislação tributária, não ter efeito para fins fiscais. |
|---|---|
| Combinação de negócios e consolidação | 11. O valor contábil de ativo é aumentado para o valor justo na combinação de negócios e nenhum ajuste equivalente é feito para fins fiscais. |
| | 12. Reduções no valor contábil do ágio derivado da expectativa de rentabilidade futura (*goodwill*) podem não ser dedutíveis para determinar o lucro tributável e o custo do *goodwill* não ser dedutível na alienação do negócio. |
| | 13. Perdas não realizadas resultantes de transações internas ao grupo são eliminadas pela inclusão no valor contábil do estoque ou imobilizado. |
| | 14. Lucros retidos de controladas, filiais, coligadas e empreendimentos sob controle conjunto estão incluídos nos lucros retidos consolidados, mas o tributo sobre o lucro será devido se os lucros são distribuídos para a empresa controladora que apresenta o relatório. |
| | 15. Investimentos em controladas, filiais ou coligadas estrangeiras ou interesses em empreendimentos sob controle conjunto são afetados pelas mudanças nas taxas de câmbio de moeda estrangeira. |
| | 16. Os ativos e passivos não monetários da entidade são medidos na sua moeda funcional, mas o lucro tributável ou prejuízo fiscal é determinado em moeda diferente. |

Quadro 20.20: Exemplos de circunstâncias que dão margem a diferenças temporárias dedutíveis extraídos do CPC 32 – Podem gerar **Ativo Fiscal Diferido**

| Categoria | Situação |
|---|---|
| Afetam a DRE | 1. Custos de benefícios de aposentadoria são deduzidos para determinar o lucro contábil enquanto o serviço é fornecido pelo empregado, mas podem não ser dedutíveis na determinação do lucro tributável até que a entidade pague os benefícios de aposentadoria ou contribuições para o fundo de pensão. |
| | 2. A depreciação acumulada do ativo nas demonstrações contábeis é maior que a depreciação acumulada permitida até o final do período que está sendo reportado para fins fiscais. |
| | 3. O custo de estoques vendidos antes do final do período que está sendo reportado é deduzido para determinar o lucro contábil quando as mercadorias ou serviços são entregues, mas é dedutível na determinação do lucro tributável quando o dinheiro é recebido. |
| | 4. O valor líquido realizável de item de estoque, ou o valor recuperável de item do ativo imobilizado, é menor que o valor contábil, e a entidade por essa razão reduz o valor contábil do ativo, mas essa redução é ignorada para fins fiscais até que o ativo seja vendido. |
| | 5. Os gastos com pesquisa (ou organização ou outros custos de início de operação) são reconhecidos como despesa na apuração do lucro contábil, mas somente são permitidos como dedução para determinar o lucro tributável em período posterior. |
| | 6. A receita é diferida no balanço patrimonial, mas já foi incluída no lucro tributável nos períodos corrente ou anterior. |
| | 7. A subvenção governamental que é incluída no balanço patrimonial como receita diferida não será tributável em períodos futuros. |
| Ajustes a valor justo e reavaliação | 8. Ativos financeiros ou investimentos em imóveis são registrados contabilmente ao valor justo, o qual é menor do que o custo, mas nenhum ajuste equivalente é feito para fins fiscais. |

| | |
|---|---|
| Combinação de negócios e consolidação | 9. O passivo é reconhecido ao seu valor justo em combinação de negócios, mas nenhuma das despesas relacionadas é deduzida para determinar o lucro tributável até um período posterior. |
| | 10. Lucros não realizados resultantes de transações internas ao grupo são eliminados do valor contábil dos ativos, como estoque ou ativo imobilizado, mas nenhum ajuste equivalente é feito para fins fiscais. |
| | 11. Investimentos em controladas, filiais ou coligadas estrangeiras ou participações em empreendimentos sob controle conjunto no exterior são afetados pelas mudanças nas taxas de câmbio. |
| | 12. Os ativos e passivos não monetários da entidade são medidos nas suas moedas funcionais, mas o lucro tributável ou o prejuízo fiscal é determinado em moeda diferente. |

**Quadro 20.21:** Exemplos de circunstâncias em que o valor contábil de ativo ou passivo é igual à sua base fiscal extraídos do CPC 32 – **não geram ativos e passivos fiscais diferidos**

| Situação |
|---|
| 1. As despesas provisionadas já foram deduzidas para determinar o passivo fiscal corrente da entidade para os períodos atual ou anteriores. |
| 2. O empréstimo a pagar é medido pelo valor originalmente recebido, e esse valor é o mesmo que o valor a pagar no vencimento final do empréstimo. |
| 3. **Despesa apropriada que nunca será dedutível para fins fiscais, por exemplo, multas.** |
| 4. Receita apropriada por competência que nunca será tributável. |

## 10. ANÁLISE DA DRE: INDICADORES E QUOCIENTES

A partir da DRE combinada ou não com o Balanço Patrimonial pode-se: (i) calcular os índices de lucratividade constantes no Quadro 20.22; (ii) calcular os índices de rentabilidade constantes no Quadro 20.23 (iii) avaliar a alavancagem conforme consta no Quadro 20.24; e (iv) calcular os índices do ciclo operacional (rotatividade) conforme consta no Quadro 20.25.

**Quadro 20.22:** Índices de Lucratividade

| Índice e fórmula | Objetivo |
|---|---|
| *Giro do Ativo* = $\frac{\textit{Receita Líquida de Vendas}}{\textit{Ativo Total ou Médio}}$ | Avalia o montante de vendas líquidas realizado para cada real alocado no Ativo Total. |
| *Giro do Ativo Operacional* = $\frac{\textit{Receita Líquida de Vendas}}{\textit{Ativo Operacional Total ou Médio}}$<br>Ativo Operacional = Ativo Circulante + Imobilizado + Intangível | Avalia o montante de vendas líquidas realizado para cada real alocado no Ativo Operacional. |
| *Margem Bruta* = $\frac{\textit{Lucro Operacional Bruto}}{\textit{Receita Líquida de Vendas}} \times 100$<br>Lucro Bruto do CPC 26 = Resultado Operacional Bruto da Lei nº 6.404/1976 | Também denominada lucratividade bruta, evidencia quanto o lucro operacional bruto representa sobre as vendas. |
| *Margem Operacional* = $\frac{\textit{Resultado Operacional (Líquido)}}{\textit{Receita Líquida de Vendas}} \times 100$<br>Resultado Operacional Líquido da Lei nº 6.404/1976 | Também denominada lucratividade operacional, evidencia quanto o lucro operacional representa sobre as vendas. |

Unidade Didática IV
Demonstrações Contábeis – Apresentação e Análise de Balanços

| $\textit{Margem Líquida} = \dfrac{\textit{Lucro Líquido}}{\textit{Receita Líquida de Vendas}} \times 100$ | Também denominada lucratividade líquida, evidencia quanto o lucro líquido representa sobre as vendas. |
|---|---|

## Quadro 20.23: Índices de Rentabilidade

| | |
|---|---|
| $\textit{Rentabilidade do Ativo} = \dfrac{\textit{Lucro Líquido}}{\textit{Ativo Total ou Médio}}$<br>ou<br>*Rentabilidade do Ativo = Giro do Ativo x Margem Líquida* **(modelo de DuPont)** | Também denominada retorno do ativo ou **taxa de retorno sobre ativo (ROA)**, evidencia quanto o lucro líquido representa sobre o Ativo.<br>Alguns autores utilizam o conceito de ROI (retorno sobre investimento) para esse indicador. |
| $\textit{Rentabilidade Operacional do Ativo} = \dfrac{\textit{Resultado Operacional (Líquido)*}}{\textit{Ativo Total ou Médio}}$<br>ou<br>*Rentabilidade Operacional do Ativo = Giro do Ativo x Margem Operacional*<br>* Resultado Operacional Líquido da Lei nº 6.404/1976 | Também denominada retorno operacional do ativo, evidencia quanto o lucro operacional líquido representa sobre o Ativo. |
| $\textit{Rentabilidade do Ativo Operacional} = \dfrac{\textit{Resultado Operacional (Líquido)*}}{\textit{Ativo Operacional Total ou Médio}}$<br>ou<br>*Rentabilidade do Ativo Operacional = Giro do Ativo Operacional x Margem Operacional* **(modelo de DuPont)**<br>* Resultado Operacional Líquido da Lei nº 6.404/1976 | Também denominada retorno do ativo operacional, evidencia quanto o lucro operacional líquido representa sobre o Ativo Operacional. |
| $\textit{Rentabilidade do PL} = \dfrac{\textit{Lucro Líquido}}{\textit{PL Total ou Médio}}$<br>ou<br>*Rentabilidade do PL = Giro do PL x Margem Líquida* **(modelo de DuPont)** | Também denominada **retorno sobre o capital próprio (RSPL ou ROE)**, evidencia quanto o lucro líquido representa sobre o PL. |
| $\textit{Payback} = \dfrac{\textit{Ativo Total ou Médio}}{\textit{Lucro Líquido}}$ | É um método simples de avaliar empresas. Por dele, se observa quem quanto anos uma empresa leva para recuperar o investimento total aplicado. |

**Chamada 138 do autor:** Índices de Rentabilidade e Lucratividade na DRE

**Rentabilidade *versus* Lucratividade**

Empresa ALFA

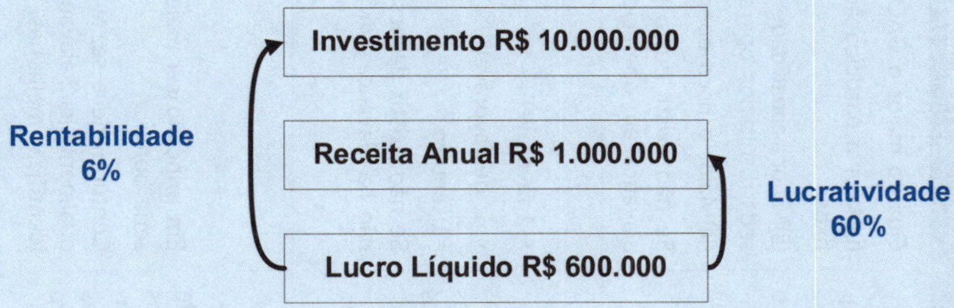


Empresa BETA

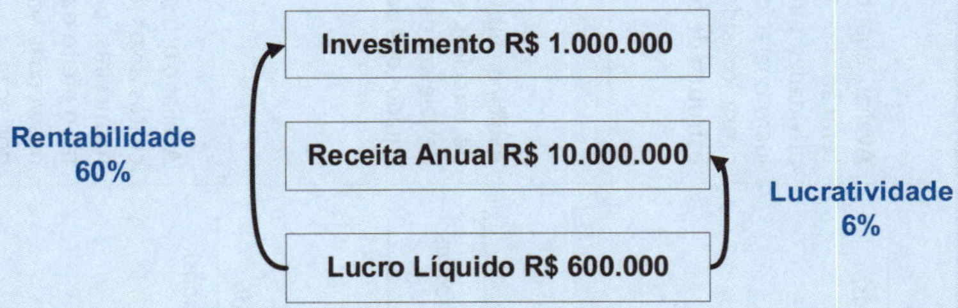


Conclui-se que a rentabilidade (ROA, ROE, ROIC, ROCE) é mais relevante sob o ponto de vista do usuário que aplica recursos na Entidade em relação a lucratividade (Margem Bruta, Margem Operacional, Margem Líquida).

Quadro 20.24: Tipos de Alavancagem

| Índice e fórmula | Objetivo | Polaridade |
|---|---|---|
| *Grau de Alavancagem Operacional (GAO)* = $\frac{\textit{Variação no Lucro Operacional Bruto}}{\textit{Variação no Volume de Atividade (vendas)}}$<br>*Variação no Lucro Operacional Bruto* = $\frac{\textit{Lucro Bruto X1 - Lucro BrutoX0}}{\textit{Lucro Bruto X0}}$<br>*Variação no Volume de Atividade* = $\frac{\textit{Quantidade X1 - Quantidade X0}}{\textit{Quantidade X0}}$ | Avaliar quanto uma alteração no volume de atividades influi sobre o lucro operacional da empresa considerando sua estrutura de custos fixos. | Quanto maior o GAO:<br>(i)Maior a participação de custos fixos.<br>(ii)Maior a capacidade de alavancar seus resultados operacionais.<br>(iii)Maior o risco operacional.<br>Se não existir custo fixo não há alavancagem operacional. |
| *Grau de Alavancagem Financeira (GAF)* = $\frac{ROE}{ROA}$ ou $\frac{\frac{\textit{Lucro Líquido}}{PL}}{\frac{\textit{Lucro Líquido+Despesas Financeiras ou EBIT/LAIR}}{\textit{Ativo Líquido}}}$<br>Ativo Líquido = Ativo Total – Passivo Operacional | Avaliar quanto os recursos de terceiros são capazes de elevar os resultados líquidos dos proprietários. | > 1:favorável<br>< 1: desfavorável<br>=1: neutro<br>Se não existir despesa financeira não há alavancagem financeira. |
| *Grau de Alavancagem Combinada ou Total* = $\frac{\textit{Variação percentual no Lucro Líquido}}{\textit{Variação no Volume de Atividade (vendas)}}$<br>*ou*<br>*Grau de Alavancagem Combinada ou Total=GAO x GAF*<br>*Variação no Lucro Líquido* = $\frac{\textit{Lucro Bruto X1 - Lucro BrutoX0}}{\textit{Lucro Bruto X0}}$<br>*Variação no Volume de Atividade* = $\frac{\textit{Quantidade X1 - Quantidade X0}}{\textit{Quantidade X0}}$ | Avaliar o uso potencial de custos fixos e despesas financeiras, para aumentar o efeito das variações nas vendas sobre o lucro por ação. | Em princípio ser maior do que 1 seria bom.<br>Contudo deve-se avaliar individualmente as 2 alavancagens para identificar melhorias. |

**Chamada 139 do autor:** Tipos de Alavancagem na DRE

Antes de apresentar as fórmulas dos indicadores do ciclo operacional, faz-se necessário evidenciar o Fluxo e a composição do Ciclo Operacional constante na Figura 20.13.

**Figura 20.13:** Fluxo e Composição do Ciclo Operacional de uma Entidade Industrial

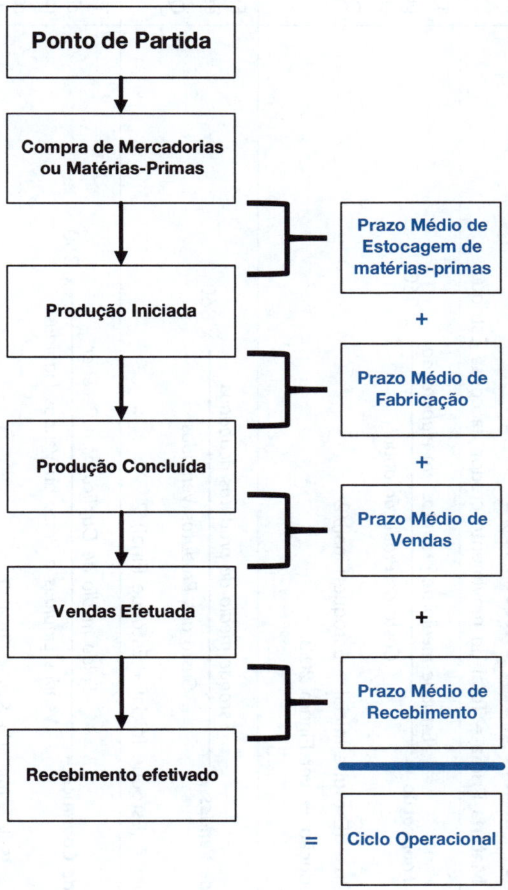

Quadro 20.25: Indicadores do Ciclo Operacional e de Rotatividade

| Índice e fórmula | Análise |
|---|---|
| *Prazo Médio de Estocagem de Matéria – Prima* = $\frac{\textit{Estoque médio de matéria-prima}}{\textit{Consumo de Matéria-Prima anual}} \times 360$<br><br>**Estoque Médio** = (Estoque Inicial + Estoque Final)/2<br>**Consumo de Matéria Prima** = Total do movimento credor da conta Estoque | Evidencia quanto tempo a matéria-prima fica no estoque até ser consumida.<br>**Quanto maior,** pior. |
| *Prazo Médio Fabricação* = $\frac{\textit{Estoque médio de produtos em elaboração}}{\textit{Custo de Produção anual}} \times 360$<br><br>**Estoque Médio** = (Estoque Inicial + Estoque Final)/2<br>**Custo de Produção →** ver Figura 20.3. | Também denominado: **Prazo médio de estoques de produtos em processo** evidencia quanto tempo a empresa leva para fabricar o produto.<br>**Quanto maior,** pior. |
| *Prazo Médio de Vendas* = $\frac{\textit{Estoque médio de produtos acabados}}{\textit{Custo dos Produtos Vendidos}} \times 360$<br><br>**Estoque Médio** = (Estoque Inicial + Estoque Final)/2 | Evidencia quanto tempo o produto acabado fica no estoque até ser vendido.<br>**Quanto maior,** pior. |
| *Prazo Médio de Cobrança* = $\frac{\textit{Saldo médio de Duplicatas a Receber}}{\textit{Vendas Líquidas a Prazo ou Vendas Líquidas}} \times 360$<br><br>**Saldo Médio** = (Saldo Inicial + Saldo Final)/2<br>**Vendas Líquidas =** (Vendas a prazo + Vendas à vista) – deduções e abatimentos sobre vendas<br>**Vendas a prazo** (caso tenha os dados) **= Vendas Líquidas** – Vendas à vista | Também denominado: **Prazo médio de rotação de clientes ou Prazo Médio de Recebimento de Vendas (PMRV)** evidencia quantos dias a empresa leva para receber suas vendas a prazo. **Auxiliar na definição da política de crédito da empresa**[31].<br>**Se** todas as vendas da empresa forem efetuadas à vista, **o PMRV do indicador é nulo.**<br>**Quanto maior,** pior. |

31 **Política de crédito rígida:** menor investimento em duplicatas a receber, menos perdas com clientes, vendas e margens brutas menores. **Política de crédito mais flexível:** maior investimento em duplicatas a receber, mais perdas com clientes, vendas e margens brutas maiores.

| O somatório dos 4 indicadores anteriores evidencia o ciclo operacional. | |
|---|---|
| $\text{Prazo Médio de Pagamento de Fonecedores} = \dfrac{\text{Saldo médio de Fornecedores}}{\text{Compras ou Compras a prazo anual}} \times 360$<br>**Saldo Médio** = (Saldo Inicial + Saldo Final)/2<br>**Compras** = CMV – Estoque Inicial + Estoque Final<br>**Compras a prazo** (caso tenha os dados) = CMV – Compras à vista – Estoque Inicial + Estoque Final | Também denominado: **Prazo médio de rotação de fornecedores ou Prazo Médio de Pagamento de Compras (PMPC)**, evidencia quantos dias a empresa leva para pagar fornecedores.<br>**Se todas as compras da empresa forem efetuadas à vista, o PMPC é nulo.**<br>**Quanto maior,** melhor. |
| $\text{Prazo Médio de Desconto} = \dfrac{\text{Saldo médio de Duplicatas Descontadas}}{\text{Vendas a prazo anual}} \times 360$<br>**Saldo Médio** = (Saldo Inicial + Saldo Final)/2 | Evidencia quanto dias a empresa reduz o prazo de cobrança realizando operações de desconto de duplicatas. |
| $\text{Prazo Médio de Renovação de Estoques} = \dfrac{\text{Saldo médio de Estoques de Mercadoria}}{\text{CMV}} \times 360$<br>**Saldo Médio** = (Saldo Inicial + Saldo Final)/2 | Também denominado: **Prazo médio de rotação de estoques (mercadorias e produtos prontos) ou prazo médio de estocagem total** evidencia quanto tempo os estoques ficam estocados **desde a compra até a venda.**<br>Quando não for possível identificar separadamente materiais, produtos em elaboração e produtos acabados e seus valores estiverem agrupados no Balanço. **Ele é uma substituição aproximada dos 3 indicadores:** prazo médio de estocagem de matéria-prima, prazo médio de fabricação e prazo médio de vendas.<br>**Se a empresa trabalha com** produção sob encomenda, **o indicador é nulo.** |

**Atenção**

Para calcular o Giro de cada indicador de rotatividade basta dividir 360 pelo resultado do indicador do ciclo operacional.

Giro = 360/indicador

**O giro possui polaridade inversa de análise aos indicadores do ciclo de rotatividade. Quanto maior o Giro do Estoque, melhor; quanto maior o giro de pagamento de fornecedores, pior.**

**Chamada 140 do autor:** Indicadores do Ciclo Operacional e de Rotatividade

O ciclo operacional inicia com a compra de matérias-primas ou mercadorias e se encerra com o recebimento das vendas. O ciclo financeiro inicia com o pagamento aos fornecedores e se encerra com o recebimento das vendas.

**Figura 20.14:** Ciclo Operacional com Ciclo Financeiro Positivo

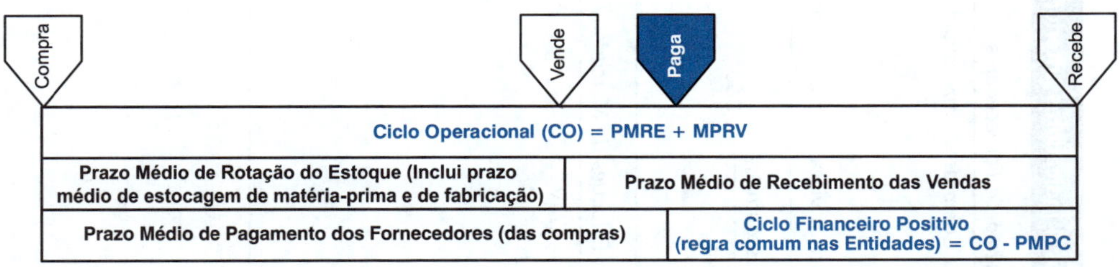


**Figura 20.15:** Ciclo Operacional com Ciclo Financeiro Negativo

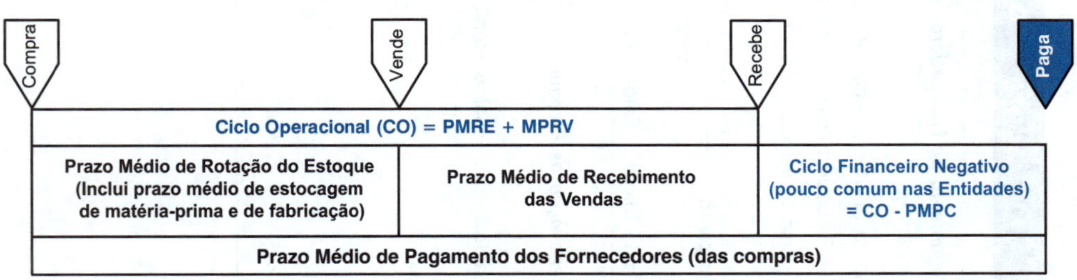

## Ciclo Operacional e Ciclo Financeiro

A partir do cálculo do Ciclo Operacional e deduzindo o Prazo Médio de Pagamento a Fornecedores, chega-se ao Ciclo Financeiro. Quanto maior o poder de barganha da empresa em postergar suas contas a pagar, maior seu ciclo financeiro. O ciclo operacional permanece inalterado.

**Ciclo Financeiro = Ciclo Operacional - PMPF**

**Ou**

**Ciclo Financeiro = PMRE[a] + PMRC[b] - PMPF[c]**

**Ou**

$$\textit{Quociente de Posicionamento Relativo (QPR)} = \frac{\text{PMRE + PMRC}}{\text{PMPF}}$$

Quanto mais próximo de zero e menor que 1, a posição é mais favorável, pois a empresa pode vender e receber a mercadoria e depois quitá-la junto ao seu fornecedor.

| Superavitário | Deficitário |
|---|---|
| $\frac{PMRE + PMRC}{PMPF} < 1$ | $\frac{PMRE + PMRC}{PMPF} > 1$ |
| A empresa paga seus fornecedores em um prazo superior (denominador) do que compra, vende e recebe. | A empresa paga seus fornecedores em um prazo inferior (denominador) do que compra, vende e recebe. |

(a) Prazo Médio de Rotação de Estoques ou Prazo Médio de Estocagem Total

(b) Prazo Médio de Recebimento das Vendas ou Prazo Médio de Rotação de Clientes ou Prazo Médio de Cobrança

(c) Prazo Médio de Rotação de Fornecedores ou Prazo Médio de Pagamento de Fornecedores

## Análise do Ciclo Financeiro Positivo

Quanto maior for a distância entre a data do pagamento e do recebimento, maior será a necessidade de recursos para cobrir a defasagem nos prazos, o que pode reduzir margens, afetar liquidez, a lucratividade e o endividamento da empresa, caso o capital de giro utilizado seja de fontes onerosas. Nesse cenário, paga-se antes de receber, logo a defasagem é prejudicial e necessitará de capital de giro dos sócios ou de terceiros para suprir essa diferença entre pagamentos e recebimentos. Assim, haverá necessidade de capital de giro positiva.

Negociar prazos mais elásticos com fornecedores e/ou reduzir o prazo médio concedido aos clientes nas vendas a prazo, seriam algumas ações que poderiam ser buscadas para reduzir, anular ou inverter os descasamentos, que são naturais devido ao acirramento da concorrência. Contudo, a intensidade dos descasamentos pode tornar a situação financeira difícil.

## Análise do Ciclo Financeiro Negativo

Esse cenário é raro de acontecer. Neste cenário, a empresa recebe antes de seus clientes, em suas vendas a prazo, quando comparado ao período de pagamento aos seus fornecedores. A empresa tem que ter um excelente poder de barganha e/ou ter produtos diferenciados e com boa demanda, dentre outros fatores, para que isso possa acontecer. Neste caso, o Ciclo Operacional é inferior ao Prazo Médio de Pagamento dos Fornecedores (PMPF). Seria ótima essa situação, haja vista que ensejaria uma situação financeira de caixa confortável, gerando excedente intertemporal para ganhos financeiros, inclusive. Nessa situação, haveria necessidade negativa de capital de giro.

## Simulação 12: Aplicação dos Índices Rentabilidade, Alavancagem e Rotatividade

Suponha-se o Balanço Patrimonial e a DRE da Cia FOX e da Cia GOLF para fins de cálculo de aplicação dos Índices Lucratividade, Rentabilidade, Alavancagem e Rotatividade em 20X2.

| Balanço Patrimonial Cia FOX | | | | Balanço Patrimonial Cia GOLF | | |
|---|---|---|---|---|---|---|
| Conta | 20X1 | 20X2 | | Conta | 20X1 | 20X2 |
| Ativo | 10.000.000 | 15.000.000 | | Ativo | 10.000.000 | 12.000.000 |
| **Ativo Circulante** | **6.000.00** | **8.000.000** | | **Ativo Circulante** | **5.000.00** | **7.500.000** |
| Disponível | 2.000.000 | 3.000.000 | | Disponível | 500.000 | 1.000.000 |
| Participações Societárias Temporárias mantidas até o vencimento | 500.000 | 1.000.000 | | Participações Societárias Temporárias mantidas até o vencimento | 250.000 | 1.250.000 |
| Clientes ou Duplicatas a Receber | 750.000 | 1.000.000 | | Clientes ou Duplicatas a Receber | 1.500.000 | 1.750.000 |
| Estoques | 2.000.000 | 2.750.000 | | Estoques | 2.500.000 | 3.000.000 |
| Despesas pagas antecipadamente | 750.000 | 250.000 | | Despesas pagas antecipadamente | 250.000 | 500.000 |
| **Ativo não circulante** | **4.000.000** | **7.000.000** | | **Ativo não circulante** | **5.000.000** | **4.500.000** |
| Ativo Realizável a Longo Prazo | 500.000 | 500.000 | | Ativo Realizável a Longo Prazo | 500.000 | 250.000 |
| Investimento | 1.500.000 | 1.5000.000 | | Investimento | 1.500.000 | 1.250.000 |
| Imobilizado | 1.500.000 | 2.500.000 | | Imobilizado | 2.500.000 | 2.700.000 |
| Intangível | 500.000 | 1.000.000 | | Intangível | 500.000 | 300.000 |
| Passivo | 10.000.000 | 15.000.000 | | Passivo | 10.000.000 | 12.000.000 |
| **Passivo Circulante (fornecedores)** | **4.000.000** | **5.500.000** | | **Passivo Circulante (fornecedores)** | **6.000.000** | **5.000.000** |
| **Passivo não Circulante** | **5.000.000** | **5.500.000** | | **Passivo não Circulante** | **2.000.000** | **3.000.000** |
| **PL** | **1.000.000** | **4.000.000** | | **PL** | **2.000.000** | **4.000.000** |

| DRE Cia FOX | | | | DRE Cia GOLF | | |
|---|---|---|---|---|---|---|
| Conta | 20X1 | 20X2 | | Conta | 20X1 | 20X2 |
| Receita Bruta de Vendas | 15.000.000 | 20.000.000 | | Receita Bruta de Vendas | 18.000.000 | 20.000.000 |
| (-) Imposto sobre Vendas | 3.000.000 | 4.000.000 | | (-) Imposto sobre Vendas | 3.600.000 | 4.000.000 |
| Receita Líquida de Vendas | 12.000.000 | 16.000.000 | | Receita Líquida de Vendas | 14.400.000 | 16.000.000 |
| (-) CMV | 6.000.000 | 7.000.000 | | (-) CMV | 8.900.000 | 10.000.000 |
| Lucro Operacional Bruto | 6.000.000 | 9.000.000 | | Lucro Operacional Bruto | 5.500.000 | 6.000.000 |
| (-)Despesas Operacionais | (4.000.000) | (6.000.000) | | (-) Despesas Operacionais | (2.750.000) | (3.000.000) |
| Receitas Operacionais | 2.000.000 | 2.500.000 | | Receitas Operacionais | 250.000 | 1.500.000 |
| Lucro Operacional Líquido | 4.000.000 | 5.500.000 | | Lucro Operacional Líquido | 3.000.000 | 4.500.000 |
| (-) Outras Despesas | (250.000) | (500.000) | | (-) Outras Despesas | (500.000) | (500.000) |
| Outras Receitas | 350.000 | 1.000.000 | | Outras Receitas | 1.000.000 | 1.000.000 |
| LAIR | 4.100.000 | 5.000.000 | | LAIR | 2.500.000 | 4.000.000 |
| (-) Despesa com IR e CSLL | 1.100.000 | 1.500.000 | | (-) Despesa com IR e CSLL | 800.000 | 1.300.000 |
| (-) Participações Estatutárias | 300.000 | 500.000 | | (-) Participações Estatutárias | 700.000 | 700.000 |
| Lucro Líquido | 2.700.000 | 3.000.000 | | Lucro Líquido | 1.000.000 | 2.000.000 |
| (/) número de ações | 3.000 | 3.000 | | (/) número de ações | 4.000 | 4.000 |
| (=) Lucro Líquido por Ação | 900 | 1.000 | | (=) Lucro Líquido por Ação | 250 | 500 |

**Informações adicionais sobre Despesas Operacionais em 20X2: 20% são despesas financeiras.**

**Informações adicionais sobre unidades vendidas:**

| Cia | 20X1 | 20X2 |
|---|---|---|
| FOX | 400.000 | 500.000 |
| GOLF | 450.000 | 600.000 |

| Indicadores Lucratividade de 20X2 | Cia FOX[a] | Cia GOLF[a] |
|---|---|---|
| *Giro do Ativo* = $\frac{\textit{Receita Líquida de Vendas}}{\textit{Ativo Médio}}$ | 16/[(10+15)/2] → 1,28 | 16/[(10+12)/2] → 1,45 |
| *Giro do Ativo Operacional* = $\frac{\textit{Receita Líquida de Vendas}}{\textit{Ativo Operacional Médio}}$<br>Ativo Operacional = Ativo Circulante + Imobilizado + Intangível | 16/[(6+8+2,5+1,5+0,5+1)2] 16/9,75→ 1,64 | 16/[(5+7,5+2,5+2,7+0,5+0,3)/2] 16/9,25→ 1,73 |
| *Margem Bruta* = $\frac{\textit{Lucro Bruto}}{\textit{Receita Líquida de Vendas}} \times 100$ | 9/16 → 56% | 6/16 → 38% |
| *Margem Operacional* = $\frac{\textit{Resultado Operacional (Líquido)}}{\textit{Receita Líquida de Vendas}} \times 100$<br>Resultado Operacional Líquido da Lei nº 6.404/1976 | 5,5/16 à 34% | 4,5/16 à 28% |
| *Margem Líquida* = $\frac{\textit{Lucro Líquido}}{\textit{Receita Líquida de Vendas}} \times 100$ | 3/16 → 19% | 2/16 → 13% |

**Legenda:** (a) valores em milhões.

| Indicadores de Rentabilidade 20X2 | Cia FOX[a] | Cia GOLF[a] |
|---|---|---|
| *Rentabilidade do Ativo* = $\frac{\textit{Lucro Líquido}}{\textit{Ativo Médio}}$ | 3/[(10+15)/2] → 0,24 | 2/[(10+12)/2] → 0,18 |
| *Rentabilidade Operacional do Ativo* = $\frac{\textit{Resultado Operacional (Líquido)}}{\textit{Ativo Médio}}$ | 5,5/[(10+15)/2] → 0,44 | 4,5/[(10+12)/2] → 0,41 |
| *Rentabilidade do Ativo Operacional* = $\frac{\textit{Resultado Operacional (Líquido)}}{\textit{Ativo Operacional Total ou Médio}}$ | 5,5/[(6+8+2,5+1,5+0,5+1)2] → 5,5/9,75 → 0,56 | 4,5/[(5+7,5+2,5+2,7+0,5+0,3)/2] →4,5/9,25→ 0,49 |
| *Rentabilidade do PL* = $\frac{\textit{Lucro Líquido}}{\textit{PL Médio}}$ | 3/[1+4)/2] → 1,2 | 2/[2+4)/2] → 0,67 |
| *Payback* = $\frac{\textit{Ativo Médio}}{\textit{Lucro Líquido}}$ | [(10+15)/2]/3 → 4,17 anos | [(10+12)/2]/2 → 5,5 anos |

**Legenda:** (a) valores em milhões

| Indicadores de Alavancagem 20X2 e 20X1 | Cia FOX[a] | Cia GOLF[a] |
|---|---|---|
| *Grau de Alavancagem Operacional (GAO)* = $\dfrac{\textit{Variação no Lucro Operacional Bruto}}{\textit{Variação no Volume de Atividade (vendas)}}$ | [(9-6)/6]/ [(500-400)/400] → 0,5/0,25 → 2,0 | [(6-5,5)/5,5]/ [(600-450)/450] → 0,09/0,33→ 0,27 |
| *Grau de Alavancagem Financeira (GAF)* = $\dfrac{\textit{Lucro Líquido} / \textit{PL Médio}}{\textit{Lucro Líquido+Despesas Financeiras} / \textit{Ativo Total}}$ | [3.000.000/4.000.0000]/ [(3.000.000+ 1.200.000)/15.000.000] → 0,75/0,28 → 2,68 | [2.000.000/4.000.0000]/ [(2.000.000+ 600.000)/12.000.000] → 0,5/0,22→ 2,27 |
| *Grau de Alavancagem Total (GAT) = GAO x GAF* | 2x2,68 → 5,36 | 0,27x2,27 → 0,61 |

**Legenda:** (a) valores em milhões.

| Indicadores de Rotatividade e Ciclos Operacional e Financeiro em 20X2 | Cia FOX[a] | Cia GOLF[a] |
|---|---|---|
| *Prazo Médio de Renovação de Estoques* = $\dfrac{\textit{Saldo médio de Estoques de Mercadoria}}{\textit{CMV}}$ x 360<br>**Saldo Médio** = (Saldo Inicial + Saldo Final)/2 | [(2+2,75)/2]/7 → 0,34x360 = 122 dias | [(2,5+3)/2]/10 → 0,28x360= 100 dias |
| **Giro do Estoque = 360/PMRE** | 2,95 | 3,60 |

| | | |
|---|---|---|
| *Prazo Médio de Cobrança* = $\frac{\textit{Saldo médio de Duplicatas a Receber}}{\textit{Vendas Líquidas}} \times 360$<br>**Saldo Médio** = (Saldo Inicial + Saldo Final)/2<br>**Vendas Líquidas** = (Vendas a prazo + Vendas à vista) – deduções e abatimentos sobre vendas<br>**Vendas a prazo** (caso tenha os dados) = ***Vendas Líquidas – Vendas à vista*** | [(0,75+1)/2]/16 →<br>0,05x360→<br>20 dias | [(1,50+1,75)/2]/16<br>→ 0,17x360 →<br>62 dias |
| **Giro de clientes = 360/PMRC** | 18 | 5,81 |
| Ciclo Operacional = PMRE + PMRC | 142 dias | 162 dias |
| *Prazo Médio de Pagamento de Fonecedores* = $\frac{\textit{Saldo médio de Fornecedores}}{\textit{Compras ou Compras a prazo anual}} \times 360$<br>**Saldo Médio** = (Saldo Inicial + Saldo Final)/2<br>**Compras** = CMV – Estoque Inicial + Estoque Final<br>**Compras a prazo** (caso tenha os dados) = CMV – Compras à vista – Estoque Inicial + Estoque Final | [(4+5,5)/2]/[7-2+2,75]<br>→ 4,75/7,75 x 360 →<br>0,61x360 →<br>220 dias | [(6+5)/2] ]/[10-2,5+3]<br>→ 5,5/10,5x360→<br>0,55x360 →<br>198 dias |
| Giro dos Fornecedores = 360/PMRF | 1,64 | 1,82 |
| **Ciclo Financeiro = Ciclo Operacional – PMRF** | 142-220 → negativo 78 dias | 162-198 → negativo 36 dias |
| **Quociente de Posicionamento Relativo (QPR)** = $\frac{\textbf{PMRE + PMRC}}{\textbf{PMRF}}$ | 142/220→<br>0,65 | 162/198 →<br>0,82 |

**Análise simplificada:** A Cia FOX possui melhores margens de rentabilidade, melhor alavancagem operacional, financeira e total e melhor payback. Ambas as empresas pagam seus fornecedores em um prazo superior (denominador) do que compram, vendem e recebem, sendo que a Cia GOLF leva vantagem nesse quesito.

Além dessas análises envolvendo rentabilidade, alavancagem e rotatividade podem ser feitas análises de quocientes na DRE: análise horizontal (evolução) e análise vertical (estrutura).

**Chamada 141 do autor:** Análise Horizontal e Vertical aplicada à DRE

**Figura 20.16:** Análise Horizontal - Análise anual

| Conta | 20x5 | AH (%) | 20x6 | AH (%) | 20x7 | AH (%) | 20x8 | AH (%) |
|---|---|---|---|---|---|---|---|---|
| Vendas | 10 | 100% | 12 | 120% | 15 | 125% | 20 | 133% |
| CMV | (5) | 100% | (5) | 100% | (6) | 20% | (7) | 117% |
| Lucro Líquido | 5 | 100% | 7 | 140% | 9 | 129% | 13 | 144% |

| Segmentos de Estudo para Análise Horizontal | |
|---|---|
| 1° Evolução dos Custos e Despesas em relação ao Volume de Vendas. | A empresa pode melhorar sua estrutura de custos fixos visando reduzir o custo unitário de venda. |
| 2° Relação entre Custos, Despesas, Volume de Vendas **e o** Lucro | Uma evolução mais significativa de vendas em relação a custos e despesas, denota melhor desempenho na administração de ativos da empresa. |

A análise vertical possibilita avaliar a participação de cada elemento na formação do lucro ou prejuízo do período. Dessa forma, é possível mostrar de forma detalhada o desempenho da empresa. Após calcular esses percentuais, pode-se compará-los com os de outras empresas de atividade semelhante, do mesmo porte e, se possível, da mesma região geográfica.

A Análise Vertical permite detectar variações expressivas ocorridas nos exercícios analisados, sejam elas favoráveis ou não e, a partir disso, procurar as causas dessas variações.

**Uso combinado da Análise Horizontal e Vertical**

Análise Vertical mede as participações de cada conta (ou grupo) em relação a uma determinada base; o confronto das Análises Verticais realizadas em datas diferentes permite aferir as alterações estruturais ocorridas na posição econômico-financeira da empresa. A Análise Horizontal mostra a evolução de cada conta (ou grupo) específica(o) no tempo.

A interpretação isolada dessas duas técnicas pode induzir a erros de avaliação. Assim, não só é possível, mas também recomendável que esses dois tipos de análise sejam utilizados em conjunto, pois eles se completam; essa combinação permite identificar quais elementos merecem investigação mais aprofundada.

Por exemplo, a interpretação exclusiva da Análise Horizontal revela que um determinado item da DRE apresentou crescimento de 300% em relação ao ano anterior (despesa financeira saiu de R$ 10.000 para R$ 40.000), o que isoladamente seria uma variação bastante significativa. No entanto, a Análise Vertical revela que este item representa percentual ínfimo face a uma Receita Líquida de Vendas R$ 20.000.000 em X1 e R$ 30.000.000 em X2, donde se conclui que, embora tenha obtido enorme crescimento em relação ao ano anterior, esse item continua a não significar quase nada na estrutura da DRE.

Por outro lado, a Análise Vertical também deve ser complementada pela Análise Horizontal, principalmente na análise da Demonstração do Resultado, pois pequenos percentuais podem ser significativos, em função da Receita Líquida de Vendas.

Em uma situação, por exemplo, em que a Análise Vertical da DRE revela que as receitas líquidas de vendas eram em X1 e X2: R$50.000.000 e R$ 80.000.000 e as despesas comerciais passaram de R$ R$ 5.000.00 (AV= 10%= 10.000.000/50.000.000) para R$ 10.000.000 (AV = 12,5% = 10.000.000/ 80.000.000) em relação ano anterior. O aumento de 2,5% pontos percentuais não chama atenção (10% para 12,5%). No entanto a Análise Horizontal pode revelar que este item acresceu de 100% em relação ao ano anterior (R$ 10.000.000/ R$ 5.000.000).

## 11. CPC 00: CONCEITOS DE CAPITAL E MANUTENÇÃO DE CAPITAL E O LUCRO

| Conceito de Capital no CPC 00 | |
|---|---|
| **Financeiro** | **Físico** |
| Sob o conceito financeiro de capital, tal como caixa investido ou poder de compra investido, capital é sinônimo de ativos líquidos ou patrimônio líquido da entidade. | Sob o conceito físico de capital, tal como a capacidade operacional, o capital é considerado como a capacidade produtiva da entidade com base, por exemplo, nas unidades de produção diária. |
| Deve ser adotado se os usuários das demonstrações contábeis estiverem principalmente preocupados com a manutenção de capital nominal investido **ou** com o poder de compra do capital investido. | Se a principal preocupação dos usuários for com a capacidade operacional da entidade. |

| Manutenção de Capital no CPC 00 | |
|---|---|
| **Financeiro** | **Físico** |
| **O lucro** é auferido somente se o **montante financeiro (ou dinheiro) dos ativos líquidos** no final do período exceder o montante financeiro (ou dinheiro) dos ativos líquidos no início do período, após excluir quaisquer distribuições para, e contribuições de, sócios durante o período. | O lucro é auferido somente se a **capacidade produtiva física** (ou capacidade operacional) da entidade (ou os recursos ou fundos necessários para alcançar essa capacidade) no final do período exceder a capacidade produtiva física no início do período, após excluir quaisquer distribuições para, e contribuições de, sócios durante o período. |
| Pode ser mensurada em unidades monetárias nominais ou em unidades de poder aquisitivo constante. | Se a principal preocupação dos usuários for com a capacidade operacional da entidade. |

<table>
<tr><td>Não requer o uso de base de mensuração específica.</td><td>Exige a adoção do custo corrente como base de mensuração.</td></tr>
<tr><td>O lucro representa o aumento no capital monetário nominal ao longo do período.</td><td rowspan="3">Todas as mudanças de preços que afetem os ativos e passivos da entidade são vistas como mudanças na mensuração da capacidade produtiva física da entidade, portanto, elas são tratadas como ajustes para manutenção de capital que fazem parte do patrimônio líquido e, não, como lucro.</td></tr>
<tr><td>Os aumentos nos preços de ativos mantidos ao longo do período, convencionalmente referidos como ganhos de manutenção são, conceitualmente, lucros. Entretanto, eles podem não ser reconhecidos como tais até que os ativos sejam alienados em transação de troca.</td></tr>
<tr><td>Quando o conceito de manutenção de capital financeiro for definido em termos de unidades de poder aquisitivo constante, o lucro representa o aumento no poder aquisitivo investido ao longo do período. Apenas essa parte do aumento nos preços dos ativos que exceder o aumento no nível geral de preços é considerada como lucro.</td></tr>
</table>

| Custo Corrente |
|---|
| O custo corrente de ativo é o custo de ativo equivalente na data de mensuração, compreendendo a **contraprestação que seria paga** na data de mensuração mais os custos de transação que seriam incorridos nessa data. |
| O custo corrente de passivo é a **contraprestação que seria recebida** pelo passivo equivalente na data de mensuração menos os custos de transação que seriam incorridos nessa data. |

| Reavaliação |
|---|
| A reavaliação ou reapresentação de ativos e passivos origina aumentos ou reduções no patrimônio líquido. Embora esses aumentos ou reduções atendam à definição de receitas e despesas, eles não são incluídos na demonstração do resultado sob determinados conceitos de manutenção de capital.<br>Em vez disso, esses itens são incluídos no patrimônio líquido como ajustes para manutenção de capital ou reservas de reavaliação. |
| **Ressalta-se apenas que pela Lei nº 6.404/1976 é vedada a reavaliação de ativos.** |

## 12. LISTA DE QUESTÕES OBJETIVAS

### 1ª Questão (Receita Federal Analista Tributário 2012 ESAF)

A S.A. Sociedade Abraços, no exercício de 2011, evidência um prejuízo contábil e fiscal de R$ 4.300,00; uma provisão para imposto de renda de R$ 5.000,00; e um resultado positivo do exercício antes do imposto de renda e da contribuição social sobre o lucro e das participações no valor de R$ 35.000,00.

Deste resultado a empresa deverá destinar R$ 3.000,00 para participação estatutária de empregados; R$ 2.700,00 para participação estatutária de administradores; R$ 2.000,00 para reserva estatutária; além da reserva legal de R$ 1.000,00.

Após a contabilização correta desses procedimentos, pode-se dizer que o encerramento da conta de resultado do exercício foi feito com um lançamento a débito no valor de

a) R$ 17.000,00.

b) R$ 19.000,00.

c) R$ 20.000,00.

d) R$ 24.300,00.

e) R$ 25.700,00.

### Solução

| | |
|---|---|
| **LAIR** | **R$ 35.000** |
| IR e CSLL | (R$ 5.000) |
| **Lucro antes das Participações** | **R$ 30.000** |
| Empregados | (R$ 3.000) |
| Administradores | (R$ 2.700) |
| **Lucro Líquido** | **R$ 24.300** |

Cabe resgatar as contas que compõem a conta Lucros e Prejuízos Acumulados visto no Quadro 6.11:

| 2.3.1.08 | Lucros ou Prejuízos Acumulados | Conta sintética credora ou devedora | |
|---|---|---|---|
| 2.3.1.08.0001 | Lucro de Exercícios Anteriores | **Credor** | |
| 2.3.1.08.0002 | (-) Prejuízo de Exercícios Anteriores | **Devedor** | |
| 2.3.1.08.0003 | Lucro ou Prejuízo do Exercício | **Credor ou Devedor** | Faz contrapartida com a conta 8.0.0.00. |
| 2.3.1.08.0004 | (-) Dividendos Antecipados | **Devedor** | **Conta retificadora** |
| 2.3.1.08.0005 | Ajustes de Exercícios Anteriores | **Credor ou devedor** | |

**Lançamento da movimentação da Conta Lucro Líquido da DRE para conta Resultado do Exercício do PL:**

D: Lucro Líquido (DRE) - Conta de Resultado................................R$ 24.300

C: Resultado do Exercício (PL) - Conta Patrimonial transitória.......R$ 24.300

**Lançamento da movimentação da Conta Lucro Líquido da PL para as contas Lucro acumulado e Prejuízo acumulado do PL (foi esse o lançamento da questão):**

D: Resultado do Exercício (PL) - Conta Patrimonial transitória.......R$ 24.300

C: (-) Prejuízo acumulado (PL) ..............................................R$ 4.300

C: Lucro acumulado (PL) ......................................................R$ 20.000

Gabarito: **D**

**Dados para a resolução das questões 2 a 4. Dos registros contábeis da Cia. Corporativa, relativos aos exercícios 2010/2012, foram extraídos os valores abaixo:**

| Itens | 2010 | 2011 | 2012 |
|---|---|---|---|
| Ativo Circulante | 10.000 | 18.000 | 24.000 |
| Ativo Não Circulante | 50.000 | 62.000 | 76.000 |
| Disponibilidade | 500 | 200 | 750 |
| Estoques | 2.500 | 3.000 | 4.000 |
| Lucro Líquido | 8.000 | 6.000 | 4.000 |
| Passivo Circulante | 16.000 | 20.000 | 30.000 |
| Passivo Não Circulante | 24.000 | 35.000 | 44.000 |
| Patrimônio Líquido | 20.000 | 25.000 | 26.000 |
| Vendas Líquidas | 102.000 | 95.000 | 98.000 |

## 2ª Questão (Receita Federal Auditor 2014 ESAF)

Com base nos dados fornecidos, pode-se afirmar que:

a) a empresa em 2011 tem o giro do ativo de 0,74.

b) o menor índice de solvência da empresa é identificado no exercício de 2010.

c) no exercício de 2011, a empresa tem a sua menor margem líquida.

d) a participação do patrimônio líquido em 2011 é de 1,35.

e) o maior grau de endividamento da empresa é identificado no período de 2012.

### Solução

a) Giro do Ativo$_{2011}$ = Vendas Líquida/Ativo Total Médio → 95.000/(60.000+80.000) →95.000/70.000 → 1,36.

b) Índice de Solvência$_{2010}$= Ativo/Passivo Exigível → 60.000/40.000 →1,50

Índice de Solvência$_{2011}$= Ativo/Passivo Exigível → 80.000/50.000 →1,50

Índice de Solvência$_{2012}$= Ativo/Passivo Exigível → 100.000/74.000 →1,35

O menor índice de solvência foi em 2012.

c)

Margem Líquida $_{2010}$= Lucro Líquido/Vendas Líquidas → 8.000/102.000 →0,078

Margem Líquida $_{2011}$= Lucro Líquido/Vendas Líquidas → 6.000/95.000 → 0,063

Margem Líquida $_{2012}$= Lucro Líquido/Vendas Líquidas → 4.000/98.000 → 0,041

A menor margem líquida foi em 2012.

d) Participação do PL $_{2011}$= PL/Ativo →25.000/80.000 → 0,31

e) Gabarito

Grau de Endividamento $_{2010}$= Passivo Exigível/PL → 40.000/20.000 → 2,00

Grau de Endividamento $_{2011}$= Passivo Exigível/PL → 55.000/25.000 → 2,20

Grau de Endividamento $_{2012}$= Passivo Exigível/PL → 74.000/26.000 → 2,85

A maior grau de endividamento foi em 2012.

Gabarito: **E**

**3ª Questão (Receita Federal Auditor 2014 ESAF)**

Com relação à liquidez da empresa, pode-se afirmar que:

a) o índice de liquidez seca em 2010 é 0,67.
b) o menor índice de liquidez imediata é o de 2011.
c) o valor do índice de liquidez corrente de 2012 é 0,63.
d) em 2011 o índice de liquidez imediata da empresa é 0,47.
e) a empresa tem o seu maior índice de liquidez seca em 2010.

## Solução

a) Liquidez Seca $_{2010}$= (AC-Estoques-Despesas Antecipadas)/Passivo Circulante → (10.000-2.500)/16.000 →0,47

b) Gabarito

Liquidez Imediata $_{2010}$= Disponibilidades/Passivo Circulante → 500/16.000 → 0,003

Liquidez Imediata $_{2011}$= Disponibilidades/Passivo Circulante → 200/20.000 → 0,001

Liquidez Imediata $_{2012}$= Disponibilidades/Passivo Circulante → 750/30.000 → 0,0025

O menor índice de liquidez imediata é o de 2011.

c) Liquidez Corrente $_{2010}$= Ativo Circulante/Passivo Circulante → 24.000/30.000 →0,80

d) Foi calculado no item b.

e) Liquidez Seca $_{2010}$= (AC-Estoques-Despesas Antecipadas)/Passivo Circulante →

(10.000-2.500)/16.000 →0,47

Liquidez Seca $_{2011}$= (AC-Estoques-Despesas Antecipadas)/Passivo Circulante →

(18.000-3.000)/20.000 →0,75

Liquidez Seca $_{2011}$= (AC-Estoques-Despesas Antecipadas)/Passivo Circulante →

(24.000-4.000)/30.000 →0,67

Gabarito: **B**

## 4ª Questão (Receita Federal Auditor 2014 ESAF)

Analisando a Rentabilidade dos ativos, pode-se afirmar que:

a) o Giro dos ativos em 2012 é 1,70.

b) o retorno dos ativos é crescente ao longo do período.

c) a menor rentabilidade dos ativos verifica-se em 2011.

d) a rentabilidade do ativo em 2010 foi de 0,133.

e) o período com maior retorno do ativo foi o de 2012.

### Solução

a) Giro do Ativo $_{2012}$ = (Vendas Líquidas)/Ativo Total Médio→ (98.000)/[(80.000+100.000)/2] →1,09

b) Rentabilidade do Ativo $_{2010}$ = (Lucro Líquido)/Ativo → 8.000/60.000→ 0,133

Rentabilidade do Ativo $_{2011}$ = (Lucro Líquido)/Ativo → 6.000/80.000→ 0,075

Rentabilidade do Ativo $_{2012}$ = (Lucro Líquido)/Ativo → 4.000/100.000→0,04

O retorno do ativo (ou rentabilidade do ativo) é **decrescente** ao longo dos períodos.

c) A menor rentabilidade do ativo foi em 2012.

d) Gabarito.

e) O período com maior retorno do ativo 2010.

Gabarito: **D**

## 5ª Questão (Receita Federal Auditor 2014 ESAF)

De acordo com as normas contábeis atualizadas, os juros cobrados sobre a operação de desconto devem ser:

a) lançados como despesa financeira após o recebimento do último título descontado.

b) contabilizados pelo montante total dos juros descontados como despesas no momento inicial da operação.

c) registrados como despesas financeiras no momento da quitação de cada um dos títulos descontados.

d) registrados como despesa financeira em três parcelas iguais através de rateio do total por 90 dias.

e) transferidos para o resultado como despesa financeira de acordo com o regime de competência.

### Solução

Os juros a serem cobrados sobre a operação de desconto devem inicialmente ser registrados na conta retificador do Passivo: Encargos Financeiros a Transcorrer ou Juros a Apropriar. Com o passar do tempo, seguindo o regime de competência, os juros cobrados sobre a operação financeira e os custos transacionais são transferidos para o resultado como despesa financeira.

Gabarito: **E**

## Com base nas informações a seguir, responda às questões 6, 7, 8 e 9.

No início de 2013, o Patrimônio Líquido da Cia. Madeira era composto pelos seguintes saldos:

| Contas de PL | Valores R$ |
|---|---|
| Capital Social | 1.000.000 |
| Capital a Integralizar | (550.000) |
| Reserva Legal | 87.500 |
| Reservas de Lucros | 57.500 |
| Lucros Retidos | 170.000 |

Ao final do período de 2013, a empresa apurou um **Lucro antes do Imposto sobre a Renda e Contribuições no valor de R$400.000**. De acordo com a política contábil da empresa, ao final do exercício, no caso da existência de lucros, **os estatutos da empresa determinam que a mesma deve observar os percentuais abaixo para os cálculos das Participações e Contribuições, apuração do Lucro Líquido e sua distribuição.**

| | |
|---|---|
| Dividendos a Pagar | 50% |
| Participações da Administração nos Lucros da Sociedade | 20% |
| Participações de Debêntures | 25% |
| Participação dos Empregados nos Lucros da Sociedade | 25% |
| Provisão para IR e Contribuições | 20% |
| Reserva de Lucros | 20% |
| Reserva Legal | 5% |

O restante do Lucro Líquido deverá ser mantido em Lucros Retidos conforme decisão da Assembleia Geral Ordinária (AGO) até o final do exercício de 2014, conforme Orçamento de Capital aprovado em AGO de 2012.

## 6ª Questão (Receita Federal Auditor 2014 ESAF)

O valor a ser registrado como Reserva Legal é:

a) R$ 2.000.

b) R$ 2.500.

c) R$ 3.500.

d) R$ 7.200.

e) R$ 7.500.

### Solução

Para calcular o valor destinado à Reserva Legal faz-se necessário calcular o Lucro Líquido passando pelas participações. **Foi visto no tópico 5 a forma correta de calcular as participações dos debenturistas e empregados. Contudo, em uma prova fica inviável aplicar a regra completa. Assim, as bancas simplificam a cobrança.**

| | |
|---|---|
| **LAIR** | **R$ 400.000** |
| IR e CSLL (20%) | (R$ 80.000) |
| **Lucro antes das Participações** | **R$ 320.000** |
| Debenturistas (25% x 320.000) | (R$ 80.000) |
| Empregados (25% x 240.00) | (R$ 60.000) |
| Administradores (20%x 180.000) | (R$ 36.000) |
| **Lucro Líquido** | **R$ 144.000** |

Não existe Reserva de Capital no Balanço Patrimonial, logo está descartado o limite facultativo. Apenas aplica-se o limite obrigatório.

Limite Obrigatório = 20% do Capital Social → Limite Obrigatório = 20% x(1.000.000-550.000)→

Limite Obrigatório = 90.000

Possível Valor Inicial a ser destinado a Reserva Legal = 5% de 144.000 → R$ 7.200.

Si Reserva Legal + Valor Incorporado ≤ Limite Obrigatório →

87. 500 + Valor Incorporado ≤ 90.000 → Valor Incorporado = R$ 2.500.

Assim, em que pese os 5% terem dado R$ 7.200, somente podem ser incorporados R$ 2.500.

Gabarito: **B**

## 7ª Questão (Receita Federal Auditor 2014 ESAF)

O valor distribuído a título de dividendo é:

a) R$ 160.000.
b) R$ 124.800.
c) R$ 96.000.
d) R$ 72.000.
e) R$ 68.400.

### Solução

Os estatutos da empresa determinam que a mesma deve observar os percentuais abaixo para os cálculos das Participações e Contribuições, apuração do Lucro Líquido e sua distribuição. No caso basta aplicar 50% sobre R$ 144.000 e encontrar R$ 72.000.

Caso o estatuto fosse omisso, seria aplicada a regra a seguir.

| Item | R$ |
|---|---|
| **Lucro Líquido do Exercício após provisão para Tributos sobre o Lucro e para as Reservas Estatutárias[32]** | **144.000** |
| (-) Constituição da Reserva Legal | **2.500** |
| (-) Constituição da Reserva de Contingência[a] | **0** |
| + Reversão da Reserva de Contingência[a] | **0** |

[32] Em que pese a Lei nº 6.404/1976 (art. 187) utilizar o termo provisão, observa-se que pelo CPC 25 o termo provisão somente pode estar associado a passivos. O termo correto neste caso seria "Despesa com Tributos sobre o Lucro".

Unidade Didática IV
Demonstrações Contábeis –
Apresentação e Análise de Balanços

| | |
|---|---|
| (-) Reserva de Incentivos Fiscais (inclusão opcional na fórmula) | 0 |
| + Reversão da Reserva de Incentivos Fiscais (inclusão opcional na fórmula) | 0 |
| (-) Reserva de Lucros Específica (Prêmios na emissão de debêntures) (inclusão condicionada) | 0 |
| + Reversão de Lucros Específica (Prêmios na emissão de debêntures) (inclusão condicionada) | 0 |
| (-) Prejuízos acumulados | 0 |
| **= Lucro líquido ajustado (base de cálculo dos dividendos)** | **141.500** |
| x 50% | |
| **= Dividendo Mínimo Obrigatório** | **70.500** |

Gabarito: **B**

## 8ª Questão (Receita Federal Auditor 2014 ESAF)

O Valor das Participações dos Debenturistas nos Lucros da Sociedade é:

a) R$ 80.000.

b) R$ 72.000.

c) R$ 64.000.

d) R$ 48.000.

e) R$ 36.000.

### Solução

Foi calculado na questão 5.

Gabarito: **A**

## 9ª Questão (Receita Federal Auditor 2014 ESAF)

Com base nos dados fornecidos, pode-se afirmar que:

a) o Capital autorizado da empresa é de R$ 550.000.

b) o valor a ser destinado para a Reserva de Lucros é de R$ 28.000.

c) após a distribuição do resultado, o saldo total do Patrimônio Líquido é de R$837.000.

d) o valor da Participação da Administração nos Lucros da Sociedade corresponde a R$64.000.

e) o resultado líquido e sua destinação provocam um aumento líquido de passivo de R$ 240.000.

## Solução

a) Errado. Capital autorizado é uma conta de controle. As contas do enunciado são contas patrimoniais. Não há dados para afirmar o que está no item.

b) Errado. Conforme o estatuto da empresa, Reserva de Lucros é 20% do Lucro Líquido → 20% x 144.000 → R$ 28.800.

c) Gabarito.

| Lucro Líquido = 144.000 | Reserva Legal = R$ 2.500 |
|---|---|
| | Dividendos = R$ 72.000 |
| | Reserva de Lucros = R$ 28.800 |
| | Lucros Retidos = ??? |

Lucros Retidos = 144.000 – 2.500 – 72.000 – 28.800 → R$ 40.700.

| PL | Conta | Saldo Inicial | Movimentação | Saldo Final |
|---|---|---|---|---|
| | Capital Social | 1.000.000 | 0 | 1.000.000 |
| | (-) Capital a Realizar | (-) 500.000 | 0 | (-)500.000 |
| | Reserva Legal | 87.500 | 2.500 | 90.000 |
| | Reserva de Lucros | 57.500 | 28.800 | 86.300 |
| | Lucros Retidos | 170.000 | 40.700 | 210.700 |
| | | | **Total** | 837.000 |

d) Errado, Participação dos Administradores é R$ 36.000.

e) Errado. Após apropriar despesa com IR e contribuições, Participações e Dividendos a Pagar o impacto seria esse.

| Ativo | Passivo |
|---|---|
| Ativo circulante.................??? | Passivo Circulante.................................???<br>Tributos a Pagar.................................80.000<br>Participações a Pagar ......................176.000<br>Dividendos a Pagar.............................72.000 |
| Ativo Não Circulante ........??? | Passivo Não Circulante...........................??? |
| | PL.....................................................837.000 |

Aumento do passivo circulante: R$ 328.000

Gabarito: **C**

Unidade Didática IV
Demonstrações Contábeis –
Apresentação e Análise de Balanços

## 10ª a 12ª Questões (DPF Agente e Escrivão 2018 CEBRASPE)

Considere os dados da tabela a seguir, retidos da contabilidade de determinada sociedade empresarial, com valores em reais (R$).

| | |
|---|---|
| caixa e equivalentes | 10.000 |
| duplicatas a receber | 80.000 |
| estoques | 50.000 |
| máquinas | 100.000 |
| terrenos | 160.000 |
| marcas e patentes | 100.000 |
| fornecedores | 200.000 |
| duplicatas descontadas | 40.000 |
| salários e encargos a pagar | 200.000 |
| capital social | 150.000 |
| vendas de mercadorias | 1.000.000 |
| custo das mercadorias vendidas | 600.000 |
| despesas administrativas | 90.000 |
| despesas comerciais | 160.000 |
| despesas financeiras | 33.000 |
| outras despesas | 41.000 |
| IR e CSLL | 26.000 |

Com base nessas informações, julgue os itens que se seguem.

10. As contas do ativo dessa empresa somam R$ 500.000.
11. O lucro bruto do exercício da referida empresa foi de R$ 50.000.
12. O patrimônio líquido da empresa em questão soma R$ 200.000.

### Solução

10. São contas do ativo:

Caixa e equivalentes 10.000,00

Duplicatas a receber 80.000,00

Estoques 50.000,00

Máquinas 100.000,00

Terrenos 160.000,00

Marcas e patentes 100.000,00

**Total: 500.000**

11. Lucro Bruto = Receita Bruta – CMV → 1.000.0000- 600.000 → 400.000.

12. Ativo foi calculado no item 9: 500.000

Contas do Passivo:

Fornecedores 200.000,00

Duplicatas descontadas 40.000,00

Salários e encargos a pagar 200.000,00

**Total Passivo: 440.000**

PL = 500.000 - 440.000 → 60.000

Por outro lado:

PL = Capital Social + Lucro Acumulado → 150.000 + 50.000. O gabarito preliminar era esse. Assim, a questão foi anulada.

Gabarito

9. **Certo**
10. **Errado**
11. **Anulada**

## 13ª a 15ª Questões (DPF Agente e Escrivão 2021 CEBRASPE)

Com relação à demonstração do resultado do exercício, julgue os itens subsecutivos.

13. Adiantamentos a empregados é uma despesa administrativa que deve ser tratada na demonstração do resultado do exercício como um item de natureza operacional.
14. Deduções sobre vendas são todas as despesas que incidem diretamente sobre a receita bruta de vendas.
15. Nas empresas do setor industrial, o custo das vendas recebe o nome de custo do produto vendido (CPV).



### Solução

13. O adiantamento a empregados deve ser contabilizado como um ativo, pois representa uma despesa antecipada.

14. São deduções da receita bruta:

- Devoluções de Vendas.
- Descontos Incondicionais.
- Abatimentos sobre vendas.
- Impostos sobre vendas.

Entretanto, não constam nesse grupo despesas que tomam por base a receita bruta como por exemplo, comissões de vendas. O termo "todos" tornou errada a assertiva.

15. Para empresas comerciais utiliza-se o termo Custo das Mercadorias Vendidas, enquanto para industriais utiliza-se Custo dos Produtos Vendidos.

Gabarito

13. **Errado**
14. **Errado**
15. **Certo**

## 16ª Questão (CGE-PB Auditor Contábil e Finanças Públicas 2024 FGV)

Uma empresa comercial apresentou a seguinte Demonstração do Resultado do Exercício (DRE) de 20X3. As despesas apresentadas estão subclassificadas a fim de destacar os componentes do desempenho. Considerando-se a forma apresentada na DRE, observa-se o método da despesa por:

a) função;
b) operação;
c) natureza;
d) utilidade;
e) atividade.

### Solução

Conforme visto nas Figuras 20.5 e 20.6 seria o método da natureza.

Gabarito: **C**

## 17ª Questão (CGE-PB Auditor Contábil e Finanças Públicas 2024 FGV)

Uma empresa divulgou o mesmo lucro líquido em X1 e X2 de R$ 200.000. O ativo total aumentou em R$ 50.000, de R$ 2.400.000 para R$ 2.450.000. As receitas avançaram em R$ 400.000, de R$ 1.800.000 para R$ 2.200.000. Considerando as informações apresentadas, de X1 para X2:

a) o giro do ativo diminuiu;
b) o endividamento diminuiu;
c) a liquidez corrente aumentou;
d) a rentabilidade do ativo diminuiu;
e) a margem operacional aumentou.

### Solução

| Indicador | Fórmula | Aplicação |
|---|---|---|
| Giro do ativo | Receita Líquida de Vendas/ Ativo Médio | X1 = 1.800.000/2.400.000 = 0,75<br>X2 = 2.200.000/2.450.000 = 0,90 |
| Endividamento | PC+PNC/PL | Sem informações sobre passivo e PL |
| Liquidez corrente | AC/PC | Sem informações sobre passivo |

| | | |
|---|---|---|
| Rentabilidade do ativo | LL/Ativo Médio | X1 = 200.000/2.400.000 = 0,083<br>X2 = 200.000/2.450.000 = 0,081 |
| Margem operacional | Resultado Operacional Líquido/Receita Líquida de Vendas | Sem informações resultado operacional líquido. Em último caso, seria o próprio lucro líquido. |

Gabarito: **D**

### 18ª Questão (IPLANFOR Analista – Gestão e Orçamento 2024 IDECAN Adaptada)

A empresa Money Money apura o imposto de renda pelo regime de tributação do lucro real. No 2º trimestre de 20X1 apresentou as seguintes informações:

Lucro antes do imposto de renda: R$ 300.000;

Multas fiscais: R$ 10.000;

Prejuízo fiscal registrado: R$ 50.000;

Com base nas informações apresentadas, o valor do imposto de renda e adicional, se houver, para o trimestre é de:

**a)** R$ 45.000

**b)** R$ 65.000

**c)** R$ 77.500

**d)** R$ 59.000

#### Solução

Teto da compensação: (300.000 + 10.000)*0,30 = 93.000

Logo, pode-se utilizar os 50.000 integralmente.

Base intermediária = 300.000+10.000-50.000 = 260.000

(15%x260.000+10%x200.000)= 39.000+20.000=59.000.

Gabarito: **D**

## 13. LISTA DE QUESTÕES DISCURSIVAS

### 1ª Questão (BNDES Contador 2011 CESGRANRIO)

**(Essa questão é uma continuação da Questão Discursiva 2 do Capítulo 11)**

Quando da elaboração do balanço patrimonial do encerramento do exercício social, em 31/12/2010, a Companhia Tuba S/A apresentou os seguintes dados e informações parciais, antes da proposta da distribuição do resultado:

I. Dados parciais (em reais) – retirados do Livro Razão da Companhia em 31/12/2010, antes da distribuição do resultado do exercício encerrado em 31/12/2010

**Ações em Tesouraria .................................................. 400.000,00**

**Capital Subscrito**............................................................ **6.500.000,00**

**Capital a Realizar**............................................................ **1.500.000,00**

**Reservas**

**Alienação de Partes Beneficiária**.............................. **45.000,00**

**Alienação de Bônus de Subscrição**.......................... **450.000,00**

**Legal**................................................................................ **935.000,00**

**Retenção de Lucros**...................................................... **75.000,00**

II. Lucro Líquido do Exercício: R$ 2.000.000,00

III. Notas explicativas

• A Companhia Tuba S/A é uma sociedade anônima de capital fechado com capital autorizado, no estatuto.

• Em 2010 a Assembleia Geral deliberou alterar o estatuto que, em 2009, era omisso quanto aos dividendos, para introduzir o percentual mínimo de dividendo obrigatório permitido pela lei societária nessa circunstância.

• O lucro líquido do exercício foi retirado da Demonstração do Resultado do Exercício, depois das participações.

• A Companhia só emite ações ordinárias de uma única classe com o valor nominal de R$ 1,00.

• Os bônus de subscrição foram emitidos em 2010, pelo valor do limite máximo possível de acordo com as determinações estabelecidas na lei societária.

**Observação: considere exclusivamente os dados e informações fornecidos, a boa técnica contábil e as determinações da legislação societária**

Item 1: No caso da Tuba S/A, qual o valor, em reais, dos dividendos obrigatórios?

(A resposta deve ser desenvolvida com demonstração dos cálculos)

Item 2: Nos termos da legislação societária (Lei nº 6.404/1976), qual o tratamento a ser dispensado aos lucros não destinados, no encerramento do exercício social e no caso da Tuba S/A, em 31 de dezembro de 2010?

Extensão máxima: **30 linhas Legenda: (a)** Reserva Legal deve ser de R$ 65.000.

## Resolução da Questão

Quanto ao item 1, como estatuto é omisso, os dividendos devem ser calculados sobre 50% do Lucro Líquido Ajustado.

| Item | R$ |
|---|---|
| Lucro Líquido do Exercício após provisão para Tributos sobre o Lucro e para as Reservas Estatutárias[33] | 2.000.000 |
| (-) Constituição da Reserva Legal | 65.000 |

[33] Em que pese a Lei nº 6.404/1976 (art. 187) utilizar o termo provisão, observa-se que pelo CPC 25 o termo provisão somente pode estar associado a passivos. O termo correto neste caso seria "Despesa com Tributos sobre o Lucro".

| | |
|---|---|
| (-) Constituição da Reserva de Contingência[a] | 0 |
| + Reversão da Reserva de Contingência[a] | 0 |
| (-) Reserva de Incentivos Fiscais (inclusão opcional na fórmula) | 0 |
| + Reversão da Reserva de Incentivos Fiscais (inclusão opcional na fórmula) | 0 |
| (-) Reserva de Lucros Específica (Prêmios na emissão de debêntures) (inclusão condicionada) | 0 |
| + Reversão de Lucros Específica (Prêmios na emissão de debêntures) (inclusão condicionada) | 0 |
| (-) Prejuízos acumulados | 0 |
| = Lucro líquido ajustado (base de cálculo dos dividendos) | 1.935.000 |
| x 50% | |
| = Dividendo Mínimo Obrigatório | 967.500 |

Quanto ao item 2, desde a promulgação da Lei nº 11.638/2007, todo o resultado positivo da sociedade por ações deve ser destinado para pagamento de dividendos ou retenção de reservas. A intenção é eliminar a possibilidade de lucros sem destinação em empresas de capital aberto. Todavia, permanece a divulgação de prejuízos acumulados.

Desse modo, a conta lucros acumulados passa a ser uma conta transitória, recebendo o lucro líquido do período e sendo zerada após a destinação deste, seja para as reservas de lucros, seja para pagamento de dividendos. Nunca poderá sobrar saldo nessa conta. Todavia esse procedimento somente é obrigatório para as empresas de capital aberto e as instituições reguladas pelo Banco Central.

Manter a conta Lucros e Prejuízos Acumulados zerada não implica dizer que as empresas não podem mais reter lucros. Só que ao fazê-lo, deverão realizar orçamentos e manter lucros retidos em reservas de retenção de lucros (1 das 8 reservas de lucros) devidamente aprovados em assembleia.



## 2ª Questão (BNDES Contador 2012 Cesgranrio)

A Lei nº 11.941/2009 estabelece em seu art. 37, a nova redação dada ao art. 177 da Lei nº 6.404/1976:

*§ 2º A companhia observará exclusivamente em livros ou registros auxiliares, sem qualquer modificação da escrituração mercantil e das demonstrações reguladas nesta Lei, as disposições da lei tributária, ou de legislação especial sobre a atividade que constitui seu objeto, que prescrevam, conduzam ou incentivem a utilização de métodos ou critérios*

*contábeis diferentes ou determinem registros, lançamentos ou ajustes ou a elaboração de outras demonstrações financeiras.*

A companhia aberta Rio Sustentabilidade S.A., **tributada pelo Lucro Real**, encerrou em 31 de dezembro de 2011 as suas demonstrações financeiras, conforme abaixo, e aguarda o parecer da auditoria independente.

| Rio Sustentabilidade S.A.<br>Demonstração do Resultado do Exercício - 2011 | |
|---|---|
| Contas | Exercício 2011 |
| Receita bruta das Vendas | R$ 1.260.000,00 |
| (–) Deduções da Receita | R$ 267.120,00 |
| Receita Líquida de Vendas | R$ 992.880,00 |
| (–) Custo de Mercadorias Vendidas - CMV | R$ 378.000,00 |
| (=) Lucro Bruto | R$ 614.880,00 |
| (–) Despesas Operacionais | |
| Despesas com vendas | R$ 126.000,00 |
| Despesas Administrativas | R$ 66.780,00 |
| Outras despesas operacionais | R$ 100.800,00 |
| (+) Outras receitas Operacionais | R$ 20.160,00 |
| (=) Resultado Operacional | R$ 341.460,00 |
| (–) Outros resultados | R$ 155.120,00 |
| (=) Resultado do Exercício antes do Imposto de Renda | R$ 186.340,00 |
| (–) Provisão para o Imposto de Renda | R$ 27.951,00 |
| (–) Participações | R$ 0,00 |
| (=) Lucro Líquido do Exercício | R$ 158.389,00 |

Essa companhia foi beneficiada com isenção temporária da Contribuição Social sobre o Lucro Líquido (CSLL). Sabendo-se que a empresa:

- contabilizou em sua DRE multas de trânsito, provisão para perdas prováveis em investimento e provisão para contingências no valor total de R$ 42.000,00 e que essas são consideradas indedutíveis;
- não tem prejuízos fiscais anteriores; e
- não tem exclusões no lucro real.

Apresente um relatório quanto à aplicabilidade do art. 37 da Lei nº 11.941/2009 na Demonstração do Resultado do Exercício da empresa Rio Sustentabilidade S.A, incluindo a análise crítica da provisão para o Imposto de Renda apresentado na Demonstração do Resultado do Exercício – 2011, acima.

Extensão máxima: **30 linhas**

## Resolução da Questão

Inicialmente, como a Empresa adota o Lucro Real, deve-se apurar se serão aplicadas compensações em função de prejuízo fiscal acumulado de exercícios anteriores. Com base nos dados fornecidos, ante a ausência de prejuízo, não serão aplicadas as compensações.

| (=) Lucro antes do IR | R$ 186.340 |
|---|---|
| (+) Adição | R$ 42.000 |
| (=) Lucro Fiscal | R$ 228.340 |

Considerando 12 meses durante o ano fiscal, o valor equivalente para aplicar a alíquota de 15% é de R$ R$ 240.000. Qualquer valor em excesso que supere esse valor seria contabilizado com alíquota de 10% sobre o excesso. No entanto, considerando que o lucro fiscal foi inferior, aplica-se a alíquota de 15%.

Desse modo, o Imposto de Renda a recolher deve ser de: R$ 34.251,00 (15%x228.340)

## 3ª Questão (APEX Analista Processos Contábeis 2022 CEBRASPE):

Uma sociedade anônima de capital aberto incorreu em uma despesa que impactou o lucro contábil do período, mas que somente deverá ser contemplada no lucro tributável em período distinto. Tendo como referência a situação hipotética apresentada, redija um texto dissertativo abordando os seguintes aspectos:

1 a denominação dada pela contabilidade à situação apresentada e a condição que deve ser observada pela sociedade anônima de capital aberto para que se configure a necessidade do reconhecimento contábil dessa situação; [valor: 3,00 pontos]

2 o registro contábil a ser feito pela sociedade anônima de capital aberto, caso se configure a necessidade de reconhecimento contábil da situação apresentada; [valor: 3,00 pontos]

3 o critério de mensuração dos itens patrimoniais que venham a ser reconhecidos em decorrência da situação apresentada, esclarecendo, com a devida justificativa, se tais itens devem ser ajustados ao valor presente. [valor: 3,50 pontos]

### Resolução da Questão

De acordo com o Pronunciamento Técnico CPC 32 – Tributos sobre o Lucro, algumas diferenças temporárias surgem quando a receita ou a despesa está incluída no lucro contábil em um período, mas será incluída no lucro tributável em um período diferente. No caso das despesas, existe a figura das diferenças temporárias dedutíveis, que é a denominação dada à situação apresentada.

Essas diferenças dão origem aos chamados ativos fiscais diferidos, que serão reconhecidos na medida em que seja provável a existência de lucro tributável contra o qual a diferença temporária dedutível possa ser utilizada. No caso de reconhecimento da transação, deve-se fazer um registro a débito de uma rubrica contábil do ativo (ativo fiscal diferido), em contrapartida a um crédito numa conta de resultado (despesas de imposto de renda).

Os ativos fiscais diferidos devem ser mensurados pelas alíquotas que se espera que sejam aplicáveis no período quando for realizado o ativo, com base nas alíquotas (e na legislação fiscal) que estejam em vigor ao final do período que está sendo reportado. Ressalte-se que os ativos fiscais diferidos não devem ser descontados (ajustados a valor presente), pois tal procedimento requer uma programação detalhada da periodicidade de reversão de cada diferença temporária, o que, em diversas circunstâncias, tem-se revelado impraticável ou altamente complexa.

## 4ª Questão (Senado Analista Legislativo Contador 2022 FGV Adaptada):

A Cia XYZ apresentava em 31/12/X0 o seguinte balanço patrimonial:

| **Ativo Circulante** | | **Patrimônio Líquido** | |
|---|---|---|---|
| **Disponibilidades** | **400.000** | **Capital Social** | **400.000** |
| **Total do Ativo** | **400.000** | **Total do PL** | **400.000** |

No ano de X1, a companhia foi acionada na justiça por um grupo de funcionários, que pediam R$40.000, e por um grupo de clientes, que pediam R$20.000. Os advogados estimavam que as causas teriam um desfecho em X1 e que a perda, nos dois casos, era provável.

No ano de X2, as duas causas foram julgadas. A Cia XYZ perdeu a primeira causa, tendo que pagar a seus funcionários R$40.000, e ganhou a segunda, de modo que não precisaria pagar o montante previsto aos clientes.

Além disso, nos anos de X1 e de X2, a sociedade empresária contabilizou apenas receitas tributáveis, que foram, respectivamente, de R$350.000 e de R$300.000. Já as despesas, dedutíveis, foram, respectivamente, de R$360.000 e R$250.000.

Sabe-se ainda que a alíquota de imposto de renda e contribuição social era de 34% e que a companhia apresentava perspectivas de lucros futuros.

1. Apresente a composição do imposto de renda diferido em X1 e em X2.[34]
2. Apresente o imposto de renda corrente em X1 e em X2.
3. Apresente o resultado líquido apresentado na Demonstração do Resultado do Exercício em X1 e em X2.

## Resolução da Questão

| DRE- 31/12/X1 | | LALUR- 31/12/X0 | | | |
|---|---|---|---|---|---|
| Receitas | 350.000,00 | LAIR | -70.000,00 | IR Diferido | 23.800,00 |
| Despesas | -360.000,00 | Despesas dedutíveis | 60.000,00 | **Crédito Fiscal (ativo)** | **3.400,00** |
| Desp. com prov. Cont. | -60.000 | | | **Provisão para cont. (ativo)** | **20.400,00** |
| LAIR | -70.000,00 | Lucro Real | -10.000,00 | | |
| IR Diferido | | Crédito Fiscal | -3.400,00 | | |
| Crédito Fiscal | 3.400,00 | | | | |
| Provisão para cont. | 20.400,00 | | | | |
| Lucro Líquido | -46.200,00 | | | Limite p. comp. | |
| DRE- 31/12/X2 | | LALUR- 31/12/X1 | | 3.000,00 | 1.020,00 |
| Receitas | 300.000,00 | LAIR | 70.000,00 | | |
| Despesas | -250.000,00 | Perda da causa | -40.000,00 | | |
| Reversão prov. | 20.000,00 | Reversão da provisão | -20.000,00 | IR Diferido Ativo | |
| LAIR | 70.000,00 | Lucro Real | 10.000,00 | **Crédito Fiscal (ativo)** | **2.380,00** |
| IR corrente | -2.380,00 | compensação | -3.000,00 | | |
| IR Diferido | | Lucro após comp. | 7.000,00 | | |
| Crédito Fiscal | -1.020,00 | **IR corrente** | **2.380,00** | | |
| Provisão para cont. | -20.400,00 | | | | |
| Lucro Líquido | 46.200,00 | | | | |

34 Originalmente estava X0 e X1.

Para o período X1, tem-se a seguinte (DRE):

| Receitas Tributáveis | R$350.000 |
|---|---|
| (-) Despesas Dedutíveis | (R$360.000) |
| (-) Despesas c/ Provisão | (R$60.000) |
| **(=)Prejuízo antes do IR/CSLL** | **(R$70.000)** |

Observa-se que essa DRE é incompleta, pois não foram dadas todas as receitas (tributáveis e não tributáveis) e todas as despesas (dedutíveis e não dedutíveis). Essa DRE apresenta prejuízo contábil de R$ 70.000.

As provisões são dedutíveis para o cálculo do tributo apenas quando a perda se tornar efetiva.

Dessa forma, elas devem ser adicionadas ao LAIR para se chegar ao Lucro Real.[35]

| (=)Prejuízo antes do IR/CSLL | (R$70.000) |
|---|---|
| (+) Adição (Provisões) | R$ 60.000 |
| **(=) Prejuízo Fiscal** | **(R$10.000)** |

Considerando, o resultado de X1 não há que se falar em IR corrente.

Contudo, assumiu-se que esse prejuízo fiscal pode ser compensado em períodos futuros (um dos casos de impostos diferidos). Neste caso, o Imposto de Renda Diferido referente ao prejuízo fiscal que poderá ser compensado em período futuros foi de R$3.400,00 (34% x R$10.000,00) e enseja o seguinte lançamento:[36]

D: IR Diferido a recuperar (ANC) ........................................ R$3.400

C: Receita com IR Diferido (Resultado)................................ R$3.400

Por fim, deve-se calcular o Imposto de Renda Diferido referente à provisão do período que é uma diferença temporária.[37]

O valor de Imposto de Renda Diferido decorrente da provisão corresponde a R$20.400,00 (R$60.000,00 x 34%) e enseja o seguinte lançamento:

D: IR Diferido a recuperar (ANC)......................................... R$20.400

C: Receita com IR Diferido (Resultado)................................ R$20.400

Dessa forma, em X1 a entidade evidenciará um montante de R$ 0,00 de Imposto de IR corrente e um montante de R$ 23.800 de Imposto de Renda Diferido Ativo (3.400+20.400). O reflexo na DRE será o seguinte:

Unidade Didática IV
Demonstrações Contábeis -
Apresentação e Análise de Balanços

35 Ver Quadro 20.5.

36 Ver Figura 20.12: ativo fiscal diferido relativo a incentivos fiscais.

37 Ver Quadro 20.16.

| | |
|---|---|
| (=)Prejuízo antes do IR/CSLL | (R$70.000) |
| (+) Receita com IR Diferido | R$23.800 |
| (=)Prejuízo Líquido do Exercício | **(R$46.000)** |

Em X2, uma das duas provisões foi revertida (R$ 20.000), e como houve prejuízo no período anterior haverá compensação respeitando o limite de 30% sobre o lucro.

Em X2 tem-se o seguinte resultado na DRE:

| | |
|---|---|
| Receitas | R$300.000 |
| (-) Despesas Dedutíveis | (R$250.000) |
| Receita de Reversão de Provisão | R$20.000 |
| **(=)Lucro antes do IR/CSLL** | **R$70.000** |

Assim, houve lucro contábil em X2.

Aplicam-se os ajustes necessários para se chegar ao lucro real.

| | |
|---|---|
| Lucro antes do IR/CSLL | R$70.000 |
| (-)Exclusão Receita de Reversão de Provisão | (R$20.000) |
| (-)Perda referente a ação dos funcionários | (R$40.000) |
| (=) Lucro antes da Compensação | R$ 10.000 |
| **(-) Compensação – limite de 30%** | **(R$ 3.000)** |
| (=) Lucro Fiscal | **R$ 7.000** |

Como houve lucro fiscal em X2, deve ser calculado o IR corrente. Aplicando a alíquota de 34%, deve ser reconhecida uma despesa com IR/CSLL em X2 no montante de R$2.380,00 (R$7.000,00 x 34%) que enseja o seguinte lançamento:

D: Despesa com IR/CSLL Corrente (DRE) ........................ R$ 2.380

C: IR/CSLL a recolher (PC) ........................................... R$ 2.380

Na sequência, faz-se necessário efetuar os ajustes em virtude do desreconhecimento das provisões: (i) perda referente a ação dos funcionários; (ii) reversão da provisão dos clientes que enseja o seguinte lançamento:

D: Despesa com IR Diferido (DRE) ................................... R$ 20.400

C: IR Diferido (ANC) ........................................................ R$ 20.400

O penúltimo passo será o ajuste do IR diferido (ANC) que reduziu de R$ 10.000 para R$ 7.000, decorrente do uso de R$ 3.000 de compensação de prejuízo fiscal. Logo, deve-se reduzir o montante de R$1.020,00 (R$3.000,00 x 34%) que enseja o seguinte lançamento:

D: Despesa com IR Diferido (DRE)........................................ R$1.020,00

C: IR Diferido (ANC)............................................................... R$1.020,00

Assim, o saldo final do ANC corresponde a 34% x R$ 7.000, qual seja, R$ 2.380.

O último passo, consiste na evidenciação dos valores na DRE:

| Lucro antes do IR/CSLL | R$70.000 |
|---|---|
| (-)Despesa c/ IR Corrente | (R$2.380) |
| (-)Despesa c/ IR Diferido | (R$21.420) |
| = Lucro Líquido | R$46.200 |

Quanto ao item 1, referente à composição do imposto de renda diferido em X1 e em X2: O imposto de renda (IR) diferido em X1 e em X2 é de R$23.800,00 e R$2.380,00, respectivamente. Conforme as regras contábeis, o IR diferido em X1 é composto por R$20.400,00, referente às provisões constituídas (empregados e clientes), e R$3.400,00, referente ao prejuízo fiscal apurado que pode vir a ser compensado em exercícios seguintes. Já em X2, o IR diferido é composto apenas pelo prejuízo fiscal a compensar em períodos futuros (R$7.000,00 x 34%).

Quanto ao item 2, referente aos valores imposto de renda corrente: (i) Em X1 não há IR corrente, vez que a entidade apurou prejuízo fiscal no período; (ii) Em X2 o IR corrente apurado pela entidade foi no montante de R$2.380,00.

Quanto ao item 3, referente ao resultado líquido apresentado na Demonstração do Resultado do Exercício: (i) em X1, o resultado líquido apresentado na DRE foi de prejuízo no montante de R$46.200,00; (ii) em X2, o resultado apresentado na DRE foi de lucro no montante de R$46.200,00.



## 5ª Questão (TCE-PR – Analista de Controle – Contabilidade 2016 CEBRASPE):

Tendo em vista que, de acordo com a deliberação CVM nº 675/2011, a seleção do conceito de capital determina o modelo contábil a ser utilizado na elaboração das demonstrações contábeis, redija um texto dissertativo que responda aos seguintes questionamentos.

1 Quando a entidade deve utilizar o conceito de capital físico para determinar seu modelo contábil? [valor: 2,35 pontos]

2 Quando a entidade deve utilizar o conceito de capital financeiro para determinar seu modelo contábil? [valor: 2,40 pontos]

Extensão máxima: **15 linhas**

### Resolução da Questão

O conceito de capital físico é utilizado quando a entidade necessita conhecer sua capacidade operacional. (ou produtiva). Primariamente, ele seria indicado para o controle gerencial e para a tomada de decisões internas.

Em relação ao conceito de capital financeiro, o capital é visto como sinônimo de patrimônio líquido. Assim, o modelo contábil apoiado neste conceito é adequado aos usuários externos, tais como, os acionistas, que estariam interessados na manutenção do capital nominal investido ou no poder de compra do capital investido.

## 6ª Questão (BACEN Analista de Contabilidade e Finanças 2013 CEBRASPE)

Tendo como base o Pronunciamento Conceitual Básico, redija um texto dissertativo em atendimento, ao que se pede a seguir.

- Conceitue capital financeiro e capital físico; [valor: 3,00 pontos]
- Discorra sobre o significado de manutenção de capital; [valor: 3,00 pontos]
- Descreva como é feita a determinação do lucro, segundo os conceitos de manutenção de capital; [valor: 4,00 pontos]
- Discorra sobre a escolha da base de mensuração para a aplicação dos conceitos de manutenção de capital. [valor: 2,00 pontos]

Extensão máxima: **30 linhas**

### Resolução da Questão

Pela abordagem do capital financeiro, tal como o dinheiro investido ou o seu poder de compra investido, o capital é sinônimo de ativos líquidos ou patrimônio líquido da entidade.

Pela abordagem do capital físico, tal como a capacidade operacional, o capital é considerado como a capacidade produtiva da entidade baseada, por exemplo, nas unidades de produção diária.

O significado de manutenção de capital está relacionado com a forma pela qual a entidade define o capital que ela procura manter. Ele representa um elo entre os conceitos de capital e os conceitos de lucro, pois fornece um ponto de referência para medição do lucro; é uma condição essencial para distinção entre o retorno sobre o capital da entidade e a recuperação do capital.

Pela abordagem do capital financeiro, o lucro é considerado auferido somente se o montante financeiro dos ativos líquidos no fim do período exceder o seu montante financeiro no começo do período, depois de excluídas quaisquer distribuições aos proprietários e seus aportes de capital durante o período.

Pela abordagem do capital físico, o lucro é considerado auferido somente se a capacidade física produtiva da entidade no fim do período exceder a capacidade física produtiva no início do período, depois de excluídas quaisquer distribuições aos proprietários e seus aportes de capital durante o período.

Por fim, quanto à escolha da base de mensuração para a aplicação dos conceitos de manutenção de capital, a Estrutura Conceitual define que o conceito de manutenção do capital físico requer a adoção do custo corrente como base de mensuração. O conceito de manutenção do capital financeiro, entretanto, não requer o uso de uma base específica de mensuração. Nesse sentido, a escolha da base depende do tipo de capital financeiro que a entidade está procurando manter.

**7ª Questão (TELEBRAS Analista – Contabilidade 2021 CEBRASPE):**

A análise econômico-financeira pode ser conceituada como um processo por meio do qual são reestruturadas, ajustadas e decompostas as demonstrações financeiras de uma organização de modo que possam ser apurados, comparados e interpretados os indicadores que possibilitem a avaliação de sua capacidade, proporcionando ao analista as informações necessárias para que possa formar opinião precisa quanto à segurança, liquidez e rentabilidade da empresa. O objetivo da análise de demonstrações financeiras é transformar os dados extraídos desses relatórios em informações úteis para a tomada de decisões. Considerando as informações acima apresentadas apenas como um estímulo à reflexão, redija um texto dissertativo acerca dos seguintes aspectos relacionados à análise econômico-financeira de empresas:

1 conceito, metodologia e indicadores da análise do ciclo operacional e financeiro com seus significados; [valor: 3,50 pontos]

2 conceito, metodologia e, pelo menos, três indicadores da análise da estrutura de capitais com seus significados; [valor: 3,50 pontos]

3 conceito, metodologia e significado das análises vertical e horizontal de demonstrações financeiras. [valor: 2,50 pontos]

## Resolução da Questão

A análise do ciclo operacional e financeiro é um recurso aplicado para conhecer melhor as políticas de compra, venda e recebimento da entidade. Essa análise é realizada através da construção de indicadores de prazos médios que expressem as diversas dimensões da gestão do capital de giro da entidade. Os indicadores construídos variam de uma empresa industrial para uma empresa comercial, mas basicamente são: prazo médio de estocagem, que é o resultado da divisão do estoque médio pelo custo da mercadoria vendida; prazo médio de recebimentos, obtido pela divisão do saldo médio de duplicatas a receber pelo montante de vendas; e prazo médio de compras, que é o resultado da divisão do saldo médio da conta fornecedores pelo montante de compras. Como o objetivo é calcular prazos médios, cada uma dessas divisões é multiplicada por 360 dias. O ciclo operacional inicia-se com a entrada do produto em estoque e termina com o recebimento por sua venda e mostra quantos dias de financiamento são necessários para as operações da empresa. O ciclo financeiro consiste na diferença entre o ciclo operacional e o prazo médio de compras e mostra quantos dias do ciclo operacional terão que ser financiados com recursos próprios ou com recursos onerosos de terceiros.

A análise da estrutura de capitais é uma avaliação, através de indicadores, da política de captação e utilização de recursos próprios e de terceiros no financiamento dos investimentos da entidade. Entre os indicadores aplicados, destacam-se a relação entre as fontes de recursos, que mostra o montante de recursos de terceiros para cada unidade de recurso próprio; a composição das exigibilidades, que qualifica os recursos de terceiros em relação ao prazo de liquidação; e o indicador de utilização de recursos onerosos, que identifica a quantidade de fontes com juros utilizada no financiamento dos investimentos.

Vários outros indicadores são de uso corrente, como o grau de imobilização do ativo ou de imobilização do patrimônio líquido e o de exigibilidade geral.

As análises vertical e horizontal são análises por quocientes ou por porcentagem que avaliam os números da entidade sob a ótica estática - situação da entidade em dado momento - e dinâmica - evolução ao longo do tempo. A análise vertical consiste na comparação dos saldos das contas das demonstrações financeiras em relação ao grupo ao qual essas contas pertencem ou a outras grandezas escolhidas, descobrindo-se o peso de cada item em relação ao total. A análise horizontal é uma avaliação de tendências realizada a partir da comparação dos itens das demonstrações financeiras ao longo do tempo.

## 8ª Questão (EBSERH - Analista Administrativo - Contabilidade 2022 IBFC):

Um fornecedor de bens e serviços que deseja fazer negócios com uma prefeitura, entregou a ela alguns relatórios financeiros como Balanço Patrimonial e Demonstração do Resultados do Exercício. Analise as duas peças contábeis e expresse sua opinião conclusiva e fundamentada sobre a situação econômico-financeira da empresa.

Ao elaborar seu texto, fundamente com cálculos relativos à análise horizontal, análise vertical, indicadores de liquidez, de endividamento e de lucratividade.

| | ano I | ano II |
|---|---|---|
| Caixa e equivalente | 300.000 | 3.000 |
| Aplic Financeiras | 180.000 | 760.000 |
| Clientes | 2.200.000 | 2.400.000 |
| Estoques | 900.000 | 1.200.000 |
| Tributos a recuperar | 132.000 | 300.000 |
| Outros valores | 170.000 | 120.000 |
| **Ativo Circulante** | 3.882.000 | **4.783.000** |
| | | |
| Empréstimos a socios | 2.300.000 | 2.300.000 |
| depósitos judiciais | 530.000 | 420.000 |
| **Realizável a longo Prazo** | **2.830.000** | **2.720.000** |
| Investimentos | 6.000.000 | 4.400.000 |
| Imobilizaddo | 12.000.000 | 12.000.000 |
| Intangível | 200.000 | 208.000 |
| **Ativo Não Circulante** | **21.030.000** | **19.328.000** |
| TOTAL ATIVO | **24.912.000** | **24.111.000** |
| | | |
| Fornecedores | 860.000 | 875.000 |
| Obrigações Trabalh. | 154.000 | 150.000 |
| Emprests.Financiamts | 7.950.000 | 6.650.000 |
| Contas a pagar | 140.000 | 220.000 |
| **Passivo Circulante** | **9.104.000** | **7.895.000** |
| | | |
| Financiamentos | 1.800.000 | 1.900.000 |
| Ctas a Pagar | 362.000 | 420.000 |
| **Exigível a LP** | **2.162.000** | **2.320.000** |
| | | |
| Capital | 13.316.000 | 13.316.000 |
| Reservas | 330.000 | 580.000 |
| Patrimônio Liquido | 13.646.000 | 13.896.000 |
| TOTAL DO PASSIVO | **24.912.000** | **24.111.000** |

| **Demonstração dos Resultados do Exercício** | | |
|---|---|---|
| | ano I | ano II |
| Receita de Vendas | 7.515.554 | 9.977.529 |
| C.P.V | 7.200.317 | 8.676.104 |
| Lucro Bruto | 315.237 | 1.301.425 |
| Despesas de Vendas | 392.543 | 300.000 |
| Despesas Administrats | 467.508 | 450.000 |
| Resultado antes R.Finan | (544.814) | 551.425 |
| Resultado Financeiro | 51.832 | (540.308) |
| Resultado Equiv.Patrim | (8.151) | 262.530 |
| Result.antes trib.s/lucro | (501.133) | 273.647 |
| (-) IR | 168.819 | 40.632 |
| **Resultado Liquido** | **(669.952)** | **233.015** |

## Resolução da Questão

Inicialmente será apresentada a análise horizontal dos principais subgrupos e contas patrimoniais e de resultado, tendo por base o valor da Conta do Ano I.

| Conta | Ano I | AH - Ano II |
|---|---|---|
| **Ativo Circulante** | - | **123%** |
| **Caixa** | - | **1%** |
| **Clientes** | - | **109%** |
| **Estoques** | - | **133%** |
| **Ativo Não Circulante** | - | **123%** |
| **ARLP** | - | **96%** |
| **Imobilizado** | - | **100%** |
| **Intangível** | - | **104%** |
| **Ativo Total** | - | **97%** |
| **Passivo Circulante** | - | **87%** |
| **Fornecedores** | - | **102%** |
| **Empréstimos e Financiamentos** | - | **84%** |
| **Passivo Não Circulante** | - | **87%** |
| **PL** | - | **102%** |
| **Receita de Venda** | - | **133%** |
| **CPV** | - | **121%** |
| **LAIR** | - | **-55%** |
| **IR** | - | **24%** |
| **Lucro Líquido** | - | **-4%** |

Quanto à análise horizontal observa-se que houve um crescimento tanto do ativo circulante, quanto não circulante e redução do caixa, o que indica que os recursos captados via receitas de vendas foram aplicados em ativos.

Tanto o passivo circulante quanto não circulante reduziram indicando que houve uma política de redução de dívidas. As receitas de vendas sofreram um acréscimo de 33% enquanto o CPV um acréscimo de 21%. Ou seja, as receitas subiram proporcionalmente mais que o CPV o que contribui para a alteração do prejuízo obtido no Ano I para um Lucro no Ano II.

A seguir será apresentada a análise vertical dos principais subgrupos e contas patrimoniais, tendo por base o ativo total do Ano I (24.912.000) e do Ano II (24.111.000).

| Conta | AV - Ano I | AV - Ano II |
|---|---|---|
| Ativo Circulante | 15,58% | 19,94% |
| **Caixa** | **1,2%** | **0,01%** |
| **Clientes** | **8,8%** | **9,95%** |
| **Estoques** | **3,6%** | **4,98%** |
| Ativo Não Circulante | 84,42% | 80,16% |
| **ARLP** | **11,36%** | **11,28%** |
| **Imobilizado** | **48,17%** | **49,77%** |
| **Intangível** | **0,8%** | **0,9%** |
| Ativo Total | 100% | 100% |
| Passivo Circulante | **36,54%** | **32,74%** |
| **Fornecedores** | **3,45%** | **3,63%** |
| **Empréstimos e Financia-mentos** | **31,91%** | **27,58%** |
| Passivo Não Circulante | 8,68% | 9,92% |
| PL | 54,78% | 57,63% |

Quanto à análise vertical, observa-se que a proporção do Ano I para o Ano II do Ativo Circulante aumentou o que pode ser confirmado com os índices de liquidez. Os fornecedores se mantiveram proporcionalmente estáveis, quanto houve um leve aumento do Passivo Não Circulante o que é positivo no sentido de a empresa possuir mais dívida de longo prazo que curto prazo.

A seguir será apresentada a análise vertical dos principais subgrupos e contas de resultado, tendo por base a Receita Bruta de Vendas do Ano I (7.515.554) e do Ano II (9.977.529).

| Conta | AV - Ano I | AV - Ano II |
|---|---|---|
| Receita de Venda | **100%** | **100%** |
| (-) CPV | **95,81%** | **86,96%** |
| LAIR | **-6,67%** | **2,74%** |
| (-) IR | **2,25%** | **0,41%** |
| Lucro Líquido | **-8,91%** | **2,34%** |

A análise do ano I ficou um pouco prejudicada, mas indica que o CPV foi muito elevado, sendo provavelmente a principal causa para o prejuízo. Tanto é que no Ano II o CPV caiu quase 10% na análise vertical e a empresa obteve o lucro.

Por fim, constam as análises por quocientes do Ano I e do ano II nas 3 categorias: liquidez, endividamento e rentabilidade.

| Liquidez | | |
|---|---|---|
| Indicador | Ano I | Ano II |
| Liquidez imediata (Caixa/PC) | 0,033<br>(300.000/9.104.000) | 004<br>3.000/7.895.000 |
| Liquidez Seca [(AC - Despesas Antecipadas - Estoques)/Passivo Circulante] | 0,3275<br>[(3.882.000-0-900.000)/ 9.104.000] | 0,4538<br>[(4.783.000-0-1.200.000/7.895.000] |
| Liquidez corrente (AC/PC) | 0,4264<br>(3.882.000/9.104.000) | 0,6058<br>(4.783.000/7.895.000) |
| Liquidez Geral [(AC-Despesas Antecipadas + ARLP)/(PC+PNC)] | 0,3446<br>3.882.000-0/ (9.104.000+2.162.000) | 0,4682<br>4.783.000-0/ (7.895.000+2.320.000) |
| Solvência Geral [(AC - Despesas Antecipadas + ANC) (PC+PNC)] | 2,2113<br>3.882.000-0+21.030.000/ (9.104.000+2.162.000) →<br>24.912.000/11.266.000 | 2,3604<br>4.783.000-0+19.328.000/ (7.895.000+2.320.000) →<br>24.111.000/10.215.000 |

| Endividamento | | |
|---|---|---|
| Indicador | Ano I | Ano II |
| Composição do Endividamento [PC (PC+PNC)] | 0,8081<br>9.104.000/ (9.104.000+2.162.000) | 0,7739<br>7.895.000/ (7.895.000+2.320.000) |

| | | |
|---|---|---|
| Grau de Endividamento [(PC + PNC)/PL] | **0,8256**<br>(9.104.000+2.162.000)/13.646.000 | **0,7351**<br>(7.895.000+2.320.000)/13.896.000 |
| Grau de Imobilização do PL (Inves.+Imob+Intang.)/PL | **1,3337**<br>(18.200.000)/13.646.000 | **1,1952**<br>(16.608.000)/13.896.000 |
| **Rentabilidade** | | |
| **Indicador** | **Ano I** | **Ano II** |
| Margem Bruta (LB/RLV) | **-159,03%**<br>(-501.333/315.237) | **21,03%**<br>(273.647/1.301.425) |
| Margem Líquida (LL/RLV) | **-212,52%**<br>(-669.952/315.237) | **17,09%**<br>(233.015/1.301.425) |

Quanto à liquidez, com exceção da liquidez imediata, nos demais indicadores houve uma melhoria significativa (liquidez seca, corrente, geral, solvência geral).

Quanto ao endividamento, houve uma leve piora na composição do endividamento, pois houve um leve aumento de concentração de dívidas no curto prazo. No grau de endividamento e no grau de imobilização do PL, já houve uma redução dos indicadores o que mostra uma melhora associada à melhoria da liquidez.

Quanto à lucratividade, o Ano I ficou prejudicado em função do prejuízo, contudo no Ano II com o aumento das vendas e redução da CPV houve uma melhoria da margem bruta e da margem líquida.

## 9ª Questão (Senado Consultor Legislativo - Direito Tributário e Direito Financeiro 2023 FGV)

Em meio à efervescência por mudanças na tributação, projeto da Receita Federal (ainda em discussões internas) para alterar o Imposto de Renda das Pessoas Jurídicas (IRPJ) ameaça os contribuintes corporativos (sociedades empresárias). Com a adoção dos padrões internacionais de contabilidade (IFRS) pelo direito contábil brasileiro, a partir de 2008, foi necessário adaptar a tributação sobre o lucro das empresas, o que ocorreu em 2015.

Durante o período de transição, aventou-se desvincular a tributação das empresas das normas contábeis, o que implicaria a necessidade de elaboração de "duas contabilidades", uma para fins fiscais, outra para fins econômicos. A opção final foi pela manutenção de uma única escrituração contábil, procedendo-se a ajustes na apuração do imposto (Lalur).

Passados anos da vigência da lei atual, aventa-se a pretensão de alterar a estrutura da tributação, desvinculando o imposto sobre o lucro das demonstrações contábeis. O mencionado projeto propõe abandonar a contabilidade como base para a apuração do imposto sobre o lucro das empresas e criar um "sistema de informações econômico-financeiras" próprio com finalidades tributárias. São dois os principais argumentos: a contabilidade e a tributação têm interesses e finalidades distintas e, por conta dessa diferença, o controle fiscal do imposto sobre o lucro tem sido bastante complexo. Um e outro argumentos são enganosos e essa proposta coloca em risco a apuração do imposto sobre o lucro das sociedades empresárias.

Considerando o texto acima, elabore uma dissertação que aborda os itens a seguir.

a) Indique o que a contabilidade permite que seja demonstrado, para apuração do Lucro Tributável no Regime do Lucro Real.

b) Apresente dois argumentos referidos para a alteração da contabilização tributária do lucro das sociedades empresárias, concordando ou não com este projeto e esclarecendo o porquê.

c) Indique os dois principais princípios tributários que devem ser levados em consideração para amoldar a apuração do lucro tributável das sociedades empresárias à efetiva realidade econômica por estas demonstrada.

## Resolução da Questão

Com a adoção dos padrões internacionais de contabilidade (IFRS) pelo direito contábil brasileiro, a partir de 2008, foi necessário adaptar a tributação sobre o lucro das empresas, o que ocorreu em 2015. Durante o período de transição, aventou-se desvincular a tributação das empresas das normas contábeis, o que implicaria a necessidade de elaboração de "duas contabilidades", uma para fins fiscais ou para fins econômicos. A opção final foi pela manutenção de uma única escrituração contábil, procedendo-se a ajustes na apuração do imposto (Lalur).

Passados menos de cinco anos da vigência da lei atual, a Receita Federal pretende alterar a estrutura da tributação, desvinculando o imposto sobre o lucro das demonstrações contábeis. **São dois os principais argumentos: (i)** a contabilidade e a tributação têm interesses e finalidades distintas e, por conta dessa diferença, **(ii)** o controle fiscal do imposto sobre o lucro tem sido bastante complexo. **Ambos os argumentos são enganosos e essa proposta coloca em risco a apuração do imposto sobre o lucro das empresas.**

De acordo com a Constituição Federal, sempre que possível, **os impostos terão caráter pessoal e serão graduados segundo a capacidade econômica do contribuinte** (artigo 145, § 1º).

Poucas são as matérias de consenso entre os estudiosos do direito tributário no Brasil, porém, uma delas reside no fato de que o imposto sobre a renda (ou o lucro, no caso das empresas) **é o maior exemplo da "possibilidade" de se aplicar o caráter pessoal do contribuinte e respeitar sua capacidade econômica (ou contributiva).** A **pessoalidade** e a **capacidade econômica** se manifestam, dentre outros fatores, pela percepção da riqueza pelo contribuinte. Isso quer dizer que o "conforto da tributação" (justiça fiscal?), na medida do possível, é alcançado quando o contribuinte percebe a riqueza que produziu e, portanto, deve destinar parte dela aos Cofres Públicos para o benefício de toda a coletividade. No caso do contribuinte corporativo (empresa), a riqueza é percebida nas demonstrações contábeis.

A contabilidade determina o montante do retorno sobre o capital investido pelo empreendedor, vale dizer, o lucro apurado e distribuído como dividendo. Também na contabilidade está refletido o valor da empresa, que serve como parâmetro para negociação (fusões e aquisições) ou para a tomada de empréstimo, financiamento ou captação de aportes de investidores. Não há como negar, portanto, que seus sócios, seus investidores e demais "stakeholders" percebem a riqueza gerada pela empresa através das demonstrações contábeis. **Sendo assim, por que o Fisco deve ignorar a contabilidade das empresas para determinar o montante do imposto incidente sobre a sua riqueza (lucro)?**

O mencionado projeto da Receita Federal propõe abandonar a contabilidade como base para a apuração do imposto sobre o lucro das empresas e criar um "sistema de informações econômico-financeiras" próprio com finalidade tributária. Conclui-se que, a par do sistema internacionalmente padronizado de informações sobre a situação patrimonial das empresas e especialmente do seu desempenho (resultado), a legislação tributária passaria a arbitrar o lucro das pessoas jurídicas única e exclusivamente para efeitos de incidência de imposto.

Os efeitos do afastamento da escrituração contábil são evidentes e perversos: os sócios terão uma base de lucro a ser distribuído como dividendos, mas recolherão imposto sobre o lucro em base diferente; os investidores avaliarão a empresa com base em um padrão de informações, porém, o imposto sobre o lucro da empresa adotará uma base diferente; os credores concederão empréstimos e financiamentos depois de avaliar uma base de informações, todavia, o Fisco exigirá o imposto calculado com base diferente. Enfim, a apuração do imposto não levará em consideração a percepção de riqueza da empresa e, sim, a determinação arbitrária da legislação que estabelecerá qual é a riqueza (lucro) para efeitos de tributação.

É verdade que atualmente o lucro contábil (comercial) e o lucro fiscal já são diferentes, no entanto, a apuração do lucro fiscal toma por base o lucro contábil, procedendo a alguns ajustes. Em primeiro lugar, há segurança jurídica pela existência de uma única contabilidade. Em segundo lugar, os profissionais das áreas contábil e tributária têm experiência nessa forma de apuração do imposto sobre o lucro desde 1978. Em terceiro lugar, os referidos ajustes são razoavelmente justificados: decorrem do respeito a práticas de governança corporativa (estorno de despesas que não estejam intrinsecamente relacionadas à atividade empresarial), da concessão de benefícios fiscais (estorno de receitas que são isentas pela própria legislação, por exemplo) e da observância do princípio da realização (despesas são deduzidas e receitas são tributadas apenas no momento em que se tornam líquidas e certas).

Se a conciliação entre as normas juscontábeis e as normas tributárias geram muitos ajustes é porque a busca da justiça fiscal se trata de uma tarefa complexa. A simplicidade da tributação não pode ser implementada em detrimento da pessoalidade e da capacidade contributiva, que são princípios constitucionais do sistema tributário brasileiro. Portanto, deve-se cuida para que o imposto sobre o lucro das empresas não se afaste de maneira arbitrária da percepção de riqueza dos envolvidos.

## 10ª Questão (TJ - Goiás Analista Judiciário - Contabilidade 2024 FGV):

A Cia ABC foi constituída em 01/01/2023 com a integração de R$300.000 de capital social por seus sócios. No ano de 2023, não houve movimentação em seu capital social. Em 31/12/2023, a Cia ABC reconheceu lucro de R$800.000,00. Na data, as seguintes reservas foram constituídas:

Legal: de acordo com a Lei nº 6.404/76 e modificações.

Contingências: R$80.000.

Estatutária: R$50.000.

Além disso, a Cia ABC distribuiu dividendos de 25% do lucro ajustado, de acordo com a lei. O saldo remanescente foi apropriado para a constituição de reservas de lucros para expansão.

Indique, em 31/12/2023:

a) Os saldos apresentados na Demonstração das Mutações do Patrimônio Líquido da Cia ABC.

b) O Patrimônio líquido total.

c) Como foi calculada a distribuição dos dividendos, assim como o seu saldo.

**Memória de Cálculo:**

Lucro Líquido Ajustado = Lucro Líquido - 5% da Reserva Legal - Reserva de Contingência →

Lucro Líquido Ajustado = R$ 800.000 - R$ 40.000 - R$ 80.000 →

Lucro Líquido Ajustado = R$ 680.000

Dividendos a distribuir = 25% x 680.000 = R$ 170.000.

PL inicial = R$ 300.000

PL final = R$ 300.000 + 800.000 - R$ 170.000 = R$ 930.000

Composição do PL final:

Capital Social: R$ 300.000.

Reserva Legal: R$ 40.000.

Reserva de Contingência: R$ 80.000.

Reserva Estatutária: R$ 50.000.

Reserva de Expansão de Lucros: R$ 930.000 - R$ 300.000 - R$ 40.000 - R$ 80.000 - R$ 50.000 →

Reserva de Expansão de Lucros: R$ 460.000.

### Resolução da Questão

Quanto ao item a, a DMPL é influenciada pelas movimentações internas e externas ao PL. No caso hipotético a DMPL teria os seguintes saldos iniciais e finais por contas:

-Capital Social: R$ 300.000 e R$ 300.000.

-Reservas de Capital: R$ 0 e R$ 0.

Unidade Didática IV Demonstrações Contábeis - Apresentação e Análise de Balanços

-Reservas de Lucros: R$ 0 e R$ 630.000.

-Ações em Tesouraria: R$ 0 e R$ 0.

-Ajuste de Avaliação Patrimonial: R$ 0 e R$ 0.

-Ajuste Acumulado de Conversão: R$ 0 e R$ 0.

-Lucros e Prejuízos Acumulados: R$ 0 e R$ 0.

Quanto ao item b, o Patrimônio Líquido total foi de R$ 930.000. Isso se deve que do lucro que seria incorporado às reservas R$ 170.000 foi reconhecido como dividendos a pagar (Débito Lucros e Prejuízos Acumulados – PL e Crédito: Dividendos a Pagar – Passivo Circulante), e posteriormente pagos (Débito Dividendos a Pagar – Passivo Circulante e Crédito: Caixa – Ativo Circulante). O PL está assim distribuído:

-Capital Social: R$ 300.000.

-Reserva Legal: R$ 40.000.

-Reserva de Contingência: R$ 80.000.

-Reserva Estatutária: R$ 50.000.

-Reserva de Expansão de Lucros: R$ 460.000 (R$ 930.000 – R$ 300.000 – R$ 40.000 – R$ 80.000 – R$ 50.000).

Quanto ao item c, a Lei nº 6.404/1976 define que para se chegar ao lucro líquido ajustado, deve-se, considerando os dados fornecidos: deduzir a Reserva Legal (5% do Lucro Líquido) e a reserva de contingência. Os demais dados não afetam o Lucro Líquido Ajustado. Desse modo:

Lucro Líquido Ajustado = Lucro Líquido – 5% da Reserva Legal – Reserva de Contingência →

Lucro Líquido Ajustado = R$ 800.000 – R$ 40.000 – R$ 80.000 →

Lucro Líquido Ajustado = R$ 680.000

Dividendos a distribuir = 25% x 680.000 = R$ 170.000.

Assim, no reconhecimento dos dividendos o saldo do PL diminuiu e o do Passivo Circulante aumentou, e posteriormente no pagamento o saldo do Ativo Circulante e Passivo Circulante reduziram.

CAPÍTULO 21

# DLPA, DMPL E DRA

## 1. DEMONSTRAÇÃO DOS LUCROS OU PREJUÍZOS ACUMULADOS

### 1.1. Base Normativa

De acordo com Lei nº 6.404/1976:

> *Art. 186. A demonstração de lucros ou prejuízos acumulados (DLPA)* ***discriminará****:*
>
> *I –* ***o saldo do início do período, os ajustes de exercícios anteriores e a correção monetária do saldo inicial****;*
>
> *II – as reversões de reservas e o lucro líquido do exercício;*
>
> *III –* ***as transferências para reservas, os dividendos, a parcela dos lucros incorporada ao capital e o saldo ao fim do período****.*
>
> *§ 1º Como* ***ajustes de exercícios anteriores*** *serão considerados* ***apenas os decorrentes de efeitos da mudança de critério contábil, ou da retificação de erro imputável a determinado exercício anterior****, e que não possam ser atribuídos a fatos subsequentes.*
>
> *§ 2º A demonstração de lucros ou prejuízos acumulados* ***deverá indicar o montante do dividendo por ação do capital social*** *e* ***poderá ser incluída na demonstração das mutações do patrimônio líquido (DMPL)****, se elaborada e publicada pela companhia.*

**Atenção**

1. DLPA representa um "zoom" na conta do Balanço Patrimonial "Lucros e Prejuízos Acumulados" código 2.3.1.08 vista no Capítulo 6.

2. Assim, as transações que impactam essa conta devem ser inseridas na DLPA.

3. Dentre essas transações destacam-se a aplicação retrospectiva (mudanças de política contábil sobre períodos passados) e reapresentação retrospectiva (correção de erro sobre períodos passados). Mais detalhes constam no Capítulo 27. Assim, **esse tipo de ajuste não afeta o Lucro ou Prejuízo do Exercício Atual.**

4. A DLPA pode ser inserida na DMPL que por sua vez representa um "zoom" na conta do Balanço Patrimonial "Patrimônio Líquido" código 2.3.1.00.

**Figura 21.1:** Relação entre DPLA e DMPL

**PL**

**Capital Social**
Capital social subscrito
(-) Capital social a integralizar
(-) Gastos com emissão de Ações
AFAC – Adiantamento para Futuro Aumento de Capital
**Reserva de Capital**
Ágio na emissão de ações
Bônus de subscrição
Partes beneficiárias
Opções outorgadas reconhecidas
**Ajuste de Avaliação Patrimonial**
**Reserva de Lucros**
Reserva Legal
Reserva Estatutária
Reserva para Contingências
Reserva de lucros a Realizar
Reserva Especial para Dividendos Obrigatórios Não Distribuídos
Reserva de Incentivos Fiscais
Reserva de Lucros Específica de Prêmio de Emissão de Debêntures
**(-) Ações em Tesouraria**
**Ajuste Acumulado de Conversão**
**Lucros ou Prejuízos Acumulados**
(+) Lucros Acumulados
(-) Prejuízos Acumulados
(+/-) Resultado do Exercício
(+/-) Ajustes de Exercícios Anteriores
(-) Dividendos Antecipados

**Foco da DMPL** (todo o PL)

**Foco da DLPA** (Lucros ou Prejuízos Acumulados)

## 1.2. Estrutura e Contabilização

A seguir consta a estrutura da DLPA.

**Chamada 142 do autor:** Estrutura da DLPA

**Figura 21.2:** Demonstração dos Lucros ou Prejuízos Acumulados - DLPA

| Saldo Inicial da Conta Lucros ou Prejuízos Acumulados |
|---|
| **(+ ou - ) Ajustes de Exercícios Anteriores (conta do PL e do LPA)** |
| **(+ ou - ) Lucro ou Prejuízo do Exercício (conta da DRE)** |
| **(-) Distribuição para dividendos obrigatórios (conta do PC)[a]** |
| **(-) Transferências para Reservas de Lucros (conta do PL)** |
| **(+) Reversão de Reservas de Lucros (conta do PL)** |
| **(-) Integralização de Capital (conta do PL)** |
| Saldo Final da Conta Lucros ou Prejuízos Acumulados |
| **Número de Ações** |
| (a) Valor do Dividendo Distribuído/Número de Ações |

Todos os movimentos de entrada ou saída precisam envolver a conta Lucros ou Prejuízos Acumulados.

**Lucros ou Prejuízos Acumulados**

De acordo com a Lei nº 6.404/1976:

> *Art. 202. **Os acionistas têm direito de receber como dividendo obrigatório**, em cada exercício, **a parcela dos lucros estabelecida no estatuto** ou, se este for omisso, a importância determinada de acordo com as seguintes normas:*
>
> ***I - metade do lucro líquido do exercício diminuído ou acrescido dos seguintes valores:***
>
> *a) importância destinada à constituição da reserva legal (art. 193); e*
>
> *b) importância destinada à formação da reserva para contingências (art. 195) e reversão da mesma reserva formada em exercícios anteriores*
>
> ***II - o pagamento do dividendo determinado nos termos do inciso I poderá ser limitado ao montante do lucro líquido do exercício que tiver sido realizado, desde que a diferença seja registrada como reserva de lucros a realizar (art. 197);***
>
> ***III - os lucros registrados na reserva de lucros a realizar, quando realizados e se não tiverem sido absorvidos por prejuízos em exercícios subsequentes, deverão ser acrescidos ao primeiro dividendo declarado após a realização.***
>
> *[...]*

> ***§ 6º Os lucros não destinados nos termos dos arts. 193 a 197 (Reserva Legal, Estatutárias, para Contingências, Incentivos Fiscais, Lucros, Lucros a Realizar) deverão ser distribuídos como dividendos..***

Desse modo, para as sociedades por ações, o saldo final desta conta não poderá mais ser credor. Respectivos saldos de lucros acumulados precisam ser totalmente destinados por proposta da administração da companhia no pressuposto de sua aprovação pela assembleia geral ordinária. Observa-se que a obrigação de essa conta não conter saldo positivo aplica-se unicamente às sociedades por ações.

Desta forma, **para as sociedades por ações, o saldo respectivo deverá ser composto** apenas pelos eventuais prejuízos acumulados **(saldo devedor), não absorvidos pelas demais reservas.**

**Entretanto, para as demais sociedades** (como as limitadas, exceto aquelas consideradas de grande porte[1] e sujeitas à Lei nº 6.404/1976), **a conta lucros acumulados poderá continuar apresentando saldo nos balanços encerrados a partir de 31.12.2008**, conforme se desprende do item 115 da CT 03 – Esclarecimentos sobre as Demonstrações Contábeis de 2008, aprovado pela Resolução CFC 1.157/2009, adiante *reproduzido:*

*"A obrigação de essa conta não conter saldo positivo aplica-se unicamente às sociedades por ações, e não às demais, e para os balanços do exercício social terminado a partir de 31 de dezembro de 2008. Assim, saldos nessa conta precisam ser totalmente destinados por proposta da administração da companhia no pressuposto de sua aprovação pela assembleia geral ordinária."*

1 *Lei nº 11.638/2007.*

Art. 3º *Aplicam-se às sociedades de grande porte, ainda que não constituídas sob a forma de sociedades por ações, as disposições da Lei nº 6.404, de 15 de dezembro de 1976, sobre escrituração e elaboração de demonstrações financeiras e a obrigatoriedade de auditoria independente por auditor registrado na Comissão de Valores Mobiliários.*

*Parágrafo único. Considera-se de grande porte, para os fins exclusivos desta Lei, a sociedade ou conjunto de sociedades sob controle comum que tiver, no exercício social anterior, ativo total superior a R$ 240.000.000,00 (duzentos e quarenta milhões de reais) ou receita bruta anual superior a R$ 300.000.000,00 (trezentos milhões de reais).*

Figura 21.3: Contabilização das Movimentações envolvendo a Conta Lucros e Prejuízos Acumulados

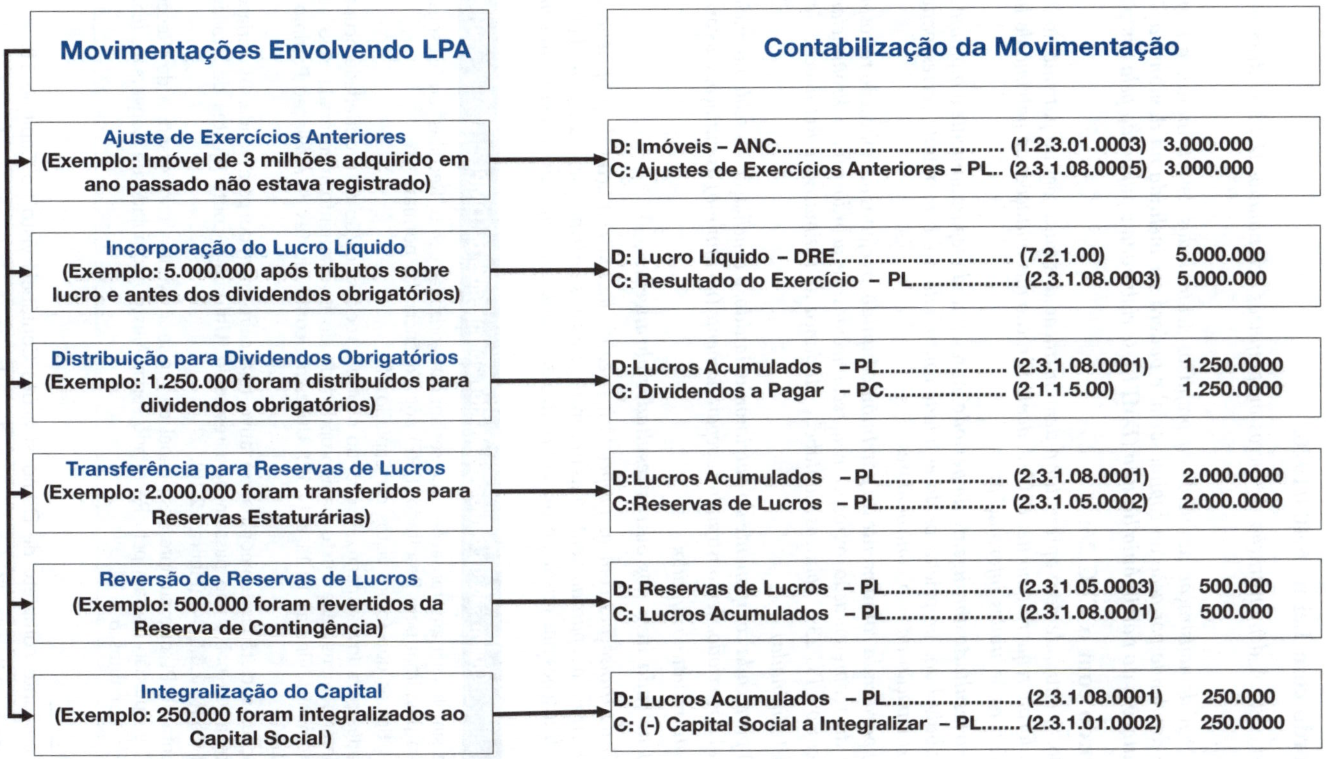

# 2. DMPL

## 2.1. Base Normativa

### De acordo com Lei nº 6.404/1976:

*Art. 186. A demonstração de lucros ou prejuízos acumulados (DLPA) discriminará: [...].*

*§ 2º A demonstração de lucros ou prejuízos acumulados deverá indicar o montante do dividendo por ação do capital social e* ***poderá ser incluída na demonstração das mutações do patrimônio líquido (DMPL)****, se elaborada e publicada pela companhia.*

### De acordo com o CPC 26:

*106. A entidade deve apresentar a demonstração das mutações do patrimônio líquido conforme requerido no item 10[2]. A demonstração das mutações do patrimônio líquido inclui as seguintes informações:*

*(a)* ***o resultado abrangente do período****, apresentando separadamente o montante total atribuível aos proprietários da entidade controladora e o montante correspondente à participação de não controladores;*

*(b)* ***para cada componente do patrimônio líquido****, os efeitos da aplicação retrospectiva ou da reapresentação retrospectiva, reconhecidos de acordo com o Pronunciamento Técnico CPC 23 – Políticas Contábeis, Mudança de Estimativa e Retificação de Erro;*

*(c) (eliminada)*

*(d)* ***para cada componente do patrimônio líquido****, a conciliação do saldo no início e no final do período, demonstrando-se separadamente (no mínimo) as mutações decorrentes:*

*(i) do resultado líquido;*

*(ii)* ***de cada item dos outros resultados abrangentes****; e*

*(iii) de transações com os proprietários realizadas na condição de proprietário, demonstrando separadamente suas integralizações e as distribuições realizadas, bem como modificações nas participações em controladas que não implicaram perda do controle.*

**Quem são os outros resultados abrangentes da DMPL?**

**1.** De forma simples seriam transações que seriam categorizadas como "Receitas" ou "Despesas", mas que não passaram pelo Resultado (DRE) por exigência das normas.

**2.** Exemplos típicos que foram vistos no Capítulo 12:

a) Propriedades para Investimento → quando ocorre a reclassificação de propriedade ocupada pelo proprietário mensurada custo para propriedade de investimento mensurada pelo valor justo com aumento (Figuras 12.11 e 12.12). **Utilizam a conta Ajustes de Avaliação Patrimonial (conta 2.3.1.04).**

b) Participações societárias temporárias → ativo financeiro mantido para venda. As variações a valor justo até a baixa não passam pelo resultado. **Utilizam a conta Ajustes de Avaliação Patrimonial (conta 2.3.1.04) (Figura 12.17).**

**3.** Outra conta do PL que cumpre esse papel de registrar eventos com essência de "Receita" e "Despesa" e que não passam pelo Resultado seria: **Ajuste Acumulado de Conversão[3] (conta 2.3.1.07, vide Capítulos 6 e 11).**

---

2 Trata do conjunto completo de Demonstrações Contábeis visto no Capítulo 18.

3 É o registro contábil da diferença cambial resultante da aplicação da taxa de câmbio de fechamento para itens do ativo e passivo, taxa de câmbio histórica para itens do patrimônio líquido e taxa de câmbio do dia da operação para as contas de resultado. CPC 02 – Efeitos das mudanças nas taxas de câmbio e conversão de demonstrações contábeis.

**4.** Essas 2 contas são exatamente as contas suprimidas na DMPL e "convertidas" em Outros Resultados Abrangentes, vide Figura 21.4.

**5.** A 3ª conta seria justamente o ganho ou perda de equivalência patrimonial referente ao resultado abrangente de coligadas e empreendimentos controlados em conjunto. Em suma, se o PL aumentou em função das contas Ajustes de Avaliação Patrimonial e Ajuste Acumulado de Conversão, deve segmentar o MEP do que foi em função de outros resultados abrangentes do que não foi.

**6.** De forma simples pode-se concluir que os Outros Resultados Abrangentes que deveriam ser "receitas" e "despesas" pela essência, mas que pela forma da legislação foram registradas diretamente em contas do PL sem passar pela DRE.

7. Os outros resultados abrangentes "resgata" esse "resultado".

### Quem são os outros resultados abrangentes no vocabulário do CPC 26?

**Outros resultados abrangentes** compreendem itens de receita e despesa (incluindo ajustes de reclassificação), que não são reconhecidos na demonstração do resultado em conformidade com o requerido ou permitido pelos pronunciamentos, interpretações e orientações emitidos pelo CPC.

Os componentes dos outros resultados abrangentes incluem:

1. Variações na **reserva de reavaliação**, quando permitidas legalmente (**no momento é vedado**).

2. **Ganhos e perdas atuariais em planos de pensão com benefício** definido reconhecidos conforme item 93A do Pronunciamento Técnico CPC 33 - Benefícios a Empregados.

3. **Ganhos e perdas derivados de conversão de demonstrações contábeis de operações no exterior** (ver Pronunciamento Técnico CPC 02 - Efeitos das Mudanças nas Taxas de Câmbio e Conversão de Demonstrações Contábeis).

4. **Ganhos e perdas resultantes de investimentos em instrumentos patrimoniais designados ao valor justo** por meio de outros resultados abrangentes, de acordo com o item 5.7.5 do CPC 48 - Instrumentos Financeiros.

5. **Ganhos e perdas em ativos financeiros mensurados ao valor justo** por meio de outros resultados abrangentes, de acordo com o item 4.1.2A do CPC 48.

6. **Parcela efetiva de ganhos e perdas de instrumentos de *hedge* em operação de *hedge* de fluxo de caixa** e os ganhos e perdas em instrumentos de *hedge* que protegem investimentos em instrumentos patrimoniais mensurados ao valor justo por meio de outros resultados abrangentes, de acordo com o item 5.7.5 do CPC 48 (ver Capítulo 6 do CPC 48).

7. **Para passivos específicos designados como ao valor justo por meio do resultado**, o valor da alteração no valor justo **que for atribuível a alterações no risco de crédito do passivo** (ver item 5.7.7 do CPC 48).

8. **Alteração no valor temporal de opções quando separar o valor intrínseco e o valor temporal do contrato de opção** e designar como instrumento de *hedge* somente as alterações no valor intrínseco (ver Capítulo 6 do CPC 48).

9. **Alteração no valor dos elementos a termo de contratos a termo ao separar o elemento a termo e o elemento à vista de contrato a termo e designar**, como instrumento de *hedge*, somente as alterações no elemento à vista, e alterações no valor do spread com base na moeda estrangeira de instrumento financeiro ao excluí-lo da designação desse instrumento financeiro como instrumento de *hedge* (ver Capítulo 6 do CPC 48).

Essas contas possuem o seguinte em comum:
geram receitas ou despesas que não passam pela DRE.

Unidade Didática IV
Demonstrações Contábeis -
Apresentação e Análise de Balanços

**Figura 21.4:** Outros Resultados Abrangentes, DMPL e DRA

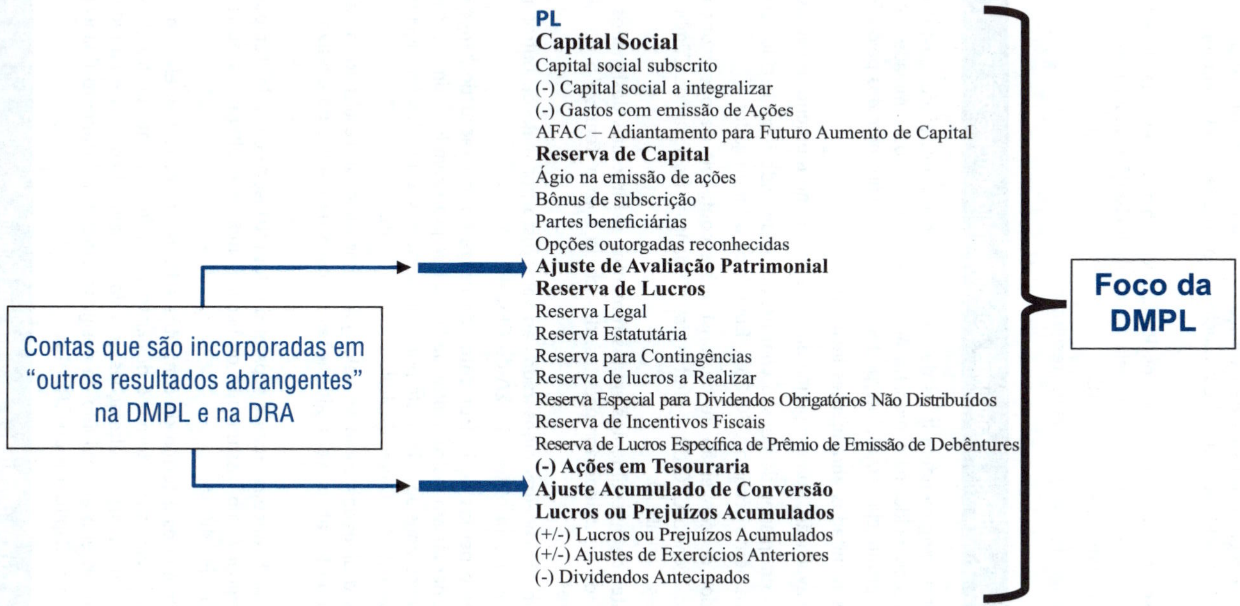


## 2.2. Estrutura

A seguir consta a estrutura da DMPL à luz do CPC 26.

**Chamada 143 do autor:** Estrutura da DMPL com outros resultados abrangentes e a DRA

Figura 21.5: DMPL adaptada do CPC 26

| | A | B | C | D | E | F=A+B+C+D+E | G | H=F+G |
|---|---|---|---|---|---|---|---|---|
| Especificação | Capital Social Integralizado | Reservas de capital | Reservas de lucros | Lucros ou Prejuízos Acumulados | Outros Resultados Abrangentes | Patrimônio Líquido dos Sócios da Controladora (só no Balanço Consolidado) =A+B+C+D+E | Participação dos Acionistas não Controladores no PL das Controladas (só no Balanço Consolidado) | Patrimônio Líquido Consolidado =F+G |
| Z-Saldos Iniciais | 1.000.000 | 80.000 | 300.000 | 0,00 | 270.000 | (F1)1.650.000 | (G1) 158.000 | (H1)1.808.000 |
| **Aumento de capital** | **500.000** | **(50.000)** | **(100.000)** | | | 350.000 | **32.000** | 382.000 |
| **Gastos com Emissão de Ações** | | (7.000) | | | | (7.000) | (7.000) | |
| **Opções Outorgadas Reconhecidas** | | **30.000** | | | | 30.000 | | 30.000 |
| **Ações em Tesouraria Adquiridas** | | **(20.000)** | | | | (20.000) | | (20.000) |
| **Ações em Tesouraria Vendidas** | | **60.000** | | | | 60.000 | | 60.000 |
| **Dividendos** | 500.000 | 13.000 | (100.000) | **(162.000)** | 0 | (162.000) | **(13.200)** | (175.200) |
| Y-Transações de Capital com os Sócios | | | | | | (F2) 251.000 | (G2) 18.800 | (H2)269.800 |
| X- Lucro Líquido do Período | | | | 250.000 | | (F3) 250.000 | (G3) 22.000 | (H3) 272.000 |

| (W1) Ajustes Instrumentos Financeiros | | | | | (60.000) | (60.000) | | (60.000) |
|---|---|---|---|---|---|---|---|---|
| (W2) Tributos s/ Ajustes Instrumentos Financeiros | | | | | 20.000 | 20.000 | | 20.000 |
| (W3) Equivalência Patrimonial sobre Ganhos em Resultados Abrangentes de Coligadas e Empreendimentos controlados em conjunto | | | | | 24.000 | 24.000 | 6.000 | 30.000 |
| (W4) Ajustes de Conversão do Período | | | | | 260.000 | 260.000 | | 260.000 |
| (W5)Tributos s/ Ajustes de Conversão do Período | | | | | (90.000) | (90.000) | | (90.000) |
| Outros Resultados Abrangentes (Somatório de W1 a W5) | | | | | | (F4) 154.000 | (G4)6.000 | (H4)160.000 |
| Ajustes (efeitos) de reclassificação de outros resultados abrangentes – Ajuste de Instrumento Financeiro | | | | | 10.600 | (F5) 10.600 | (G5) | (H5) 10.600 |
| X- Resultado Abrangente Total | | | | | | (F6)414.600 (F3+F4+F5) | (G6) 28.000 (G3+G4+G5) | (H6) 442.600 (H3+H4+H5) |
| T-Constituição de Reservas | | | 140.000 | (140.000) | | | | |
| Saldos Finais (X+Y+X+T) | 1.5000.000 | 93.000 | 340.000 | (52.000) | 434.600 | 2.315.600 (F1+F2+F6) | 204.800 (G1+G2+G6) | 2.520.400 (H1+H2+H6) |

| Análise |
|---|
| 1. A Coluna F é o somatório das colunas A, B, C, D e E.<br>2. Neste caso trata-se de uma DMPL consolidada. Se fosse uma DMPL de uma Entidade Individual não haveria as colunas G e H.<br>3. Neste caso a DRA foi incorporada à DMPL (células F3, F4, F5 e F6 da Entidade Individual). A seguir consta esse recorte. |

| Lucro Líquido do Período | (F3) 250.000 |
|---|---|
| **(W1) Ajustes Instrumentos Financeiros** | **(60.000)** |
| **(W2) Tributos s/ Ajustes Instrumentos Financeiros** | **20.000** |
| **(W3) Equivalência Patrimonial sobre Ganhos em Resultados Abrangentes de Coligadas e Empreendimentos controlados em conjunto** | **24.000** |
| **(W4) Ajustes de Conversão do Período** | **260.000** |
| **(W5)Tributos s/ Ajustes de Conversão do Período** | **(90.000)** |
| Outros Resultados Abrangentes (Somatório de W1 a W5) | (F4) 154.000 |
| **Ajustes (efeitos) de reclassificação de outros resultados abrangentes – Ajuste de Instrumento Financeiro** | **(F5) 10.600** |
| Resultado Abrangente Total | (F6)414.600 (F3+F4+F5) |

4. Os exemplos dados no CPC 26 reforçam que a conta "outros resultados abrangentes" é constituída pelas contas Ajustes de Avaliação Patrimonial e Ajuste Acumulado de Conversão e respectivo MEP associado a elas.

5. A constituição de reservas com o lucro não afeta o resultado abrangente total.

## 2.3. Notas Explicativas

Para cada componente do patrimônio líquido, **a entidade deve apresentar, ou na demonstração das mutações do patrimônio líquido ou nas notas explicativas, uma análise dos outros resultados abrangentes por item.**

| Evidenciação do PL: componentes |
|---|
| O patrimônio líquido deve apresentar o capital social, as reservas de capital, os ajustes de avaliação patrimonial, as reservas de lucros, as ações ou quotas em tesouraria, os prejuízos acumulados, se legalmente admitidos os lucros acumulados e as demais contas exigidas pelos Pronunciamentos Técnicos emitidos pelo CPC. |
| Estão ainda inclusos:<br>1. Cada classe de capital integralizado.<br>2. O saldo acumulado de cada classe do resultado abrangente.<br>3. Reserva de lucros retidos. |

A entidade deve apresentar, na demonstração das mutações do patrimônio líquido ou nas notas explicativas, **o montante de dividendos reconhecidos como distribuição aos proprietários durante o período** e **o respectivo montante dos dividendos por ação.**

As alterações no patrimônio líquido da entidade entre duas datas de balanço devem refletir o aumento ou a redução nos seus ativos líquidos durante o período. **Com a exceção das alterações resultantes de transações com os proprietários agindo na sua capacidade de detentores de capital próprio** (tais como integralizações de capital, reaquisições de instrumentos de capital próprio da entidade e distribuição de dividendos) **e dos custos de transação diretamente relacionados com tais transações, a alteração global no patrimônio líquido durante um período representa o montante total líquido de receitas e despesas, incluindo ganhos e perdas, gerado pelas atividades da entidade durante esse período.**

**Tratamento dados aos ajustes retrospectivos (mudança de política contábil) e as reapresentações retrospectivas (para corrigir erros) → mais detalhes no capítulo 24**

O CPC 23 - Políticas Contábeis, Mudança de Estimativa e Retificação de Erro requer ajustes retrospectivos ao se efetuarem alterações nas políticas contábeis, até o ponto que seja praticável, exceto quando as disposições de transição de outro Pronunciamento Técnico, Orientação ou Interpretação do CPC requererem de outra forma.

O CPC 23 também requer que reapresentações para corrigir erros sejam feitas retrospectivamente, até o ponto em que seja praticável.

Os ajustes retrospectivos (mudança de política contábil) e as reapresentações retrospectivas (para corrigir erros) **não são alterações do patrimônio líquido**, **mas são ajustes aos saldos de abertura da reserva de lucros retidos (ou prejuízos acumulados)** exceto quando um Pronunciamento Técnico, Interpretação ou Orientação do CPC exigir ajustes retrospectivos de outro componente do patrimônio líquido. **É necessária** a divulgação na demonstração das mutações do patrimônio líquido **do ajuste total para cada componente do patrimônio líquido resultante de alterações nas políticas contábeis e, separadamente, de correções de erros.** Esses ajustes devem ser divulgados para cada período anterior e no início do período corrente.

**Conclusão:**

1. Deve haver o ajuste total para cada componente do patrimônio líquido resultante de alterações nas políticas contábeis.
2. A correção de erros deve vir separadamente.

## 3. DRA

### 3.1. Base Normativa

De acordo com o CPC 26:

*81A. **A demonstração do resultado e outros resultados abrangentes** (**demonstração do resultado abrangente**) devem apresentar, além das seções da demonstração do resultado e de outros resultados abrangentes:*

***(a) o total do resultado (do período);***

***(b) total de outros resultados abrangentes;***

***(c) resultado abrangente do período, sendo o total do resultado e de outros resultados abrangentes.***

***Se a entidade apresenta a demonstração do resultado separada da demonstração do resultado abrangente, ela não deve apresentar a demonstração do resultado incluída na demonstração do resultado abrangente.***

*81B.* ***A entidade deve apresentar os seguintes itens, além da demonstração do resultado e de outros resultados abrangentes****, como alocação da demonstração do resultado e de outros resultados abrangentes do período:*

***(a) resultado do período atribuível a: (i) participação de não controladores, e (ii) sócios da controladora;***

***(b) resultado abrangente atribuível a: (i) participação de não controladores, e (ii) sócios da controladora.***

***Se a entidade apresentar a demonstração do resultado em demonstração separada, ela apresentará a alínea (a) nessa demonstração.***

**Qual a forma correta de interpretar os itens 81A e 81B do CPC 26?**

**São propostas 2 formas de apresentar e evidenciar os outros resultados abrangentes:**

| 1ª forma | 2ª forma |
|---|---|
| ***Demonstração do Resultado Abrangente separada da DRE*** | ***Demonstração do Resultado Abrangente incorpora a DRE*** |

**Formas de evidenciar a DRA pela Legislação Societária**

1. **A DRA deve ser apresentada e evidenciada em separado.**
2. **Deve ser separada da DRE e vice-versa. Uma não dispensa a outra pela Legislação societária.**
3. **Pode estar na DMPL, mas não apenas lá.**

Voltando ao CPC 26:

*82A.* ***Outros resultados abrangentes devem apresentar rubricas para valores de:***

*(a) outros resultados abrangentes (excluindo valores previstos na alínea (b)), classificados por natureza e agrupados naquelas que, de acordo com outros pronunciamentos:*

*(i) não serão reclassificados subsequentemente para o resultado do período; e*

*(ii) serão reclassificados subsequentemente para o resultado do período, quando condições específicas forem atendidas;*

*(b) participação em outros resultados abrangentes de coligadas e empreendimentos controlados em conjunto contabilizados pelo método da equivalência patrimonial, separadas pela participação nas contas que, de acordo com outros pronunciamentos:*

*(i) não serão reclassificadas subsequentemente para o resultado do período; e*

*(ii) serão reclassificadas subsequentemente para o resultado do período, quando condições específicas forem atendidas.*

***83.(Eliminado).***

***84.(Eliminado).***

*85. Outras contas (pela desagregação de contas listadas no item 82), títulos e subtotais devem ser apresentados na demonstração do resultado abrangente e na demonstração do resultado do período quando tal apresentação for relevante para a compreensão do desempenho da entidade.*

*85A. Quando a entidade apresentar subtotais de acordo com o item 85, esses subtotais devem:*

*(a) ser constituídos de contas compostas de valores reconhecidos e mensurados em conformidade com os pronunciamentos do CPC;*

*(b) ser apresentados e nomeados de forma que as contas que constituem os subtotais sejam claras e compreensíveis;*

*(c) ser consistentes de período a período, de acordo com o item 45; e*

*(d) não ser exibidos com mais destaque do que os subtotais e totais exigidos nas demonstrações do resultado e de outros resultados abrangentes.*

*85B. A entidade deve apresentar as contas nas demonstrações do resultado e de outros resultados abrangentes que conciliem quaisquer subtotais, apresentados de acordo com o item 85, com os subtotais ou totais exigidos no pronunciamento específico.*

*86. Em função dos efeitos das várias atividades, transações e outros eventos da entidade diferirem em termos de frequência, potencial de ganho ou perda e previsibilidade, a divulgação dos componentes do desempenho ajuda na compreensão do desempenho alcançado e a fazer projeções de futuros resultados. Outras rubricas devem ser incluídas na demonstração do resultado abrangente e na demonstração do resultado do período, sendo as nomenclaturas utilizadas e a ordenação das rubricas modificadas quando seja necessário para explicar os elementos de seu desempenho. Os fatores a serem considerados incluem a relevância, a natureza e a função dos componentes das receitas e despesas dessas demonstrações. Por exemplo, uma instituição financeira modifica as nomenclaturas acima referidas a fim de fornecer a informação que é relevante para as operações de uma instituição financeira. Os itens de receitas e despesas não devem ser compensados a menos que sejam atendidos os critérios do item 32.*

*87. A entidade não deve apresentar rubricas ou itens de receitas ou despesas como itens extraordinários, quer na demonstração do resultado abrangente, quer na demonstração do resultado do período, quer nas notas explicativas.*

***Outros resultados abrangentes do período***

*90. A entidade deve divulgar o montante do efeito tributário relativo a cada componente dos outros resultados abrangentes, incluindo os ajustes de reclassificação na demonstração do resultado abrangente ou nas notas explicativas.*

*91.* ***Os componentes dos outros resultados abrangentes podem ser apresentados:***

*(a)* ***líquidos dos seus*** *respectivos efeitos tributários; ou*

*(b)* ***antes dos seus*** *respectivos efeitos tributários, sendo apresentado em montante único o efeito tributário total relativo a esses componentes.*

*92. A entidade deve divulgar* ***ajustes de reclassificação relativos a componentes dos outros resultados abrangentes.***

*93. Alguns pronunciamentos, interpretações e orientações do CPC especificam se e quando itens anteriormente registrados como outros resultados abrangentes devem ser reclassificados para o resultado do período. Essas reclassificações são referidas neste pronunciamento como ajustes de reclassificação. Tais ajustes de reclassificação são incluídos no respectivo componente de outros resultados abrangentes no período em que o ajuste é reclassificado para o resultado líquido do período. Esse ganho pode ter sido reconhecido como ganho não realizado em outros resultados abrangentes do período corrente ou de períodos anteriores. Dessa forma, os ganhos não realizados devem ser deduzidos dos outros resultados abrangentes no período em que os ganhos realizados são reconhecidos no resultado líquido do período, evitando que esse mesmo ganho seja reconhecido em duplicidade.*

*94. Os ajustes de reclassificação podem ser apresentados na demonstração do resultado abrangente ou nas notas explicativas. A entidade que apresente os ajustes de reclassificação nas notas explicativas deve apresentar os componentes dos outros resultados abrangentes após os respectivos ajustes de reclassificação.*

*95. Os ajustes de reclassificação são cabíveis, por exemplo, na baixa de investimentos em entidade no exterior (ver CPC 02 - Efeitos das Mudanças nas Taxas de Câmbio e Conversão de Demonstrações Contábeis) e quando alguma transação de hedge prevista de fluxo de caixa afeta o resultado líquido do período.*

*96. Ajustes de reclassificação não decorrem de mutações na reserva de reavaliação*[4] *(quando permitida pela legislação vigente), reconhecida de acordo com o CPC 27 - Ativo Imobilizado e o CPC 04 - Ativo Intangível, ou de ganhos e perdas atuariais de planos de benefício definido, reconhecidos em consonância com o CPC 33 - Benefícios a Empregados. Esses componentes devem ser reconhecidos como outros resultados abrangentes e não devem ser reclassificados para o resultado líquido em períodos subsequentes. As mutações na reserva de reavaliação podem ser transferidas para reserva de lucros retidos (ou prejuízos acumulados), na medida em que o ativo é utilizado ou quando é desreconhecido (ver CPC 27 e CPC 04). De acordo com o CPC 48, não ocorrem ajustes de reclassificação, se o hedge de fluxo de caixa ou a contabilização do valor no tempo da opção (ou elemento a termo do contrato a termo ou spread com base em moeda estrangeira de instrumento financeiro) resultarem em valores que são retirados da reserva de hedge de fluxo de caixa ou de componente separado de patrimônio líquido, respectivamente, e incluídos diretamente no custo inicial ou em outro valor contábil de ativo ou de passivo. Esses valores devem ser transferidos diretamente para ativos ou passivos.*

## 3.2. Estrutura

**Figura 21.6:** Demonstração do Resultado Abrangente - DRA

| | |
|---|---|
| **Resultado Líquido do Período** | ➔ **Extraído da DRE** |
| **(+ ou - ) Outros Resultados Abrangentes** | ➔ **Compreende "receitas" e "despesas" não incluídas na DRE do Período Corrente.** |
| **(+ ou - ) Ajustes (efeitos) de reclassificação de outros resultados abrangentes** | ➔ **São valores reclassificados para o Resultado do Período Corrente que foram reconhecidos em como "outros resultados abrangentes no período corrente ou anteriores".** |
| **= Resultado Abrangente Total** | ➔ É a mutação que ocorre no patrimônio líquido durante um período que resulta de transações e outros eventos **que não sejam derivados de transações com os sócios na sua qualidade de proprietários.** Ou seja, fica de fora a integralização de capital e novos aportes. |

[4] Atualmente é vedada a reavaliação pela Lei nº 6.404/1976.

| Todos os componentes da DRE → Representado pelo Lucro Líquido | + | Outros Resultados Abrangentes | = | DRA |
|---|---|---|---|---|

| Simulação 01: Outros Resultados Abrangentes e de Ajustes (efeitos) de reclassificação de outros resultados abrangentes |
|---|
| Ganho de R$ 20.000 com Alienação de Ativo Financeiro Mantido para a Venda ocorrido em 20X1. O efeito inicial do aumento é registrado em Ajuste de Avaliação Patrimonial (visto na Figura 12.17 do Capítulo 12) em 20X1. Esse ganho não passa pela DRE.<br>Se a baixa ocorreu em 20X1 com o ganho de R$ 20.000, o ganho entra como "Outros Resultados Abrangentes" em 20X1.<br>Se a baixa ocorreu em 20X2 com o ganho de R$ 20.000, o ganho já havia entrado como "Outros Resultados Abrangentes" em 20X1.<br>Se a baixa ocorreu em 20X2 com de ganho R$ 15.000, o ganho já havia entrado como "Outros Resultados Abrangentes" em 20X1 no valor de 20.000, porém agora deve ser reconhecido essa perda de 5.000 em "Ajustes (efeitos) de reclassificação de outros resultados abrangentes". |

**Chamada 144 do autor:** Estrutura da Demonstração do Resultado Abrangente

## 4. LISTA DE QUESTÕES OBJETIVAS

### 1ª Questão (Receita Federal Analista Tributário 2023 FGV)

Uma entidade tinha seu modelo de negócios estruturado para a venda de terrenos. Em 01/01/X0, o seu estoque era de R$270.000, tendo a seguinte composição:

- Terreno A: R$120.000

- Terreno B: R$150.000. Em 31/01/X0, teve início um processo de melhorias na região onde os terrenos estão localizados. Por isso, a entidade decidiu retirar os terrenos de venda e mantê-los para valorização de capital a longo prazo, definindo mensurá-los pelo valor justo. Na data, o valor justo do Terreno A era de R$160.000 e o do Terreno B, de R$140.000. **Assinale a opção que indica o efeito da mudança da intenção da administração nas demonstrações contábeis da entidade.**

(A) Demonstração do Resultado do Exercício: +R$30.000.

(B) Demonstração das Mutações do Patrimônio Líquido: +R$30.000.

(C) Demonstração de Outros Resultados Abrangentes: +R$30.000.

(D) Demonstração do Resultado do Exercício: +R$40.000; Demonstração das Mutações do Patrimônio Líquido: –R$10.000.

(E) Demonstração das Mutações do Patrimônio Líquido: +R$40.000; Demonstração do Resultado do Exercício: –R$10.000.

### Solução

Para uma transferência de estoque para propriedade para investimento que seja escriturada pelo valor justo, qualquer diferença entre o valor justo da propriedade nessa data e o seu valor contábil anterior deve ser reconhecida no resultado.

**Terreno A**

Receita = 160.000 - 120.000 = 40.000

**Terreno A**

Despesa = 150.000 - 140.000 = 10.000

Conclui-se que houve impacto na demonstração do resultado do exercício em R$ 30.000,00 (40.000 - 10.000).

Gabarito: **A**

## 5. LISTA DE QUESTÕES DISCURSIVAS

### 1ª Questão (Prefeitura de Itumbiara Auditor Fiscal 2014 UEG):

Descreva a utilidade da DMPL.

Extensão máxima: **15 linhas**

### Resolução da Questão

A DMPL mostra os acréscimos ao Patrimônio da Empresa decorrentes do lucro gerado por ela, bem como dos investimentos efetuados pelos sócios.

Demonstra também os decréscimos decorrentes de distribuição de dividendos ou mesmo de prejuízo gerado pela empresa. Logo a DMPL reflete as mudanças ocorridas no Patrimônio Líquido entre o início e final do exercício social.

A DMPL é obrigatória pelo CPC 26 e facultativa pela Lei nº 6.404/1976. A Lei nº 6.404/1976 define que quando a Cia Aberta utiliza a DMPL, ela está dispensada de elaborar a Demonstração dos Lucros e Prejuízos Acumulados.

CAPÍTULO 22

# DEMONSTRAÇÃO DOS FLUXOS DE CAIXA

## 1. BASE NORMATIVA

De acordo com a Lei nº 6.404/1976:

> *Art. 188. As demonstrações referidas nos incisos IV (Demonstração dos Fluxos de Caixa) e V (Demonstração do Valor Adicionado) do caput do art. 176 desta Lei indicarão, no mínimo:*
>
> *I – **demonstração dos fluxos de caixa** – as alterações ocorridas, durante o exercício, no saldo de **caixa e equivalentes de caixa**, segregando-se essas alterações em, no mínimo, 3 (três) fluxos:*
>
> *a) das operações;*
>
> *b) dos financiamentos; e*
>
> *c) dos investimentos;*
>
> *De acordo com o CPC 03:*
>
> *A **demonstração dos fluxos de caixa**, **quando usada em conjunto com as demais demonstrações contábeis**, proporciona informações que permitem que os usuários avaliem as mudanças nos ativos líquidos da entidade, **sua estrutura financeira (inclusive sua liquidez e solvência)** e sua capacidade para mudar os montantes e a época de ocorrência dos fluxos de caixa, a fim de adaptá-los às mudanças nas circunstâncias e oportunidades. **As informações sobre os fluxos de caixa são úteis para avaliar a capacidade de a entidade gerar caixa e equivalentes de caixa** e possibilitam aos usuários desenvolver modelos para avaliar e comparar o valor presente dos fluxos de caixa futuros de diferentes entidades. A demonstração dos fluxos de caixa também concorre para o incremento da comparabilidade na apresentação do desempenho operacional por diferentes entidades, visto que reduz os efeitos decorrentes do uso de diferentes critérios contábeis para as mesmas transações e eventos.*

| Informações históricas dos fluxos de caixa |
|---|
| São frequentemente utilizadas como **indicador do montante, época de ocorrência e grau de certeza dos fluxos de caixa futuros.** Também são úteis para averiguar a exatidão das estimativas passadas dos fluxos de caixa futuros, assim como para examinar a **relação entre lucratividade e fluxos de caixa líquidos** e o **impacto das mudanças de preços.** |

| Regime da DFC |
|---|
| A DFC não utiliza o regime de competência que foi base para as demais demonstrações contábeis. **A DFC utiliza integralmente o regime de caixa.**<br>Assim, por exemplo, **não importa quando ocorreu e foi apropriada a venda (regime de competência da DRE)**, mas sim **quando o dinheiro da venda efetivamente entrou.** |

## 2. TERMINOLOGIA À LUZ DO CPC 03

O Quadro 22.1 contém os principais termos e definições associados à DFC.

**Quadro 22.1:** Termos e definições associados à DFC

| Termo | Descrição |
|---|---|
| Caixa | Numerário em espécie e depósitos bancários disponíveis. |
| Equivalentes de caixa | São aplicações financeiras de curto prazo, de alta liquidez, que são prontamente conversíveis em montante conhecido de caixa e que estão sujeitas a um insignificante risco de mudança de valor. |
| Fluxos de Caixa | São as entradas e saídas de caixa e equivalentes de caixa. |
| Atividades operacionais | São as principais atividades geradoras de receita da entidade e outras atividades que não são de investimento e tampouco de financiamento. |
| Atividades de investimento | São as referentes à **aquisição e à venda de ativos de longo prazo e de outros investimentos** não incluídos nos equivalentes de caixa. |
| Atividades de financiamento | São aquelas que resultam em **mudanças no tamanho e na composição do capital próprio e no capital de terceiros** da entidade. |

**Figura 22.1:** Equivalente de Caixa

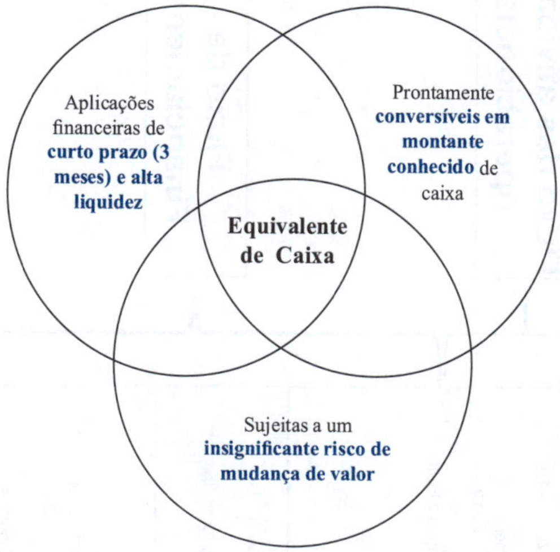


**Chamada 145 do autor:** Caixa e Equivalente de Caixa

Os equivalentes de caixa são mantidos com a finalidade de atender a compromissos de caixa de curto prazo e, não, para investimento ou outros propósitos. Para que um investimento seja qualificado como equivalente de caixa, ele precisa ter conversibilidade imediata em montante conhecido de caixa e estar sujeito a um insignificante risco de mudança de valor. Portanto, um investimento normalmente qualifica-se como equivalente de caixa somente quando tem vencimento de curto prazo, **por exemplo, três meses ou menos, a contar da data da aquisição.** Os investimentos em instrumentos patrimoniais (de patrimônio líquido) não estão contemplados no conceito de equivalentes de caixa, a menos que eles sejam, substancialmente, equivalentes de caixa, como, por exemplo, no caso de ações preferenciais resgatáveis que tenham prazo definido de resgate e cujo prazo atenda à definição de curto prazo.

**Depósitos vinculados não integram o Caixa e Equivalente Caixa (CEC), pois não estão imediatamente disponíveis para os pagamentos normais da Empresa. Exemplos: depósitos de empréstimos, depósitos vinculados para liquidação de importações.**

A Figura 22.2 contém a lógica da DFC e sua relação com o Balanço Patrimonial.

**Chamada 146 do autor:** Lógica da DFC

Figura 22.2: Ênfase da DFC e relação dos Fluxos de Caixa com o Balanço Patrimonial

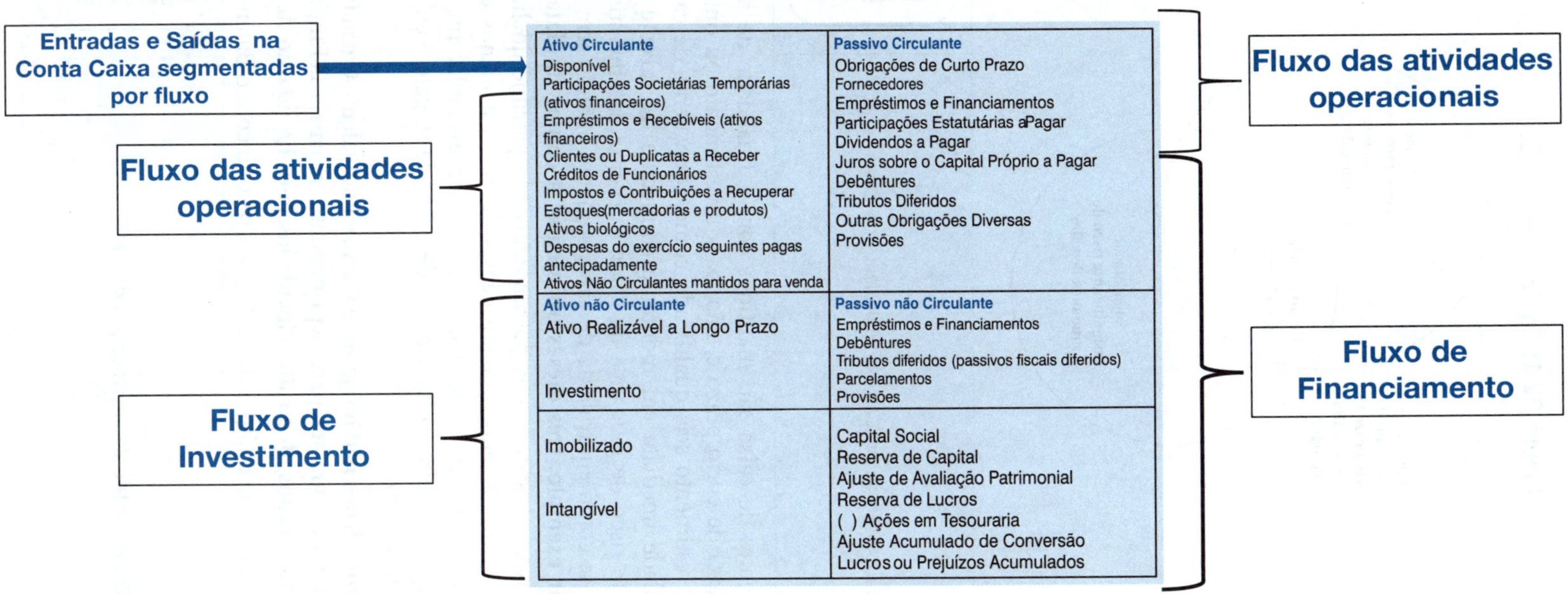

| Atenção |
|---|
| O Fluxo das Atividades Operacionais (FCO) é "residual". Ou seja, o que não gerar entrada ou saída de caixa e não se enquadrar nos demais fluxos (financiamento e investimento), é categorizado no FCO. |

## 3. ESTRUTURA DA DFC

Existem 2 métodos para apresentar a DFC: direto e indireto. A diferença entre as 2 formas reside na forma como é apresentado o Fluxo de Caixa das Operações.

### Quadro 22.2: **Métodos de Apresentar a DFC**

<table>
<tr><th>Método</th><th colspan="3">FCO</th></tr>
<tr><td rowspan="3">Direto</td><td colspan="3">As principais classes de recebimentos brutos e pagamentos brutos são divulgadas.</td></tr>
<tr><td colspan="3">As principais classes de recebimentos brutos e de pagamentos brutos podem ser obtidas alternativamente:</td></tr>
<tr><td>Registros contábeis da entidade</td><td>ou</td><td>Pelo ajuste das vendas, dos custos dos produtos, mercadorias ou serviços vendidos (no caso de instituições financeiras, pela receita de juros e similares e despesa de juros e encargos e similares) e outros itens da demonstração do resultado ou do resultado abrangente referentes a:<br>1. Variações ocorridas no período nos estoques e nas contas operacionais a receber e a pagar.<br>2. Outros itens que não envolvem caixa.<br>3. Outros itens tratados como fluxos de caixa advindos das atividades de investimento e de financiamento.</td></tr>
<tr><td>Indireto</td><td colspan="3">O lucro líquido ou o prejuízo é ajustado pelos efeitos de transações que não envolvem caixa, pelos efeitos de quaisquer diferimentos ou apropriações por competência sobre recebimentos de caixa ou pagamentos em caixa operacionais passados ou futuros, e pelos efeitos de itens de receita ou despesa associados com fluxos de caixa das atividades de investimento ou de financiamento.</td></tr>
<tr><td>Indireto<br>"versão alternativa"</td><td colspan="3">Alternativamente, pode ser apresentado mostrando-se as receitas e as despesas divulgadas na demonstração do resultado ou resultado abrangente e as variações ocorridas no período nos estoques e nas contas operacionais a receber e a pagar.</td></tr>
</table>

| Atenção |
|---|
| O método direto ou indireto não afeta a disposição dos demais fluxos: Investimento e financiamento. |

## 3.1. Aplicação do método direto

**Chamada 147 do autor:** DFC pelo método direto

**Figura 22.3:** DFC método direto (para fins didáticos foi inserido o atributo (-) nas saídas)

| | 20X2 | 20X1 |
|---|---|---|
| Fluxos de Caixa das Atividades Operacionais | | |
| **Recebimento de Clientes** | | |
| **(-) Pagamento de Fornecedores** | | |
| Caixa Gerado (consumido) das Operações | | |
| **(-) Juros Pagos** | | |
| **(+) Juros recebidos** | | |
| **(+) Dividendos Recebido** | | |
| **(+) Juros sobre o capital próprio recebido** | | |
| **(-) Imposto de renda e contribuição social pagos** | | |
| **(-) Imposto de renda na fonte sobre dividendos recebidos** | | |
| Caixa líquido gerado (consumido) pelas atividades operacionais | FCO X2 | FCO X1 |

| | 20X2 | 20X1 |
|---|---|---|
| Fluxos de Caixa das Atividades de Investimento | | |
| **Recebimento pela venda de ativo não circulante** | | |
| **(-) Aquisição de propriedade de investimento** | | |
| **(-) Aquisição de participação societária permanente** | | |
| **(-) Aquisição de imobilizado ou intangível** | | |
| Caixa líquido gerado (consumido) pelas atividades de investimento | FCI X2 | FCI X1 |

| | 20X2 | 20X1 |
|---|---|---|
| Fluxos de Caixa das Atividades de Financiamento | | |
| **Recebimento por empréstimos de longo pago** | | |
| **Recebimento pela emissão de ações** | | |
| **(-) Pagamento de passivo por arrendamento** | | |
| **(-) Dividendos pagos** | | |
| **(-) Juros sobre o Capital Próprio pagos** | | |
| Caixa líquido gerado (consumido) pelas atividades de financiamento | FCF X2 | FCF X1 |

**Legenda:** (a) Dividendos pagos podem constar no FCO ou no FCF.

| | 20X2 | 20X1 |
|---|---|---|
| Aumento (Redução) Líquido de Caixa e equivalente de caixa (CEC) | Resultado X2 | Resultado X1 |
| Caixa e equivalente de caixa (CEC) no início do Período | CEC Ini | CEC Ini |
| Caixa e equivalente de caixa (CEC) no fim do Período | CEC Fin | CEC Fin |

**Atenção**

O Resultado pode ser obtido de 2 formas:

1ª: Resultado = FCO + FCI + FCF

2ª: Resultado = CEC final - CEC inicial

Logo: FCO + FCI + FCF = CEC final - CEC inicial

**Elaboração da DFC a partir do BP e da DRE pelo método direto**

1. Os saldos iniciais e finais são obtidos no Balanço Patrimonial.
2. As entradas e saídas são obtidas na DRE.
3. As contas mais sensíveis são relacionadas ao fluxo das atividades operacionais:

- Vendas.
- Fornecedores.

**Duplicatas a Receber (Clientes) do BP e Vendas da DRE**

Para se chegar ao recebimento efetivo de recebimento de clientes a partir das vendas, precisa-se de 2 de conjuntos de equações:

**(1) Saldo Inicial de Duplicatas a Receber em 01/01X1** (BP) **+ Entradas de Duplicadas a Receber durante X1** (Vendas na DRE) **- Saídas de Duplicatas a Receber [Constituição de Perdas Estimadas para Créditos de Liquidação Duvidosa** (Deve ser encontrado na equação 2) **- Valores recebidos** (esse é o valor requerido para o FCO da DFC)**] = Saldo Final de Duplicatas a Receber em 31/12/X1** (BP)

**(2) Saldo Inicial PECLD em 01/01/X1** (BP) **+ Entradas de PECLD durante X1** (Valor registrado como despesa operacional na DRE X1) **- Saídas PECLD em X1** (valor necessário para equação 1) **= Saldo Final PECLD** (BP)

**A Figura 22.4 contém a relação entre contas.**

## Figura 20.4: Razonetes relacionados aos valores recebidos de Clientes

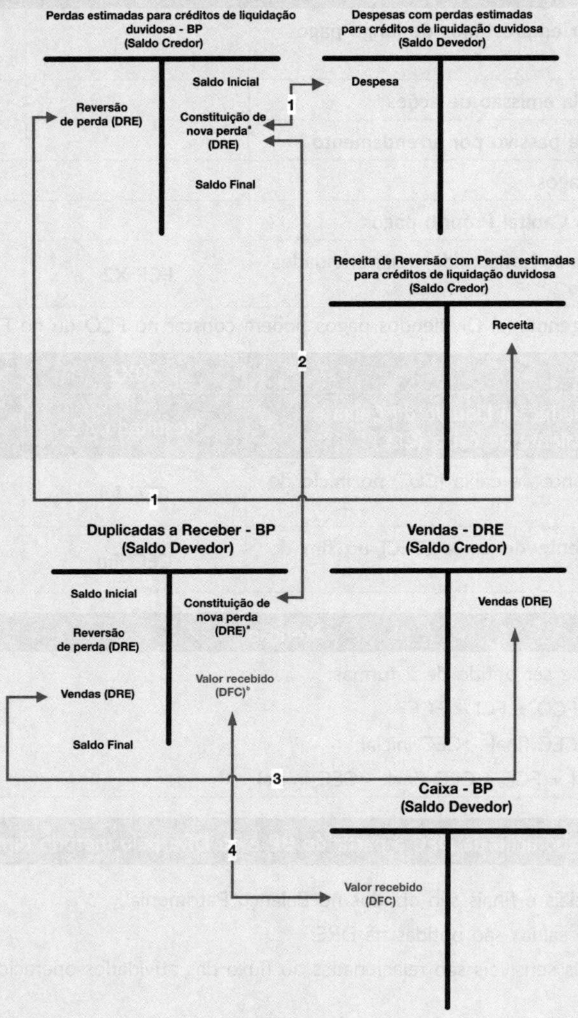


**Legenda:** (a) 1° valor a ser encontrado. (b)2° valor a ser encontrado.

### Fornecedores (BP), Estoques (BP) e CMV (DRE)

Para se chegar ao recebimento efetivo de pagamento de fornecedores a partir do CMV e Estoques, precisa-se de 2 de conjuntos de equações:

**(1) Saldo Inicial de Fornecedores em 01/01/X1** (BP) **+ Entradas em Fornecedores durante X1 (Compras a Prazo)** (Deve ser encontrado na equação 2) **– Saídas de Fornecedores para o Caixa** (É o valor requerido para o FCO da DFC) **= Saldo Final de Fornecedores em 31/12/X1** (BP)

**(2) Saldo Inicial Estoque em 01/01/X1** (BP) **+ Entradas Estoques** (Compras a Prazo que será usado na equação 1) **– Saídas de Estoques em X1** (CMV na DRE) **= Saldo Final Estoque** (BP)

## Figura 22.5: Razonetes relacionados aos valores pagos a fornecedores

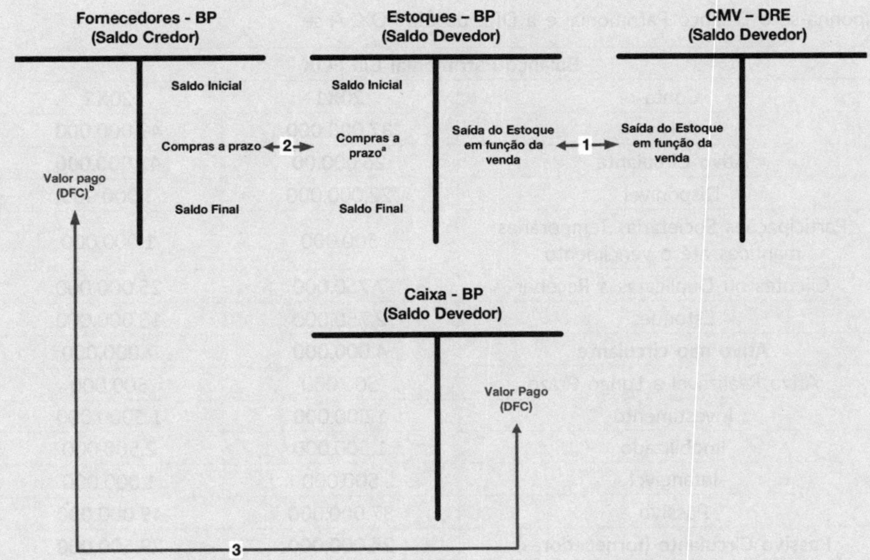


**Legenda:** (a) 1° valor a ser encontrado. (b)2° valor a ser encontrado.

| Estoque - Ativo Operacional (Aplicação dos Recursos) | Clientes - Ativo Operacional (Aplicação dos Recursos) | Fornecedores - Passivo Operacional (Origem dos Recursos) |
|---|---|---|
| **Compra à vista → Sai dinheiro Caixa** | | |
| Compra a prazoà Aumenta o saldo de Fornecedores | | Possui o saldo aumentado pelas compras à prazo. |
| **Vende à vista e CMV→ Entra dinheiro Caixa** | | |
| Vende a prazo e CMV à Aumenta o saldo de Clientes | Possui saldo aumentado pelas vendas a prazo. | |
| | Reduz o saldo pelo recebimento dos valores à Entra dinheiro no caixa. | Reduz o saldo pelo pagamento dos valores à sai dinheiro no caixa. |

**Simulação 01: Elaboração do Fluxo das Atividades Operacionais pelo Método Direto a partir do BP e da DRE**

Suponha-se o Balanço Patrimonial e a DRE da Cia FOX. A se

| Balanço Patrimonial Cia FOX | | |
|---|---|---|
| Conta | 20X1 | 20X2 |
| Ativo | 37.000.000 | 49.000.000 |
| **Ativo Circulante** | **26.000.00** | **42.000.000** |
| Disponível | 22.000.000 | 3.000.000 |
| Participações Societárias Temporárias mantidas até o vencimento | 500.000 | 1.000.000 |
| Clientes ou Duplicatas a Receber | 7.750.000 | 25.000.000 |
| Estoques | 2.750.000 | 13.000.000 |
| **Ativo não circulante** | **4.000.000** | **7.000.000** |
| Ativo Realizável a Longo Prazo | 500.000 | 500.000 |
| Investimento | 1.500.000 | 1.5000.000 |
| Imobilizado | 1.500.000 | 2.500.000 |
| Intangível | 500.000 | 1.000.000 |
| Passivo | 37.000.000 | 49.000.000 |
| **Passivo Circulante (fornecedores)** | **24.000.000** | **29.500.000** |
| **Passivo não Circulante** | **12.000.000** | **15.500.000** |
| **PL** | **1.000.000** | **4.000.000** |

| DRE Cia FOX | | |
|---|---|---|
| Conta | 20X1 | 20X2 |
| Receita Bruta de Vendas | 15.000.000 | 20.000.000 |
| (-) Imposto sobre Vendas | 3.000.000 | 4.000.000 |
| Receita Líquida de Vendas | 12.000.000 | 16.000.000 |
| (-) CMV | 6.000.000 | 7.000.000 |
| Lucro Operacional Bruto | 6.000.000 | 9.000.000 |
| (-) Outras Despesas Operacionais | (4.000.000) | (6.000.000) |
| Outras Receitas Operacionais | 2.000.000 | 2.500.000 |
| Lucro Operacional Líquido | 4.000.000 | 5.500.000 |
| (-) Outras Despesas | (250.000) | (500.000) |
| Outras Receitas | 350.000 | 1.000.000 |
| LAIR | 4.100.000 | 5.000.000 |
| (-) Despesa com IR e CSLL | 1.100.000 | 1.500.000 |
| (-) Participações Estatutárias | 300.000 | 500.000 |
| Lucro Líquido | 2.700.000 | 3.000.000 |
| (/) número de ações | 3.000 | 3.000 |
| (=) Lucro Líquido por Ação | 900 | 1.000 |

A seguir consta o Fluxo de Caixa das Atividades Operacionais.

| Fluxo de Caixa das Atividades Operacionais 20X2 | R$ |
|---|---|
| **Recebimento de Clientes** | ??? |
| **(-) Pagamento de Fornecedores** | ??? |
| Caixa Gerado (consumido) das Operações | |
| **(-) Imposto de renda e contribuição social pagos** | **1.500.000** |
| **(-) Imposto de renda na fonte sobre dividendos recebidos** | **Sem dados** |
| Caixa líquido gerado (consumido) pelas atividades operacionais | FCO X2 |

**Duplicatas a Receber (Clientes) do BP e Vendas da DRE**

Para se chegar ao recebimento efetivo de recebimento de clientes a partir das vendas, precisa-se de 2 de conjuntos de equações:

**(1) Saldo Inicial de Duplicatas a Receber em 01/01X1** (BP) **+ Entradas de Duplicadas a Receber durante X1** (Vendas na DRE) **– Saídas de Duplicatas a Receber [Constituição Perdas Estimadas para Créditos de Liquidação Duvidosa** (Deve ser encontrado na equação 2) **– Valores recebidos** (esse é o valor requerido para o FCO da DFC)] **= Saldo Final de Duplicatas a Receber em 31/12/X1** (BP)→

**(1) 7.750.000 + 20.000.000 – Valores recebidos** (esse é o valor requerido para o FCO da DFC) **= 25.000.000 →**

**(1) Valores recebidos = 27.750.000 – 25.000.000 → 2.750.000 (valores recebidos de clientes)**

**(2) Não houve PECLD.**

**Fornecedores (BP), Estoques (BP) e CMV (DRE)**

Para se chegar ao recebimento efetivo de pagamento de fornecedores a partir do CMV e Estoques, precisa-se de 2 de conjuntos de equações:

**(1) Saldo Inicial de Fornecedores em 01/01/X1** (BP) **+ Entradas em Fornecedores durante X1 (Compras a Prazo)** (Deve ser encontrado na equação 2) **– Saídas de Fornecedores para o Caixa** (É o valor requerido para o FCO da DFC) **= Saldo Final de Fornecedores em 31/12/X1** (BP)

**(2) Saldo Inicial Estoque em 01/01/X1** (BP) **+ Entradas Estoques** (Compras a Prazo que será usado na equação 1) **– Saídas de Estoques em X1** (CMV na DRE) **= Saldo Final Estoque** (BP)→

**(2) 2.750.000 +** (Compras a Prazo que será usado na equação 1) **– 7.000.000 = 13.000.0000** à

**(2) Compras a Prazo que será usado na equação 1 = 20.000.000 – 2.750.000 →**

**(2)** Compras a Prazo que será usado na equação 1 = 17.250.000.

**(1) Saldo Inicial de Fornecedores em 01/01/X1** (BP) **+ Entradas em Fornecedores durante X1 (Compras a Prazo)** (Deve ser encontrado na equação 2) **– Saídas de Fornecedores para o Caixa** (É o valor requerido para o FCO da DFC) **= Saldo Final de Fornecedores em 31/12/X1** (BP) **→**

**(1) 24.000.000 + 17.250.000 – Saídas de Fornecedores para o Caixa** (É o valor requerido para o FCO da DFC) **= 29.500.000 →**

**(1) Saídas de Fornecedores para o Caixa = (24.000.000 + 17.250.000 – 29.500.00) →**

**(1) Saídas de Fornecedores para o Caixa = (24.000.000 + 17.250.000 – 29.500.00) →**

**(1) Saídas de Fornecedores para o Caixa = 11.750.000**

| Fluxo de Caixa das Atividades Operacionais 20X2 | R$ |
|---|---|
| Recebimento de Clientes | 2.750.000 |
| (-) Pagamento de Fornecedores | (11.750.000) |
| Caixa Gerado (consumido) das Operações | |
| **(-) Imposto de renda e contribuição social pagos** | **(1.500.000)** |
| **(-) Imposto de renda na fonte sobre dividendos recebidos** | **Sem dados** |
| **Caixa líquido consumido pelas atividades operacionais** | **(10.500.000)** |

## 3.2. Aplicação do Método Indireto

| **Chamada 148 do autor:** DFC pelo método indireto | |
|---|---|

Figura 22.6: DFC método indireto
(para fins didáticos foi inserido o atributo (-) nas saídas)

| Fluxos de caixa das atividades Operacionais | 20X2 | 20X1 |
|---|---|---|
| Lucro líquido antes do IR e CSLL (LAIR da DRE) | A | A |
| **Ajustes por Depreciação (transações que não envolvem caixa)**[a] | **B1** | **B1** |
| **Ajustes Perdas Estimadas para Créditos de Liquidação Duvidosa (PECLD)** [a] | **B2** | **B2** |
| **(+ ou -) Ajustes Cambiais (transações que não envolvem caixa)** [a] | **B3** | **B2** |
| **(+ ou -) Ajustes por MEP (transações que não envolvem caixa)**[a] | **B4** | **B4** |
| **Despesas com Juros (transações que não envolvem caixa)**[a] | **B5** | **B5** |
| Resultado do ajuste do LAIR em função transações que não envolvem caixa **(linha inserida para fins didáticos)** | C **(A+Somatório de B)** | C **(A+Somatório de B)** |
| **Aumento (Diminuição) nas contas a receber de clientes e outros** [b] | **D1** | **D1** |
| **Aumento (Diminuição) nos estoques** [b] | **D1** | **D1** |
| **Aumento (Diminuição) nas contas a pagar – fornecedores** [b] | **D3** | **D3** |
| Caixa Gerado (consumido) das Operações | E **(C+Somatório de D)** | C **(C+Somatório de D)** |
| **(-)Juros pagos** | | |
| **Juros recebidos** | | |
| **Dividendos recebidos** | | |
| **Juros sobre o Capital Próprio recebidos** | | |
| **(-) Imposto de renda e contribuição social pagos** | | |
| **(-) Imposto de renda na fonte sobre dividendos recebidos** | | |
| Caixa líquido gerado (consumido) pelas atividades operacionais | FCO X2 | FCO X1 |

| | 20X2 | 20X1 |
|---|---|---|
| Fluxos de caixa das atividades de Investimento | | |
| **Recebimento pela venda de ativo não circulante** | | |
| **(-) Aquisição de propriedade de investimento** | | |
| **(-) Aquisição de participação societária permanente** | | |
| **(-) Aquisição de imobilizado ou intangível** | | |
| Caixa líquido gerado (consumido) pelas atividades de investimento | FCI X2 | FCI X1 |

| | 20X2 | 20X1 |
|---|---|---|
| Fluxos de caixa das atividades de Financiamento | | |
| **Recebimento por empréstimos de longo pago** | | |
| **Recebimento pela emissão de ações** | | |
| **(-) Pagamento de passivo por arrendamento** | | |
| **(-) Dividendos pagos** | | |
| **(-) Juros sobre o Capital Próprio pagos** | | |
| Caixa líquido gerado (consumido) pelas atividades de financiamento | FCF X2 | FCF X1 |

| | 20X2 | 20X1 |
|---|---|---|
| Aumento (Redução) Líquido de Caixa e equivalente de caixa (CEC) | Resultado X2 | Resultado X1 |
| Caixa e equivalente de caixa (CEC) no início do Período | CEC Ini | CEC Ini |
| Caixa e equivalente de caixa (CEC) no fim do Período | CEC Fin | CEC Fin |

**Legenda:** (a) Ajuste do 1° grupo de contas. (b)Ajustes do 2° grupo de contas.

| Atenção |
|---|
| O Resultado pode ser obtido de 2 formas: |
| 1ª: Resultado = FCO + FCI + FCF |
| 2ª: Resultado = CEC final – CEC inicial |
| Logo: FCO + FCI + FCF = CEC final – CEC inicial |

| Método Direto versus Método Indireto |
|---|
| 1.A partir da linha "Caixa Gerado (consumido) das Operações" não existe diferença entre os 2 métodos. |
| 2.A diferença reside na forma que é apresentada até chegar nessa linha. |

### Interpretando corretamente o Método Indireto

1. **É importante destacar que o LAIR utilizado na 1ª linha da DFC pelo método indireto foi calculado na DRE pelo regime de competência.**
2. Assim, a lógica do Método Indireto é converter uma variável obtida pelo regime de competência em uma variável utilizável no regime de caixa. Ou seja:

| Sair do | passando por | para chegar em |
|---|---|---|
| LAIR | Ajustes no 1º grupo de contas<br>+<br>Ajustes no 2º grupo de contas | Caixa Gerado (consumido) das Operações |

3. Para os ajustes do 1º grupo de contas, será utilizado um exemplo simples: a depreciação. A depreciação é uma despesa por competência. Logo, ela foi reduzida do Lucro Operacional Bruto para se chegar ao LAIR. Assim, **no método indireto, a depreciação deve ser somada ao LAIR para se chegar a** Caixa Gerado (consumido) das Operações.
4. O Quadro 22.3 contém a forma correta de aplicação das principais variáveis e o efeito correto sobre o LAIR para se chegar ao Caixa Gerado (consumido) das Operações.
5. Após ajuste por competência das contas do 1º grupo, deve-se identificar os efeitos sobre as contas do ativo e passivos operacionais para as contas de 2º grupo. Diferente do 1º ajuste que possui uma lógica inversa (se depreciação reduz o LAIR, ajusta positivamente no ajuste, o 2º ajuste é direto. Considerando a seguinte lógica.

| | | |
|---|---|---|
| Aplicação dos Recursos<br>Ativo | **Se aumenta →** empresa consumiu recursos | Ajuste negativo |
| | **Se diminui → empresa de desfez de recursos** | **Ajuste positivo** |
| Origem dos Recursos<br>Passivo | **Se aumenta → empresa captou recursos** | **Ajuste positivo** |
| | **Se diminui →** empresa consumiu recursos | Ajuste negativo |

**Legenda: Mesmo que não gere a entrada efetiva de recursos financeiros, para fins de método indireto deve ser aplicado o ajuste.**

**Por exemplo, se a conta fornecedores aumentou em R$ 200.000 de 1 ano, mesmo que não gere entrada efetiva de caixa, esses R$ 200.000 devem ser incorporados de forma positiva no ajuste. Uma análise inversa é de mais fácil compreensão. Se o saldo reduzisse R$ 130.000, é porque a Empresa pagou os fornecedores, logo enseja ajuste negativo.**

**O Quadro 22.4 evidencia os ajustes do 2º grupo.**

**Quadro 22.3:** Correções a serem feitas no LAIR sobre o **1° grupo de contas** para se chegar ao Caixa Gerado (consumido) das Operações na DFC elaborada pelo método indireto

| Efeito sobre o LAIR na DRE | | Como de ser aplicado na DFC - Método Indireto | |
|---|---|---|---|
| Depreciação | Reduz | Ajustes por Depreciação | Ajuste positivo |
| Perdas Estimadas para Créditos de Liquidação Duvidosa (PECLD) | Reduz | Ajustes de PECLD | Ajuste positivo |
| Perdas Cambiais | Reduz | **Ajustes por Perdas Cambiais** | Ajuste positivo |
| Ganhos Cambiais | Aumenta | **Ajustes por Ganhos Cambiais** | Ajuste negativo |
| Perdas de Equivalência Patrimonial | Reduz | Ajustes por Perdas de Equivalência Patrimonial | Ajuste positivo |
| Ganhos de Equivalência Patrimonial | Aumenta | Ajustes por Ganhos de Equivalência Patrimonial | Ajuste negativo |
| Despesas com Juros | Reduz | **Despesas com Juros** | Ajuste positivo |
| Receita com Juros | Aumenta | **Receita com Juros** | Ajuste negativo |

**Quadro 22.4:** Correções a serem feitas no LAIR sobre o 2° grupo **de contas** para se chegar ao Caixa Gerado (consumido) das Operações na DFC elaborada pelo método indireto

| Efeito da variação dos grupos operacionais (ativo e passivo operacionais) do BP sobre o Caixa | | Como deve ser aplicado na DFC - Método Indireto |
|---|---|---|
| Aumento do Ativo Circulante Operacional | Gera saída de Caixa (aplicou recursos) | Ajuste negativo |
| Redução do Ativo Circulante Operacional | Gera entrada de Caixa (se desfez de recursos aplicados) | Ajuste positivo |
| Aumento do Passivo Circulante Operacional | Gera entrada de Caixa (tomou recursos emprestados - origem dos recursos) | Ajuste positivo |
| Redução do Passivo Circulante Operacional | Gera saída de Caixa (tomou recursos emprestados - origem dos recursos) | Ajuste negativo |

A Figura 22.7 ilustra a lógica da DFC pelo Método Direto e pelo Método Indireto.

Figura 22.7: Lógica da DFC pelo Método Direto e pelo Método Indireto

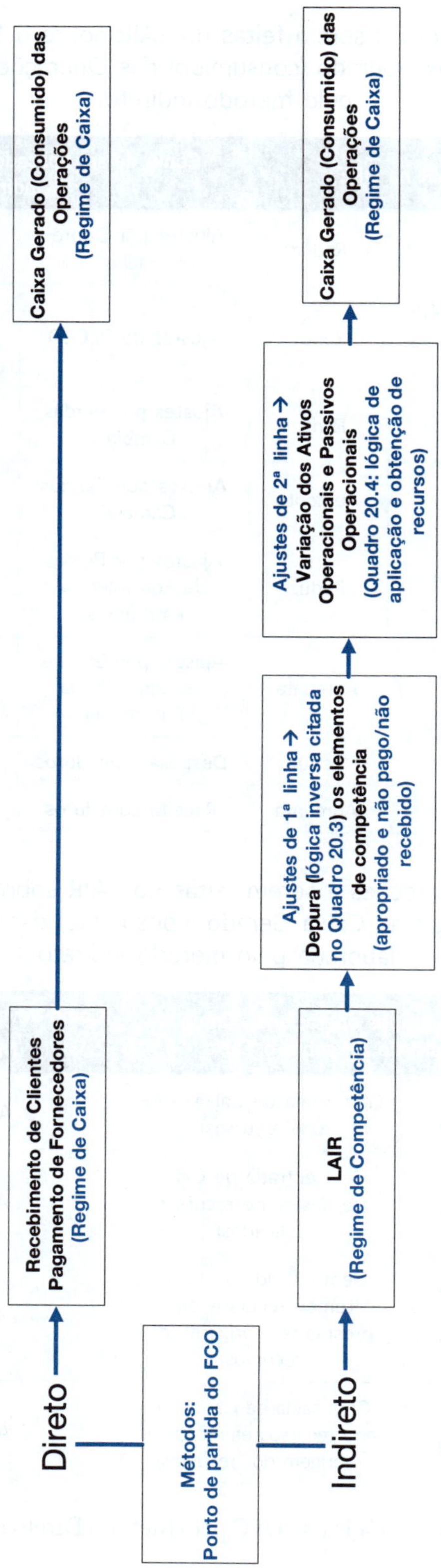

**Simulação 02: Aplicação do Método Indireto na DFC**

**Considere os dados da Cia HOTEL.**

**Balanço Patrimonial 20X2**

| Ativo | 20X1 | 20X2 | Passivo | 20X1 | 20X2 |
|---|---|---|---|---|---|
| Disponível | 750.000 | 900.000 | Fornecedores | 1.300.000 | 4.100.000 |
| Duplicatas a Receber | 3.200.000 | 4.600.000 | Empréstimos Curto Prazo | 1.000.000 | 1.600.000 |
| Estoques | 2.200.000 | 3.300.000 | IR/CSLL a pagar | 1.600.000 | 2.500.000 |
| Imobilizado | 3.000.000 | 8.000.000 | Empréstimos de Longo Prazo | 1.450.000 | 1.900.000 |
| (-) Depreciação Acumulada | (300.000) | (900.000) | PL | 3.500.000 | 5.800.000 |
| Total | 8.850.000 | 15.900.000 | Total | 8.850.000 | 15.900.000 |

**DRE 20X2**

| | |
|---|---|
| Receita Líquida de Vendas | 26.500.000 |
| **CMV** | **(9.000.000)** |
| Lucro Operacional Bruto | 17.500.000 |
| **Despesas Operacionais** | **(10.000.000)** |
| **Depreciação** | **(600.000)** |
| **Despesas Financeiras** | **(900.000)** |
| LAIR | 6.000.000 |
| **IR** | **1.500.000** |
| **CSLL** | **1.000.000** |
| Lucro Líquido | 3.500.000 |

A seguir consta DFC pelo método indireto.

| Fluxos de caixa das atividades Operacionais | 20X2 |
|---|---|
| Lucro líquido antes do IR e CSLL (LAIR da DRE) | 6.000.000 |
| **Ajustes por Depreciação (transações que não envolvem caixa)[b]** | **600.000** |
| **Ajustes Perdas Estimadas para Créditos de Liquidação Duvidosa (PECLD)[b]** | **0** |
| **(+ ou -) Ajustes Cambiais (transações que não envolvem caixa)[b]** | **0** |
| **(+ ou -) Ajustes por MEP (transações que não envolvem caixa)[b]** | **0** |
| **Despesas com Juros (transações que não envolvem caixa)[b]** | **900.000** |
| Resultado do ajuste do LAIR em função transações que não envolvem caixa **(linha inserida para fins didáticos)** | 7.500.000 |
| **Aumento nas contas a receber de clientes e outros** | **(1.400.000)[a]** |
| **Aumento nos estoques** | **(1.100.000)[b]** |
| **Diminuição nas contas a pagar – fornecedores** | **2.800.000[c]** |
| Caixa Gerado (consumido) das Operações | 7.800.000 |
| **(-) Imposto de renda e contribuição social pagos** | **(1.600.000)[d]** |
| **(-) Imposto de renda na fonte sobre dividendos recebidos** | 0 |
| Caixa líquido gerado (consumido) pelas atividades operacionais | 6.200.000 |

Legenda: **(a)** 4.600.000 – 3.200.000 → 1.400.000 (aumentou o AC); **(b)** 3.300.000 – 2.200.000 → 1.100.00 (aumentou o AC); **(c)** 4.100.000-1.300.000 → 2.800.000 (aumentou o PC); (d) Saldo Inicial IR + Despesa com IR – Valor pago = Saldo Final → 1.600.000 + 2.500.000 – Valor Pago = 2.500.000 → Valor Pago = 1.600.000

## 4. PECULIARIDADES DE CADA FLUXO

**Uma única transação pode incluir fluxos de caixa classificados em mais de uma atividade**. Por exemplo, quando o desembolso de caixa para pagamento de empréstimo inclui tanto os juros como o principal, a parte dos juros pode ser classificada como atividade operacional, mas a parte do principal deve ser classificada como atividade de financiamento.

**Quadro 22.5:** Peculiaridades de cada fluxo

| | |
|---|---|
| Fluxo das Atividades Operacionais (FCO) | 1. Recebimentos de caixa pela venda de mercadorias e pela prestação de serviços.<br>2. Recebimentos de caixa decorrentes de *royalties*, honorários, comissões e outras receitas.<br>3. Pagamentos de caixa a fornecedores de mercadorias e serviços.<br>4. Pagamentos de caixa a empregados ou por conta de empregados.<br>5. Pagamentos ou restituição de caixa **referentes ao imposto de renda (IR) e contribuição social sobre o lucro líquido (CSLL) devem ser divulgados separadamente e devem ser classificados como fluxos de caixa das atividades operacionais**, a menos que possam ser identificados especificamente como atividades de financiamento e de investimento.<br>6. Recebimentos e pagamentos de caixa de contratos mantidos para negociação imediata ou disponíveis para venda futura.<br>7. **Pagamentos em caixa para a produção ou a aquisição de ativos mantidos para aluguel a terceiros** que, em sequência, são vendidos; inclusive os recebimentos de aluguéis e das vendas subsequentes de tais ativos.<br>8. Títulos e empréstimos para fins de negociação imediata ou futura (*dealing or trading purposes*), os quais, no caso, são semelhantes a estoques adquiridos especificamente para revenda. |
| Fluxo das Atividades de Investimento (FCI) | 1. Pagamentos em caixa para aquisição de ativo imobilizado, intangíveis e outros ativos de longo prazo. Esses pagamentos incluem aqueles relacionados aos custos de desenvolvimento ativados e aos ativos imobilizados de construção própria.<br>2. Recebimentos de caixa resultantes da venda de ativo imobilizado, intangíveis e outros ativos de longo prazo.<br>3. Pagamentos em caixa para aquisição de instrumentos patrimoniais ou instrumentos de dívida de outras entidades e participações societárias em joint ventures (exceto aqueles pagamentos referentes a títulos considerados como equivalentes de caixa ou aqueles mantidos para negociação imediata ou futura).<br>4. Recebimentos de caixa provenientes da venda de instrumentos patrimoniais ou instrumentos de dívida de outras entidades e participações societárias em joint ventures (exceto aqueles recebimentos referentes aos títulos considerados como equivalentes de caixa e aqueles mantidos para negociação imediata ou futura).<br>5. Adiantamentos em caixa e empréstimos feitos a terceiros (exceto aqueles adiantamentos e empréstimos feitos por instituição financeira).<br>6. Recebimentos de caixa pela liquidação de adiantamentos ou amortização de empréstimos concedidos a terceiros (exceto aqueles adiantamentos e empréstimos de instituição financeira). |

**Fluxo das Atividades de Investimento (FCI)**

7. Pagamentos em caixa por contratos futuros, a termo, de opção e swap, exceto quando tais contratos forem mantidos para negociação imediata ou futura, ou os pagamentos forem classificados como atividades de financiamento.
8. Recebimentos de caixa por contratos futuros, a termo, de opção e *swap*, exceto quando tais contratos forem mantidos para negociação imediata ou venda futura, ou os recebimentos forem classificados como atividades de financiamento.

**Fluxo das Atividades de Financiamento (FCF)**

1. Caixa recebido pela emissão de ações ou outros instrumentos patrimoniais.
2. Pagamentos em caixa a investidores para adquirir ou resgatar ações da entidade.
3. Caixa recebido pela emissão de debêntures, empréstimos, notas promissórias, outros títulos de dívida, hipotecas e outros empréstimos de curto e longo prazos.
4. Amortização de empréstimos e financiamentos.
5. Pagamentos em caixa pelo arrendatário para redução do passivo relativo a arrendamento.

**1. Juros, dividendos e juros sobre o capital próprio:**

| Item | FC Recomendado fortemente | FC Aceito[b] |
|---|---|---|
| **Juros** pagos | FCO[a] | FCF |
| **Dividendos** pagos | FCF[a] | FCO |
| **Juros sobre o Capital Próprio** pagos | FCF[a] | FCO |
| **Juros recebidos** | FCO[a] | FCI |
| **Dividendos recebidos** | FCO[a] | FCI |
| **Juros sobre o Capital Próprio recebidos** | FCO[a] | FCI |

**Legenda:** (a) Em Instituição Financeira seria FCO. (b) Evidenciar em Nota Explicativa.

**2. Fluxo de caixa relacionado a perda ou ganho de participação societária com ou sem ganho/perde de controle:**

| Item | FC Recomendado |
|---|---|
| **Os fluxos de caixa agregados advindos da** obtenção ou da perda de **controle de controladas ou outros negócios.** | **FCI: devem ser apresentados separadamente**[1], líquido do saldo de caixa ou equivalentes de caixa adquirido ou alienado como parte dessas transações. |
| Os fluxos de caixa advindos de **mudanças no percentual de participação em controlada,** que não resultem em perda do controle. | **FCF**, a menos que a controlada seja detida por entidade de investimento (neste caso continua FCI). |

1 A apresentação separada dos efeitos dos fluxos de caixa resultantes da obtenção ou da perda de controle de controladas ou de outros negócios, em linhas específicas da demonstração, juntamente com a apresentação separada dos montantes dos ativos e passivos adquiridos ou alienados, possibilita a distinção desses fluxos de caixa dos fluxos de caixa advindos de outras atividades operacionais, de investimento e de financiamento. Os efeitos dos fluxos de caixa decorrentes da perda de controle não devem ser deduzidos dos efeitos decorrentes da obtenção do controle.

<table>
<tr><td rowspan="3">Casos Especiais</td><td colspan="2">3. Aquisição de Ativo Não Circulante:</td></tr>
<tr><td>Forma</td><td>FC Recomendado</td></tr>
<tr><td>Adquirida à vista<br>Adquirida por meio de financiamento</td><td>FCI (fluxo de saída)<br>FCF (fluxo de saída)</td></tr>
<tr><td>Depende do Fluxo Principal</td><td colspan="2">Quando um contrato for contabilizado como proteção (hedge) de posição identificável, os fluxos de caixa do contrato devem ser classificados do mesmo modo como foram classificados os fluxos de caixa da posição que estiver sendo protegida.</td></tr>
<tr><td>Não pertencem a nenhum fluxo, mas fazem parte da gestão de caixa da Entidade</td><td colspan="2">1. Os fluxos de caixa excluem movimentos entre itens que constituem caixa ou equivalentes de caixa porque esses componentes são parte da gestão de caixa da entidade e, não, parte de suas atividades operacionais, de investimento e de financiamento.<br>2. A gestão de caixa inclui o investimento do excesso de caixa em equivalentes de caixa.<br>3. Saldos bancários a descoberto, decorrentes de empréstimos obtidos por meio de instrumentos como cheques especiais ou contas correntes garantidas que são liquidados em curto lapso temporal.<br>4. Depósitos vinculados.</td></tr>
</table>

## 5. ITENS FORA DA DFC POR SEREM TRANSAÇÕES QUE NÃO ENVOLVEM CAIXA OU EQUIVALENTE DE CAIXA

Transações de investimento e financiamento que não envolvem o uso de caixa ou equivalentes de caixa devem ser excluídas da demonstração dos fluxos de caixa. **Tais transações devem ser divulgadas nas notas explicativas às demonstrações contábeis**, de modo que forneçam todas as informações relevantes sobre essas atividades de investimento e de financiamento.

Muitas atividades de investimento e de financiamento não têm impacto direto sobre os fluxos de caixa correntes, muito embora afetem a estrutura de capital e de ativos da entidade. A exclusão de transações que não envolvem caixa ou equivalentes de caixa da demonstração dos fluxos de caixa é consistente com o objetivo da referida demonstração, visto que tais itens não envolvem fluxos de caixa no período corrente.

| Exemplos de transações que não envolvem caixa ou equivalente de caixa |
|---|
| 1. A aquisição de ativos, quer seja pela assunção direta do passivo respectivo, quer seja por meio de arrendamento. |
| 2. A aquisição de entidade por meio de emissão de instrumentos patrimoniais. |
| 3. A conversão de dívida em instrumentos patrimoniais. |
| 4. Ganhos e perdas não realizados resultantes de mudanças nas taxas de câmbio de moedas estrangeiras não são fluxos de caixa. |

## 6. BASE LÍQUIDA

Os fluxos de caixa advindos das atividades operacionais, de investimento e de financiamento podem ser apresentados em base líquida nas situações em que houver:

| 1. Recebimentos de caixa e pagamentos em caixa em favor ou em nome de clientes, quando os fluxos de caixa refletirem mais as atividades dos clientes do que as da própria entidade. | 2. Recebimentos de caixa e pagamentos em caixa referentes a itens cujo giro seja rápido, os montantes sejam expressivos e os vencimentos sejam de curto prazo. |
|---|---|
| Exemplos:<br>1. Movimentação (depósitos e saques) em contas de depósitos à vista de banco;<br>2. Recursos mantidos para clientes por entidade de investimento; e<br>3. Aluguéis cobrados em nome de terceiros e pagos inteiramente aos proprietários dos imóveis. | Exemplos:<br>1. Pagamentos e recebimentos relativos a cartões de crédito de clientes;<br>2. Compra e venda de investimentos; e<br>3. Outros empréstimos tomados a curto prazo, como, por exemplo, os que têm vencimento em três meses ou menos, contados a partir da respectiva contratação. |

| Especificamente para instituição financeira podem ser apresentados em base líquida |
|---|
| 1. Recebimentos de caixa e pagamentos em caixa pelo aceite e resgate de depósitos a prazo fixo.<br>2. Depósitos efetuados em outras instituições financeiras ou recebidos de outras instituições financeiras.<br>3. Adiantamentos e empréstimos de caixa feitos a clientes, e a amortização desses adiantamentos e empréstimos. |

## 7. FLUXOS DE CAIXA EM MOEDA ESTRANGEIRA

Os fluxos de caixa advindos de transações em moeda estrangeira **devem ser registrados na moeda funcional da entidade pela aplicação**, ao montante em moeda estrangeira, das taxas de câmbio entre a moeda funcional e a moeda estrangeira observadas na data da ocorrência do fluxo de caixa.

Os fluxos de caixa de controlada no exterior devem ser convertidos pela aplicação das taxas de câmbio entre a moeda funcional e a moeda estrangeira observadas na data da ocorrência dos fluxos de caixa.

Os fluxos de caixa que estejam expressos em moeda estrangeira devem ser apresentados de acordo com o Pronunciamento Técnico CPC 02 – Efeitos das Mudanças nas Taxas de Câmbio e Conversão de Demonstrações Contábeis. **O CPC 02 permite o uso de taxa de câmbio que se aproxime da taxa de câmbio vigente.** Por exemplo, a taxa de câmbio média ponderada para um período pode ser utilizada para o registro de transações em moeda estrangeira ou para a conversão dos fluxos de caixa de controlada no exterior. Entretanto, **o CPC 02 não permite o uso de taxa de câmbio ao término do período de reporte quando da conversão dos fluxos de caixa de controlada no exterior**.

**Atenção**

**Ganhos e perdas não realizados** resultantes de mudanças nas taxas de câmbio de moedas estrangeiras **não são fluxos de caixa.**

O efeito das mudanças nas taxas de câmbio sobre o caixa e equivalentes de caixa, mantidos ou devidos em moeda estrangeira, é apresentado na demonstração dos fluxos de caixa, a fim de conciliar o caixa e equivalentes de caixa no começo e no fim do período. **Esse valor é apresentado separadamente dos fluxos de caixa das atividades operacionais, de investimento e de financiamento e inclui as diferenças, se existirem**, caso tais fluxos de caixa tivessem sido divulgados às taxas de câmbio do fim do período.

## 8. LISTA DE QUESTÕES OBJETIVAS

### 1ª Questão (Receita Federal Auditor 2014 ESAF)

O lucro obtido na Venda de Imobilizado e o Resultado de Equivalência Patrimonial representam, na Demonstração dos Fluxos de Caixa (DFC):

a) ingresso de caixa na atividade de investimento.

b) aumento de atividades operacionais.

c) ajustes do resultado na elaboração da DFC.

d) ingressos por Receita Operacional.

e) aumento de investimentos.

### Solução

Ambos os eventos citados não geram entrada efetiva no Caixa. Caso tenham sido considerados pelo método indireto, devem ser ajustados no fluxo de caixa líquido das atividades operacionais.

Gabarito: **C**

### 2ª Questão (Receita Federal Auditor 2023 FGV Adaptada)

Uma entidade realizou transações em moeda estrangeira. Em sua Demonstração dos Fluxos de Caixa, o efeito das mudanças nas taxas cambiais sobre o caixa e equivalentes de caixa, mantidos ou devidos em moeda estrangeira, deve ser apresentado

(A) como atividade operacional.

(B) como atividade de investimento.

(C) como atividade de financiamento.

(D) como caixa e equivalente de caixa.

(E) separadamente dos fluxos de caixa das três atividades.

## Solução

Conforme visto no tópico 7, esse valor é apresentado separadamente dos fluxos de caixa das atividades operacionais, de investimento e de financiamento e inclui as diferenças, se existirem, caso tais fluxos de caixa tivessem sido divulgados às taxas de câmbio do fim do período.

Gabarito: **E**

## 3ª Questão (Receita Federal Analista Tributário 2023 FGV)

Uma sociedade empresária apresentava os seguintes Balanços Patrimoniais em 31/12/X0 e em 31/12/X1, respectivamente:

**Balanço Patrimonial- 31/12/X0:**

| Ativo Circulante | | Patrimônio Líquido | |
|---|---|---|---|
| Caixa | 50.000 | Capital Social | 70.000 |
| Estoques | 20.000 | | |
| Total do Ativo | 70.000 | Passivo + PL | 70.000 |

**Balanço Patrimonial- 31/12/X1:**

| Ativo Circulante | | Passivo Circulante | |
|---|---|---|---|
| Caixa | 25.000 | Salários a pagar | 15.000 |
| Clientes | 90.000 | IR a pagar | 4.080 |
| PECLD | -18.000 | Patrimônio Líquido | |
| | | Capital Social | 70.000 |
| | | Reserva de Lucros | 7.920 |
| Total do Ativo | 97.000 | Passivo + PL | 97.000 |

Já a Demonstração do Resultado do Exercício, em 31/12/X1, era a seguinte:

**Demonstração do Resultado do Exercício- 31/12/X1:**

| | |
|---|---|
| Receita de Vendas | 90.000 |
| Custo das Mercadorias vendidas | -20.000 |
| Lucro Bruto | 70.000 |
| Despesas Operacionais | |
| Despesa de Salários | -15.000 |
| Despesas com Perdas estimadas com crédito de liquidação duvidosa | -18.000 |
| Despesas de Aluguel | -25.000 |
| Lucro antes do Imposto de Renda e Contribuição Social | 12.000 |
| Imposto de Renda e Contribuição Social | -4.080 |
| Lucro Líquido | 7.920 |

Sobre a elaboração da Demonstração dos Fluxos de Caixa pelo **método indireto** em 31/12/X1, analise as afirmativas a seguir:

I. Os montantes das contas "salários a pagar" e "imposto de renda a pagar" foram adicionados ao lucro líquido para calcular o fluxo de caixa da atividade operacional.

II. Os montantes das contas "estoques" e "clientes" foram, respectivamente, excluídos e adicionados ao lucro líquido para calcular o fluxo de caixa da atividade operacional.

III. No ano, o fluxo de caixa consumido pela atividade operacional foi de R$25.000.

IV. No ano, o fluxo de caixa gerado pela atividade de investimento foi superior ao obtido nas atividades de financiamento.

Em relação à elaboração da Demonstração dos Fluxos de Caixa da entidade em 31/12/X1, estão corretas as afirmativas

(A) I e II, apenas.

(B) I e III, apenas.

(C) II e IV, apenas.

(D) I, II e III, apenas.

(E) I, III e IV, apenas.

## Solução

I. Certo, as contas "salários a pagar" e "imposto de renda a pagar" sofreram variação positivas de saldo do Passivo Circulante, logo pelo método indireto são somadas ao lucro líquido.

II. Errado.

A conta "estoques" sofreu variação negativa de saldo do Ativo Circulante, logo pelo método indireto é somada ao lucro líquido.

A conta "clientes" sofreu variação positiva de saldo do Ativo Circulante, logo pelo método indireto é excluída do lucro líquido.

III. Certo, o fluxo de caixa consumido pela atividade operacional foi de R$25.000.

| Fluxos de caixa das atividades Operacionais | |
|---|---|
| Lucro líquido antes do IR e CSLL (LAIR da DRE) | 7.920 |
| **Ajustes por Depreciação (transações que não envolvem caixa)**[b] | **0** |
| **Ajustes Perdas Estimadas para Créditos de Liquidação Duvidosa (PECLD)**[b] | **+18.000** |
| **(+ ou -) Ajustes Cambiais (transações que não envolvem caixa)**[b] | **0** |
| **(+ ou -) Ajustes por MEP (transações que não envolvem caixa)**[b] | **0** |
| **Despesas com Juros (transações que não envolvem caixa)**[b] | **0** |
| Resultado do ajuste do LAIR em função transações que não envolvem caixa **(linha inserida para fins didáticos)** | 25.920 |

| | |
|---|---|
| **Diminuição dos estoques (Variação negativa do AC)** | **+20.000** |
| **Aumento nas contas a receber de clientes e outros (Variação positiva do AC)** | **-90.000** |
| **Aumento de Salários a pagar (Variação positiva do PC)** | **15.000** |
| **Aumento de IR a pagar (Variação positiva do PC)** | **4.080** |
| Caixa consumido das Operações | (25.000) |
| **(-) Imposto de renda e contribuição social pagos** | **0** |
| **(-) Imposto de renda na fonte sobre dividendos recebidos** | **0** |
| Caixa líquido gerado (consumido) pelas atividades operacionais | (25.000) |

IV. Errado, os fluxos de caixa das atividades de investimento e financiamento foram iguais a zero.

Gabarito: **B**

## 9. LISTA DE QUESTÕES DISCURSIVAS

### 1ª Questão (MPU Contador 2011 CEBRASPE)

| **demonstração de fluxo de caixa – exercício 2009** | **em milhões de reais** |
|---|---|
| **fluxo de caixa das atividades operacionais** | |
| prejuízo líquido do exercício | (315,6) |
| ajustes ao prejuízo líquido | 338,5 |
| acréscimo em ativos operacionais | (360,2) |
| acréscimo em passivos operacionais | 480,6 |
| caixa líquido proveniente das atividades operacionais | 143,3 |
| **fluxo de caixa das atividades de investimentos** | |
| imobilizado e intangível | (53,7) |
| aplicações em títulos e valores mobiliários | (28,0) |
| caixa líquido proveniente (aplicado) das atividades de investimentos | (81,7) |
| **fluxo de caixa das atividades de financiamentos** | |
| pagamentos | (75,3) |
| caixa líquido proveniente (aplicado) das atividades de financiamentos | (75,3) |
| fluxo de caixa líquido do período | (13,7) |
| caixa e equivalente de caixa no início do exercício | 97,1 |
| caixa e equivalente de caixa no final do exercício | 83,4 |

A tabela acima apresenta a demonstração de fluxo de caixa de uma empresa hipotética. Na condição de analista contábil incumbido de apresentar os números da demonstração de fluxo de caixa dessa empresa para novos acionistas não familiarizados com as demonstrações financeiras padronizadas, redija um texto dissertativo, explicando o significado das informações contidas nessa demonstração. Ao elaborar seu texto, aborde, necessariamente, os seguintes aspectos:

- benefícios das informações do fluxo de caixa;

- segmentação das atividades que provocam variação no caixa e equivalente de caixa;

- formação do caixa líquido gerado (aplicado) nas diferentes atividades;

- avaliação da variação do caixa e equivalentes de caixa.

## Resolução da Questão

A Demonstração dos Fluxos de Caixa (DFC) é única demonstração que utiliza integralmente o regime de caixa. Por esse motivo evidencia informação específica para os usuários quanto à capacidade de recebimento e pagamento da Entidade. A informação dos fluxos de caixa permite aos usuários avaliar como a entidade obteve recursos para financiar suas atividades e a maneira como os recursos de caixa foram utilizados. A DFC identificará:

a. as fontes de geração dos fluxos de entrada de caixa;

b. os itens de consumo de caixa durante o período das demonstrações contábeis; e

c. o saldo do caixa na data das demonstrações contábeis.

A DFC deve ser elaborada pelo método direto ou indireto e deve evidenciar as alterações de caixa e equivalentes de caixa verificadas no exercício de referência, classificadas nos seguintes fluxos, de acordo com as atividades da entidade: operacionais; de investimento; e de financiamento.

O montante dos fluxos de caixa líquidos decorrentes das atividades operacionais é um indicador-chave da extensão na qual as operações da entidade são financiadas pelas receitas de vendas. O montante dos fluxos de caixa das atividades operacionais também auxilia ao demonstrar a condição da entidade de manter sua capacidade operacional, amortizar empréstimos, pagar dividendos ou distribuições similares e fazer novos investimentos sem recorrer a fontes externas de financiamento. São exemplos de fluxos de caixa relacionados às atividades operacionais: recebimentos de caixa pela venda de mercadorias e pela prestação de serviços, recebimentos de caixa decorrentes de royalties, honorários, comissões e outras receitas, pagamento de pessoal, pagamento de fornecedores.

Os fluxos de caixa decorrentes das atividades de investimento representam a extensão em que as saídas de caixa são realizadas com a finalidade de contribuir para a futura prestação de serviços pela entidade. As saídas de caixa que resultam em ativo não circulante reconhecido nas demonstrações contábeis são passíveis de classificação como atividades de investimento.

São exemplos de fluxos de caixa relacionados às atividades de investimento: pagamentos em caixa para aquisição de ativo imobilizado, intangível e outros ativos de longo prazo e recebimentos de caixa resultantes da venda de ativo imobilizado, intangível e outros ativos de longo prazo.

A divulgação dos fluxos de caixa decorrentes das atividades de financiamento é importante para a previsão de exigências de fluxos futuros por parte dos provedores de capital. São exemplos de fluxos de caixa relacionados às atividades de financiamento: caixa recebido proveniente da emissão de debêntures, empréstimos contraídos, notas promissórias, títulos e valores, hipotecas e outros empréstimos contraídos de curto e de longo prazos; e amortização de empréstimos e financiamentos que foram contraídos.

A soma dos três fluxos deverá corresponder à diferença entre os saldos iniciais e finais de Caixa e Equivalentes de Caixa do exercício de referência. O saldo final do caixa da DFC deve ser compatível com o saldo final do caixa do Balanço Patrimonial.

## 2ª Questão (BNDES Contador 2012 Cesgranrio)

Uma sociedade anônima de capital fechado, não enquadrada como sociedade de grande porte, ao final de um exercício social, apresentou, em reais, as seguintes demonstrações contábeis:

**BALANÇO PATRIMONIAL**

| | 31/dez./2010 | 31/dez./2011 |
|---|---|---|
| **Ativo Circulante** | **10.700,00** | **13.550,00** |
| Caixa e equivalentes de caixa | 6.700,00 | 7.300,00 |
| Clientes | 1.500,00 | 2.500,00 |
| Mercadorias | 2.500,00 | 3.750,00 |
| **Ativo não Circulante** | **8.750,00** | **14.700,00** |
| Investimentos | | |
| Coligadas | 6.250,00 | 10.750,00 |
| Imobilizado | | |
| Máquinas e Equipamentos | 3.000,00 | 4.750,00 |
| (–) Dep. Acumulada | (500,00) | (800,00) |
| | **19.450,00** | **28.250,00** |
| **Passivo Circulante** | **3.950,00** | **6.080,00** |
| Fornecedores | 3.000,00 | 3.550,00 |
| Dividendos a Pagar | 950,00 | 1.330,00 |
| Imposto de Renda a Pagar | | 1.200,00 |
| **Passivo não Circulante** | **2.000,00** | **5.700,00** |
| Financiamentos Bancários | 2.000,00 | 5.700,00 |
| **Patrimônio Líquido** | **13.500,00** | **16.470,00** |
| Capital | 11.250,00 | 15.000,00 |
| Reserva Legal | 2.250,00 | 140,00 |
| Retenção de Lucros | | 1.330,00 |
| | **19.450,00** | **28.250,00** |

**DEMONSTRAÇÃO DO RESULTADO DO EXERCÍCIO**

| | 31/dez./2011 |
|---|---|
| Vendas | 20.000,00 |
| (–) Custo das mercadorias vendidas | (11.000,00) |
| (=) Lucro bruto | 9.000,00 |
| (–) Despesas Operacionais | |
| De vendas | (2.500,00) |
| Administrativas | (2.200,00) |
| Depreciação | (300,00) |
| (=) Lucro antes do Imposto de Renda | 4.000,00 |
| (–) Imposto de Renda | (1.200,00) |
| (=) Lucro líquido do exercício | 2.800,00 |

**DEMONSTRAÇÃO DAS MUTAÇÕES DO PATRIMÔNIO LÍQUIDO**

| | Capital Social | Reserva Legal | Retenção de Lucros | Lucro Prejuízo Acumulado | Total |
|---|---|---|---|---|---|
| **Saldo em 31/dez/2009** | **11.250,00** | **2.200,00** | **0,00** | **0,00** | **13.450,00** |
| Aumento de Capital | 0,00 | | | | 0,00 |
| Resultado do exercício | | | | 1.000,00 | 1.000,00 |
| Destinação do Resultado | | | | | 0,00 |
| Reserva Legal | | 50,00 | | (50,00) | 0,00 |
| Dividendos a distribuir | | | | (950,00) | (950,00) |
| **Saldo em 31/dez/2010** | **11.250,00** | **2.250,00** | **0,00** | **0,00** | **13.500,00** |
| Ajustes de exercícios anteriores | | | | | 0,00 |
| Aumento de capital | | | | | 0,00 |
| Incorporação de Reservas | 2.250,00 | (2.250,00) | | | 0,00 |
| Subscrição realizada | 1.500,00 | | | | 1.500,00 |
| Lucro Líquido do exercício | | | | 2.800,00 | 2.800,00 |
| Destinação do Lucro Líquido | | | | | 0,00 |
| Reserva Legal | | 140,00 | | (140,00) | 0,00 |
| Retenção de Lucros | | | 1.330,00 | (1.330,00) | 0,00 |
| Dividendos a distribuir | | | | (1.330,00) | (1.330,00) |
| **Saldo em 31/dez/2011** | **15.000,00** | **140,00** | **1.330,00** | **0,00** | **16.470,00** |

Considerando única e exclusivamente as peças contábeis recebidas, a boa técnica contábil e as normas vigentes, elabore a Demonstração dos Fluxos de Caixa pelo Método Direto para o ano de 2011.

Extensão máxima: **30 linhas**

## Resolução da Questão

### DFC de 31/12/2011 (método direto)

| Fluxo de Caixa das Atividades Operacionais | R$ |
|---|---|
| Recebimento de Clientes | 19.000[a] |
| (-) Pagamento de Fornecedores | (11.700)[b,c] |
| (-) Despesas Operacionais (2.500+2.200) | (4.700)[d] |

| | |
|---|---|
| Caixa Gerado (consumido) das Operações | **2.600** |
| **(-) Juros Pagos** | **0** |
| **(-) Imposto de renda e contribuição social pagos** | **0**[e] |
| **(-) Imposto de renda na fonte sobre dividendos recebidos** | **0** |
| Caixa líquido gerado (consumido) pelas atividades operacionais | 2.600 |

**(a)** 1.500 + 20.000 - Valores recebidos (esse é o valor requerido para o FCO da DFC) = 2.500; não houve PECLD. **(b)** 2.500 + (Compras a Prazo que será usado na legenda c) - 11.000 = 3.750 → Compras a Prazo = R$ 12.250. **(c)** 3.000 + 12.250 - Saídas de Fornecedores para o Caixa (É o valor requerido para o FCO da DFC) = 3.550. **(d)** 2.500+2200 da DRE. Foram todas pagas, pois existem zero resíduo no passivo 31/12/2011. **(e)** O IR da DRE está pendente de pagamento no BP.

| Fluxos de Caixa das Atividades de Investimento | R$ |
|---|---|
| **(-) Aquisição de imobilizado ou intangível** | **(1.750)**[f] |
| **(-) Aquisição de participações societárias.** | **(4.500)**[g] |
| Caixa líquido gerado (consumido) pelas atividades de Investimento | (6.250) |

(f) Ver Figura 22.7. (g) Foi realizado após a conciliação do CEC do BP e da DFC → 2.600 - 1.750 + 4.250 - X = 600 → X = 4.500. Assim, da variação positiva de 4.500 nenhum se originou de Ganho de Equivalência Patrimonial.

| Fluxos de Caixa das Atividades de Financiamento | R$ |
|---|---|
| **Recebimento por empréstimos de longo prazo**[h] | **3.700** |
| **(-) Dividendos Pagos** | **(950)** |
| **Integralização de Capital (subscrição)** | **1.500** |
| Caixa líquido gerado (consumido) pelas atividades de financiamento | 4.250 |

(h)Não houve despesa financeira na DRE. (i) O valor de 2011 foi retido no BP 2011 (vide DMPL) para pagar, contudo o valor de 2010 foi pago.

| | |
|---|---|
| Aumento Líquido de Caixa e equivalente de caixa (CEC) | 600 |
| Caixa e equivalente de caixa (CEC) no início do Período | 6.700 |
| Caixa e equivalente de caixa (CEC) no fim do Período | 7.300 |

**Figura 22.8:** Razonetes associados a aquisição de imobilizado

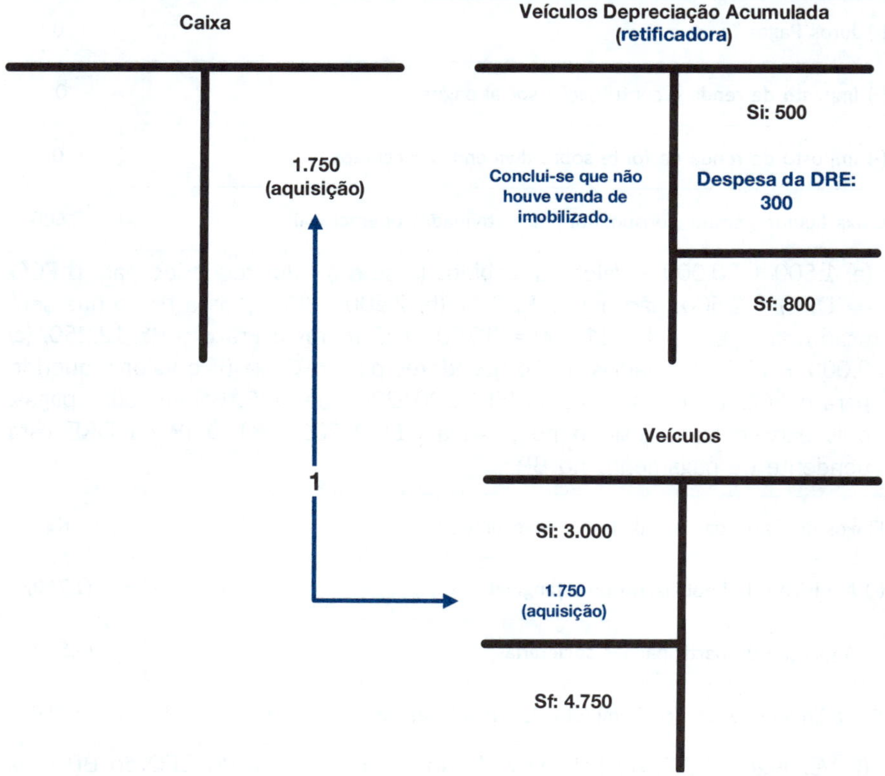


## 3ª Questão (Prefeitura de Caruaru - Analista Legislativo - Contabilidade 2015 FGV):

A Cia. XYZ vende apenas um tipo de mercadoria. Em 01 de janeiro de 2014, a empresa apresentava o balanço patrimonial a seguir.

| Ativo | |
|---|---|
| Caixa | 50.000 |
| Veículos | 5.000 |
| **Ativo Total** | **55.000** |
| Passivo + PL | |
| Fornecedores | 3.000 |
| Dividendos a paga | 6.000 |
| Capital Social | 46.000 |
| **Passivo + PL Total** | **55.000** |

**Durante o primeiro trimestre de 2014, aconteceram os seguintes fatos:**

- Pagamento da dívida com fornecedores contraída no ano anterior.

- Compra de 300 unidades da mercadoria, a R$ 100,00 cada. Do valor, 20% foram pagos no ato e o restante será pago em maio de 2014.

- Venda de 200 unidades de mercadoria a R$ 250,00 cada, para recebimento em abril de 2014.

- Venda do veículo por R$ 4.000,00. Este estava contabilizado por R$ 5.000,00. Metade do pagamento foi recebida no ato da venda e o restante será recebido em junho de 2014.

- Pagamento dos dividendos, referentes ao ano de 2013, no valor de R$ 6.000,00.

- Pagamento antecipado do aluguel de abril, no valor de R$ 3.000,00.

- Reconhecimento e pagamento de salários de seus empregados, no valor de R$ 15.000,00.

- Reconhecimento e pagamento de despesas diversas, no valor de R$ 12.000,00.

**Considerando apenas as informações acima, elabore a Demonstração dos Fluxos de Caixa pelo método direto.**

Extensão máxima: **30 linhas**

## Resolução da Questão DFC 31/03/2014 (método direto)

| Fluxo de Caixa das Atividades Operacionais | (R$) |
|---|---|
| **Recebimento de Clientes** | **0** |
| **(-) Pagamento de Fornecedores** | **9.000**[a] |
| **(-) Despesas Operacionais** | **30.000**[b] |
| Caixa Gerado (consumido) das Operações | |
| **(-) Juros Pagos** | |
| **(-) Imposto de renda e contribuição social pagos** | |
| **(-) Imposto de renda na fonte sobre dividendos recebidos** | |
| Caixa líquido gerado (consumido) pelas atividades operacionais | (39.000) |

(a) 3.000 + (20% de 30.0000) **(b)** 3.000 + 15.000 + 12.000.

| Fluxos de Caixa das Atividades de Investimento | (R$) |
|---|---|
| **(-) Aquisição de imobilizado ou intangível** | |
| **Venda de Veículo** | **2.000** |
| Caixa líquido gerado (consumido) pelas atividades de Investimento | 2.000 |

| Fluxos de Caixa das Atividades de Financiamento | (R$) |
|---|---|
| **Recebimento por empréstimos de longo pago** | |
| **(-) Dividendos Pagos** | **6.000** |
| **Caixa líquido gerado (consumido) pelas atividades de financiamento** | **(6.000)** |
| (e) O valor de 2011 foi retido no BP 2011 para pagar, contudo o valor de 2010 foi pago. | |
| Redução Líquida de Caixa e equivalente de caixa (CEC) | (43.000) |
| **Caixa e equivalente de caixa (CEC) no início do Período** | **50.000** |
| **Caixa e equivalente de caixa (CEC) no fim do Período** | **7.000** |

## 4ª Questão (SEFAZ-ES Consultor do Tesouro Estadual Ciências Contábeis 2021 FGV)

Uma sociedade empresária apresentava em 31/12/X0 o seguinte balanço patrimonial (em milhões de Reais):

| | | | |
|---|---|---|---|
| **Ativo Circulante** | **60.000** | **Passivo Circulante** | **26.000** |
| Caixa | 40.000 | Salários a pagar | 26.000 |
| Estoques | 20.000 | | |
| **Ativo não Circulante** | **58.000** | **Patrimônio Líquido** | **92.000** |
| **Imobilizado** | **58.000** | Capital Social | 88.000 |
| Terreno | 40.000 | Reserva de Lucros | 4.000 |
| Móveis | 20.000 | | |
| dep. Acum. | - 2.000 | | |
| **Ativo Total** | **118.000** | **Passivo + PL** | **118.000** |

Os móveis tinham vida útil de 4 anos e valor residual de zero.

No ano de X1, aconteceram os seguintes fatos (em milhões de Reais):

- Pagamento da dívida com funcionários.

- Contração de empréstimo bancário no valor de R$50.000 para pagamento em março de X3.

- Venda de todo o estoque por R$60.000 para recebimento em janeiro de X2. A empresa estimava perdas com crédito de liquidação duvidosa de 2%.

- Reconhecimento e pagamento de despesas gerais no valor de R$12.000.

- Reconhecimento da despesa de depreciação dos móveis.

- Realização do teste de recuperabilidade dos ativos imobilizados. O terreno tinha valor justo líquido de despesa de venda de R$35.000 e valor em uso de R$30.000. Já os móveis tinham valor justo líquido de despesa de venda de R$18.000 e valor em uso de R$15.000.

- Em 31/12, após o reconhecimento da despesa de depreciação e da realização do teste de recuperabilidade, o terreno foi vendido por R$35.000 à vista e os móveis foram vendidos por R$18.000 para recebimento em fevereiro de X2.

Elabore a Demonstração dos Fluxos de Caixa pelo método indireto, em 31/12/X1, e indique

a) o fluxo de caixa gerado ou consumido pela atividade operacional, através da conciliação entre o lucro líquido e o fluxo de caixa líquido das atividades operacionais e a sua composição;

b) o fluxo de caixa gerado ou consumido pela atividade de investimentos e a sua composição;

c) o fluxo de caixa gerado ou consumido pela atividade de financiamento e a sua composição;

d) a variação da conta caixa no período.

## Resolução da Questão

Inicialmente faz-se necessário calcular Lucro Líquido na DRE.

| | |
|---|---|
| Receita de Vendas | R$ 60.000 |
| (-)CMV | (R$ 20.000) |
| = ) Lucro Bruto | R$ 40.000 |
| ( – ) Despesas Gerais | (R$ 12.000) |
| ( – ) Perdas Estimadas de CLD[a] | (R$ 1.200) |
| ( – ) Depreciação [a] | (R$ 5.000) |
| ( – ) Perda por Redução ao Valor Recuperável em Terrenos | (R$ 5.000) |
| Ganho da Venda de Móveis | R$ 5.000 |
| Lucro Líquido | R$ 21.800 |

Legenda: (a) 60.000 x 2%. (b) Depreciação acumulado ano = 20.000/4 → 5.000.

DFC 31/12/X0 (método indireto)

| Fluxos de caixa das atividades Operacionais | R$ |
|---|---|
| Lucro líquido antes do IR e CSLL (LAIR da DRE) | 21.800 |
| **Ajustes por Depreciação (transações que não envolvem caixa)** | **5.000** |
| **Ajustes de Perdas Estimadas para Créditos de Liquidação Duvidosa (PECLD)** | 1.200 |

| | |
|---|---|
| **Ajustes de Perdas por Redução ao Valor Recuperável** | **5.000** |
| **Ajustes de Ganho na Venda de Móveis** | **(5.000)** |
| **Resultado do ajuste do LAIR em função transações que não envolvem caixa (linha inserida para fins didáticos)** | **28.000** |
| **Ajustes nos estoques (variação negativa do AC)** | **20.0000** |
| **Ajuste nas contas a receber de clientes (variação positiva do AC)** | **(60.000)** |
| **Ajuste nas contas a pagar – fornecedores (variação negativa do PC)** | **(26.000)** |
| Caixa Consumido das Operações | (38.000) |
| **(-) Imposto de renda e contribuição social pagos** | **0** |
| **(-) Imposto de renda na fonte sobre dividendos recebidos** | **0** |
| Caixa líquido gerado (consumido) pelas atividades operacionais | (38.000) |

| Fluxos de Caixa das Atividades de Investimento | R$ |
|---|---|
| **(-) Aquisição de imobilizado ou intangível** | |
| **Venda de Terrenos** | **35.000** |
| **(-) Aquisição de participações societárias.** | |
| Caixa líquido gerado (consumido) pelas atividades de Investimento | 35.000 |

Legenda: A venda dos móveis (R$ 18.000) não deve ser considerada, pois será recebida apenas no período subsequente.

| Fluxos de Caixa das Atividades de Financiamento | R$ |
|---|---|
| **Contratação de empréstimos de longo pago** | **50.000** |
| **(-) Dividendos Pagos** | **0** |
| **(-) Juros sobre o Capital Próprios Pagos** | **0** |
| Caixa líquido gerado (consumido) pelas atividades de financiamento | 50.000 |
| Aumento Líquido de Caixa e equivalente de caixa (CEC) | 47.0000 |

## 5ª Questão (PGE-RS Analista Contabilidade 2022 FUNDATEC):

**Elabore um texto dissertativo com extensão de, no máximo, 30 linhas, de acordo com a seguinte proposta:**

A seguir, temos uma Demonstração dos Fluxos de Caixa (DFC), elaborada pelo método indireto, de acordo com o Balanço Patrimonial (BP) e a Demonstração do Resultado do Exercício (DRE), também apresentados abaixo. A referida DFC, aparentemente está correta, já que o valor nela apurado como Redução Líquida do Caixa e Equivalentes no período de 20X2 coincide com o valor da diferença entre os saldos inicial e final da conta que figuram no BP (R$ 2.000,00). No entanto, ela contém erros, não só quanto à classificação de certa variação no respectivo grupo de atividades, quanto a valores, que não deveriam estar constando na Demonstração. Ao constatar os erros, descreva-os, justificando tecnicamente suas argumentações e informando o valor correto das variações líquidas ocorridas em cada um dos grupos de atividades (operacionais, de investimento e de financiamento).

| BALANÇO PATRIMONIAL | | |
|---|---|---|
| ATIVO | 20X2 | 20X1 |
| CAIXA E EQUIVALENTES | 9.000,00 | 11.000,00 |
| CLIENTES | 36.000,00 | 23.000,00 |
| ESTOQUES | 36.000,00 | 27.000,00 |
| DESPESAS ANTECIPADAS | 1.000,00 | 0,00 |
| TOTAL DO CIRCULANTE | 82.000,00 | 61.000,00 |
| PRÉDIOS | 30.000,00 | 30.000,00 |
| VEÍCULOS | 26.000,00 | 14.000,00 |
| DEPRECIAÇÃO ACUMULADA | (8.000,00) | (5.000,00) |
| TOTAL DO NÃO CIRCULANTE | 48.000,00 | 39.000,00 |
| TOTAL DO ATIVO | 130.000,00 | 100.000,00 |
| PASSIVO E PAT. LÍQUIDO | | |
| FORNECEDORES | 21.000,00 | 15.000,00 |
| TRIBUTOS A RECOLHER | 4.000,00 | 2.000,00 |
| EMPRÉSTIMOS BANCÁRIOS | 60.000,00 | 50.000,00 |
| TOTAL PASSIVO CIRCULANTE | 85.000,00 | 67.000,00 |
| CAPITAL SOCIAL | 33.000,00 | 30.000,00 |
| RESERVA DE LUCROS | 12.000,00 | 3.000,00 |
| TOTAL DO PAT. LÍQUIDO | 45.000,00 | 33.000,00 |
| TOTAL DO PASSIVO E PL | 130.000,00 | 100.000,00 |

| DEMONSTRAÇÃO RESULTADO EXERCÍCIO | 20X2 |
|---|---|
| RECEITA DE VENDAS | 234.000,00 |
| DEDUÇÕES DA RECEITA | 12.000,00 |
| RECEITA LÍQUIDA | 222.000,00 |
| CUSTO DAS MERCADORIAS VENDIDAS | 123.000,00 |
| LCUCRO BRUTO | 99.000,00 |
| DESPESAS ADMINISTRATIVA | 45.000,00 |
| DESPESAS COM VENDAS | 34.000,00 |
| DESPESAS COM DEPRECIAÇÃO | 3.000,00 |
| DESPESAS FINANCEIRAS | 2.000,00 |
| RESULTADO ANTES DOS TRIBUTOS | 15.000,00 |
| PROV P/ IR E CSSL | 3.000,00 |
| LUCRO LÍQUIDO DO EXERCÍCIO | 12.000,00 |

| VARIAÇÃO DO CAIXA E EQUIVALENTES | 20X2 |
|---|---|
| SALDO NO INÍCIO DO EXERCÍCIO | 11.000,00 |
| SALDO NO FINAL DO EXERCÍCIO | 9.000,00 |
| VARIAÇÃO | (2.000,00) |

| DEMONSTRAÇÃO DO FLUXO DE CAIXA 20X2 | |
|---|---|
| ATIVIDADES OPERACIONAIS: | |
| LUCRO LÍQUIDO | 12.000,00 |
| AJUSTES: | |
| DEPRECIAÇÃO | 3.000,00 |
| LUCRO LÍQUIDO AJUSTADO | 15.000,00 |
| AUMENTO DA CONTA CLIENTES | (13.000,00) |
| AUMENTO DOS ESTOQUES | (9.000,00) |
| AUMENTO EM FORNECEDORES | 6.000,00 |
| AUMENTO EM TRIBUTOS A RECOLHER | 2.000,00 |
| VARIAÇÃO ATIVIDADES OPERACIONAIS | 1.000,00 |
| ATIVIDADES DE INVESTIMENTO: | |
| COMPRA DE VEÍCULO | (12.000,00) |
| AUMENTO DA DEPRECIAÇÃO | (3.000,00) |
| VARIAÇÃO ATIVIDADES DE INVESTIMENTO | (15.000,00) |
| ATIVIDADES DE FINANCIAMENTO: | |
| DESPESAS PAGAS ANTECIPADAMENTE | (1.000,00) |
| CAPITALIZAÇÃO DE RESERVAS | 3.000,00 |
| EMPRÉSTIMOS DE CURTO PRAZO | 10.000,00 |
| VARIAÇÃO ATIVIDADES DE FINANCIAMENTO | 12.000,00 |
| REDUÇÃO LÍQUIDA DO CAIXA E EQUIVALENTES | (2.000,00) |

**Dica:** No método indireto as despesas administrativas e operacionais não entram no cálculo.

## Resolução da Questão

Para identificar os erros, faz-se necessário elaborar a DFC pelo método indireto usando os critérios corretos.

DFC 31/12/X2 (método indireto)

| Fluxos de caixa das atividades Operacionais | |
|---|---|
| Lucro líquido antes do IR e CSLL (LAIR da DRE) | 15.000 |
| **Ajustes por Depreciação (transações que não envolvem caixa)** | **3.000** |
| **Ajustes das Despesas Financeiras** | **2.000** |
| Resultado do ajuste do LAIR em função transações que não envolvem caixa (linha inserida para fins didáticos) | 20.000 |
| **Ajuste de Clientes (variação positiva do AC)** | **(13.000)** |
| **Ajuste de Estoque (variação positiva do AC)** | **(9.000)** |
| **Ajustes de Despesas Antecipadas (variação positiva do AC)** | **(1.000)** |
| **Ajustes de Fornecedores (variação positiva do PC)** | **6.000** |
| Caixa Gerado das Operações | 3.000 |
| **(-) Imposto de renda e contribuição social pagos[a]** | **(1.000)** |
| Caixa líquido gerado pelas atividades operacionais | 2.000 |

Legenda: (a) Saldo inicial + Despesa com IR – Pagamento = Saldo Final → 2.000 + 3.000 – Pagamento = 4.000 → Pagamento de IR = 1.000.

| Fluxos de Caixa das Atividades de Investimento | |
|---|---|
| **Compra de Veículos[b]** | **(12.000)** |
| Caixa líquido consumido pelas atividades de Investimento | (12.000) |

Legenda: (b) Ver os razonetes da Figura 22.8.

| Fluxos de Caixa das Atividades de Financiamento | |
|---|---|
| **Contratação de empréstimos [c]** | **8.000** |
| **Pagamento de dividendos [d]** | **(3.000)** |
| **Integralização do Capital Social** | **3.000** |
| Caixa líquido gerado pelas atividades de Financiamento | 8.000 |

Legenda: (c) Saldo inicial + Despesas Financeiras – Contratação = Saldo Final → 50.000 + 2.000 + Contratação = 60.000 → Contratação de Empréstimos= 8.000. (d) ver razonetes da Figura 22.9.

| Aumento Líquido de Caixa e equivalente de caixa (CEC) | (2.000) |
|---|---|
| **Caixa e equivalente de caixa (CEC) no início do Período** | **11.000** |
| **Caixa e equivalente de caixa (CEC) no fim do Período** | **9.000** |

Realizando uma análise comparativa entre a DFC apresentada inicialmente e DFC corrigida observa-se que em todos os Fluxos houve erro.

Quanto ao Fluxo de Caixa das Atividades Operacionais, destacam-se:

(i) Ausência da Despesa Financeira que foi reconhecida e incorporada aos empréstimos a pagar e não foi paga.

(ii) Ausência da variação referente a conta "Despesas antecipadas".

(iii) Ausência do campo Fluxo das Operações a fim de evidenciar separadamente o valor pago de Tributos que por sua vez foi calculado errado (o valor pago foi de R$ 1.000).

Quanto ao Fluxo de Caixa das Atividades de Investimento, destaca-se a inclusão indevida da depreciação que é uma despesa não desembolsável.

Quanto ao Fluxo de Caixa das Atividades de Financiamento, destacam-se:

(i) Inclusão indevida da conta Despesas Pagas Antecipadamente que deveriam estar no Fluxo de Caixa das Atividades Operacionais.

(ii) Inclusão do valor incorreto de empréstimos contratados (deveria ser 8.000), exceto se houvesse certeza de que os juros foram pagos, o que não foi afirmado.

(iii) Ausência dos dividendos pagos.

(iv) Ausência da Integralização de Capital em dinheiro.

**Figura 22.9:** Razonetes associados a aquisição de veículos

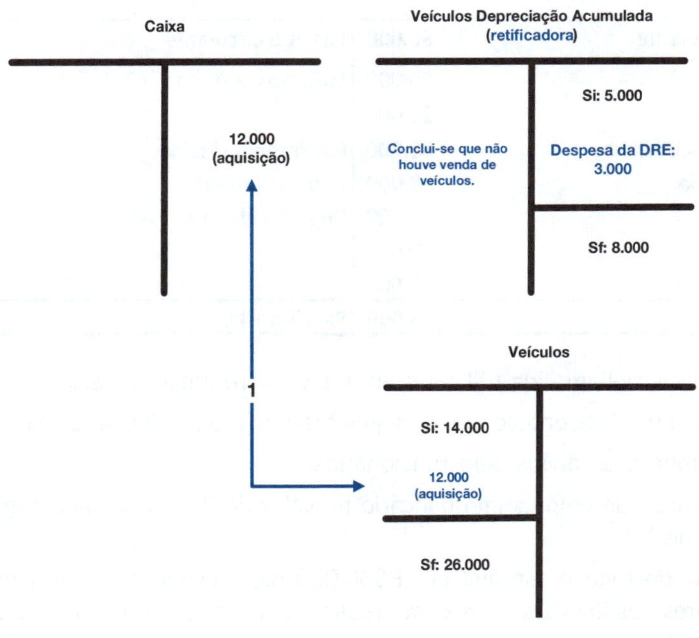

**Figura 22.10:** Razonetes associados a Lucros, Reserva de Lucros e Pagamento de Dividendos

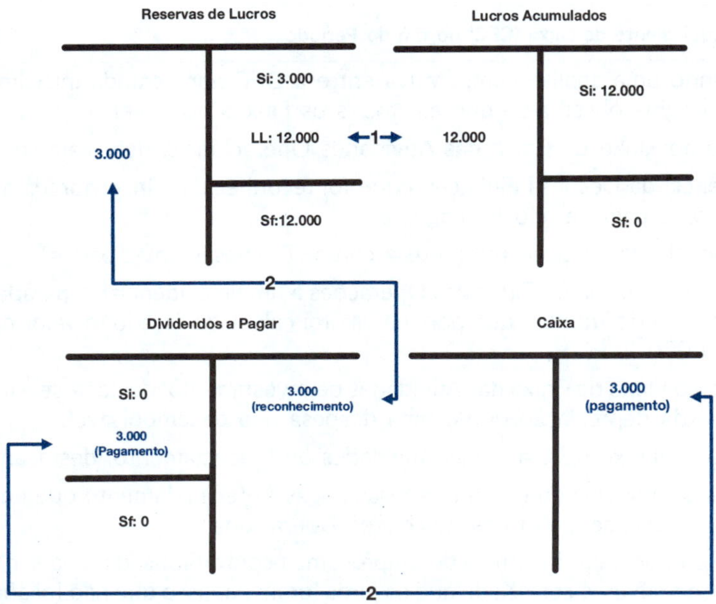


## 6ª Questão (SEFAZ-ES Consultor Ciências Contábeis 2022 FGV):

Uma sociedade empresária apresentava em 31/12/X0 o seguinte balanço patrimonial (em milhões de Reais):

| | | | |
|---|---|---|---|
| **Ativo Circulante** | **60.000** | **Passivo Circulante** | **26.000** |
| Caixa | 40.000 | Salários a pagar | 26.000 |
| Estoques | 20.000 | | |
| **Ativo não Circulante** | **58.000** | **Patrimônio Líquido** | **92.000** |
| **Imobilizado** | **58.000** | Capital Social | 88.000 |
| Terreno | 40.000 | Reserva de Lucros | 4.000 |
| Móveis | 20.000 | | |
| dep. Acum. | - 2.000 | | |
| **Ativo Total** | **118.000** | **Passivo + PL** | **118.000** |

Os móveis tinham vida útil de 4 anos e valor residual de zero.

No ano de X1, aconteceram os seguintes fatos (em milhões de Reais):

- Pagamento da dívida com funcionários.

- Contração de empréstimo bancário no valor de R$50.000 para pagamento em março de X3.

- Venda de todo o estoque por R$60.000 para recebimento em janeiro de X2. A empresa estimava perdas com crédito de liquidação duvidosa de 2%.

Reconhecimento e pagamento de despesas gerais no valor de R$12.000.

Reconhecimento da despesa de depreciação dos móveis

- Realização do teste de recuperabilidade dos ativos imobilizados. O terreno tinha valor justo líquido de despesa de venda de R$35.000 e valor em uso de R$30.000. Já os móveis tinham valor justo líquido de despesa de venda de R$18.000 e valor em uso de R$15.000.

- Em 31/12, após o reconhecimento da despesa de depreciação e da realização do teste de recuperabilidade, o terreno foi vendido por R$35.000 à vista e os móveis foram vendidos por R$18.000 para recebimento em fevereiro de X2.

Elabore a Demonstração dos Fluxos de Caixa pelo método indireto, em 31/12/X1, e indique

a) o fluxo de caixa gerado ou consumido pela atividade operacional, através da conciliação entre o lucro líquido e o fluxo de caixa líquido das atividades operacionais e a sua composição;

b) o fluxo de caixa gerado ou consumido pela atividade de investimentos e a sua composição;

c) o fluxo de caixa gerado ou consumido pela atividade de financiamento e a sua composição;

d) a variação da conta caixa no período.

Extensão de linhas: 20.

## Resolução da Questão

Para elaborar a Demonstração dos Fluxos de Caixa pelo método indireto precisamos, inicialmente, apurar o resultado do exercício.

Receita de Vendas R$ 60.000

( – ) CMV (R$ 20.000)

( = ) Lucro Bruto R$ 40.000

( – ) Despesas Gerais (R$ 12.000)

( – ) PECLD (R$ 1.200)

( – ) Depreciação (R$ 5.000)

( – ) Perda por Redução ao Valor Recuperável em Terrenos (R$ 5.000)

( + ) Ganho da Venda de Móveis R$ 5.000

( = ) **Lucro Líquido R$ 21.800**

Fora considerado, no cálculo das despesas de depreciação, que a vida útil **original** dos móveis é de 4 anos. Eventualmente você poderia interprestar que a vida útil **remanescente** dos itens é de 4 anos. Neste caso a despesa anual de depreciação seria de R$ 4.500.

A partir disso podemos, enfim, responder os questionamentos realizados pelo examinador.

a) O fluxo de caixa **consumido** pelas atividades operacionais foi de R$ 38.000, conforme evidenciado abaixo.

Lucro Líquido R$ 21.800

( + ) PECLD R$ 1.200

( + ) Depreciação R$ 5.000

( + ) Perda por Redução ao Valor Recuperável em Terrenos R$ 5.000

( – ) Ganho na Venda de Móveis (R$ 5.000)

( = ) Lucro Ajustado R$ 28.000

( + ) Variação Negativa em Estoques R$ 20.000

( – ) Variação Positiva em Clientes (R$ 60.000)

( – ) Variação Negativa em Salários a Pagar (R$ 26.000)

( = ) **Fluxo de Caixa das Atividades Operacionais (R$ 38.000)**

b) O fluxo de caixa **gerado** pelas atividades de investimentos foi de R$ 35.000, em função da venda, à vista, dos terrenos por tal valor. A venda dos móveis, por sua vez, não deve ser considerada, pois será recebida apenas no período subsequente.

c) O fluxo de caixa **gerado** pelas atividades de financiamentos foi de R$ 50.000, dado que a entidade captou empréstimos neste valor no período.

d) Em função disso a **geração** de caixa no período foi de **R$ 47 mil** (-R$ 38.000 + R$ 35.000 + R$ 50.000).

## 7ª Questão (TCM-SP – Auditor de Controle Externo – Contabilidade 2023 VUNESP):

O gestor da empresa Topa Tudo S/A necessita preparar o fluxo de caixa da companhia, como uma forma de avaliar o fluxo das operações no exercício de 2019. Para tanto, a companhia apresentou os balanços patrimoniais e as demonstrações dos resultados dos exercícios em 31.12.2019 e 31.12.2018, conforme segue:

***Balanço Patrimonial***
***(Em milhares de Reais)***

| **Ativo** | **2019** | **2018** | **Passivo** | **2019** | **2018** |
|---|---|---|---|---|---|
| **Circulante** | | | **Circulante** | | |
| Caixa e equivalentes de caixa | 3.546 | 1.155 | Financiamentos e empréstimos | 4.966 | 4.959 |
| Contas a receber | 20.810 | 17.923 | Fornecedores | 2.382 | 1.095 |
| Estoques | 130 | 193 | Impostos e contribuições a recolher | 97 | 60 |
| Outras contas a receber | 2.389 | 1.591 | Salários, férias e encargos sociais a pagar | 13.400 | 9.825 |
| Despesas antecipadas | 140 | 141 | Outras contas a pagar | 2.202 | 2.210 |
| | 27.015 | 21.003 | | 23.047 | 18.149 |
| **Não circulante** | | | **Não circulante** | | |
| **Realizável a longo prazo** | | | Financiamentos e empréstimos | 1.314 | 1.122 |
| Outras contas a receber | 61 | 97 | Provisão para contingências trabalhistas | 1.661 | 1.190 |
| Depósitos judiciais | 280 | 237 | Provisão para encargo trabalhista | 5.924 | 4.779 |
| **Imobilizado** | 4.865 | 5.130 | | 8.899 | 7.091 |
| **Intangível** | 775 | 758 | **Patrimônio líquido** | | |
| | | | Capital Social | 1.848 | 1.848 |
| | | | Reserva de Capital | 137 | 145 |
| | | | Prejuízos acumulados | (935) | (8) |
| | | | | 1.050 | 1.985 |
| | 32.996 | 27.225 | | 32.996 | 27.225 |

***Demonstração do resultado do exercício***
***(Em milhares de Reais)***

| | 2019 | 2018 |
|---|---|---|
| **Receitas operacionais** | | |
| De serviços e mercadorias vendidas | 133.537 | 131.461 |
| Deduções da receita | (37.961) | (27.169) |
| **Receita operacional líquida** | 95.576 | 104.292 |
| Custo dos serviços prestados e das mercadorias vendidas | (92.117) | (100.769) |
| **Lucro bruto** | 3.459 | 3.523 |
| **Despesas operacionais** | | |
| Despesas administrativas | (3.619) | (3.821) |
| Outras receitas operacionais | 69 | 99 |
| | (3.550) | (3.722) |
| **Prejuízo antes do resultado financeiro** | (91) | (199) |
| **Despesas financeiras líquidas** | (844) | (649) |
| **Prejuízo do exercício** | (935) | (848) |

**Informações necessárias adicionais:**

- Total da despesa de depreciação e amortização no ano: R$ 1.548
- Valor residual do ativo permanente baixado: R$ 150
- Aquisição do ativo imobilizado: R$ 1.165
- Aquisição do ativo intangível: R$ 285
- Empréstimos tomados, líquidos de juros: R$ 2.974
- Pagamentos de empréstimos e juros: R$ 2.775

4.959 + 2.974-2.775 + = 4.966

Com base nos dados informados, pede-se:

**a)** Preparar a demonstração do fluxo de caixa para o exercício de 2019, utilizando-se do método indireto.

**b)** Analisar o fluxo de caixa sob o ponto de vista da operação da companhia e discorrer sobre as suas conclusões.

## Resolução da Questão

Atendendo o item "a", O método indireto inicia-se pelo lucro líquido ajustado, ou seja, o lucro líquido ou o prejuízo é ajustado pelos efeitos de transações que não envolvem caixa, pelos efeitos de quaisquer diferimentos ou apropriações por competência sobre recebimentos de caixa ou pagamentos em caixa operacionais passados ou futuros, e pelos efeitos de itens de receita ou despesa associados com fluxos de caixa das atividades de investimento ou de financiamento.

| DFC 31/12/2019 (método indireto) | |
|---|---|
| Fluxos de caixa das atividades Operacionais | R$ (1.000) |
| Prejuízo antes do IR e CSLL (LAIR da DRE) | (935) |
| 1º Grupo de Ajustes: transações que não envolvem caixa | |
| **Depreciação e amortização** | 1.548 |
| **Provisão para encargo trabalhista** | 1.145 |
| **Provisão para contingências** | 471 |
| **Valor residual do ativo permanente baixado** | 150 |
| Resultado do ajuste do LAIR em função transações que não envolvem caixa | 2.379 |
| 2º Grupo de Ajustes: variação nos ativos e passivos | |
| **Ajuste de Contas a Receber (variação positiva do AC) (20.810-17.923)** | (2.887) |
| **Ajuste de Estoque (variação negativa do AC) (130-193)** | 63 |
| **Ajuste de Outras Contas a Receber (variação positiva do AC) (2.389-1.591)** | (762) |
| **Ajustes de Despesas Antecipadas (variação negativa do AC) (140-141)** | 1 |
| **Ajuste de Depósitos Judiciais (variação positiva do ARLP) (280-237)** | (43) |
| **Ajustes de Fornecedores (variação positiva do PC) (2.382-1.095)** | 1.287 |
| **Ajuste de Tributos a Recolher[a] (variação positiva do PC) (97-60)** | 37 |
| **Ajuste de Salários, Férias e Encargos Sociais (variação positiva do PC) (13.400-9.825)** | 3.575 |
| **Ajuste de Outras Contas a Pagar (variação negativa do PC) (2.202-2.210)** | (8) |
| **(-) Imposto de renda e contribuição social pagos** | 0 |
| **Caixa líquido gerado pelas atividades operacionais** | 3.642 |

| Fluxos de Caixa das Atividades de Investimento | |
|---|---|
| **Aquisição do Ativo Imobilizado** | (1.165) |
| **Aquisição do Ativo Intangível** | (285) |
| **Caixa líquido consumido pelas atividades de Investimento** | (1.450) |

| Fluxos de Caixa das Atividades de Financiamento | |
|---|---|
| **Contratação de empréstimos** | 2.974 |
| **Pagamento de Empréstimos** | (2.775) |
| **Caixa líquido gerado pelas atividades de Financiamento** | 199 |

| Aumento Líquido de Caixa e equivalente de caixa (CEC) | 2.391 |
|---|---|
| Caixa e equivalente de caixa (CEC) no início do Período | 1.155 |
| Caixa e equivalente de caixa (CEC) no fim do Período | 3.546 |

Quanto ao item "b", A DFC – Demonstração de Fluxo de Caixa, é um relatório contábil em que são listadas as origens de todos os recursos que uma empresa obteve em um certo período e como eles foram aplicados. Em suma, ele traz todo o movimento de entradas e saídas do caixa da empresa.

Observa-se que a empresa está dando prejuízo e buscando dinheiro de terceiros, por meio de empréstimos, para se financiar. Isso explica justamente o motivo da variação de caixa ser positiva, pois os prejuízos acumulados consomem as reservas de capital e lucro ao longo dos exercícios.

Um fluxo de caixa é essencial para essa empresa. Afinal, somente com o registro do fluxo de todos os recursos financeiros de uma empresa, é possível criar uma estratégia de crescimento.

Observa-se na DRE que, com o pagamento de juros (despesas financeiras), a empresa aumenta e muito o prejuízo do exercício. Percebe-se o perigo da alavancagem financeira com uso de capital de terceiros para manter o fluxo de caixa positivo.

Por isso, nem sempre este valor reportado na Demonstração de Resultado de Exercício (DRE) será condizente com os desembolsos necessários para manter este capital em bom funcionamento.

### 8ª Questão (STM - Analista Judiciário - Contabilidade - 2025 CEBRASPE)

O tratamento do caixa e da gestão de caixa, fundamental para o funcionamento de qualquer entidade, tem sido atualizado para a atender ao conceito mais amplo de caixa e equivalentes de caixa. A respeito do caixa e de seus equivalentes, redija um texto dissertativo abordando os seguintes aspectos:

1 conceito e componentes do caixa; [valor: 12,00 pontos]

2 características que um item deve apresentar para ser classificado como equivalente de caixa; [valor: 12,00 pontos]

3 tratamento contábil dos saldos negativos em contas bancárias. [valor: 14,00 pontos]

### Resolução da Questão

Classifica-se como caixa o dinheiro em poder da entidade, assim como depósitos bancários disponíveis, mesmo que em moeda estrangeira, desde que não sujeito a grandes oscilações de valor, além de cheques recebidos e ainda não depositados, e numerários em trânsito, cujo pagamento seja irrestrito e imediato. A entidade pode criar tantas contas caixa quantas julgue necessárias para seu controle operacional, por tipo de disponibilidade ou local em que se acha disponível. Para controle desse item patrimonial, usam-se, em geral, os controles de fundo fixo e de caixa flutuante.

Apesar de ser usual, nos balanços das entidades, a apresentação do caixa e de seus equivalentes como uma coisa só, a norma contábil diferencia esses dois componentes da gestão de caixa. Segundo a norma, os equivalentes de caixa são aplicações financeiras de curto prazo, alta liquidez, prontamente conversíveis em caixa e sujeitas a um insignificante risco de mudança de valor, sendo mantidos sem propósito de investimento e para atender a compromissos de curto prazo, por exemplo, até três meses a contar da data de aquisição.

A norma contábil brasileira inclui o saldo disponível nas contas bancárias como parte do caixa da entidade. Segundo a norma, caixa compreende numerário em espécie e depósitos bancários disponíveis. Dessa definição surge a dificuldade de como tratar os saldos negativos em contas bancárias, visto ser incabível a ideia de caixa negativo. Existe orientação, feita por acadêmicos da área, de que contas bancárias negativas ou saldos a favor do banco não devem ser apresentados como parte do caixa, mas como parte do passivo circulante, salvo se saldos credores e devedores estiverem na mesma instituição bancária e a entidade puder compensá-los. Orientação diversa é encontrada na norma contábil sobre os fluxos de caixa, para a qual os saldos bancários a descoberto, em contas de cheques especiais ou contas correntes garantidas, por terem sua liquidação em período muito curto, integram a gestão de caixa da entidade, devendo esses saldos bancários a descoberto serem considerados como componente de caixa e equivalentes de caixa.

CAPÍTULO 23

# DEMONSTRAÇÃO DO VALOR ADICIONADO

## 1. BASE NORMATIVA

**De acordo com a Lei nº 6.404.1976:**

*Art. 188. As demonstrações referidas nos incisos IV (Demonstração dos Fluxos de Caixa) e V (**Demonstração do Valor Adicionado – DVA**) do caput do art. 176 desta Lei indicarão, no mínimo:*

*[...]*

*II – **demonstração do valor adicionado**– o **valor da riqueza gerada pela companhia**, **a sua distribuição**entre os elementos que contribuíram para a geração dessa riqueza, tais como **empregados, financiadores, acionistas, governo** e outros, **bem como a parcela da riqueza não distribuída**.*

**De acordo com o CPC 14:**

*5. A DVA deve proporcionar aos usuários das demonstrações contábeis informações **relativas à riqueza criada pela entidade em determinado período** e a **forma como tais riquezas foram distribuídas**.*

*6. **A distribuição da riqueza criada deve ser detalhada, minimamente, da seguinte forma:***

*(a) pessoal e encargos;*

*(b) impostos, taxas e contribuições;*

*(c) juros e aluguéis;*

*(d) juros sobre o capital próprio (JCP) e dividendos;*

*(e) lucros retidos/prejuízos do exercício.*

*7. As entidades mercantis (comerciais e industriais) e prestadoras de serviços devem utilizar o Modelo I, aplicável às empresas em geral, enquanto que para atividades específicas, tais como atividades de intermediação financeira (instituições financeiras bancárias) e de seguros, devem ser utilizados os modelos específicos (II e III) incluídos neste Pronunciamento.*

| Atenção |
|---|
| 1. A DVA é uma demonstração contábil **obrigatória a todas as Cia Abertas (já inclusas as Sociedades de Grande Porte)**, para as Sociedades de Grande Porte fechadas e facultativa para os demais tipos de sociedade (ver capítulo 18).<br>2. Deve identificar o valor da riqueza gerada e sua respectiva distribuição (empregados, financiadores, acionistas, governo).<br>3. Deve identificar o valor da riqueza gerada e não distribuída. |

## 2. TERMINOLOGIA À LUZ DO CPC 09

O Quadro 23.1 contém os principais termos e definições associados à DVA.

**Quadro 23.1:** Termos e definições associados à DFC

| Termo | Descrição |
|---|---|
| Valor adicionado | Representa a riqueza criada pela empresa, de forma geral **medida pela diferença entre** o valor das vendas **e os** insumos adquiridos de terceiros. **Inclui também o**valor adicionado recebido em transferência, ou seja, produzido por terceiros e transferido à entidade. |
| Receita de venda de mercadorias, produtos e serviços | Representa os valores reconhecidos na contabilidade a esse título pelo regime de competência e **incluídos na demonstração do resultado do período.** |
| Outras receitas | Representam os valores que sejam oriundos, principalmente, de baixas por alienação de ativos não circulantes, tais como resultados na venda de imobilizado, de investimentos, e outras transações incluídas na demonstração do resultado do exercício que não configuram reconhecimento de transferência à entidade de riqueza criada por outras entidades.<br>Diferentemente dos critérios contábeis, também incluem valores que não transitam pela demonstração do resultado, como, por exemplo, aqueles relativos à construção de ativos para uso próprio da entidade[1] e aos juros pagos ou creditados que tenham sido incorporados aos valores dos ativos de longo prazo (normalmente, imobilizados).<br>**No caso de estoques de longa maturação**, os juros a eles incorporados deverão ser destacados como distribuição da riqueza no momento em que os respectivos estoques forem baixados; dessa forma, não há que se considerar esse valor como outras receitas. |

[1] CPC 09. Item 19. **A construção de ativos dentro da própria empresa para seu próprio uso é procedimento comum.** Nessa construção diversos fatores de produção são utilizados, inclusive a contratação de recursos externos (por exemplo, materiais e mão-de-obra terceirizada) e a utilização de fatores internos como mão-de-obra, com os consequentes custos que essa contratação e utilização provocam. **Para elaboração da DVA, essa construção equivale a produção vendida para a própria empresa,** e por isso seu valor contábil integral

| | |
|---|---|
| Insumo adquirido de terceiros | Representa os **valores relativos às aquisições de matérias-primas, mercadorias, materiais, energia, serviços, etc. que tenham sido transformados em despesas do período**. **Enquanto permanecerem nos estoques, não compõem a formação da riqueza criada e distribuída.** |
| Depreciação, amortização e exaustão | Representam os valores reconhecidos no período e normalmente utilizados para conciliação entre o fluxo de caixa das atividades operacionais e o resultado líquido do exercício. |
| Valor adicionado recebido em transferência | **Representa a riqueza que não tenha sido criada pela própria entidade**, e sim por terceiros, e que a ela é transferida, **como por exemplo receitas financeiras, de equivalência patrimonial, dividendos, aluguel, *royalties*, etc.** Precisa ficar destacado, inclusive para evitar dupla-contagem em certas agregações. |

A seguir a Figura 23.1 evidencia a lógica conceitual da DVA.

**Figura 23.1:** Lógica conceitual da DVA

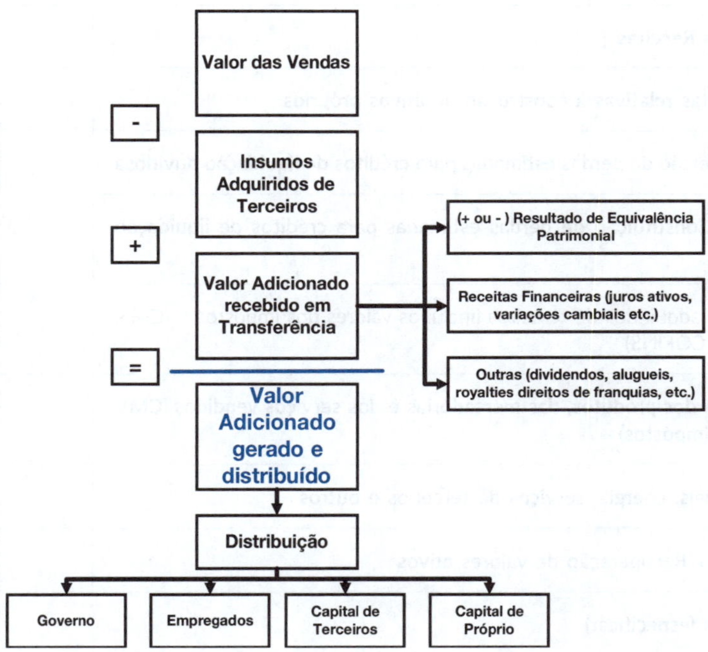


---

**precisa ser considerado como receita**. **A mão-de-obra própria alocada** é considerada como **distribuição dessa riqueza criada**, e **eventuais juros ativados e tributos** também **recebem esse mesmo tratamento**. **Os gastos com serviços de terceiros e materiais** são apropriados como **insumos**.

## 3. ESTRUTURA

A Figura 23.2 contém a estrutura da DVA.

**Chamada 149 do autor:** Demonstração do Valor Adicionado – DVA

### Figura 23.2: DVA para Empresas em Geral

| | 20X2 | 20X1 |
|---|---|---|
| 1. Receitas. | | |
| **1.1.Vendas de Mercadorias, Produtos e Serviços** | | |
| **1.2.Outras Receitas** | | |
| **1.3. Receitas relativas à construção de ativos próprios** | | |
| **1.4.1. Reversão de perdas estimadas para créditos de liquidação duvidosa** | | |
| **1.4.2. (-) Constituição de perdas estimadas para créditos de liquidação duvidosa** | | |
| 2.Insumos adquiridos de terceiros (inclui os valores dos impostos – ICMS, IPI, PIS e COFINS) | | |
| **2.1.Custos dos produtos, das mercadorias e dos serviços vendidos** (CMV da DRE+ Impostos) | | |
| **2.2.Materiais, energia, serviços de terceiros e outros** | | |
| **2.3.Perda / Recuperação de valores ativos** | | |
| **2.4.Outras (especificar)** | | |
| 3. Valor Adicionado Bruto (1-2) | | |
| **4.Depreciação, Amortização e Exaustão** | | |
| 5. Valor Adicionado Produzido pela Entidade(3-4) | | |
| 6. Valor Adicionado Recebido em Transferência | | |

| | | |
|---|---|---|
| **6.1.Resultado de equivalência patrimonial** | | |
| **6.2.Receitas financeiras** | | |
| **6.3.Outras** | | |
| 7. Valor Adicionado Total a Distribuir (7=8) | | |
| 8. Distribuição do Valor Adicionado (8=7) | | |
| 8.1. Pessoal | | |
| **8.1.1.Remuneração direta** | | |
| **8.1.2.Benefícios** | | |
| **8.1.3. F.G.T.S** | | |
| 8.2.Impostos, taxas e contribuições | | |
| **8.2.1.Federal** | | |
| **8.2.2.Estadual** | | |
| **8.2.3.Municipal** | | |
| 8.3.Remuneração de capitais de terceiros | | |
| **8.3.1.Juros** | | |
| **8.3.2.Alugueis** | | |
| **8.3.3.Outras** | | |
| 8.4.Remuneração de Capitais Próprios | | |
| **8.4.1. Juros sobre o Capital Próprio** | | |
| **8.4.2.Dividendos** | | |
| **8.4.3.Lucros retidos / Prejuízo do exercício** | | |
| **8.4.4.Participação dos não controladores nos lucros retidos (só p/ consolidação)** | | |

O Quadro 23.2 contém a descrição de cada componente da DVA.

Quadro 23.2: Descrição dos componentes da DVA por grupo

<table>
<tr><th>Grupo</th><th>Item</th><th>Descrição</th></tr>
<tr><td rowspan="6">Receitas</td><td>1.1.Vendas de Mercadorias, Produtos e Serviços</td><td>Inclui os valores dos tributos incidentes sobre essas receitas (por exemplo, ICMS, IPI, PIS e COFINS), ou seja, corresponde ao ingresso bruto ou faturamento bruto, mesmo quando na demonstração do resultado tais tributos estejam fora do cômputo dessas receitas.</td></tr>
<tr><td>1.2.Outras Receitas</td><td>Da mesma forma que o item anterior, inclui os tributos incidentes sobre essas receitas.</td></tr>
<tr><td rowspan="2">1.3. Receitas relativas à construção de ativos próprios</td><td>Essa construção equivale à produção vendida para a própria empresa, por isso seu valor contábil integral precisa ser considerado como receita. A mão de obra própria alocada é considerada como distribuição dessa riqueza criada, e eventuais juros ativados e tributos também recebem esse mesmo tratamento. Os gastos com serviços de terceiros e materiais são apropriados como insumos.</td></tr>
<tr><td>Para evitar o desmembramento das despesas de depreciação, na elaboração da DVA, entre os componentes que serviram de base para o respectivo registro do ativo construído internamente (materiais diversos, mão-de-obra, impostos, aluguéis e juros), os valores gastos nessa construção devem, no período da construção, ser tratados como Receitas relativas à construção de ativos próprios. Esse procedimento aproxima o conceito econômico ao valor adicionado.</td></tr>
<tr><td>1.4.1. Reversão[2] de perdas estimadas para créditos de liquidação duvidosa</td><td>Inclui os valores relativos à reversão dessa conta retificadora.</td></tr>
<tr><td>1.4.2. (-) Constituição perdas estimadas para créditos de liquidação duvidosa</td><td>Inclui os valores relativos à constituição dessa conta retificadora.</td></tr>
</table>

2 No CPC 09 de forma equivocada utiliza-se o termo provisão, contrariando o CPC 25 que trata especificamente do tema. Optou-se por utilizar a nomenclatura correta do CPC 25.

<table>
<tr><td rowspan="5">Insumos adquiridos de terceiros</td><td>2.1.Custos dos produtos, das mercadorias e dos serviços vendidos</td><td>Inclui os valores das matérias-primas adquiridas junto a terceiros e contidas no custo do produto vendido, das mercadorias e dos serviços vendidos adquiridos de terceiros; não inclui gastos com pessoal próprio. Deve ser calculado pelo custo bruto: incluir o ICMS.</td></tr>
<tr><td rowspan="2">2.2.Materiais, energia, serviços de terceiros e outros</td><td>Inclui valores relativos às despesas originadas da utilização desses bens, utilidades e serviços adquiridos junto a terceiros.</td></tr>
<tr><td>Nos valores dos custos dos produtos e mercadorias vendidos, materiais, serviços, energia etc. consumidos, devem ser considerados os tributos incluídos no momento das compras (por exemplo, ICMS, IPI, PIS e COFINS), recuperáveis ou não. Esse procedimento é diferente das práticas utilizadas na demonstração do resultado (Ver aplicação na Simulação 01).</td></tr>
<tr><td>2.3.Perda / Recuperação (reversão) de valores ativos</td><td>Inclui valores relativos a ajustes por avaliação a valor de mercado de estoques, imobilizados, investimentos, etc. Também devem ser incluídos os valores reconhecidos no resultado do período, tanto na constituição quanto na reversão de perdas por desvalorização de ativos.</td></tr>
<tr><td>2.4.Outras (especificar)</td><td></td></tr>
<tr><td>Depreciação, amortização e exaustão</td><td colspan="2">Inclui a despesa ou o custo contabilizados no período.</td></tr>
<tr><td rowspan="3">Valor Adicionado Recebido em Transferência</td><td>6.1.Resultado de equivalência patrimonial</td><td>O resultado da equivalência pode representar receita ou despesa; se despesa, deve ser considerado como redução ou valor negativo.</td></tr>
<tr><td>6.2.Receitas financeiras</td><td>Inclui todas as receitas financeiras, inclusive as variações cambiais ativas, independentemente de sua origem.</td></tr>
<tr><td>6.3.Outras</td><td>Inclui os dividendos relativos a investimentos avaliados ao custo, aluguéis, direitos de franquia, etc.</td></tr>
<tr><td rowspan="3">Distribuição do Valor Adicionado: Pessoal</td><td>8.1.1.Remuneração direta</td><td>Representada pelos valores relativos a salários, 13º salário, honorários da administração (inclusive os pagamentos baseados em ações), férias, comissões, horas extras, participação de empregados nos resultados, etc.</td></tr>
<tr><td>8.1.2.Benefícios</td><td>Representados pelos valores relativos à assistência médica, alimentação, transporte, planos de aposentadoria etc.</td></tr>
<tr><td>8.1.3. F.G.T.S</td><td>Representado pelos valores depositados em conta vinculada dos empregados.</td></tr>
</table>

<table>
<tr><td rowspan="4">Distribuição do Valor Adicionado: Impostos</td><td colspan="2">Valores relativos ao imposto de renda, contribuição social sobre o lucro, contribuições aos INSS (incluídos aqui os valores do Seguro de Acidentes do Trabalho) que sejam ônus do empregador, bem como os demais impostos e contribuições a que a empresa esteja sujeita. Para os impostos compensáveis, tais como ICMS, IPI, PIS e COFINS, devem ser considerados apenas os valores devidos ou já recolhidos, e representam a diferença entre os impostos e contribuições incidentes sobre as receitas e os respectivos valores incidentes sobre os itens considerados como “insumos adquiridos de terceiros”.</td></tr>
<tr><td>8.2.1.Federal</td><td>Inclui os tributos devidos à União, inclusive aqueles que são repassados no todo ou em parte aos Estados, Municípios, Autarquias etc., tais como: IRPJ, CSSL, IPI, CIDE, PIS, COFINS. Inclui também a contribuição sindical patronal.</td></tr>
<tr><td>8.2.2.Estadual</td><td>Inclui os tributos devidos aos Estados, inclusive aqueles que são repassados no todo ou em parte aos Municípios, Autarquias etc., tais como o ICMS e o IPVA.</td></tr>
<tr><td>8.2.3.Municipal</td><td>Inclui os tributos devidos aos Municípios, inclusive aqueles que são repassados no todo ou em parte às Autarquias, ou quaisquer outras entidades, tais como o ISS e o IPTU.</td></tr>
<tr><td rowspan="3">Distribuição do Valor Adicionado: Remuneração de capitais de terceiros</td><td>8.3.1.Juros</td><td>Inclui as despesas financeiras, inclusive as variações cambiais passivas, relativas a quaisquer tipos de empréstimos e financiamentos junto a instituições financeiras, empresas do grupo ou outras formas de obtenção de recursos. Inclui os valores que tenham sido capitalizados no período.</td></tr>
<tr><td>8.3.2.Aluguéis</td><td>Inclui os aluguéis (inclusive as despesas com arrendamento operacional) pagos ou creditados a terceiros, inclusive os acrescidos aos ativos.</td></tr>
<tr><td>8.3.3.Outras</td><td>Inclui outras remunerações que configurem transferência de riqueza a terceiros, mesmo que originadas em capital intelectual, tais como royalties, franquia, direitos autorais, etc.</td></tr>
<tr><td rowspan="4">Distribuição do Valor Adicionado: Remuneração de Capitais Próprios</td><td>8.4.1. Juros sobre o Capital Próprio</td><td rowspan="2">Inclui os valores pagos ou creditados aos sócios e acionistas por conta do resultado do período, ressalvando-se os valores dos JCP transferidos para conta de reserva de lucros. Devem ser incluídos apenas os valores distribuídos com base no resultado do próprio exercício, desconsiderando-se os dividendos distribuídos com base em lucros acumulados de exercícios anteriores, uma vez que já foram tratados como “lucros retidos” no exercício em que foram gerados. Os Juros sobre o Capital Próprio – JSCP devem ter o mesmo tratamento dado aos dividendos no que diz respeito ao exercício a que devem ser imputados.</td></tr>
<tr><td>8.4.2.Dividendos</td></tr>
<tr><td>8.4.3.Lucros retidos / Prejuízo do exercício</td><td>Inclui os valores relativos ao lucro do exercício destinados às reservas, inclusive os JCP quando tiverem esse tratamento; nos casos de prejuízo, esse valor deve ser incluído com sinal negativo.</td></tr>
<tr><td colspan="2">8.4.4.Participação dos não controladores nos lucros retidos (só p/ consolidação)</td></tr>
</table>

### Exemplo do tratamento de receitas relativas à construção de ativos próprios

**Imóvel construído que custou R$ 500.000 de materiais e R$ 750.000 com mão de obra direta. Assim, tem-se:**

| | |
|---|---|
| Receitas 1.3: | 1.250.000 |
| Insumos 2.1: | 500.000 |
| Valor Adicionado 5: | 750.000 |
| Valor Adicionado a distribuir 7: | 750.000 |
| Distribuição do Valor Adicionado 8: | 750.000 |
| Pessoal 8.1: | 750.000 |

### Relação entre DRE e DVA

A Demonstração do Valor Adicionado está estruturada para ser elaborada a partir da Demonstração do Resultado do período. Assim, há uma estreita vinculação entre essas duas demonstrações e essa vinculação deve servir para sustentação da consistência entre elas.

### Relação entre DLPA e DVA

A DVA também tem interface com a Demonstração dos Lucros ou Prejuízos Acumulados na parte em que movimentações nesta conta dizem respeito à distribuição do resultado do exercício apurado na demonstração própria.

A entidade é livre, dentro dos limites legais, para distribuir seus lucros acumulados, sejam eles oriundos do próprio exercício ou de exercícios anteriores. Porém, pela vinculação referida no item anterior, os dividendos que compõem a riqueza distribuída pela entidade devem restringir-se exclusivamente à parcela relativa aos resultados do próprio período. **Dividendos distribuídos relativos a lucros de períodos anteriores não são considerados na DVA**, pois já figuraram como lucros retidos naqueles respectivos períodos.

### Relação entre Substituição Tributária e DVA

A legislação brasileira permite a transferência de responsabilidade tributária a um terceiro, desde que vinculado ao fato gerador do tributo.

Essa transferência de responsabilidade, que pode ser total ou parcial e tem como finalidade precípua a garantia de recolhimento do tributo, é **efetivada de duas formas: progressiva** e **regressiva.**

### Relação entre Substituição Tributária e DVA

A legislação brasileira permite a transferência de responsabilidade tributária a um terceiro, desde que vinculado ao fato gerador do tributo.

Essa transferência de responsabilidade, que pode ser total ou parcial e tem como finalidade precípua a garantia de recolhimento do tributo, é **efetivada de duas formas: progressiva** e **regressiva.**

<table>
<tr><th>Progressiva</th><th colspan="2">Regressiva</th></tr>
<tr><td rowspan="3">Ocorre com a antecipação do pagamento do tributo que só será devido na operação seguinte.<br>Do ponto de vista do substituto tributário (normalmente fabricante ou importador), deve-se incluir o valor do "imposto antecipado" no faturamento bruto e depois apresentá-lo como dedução desse faturamento para se chegar à receita bruta.</td><td colspan="2">Ocorre quando o comerciante realiza operação com produtor rural e é responsável pelo recolhimento do tributo, podem ocorrer duas situações:</td></tr>
<tr><td>1ª</td><td>Caso o comerciante tenha direito ao crédito na operação seguinte; quando o valor do tributo recolhido deve ser tratado como impostos a recuperar.<br>Na DVA, o valor dos impostos incidentes sobre as vendas deve ser considerado pelo valor total, uma vez que foi recolhido pelo próprio comerciante.</td></tr>
<tr><td>2ª</td><td>Se o comerciante não fizer jus ao crédito do tributo, o valor recolhido deve ser tratado como custo dos estoques.</td></tr>
</table>

## Simulação 01: DVA

**Considere a DRE da CIA JULIET.**

| DRE Cia JULIET | | |
|---|---|---|
| Conta | 20X1 | 20X2 |
| **Receita Bruta de Vendas** | 15.000.000 | 20.000.000 |
| (-) Imposto sobre Vendas (ICMS) | 3.000.000 | 4.000.000 |
| **Receita Líquida de Vendas** | 12.000.000 | 16.000.000 |
| (-) CMV | 6.000.000 | 7.000.000 |
| **Lucro Operacional Bruto** | 6.000.000 | 9.000.000 |
| (-) Despesas Operacionais | (3.000.000) | (4.000.000) |
| Receitas Operacionais | 2.000.000 | 2.500.000 |
| (-) Outras Despesas Operacionais | (1.000.000) | (2.000.000) |
| Outras Receitas Operacionais | 0 | 2.400.000 |
| **Lucro Operacional Líquido** | 4.000.000 | 7.900.000 |
| (-) Outras Despesas | (250.000) | (500.000) |
| Outras Receitas | 350.000 | 1.000.000 |
| **LAIR** | 4.100.000 | 7.400.000 |
| (-) Despesa com IR e CSLL | 1.100.000 | 1.500.000 |
| (-) Participações Estatutárias | 300.000 | 500.000 |
| **Lucro Líquido** | 2.700.000 | 5.400.000 |
| (/) número de ações | 3.000 | 3.000 |
| **(=) Lucro Líquido por Ação** | 900 | 1.800 |

**Dados adicionais de 20X2:**

**1. ICMS destacado nas compras de mercadorias:** R$ 800.000

**2. Detalhamento das Despesas Operacionais:**

| | | |
|---|---|---|
| Despesas de Vendas | R$ 2.000.000 | Perdas Estimadas para Créditos de Liquidação Duvidosa: 500.000<br>Fretes: 1.000.000<br>Comissões de Vendedores: 500.000 |
| Despesas Administrativas | R$ 1.500.000 | Remuneração Pessoal: 750.000<br>Tributos: 150.000<br>Depreciação: 400.000<br>Despesas com utilidades (Energia elétrica, Água, Comunicação): 200.000 |
| Despesas Financeiras | R$ 500.000 | |
| Total | R$ 4.000.000 | |

**3. Outras Despesas Operacionais referem-se a perda de equivalência patrimonial.**

**4. Foram distribuídos dividendos de 3.000.000, sendo R$ 2.500.00 referentes a Lucro Líquido desse exercício e R$ 500.000 referente a reservas de Lucros.**

**Procedimentos Iniciais**

**Inicialmente cabe identificar o CMV na DVA.**

**CMV na DVA = CMV na DRE +** Impostos sobre Compras (ICMS de 20%)

**CMV = 7.000.000 + 800.000**

**Outra opção seria aplicar a alíquota dada do ICMS.**

$$CMV\ da\ DVA = \frac{CMV\ da\ DRE}{(1 - Alíquota\ do\ ICMS)}$$

**Posteriormente, cabe identificar a riqueza a ser distribuída ao Governo via ICMS (20%).**

ICMS alocado na distribuição = ICMS sobre vendas – ICMS sobre compras →

ICMS alocado na distribuição = 4.000.000 – 800.000 → 3.200.000

## DVA 20X2

| | |
|---|---|
| 1. Receitas | 22.000.000 |
| 1.1.Vendas de Mercadorias, Produtos e Serviços | 20.000.000 |
| 1.2.Outras Receitas | 2.500.00 |
| 1.3. Receitas relativas à construção de ativos próprios | 0 |
| 1.4.1. Reversão perdas estimadas para créditos de liquidação duvidosa | 0 |
| 1.4.2. (-) Constituição perdas estimadas para créditos de liquidação duvidosa | (500.000) |
| 2.Insumos adquiridos de terceiros (inclui os valores dos impostos – ICMS, IPI, PIS e COFINS) | (9.000.000) |
| 2.1.Custos dos produtos, das mercadorias e dos serviços vendidos **(CMV da DRE+ Impostos)** | (7.800.000) |
| 2.2.Materiais, energia, serviços de terceiros e outros (Despesas com utilidades, Fretes) | (1.200.000) |

| | |
|---|---|
| 2.3.Perda / Recuperação de valores ativos | 0 |
| 2.4.Outras (especificar) | 0 |
| **3. Valor Adicionado Bruto (1-2)** | **13.000.000** |
| 4.Depreciação, Amortização e Exaustão | (400.000) |
| **5. Valor Adicionado Produzido pela Entidade (3-4)** | **12.600.000** |
| 6. Valor Adicionado Recebido em Transferência | 400.000 |
| 6.1.Resultado de equivalência patrimonial | **(2.000.000)** |
| 6.2.Receitas financeiras | **2.400.000** |
| 6.3.Outras | **0** |
| 7. Valor Adicionado Total a Distribuir (7=8) | 13.000.000 |
| 8. Distribuição do Valor Adicionado (8=7) | 13.000.000 |
| 8.1. Empregados (Pessoal) | 1.250.000 |
| 8.1.1.Remuneração direta | **750.000 + 500.000** |
| 8.1.2.Benefícios | **0** |
| 8.1.3. F.G.T.S | **0** |
| 8.2.Governo (Impostos, taxas e contribuições ) | 4.850.000 |
| 8.2.1.Federal | **1.500.000** |
| 8.2.2.Estadual | **3.200.000** |
| 8.2.3.Municipal | **150.000** |
| 8.3.Remuneração de capitais de terceiros | 500.000 |
| 8.3.1.Juros | **500.000** |
| 8.3.2.Alugueis | **0** |
| 8.3.3.Outras | **0** |
| 8.4.Remuneração de Capitais Próprios | 6.400.000 |
| 8.4.1. Juros sobre o Capital Próprio | |
| 8.4.2.Dividendos | **2.500.000** |
| 8.4.3.Lucros retidos a | **3.900.000** |

**Legenda:** (a) Como foi feita uma simulação, chegou-se a esse valor por eliminação.

# 4. LISTA DE QUESTÕES OBJETIVAS

## 1ª Questão (Receita Federal Auditor 2014 ESAF)

Na elaboração da Demonstração do Valor Adicionado (DVA), as Receitas Financeiras de Juros recebidas por entidades comerciais e o valor da contribuição patronal para a Previdência Social são, respectivamente:

a) Valor adicionado recebido em transferência e distribuição da riqueza obtida.

b) Distribuição da Riqueza Obtida e Valor adicionado recebido por substituição.

c) Receitas derivadas de produtos ou serviços e item do Valor Adicionado Bruto.

d) Valor Adicionado Bruto e Receitas derivadas de produtos ou serviços.

e) Receitas derivadas de produtos ou serviços e Valor adicionado recebido por substituição.

### Solução

As Receitas Financeiras de Juros recebidas por entidades comerciais são registradas no item valor adicionado recebido em transferência.

O valor da contribuição patronal para a Previdência Social representa uma distribuição do valor adicionado, ou seja, uma distribuição da riqueza obtida.

Gabarito: **A**

## 2ª Questão (Receita Federal Auditor 2023 FGV)

Uma entidade que presta serviços de consultoria contabilizou as seguintes transações no ano de X0:

| | |
|---|---|
| Receita de serviços: | R$500.000 |
| Receita com a venda de ativo imobilizado: | R$80.000 |
| Receita com aluguel de imóvel a terceiros: | R$15.000 |
| Receita com variação cambial ativa: | R$14.000 |
| Receita com direito de franquia: | R$6.000 |
| Custo dos serviços prestados: | R$160.000 |
| Custo do ativo imobilizado vendido: | R$60.000 |
| Despesa de salários de funcionários administrativos: | R$50.000 |
| Despesa com serviços de contabilidade terceirizada: | R$30.000 |
| Despesa com assistência médica a funcionários: | R$25.000 |
| Despesa com alimentação de funcionários: | R$42.000 |
| Despesa de depreciação dos ativos imobilizados usados para a prestação dos serviços: | R$18.000 |
| Despesa com aluguel da sede da empresa: | R$36.000 |
| Despesa com juros: | R$12.000 |
| Incidência de 34% do lucro líquido a título de imposto de renda e contribuição social | |
| Distribuição de 30% do lucro após o imposto de renda e contribuição social aos acionistas | |

Todas as receitas são tributáveis, e as despesas, dedutíveis. Além disso, a constituição da reserva legal não foi necessária.Em relação à Demonstração do Valor Adicionado da entidade, analise as afirmações a seguir.

I. Valor adicionado recebido em transferência: R$21.000.

II. Valor adicionado a distribuir a pessoal: R$75.000.

III. Valor adicionado a distribuir a impostos, taxas e contribuições: R$61.880.

IV. Valor adicionado a distribuir a remuneração de capitais próprios: R$36.036.

V. Valor adicionado a distribuir a remuneração de capitais de terceiros: R$48.000.

Está correto o que se afirma em

(A) I e II, apenas.
(B) III e IV, apenas.
(C) III e V, apenas.
(D) I, III e V, apenas.
(E) II, IV e V, apenas.

## Solução

### Demonstração do Resultado do Exercício modelo CPC 26

| | |
|---|---|
| **Receita Líquida de Serviços** | **R$ 500.000** |
| ( – ) Custo dos Serviços Prestados | (R$ 160.000) |
| **( = ) Lucro Bruto** | **R$ 340.000** |
| Ganho com a venda de imobilizado | 20.000 = 80.000 – 60.000 |
| Receita com aluguel | 15.000 |
| Receita com direito de Franquia | R$ 6.000 |
| ( – ) Despesa de salários | (R$ 50.000) |
| ( – ) Despesa com serviços de contabilidade terceirizada | (R$ 30.000) |
| ( – ) Despesa com assistência médica | (R$ 25.000) |
| ( – ) Despesa com alimentação | (R$ 42.000) |
| ( – ) Depreciação | (R$ 18.000) |
| ( – ) Despesa com aluguel | (R$ 36.000) |
| **( = ) Lucro Antes do Resultado Financeiro** | **R$ 180.000** |
| ( – ) Despesa com juros | (R$ 12.000) |
| Variação Cambial Ativa | R$ 14.000 |
| **= Lucro Antes do IR/SCLL** | **R$ 182.000** |
| ( – ) IR/CSLL | (R$ 61.880) = 34% x 182.000 |
| **= Lucro Líquido** | **R$ 120.120** |

### DVA

| | |
|---|---|
| 1. Receitas | 520.000 |
| **1.1. Receita de Serviços** | **500.000** |
| **1.2.Outras Receitas (Ganho com a venda de imobilizado)** | **20.000** |
| 2.Insumos adquiridos de terceiros (inclui os valores dos impostos – ICMS, IPI, PIS e COFINS) | (190.000) |
| **2.1.Custos dos produtos, das mercadorias e dos serviços vendidos** (CMV da DRE+ Impostos) | **(160.000)** |
| **2.2.Materiais, energia, serviços de terceiros e outros (Despesa com serviços de contabilidade terceirizada)** | **(30.000)** |
| 3. Valor Adicionado Bruto (1-2) | 330.000 |
| **4.Depreciação, Amortização e Exaustão** | **(18.000)** |
| 5. Valor Adicionado Produzido pela Entidade (3-4) | 312.000 |
| 6. Valor Adicionado Recebido em Transferência | 35.000 |
| **6.2.Receitas financeiras (Variação Cambial Ativa)** | **14.000** |
| **6.3.Outras (Receita com aluguel, Receita com direito de Franquia)** | **21.000** |
| 7. Valor Adicionado Total a Distribuir (7=8) | 347.000 |
| 8. Distribuição do Valor Adicionado (8=7) | 347.000 |

| | |
|---|---|
| 8.1. Empregados (Pessoal) | 117.000 |
| **8.1.1.Remuneração direta** | **50.000** |
| **8.1.2.Benefícios (assistência médica, alimentação )** | **67.000** |
| 8.2.Governo (Impostos, taxas e contribuições ) | 61.880 |
| **8.2.1.Federal** | **61.880** |
| 8.3.Remuneração de capitais de terceiros | 48.000 |
| **8.3.1.Juros** | **12.000** |
| **8.3.2.Alugueis** | **36.000** |
| 8.4.Remuneração de Capitais Próprios | 120.120 |
| **8.4.3.Lucros retidos** | **120.120** |

I. Incorreta. O valor adicionado recebido em transferência **é igual a R$ 35.000 e não R$ 21.000.**

II. Incorreta. O valor adicionado a distribuir a pessoal **é de R$ 117.000 e não R$ 75.000.**

III. **Correta.** O valor adicionado a distribuir a impostos, taxas e contribuições é de R$ 61.880.

IV. Incorreta. O valor adicionado a distribuir a remuneração de capitais próprios **é de R$ 120.120 e não R$36.036.**

V. **Correta.** O valor adicionado a distribuir a remuneração de capitais de terceiros é de R$ 48.000.

Gabarito: **C**

## 5. LISTA DE QUESTÕES DISCURSIVAS

### 1ª Questão (CONFERE Contador 2019 INPC)

Aponte e explique as demonstrações financeiras, prevista na Lei nº 6.404/1976, que deverão ser informadas pelas companhias de capital aberto.

### 2ª Questão (Conselho Federal de Química Contador 2021 IADES)

Redija um texto dissertativo e (ou) descritivo com o tema objetivo do demonstrativo e utilidade para o stakeholder. Aborde, necessariamente, os seguintes tópicos: a) balanço patrimonial; b) demonstração do resultado; c) demonstração dos lucros e prejuízos acumulados; d) fluxo de caixa; e)demonstração do valor adicionado.

### Resolução das Questões 1 e 2

São 5 as demonstrações contábeis obrigatórias para as Companhias Abertas: Balanço Patrimonial, Demonstração do Resultado do Exercício, Demonstração dos Lucros e Prejuízos Acumulados, Demonstração dos Fluxos de Caixa, Demonstração do Valor Adicionado.

O Balanço Patrimonial tem o propósito de apresentar uma posição estruturada da situação patrimonial e financeira de uma entidade contábil mediante dis-

Unidade Didática IV Demonstrações Contábeis – Apresentação e Análise de Balanços

criminação e evidenciação dos itens que compõem o patrimônio da entidade. No balanço patrimonial, os diversos usuários da informação contábil podem reconhecer os ativos, passivos e patrimônio líquido da organização e assim obter informações sobre as origens e usos dos recursos econômicos da entidade que reporta, reivindicações contra a entidade e alterações em recursos e reivindicações. Podem ainda extrair importantes indicadores de performance, de endividamento e de liquidez, dentre outros, em termos de evolução ou de composição da situação patrimonial da instituição.

Com o objetivo de evidenciar as principais características do desempenho econômico da instituição, na Demonstração do Resultado do Exercício é discriminada a composição e a formação do resultado (ou lucro) de determinado período. Ao reconhecer receitas e despesas, no sentido amplo, também é possível visualizar como a instituição realiza suas margens de lucro, o peso e a relevância de custos e de suas despesas operacionais e não operacionais. Também, por esse demonstrativo, se extrai informações para formação de índices de rentabilidade do investimento e do patrimônio líquido, de diversos tipos de margens de lucro, com os quais se pode analisar a situação atual com relação ao mercado e concorrência e/ou projetar possíveis tendências de resultados.

A Demonstração dos Lucros e Prejuízos Acumulados evidencia toda a movimentação ocorrida na conta Lucros e Prejuízos Acumulados. Para o usuário é relevante pois fornece os recursos distribuídos para dividendos. A DLPA deverá indicar o montante do dividendo por ação do capital social e poderá ser incluída na demonstração das mutações do patrimônio líquido (DMPL), se elaborada e publicada pela companhia.

A Demonstração dos Fluxos de Caixa constitui na principal ferramenta de controle financeiro de qualquer entidade contábil, pois nele são discriminadas e aprazadas todos os recebimentos (entradas) e pagamentos (saídas) por períodos. Com ele a instituição passa a contar com um instrumento de controle financeiro que lhe permite acompanhar e gerenciar as movimentações financeiras, tanto em termos atuais como em visão prospectiva de forma direta. Para o usuário externo, o fluxo de caixa indireto é uma peça importante para que se possa avaliar a capacidade de geração líquida de caixa, o nível de conversão de lucro em caixa, os efeitos dos financiamentos e investimentos, enfim a liquidez e capacidade financeira de forma geral da instituição.

A Demonstração do Valor Adicionado (DVA) tem por finalidade evidenciar a riqueza criada pela entidade e sua distribuição. Esse demonstrativo tem sua utilidade mais de cunho macroeconômico. Nesse sentido, pode ser utilizada pelos órgãos da administração pública para avaliar de que forma a entidade influencia economicamente a comunidade na qual está inserida. Também serve para que entidades representativas, como sindicatos, avaliam comparativamente a remuneração dos trabalhadores. De forma geral, serve para avaliação dos efeitos sociais produzidos pela distribuição da riqueza entre os elementos que participaram de sua geração, tais como empregados, financiadores, acionistas, governo e outros, bem como a parcela da riqueza não distribuída.

### 3ª Questão (MP-GO Analista Contábil 2022 FGV)

Uma sociedade empresária apresentava o seguinte balanço patrimonial em 01/12/X0:

| Ativo | | Passivo | |
|---|---|---|---|
| **Ativo Circulante** | **95.000** | **Passivo Circulante** | **15.000** |
| Caixa | 65.000 | Dividendos a pagar | 15.000 |
| Estoques | 30.000 | **Patrimônio Líquido** | **150.000** |
| **Ativo Imobilizado** | **70.000** | Cap.Social | 150.000 |
| Móveis | 80.000 | | |
| Dep. Acum. - | 10.000 | | |
| Ativo Total | 165.000 | Passivo + PL | 165.000 |

Os móveis são depreciados pelo método de linha reta e a vida útil é estimada em seis anos. Ainda, o valor residual estimado é de R$8.000. Em dezembro de X0, aconteceram os seguintes fatos:

- 01/12: Pagamento de dois anos de aluguel antecipado no valor de R$48.000. A empresa começa a utilizar o local na mesma data.
- 01/12: Aplicação de R$10.000 em um fundo de longo prazo. Os juros mensais são de R$500 ao mês e são mensalmente incorporados ao valor do principal, a partir de dezembro.
- 10/12: Pagamento dos dividendos que estavam contabilizados no passivo.
- 25/12: Reconhecimento da venda de todo o estoque por R$80.000. O valor foi recebido à vista.
- 31/12: Reconhecimento e pagamento da despesa com pessoal no valor de R$40.000 sendo que, do valor, R$25.000 diziam respeito aos salários de seus funcionários e R$15.000 à mão de obra terceirizada.
- 31/12: Reconhecimento da despesa de aluguel e da depreciação dos móveis.
- 31/12: A empresa reconheceu imposto de renda e contribuição social de 20% do lucro para pagamento no período seguinte.

**Indique em 31/12/X0:**

a) O valor Adicionado Bruto.

b) O valor adicionado produzido pela entidade.

c) O valor adicionado recebido em transferência.

d) O valor adicionado a distribuir.

e) A distribuição do valor adicionado entre os quatro principais componentes definidos pelo pronunciamento técnico CPC 09- Demonstração do Valor Adicionado.

**Dicas:**

1. Calcular a depreciação mensal.
2. O aluguel antecipado não afeta a DRE, apenas a competência de dezembro 1/24 avos.

3. Pagamento dos dividendos que estavam contabilizados no passivo não afeta a DRE e DVA pois é uma transação cuja competência já ocorreu.

## Resolução da Questão

| **Receita Líquida de Serviços** | **R$ 80.000** |
|---|---|
| ( – ) Custo das Mercadorias Vendidas | (R$ 30.000) |
| **( = ) Lucro Bruto** | **R$ 50.000** |
| ( – ) Despesa de salários | (R$ 25.000) |
| ( – ) Despesa com terceirizados | (R$ 15.000) |
| ( – ) Depreciação | (R$ 1.000)a |
| ( – ) Despesa com aluguel | (R$ 2.000) |
| **( = ) Lucro Antes do Resultado Financeiro** | **R$ 7.000** |
| ( + ) Receita com juros | R$ 500 |
| **= Lucro Antes do IR/SCLL** | **R$ 7.500** |
| ( – ) IR/CSLL (20%) | (R$ 1.500) |
| **= Lucro Líquido** | **R$ 6.000** |

**Legenda:** (a) **Valor Depreciável/ano= (80.000-8.000)/6 → 72.000/6→ 12.000. Valor depreciável/ mês = 12.000/12 → 1.000.** (b) **48.000/24 meses.**

**A partir da DRE, elaborou-se a DVA:**

**Demonstração do Valor Adicionado**

| **1. Receitas** | **80.000** |
|---|---|
| 1.1. Receita de Vendas Mercadorias | 80.000 |
| **2. Insumos adquiridos de terceiros (inclui os valores dos impostos – ICMS, IPI, PIS e COFINS)** | **(45.000)** |
| 2.1. Custos das mercadorias | (30.000) |
| 2.2. Materiais, energia, serviços de terceiros e outros (Despesa com serviços de contabilidade terceirizada) | (15.000) |
| **3. Valor Adicionado Bruto (1-2)** | **35.000** |
| **4. Depreciação, Amortização e Exaustão** | **(1.000)** |
| **5. Valor Adicionado Produzido pela Entidade (3-4)** | **34.000** |
| **6. Valor Adicionado Recebido em Transferência** | **500** |
| 6.2. Receitas financeiras (Variação Cambial Ativa) | 500 |
| **7. Valor Adicionado Total a Distribuir (7=8)** | **34.500** |
| **8. Distribuição do Valor Adicionado (8=7)** | **34.500** |
| 8.1. Empregados (Pessoal) | 25.000 |
| 8.1.1.Remuneração direta | 25.000 |
| 8.2. Governo (Impostos, taxas e contribuições ) | 1.500 |
| 8.2.1. Federal | 1.500 |
| 8.3. Remuneração de capitais de terceiros | 2.000 |
| 8.3.2. Alugueis | 2.000 |
| 8.4.Remuneração de Capitais Próprios | 6.000 |
| 8.4.3.Lucros retidos | 6.000 |

Diante do exposto, tem-se:

a) O valor Adicionado Bruto → R$ 35.000.
b) O valor adicionado produzido pela entidade → R$ 34.000.
c) O valor adicionado recebido em transferência → 500.
d) O valor adicionado a distribuir → 34.500.
e) A distribuição do valor adicionado entre os quatro principais componentes: Empregados (R$ 25.000); Governo (1.500); Remuneração de capitais de terceiros (R$ 2.000); Remuneração de Capitais de Capitais Próprios (R$ 6.000).

## 4ª Questão (Câmara dos Deputados Analista Legislativo – Contador – 2023 – FGV)

Em 01/01/2022, uma sociedade empresária iniciou a construção de um ativo para utilizar em seus negócios. Para auxiliar na construção, adquiriu, nesta data, uma máquina por R$20.000. A sociedade empresária esperava utilizar esta máquina durante dois anos e vendê-la por R$10.000. Além disso, utilizou, na construção, materiais, que custaram R$50.000. Ainda, havia três funcionários da entidade trabalhando exclusivamente na construção. Os gastos mensais com estes, incluindo remuneração direta e indireta, era de R$12.000. Para possibilitar os recursos necessários para a produção, foi contraído um empréstimo bancário de R$100.000 para pagamento em 31/12/2025, com juros de R$4.000 ao semestre, amortizados linearmente.

O ativo ficou pronto em 01/07/2022 e começou a ser utilizado nas operações imediatamente. A sociedade empresária estimava utilizá-lo durante cinco anos e não considerava valor residual. Os três funcionários, que antes trabalhavam na construção, continuaram trabalhando nas atividades da sociedade empresária. Em 31/12/2022, a sociedade empresária elaborou suas demonstrações contábeis.

1. Indique comso os gastos listados a seguir devem ser apresentados na Demonstração do Resultado do Exercício e na Demonstração do Valor Adicionado da sociedade empresária, considerando o primeiro e o segundo semestre de 2022.

a. Depreciação da máquina adquirida;

b. Materiais utilizados na construção;

c. Remuneração dos três funcionários;

d. Juros relacionados ao empréstimo bancário.

2. Indique as demais receitas e despesas que devem ser apresentadas pela sociedade empresária no ano de 2022.

a. na Demonstração do Resultado do Exercício;

b. na Demonstração do Valor Adicionado.

Unidade Didática IV
Demonstrações Contábeis –
Apresentação e Análise de Balanços

## Resolução da Questão

Considerando a situação hipotética, quanto ao item 1 destacam-se quatro itens: depreciação da máquina adquirida, materiais utilizados na construção, remuneração dos três funcionários, juros relacionados ao empréstimo bancário.

A depreciação da máquina adquirida, na DRE deve ser evidenciada como despesa operacional, apenas no segundo semestre; enquanto na DVA, a depreciação deve ser evidenciada entre o Valor Adicionado Bruto e Valor Adicionado Produzido (Líquido).

Os materiais utilizados na construção não são evidenciados na DRE; enquanto na DVA devem ser evidenciados no campo "Insumos adquiridos de terceiros".

A remuneração dos três funcionários deve ser evidenciada na DRE no campo despesa operacional, apenas no segundo semestre; enquanto na DVA deve ser evidenciada no campo "distribuição do valor adicionado a pessoal".

Os juros relacionados ao empréstimo bancário devem constar na DRE como despesa financeira, apenas no segundo semestre; enquanto na DVA devem ser evidenciados no campo "distribuição do valor adicionado a remuneração de capital de terceiros".

Considerando a situação hipotética, quanto ao item 2 inicialmente deve-se calcular o valor do ativo gerando internamente. Foram considerados: (i) R$ 50.000 de materiais, (ii) R$ 72.000 de funcionários referente ao tempo de execução do projeto entre 01/01/2022 e 01/07/2022 (6 x 12.000); (iii) R$ 4.000 de juros referente ao tempo de execução do projeto entre 01/01/2022 e 01/07/2022; (iv) R$ 2.500 de depreciação referente ao tempo de execução do projeto entre 01/01/2022 e 01/07/2022 considerando o valor depreciável ao ano de R$ 5.000 [(20.000 - 10.000)/2]. Desse modo, o valor total do ativo construído fora de R$128.500. Esse ativo será depreciado a taxa de 20% ano; contudo considerando que ele foi disponibilizado para uso em 01/07/2022 será considerado metade desse valor para 31/12/2022, qual seja: R$ 12.850.

Além disso, os funcionários continuaram trabalhando na empresa, gerando totalizando despesas operacionais de R$ 72.000.

Conclui-se que além das despesas citadas no item 1, devem ser evidenciadas na DRE: despesas operacionais com pessoal no valor de R$ 72.000 e de depreciação no valor de R$ 12.850. Não há receitas.

Na DVA, além dos itens citados no item 1, deve constar no campo "Receitas relativas à construção de ativos próprios" o valor de R$128.500; a depreciação de R$ 12.850 deve ser evidenciada entre o Valor Adicionado Bruto e Valor Adicionado Produzido (Líquido); e a remuneração de R$ 72.000 do segundo semestre deve ser evidenciada no campo "distribuição do valor adicionado a pessoal".

CAPÍTULO 24

# NOTAS EXPLICATIVAS

## 1. CONCEITO E BASE NORMATIVA

De acordo com o CPC 26, notas explicativas contêm informação adicional em relação à apresentada nas demonstrações contábeis. As notas explicativas oferecem descrições narrativas ou segregações e aberturas de itens divulgados nessas demonstrações e informação acerca de itens que não se enquadram nos critérios de reconhecimento nas demonstrações contábeis.

| Atenção |
| --- |
| 1. As Notas Explicativas são consideradas demonstrações contábeis.<br>2. Existem itens, como por exemplo, passivos contingentes, que não estão associadas a nenhuma demonstração contábil e devem ser divulgados (exceto se forem de probabilidade remota). |

De acordo com a Lei nº 6.404/1976:

***Art. 176.[...]***

*§ 4º As demonstrações serão **complementadas por notas explicativas e outros quadros analíticos** ou demonstrações contábeis necessários para esclarecimento da situação patrimonial e dos resultados do exercício.*

*[...]*

***§ 5º As notas explicativas devem:***

*I – apresentar informações sobre **a base de preparação das demonstrações financeiras e das práticas contábeis específicas** selecionadas e aplicadas para negócios e eventos significativos;*

*II – divulgar as informações exigidas pelas práticas contábeis adotadas no Brasil que não estejam apresentadas em nenhuma outra parte das demonstrações financeiras;*

*III – fornecer informações adicionais não indicadas nas próprias demonstrações financeiras e consideradas necessárias para uma apresentação adequada; e*

***IV – indicar:***

*a) os* ***principais critérios de avaliação dos elementos patrimoniais****, especialmente estoques, dos cálculos de depreciação, amortização e exaustão, de constituição de provisões para encargos ou riscos, e dos ajustes para atender a perdas prováveis na realização de elementos do ativo;*

*b) os* ***investimentos em outras sociedades****, quando relevantes (art. 247, parágrafo único;*

*c) o* ***aumento de valor de elementos do ativo resultante de novas avaliações*** *(art. 182, § 3º);*

*d) os* ***ônus reais constituídos sobre elementos do ativo****, as garantias prestadas a terceiros e outras responsabilidades eventuais ou contingentes;*

*e) a* ***taxa de juros, as datas de vencimento e as garantias das obrigações a longo prazo****;*

*f) o* ***número, espécies e classes das ações*** *do capital social;*

*g) as* ***opções de compra de ações outorgadas*** *e exercidas no exercício;*

*h) os* ***ajustes de exercícios anteriores***[1] *(art. 186, § 1o); e*

*i) os* ***eventos subsequentes*** *à data de encerramento do exercício que tenham, ou possam vir a ter, efeito relevante sobre a situação financeira e os resultados futuros da companhia.*

## 2. ESTRUTURA EXIGIDA

| As notas explicativas devem: |
|---|
| **1.** Apresentar informação acerca da base para a elaboração das demonstrações contábeis e das políticas contábeis específicas utilizadas. |
| **2.** Divulgar a informação requerida pelos Pronunciamentos Técnicos, Orientações e Interpretações do CPC que não tenha sido apresentada nas demonstrações contábeis. |
| **3.** Prover informação adicional que não tenha sido apresentada nas demonstrações contábeis, mas que seja relevante para sua compreensão. |

As notas explicativas **devem ser apresentadas**, tanto quanto seja praticável, **de forma sistemática**. Na determinação de forma sistemática, a entidade **deve considerar os efeitos sobre a compreensibilidade e comparabilidade das suas demonstrações contábeis.** Cada item das demonstrações contábeis deve ter **referência cruzada** com a respectiva informação apresentada nas notas explicativas.

**Chamada 150 do autor:** Notas Explicativas – Visão Geral

[1] Lei nº 6.404/1976. Art. 186. § 1º Como ajustes de exercícios anteriores serão considerados apenas os decorrentes de efeitos da mudança de critério contábil, ou da retificação de erro imputável a determinado exercício anterior, e que não possam ser atribuídos a fatos subsequentes.

<table>
<tr><th colspan="3">Exemplos de ordenação ou agrupamento sistemático das notas explicativas incluem:</th></tr>
<tr><td colspan="3">1. Dar destaque para as áreas de atividades que a entidade considera mais relevantes para a compreensão do seu desempenho financeiro e da posição financeira, como agrupar informações sobre determinadas atividades operacionais;<br>2. Agrupar informações sobre contas mensuradas de forma semelhante, como os ativos mensurados ao valor justo; ou<br>3. Seguir a ordem das contas das demonstrações do resultado e de outros resultados abrangentes e do balanço patrimonial, tais como (ver Quadro 24.1 e Figura 24.1):</td></tr>
<tr><td>1</td><td>Declaração de conformidade com os Pronunciamentos Técnicos, Orientações e Interpretações do CPC.</td><td>A entidade cujas demonstrações contábeis estão em conformidade com os Pronunciamentos Técnicos, Interpretações e Orientações do CPC deve declarar de forma explícita e sem reservas essa conformidade nas notas explicativas. A entidade não deve afirmar que suas demonstrações contábeis estão de acordo com esses Pronunciamentos Técnicos, Interpretações e Orientações a menos que cumpra todos os seus requisitos.</td></tr>
<tr><td>2</td><td>Políticas contábeis significativas aplicadas →</td><td>A entidade deve divulgar suas políticas contábeis significativas que compreendem:<br>1. A base (ou bases) de mensuração utilizada(s) na elaboração das demonstrações contábeis; e<br>2. Outras políticas contábeis utilizadas que sejam relevantes para a compreensão das demonstrações contábeis.</td></tr>
<tr><td>3</td><td colspan="2">Informação de suporte de itens apresentados nas demonstrações contábeis pela ordem em que cada demonstração e cada rubrica sejam apresentadas.</td></tr>
<tr><td>4</td><td>Outras divulgações, incluindo</td><td>1. Passivos e compromissos contratuais não reconhecidos; e<br>2. Divulgações não financeiras, por exemplo, os objetivos e as políticas de gestão do risco financeiro da entidade.</td></tr>
</table>

**As notas explicativas que proporcionam informação acerca da base para a elaboração das demonstrações contábeis e as políticas contábeis específicas podem ser apresentadas como seção separada das demonstrações contábeis.** O Quadro 24.1 e a Figura 24.1 evidenciam exemplo de Demonstrações Financeiras e Notas Explicativas.

Quadro 24.1: Exemplo de Estrutura Sequencial de Demonstrações Financeiras e Notas Explicativas

<table>
<tr><th colspan="2">Relatório de Auditoria e Demonstrações Financeiras</th></tr>
<tr><th colspan="2">Notas Explicativas às Demonstrações Financeiras: itens</th></tr>
<tr><td>1</td><td>A Companhia e suas operações.</td></tr>
<tr><td>2</td><td>Base de preparação e apresentação das demonstrações financeiras.</td></tr>
</table>

| 3 | Sumário das principais práticas contábeis. |
|---|---|
| 4 | Estimativas e julgamentos relevantes. |
| 5 | Contas a receber. |
| 6 | Imobilizado. |
| 7 | Fornecedores. |
| 8 | Arrendamentos mercantis. |
| 9 | Partes Relacionadas. |
| 10 | Processos judiciais e contingências. |
| 11 | Tributos. |
| 12 | Patrimônio líquido. |
| 13 | Instrumentos financeiros. |
| 14 | Gerenciamento de riscos. |
| 15 | Receita de serviços. |
| 16 | Resultado financeiro líquido. |
| 17 | Outras receitas (despesas) líquidas. |
| 18 | Despesas e custos por natureza. |
| 19 | Eventos subsequentes. |
| 20 | Composição da Diretoria e Contador. |

**Figura 24.1:** Exemplo de Demonstrações Financeiras e Notas Explicativas: Trechos

Petrobras Logística de Exploração

(Controlada da Petróleo Brasileiro S.A. - Petrobras)

**Demonstrações financeiras em 31 de dezembro de 2021**

# Relatório dos auditores independentes sobre as demonstrações financeiras

Aos administradores e aos acionistas da
Petrobras Logística de Exploração e Produção S.A.
Rio de Janeiro – RJ

**Opinião**

Examinamos as demonstrações financeiras da Petrobras Logística de Exploração e Produção S.A. ("Companhia" ou "PB-LOG"), que compreendem o balanço patrimonial em 31 de dezembro de 2021 e as respectivas demonstrações do resultado, do resultado abrangente, das mutações do patrimônio líquido e dos fluxos de caixa para o exercício findo nessa data, bem como as correspondentes notas explicativas, compreendendo as políticas contábeis significativas e outras informações elucidativas.

Em nossa opinião, as demonstrações financeiras acima referidas apresentam adequadamente, em todos os aspectos relevantes, a posição patrimonial e financeira da Petrobras Logística de Exploração e Produção S.A. em 31 de dezembro de 2021, o desempenho de suas operações e os seus fluxos de caixa para o exercício findo nessa data, de acordo com as práticas contábeis adotadas no Brasil.

Como parte da auditoria realizada de acordo com as normas brasileiras e internacionais de auditoria, exercemos julgamento profissional e mantemos ceticismo profissional ao longo da auditoria. Além disso:

- Identificamos e avaliamos os riscos de distorção relevante nas demonstrações financeiras, independentemente se causada por fraude ou erro, planejamos e executamos procedimentos de auditoria em resposta a tais riscos, bem como obtemos evidência de auditoria apropriada e suficiente para fundamentar nossa opinião. O risco de não detecção de distorção relevante resultante de fraude é maior do que o proveniente de erro, já que a fraude pode envolver o ato de burlar os controles internos, conluio, falsificação, omissão ou representações falsas intencionais.
- Obtemos entendimento dos controles internos relevantes para a auditoria para planejarmos procedimentos de auditoria apropriados às circunstâncias, mas não com o objetivo de expressarmos opinião sobre a eficácia dos controles internos da PB-LOG.
- Avaliamos a adequação das políticas contábeis utilizadas e a razoabilidade das estimativas contábeis e respectivas divulgações feitas pela Administração.
- Concluímos sobre a adequação do uso, pela Administração, da base contábil de continuidade operacional e, com base nas evidências de auditoria obtidas, se existe incerteza relevante em relação a eventos ou condições que possam levantar dúvida significativa em relação à capacidade de continuidade operacional da PB-LOG. Se concluirmos que existe incerteza relevante, devemos chamar atenção em nosso relatório de auditoria para as respectivas divulgações nas demonstrações financeiras ou incluir modificação em nossa opinião, se as divulgações forem inadequadas. Nossas conclusões estão fundamentadas nas evidências de auditoria obtidas até a data de nosso relatório.

  Todavia, eventos ou condições futuras podem levar a Companhia a não mais se manter em continuidade operacional.
- Avaliamos a apresentação geral, a estrutura e o conteúdo das demonstrações financeiras, inclusive as divulgações e se as demonstrações financeiras representam as correspondentes transações e os eventos de maneira compatível com o objetivo de apresentação adequada.

Comunicamo-nos com a Administração a respeito, entre outros aspectos, do alcance planejado, da época da auditoria e das constatações significativas de auditoria, inclusive as eventuais deficiências significativas nos controles internos que identificamos durante nossos trabalhos.

Rio de Janeiro, 11 de março de 2022

KPMG Auditores Independentes Ltda.
CRC SP-014428/O-6 F-RJ

**Petrobras Logística de Exploração e Produção S.A.**
**(Controlada da Petróleo Brasileiro S.A. - Petrobras)**

**Balanço patrimonial**

***(Em milhares de Reais)***

| Ativo | Nota | 2021 | 2020 | Passivo | Nota | 2021 | 2020 |
|---|---|---|---|---|---|---|---|
| **Circulante** | | | | **Circulante** | | | |
| Caixa e equivalentes de caixa | | 1 | 1 | Fornecedores | 7 | 494.891 | 844.313 |
| Contas a receber de clientes, líquidas | 5 | 481.071 | 714.331 | Arrendamentos mercantis | 8 | 109 | 593 |
| Contas a receber FIDC | 5 | 353.276 | 1.054.809 | Imposto de renda, contribuição social e outros | 11 | 86.602 | 133.858 |
| Despesas antecipadas | | 936 | - | Dividendos a pagar | 12 | - | 490.204 |
| Imposto de renda, contribuição social e outros | 11 | 40.646 | 64.975 | Outras contas e despesas a pagar | | 6.021 | 6.331 |
| | | **875.930** | **1.834.116** | | | **587.623** | **1.475.299** |
| **Não Circulante** | | | | **Não Circulante** | | | |
| Contas a receber de clientes, líquidas | 5 | 45.947 | 47.353 | Arrendamentos mercantis | 8 | 1.950 | 110 |
| Imposto de renda, contribuição social e outros | 11 | 66.459 | 57.849 | Provisão para processos judiciais e administrativos | 10 | 75.025 | 62.973 |
| Imposto de renda e contribuição social diferidos | 11 | 11.142 | 6.713 | Outras contas e despesas a pagar | | 1.783 | 1.126 |
| Depósitos judiciais | 10 | 40.002 | 38.730 | | | **78.758** | **64.209** |
| Imobilizado | 6 | 1.997 | 184 | | | | |
| | | **165.547** | **150.829** | **Patrimônio Líquido** | 12 | | |
| | | | | Capital social | | 249.391 | 249.391 |
| | | | | Reserva legal | | 49.880 | 49.880 |
| | | | | Dividendos adicionais propostos | | 75.825 | 146.166 |
| | | | | | | **375.096** | **445.437** |
| **Total** | | **1.041.477** | **1.984.945** | **Total** | | **1.041.477** | **1.984.945** |

As notas explicativas são parte integrante das demonstrações financeiras.

# Notas explicativas às demonstrações financeiras

*(Em milhares de Reais)*

## 1 A Companhia e suas operações

A Petrobras Logística de Exploração e Produção S.A. ("Companhia" ou "PB-LOG") é uma sociedade anônima de capital fechado, com sede no Rio de Janeiro, no Estado do Rio de Janeiro. Constituída em 21 de novembro de 2000, a Companhia iniciou suas operações em 2 de janeiro de 2001, sob o nome de Alberto Pasqualini - REFAP S.A. Desde 1968 a refinaria funcionava como unidade operacional da Petróleo Brasileiro S.A. - Petrobras.

Em 1° de novembro de 2012, foi aprovada, por meio de Assembleia Geral Extraordinária, a reforma integral do seu Estatuto Social, modificando-se, dentre outros aspectos, a sua denominação e objeto social, passando, a partir daquela data, a denominar-se Petrobras Logística de Exploração e Produção S.A. ("PB-LOG"), cujo objeto social sofreu alterações para possibilitar o provimento de serviços logísticos para operações de exploração e de produção de petróleo e gás natural no Brasil, além da atividade de navegação de apoio marítimo e serviços correlatos.

A Companhia mantém transações relevantes com a Controladora Petróleo Brasileiro S.A. – Petrobras e segue o plano de negócios desta na condução de suas operações. Portanto, estas demonstrações financeiras devem ser lidas neste contexto.

As atividades operacionais da Companhia estão relacionadas à prestação de serviços de logística integrada e de apoio marítimo, além de construção de poços marítimos e engenharia submarina.

## 2 Base de preparação e apresentação das demonstrações financeiras

As demonstrações financeiras foram preparadas e estão sendo apresentadas de acordo com as práticas contábeis adotadas no Brasil (BRGAAP), que estão convergidas com as Normas Internacionais de Relatório Financeiro (IFRS) emitidas pelo *International Accounting Standards Board* (IASB).

Todas as informações relevantes próprias das demonstrações financeiras, e somente elas, estão sendo evidenciadas, e correspondem àquelas utilizadas pela Administração na sua gestão.

As demonstrações financeiras foram preparadas utilizando o custo histórico como base de valor, exceto quando de outra forma indicado. As principais práticas contábeis aplicadas na preparação das demonstrações financeiras estão apresentadas conforme Nota explicativa 3 – Sumário das principais práticas contábeis.

A emissão das demonstrações financeiras foi autorizada pela Diretoria Executiva da Companhia em 10 de março de 2022.

### 2.1 Demonstração do valor adicionado

A Demonstração do Valor Adicionado – DVA apresenta informações relativas à riqueza criada pela Companhia em determinado período e a forma como tais riquezas foram distribuídas. Essas demonstrações foram preparadas de acordo com o CPC 09 - Demonstração do Valor Adicionado.

### 2.2 Moeda funcional e moeda de apresentação

Estas demonstrações financeiras estão apresentadas em Reais, que é a moeda funcional da Companhia. Todos os saldos foram arredondados para o milhar mais próximo, exceto quando indicado de outra forma.

### 2.3 Novas normas e interpretações

***International Accounting Standards Board (IASB)***

Os principais normativos emitidos pelo IASB que ainda não entraram em vigor e não tiveram adoção antecipada pela Companhia até 31 de dezembro de 2021.

Unidade Didática IV
Demonstrações Contábeis –
Apresentação e Análise de Balanços

## 3 Sumário das principais práticas contábeis

As práticas contábeis para a compreensão da base de reconhecimento e mensuração aplicadas na preparação das demonstrações financeiras estão descritas abaixo das respectivas notas explicativas e são consistentes com as políticas contábeis adotadas e divulgadas nas demonstrações financeiras dos exercícios anteriores.

As notas que apresentam práticas contábeis são:

- 6. Imobilizado
- 8. Arrendamentos mercantis
- 10. Processos judiciais e contingências – Processos judiciais provisionados
- 11. Tributos
- 15. Receita de vendas de contratos com clientes

## 4 Estimativas e julgamentos relevantes

A preparação das demonstrações financeiras requer o uso de estimativas e julgamentos para determinadas operações e seus reflexos em ativos, passivos, receitas e despesas. As premissas utilizadas são baseadas no histórico e em outros fatores considerados relevantes, revisadas periodicamente pela Administração e cujos resultados reais podem diferir dos valores estimados.

A seguir são apresentadas informações apenas sobre estimativas que requerem elevado nível de julgamento ou complexidade em sua aplicação e que podem afetar materialmente a situação financeira e os resultados da Companhia.

## 5 Contas a receber

| | **2021** | **2020** |
|---|---|---|
| Partes relacionadas (Nota 9) | 527.020 | 761.684 |
| Clientes - Terceiros | 261 | 263 |
| Recebíveis de ativos financeiros - FIDC (a) | 353.276 | 1.054.809 |
| | 880.557 | 1.816.756 |
| Perdas de crédito esperadas (PCE) | (263) | (263) |
| | **880.294** | **1.816.493** |
| Circulante | 834.347 | 1.769.140 |
| Não Circulante (b) | 45.947 | 47.353 |

## 6 Imobilizado

| | **2021** | **2020** |
|---|---|---|
| Equipamentos e instalações de escritório | 3 | 4 |
| Direitos de uso | 1.994 | 180 |
| | **1.997** | **184** |

Com a adoção do CPC 06 (R2) - Arrendamentos, a Companhia reconheceu, em 1º de janeiro de 2019, os ativos de direito de uso em contrapartida a um passivo de financiamento.

## 7 Fornecedores

| | 2021 | 2020 |
|---|---|---|
| Terceiros no país | 132.314 | 156.638 |
| Partes relacionadas (Nota 9) | 362.577 | 687.675 |
| | **494.891** | **844.313** |

A redução no saldo de Partes relacionadas em comparação a 31 de dezembro de 2020 decorre principalmente de Termos para Encerramento de Pendências assinados com a Petrobras, cujos pagamentos foram efetuados em 2021.

## 8 Arrendamentos mercantis

Os arrendamentos mercantis incluem, embarcação de apoio operacional e edificação administrativa.

A movimentação dos contratos de arrendamento reconhecidos como passivos está demonstrada a seguir:

| Saldo em 2020 | Novos contratos | Encerramento antecipado | Pagamentos de principal e juros | Encargos incorridos no período | Saldo em 2021 |
|---|---|---|---|---|---|
| 703 | 1.916 | (43) | (548) | 31 | 2.059 |
| Circulante | | | | | 109 |
| Não Circulante | | | | | 1.950 |

### 9 Partes Relacionadas

#### 9.1 Transações Comerciais e outras operações

A Companhia possui política de Transações com Partes Relacionadas do Sistema Petrobras, que visa estabelecer regras para assegurar que todas as decisões envolvendo partes relacionadas e situações com potencial conflito de interesses respeitem a legislação e as partes envolvidas nas negociações.

| | Petróleo Brasileiro S.A. Petrobras | Petrobras Transporte S.A. Transpetro | Petrobras Biocombustível S.A. PBIO | Petrobras Negócios Eletronicos S.A. | 2021 | 2020 |
|---|---|---|---|---|---|---|
| **Ativo:** | | | | | | |
| Circulante | | | | | | |
| Contas a Receber | | | | | | |
| Empresas ligadas | 480.845 | 228 | - | - | 481.073 | 714.331 |
| Não circulante | - | - | - | - | - | - |
| Contas a Receber | - | - | - | - | - | - |
| Empresas ligadas | 45.947 | - | - | - | 45.947 | 47.353 |
| | **526.792** | **228** | **-** | **-** | **527.020** | **761.684** |
| **Passivo** | | | | | | |
| Circulante | | | | | | |
| Fornecedores | | | | | | |
| Empresas Ligadas | 362.351 | - | 226 | - | 362.577 | 687.675 |
| Arrendamento Mercantil | 109 | - | - | - | 109 | 89 |
| Dividendos | - | - | - | - | - | 490.204 |
| Não circulante | - | - | - | - | - | - |
| Arrendamento Mercantil | 1.950 | - | - | - | 1.950 | 110 |
| | **364.410** | **-** | **226** | **-** | **364.636** | **1.178.078** |

## 10 Processos judiciais e contingências

### 10.1 Processos judiciais provisionados

A Companhia constituiu provisões em montante suficiente para cobrir as perdas consideradas prováveis e confiavelmente estimáveis. As principais ações se referem a:

- **Processos fiscais:** Referem-se, principalmente, à não homologação de compensações de tributos federais e municipais, além de autos de infração lavrados em razão de divergência entre entendimentos das autoridades fiscais (Federal e Municipal) e da Companhia;

- **Processos trabalhistas, destacando-se:** (i) Revisão da metodologia de apuração do complemento de remuneração mínima por nível e regime; (ii) Diferenças de cálculo dos reflexos das horas extras nos repousos semanais remunerados; (iii) Ações individuais de terceirizados com pleito de verba rescisórias entre outros; e

- **Processos cíveis:** Pincipalmente contratos de afretamento.

## 11 Tributos

### 11.1 Imposto de renda, contribuição social e outros tributos a recuperar e a recolher

| | Ativo circulante | | Ativo não circulante | | Passivo circulante | |
|---|---|---|---|---|---|---|
| | **2021** | **2020** | **2021** | **2020** | **2021** | **2020** |
| Imposto de Renda e Contribuição Social | 185 | 22.587 | - | - | 40.003 | 80.488 |
| PIS/COFINS | 40.347 | 42.275 | 66.459 | 57.849 | 258 | 16.508 |
| Imposto Sobre Serviços | - | - | - | - | 29.391 | 23.017 |
| Outros | 114 | 113 | - | - | 16.950 | 13.845 |
| | **40.646** | **64.975** | **66.459** | **57.849** | **86.602** | **133.858** |

O imposto de renda e a contribuição social serão recuperados no curso das atividades operacionais da Companhia.

## 12 Patrimônio líquido

### 12.1 Capital social

Em 31 de dezembro de 2019 o capital subscrito e integralizado era no montante de R$ 3.162.458. Em Assembleia Geral Extraordinária (AGE), realizada em 30 de abril de 2020, foi aprovada a capitalização de parte da reserva legal no montante de R$ 249.391 e a redução de capital social no montante de R$ 3.162.458, que foi liquidada financeiramente em 21 de agosto de 2020. Desta forma, o capital social da Companhia em 31 de dezembro de 2021 e 2020 é de R$ 249.391, sendo composto por 2.360.959.993 ações ordinárias nominativas, sem valor nominal.

### 12.2 Participação acionária

O capital social da Sociedade é controlado em 100% pela empresa Petróleo Brasileiro S.A. – Petrobras.

## 13 Instrumentos financeiros

### 13.1 Instrumentos financeiros

A Companhia mantém operações com instrumentos financeiros. A administração desses instrumentos é efetuada por meio de estratégias operacionais e controles internos visando assegurar sua liquidez e rentabilidade. A política de controle consiste em acompanhar permanentemente as condições contratadas versus condições vigentes no mercado.

Em 31 de dezembro de 2021 e 31 de dezembro de 2020, a Companhia não efetuou aplicações de caráter especulativo. Os resultados estão condizentes com as políticas e estratégias definidas pela Administração da Companhia.

Não foram identificados derivativos embutidos nas operações da Companhia.

## 14 Gerenciamento de riscos

A gestão da Companhia é realizada por seus Diretores, com base na política corporativa para gerenciamento de riscos da sua controladora Petrobras. Esta política visa contribuir para um balanço adequado entre os seus objetivos de crescimento e retorno e seu nível de exposição a riscos, quer inerentes ao próprio exercício das suas atividades, quer decorrentes do contexto em que ela opera, de modo que, através da alocação efetiva dos seus recursos físicos, financeiros e humanos, a Companhia possa atingir suas metas estratégicas.

As operações da Companhia estão sujeitas aos fatores de riscos abaixo descritos:

### 14.1 Risco cambial

O gerenciamento dos riscos cambiais é feito de forma corporativa pela controladora Petrobras, que busca identificá-los e tratá-los de forma integrada, visando garantir alocação eficiente dos recursos destinados à proteção patrimonial.

## 15 Receita de serviços

A receita da Companhia está substancialmente concentrada em operações com o seu acionista controlador Petrobras, na condição de operadora dos consórcios de E&P. Abaixo apresentamos a composição da receita na demonstração de resultado do exercício:

| | 2021 | 2020 |
|---|---|---|
| **Receita Bruta de Serviços** | **5.022.588** | **4.961.607** |
| ISS | (186.201) | (176.981) |
| PIS | (110.401) | (101.218) |
| COFINS | (508.515) | (466.218) |
| | **4.217.471** | **4.217.190** |

## 16 Resultado financeiro líquido

| | 2021 | 2020 |
|---|---|---|
| **Receitas Financeiras** | | |
| Juros e receitas | 38.812 | 90.851 |
| Variações monetárias ativas | 2.964 | 7.442 |
| | **41.776** | **98.293** |
| **Despesas Financeiras** | | |
| Juros | (283) | (221) |
| Despesas com passivos de arrendamento | (30) | (244) |
| Variações monetárias passivas (a) | (28.346) | (45) |
| | **(28.659)** | **(510)** |

(a) A variação em relação ao exercício de 2020 refere se a principalmente ao montante de R$ 27.988 de atualização monetária de ressarcimento à Petrobras.

Unidade Didática IV
Demonstrações Contábeis – Apresentação e Análise de Balanços

## 17 Outras receitas (despesas) líquidas

| | 2021 | 2020 |
|---|---|---|
| Despesas com perdas e provisão para processos judiciais | (13.476) | (15.793) |
| Despesas com ociosidade de embarcações | (5.177) | (30.439) |
| Multas contratuais (a) | 5.116 | (5.600) |
| Remuneração variável, prêmio por desempenho e PLR | (4.042) | (5.089) |
| Baixa de ativos de direito de uso/arrendamento | 43 | (252) |
| Ressarcimento créditos tributários (b) | (13.905) | - |
| Outras receitas, líquidas | 259 | (1.057) |
| | **(31.182)** | **(58.230)** |

(a) Multas contratuais aplicadas em empresas prestadoras de serviços e provisão multas de clientes.

(b) Refere-se a ressarcimento à Petrobras de créditos tributários a recuperar oriundos das atividades da REFAP S.A. para o qual existe um acordo contratual.

## 18 Despesas e custos por natureza

| | 2021 | 2020 |
|---|---|---|
| Despesas com pessoal cedido (administrativo) | (10.480) | (14.696) |
| Outras despesas administrativas | (988) | (1.276) |
| Compartilhamento de gastos com a controladora (administrativo) | (3.483) | (2.336) |
| Depreciação e amortização (administrativo) | (21) | (1.196) |
| Despesas tributárias | (5.450) | (4.836) |
| Afretamentos de embarcações e aeronaves | (1.383.858) | (1.351.920) |
| Serviços logísticos | (591.861) | (783.107) |
| Operações terrestres | (52.606) | (37.144) |
| Despesas com pessoal cedido (operacional) | (5.385) | (5.272) |
| Compartilhamento de gastos com a controladora (operacional) | (661) | (28.910) |
| Depreciação e amortização (operacional) | (76) | (1.554) |
| Outros custos operacionais | (19.408) | (29.771) |
| | **(2.074.277)** | **(2.262.018)** |
| Na demonstração de resultado: | | |
| Despesas Gerais e Administrativas | (14.972) | (19.503) |
| Despesas Tributárias | (5.450) | (4.836) |
| Custos dos Serviços Prestados | (2.053.855) | (2.237.679) |
| | **(2.074.277)** | **(2.262.018)** |

## 19 Eventos subsequentes

RMNR – Remuneração Mínima por Nível e Regime de Trabalho

Em fevereiro de 2022 foi iniciado o julgamento dos agravos interpostos pelo autor e diversos *amicus curiae*. Atualmente o julgamento encontra-se em andamento na Primeira Turma do Supremo Tribunal Federal, com 3 votos favoráveis, confirmando que o entendimento prevalecente é no sentido de reconhecer a validade do acordo coletivo de trabalho livremente firmado entre as empresas e os sindicatos. Considerando que o último Ministro a se manifestar pediu vista, o julgamento foi suspenso aguardando a apresentação do voto do Ministro Vistor.

Informações adicionais sobre o assunto estão apresentadas na nota explicativa 10.2.

## 3. POLÍTICA CONTÁBIL

| Divulgação das Políticas Contábeis |
|---|
| **A entidade deve divulgar suas políticas contábeis significativas que compreendem:** |
| 1. A base (ou bases) de mensuração utilizada(s) na elaboração das demonstrações contábeis; e |
| 2. Outras políticas contábeis utilizadas que sejam relevantes para a compreensão das demonstrações contábeis. |

**Figura 24.2:** Exemplo de Bases de mensuração utilizada na elaboração das demonstrações contábeis nas Notas Explicativas

**2 Base de preparação e apresentação das demonstrações financeiras**

As demonstrações financeiras foram preparadas e estão sendo apresentadas de acordo com as práticas contábeis adotadas no Brasil (BRGAAP), que estão convergidas com as Normas Internacionais de Relatório Financeiro (IFRS) emitidas pelo *International Accounting Standards Board* (IASB).

Todas as informações relevantes próprias das demonstrações financeiras, e somente elas, estão sendo evidenciadas, e correspondem àquelas utilizadas pela Administração na sua gestão.

As demonstrações financeiras foram preparadas utilizando o custo histórico como base de valor, exceto quando de outra forma indicado. As principais práticas contábeis aplicadas na preparação das demonstrações financeiras estão apresentadas conforme Nota explicativa 3 – Sumário das principais práticas contábeis.

A emissão das demonstrações financeiras foi autorizada pela Diretoria Executiva da Companhia em 10 de março de 2022.

**2.1 Demonstração do valor adicionado**

A Demonstração do Valor Adicionado – DVA apresenta informações relativas à riqueza criada pela Companhia em determinado período e a forma como tais riquezas foram distribuídas. Essas demonstrações foram preparadas de acordo com o CPC 09 - Demonstração do Valor Adicionado.

**2.2 Moeda funcional e moeda de apresentação**

Estas demonstrações financeiras estão apresentadas em Reais, que é a moeda funcional da Companhia. Todos os saldos foram arredondados para o milhar mais próximo, exceto quando indicado de outra forma.

**2.3 Novas normas e interpretações**

***International Accounting Standards Board (IASB)***

Os principais normativos emitidos pelo IASB que ainda não entraram em vigor e não tiveram adoção antecipada pela Companhia até 31 de dezembro de 2021.

**Figura 24.3:** Exemplo de Outras políticas contábeis utilizadas que sejam relevantes nas Notas Explicativas

**3 Sumário das principais práticas contábeis**

As práticas contábeis para a compreensão da base de reconhecimento e mensuração aplicadas na preparação das demonstrações financeiras estão descritas abaixo das respectivas notas explicativas e são consistentes com as políticas contábeis adotadas e divulgadas nas demonstrações financeiras dos exercícios anteriores.

As notas que apresentam práticas contábeis são:

- 6. Imobilizado
- 8. Arrendamentos mercantis
- 10. Processos judiciais e contingências – Processos judiciais provisionados
- 11. Tributos
- 15. Receita de vendas de contratos com clientes

É importante que os usuários estejam informados sobre a base ou bases de mensuração utilizada(s) nas demonstrações contábeis (por exemplo, custo histórico, custo corrente, valor realizável líquido, valor justo ou valor recuperável) porque a base sobre a qual as demonstrações contábeis são elaboradas afeta significativamente a análise dos usuários.

**Quando mais de uma base de mensuração for utilizada nas demonstrações contábeis, é suficiente divulgar uma indicação das categorias de ativos e de passivos à qual cada base de mensuração foi aplicada.**

**Decisão quanto à divulgação ou não de política contábil**

**Ao decidir se determinada política contábil deve ou não ser divulgada**, a administração deve considerar **se sua divulgação proporcionará aos usuários melhor compreensão da forma em que as transações, outros eventos e condições estão refletidos no desempenho e na posição financeira relatadas.**

Cada entidade deve considerar a natureza das suas operações e as políticas que os usuários das suas demonstrações contábeis esperam que sejam divulgadas para esse tipo de entidade.

A divulgação de determinadas políticas contábeis é especialmente útil para os usuários quando essas políticas são selecionadas entre alternativas permitidas em Pronunciamento Técnico, Interpretação e Orientação Técnicas emitidos pelo CPC.

**Um exemplo é a divulgação se a entidade aplica o valor justo ou modelo de custo para suas propriedades de investimento.**

Alguns Pronunciamentos Técnicos, Orientações ou Interpretações Técnicas emitidos pelo CPC exigem especificamente a divulgação de determinadas políticas contábeis, incluindo escolhas feitas pela administração entre diferentes políticas permitidas.

**Por exemplo, CPC 27 - Ativo Imobilizado requer a divulgação das bases de mensuração utilizadas para as classes do ativo imobilizado.**

**Ser uma política contábil significativa independe da materialidade**

Uma política contábil pode ser significativa devido à natureza das operações da entidade, **mesmo que os montantes associados a períodos anteriores e ao atual não sejam materiais.** É também apropriado divulgar cada política contábil significativa que não seja especificamente exigida pelos Pronunciamentos Técnicos, Orientações e Interpretações do CPC, mas que tenha sido selecionada e aplicada de acordo com o Pronunciamento Técnico CPC 23 – Políticas Contábeis, Mudança de Estimativa e Retificação de Erro.

**Julgamentos realizados no processo de aplicação das políticas contábeis[2]**

**Existem 2 tipos:**

1. Sem uso de estimativas.
2. **Com** uso de estimativas.

**Julgamentos realizados no processo de aplicação das políticas contábeis**

A entidade **deve divulgar**, juntamente com suas políticas contábeis significativas ou em outras notas explicativas, **os julgamentos realizados, com a exceção dos que envolvem estimativas**[3], que a administração fez no processo de aplicação das políticas contábeis da entidade e que têm efeito mais significativo nos montantes reconhecidos nas demonstrações contábeis.

**Julgamentos realizados no processo de aplicação das políticas contábeis: sem uso de estimativa, mas que podem afetar significativamente os montantes reconhecidos**

No processo de aplicação das políticas contábeis da entidade, a administração exerce diversos julgamentos, **além dos que envolvem estimativas**, que podem afetar significativamente os montantes reconhecidos nas demonstrações contábeis.

**Por exemplo, a administração exerce julgamento ao definir:**

1. Quando substancialmente todos os riscos e benefícios significativos da propriedade de ativos financeiros e, para arrendadores, os ativos sujeitos a arrendamento são transferidos para outras entidades.
2. Se, em essência, determinadas vendas de bens decorrem de acordos de financiamento e, portanto, não dão origem a receitas de venda.
3. Se os termos contratuais de ativo financeiro derem origem, em datas especificadas, a fluxos de caixa que constituam exclusivamente pagamentos de principal e juros sobre o valor do principal em aberto.



---

2 CPC 26. 132. As divulgações descritas no item 122 **(julgamentos sem uso de estimativa)** acerca de julgamentos específicos feitos pela administração no processo de aplicação das políticas contábeis da entidade não se relacionam com as divulgações das principais fontes da incerteza das estimativas descritas no item 125 **(julgamentos com uso de estimativa)**.

3 A entidade **deve divulgar, nas notas explicativas**, informação acerca dos pressupostos relativos ao futuro e outras fontes principais de incerteza nas estimativas ao término do período de reporte **que possuam risco significativo de provocar ajuste material nos valores contábeis de ativos e passivos ao longo do próximo exercício social.** Com respeito a esses ativos e passivos, as notas explicativas devem incluir detalhes elucidativos acerca:

(a) da sua natureza; e

(b) do seu valor contábil ao término do período de reporte.

**Outros exemplos:**

O CPC 45 – Divulgação de Participações em Outras Entidades requer que a entidade **divulgue os julgamentos** que foram feitos **ao determinar se a entidade controla outra entidade**.

O CPC 28 – Propriedade para Investimento **requer a divulgação dos critérios utilizados** pela entidade **para distinguir a propriedade de investimento da propriedade ocupada pelo proprietário e da propriedade mantida para venda no curso ordinário dos negócios**, nas situações em que a classificação das propriedades é difícil.

## 4. FONTES DE INCERTEZA NA ESTIMATIVA

| Informação acerca dos pressupostos relativos ao futuro e outras fontes principais de incerteza nas estimativas ao término do período de reporte que possuam risco significativo de provocar ajuste material nos valores contábeis de ativos e passivos |
|---|
| A entidade deve divulgar, nas notas explicativas, informação acerca dos pressupostos relativos ao futuro e outras fontes principais de incerteza nas estimativas ao término do período de reporte que possuam risco significativo de provocar ajuste material nos valores contábeis de ativos e passivos ao longo do próximo exercício social. |

| Detalhes elucidativos exigidos em notas explicativas acerca de ativos e passivos cujos julgamentos realizados no processo de aplicação das políticas contábeis sem deram com uso de estimativa[4] |
|---|
| 1. Natureza; e<br>2. Valor contábil ao término do período de reporte. |
| Não requerida a divulgação de projeções ou orçamentos ao fazer as **divulgações desses detalhes.** |
| **Esses detalhes** devem ser apresentados de forma a ajudar os usuários das demonstrações contábeis a compreender os julgamentos que a administração fez acerca do futuro e sobre outras principais fontes de incerteza das estimativas.<br>**A natureza e a extensão da informação a ser divulgada variam de acordo com a natureza dos pressupostos e outras circunstâncias. Exemplos desses tipos de divulgação são os que seguem:**<br>(a) a natureza dos pressupostos ou de outras incertezas nas estimativas.<br>(b) a sensibilidade dos valores contábeis aos métodos, pressupostos e estimativas subjacentes ao respectivo cálculo, incluindo as razões para essa sensibilidade.<br>(c) a solução esperada de incerteza e a variedade de desfechos razoavelmente possíveis ao longo do próximo exercício social em relação aos valores contábeis dos ativos e passivos impactados.<br>(d) uma explicação de alterações feitas nos pressupostos adotados no passado no tocante a esses ativos e passivos, caso a incerteza permaneça sem solução. |

[4] Item 125 do CPC.

**Esses detalhes não são** requeridos para ativos e passivos que **tenham risco significativo de que seus valores contábeis possam sofrer alteração significativa ao longo do próximo exercício social** se, ao término do período das demonstrações contábeis, **forem mensurados pelo valor justo com base em preço cotado em mercado ativo para ativo ou passivo idêntico.** Nesse caso, os valores justos podem alterar-se materialmente ao longo do próximo exercício social, mas essas alterações não serão fruto de pressupostos ou de outras fontes da incerteza das estimativas ao término do período das demonstrações contábeis.

**A divulgação de alguns dos pressupostos dos detalhes** (1. Natureza; **e** 2. Valor contábil ao término do período de reporte) **é requerida por outros Pronunciamentos Técnicos, Interpretações ou Orientações Técnicas emitidos pelo CPC que trabalham com alguma probabilidade.**

**Exemplos:**

**O CPC 25 - Provisões, Passivos Contingentes e Ativos Contingentes** requer a divulgação, em circunstâncias específicas, de pressupostos importantes relativos a futuros eventos que afetem determinadas provisões.

**O Pronunciamento Técnico CPC 46 - Mensuração do Valor Justo** requer a divulgação de pressupostos significativos (incluindo as técnicas de avaliação e as informações) que a entidade aplica na mensuração do valor justo de ativos e de passivos que sejam avaliados pelo valor justo.

**Figura 24.4:** Exemplo de Estimativas e Julgamentos Relevantes nas Notas Explicativas

**4 Estimativas e julgamentos relevantes**

A preparação das demonstrações financeiras requer o uso de estimativas e julgamentos para determinadas operações e seus reflexos em ativos, passivos, receitas e despesas. As premissas utilizadas são baseadas no histórico e em outros fatores considerados relevantes, revisadas periodicamente pela Administração e cujos resultados reais podem diferir dos valores estimados.

A seguir são apresentadas informações apenas sobre estimativas que requerem elevado nível de julgamento ou complexidade em sua aplicação e que podem afetar materialmente a situação financeira e os resultados da Companhia.

**4.1 Estimativas relacionadas a processos judiciais e contingências**

A Companhia é parte envolvida em diversos processos judiciais e administrativos envolvendo questões fiscais, cíveis, trabalhistas e ambientais decorrentes do curso normal das suas operações, bem como das operações da refinaria Alberto Pasqualini - REFAP S.A., cujas estimativas para determinar os valores das obrigações e a probabilidade de saída de recursos são realizadas pela PB-LOG com base em pareceres de seus assessores jurídicos e nos julgamentos da Administração.

Essas estimativas são realizadas de forma individualizada ou por agrupamento de casos com teses semelhantes e essencialmente levam em consideração fatores como a análise dos pedidos realizados pelos autores, robustez das provas existentes, precedentes jurisprudenciais de casos semelhantes e doutrina sobre o tema. Especificamente para ações trabalhistas de terceirizados, a Companhia estima a perda esperada através de um procedimento estatístico em virtude do volume de ações com características similares.

Decisões arbitrais, judiciais e administrativas em ações contra a Companhia, nova jurisprudência, alterações no conjunto de provas existentes podem resultar na alteração na probabilidade de saída de recursos e suas mensurações mediante análise de seus fundamentos.

Informações sobre processos provisionados e contingências são apresentados na nota explicativa 10.

**4.2 Perdas de crédito esperadas**

A provisão de perdas de crédito esperadas (PCE) para ativos financeiros se baseia em premissas de risco de default, determinação da ocorrência ou não de aumento significativo no risco de crédito, fator de recuperação, entre outras. Para tal, a Companhia utiliza julgamentos nessas premissas, além de informações sobre atrasos nos pagamentos e avaliações do instrumento financeiro com base em classificações externas de riscos e metodologias internas de avaliação. Informações sobre a PCE são apresentados na nota explicativa nº 5.

**4.3 Tributos diferidos sobre o lucro**

A Companhia realiza julgamentos para determinar o reconhecimento e o valor dos tributos diferidos nas demonstrações financeiras. Os ativos fiscais diferidos são reconhecidos se for provável a existência de lucros tributáveis futuros.

A movimentação do imposto de renda e contribuição social sobre o lucro líquido diferidos estão apresentados na nota explicativa nº 11.

**Uso de Estimativas**

Definir os montantes de alguns ativos e passivos exige a estimativa dos efeitos de eventos futuros incertos sobre esses ativos e passivos ao término do período de reporte.

**Por exemplo, na ausência de preços de mercado recentemente observados, passam a ser necessárias estimativas orientadas para o futuro para mensurar o valor recuperável de ativos do imobilizado, o efeito da obsolescência tecnológica nos estoques, provisões sujeitas ao futuro resultado de litígio em curso e passivos de longo prazo de benefícios a empregados, tais como obrigações de pensão.**

Essas estimativas envolvem pressupostos sobre esses assuntos, como o risco associado aos fluxos de caixa ou taxas de desconto, futuras alterações em salários e futuras alterações nos preços que afetam outros custos.

**Julgamentos realizados no processo de aplicação das políticas contábeis: sem uso de estimativa**

**Esses são julgamentos os mais difíceis de serem feitos por parte da administração, subjetivos ou mesmo complexos.**

À medida em que o número de variáveis e pressupostos que afetam a possível futura solução das incertezas aumenta, esses julgamentos tornam-se mais subjetivos e complexos, aumentando, por consequência, a probabilidade de ajuste material nos valores contábeis de ativos e passivos.

**Quando for impraticável divulgar a extensão dos possíveis efeitos de um pressuposto ou de outra fonte principal de incerteza das estimativas ao término do período de reporte**

Nessas circunstâncias, **a entidade deve divulgar que é razoavelmente possível**, com base no conhecimento existente, **que os valores dos respectivos ativos ou passivos ao longo do próximo exercício social tenham que sofrer ajustes materiais em função da observação de uma realidade distinta em relação àqueles pressupostos assumidos**. Em todos os casos, a entidade deve divulgar **a natureza e o valor contábil do ativo ou passivo específico** (ou classe de ativos ou passivos) afetado por esses pressupostos.

# 5. GESTÃO DE CAPITAL

<table>
<tr><th colspan="2">Objetivos, Políticas e Processos de Gestão de Capital</th></tr>
<tr><td colspan="2">A entidade deve divulgar informações que permitam aos usuários das demonstrações contábeis avaliar seus objetivos, políticas e processos de gestão de capital.</td></tr>
<tr><td colspan="2">Neste caso a Entidade precisa divulgar as seguintes informações:</td></tr>
<tr><td>1. Informações qualitativas sobre os seus objetivos, políticas e processos de gestão do capital, incluindo, sem a elas se limitar, as seguintes:</td><td>1. Descrição dos elementos abrangidos pela gestão do capital.<br>2. Caso a entidade esteja sujeita a requisitos de capital impostos externamente, a natureza desses requisitos e a forma como são integrados na gestão de capital.<br>3. Como está cumprindo os seus objetivos em matéria de gestão de capital.</td></tr>
<tr><td>2. Dados quantitativos sintéticos sobre os elementos incluídos na gestão do capital.</td><td>Algumas entidades consideram alguns passivos financeiros (como, por exemplo, algumas formas de empréstimos subordinados) como fazendo parte do capital, enquanto outras consideram que devem ser excluídos do capital alguns componentes do capital próprio (como, por exemplo, os componentes associados a operações de hedge de fluxos de caixa).</td></tr>
<tr><td colspan="2">3. Quaisquer alterações em relação ao período precedente das: informações qualitativas sobre os seus objetivos, políticas e processos de gestão do capital e dados quantitativos sintéticos sobre os elementos incluídos na gestão do capital.</td></tr>
<tr><td colspan="2">4. Indicação do cumprimento ou não, durante o período, dos eventuais requisitos de capital impostos externamente a que a entidade estiver ou esteve sujeita.</td></tr>
<tr><td colspan="2">5. Caso a entidade não tenha atendido a esses requisitos externos de capital, as consequências dessa não observância.</td></tr>
<tr><td colspan="2">A entidade pode gerir o seu capital de várias formas e pode estar sujeita a diferentes requisitos no que diz respeito ao seu capital.<br>Por exemplo, um conglomerado pode incluir entidades que exercem a atividade de seguro, em paralelo com outras que exercem a atividade bancária, e essas entidades podem desenvolver a sua atividade em vários países diferentes.<br>Caso a divulgação agregada dos requisitos de capital e da forma como este é gerido não proporcione uma informação adequada ou contribua para distorcer o entendimento acerca dos recursos de capital da entidade pelos usuários das demonstrações contábeis, a entidade deve divulgar informações distintas relativamente a cada requerimento de capital a que está sujeita.</td></tr>
</table>

**Figura 24.5:** Exemplo de Gestão de Capital nas Notas Explicativas

**6.2 Gestão de capital (Consolidado)**

Os objetivos do Grupo ao administrar seu capital são os de salvaguardar a capacidade de continuidade do Grupo para oferecer retorno aos acionistas e benefícios às outras partes interessadas, além de manter uma estrutura de capital ideal para reduzir esse custo.

Para manter ou ajustar a estrutura de capital do Grupo, a administração pode, ou propõe, nos casos em que os acionistas têm de aprovar, rever a política de pagamento de dividendos, devolver capital aos acionistas ou, ainda, emitir novas ações ou vender ativos para reduzir, por exemplo, o nível de endividamento.

Condizente com outras companhias do setor, o Grupo monitora o capital com base no índice de alavancagem financeira. Esse índice corresponde à dívida líquida expressa como percentual do capital total. A dívida líquida, por sua vez, corresponde ao total de empréstimos (incluindo empréstimos de curto e longo prazos, conforme demonstrado no balanço patrimonial consolidado), subtraído do montante de caixa e equivalentes de caixa. O capital total é apurado através da soma do patrimônio líquido, conforme demonstrado no balanço patrimonial consolidado, com a dívida líquida.

A estratégia do Grupo, é a de manter o índice de alavancagem financeira entre 30% e 50%. Os índices de alavancagem financeira em 31 de março de 2021 e em 31 de dezembro de 2020 podem ser assim sumariados:

| | 31/03/2021 | 31/12/2020 |
|---|---|---|
| Empréstimos e financiamentos (nota 17) | 836.317 | 816.644 |
| Passivos de arrendamento (nota 18) | 87.690 | 91.624 |
| Caixa e equivalentes de caixa (nota 7) | (221.263) | (301.106) |
| Aplicações financeiras (nota 7) | (85.318) | (98.381) |
| Dívida líquida | 617.426 | 508.781 |
| Total do patrimônio líquido | 990.614 | 1.020.148 |
| Capital total | 1.608.040 | 1.528.929 |
| Índice de alavancagem financeira - % | 38% | 33% |

As Obrigações por cessão de créditos (Nota 19) não estão sendo consideradas, nesta análise, como parte da dívida líquida do Grupo, uma vez que serão liquidadas com os recebíveis securitizados, sem a expectativa de desembolso para o Grupo.

## 6. INSTRUMENTOS FINANCEIROS COM OPÇÃO DE VENDA CLASSIFICADOS NO PATRIMÔNIO LÍQUIDO

No caso de instrumentos financeiros com opção de venda (*puttable*) classificados como instrumentos patrimoniais, a entidade deve divulgar (na extensão em que não tiver divulgado em outro lugar nas demonstrações contábeis):

1. Dados quantitativos resumidos sobre os valores classificados no patrimônio líquido.
2. Seus objetivos, políticas e os processos de gerenciamento de sua obrigação de recompra ou resgate dos instrumentos quando requerido a fazer pelos detentores desses instrumentos, incluindo quaisquer alterações em relação a período anterior.
3. O fluxo de caixa de saída esperado na recompra ou no resgate dessa classe de instrumentos financeiros.
4. Informação sobre como esse fluxo de caixa esperado na recompra ou no resgate dessa classe de instrumentos financeiros foi determinado.

**Figura 24.6:** Exemplo de Instrumentos Financeiros nas Notas Explicativas

## 13 Instrumentos financeiros

### 13.1 Instrumentos financeiros

A Companhia mantém operações com instrumentos financeiros. A administração desses instrumentos é efetuada por meio de estratégias operacionais e controles internos visando assegurar sua liquidez e rentabilidade. A política de controle consiste em acompanhar permanentemente as condições contratadas versus condições vigentes no mercado.

Em 31 de dezembro de 2021 e 31 de dezembro de 2020, a Companhia não efetuou aplicações de caráter especulativo. Os resultados estão condizentes com as políticas e estratégias definidas pela Administração da Companhia.

Não foram identificados derivativos embutidos nas operações da Companhia.

Todas as operações com instrumentos financeiros estão reconhecidas nas demonstrações financeiras da Companhia e estão demonstradas em 31 de dezembro de 2021 e 31 de dezembro de 2020, conforme detalhado a seguir:

| | 2021 | 2020 |
|---|---|---|
| **Ativo** | | |
| **Circulante** | | |
| Caixa e Equivalentes de Caixa | 1 | 1 |
| Contas a receber, líquidas | 481.071 | 714.331 |
| Contas a receber - FIDC | 353.276 | 1.054.809 |
| | 834.348 | 1.769.141 |
| **Não circulante** | | |
| Contas a receber, líquidas | 45.947 | 47.353 |
| Depósitos judiciais | 40.002 | 38.730 |
| | 85.949 | 86.083 |
| | **920.297** | **1.855.224** |
| **Passivo** | | |
| **Circulante** | | |
| Fornecedores | 494.891 | 844.313 |
| | **494.891** | **844.313** |

O principal ativo financeiro da empresa é classificado na categoria Contas a Receber, não derivativo, com pagamentos fixos ou determináveis, e que não possui a característica de negociação em mercados organizados.

### 13.2 Mensuração dos instrumentos financeiros

Os instrumentos financeiros da Companhia estão mensurados ao custo amortizado. Os valores justos desses instrumentos financeiros são equivalentes aos seus valores contábeis.

O Contas a Receber – FIDC, conforme divulgação em nota explicativa 5 (a), está mensurado pelo seu valor justo por meio do resultado.

# 7. OUTRAS DIVULGAÇÕES

**Dividendos**

A entidade deve divulgar nas notas explicativas:

1. O montante de dividendos propostos ou declarados antes da data em que as demonstrações contábeis foram autorizadas para serem emitidas e não reconhecido como uma distribuição aos proprietários durante o período abrangido pelas demonstrações contábeis, bem como o respectivo valor por ação ou equivalente.
2. A quantia de qualquer dividendo preferencial cumulativo não reconhecido.

**Figura 24.7:** Exemplo de Dividendos nas Notas Explicativas

**12.4 Dividendos**

Quando proposta pela Companhia, a remuneração aos acionistas ocorre sob a forma de dividendos e/ou juros sobre o capital próprio com base nos limites definidos em lei e no estatuto social da Companhia.

Os dividendos foram aprovados e pagos conforme demonstrado:

| | Aprovação | Data pagamento | Valor |
|---|---|---|---|
| Dividendos intermediários relativos ao resultado apurado no 4º trimestre de 2020 | DE em 30 de dezembro de 2021 | 26 de fevereiro de 2021 | 490.204 |
| Dividendos adicionais propostos relativos ao resultado do exercício de 2020 | AGO em 30 de abril de 2021 | 31 de maio de 2021 | 146.166 |
| Dividendos intermediários relativos ao resultado apurado no 1º trimestre de 2021 | DE em 29 de abril de 2021 | 30 de junho de 2021 | 344.061 |
| Dividendos intermediários relativos ao resultado apurado no 2º trimestre de 2021 | DE em 23 de setembro de 2021 | 30 de setembro de 2021 | 355.824 |
| Dividendos intermediários relativos ao resultado apurado no 3º trimestre de 2021 | DE em 26 de novembro de 2021 | 30 de novembro de 2021 | 300.000 |
| Dividendos intermediários relativos ao resultado apurado no 4º trimestre de 2021 | DE em 16 de dezembro de 2021 | 29 de dezembro de 2021 | 327.148 |

No exercício findo em 31 de dezembro de 2021 os dividendos estão assim demonstrados:

| | 2021 | 2020 |
|---|---|---|
| Lucro líquido do exercício: | 1.402.858 | 1.319.051 |
| Lucro básico para determinação do dividendo | 1.402.858 | 1.319.051 |
| **Dividendos Propostos** | | |
| Dividendos intermediários | 1.327.033 | 1.166.106 |
| Juros sobre capital próprio - aprovados em AGE - 23/12/2020 | - | 6.779 |
| Dividendos adicionais propostos | 75.825 | 146.166 |
| | **1.402.858** | **1.319.051** |

**Descrição da Entidade**

A entidade deve divulgar, caso não for divulgado em outro local entre as informações publicadas com as demonstrações contábeis, as seguintes informações:

1. O domicílio e a forma jurídica da entidade, o seu país de registro e o endereço da sede registrada (ou o local principal dos negócios, se diferente da sede registrada);
2. A descrição da natureza das operações da entidade e das suas principais atividades;
3. O nome da entidade controladora e a entidade controladora do grupo em última instância;
4. Se uma entidade constituída por tempo determinado, informação a respeito do tempo de duração.

**Figura 24.8:** Exemplo Descrição da Entidade nas Notas Explicativas

## Notas explicativas às demonstrações financeiras

*(Em milhares de Reais)*

### 1 A Companhia e suas operações

A Petrobras Logística de Exploração e Produção S.A. ("Companhia" ou "PB-LOG") é uma sociedade anônima de capital fechado, com sede no Rio de Janeiro, no Estado do Rio de Janeiro. Constituída em 21 de novembro de 2000, a Companhia iniciou suas operações em 2 de janeiro de 2001, sob o nome de Alberto Pasqualini - REFAP S.A. Desde 1968 a refinaria funcionava como unidade operacional da Petróleo Brasileiro S.A. - Petrobras.

Em 1° de novembro de 2012, foi aprovada, por meio de Assembleia Geral Extraordinária, a reforma integral do seu Estatuto Social, modificando-se, dentre outros aspectos, a sua denominação e objeto social, passando, a partir daquela data, a denominar-se Petrobras Logística de Exploração e Produção S.A. ("PB-LOG"), cujo objeto social sofreu alterações para possibilitar o provimento de serviços logísticos para operações de exploração e de produção de petróleo e gás natural no Brasil, além da atividade de navegação de apoio marítimo e serviços correlatos.

A Companhia mantém transações relevantes com a Controladora Petróleo Brasileiro S.A. – Petrobras e segue o plano de negócios desta na condução de suas operações. Portanto, estas demonstrações financeiras devem ser lidas neste contexto.

As atividades operacionais da Companhia estão relacionadas à prestação de serviços de logística integrada e de apoio marítimo, além de construção de poços marítimos e engenharia submarina.

### 12 Patrimônio líquido

**12.1 Capital social**

Em 31 de dezembro de 2019 o capital subscrito e integralizado era no montante de R$ 3.162.458. Em Assembleia Geral Extraordinária (AGE), realizada em 30 de abril de 2020, foi aprovada a capitalização de parte da reserva legal no montante de R$ 249.391 e a redução de capital social no montante de R$ 3.162.458, que foi liquidada financeiramente em 21 de agosto de 2020. Desta forma, o capital social da Companhia em 31 de dezembro de 2021 e 2020 é de R$ 249.391, sendo composto por 2.360.959.993 ações ordinárias nominativas, sem valor nominal.

**12.2 Participação acionária**

O capital social da Sociedade é controlado em 100% pela empresa Petróleo Brasileiro S.A. – Petrobras.

CAPÍTULO 25

# DEMONSTRAÇÕES CONTÁBEIS CONSOLIDADAS

**Atenção**

Por uma opção metodológica foram inseridas nesse capítulo as operações downstream e upstream entre companhia investidora e investida coligadas. A intenção é permitir a comparação dos registros contábeis e impactos nas demonstrações dessas operações com as operações downstream e upstream entre companhia investidora e investida que forem respectivamente controladora e controlada. Apenas estas últimas **(controladoras e controladas)** são objeto dos procedimentos de consolidação desde que atendido o art. 249 da Lei nº 6.404/1976.

## 1. BASE NORMATIVA E TERMINOLOGIA

**A Lei nº 6.404/1976 define que:**

*Art. 249. A* ***companhia aberta que tiver mais de 30% (trinta por cento) do valor do seu patrimônio líquido representado por investimentos em sociedades controladas deverá elaborar e divulgar****, juntamente com suas demonstrações financeiras,* ***demonstrações consolidadas*** *nos termos do artigo 250.*

*Parágrafo único. A Comissão de Valores Mobiliários poderá expedir normas sobre as sociedades cujas demonstrações devam ser abrangidas na consolidação, e:*

*a) determinar a inclusão de sociedades que, embora não controladas, sejam financeira ou administrativamente dependentes da companhia;*

*b) autorizar, em casos especiais, a exclusão de uma ou mais sociedades controladas.*

**Chamada 151 do autor:** Conceitos iniciais sobre Consolidação

**Exemplo Conceitual: Aplicação do art. 249 da Lei nº 6.404/1976**

Suponha-se que a empresa ALFA possua R$ 310.000 investido na empresa BRAVO cujo PL é de R$ 500.000. Será que ela precisa elaborar Demonstrações Consolidadas?

| Ativo | Passivo........................................1.000.000 |
|---|---|
| Caixa ..........................................500.000<br>Duplicatas...................................500.000<br>Investimentos na Controlada BRAVO .......................................310.000<br>Imobilizado..................................690.000 | PL.............................................1.000.000 |

Nesse caso:

(i) ALFA controla BRAVO, pois 310.000/500.000 > 50%;

(ii) ALFA deve elaborar DC consolidadas com BRAVO, pois 310.000/1.000.000 > 30%.

A seguir constam os termos essenciais relacionadas as demonstrações contábeis consolidadas.

### Quadro 25.1: Termos relacionados às demonstrações consolidadas

| Termo | Descrição |
|---|---|
| Demonstrações consolidadas | São as demonstrações contábeis de *grupo econômico*, em que os ativos, passivos, patrimônio líquido, receitas, despesas e fluxos de caixa da *controladora* e de suas *controladas* são apresentados como se fossem uma única entidade econômica. |
| Demonstrações combinadas[1] | Demonstrações contábeis combinadas representam um único conjunto de demonstrações contábeis de entidades que estão sob controle comum. |

1 As demonstrações combinadas deverão ser objeto de auditoria por auditor independente registrado na CVM, em conformidade com as normas emitidas pelo Conselho Federal de Contabilidade.

| | |
|---|---|
| Controle de investida | *Um investidor controla a investida quando está exposto a, ou tem direitos sobre, retornos variáveis decorrentes de seu envolvimento com a investida e tem a capacidade de afetar esses retornos por meio de seu poder sobre a investida.* |
| Entidade de investimento | *É a entidade que:*<br>*(a) obtém recursos de um ou mais investidores com o intuito de prestar a esses investidores serviços de gestão de investimento;*<br>*(b) se compromete com os seus investidores no sentido de que seu propósito comercial é investir recursos exclusivamente para retornos de valorização do capital, receitas de investimentos ou ambos; e*<br>*(c) mensura e avalia o desempenho de substancialmente todos os seus investimentos com base no valor justo.* |
| Tomador de decisões | *Entidade com direitos de tomada de decisões que seja principal ou agente de outras partes.* |
| Grupo econômico | *É a controladora e todas as suas controladas.* |
| Participação de não controlador | *É a parte do patrimônio líquido da controlada não atribuível, direta ou indiretamente, à controladora.* |
| Controladora | *É uma entidade que controla uma ou mais controladas.* |
| Controlada | *É a entidade que é controlada por outra entidade.* |
| Poder | *São direitos existentes que dão a capacidade atual de dirigir as atividades relevantes.* |
| Atividades relevantes | *Para os fins deste Pronunciamento, atividades relevantes são atividades da investida que afetam significativamente os retornos da investida.* |
| Direitos de proteção | *São direitos destinados a proteger o interesse da parte que os detém, sem dar a essa parte poder sobre a entidade à qual esses direitos se referem.* |
| Direitos de destituição | *São direitos de privar o tomador de decisões de sua autoridade de tomada de decisões.* |

## 2. AVALIAÇÃO DO CONTROLE

A seguir constam os requisitos para determinação do controle do investidor sobre investida.

**Figura 25.1:** Requisitos para determinação do controle do investidor sobre investida

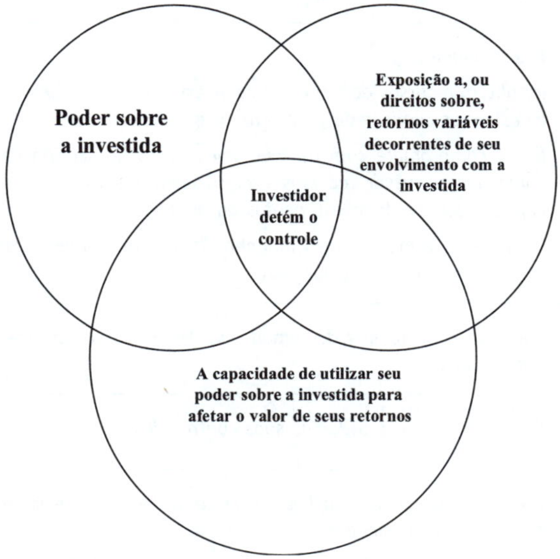


| Poder |
|---|
| Para ter poder sobre a investida, o investidor deve ter direitos existentes que lhe deem a capacidade atual de dirigir as atividades relevantes. Para o fim de avaliar o poder, devem ser considerados somente direitos substantivos e direitos que não sejam de proteção.<br>A determinação de se o investidor tem poder depende das atividades relevantes, da forma pela qual são tomadas decisões sobre as atividades relevantes e dos direitos que o investidor e outras partes têm em relação à investida. |
| Ao avaliar o controle da investida, o investidor deve considerar a natureza de seu relacionamento com outras partes. |

Quadro 25.2: Fatores que podem ajudar na determinação do controle

<table>
<tr><th>Fator</th><th colspan="2">Descrição</th></tr>
<tr><td rowspan="4">Objetivo e a estrutura da investida.</td><td colspan="2">Deve-se identificar as atividades relevantes, como as decisões sobre as atividades relevantes são tomadas, quem tem a capacidade atual de dirigir essas atividades e quem recebe retornos decorrentes dessas atividades.</td></tr>
<tr><td colspan="2">Quando o objetivo e a estrutura da investida são considerados, pode ficar claro que a investida é controlada por meio de instrumentos patrimoniais que conferem ao seu titular direitos de voto proporcionais, como, por exemplo, ações ordinárias da investida</td></tr>
<tr><td colspan="2">No caso mais simples, o investidor que detém a maioria desses direitos de voto, na ausência de quaisquer outros fatores, controla a investida.</td></tr>
<tr><td>A investida pode ser estruturada de modo que os direitos de voto não sejam o fator dominante ao decidir quem controla a investida, como, por exemplo, quando quaisquer direitos de voto referem-se somente a tarefas administrativas, e as atividades relevantes são dirigidas por meio de acordos contratuais.</td><td>Nesses casos, a consideração do investidor em relação ao objetivo e à estrutura da investida inclui também a consideração dos riscos aos quais a investida está exposta de acordo com a sua estruturação e dos riscos que, de acordo com a sua estruturação, ela transfere às partes envolvidas com ela, e se o investidor está exposto a alguns ou a todos esses riscos. A consideração dos riscos inclui não apenas o risco de situações adversas, mas também o potencial de situações favoráveis.</td></tr>
<tr><td rowspan="2">Quais são as atividades relevantes e como as decisões sobre essas atividades são tomadas.</td><td colspan="2">Exemplos de atividades que, dependendo das circunstâncias, podem ser atividades relevantes incluem, entre outras.<br>1. Compra e venda de bens ou serviços.<br>2. Gestão de ativos financeiros durante sua vida (incluindo em caso de inadimplência).<br>3. Seleção, aquisição ou alienação de ativos.<br>4. Pesquisa e desenvolvimento de novos produtos ou processos.<br>5. Determinação da estrutura de capital para obtenção de recursos.</td></tr>
<tr><td colspan="2">Exemplos de decisões sobre atividades relevantes incluem, entre outras:<br>1. Estabelecimento de decisões operacionais e de capital da investida, incluindo orçamentos;<br>2. Nomeação e remuneração de pessoal-chave da administração ou prestadores de serviços da investida e período de seus mandatos ou término de seus serviços.</td></tr>
</table>

<table>
<tr>
<td rowspan="3">Se os direitos do investidor lhe dão a capacidade atual de dirigir as atividades relevantes.<br>Existem os seguintes direitos no CPC 36:<br>1.Substantivos.<br>2.Proteção.<br>3.Franquias.<br>4.Voto.<br>5.Poderes quando o voto não tem efeito significativo sobre o retorno.</td>
<td colspan="2">Investidor deve ter direitos existentes que lhe deem a capacidade atual de dirigir as atividades relevantes. Os direitos que podem dar poder ao investidor podem diferir entre as investidas.</td>
</tr>
<tr>
<td colspan="2">Exemplos de direitos que, individualmente ou combinados, podem dar poder ao investidor incluem, entre outros:<br>1. Direitos na forma de direitos de voto (ou direitos de voto potenciais) da investida.<br>2. Direitos de nomear, realocar ou destituir membros do pessoal-chave da administração da investida que tenham a capacidade de dirigir as atividades relevantes.<br>3. Direitos de nomear ou destituir outra entidade que dirija as atividades relevantes.<br>4. Direitos de instruir a investida a realizar transações, ou vetar quaisquer mudanças a essas transações, em benefício do investidor.<br>5. Outros direitos (tais como direitos de tomada de decisões especificados em contrato de gestão) que deem ao titular a capacidade de dirigir as atividades relevantes.</td>
</tr>
<tr>
<td>Quando for difícil determinar se os direitos do investidor são suficientes para lhe dar poder sobre a investida; o investidor deve considerar evidências no tocante à sua capacidade prática de dirigir as atividades relevantes de forma unilateral.</td>
<td>Podem fornecer evidência de que os direitos do investidor são suficientes para lhe dar poder sobre a investida:<br>1. O investidor pode, sem ter o direito contratual de fazê-lo, nomear ou aprovar o pessoal-chave da administração da investida que tem a capacidade de dirigir as atividades relevantes.<br>2. O investidor pode, sem ter o direito contratual de fazê-lo, instruir a investida a realizar transações significativas em benefício do investidor ou pode vetar quaisquer mudanças a essas transações.<br>3. O investidor pode dominar o processo de nomeações para a eleição de membros do órgão de administração da investida ou a obtenção de procurações de outros titulares de direitos de voto.<br>4. O pessoal-chave da administração da investida é formado por partes relacionadas do investidor (por exemplo, o presidente executivo da investida e o presidente executivo do investidor são a mesma pessoa).<br>5. A maioria dos membros do órgão de administração da investida consiste em partes relacionadas do investidor.</td>
</tr>
</table>

<table>
<tr>
<td>Se os direitos do investidor lhe dão a capacidade atual de dirigir as atividades relevantes.<br>Existem os seguintes direitos no CPC 36:<br>1.Substantivos.<br>2.Proteção.<br>3.Franquias.<br>4.Voto.<br>5.Poderes quando o voto não tem efeito significativo sobre o retorno.</td>
<td>Há indicações de que o investidor tem relacionamento especial com a investida, sugerindo que o investidor tem mais do que interesse passivo na investida. A existência de qualquer indicador individual, ou combinação específica de indicadores, não necessariamente significa que o critério de poder foi atendido.</td>
<td>Os itens a seguir sugerem que o investidor tem mais do que interesse passivo na investida e, em combinação com outros direitos, podem indicar poder:<br>1. O pessoal-chave da administração da investida que tem a capacidade de dirigir as atividades relevantes são atuais ou antigos empregados do investidor;<br>2. As operações da investida dependem do investidor, como, por exemplo, nas seguintes situações: (i) a investida depende do investidor para financiar parcela significativa de suas operações; (ii) o investidor garante parcela significativa das obrigações da investida; (iii) a investida depende do investidor para serviços, tecnologia, suprimentos ou matérias-primas críticos. (iv) o investidor controla ativos como, por exemplo, licenças ou marcas comerciais, que são críticos para as operações da investida; (v) a investida depende do investidor para o pessoal-chave da administração, como, por exemplo, quando o pessoal do investidor possui conhecimento especializado das operações da investida.<br>3. Parcela significativa das atividades da investida envolve o investidor ou é conduzida em nome deste.<br>4. A exposição do investidor a retornos decorrentes de seu envolvimento com a investida ou seus direitos a esses retornos são desproporcionalmente maiores que seus direitos de voto ou outros direitos similares. Por exemplo, pode haver a situação em que o investidor tem direito ou está exposto a mais do que a metade dos retornos da investida, embora detenha menos que a metade dos direitos de voto da investida.</td>
</tr>
<tr>
<td rowspan="3">Direitos Substantivos:<br>Ver exemplos de 1 a 4 extraídos do CPC 36.</td>
<td colspan="2">Deve considerar somente direitos substantivos relativos à investida (detidos pelo investidor e por outras partes). Para que o direito seja substantivo, o titular deve ter a capacidade prática de exercer esse direito.</td>
</tr>
<tr>
<td colspan="2">Os fatores a serem considerados ao efetuar essa determinação incluem, entre outros:</td>
</tr>
<tr>
<td>1. Se há quaisquer barreiras (econômicas ou outras) que impedem o titular (ou titulares) de exercer os direitos.</td>
<td>Exemplos de barreiras incluem, entre outras:<br>1. Sanções e incentivos pecuniários que impeçam (ou dissuadam) o titular de exercer seus direitos.<br>2. Preço de exercício ou de conversão que cria uma barreira que impeça (ou dissuada) o titular de exercer seus direitos.</td>
</tr>
</table>

| | | |
|---|---|---|
| Direitos Substantivos:<br>Ver exemplos de 1 a 4 extraídos do CPC 36. | | 3. Termos e condições que tornam improvável que os direitos sejam exercidos, como, por exemplo, condições que limitam de forma estrita a época de seu exercício.<br>4. Ausência de mecanismo explícito e razoável nos documentos constitutivos da investida ou nas leis ou regulamentos aplicáveis que permita ao titular exercer seus direitos.<br>5. incapacidade do titular dos direitos de obter as informações necessárias para exercer seus direitos.<br>6. barreiras ou incentivos operacionais que impeçam (ou dissuadam) o titular de exercer seus direitos (por exemplo, ausência de outros gerentes dispostos ou aptos a prestar serviços especializados ou a prestar os serviços e assumir outras participações detidas pelo gerente em exercício).<br>7. Exigências legais ou regulatórias que impeçam o titular de exercer seus direitos (por exemplo, quando o investidor estrangeiro é proibido de exercer seus direitos). |
| | 2. Quando o exercício de direitos exige a concordância de mais de uma parte, ou quando os direitos são detidos por mais de uma parte, quer haja mecanismo que dê a essas partes a capacidade prática de exercer seus direitos coletivamente, se optarem por exercê-lo. **A ausência desse mecanismo é um indicador de que os direitos podem não ser substantivos.** | |
| | 3. Se a parte ou partes que detêm os direitos se beneficiem do seu exercício. Por exemplo, o titular de direitos de voto potenciais na investida deve considerar o preço de exercício ou de conversão do instrumento. É mais provável que os termos e condições de direitos de voto potenciais sejam substantivos quando o instrumento está dentro do preço (*in-the-money*) ou quando o investidor se beneficiar, por outras razões (por exemplo, pela captura de sinergias entre o investidor e a investida), do exercício ou conversão do instrumento. | |
| | Para serem substantivos, os direitos precisam também ser exercíveis quando as decisões sobre a direção das atividades relevantes precisam ser tomadas. **Normalmente**, para serem substantivos, **os direitos precisam ser atualmente exercíveis**. Contudo, alguns direitos podem ser substantivos ainda que não sejam atualmente exercíveis. | |

| | |
|---|---|
| Direitos de Proteção | Destinam-se a proteger os interesses de seu titular sem dar a essa parte poder sobre a investida à qual se referem esses direitos, o investidor que detém apenas direitos de proteção não pode ter poder ou impedir outra parte de ter poder sobre a investida. |
| | **Exemplos de direitos de proteção** incluem, entre outros:<br>1. Direito de credor de impor limites ao tomador de empréstimos com relação à realização de atividades que podem modificar significativamente o risco de crédito do tomador em detrimento do credor.<br>2. Direito de parte titular de participação não controladora na investida de aprovar investimentos capitalizáveis superiores ao exigido no curso normal dos negócios ou de aprovar a emissão de instrumentos patrimoniais ou de dívida.<br>3. Direito de credor de apropriar-se legalmente de ativos do tomador de empréstimo se este deixar de satisfazer condições especificadas de amortização de empréstimo. |
| Franquias | Contratos de franquia normalmente dão aos franqueadores alguns direitos de tomada de decisões em relação às operações da franqueada. |
| | Os direitos dos franqueadores não restringem a capacidade de outras partes que não o franqueador de tomar decisões que tenham efeito significativo sobre os retornos da franqueada. **Tampouco os direitos do franqueador em contratos de franquia necessariamente dão ao franqueador a capacidade atual de dirigir as atividades que afetam significativamente os retornos da franqueada.** |
| | O controle sobre decisões fundamentais como, por exemplo, a natureza jurídica da franqueada e sua estrutura de financiamento pode ser determinado por outras partes que não o franqueador e podem afetar significativamente os retornos da franqueada. Quanto menor o nível de suporte financeiro fornecido pelo franqueador e quanto menor a exposição do franqueador à variabilidade de retornos da franqueada, maior é a probabilidade de que o franqueador tenha apenas direitos de proteção. |

<table>
<tr><td rowspan="3">Direitos de voto<br>Ver exemplos de 5 a 13 extraídos do CPC 36.</td><td colspan="3">Frequentemente o investidor tem a capacidade atual, por meio de direitos de voto ou similares, de dirigir as atividades relevantes.</td></tr>
<tr><td>Investidor que detém mais da metade dos direitos de voto da investida tem poder</td><td>Investidor não tem poder sobre a investida, ainda que detenha a maioria dos direitos de voto na investida, quando esses direitos de voto não são substantivos.</td><td>O investidor pode ter poder com menos que a maioria dos direitos de voto da investida</td></tr>
<tr><td>1. As atividades relevantes são dirigidas pelo voto do titular da maioria dos direitos de voto.<br>2. A maioria dos membros do órgão de administração que dirige as atividades relevantes é nomeada pelo voto do titular da maioria dos direitos de voto.</td><td>Por exemplo, o investidor que detém mais que a metade dos direitos de voto na investida não pode ter poder se as atividades relevantes estiverem sujeitas à direção de governo, tribunal, administrador, síndico, liquidante ou regulador.</td><td>Por exemplo, por meio de:<br>1. Acordo contratual entre o investidor e outros titulares de direitos de voto.<br>2. Direitos decorrentes de outros acordos contratuais.<br>3. Os direitos de voto do investidor.<br>4. Direitos de voto potenciais.<br>5. A combinação dos itens anteriores.</td></tr>
<tr><td rowspan="2">Poder quando direitos de voto ou similares não têm efeito significativo sobre os retornos da investida<br>Ver exemplos 12 e 13 extraídos do CPC 36.</td><td colspan="3">O Investidor deve considerar o envolvimento e as decisões tomadas por ocasião da formação da investida como parte de sua estruturação e deve avaliar se os termos da transação e as características do envolvimento fornecem ao investidor direitos que são suficientes para lhe dar poder.</td></tr>
<tr><td colspan="3">Estar envolvido na estruturação da investida por si só não é suficiente para dar controle ao investidor. Contudo, o envolvimento na estruturação pode indicar que o investidor teve a oportunidade de obter direitos que são suficientes para lhe dar poder sobre a investida.</td></tr>
</table>

| | |
|---|---|
| Se o investidor está exposto a, ou tem direitos sobre, retornos variáveis decorrentes de seu envolvimento com a investida. | Retornos variáveis são retornos que não são fixos e que têm o potencial de variar como resultado do desempenho da investida. Retornos variáveis podem ser somente positivos, somente negativos ou tanto positivos quanto negativos. |
| | O investidor deve avaliar se os retornos da investida são variáveis, e quão variáveis esses retornos são, com base na essência do acordo e independentemente da natureza jurídica dos retornos. Por exemplo, o investidor pode deter título de dívida com pagamentos de juros fixos. Os pagamentos de juros fixos são retornos variáveis para os fins do CPC 36, pois estão sujeitos ao risco de inadimplência e expõem o investidor ao risco de crédito do emitente do título de dívida. O valor da variabilidade (ou seja, quão variáveis são esses retornos) depende do risco de crédito do título de dívida. Similarmente, taxas de desempenho fixas para a gestão dos ativos da investida são retornos variáveis, pois expõem o investidor ao risco de desempenho da investida. O valor da variabilidade depende da capacidade da investida de gerar receita suficiente para pagar a taxa. |
| | **Exemplos de retornos incluem:**<br>1. Dividendos, outras distribuições de benefícios econômicos da investida (por exemplo, juros de títulos de dívida emitidos pela investida) e mudanças no valor do investimento do investidor nessa investida.<br>2. Remuneração pela administração dos ativos ou passivos da investida, taxas e exposição a perdas em decorrência da prestação de suporte de crédito ou de liquidez, participações residuais nos ativos e passivos da investida por ocasião da liquidação desta, benefícios fiscais e acesso a liquidez futura que o investidor tenha em decorrência de seu envolvimento com a investida.<br>3. Retornos que não estejam disponíveis a outros detentores de participação. Por exemplo, o investidor pode usar seus ativos em combinação com os ativos da investida, como, por exemplo, combinando funções operacionais para obter economias de escala, economias de custos, suprimento de produtos escassos ou acesso a conhecimentos de propriedade exclusiva ou limitando algumas operações ou ativos, a fim de aumentar o valor dos outros ativos do investidor. |
| Se o investidor tem a capacidade de utilizar seu poder sobre a investida para afetar o valor de seus retornos.<br>Ver exemplos de 14 a 17 extraídos do CPC 36. | Ao avaliar sua exposição à variabilidade de retornos de outras participações na investida, o tomador de decisões deve considerar o seguinte:<br>1. Quanto maior a dimensão e a variabilidade associada a seus interesses econômicos, considerando sua remuneração e outros interesses em conjunto, **maior a probabilidade de que o tomador de decisões seja o principal.**<br>2. Se a sua exposição à variabilidade dos retornos é diferente da dos demais investidores e, em caso afirmativo, se isto poderia influenciar seus atos. Por exemplo, este pode ser o caso quando o tomador de decisões detém participações subordinadas na investida ou fornece a ela outras formas de melhoria de crédito. |

| Importante |
|---|
| Para determinar se o investidor controla a investida em casos mais complexos, pode ser necessário considerar alguns ou todos os fatores Quadro 25.2. |

| Exemplos 1 a 4 de Direitos Substantivos: Extraídos do CPC 36 | | |
|---|---|---|
| A investida realiza assembleias ordinárias de acionistas nas quais são tomadas decisões para a direção das atividades relevantes. A próxima assembleia de acionistas agendada será realizada em oito meses. Contudo, acionistas que, individual ou coletivamente, detêm no mínimo 5% dos direitos de voto podem convocar uma assembleia extraordinária para alterar as políticas existentes sobre as atividades relevantes, mas a exigência de entrega de notificação aos demais acionistas tem por implicação o fato de essa assembleia extraordinária não poder ser realizada antes de decorridos 30 dias. As políticas sobre as atividades relevantes somente podem ser alteradas em assembleias extraordinárias de acionistas ou em assembleias de acionistas agendadas. Isto inclui a aprovação de vendas substanciais de ativos, bem como a realização ou a alienação de investimentos significativos. | | |
| | Variantes da situação descrita | Conclusão |
| 1 | O investidor detém a maioria dos direitos de voto na investida. O fato de que leva 30 dias para que o investidor possa exercer seus direitos de voto não impede que o investidor tenha a capacidade atual de dirigir as atividades relevantes a partir do momento em que adquire a participação acionária. | Os direitos de voto do investidor são substantivos. |
| 2 | O investidor é parte de contrato a termo para a aquisição da maioria das ações da investida. A liquidação do contrato a termo se dará em 25 dias. Os acionistas existentes não são capazes de modificar as políticas existentes em relação às atividades relevantes, já que uma assembleia extraordinária não pode ser realizada antes de decorridos 30 dias, ocasião em que o contrato a termo já terá sido liquidado. | Investidor tem direitos substantivos. |
| 3 | O investidor detém uma opção substantiva de adquirir a maioria das ações da investida, a qual pode ser exercida em 25 dias e está substancialmente dentro do preço (in-the-money). | Investidor tem direitos substantivos. |

| | | |
|---|---|---|
| 4 | O investidor é parte de contrato a termo para a aquisição da maioria das ações da investida, sem quaisquer outros direitos relacionados sobre a investida. A liquidação do contrato a termo se dará em seis meses. | Investidor **não tem** direitos substantivos. |

| Exemplos 5 a 11 de Direitos de Voto Investidor: Extraídos do CPC 36 | | |
|---|---|---|
| | Situações | Conclusão |
| 5 | O investidor adquire 48% dos direitos de voto da investida. Os direitos de voto restantes são detidos por milhares de acionistas, nenhum dos quais, individualmente, detém mais que 1% dos direitos de voto. Nenhum dos acionistas possui qualquer acordo para consultar qualquer dos demais acionistas ou para tomar decisões coletivas. Ao avaliar a proporção dos direitos de voto a ser adquirida, com base no tamanho relativo das demais participações acionárias, o investidor determinou que a participação de 48% seria suficiente para lhe dar o controle. Nesse caso, com base no tamanho absoluto de sua participação e no tamanho relativo das demais participações, o investidor conclui que tem participação com direito de voto suficientemente dominante para satisfazer o critério de poder sem a necessidade de considerar qualquer outra evidência de poder. | Critério de Poder atendido. |
| 6 | O investidor A detém 40% dos direitos de voto da investida, e doze outros investidores detêm, cada um, 5% dos direitos de voto da investida. O acordo de acionistas concede ao investidor A o direito de nomear, destituir e fixar a remuneração dos administradores responsáveis pela direção das atividades relevantes. Para modificar o contrato, exige-se o voto majoritário de dois terços dos acionistas. Nesse caso, o investidor A conclui que o tamanho absoluto de sua participação e o tamanho relativo das demais participações acionárias por si só **não são conclusivos para determinar se ele possui direitos suficientes para lhe dar poder.** Contudo, o investidor A determina que seu direito contratual de nomear, destituir e fixar a remuneração dos administradores é suficiente para concluir que ele tem poder sobre a investida. O fato de que o investidor A possa não ter exercido esse direito ou a probabilidade de que o investidor A exerça seu direito de selecionar, nomear ou destituir os administradores não deve ser considerada ao avaliar se o investidor A tem poder. | Critério de Poder atendido |
| 7 | O investidor A detém 45% dos direitos de voto da investida. Dois outros investidores detêm, cada um, 26% dos direitos de voto da investida. Os direitos de voto restantes são detidos por três outros acionistas, cada um dos quais detém 1%. Não há outros acordos que afetam a tomada de decisões. Nesse caso, o tamanho da participação com direito de voto de A e seu tamanho em relação às demais participações acionárias são suficientes para concluir que o investidor A não tem poder. Somente dois outros investidores precisariam cooperar para impedir o investidor A de dirigir as atividades relevantes da investida. | Critério de Poder não atendido |

| | | |
|---|---|---|
| 8 | Um investidor detém 45% dos direitos de voto da investida. Onze outros investidores detêm, cada um, 5% dos direitos de voto da investida. Nenhum dos acionistas possui acordos contratuais para consultar qualquer dos demais ou para tomar decisões coletivas. Nesse caso, o tamanho absoluto da participação do investidor e o tamanho relativo das demais participações acionárias por si só não são conclusivos para determinar se o investidor possui direitos suficientes para lhe dar poder sobre a investida. Fatos e circunstâncias adicionais que podem fornecer evidência de que o investidor tem ou não tem poder devem ser considerados. | Critério de Poder não atendido |
| 9 | Um investidor detém 35% dos direitos de voto da investida. Três outros investidores detêm, cada um, 5% dos direitos de voto da investida. Os direitos de voto restantes são detidos por numerosos outros acionistas, nenhum dos quais, individualmente, detém mais que 1% dos direitos de voto. Nenhum dos acionistas possui acordos para consultar qualquer dos demais ou para tomar decisões coletivas. Decisões sobre as atividades relevantes da investida exigem a aprovação da maioria dos votos proferidos em assembleias de acionistas relevantes – 75% dos direitos de voto da investida foram exercidos em assembleias de acionistas relevantes recentes. **Nesse caso, a participação ativa dos demais acionistas em assembleias de acionistas recentes indica que o investidor não teria a capacidade prática de dirigir as atividades relevantes de modo unilateral**, independentemente de o investidor ter dirigido as atividades relevantes porque um número suficiente de outros acionistas votou da mesma forma que ele. | Critério de Poder não atendido |
| 10 | O investidor A detém 70% dos direitos de voto da investida. O investidor B possui 30% dos direitos de voto da investida, bem como a opção de adquirir metade dos direitos de voto do investidor A. A opção é exercível pelos próximos dois anos ao preço fixo que está substancialmente fora do preço (*out-of-the money*) (e que se espera que assim permaneça por esse período de dois anos). O investidor A tem exercido seus direitos de voto e está dirigindo ativamente as atividades relevantes da investida. Nesse caso, **é provável que o investidor A atenda ao critério de poder, uma vez que ele parece ter a capacidade atual de dirigir as atividades relevantes**. Embora o investidor B tenha opções atualmente exercíveis para a compra de direitos de voto adicionais (as quais, se exercidas, lhe dariam a maioria dos direitos de voto na investida), os termos e condições associados a essas opções são tais que as opções não são consideradas substantivas. | Critério de Poder provavelmente atendido |
| 11 | **O investidor A e dois outros investidores detêm, cada um, um terço dos direitos de voto da investida**. A atividade de negócio da investida está estreitamente relacionada com o investidor A. Além de seus instrumentos patrimoniais, o investidor A detém também instrumentos de dívida, conversíveis em ações ordinárias da investida em qualquer ocasião por preço fixo que está fora do preço (*out-of-the money*) (mas não substancialmente fora do preço). **Se a dívida fosse convertida, o investidor A deteria 60% dos direitos de voto da investida**. O investidor A se beneficiaria da captura de sinergias se os instrumentos de dívida fossem convertidos em ações ordinárias. **O investidor A tem poder sobre a investida porque detém direitos de voto da investida em conjunto com direitos de voto potenciais substantivos que lhe dão a capacidade atual de dirigir as atividades relevantes.** | Critério de Poder atendido |

| Exemplos 12 e 13 quanto ao Poder quando direitos de voto ou similares não têm efeito significativo sobre os retornos da investida: Extraídos do CPC 36 | | |
|---|---|---|
| | Situações | Conclusão |
| 12 | A única atividade de negócio da investida, conforme especificada em seus documentos constitutivos, é a compra de recebíveis e a sua administração diária para seus investidores. A administração diária inclui a cobrança e o repasse de pagamentos de principal e juros à medida que vençam. Por ocasião da inadimplência de recebível, a investida automaticamente o oferece ao investidor, conforme convencionado separadamente em contrato entre o investidor e a investida. **A única atividade relevante é a gestão dos recebíveis em caso de inadimplência, já que esta é a única atividade que pode afetar significativamente os retornos da investida.** A gestão dos recebíveis antes da inadimplência não é uma atividade relevante, uma vez que não exige a tomada de decisões substantivas que podem afetar significativamente os retornos da investida - as atividades antes da inadimplência são predeterminadas e consistem apenas no recebimento de fluxos de caixa à medida que vençam e repassá-los aos investidores. Portanto, somente o direito do investidor de gerenciar os ativos em caso de inadimplência deve ser considerado ao se avaliar as atividades gerais da investida que afetam significativamente os retornos da investida. Neste exemplo, a estrutura da investida assegura que o investidor tenha autoridade de tomada de decisões sobre as atividades que afetam significativamente os retornos na única ocasião em que essa autoridade de tomada de decisões é necessária. Os termos do contrato de venda são parte integrante da transação como um todo e da formação da investida. Portanto, os termos do contrato de venda, em conjunto com os documentos constitutivos da investida, **levam à conclusão de que o investidor tem poder sobre a investida, embora o investidor assuma a propriedade dos recebíveis somente em caso de inadimplência e gerencie os recebíveis inadimplidos fora dos limites legais da investida.** | Critério de Poder atendido |
| 13 | Os únicos ativos da investida são recebíveis. Quando o objetivo e a estrutura da investida são considerados, **determina-se que a única atividade relevante é a gestão dos recebíveis em caso de inadimplência.** A parte que tem a capacidade de gerenciar os recebíveis inadimplidos tem poder sobre a investida, independentemente da inadimplência por qualquer dos devedores. | Critério de Poder atendido |

| Exemplos 14 a 17 quanto ao Controle considerando a capacidade do investidor utilizar seu poder sobre a investida para afetar o valor de seus retornos: Extraídos do CPC 36 | | |
|---|---|---|
| | **Situações** | **Conclusão** |
| 14 | O tomador de decisões (gestor do fundo) cria, comercializa e gere fundo regulado e negociado publicamente, de acordo com parâmetros bem definidos previstos no mandato de investimento, conforme exigido por suas leis e regulamentos locais. O fundo foi comercializado a investidores como investimento em carteira diversificada de instrumentos patrimoniais de entidades negociadas publicamente. Dentro dos parâmetros definidos, o gestor do fundo tem poder discricionário em relação aos ativos nos quais investir. O gestor do fundo efetuou o investimento proporcional de 10% no fundo e recebe a taxa baseada em mercado para seus serviços igual a 1% do valor dos ativos líquidos do fundo. As taxas são compatíveis com os serviços prestados. O gestor do fundo não tem nenhuma obrigação de financiar perdas além de seu investimento de 10%. O fundo não tem a obrigação de estabelecer e não estabeleceu conselho de administração independente. Os investidores não detêm nenhum direito substantivo que afete a autoridade de tomada de decisões do gestor do fundo, mas podem resgatar suas participações dentro de limites específicos fixados pelo fundo.<br>Embora operando dentro dos parâmetros previstos no mandato de investimento e de acordo com as exigências regulatórias, o gestor do fundo tem direitos de tomada de decisões que lhe dão a capacidade atual de dirigir as atividades relevantes do fundo – os investidores não detêm direitos substantivos que podem afetar a autoridade de tomada de decisões do gestor do fundo. O gestor do fundo recebe uma taxa baseada em mercado por seus serviços, a qual é compatível com os serviços prestados, e efetuou também um investimento proporcional no fundo. A remuneração e o investimento do gestor do fundo o expõem à variabilidade de retornos decorrentes das atividades do fundo, sem criar exposição de importância tal que indique que o gestor do fundo é o principal.<br>Neste exemplo, a consideração da exposição do gestor do fundo à variabilidade de retornos do fundo em conjunto com a sua autoridade de tomada de decisões dentro de parâmetros restritos indica que o gestor do fundo é o agente. Assim, o gestor do fundo conclui que não controla o fundo. | Critério de Controle não atendido |

<table>
<tr><td rowspan="3">15</td><td colspan="2">O tomador de decisões cria, comercializa e gere fundo que oferece oportunidades de investimento a uma série de investidores. O tomador de decisões (gestor do fundo) deve tomar decisões no melhor interesse de todos os investidores e de acordo com os contratos de regulação do fundo. Não obstante, o gestor do fundo tem amplo poder discricionário para a tomada de decisões. O gestor do fundo recebe a taxa baseada em mercado por seus serviços igual a 1% dos ativos geridos e 20% de todo o lucro do fundo caso o nível de lucro especificado seja atingido. As taxas são compatíveis com os serviços prestados. Embora precise tomar decisões no melhor interesse de todos os investidores, o gestor do fundo tem ampla autoridade de tomada de decisões para dirigir as atividades relevantes do fundo. O gestor do fundo recebe taxas fixas relativas ao desempenho compatíveis com os serviços prestados. Além disso, a remuneração alinha os interesses do gestor do fundo aos dos demais investidores para aumentar o valor do fundo, sem criar exposição à variabilidade de retornos decorrentes das atividades do fundo que seja de importância tal que a remuneração, quando considerada isoladamente, indique que o gestor do fundo é um principal.</td><td></td></tr>
<tr><td colspan="3">Variantes</td></tr>
<tr><td>15.1</td><td>O gestor do fundo tem também o investimento de 2% no fundo que alinha seus interesses aos dos demais investidores. O gestor do fundo não tem nenhuma obrigação de financiar perdas além de seu investimento de 2%. Os investidores podem destituir o gestor do fundo pelo voto da maioria simples, mas somente por quebra de contrato. O investimento de 2% do gestor do fundo aumenta sua exposição à variabilidade de retornos decorrentes das atividades do fundo, sem criar exposição de importância tal que indique que o gestor do fundo é o principal. Os direitos dos demais investidores de destituir o gestor do fundo são considerados como sendo direitos de proteção, uma vez que somente podem ser exercidos em caso de quebra de contrato. Neste exemplo, embora o gestor do fundo tenha ampla autoridade de tomada de decisões e esteja exposto à variabilidade de retornos de sua participação e remuneração, sua exposição indica que ele é o agente. Assim, o gestor do fundo conclui que não controla o fundo.</td><td>Critério de Controle não atendido</td></tr>
</table>

| | | | |
|---|---|---|---|
| 15 | 15.2 | O gestor do fundo tem o investimento proporcional mais substancial no fundo, mas não tem nenhuma obrigação de financiar perdas além desse investimento. Os investidores podem destituir o gestor do fundo pelo voto da maioria simples, mas somente por quebra de contrato.<br>Neste exemplo, os direitos dos demais investidores de destituir o gestor do fundo são considerados como sendo direitos de proteção, uma vez que somente podem ser exercidos em caso de quebra de contrato. Embora o gestor do fundo receba taxas fixas e relativas ao desempenho compatível com os serviços prestados, a combinação de seu investimento com a sua remuneração pode criar exposição à variabilidade de retornos decorrentes das atividades do fundo que seja de importância tal que indique que o gestor do fundo é o principal. Quanto maior a dimensão e a variabilidade associada aos interesses econômicos do gestor do fundo (considerando-se a sua remuneração e outros interesses em conjunto), maior é a ênfase que o gestor do fundo dá a esses interesses econômicos na análise e maior a probabilidade de que o gestor do fundo seja o principal. Por exemplo, tendo considerado sua remuneração e os demais fatores, o gestor do fundo pode considerar o investimento de 20% como sendo suficiente para concluir que controla o fundo. **Contudo, em circunstâncias diferentes (ou seja, se a remuneração ou outros fatores forem diferentes), o controle pode surgir quando o nível de investimento for diferente.** | Critério de Controle atendido |
| | 15.3 | O gestor do fundo tem o investimento proporcional de 20% no fundo, mas não tem nenhuma obrigação de financiar perdas além de seu investimento de 20%. O fundo tem conselho de administração, do qual todos os seus membros são independentes do gestor do fundo e são nomeados pelos outros investidores. O conselho nomeia o gestor do fundo anualmente. Se o conselho decidisse não renovar o contrato do gestor do fundo, os serviços prestados por este último podem ser realizados por outros gestores do setor. Embora o gestor do fundo receba taxas fixas e relativas ao desempenho compatível com os serviços prestados, a combinação de seu investimento de 20% com a sua remuneração cria exposição à variabilidade de retornos decorrentes das atividades do fundo que é de importância tal que indica que o gestor do fundo é o principal. Contudo, os investidores têm direitos substantivos de destituir o gestor do fundo – o conselho de administração possui mecanismo para garantir que os investidores possam destituir o gestor do fundo caso decidam fazê-lo. Neste exemplo, o gestor do fundo dá maior ênfase aos direitos substantivos de destituição na análise. Assim, embora o gestor do fundo tenha ampla autoridade de tomada de decisões e esteja exposto à variabilidade de retornos do fundo como resultado de sua remuneração e investimento, os direitos substantivos detidos pelos demais investidores indicam que o gestor do fundo é o agente. **Deste modo, o gestor do fundo conclui que não controla o fundo.** | Critério de Controle não atendido |

| | | |
|---|---|---|
| 16 | Uma investida é criada para adquirir uma carteira de recebíveis pré-fixados (*asset-backed securities*), operação a ser financiada por instrumentos de dívida de renda fixa e instrumentos patrimoniais. Os instrumentos patrimoniais são estruturados de modo a oferecer proteção contra o risco de perda primeiro aos investidores de dívida e receber quaisquer retornos residuais da investida. A transação foi comercializada a potenciais investidores de títulos de dívida como investimento em carteira de recebíveis lastreados em ativos (*asset-backed securities*) com exposição ao risco de crédito associado à possível inadimplência dos emitentes desses títulos na carteira e ao risco de taxa de juros associado à gestão da carteira.<br>Por ocasião da formação, os instrumentos patrimoniais representam 10% do valor dos ativos adquiridos. O tomador de decisões (gestor de ativos) gerencia a carteira de ativos de modo ativo tomando decisões de investimento dentro dos parâmetros fixados no prospecto da investida. Por esses serviços, o gestor de ativos recebe a taxa fixa baseada em mercado (ou seja, 1% dos ativos geridos) e taxas relativas ao desempenho (ou seja, 10% dos lucros) caso os lucros da investida superem o nível especificado. As taxas são compatíveis com os serviços prestados. O gestor de ativos detém 35% do patrimônio líquido da investida. Os 65% restantes do patrimônio líquido e todos os instrumentos de dívida são detidos por grande número de terceiros investidores não relacionados e amplamente dispersos. O gestor de ativos pode ser destituído sem justa causa por decisão da maioria simples dos demais investidores.<br>O gestor de ativos recebe taxas fixas e relativas ao desempenho compatíveis com os serviços prestados. A remuneração alinha os interesses do gestor do fundo aos dos demais investidores para aumentar o valor do fundo. O gestor de ativos está exposto à variabilidade dos retornos decorrentes das atividades do fundo porque detém 35% do patrimônio líquido e por conta de sua remuneração.<br>Embora operando dentro dos parâmetros definidos no prospecto da investida, o gestor de ativos tem a capacidade atual de tomar decisões de investimento que afetam significativamente os retornos da investida – os direitos de destituição detidos pelos demais investidores recebem pouco peso na análise, uma vez que esses direitos são detidos por grande número de investidores amplamente dispersos. Neste exemplo, o gestor de ativos dá ênfase maior à sua exposição à variabilidade de returnos do fundo decorrentes de sua participação patrimonial, a qual está subordinada aos instrumentos de dívida. Deter 35% do patrimônio líquido cria exposição subordinada a perdas e direitos a retornos da investida, que são de importância tal que indica que o gestor de ativos é o principal. **Assim, o gestor de ativos conclui que controla a investida.** | Controle atendido |

| | | |
|---|---|---|
| 17 | O tomador de decisões (patrocinador) patrocina um veículo de múltiplos vendedores, que emite instrumentos de dívida de curto prazo a terceiros investidores não relacionados. A transação foi comercializada a potenciais investidores como investimento em carteira de ativos de médio prazo com classificação de crédito elevada, com exposição mínima ao risco de crédito associado à possível inadimplência dos emitentes dos ativos da carteira. Vários cedentes vendem carteiras de ativos de médio prazo de alta qualidade ao veículo. Cada cedente administra a carteira de ativos que vende ao veículo e gere recebíveis inadimplidos por taxa de serviço baseada em mercado. Cada cedente oferece ainda proteção a primeiro risco contra perdas de crédito decorrentes de sua carteira de ativos por meio de sobre garantia dos ativos transferidos ao veículo. O patrocinador estabelece os termos do veículo e gere as operações deste por taxa baseada em mercado. A taxa é compatível com os serviços prestados. O patrocinador aprova os vendedores autorizados a vender ao veículo, aprova os ativos a serem comprados pelo veículo e toma decisões de financiamento do veículo. O patrocinador deve agir no melhor interesse de todos os investidores. O patrocinador tem direito a qualquer retorno residual do veículo, fornecendo ainda melhoria de crédito e facilidades de liquidez ao veículo. A melhoria de crédito fornecida pelo patrocinador absorve perdas de até 5% de todos os ativos do veículo, após as perdas serem absorvidas pelos cedentes. As facilidades de liquidez não são adiantadas em relação a ativos inadimplidos. Os investidores não detêm direitos substantivos que poderiam afetar a autoridade de tomada de decisões do patrocinador. Embora receba uma taxa baseada em mercado por seus serviços, compatível com os serviços prestados, o patrocinador tem exposição à variabilidade de retornos das atividades dos veículos devido aos seus direitos a quaisquer retornos residuais do veículo e ao fornecimento de melhoria de crédito e facilidades de liquidez (ou seja, o veículo está exposto ao risco de liquidez por utilizar instrumentos de dívida de curto prazo para financiar ativos de médio prazo). Embora cada um dos cedentes tenha direitos de tomada de decisões que afetam o valor dos ativos do veículo, o patrocinador tem ampla autoridade de tomada de decisões que lhe dá a capacidade atual de dirigir as atividades que afetam mais significativamente os retornos do veículo (ou seja, o patrocinador estabeleceu os termos do veículo, tem o direito de tomar decisões sobre os ativos (aprovando os ativos adquiridos e os cedentes desses ativos) e o financiamento do veículo (para o qual novos investimentos devem ser encontrados regularmente)). O direito a retornos residuais do veículo e o fornecimento de melhoria de crédito e facilidades de liquidez expõem o patrocinador a uma variabilidade de retornos decorrentes das atividades do veículo diferente da dos demais investidores. **Consequentemente, essa exposição indica que o patrocinador é o principal e, assim, o patrocinador conclui que controla o veículo.** A obrigação do patrocinador de agir no melhor interesse de todos os investidores não impede que o patrocinador seja o principal. | Controle atendido |

## 3. OPERAÇÕES *DOWNSTREAM* E *UPSTREAM* ENTRE COLIGADAS E CONTROLADAS E PROCEDIMENTOS DE CONSOLIDAÇÃO PARA AS CONTROLADAS

Sobre operações inter companhias coligadas e controladas, a Lei nº 6.404/1976 define que:

> *Art. 248. No balanço patrimonial da companhia, os investimentos em coligadas ou em controladas e em outras sociedades que façam parte de um mesmo grupo ou estejam sob controle comum serão avaliados pelo método da equivalência patrimonial, de acordo com as seguintes normas:*
>
> *I – o valor do patrimônio líquido da coligada ou da controlada será determinado com base em balanço patrimonial ou balancete de verificação levantado, com observância das normas desta Lei, na mesma data, ou até 60 (sessenta) dias, no máximo, antes da data do balanço da companhia;* ***no valor de patrimônio líquido não serão computados os resultados não realizados decorrentes de negócios com a companhia, ou com outras sociedades coligadas à companhia, ou por ela controladas****;*
>
> *II – o valor do investimento será determinado mediante a aplicação, sobre o valor de patrimônio líquido referido no número anterior, da porcentagem de participação no capital da coligada ou controlada;*
>
> *III – a diferença entre o valor do investimento, de acordo com o número II, e o custo de aquisição corrigido monetariamente; somente será registrada como resultado do exercício:*
>
> *a) se decorrer de lucro ou prejuízo apurado na coligada ou controlada;*
>
> *b) se corresponder, comprovadamente, a ganhos ou perdas efetivos;*
>
> *c) no caso de companhia aberta, com observância das normas expedidas pela Comissão de Valores Mobiliários.*
>
> *§ 1º Para efeito de determinar a relevância do investimento, nos casos deste artigo, serão computados como parte do custo de aquisição os saldos de créditos da companhia contra as coligadas e controladas.*
>
> *§ 2º A sociedade coligada, sempre que solicitada pela companhia, deverá elaborar e fornecer o balanço ou balancete de verificação previsto no número I.*

| Conclusão do art. 248 da Lei nº 6.404/1976 sobre operações inter companhias (coligadas e controladas) |
|---|
| 1. O lucro apurado pela investida sujeito ao MEP só é considerado 100% realizado quando derivado de operações com terceiros. |
| 2. O lucro apurado pela investida sujeito ao MEP decorrente de operações inter companhias está sujeito a ajustes. |
| 3. Os ajustes dependem da relação entre a investidora e a investida: coligadas ou controladas. |

Sobre os procedimentos específicos para transações entre companhias controladoras e controladas **(não vale para coligadas)**, a Lei nº 6.404/1976 define que:

> *Art. 250. Das demonstrações financeiras consolidadas serão excluídas:*
>
> ***I – as participações de uma sociedade em outra;***
>
> ***II – os saldos de quaisquer contas entre as sociedades;***
>
> ***III – as parcelas dos resultados do exercício, dos lucros ou prejuízos acumulados e do custo de estoques ou do ativo não circulante que corresponderem a resultados, ainda não realizados, de negócios entre as sociedades.***

*§ 1º A participação dos acionistas não controladores no patrimônio líquido e no lucro do exercício será destacada, respectivamente, no balanço patrimonial e na demonstração do resultado do exercício.*

*§ 2º A parcela do custo de aquisição do investimento em controlada, que não for absorvida na consolidação, deverá ser mantida no ativo não circulante, com dedução da provisão adequada para perdas já comprovadas, e será objeto de nota explicativa.*

*§ 3º O valor da participação que exceder do custo de aquisição constituirá parcela destacada dos resultados de exercícios futuros até que fique comprovada a existência de ganho efetivo.*

*§ 4º Para fins deste artigo, as sociedades controladas, cujo exercício social termine mais de 60 (sessenta) dias antes da data do encerramento do exercício da companhia, elaborarão, com observância das normas desta Lei, demonstrações financeiras extraordinárias em data compreendida nesse prazo.*

| Procedimentos de Consolidação à luz do CPC 36: específicos para controladas |
|---|
| **1.** Combinar itens similares de ativos, passivos, patrimônio líquido, receitas, despesas e fluxos de caixa da controladora com os de suas controladas.<br>**2. Compensar (eliminar) o valor contábil do investimento da controladora em cada controlada** e a parcela da controladora no patrimônio líquido de cada controlada.<br>**3. Eliminar integralmente ativos e passivos, patrimônio líquido, receitas, despesas e fluxos de caixa intragrupo relacionados a transações entre entidades do grupo** (resultados decorrentes de transações intragrupo que sejam reconhecidos em ativos, tais como estoques e ativos fixos, são eliminados integralmente). Os prejuízos intragrupo podem indicar uma redução no valor recuperável de ativos, que exige o seu reconhecimento nas demonstrações consolidadas. |

**Chamada 152 do autor:** Procedimentos de Consolidação

## 3.1. Aplicação do MEP quando ocorrem transações Inter companhias: controladas e coligadas

O Quadro 25.3 contém tipos de Transações Inter Companhias avaliadas pelo MEP.

**Quadro 25.3:** Tipos de Transações Inter Companhias avaliadas pelo MEP

| Tipo | Característica |
|---|---|
| Transações ascendentes (*upstream*) | Vendas de ativos[a] da coligada ou do empreendimento controlado em conjunto para o investidor. |
| Transações descendentes (*downstream*) | Vendas de ativos[a] do investidor para a coligada ou para o empreendimento controlado em conjunto. |

**Legenda:** (a) venda de estoque, instrumentos financeiros de curto prazo, investimento, imobilizado ou intangível.

O Quadro 25.4 contém os procedimentos específicos considerando a relação de participação e o tipo de transação.

Quadro 25.4: **Tratamento para lucro não realizado considerando as relações entre investidora e investida**

| Relação entre as Entidades | Transação | Tratamento |
|---|---|---|
| Operações com coligadas **ou** com empreendimento controlado em conjunto (ver simulações 1 e 2) | Venda da investidora para a investida (Downstream)[2]. | Devem ser reconhecidos nas demonstrações contábeis do investidor somente na extensão da participação de outros investidores sobre essa coligada ou empreendimento controlado em conjunto, desde que esses outros investidores sejam partes independentes do grupo econômico ao qual pertence a investidora. |
| | | São considerados lucros não realizados, na proporção da participação da investidora na coligada, aqueles obtidos em operações de ativos que, à época das demonstrações contábeis, ainda permaneçam na coligada. |
| | | Equiparam-se à venda, para fins de lucro não realizado, os aportes de ativos para integralização de capital na investida. |
| | | Dessa forma, na venda (ou contribuição de capital em ativos) da investidora para a coligada (ou empreendimento controlado em conjunto) deve ser considerada realizada, na investidora, a parcela do lucro proporcional à participação dos demais sócios na coligada que sejam partes independentes da investidora ou dos controladores da investidora. Afinal, **a operação de venda se dá entre partes independentes, por ter a coligada um controlador diferente do controlador da investidora.** |
| | | O lucro não realizado deve ser reconhecido à medida que o ativo for vendido para terceiros, ou for depreciado, ou sofrer *impairment* ou sofrer baixa por qualquer outro motivo. |
| | | A operação de venda deve ser registrada normalmente pela investidora (receitas e despesas correspondentes) e a eliminação dos lucros não realizados deve ser feita no resultado individual da investidora, na rubrica de resultado da equivalência patrimonial (e se for o caso no resultado consolidado), pelo registro da parcela não realizada a crédito da conta de investimento, até a efetiva realização do ativo na coligada (ou empreendimento controlado em conjunto). |
| | | **Debita-se o resultado em conta do mesmo grupo da receita ou despesa da equivalência patrimonial** por tratar-se de efeito decorrente do seu envolvimento com a investida, **creditando-se uma subconta retificadora do investimento pelo lucro não realizado.** |
| | | **Não devem ser eliminadas na demonstração do resultado da investidora as parcelas de venda, custo da mercadoria ou produto vendido, tributos e outros itens aplicáveis, já que a operação como um todo se dá com genuínos terceiros**, ficando como não realizada apenas a parcela devida do lucro. |

2 Itens 49 a 51 da Interpretação Técnica ICPC 09 (R2).

| | | |
|---|---|---|
| **Operações** com coligadas **ou** com empreendimento controlado em conjunto (ver simulações 1 e 2) | Venda da investida para a investidora (Upstream)[3] | O lucro deve ser reconhecido na vendedora normalmente. |
| | | Os lucros não realizados por operação de ativos ainda em poder da investidora ou de suas controladas devem ser eliminados da seguinte forma: para o cálculo do valor da equivalência patrimonial, **do lucro líquido da investida é deduzida a integralidade do lucro** que for considerado como não realizado **pela investidora.** Não utiliza conta retificadora no BP e na DRE. |
| **Operações** entre controladora e controlada e entre controladas (ver simulações 3 e 4) | **Independente da venda: Downstream ou Upstream** | Os lucros não realizados devem ser totalmente eliminados nas operações de venda da controladora para a controlada, os quais devem ser reconhecidos no resultado da controladora somente quando os ativos transacionados forem realizados (pelo uso, venda ou perda) na investida. |
| | | São considerados não realizados os lucros contidos no ativo de qualquer entidade pertencente ao mesmo grupo econômico, não necessariamente na controlada para a qual a controladora tenha feito a operação original. Exemplo: a controladora E controla F que, por sua vez, controla G; F deve eliminar totalmente qualquer lucro não realizado ao vender um bem para G, por ser controladora de G. |
| | **Venda da investidora para a investida (Downstream)[4].** | Nas demonstrações individuais, quando de operações de venda de ativos da controladora para suas controladas (*downstream*), a eliminação do lucro não realizado deve ser feita no resultado individual da controladora, deduzindo-se cem por cento do lucro contido no ativo ainda em poder do grupo econômico, em contrapartida da conta de investimento (como se fosse uma devolução de parte desse investimento), até sua efetiva realização pela baixa do ativo na(s) controlada(s). |
| | | A eliminação na demonstração do resultado deve ser feita em linha logo após o resultado da equivalência patrimonial, com destaque na própria demonstração do resultado ou em nota explicativa. |
| | | **Podem ser eliminadas na demonstração do resultado da controladora as parcelas de venda, custo da mercadoria ou produto vendido, tributos e outros itens aplicáveis,** já que a operação como um todo não se dá com genuínos terceiros. Se não eliminados, esses valores devem ser evidenciados na própria demonstração do resultado ou em notas explicativas. |
| | **Venda da investida para a investidora (Upstream)[5]** | O lucro deve ser reconhecido na vendedora normalmente. |
| | | Nas demonstrações individuais da controladora, quando de operações de venda de ativos da controlada para a controladora ou entre controladas, o cálculo da equivalência patrimonial deve ser feito deduzindo-se, **do patrimônio líquido da controlada, cem por cento do lucro contido no ativo ainda em poder do grupo econômico.** |

3 Item 53 da Interpretação Técnica ICPC 09 (R2).

4 Itens 55B e 55C da Interpretação Técnica ICPC 09 (R2).

5 Itens 56, 56A e 56B da Interpretação Técnica ICPC 09 (R2).

| Cálculo do MEP da Investidora quando existem lucros não realizados | |
|---|---|
| Operações com Coligadas | Resultado de Equivalência Patrimonial = (Lucro da Coligada – 100% do Lucro Não Realizado) x % de Participação |
| | Na operação downstream, o lucro não realizado não afeta a Receita de Equivalência Patrimonial. Neste caso, se usa: a conta Lucros não realizados com coligadas na DRE e a conta lucros a realizar com coligadas no BP. |
| | Na operação upstream, o lucro não realizado afeta a Receita de Equivalência Patrimonial. Neste caso, não se usa: a conta Lucros não realizados com coligadas na DRE e a conta lucros a realizar com coligadas no BP. |
| Operações com Controladas | Resultado de Equivalência Patrimonial = (Lucro da Controlada x % de Participação) – 100% do Lucro Não Realizado |
| | Na operação downstream, o lucro não realizado não afeta a Receita de Equivalência Patrimonial. Neste caso, se usa: a conta Lucros não realizados com controladas na DRE e a conta lucros a realizar com controladas no BP. |
| | Na operação upstream, o lucro não realizado afeta a Receita de Equivalência Patrimonial. Neste caso, não se usa: a conta Lucros não realizados com controladas na DRE e a conta lucros a realizar com controladas no BP. |

**Questão de Reforço – CGE-PB – Auditor Contábil e Finanças Públicas 2024 FGV Adaptada**

A empresa A detém 25% das ações da empresa B e 30% das ações da empresa C, ambos investimentos, caracterizando influência significativa. A empresa B vendeu para a empresa A, por R$ 300.000, mercadorias que lhe custaram R$ 100.000 (nada desses estoques foi vendido para terceiros). Ainda, a empresa A vendeu mercadorias para a empresa C com um lucro de R$ 60.000 (nada desses estoques foi vendido para terceiros). O lucro líquido da empresa B é de R$ 500.000 e da empresa C, de R$ 400.000. Considere 34% de tributos sobre o lucro. Com base nas informações apresentadas, a receita de equivalência patrimonial da empresa A é de:

(A) R$ 120.000;

(B) R$ 212.000;

(C) R$ 227.000;

(D) R$ 228.500;

(E) R$ 245.000.

Solução

| Relações | Investimento |
|---|---|
| **A e B são coligadas** | **A possui 25% de B** |
| **A e C são coligadas** | **A possui 30% de C** |

Unidade Didática IV
Demonstrações Contábeis -
Apresentação e Análise de Balanços

| Eventos | Operação | Observação |
|---|---|---|
| B vendeu para A (upstream) | Receita Bruta 300.000<br>CMV 100.000<br>Lucro Bruto de B: R$ 200.000 | A não revendeu para terceiros |
| A vendeu para C (downstream) | Lucro Bruto (RBV-CMV) de A:<br>R$ 60.000 | C não revendeu para terceiros |
| Lucro Líquido de B | R$ 500.000 | |
| Lucro Líquido de C | R$ 400.000 | |

| Eventos | Operação | Lucro após impostos | Lucro não realizado |
|---|---|---|---|
| B vendeu para A (upstream) | Receita Bruta 300.000<br>CMV 100.000<br>Lucro Bruto de B: R$ 200.000 | 200.000 x 0,66 = 132.000 | 132.000 não realizado contido no Estoque de B |
| A vendeu para C (downstream) | Lucro Bruto (RBV-CMV) de A:<br>R$ 60.000 | 60.000 x 0,66 = 39.600 | 39.600 não realizado.<br>O lucro não realizado deve ser considerado pela investidora, mas não afeta a equivalência patrimonial, propriamente dita.<br>Efeitos do lucro não realizado em A: 30% de 39.600 = 11.880. |

| Cálculo do MEP da Investidora quando existem lucros não realizados | |
|---|---|
| **Operações com Coligadas** | **Resultado de Equivalência Patrimonial = (Lucro da Coligada – 100% do Lucro Não Realizado) x % de Participação** |
| Resultado de Equivalência Patrimonial em B = (Lucro da Coligada – 100% do Lucro Não Realizado) x % de Participação.<br>REP em B = (500.000-132.000)x25% = 368.000x25%=92.000.<br>REP em C = 400.000x30% = 120.000[a].<br>Total = R$ 212.000 | |

**Legenda:** (a) Registro contábil:

**D Investimentos – BP** .......... **120.000**

**C Receita de Equivalência Patrimonial – DRE** .......... **120.000**

**D Lucros Não Realizados com Coligadas – DRE** .......... **11.800[b]**

**C Lucros a realizar com Coligadas – BP** .......... **11.800 [b]**

(b) 11.800 = (30% * 39.600)

Gabarito: **B**

**Simulação 01 – Adaptada do ICPC 09 (R2): Venda da investidora para sua investida coligada (downstream)**

**Balanço Patrimonial da Investidora ALFA antes da operação**

| Ativo | Passivo |
|---|---|
| Caixa....................5.000.000 | Fornecedores....................5.000.000 |
| Estoques....................5.000.000 | |
| Investimentos em BRAVO....................5.000.000 | PL....................30.000.000 |
| Imobilizado....................20.000.000 | |

**Balanço Patrimonial da Investidora BRAVO antes da operação**

| Ativo | Passivo |
|---|---|
| Caixa....................10.000.000 | |
| Estoque....................5.000.000 | PL....................25.000.000 |
| Imobilizado....................10.000.000 | |

Um ativo com valor contábil de R$ 1.000.000 é vendido por R$ 1.400.000[a] (Ganho de 400.000) pela empresa ALFA para a sua coligada BRAVO, na qual ALFA detém com 20% do capital votante.

O tributo sobre esse lucro é de R$ 150.000, de forma que o resultado da investidora está afetado pelo valor líquido de R$ 250.000 (400.000-150.000).

Ao vender à coligada, é como se estivesse vendendo com lucro apenas na parte da venda aos investidores que detêm 80% do capital social de B.

A empresa ALFA não deve considerar realizada a parcela relativa à sua própria participação, ou seja, 20% de $ 250.000 = R$ 50.000[b].

Suponha-se que Lucro Líquido de BRAVO tenha sido R$ 2.500.000 e o Resultado de Equivalência Patrimonial de ALFA sobre BRAVO tenha sido R$ 500.000.

**Balanço Patrimonial da Investidora ALFA após todas as operações**

| Ativo | Passivo |
|---|---|
| Caixa....................6.400.000[a] | Fornecedores....................5.000.000 |
| Estoques....................5.000.000 | Impostos a pagar....................150.000[a] |
| Investimentos em BRAVO....................5.500.000[b] | PL....................30.000.000 |
| (-)Lucros a Apropriar....................(50.000)[b] | Lucros Acumulados ....................700.000[c] |
| Imobilizado....................19.000.000[a] | |

Legenda: **(a)** venda do ativo de 1.000.000 por 1.400.000 com imposto de 150.000. Lucro de 250.000. **(b)** Resultado do MEP = 500.000 - 50.000. **(c)** 250.000[a] +450.000[b].

**Balanço Patrimonial da coligada BRAVO após todas as operações**

| Ativo | Passivo |
|---|---|
| Caixa....................8.600.000 | |
| Estoque....................5.000.000 | PL....................25.000.000 |
| Imobilizado....................11.400.000 | Lucros Acumulados....................2.500.000 |

**DRE da Investidora ALFA**

| | |
|---|---|
| **Receita Líquida** | **0** |
| - CMV | 0 |
| **Lucro Bruto** | **0** |
| Ganho de Capital líquido de imposto[a] | **250.000** |
| Resultado da equivalência patrimonial sobre investimentos em coligada e empreendimento controlado em conjunto[b] | **500.000** |
| (-)Lucro não realizado em operações com coligada e empreendimento controlado em conjunto[b] | **(50.000)** |
| LAIR | **700.000** |

**DRE da coligada BRAVO**

| | |
|---|---|
| **Receita Líquida** | ??? |
| - CMV | ??? |
| **Lucro Bruto** | ??? |
| (-) Outras Despesas Operacionais | ??? |
| LAIR | ??? |
| (-)Tributos sobre o lucro | ??? |
| (-)Participações | ??? |
| Lucro Líquido | **2.500.000** |

**Resultado Líquido de Equivalência Patrimonial** = (Lucro da Coligada – 100% do Lucro Não Realizado) x % de Participação → (2.500.000 – 250.000) x 20% de Participação = 2.250.000 x 20% → 450.000. Foi exatamente o valor no Balanço Patrimonial da Investidora ALFA após todas as operações.

Observe que o ativo comprado está 100% em uso por BRAVO.

Mesmo a Cia BRAVO estando 100% com o Ativo adquirido de ALFA, o Resultado de ALFA é afetado pelo MEP. Se fosse entre controlada e controladora (simulação 03), 100% do lucro contido no ativo ainda em poder do grupo econômico deve ser excluído do lucro do exercício da controladora.

**Essa simulação não exige a elaboração das demonstrações contábeis consolidadas nos termos do art. 248 da Lei nº 6.404/1976.**

**Simulação 02 - Adaptada do ICPC 09 (R2): Venda da investida coligada para sua investidora (upstream)**

**Balanço Patrimonial da Investidora CHARLIE antes da operação**

| Ativo | | Passivo | |
|---|---|---|---|
| Caixa | 5.000.000 | Fornecedores | 5.100.000 |
| Estoques | 5.000.000 | | |
| Investimentos em DELTA | 8.100.000 | PL | 30.000.000 |
| Imobilizado | 17.000.000 | | |

**Balanço Patrimonial da coligada DELTA antes da operação**

| Ativo | | Passivo | |
|---|---|---|---|
| Caixa | 10.000.000 | | |
| Estoque | 4.000.000 | PL | 27.000.000 |
| Imobilizado | 13.000.000 | | |

DELTA vendeu à CHARLIE estoques por R$ 1.000.000 cujo CMV é de R$ 700.000[a].

DELTA vendeu a terceiros estoques por R$ 2.000.000 cujo CMV é de R$ 1.500.000[b].

DELTA obteve um lucro líquido de $ 800.000, dentro dos quais estão $ 300.000 de lucro (já líquido do tributo sobre o resultado) de operação de venda para a investidora CHARLIE de estoques que ainda estão no ativo de CHARLIE. Lucro não realizado = R$ 300.000.

**Resultado de Equivalência Patrimonial** = (Lucro da Coligada - 100% do Lucro Não Realizado) x % de Participação → (800.000 - 300.000) x 30% → 500.000 x 30% → R$ 150.000

**Balanço Patrimonial da Investidora CHARLIE após a operação**

| Ativo | | Passivo | |
|---|---|---|---|
| Caixa | 4.000.000[a] | Fornecedores | 5.100.000 |
| Estoques | 6.000.000[a] | | |
| Investimentos em DELTA | 8.250.000[b] | PL | 30.000.000 |
| Imobilizado | 17.000.000 | Lucros Acumulados | 150.000[b] |

**Legenda:** (a)venda dos estoques. (b) MEP.

**Balanço Patrimonial da coligada DELTA após a operação**

| Ativo | | Passivo | |
|---|---|---|---|
| Caixa | 13.000.000[a,b] | | |
| Estoque | 1.800.000[a,b,c] | PL | 27.000.000 |
| Imobilizado | 13.000.000 | Lucros Acumulados | 800.000[d] |

**Legenda:** (a)venda dos estoques de DELTA para CHARLIE = 1.000.000-700.000. (b) venda dos estoques de DELTA para Terceiros = 2.000.000-1.500.000. Estoque final = 4.000.000 - 2.200.000. (c) 2.000.000-1.500.000 (d) 300.000 + 500.000.

**Nesse caso, não se utiliza contas retificadoras na DRE e no BP.**

**Essa simulação não exige a elaboração das demonstrações contábeis consolidadas nos termos do art. 248 da Lei nº 6.404/1976.**

**Simulação 03: Venda da investidora controladora para sua investida controlada (downstream)**

**Situação antes da Operação**

| Conta | Cia ECO | Cia FOX | Consolidado |
|---|---|---|---|
| Caixa | 600 | 300 | 900 |
| Estoques | 115 | - | 115 |
| Investimentos em FOX[a] | 385[a] | - | 0 |
| Duplicatas a Receber | - | 250 | 250 |
| **Total** | **1.100** | **550** | **1.265** |
| Capital Social | 1.100 | 550[a] | 1.100 |
| Lucros Acumulados | - | - | - |
| Participação do Não controlador | - | - | 165[b] |
| **Total PL** | **1.100** | **550** | **1.265** |

**Legenda:** (a) são eliminadas as participações de uma sociedade em outra. (b) 550-385.

1. Cia. ECO controla Cia FOX, **com 70% de participação em seu capital** (385/550)

2.Transação: Cia ECO vende para Cia FOX todo seu estoque à vista por R$ 215.

Vendas = 215

CMV = 115

Lucro = 100

3. FOX revende 80% dos estoques por R$ 240.

Vendas = R$ 240

CMV = 80% x 215 = R$ 172

Lucro = 68

4.Logo, resta 20% de lucro não realizado de ECO → 100x20% = 20. E houve lucro realizado de 80.

**Essa simulação exige a elaboração das demonstrações contábeis consolidadas nos termos do art. 248 da Lei nº 6.404/1976.**

**Situação após as Operações:**

DRE

| | ECO | FOX | Consolidada |
|---|---|---|---|
| **Receita Líquida** | **215** [a] | **240** | **240** |
| - CMV | (115) [a] | (172) | (172) |
| **Lucro Bruto** | **100** [a] | **68** | **68** |
| Resultado da equivalência patrimonial | 47,6 [a,b] | - | - |
| (-)Lucro não realizado em operações com controlada | (20) | | |
| **LAIR** | **127,6** | **68** | **68** |
| Controlador | - | **47,6** | **47,6** |
| Não Controlador | - | **20,4** | **20,4** |

**Legenda:** (a)operações intragrupo são eliminadas (b) **Resultado de Equivalência Patrimonial** = (Lucro da **Controlada** x % de Participação) – 100% do Lucro Não Realizado → (68x70%) – 20 → 47,6-20 = 27,60.

**Resultado de Fox: 68**

**-Minoritários: (20,4)**

**=GEP Inicial ECO: 47,6**

**(-) Eliminações:**

**Lucro não realizado (20)**

GEP: 27,6

Balanço Patrimonial

| Conta | Cia ECO | Cia FOX | Consolidado |
|---|---|---|---|
| Caixa | 815[a] | 325[b] | 1.140 |
| Estoques | 0 | 43[c] | 23[d] |
| Investimentos em FOX[a] | 432,6[e] | - | 0 |
| (-) Investimentos em FOX Lucros a Apropriar | (20) | | |
| Duplicatas a Receber | - | 250 | 250 |
| **Total** | **1.227,6** | **618** | **1.413** |
| Capital Social | 1.100 | 550[f] | 1.100 |
| Lucros Acumulados | 127,6 | 68 | 127,6 |
| Participação do Não controlador | - | - | 185,4[g] |
| **Total PL** | **1.227,6** | **618** | **1.413** |

**Legenda:** (a)600+215. (b)300-215+240. (c) 215-(80%x215). (d) Foi vendido 40% do estoque de FOX para ECO e posteriormente metade desses 40% foi revendido a terceiros. Logo, resta 20% do estoque no grupo que deve ser mensurado pelo valor original (20% x 115=23). (e) 385+47,6. Esse valor deve ser excluído. (f) Esse valor deve ser excluído. (g) 165+20,4 =185,4.

Nas transações downstream entre controladora e controlada, as demonstrações contábeis individuais da investidora devem utilizar a conta retificadora de investimento: (-)Lucro não realizado em operações com controlada.

**Simulação 04 – Adaptada do ICPC 09 (R2): Venda da investida controlada para sua investidora controladora (upstream)**

**Situação antes da Operação**

| Conta | Cia ECO | Cia FOX | Consolidado |
|---|---|---|---|
| Caixa | 600 | 200 | 800 |
| Estoques | - | 350 | 350 |
| Investimentos em FOX[a] | 385[a] | - | 0 |
| **Total** | **985** | **550** | **1.150** |
| Capital Social | 985 | 550[a] | 985 |
| Lucros Acumulados | - | - | - |
| Participação do Não controlador | - | - | 165[b] |
| **Total PL** | **985** | **550** | **1.150** |

Legenda: (a) são eliminadas as participações de uma sociedade em outra. (b) 550-385.

**1.** Cia. ECO controla Cia FOX, **com 70% de participação em seu capital** (385/550)

**2.**Transação: Cia FOX vende 40% dos seus estoques à vista por R$ 160.

Vendas = R$ 160

CMV = 40% x 350 = R$ 140

Lucro = 20

**3.** ECO revende 50% dos estoques por 150.

Vendas = R$ 150

CMV = 50% x 160 = R$ 80

Lucro = 70

**4.**Logo, resta 50% de lucro não realizado de FOX → 160-140 = 20x50% = 10.

**Essa simulação exige a elaboração das demonstrações contábeis consolidadas nos termos do art. 248 da Lei nº 6.404/1976.**

**Situação após as Operações**

**DRE**

| | ECO | FOX | Consolidada |
|---|---|---|---|
| **Receita Líquida** | **150** | **160[a]** | **150** |
| - CMV | (80) | (140)[a] | (80) |
| **Lucro Bruto** | **70** | **20** | **70** |
| Resultado da equivalência patrimonial | 4[b] | - | - |
| LAIR | **74** | **20**[a] | **70** |
| Controlador | - | **14** | **64** |
| Não Controlador | - | **6** | **6** |

Legenda: (a) operações intragrupo são eliminadas (b) **Resultado de Equivalência Patrimonial** = (Lucro da **Controlada** x % de Participação)

– 100% do Lucro Não Realizado → (20x70%) – 10 → 14-10 → 4.

**Resultado de Fox: 20**

**-Minoritários: (6)**

**=GEP inicial ECO: 14**

**(-) Eliminações:**

**Lucro não realizado (10)**

GEP: 4

**Balanço Patrimonial**

| Conta | Cia ECO | Cia FOX | Consolidado |
|---|---|---|---|
| Caixa | 590[a] | 360[b] | 950 |
| Estoques | 80 | 210 | 280[c] |
| Investimentos em B | 389[d] | | 0 |
| **Total** | **1059** | **570** | **1.230** |
| Capital Social | 985 | 550 | 985 |
| Lucros Acumulados | 74[e] | 20 | 74 |
| Participação do Não controlador | | | 171[f] |
| **Total PL** | **1059** | **570** | **1.230** |

**Legenda: (a)** 600-160+150. **(b)** 200+160. (c) 350-(20%x350). Foi vendido 40% do estoque de FOX para ECO e posteriormente metade desses 40% foi revendido a terceiros. Logo, resta 80% do estoque no grupo. (d) 385+4. (e)70+4. (f)165+6=171.

**Chamada 153 do autor:** Operações *Downstream*

**Chamada 154 do autor:** Operações *Upstream*

**Quadro 25.5: Síntese das operações inter companhias que adotam MEP**

| Transação | | Características |
|---|---|---|
| Operações com coligadas **ou** com empreendimento controlado em conjunto | Em ambos os casos | Não elabora Demonstrações Contábeis Consolidadas. |
| | | Resultado de Equivalência Patrimonial = (Lucro da Coligada – 100% do Lucro Não Realizado) x % de Participação. |
| | | A operação como um todo se dá com genuínos terceiros, ficando como não realizada apenas a parcela devida do lucro. |
| | Venda de ativo da investidora para a investida (Downstream) | Utiliza a conta retificadora no Ativo Investimento (Lucros não realizados a apropriar) e a conta de despesa na DRE em linha separada do Resultado de Equivalência Patrimonial. |
| | | Deve ser feita no resultado individual da **investidora**, **deduzindo-se a participação acionária do lucro contido no ativo** ainda em poder do grupo econômico, em contrapartida da conta de investimento (como se fosse uma devolução de parte desse investimento), até sua efetiva realização pela baixa do ativo na(s) coligada(s). |
| | Venda de ativo da investida para a investidora (Upstream) | Não utiliza contas retificadoras.<br>O Resultado de Equivalência Patrimonial é evidenciado pelo seu valor líquido. |
| Operações entre controladora e controlada e entre controladas | Em ambos os casos | A companhia aberta que tiver mais de 30% (trinta por cento) do valor do seu patrimônio líquido representado por investimentos em sociedades controladas deverá elaborar e divulgar, juntamente com suas demonstrações financeiras, demonstrações consolidadas. |
| | | Resultado de Equivalência Patrimonial = (Lucro da Controlada x % de Participação) – 100% do Lucro Não Realizado. |
| | | A operação como um todo não se dá com genuínos terceiros. Logo, deve ser excluído 100% do Lucro não realizado. |
| | Venda de ativo da investidora para a investida (Downstream) | Utiliza a conta retificadora no Ativo Investimento (Lucros não realizados a apropriar) e a conta de despesa na DRE em linha separada do Resultado de Equivalência Patrimonial. |
| | | Deve ser feita no resultado individual da controladora, **deduzindo-se cem por cento do lucro contido no ativo** ainda em poder do grupo econômico, em contrapartida da conta de investimento (como se fosse uma devolução de parte desse investimento), até sua efetiva realização pela baixa do ativo na(s) controlada(s). |
| | Venda de ativo da investida para a investidora (Upstream) | Não utiliza contas retificadoras.<br>O Resultado de Equivalência Patrimonial é evidenciado pelo seu valor líquido. |

## 3.2. Demais procedimentos

| Políticas contábeis uniformes à luz do CPC 36 |
|---|
| Se um membro do grupo **utilizar políticas contábeis diferentes** daquelas adotadas nas demonstrações consolidadas para transações similares e eventos em circunstâncias similares, **devem ser feitos ajustes apropriados às demonstrações contábeis desse membro do grupo** na elaboração das demonstrações consolidadas para garantir a conformidade com as políticas contábeis do grupo. |

| Data das demonstrações contábeis à luz do CPC 36 |
|---|
| 1. As demonstrações contábeis da controladora e de suas controladas utilizadas na elaboração das demonstrações consolidadas devem ter a mesma data-base. **Quando o final do período das demonstrações contábeis da controladora for diferente do da controlada**, a controlada deve elaborar, para fins de consolidação, **informações contábeis adicionais de mesma data que as demonstrações contábeis da controladora** para permitir que esta consolide as informações contábeis da controlada, **a menos que seja impraticável fazê-lo.**<br>2. Se for impraticável fazê-lo, a controladora deve consolidar as informações contábeis da controlada usando as demonstrações contábeis mais recentes da controlada, ajustadas para refletir os efeitos de transações ou eventos significativos ocorridos entre a data dessas demonstrações contábeis e a data das demonstrações consolidadas. Em qualquer caso, a diferença entre a data das demonstrações contábeis da controlada e a das demonstrações consolidadas não deve ser superior a dois meses, e a duração dos períodos das demonstrações contábeis e qualquer diferença entre as datas das demonstrações contábeis devem ser as mesmas de período para período. |

| Participação de não controladores à luz do CPC 36 |
|---|
| A entidade deve **atribuir os lucros e os prejuízos e cada componente de outros resultados abrangentes aos proprietários da controladora e às participações de não controladores.** A entidade deve atribuir também o resultado abrangente total aos proprietários da controladora e às participações de não controladores, ainda que isto resulte em que as participações de não controladores tenham saldo deficitário. |

**Perda de Controle à luz do CPC 36**

Se perder o controle da controlada, a controladora deve, para fins de demonstrações consolidadas:

| | |
|---|---|
| 1. Baixar: | 1. Os ativos (incluindo qualquer ágio) e os passivos da controlada pelo seu valor contábil na data em que o controle for perdido.<br>2. O valor contábil de quaisquer participações de não controladores na ex-controlada na data em que o controle for perdido (incluindo quaisquer componentes de outros resultados abrangentes atribuídos a elas). |
| 2. Reconhecer: | 1. O valor justo da contrapartida recebida, se houver, proveniente de transação, evento ou circunstâncias que resultaram na perda de controle.<br>2. Essa distribuição, se a transação, evento ou circunstâncias que resultaram na perda de controle envolverem a distribuição de ações da controlada aos proprietários em sua condição de proprietários.<br>3. Qualquer investimento retido na ex-controlada, pelo seu valor justo na data em que o controle é perdido. |

Unidade Didática IV
Demonstrações Contábeis -
Apresentação e Análise de Balanços

| |
|---|
| 3. Reclassificar para o resultado do período ou transferir diretamente para lucros acumulados, se exigido por outros Pronunciamentos Técnico, Interpretações ou Orientações do CPC, os valores reconhecidos em outros resultados abrangentes em relação à controlada. |
| 4. Reconhecer qualquer diferença resultante como perda ou ganho no resultado do período, atribuíveis à controladora. |

**Sobre a Reclassificação (item 3 da perda do controle) à luz do CPC 36**

Se perder o controle da controlada, a controladora deve contabilizar todos os valores anteriormente reconhecidos em outros resultados abrangentes em relação a essa controlada na mesma base que seria exigida se a controladora tivesse alienado diretamente os respectivos ativos ou passivos. Portanto, se o ganho ou a perda anteriormente reconhecida em outros resultados abrangentes fosse reclassificado para o resultado do período por ocasião da alienação dos respectivos ativos ou passivos, **a controladora deve reclassificar o ganho ou a perda do patrimônio líquido para resultado do período (como ajuste de reclassificação, vide Capítulo 21) quando perder o controle da controlada.**

**Exemplo 18 Perda do Controle: Extraído do CPC 36**

Uma controladora tem a participação de 100% em controlada que não contém um negócio. A controladora vende 70% da sua participação na controlada a uma coligada na qual tem a participação de 20%. **Como consequência dessa operação, a controladora perde o controle da controlada.** O valor contábil dos ativos líquidos da controlada é $ 100 e o valor contábil da participação vendida é $ 70 ($ 70 = $ 100 × 70%). O valor justo da contraprestação recebida é $210, que também é o valor justo da participação vendida.

O investimento mantido na ex-controlada torna-se uma participação em coligada contabilizado utilizando o método da equivalência patrimonial, e o seu valor justo é $ 90. O ganho determinado, antes da eliminação é de $ 200 ($ 200 = $ 210 + $ 90 – $ 100). Esse ganho é composto por duas partes:

(a) o ganho ($ 140) resultante da venda da participação de 70% na controlada para a coligada. Esse ganho é a diferença entre o valor justo da contraprestação recebida ($ 210) e o valor contábil da participação vendida ($ 70). De acordo com o CPC 36, controladora deve reconhecer, no resultado, o valor do ganho atribuível às participações existentes dos investidores não relacionados na coligada. Isto é, 80% do ganho, que é $ 112 ($ 112 = $ 140 × 80%). Os restantes 20% do ganho ($ 28 = $ 140 × 20%) são eliminados contra o valor contábil do investimento existente na coligada;

(b) o ganho ($ 60) resultante da remensuração ao valor justo do investimento diretamente mantido na ex-controlada. Esse ganho é a diferença entre o valor justo do investimento mantido na ex-controlada ($ 90) e 30% do valor contábil dos ativos líquidos da controlada ($ 30 = $ 100 × 30%). De acordo com o CPC 36, a controladora deve reconhecer, em seu resultado, o valor do ganho atribuível às participações dos investidores não relacionados na nova coligada. Isto é 56% (70% x 80%) do ganho, que é $ 34 ($ 34 = $ 60 × 56%). Os restantes 44% do ganho, que são R$ 26 ($ 26 = $ 60 × 44%), são eliminados contra o valor contábil do investimento mantido na ex-controlada.

## 4. LISTA DE QUESTÕES OBJETIVAS

Em janeiro de 2011, a Cia. Amazônia subscreve 60% do capital ordinário da Cia. Mamoré, registrando essa Participação Societária, em seus ativos, pelo valor de R$ 720.000. Nesse mesmo período, a empresa controlada vende à vista para a Cia. Amazônia estoques no valor de R$ 200.000, obtendo nessa transação um lucro de R$ 50.000.

Ao final desse exercício, o Patrimônio Líquido da controlada ajustado correspondia a R$ 1.230.000 e a investidora repassou para terceiros 70% dos estoques adquiridos da Cia. Mamoré pelo valor à vista de R$ 250.000.

Considerando estas informações, responda as questões 1 e 2.

### 1ª Questão (Receita Federal Auditor 2014 ESAF)

Ao final de dezembro, no encerramento do exercício social, a Cia. Amazônia deve efetuar o lançamento contábil de:

a) débito na conta Resultado de Investimentos a crédito na conta de Participações Societárias - Cia. Mamoré no valor de R$ 18.000.

b) débito na conta Participações Societárias - Cia. Mamoré a crédito de Receitas de Investimentos no valor de R$ 15.000.

c) débito na conta de Resultado de Equivalência Patrimonial a crédito de Participações Societárias - Cia. Mamoré no valor de R$ 12.500.

d) débito na conta de Resultado de Equivalência Patrimonial a crédito de Participações Societárias - Cia. Mamoré no valor de R$ 5.000.

e) débito na conta de Participações Societárias - Cia. Mamoré a crédito de Resultado de Equivalência Patrimonial no valor de R$ 3.000.



### Solução

O comando da questão cita evento de lucros não realizados em transação ascendente (a controlada vende para a controladora.

Cia Amazônia subscreveu 60% do Capital Social de Marmoré por R$720.000. Logo, o Capital Social da Cia Marmoré é de R$ 1.000.000.

Posteriormente Cia Marmoré vende Estoques por R$ 250.000 (CMV R$ 20.000 e Lucro de R$ 50.000). **Até que a Cia Amazonia revenda esse estoque a terceiros, todo esse lucro de R$ 50.000 será contabilizado como não realizado.**

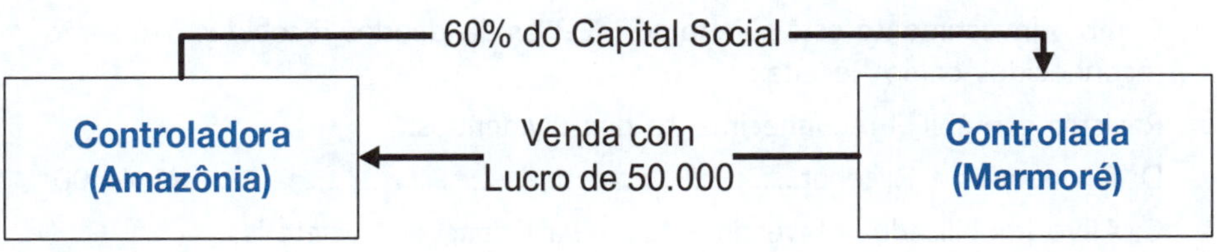

Posteriormente a controladora vendeu 70% dos estoques à vista por R$ 250.000. Assim, restam na controladora 30% de estoques.

Assim, do lucro de R$ 50.000, 30% não foi realizado → R$ 15.000 dos R$ 50.000.

A seguir aplica-se o MEP descontando o lucro não realizado.

| **Resultado de Equivalência Patrimonial (60% x R$ 1.230.000)** | **R$ 738.000** |
|---|---|
| (-) Investimento Inicial | (R$ 720.000) |
| Lucros não realizados | (R$ 15.000) |
| **Ganho de Equivalência Patrimonial** | **R$ 3.000** |

Registro contábil:

D: Ativo Imobilizado – Investimentos – Participações Societárias Permanentes........................ R$ 3.000

C: Outras Receitas Operacionais – Ganho de Equivalência Patrimonial........................ R$ 3.000

Gabarito: **E**

## 2ª Questão (Receita Federal Auditor 2014 ESAF)

Considere que a Cia. Mamoré destina, distribui e paga dividendos no valor de R$10.000 para os acionistas. Nesse caso, a Cia. Amazônia deve efetuar um lançamento de:

a) débito em conta de Resultado de Equivalência Patrimonial a crédito de conta do Patrimônio Líquido no valor de R$6.000.

b) débito em Disponibilidades a crédito da conta Participações Societárias – Cia. Mamoré no valor de R$6.000.

c) débito de Participações Societárias – Cia. Mamoré a crédito da conta Resultado de Equivalência Patrimonial no valor de R$6.000.

d) débito de Disponibilidades a crédito da conta Resultado de Equivalência Patrimonial no valor de R$6.000.

e) débito de Dividendos a Pagar a crédito da conta Receitas de Investimentos no valor de R$6.000.

### Solução

Como o investimento está sujeito ao MEP, os dividendos recebidos não serão reconhecidos como Receita.

Registro contábil – reconhecimento dos dividendos:

D: Dividendos a Receber........................R$ 6.000

C: Ativo Imobilizado – Investimentos – Participações Societárias Permanentes........................R$ 6.000

Registro contábil – recebimento financeiro:

D: Caixa..........................................................................................R$ 6.000

C: Dividendos a Receber..........................................................................R$ 6.000

**ou**

Registro contábil – reconhecimento dos dividendos:

D: Caixa..........................................................................................R$ 6.000

C: Ativo Imobilizado – Investimentos – Participações Societárias Permanentes..........................................................................R$ 6.000

Gabarito: **B**

## 5. LISTA DE QUESTÕES DISCURSIVAS

### 1ª Questão (Prefeitura de Caruaru – Analista Legislativo – Contabilidade 2015 FGV):

A Cia. Alfa possui controle efetivo da Cia. Beta, considerando os requisitos previstos no Pronunciamento Técnico CPC 36 – Demonstrações Consolidadas. As empresas apresentavam os seguintes balanços patrimoniais em 31/12/2013 (valores em milhares de reais):

| | Cia Alfa | Cia Beta |
|---|---|---|
| Ativos | | |
| Caixa | | 300 |
| Investimentos - Cia Beta | 900 | |
| Goodwill - Cia Beta | 400 | |
| Equipamentos | | 700 |
| Total | 1.300 | 1.000 |
| Passivos + PL | | |
| Capital Social | 1.300 | 1.000 |
| Total | 1.300 | 1.000 |

Durante o ano de 2014 ocorreram as seguintes operações:

| Cia. Alfa: | Cia. Beta: |
|---|---|
| Receita de serviços com terceiros à vista por R$ 150.<br>Receita de serviços com a Cia. Beta a prazo por R$ 100.<br>Despesas de salários pagas de R$ 50. | Receita de serviços com terceiros a prazo por R$ 300.<br>Despesa de serviços com a Cia. Alfa não pagas por R$ 100.<br>Despesa de depreciação do equipamento de 10% ano.<br>Despesas de salários pagas de R$ 30.<br>Realização do teste de recuperabilidade do *goodwill* e constatação de que este será devidamente recuperado pelas operações futuras da Cia. Beta. |

**Com base exclusivamente nestes fatos, apresente a Demonstração do Resultado do Exercício e o Balanço Patrimonial das Cias. Alfa e Beta e as demonstrações consolidadas em 31/12/2014.**

Unidade Didática IV
Demonstrações Contábeis –
Apresentação e Análise de Balanços

| | ano I | ano II |
|---|---|---|
| Caixa e equivalente | 300.000 | 3.000 |
| Aplic Financeiras | 180.000 | 760.000 |
| Clientes | 2.200.000 | 2.400.000 |
| Estoques | 900.000 | 1.200.000 |
| Tributos a recuperar | 132.000 | 300.000 |
| Outros valores | 170.000 | 120.000 |
| **Ativo Circulante** | 3.882.000 | **4.783.000** |
| | | |
| Empréstimos a socios | 2.300.000 | 2.300.000 |
| depósitos judiciais | 530.000 | 420.000 |
| **Realizável a longo Prazo** | **2.830.000** | **2.720.000** |
| Investimentos | 6.000.000 | 4.400.000 |
| Imobilizaddo | 12.000.000 | 12.000.000 |
| Intangível | 200.000 | 208.000 |
| **Ativo Não Circulante** | **21.030.000** | **19.328.000** |
| **TOTAL ATIVO** | **24.912.000** | **24.111.000** |
| | | |
| Fornecedores | 860.000 | 875.000 |
| Obrigações Trabalh. | 154.000 | 150.000 |
| Emprests.Financiamts | 7.950.000 | 6.650.000 |
| Contas a pagar | 140.000 | 220.000 |
| **Passivo Circulante** | **9.104.000** | **7.895.000** |
| | | |
| Financiamentos | 1.800.000 | 1.900.000 |
| Ctas a Pagar | 362.000 | 420.000 |
| **Exigível a LP** | **2.162.000** | **2.320.000** |
| | | |
| Capital | 13.316.000 | 13.316.000 |
| Reservas | 330.000 | 580.000 |
| Patrimônio Líquido | 13.646.000 | 13.896.000 |
| **TOTAL DO PASSIVO** | **24.912.000** | **24.111.000** |

**Demonstração dos Resultados do Exercício**

| | ano I | ano II |
|---|---|---|
| Receita de Vendas | 7.515.554 | 9.977.529 |
| C.P.V | 7.200.317 | 8.676.104 |
| Lucro Bruto | 315.237 | 1.301.425 |
| Despesas de Vendas | 392.543 | 300.000 |
| Despesas Administrats | 467.508 | 450.000 |
| Resultado antes R.Finan | (544.814) | 551.425 |
| Resultado Financeiro | 51.832 | (540.308) |
| Resultado Equiv.Patrim | (8.151) | 262.530 |
| Result.antes trib.s/lucro | (501.133) | 273.647 |
| (-)IR | 168.819 | 40.632 |
| **Resultado Liquido** | **(669.952)** | **233.015** |

Extensão máxima: **60 linhas**

## Resolução da Questão

Inicialmente cabe definir a relação entre a investidora ALFA e investida BETA. BETA possui um PL de R$ 1.000.000. Ocorre que ALFA adquiriu R$ 900.000 de ações de BETA e pagou R$ 1.300.000 o que gerou um Goodwill de R$ 400.000.

Logo, ALFA possui 90% de BETA; logo BETA é controlada de ALFA. Além disso, o valor investido de ALFA em BETA corresponde a 100% do PL de ALFA, o cumpre o requisito dos 30% previsto no art. 249 da Lei nº 6.404/1976, o que obriga ALFA a elaborar demonstrações consolidadas com BETA.

Quanto aos eventos envolvendo ALFA e terceiros, tem-se: receita com terceiros à vista de R$ 150.000 e despesas de salários pagas de R$ 50.000. Essas operações geram um lucro inicial de R$ 150.000.

Quanto aos eventos envolvendo BETA e terceiros, tem-se: receita a prazo de R$ 300.000, depreciação de R$ 70.000 (10% de 700.000) e despesas de salários pagas de R$ 30.000. Essas operações geram um lucro inicial de R$ 200.000.

Não houve alteração do valor de R$ 400.000 do Goodwill.

Contudo ocorreu uma operação descendente (downstream) de ALFA para BETA de R$ 100.000: receita de serviços a prazo para ALFA e despesas a pagar para BETA. Essa operação deve ser eliminada na demonstração consolidada: DRE e Balanço Patrimonial.

O cálculo do Resultado de Equivalência Patrimonial de ALFA sobre BETA seria:

Resultado de Equivalência Patrimonial de BETA = (Lucro da Controlada x % de Participação) - 100% do Lucro Não Realizado (este foi zero, pois foi uma receita de serviço; caso fosse estoque dependeria da revenda para terceiros);

Logo, Resultado de Equivalência Patrimonial = (300.000 - 100.000 - 70.000 - 30.000) x 90% de Participação) - 0;

Logo, Resultado de Equivalência Patrimonial = (100.000) x 90% de Participação);

Resultado de Equivalência Patrimonial = R$ 90.000.

A seguir constam as demonstrações do resultado do exercício das Cia Alfa, Beta e o Consolidado em 31/12/2014 considerando os eventos de 2014.

Demonstração do Resultado do Exercício

| | Cia Alfa | Cia Beta | Consolidado |
|---|---|---|---|
| Receitas de serviços com terceiros | 150 | 300 | 450 |
| Receitas de serviços com consolidadas | 100 | | |
| Despesas de serviços com terceiros | | -100 | |
| Despesas de depreciação | | -70 | -70 |
| Despesas de salários | -50 | -30 | -80 |
| Receitas de equivalência patrimonial | 90 | | |
| Lucro | 290 | 100 | 300 |
| Lucro do Controlador | | | 290 |
| Lucro do não Controlador | | | 10 |

(25 pontos)

Observa-se que os efeitos da operação downstream e do MEP nas DREs são eliminados na DRE consolidada.

Por fim, constam os Balanços Patrimoniais das Cias Alfa, Beta e o consolidado em 31/12/2014 considerando os eventos de 2014.

Balanço Patrimonial

| | Cia Alfa | Cia Beta | Consolidado |
|---|---|---|---|
| Ativos | | | |
| Caixa | 100 | 270 | 370 |
| Contas a receber com terceiros | | 300 | 300 |
| Contas a receber consolidadas | 100 | | |
| Investimentos- Cia Beta | 990 | | |
| Goodwill | 400 | | 400 |
| Equipamentos | | 700 | 700 |
| Depreciação acumulada | | -70 | -70 |
| Total | 1.590 | 1.200 | 1.700 |

Unidade Didática IV
Demonstrações Contábeis -
Apresentação e Análise de Balanços

| Passivos + PL | | | |
|---|---|---|---|
| Contas a pagar consolidadas | | 100 | |
| Capital Social | 1.300 | 1.000 | 1.300 |
| Reserva de Lucros | 290 | 100 | 290 |
| Participação Não Controlador | | | 110 |
| Total | 1.590 | 1.200 | 1.700 |

(25 pontos)

**Observa-se que o valor investido de ALFA em BETA e os valores a receber e a pagar da operação downstream são eliminados no BP consolidado. O Goodwill antes classificado como investimentos, deve ser reclassificado para o intangível no BP consolidado.**

## 2ª Questão (Senado Analista Legislativo Contador 2022 FGV):

Em 31/12/X0, as Cias Alfa e Beta apresentavam os seguintes balanços patrimoniais:

| | Cia Alfa | Cia Beta |
|---|---|---|
| Ativo Circulante | | |
| Disponibilidades | 50.000 | 14.000 |
| Estoques | | 20.000 |
| Investimentos | | |
| Investimento (Cia Beta) | 35.200 | |
| Ativo Imobilizado | | |
| Terreno | | 10.000 |
| Total do Ativo | 85.200 | 44.000 |
| Patrimônio Líquido | | |
| Capital Social | 85.200 | 44.000 |
| Total do Patrimônio Líquido | 85.200 | 44.000 |

Em maio de X1, a Cia Alfa comprou todo o estoque da Cia Beta por R$30.000, a prazo. Em julho de X1, a Cia Alfa vendeu 50% do estoque para terceiros por R$16.000 à vista.

Ainda, em dezembro de X1, a Cia Alfa comprou o terreno da Cia Beta por R$18.000 à vista.

**Pede-se apresentar, desconsiderando a incidência de impostos:**

1. O resultado com equivalência patrimonial da Cia Alfa, contabilizado na Demonstração do Resultado do exercício em 31/12/X1.

2. O lucro líquido da Cia Alfa, da Cia Beta e do consolidado (controlador e não controlador), contabilizado na Demonstração do Resultado do exercício em 31/12/X1.

3. Os saldos apresentados na Demonstração do Resultado do Exercício consolidada e no Balanço Patrimonial consolidado em 31/12/X1.

### Resolução da Questão

Inicialmente cabe definir a relação entre a investidora ALFA e investida BETA. BETA possui um PL de R$ 44.000. Ocorre que ALFA adquiriu R$ 32.500 de ações de BETA. Aplicando 35.200/44.000, chega-se ao valor de 80%. Logo, ALFA possui 80% de BETA; logo BETA é controlada de ALFA. Além disso, o valor investido de ALFA em BETA corresponde a 41,31 % do PL (35.200/85.200) de ALFA, o cumpre o requisito dos 30% previsto no art. 249 da Lei nº 6.404/1976, o que obriga ALFA a elaborar demonstrações consolidadas com BETA.

Considerando os 3 eventos contábeis iniciais citados no comando da questão, tem-se que:

(i) Evento 1 - Cia Alfa comprou todo o estoque da Cia Beta: operações inter companhias - operação upstream venda de investida controlada para sua investidora controladora;

(ii) Evento 2 - Cia Alfa vendeu 50% do estoque para terceiros: operação com terceiros;

(iii) Evento 3 - Cia Alfa comprou o terreno da Cia Beta: operações inter companhias - operação upstream venda de investida controlada para sua investidora controladora.

Quanto evento 1, em maio de X1, a Cia ALFA controladora comprou todo o estoque da Cia Beta por R$30.000, a prazo cujo efeito individualizado na Cia BETA foi:

| | |
|---|---|
| **Receita Operacional Líquida** | **R$ 30.000** |
| **Custo da Mercadoria Vendida** | **(R$ 20.000)** |
| **Lucro Bruto** | **R$ 10.000** |

Trata-se de uma operação upstream. Enquanto esse estoque não for vendido por ALFA a terceiros, essa operação não afeta as demonstrações consolidadas.

Na Cia ALFA trata-se de fato permutativo:

D - Estoques R$ 30.000

C - Fornecedores R$ 30.000

Quanto evento 2, a Cia Alfa vendeu 50% do estoque (que fora comprado por 30 mil) para terceiros por R$16.000 à vista, cujo efeito na Cia ALFA foi:

| | |
|---|---|
| **Receita Operacional Líquida** | **R$16.000** |
| **Custo da Mercadoria Vendida** | **(R$15.000)** |
| **Lucro Bruto** | **R$ 1.000** |

Quanto evento 3, ainda em dezembro de X1, a Cia Alfa comprou o terreno da Cia Beta por R$18.000 à vista, cujo efeito na Cia BETA foi:

| **Valor de Venda** | **R$18.000** |
|---|---|
| **Custo** | **(R$10.000)** |
| **Ganho de capital** | **R$ 8.000** |

Trata-se de uma operação upstream.

Na Cia ALFA trata-se de fato permutativo:

D – Terrenos R$ 18.000

C – Caixa R$ 18.000

Essa venda foi no mesmo grupo econômico, logo não influenciará o resultado consolidado das Entidades, pois todo o ganho é considerado não realizado.

DRE separada da Empresa Beta

| Vendas | R$ 30.000 |
|---|---|
| **CMV** | **(R$ 20.000)**[a] |
| Lucro Bruto | R$ 10.000 |
| **Ganho de Capital** | **R$ 8.000** |
| Lucro Líquido | R$ 18.000 |

Legenda: (a) 50% desse valor continua no estoque de ALFA (porém em ALFA vale R$ 15.000 (R$ 30.000 x 50%; enquanto para fins de demonstrações consolidadas vale R$ 10.000). Além disso, ganho de capital de R$ 8.000 é lucro não realizado.

A partir do Lucro Líquido de Beta, aplica-se o MEP com a seguinte fórmula:

Resultado de Equivalência Patrimonial = (Lucro da Controlada x % de Participação) – 100% do Lucro Não Realizado;

Logo, Resultado de Equivalência Patrimonial = (18.000 x 80%) – (5.000 referente ao lucro não realizado do estoque vendido intragrupo + 8.000 referente ao ganho de capital);

Logo, Resultado de Equivalência Patrimonial = 14.400 – 13.000 = 1.400.

DRE da Empresa Alfa

| Vendas | R$ 16.000 |
|---|---|
| CMV | (R$ 15.000) |
| Lucro Bruto | R$ 1.000 |

| GEP | R$ 1.400 |
|---|---|
| Lucro Líquido | R$ 2.400 |

Na DRE consolidada, as operações dentro do mesmo grupo econômico são desconsideradas e são mantidas as operações com terceiros.

| Vendas | R$ 16.000[a] |
|---|---|
| CMV | (R$ 10.000)[b] |
| Lucro Líquido | R$ 6.000 |

Legenda: (a) Venda a terceiros; (b) Valor do CMV da 1ª operação dentro do mesmo grupo econômico.

Desses 6.000: R$ 2.400 referem-se aos controladores e R$ 3.600 aos não controladores.

DRE em 31/12/X1

| | Cia Alfa | Cia Beta | Consol |
|---|---|---|---|
| Receita de Vendas | 16.000 | 30.000 | 16.000 |
| CMV | -15.000 | -20.000 | -10.000 |
| Lucro Bruto | 1.000 | 10.000 | 6.000 |
| Outras receitas op. | | 8.000 | |
| REP | 1.400 | | |
| | | 18.000 | |
| Controlador | 2.400 | 18.000 | 2.400 |
| Não controlador | | | 3.600 |

| Equivalência Patrimonial: | |
|---|---|
| Resultado da Cia Beta | 18.000 |
| Para minoritários | 3.600 |
| Para Cia Alfa | 14.400 |
| Eliminações: | |
| Venda do terreno | -8.000 |
| Venda estoque | -5.000 |
| Resultado Equiv. Pat. | 1.400 |

BP em 31/12/X1

| | Cia Alfa | Cia Beta | Consol. |
|---|---|---|---|
| Ativo Circulante | | | |
| Disponibilidades | 48.000 | 32.000 | 80.000 |
| Estoques | 15.000 | | 10.000 |
| Contas a receber | | 30.000 | |
| Investimentos | | | |
| Investimento | 36.600 | | 0 |
| Ativo Imobilizado | | | |
| Terreno | 18.000 | | 10.000 |
| Total do Ativo | 117.600 | 62.000 | 100.000 |
| Passivo | | | |
| Contas a pagar | 30.000 | | |
| Patrimônio Líquido | | | |
| Capital Social | 85.200 | 44.000 | 85.200 |
| Reserva de Lucros | 2.400 | 18.000 | 2.400 |
| Participação dos não controladores | | | 12.400 |
| Total do Patrimônio Líquido | 117.600 | 62.000 | 100.000 |

## 3ª Questão (Agência Estadual de Regulação dos Serviços Públicos/MT – Delegado 2023 CEBRASPE)

Elabore um texto dissertativo abordando o conceito de influência significativa em uma sociedade e sua implicação contábil [valor: 4,50 pontos] e o conceito de controle sobre uma outra sociedade e sua implicação contábil [valor: 5,00 pontos]. Extensão de linhas: 15 a 30.

### Resolução da Questão

Segundo a Lei nº 6.404/1976, o fundamental é determinar se o investidor possui o poder de participar nas decisões sobre as políticas financeiras e operacionais daquela investida, mesmo sem controlá-la. Havendo influência

Unidade Didática IV
Demonstrações Contábeis –
Apresentação e Análise de Balanços

significativa, o investimento deve ser avaliado pelo método da equivalência patrimonial.

Nos termos da NBC TG 36 (R3), há relação de controle quando o controlador está exposto a, ou tem direitos sobre, retornos variáveis em função dessa relação, tendo a capacidade de afetar esses retornos através do poder que o controle criou. Nesse caso, conforme a Lei nº 6.404/1976, a controladora deve elaborar e divulgar, juntamente com suas demonstrações financeiras, demonstrações consolidadas.

CAPÍTULO 26

# PARTES RELACIONADAS E INFORMAÇÕES POR SEGMENTO

## 1. PARTES RELACIONADAS

### 1.1. Conceito

A **Parte Relacionada** é a pessoa ou a entidade que está relacionada com a entidade que está elaborando suas demonstrações contábeis. Pode ser uma pessoa física ou jurídica. O Quadro 26.1 contém descreve situações envolvendo cada caso.

**Quadro 26.1:** Tipos de Partes Relacionados

<table>
<tr><th>Tipo</th><th colspan="2">Casos</th></tr>
<tr><td rowspan="3">Pessoa Física</td><td rowspan="3">Uma pessoa, ou um membro próximo de sua família, está relacionada com a entidade que reporta a informação se:</td><td>(i) tiver o controle pleno ou compartilhado da entidade que reporta a informação.</td></tr>
<tr><td>(ii) tiver influência significativa sobre a entidade que reporta a informação.</td></tr>
<tr><td>(iii) for membro do pessoal chave da administração da entidade que reporta a informação ou da controladora da entidade que reporta a informação.</td></tr>
</table>

| | |
|---|---|
| Pessoa Jurídica | (i) a entidade e a entidade que reporta a informação são membros do mesmo grupo econômico (o que significa dizer que a controladora e cada controlada são inter-relacionadas, bem como as entidades sob controle comum são relacionadas entre si). |
| | (ii) a entidade é coligada ou controlada em conjunto (joint venture) de outra entidade (ou coligada ou controlada em conjunto de entidade membro de grupo econômico do qual a outra entidade é membro). |
| | (iii) ambas as entidades estão sob o controle conjunto (joint ventures) de uma terceira entidade. |
| | (iv) uma entidade está sob o controle conjunto (joint venture) de uma terceira entidade e a outra entidade for coligada dessa terceira entidade. |
| | (v) a entidade é um plano de benefício pós-emprego cujos beneficiários são os empregados de ambas as entidades, a que reporta a informação e a que está relacionada com a que reporta a informação. Se a entidade que reporta a informação for ela própria um plano de benefício pós-emprego, os empregados que contribuem com a mesma serão também considerados partes relacionadas com a entidade que reporta a informação. |
| | (vi) a entidade é controlada, de modo pleno ou sob controle conjunto, por uma pessoa física identificada como parte relacionada. |
| | (vii) uma pessoa física identificada como parte relacionada que tenha influência significativa sobre a entidade, ou for membro do pessoal chave da administração da entidade (ou de controladora da entidade). |
| | (viii) a entidade, ou qualquer membro de grupo do qual ela faz parte, fornece serviços de pessoal-chave da administração da entidade que reporta ou à controladora da entidade que reporta. |

| Membros próximos da família |
|---|
| Membros próximos da família de uma pessoa são aqueles membros da família dos quais se pode esperar que exerçam influência ou sejam influenciados pela pessoa nos negócios desses membros com a entidade e incluem: (a) os filhos da pessoa, cônjuge ou companheiro (a); (b) os filhos do cônjuge da pessoa ou de companheiro(a); e (c) dependentes da pessoa, de seu cônjuge ou companheiro(a). |

| Pessoal chave da administração |
|---|
| São as pessoas que têm autoridade e responsabilidade pelo planejamento, direção e controle das atividades da entidade, direta ou indiretamente, incluindo qualquer administrador (executivo ou outro) dessa entidade. |

A transação com parte relacionada é a transferência de recursos, serviços ou obrigações entre uma entidade que reporta a informação e uma parte relacionada, **independentemente de ser cobrado um preço em contrapartida.**

| Não são partes relacionadas |
|---|
| 1. Duas entidades simplesmente **por terem administrador ou outro membro do pessoal chave da administração em comum**, ou porque um membro do pessoal chave da administração da entidade exerce influência significativa sobre a outra entidade;<br>2. Dois empreendedores em conjunto simplesmente por compartilharem o controle conjunto sobre um empreendimento controlado em conjunto (joint venture);<br>3. Entidades que proporcionam financiamentos;<br>4. Sindicatos;<br>5. Entidades prestadoras de serviços públicos;<br>6. Departamentos e agências de Estado que não controlam, de modo pleno ou em conjunto, ou exercem influência significativa sobre a entidade que reporta a informação, simplesmente em virtude dos seus negócios normais com a entidade (mesmo que possam afetar a liberdade de ação da entidade ou participar no seu processo de tomada de decisões);<br>7. Cliente, fornecedor, franqueador, concessionário, distribuidor ou agente geral com quem a entidade mantém volume significativo de negócios, meramente em razão da resultante dependência econômica. |

## 1.2. Divulgação

Os relacionamentos entre controladora e suas controladas devem ser divulgados **independentemente de ter havido ou não transações entre essas partes relacionadas. A entidade deve divulgar o nome da sua controladora direta e, se for diferente, da controladora final.** Se nem a controladora direta tampouco a controladora final elaborarem demonstrações contábeis consolidadas disponíveis para o público, o nome da controladora do nível seguinte da estrutura societária que proceder à elaboração de ditas demonstrações também deve ser divulgado.

| Atenção |
|---|
| A entidade deve divulgar a remuneração do pessoal chave da administração no total e para cada uma das seguintes categorias:<br>(a) benefícios de curto prazo a empregados e administradores;<br>(b) benefícios pós-emprego;<br>(c) outros benefícios de longo prazo;<br>(d) benefícios de rescisão de contrato de trabalho; e<br>(e) remuneração baseada em ações. |
| Se a entidade obtém serviços de pessoal-chave da administração de outra entidade (entidade administradora), a entidade não é obrigada a aplicar os requisitos acima na remuneração paga ou a pagar pela entidade administradora aos empregados ou diretores da entidade administradora. |

Se a entidade tiver realizado transações entre partes relacionadas durante os períodos cobertos pelas demonstrações contábeis, a entidade deve divulgar a natureza do relacionamento entre as partes relacionadas, assim como as informações sobre as transações e saldos existentes, incluindo compromissos, necessárias para a compreensão dos usuários do potencial efeito desse relacionamento nas demonstrações contábeis. Esses requisitos de divulgação são adicionais aos referentes à remuneração do pessoal chave já mencionado.

| Requisitos Adicionais |
|---|
| **No mínimo, as divulgações devem incluir:**<br>1. Montante das transações;<br>2. Montante dos saldos existentes, incluindo compromissos, e: (i) seus prazos e condições, incluindo eventuais garantias, e a natureza da contrapartida a ser utilizada na liquidação; e (ii) detalhes de quaisquer garantias dadas ou recebidas;<br>3. Perdas[1] estimadas para créditos de liquidação duvidosa relacionada com o montante dos saldos existentes; e<br>4. Despesa reconhecida durante o período relacionada a dívidas incobráveis ou de liquidação duvidosa de partes relacionadas. |
| A entidade que reporta a informação **está isenta das exigências de divulgação acima** no tocante a transações e saldos mantidos com partes relacionadas, incluindo compromissos, quando a parte for:<br>1. Um ente estatal que tenha controle, controle conjunto ou que exerça influência significativa sobre a entidade que reporta a informação;<br>2. Outra entidade que seja parte relacionada, pelo fato de o mesmo ente estatal deter o controle ou o controle conjunto, ou exercer influência significativa, sobre ambas as partes (a entidade que reporta a informação e a outra entidade). |
| **Se a entidade que reporta a informação aplicar a isenção anterior**, ela deve divulgar o que segue acerca de saldos mantidos e transações isentos:<br>1. **O nome do ente estatal** e a **natureza de seu relacionamento com a entidade** que reporta a informação (por exemplo, controle, pleno ou compartilhado, ou influência significativa);<br>2. **A informação que segue, em detalhe suficiente, para possibilitar a compreensão dos usuários das demonstrações contábeis da entidade dos efeitos das transações com partes relacionadas nas suas demonstrações contábeis**[2]: (i) natureza e montante de cada transação individualmente significativa; e (ii) para outras transações que no conjunto são significativas, mas individualmente não o são, uma indicação qualitativa e quantitativa de sua extensão. |

**Para quaisquer transações entre partes relacionadas, faz-se necessária a divulgação das condições em que as mesmas transações foram efetuadas.** Transações atípicas com partes relacionadas após o encerramento do exercício ou período também devem ser divulgadas.

1 No CPC 05 ainda consta provisão.

2 Ao recorrer ao julgamento para determinar o nível de detalhe a ser divulgado de acordo com as exigências deste item, a administração da entidade que reporta a informação deve considerar o quão próximo é o relacionamento com a parte relacionada, e outros fatores relevantes para o estabelecimento do nível de significância da transação, ao avaliar se a transação é: (a) significativa em termos de magnitude; (b) realizada fora das condições de mercado; (c) foge das operações normais do dia-a-dia dos negócios, como a compra e venda de negócios; (d) divulgada para autoridades de supervisão ou regulação; (e) reportada a administradores seniores; (f) sujeita à aprovação dos acionistas.

**Exemplos de transações que devem ser divulgadas, se feitas com parte relacionada (CPC 05):**

1. Compras ou vendas de bens (acabados ou não acabados);
2. Compras ou vendas de propriedades e outros ativos;
3. Prestação ou recebimento de serviços;
4. Arrendamentos;
5. Transferências de pesquisa e desenvolvimento;
6. Transferências mediante acordos de licença;
7. Transferências de natureza financeira (incluindo empréstimos e contribuições para capital em dinheiro ou equivalente);
8. Fornecimento de garantias, avais ou fianças;
9. Assunção de compromissos para fazer alguma coisa para o caso de um evento particular ocorrer ou não no futuro, incluindo contratos a executar (reconhecidos ou não); e
10. Liquidação de passivos em nome da entidade ou pela entidade em nome de parte relacionada.

## 2. INFORMAÇÕES POR SEGMENTO

### 2.1. Conceito

Um segmento operacional é um componente de entidade:

(a) que desenvolve atividades de negócio das quais pode obter receitas e incorrer em despesas (incluindo receitas e despesas relacionadas com transações com outros componentes da mesma entidade);

(b) cujos resultados operacionais são regularmente revistos pelo principal gestor das operações da entidade para a tomada de decisões sobre recursos a serem alocados ao segmento e para a avaliação do seu desempenho; e

(c) para o qual haja informação financeira individualizada disponível.

**Figura 26.1:** Requisitos de um segmento operacional

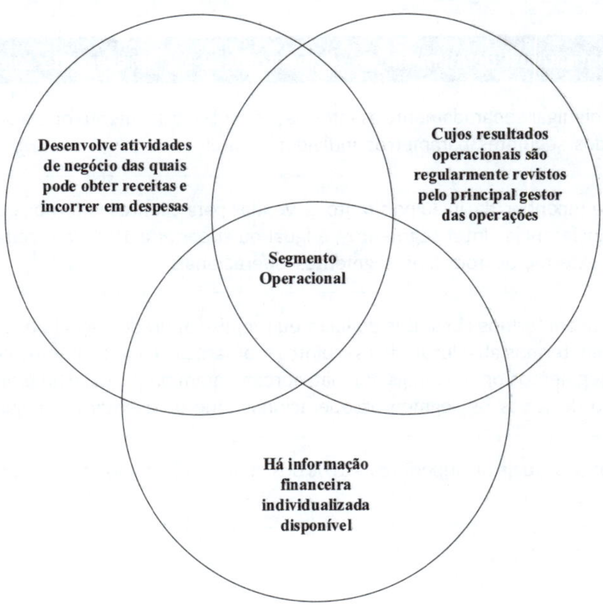

| Principal gestor das operações |
|---|
| A expressão "principal gestor das operações" identifica uma função, não necessariamente um gestor com título específico. Essa função é alocar recursos e avaliar o desempenho dos segmentos operacionais da entidade. Frequentemente, o principal gestor das operações da entidade é o seu presidente ou o diretor de operações, mas pode ser, por exemplo, um grupo de diretores executivos ou outros. |

Um segmento operacional pode desenvolver atividades de negócio cujas receitas ainda serão obtidas. Por exemplo, as operações em início de atividade podem constituir segmentos operacionais antes da obtenção de receitas.

Nem todas as partes da entidade constituem, necessariamente, segmento operacional ou parte de segmento operacional. Por exemplo, a sede corporativa ou alguns departamentos funcionais podem não obter receitas ou podem obter receitas que sejam apenas ocasionais em relação às atividades da entidade e não são segmentos operacionais. Para fins do CPC 22, os planos de benefícios pós-emprego de entidade não constituem segmentos operacionais.

| Critérios para agregação de segmentos |
|---|
| É possível agregar segmentos operacionais de uma entidade em um único. Para tal é necessário considerar os seguintes fatores:<br>1. Características econômicas semelhantes.<br>2. Natureza dos produtos ou serviços;<br>3. Natureza dos processos de produção;<br>4. Tipo ou categoria de clientes dos seus produtos e serviços;<br>5. Métodos usados para distribuir os seus produtos ou prestar os serviços;<br>5. Se aplicável, a natureza do ambiente regulatório, por exemplo, bancos, seguros ou serviços de utilidade pública.<br>6. Informações que não ultrapassem os mínimos quantitativos. |

| Mínimos quantitativos: definem se um segmento deve ser apresentado separadamente |
|---|
| A entidade deve divulgar separadamente as informações sobre o segmento operacional que atenda a qualquer um dos seguintes parâmetros individualmente: |
| 1. Sua receita reconhecida, incluindo tanto as vendas para clientes externos quanto as vendas ou transferências Inter segmentos, é igual ou superior a 10% da receita combinada, interna e externa, de todos os segmentos operacionais; |
| 2. O montante em termos absolutos do lucro ou prejuízo apurado é igual ou superior a 10% do maior, em termos absolutos, dos seguintes montantes: (i) lucro apurado combinado de todos os segmentos operacionais que não apresentaram prejuízos; e (ii) prejuízo apurado combinado de todos os segmentos operacionais que apresentaram prejuízos; |
| 3. Seus ativos são iguais ou superiores a 10% dos ativos combinados de todos os segmentos operacionais. |

Se o total de receitas externas reconhecido pelos segmentos operacionais representar menos de 75% da receita da entidade, segmentos operacionais adicionais devem ser identificados como segmentos divulgáveis (mesmo que eles não satisfaçam aos critérios anteriores) até que pelo menos 75% das receitas da entidade estejam incluídas nos segmentos divulgáveis.

As informações sobre outras atividades de negócio e outros segmentos operacionais não divulgáveis devem ser combinadas e apresentadas numa categoria "outros segmentos". Devem ser descritas as fontes das receitas incluídas na categoria "outros segmentos".

Os segmentos operacionais **que não atinjam quaisquer dos parâmetros mínimos quantitativos podem ser considerados divulgáveis e podem ser apresentados separadamente** **se a administração entender que essa informação sobre o segmento possa ser útil para os usuários das demonstrações contábeis.**

A entidade pode combinar informações sobre segmentos operacionais que não atinjam os parâmetros mínimos com informações sobre outros segmentos operacionais que também não atinjam os parâmetros, **para produzir um segmento divulgável, somente se os segmentos operacionais tiverem características econômicas semelhantes e compartilhem a maior parte dos critérios de agregação já citados.**

## 2.2. Divulgação

A entidade deve divulgar informações que permitam aos usuários das demonstrações contábeis avaliarem a natureza e os efeitos financeiros das atividades de negócio em que está envolvida e os ambientes econômicos em que opera.

A entidade deve divulgar as seguintes informações em relação a cada período para o qual seja apresentada demonstração do resultado abrangente: (a) as informações gerais descritas a seguir; (b) informações sobre o lucro ou prejuízo reconhecido dos segmentos, incluindo as receitas e as despesas específicas que compõem o lucro ou o prejuízo desses segmentos, os respectivos ativos, os passivos e as bases de mensuração; (c) conciliações das receitas totais dos segmentos, do respectivo lucro ou prejuízo, dos seus ativos e passivos e outros itens materiais com os montantes correspondentes da entidade.

Devem ser efetuadas conciliações dos valores do balanço patrimonial para segmentos divulgáveis com os valores do balanço da entidade para todas as datas em que seja apresentado o balanço patrimonial.

| Informações Gerais |
|---|
| 1. Os fatores utilizados para identificar os segmentos divulgáveis da entidade, incluindo a base da organização (**por exemplo, se a administração optou por organizar a entidade em torno das diferenças entre produtos e serviços, áreas geográficas, ambiente regulatório, ou combinação de fatores, e se os segmentos operacionais foram agregados**). |
| 2. Os **julgamentos** feitos pela administração na **aplicação dos critérios de agregação**. Isto inclui breve descrição dos segmentos operacionais que tenham sido agregados dessa forma e os indicadores econômicos que foram avaliados na determinação de que segmentos operacionais agregados tenham características econômicas semelhantes. |
| 3.Tipos de produtos e serviços a partir dos quais cada segmento divulgável obtém suas receitas. |

| Informações sobre Lucro, Prejuízo, Ativo e Passivo |
|---|
| A entidade deve divulgar **o valor do lucro ou prejuízo de cada segmento divulgável.** A entidade deve divulgar o valor total dos ativos e passivos de cada segmento divulgável se esse valor for apresentado regularmente ao principal gestor das operações.<br>A entidade deve divulgar também as seguintes informações sobre cada segmento se os montantes especificados estiverem incluídos no valor do lucro ou prejuízo do segmento revisado pelo principal gestor das operações, ou for regularmente apresentado a este, ainda que não incluído no valor do lucro ou prejuízo do segmento:<br>1. Receitas provenientes de clientes externos;<br>2. Receitas de transações com outros segmentos operacionais da mesma entidade;<br>3. Receitas financeiras;<br>4. Despesas financeiras;<br>5. Depreciações e amortizações;<br>6. Itens materiais de receita e despesa divulgados de acordo com o Pronunciamento Técnico CPC 26 – Apresentação das Demonstrações Contábeis[3];<br>7. Participação da entidade nos lucros ou prejuízos de coligadas e de empreendimentos sob controle conjunto (joint ventures) contabilizados de acordo com o método da equivalência patrimonial;<br>8. Despesa ou receita com imposto de renda e contribuição social;<br>9. Itens não caixa considerados materiais, exceto depreciações e amortizações. |
| **A entidade deve divulgar as receitas financeiras separadamente das despesas financeiras para cada segmento divulgável, salvo se a maioria das receitas do segmento seja proveniente de juros e o principal gestor das operações se basear principalmente nas receitas financeiras líquidas para avaliar o desempenho do segmento e tomar decisões sobre os recursos a serem alocados ao segmento.** Nessa situação, a entidade pode divulgar essas receitas financeiras líquidas de suas despesas financeiras em relação ao segmento e divulgar que ela tenha feito desse modo. |

3 Item 97. Quando os itens de receitas e despesas são materiais, sua natureza e montantes devem ser divulgados separadamente.

CAPÍTULO 27

# MUDANÇAS DE POLÍTICA CONTÁBIL, ESTIMATIVAS E ERROS

## 1. TERMINOLOGIA

O Quadro 27.1 contém os principais termos do CPC 23, e as Figuras 27.1 e 27.2 evidenciam as relações entre os conceitos.

**Quadro 27.1:** Termos essenciais do CPC 23

| Termo | Descrição |
|---|---|
| Políticas contábeis | São os **princípios (Capítulo 5)**, as bases, as convenções, as regras e as práticas específicas aplicados pela entidade na elaboração e na apresentação de demonstrações contábeis. |
| Estimativas contábeis | São montantes monetários nas demonstrações contábeis que estão sujeitas a incerteza de mensuração. |
| Omissão material ou divulgação distorcida material | As omissões ou divulgações distorcidas **são materiais se puderem**, individual ou coletivamente, **influenciar as decisões econômicas que os usuários das demonstrações contábeis tomam com base nessas demonstrações.** A materialidade depende do tamanho e da natureza da omissão ou da divulgação distorcida, julgada à luz das circunstâncias que a rodeiam. O tamanho ou a natureza do item, ou combinação de ambos, pode ser o fator determinante para a definição da materialidade. |
| Erros de períodos anteriores | São omissões e incorreções nas demonstrações contábeis da entidade de um ou mais períodos anteriores decorrentes da falta de uso, ou uso incorreto, de informação confiável que:<br>(a) estava disponível quando da autorização para divulgação das demonstrações contábeis desses períodos; e<br>(b) pudesse ter sido razoavelmente obtida e levada em consideração na elaboração e na apresentação dessas demonstrações contábeis.<br>Tais erros incluem os efeitos de erros matemáticos, erros na aplicação de políticas contábeis, descuidos ou interpretações incorretas de fatos e fraudes. |
| Aplicação prospectiva de mudança em política contábil | Representa a aplicação da nova política contábil a transações, a outros eventos e a condições que ocorram após a data em que a política é alterada. |

| | |
|---|---|
| Aplicação prospectiva de reconhecimento do efeito de mudança em estimativa contábil | Representa o reconhecimento do efeito da mudança na estimativa contábil nos períodos corrente e futuro afetados pela mudança. |
| Aplicação retrospectiva | É a aplicação de nova política contábil a transações, a outros eventos e a condições, como se essa política tivesse sido sempre aplicada. |
| Reapresentação retrospectiva | É a correção do reconhecimento, da mensuração e da divulgação de valores de elementos das demonstrações contábeis, como se um erro de períodos anteriores nunca tivesse ocorrido. |
| Aplicação impraticável de requisito | Ocorre quando a entidade não pode aplicar requisito **retrospectivamente associado a mudança em política contábil ou não pode fazer a reapresentação retrospectiva para corrigir um erro** depois de ter feito todos os esforços razoáveis nesse sentido. |

**Figura 27.1:** Erros de períodos anteriores

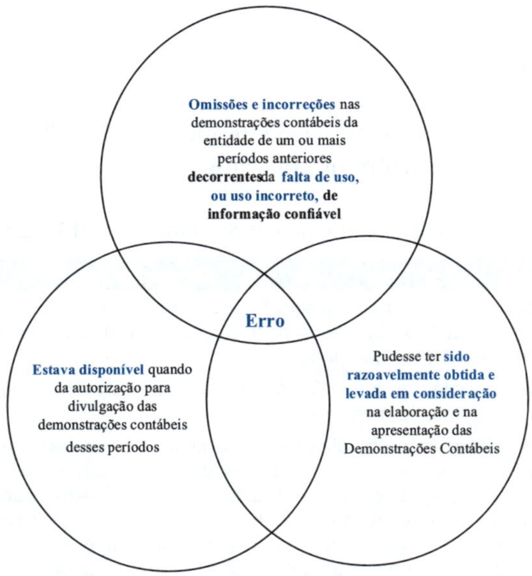


**Chamada 155 do autor:** Conceito de Erro

**Chamada 156 do autor:** Relação conceitual entre os eventos do CPC 23

Figura 27.2: Relação conceitual entre os eventos do CPC 23

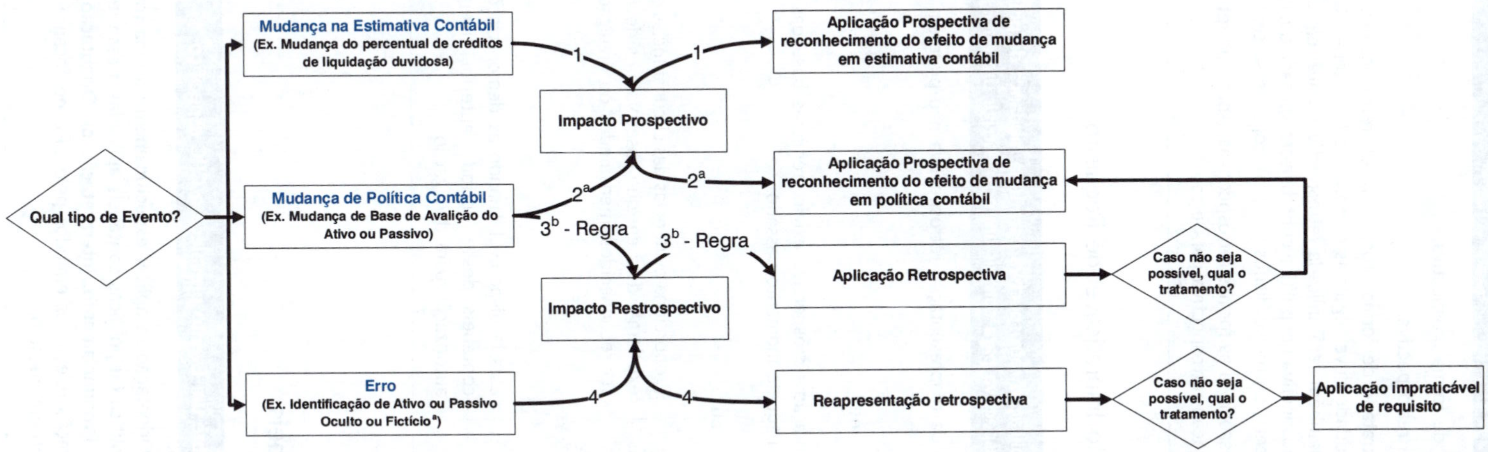


**Legenda:** (a) somente se aplicará de forma prospectiva caso haja disposição transitória nesse sentido; ou caso seja impraticável aplicar retrospectivamente. (b) Em caso de alteração da política contábil, a Entidade deve seguir as disposições transitórias. Caso não haja deve aplicar retrospectivamente. Em caso de adoção voluntária deve aplica retrospectivamente.

| Análise |
|---|
| 1. Mudança de estimativa deve ser tratada de forma prospectiva. |
| 2. Correção de erro deve ser tratada forma retrospectiva. |
| 3. Mudança de política contábil pode ser tratado de forma prospectiva ou retrospectiva. Em caso de alteração da política contábil, a Entidade deve seguir as disposições transitórias. Caso não haja deve aplicar retrospectivamente. Também será aplicada retrospectivamente em caso de adoção voluntária. Ou seja, a aplicação prospectiva em política contábil será aplicada quando: (i) não for praticável aplicar retrospectivamente; (ii) houve disposição transitória nesse sentido. |
| 4. Aplicação impraticável de requisito está associada as formas retrospectivas: Aplicação retrospectiva para política contábil ou reapresentação retrospectiva para erro. |

Quadro 27.2: Aplicação Impraticável de Requisito

| Quando se considera impraticável realizar aplicação retrospectiva para uma mudança de política contábil ou fazer a reapresentação retrospectiva para corrigir um erro corrigir um erro? | |
|---|---|
| **1.** Os efeitos da aplicação retrospectiva ou da reapresentação retrospectiva não puderem ser determinados. | |
| ou | |
| **2.** A aplicação retrospectiva ou a reapresentação retrospectiva exigir premissas baseadas no que teria sido a intenção da Administração naquele momento passado. | |
| ou | |
| **3.** A aplicação retrospectiva ou a reapresentação retrospectiva exigir estimativas significativas de valores e se for impossível identificar objetivamente a informação sobre essas estimativas que: | Proporciona evidências das circunstâncias que existiam à data em que esses valores deviam ser reconhecidos, mensurados ou divulgados<br>e<br>Estaria disponível quando as demonstrações contábeis desse período anterior tiveram autorização para divulgação. |

# 2. POLÍTICAS CONTÁBEIS

## 2.1. Aplicação de políticas contábeis

| Na aplicação da Política Contábil sobre um Evento prevalece o CPC específico |
|---|
| Quando Pronunciamento, Interpretação ou Orientação se aplicar especificamente a uma transação, a outro evento ou circunstância, a política ou políticas contábeis aplicadas a esse item devem ser determinadas pela aplicação do Pronunciamento, Interpretação ou Orientação, e considerando quaisquer guias de implementação relevantes emitidos pelo CPC no tocante ao Pronunciamento, Interpretação ou Orientação em questão. |

**Não aplicação de Política Contábil quando for imaterial**

**Essas políticas não precisam ser aplicadas quando o efeito da sua aplicação for imaterial.** Contudo, **não é apropriado** produzir, ou deixar de corrigir, **incorreções imateriais em relação** aos CPCs para se alcançar determinada apresentação da posição patrimonial e financeira (balanço patrimonial), do desempenho (demonstração do resultado) ou dos fluxos de caixa da entidade.

**E quando não houver CPC específico que trate de aplicação da Política Contábil de determinado Evento?**

**Na ausência de Pronunciamento**, Interpretação ou Orientação que se aplique especificamente a uma transação, outro evento ou condição, **a administração** exercerá **seu julgamento no desenvolvimento e na aplicação de política contábil que resulte em informação que seja:**

<table>
<tr><td rowspan="2">1. Relevante para a tomada de decisão econômica por parte dos usuários.</td><td rowspan="2">e</td><td>2. Confiável, de tal modo que as demonstrações contábeis:</td></tr>
<tr><td>2.1. Representem adequadamente a posição patrimonial e financeira, o desempenho financeiro e os fluxos de caixa da entidade<br>2.2. Reflitam a essência econômica de transações, outros eventos e condições e, não, meramente a forma legal.<br>2.3. Sejam neutras, isto é, que estejam isentas de viés<br>2.4. Sejam prudentes<br>2.5. Sejam completas em todos os aspectos materiais.</td></tr>
</table>

Observa-se que esse item 10 do CPC agrega de forma cristalina características qualitativas e princípios contábeis:

| De (item 10 CPC 23) | Para (Características e Princípios) |
|---|---|
| 1. Relevante | Relevância: Característica qualitativa fundamental |
| 2. Confiável[1] | Relevância + Representação fidedigna: Característica qualitativa fundamentais |
| 2.1. Representem adequadamente | Representação fidedigna: Característica qualitativa fundamental |
| 2.2. Essência sobre a forma | Primazia da Essência sobre a Forma[2] |
| 2.3. Neutras | Representação fidedigna: Característica qualitativa fundamental |
| 2.4. Prudentes | Princípio da Prudência |
| 2.5. Completas | Representação fidedigna: Característica qualitativa fundamental |

1 CPC 00: A apresentação de informações financeiras que sejam **relevantes e representem de forma fidedigna** aquilo que pretendem representar ajuda os usuários a tomar decisões com mais confiança.

2 Resolução CFC 750/93, já em seu art. 1°, §2°: **Na aplicação dos Princípios de Contabilidade há situações concretas e** a essência das transações deve prevalecer **sobre seus aspec**tos formais.

Ao **exercer os julgamentos** descritos nesse item, a administração **pode também considerar as mais recentes posições técnicas assumidas por outros órgãos normatizadores contábeis** que usem uma estrutura conceitual semelhante à do CPC para desenvolver pronunciamentos de contabilidade, ou ainda, outra literatura contábil e práticas geralmente aceitas do setor, até o ponto em que estas não entrem em conflito com as fontes (1 e 2) desse item.

| Uniformidade de políticas contábeis |
|---|
| 1. Uniformidade não é comparabilidade[3].<br>2. A entidade deve selecionar e aplicar suas políticas contábeis uniformemente para transações semelhantes, outros eventos e condições, a menos que Pronunciamento, Interpretação ou Orientação especificamente exija ou permita a classificação de itens para os quais possam ser aplicadas diferentes políticas. Se um Pronunciamento, Interpretação ou Orientação exigir ou permitir tal classificação, uma política contábil apropriada deve ser selecionada e aplicada uniformemente para cada categoria. |

## 2.2. Mudança nas políticas contábeis

| Requisitos necessários e alternados para se alterar uma política contábil | | |
|---|---|---|
| **For exigida** por Pronunciamento, Interpretação ou Orientação. | ou | **Resultar em informação confiável e mais relevante** nas demonstrações contábeis sobre os efeitos das transações, outros eventos ou condições acerca da posição patrimonial e financeira, do desempenho ou dos fluxos de caixa da entidade. |

| Comparabilidade de políticas contábeis |
|---|
| Os usuários das demonstrações contábeis **devem ter a possibilidade de comparar as demonstrações contábeis da entidade ao longo do tempo** para identificar tendências na sua posição patrimonial e financeira, no seu desempenho e nos seus fluxos de caixa.<br>Por isso, **devem ser aplicadas as mesmas políticas contábeis em cada período e de um período para o outro,** a menos que uma mudança em política contábil seja necessária. |

| Não constituem mudanças nas políticas contábeis |
|---|
| 1. A adoção de política contábil para transações, outros eventos ou condições **que difiram em essência daqueles que ocorriam anteriormente.**<br>2. A **adoção de nova política contábil** para transações, outros eventos ou condições que não ocorriam anteriormente ou eram imateriais. |

---

3 CPC 00: Para que informações sejam comparáveis, **coisas similares devem parecer similares e coisas diferentes devem parecer diferentes.** A comparabilidade de informações financeiras **não é aumentada fazendo-se que coisas diferentes pareçam similares, tanto quanto se fazendo que coisas similares pareçam diferentes**.

É provável que se atinja certo grau de comparabilidade ao se satisfazer às características qualitativas fundamentais. A representação fidedigna de um fenômeno econômico relevante deve naturalmente possuir certo grau de comparabilidade com a representação fidedigna de fenômeno econômico relevante similar por outra entidade que reporta.

**Quadro 27.3:** Aplicação Prospectiva e Retrospectiva em mudança de Política Contábil

<table>
<tr><th>Tipo</th><th colspan="2">Descrição e Regras</th></tr>
<tr><td rowspan="2">Aplicação retrospectiva[4]</td><td>Deve ser aplicada nos seguintes casos exceto de houve limitação a sua aplicação.</td><td>Uma mudança na política contábil resultante da adoção inicial de Pronunciamento, Interpretação ou Orientação, de acordo com as disposições transitórias específicas, se existirem, expressas nesse Pronunciamento, Interpretação ou Orientação.<br>ou<br>Quando a entidade muda uma política contábil na adoção inicial de Pronunciamento, Interpretação ou Orientação que não inclua disposições transitórias específicas que se apliquem a essa mudança.<br>ou<br>Quando muda uma política contábil voluntariamente.[a,b]</td></tr>
<tr><td colspan="2">A entidade deve ajustar o saldo de abertura de cada componente do patrimônio líquido afetado para o período anterior mais antigo apresentado e os demais montantes comparativos divulgados para cada período anterior apresentado, como se a nova política contábil tivesse sempre sido aplicada.</td></tr>
<tr><td>Aplicação prospectiva</td><td colspan="2">Será aplicada quando houver limitação a aplicação retrospectiva ou quando houve disposição transitória específica nesse sentido.</td></tr>
</table>

**Legenda:** (a) A adoção antecipada de Pronunciamento, Interpretação ou Orientação não deve ser considerada como mudança voluntária **na política contábil.** (b) Considera-se mudança voluntária na política contábil **aplicar uma política contábil derivada** de pronunciamento recente emanado de outros órgãos técnicos que se utilizem de estrutura conceitual semelhante no desenvolvimento de pronunciamentos contábeis.



4 **CPC 23. Item 28.** [...] (h) se a aplicação retrospectiva exigida pelos itens 19(a) ou (b) for impraticável para um período anterior em particular, ou para períodos anteriores aos apresentados, as circunstâncias que levaram à existência dessa condição e uma descrição de como e desde quando a política contábil tem sido aplicada.

**CPC 23 – Item 19.** Definições sujeitas ao item 23:

(a) A entidade deve contabilizar uma mudança na política contábil resultante da adoção inicial de Pronunciamento, Interpretação ou Orientação, de acordo com as disposições transitórias específicas, se existirem, expressas nesse Pronunciamento, Interpretação ou Orientação.

(b) Quando a entidade muda uma política contábil na adoção inicial de Pronunciamento, Interpretação ou Orientação que não inclua disposições transitórias específicas que se apliquem a essa mudança, ou quando muda uma política contábil voluntariamente, ela deve aplicar a mudança retrospectivamente.

| O que significa retroagir para o período mais antigo para o qual seja praticável a aplicação retrospectiva? |
|---|
| Significa que não existe um limite de anos. Podem ser 5, 10. Até onde for possível. |

### Simulação 01: Mudança de Política Contábil Retrospectiva

**Exemplo 1:** Um ativo era mensurado pela Base Custo Corrente desde 01/01/2015. Em 10/10/2023, a Entidade de forma voluntária altera permitido pela legislação a base para custo histórico. Neste caso será realizada a aplicação retrospectiva até 01/01/2015 e evidenciado nas Demonstrações de 2023 a serem publicadas em 2024.

**Exemplo 2:** Em 2022 um terreno cujo custo era 1.000.000 estava sendo avaliado pela base do valor justo por R$ 1.500.000. Em 2023, o valor justo passou a ser R$ 1.800.000. Contudo houve a decisão de mudar a política contábil de avaliá-lo por custo.

Nas Demonstrações Contábeis de 2023 devem constar a conta do ativo envolvida nas notas explicativas e o efeito sobre Ajustes de Exercícios Anteriores.

**Demonstração Contábil publicada em 31/12/2022**

| Conta | 31/12/2022 |
|---|---|
| Ativo – Imobilizado – Terreno | 1.500.000 |

**Demonstração Contábil publicada em 31/12/2023**

| Conta | 31/12/2023 |
|---|---|
| Ativo – Imobilizado – Terreno | 1.000.000 |
| PL – Lucros ou Prejuízos Acumulados – Ajustes de Exercícios Anteriores | (200.000) |

D: Ajustes de Exercícios Anteriores

C: Terrenos

**Notas Explicativas contendo a aplicação retrospectiva**

**Demonstração Contábil publicada em 31/12/2023**

| Conta | 31/12/2022 | 31/12/2023 |
|---|---|---|
| Ativo – Imobilizado – Terreno | 1.000.000 | 1.000.000 |

**É como se o terreno sempre tivesse sido mensurado a 1.000.000.**

**Quadro 27.4:** Limitações da Aplicação Retrospectiva em Política Contábil

| Caso | Conduta |
|---|---|
| 1. Quando for impraticável **determinar o período dos efeitos específicos** da mudança na política contábil na informação comparativa para um ou mais períodos anteriores apresentados. | A entidade deve aplicar a nova política contábil aos saldos contábeis de ativos e passivos de abertura do período mais antigo para o qual seja praticável a aplicação retrospectiva, que pode ser o período corrente, e deve proceder ao ajuste correspondente no saldo de abertura de cada componente do patrimônio líquido desse período. |
| 2. Quando for impraticável **determinar o efeito cumulativo, no início do período corrente**, da aplicação da nova política contábil a todos os períodos anteriores. | A entidade deve ajustar a informação comparativa para aplicar a nova política contábil prospectivamente a partir do período mais antigo que for praticável. |
| 3. Quando for impraticável à entidade **aplicar a nova política contábil** retrospectivamente, porque não pode determinar o efeito cumulativo da aplicação da política a todos os períodos anteriores. | Deve aplicar a nova política prospectivamente desde o início do período mais antigo praticável. **Portanto, ignora-se a parcela do ajuste cumulativo em ativos, passivos e patrimônio líquido correspondente a períodos anteriores.** A mudança na política contábil é permitida mesmo que seja impraticável aplicar a nova política a qualquer período anterior. |

Quando a entidade aplicar a nova política contábil retrospectivamente, **ela deve aplicar a nova política contábil à informação comparativa para períodos anteriores tão antigos quanto for praticável**.

A aplicação retrospectiva a um período anterior pode ser considerada não praticável **se não for praticável determinar o efeito cumulativo nos montantes dos balanços de abertura e de encerramento desse período.**

O valor do ajuste resultante, relacionado com períodos anteriores aos apresentados nas demonstrações contábeis, é registrado no saldo de abertura de cada componente do patrimônio líquido afetado do período anterior mais antigo apresentado. **Geralmente, o ajuste é registrado em Lucros ou Prejuízos Acumulados (Ajustes de Exercícios Anteriores).** Contudo, o ajuste pode ser feito em outro componente do patrimônio líquido (por exemplo, para cumprir um Pronunciamento, Interpretação ou Orientação específico). Qualquer outra informação sobre períodos anteriores, tal como resumos históricos de dados financeiros, é também ajustada para períodos tão antigos quanto for praticável.

O Tópico 5 deste Capítulo contém as orientações sobre **quando é impraticável aplicar a nova política contábil a um ou mais períodos anteriores.**

| Divulgação: quando a adoção inicial de Pronunciamento, Interpretação ou Orientação tiver efeitos no período corrente ou em qualquer período anterior | |
|---|---|
| Quando a adoção inicial de Pronunciamento, Interpretação ou Orientação tiver efeitos no período corrente ou em qualquer período anterior, **exceto se for impraticável determinar o montante a ser ajustado**, ou puder ter efeitos em períodos futuros, a entidade deve divulgar: | |
| **1. O título do Pronunciamento, Interpretação ou Orientação.** | |
| **2. Quando aplicável, que a mudança na política contábil é feita de acordo com as disposições da aplicação inicial do Pronunciamento, Interpretação ou Orientação.** | |
| **3.** A natureza da mudança na política contábil. | |
| **4. Quando aplicável, uma descrição das disposições transitórias na adoção inicial.** | |
| **5. Quando aplicável, as disposições transitórias que possam ter efeito em futuros períodos.** | |
| **6.** O montante dos ajustes para o período corrente e para cada período anterior apresentado, até ao ponto em que seja praticável: | para cada item afetado da demonstração contábil. |
| | se o Pronunciamento Técnico CPC 41- Resultado por Ação se aplicar à entidade, para resultados por ação básicos e diluídos. |
| **7.** O montante do ajuste relacionado com períodos anteriores aos apresentados, até ao ponto em que seja praticável. | |
| **8. Se a aplicação retrospectiva exigida pelos itens do Quadro 27.3 for impraticável para um período anterior em particular, ou para períodos anteriores aos apresentados, as circunstâncias que levaram à existência dessa condição e uma descrição de como e desde quando a política contábil tem sido aplicada.** | |
| As demonstrações contábeis de períodos subsequentes não precisam repetir essas divulgações. | |

| Divulgação: Quando uma mudança voluntária em políticas contábeis tiver efeito no período corrente ou em qualquer período anterior |
|---|
| Quando uma mudança voluntária em políticas contábeis tiver efeito no período corrente ou em qualquer período anterior, **exceto se for impraticável determinar o montante a ser ajustado**, ou puder ter efeitos em períodos futuros, a entidade deve divulgar: |
| **1.** A natureza da mudança na política contábil. |
| **2. As razões pelas quais a aplicação da nova política contábil proporciona informação confiável e mais relevante.** |

<table>
<tr><td rowspan="2">3. O montante dos ajustes para o período corrente e para cada período anterior apresentado, até ao ponto em que seja praticável:</td><td>para cada item afetado da demonstração contábil.</td></tr>
<tr><td>se o Pronunciamento Técnico CPC 41- Resultado por Ação se aplicar à entidade, para resultados por ação básicos e diluídos.</td></tr>
<tr><td colspan="2">4. O montante do ajuste relacionado com períodos anteriores aos apresentados, até ao ponto em que seja praticável.</td></tr>
<tr><td colspan="2">5. As circunstâncias que levaram à existência dessa condição e uma descrição de como e desde quando a política contábil tem sido aplicada, se a aplicação retrospectiva for impraticável para um período anterior em particular, ou para períodos anteriores aos apresentados.</td></tr>
</table>

As demonstrações contábeis de períodos subsequentes não precisam repetir essas divulgações.

**Divulgação: Quando a entidade não adotar antecipadamente novo Pronunciamento, Interpretação ou Orientação já emitido, mas ainda não com aplicação obrigatória**

Quando a entidade não adotar antecipadamente novo Pronunciamento, Interpretação ou Orientação já emitido, mas ainda não com aplicação obrigatória, a entidade deve divulgar:

| |
|---|
| 1. Tal fato. |
| 2. Informação disponível ou razoavelmente estimável que seja relevante para avaliar o possível impacto da aplicação do novo Pronunciamento, Interpretação ou Orientação nas demonstrações contábeis da entidade no período da aplicação inicial. |
| 3. O título do novo Pronunciamento, Interpretação ou Orientação. |
| 4. A natureza da mudança ou das mudanças iminentes na política contábil. |
| 5. A data em que é exigida a aplicação do Pronunciamento, Interpretação ou Orientação. |
| 6. A data em que ela planeja aplicar inicialmente o Pronunciamento, Interpretação ou Orientação. |
| 7. A avaliação do impacto que se espera que a aplicação inicial do Pronunciamento, Interpretação ou Orientação tenha nas demonstrações contábeis da entidade ou, se esse impacto não for conhecido ou razoavelmente estimável, da explicação acerca dessa impossibilidade. |

## 3. ESTIMATIVA

Uma política contábil pode exigir que os itens em demonstrações contábeis sejam mensuradas de uma forma que **envolva a incerteza de mensuração** – ou seja, a política contábil pode exigir que esses itens sejam mensurados em quantidades monetárias **que não possam ser observadas diretamente e devem ser estimadas.** Nesse caso, a entidade desenvolve uma estimativa contábil para atingir o objetivo estabelecido pela política contábil. **Desenvolver estimativas contábeis envolve o uso de julgamentos ou pressupostos baseados na última informação disponível e confiável.**

| Exemplos de estimativas contábeis |
|---|
| 1. Ajuste para perdas de crédito esperadas, aplicando o CPC 48.<br>2. Valor líquido realizável de um item de estoque, aplicando o CPC 16.<br>3. Valor justo de um ativo ou passivo, aplicando o CPC 46.<br>4. Despesa de depreciação para um item do ativo imobilizado, aplicando o CPC 27.<br>5. Provisão para obrigações decorrentes de garantias, aplicando o CPC 25. |

## Quadro 27.5: Técnicas de mensuração para desenvolver uma estimativa contábil

| Técnica | Descrição |
|---|---|
| Técnicas de estimativa | Por exemplo, técnicas usadas para mensurar ajuste para perdas de crédito esperadas aplicando o CPC 48 |
| Técnicas de valorização | Por exemplo, técnicas usadas para mensurar o valor justo de um ativo ou passivo aplicando o CPC 46 |

| Curiosidades |
|---|
| O termo "estimativa" nos Pronunciamentos Técnicos do CPC às vezes se refere a uma estimativa que não é uma estimativa contábil conforme definido no CPC 23. Por exemplo, às vezes se refere a uma informação utilizada no desenvolvimento de estimativas contábeis. |
| O uso de estimativas razoáveis é parte essencial da elaboração de demonstrações contábeis e não reduz sua confiabilidade. |

| Casos que geram dúvidas: mudança na política contábil ou mudança na estimativa contábil |
|---|
| **Quando for difícil distinguir** uma mudança na política contábil de uma mudança na estimativa contábil, a mudança é tratada como mudança na estimativa contábil. |

| Caso clássico uma mudança na política contábil |
|---|
| A mudança na base de avaliação é **uma mudança na política contábil** e não uma mudança na estimativa contábil. |

| Aplicação prospectiva de reconhecimento do efeito de mudança em estimativa contábil |
|---|
| A entidade pode precisar alterar uma estimativa contábil se ocorrerem mudanças nas circunstâncias em que a estimativa contábil se baseou ou em consequência de novas informações ou maior experiência. Por sua natureza, uma mudança em uma estimativa contábil não se relaciona com períodos anteriores e não é a correção de um erro. |

Os efeitos em uma estimativa contábil de uma alteração em uma informação ou uma alteração em uma técnica de mensuração são alterações nas estimativas contábeis, **a menos que resultem da correção de erro de período anterior.**

Em regra, o efeito de mudança na estimativa contábil deve ser **reconhecido prospectivamente, incluindo-o nos resultados do:**

| 1. Período da mudança, se a mudança afetar apenas esse período. | | 2. Período da mudança e futuros períodos, se a mudança afetar todos eles. |
|---|---|---|
| Exemplo: a mudança em um ajuste para perdas de crédito esperadas afeta apenas os resultados do período corrente e, por isso, é reconhecida no período corrente. | **ou** | Exemplo: a mudança na estimativa da vida útil de ativo depreciável, ou no padrão esperado de consumo dos futuros benefícios desse tipo de ativo, afeta a depreciação do período corrente e de cada um dos futuros períodos durante a vida útil remanescente do ativo. |

Prospectivo significa que a mudança é aplicada a transações, a outros eventos e a condições a partir da data dessa mudança.

**O efeito da mudança relacionada com o período corrente é reconhecido como receita ou despesa no período corrente. O efeito, caso exista, em períodos futuros é reconhecido como receita ou despesa nesses períodos futuros.**

Não se aplica regra anterior se a mudança na estimativa contábil resultar em mudanças em ativos e passivos, ou relacionar-se a componente do patrimônio líquido, ela deve ser reconhecida pelo ajuste no correspondente item do ativo, do passivo ou do patrimônio líquido no período da mudança.

## Divulgação

1. A entidade **deve divulgar a natureza e o montante de mudança na estimativa contábil** que tenha efeito no período corrente ou se espera que tenha efeito em períodos subsequentes, salvo quando a divulgação do efeito de períodos subsequentes for impraticável.
2. **Se o montante do efeito de períodos subsequentes não for divulgado porque a estimativa do mesmo é impraticável, a entidade deve divulgar tal fato.**

## Simulação 02: Mudança de estimativa

Uma entidade adquiriu um equipamento por R$ 750.000,00, que entrou em operação em 01/01/20x5. O equipamento teve uma vida útil estimada de 12 anos, valor residual de R$ 30.000,00 e tem depreciação apurada pelo método da linha reta. Em atenção ao desempenho do equipamento, em 02/01/20x9, a entidade contratou uma revisão da vida útil do ativo. O relatório de revisão informou que a nova vida útil remanescente era de 10 anos, além de uma redução de R$ 5.000,00 no valor residual. Considerando que a entidade acatou o relatório e que não houve outras revisões, qual será o valor líquido contábil do equipamento em 31/12/20x9?

Valor Bruto Contábil = R$ 750.000

Valor residual = R$ 30.000

Valor depreciável = R$ 720.000

Vida útil = 12 anos

Valor depreciável/ano = R$ 60.000

Valor Líquido Contábil em 02/01/20X9 = 750.000 - 240.000 → R$ 510.000

**Nova Estimativa de vida útil e valor residual (Aplicação prospectiva de reconhecimento do efeito de mudança em estimativa contábil)**

Novo Valor Contábil Bruto = R$ 510.000

Valor residual = R$ 25.000

Valor depreciável = R$ 485.000

Vida útil = 10 anos

Valor depreciável/ano = R$ 48.500

Valor Líquido Contábil em 31/12/20X9 = 510.000 - 48.500 → R$ 461.500

## 4. RETIFICAÇÃO DE ERROS

Um erro ocorre quando a entidade não pode aplicar requisito **retrospectivamente associado a mudança em política contábil ou não pode fazer a reapresentação retrospectiva para corrigir um erro** depois de ter feito todos os esforços razoáveis nesse sentido.

**Quadro 27.6:** Fases do Ciclo Contábil em que o erro pode ocorrer

| | |
|---|---|
| Erros podem ocorrer: | **no registro** de elementos de demonstrações contábeis. |
| | **na mensuração** de elementos de demonstrações contábeis. |
| | **na apresentação** de elementos de demonstrações contábeis. |
| | **na divulgação** de elementos de demonstrações contábeis. |

As demonstrações contábeis não estarão em conformidade com os Pronunciamentos, Interpretações e Orientações deste CPC se contiverem **erros materiais ou erros imateriais cometidos intencionalmente** para alcançar determinada apresentação da posição patrimonial e financeira, do desempenho ou dos fluxos de caixa da entidade.

**Quadro 27.7:** Procedimentos de Correção do Erro

| Momento da detecção | Conduta |
|---|---|
| Erro detectado antes de as demonstrações contábeis serem autorizadas para publicação. | Os potenciais erros do período corrente descobertos nesse período devem ser corrigidos antes de as demonstrações contábeis serem autorizadas para publicação. |
| Erros materiais descobertos **em um período subsequente.** | São corrigidos na informação comparativa apresentada nas demonstrações contábeis desse período subsequente. |

## 4.1. Correção de erros materiais de períodos anteriores

A entidade deve corrigir os erros materiais de períodos anteriores **retrospectivamente no primeiro conjunto de demonstrações contábeis cuja autorização para publicação ocorra após a descoberta de tais erros** de 2 formas alternadas constantes no Quadro 27.8.

**Quadro 27.8:** Formas alternativas de corrigir erros materiais de períodos anteriores

| | |
|---|---|
| 1 | Por **reapresentação dos valores comparativos** para o período anterior apresentado em que tenha ocorrido o erro. |
| 2 | Se o erro ocorreu antes do período anterior mais antigo apresentado, pela reapresentação dos saldos de abertura dos ativos, dos passivos e do patrimônio líquido para o período anterior mais antigo apresentado. |

Consta no Quadro 27.9 o que configura uma aplicação impraticável de requisito.

**Quadro 27.9:** Limitações da Reapresentação Retrospectiva

| Caso | Conduta |
|---|---|
| 1. Quando for impraticável **determinar os efeitos de erro em um período específico na informação comparativa** para um ou mais períodos anteriores apresentados. | A entidade deve retificar os saldos de abertura de ativos, passivos e patrimônio líquido para o período mais antigo para o qual seja praticável a reapresentação retrospectiva (que pode ser o período corrente). |
| 2. Quando for impraticável determinar o efeito cumulativo, no início do período corrente, de erro em todos os períodos anteriores. | A entidade deve retificar a informação comparativa para corrigir o erro prospectivamente a partir da data mais antiga praticável. |
| 3. Quando for impraticável determinar o montante do erro (por exemplo, erro na aplicação de política contábil) para todos os períodos anteriores. | A entidade, retifica a informação comparativa prospectivamente a partir da data mais antiga praticável. Dessa forma, ignorará a parcela da retificação cumulativa de ativos, passivos e patrimônio líquido relativa a períodos anteriores à data em que a retificação do erro foi praticável. |

| Ajustes de Exercícios Anteriores |
|---|
| **A retificação de erro de período anterior deve ser excluída dos resultados do período em que o erro é descoberto.** Qualquer informação apresentada sobre períodos anteriores, incluindo qualquer resumo histórico de dados financeiros, deve ser retificada para períodos tão antigos quanto for praticável.<br>A Lei nº 6.404/1976 define em seu § 1º do art. 186 que "ajustes de exercícios anteriores" serão considerados apenas os decorrentes de efeitos da mudança de critério contábil, ou da retificação de erro imputável a determinado exercício anterior, e que não possam ser atribuídos a fatos subsequentes. |

Unidade Didática IV
Demonstrações Contábeis -
Apresentação e Análise de Balanços

| Diferença entre erro e mudança de estimativa contábil |
|---|
| **As estimativas contábeis, por sua natureza, são aproximações que podem necessitar de revisão à medida que se conhece informação adicional.**<br>Por exemplo, **o ganho ou a perda reconhecida no momento do desfecho de contingência,** que, anteriormente, não podia ser estimada com precisão, **não constitui retificação de erro.** |

**Divulgação de erro de período anterior**

Ao aplicar as formas de correção propostas no Quadro 27.9 a entidade deve divulgar:

<table>
<tr><td colspan="2">1. A natureza do erro de período anterior.</td></tr>
<tr><td rowspan="2">2. O montante da retificação para cada período anterior apresentado, na medida em que seja praticável:</td><td>para cada item afetado da demonstração contábil.</td></tr>
<tr><td>se o Pronunciamento Técnico CPC 41 – Resultado por Ação se aplicar à entidade, para resultados por ação básicos e diluídos.</td></tr>
<tr><td colspan="2">3. O montante da retificação no início do período anterior mais antigo apresentado.</td></tr>
<tr><td colspan="2">4. As circunstâncias que levaram à existência dessa condição e uma descrição de como e desde quando o erro foi corrigido, se a reapresentação retrospectiva for impraticável para um período anterior em particular.</td></tr>
</table>

As demonstrações contábeis de períodos subsequentes à retificação do erro não precisam repetir essas divulgações.

# 5. IMPRATICABILIDADE DA APLICAÇÃO E DA REAPRESENTAÇÃO RETROSPECTIVAS

| Quando for impraticável corrigir erro para um ou mais períodos anteriores |
|---|
| Em algumas circunstâncias, torna-se impraticável ajustar informações de um ou mais períodos anteriores apresentados para fins de comparação com o período corrente.<br>Por exemplo, podem não ter sido reunidas informações necessárias em período anterior, de tal forma que não seja possível **a aplicação retrospectiva de nova política contábil** ou **a reapresentação retrospectiva para retificação de erro** atribuído a determinado período anterior, podendo ser impraticável recriar essa informação |

É comum a adoção de estimativas para a aplicação de uma política contábil a elementos reconhecidos nas demonstrações contábeis ou divulgados em relação a operações, eventos ou condições. As estimativas são, por natureza, subjetivas e podem ser desenvolvidas após a data do balanço, mas, à medida que o tempo transcorre, o desenvolvimento dessas estimativas contábeis relacionadas a transações ou eventos ocorridos em períodos anteriores passa a ser potencialmente mais difícil, principalmente ao se considerar que as estimativas contábeis devem refletir as condições existentes à época. **Entretanto, o objetivo das estimativas relacionadas a períodos anteriores deve ser igual ao das estimativas desenvolvidas no período corrente, qual seja refletir as circunstâncias presentes na ocasião da transação, de outro evento ou de outra circunstância.**

| Condições para aplicar, retrospectivamente, nova política contábil ou corrigir erro de período anterior |
| --- |
| **Exige que se identifique a informação que:**<br>1. Fornece evidência das circunstâncias que existiam à época em que a transação, outro evento ou condição ocorreu, e que estavam presentes e disponíveis quando as demonstrações contábeis relativas àquele período anterior foram elaboradas.<br>2.Teria estado disponível quando as demonstrações contábeis desse período anterior foram autorizadas para divulgação. Para alguns tipos de estimativas (por exemplo, a mensuração do valor justo que utiliza dados significativos não observáveis), é impraticável distinguir esses tipos de informação. Caso a aplicação retrospectiva ou a reapresentação retrospectiva exigir que se faça uma estimativa significativa para a qual seja impossível distinguir esses dois tipos de informação, é impraticável aplicar a nova política contábil ou retificar o erro de período anterior retrospectivamente |

**Não se deve usar percepção posterior ao aplicar nova política contábil ou ao corrigir erros atribuíveis a período anterior, nem para fazer suposições sobre quais teriam sido as intenções da administração em período anterior, nem para estimar os valores reconhecidos, mensurados ou divulgados em períodos anteriores.**

Por exemplo, **quando a entidade corrige erro de período anterior ao calcular o seu passivo relativo ao afastamento por doença dos empregados**, de acordo com o CPC 33 – Benefícios a Empregados, **deve ignorar informação acerca de temporada atípica de viroses durante o período seguinte, que se tornou disponível depois que as demonstrações contábeis do período anterior tenham sido autorizadas à divulgação.** O fato de estimativas significativas serem frequentemente exigidas, quando se retifica informação comparativa apresentada para períodos anteriores, não impede o ajuste ou a correção confiável da informação comparativa.

CAPÍTULO 28

# EVENTOS SUBSEQUENTES

## 1. CONCEITO

| Evento subsequente ao período a que se referem as demonstrações contábeis |
|---|
| É aquele evento, favorável ou desfavorável, que ocorre entre a data final do período a que se referem as demonstrações contábeis **e a** data na qual é autorizada a emissão dessas demonstrações. |

Quadro 28.1: Tipos de Eventos Subsequentes

| | |
|---|---|
| Eventos que originam ajustes nas Demonstrações Contábeis | Os que evidenciam condições que já existiam na data final do período a que se referem as demonstrações contábeis (evento subsequente ao período contábil a que se referem as demonstrações que originam ajustes). |
| Eventos que não originam ajustes nas Demonstrações Contábeis | Os que são indicadores de condições que surgiram subsequentemente ao período contábil a que se referem as demonstrações contábeis (evento subsequente ao período contábil a que se referem as demonstrações que não originam ajustes). |

O processo envolvido na autorização da emissão das demonstrações contábeis varia dependendo da estrutura da administração, das exigências legais e estatutárias, bem como dos procedimentos seguidos na preparação e na finalização dessas demonstrações.

Em algumas circunstâncias, as entidades têm que submeter suas demonstrações contábeis à aprovação de seus acionistas após sua emissão. Em tais casos, consideram-se as demonstrações contábeis como autorizadas para emissão na data da emissão e não na data em que os acionistas aprovam as demonstrações.

| Exemplo 01 extraído do CPC 24: Fluxo desde a preparação até a autorização para emissão |
|---|
| **1.** A administração da entidade conclui, em 28 de fevereiro de 20x2, a sua minuta das demonstrações contábeis referentes ao período contábil encerrado em 31 de dezembro de 20x1.<br>**2.** Em 18 de março de 20x2, **a diretoria examina as demonstrações e autoriza a sua emissão.**<br>**3.** A entidade anuncia, em 19 de março de 20x2, o seu lucro e outras informações financeiras selecionadas.<br>**4.** As demonstrações contábeis são disponibilizadas aos acionistas e a outras partes interessadas em 31 de março de 20x2.<br>**5.** Os acionistas aprovam as demonstrações contábeis na sua reunião anual em 30 de abril de 20x2.<br>**6.** As demonstrações contábeis aprovadas são em seguida encaminhadas para registro no órgão competente em 17 de maio de 20x2.<br>As demonstrações contábeis são autorizadas para emissão **em 18 de março de 20x2** (data da autorização da diretoria para emissão): Fase 2 do exemplo. |

| Exemplo 02 extraído do CPC 24: Fluxo desde a preparação até a autorização para emissão |
|---|
| **1.** Em 18 de março de 20x2, **a diretoria executiva da entidade autoriza a emissão de demonstrações contábeis para o seu conselho.** O conselho é constituído exclusivamente por não executivos e pode incluir representantes de empregados e de outros interessados.<br>**2.** O conselho aprova as demonstrações contábeis em 26 de março de 20x2.<br>**3.** As demonstrações contábeis são disponibilizadas aos acionistas e a outras partes interessadas em 31 de março de 20x2.<br>**4.** Os acionistas aprovam as demonstrações contábeis na sua reunião anual em 30 de abril de 20x2.<br>**5.** as demonstrações contábeis são encaminhadas para registro no órgão competente em 17 de maio de 20x2.<br>As demonstrações contábeis são autorizadas para emissão **em 18 de março de 20x2** (data da autorização da administração para submissão das demonstrações à apreciação do conselho): Fase 1 do exemplo. |

**Quadro 28.2:** Marcos que tornam as demonstrações contábeis autorizadas para emissão

| Marco em que se consideram-se as demonstrações contábeis autorizadas para emissão | Observação |
|---|---|
| Data da autorização da diretoria/administração para emissão | É a regra geral, ainda que necessite de aprovação a posteriori dos acionistas e mesmos nos casos em que essa autorização ocorra após o anúncio público de lucros ou de outra informação financeira selecionada. |
| Quando a diretoria/administração autoriza sua apresentação ao conselho e/ou comitê | Quando for exigido que a administração da entidade submeta suas demonstrações contábeis à aprovação do conselho de administração e/ou conselho fiscal e/ou comitê de auditoria (formados apenas por não executivos), se houver |

A seguir a Figura 28.1 ilustra a lógica conceitual envolvida nos Eventos subsequentes e o Quadro 28.3 evidencia exemplos de Eventos Subsequentes em suas 2 categorias.

**Chamada 157 do autor:** Eventos Subsequentes

Figura 28.1: Lógica conceitual dos Eventos subsequentes

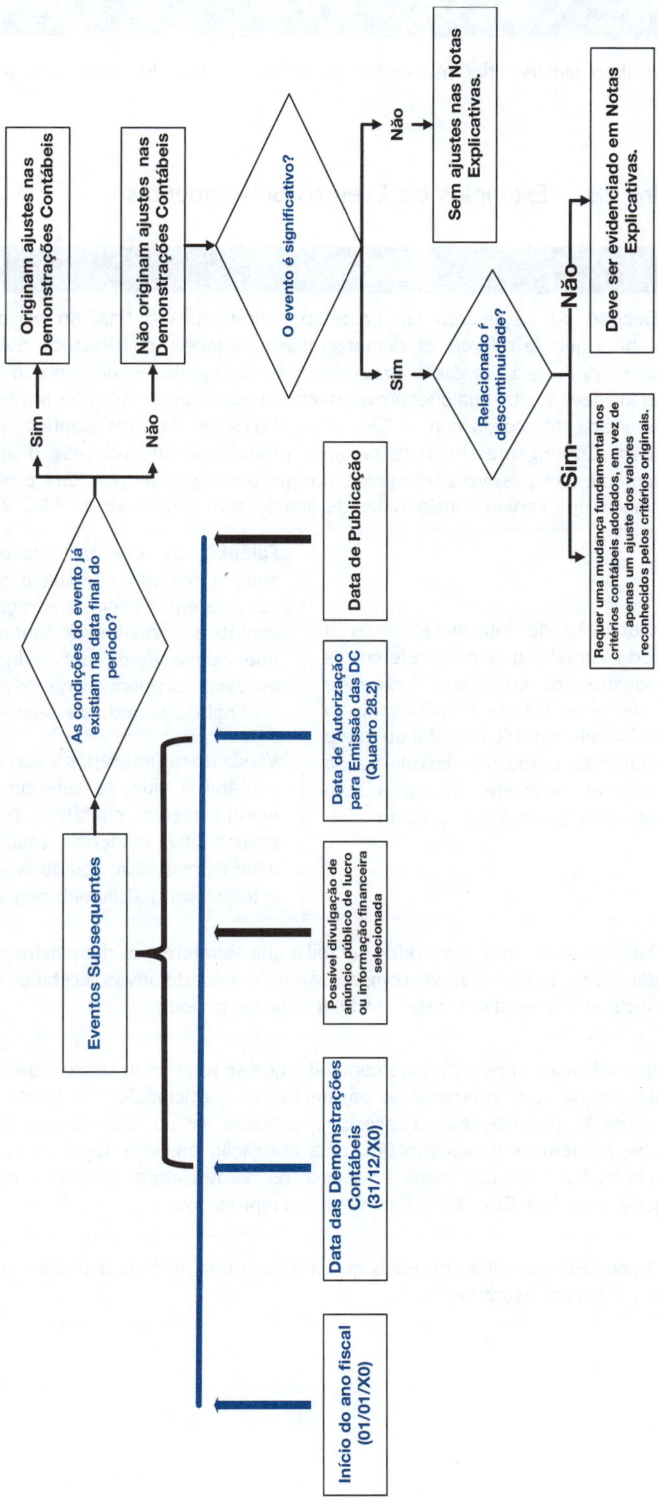

| Atenção |
|---|
| As Demonstrações Contábeis jamais refletem eventos posteriores a data de autorização para emissão. |

## Quadro 28.3: Exemplos de Eventos Subsequentes

<table>
<tr><th>Categoria</th><th colspan="2">Exemplos</th></tr>
<tr><td rowspan="6">Evento subsequente ao período contábil a que se referem as demonstrações contábeis que originam ajustes</td><td colspan="2">1. Decisão ou pagamento em processo judicial após o final do período contábil a que se referem as demonstrações contábeis, confirmando que a entidade já tinha a obrigação presente ao final daquele período contábil. A entidade deve ajustar qualquer provisão relacionada ao processo anteriormente reconhecida de acordo com o CPC 25 – Provisões, Passivos Contingentes e Ativos Contingentes ou registrar nova provisão. A entidade não divulga meramente um passivo contingente porque a decisão proporciona provas adicionais que seriam consideradas de acordo com o item 16 do CPC 25.</td></tr>
<tr><td rowspan="2">2. Obtenção de informação após o período contábil a que se referem as demonstrações contábeis, indicando que um ativo estava desvalorizado ao final daquele período contábil ou que o montante da perda por desvalorização previamente reconhecido em relação àquele ativo precisa ser ajustado.</td><td>Falência de cliente, ocorrida após o período contábil a que se referem as demonstrações contábeis, normalmente confirma que houve perda por redução ao valor recuperável no crédito no final do período de relatório.</td></tr>
<tr><td>Venda de estoque após o período contábil a que se referem as demonstrações contábeis pode proporcionar evidência sobre o valor de realização líquido desses estoques ao final daquele período.</td></tr>
<tr><td colspan="2">3. Determinação, após o período contábil a que se referem as demonstrações contábeis, do custo de ativos comprados ou do valor de ativos recebidos em troca de ativos vendidos antes do final daquele período.</td></tr>
<tr><td colspan="2">4. determinação, após o período contábil a que se referem as demonstrações contábeis, do valor referente ao pagamento de participação nos lucros ou referente às gratificações, no caso de a entidade ter, ao final do período a que se referem as demonstrações, uma obrigação presente legal ou construtiva de fazer tais pagamentos em decorrência de eventos ocorridos antes daquela data (ver CPC 33 – Benefícios a Empregados).</td></tr>
<tr><td colspan="2">5. Descoberta de fraude ou erros que mostram que as demonstrações contábeis estavam incorretas.</td></tr>
</table>

<table>
<tr><td rowspan="2">Evento subsequente ao período contábil a que se referem as demonstrações contábeis que não originam ajustes</td><td>1. Declínio do valor justo de investimentos ocorrido no período compreendido entre o final do período contábil a que se referem as demonstrações e a data de autorização de emissão dessas demonstrações.<br>O declínio do valor justo não se relaciona normalmente à condição dos investimentos no final do período contábil a que se referem as demonstrações contábeis, mas reflete circunstâncias que surgiram no período seguinte. Portanto, a entidade não deve ajustar os valores reconhecidos para os investimentos em suas demonstrações contábeis. Igualmente, a entidade não deve atualizar os valores divulgados para os investimentos na data do balanço, embora possa necessitar dar divulgação adicional.</td></tr>
<tr><td>2. Se forem declarados dividendos após o período contábil a que se referem as demonstrações contábeis, mas antes da data da autorização de emissão dessas demonstrações esses dividendos não devem ser reconhecidos como passivo ao final daquele período, em virtude de não atenderem aos critérios de obrigação presente na data das demonstrações contábeis como definido no Pronunciamento Técnico CPC 25 – Provisões, Passivos Contingentes e Ativos Contingentes. Tais dividendos devem ser divulgados nas notas explicativas em conformidade com o Pronunciamento Técnico CPC 26 – Apresentação das Demonstrações Contábeis.</td></tr>
</table>

| O que fazer quando se pretende liquidar a entidade, ou deixar de se operar ou que não se tem alternativa realista senão fazê-lo? |
|---|
| 1. A entidade deve elaborar **suas demonstrações contábeis** com base no pressuposto de continuidade.<br>2. Contudo, a deterioração dos resultados operacionais e da situação financeira após o período contábil a que se referem as demonstrações contábeis **pode indicar** a necessidade de considerar se o pressuposto da continuidade ainda é apropriado.<br>3. **Se o pressuposto da continuidade não for mais apropriado**, o efeito é tão profundo que este Pronunciamento requer uma mudança fundamental nos critérios contábeis adotados, **em vez de apenas um ajuste dos valores reconhecidos pelos critérios originais.** |

## 2. DIVULGAÇÃO

| Data de autorização para emissão |
|---|
| 1. A entidade deve divulgar a data em que foi concedida a autorização para emissão das demonstrações contábeis e quem forneceu tal autorização.<br>2. Se os sócios da entidade ou outros tiverem o poder de alterar as demonstrações contábeis após sua emissão, a entidade deve divulgar esse fato.<br>3. É importante que os usuários saibam quando foi autorizada a emissão das demonstrações contábeis, já que elas não refletem eventos posteriores a essa data. |

**Atualização da divulgação sobre condições existentes ao final do período a que se referem as demonstrações contábeis → Eventos Subsequentes que ensejam ajustes nas Demonstrações Contábeis.**

1. Se a entidade, após o período a que se referem as demonstrações contábeis, receber informações sobre condições que existiam até aquela data, **deve atualizar a divulgação que se relaciona a essas condições, à luz das novas informações.**

2. Em alguns casos, a entidade precisa atualizar a divulgação de suas demonstrações contábeis de modo que reflitam as informações recebidas após o período contábil a que se referem as demonstrações contábeis, mesmo quando as informações não afetam os valores reconhecidos nessas demonstrações.

3. **Um exemplo da necessidade de atualização de divulgação é quando fica disponível, após o período contábil a que se referem as demonstrações, evidência de contingência passiva que existia ao final do período contábil a que se referem as demonstrações contábeis.** Além de considerar se deve reconhecer ou modificar uma provisão com base no CPC 25 - Provisões, Passivos Contingentes e Ativos Contingentes, a entidade deve atualizar sua divulgação sobre a contingência passiva à luz daquela evidência.

**Evento subsequente ao período contábil a que se referem as demonstrações contábeis que não originam ajustes nas Demonstrações Contábeis, mas devem ser evidenciados em Notas Explicativas: eventos significativos**

1. Se os eventos subsequentes ao período contábil a que se referem as demonstrações contábeis são significativos, mas não originam ajustes, sua não divulgação pode influenciar as decisões econômicas a serem tomadas pelos usuários com base nessas demonstrações.

2. Consequentemente, a entidade deve divulgar as seguintes informações para cada categoria significativa de eventos subsequentes ao período contábil a que se referem as demonstrações contábeis que não originam ajustes:

(a) a natureza do evento;

(b) a estimativa de seu efeito financeiro ou uma declaração de que tal estimativa não pode ser feita.

**Exemplos de eventos subsequentes e significativos ao período contábil que não originam ajustes nas Demonstrações Contábeis, mas devem ser evidenciados em Notas Explicativas**

1. **Combinação de negócios importante após o período contábil** a que se referem as demonstrações contábeis (o CPC 15 - Combinação de Negócios exige divulgação específica em tais casos) ou a alienação de uma subsidiária importante.

2. Anúncio de **plano para descontinuar** uma operação.

3. **Compras importantes de ativos, classificação de ativos como mantidos para venda de acordo** com o CPC 31 - Ativo Não Circulante Mantido para Venda e Operação Descontinuada, outras alienações de ativos ou desapropriações de ativos importantes pelo governo.

4. **Destruição por incêndio de instalação de produção importante** após o período contábil a que se referem as demonstrações contábeis.

5. Anúncio ou início da implementação de **reestruturação importante** (CPC 25 - Provisões, Passivos Contingentes e Ativos Contingentes).

6. **Transações importantes, efetivas e potenciais, envolvendo ações ordinárias** subsequentes ao período contábil a que se referem as demonstrações contábeis.

7. **Alterações extraordinariamente grandes nos preços dos ativos ou nas taxas de câmbio** após o período contábil a que se referem as demonstrações contábeis.

8. **Alterações nas alíquotas de impostos ou na legislação tributária**, promulgadas ou anunciadas após o período contábil a que se referem as demonstrações contábeis que tenham efeito significativo sobre os ativos e passivos fiscais correntes e diferidos (CPC 32 – Tributos sobre o Lucro).

9. **Assunção de compromissos ou de contingência passiva significativa**, por exemplo, por meio da concessão de garantias significativas.

10. **Início de litígio importante**, proveniente exclusivamente de eventos que aconteceram após o período contábil a que se referem as demonstrações contábeis.

### Curiosidade

As Notas Explicativas são Demonstrações Contábeis para fins do CPC 26, contudo os eventos subsequentes e significativos ao período contábil que não originam ajustes nas Demonstrações Contábeis, geram a necessidade de serem inclusos em Notas Explicativas.

Desse modo, esse a inclusão em Nota Explicativa não é considerada um ajuste de Demonstração Contábil para fins do CPC 24.

### Questão de Reforço – CGE-PB – Auditor Contábil e Finanças Públicas 2024 FGV

Uma empresa comercial encerrou seu exercício fiscal em 31 de dezembro. O fechamento das demonstrações contábeis ocorreu em 14 de fevereiro. Em 28 de fevereiro, o conselho de administração aprovou a emissão das demonstrações contábeis. Posteriormente, os acionistas aprovaram as demonstrações contábeis em 5 de março. Por fim, as demonstrações foram publicadas em 28 de março. A partir dessas informações, analise os fatos a seguir.

1. Em 5 de janeiro, houve um declínio significativo do valor de mercado dos investimentos avaliados a valor justo de R$ 600.000.

2. Em 15 de fevereiro, uma decisão judicial confirmou que a entidade já tinha a obrigação presente ao final do período contábil, mas que não havia sido previamente reconhecida no montante de R$ 300.000.

3. Em 3 de março, a empresa identificou que um ativo, reconhecido durante o período contábil, precisava de um ajuste no montante da perda por desvalorização no valor de R$ 200.000.

Considerando-se as informações apresentadas, a empresa precisa ajustar como evento subsequente às demonstrações contábeis um valor de:

(A) R$ 200.000;

(B) R$ 300.000;

(C) R$ 500.000;

(D) R$ 600.000;

(E) R$ 900.000.

**Solução**

No caso hipotético, o evento 3 ocorreu após 28/02, logo não pode ser evento subsequente.

O evento 1 apenas gera ajuste nas notas explicativas.

O evento 2 é o único evento subsequente de Demonstrações Contábeis, pois as condições do evento já existiam antes do encerramento do exercício.

Gabarito: **B**

CAPÍTULO 29

# RELATÓRIO DE ADMINISTRAÇÃO E RELATO INTEGRADO

## 1. RELATÓRIO DE ADMINISTRAÇÃO

### 1.1. Base normativa

A Lei nº 6.404/1976 define que:

> *Art. 133.* **Os administradores devem comunicar, até 1 (um) mês antes da data marcada para a realização da assembleia-geral ordinária, por anúncios publicados na forma prevista no artigo 124, que se acham à disposição dos acionistas:**
>
> **I – o relatório da administração sobre os negócios sociais e os principais fatos administrativos do exercício findo;**
>
> *II – a cópia das demonstrações financeiras;*
>
> *III – o parecer dos auditores independentes, se houver.*
>
> *IV – o parecer do conselho fiscal, inclusive votos dissidentes, se houver; e (Incluído pela Lei nº 10.303, de 2001)*
>
> *V – demais documentos pertinentes a assuntos incluídos na ordem do dia. (Incluído pela Lei nº 10.303, de 2001)*
>
> *§ 1º Os anúncios indicarão o local ou locais onde os acionistas poderão obter cópias desses documentos.*
>
> *§ 2º A companhia remeterá cópia desses documentos aos acionistas que o pedirem por escrito, nas condições previstas no § 3º do artigo 124.*
>
> *§ 3º Os documentos referidos neste artigo, à exceção dos constantes dos incisos IV e V, serão publicados até 5 (cinco) dias, pelo menos, antes da data marcada para a realização da assembleia-geral. (Redação dada pela Lei nº 10.303, de 2001)*
>
> *§ 4º A assembleia-geral que reunir a totalidade dos acionistas poderá considerar sanada a falta de publicação dos anúncios ou a inobservância dos prazos referidos neste artigo; mas é obrigatória a publicação dos documentos antes da realização da assembleia.*

> *§ 5º A publicação dos anúncios é dispensada quando os documentos a que se refere este artigo são publicados até 1 (um) mês antes da data marcada para a realização da assembleia-geral ordinária.*

O Pronunciamento Contábil 26 – Apresentação das Demonstrações Contábeis por sua vez traz o seguinte embasamento:

> *13.Muitas entidades apresentam, fora das demonstrações contábeis, comentários da administração que descrevem e explicam as características principais do desempenho e da posição financeira e patrimonial da entidade e as principais incertezas às quais está sujeita.*
>
> **Esse relatório pode incluir a análise:**
>
> *(a) dos principais fatores e influências que determinam o desempenho, incluindo alterações no ambiente em que a entidade opera, a resposta da entidade a essas alterações e o seu efeito e a política de investimento da entidade para manter e melhorar o desempenho, incluindo a sua política de dividendos;*
>
> *(b) das fontes de financiamento da entidade e a respectiva relação pretendida entre passivos e o patrimônio líquido; e*
>
> *(c) dos recursos da entidade não reconhecidos nas demonstrações contábeis de acordo com os Pronunciamentos Técnicos, Interpretações e Orientações do CPC.*

Já a Resolução CVM nº 80, de 29 de março de 2022, e atualizações posteriores segrega as empresas em 2 categorias: A e B.

**O registro na categoria A** autoriza a **negociação de quaisquer valores mobiliários do emissor em mercados regulamentados de valores mobiliários.**

**O registro na categoria B** autoriza a negociação de valores mobiliários do emissor **em mercados regulamentados de valores mobiliários, exceto os seguintes valores mobiliários:** (i) ações e certificados de depósito de ações; ou (ii) valores mobiliários que confiram ao titular o direito de adquirir os valores mobiliários mencionados no inciso I, em consequência da sua conversão ou do exercício dos direitos que lhes são inerentes, desde que emitidos pelo próprio emissor dos valores mobiliários referidos no inciso I ou por uma sociedade pertencente ao grupo do referido emissor.

A referida resolução define exigências maiores para a categoria A em relação a categoria B. Essas exigências são supridas por meio de informações mediante preenchimento de formulários que consideram informações do Relatório de Gestão.

## 1.2. Estrutura

Segundo Santos et al (2022), o relatório de administração pode conter os seguintes itens:

1. Descrição dos negócios, produtos e serviços.
2. Comentários sobre a conjuntura econômica atual.
3. Recursos humanos.
4. Investimentos.

5. Pesquisa e desenvolvimento.
6. Novos produtos e serviços.
7. Proteção ao meio ambiente.
8. Reformulações administrativas.
9. Investimentos em controladas e coligadas.
10. Direito dos acionistas e dados de mercado.
11. Perspectivas e planos para o exercício em curso e os seguintes.
12. Empresas investidoras.
13. Fontes de obtenção de recursos.
14. Itens fora do balanço.
15. Análise de Riscos.

## 2. RELATO INTEGRADO

### 2.1. Base normativa

A Orientação Técnica CPC 09 Relato Integrado de 06 de novembro de 2020, define **relato integrado** como um relato conciso sobre como a estratégia, a governança, o desempenho e as perspectivas da organização, no contexto de seu ambiente externo, levam à geração de valor a curto, médio e longo prazos.

O Relato Integrado deve ser mais do que um resumo de informações que constam em outras comunicações (por exemplo: demonstrações contábeis, relatório de sustentabilidade, apresentação para analistas ou informações que constam em sítios na internet); ele torna explícita a conectividade de informações para comunicar como se gera valor ao longo do tempo.

**O Relato Integrado pode ser elaborado para atender às exigências de integridade ("compliance") vigentes.** Por exemplo, **a organização pode ser obrigada por lei aplicável a elaborar o relatório de administração ou outro relatório dentro do contexto para suas demonstrações contábeis. Se esse relatório for elaborado conforme esta Orientação, ele pode ser considerado o Relato Integrado.**

| O Relatório de Administração pode ser o Relato Integrado? |
|---|
| Se o Relatório de Administração for elaborado nos termos da OCPC 09, ele pode ser denominado Relato Integrado. |

Se for exigido que o relatório inclua informações específicas, além das requeridas por esta Orientação, o relatório ainda assim pode ser considerado o Relato Integrado, contanto que essas outras informações não ocultem a concisão exigida por esta Orientação.

O Relato Integrado pode ser um relatório independente ou ser uma parte distinta, destacada e retirada de outro relatório ou informe. Ele pode, por exemplo, ser incluído no início de relatório que também abranja as demonstrações contábeis da organização.

O Relato Integrado pode servir de "porta de entrada" para informações mais detalhadas, fora do informe ao qual está vinculado. A forma do vínculo depende do formato do Relato Integrado (por exemplo: no caso de relatório impresso, os vínculos podem ser outras informações anexas; no caso de relatório em formato eletrônico, podem ser hyperlinks que levem a outras informações).

| Responsabilidade pela Elaboração |
|---|
| **O Relato Integrado deve incluir declaração dos responsáveis pela governança que inclua:**<br>-o reconhecimento de sua responsabilidade por assegurar a **integridade** do Relato Integrado;<br>-o reconhecimento de terem aplicado o pensamento coletivo na elaboração e na apresentação do Relato Integrado; e<br>- sua opinião ou conclusão quanto ao fato de a apresentação do Relato Integrado estar de acordo com esta Orientação; |
| **Ou, se o Relato Integrado não contiver a declaração dos responsáveis pela governança deve explicar:**<br>- o papel desempenhado pelos responsáveis pela governança na elaboração e na apresentação do Relato Integrado;<br>- as medidas que estão sendo tomadas para emitir tal representação no suporte de relatórios futuros; e – o prazo para fazê-lo, **que não deve ultrapassar o terceiro Relato Integrado da organização que faça referência a esta Orientação.** |

## 2.2. Estrutura

O Quadro 29.1 contém a estrutura do Relato Integrado.

**Quadro 29.1:** Estrutura do Relato Integrado

| Estrutura | Detalhamento |
|---|---|
| Princípios de Orientação | 1.Foco estratégico e orientação para o futuro<br>2. Conectividade de Informações.<br>3.Relação com as partes interessadas (stakeholders).<br>4.Materialidade (relevância).<br>5.Concisão.<br>6.Confiabilidade e completude.<br>7.Uniformidade e comparabilidade. |

| | |
|---|---|
| Elementos de conteúdo | 1.Visão geral da organização e de seu ambiente externo.<br>2.Governança.<br>3.Modelo de negócios.<br>4.Riscos e oportunidades.<br>5.Estratégia e alocação de recursos.<br>6.Desempenho.<br>7.Perspectiva.<br>8. Base para elaboração e apresentação.<br>9.Orientações gerais sobre o Relato Integrado. |

| Princípios |
|---|
| **Foco estratégico e orientação para o futuro:** o Relato Integrado deve oferecer uma visão da estratégia da organização e como ela se relaciona com a capacidade que a organização tem de gerar valor a curto, médio e longo prazos, bem como com seu uso e seus efeitos sobre os capitais. |
| **Conectividade de Informações:** o Relato Integrado deve mostrar uma imagem holística da combinação, do inter-relacionamento e das dependências entre os fatores que afetam a capacidade da organização de gerar valor ao longo do tempo. |
| **Relação com as partes interessadas (stakeholders):** o Relato Integrado deve prover uma visão da natureza e da qualidade das relações que a organização mantém com suas principais partes interessadas (stakeholders), incluindo como e até que ponto a organização entende, leva em conta e responde aos seus legítimos interesses e necessidades. |
| **Materialidade (relevância):** o Relato Integrado deve divulgar informações sobre temas que afetam, de forma substancial, a capacidade de a organização gerar valor a curto, médio e longo prazos. |
| **Concisão:** o Relato Integrado deve incluir contexto suficiente para compreensão da estratégia, da governança, do desempenho e das perspectivas da organização, **sem que fique sobrecarregado com informações menos relevantes.** |
| **Confiabilidade e completude:** o Relato Integrado deve abranger todos os temas relevantes, tanto positivos quanto negativos, de maneira equilibrada e isenta de erros significativos. |
| **Uniformidade e comparabilidade:** As informações no Relato Integrado devem ser apresentadas: (i) em bases uniformes ao longo do tempo; e (ii) de maneira a permitir a comparação com outras organizações à medida que seja importante para a capacidade de a própria organização gerar valor ao longo do tempo. |

**Quadro 29.2:** Elementos de Conteúdo do Relato Integrado e o que se deve buscar responder

| Elementos de Conteúdo | Questão a ser respondida? |
|---|---|
| 1.Visão geral da organização e de seu ambiente externo. | O que a organização faz e quais são as circunstâncias em que ela atua? |
| 2.Governança. | Como a estrutura de governança da organização apoia sua capacidade de gerar valor a curto, médio e longo prazos? |
| 3.Modelo de negócios. | Qual é o modelo de negócios da organização? |
| 4.Riscos e oportunidades. | Quais são as oportunidades e os riscos específicos que afetam a capacidade que a organização tem de gerar valor a curto, médio e longo prazos, e como a organização lida com eles? |
| 5.Estratégia e alocação de recursos. | Para onde a organização deseja ir e como ela pretende chegar lá? |
| 6.Desempenho. | Até que ponto a organização já alcançou seus objetivos estratégicos para o período e quais são os resultados no tocante aos efeitos sobre os capitais? |
| 7.Perspectiva. | Quais são os desafios e as incertezas que a organização provavelmente deve enfrentar ao perseguir sua estratégia e quais são as potenciais implicações para seu modelo de negócios e seu desempenho futuro? |
| 8. Base para elaboração e apresentação. | Como a organização determina os temas a serem incluídos no Relato Integrado e como esses temas são quantificados ou avaliados? |
| 9.Orientações gerais sobre o Relato Integrado. | Os assuntos gerais de relato a seguir são relevantes para diversos Elementos de Conteúdo: divulgação de temas relevantes; divulgação sobre os capitais; períodos de tempo de curto, médio e longo prazos; agregação e desagregação. |

CAPÍTULO 30

# ANÁLISE ECONÔMICA-FINANCEIRA E ASPECTOS AVANÇADOS EM ANÁLISE DE BALANÇOS

## 1. VISÃO GERAL DA ANÁLISE DE BALANÇOS

A Figura 30.1 contém os principais modelos e técnicas para se realizar Análise de Balanços. Parte dessa análise foi vista nos Capítulos 19 e 20.

**Chamada 158 do autor:** Modelos e técnicas para realizar Análise de Balanços

## 2. EBITDA

O EBITA é uma medida financeira cuja sigla vem o inglês: *Earning Before Interest, Taxes, Depreciation, Depletion e Amortization* ficando em nosso idioma como Lucro antes juros, de tributos sobre o lucro, de juros, depreciação, amortização e exaustão[1].

1 Nos modelos internacionais geralmente exaustão não aparece.

### EBITDA e DRE

**A Resolução CVM nº 156/2022 estabelece disposições sobre a divulgação voluntária do EBITDA (LAJIDA) determinando que não poderão ser considerados quaisquer montantes que não estejam nas demonstrações divulgadas, em especial na DRE.**

| Lucro Líquido | Lucro Líquido | Lucro Líquido |
|---|---|---|
| **+Tributos sobre o lucro** | **+Tributos sobre o lucro** | **+Tributos sobre o lucro** |
| **+Despesas financeiras líquidas de receitas financeiras** | **+Despesas financeiras líquidas de receitas financeiras** | **+Despesas financeiras líquidas de receitas financeiras** |
| **+Depreciação, Amortização e Exaustão**[2] | **+Depreciação, Amortização e Exaustão**[3] | |
| **+Perda por Impairment** | | |
| **=LAJIDA Ajustado (EBITDA Ajustado)** | **=LAJIDA (EBITDA)** | **=LAJIR (EBIT)** |

**O cálculo não pode excluir itens não recorrentes, não operacionais ou de operações descontinuadas.**

### Pontos importantes da Resolução CVM 156/2022

**A seguir seguem trechos relevantes da Resolução:**

*[...]*

*Art. 2º O cálculo do LAJIDA e do LAJIR deve ter como base os números apresentados nas demonstrações contábeis de propósito geral previstas no Pronunciamento Técnico CPC 26 (R1) – Apresentação das Demonstrações Contábeis.*

*§ 1º **Não podem compor o cálculo do LAJIDA e do LAJIR divulgados ao mercado, valores que não constem das demonstrações contábeis referidas no caput, em especial da demonstração do resultado do exercício.***

*§ 2º A divulgação do cálculo do LAJIDA e do LAJIR deve ser acompanhada da conciliação dos valores constantes das demonstrações contábeis referidas no caput.*

*Art. 3º **O cálculo do LAJIDA e do LAJIR não pode excluir quaisquer itens** não recorrentes, não operacionais ou de operações descontinuadas e será obtido da seguinte forma:*

*I – LAJIDA - resultado líquido do período, acrescido dos tributos sobre o lucro, das despesas financeiras líquidas das receitas financeiras e das depreciações, amortizações e exaustões;*

*II – LAJIR – resultado líquido do período, acrescido dos tributos sobre o lucro e das despesas financeiras líquidas das receitas financeiras.*

*Art. 4º A companhia pode optar por divulgar os valores do LAJIDA e do LAJIR excluindo os resultados líquidos vinculados às operações descontinuadas, como especificado no Pronunciamento Técnico CPC 31 – Ativo Não Circulante Mantido para Venda e Operação Descontinuada, e ajustado por outros itens que contribuam para a informação sobre o potencial de geração bruta de caixa.*

2 Nos modelos internacionais geralmente exaustão não aparece.

3 Nos modelos internacionais geralmente exaustão não aparece.

*§ 1º Os valores referidos no caput devem ser divulgados em conjunto com os valores calculados de acordo com o art. 3º desta Resolução.*

*§ 2º Os outros itens referidos no caput somente podem ser usados para ajuste quando constarem dos registros contábeis que serviram de base para a elaboração das demonstrações contábeis do período.*

*§ 3º A divulgação dos valores referidos no caput deve ser acompanhada da descrição de sua natureza, bem como da forma de cálculo e da respectiva justificativa para a inclusão do ajuste.*

***Art. 5º A divulgação prevista no art. 4º desta Resolução deve ser sempre identificada pelo termo "ajustado".***

*[...]*

*Art. 7º Toda a divulgação relativa ao LAJIDA ou LAJIR **deve ser feita de forma consistente e comparável com a apresentação de períodos anteriores** e, em caso de mudança, deve ser apresentada justificativa, bem como a descrição completa da mudança introduzida.*

*Art. 8º A divulgação dos valores do LAJIDA ou do LAJIR **deve ser feita fora do conjunto completo de demonstrações contábeis previsto no pronunciamento Técnico CPC 26** (R1) – Apresentação das Demonstrações Contábeis.*

*Art. 9º A divulgação do cálculo do LAJIDA ou do LAJIR, conforme previstos nos arts. 3º e 4º desta Resolução, **devem ser objeto de verificação por parte do auditor independente da companhia nos termos da norma NBC TA 720** emitida pelo Conselho Federal de Contabilidade.*

**Conclui-se que não se pode excluir quaisquer itens não recorrentes, não operacionais ou de operações descontinuadas quando do cálculo do EBITDA.**

### EBITDA e DFC

EBITDA equivale ao conceito restrito de Fluxo de Caixa Operacional

**Contudo, parte das receitas do EBITDA pode não ter sido recebida, assim como parte das despesas incorridas pode ainda estar pendente de pagamento.**

**Assim, o EBITDA não representa o volume monetário efetivo de caixa,** mas sim um indicador do potencial de geração de caixa decorrente de ativos operacionais.

### Aplicação

1. Quanto maior o EBITDA, maior a capacidade operacional de gerar caixa para uma empresa.
2. A relação EBITDA/Despesas Financeiras (por competência) é consagrada pelos analistas financeiros como índice de cobertura de juros, evidenciando o potencial operacional de caixa da empresa em remunerar seus credores.
3. Existem outros indicadores que utilizam o EBITDA.

$$\text{Íncide de Cobertura de Juros} = \frac{\text{EBITDA}}{\text{Despesas Financeiras}}$$

**Legenda:** Despesas Financeiras = Juros passivos, juros sobre o capital próprio, variações passivas cambiais e monetárias.

$$\text{Margem EBITDA} = \frac{\text{EBITDA}}{\text{Receita Líquida de Vendas}}$$

$$\text{Endividamento} = \frac{\text{Dívida Líquida}}{\text{EBITDA}}$$

Determinados analistas sugerem o limite máximo de 3,0. Contudo, deve-se considerar: setor, ciclo econômico e outros fatores.

**Chamada 159 do autor:** EBITDA

Figura 30.1: Modelos e técnicas para realizar Análise de Balanços

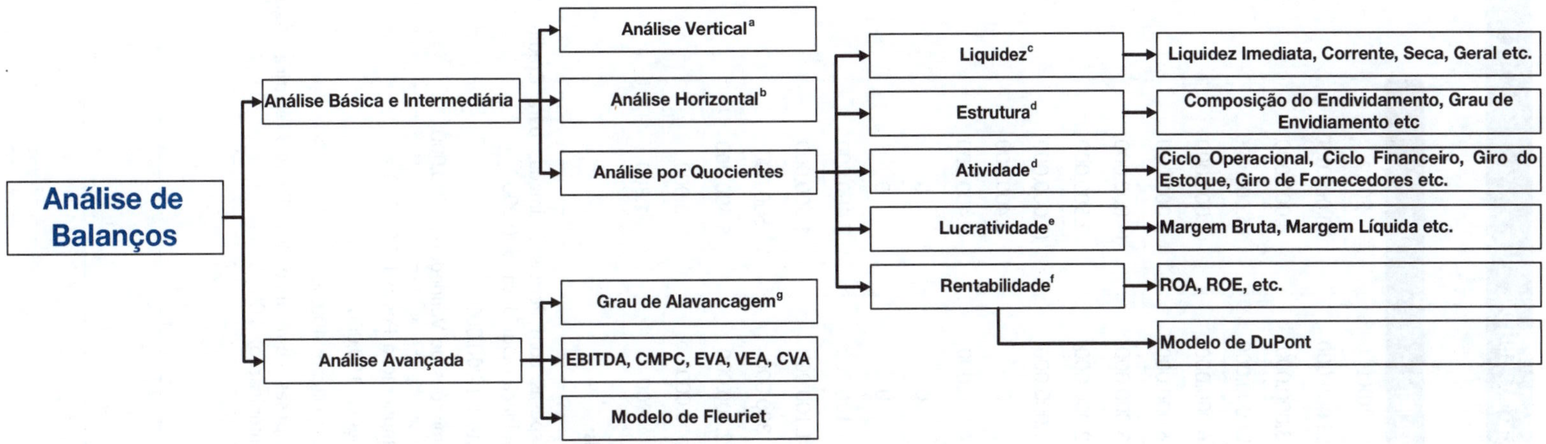


**Legenda:** (a) Visto nos capítulos 19 e 20. (b) Visto nos capítulos 19 e 20. (c) Visto no capítulo 19. (d) Visto no capítulo 19. (e) Visto no capítulo 20. (f)Visto no capítulo 20. (g)Visto no capítulo 20.

Apesar dos Indicadores de Rentabilidade terem sido vistos Capítulos 19 e 20, o modelo de DuPont consta neste capítulo.

## Simulação 01: EBITDA

**Considere a DRE da CIA JULIET.**

| DRE Cia JULIET | | |
|---|---|---|
| Conta | 20X1 | 20X2 |
| Receita Bruta de Vendas | 15.000.000 | 20.000.000 |
| (-) Imposto sobre Vendas (ICMS) | 3.000.000 | 4.000.000 |
| Receita Líquida de Vendas | 12.000.000 | 16.000.000 |
| (-) CMV | 6.000.000 | 7.000.000 |
| Lucro Operacional Bruto | 6.000.000 | 9.000.000 |
| (-) Despesas Operacionais | (3.000.000) | (4.000.000) |
| Receitas Operacionais | 2.000.000 | 2.500.000 |
| (-) Outras Despesas Operacionais | (1.000.000) | (2.000.000) |
| Outras Receitas Operacionais | 0 | 2.400.000 |
| Lucro Operacional Líquido | 4.100.000 | 7.400.000 |
| (-) Outras Despesas | 0 | 0 |
| Outras Receitas | 0 | 0 |
| LAIR | 4.100.000 | 7.400.000 |
| (-) Despesa com IR e CSLL | 1.100.000 | 1.500.000 |
| (-) Participações Estatutárias | 300.000 | 500.000 |
| Lucro Líquido | 2.700.000 | 5.400.000 |
| (/) número de ações | 3.000 | 3.000 |
| (=) Lucro Líquido por Ação | 900 | 1.800 |

**1.Detalhamento das Despesas Operacionais:**

| | | |
|---|---|---|
| Despesas de Vendas | R$ 2.000.000 | Despesas com Perdas Estimadas para Crédito de Liquidação Duvidosa: 500.000<br>Fretes: 1.000.000<br>Comissões de Vendedores: 500.000 |
| Despesas Administrativas | R$ 1.500.000 | Remuneração Pessoal: 750.000<br>Aluguel: 150.000<br>Depreciação: 400.000<br>Despesas com utilidades (Energia elétrica, Água, Comunicação): 200.000 |
| Despesas Financeiras | R$ 600.000 | |
| Receitas Financeiras | R$ 100.000 | |
| Total | R$ 4.000.000 | |

**2. Outras Despesas Operacionais referem-se a perda de equivalência patrimonial.**

**3.Foram distribuídos dividendos de 3.000.000, sendo R$ 2.500.00 referentes a Lucro Líquido desse exercício e R$ 500.000 referente a reservas de Lucros.**

EBITDA em 20X2:

**EBITDA = LAIR + Despesas Financeiras Líquidas das Receitas Financeiras + Depreciação**

**EBITA = 7.400.000 + 500.000 + 400.000 → EBITDA = 7.900.000**

Índice de **cobertura de juros em 20X2:**

$$\textit{Íncide de Cobertura de Juros} = \frac{EBITDA}{\textit{Despesas Financeiras}}$$

Índice de cobertura de juros = 7.900.000/500.000 → **15,8.**

## 3. WACC OU CMPC

O WACC (WACC) é uma medida financeira cuja sigla vem o inglês: ***Weighted Average Cost of Capital*** ficando em nosso idioma como **Custo** **M**édio **Ponderado de Capital**.

O diferencial é que se identifica uma taxa de retorno única ponderada com base na estrutura de Capital da Empresa: Capital de Terceiros e Capital Próprio, indo na linha **dos indicadores de estrutura**, ou seja, **baseados no Balanço Patrimonial**.

$$CMPC = \left[(Ke = \text{custo do capital próprio}) \times \frac{(PL)}{(PC + PNC + PL)}\right]$$

$$+ \left[(Kd = \text{custo de capital de terceiros}) \times \frac{(PC + PNC)}{(PC + PNC + PL)}\right]$$

**Em que:**

Ke é o custo de capital próprio (retorno requerido pelo acionista);

$\frac{(PL)}{(PC+PNC+PL)}$ *é denominado* ***coeficiente analítico de participação de Capital Próprio;***

Kd = custo de capital de terceiros (retorno requerido pelo credor);

$\frac{(PC+PNC)}{(PC+PNC+PL)}$ *é denominado* ***coeficiente analítico de participação de Capital de Terceiros;***

Unidade Didática IV
Demonstrações Contábeis – Apresentação e Análise de Balanços

### Definindo o Ke (CAPM)

Para se calcular o WACC é essencial calcular o Ke. Este seria o custo do capital próprio e pode ser obtido pela fórmula seguir:

$ke = Rf + \beta(Rm - Rf)$

Em que o Rf é a taxa de juros livre de riscos, o β (Beta) é o índice de sensibilidade do mercado e o Rm é a taxa de mercado do ativo[4].

Análise do β (Beta):

-β (Beta) = 1,0: ação de movimento na mesma direção do mercado.

-β (Beta) > 1,0: volatilidade maior que o mercado - investimento agressivo.

-β (Beta) < 1,0: risco menor que o do mercado - investimento defensivo.

### Definindo o Kd

O custo de capital de terceiros (Kd) é estimado como segue:

$Kd = Kd' - Kd' \times T$

onde:

Kd = custo de capital de terceiros líquido do ganho fiscal

Kd´ = custo de capital de terceiros antes do ganho fiscal

T = alíquota teórica de imposto de renda e contribuição social sobre o lucro.

A remuneração requerida pelo capital de terceiros (Kd´) pode ser dada pela seguinte expressão:

Kd´ = Krf + Prêmio de risco da dívida

onde:

Kd´ = custo de capital de terceiros (retorno requerido pelo credor)

Krf = taxa de retorno de uma aplicação de longo prazo sem risco

Prêmio de risco da dívida = prêmio exigido pelo investidor para trocar uma aplicação sem risco por um título de dívida emitido pela empresa investida.

### Atenção

O coeficiente de participação de capital Próprio pode ser desmembrado em tipos de ações e classes nos casos das ações preferencias que possuam custos distintos. O CMPC deve considerar isso.

**Chamada 160 do autor:** Custo Médio Ponderado de Capital

4 Rf pode-se utilizar a taxa de uma NTN-B de 10 anos. Rm pode ser a média geométrica dos retornos da B3 nos últimos 10 anos. Beta pode-se utilizar de uma empresa do mesmo segmento.

**Simulação 02: WACC**

**Considere o Balanço Patrimonial da CIA FOX.**

| Balanço Patrimonial Cia FOX | | |
|---|---|---|
| Conta | 20X1 | 20X2 |
| Ativo | 10.000.000 | 15.000.000 |
| **Ativo Circulante** | **6.000.00** | **8.000.000** |
| Disponível | 2.000.000 | 3.000.000 |
| Participações Societárias Temporárias mantidas até o vencimento | 500.000 | 1.000.000 |
| Clientes ou Duplicatas a Receber | 750.000 | 1.000.000 |
| Estoques | 2.000.000 | 2.750.000 |
| Despesas pagas antecipadamente | 750.000 | 250.000 |
| **Ativo não circulante** | **4.000.000** | **7.000.000** |
| Ativo Realizável a Longo Prazo | 500.000 | 500.000 |
| Investimento | 1.500.000 | 1.5000.000 |
| Imobilizado | 1.500.000 | 2.500.000 |
| Intangível | 500.000 | 1.000.000 |
| Passivo | 10.000.000 | 15.000.000 |
| **Passivo Circulante (fornecedores)** | **4.000.000** | **5.500.000** |
| **Passivo não Circulante** | **5.000.000** | **5.500.000** |
| **PL** | **1.000.000** | **4.000.000** |

**Dados adicionais sobre o PL:**

| Estrutura | R$ Volume | Custo (Ke) |
|---|---|---|
| Ações preferenciais com dividendos fixos | 500.000 | 2% |
| Ações preferenciais com dividendo mínimo de 7,5% sobre o Lucro Líquido | 500.000 | 4% |
| Ações preferenciais sem dividendos mínimos ou fixos | 500.000 | 1% |
| Ações Ordinárias | 2.500.000 | 5% |

**Dados adicionais sobre o Passivo:**

Custo de Captação com terceiros (kd): 10%

$$CMPC = \left[\frac{(11.000.000)}{(15.000.000)}x10\%\right] + \left[\frac{(500.000)}{(15.000.000)}x2\%\right] + \left[\frac{(500.000)}{(15.000.000)}x4\%\right] + \left[\frac{(500.000)}{(15.000.000)}x1\%\right] + \left[\frac{(500.000)}{(15.000.000)}x5\%\right]$$

**CMPC = 0,073+ 0,001+ 0,001+0,0003+0,002**

**CMPC = 0,077**

**CMPC = 7,7%**

**Assim, a Cia FOX só deve fazer investimentos que possuam taxa de retorno superior a 7,7%, do contrário é melhor aplicar na própria estrutura da empresa.**

# 4. GERAÇÃO DE VALOR: EVA, VEA E CVA

## 4.1. EVA e VEA

O EVA é uma medida de desempenho cuja sigla vem o inglês: ***Economic Value Added*** ficando em nosso idioma como Valor Econômico Agregado ou Lucro Econômico. **Na modelagem do EVA se comparam 2 variáreis.**

| NOPAT (*Net Operating Profits After Taxes*) → Lucro Operacional após o Pagamento dos Tributos sobre o Lucro deduzidos ainda dos encargos de Capital | | Custo de Oportunidade |
|---|---|---|
| **Esse valor é obtido na DRE da Empresa.**<br><br>**NOPAT = EBIT x (1 - Taxas de Impostos)** | **versus** | **Seria a melhor alternativa desprezada pelo proprietário ou investidor ao aplicar recursos equivalentes na Empresa.**<br>**Possui caráter subjetivo.**<br>**Deve possuir risco similar.**<br>**Na ausência dessa alternativa, pode-se ) usar o WACC multiplicado pelo total do capital investido.** |

***EVA = NOPAT - Custo de Oportunidade***

***EVA = NOPAT - WACC x Capital Total Aplicado***

| | | |
|---|---|---|
| Se EVA > 0 | Geração de Valor → Lucro Econômico | Valeu o investimento na Empresa. |
| Se EVA < 0 | Destruição de Valor → Prejuízo Econômico | Não valeu o investimento na Empresa comparado com as alternativas de mercado. |

Ocorre que no Brasil, a despesa financeira já é considerada no LAIR. Logo o EVA no Brasil recebe a denominação de VEA. O Quadro 30.1 indica as diferenças quando do cálculo.

**Quadro 30.1:** EVA internacional versus VEA no Brasil

| EVA (internacional) | | VEA (Brasil) | |
|---|---|---|---|
| | Receita Bruta | | Receita Bruta |
| - | Impostos sobre Venda | - | Impostos sobre Venda |
| = | Receita Líquida | = | Receita Líquida |
| - | Custos/Despesas Operacionais | - | Custos/Despesas Operacionais |
| = | EBITDA | = | EBITDA |
| - | Depreciação/Amortização | - | Depreciação/Amortização |
| = | EBIT | = | EBIT |
| - | IR e CSLL | +/- | Resultado Financeiro |
| = | NOPAT | +/- | Outras Receitas e Despesas |
| - | WACC x Capital Total Aplicado | = | EBT |
| = | EVA | - | IR e CSLL |
| | | = | LL |
| | | - | Ke x Capital Próprio |
| | | = | VEA |

Para calcular o VEA é essencial definir o Ke que já fora visto no tópico o WACC.

### EVA versus VEA

1. No EVA a base é o NOPAT enquanto no VEA a base é o Lucro Líquido.
2. O VEA considera a dedutibilidade da despesa financeira, logo o IR e CSLL no EVA é diferente do VEA.
3. O EVA possui uma visão estritamente operacional, enquanto o VEA considera eventos não operacionais. Logo, no VEA considera-se apenas o Ke, pois a despesa financeira já foi abatida para se chegar ao Lucro Líquido.

### Vantagens do EVA/VEA

1. Obriga que o custo do capital empregado seja considerado nas análises de investimento e desempenho;
2. Ajuda na definição dos objetivos da empresa, permitindo que os administradores trabalhem focados nas mesmas metas;
3. Auxilia na integração entre planejamento estratégico e finanças, possibilitando que todos os administradores trabalhem com os mesmos conceitos, procedimentos, objetivos e focos de ação em relação aos objetivos da empresa;
4. Define uma taxa de retorno mínima a ser exigida nos novos projetos;
5. Populariza e coloca em evidência questões como estrutura de capital, política de dividendos e custo de manutenção de ativos não operacionais;
6. Estabelece critério justo para negociação de remuneração variável dos administradores;
7. Promove uma cultura que todos os colaboradores pensem e ajam como se fossem acionistas, reduzindo eventuais conflitos de interesses.

### Limitações do EVA/VEA

1. É essencialmente voltado para o passado. Logo, mede o sucesso (ou fracasso) de decisões de investimentos já realizados;
2. Quando voltado para o futuro, pode desencorajar investimentos de grande valor e de maior prazo de maturação, mesmo se esses investimentos possuírem VPL positivos, considerando que os investimentos podem reduzir o valor do EVA no curto prazo (antes da maturidade);
3. Em empresas com grande diversidade de produtos, a mensuração do EVA deve ser feita por centro de custos. Seria uma forma de verificar se o investimento está efetivamente produzindo riquezas. Custos comuns a todos os produtos devem ser repartidos entre as divisões/unidades ou produtos de maneira a avaliar o EVA por produto (quando possível) e/ou divisão/unidade de negócio.

**Quadro 30.2:** Indicadores fundamentalistas de Rentabilidade

| ROCE (Return on Capital Employed) | | ROIC (Return on Invested Capital) | | ROA (Return on Asset) ou ROI (Return on Invesment) | | ROE (Return on Equity) | |
|---|---|---|---|---|---|---|---|
| | Receita Bruta | | Receita Bruta | | Receita Bruta | | Receita Bruta |
| – | Impostos sobre Venda | – | Impostos sobre Venda | – | Impostos sobre Venda | – | Impostos sobre Venda |
| = | Receita Líquida | = | Receita Líquida | = | Receita Líquida | = | Receita Líquida |
| – | Custos/Despesas Operacionais | – | Custos/Despesas Operacionais | – | Custos/Despesas Operacionais | – | Custos/Despesas Operacionais |
| = | EBITDA | = | EBITDA | = | EBITDA | = | EBITDA |
| – | Depreciação/Amortização | – | Depreciação/Amortização | – | Depreciação/Amortização | – | Depreciação/Amortização |
| = | EBIT | = | EBIT | = | EBIT | = | EBIT |
| / | Capital Empregado Médio$_a$ | – | IR e CSLL | +/– | Resultado Financeiro | +/– | Resultado Financeiro |
| = | ROCE | = | NOPAT | +/– | Outras Receitas e Despesas | +/– | Outras Receitas e Despesas |
| | | / | Capital Investido Médio$_b$ | = | EBT | = | EBT |
| | | = | ROIC | – | IR e CSLL | – | IR e CSLL |
| | | | | = | LL | = | LL |
| | | | | / | Ativo Total Médio | / | PL Médio |
| | | | | = | ROA$^c$ | = | ROE$^c$ |

**Legenda: (a)** (Ativo Total – Passivo Circulante) ou (PL + Passivo Não Circulante). **(b)** NCG[5] + Ativo Não Circulante líquido de depreciação e amortização. Pode coincidir com o Capital Empregado. (c) ver modelo DuPont nos tópicos seguintes.

5 Ver modelo Fleuriet nos tópicos seguintes.

| EVA, ROIC, WACC e ROE |
|---|
| EVA = (ROIC - WACC) x Ativo<br>EVA = (ROE-Ke) x PL<br>Se não há empréstimos, então ROIC - ROE. Pois não há alavancagem financeira.<br>Se ROE > ROIC a empresa está alavancada positivamente: os acionista estão sendo remunerados pelos ativos mais o spread considerando por quanto estão captando e por quanto estão aplicando.<br>Se ROE < ROIC a empresa está alavancada negativamente: os acionista estão sendo remunerados pelos ativos menos o spread considerando por quanto estão captando e por quanto estão aplicando.<br>O EVA será positivo quando o retorno sobre o investimento (ROIC) for superior ao custo médio ponderado de capital (WACC). Essa medida permite identificar quais as decisões de investimento que efetivamente adicionarão valor aos acionistas. Um EVA positivo é sempre um desafio para qualquer empresa, notadamente no médio e longo prazo, haja vista que o acirramento da concorrência e as incertezas podem impactar negativamente a performance da empresa. |

| VEA, ROE e Ke |
|---|
| O VEA será positivo quando o retorno sobre o PL (ROE) for superior ao custo do capital próprio (Ke). |

## Quadro 30.3: Indicadores fundamentalistas de Rentabilidade

| Fator | ROCE (*Return on Capital Employed*) | ROIC (*Return on Invested Capital*) | ROI (*Return on Invesment*) e ROA (*Return on Asset*)[6] | ROE (*Return on Equity*) |
|---|---|---|---|---|
| **Definição** | Mede a eficiência de uma empresa quanto ao uso do seu capital empregado. | Mede a eficiência de uma empresa quanto ao uso do seu capital para gerar lucros. Considera o capital diretamente investido no negócio. | Mede o retorno que uma empresa obtém em relação aos investimentos totais. Indica o lucro gerado por real investido. | Mede o retorno que uma empresa obtém em relação patrimônio líquido. Indica o lucro gerado por real do PL. |
| **Indicação de uso** | Permite comparar eficiência de empresas de diversos setores quanto ao uso de seu capital. | Permite avaliar a eficiência total de uma empresa na geração de lucro, | Permite comparar empresas do mesmo setor que possuem ativos fixos relevantes. | Permite aos sócios saber retorno que estão tendo com relação ao capital aplicado na empresa. |
| **Vantagens** | -Medida ampla de eficiência de capital.<br>-Indicada para indústrias intensivas em capital. | -Foco na eficiência do negócio.<br>-Permite comparação entre setores.<br>-Incentiva o uso eficiente do capital | -Simples de calcular.<br>-Poder ser utilizado em diversos setores.<br>-Avalia a eficácia da gestão em usar ativos fixos. | -Simples de calcular.<br>-Avalia a eficácia da gestão em usar capital dos acionistas. |

6 ROI = LL/Investimento e ROA = LL//Ativo Total Médio

| | | | | |
|---|---|---|---|---|
| **Desvantagens** | -Pode ser distorcido em empresas com elevado nível de dívida.<br>-Menos eficaz para comparações. | -Complexo de calcular.<br>-Pode ignorar a eficiência geral do capital. | -Pode ser distorcido em empresas com ativos não geradores de caixa. | -Pode ser distorcido em empresas com elevado nível de dívida. |

**Cálculo do EVA usando o CMPC (WACC) como Custo de Oportunidade**

(1) EVA = Lucro após os Tributos sobre o Lucro – (Investimento x CMPC)

**(2) Investimento** = Ativo Total – Passivo de Funcionamento (Passivo Não Oneroso; Passivo Cíclico).

**(3) Passivo Não Oneroso ou Passivo de Funcionamento:** Fornecedores, Impostos a Recolher, Salários e Contribuições.

**(4)Passivo Oneroso:** Empréstimos a Pagar, Debêntures a Pagar, Juros sobre o Capital Próprio, Dividendos a Pagar.

Caso não seja possível segregar passivos onerosos e não onerosos, utilizar o Ativo Total como Investimento.

**EVA seria o lucro extraordinário →** seria o lucro acima do esperado em relação CPMC x Investimento.

**Chamada 161 do autor:** EVA

**Simulação 03: EVA**

**Considere a DRE da CIA JULIET.**

| DRE Cia JULIET | | |
|---|---|---|
| Conta | 20X1 | 20X2 |
| Receita Bruta de Vendas | 15.000.000 | 20.000.000 |
| (-) Imposto sobre Vendas (ICMS) | 3.000.000 | 4.000.000 |
| Receita Líquida de Vendas | 12.000.000 | 16.000.000 |
| (-) CMV | 6.000.000 | 7.000.000 |
| Lucro Operacional Bruto | 6.000.000 | 9.000.000 |
| (-) Despesas Operacionais | (3.000.000) | (4.000.000) |
| Receitas Operacionais | 2.000.000 | 2.500.000 |
| (-) Outras Despesas Operacionais | (1.000.000) | (2.000.000) |
| Outras Receitas Operacionais | 0 | 2.400.000 |
| Lucro Operacional Líquido | 4.100.000 | 7.400.000 |
| (-) Outras Despesas | 0 | 0 |
| Outras Receitas | 0 | 0 |

| LAIR | 4.100.000 | 7.400.000 |
|---|---|---|
| (-) Despesa com IR e CSLL | 1.100.000 | 1.500.000 |
| (-) Participações Estatutárias | 300.000 | 500.000 |
| Lucro Líquido | 2.700.000 | 5.400.000 |
| (/) número de ações | 3.000 | 3.000 |
| (=) Lucro Líquido por Ação | 900 | 1.800 |

**1. Detalhamento das Despesas Operacionais:**

| | | |
|---|---|---|
| Despesas de Vendas | R$ 2.000.000 | Despesas com Perdas Estimadas para Crédito de Liquidação Duvidosa: 500.000<br>Fretes: 1.000.000<br>Comissões de Vendedores: 500.000 |
| Despesas Administrativas | R$ 1.500.000 | Remuneração Pessoal: 750.000<br>Aluguel: 150.000<br>Depreciação: 400.000<br>Despesas com utilidades (Energia elétrica, Água, Comunicação): 200.000 |
| Despesas Financeiras | R$ 500.000 | |
| Total | R$ 4.000.000 | |

**2. Outras Despesas Operacionais referem-se a perda de equivalência patrimonial.**

**3. Foram distribuídos dividendos de 3.000.000, sendo R$ 2.500.00 referentes a Lucro Líquido desse exercício e R$ 500.000 referente a reservas de Lucros.**

**4. PL: 20.000.000 com taxa de retorno do segmento de 15%.**

**5. Custo de Captação de Empréstimos: 10% → Não interfere no EVA considerando o LAIR da DRE no Brasil.**

**EVA = NOPAT – Custo de Oportunidade**

**EVA = Lucro após os Tributos sobre o Lucro – Custo do Capital Próprio**

**EVA = (7.4000.000 – 1.500.000) – (20.000.000 x 15%) →**

**EVA =5.900.000 – 3.000.000**

**EVA = R$ 2.900.000**

## 4.2. Cash Value Added (CVA)

O Cash Value Added (CVA) foi uma métrica criada pela consultoria Boston Consulting Group – BCG. Enquanto o EVA mede o lucro operacional residual, ou lucro operacional que excede o custo do capital, o CVA mede o caixa residual, ou excedente de caixa, que representa um retorno adicional AO mínimo exigido pelo custo do capital. É calculado a valor presente, descontando os fluxos de caixa futuros pelo custo do capital (WACC ou Ke).

Enquanto o EVA calcula o valor econômico adicionado a partir do lucro operacional da empresa, o CVA calcula o valor adicionado baseado em fluxos de caixa. Logo, a EVA tem como base o NOPAT e o CVA o Caixa.

| Fórmula |
|---|
| **CVA = FCO - Custo de Reposição - Custo de Capital** |
| O CVA é representado pelo valor absoluto resultante da diferença entre o ganho operacional em termos de fluxo de caixa e o ônus do capital empregado formado pelo custo de capital (remuneração requerida), mais o custo de reposição do capital (valor de reposição). |

Figura 30.2: Representação gráfica do CVA

| Fluxo de Caixa Operacional | CVA |
|---|---|
| | Custo de reposição do ativo (Depreciação econômica) |
| | Custo de Capital |

| O que seria o FCO? |
|---|
| **NOPAT + Depreciação e Amortização do Ativo** |

| O que seria o Custo de Capital |
|---|
| **Ativo Econômico x WACC** |
| Ativo econômico = NCG[7] + Ativo Não Circulante líquido de depreciação e amortização. |
| WACC = custo médio ponderado de capital, visto em tópico anterior. |

### O que seria a Depreciação Econômica?

Segundo Assaf Neto "*equivale o valor anual periódico com que podem ser reaplicados os fundos gerados pela provisão, em alguma alternativa financeira que produza um retorno sobre o capital, de modo que a empresa acumule ao final da vida útil do ativo, o capital investido nesse ativo. A diferença entre a* ***depreciação contábil*** *e a* ***depreciação econômica*** *pode ser entendida como o retorno da aplicação financeira produzido pela depreciação anual*".

$$\textbf{Depreciação Econômica}^{8} = \frac{\textit{Investimento x WACC}}{(1 + \textit{WACC})^{n} - 1} \times F, \text{ em que}$$

**Investimento** = Valor do Investimento ou do Ativo.

**F** = Coeficiente entre ativos depreciáveis e ativos totais, pois somente os ativos depreciáveis devem ser repostos pelo fluxo de caixa operacional. Caso não se saiba, utiliza-se 1, mas ciente da limitação.

**WACC** = Custo do capital na forma unitária. Por exemplo: 40% = 0,4.

**n** = Vida útil do ativo ou vida útil média dos ativos da empresa.

7 Ver modelo Fleuriet nos tópicos seguintes.

8 A metodologia acima equivale a utilização das teclas financeiras da HP12C, onde: FV (investimento ou ativo); i (é o custo do capital ou WACC) e n (é a vida útil do ativo). A PMT será o valor da Depreciação Econômica.

**Simulação 04: EVA e CVA**

Considere os dados a seguir:

1. Investimento inicial: R$ 100.000, com depreciação linear contábil em 5 anos (100.000/5= R$20.000), sem valor residual.
2. NOPAT: R$ 10.200 ano.
3. FCO = NOPAT + Depreciação = R$ 30.200.
4. F = 1, ou seja, todo o ativo econômico é depreciável.
5. WACC = 12% ao ano.
6. Valor presente líquido de caixa descontado excedente = R$ 8.864,24[9].

| EVA | 1 | 2 | 3 | 4 | 5 |
|---|---|---|---|---|---|
| 1. Investimento Líquido | R$ 100.000[a] | R$ 80.000[b] | R$ 60.000[c] | R$ 40.000[d] | R$ 20.000[e] |
| **2. NOPAT** | **R$ 10.200** | **R$ 10.200** | **R$ 10.200** | **R$ 10.200** | **R$ 10.200** |
| 3. ROIC (NOPAT/Investimento Líquido) | 10,20% | 12,75% | 17,00% | 25,50% | 51,00% |
| **4. Custo do Capital (WACC x Investimento Líquido)** | **(-)R$ 12.000[f]** | **(-)R$ 9.600[g]** | **(-)R$ 7.200[h]** | **(-)R$ 4.800[i]** | **(-)R$ 2.400[j]** |
| 5. EVA = NOPAT – (WACC x Investimento) (2-4) | (-)R$ 1.800 | R$ 600 | R$ 3.000 | R$ 5.400 | R$ 7.800 |
| Soma do Valor Presente | | | | | R$ 8.864,24 |

**Legenda:** (a)Valor do investimento. (b) 100.000 – 20.000. (c) 80.00 – 100.000. (d) 60.000 – 20.000. (e) 40.000 – 20.000 x 1,05. (f) 12%x100.000. (g) 12%x80.000. (h) 12%x60.000. (i) 12%x40.000. (j) 12%x20.000.

9 Na HP 12C: PMT = 30.200; i =12; n = 5; FV = 0. PV = R$ 108.864,24 – R$ 100.000. Ou seja, houve um VPL excedente de R$ 8.864,24.

| CVA | 1 | 2 | 3 | 4 | 5 |
|---|---|---|---|---|---|
| **1. Fluxo de Caixa Operacional (NOPAT + Depreciação Contábil)** | **R$ 30.200[a]** | **R$ 30.200[a]** | **R$ 30.200[a]** | **R$ 30.200[a]** | **R$ 30.200[a]** |
| 2. Ativo Bruto | R$ 100.000 | R$ 100.000 | R$ 100.000 | R$ 100.000 | R$ 100.000 |
| **3. Custo do Capital (WACC x Investimento)** | **R$ 12.000[b]** | **R$ 12.000[b]** | **R$ 12.000[b]** | **R$ 12.000[b]** | **R$ 12.000[b]** |
| **4. Custo de Reposição Depreciação Econômica** | **R$ 15.774[c]** | **R$ 15.774[c]** | **R$ 15.774[c]** | **R$ 15.774[c]** | **R$ 15.774[c]** |
| 5. CVA = FCO – Custo de Capital – Custo de Reposição (1-3-5) | R$ 2.460 | R$ 2.460 | R$ 2.460 | R$ 2.460 | R$ 2.460 |
| Soma do Valor Presente | | | | | R$ 8.864,24 |

**Legenda:** **(a)** 10.200 + 20.000. **(b)** 12% x 100.000. 1 **(c)** $\frac{0{,}12}{(1 + 0{,}12)^5 - 1} \times 1 \times 100.000 = \frac{0{,}12}{1{,}7623 - 1} \times 1 \times 100.000 = \frac{0{,}12}{0{,}7623} \times 1 \times 100.000 = 0{,}1574 \times 100.000.$

**Análise:**

1. Ambas as metodologias refletem o valor econômico.
2. No caso do EVA, quando o ROIC superou o WACC houve lucro econômico (anos 2 a 5), e quando foi inferior houve prejuízo econômico (ano 1).
3. No caso do EVA, na medida que o ativo vai depreciando, o custo de capital diminui, elevando o lucro residual econômico, enquanto no CVA há uma estabilidade.

**Quadro 30.4:** Indicadores fundamentalistas de Rentabilidade comparados com o VEA e o CVA

| ROCE (Return on Capital Employed) | | ROIC (Return on Invested Capital) | | ROA (Return on Asset) ou ROI (Return on Invesment) | | ROE (Return on Equity) | | VEA | | CVA | |
|---|---|---|---|---|---|---|---|---|---|---|---|
| | Receita Bruta | | Receita Bruta | | Receita Bruta | | Receita Bruta | | Receita Bruta | | Receita Bruta |
| - | Impostos sobre Venda | - | Impostos sobre Venda | - | Impostos sobre Venda | - | Impostos sobre Venda | - | Impostos sobre Venda | - | Impostos sobre Venda |
| = | Receita Líquida | = | Receita Líquida | = | Receita Líquida | = | Receita Líquida | = | Receita Líquida | = | Receita Líquida |
| - | Custos/Despesas Operacionais | - | Custos/Despesas Operacionais | - | Custos/Despesas Operacionais | - | Custos/Despesas Operacionais | - | Custos/Despesas Operacionais | - | Custos/Despesas Operacionais |
| = | EBITDA | = | EBITDA | = | EBITDA | = | EBITDA | = | EBITDA | = | EBITDA |
| - | Depreciação/Amortização | - | Depreciação/Amortização | - | Depreciação/Amortização | - | Depreciação/Amortização | - | Depreciação/Amortização | - | Depreciação/Amortização |
| = | EBIT | = | EBIT | = | EBIT | = | EBIT | = | EBIT | = | EBIT |
| / | Capital Empregado Médio$_a$ | - | IR e CSLL | +/- | Resultado Financeiro | +/- | Resultado Financeiro | +/- | Resultado Financeiro | - | Resultado Financeiro |
| = | ROCE | = | NOPAT | +/- | Outras Receitas e Despesas | +/- | Outras Receitas e Despesas | +/- | Outras Receitas e Despesas | = | Outras Receitas e Despesas |
| | | / | Capital Investido Médio$_b$ | = | EBT | = | EBT | = | EBT | = | EBT |
| | | = | ROIC | - | IR e CSLL | - | IR e CSLL | - | IR e CSLL | - | IR e CSLL |
| | | | | = | LL | = | LL | = | LL | = | LL |
| | | | | / | Ativo Total Médio | / | PL Médio | - | Valor do Custo do Capital Próprio (ke) | + | **Despesas Financeiras** |
| | | | | = | ROA[c] | = | ROE[c] | = | VEA | + | **Depreciação e Amortização** |
| | | | | | | | | | | +/- | Variação na NCG |
| | | | | | | | | | | = | **Fluxo de Caixa Operacional** |
| | | | | | | | | | | + | **Depreciação Econômica** |
| | | | | | | | | | | + | **Valor do Custo de Capital (WACC)** |
| | | | | | | | | | | = | CVA |

**Legenda: (a)** (Ativo Total – Passivo Circulante) ou (PL + Passivo Não Circulante). **(b)** NCG[10] + Ativo Não Circulante líquido de depreciação e amortização. (c) ver modelo DuPont.

10 Ver modelo Fleuriet.

## 5. CAPITAL DE GIRO

Existem 3 nomenclaturas associadas ao Capital de Giro.

**Quadro 30.5:** Tipos de Capital de Giro

| Termo | Descrição | Finalidade |
|---|---|---|
| Capital de Giro, Ativo Circulante, Capital Circulante | →AC – Despesas do exercício seguinte pagas antecipadamente | Evidencia o investimento aplicado que está constante giro: disponibilidades e valores realizáveis (estoques, duplicatas a receber, estoques; e excluindo valores diferidos). |
| Capital de Giro Líquido (CDG), Capital Circulante Líquido (CCL) | Ativo Circulante - Passivo Circulante<br>ou<br>PL + Passivo Não Circulante - Passivo Circulante | Evidencia uma suposta folga financeira caso seja positivo.<br>Neste caso, essa folga representa os recursos de longo prazo estão financiando contas circulantes de curto prazo (dentro da lógica de origem e aplicação dos recursos).<br>Caso seja negativo, evidencia excesso de recursos de terceiros a curto prazo. |
| Capital de Giro Próprio, Capital Circulante Próprio, Excesso do PL sobre o Ativo Não Circulante | →PL – Ativo Não Circulante | Evidencia a capacidade que a empresa possui para financiar seu ciclo operacional com recursos próprios. |

**Chamada 162 do autor:** Capital de Giro Líquido e Capital de Giro Próprio

## 6. MODELO DE FLEURIET

De acordo com Fleuriet, Kehdy e Blanc (2003), para compreensão da realidade dinâmica das empresas as contas devem ser consideradas de acordo com o seu ciclo, o tempo necessário para rotação, considerando assim, o tempo em que as contas se movimentam, sendo que, estas são divididas em três grandes grupos: permanentes e não cíclicas, contínuo e cíclico e descontínuo e errático conforme consta no Quadro 30.6.

**Quadro 30.6:** Segmentação do Ativo e Passivo no Modelo Fleuriet

| Item | Descrição |
|---|---|
| Ativo Financeiro, Errático ou não Cíclico | Caixa, Fundo Fixo de Caixa, Bancos Conta em Movimento, Aplicações Financeiras de resgate imediato, Dividendos a Receber, Empréstimos Concedidos. |
| Ativo Cíclico ou Operacional. | Duplicatas a Receber, Estoques, Perdas Estimadas para Créditos de Liquidação Duvidosa: Adiantamento a fornecedores ou empregados, Despesas do Exercício Seguinte Pagas Antecipadamente, Impostos a recuperar. |
| Ativo Permanente | Seria o ativo não circulante. |
| Passivo Financeiro, Errático ou não Cíclico | Empréstimos e financiamento de curto prazo, cheque especial, duplicatas descontadas, debêntures a pagar, juros sobre capital próprio, dividendos a pagar. |
| Passivo Cíclico ou Operacional | Fornecedores, Adiantamento de Clientes, provisões trabalhistas, Participações a Pagar, Impostos a Recolher. |
| Passivo Permanente | Seria o Passivo não Circulante. |

A Figura 30.3 contém a relação entre os 2 critérios de segmentar o ativo para fins de Necessidade de Capital em Giro: (i) Circulante e não Circulante; (ii) Financeiro e Cíclico.

**Chamada 163 do autor:** Critérios de segmentação do ativo e do passivo no modelo de Fleuriet

Figura 30.3: Relação entre os 2 critérios de segmentação do ativo para fins de Necessidade de Capital em Giro: (i) circulante e não circulante; (ii) Financeiro e Cíclico.

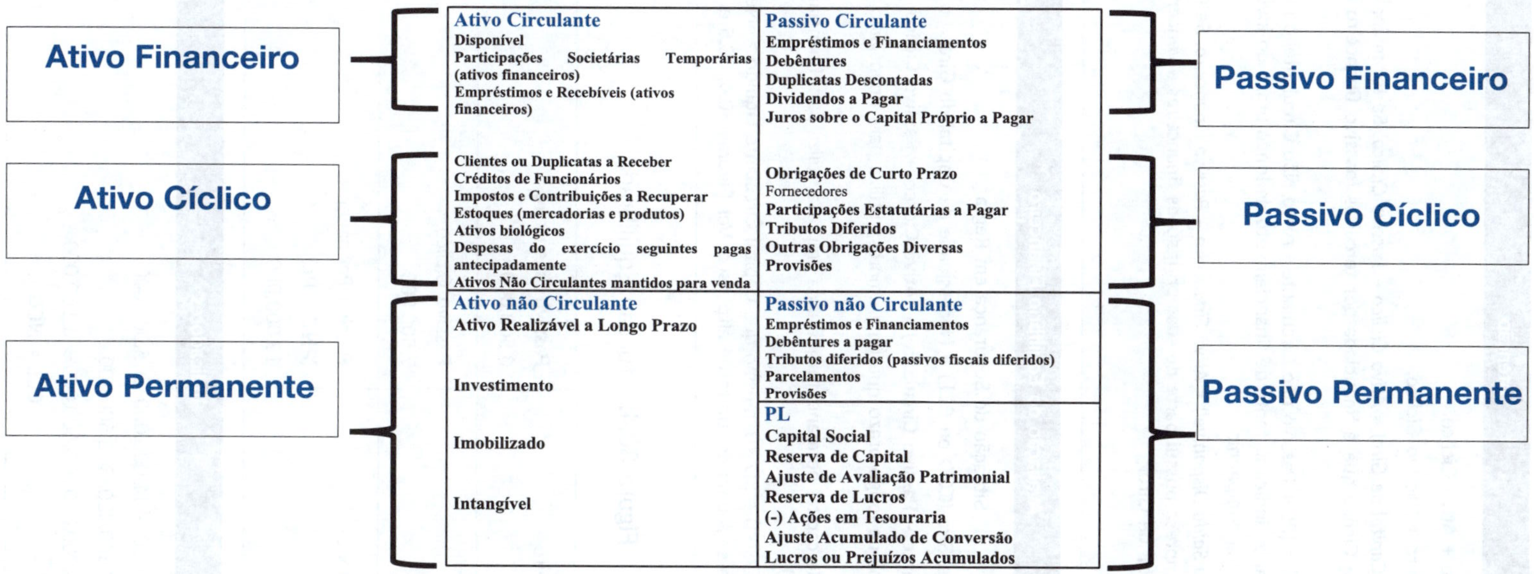

**Atenção**

1. AC = Ativo Financeiro + Ativo Cíclico.

2. PC = Passivo Financeiro + Passivo Cíclico.

3. *NCG (Necessidade de Capital de Giro) = Ativo Cíclico – Passivo Cíclico.* Se for maior que zero, mostra a parte do Ativo Cíclico que é financiada por terceiros (passivo financeiro e passivo permanente).

4. CDG (Capital de Giro) = (PL + Passivo não Circulante - Ativo Não Circulante) ou Ativo Circulante - Passivo Circulante. Indica a fonte de financiamento de longo prazo do investimento necessário em giro de uma companhia.

5. *Saldo de Tesouraria (ou Saldo Disponível) = Ativo Financeiro – Passivo Financeiro.* Se for menor que zero, mostra que empresa possui parte de suas obrigações financeiras a vencer no curto prazo financiado o capital de Giro.

6. ST = CDG – NCG

**Avaliação do Equilíbrio Financeiro**

**Situação de Segurança em Regra**

**Capital de Giro (CGD ou CCL) > Necessidade de Capital de Giro**

**(Ativo Circulante – Passivo Circulante) > (Ativo Cíclico – Passivo Cíclico)**

indica o volume **recursos de longo prazo** que uma empresa utiliza para financiar o capital de giro (ativo circulante).

**NCG:** indica o volume **de capital permanente** que uma empresa utiliza para financiar o capital de giro (ativo circulante).

Contudo, se CCL <0, NCG <0 e SD <0, mesmo que **Capital Circulante Líquido > Necessidade de Capital de Giro, essa será uma estrutura de alto risco. Ver Figuras 30.4, 30.5 e 30.6.**

**Figura 30.4:** Situação Equilibrada

| Ativo | Passivo |
|---|---|
| Ativo Financeiro<br>5.000.000 | Passivo Financeiro<br>3.500.000 |
| Ativo Cíclico<br>11.000.000 | Passivo Cíclico<br>7.500.000 |
| Ativo Permanente<br>(ANC)<br>8.000.000 | Passivo Permanente<br>(PNC + PL)<br>13.000.000 |

**Indicadores**

CGD ou CCL = 16.000.000 – 11.000.000 → 5.000.000.

NCG = 11.000.000 – 7.500.000 → 3.500.000.

Sado de Tesouraria = 5.000.000 – 3.500.000→ 1.500.000.

CCL > NCG

**Figura 30.5:** Situação Desequilibrada

| Ativo Financeiro<br>3.500.000 | Passivo Financeiro<br>5.000.000 |
|---|---|
| Ativo Cíclico<br>7.500.000 | Passivo Cíclico<br>11.000.000 |
| Ativo Permanente<br>(ANC)<br>13.000.000 | Passivo Permanente<br>(PNC + PL)<br>8.000.000 |

| Indicadores |
|---|
| **CGD ou CCL** = 11.000.000 - 16.000.000 → (5.000.000).<br>**NCG** = 7.500.000-11.000.000 → (3.500.000).<br>**Sado de Tesouraria** = 3.500.000 - 5.000.000→ (1.500.000).<br>**CCL < NCG** |

**Figura 30.6:** Análise das Empresas a partir do Modelo de Fleuriet

| Cenário | CCL | NCG | ST | Análise da Empresa |
|---|---|---|---|---|
| 1 | Sinal + | Sinal – | Sinal + | Excelente |
| 2 | Sinal + | Sinal + | Sinal + | Sólida |
| 3 | Sinal + | Sinal + | Sinal – | Insatisfatória |
| 4 | Sinal – | Sinal + | Sinal – | Alto Risco |
| 5 | Sinal – | Sinal – | Sinal – | Muito Ruim |
| 6 | Sinal – | Sinal – | Sinal + | Péssima |

**Fonte:** Adaptado de Marques e Braga (1995), apud Almeida; Valverde; Horta, 2013.

**Chamada 164 do autor:** CCL, NCG e SD

**Necessidade de Capital de Giro (NCG) versus Investimento em Capital de Giro (ICG)**

A NCG representa os recursos financeiros que uma empresa precisa para financiar suas atividades operacionais como estoques, pagar fornecedores e suportar contas a receber. É a diferença entre o Ativo Cíclico e Passivo Cíclico. É mais usual em empresas que estão em operação e precisam superar lacunas e descasamento em seu ciclo operacional.

O ICG indica os recursos financeiros que uma empresa aporta para manter ou aumentar seu capital de giro. É o montante de disponibilidades e equivalente de caixa que a empresa decide alocar para assegurar que suas operações ocorram sem problemas. As medidas podem envolver: aumento do estoque, estender prazos de créditos aos clientes, renegociar com fornecedores e etc., tudo visando no crescimento e liquidez da operação. É mais usual para projetos em estágio inicial que necessitam de recursos imediatos e de rotina considerando que os fluxos de caixa do empreendimento somente serão processados no futuro.

## 6.1. Efeito Tesoura

**Conceito**

Ocorre quando uma empresa por vários exercícios seguidos, um crescimento de NCG superior ao CCL.

**Em 20X1: CCL > NCG (Folga de 1.000.000)**

**Em 20X2: CCL > NCG (Folga de 600.000)**

**Em 20X3: CCL > NCG (Folga de 200.000)**

**Em 20X4:** CCL < NCG **(Déficit de 100.000) →** Efeito Tesoura.

O crescimento da atividade empresarial supera sua capacidade de financiamento. A empresa é incapaz de financiar adequadamente seus investimentos operacionais em giro, operando de maneira precária face as suas necessárias financeiras.

O efeito tesoura é dinâmico.

**Causas do Efeito Tesoura**

**1 .Cresimento elevado do nível de atividade empresarial (*overtrade*).**

**2. Desvio de recursos do giro (ativo circulante) para o imobilizado ou intangível.**

**3. Inflação.**

**4. Outros.**

**Indicadores**

$$\text{Possibilidade de Efeito Tesoura} = \frac{\textbf{Saldo de Tesouraria}}{NCG}$$

**Saldo de Tesouraria = Ativo Financeiro – Passivo Financeiro**

**NCG = Ativo Cíclico – Passivo Cíclico.**

**Chamada 165 do autor:** Efeito Tesoura

Simulação 05: Efeito Tesoura

**Considere os Dados a seguir:**

| Indicador | 20X1 | 20X2 | 20X3 | 20X4 | 20X5 |
|---|---|---|---|---|---|
| Vendas | **70.000.000** | **84.000.000** | **117.600.000** | **205.800.000** | **411.600.000** |
| Evolução | **-** | **20%** | **40%** | **75%** | **100%** |
| NCG | **28.000.000** | **33.600.000** | 58.800.000 | **117.600.000** | **258.872.000** |
| Evolução | **-** | **20%** | **75%** | **100%** | **120%** |
| CCL | **35.000.000** | **42.000.000** | 58.800.000 | **105.840.000** | **205.330.000** |
| Evolução | **-** | **20%** | **40%** | **80%** | **94%** |
| SD | **7.000.000** | **8.400.000** | **-** | **(11.760.000)** | **(53.390.000)** |
| Possibilidade do Efeito Tesoura | **0,25 (7.000.000/ 28.000.000)** | **0,25 (8.400.000/ 33.600.000)** | **0%** | **-0,10 (11.760.000/ 117.600.000)** | **-0,21 (53.390.000/ 258.872.000)** |

## Gráfico 30.1: Efeito Tesoura

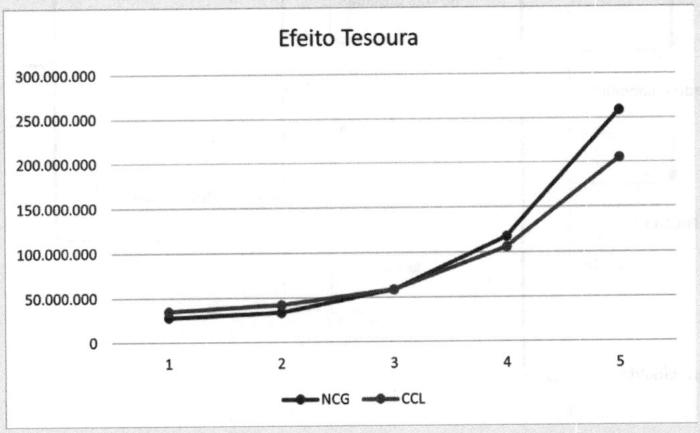

## 7. MODELO DE DUPONT

O modelo de DuPont identifica taxa de retorno de investimento (rentabilidade) combinando giro (atividade/produtividade) com margens líquidas (lucratividade).

*Retorno (rentabilidade) = Giro (produtividade) x Margem Líquida (lucratividade)*

| | |
|---|---|
| 1 | *Retorno do Ativo = Giro do Ativo x Margem Líquida* |
| 2 | *Retorno do Ativo Operacional[a] = Giro do Ativo Operacional x Margem Operacional* |
| 3 | *Retorno sobre o Capital Próprio = Giro do PL x Margem Líquida* |

**Legenda:** (a) Ativo Operacional = Ativo Circulante + Imobilizado + Intangível

**Essas fórmulas já tinham sido evidenciadas no Quadro 20.23. Contudo, observe as Figuras 30.7 e 30.8 com outra abordagem.**

**Figura 30.7:** ROA no Modelo DuPont

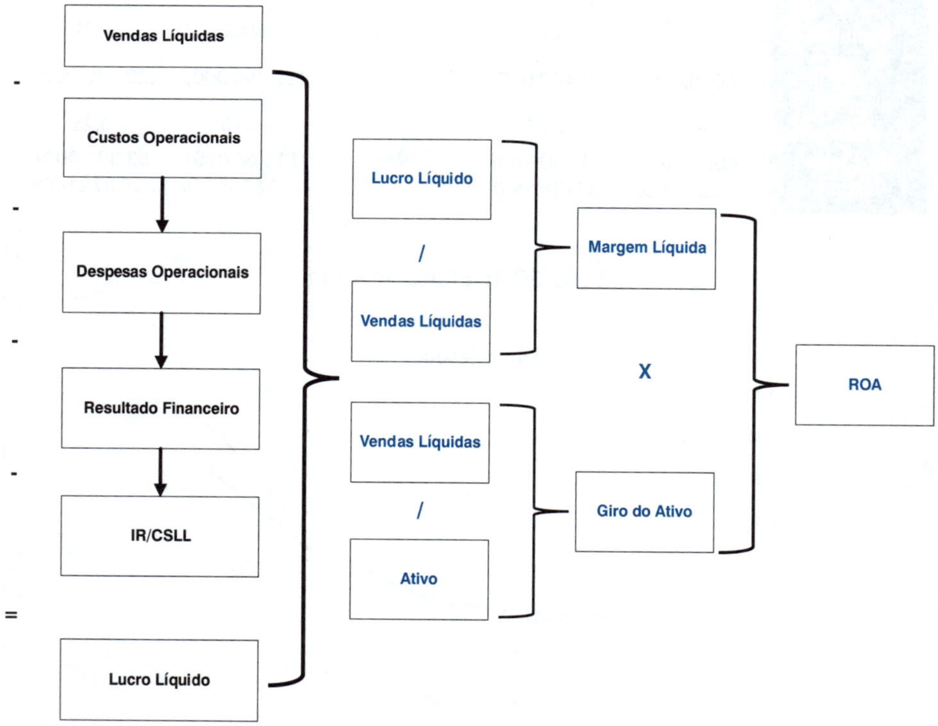

**Figura 30.8:** ROE (RSPL) no Modelo DuPont

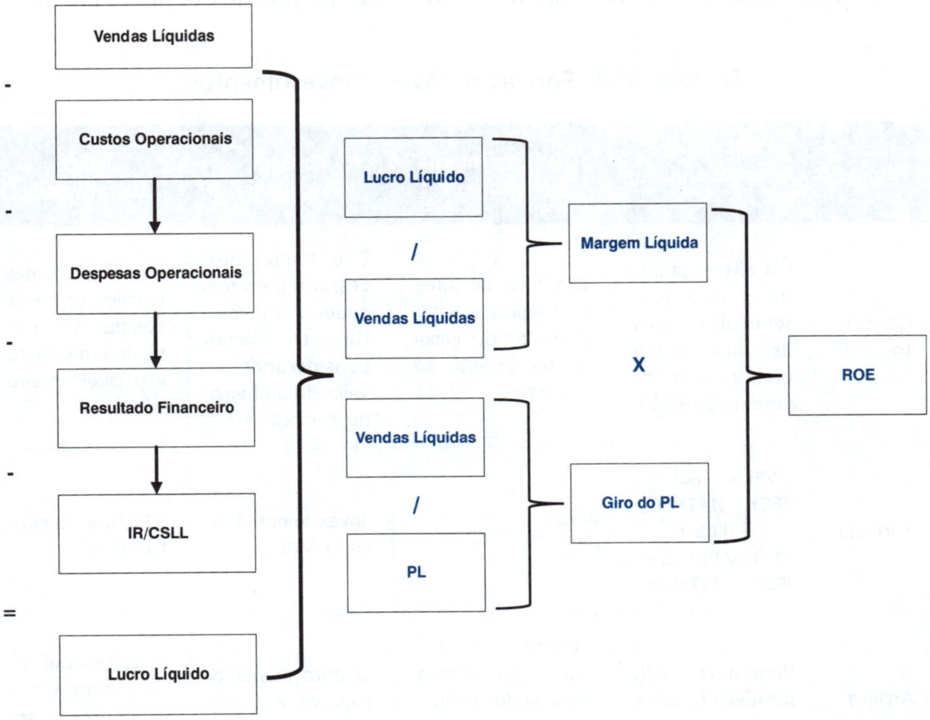


**Chamada 166 do autor:** Modelo de DuPont

## 8. ANÁLISE DE PROJETOS DE INVESTIMENTO

A seguir constam formas distintas de avaliação de projetos de investimento.

**Quadro 30.7: Formas de Avaliar Investimentos**

| Fatores | VPL (Valor Presente Líquido)[a,b] | TIR (Taxa Interna de Retorno)[a,c] | *PayBack* Descontado[d] | Índice Lucratividade |
|---|---|---|---|---|
| Conceito | É a diferença entre o valor presente dos fluxos de caixa de um projeto e o investimento inicial. | É a taxa de juros que iguala o valor presente de caixa de um projeto ao valor zero. | É o tempo necessário para recuperar o investimento inicial considerando o valor do dinheiro no tempo. | É a relação entre o valor presente dos fluxos de caixa de um projeto e o investimento inicial. |
| Fórmula | **VPL = - FC0 + [FC1 ÷ (1+TMA)¹] + [FC2 ÷ (1+TMA)²] + .... + [FCN ÷ (1+TMA)n]** | $\sum_{i=1}^{n} \frac{FCi}{(1+TIR)^i}$ - Investimento inicial = 0 | **Investimento inicial / VPL** | **VPL/ Investimento inicial** |
| Análise | Projetos com VPL positivos tendem a ser aceitos. | Projetos com TIR maior que a taxa mínima de atratividade tendem a ser aceitos. | Quanto menor o *payback* descontado, melhor. | Projetos com índice superior a 1 tendem a ser aceitos |
| Limitações | Depende da taxa de desconto utilizada. | Pode haver múltiplas TIR em projetos não usuais. | Desconsidera os fluxos de caixa após o *payback*. | Depende da taxa de desconto utilizada. |

**Legenda:** (a) FC0 ou investimento inicial (na fórmula da VPL e da TIR deve ter valor negativo); (b) TMA – taxa mínima de atratividade (pode ser a taxa Selic, a taxa de mercado, o retorno mínimo ou os juros de um empréstimo; (c) FCi = fluxos de caixa do período, i = período de cada investimento, N = período final do investimento; (d) caso fosse o *payback* simples, seria aplicada a fórmula investimento inicial/ganhos do período (ou fluxo de caixa médio).

## 9. AVALIAÇÃO PELOS FLUXOS DE CAIXA LIVRE

É possível projetar o Fluxo de Caixa de uma companhia no futuro, para então trazê-lo a valor presente, descontado a uma taxa que adequada à empresa, e determinarmos o seu valor justo. Existem dois tipos de fluxos de caixa livre: o **fluxo de caixa da firma** – podendo ser chamado de **fluxo de caixa desalavancado** – e **fluxo de caixa do acionista** – também conhecido como **fluxo de caixa alavancado**.

Ambos são usados para avaliar a saúde financeira e o desempenho de uma empresa.

### Quadro 30.8: **Tipos de Fluxos de Caixa Livre**

| Tipo | FCFF[11]<br>Fluxo de Caixa Livre para a Firma | FCFE[12]<br>Fluxo de Caixa do Acionista ou para o PL |
|---|---|---|
| **Fórmula** | **FCFF** = NOPAT + Depreciação + Amortização - CAPEX (Investimentos e desinvestimentos no longo prazo) + Δ do Capital de Giro<br>**ou**<br>**FCFF** = [EBITDA x (1-Taxa de impostos)] + (Depreciação/Amortização x Taxa de impostos) - CAPEX (Investimentos e Desinvestimentos no longo prazo) - Δ do Capital de Giro<br>**ou**<br>**FCFF** = [LL+ Despesas Financeiras + Depreciação/Amortização - Δ do Capital de Giro - CAPEX (Investimentos e Desinvestimentos no longo prazo) | **FCFE** = FCFF - Pagamentos aos terceiros ou dívidas bancárias + Novas captações de financiamentos |
| **Análise** | -Serve para encontrar a rentabilidade de uma empresa considerando dinheiro gerado pelas operações da empresa, após o pagamento de todas as despesas operacionais, despesas de capital e despesas com juros.<br>-É usado para avaliar o valor intrínseco de toda a empresa, independentemente de sua estrutura de capital. Portanto, é uma medida de fluxo de caixa antes de qualquer pagamento a acionistas.<br>-É frequentemente usado em modelos de avaliação, como o modelo de fluxo de caixa descontado, para calcular o valor presente de uma empresa. | -Serve para encontrar a rentabilidade para os acionistas considerando o dinheiro que está disponível para distribuição aos acionistas após o pagamento de todas as despesas operacionais, despesas de capital e pagamento de juros sobre a dívida.<br>-É usado para avaliar o valor das ações de uma empresa, levando em consideração apenas os interesses dos acionistas.<br>-É frequentemente utilizado em modelos de avaliação de ações, como o modelo de Gordon Growth (modelo de crescimento perpétuo de Gordon) e o modelo de avaliação por múltiplos. |
| **Perspectiva** | É usado para avaliar o valor de toda a empresa (equidade e dívida). | É usado para avaliar o valor das ações dos acionistas. |
| **Aplicação** | É mais apropriado quando se considera a empresa como um todo, especialmente quando se avaliam fusões e aquisições, reestruturações ou investimentos em projetos de capital. | É mais apropriado para avaliar o valor das ações da empresa em relação aos acionistas, sendo frequentemente usado em modelos de avaliação de ações e cálculos de preço-alvo. |

11 *Free Cash Flow to Firm.*

12 *Free Cash Flow to Equity.*

| | | |
|---|---|---|
| **Taxa sugerida para se trazer a valor presente** | A taxa de desconto mais apropriada a ser usada geralmente é o WACC (Custo Médio Ponderado de Capital). | Custo de capital próprio (Ke), também conhecido como taxa de desconto de capital próprio. |
| **Limitação** | -É baseado em suposições e entradas, o que dificulta a previsão de negócios cíclicos.<br>-Pode ser influenciado pela estrutura de capital da empresa.<br>-É sensível a mudanças na alavancagem financeira. | -É baseado em suposições e entradas, o que dificulta a previsão de negócios cíclicos.<br>-É sensível a mudanças na distribuição de dividendos e recompras de ações. |

Não existe um método "melhor". A escolha entre FCFF e FCFE depende da pergunta a ser respondida. Em muitos casos, é útil usar ambos os métodos para obter uma visão mais completa da saúde financeira e do valor de uma empresa.

| Principais erros na projeção dos Fluxos de Caixa Livre |
|---|
| 1. Erros nas Projeções Financeiras.<br>2. Não realizar análises de sensibilidade e cenários diferentes.<br>3. Uso de taxas de crescimento excessivamente otimistas ou pessimistas nas projeções.<br>4. Desconsiderar os ciclos de negócios ou sazonalidades.<br>5. Desconsiderar as alterações no capital de giro líquido.<br>6. Desconsiderar mudanças na estrutura de capital da empresa.<br>7. Desconsiderar Eventos Não Recorrentes.<br>8. Erro nas Taxas de Desconto.<br>9. Desconsiderar as mudanças nas taxas de imposto ao longo do tempo.<br>10. Subestimar reinvestimentos em estrutura operacional. |

**Quadro 30.9:** Indicadores fundamentalistas de Rentabilidade e os Fluxos de Caixa Livre comparados com os fluxos de caixa livre

| ROCE (Return on Capital Employed) | ROIC (Return on Invested Capital) | ROA (Return on Asset) ou ROI (Return on Invesment) | ROE (Return on Equity) | Fluxo de Caixa Livre para a Firma (FCFF) e Fluxo de Caixa Livre para os Acionistas (FCFE) |
|---|---|---|---|---|
| Receita Bruta | Receita Bruta | Receita Bruta | Receita Bruta | Receita Bruta |
| - Impostos sobre Venda | - Impostos sobre Venda | - Impostos sobre Venda | - Impostos sobre Venda | - Impostos sobre Venda |
| = Receita Líquida | = Receita Líquida | = Receita Líquida | = Receita Líquida | = Receita Líquida |
| - Custos/Despesas Operacionais | - Custos/Despesas Operacionais | - Custos/Despesas Operacionais | - Custos/Despesas Operacionais | - Custos/Despesas Operacionais |
| = EBITDA | = EBITDA | = EBITDA | = EBITDA | = EBITDA |
| - Depreciação/Amortização | - Depreciação/Amortização | - Depreciação/Amortização | - Depreciação/Amortização | - Depreciação/Amortização |
| = EBIT | = EBIT | = EBIT | = EBIT | = EBIT |
| / Capital Empregado Médio[a] | - IR e CSLL | +/- Resultado Financeiro | +/- Resultado Financeiro | - IR e CSLL |
| = ROCE | = NOPAT | +/- Outras Receitas e Despesas | +/- Outras Receitas e Despesas | = NOPAT |
| | / Capital Investido Médio[b] | = EBT | = EBT | + **Depreciação** |
| | = ROIC | - IR e CSLL | - IR e CSLL | + **Amortização** |
| | | = LL | = LL | +/- **Δ do Capital de Giro** |
| | | / Ativo Total Médio | / PL Médio | - **CAPEX** |
| | | = ROA[c] | = ROE[c] | = FCFF (Enterprise Value) |
| | | | | - **Pagamentos aos terceiros ou dívidas bancárias** |
| | | | | + **Novas captações de financiamentos** |
| | | | | = FCFE (Equity Value) |

**Legenda: (a)** (Ativo Total – Passivo Circulante) ou (PL + Passivo Não Circulante). **(b)** NCG[13] + Ativo Não Circulante líquido de depreciação e amortização. (c) ver modelo DuPont.

13 Ver modelo Fleuriet.

## 9. VALUATION DE EMPRESAS

O valuation é uma ferramenta essencial no universo das finanças e da contabilidade, utilizada para determinar o valor justo de uma empresa ou ativo. Existem diferentes métodos que podem ser aplicados, a depender do estágio do negócio, da disponibilidade de informações financeiras e do objetivo da avaliação (compra, venda, investimento, fusão, entre outros).

A seguir, apresentamos quadro com os principais métodos de valuation utilizados por analistas, investidores e profissionais da contabilidade, destacando suas características, fórmulas, aplicações práticas e níveis de complexidade.

Quadro 30.10: Métodos de Valuation

| Método | O que é? | Fórmula | Aplicação | Exemplo | Indicação | Complexidade |
|---|---|---|---|---|---|---|
| **Fluxo de Caixa Descontado (FCD/DCF)** | Estima o valor da empresa com base nos fluxos de caixa futuros descontados a valor presente. | $\text{Valor} = \sum FC / (1 + k)^t$ | Empresas com geração de caixa previsível e estável. | Projeta R$ 1M/ano por 5 anos; com taxa de desconto de 10%, calcula-se o valor presente. | Empresas maduras, com projeções financeiras bem definidas. | Alta |
| **Múltiplos de Mercado** | Compara com outras empresas do mesmo setor por indicadores de mercado. | Valor = Lucro × (P/L) ou EBITDA × (EV/EBITDA) | Avaliação rápida, especialmente em setores com muitos benchmarks. | Lucro R$ 2M × múltiplo de 10 = R$ 20M. | Empresas listadas, startups ou comparações rápidas. | Baixa |
| **Valuation Contábil** | Baseado no valor contábil líquido dos ativos (patrimônio). | Valor = Ativos Totais - Passivos Totais | Empresas com muitos ativos tangíveis ou pouca perspectiva de crescimento. | Ativos R$ 5M - Passivos R$ 3M = R$ 2M. | Empresas com ativos físicos relevantes, em encerramento ou fusão. | Média |
| **Valuation de Liquidação** | Valor se todos os ativos fossem vendidos e dívidas pagas. | Valor = Venda dos ativos - Dívidas - Custos de liquidação | Cenários de falência, dissolução ou avaliação conservadora. | Venda por R$ 3M – Dívidas R$ 2M = R$ 1M. | Empresas em crise ou fechamento. | Média |
| **Valuation Pré-Investimento** | Avaliação antes de receber aporte de capital. | Valuation = Investimento / % adquirido | Startups e negociações com investidores-anjos. | R$ 500 mil por 10% = R$ 5M. | Startups em busca de rodadas de investimento. | Baixa |

| **Valuation Pós--Investimento** | Valor após aporte de capital. | Valuation Pós = Valuation Pré + Investimento | Calcula a nova estrutura de capital da empresa após aporte. | Pré: R$ 5M + R$ 500 mil = Pós R$ 5,5M. | Acordos de participação societária. | Baixa |
|---|---|---|---|---|---|---|
| **Modelo de Gordon (GGM - Gordon Growth Model)** | Valor baseado nos dividendos futuros com crescimento constante. | $P = D_1 / (r - g)$<br>Onde:<br>PPP: preço justo da ação<br>D1: dividendo esperado no próximo período<br>r: taxa de desconto (ou retorno exigido)<br>g: taxa de crescimento constante dos dividendos | Empresas consolidadas que distribuem dividendos regularmente. | Dividendo R$ 2, crescimento 5%, taxa 10% → P = R$ 40. | Empresas de dividendos previsíveis (utilities, bancos). | Média |

## 10. LISTA DE QUESTÕES OBJETIVAS

**1ª Questão (TCU Auditor 2021 FGV)** *Um analista deseja elaborar um documento com a situação contábil de diferentes entidades do mesmo setor. Para isso, ele analisou suas demonstrações contábeis referentes aos anos de 2019, 2020 e 2021.*

Para facilitar o seu trabalho, o analista não levou em consideração a atualização dos componentes das demonstrações contábeis pela inflação.

Os resultados mais impactados pela não correção pela inflação diziam respeito, principalmente, à análise:

a) horizontal;

b) vertical;

c) dos indicadores de liquidez geral;

d) dos indicadores de liquidez imediata;

e) dos indicadores de estrutura de capital.

### Solução

Com exceção da análise horizontal, todos as demais análises e indicadores trabalham com dados no numerador e denominador no mesmo ano. Ao utilizar dados do mesmo ano, não há impacto da inflação no indicador, haja vista que o efeito dela ocorre simultaneamente no numerador e denominador.

Gabarito: **A**

**2ª Questão (TCU Auditor 2021 FGV)** *Uma entidade apresentava o seguinte balanço patrimonial em 31/12/X1:*

| Ativo Circulante | 62.000 | Passivo Circulante | 40.000 |
|---|---|---|---|
| Caixa | 50.000 | Fornecedores | 40.000 |
| Despesa Antecipada | 12.000 | Passivo não Circulante | 100.000 |
| Ativo não Circulante | 180.000 | Contas a Pagar | 100.000 |
| Imobilizado | | Patrimônio Líquido | 102.000 |
| Terreno | 180.000 | | |
| Total | 242.000 | Total | 242.000 |

Em X2, os seguintes fatos aconteceram na entidade:

- pagamento da dívida com fornecedores;

- realização integral das despesas antecipadas;

- contração de empréstimo de longo prazo no valor de R$ 27.000;

- compra de R$ 30.000 em estoque para pagamento em março de X3.

Unidade Didática IV Demonstrações Contábeis – Apresentação e Análise de Balanços

Além disso, a entidade foi acionada na justiça por um antigo funcionário, que pedia R$ 12.000. Os advogados julgaram que a perda da causa era provável e que deveria acontecer no início de X3.

Na análise dos indicadores de liquidez da entidade em 31/12/X1 e em 31/12/X2, é correto concluir que os indicadores de liquidez:

a) seca passaram de 0,95 para 0,17;

b) imediata passaram de 1,25 para 0,88;

c) corrente passaram de 1,55 para 2,23;

d) geral passaram de 1,73 para 1,46;

e) seca e corrente permaneceram iguais.

## Solução

| Conta | 31/12/X1 | 31/12/X2 | Conta | 31/12/X1 | 31/12/X2 |
|---|---|---|---|---|---|
| AC | 62.000 | 67.000 | PC | 40.000 | 42.000 |
| Caixa | 50.000 | 37.000[a] | Fornecedores | 40.000 | 30.000[b] |
| Despesa Antecipada | 12.000 | 0 | **Provisão** | | 12.000 |
| **Estoques** | | 30.000 | | | |
| ANC | 180.000 | 180.000 | PNC | 100.000 | 127.000 |
| Imobilizado - Terreno | 180.000 | 180.000 | Contas a Pagar | 100.000 | 100.000 |
| | | | Empréstimos a Pagar | | 27.000 |
| | | | PL | 102.000 | 78.000 |
| Total | 242.000 | 247.000 | Total | 242.000 | 247.000 |

**Legenda:** (a) 10.000+ 27.000. (b) -40.000+30.000.

| Indicador | Fórmula | 31/12/X1 | 31/12/X2 |
|---|---|---|---|
| Liquidez Imediata | Caixa/PC | 50.000/40.000 = 1,25 | 37.000/42.000 = 0,88 |
| Liquidez Corrente | AC/PC | 62.000/40.000 = 1,55 | 67.000/42.000 = 1,60 |
| Liquidez Seca | (AC-Estoques-Despesas Antecipadas)/PC | 50.000/40.000 = 1,25 | 37.000/42.000 = 0,88 |
| Liquidez Geral | (AC+ARLP)/(PC+PNC) | 62.000/140.000 = 0,44 | 67.000/169.000 = 0,40 |

Gabarito: **B**

**3ª Questão (CGU Auditor 2021 FGV)** *Uma entidade apresentava os seguintes indicadores de liquidez em X0 e em X1:*

| | X0 | X1 |
|---|---|---|
| Liquidez imediata | 0,5 | 0,5 |
| Liquidez Corrente | 1,1 | 1,1 |
| Liquidez Geral | 1,4 | 0,7 |

O seguinte fato pode explicar a variação dos indicadores:

a) compra de estoque à vista;

b) venda à vista de estoque com lucro;

c) compra de ativo imobilizado para pagamento em dois anos;

d) contração de empréstimo bancário para pagamento em três anos;

e) compra de terreno para valorização para pagamento em seis meses.

## Solução

| Indicador | Fórmula | 31/12/X0 | 31/12/X1 |
|---|---|---|---|
| Liquidez Imediata | Caixa/PC | 0,5 | 0,5 |
| Liquidez Corrente | AC/PC | 1,1 | 1,1 |
| Liquidez Geral | (AC+ARLP)/(PC+PNC) | 1,4 | 0,7 |

Analisando as fórmulas e variações, temos:

- A compra de estoque à vista está descartada, pois ela não provoca alteração do ARLP, nem no PNC.
- A venda à vista de estoque com lucro está descartada, pois ela não provoca alteração do ARLP, nem no PNC.
- **A compra de ativo imobilizado para pagamento em dois anos é o gabarito, pois se aumenta o valor do ANC – imobilizado e valor do PNC. Logo, a Liquidez imediata e corrente não são afetadas. Já a Liquidez Geral foi afetada, pois o numerador permaneceu inalterado, e o denominador aumentou.**
- A contração de empréstimo bancário para pagamento em três anos está descartada, pois ela provoca aumento simultâneo do AC e do PNC, alteraria o valor da liquidez imediata e corrente o que não condiz com o cenário proposto.
- A compra de terreno para valorização para pagamento em seis meses está descartada, pois ela provoca alteração do PC sem afetar Caixa e AC, logo ela alteraria Liquidez Imediata e Corrente o que não condiz com o cenário proposto.

Gabarito: **C**

**4ª Questão (CGU Auditor 2021 FGV)** *Em 31/12/X0, a entidade A apresentava o seguinte balanço patrimonial:*

| Ativo Circulante | | Passivo Circulante | |
|---|---|---|---|
| Caixa | 10.000 | Fornecedores | 8.000 |
| Estoques | 12.000 | | |
| Ativo Não Circulante - Imobilizado | | | |
| Terreno | 20.000 | Capital Social | 34.000 |
| Total | 42.000 | Total | 42.000 |

Em 02/01/X1, a entidade A fez uma cisão parcial, originando a entidade B.

Na data da cisão:

- o saldo do caixa foi dividido igualmente entre as duas entidades;
- a entidade A recebeu o saldo integral do estoque e a entidade B recebeu o terreno;
- a entidade B ficou responsável por toda a dívida com os fornecedores.

a) na entidade A, o caixa corresponde a 45% do ativo total;

b) na entidade B, o caixa corresponde a 20% do ativo total;

c) na entidade A, o estoque corresponde a 48% do ativo total;

d) na entidade B, os fornecedores correspondem a 47% do ativo total;

e) nas entidades A e B, o patrimônio líquido corresponde a 100% do ativo total.

## Solução

**Entidade A**

| Conta | 31/12/X0 | Conta | 31/12/X0 |
|---|---|---|---|
| **AC** | **17.000** | **PC** | **0** |
| Caixa | 5.000 | Fornecedores | 0 |
| Estoques | 12.000 | | |
| **ANC** | **0** | **PNC** | **0** |
| Imobilizado - Terreno | 0 | Contas a Pagar | 0 |
| | | **Empréstimos a Pagar** | |
| | | **PL** | **17.000** |
| **Total** | **17.000** | **Total** | **17.000** |

**Análise Vertical sobre o Ativo Total:**

Caixa = 5.000/17.000 = 29,4%

Estoque = 12.000/17.000 = 70,6%

Fornecedores = 0/17.000 = 0%

PL = 17.000/17.000 = 100%

**Entidade B**

| Conta | 31/12/X0 | Conta | 31/12/X0 |
|---|---|---|---|
| AC | 5.000 | PC | 8.000 |
| Caixa | 5.000 | Fornecedores | 8.000 |
| Estoques | 0 | | |
| ANC | 20.000 | PNC | 0 |
| Imobilizado - Terreno | 20.00 | Contas a Pagar | 0 |
| | | **Empréstimos a Pagar** | |
| | | PL | 17.000 |
| Total | 25.000 | Total | 25.000 |

**Análise Vertical sobre o Ativo Total:**

Caixa = 5.000/25.000 = 20%

Estoque = 0/25.000 = 0%

Fornecedores = 8.000/25.000 = 32%

PL = 17.000/25.000 = 68%

Gabarito: **B**

**5ª Questão (CGU Auditor 2021 FGV)** *Em 31/12/X0, uma sociedade empresária apresentava o seguinte balanço patrimonial:*

| | | | |
|---|---|---|---|
| Ativo | | | |
| Ativo Circulante | 50.000 | | |
| Caixa | 50.000 | | |
| Ativo Não Circulante | 80.000 | Patrimônio Líquido | 130.000 |
| Imobilizado | | | |
| Terrenos | 80.000 | | |
| Ativo Total | 130.000 | PL Total | 130.000 |

Em 02/04/X1, a sociedade empresária comprou computadores para serem utilizados em seu negócio por R$ 24.000 à vista. A sociedade empresária esperava utilizar os computadores durante três anos e doá-los ao final desse prazo. Além disso, contraiu um empréstimo bancário com vencimento em dois anos no valor de R$ 50.000.

Em 31/12/X1, a sociedade empresária fez um teste de recuperabilidade de seus ativos. Foi constatado que os terrenos apresentavam valor justo líquido de despesas de venda de R$ 100.000 e valor em uso de R$ 70.000. Já os computadores tinham valor justo líquido de despesas de venda de R$ 15.000 e valor em uso de R$ 17.000. Ainda, a sociedade empresária incorreu e pagou juros sobre o empréstimo no valor total de R$ 2.000.

Em 31/12/X1, o grau de imobilização do patrimônio líquido da sociedade empresária correspondia ao seguinte percentual:

a) 56,73%;

b) 70,18%;

c) 77,98%;

d) 78,69%;

e) 80,17%.

## Solução

**Procedimentos Patrimoniais – Computadores até 31/12/X1:**

Valor Contábil = R$ 24.000; Vida útil = 3 anos → Depreciação anual = R$ 8.000/ano.

Depreciação dos 9 meses em X1 = 9 meses /12 meses x R$ 8.000 = R$ 6.000.

Valor Contábil após a depreciação acumulada = R$ 18.000.

Valor recuperável dos computadores = R$ 17.000 (maior valor ente 15.000 e 17.000).

Reconhecer impairment de R$ 1.000.

**Procedimentos Patrimoniais – Terrenos até 31/12/X1:**

Valor Contábil = R$ 80.000

Valor recuperável terrenos = 100.000 (maior valor entre 100.000 e 70.000).

Neste caso não efetua nenhum ajuste.

Balanço Patrimonial após as operações

| Conta | 31/12/X0 | Conta | 31/12/X0 |
|---|---|---|---|
| AC | 74.000 | PC | 0 |
| Caixa | 74.000a | | 0 |
| ANC | 97.000 | PNC | 0 |
| Imobilizado - Equipamentos | 24.000 | Empréstimos a Pagar | 50.000 |
| Depreciação Acumulada | (6.000) | | |
| Impairment | (1.000) | | |
| Imobilizado - Terreno | 80.000 | | 0 |
| | | PL | 121.000b |
| Total | 171.000 | Total | 171.000 |

**Legenda:** (a) 50.000 – 24.000 + 50.000 – 2.000 (b) 130.000 – 6.000 – 1.000 – 2.000.

**Grau de Imobilização do PL = (Investimento + Imobilizado + Intangível)/PL →**

**Grau de Imobilização do PL = 97.000/121.000 →**

**Grau de Imobilização do PL = 80,17%**

Gabarito: **E**

**6ª Questão (CGU Auditor 2021 FGV)** *Em 31/12/X0, uma entidade apresentava o seguinte balanço patrimonial:*

| Ativo | | Passivo | |
|---|---|---|---|
| Ativo Circulante | 300.000 | Passivo Circulante | 100.000 |
| | | Fornecedores | 100.000 |
| Caixa | 300.000 | Patrimônio Líquido | 200.000 |
| Ativo Total | 300.000 | PL Total | 300.000 |

Em 01/01/X1, a entidade pagou dois anos de aluguel antecipado no valor de R$ 120.000.

O fato traz os seguintes efeitos nos indicadores de liquidez e de endividamento da entidade:

a) a liquidez geral e a composição do endividamento diminuíram;

b) a liquidez imediata e a liquidez corrente diminuíram;

c) o endividamento geral e a composição do endividamento aumentaram;

d) a liquidez imediata e o endividamento geral aumentaram;

e) a liquidez geral e a composição do endividamento aumentaram.

## Solução

**Balanço Patrimonial após as operações**

| Conta | 31/12/X0 | 01/01/X1 | Conta | 31/12/X0 | 01/01/X1 |
|---|---|---|---|---|---|
| AC | 300.000 | 240.000 | PC | 100.000 | 100.000 |
| Caixa | 300.000 | 180.000[a] | Fornecedores | 100.000 | 100.000 |
| Despesas Antecipadas | 0 | 60.000 | | | |
| ANC | 0 | 60.000 | PNC | 0 | 0 |
| Despesas Antecipadas | 0 | 60.000 | PL | 200.000 | 200.000 |
| Total | 300.000 | | Total | 300.000 | 300.000 |

**Legenda:** (a) 300.000 - 120.000.

-Não houve alteração no endividamento.

| Indicador | Fórmula | 31/12/X1 | 31/12/X2 |
|---|---|---|---|
| Liquidez Imediata | Caixa/PC | 300.000/100.000 = 3,00 | 180.000/100.000 = 1,8 |
| Liquidez Corrente | AC/PC | 300.000/100.000 = 3,00 | 240.000/100.000 = 2,4 |
| Liquidez Geral | (AC+ARLP)/(PC+PNC) | 300.000/100.000 = 3,00 | 300.000/100.000= 3,00 |

Gabarito: **B**

**7ª Questão (CGU Auditor 2021 FGV)** *Uma sociedade empresária está analisando a viabilidade econômico-financeira de um projeto de investimento que apresenta vida*

Unidade Didática IV – Demonstrações Contábeis – Apresentação e Análise de Balanços *útil de sete anos. O critério principal para tomada de decisão é o Valor Presente Líquido (VPL). Foi calculado o payback nominal do seu fluxo de caixa e o resultado encontrado foi de cinco anos. Sendo assim, é correto afirmar que o projeto:*

a) é viável, pois recupera todo o capital investido assim como seu custo de oportunidade;

b) é viável, pois todos os demais critérios de análise confirmarão sua viabilidade;

c) não é viável, pois o payback nominal está muito próximo da vida útil;

d) não é viável, pois o payback nominal não considera o custo de capital;

e) pode ser viável ou não, a depender da taxa mínima de atratividade do projeto.

## Solução

O payback nominal foi inferior a vida útil do projeto. Porém, existem outras variáveis envolvidas como inflação, taxa mínima de atratividade, taxa interna de retorno.

TMA (Taxa Mínima de Atratividade) e TIR (Taxa Interna de Retorno) são indicadores financeiros utilizados para avaliar a rentabilidade de investimentos. A TMA é a taxa de juros mínima que o investidor pretende ganhar ou o máximo que uma entidade está disposta a pagar por um financiamento. A TIR é uma taxa fictícia de desconto que representa a taxa que faz com que um investimento se pague ao longo do tempo. A TIR é calculada a partir de uma estimativa do fluxo de caixa futuro de um investimento, na qual o Valor Presente Líquido (VPL) é igual a zero.

A TIR é a taxa que faz o investimento "se pagar" ao longo do tempo. Se a TIR de um projeto é maior do que a taxa mínima de atratividade (TMA), o investimento pode ser considerado atraente porque o retorno esperado é maior do que o custo de oportunidade.

Gabarito: **E**

**8ª Questão (CGU Auditor 2021 FGV)** *Uma organização está avaliando um projeto de investimento que apresenta um fluxo de caixa convencional que será descontado por uma certa Taxa Mínima de Atratividade (TMA). O Valor Presente Líquido (VPL) encontrado foi zero. Ao rever o projeto, identificou-se que o investimento inicial estava subdimensionado e a TMA estava superdimensionada. Ao recalcular o VPL do projeto com esses ajustes, sabendo-se que a nova TMA é diferente da Taxa Interna de Retorno (TIR) do fluxo de caixa ajustado do projeto, o novo VPL encontrado:*

a) aumentou;

b) permaneceu igual;

c) diminuiu;

d) permaneceu igual ou diminuiu;

e) aumentou ou diminuiu.

### Solução

A primeira TMA na verdade foi a TIR.

Se a o investimento inicial vai aumentar, o VPL aumenta.

Se a TMA foi reduzida, o VPL aumenta, pois essa TMA é diferente da TIR.

Gabarito: **A**

**9ª Questão (CGU Auditor 2021 FGV)** *Uma sociedade empresária, que utiliza capital de terceiros proveniente de bancos, projeta o fluxo de caixa livre ao acionista que deverá ser gerado por meio de um investimento que visa a trocar um ativo imobilizado por outro mais produtivo. Para o cálculo correto do Valor Presente Líquido (VPL) desse projeto, a sociedade empresária deverá descontar esses fluxos futuros pelo(a):*

a) custo médio ponderado de capital;

b) custo de capital de terceiros;

c) custo de capital próprio;

d) depreciação;

e) inflação.

### Solução

Quando de utiliza o FC livre ao acionista se usa o custo de capital próprio como taxa de desconto.

Gabarito: **C**

**10ª Questão (CGU Auditor 2021 FGV)** *Uma sociedade empresária precisa decidir pela aprovação de um dentre dois projetos mutuamente excludentes denominados "A" e "B".*

A equipe responsável calcula a Taxa Interna de Retorno (TIR) de cada projeto e, apesar de serem diferentes entre si, ambas as TIR são superiores à taxa de desconto utilizada para o cálculo do Valor Presente Líquido (VPL). Sabendo-se que a TIR de "A" é menor que a TIR de "B", é correto afirmar que:

a) ambos os projetos possuem VPL positivo e VPL "B" > VPL "A";

b) ambos os projetos possuem VPL positivo e VPL "B" pode ser maior, igual ou menor que VPL "A";

c) o projeto "B" apresenta VPL positivo, ao contrário do projeto "A";

d) o projeto "A" apresenta VPL positivo, ao contrário do projeto "B";

e) ambos os projetos possuem VPL negativo e VPL "B" > VPL "A".

## Solução

Como a TIR foi superior a taxa a taxa de desconto, significa que os projetos A e B possuem VPL positivo. Contundo, sem ter acesso aos dados dos valores investidos, não se pode afirmar qual VPL é maior.

Gabarito: **B**

**11ª Questão (CGU Auditor 2021 FGV)** *Um analista experiente avaliou uma sociedade empresária pelo método de fluxo de caixa descontado e, após o valuation, foram encontrados os seguintes valores: Enterprise Value (Valor Operacional) de R$ 200 milhões referente aos fluxos de caixa esperados para os próximos cinco anos, Enterprise Value (Valor Operacional) de R$ 180 milhões referente aos fluxos de caixa estimados para os anos seguintes ao quinto ano em regime de perpetuidade, Disponibilidades de R$ 30 milhões e Dívida financeira bruta de R$ 110 milhões. A sociedade empresária possui 15 milhões de ações. A ação está cotada na bolsa de valores a R$ 22,00.*

Sendo assim, o mercado está precificando a ação em:

a) 5% acima do valor encontrado pelo analista;

b) 10% acima do valor encontrado pelo analista;

c) 15% acima do valor encontrado pelo analista;

d) 20% acima do valor encontrado pelo analista;

e) 25% acima do valor encontrado pelo analista.

## Solução

Valor do analista = 200.000.000 + 180.000.000 + 30.000.000 – 110.000.000 = R$ 300.000.000.

Valor de mercado das ações = 15.000.000 x 22 = R$ 330.000.000

Gabarito: **B**

**12ª Questão (CGU Auditor 2021 FGV)** *Duas sociedades empresárias Y e Z divulgaram seus relatórios contábeis de 31/12/2021 e neles podem ser calculados os respectivos índices de liquidez corrente (ILC). A sociedade empresária Y apresentou ILC igual ao da sociedade empresária Z.*

Dessa maneira, é correto afirmar que ambas possuem o(a) mesmo(a):

a) índice de liquidez seca;

b) índice de liquidez imediata;

c) índice de liquidez geral;

d) proporção entre ativo circulante e passivo circulante;

e) necessidade de capital de giro operacional líquido.

## Solução

| Indicador | Fórmula |
|---|---|
| Liquidez Corrente | AC/PC |

Logo, a relação/proporção entre AC e PC é a mesma.

Gabarito: **D**

**13ª Questão (CGU Auditor 2021 FGV)** *Os donos de uma sociedade empresária gostariam de saber e entender melhor a rentabilidade do patrimônio líquido da sociedade empresária (também conhecido como Return On Equity - ROE) da qual são proprietários e, para tanto, solicitaram uma análise para os gestores da organização. Estes informaram que, no ano em análise, a sociedade empresária apresentou 10% de margem líquida, giro dos ativos igual a 0,5 vez, R$ 200 milhões em ativo total médio, R$ 50 milhões em patrimônio líquido médio e que o multiplicador de alavancagem financeira do benchmark do setor é igual a 2 vezes.*

Logo, é correto concluir que a sociedade empresária apresenta:

a) ROE = 10% e está menos alavancada que o benchmark;

b) ROE = 20% e está menos alavancada que o benchmark;

c) ROE = 20% e está mais alavancada que o benchmark;

d) ROE = 40% e está menos alavancada que o benchmark;

e) ROE = 40% e está mais alavancada que o benchmark.

## Solução

**Com os dados iniciais, pode-se calcular o ROA:**

ROA = Giro do Ativo x Margem Líquida → ROA = 0,5 x 0,10 = 0,05 = 5%

**Para calcular o ROE, precisa-se do Giro do PL. Para o Giro do PL, precisa-se da Receita Líquida de Vendas:**

Giro do Ativo = Receita Líquida de Vendas/Ativo Total Médio →

Receita Líquida de Vendas = 0,5x200.000.000 →

Receita Líquida de Vendas = R$ 100.000.000.

**Agora pode-se calcular o Giro do PL:**

Giro do PL = Receita Líquida de Vendas/PL Médio →

Giro do PL = 100.000.000/50.000.000 →

Giro do PL = 2,0 ou 200%.

Unidade Didática IV
Demonstrações Contábeis -
Apresentação e Análise de Balanços

**Agora pode-se calcular o ROE:**

ROE = Giro do PL x Margem Líquida → ROE = 2,0 x 0,10 = 20%

**Agora pode-se calcular o Grau de Alavancagem Financeira:**

GAF = ROE/ROA = 20%/5% = 4, logo a empresa está mais alavancada que o benchmark do setor que é 2.

Gabarito: **C**

**14ª Questão (CGU Auditor 2021 FGV)** *Uma sociedade empresária apresentou, a partir dos dados financeiros divulgados referentes ao ano de 2021, um Economic Value Added (EVA) negativo. Sendo assim, é correto afirmar que neste mesmo ano ela apresentou:*

a) despesas superiores a receitas na DRE;
b) EBIT negativo;
c) EBIT positivo;
d) EBITDA negativo;
e) custo do capital superior ao NOPAT.

**Solução**

Se o EVA foi negativo, o custo de capital foi maior que o NOPAT.

Gabarito: **E**

**15ª Questão (CGU Auditor 2021 FGV)** *Um analista deseja calcular o custo de capital próprio de uma sociedade empresária e, para tanto, decidiu fazer uso do modelo de precificação de ativos conhecido como CAPM. Ele precisou usar o coeficiente beta de 1,5 da sociedade empresária, assim como o retorno do ativo livre de risco de 10% a.a. e um retorno esperado de mercado de 17% a.a.*

Sendo assim, ele pôde constatar que o beta da sociedade empresária representa o:

a) risco específico da sociedade empresária e o CAPM apresentou como resultado um custo de 20,5% a.a.;
b) risco específico da sociedade empresária e o CAPM apresentou como resultado um custo de 25,5% a.a.;
c) risco específico da sociedade empresária e o CAPM apresentou como resultado um custo de 35,5% a.a.;
d) risco sistemático da sociedade empresária e o CAPM apresentou como resultado um custo de 20,5% a.a.;
e) risco sistemático da sociedade empresária e o CAPM apresentou como resultado um custo de 25,5% a.a.

Ra = 10% + 1,5 * (17% - 10%)

Ra = Retorno esperado do ativo

Rf = Taxa livre de risco

Rm = Retorno esperado do mercado

Ba = Beta do ativo

(Rm - Rf) = Prêmio de risco do mercado

## Solução

O Capital Asset Pricing Model (Capital Asset Pricing Model, ou Modelo de Precificação de Ativos) é uma teoria financeira que **descreve a relação entre o risco sistemático de um ativo e o seu retorno esperado.**

Essa modelagem foi realizada por William Sharpe, John Lintner e Jack Treynor, se baseando na "Teoria Moderna do Portfolio" de Harry Markowitz.

O modelo se baseia em uma série de premissas (as mesmas da Teoria dos Portfolios, de Markowitz), como por exemplo: (i) inexistência de custos de transação; (ii) existência de liquidez necessária para compra/venda de ativos; (iii) simetria de informação (os investidores possuem os mesmos níveis de acesso à informação).

**Ra = Rf + Ba * (Rm - Rf)**

Ra = Retorno esperado do ativo

Rf = Taxa livre de risco

Rm = Retorno esperado do mercado

Ba = Beta do ativo

(Rm - Rf) = Prêmio de risco do mercado

Em que:

**Rf - Taxa livre de Risco:** é impossível encontrar um investimento totalmente isento de risco, mas para a Rf pode-se considerar o rendimento de algum título público brasileiro de longo prazo, ou o rendimento do T-Bond de 10 anos (título de dívida pública dos Estados Unidos).

**Rm - Retorno esperado do mercado:** aqui deve-se considerar a rentabilidade do mercado como um todo, como por exemplo o retorno do Ibovespa ou S&P500. É comum utilizar rentabilidades históricas dos últimos 5 a 10 anos.

**Ba - Beta do ativo:** De acordo com o CAPM, o Beta é a única medida de risco do modelo. Ele mede a volatilidade individual de uma ação em relação à volatilidade do mercado. Simplificando, o Beta mostra como o preço de determinada ação oscila de acordo com oscilações do mercado.

**Considerando as informações da questão, tem-se:**

Ra = Rf + Ba * (Rm - Rf) →

Ra = 10% + 1,5 * (17% - 10%) →

Ra = 10% + 1,5 * (7%)

Ra = 10% + 10,5% →

Ra = 20,5%

Gabarito: **D**

**16ª Questão (CGU Auditor 2021 FGV)** *Uma sociedade empresária apresenta despesas de depreciação e de amortização em sua DRE. Um analista, ao analisar tal relatório, calcula seu EBIT e seu EBITDA, encontrando o EBIT maior que o EBITDA.*

Nesse caso, é correto afirmar que o analista:

a) pode ter acertado os cálculos, pois EBITDA = EBIT + D + A;

b) pode ter acertado os cálculos, pois EBIT é sempre maior que EBITDA;

c) acertou os cálculos, pois EBITDA = EBIT + D + A;

d) errou algum cálculo, pois EBITDA mede fluxo de caixa;

e) errou algum cálculo, pois o EBITDA é certamente maior que o EBIT.

### Solução

O EBITDA = EBIT + Depreciação e Amortização.

Não existe depreciação e amortização negativa na DRE, logo houve um erro no cálculo.

Gabarito: **E**

## 11. LISTA DE QUESTÕES DISCURSIVAS

### 1ª Questão (TCE-AM Auditor 2008 FCC)

A – Conceitue o que é o indicador EBITA, explicando a importância desse indicador da empresa.

B – Dada as seguintes informações extraídas da DRE uma Cia, calcule o EBITDA:

| | |
|---|---|
| Receita de Vendas | R$ 980.000 |
| CPV | (R$ 355.000) |
| Despesas com vendas | (R$ 75.000) |
| Despesas de Depreciação | (R$ 95.000) |
| Despesas de Amortização | (R$ 34.000) |
| Despesas Financeiras | (R$ 125.000) |
| Demais Despesas Operacionais | (R$ 48.000) |
| Receitas não Operacionais | R$ 63.000 |
| Despesas não Operacionais | (R$ 23.000) |
| IR | (R$ 51.000) |
| CSLL | (R$ 16.000) |

**Extensão de linhas:** até 30.

## Resolução da Questão

O EBITDA ou LAJIDA é uma medida financeira cuja sigla vem o inglês: *Earning Before Interest, Taxes,Depreciation, Depletion e Amortization* ficando em nosso idioma como Lucro antes juros, de tributos sobre o lucro, de juros, depreciação, amortização e exaustão.

O EBITDA não representa o volume monetário efetivo de caixa, mas sim um indicador do potencial de geração de caixa decorrente de ativos operacionais.

A relação EBITDA/Despesas Financeiras (por competência) é consagrada pelos analistas financeiros como índice de cobertura de juros, evidenciando o potencial operacional de caixa da empresa em remunerar seus credores.

Quanto maior o EBITDA, maior a capacidade operacional de gerar caixa para uma empresa. O EBITDA ajustado de acordo com a Resolução CMV nº 156/2022 seria o EBITDA com a inclusão da perda da redução ao valor recuperável.

O lucro líquido considerando os dados da questão foi de: R$ 221.000. Aplicando a metodologia do EBITDA, tem-se: R$ 221.000 + Impostos de 67.000 + Despesas Financeiras de 125.000 + Depreciação de 95.000 + Amortização de 34.000.

Assim, o EBITDA foi de R$ 542.000.

**Observação: na resposta padrão da banca foi somada as despesas não operacionais de R$ 23.000 e deduzida as receitas não operacionais de R$ 63.000, assim o EBITDA foi de R$502.000, contudo pelo art. 3º da IN CVM 156/2022 esse procedimento está errado:**

*Art. 3º O cálculo do LAJIDA e do LAJIR* ***não pode excluir quaisquer itens não recorrentes, não operacionais ou de operações descontinuadas*** *e será obtido da seguinte forma: I - LAJIDA - resultado líquido do período, acrescido dos tributos sobre o lucro, das despesas financeiras líquidas das receitas financeiras e das depreciações, amortizações e exaustões; II - LAJIR - resultado líquido do período, acrescido dos tributos sobre o lucro e das despesas financeiras líquidas das receitas financeiras.*

## 2ª Questão (BNDES Contador 2011 Cesgranrio)

Dados extraídos da contabilidade da Cia. Missisipi S/A em 31/12/2010:

**Ativo total............................................... R$ 20.000.000,00**

**Capital próprio.......................................R$ 15.000.000,00**

**Capital de terceiros..................................R$ 5.000.000,00**

**Lucro operacional líquido........................ R$ 2.250.000,00**

**Custo do capital de terceiros..........................12% ao ano**

**Expectativa de retorno dos acionistas...........10% ao ano**

Considerando exclusivamente as informações acima, explique as formas que podem ser usadas para desenvolver o cálculo do valor econômico agregado (Item 1).

Calcule o Valor Econômico Agregado (VEA) da empresa no exercício de 2010, identificando a forma adotada (item 2). (A resposta deve ser desenvolvida com demonstração dos cálculos.)

Extensão máxima: **20 linhas**

## Resolução da Questão

Quanto ao item 1, existem 2 formas de calcular Valor Econômico Agregado:

(Fórmula 1) EVA = Lucro após os Tributos sobre o Lucro - Custo do Capital Total

(Fórmula 2) EVA = Lucro após os Tributos sobre o Lucro - Custo do Capital Próprio

Descompondo a fórmula 1, tem-se: EVA = [(Taxa de Aplicação do Capital de Terceiros x Capital de Terceiros[14]) + (Taxa de retorno do segmento da Empresa x PL)].

Ocorre que no Brasil, a despesa financeira já é considerada no LAIR. Logo o EVA no Brasil aplica a fórmula 2.

Quanto ao item 2, o Lucro Operacional Líquido já considerou a despesa financeira.

Assim, o EVA = LOL - Custo do Capital Próprio →

EVA = 2.250.000 - (15.000.000 x 10%) →

EVA = 2.250.000 - 1.500.000 → 750.000.

## 3ª Questão (BRDE Contador 2022 FUNDATEC)

**Instruções:** Elabore uma resposta com extensão mínima de 15 linhas e máxima de 30 linhas, de acordo com a proposta abaixo:

A Cia ABCDF é uma das maiores empresas brasileiras em quantidade de terras agricultáveis e com foco na aquisição, desenvolvimento, exploração e comercialização de propriedades rurais com aptidão agropecuária. A empresa adquire propriedades rurais com significativo potencial de geração de valor por meio da manutenção do ativo e do desenvolvimento de atividades agropecuárias rentáveis. Por ser uma empresa de capital aberto, com negociação de ações na Bolsa de Valores do Brasil (B3), seus dados financeiros e operacionais são obrigatória e amplamente divulgados aos investidores e demais interessados.

A seguir, são apresentados os valores de EBITDA e EBITDA Ajustado entre os anos de 2019 e 2021, os quais foram apresentados/anexados em um importante pleito de obtenção de crédito para investimento em infraestrutura de geração de energia sustentável nas propriedades rurais do grupo.

| **EBITDA (R$ mil)** | **2021** | **2020** | **2019** |
|---|---|---|---|
| **Lucro líquido** | **317.646** | **119.554** | **177.079** |
| Juros | 95.988 | 30.755 | (12.922) |
| Impostos | (19.515) | 13.975 | 22.719 |
| Depreciação e Amortização | 38.432 | 30.153 | 23.078 |
| Ajuste amortização - IFRS 16 | 71.572 | 30.096 | - |
| **EBITDA** | **504.123** | **224.533** | **209.954** |
| | **2021** | **2020** | **2019** |

14 Despesa financeira.

| EBITDA Ajustado (R$ mil) | 2021 | 2020 | 2019 |
|---|---|---|---|
| **Lucro líquido** | **317.646** | **119.554** | **177.079** |
| Juros | 95.988 | 30.755 | (12.922) |
| Impostos | (19.515) | 13.975 | 22.719 |
| Depreciação e amortização | 38.432 | 30.153 | 23.078 |
| Ajuste amortização - IFRS 16 | 71.572 | 30.096 | - |
| Equivalência patrimonial | (11) | 150 | (1.102) |
| Outras receitas/despesas operacionais | 12.668 | (14) | (174) |
| Exclusão do ganho ativo biológico (grãos e cana em formação) | (72.742) | (22.070) | (8.407) |
| (+) Realiz. Valor Justo - Ativos Biológicos | | | |
| Resultado de Derivativos | (78.357) | (25.026) | 4.476 |
| EBITDA Cresca | | - | - |
| **EBITDA Ajustado** | **365.681** | **177.573** | **204.747** |

Com base nas informações fornecidas e, na condição de profissional contábil da área de projetos da instituição financeira encarregada de analisar esse robusto, complexo e vultuoso empreendimento, conceitue o "EBITDA", diferenciando-o do chamado "EBITDA Ajustado". Discorra acerca da obrigatoriedade de divulgação desses demonstrativos e, utilizando como referência os dados do "EBITDA" e do "EBITDA Ajustado" da Cia ABCDF, cite e discorra sobre 2 (dois) pontos positivos/potencialidades e 2 (dois) pontos negativos/limitações da utilização desses demonstrativos para a análise e concessão do crédito pretendido junto ao segmento financeiro.

## Resolução da Questão

Quanto ao item 1, o EBITDA ou LAJIDA é uma medida financeira cuja sigla vem o inglês: *Earning Before Interest, Taxes, Depreciation, Depletion e Amortization* ficando em nosso idioma como Lucro antes juros, de tributos sobre o lucro, de juros, depreciação, amortização e exaustão.

O EBITDA não representa o volume monetário efetivo de caixa, mas sim um indicador do potencial de geração de caixa decorrente de ativos operacionais.

A relação EBITDA/Despesas Financeiras (por competência) é consagrada pelos analistas financeiros como índice de cobertura de juros, evidenciando o potencial operacional de caixa da empresa em remunerar seus credores.

Quanto maior o EBITDA, maior a capacidade operacional de gerar caixa para uma empresa.

O EBITDA ajustado de acordo com a IN CMV nº 156/2022 seria o EBITDA com a inclusão da perda da redução ao valor recuperável.

Quanto ao item 2, o EBITDA não é um demonstrativo obrigatório, mas de divulgação voluntária. Contudo deve estar em sintonia com a Demonstração do Resultado do Exercício (DRE). A IN CMV nº 156/2022 estabelece disposições sobre a divulgação voluntária do EBITDA (LAJIDA) determinando que não poderão ser considerados quaisquer montantes que não estejam nas demonstrações divulgadas, em especial na DRE.

Quanto ao item 3, considerando o segmento de empresas que atuam na aquisição adquire propriedades rurais com significativo potencial de geração de valor por meio da manutenção do ativo e do desenvolvimento de atividades agropecuárias rentáveis, destacam-se 3 vantagens do EBITA: (i) é uma ferramenta importante para medir a produtividade e eficiência do negócio da empresa; (ii) a comparação do EBITDA das empresas concorrentes possibilita a análise de competitividade entre elas no mercado; (iii) Por ser um indicador universal, a comparação dos EBITDAs entre as empresas pode ser aplicada até para empresas de diferentes países. A comparação é possível pois não são considerados tributos e questões locais.

De igual modo, destacam-se 3 desvantagens do EBITDA: (i) Por não englobar uma possível alta alavancagem, não deve ser o único indicador usado da empresa. Pois, pode comprometer os resultados futuros; (ii) um resultado positivo pode esconder certos prejuízos financeiros do seu negócio; (iii) não contempla a liquidez da empresa.

**4ª Questão (Agência Estadual de Regulação dos Serviços Públicos/MT – Delegado 2023 CEBRASPE)**

Redija um texto definindo valor presente líquido (VPL) [valor: 3,00 pontos], apresentando a fórmula do VPL e indicando o significado das variáveis [valor: 3,00 pontos] e discorrendo sobre as características do VPL e sobre o significado dos seus sinais [valor: 3,50 pontos].

## Resolução da Questão

O valor presente líquido é um método de análise utilizado para determinar a viabilidade ou a inviabilidade econômica de investimentos. Esse método consiste no estabelecimento da diferença entre o valor presente dos benefícios previstos de caixa e o valor presente do fluxo de caixa na data inicial, nesse caso, o investimento.

Matematicamente, o valor presente líquido é definido pela seguinte expressão: $VPL = FC1\ 1 + i + FC2\ (1 + i)\ 2 + \cdots + FC2\ (1 + i)\ n - FC0$ , sendo $i$ a taxa de desconto, também chamada de taxa mínima de atratividade; $n$ o período a ser considerado; $FC0$ o investimento no momento inicial; e $FCj$ os valores dos fluxos de caixa previstos em cada instante de tempo $j$. Esse método de análise de investimento exige que o analista defina a taxa mínima de atratividade que será empregada na atualização dos fluxos de caixa.

Com base nessa taxa, a fórmula do valor presente líquido irá fornecer um número positivo, negativo ou nulo. Valor positivo indica viabilidade econômica do projeto; valor negativo indica inviabilidade econômica do projeto; e valor nulo corresponde à taxa interna de retorno. É importante observar que o valor presente líquido não identifica diretamente a taxa de rentabilidade (ou custo) da operação financeira. Ao descontar todos os fluxos de entrada e saída de caixa pela taxa mínima de atratividade, o valor presente líquido é capaz de expressar apenas o resultado econômico da alternativa financeira em moeda atualizada.

# Unidade Didática V
# CONTABILIDADE DE CUSTOS

*Qual a terminologia aplicada à contabilidade de custos?*

*Quais os principais métodos de custeio?*

*Quais as vantagens e desvantagens de cada método de custeio?*

*Quais as ferramentas gerenciais de custos disponíveis para tomada de decisão?*

CAPÍTULO 31

# TERMINOLOGIA APLICADA À CONTABILIDADE DE CUSTOS

## 1. CONCEITO

A Contabilidade de Custos é uma parte da contabilidade, especializada em gerenciar os custos dos produtos e dos serviços que são oferecidos por uma empresa. Assim, determina os melhores preços de venda e obtém um lucro representativo a partir dos valores gerados pela sua produção.

Ela ajuda a empresa a tomar decisões estratégicas, como definir preços, controlar gastos, avaliar a rentabilidade, planejar investimentos, entre outras. Sendo também essencial para o cumprimento das obrigações fiscais e legais da empresa.

A Contabilidade de Custos e Contabilidade Gerencial não são sinônimos; porém, a Contabilidade Gerencial pressupõe a Contabilidade de Custos, pois esta dispõe de ferramentas que auxiliam no processo de tomada de decisão.

| Funções relevantes da Contabilidade de Custos |
| --- |
| 1. Auxílio ao controle: fornecendo dados para o estabelecimento de padrões, orçamentos, formas de previsão para em estágio seguinte acompanhar o ocorrido com o anteriormente definido.<br>2. Ajuda na tomada de decisões: alimentação de informações sobre valores relevantes e suas consequências no curto e longo prazo sobre os macroprocessos produção, administração de preços de vendas, opções de compra ou produção. |

## 2. DISTINÇÃO ENTRE GASTOS E CUSTOS

A Figura 31.1 e o Quadro 31.1 contêm a diferença de gastos, investimentos, despesas e custos.

**Figura 31.1:** Tipos de Gastos

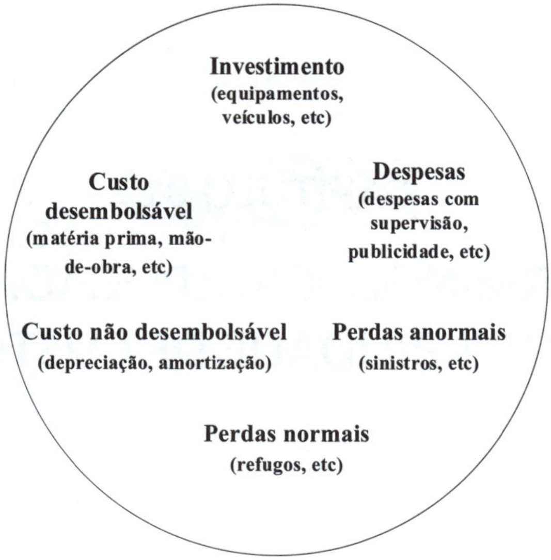


A partir da Figura 31.1 observa-se que nem todo gasto será custo ou investimento e que existem custos como a depreciação que são gastos não desembolsáveis, mas podem ser classificados como custos ou despesas[1].

**Quadro 31.1:** Conceitos iniciais

| Termo | Descrição |
|---|---|
| Gasto | É a compra de um produto ou serviço que gera sacrifício financeiro para a Entidade representado por entrega (desembolso) ou promessa de entrega de ativo (não desembolso). É segmentado em: **custos, investimentos, despesas e perdas.** |
| Custos | São **gastos** com bens ou serviços **utilizados para a produção** de outros bens ou serviços.<br>**Será reconhecido no momento da utilização dos fatores de produção** (bens e serviços), para a fabricação de um produto ou serviço.<br>**Exemplo:** consumo da matéria-prima processo de fabricação, mão de obra direta, energia elétrica, depreciação associada ao processo de fabricação, imposto não recuperável. |
| | Podem ser classificados quanto ao produto: direto e indireto; ou quanto à produção: variável e fixo. |
| Investimento | **É o gasto ativado.**<br>Corresponde ao gasto levado para o Ativo em função de sua vida útil. São todos os bens e direitos adquiridos e registrados no ativo. |

1 A depreciação para ser considerada custo deve estar associada ao processo de fabricação.

| | |
|---|---|
| | Inclui todos bens e serviços "estocados" no Ativo da empresa para baixa ou amortização quando de sua venda, consumo, desreconhecimento, ou desvalorização. **Exemplo:** Aquisição de equipamento (bem móvel) utilizado na produção, Aquisição de matéria-prima. |
| Despesa | É o gasto para a obtenção de receitas.<br>Seria um bem ou serviço consumido, **seja direta ou indiretamente**, para a geração de receitas.<br>**Exemplo:** despesa com o supervisor de venda, despesa com comissões, despesa com marketing, custo da mercadoria vendida, depreciação não associada ao processo de fabricação. |
| Perdas | Gastos não intencionais decorrentes de fatores externos, fortuitos (perdas anormais) **ou** da atividade normal da empresa (perdas normais). |
| Perdas normais | As perdas normais são consideradas custos de produção e são ligadas diretamente ao processo produtivo. São perdas previsíveis e esperadas pela empresa como um sacrifício a ser realizado para obtenção do produto. Por exemplo, as pequenas quantidades de tiras de pano que são desperdiçadas pelos funcionários num processo produtivo de roupas fazem parte do custo do produto.<br>**Exemplo:** parte de chapa de ferro inservível após corte de peça. |
| Perdas anormais | Correspondem a reduções do patrimônio **que não estão associadas a qualquer** recebimento compensatório ou geração de produtos ou serviços, **que ocorrem de forma anormal e involuntária.**<br>**Na Demonstração do Resultado do Exercício são tratadas como despesas.**<br>**Exemplo:** perdas de estoque por incêndio ou alagamento; salário dos operários da produção durante período de greve. |
| Desembolso | É o pagamento resultante da aquisição do bem ou serviço. Pode ocorrer antes, durante ou após a entrada da utilidade comprada, ou seja, pode estar defasado do momento do gasto. |

### Reflexão inicial

1. Existem gastos que geram custos sem passar pela fase de ativação, como por exemplo a energia elétrica ou a mão de obra direta.
2. Existem gastos que geram custos após a fase de ativação: (i) depreciação do equipamento **(conta imobilizado do ativo não circulante)** utilizado na fabricação; (ii) consumo da matéria-prima e materiais diretos **(conta estoques do ativo circulante)** utilizados na fabricação.
3. Segundo Eliseu Martins o **termo "Custo da Mercadoria/Produto Vendida(o)" não é tecnicamente correto**, pois na Demonstração do Resultado do Exercício existem apenas receitas e despesas, mas não custos. **O termo mais correto seria "Despesas de itens que compuseram o custo de fabricação do produto ora vendido".**
4. **Todos os gastos envolvidos até que o produto esteja pronto para a venda são custos** e, após isso, despesas. **Exemplo:** embalagens.
5. Encargos financeiros podem ser considerados custos, caso se esteja diante de um ativo qualificável a haja vinculação entre o empréstimo e ele. Ver capítulo 12.
6. Intagível: gastos em pesquisa sempre são despesas; enquanto gastos na fase de desenvolvimento podem ser custos caso sejam cumpridos uma série de requisitos (caso não cumpram os requisitos também são despesas). Ver capítulo 12.

## 3. CUSTOS DIRETOS E INDIRETOS

Quanto ao produto, os custos podem ser classificados em direto e indireto.

**Quadro 31.2:** Classificações dos custos quanto ao produto

| Termo | Descrição |
|---|---|
| Custo direto | É todo o custo que é identificado ou associado diretamente ao objeto do custo.<br>O responsável pela produção sabe o quanto de determinado insumo ou serviço foi utilizado de forma direta para a produção do bem. **Há uma medição direta e objetiva.** |
| Custo indireto | É o custo que não pode ser identificado diretamente ao objeto do custo, devendo sua apropriação ocorrer por meio da **utilização de bases de rateio**[2] **ou direcionadores de custos**[3]. |

A seguir constam conceitos associados à produção.

**Quadro 31.3:** Conceitos associados à produção

| Conceito | Descrição |
|---|---|
| Hora ocupada | É o tempo despendido pela força do trabalho nos departamentos de serviço destinados a atender às tarefas vinculadas com as áreas de produção de bens ou serviços. |
| Hora máquina | Corresponde à quantidade de horas que as máquinas devem funcionar para realizar a produção de bens e serviços e outros objetos de custos do período. É aplicada às unidades de produto ou serviço em função do tempo de sua elaboração. |
| Mão de obra direta | Corresponde ao valor da mão de obra utilizado para a produção de bens e serviços e outros objetos de custos. |

**Quadro 31.4:** Tipos de Materiais

| Tipos de Materiais | Descrição |
|---|---|
| Matérias-primas | Essenciais na composição dos produtos fabricados, e representam grande parte do valor total do custo dos materiais |
| Secundários | São aplicados juntamente com a matéria prima, complementando-a ou, até mesmo, dando o acabamento necessário ao produto |
| Auxiliares | São itens que participam do processo produtivo, possuem contato e/ou ação sobre o produto fabricado, mas que não entram na composição dos produtos fabricados |
| Embalagens | São os materiais destinados a acondicionar ou embalar os produtos, antes que eles saiam da área de produção |

2 Custeio por absorção.

3 Custeio ABC.

A seguir constam conceitos associados as bases normalmente utilizadas como critério de rateio para os custos indiretos.

Quadro 31.5: Bases que podem usadas como critérios de rateio dos custos indiretos

| Bases | Características |
|---|---|
| Mão de obra direta | Considerando que muitos insumos são consumidos por influência da força de trabalho, é uma métrica relevante quando se consegue associar uma medida de tempo de dedicação dessa mão de obra ao objeto de custeio. |
| Áreas físicas das unidades organizacionais | Esse critério, de forma isolada ou combinada a outros critérios, tende a ser aplicado na alocação de custos com água, limpeza, energia elétrica, vigilância, etc. |
| Material direto consumido | Determinados insumos indiretos podem ser alocados diante da relação com o material direto consumido. Para isso, além de possuir um bom controle de requisição de material, torna-se importante verificar periodicamente a relação de causalidade entre o material consumido e o custo indireto que se deseja realizar a alocação. |
| Unidades produzidas | É o critério que tem como base a própria produção, ou seja, quanto maior o volume produzido maior o custo pode ser de difícil aplicação, pois depende de um bom controle do volume de bens e serviços produzidos. |

| Casos Especiais |
|---|
| 1. No caso de produção de um único tipo de produto, não há que se falar em custo indireto, haja vista todos os custos serem diretamente atribuídos ao único produto.<br>2. Custos diretos que são tratados como indiretos devido ao seu baixo custo e/ou ao baixo custo-benefício em atribuí-los, diretamente, ao produto. |

| Simulação 01: Custos Diretos tratados como Indiretos |
|---|
| Suponha que uma Fábrica possua 4 (quatro) produtos derivados de couro: sapatos, carteiras, bolsas e cintos.<br>Suponha que neste caso seja usada uma linha especial que é utilizada de forma específica e desigual para cada tipo de produto.<br>Usando a relação custo x benefício, não vale a pena implementar controle que exija quanto de linha especial foi utilizada em cada produto.<br>Neste caso, é mais vantajoso e racional identificar o valor total da linha utilizada, no período, e estabelecer o seu custeio em cada produto, com base no rateio. |

# 4. CUSTOS FIXOS E VARIÁVEIS

Quanto à produção, os custos podem ser classificados em fixo e variável.

**Quadro 31.6: Classificações dos custos quanto à produção**

| Termo | Descrição |
|---|---|
| Custo fixo | É o que não é influenciado pelas atividades desenvolvidas, mantendo seu valor constante em intervalo relevante das atividades desenvolvidas pela entidade. |
| Custo variável | É o que tem valor total diretamente proporcional à quantidade produzida/ofertada. |

**Reflexões**

1. O custo fixo não varia em relação à produção. Ele é constante. Assim, independentemente da quantidade produzida, ele será o mesmo.
2. Quanto maior for a produção, menor será o custo fixo unitário atribuído a cada unidade; e vice-versa.
3. O custo variável varia em relação à produção.
4. Independente da produção, custo variável unitário é constante.
5. Custo fixo cujo valor global se altere mês a mês por força de alteração na política de preços dos fornecedores não se torna variável em razão da sua característica de não recorrente.

**Custos semifixos ou flexíveis**

São aqueles que apresentam uma "flexão" a partir de uma determinada quantidade de bens produzidos (ou serviços prestados), apresentando o seguinte gráfico:

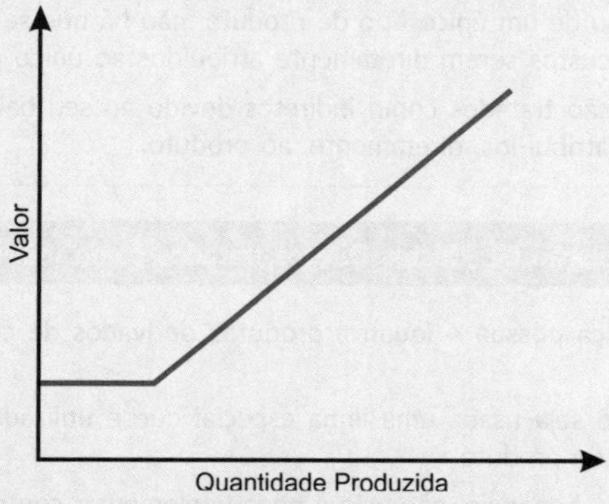


São citados como exemplos típicos as utilidades, como água, energia elétrica e gás. A água usada numa determinada empresa industrial tem seu valor aproximadamente fixo até determinado volume de produção até pelo seu consumo na área administrativa e volume de limpezas necessárias, até o ponto em que a produção cresça e tenha de ser usada em determinada quantidade significativamente superior ao valor anterior. A energia elétrica, pode apresentar determinadas taxações regidas por contratos, com valores que a partir de determinado consumo, passem a gerar cobrança de valores proporcionais, adicionais a um mínimo (a fase constante no gráfico).

**Custos semivariáveis ou escalonáveis**

São aqueles que apresentam um "escalonamento" em relação às quantidades de bens produzidos (ou serviços prestados), apresentando o seguinte gráfico:

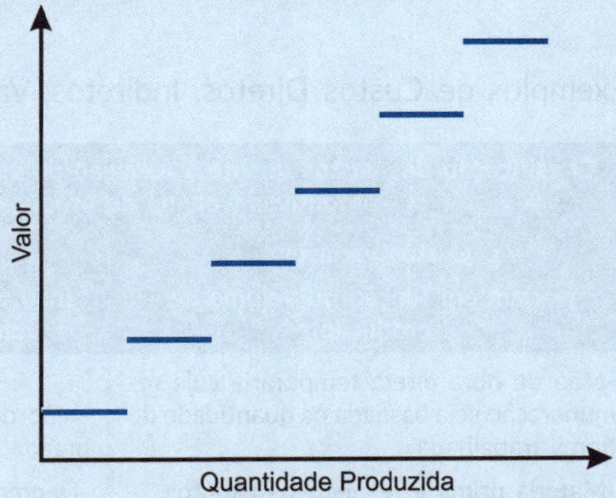


Caracteriza-se, assim como o dito semifixo, por ter um nível mínimo independentemente do nível de atividade (dentro do mesmo intervalo de dimensão) e uma variação em função do nível de atividade, mas aqui **não contínua**.

Exemplo: à medida que o volume de produção vai crescendo na escala produtiva, são necessários mais supervisores de produção.

**Chamada 167 do autor:** Custos diretos/indiretos, fixos/variáveis, semifixos/semivariáveis

## 5. ANÁLISE COMBINADA

A seguir consta análise combinada de exemplos contendo as 2 formas de segmentar os custos.

Quadro 31.7: Exemplos de Custos Diretos, Indiretos, Variáveis e Fixos

| Classificação dos custos quanto à apropriação direta e objetiva ao produto [a]. | Classificação dos custos quanto à variação do volume das atividades produtivas (volume de produção). | |
|---|---|---|
| | Custos Variáveis<br>(variam em função do volume de produção) | Custos Fixos<br>(não variam em função do volume de produção) |
| Custos Diretos (não utilizam critério de rateio) | -Mão de obra direta temporária cuja remuneração seja baseada na quantidade de horas trabalhada<br>-Matéria prima e respectivos tributos.<br>-Material de construção e respectivos tributos. | -Mão de obra direta no curto prazo.<br>-Depreciação[b].<br>-Telefonia área fim (**regra geral**). |
| | -Fretes relacionados especificamente a um produto.<br>-Embalagens.<br>-Parte variável da energia elétrica e água quando se possui medidor individualizado por produto[c].<br>-Depreciação de equipamentos em unidades produzidas [b]. | |
| Custos Indiretos (precisam de algum critério de rateio)[d,e] | -Seriam os Custos Gerais Variáveis de Fabricação/Produção.<br>-Fretes relacionados a diversos insumos.<br>-Lubrificantes das máquinas utilizadas na produção.<br>-Outros materiais de consumo que não seja possível alocar diretamente, mas variem em função do aumento ou redução da produção.<br>-Parte variável da energia elétrica e água quando não se possui medidor individualizado [c] **(regra geral).** | -Seriam os Custos Gerais Fixos de Fabricação/Produção.<br>-Aluguel.<br>-Seguro.<br>-Impostos (exceto os que forem em função diretamente da matéria prima ou mão de obra direta).<br>-Depreciação associada ao processo produtivo [b] (**regra geral**).<br>-Depreciação do Mobiliário da área Administrativa.<br>-Mão de obra indireta.<br>-Custos com supervisão.<br>-Parte fixa da energia elétrica [c].<br>-Segurança Patrimonial. |

| Detalhamento da Legenda do Quadro 31.7 |
|---|
| (a) A classificação dos custos quanto à alocação direta ao produto não é sinônimo de alocação direta a produção como um todo. |
| (b) Depreciação de equipamento baseada em unidades produzidas seria custo variável, demais casos seria custo fixo (regra geral). Se a depreciação incidir sobre equipamento utilizado na fabricação de apenas um produto, será custo direto. Se for usado para vários produtos, será custo indireto. |
| (c) Autores como Eliseu Martins consideram Energia Elétrica como parte variável e parte fixa, não adotando o termo de outros autores: semifixo ou semivariável. |
| (d) Os custos indiretos na prática incluem os custos indiretos e os diretos por natureza (estes que em função da sua irrelevância ou dificuldade de medição serão rateados). |
| (e) Gastos Gerais de Produção: correspondem aos demais gastos que interferem na fabricação, os quais, pela própria natureza, não se enquadram como materiais ou mão de obra. No caso, envolvem os gastos com aluguel, gás, energia elétrica e com a depreciação dos móveis e utensílios. |

## 6. OBJETO DE CUSTO E CENTRO DE CUSTO

Objeto de custo é qualquer segmento – como, por exemplo, produtos, linha de produtos, clientes, tarefas e subunidades da organização – para a qual se deseja informação de custo.

| Exemplos de Objetos de Custos |
|---|
| 1. Departamentos: unidades organizacionais. |
| 2. Atividades. |
| 3. Produtos. |

**O objeto de custo qualifica e quantifica o que se é viável e desejável** medir e avaliar, conforme definição dos níveis estratégicos da instituição e, por sua vez, **centro de custo é o acumulador onde o gasto é alocado, quantificando e localizando o gasto em um nível inferior ou coincidente ao objeto de custo observado.**

| Centro de Custos |
|---|
| É o acumulador de nível mínimo que reunido na mesma categoria evidencia por completo o objetivo de custo. |

Cada centro de custo possui uma parcela independente de responsabilidades, seja operacional ou financeira, e todos juntos representam a empresa como um todo.

A identificação dos objetos de custo e a estruturação dos respectivos centros de custo, depende de dois critérios básicos: primeiro, do que a gestão estratégica estabelece como item a medir e avaliar; e segundo, com base em premissas de relevância, possibilidade de gerar a informação e relação custo-benefício favorável, qual será o nível de onde se observa e gera a informação.

**Quadro 31.8:** Exemplos de Objetos de Custos e de Centro de Custos

| Objeto de Custo | Centro de Custos |
|---|---|
| Departamentos: áreas organizacionais | Matriz, Filial A, Filial B, etc. |
| | Setor A, Setor B, Setor C, etc. |
| Atividades | Operacional[a], Suprimento[b], Pesquisa, Administração Financeira, Genérico. |
| Produtos | Produto A, Produto B, Produto C, etc. |

Legenda: (a) Caso se considerasse a atividade operacional um objeto de custos, seus centros de custos poderiam ser: finalística, apoio, controle, prospecção, genérico. (b) Caso se considerasse a atividade de suprimento um objeto de custos, seus centros de custos poderia ser: compras, estoque, distribuição, conciliação, genérico.

| Objeto de Custo = Centro de Custos? |
|---|
| Caso uma empresa fabrique e comercialize um único produto, e caso o objeto de custo seja produto, o centro de custo será equivalente ao objeto de custo. |

## 7. CUSTOS CONTROLÁVEIS

Custos controláveis são aqueles que podem ser influenciados ou controlados por um determinado gestor ou responsável dentro de um nível específico da organização, em um determinado período de tempo. Exemplo: o gerente de produção pode controlar o custo com horas extras, mas não pode controlar a depreciação de máquinas, que seria um custo não controlável para ele. O Quadro a seguir contempla as diferenças entre custos controláveis e não controláveis.

**Quadro 31.9:** Custos controláveis e não controláveis

| Controláveis | Não Controláveis |
|---|---|
| Sob influência do gestor | Fora da alçada do gestor |
| Exemplo: consumo de energia, materiais | Exemplo: depreciação, aluguéis corporativos |
| Úteis para avaliar desempenho | Relevantes para análise global da empresa |

**A identificação de custos controláveis é essencial para:** **(i)** avaliação de desempenho gerencial; **(ii)** implantação de centros de responsabilidade (centros de custos, lucros, investimentos); **(iii)** sistemas de orçamento e controle interno; **(iv)** tomada de decisão, como corte de gastos, planejamento de produção ou negociação com fornecedores.

**Quadro 31.10:** Exemplos de custos controláveis por nível

| Nível Hierárquico | Custos Controláveis |
|---|---|
| Operador de máquina | Uso de insumos, tempo de operação |
| Supervisor de produção | Horas extras, desperdício de matéria-prima |
| Gerente industrial | Contratação de pessoal, manutenção corretiva |

Os custos controláveis são chave na gestão por responsabilidade. Seu controle permite otimização de recursos e desempenho. A contabilidade gerencial deve identificá-los e monitorá-los por centro de custo.

## 8. EQUIVALENTES DE PRODUÇÃO

Em sistemas de produção contínua, como fábricas de alimentos, cimento, papel, produtos químicos, etc., é comum existirem produtos em diferentes estágios de acabamento no fim do período. Para mensurar corretamente os custos, utiliza-se o conceito de equivalentes de produção, que busca transformar a produção inacabada em uma produção equivalente totalmente acabada.

Essa sistemática, ajuda a: (i) **distribuir os custos corretamente** entre produtos acabados e em processo; (ii) **avaliar estoques** com mais precisão; (iii) **analisar eficiência da produção.**

Equivalente de produção = quantidade teórica de unidades acabadas que representam o mesmo esforço de produção das unidades em processo.

Equivalentes de Produção = Quantidade em Processo × % de Conclusão

**Simulação 1: Equivalente de Produção**

Suponha a empresa ABC que fabrica suco e adota o custeio por processo. Ao final do mês de janeiro de X0, tem-se:

- 10.000 unidades produzidas e acabadas
- 2.000 unidades **em processo** com 50% de acabamento

**Cálculo dos equivalentes:**

10.000 unidades acabadas → equivalem a 10.000 unidades

2.000 unidades em 50% → equivalem a 1.000 unidades acabadas

Total de Equivalentes = 10.000 + 1.000 = 11.000

Essas 11.000 unidades equivalentes serão a **base de rateio dos custos** do período.

| Importante |
|---|
| O grau de acabamento pode variar por tipo de custo: materiais diretos, mão de obra e custos indiretos de fabricação (CIF) podem ter níveis diferentes de conclusão. Exemplo com detalhamento por tipo de custo: |

| Tipo de Custo | % de Conclusão | Qtde em Processo | Equivalente |
|---|---|---|---|
| Materiais | 100% | 2.000 | 2.000 |
| Mão de Obra | 50% | 2.000 | 1.000 |
| CIF | 30% | 2.000 | 600 |

**Existem métodos diferentes para usar equivalentes de produção:**

-**Método PEPS (FIFO):** considera apenas os custos do período atual.

-**Método do Custo Médio Ponderado:** mistura custos do período atual com os do período anterior.

O uso de equivalentes de produção permite: (i) mensurar o esforço produtivo real; (ii) alocar corretamente os custos entre produtos acabados e produtos em elaboração (PE); (iii) evitar distorções na formação do custo unitário.

## 9. PRODUÇÃO CONJUNTA

Produção conjunta ocorre quando do mesmo processo produtivo surgem dois ou mais produtos simultaneamente, e não é possível separá-los até determinado ponto da produção, chamado de ponto de separação (*split-off*). Exemplo clássico: no refino do petróleo, obtêm-se gasolina, querosene, óleo diesel e gás — todos gerados a partir de um único processo industrial.

Principais características: (i) compartilham custos conjuntos até o ponto de separação; (ii) depois do *split-off*, os produtos podem passar por processamentos adicionais; (iii) os custos conjuntos precisam ser apropriados entre os produtos resultantes. A seguir constam os setores em que produção conjunta é comum.

**Quadro 31.11:** Exemplo de setores em que há produção conjunta

| Setor | Produtos Conjuntos |
|---|---|
| **Agroindústria** | Carne e couro (abate de bovinos) |
| **Laticínios** | Leite, nata, manteiga, soro |
| **Indústria química** | Subprodutos de uma mesma reação |
| **Mineração** | Ferro, níquel e cobalto extraídos simultaneamente |

**Importante**

No momento em que os produtos conjuntos são gerados, os **custos acumulados até o ponto de separação** devem ser **rateados** entre eles, utilizando um dos seguintes critérios mais comuns:

| Critério | Base de Rateio |
|---|---|
| **Valor de mercado** | Valor de venda proporcional dos produtos |
| **Peso ou volume** | Proporcional ao peso ou volume físico |
| **Unidades produzidas** | Quantidade de unidades geradas |
| **Lucro bruto estimado** | Considera margem de contribuição prevista |

**Simulação 2: Produção Conjunta**

Suponha a empresa VACA que abate 100 bois em janeiro de X0 e desse processo, obtém:

**-Carne (produto principal)**

**-Couro (subproduto)**

**Os custos até o ponto de separação somaram: R$ 100.000**

**O valor de mercado:**

**-Carne = R$ 400.000**

**-Couro = R$ 100.000**

**Rateio proporcional ao valor de mercado:**

**-Carne = 80% do valor → R$ 80.000**

**-Couro = 20% do valor → R$ 20.000**

A produção conjunta exige rateio de custos até o ponto de separação. Os critérios devem ser técnicos, consistentes e justos. Essencial para precificação, controle de estoques e tomada de decisão.

## 10. ENTIDADES INDUSTRIAIS E NÃO INDUSTRIAIS

A Contabilidade de Custos como ramo da Contabilidade foi criada para resolver os impasses relativos à mensuração monetária dos estoques das empresas que produzem o seu próprio produto (empresas industriais) e, consequentemente, auferir seu resultado partindo de premissas mais confiáveis.

Pelo conceito anterior, observa-se que a contabilidade de custos se volta inicialmente para empresas industriais. Contudo em inúmeras empresas de serviços podem fazer uso da contabilidade de custos em projetos (empresas de engenharia, auditoria, planejamento, etc.). Em outras empresas, comerciais e financeiras, também se utiliza a terminologia contabilidade de custos, **mesmo sabendo que os custos dessas empresas imediatamente se transformam em despesas, sem que haja a fase de estocagem**.

Desse modo, a contabilidade de custos é perfeitamente aderente para entidades não industriais, desde que se refira a bens ou serviços utilizados na produção de outros bens ou serviços.

| Contabilidade de Custos aplicada a entidades não industriais |
|---|
| 1. É válida.<br>2. Útil em projetos.<br>3. Considerar que os custos dessas empresas imediatamente se transformam em despesas, sem que haja a fase de estocagem. |

| Características de um Serviço |
|---|
| 1. Intangibilidade: o produto é algo que um cliente possui, um serviço é algo que ele vivencia. Produtos são objetos concretos; enquanto serviços são abstratos. Além disso, serviços são mais difíceis de serem padronizados, e por isso sua gestão é mais complexa.<br>2. Necessidade da presença do cliente: é o cliente que inicia o processo através de sua solicitação. Por esta razão, frequentemente nesse tipo de empresa a mão de obra é o recurso determinante para a eficácia da organização;<br>3. Produção e consumo simultâneo dos serviços: **os serviços são criados e consumidos ao mesmo tempo, e por esse motivo, não podem ser estocados**. Em razão disso, a capacidade produtiva que for colocada disponível e não for utilizada será desperdiçada. |

## 11. PRINCÍPIOS CONTÁBEIS APLICADOS À CONTABILIDADE DE CUSTOS

O Quadro a seguir traz os princípios contábeis aplicados à contabilidade de custos.

**Quadro 31.12:** Princípios contábeis aplicados à contabilidade de custos

| Princípio | Descrição |
|---|---|
| Princípio de realização da receita | Ocorre o reconhecimento contábil do resultado (lucro ou prejuízo) apenas quando da realização da receita. E ocorre a realização da receita, em regra, quando da transferência do bem ou do serviço para terceiros. |
| Princípio da competência ou confrontação entre despesas e receitas | Após o reconhecimento da receita, deduz-se dela todos os valores representativos dos esforços para sua consecução. Podem ser segmentadas em 2 grupos: (i) despesas especificamente incorridas para a consecução daquelas receitas (exemplo: custo da mercadoria/produto vendida(o)); (ii) despesas incorridas para obtenção de receitas genéricas e não necessariamente daquelas que estão sendo agora contabilizadas (exemplo: despesas com marketing e propaganda). |

| | |
|---|---|
| Custo histórico como base de valor | O estoque de uma empresa, na maioria dos países, é registrado com base no custo histórico dos produtos que ali estão, sem considerar as variações de preço dos períodos.<br>Atualmente pelo CPC 16, os estoques devem ser mensurados pelo valor de custo ou pelo valor realizável líquido, dos dois o menor. |
| Consistência e uniformidade | A contabilidade de uma empresa deve ser feita de forma **consistente**. Mudanças constantes nas metodologias dificultariam a comparabilidade das informações.<br>Exemplo: uma fábrica de sapatos *não poderia alterar, a cada período*, seu método de alocação dos custos indiretos. |
| Conservadorismo ou prudência | A empresa deve buscar avaliar suas transações da forma mais precavida possível.<br>Se houverem dúvidas sobre a classificação de algum gasto entre custo ou despesa, ele deve ser considerado despesa, impactando o resultado e não o estoque do produto.<br>O uso desse princípio deve ser feito com bom-senso. A alocação de gastos como despesas devem ser feitas quando houverem dúvidas reais sobre sua classificação. |
| Materialidade ou relevância | A empresa não precisa tratar com rigor gastos irrelevantes ou com pouca materialidade.<br>Exemplo: uma empresa compra um produto para lubrificar equipamentos da linha de fabricação. Como seu custo é irrelevante, ele pode ser totalmente alocado no período, mesmo que a empresa não o utilize todo o produto. |

## 13. QUESTÕES DISCURSIVAS

### 1ª Questão (TCE-PR – Auditor2016 CEBRASPE)

Uma empresa industrial decidiu adotar no próximo ano as seguintes medidas para melhorar a gestão de custos e a lucratividade dos três tipos de produtos que atualmente fabrica.

I Os empregados da empresa, que recebem salários com base no valor do salário-mínimo, passarão a ser remunerados exclusivamente em função da quantidade de peças produzidas.

II Uma vez que a empresa não sabe exatamente quanto tempo tal supervisor dedica a cada tipo de produto, em vez de um único supervisor responsável pelo gerenciamento de toda a produção, será designado um supervisor exclusivo para a gestão de cada tipo de produto fabricado pela empresa.

Com referência às medidas descritas na situação hipotética acima, descreva as formas de classificação de custos que serão afetadas com a implantação das medidas I e II e apresente os conceitos das categorias que compõem as referidas formas de classificação. [valor: 4,75 pontos: 2,38 e 2,37 pontos para as medidas I e II, respectivamente]

### Resolução da Questão

Com a implementação da medida I, será afetada a classificação de custos que segrega os custos em função de sua relação com o volume de produção. Atualmente, os custos de mão de obra da empresa independem do volume de produção, pois têm por referência o valor do salário mínimo. Com a mudança, esses custos passarão a ser variáveis, pois seus valores dependerão do volume de produção. Conceitualmente, os custos fixos são aqueles cujo valor independe do volume de produção, enquanto os custos variáveis mudam de valor em função da quantidade produzida.

Com a implementação da medida II, será afetada a classificação de custos que segrega os custos em função da relação entre estes e o produto fabricado. Nesse sentido, os custos diretos são apropriáveis ao produto de forma fácil, direta e objetiva. Já os custos indiretos dependem de esquemas especiais para a sua alocação aos produtos, tais como estimativas e bases de rateio. No caso em questão, os custos deixarão de ser indiretos para ser considerados diretos, visto que, com a mudança, será possível apropriar os custos dos salários dos supervisores diretamente aos produtos

**2ª Questão (Agência Estadual de Regulação dos Serviços Públicos/MT – Delegado 2023 CEBRASPE)**

Na contabilidade de custos, os custos podem ser classificados em diretos ou indiretos e em fixos ou variáveis, sendo também identificados na demonstração de resultados como custo de produção do período, custo de produção acabada e custos dos produtos vendidos. A esse respeito, redija um texto dissertativo, atendendo ao que se pede a seguir.

1. Apresente os principais objetivos da contabilidade de custos para usuários externos e internos das informações contábeis. [valor: 4,00 pontos]
2. Descreva os principais aspectos conceituais dos custos, conforme a sua classificação. [valor: 5,50 pontos]

### Resolução da Questão

A contabilidade de custos auxilia na avaliação de estoques e lucros totais, bem como no planejamento, no controle e na decisão gerenciais.

O custo de produção do período é o somatório dos custos incorridos no período dentro da fábrica, como, por exemplo, material direto, mão de obra direta, outros custos diretos e todos os custos indiretos.

O custo da produção acabada é o somatório dos custos contidos na produção acabada do período; e o custo da produção vendida é o somatório dos custos incorridos na produção dos bens e serviços vendidos.

Os custos diretos são custos diretamente apropriados aos produtos, tendo uma medida de consumo; e os custos indiretos são estimados, devido à falta de uma medida objetiva para sua alocação.

Os custos fixos consideram o valor total de um custo, independentemente do volume produzido; e os custos variáveis são dependentes do volume de atividade numa unidade de tempo.

CAPÍTULO 32

# SISTEMA DE CUSTOS

## 1. SISTEMA DE CUSTOS

Um sistema de custos é baseado no tripé: sistema de acumulação, sistema de custeio e métodos de custeio.

## 2. SISTEMA DE ACUMULAÇÃO

O Quadro 32.1 contém os sistemas de acumulação.

**Quadro 32.1:** Sistemas de acumulação

| Sistema de Acumulação | Descrição |
|---|---|
| Por Ordem de Serviço ou Produção | É o sistema de acumulação que **compreende especificações predeterminadas** do serviço ou produto demandado.<br>As ordens são mais adequadas para tratamento dos custos de investimentos e de projetos específicos, por exemplo, as obras e benfeitorias. |
| Forma Contínua | É o sistema de acumulação que **compreende demandas de caráter continuado e são acumuladas** ao longo do tempo. |

## 3. SISTEMA DE CUSTEIO

O Quadro 32.2 contém os sistemas de custeio.

**Quadro 32.2:** Sistemas de custeio

| Sistema de Custeio | Descrição |
|---|---|
| Custo padrão ideal | Considera a mensuração dos custos com base nos **melhores fatores de produção existentes**, mesmo que não disponíveis imediatamente à empresa. Logo, ele não inclui ineficiências, salvo as não elimináveis "cientificamente". Nesse sentido, nessa classificação há o mínimo de desperdício dos insumos. **Só seria alcançável no Longo Prazo.** |
| Custo padrão corrente | É o mais adequado para servir como métrica de controle de custos. Pois ele **considera os fatores de produção** que realmente estão à disposição da empresa e inclui algumas ineficiências da companhia. Só excluindo aquelas que julgarem razoavelmente sanáveis. Assim, o custo corrente situa-se entre o custo ideal e o custo estimado Sendo de difícil alcance, porém não impossível. **Alcançável, portanto, no Médio ou no Curto Prazo.** |
| Custo padrão estimado (ou apenas custo estimado) | Considera o ajuste de números apurados por série histórica, usando a média. Por conseguinte, é custo que deverá ocorrer de fato na realidade, caso nenhuma melhoria seja feita. Então, o custo padrão estimado é uma métrica de fácil alcance, a qual **se espera que ocorra no Curto Prazo.** |
| Custos históricos ou reais | São os custos históricos apurados a posteriori e que realmente foram incorridos. |

| Custo Real versus Custo Padrão |
|---|
| Em função da comparação, entre o custo padrão e o custo real podem ocorrer 2 situações: |
| (i) Sobre aplicação: é a **variação positiva** apurada entre os custos e metas estimados e os executados. |
| (ii) Sub aplicação: é a **variação negativa** apurada entre os custos e metas estimados e os executados. |

# 4. MÉTODOS DE CUSTEIO

## 4.1. Tipos

O Quadro 32.3 contém os métodos de custeio mais comuns da literatura técnica, enquanto o Quadro 32.4 evidencia as diferenças.

**Quadro 32.3:** Métodos de custeio

| Métodos de Custeio | Descrição |
|---|---|
| Custeio Variável, Direto ou Marginal | É o custeio que apropria aos produtos ou serviços apenas os **custos variáveis (diretos e indiretos)** e **considera os custos fixos como despesas do período.** |
| Custeio por Absorção | É o custeio que consiste na apropriação **de todos os custos** de produção aos produtos e serviços, sejam **eles diretos ou indiretos, fixos ou variáveis**. |
| Custeio ABC | É o custeio que considera que todas as atividades desenvolvidas pelas entidades são geradoras de custos e consomem recursos. Procura estabelecer a relação entre atividades e os objetos de custo por meio de direcionadores de custos que determinam quanto de cada atividade é consumida por eles. **Utiliza como rateio os direcionadores das atividades**. |
| Custeio Pleno, Integral ou RKW[1] | Consiste na apropriação dos custos de produção e das despesas aos produtos e serviços. |

**Chamada 168 do autor:** Métodos de Custeio



1 Reichskuratorium für Wirtschaftlichtkeit de origem alemã.

**Quadro 32.4:** Diferenças entre os métodos de custeio

| Métodos de Custeio | Aceito para fins Fiscais ou Contábeis? | Todos os custos variáveis são apropriados? | Todos os custos fixos são apropriados? | Os custos fixos são custos ou despesas? | As despesas administrativas são custos ou despesas? | É aplicado critério de rateio para os custos indiretos? |
|---|---|---|---|---|---|---|
| **Custeio Variável, Custeio Direto ou Marginal** | Não | Sim (inclui custos variáveis diretos e custos variáveis indiretos) | Não | São despesas | São despesas | Apenas para os custos variáveis indiretos. |
| **Custeio por Absorção ou Total** | Sim[2] | Sim | Sim | São custos | São despesas | Sim, como por exemplo: homens-hora, matéria prima, etc. |
| **Custeio ABC**** | Não | Sim | Sim | São custos | São despesas | Sim, as atividades. |
| **Custeio Pleno, Integral ou RKW** | Não | Sim | Sim | São custos | São custos | Sim, como por exemplo: homens-hora, matéria prima, etc. |

2 A maioria dos países exige a utilização desse método tanto para fins tributários quanto nos relatórios financeiros externos.

Independentemente do método de custeio adotado, **é necessário compreender que não existe mensuração de custos exata**. Isso porque os custos são estimados, sobretudo considerando que os custos indiretos quando alocados derivam de critérios de rateio ou rastreamento e quando não alocados não compõem os custos do que se deseja mensurar. De outra forma, somente na hipótese em que se deseja mensurar os custos de modo global (agregado), a exemplo do órgão ou entidade como um todo, onde não há limitações na alocação, todos os custos seriam considerados diretos.

Para efetuar a alocação, recomenda-se a seguinte ordem de prioridade, respeitando o atributo utilidade (relação sempre positiva entre o custo e o benefício para a geração da informação): **1 - alocação direta; 2 - rastreamento; e 3 - rateio.** A forma de alocação aplicada é o que basicamente distingue os métodos de custeio.

## 4.2. Análise Integrada

### *4.2.1. Custeio Variável e Custeio por Absorção*

O Quadro 32.5 aprofunda as diferenças gerenciais entre o custeio variável e o custeio por absorção.

**Quadro 32.5:** Diferenças gerenciais entre o custeio variável e o custeio por absorção

| Custeio Variável | Custeio por absorção |
|---|---|
| Apenas os cursos variáveis são considerados. | Todos os custos de fabricação são considerados como custo do produto. |
| O resultado varia em função da venda. | O resultado varia em função da produção. |
| Não utiliza métodos de rateio. | É necessário usar métodos de rateio, por vezes, arbitrários. |
| Evidencia o custo unitário parcial dos produtos. | Evidencia o custo total unitário dos produtos. |
| Evidencia a margem de contribuição unitária e global. | Não evidencia a margem de contribuição. |
| Importante para decisões de curto prazo. | Importante para decisões de longo prazo. |

| Custeio por absorção versus custeio variável |
|---|
| A diferença reside nos custos gerais fixos de produção. Pois no custeio por absorção são custos de produtos e no custeio variável são despesas (custos de período). Em ambos os casos são custos de produtos: mão de obra direta, matéria-prima direta e custos gerais variáveis de produção. Em ambos os casos, são despesas (custos de período): despesas variáveis de venda e administração, e despesas de venda e administração. |

## Figura 32.1: Custeio por Absorção versus Custeio Variável

<table>
<tr><th>Custeio por Absorção</th><th></th><th>Gastos</th><th></th><th>Custeio Variável</th></tr>
<tr><td rowspan="4">Custos de produtos: custos</td><td>→</td><td>• Custos gerais variáveis de produção •</td><td>←</td><td rowspan="2">Custos de produtos: custos</td></tr>
<tr><td>→</td><td>• Matéria-prima direta •</td><td>←</td></tr>
<tr><td>→</td><td>• Custos gerais fixos de produção[a] •</td><td>←</td><td rowspan="4">Custos de período: despesas</td></tr>
<tr><td>→</td><td>• Mão de obra direta[a] •</td><td>←</td></tr>
<tr><td rowspan="2">Custos de período: despesas</td><td>→</td><td>• Despesas variáveis de vendas e administração •</td><td>←</td></tr>
<tr><td>→</td><td>• Despesas fixas de vendas e administração •</td><td>←</td></tr>
</table>

**Legenda:** (a) Esses são os custos que diferenciam o custeio variável do custeio por absorção. No custeio variável são despesas, e no custeio por absorção são custos.

**Fonte:** Adaptado de Garrison, Noreen, Brewer (2007), pois nos EUA eles consideram **mão de obra direta** como custos diretos **variáveis**, e está se considerando como custos diretos **fixos**.

| Vantagens Custeio Variável[3,4] |
|---|
| 1. Os custos dos produtos são mensuráveis objetivamente, pois não sofrerão processos arbitrários ou subjetivos de distribuição dos custos comuns; |
| 2. O lucro líquido não é afetado por mudanças de aumento ou diminuição de inventários; |
| 3. Os dados necessários para análise das relações custo-volume-lucro são rapidamente obtidos do sistema de informação contábil; |
| 4. É mais fácil para os gerentes industriais entenderem o custeamento dos produtos sob o custeio variável, pois os dados são próximos da fábrica e de sua responsabilidade, possibilitando a correta avaliação de desempenho setorial; |
| 5. O custeamento variável é totalmente integrado com **o custo padrão** e o orçamento flexível, possibilitando o correto controle de custos; |
| 6. O custeamento variável constitui um conceito de custeamento de inventário que corresponde diretamente aos dispêndios necessários para manufaturar os produtos; |
| 7. O custeamento variável possibilita mais clareza no planejamento do lucro e na tomada de decisão; |
| 8. O custeamento variável apresenta de imediato a margem de contribuição; |
| 9. A geração de informações para a administração, quando se deseja saber, com segurança, quais produtos, linhas de produtos, departamento, territórios de vendas, clientes e ouvtros segmentos (ou objetivos) que são lucrativos e onde a Contabilidade de custos deseja investigar os efeitos inter-relacionados das mudanças ocorridas nas quantidades produzidas e vendidas, nos preços e nos custos de despesas; |
| 10. Os custos periódicos não se "escondem" nos estoques de produtos fabricados e em andamento, fazendo com que as figuras de lucro sejam ilusórias; |

3 LEONE. G.G. **Curso de Contabilidade de Custos.** São Paulo: Atlas, 1997.

4 PADOVEZE, C. L. O Paradoxo da Utilização do Método de Custeio: Custeio Variável por Absorção. **Revista CRC-SP**, ano 4, nº 12, p. 42-58, jun. 2000.

11. Os custos fixos, periódicos e repetitivos, da forma como são destacados nas demonstrações de resultado, facilitam a visão do administrador sobre o montante desses custos e despesas e a influência que têm sobre o lucro dos negócios;
12. É facilmente acoplado aos demais sistemas de custos.

**Desvantagens Custeio Variável[5,6]**

1. A exclusão dos custos fixos indiretos para valoração dos estoques causa a sua subavaliação, fere os princípios contábeis e altera o resultado do período;
2. Na prática, a separação de custos fixos e variáveis não é tão clara como parece, pois existem custos semivariáveis e semifixos, podendo no custeamento direto incorrerem problemas semelhantes de identificação dos elementos de custeio;
3. O custeamento direto é um conceito de custeamento e análise de custos para decisões de curto prazo, mas subestima os custos fixos, que são ligados à capacidade de produção e de planejamento de longo prazo, podendo trazer problemas de continuidade para a empresa.
4. As informações do custeio variável são bem aplicadas em problemas cujas soluções são de curto alcance no tempo. Para obter soluções de longo prazo, normalmente as informações do custeio variável não são recomendadas;
5. O trabalho de análise das despesas e custos em fixos e variáveis é dispendioso e demorado. Sempre deverá ser avaliado a relação custo x benefício;
6. Os resultados do custeio variável não são aceitos para a preparação de demonstrações contábeis de uso externo.

**Vantagens Custeio por Absorção[7,8]**

1. Está de acordo com os as leis tributárias e os CPCs;
2. Menos custoso de implementar, pois ele não requer a separação dos custos de manufatura nos componentes fixos e variáveis;
3. São aceitos para a preparação de demonstrações contábeis de uso externo e para obtenção de soluções de longo prazo, onde, normalmente, as informações do custeio por absorção são recomendadas.

**Desvantagens Custeio por Absorção[9,10]**

Pode-se considerar como desvantagem o não fornecimento das vantagens que o custeio variável fornece para tomada de decisão.

5 LEONE. G.G. **Curso de Contabilidade de Custos**. São Paulo: Atlas, 1997.

6 PADOVEZE, C. L. O Paradoxo da Utilização do Método de Custeio: Custeio Variável por Absorção. **Revista CRC-SP**, ano 4, nº 12, p. 42-58, jun. 2000.

7 LEONE. G.G. **Curso de Contabilidade de Custos**. São Paulo: Atlas, 1997.

8 PADOVEZE, C. L. O Paradoxo da Utilização do Método de Custeio: Custeio Variável por Absorção. **Revista CRC-SP**, ano 4, nº 12, p. 42-58, jun. 2000.

9 LEONE. G.G. **Curso de Contabilidade de Custos**. São Paulo: Atlas, 1997.

10 PADOVEZE, C. L. O Paradoxo da Utilização do Método de Custeio: Custeio Variável por Absorção. **Revista CRC-SP**, ano 4, nº 12, p. 42-58, jun. 2000.

### *4.2.2. Custeio por Absorção e Custeio ABC*

| Custeio por absorção versus custeio ABC |
|---|
| Observa-se que umas das diferenças entre o custeio por absorção e o custeio ABC é o critério de rateio. **No custeio por absorção** é feito com base no consumo dos custos diretos mais significativos, enquanto **no custeio ABC** é feito com base nas atividades. **Depreende-se que o ABC permite uma alocação mais precisa dos custos**, desde que, evidentemente, se tenha o mapeamento das atividades do órgão ou entidade. |

### *4.2.3. Propósito do RKW*

Ao incorporar as despesas como custos, seria possível obter o gasto completo de todo o processo industrial de obtenção da receita.

**Após essa etapa, bastaria adicionar o lucro desejado para ser ter o preço de venda final. Seria uma espécie de "Mark up" que será visto o capítulo seguinte.**

Muitas vezes a empresa fixa o lucro desejado para o período como um valor global e procede então ao rateio aos produtos em função de alguma base de custos.

### *4.2.4. Aplicação final*

**Simulação 01: Análise Integrada dos Métodos de Custeio**

Considere os dados a seguir:

**Gastos: R$ 2.330.000**

| Custos: R$ 630.000 | Despesas Administrativas, Gerais, Financeiras: R$ 700.000 (R$ 400.000 variáveis e 300.000 fixas) | Investimentos: R$ 1.000.000 |
|---|---|---|

**Custos desembolsáveis: R$ 500.000**

| Descrição | Custos Variáveis | Custos Fixos |
|---|---|---|
| **Custos Diretos** | R$ 100.000 | R$ 200.000 |
| **Custos Indiretos** | R$ 25.000 | R$ 175.000 |

**Custos não desembolsáveis: R$ 130.000**

| Descrição | Valor |
|---|---|
| Custo Fixo Indireto: Depreciação | R$ 130.000 |

| Método | Custo total | Custo sujeito a rateio (apenas o custo indireto) |
|---|---|---|
| Custeio Variável, Custeio Direto (visão doutrinária) ou Marginal | 100.000 + 25.000 = R$ 125.000 | R$ 25.000 |
| Custeio por Absorção ou Total | 500.000 + 130.000 = R$ 630.000 | R$ 25.000 + R$ 175.000 + 130.000 = R$ 330.000 |
| Custeio ABC | 500.000 + 130.000 = R$ 630.000 | R$ 25.000 + R$ 175.000 + 130.000 = R$ 330.000 |
| Custeio Pleno, Integral ou RKW | 630.000 + 700.000 = R$ 1.330.000 | R$ 25.000 + R$ 175.000 + R$ 700.000 + 130.000 = R$ 1.030.000 |

Assim, observa-se que umas das diferenças marcantes entre o custeio por absorção e o custeio ABC é o critério de rateio. No custeio por absorção é feito **com base no consumo dos custos diretos mais significativos**, enquanto no custeio ABC é **feito com base nas atividades.**

CAPÍTULO 33

# FERRAMENTAS GERENCIAIS DA CONTABILIDADE DE CUSTOS

## 1. MARGEM DE CONTRIBUIÇÃO

A margem de contribuição representa quanto o lucro da venda de cada produto contribuirá para a empresa cobrir todos os seus custos e despesas – chamados de custo de estrutura – e ainda gerar lucro. A seguir consta a fórmula:

**Margem de Contribuição = Valor das Vendas – (Custos Variáveis + Despesas Variáveis)**

A margem de contribuição é o valor do preço de venda diminuído dos custos e despesas variáveis. Em outras palavras, é a parcela que resta da receita de vendas, após o pagamento dos gastos variáveis, a qual é utilizada para o pagamento dos custos e despesas fixas e para a formação do lucro. Por esse motivo, **a margem de contribuição é também conhecida como ganho bruto**.

**Quadro 33.1:** Ilustração da Margem de Contribuição na DRE ajustada – custeio por absorção

| DRE ajustada - custeio por absorção | |
|---|---|
| | Receita Bruta |
| - | Impostos sobre Venda |
| = | Receita Líquida |
| - | Custos e Despesas Variáveis |
| = Margem de Contribuição | |
| - | Custos e Despesas Fixas |
| = | EBT |
| - | IR e CSLL |
| = | LL |

A DRE no Brasil utiliza o método de custeio por absorção. Contudo, em sua versão padrão, os custos fixos e variáveis são evidenciados agrupados no Custo de Mercadorias Vendidas após a Receita Líquida de Vendas e antes do Lucro Operacional Bruto. Após o Lucro Operacional Bruto constam as despesas fixas e variáveis agrupadas pelo método da função.

Para fins gerenciais de cálculo da margem de contribuição, é necessário segregar os custos em fixos e variáveis; e as despesas em fixas e variáveis e reapresentar a DRE.

De forma mais simplificada, para se calcular a Margem de Contribuição deve-se excluir do CMV, os custos fixos e incorporar as despesas variáveis.

A margem de contribuição unitária (MCU) é alcançada quando o conceito de margem de contribuição é aplicado a **apenas uma unidade de produção**. Ou seja, a $\mathbf{MC_{Unt}}$ é calculada através do preço de venda do produto diminuído dos custos e despesas variáveis unitários.

$$\mathbf{MC_{Unt} = P_{Unt} - CV_{Unt} - DV_{Unt}}$$

Nesse sentido, pode-se chegar à **margem de contribuição total** (MCT) através da multiplicação da MCU pela quantidade vendida.

Existe ainda a margem de contribuição percentual.

$$\mathbf{MC\% = MC_{Unt} \; / \; P_{Unt} \text{ ou } MCT / \text{ Valor das Vendas}}$$

## 2. PONTO DE EQUILÍBRIO

Também denominado "target de faturamento" em valores e unidades suficientes para cobrir gastos fixos e variáreis e a partir desse ponto começa a lucratividade da empresa. Ele representa a quantidade produzida ou valor da receita de vendas com que faça o lucro ser igual a zero.

**Quadro 33.2:** Ilustração do Ponto de Equilíbrio Contábil na DRE ajustada – custeio por absorção

| | DRE ajustada - custeio por absorção |
|---|---|
| | Receita Bruta |
| - | Impostos sobre Venda |
| = | Receita Líquida |
| - | Custos e Despesas Variáveis |
| | = Margem de Contribuição |
| - | Custos e Despesas Fixas |
| = | EBT = 0 (ponto de equilíbrio contábil) |
| - | IR e CSLL |
| = | LL |

Nesse sentido, a **quantidade produzida no Ponto de Equilíbrio Contábil (PEC)** é encontrada dividindo os custos fixos e as despesas fixas pela margem de contribuição unitária.

$$Q_{PEC} = CF+DF \;/\; MC_{Unt}$$

Outra forma se se chegar ao **Ponto de Equilíbrio Contábil (PEC)** seria:

**Receita do PEC = (CV + DV) + (CF + DF)**

Contudo, existem mais 2 pontos de equilíbrio: econômico e financeiro. O Quadro 33.3 evidencia a fórmula de cada um.

**Quadro 33.3:** Tipos de ponto de Equilíbrio

| Tipo de Ponto de Equilíbrio | Fórmula |
|---|---|
| Contábil | $Q_{PEC}$ = CF+DF / $MC_{Unt}$ |
| Financeiro | $Q_{PEF}$ = CF+DF - depreciação-amortização-exaustão / $MC_{Unt}$ |
| Econômico | $Q_{PEE}$ = CF+DF+lucro mínimo (custo de oportunidade)/ $MC_{Unt}$ |

**Chamada 169 do autor:** Margem de Contribuição e Ponto de Equilíbrio

## 3. MARGEM DE SEGURANÇA

A Margem de Segurança é a quantidade vendida ou a receita de vendas que pode ser reduzida antes de a empresa entrar em prejuízo. E pode ser obtida das seguintes formas:

(i) **Quantidade Vendida - QuantidadePEC**

**ou**

(ii) **Receita Total - ReceitaPEC**

A Margem de Segurança percentual (MS%) é igual a:

(i) **(QVend - QPEC ) / QVend**

**ou**

(ii) **RVend - RPEC / RT**

**Quadro 33.4:** Efeitos do Preço de Vendas, Custos e Despesas sobre o PEC e a MS

| Variável | Variação | Efeito no Ponto de Equilíbrio (PEC) | Efeito na Margem de Segurança (MS) |
|---|---|---|---|
| Preço de Venda | + | – | + |
| | – | + | – |
| Custos e Despesas Variáveis | + | + | – |
| | – | – | + |
| Custos e Despesas Fixas | + | + | – |
| | – | – | + |

## 4. ALAVANCAGEM OPERACIONAL

A alavancagem operacional é a variação percentual no Lucro Operacional derivada da variação percentual no Volume de Vendas. Desse modo, ela é igual para qualquer variação no volume. Assim, quanto maior o Custo Fixo e a Despesa Fixa, maior a alavancagem operacional.

$$\text{Grau de Alavancagem Operacional} = \frac{\text{Margem de Contribuição Total}}{\text{Lucro Operacional}}$$

**Chamada 170 do autor:** Margem de Segurança e Alavancagem Operacional

**Simulação 01: Alavancagem operacional sob a ótica dos custos**

Considere o cenário a seguir e que houve um incremento de 40% na receita de vendas.

| | DRE ajustada pelo custeio por absorção: antes | |
|---|---|---|
| | **Receita Bruta** | **200.000** |
| - | Impostos sobre Venda | **(50.000)** |
| = | **Receita Líquida** | 150.000 |
| - | Custos e Despesas Variáveis | **(60.000)** |
| = | Margem de Contribuição | 90.000 |
| - | Custos e Despesas Fixas | **(50.000)** |
| = | EBT | 40.000 |

| | DRE ajustada pelo custeio por absorção: depois | |
|---|---|---|
| | **Receita Bruta** | **260.000** |
| - | Impostos sobre Venda | (80.000) |
| = | **Receita Líquida** | 180.000 |
| - | Custos e Despesas Variáveis | (72.000) |
| = | Margem de Contribuição | 108.000 |
| - | Custos e Despesas Fixas | **(50.000)** |
| = | EBT | 58.000 |

- A receita líquida variou 20% (180.000/150.000 = 1,2).
- O EBT variou 30% (78.000/60.000 = 1,45).
- GAO = 45%/20% = 2,25.

Toda vez que a receita variar, o lucro operacional (EBIT) irá variar 2,25 vezes mais, seja no aumento ou na redução da receita.

Se a receita líquida subir para R$ 210.000 (aumento de 30%), o EBT subirá 67,5% (30% x 2,25). Logo EBT será de R$ 67.000 (1,675 x 40.000).

Se a receita líquida reduzir para R$ 135.000 (redução de 10%), o EBT reduzirá 22,5% (10% x 2,25). Logo EBT será de R$ 31.000 [(1-0,225)x 40.000].

## 5. MARKUP

O *markup* é um índice relacionado ao preço de produtos e serviços oferecidos por uma empresa. Ele consiste em um índice que tem por objetivo estipular a precificação de determinados produtos e serviços. Ele basicamente representa a diferença entre o preço de venda e o preço de custo de um produto ou mercadoria.

$$MKup = \frac{1}{1\text{–}\%DV\text{–}\%DF\text{–}\%OL}\text{, em que:}$$

%DV = Percentual da Despesa Variável/Receita

%DF = Percentual da Despesa Fixa/Receita

%OL = Percentual do Objetivo do Lucro

Preço de Venda = Custo Unitário x MKup

**Simulação 02: Aplicação do *Markup***

Considere os dados a seguir e que uma Entidade deseje 20% de lucro:

| DRE ajustada - custeio por absorção | | |
|---|---|---|
| = | **Receita Líquida** (1.000 unidades) | **10.000** |
| – | Custos Variáveis | (2.000) |
| – | Despesas Variáveis | (3.000) |
| = Margem de Contribuição | | 5.000 |
| – | Custos Fixos | (2.000) |
| – | Despesas Fixas | (1.500) |
| = | EBT | 1.500 |

Custo unitário = (CV + CF)/total produzido = (2.000+2.000)/1.000 = 4,0.

%Percentual da Despesa Variável/Receita = 3.000/1.000 = 30%

%Percentual da Despesa Fixa/Receita = 1.500/1.000 = 15%

%Percentual do Objetivo do Lucro = 20%

$$MKup = \frac{1}{1 - 0{,}30 - 0{,}15 - 0{,}20} = 2{,}857$$

Preço de Venda = Custo Unitário x MKup

Preço de Venda = R$ 4 x 2,857 = R$ 11,428

| DRE ajustada com Markup | | |
|---|---|---|
| = | Receita Líquida (1.000 unidades) | 11.428,57 |
| - | Custos Variáveis[a] | (2.000) |
| - | Despesas Variáveis[b] | (3.428,57) |
| = Margem de Contribuição | | 6.000 |
| - | Custos Fixos[a] | (2.000) |
| - | Despesas Fixas[b] | (1.714,29) |
| = | EBT | 2.285,71 |

Legenda: (a) não é afetado pelo mark-up. (b) é afetado pelo mark-up.

OL = EBT/Receita Líquida

OL = 2.285,71/11.428,57 = 20%.

## 6. QUESTÕES DISCURSIVAS

### 1ª Questão (SEFAZ-ES Consultor Ciências Contábeis 2022 FGV):

Uma sociedade empresária produz e vende um tipo de computador. O preço unitário de venda dos computadores é de R$3.000, sendo que os empregados recebem uma comissão de 4% deste valor sobre cada unidade vendida. Além disso, os seus custos variáveis são de R$1.200 e os custos fixos de R$50.000. A sociedade empresária incorre, ainda, em despesas fixas de R$30.000. Em janeiro de X0, a sociedade empresária produz e vende 60 computadores.

Pede-se calcular:

a) a margem de segurança em termos percentuais em janeiro;

b) o grau de alavancagem operacional, considerando que a entidade estima produzir e vender 70 computadores em fevereiro de X0.

**Resolução da Questão**

a) A margem de segurança pode ser calculada mediante: (i) Quantidade Vendida – Quantidade do Ponto de Equilíbrio Contábil ou (ii) Receita Total – Receita no Ponto de Equilíbrio.

Então será necessário calcular o Ponto de Equilíbrio que pode ser calculado pela fórmula:

$Q_{PEC} = CF+DF / MC_{Unt.}$

Considerando os dados fornecidos, $MC_{Unt} = P_{Unt} - CV_{Unt} + DV_{Unt}$, logo $MC_{Unt}$ = R$ 3.000 – 1.200 de custos variáveis – 120 referente a comissão, logo $MC_{Unt}$ = 3.000 – 1.320 = 1.680.

Assim, o **Q** $_{PEC}$ **= CF+DF/MC**$_{Unt,}$ seria **Q**$_{PEC}$ **= (50.000 + 30.000)/1.680, logo Q** $_{PEC}$ **= 47,62, ou seja 48 unidades**

Margem de Segurança = Quantidade Vendida – Quantidade do Ponto de Equilíbrio Contábil, logo

Margem de Segurança = 60 – 48 = 12 unidades.

Margem de Segurança percentual = (QVend – QPEC )/QVend = 60 – 48/60 = 12/60 = 20%.

b) A seguir consta fórmula do grau de alavancagem operacional:

$$\text{Alavancagem Operacional} = \frac{\textit{\% de Aumento do Lucro}}{\textit{\% de Aumento das Vendas}} \text{ ou}$$

$$\text{Grau de Alavancagem Operacional} = \frac{\text{Margem de Contribuição Total}}{\text{Lucro Operacional}}$$

Lucro Operacional em janeiro de X0 = 60x3.000 – 60x1.200 – 60x120 – 30.000 – 50.000 =

Lucro Operacional em janeiro de X0 = 100.800 – 80.000 = 20.800.

Lucro Operacional em fevereiro de X0 = 70x3.000 – 70x1.200 – 70x120 – 30.000 – 80.000 =

Lucro Operacional em fevereiro de X0 = 117.600 – 80.000 = 37.600.

$$\text{Alavancagem Operacional} = \frac{\textit{\% de Aumento do Lucro}}{\textit{\% de Aumento das Vendas}}$$

$$\text{Alavancagem Operacional} = \frac{(37.600 - 20.800)/20.800}{(70 - 60)/60}$$

$$\text{Alavancagem Operacional} = \frac{\dfrac{16.800}{20.800}}{\dfrac{10}{60}}$$

Alavancagem operacional = 4,84

$$\text{Grau de Alavancagem Operacional} = \frac{\text{Margem de Contribuição Total}}{\text{Lucro Operacional}}$$

$$\text{Grau de Alavancagem Operacional} = \frac{1.680x60}{20.800}$$

Alavancagem operacional = 4,84

**2ª Questão (Agência Estadual de Regulação dos Serviços Públicos/MT – Delegado 2023 CEBRASPE)**

Considerando a importância da margem de contribuição para o processo decisório na área de custos, faça o que se pede a seguir.

1. Conceitue margem de contribuição unitária e identifique a forma de apuração do seu valor. [valor: 3,00 pontos]

2. Indique o método de custeio do qual a margem de contribuição é derivada e o problema relacionado à apropriação dos custos aos produtos que a margem de contribuição se propõe a minimizar. [valor: 3,00 pontos]
3. Cite dois tipos de decisão que a aplicação do conceito de margem de contribuição é capaz de subsidiar. [valor: 3,50 pontos]

### Resolução da Questão

A margem de contribuição unitária é um indicador de lucratividade, resultado da diferença entre o preço de venda e os custos e as despesas variáveis de um produto. Representa o que sobra da receita de venda do produto após a dedução de todos os gastos, fabris ou não, que possam ser imputados, de fato, ao produto, contribuindo para a cobertura dos custos e das despesas fixos e/ou para o aumento do próprio resultado.

A margem de contribuição deriva do método de custeio variável, minimizando o problema da subjetividade e da arbitrariedade decorrentes do processo de rateio dos custos indiretos fixos aos produtos.

Dentre as decisões que podem ser tomadas a partir da aplicação do conceito de margem de contribuição, destacam-se: (i) identificação do produto mais lucrativo; ii) o produto que deverá ter a sua produção incentivada; (iii) o produto que deverá ser cortado da linha de produção; (iv) decisão de aceitar ou não proposta de cliente para adquirir produto abaixo do valor praticado no mercado pela empresa; (v) definição de preço mínimo de venda.

## 3ª Questão (TCE-AC Auditor de Controle Externo – Contador – 2024 – CEBRASPE)

Um conselheiro do tribunal de contas do estado X exarou acórdão relativo à tomada de contas da empresa pública XYZ para o exercício de 20X3. Esta, por sua vez, apresentou contestação do inteiro teor do referido acórdão, então o conselheiro relator solicitou à equipe de auditoria do tribunal de contas que prestasse informações acompanhadas de documentos probatórios capazes de ratificar ou modificar a decisão proferida. Nesse contexto, um auditor de controle externo foi designado para executar o plano de auditoria em campo, na sede da empresa pública XYZ, tendo obtido os seguintes dados junto ao departamento de custos da empresa: custos fixos de R$ 420 mil; custos variáveis de 25% sobre as vendas; e projeção de 10% a.a. de retorno pelo custo de oportunidade do investimento de R$ 2 milhões. Para o atendimento do pleito do conselheiro, o escopo do trabalho de auditoria contemplou a análise da relação entre custo, volume e lucro, para a avaliação da estrutura comportamental dos custos, dos lucros e da produção, para a formação de opinião sobre os estágios do ponto de equilíbrio (PE). A fim de auxiliar os trabalhos, o auditor elaborou o gráfico do ponto de equilíbrio mostrado a seguir, por meio do qual se sabe que o PE surge no cruzamento das curvas de receita e de custo (no cruzamento de RT e CT), bem como que o início da receita é na origem (0) e que, devido ao CF, o custo tem início mais acima. Ao elaborar este gráfico, o auditor traçou retas, em vez de curvas, para efeito de simplificação, e deixou de traçar a curva CV, mas se sabe que seu início seria na origem (0).

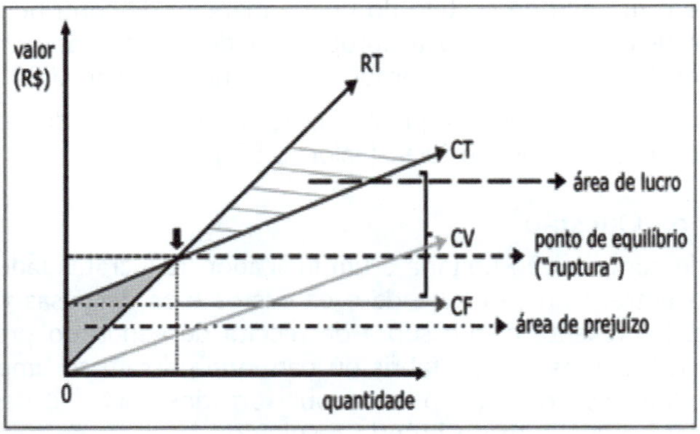


**Legenda:**
RT – receita total
CT – custo total
CV – custo variável
CF – custo fixo
······ linha pontilhada (vertical) – PE em quantidade física ou nível de atividade
– – – linha tracejada (horizontal) – PE em R$
⬇ seta – ponto de equilíbrio ("ruptura")

Com base na situação hipotética apresentada, redija um texto com informações que subsidiem o julgamento do conselheiro relator do tribunal de contas do estado X. Ao elaborar seu texto, aborde os seguintes aspectos:

1 conceito de ponto de equilíbrio contábil (PEC); [valor: 1,00 ponto]

2 conceito de ponto de equilíbrio econômico (PEE); [valor: 1,00 ponto]

3 conceito de ponto de equilíbrio financeiro (PEF); [valor: 1,00 ponto]

4 valor do PEC apurado em reais; [valor: 2,00 pontos]

5 valor do ponto de equilíbrio em unidades, se a empresa vender cada unidade por R$ 20 mil; [valor: 2,25 pontos]

6 valor do novo ponto de equilíbrio em unidades (unitário), se a empresa promover acréscimo de 15% no custo fixo (CF); [valor: 3,00 pontos]

7 intervalo de faturamento (receita) em que a empresa tem lucro contábil, mas não tem lucro econômico. [valor: 4,00 pontos]

Na resolução da questão, utilize as fórmulas pacificadas no mercado atinentes ao tema e forneça os resultados de todos os cálculos solicitados com duas casas decimais.

## Resolução da Questão

O Ponto de Equilíbrio Contábil (PEC) é o ponto em que a empresa tem resultado nulo (não tem lucro nem prejuízo, ou seja, baseado no lucro contábil igual a zero).

O Ponto de Equilíbrio Econômico (PEE) é o ponto que produz um lucro mínimo que compense o investimento realizado, sendo calculado como $PEE$ = (CF +

Lucro mínimo)/($MCu/\ Pu$), em que $CF$ corresponde ao custo fixo total, $MCu$, à margem de contribuição unitária, e $Pu$, ao preço unitário.

Por outro lado, o Ponto de Equilíbrio Financeiro (PEF), segundo a literatura pacificada, é o ponto em que o resultado do período se anula, considerando-se, tão somente, os custos e as despesas fixos desembolsáveis (aqueles que provocam saída de caixa) adicionados das dívidas pagas (por exemplo, amortizações cujos valores não estão incluídos nos encargos dos empréstimos).

Com base nas fórmulas pacificadas no mercado, os resultados apurados são os seguintes: (i) o PEC apurado foi de R$ 560.000,00; (ii) se a empresa vender por R$ 20.000,00 cada unidade, o PE será de 28,00 unidades; (iii) o acréscimo de 15% no CF altera o PE para 32,20 unidades; e (iv) no intervalo entre R$ 560.000,00 e R$ 773.333,33, a empresa tem lucro contábil, mas não tem lucro econômico.

O ponto de equilíbrio ocorre exatamente quando as receitas totais (RT) são iguais aos custos totais (CT).

Sabe-se que CT é a soma dos custos fixos com os custos variáveis. Como se trabalha em unidades, sabe-se que a empresa terá:

$RT = preço$ preço unitário x quantidade e $CV = custo$ variável unitário x $quantidade$.

Portanto, chega-se ao seguinte:

$P.\ unit.$ x $quantidade = CF + CV\ unit.$ x $quantidade$

$P.\ unit.$ x $Q = CF + CV\ unit.$ x $Q$

$P.\ unit.$ x $Q - CV\ unit.$ x $Q = CF$

$Q\ (P.\ unit.\ -\ CV\ unit.) = CF$

$Q = CF\ /(P.\ unit.\ -\ CV\ unit.)$

Esse resultado é muito importante, pois indica que o ponto de equilíbrio é alcançado em um número tal de unidades vendidas igual ao quociente entre custos fixos e a diferença entre] preço unitário de venda e custos unitários variáveis.

**Memória de Cálculo:**

PEC = CF/MCu, logo, 420.000,00/0,75 = R$ 560.000,00.

PE unitário = 28,00 unidades, pois 420.000,00 / (20.000,00 - 5.000,00), dados o preço de venda (PV) = R$ 20.000,00 e o custo variável (CV) = 0,25 × 20.000,00 = R$ 5.000,00.

Novo ponto de equilíbrio unitário = 32,20 unidades, pois 420.000,00 × 1,15 / 20.000,00 - 5.000,00.

Lucro mínimo projetado: 0,10 × 2.000.000,00 = R$ 200.000,00.

PEC = CF/MCu, logo, 420.000/0,75 = R$ 560.000,00.

PEE = (420.000,00 + 200.000,00) / 0,75 = R$ 826.666,67.

# BIBLIOGRAFIA


ALMEIDA, Maiko; VALVERDE, Anderson; HORTA, Eduardo. **Análise Dinâmica Segundo Modelo de Michel Fleuriet: O Caso da Empresa Cemig Distribuição S.A.** Florianópolis, 2013.

ASSAF NETO, Alexandre; Valuation – Métricas de Valor & Avaliação de Empresas. São Paulo: Atlas, 2021.

ASSAF NETO, Alexandre. **Estrutura e Análise de Balanços**. 9ª ed. São Paulo: Atlas, 2010.

COMITÊ DE PRONUNCIAMENTOS CONTÁBEIS. **CPC 00 – Estrutura Conceitual para Relatório Financeiro.** 2019. Disponível em https://www.cpc.org.br/CPC/Documentos-Emitidos/Pronunciamentos. Acesso em: 31 jul. 2023.

COMITÊ DE PRONUNCIAMENTOS CONTÁBEIS. **CPC 01 – Redução ao Valor Recuperável de Ativos**. 2010. Disponível em https://www.cpc.org.br/CPC/Documentos-Emitidos/Pronunciamentos. Acesso em: 31 jul. 2023.

COMITÊ DE PRONUNCIAMENTOS CONTÁBEIS. **CPC 03 – Demonstração dos Fluxos de Caixa.** 2010. Disponível em https://www.cpc.org.br/CPC/Documentos-Emitidos/Pronunciamentos. Acesso em: 31 jul. 2023.

COMITÊ DE PRONUNCIAMENTOS CONTÁBEIS. **CPC 04 – Ativo Intangível.** 2010. Disponível em https://www.cpc.org.br/CPC/Documentos-Emitidos/Pronunciamentos. Acesso em: 31 jul. 2023.

COMITÊ DE PRONUNCIAMENTOS CONTÁBEIS. **CPC 06 – Arrendamentos.** 2017. Disponível em https://www.cpc.org.br/CPC/Documentos-Emitidos/Pronunciamentos. Acesso em: 31 jul. 2023.

COMITÊ DE PRONUNCIAMENTOS CONTÁBEIS. **CPC 07 – Subvenções e Assistência Governamental.** 2010. Disponível em https://www.cpc.org.br/CPC/Documentos-Emitidos/Pronunciamentos. Acesso em: 31 jul. 2023.

COMITÊ DE PRONUNCIAMENTOS CONTÁBEIS. **CPC 08 – Custos de Transação e Prêmios na Emissão de Títulos e Valores Mobiliários.** 2010. Disponível em https://www.cpc.org.br/CPC/Documentos-Emitidos/Pronunciamentos. Acesso em: 31 jul. 2023.

COMITÊ DE PRONUNCIAMENTOS CONTÁBEIS. **CPC 09 – Demonstração do Valor Adicionado (DVA).** 2008. Disponível em https://www.cpc.org.br/CPC/Documentos-Emitidos/Pronunciamentos. Acesso em: 31 jul. 2023.

COMITÊ DE PRONUNCIAMENTOS CONTÁBEIS. **CPC 10 – Pagamento Baseado em Ações.** 2010. Disponível em https://www.cpc.org.br/CPC/Documentos-Emitidos/Pronunciamentos. Acesso em: 31 jul. 2023.

COMITÊ DE PRONUNCIAMENTOS CONTÁBEIS. **CPC 12 – Ajuste a Valor Presente.** 2008. Disponível em https://www.cpc.org.br/CPC/Documentos-Emitidos/Pronunciamentos. Acesso em: 31 jul. 2023.

COMITÊ DE PRONUNCIAMENTOS CONTÁBEIS. **CPC 15 – Combinação de Negócios.** 2011. Disponível em https://www.cpc.org.br/CPC/Documentos-Emitidos/Pronunciamentos. Acesso em: 31 jul. 2023.

COMITÊ DE PRONUNCIAMENTOS CONTÁBEIS. **CPC 16 – Estoques.** 2009. Disponível em https://www.cpc.org.br/CPC/Documentos-Emitidos/Pronunciamentos. Acesso em: 31 jul. 2023.

COMITÊ DE PRONUNCIAMENTOS CONTÁBEIS. **CPC 18 – Investimento em Coligada, em Controlada, e em Empreendimento Controlado em Conjunto.** 2012. Disponível em https://www.cpc.org.br/CPC/Documentos-Emitidos/Pronunciamentos. Acesso em: 31 jul. 2023.

COMITÊ DE PRONUNCIAMENTOS CONTÁBEIS. **CPC 20 – Custos de Empréstimos.** 2011. Disponível em https://www.cpc.org.br/CPC/Documentos-Emitidos/Pronunciamentos. Acesso em: 31 jul. 2023.

COMITÊ DE PRONUNCIAMENTOS CONTÁBEIS. **CPC 23 – Políticas Contábeis, Mudança de Estimativa e Retificação de Erro.** 2009. Disponível em https://www.cpc.org.br/CPC/Documentos-Emitidos/Pronunciamentos. Acesso em: 31 jul. 2023.

COMITÊ DE PRONUNCIAMENTOS CONTÁBEIS. **CPC 24 – Evento Subsequente.** 2009. Disponível em https://www.cpc.org.br/CPC/Documentos-Emitidos/Pronunciamentos. Acesso em: 31 jul. 2023.

COMITÊ DE PRONUNCIAMENTOS CONTÁBEIS. **CPC 25 – Provisões, Passivos Contingentes e Ativos Contingentes.** 2009. Disponível em https://www.cpc.org.br/CPC/Documentos-Emitidos/Pronunciamentos. Acesso em: 31 jul. 2023.

COMITÊ DE PRONUNCIAMENTOS CONTÁBEIS. **CPC 26 – Apresentação das Demonstrações Contábeis.** 2011. Disponível em https://www.cpc.org.br/CPC/Documentos-Emitidos/Pronunciamentos. Acesso em: 31 jul. 2023.

COMITÊ DE PRONUNCIAMENTOS CONTÁBEIS. **CPC 27 – Ativo Imobilizado.** 2009. Disponível em https://www.cpc.org.br/CPC/Documentos-Emitidos/Pronunciamentos. Acesso em: 31 jul. 2023.

COMITÊ DE PRONUNCIAMENTOS CONTÁBEIS. **CPC 28 – Propriedade para Investimento.** 2009. Disponível em https://www.cpc.org.br/CPC/Documentos-Emitidos/Pronunciamentos. Acesso em: 31 jul. 2023.

COMITÊ DE PRONUNCIAMENTOS CONTÁBEIS. **CPC 29 – Ativo Biológico e Produto Agrícola.** 2009. Disponível em https://www.cpc.org.br/CPC/Documentos-Emitidos/Pronunciamentos. Acesso em: 31 jul. 2023.

COMITÊ DE PRONUNCIAMENTOS CONTÁBEIS. **CPC 31 – Ativo Não Circulante Mantido para Venda e Operação Descontinuada.** 2009. Disponível em https://www.cpc.org.br/CPC/Documentos-Emitidos/Pronunciamentos. Acesso em: 31 jul. 2023.

COMITÊ DE PRONUNCIAMENTOS CONTÁBEIS. **CPC 32 – Tributos sobre o lucro.** 2009. Disponível em https://www.cpc.org.br/CPC/Documentos-Emitidos/Pronunciamentos. Acesso em: 31 jul. 2023.

COMITÊ DE PRONUNCIAMENTOS CONTÁBEIS. **CPC 36 – Demonstrações Consolidadas.** 2012. Disponível em https://www.cpc.org.br/CPC/Documentos-Emitidos/Pronunciamentos. Acesso em: 31 jul. 2023.

COMITÊ DE PRONUNCIAMENTOS CONTÁBEIS. **CPC 39 – Instrumentos Financeiros: Apresentação.** 2009. Disponível em https://www.cpc.org.br/CPC/Documentos-Emitidos/Pronunciamentos. Acesso em: 31 jul. 2023.

COMITÊ DE PRONUNCIAMENTOS CONTÁBEIS. **CPC 47 - Receita de Contrato com Cliente.** 2016. Disponível em https://www.cpc.org.br/CPC/Documentos-Emitidos/Pronunciamentos. Acesso em: 31 jul. 2023.

COMITÊ DE PRONUNCIAMENTOS CONTÁBEIS. **CPC PME - Contabilidade para Pequenas e Médias Empresas com Glossário de Termos.** 2011. Disponível em https://www.cpc.org.br/CPC/Documentos-Emitidos/Pronunciamentos. Acesso em: 31 jul. 2023.

Decreto nº 9.580, de 22 de novembro de 2018. **Regulamenta a tributação, a fiscalização, a arrecadação e a administração do Imposto sobre a Renda e Proventos de Qualquer Natureza.** Diário Oficial [da] República Federativa do Brasil, Brasília, DF, 23 nov. 2018.

FLEURIET, Michel; KEHDY, Ricardo; BLANC, Georges. O Modelo Fleuriet - A dinâmica das empresas brasileiras: Um método de análise, orçamento e planejamento financeiro.11ª Ed. Rio de Janeiro: Elsevier, 2003.

Lei nº 6.404, de 15 de dezembro de 1976. **Dispõe sobre as Sociedades por Ações**. Diário Oficial [da] República Federativa do Brasil, Brasília, DF, 17 dez. 1976.

MARQUES, José Augusto da Costa; BRAGA; Roberto. Análise Dinâmica do Capital de Giro: O Modelo Fleuriet. Revista de Administração de Empresas (RAE), v.35, n.3, p. 49-63, maio/jun., 1995.

EDITORA
JusPODIVM
www.editorajuspodivm.com.br

Pré-impressão, impressão e acabamento
GRÁFICA
SANTUÁRIO

grafica@editorasantuario.com.br
www.graficasantuario.com.br
Aparecida-SP

JUS4741